百衲本二十四史

新唐書

上海涵芬樓影印中華學
藝社借照日本岩崎氏靜
嘉文庫藏北宋嘉祐刊本
闕卷以北平圖書館江安
傅氏雙鑑樓藏宋本配補

《百衲本二十四史》新版刊印序

《百衲本二十四史》是近百年來校考最精良、版本最珍貴、蒐羅最廣泛的二十四史，先父王雲五先生於一九七六年〈重印補校百衲本二十四史序〉中已有論證。

一八九七年商務印書館在上海創立，創館元老張元濟先生於一九〇二年正式主持商務印書館編譯所，將商務帶入「出版好書、匡輔教育」的出版之路。一九二一年(民國十年)王雲五先生經胡適先生推薦，接替主持商務印書館編譯所，並於一九三〇年兼任總經理，與張元濟先生共同為商務印書館的百年大業作出貢獻。

張元濟先生入館後，積極蒐購民間珍貴藏書，一方面用來印製、廣泛發行，另一方面也為成立「涵芬樓」藏書室(後來開放為「東方圖書館」)預作準備。當年他並積極向各公私立圖書館商借影印各種版本的二十四史，逐一比較補正缺漏，然後在一九三〇年開始付印，至一九三七年全部出齊。校印工程之艱鉅與可貴，從他所撰寫的《校史隨筆》可以了解。

商務涵芬樓所珍藏的二十四史及各種珍貴版本，可惜在一九三二年日本發動淞滬戰爭時，被日軍炸毀，化為灰燼。《百衲本二十四史》的傳印，就顯得格外有意義。

王雲五先生於一九六四年在臺重新主持臺灣商務印書館，與當時總編輯楊樹人教授，依據臺北故宮博物院和中央圖書館珍藏的宋元版本，修補校正《百衲本二十四史》，並於一九七六年重版印行。

《百衲本二十四史》初印至今，已經八十年，雖經在臺補正重版，舊書均已售完，而各界索購者絡繹不絕，不得已先以隨需印刷供應，但仍然供不應求。

為了適應讀者的需要，本公司由副董事長施嘉明先生、總編輯方鵬程先生和舊書重印小組一起規劃，決定放大字體，以十八開精裝本重印《百衲本二十四史》，每種均加印目錄頁次，讓讀者方便查考，也讓我們與《百衲本二十四史》共同邁向百年大慶。值此付印前夕，特為之序。

臺灣商務印書館董事長王學哲謹序

二〇一〇年三月二十五日

新唐書二百二十五卷

宋歐陽修、宋祁等奉敕撰。其監修者，則曾公亮。故書首進表，以公亮為首。

陳振孫《書錄解題》曰，舊例修書，止署官高一人名銜。歐公曰，宋公於我為前輩，且於此書用力久，何可沒也，遂於紀傳各著之。宋公感其退遜，故書中列傳題祁名，本紀志表題修名。然考《隋書》諸志，已有此例，實不始於修與祁。又《宋史》呂夏卿傳，稱宰相世系表，夏卿所撰，而書中亦題修名，則仍以官高者為主。特諸史多用一人，此用二人為異耳。

是書本以補正劉昫之舛漏，自稱事增於前，文省於舊。劉安世《元城語錄》則謂事增文省，正新書之失，而未明其所以然。今即其說而推之，史官記錄，具載舊書，今必欲廣所未備，勢必蒐及小說，而至於猥雜。唐代詞章，體皆詳贍，今必欲減其文句，勢必變為澀體，而至於詰屈。安世之言，所謂中其病源者也。

若夫史、漢本紀，多載詔令。古文簡質，至多不過數行耳。唐代王言，率崇縟麗，駢四儷六，累牘連篇。宋敏求所輯《唐大詔令》，多至一百三十卷。使盡登本紀，天下有是史體乎。祁一例刊除，事非得已，過相訾議，未見其然。

至於呂夏卿私撰兵志，見晁氏《讀書志》。宋祁別撰紀志，見王得臣《麈史》。則同局且私心不滿，書甫頒行，吳縝糾謬即踵之而出，其所攻駁，亦未嘗不切中其失。

然一代史書，網羅浩博，門分類別，端緒紛孥。出一手則精力難周，出眾手則體裁互異。爰從三史，以逮八書，牴牾參差，均所不免，不獨此書為然。呂宋之書，未知優劣，吳縝所糾，存備考證則可，因是以病新書，則一隅之見矣。（摘自景印《文淵閣四庫全書》總目史部卷四十六，2-31頁）

重印補校百衲本二十四史序

百衲本者何？彙集諸種善本，有闕卷闕頁，復多方蒐求，以事配補，有如僧衣之補綴多處者也。

我國正史彙刻之存於今者，有汲古閣之十七史，有南北監之二十一史。清高宗初立，成明史，命武英殿開雕，至四年竣工；繼之者二十一史。其後又詔增劉昫唐書，與歐宋新唐書並行，越七年遂成武英殿二十三史。及四庫開館，諸臣復據永樂大典及太平御覽，冊府元龜等書，裒輯薛居正舊五代史，得旨刊布，以四十九年奏進；於是二十四史之名以立。

武英殿本以監本為依據。清高宗製序，雖有監本殘闕，併勅校讎之言，始意未嘗不思成一善本也。惟在事諸臣，既未能廣蒐善本，復不知慎加校勘，佚者未補，譌者未正，甚或彌縫缺乏，以譌亂真，誠可惜也。

本館前輩張菊生先生，以多年之時力，廣集佳槧，審慎校讎，自民十九年開始景印，迄二十六年甫竟全功。雖中經一二八之劫，抱書而走，亂定掇拾需時，然景印之初，海宇清寧，亦緣校讎精審，多費時日。嘗聞菊老葺印初稿，悉經手勘，朱墨爛然，盈闌溢幅，點畫纖細，鉤勒不遺，與同人共成校勘記，多至百數十冊，文字繁冗，尚待董理。爰取原稿若干條，集為校史隨筆，而付梓焉。

就隨筆所記，殿本訛闕殊多。分史言之，則史記正義多遺漏，漢書正文注文均有錯簡，三國志卷第淆亂，宋書誤註為正文，南齊書地名脫誤，北齊書增補字句均據北史，而仍與北史有異同。魏書考證有誤，舊唐書有闕文，訂正錯簡亦有小誤，唐書有衍文，舊五代史遜於嘉業堂劉氏刊本，元史有衍文及闕文，且多錯簡，重出之傳，亦未刪盡。綜此諸失，殿本二十四史不如衲史遠矣，況善本精美，古香古色，尤非殿本所能望其項背。

茲將百衲本二十四史據以景印之版本列述於後：

史　記　宋慶元黃善夫刊本。

漢　書　北宋景祐刊本，瞿氏鐵琴銅劍樓藏。

後漢書　宋紹興刊本，原闕五卷半，以北平國立圖書館元覆宋本配補。

三國志　宋紹熙刊本，日本帝室圖書寮藏，原闕魏志三卷，以涵芬樓藏宋紹興刊本配補。

晉　書　宋本，海寧蔣氏衍芬草堂藏，原闕載記三十卷，以江蘇省立圖書館藏宋本配補。

宋書　宋蜀大字本，北平國立圖書館吳興劉氏嘉業堂藏，闕卷以涵芬樓藏元明遞修本配補。
南齊書　宋蜀大字本，江安傅氏雙鑑樓藏。
梁書　宋蜀大字本，北平國立圖書館及日本靜嘉堂文庫藏，闕卷以涵芬樓藏元明遞修本配補。
陳書　宋蜀大字本，北平國立圖書館及日本靜嘉堂文庫藏。
魏書　宋蜀大字本，北平國立圖書館江安傅氏雙鑑樓吳興劉氏嘉業堂及涵芬樓藏。
北齊書　宋蜀大字本，北平國立圖書館藏，闕卷以涵芬樓藏元明遞修本配補。
周書　宋蜀大字本，吳縣潘氏范硯樓及自藏，闕卷以涵芬樓藏元明遞修本配補。
隋書　元大德刊本，闕卷以北平國立圖書館江蘇省立圖書館藏本配補。
南史　元大德刊本，北平國立圖書館及自藏。
北史　元大德刊本，北平國立圖書館及自藏。
舊唐書　宋紹興刊本，常熟鐵琴銅劍樓藏，闕卷以明聞人銓覆宋本配補。
新唐書　北宋嘉祐刊本，日本岩崎氏靜嘉堂文庫藏，闕卷以北平國立圖書館江安傅氏雙鑑樓藏宋本配補。
舊五代史　原輯永樂大典有注本，吳興劉氏嘉業堂刻。
五代史記　宋慶元刊本，江安傅氏雙鑑樓藏。
宋史　元至正刊本，北平國立圖書館藏，闕卷以明成化刊本配補。
遼史　元至正刊本。
金史　元至正刊本，北平國立圖書館藏，闕卷以涵芬樓藏元覆本配補。
元史　明洪武刊本，北平國立圖書館及自藏。
明史　清乾隆武英殿原刊本，附王頌蔚編集考證攟逸。

上開版本之搜求補綴，在彼時實已盡最大之能事。惟今者善本時有發見，前此認為業已失傳者，漸集於一隅，尤以中央圖書館及故宮博物院在抗戰期內，故家遺族，前此秘藏不宣，因播遷而割愛者不在少數；盡量收購，寄存盟邦，以策安全。近年悉數運回，使臺灣成為善本之總匯。百衲本後漢書原據本館前涵芬樓所藏宋紹興本影印，益以北平圖書館及日本靜嘉堂文庫殘本之配備，當時堪稱人間瑰寶；且志在存真，對其中未盡完善之處一仍其舊。然故宮博物院近藏宋福唐郡庠覆景祐監刊元代修補本及中央圖書館所藏錢大昕手跋北宋刊本與宋慶元間建安劉元起刊本，各有其長處。本館總編輯楊樹人教授特據以覆校百衲本原刊，計修正原影本因配補殘本而致首尾不貫者五處，其中重複者四處，共圈刪衍文三十六字，補足脫漏一處，缺文二字，原板存留墨丁四十六處，補正五十二字。另有顯屬雕刻錯誤者若干字，亦酌為改正。於是宋刊原面目，大致可復舊觀矣。又前漢書原景本闕漏目錄全份，亦據故宮博物院珍藏宋福唐郡庠覆景祐監刊元代修補本補印十有四頁，以成全璧。校書如掃落葉，愈掃愈落，礙難悉數掃清，然多費一番心力，對於鑽研史籍者，定可多一番裨益。區區之意，當為讀者所樂聞，亦可稍慰本館前輩張菊老在天之靈，喜其繼起有人也。

本館衲史原以三十二開本連史紙印製，訂為八百二十冊，流行雖廣，以中經多難，存者無多，臺省尤感缺乏，各國亦多訪購，爰應各方之需求，改訂為十六開大本，縮印二頁為一面，字體較縮本四部叢刊初編為大，用上等印書紙精印精裝，訂為四十一鉅冊，以便檢閱，經重版數次。茲為謀普及，再縮印為二十四開本五十八冊，字體仍甚清晰，而售價不及原印十六開本之半，莘莘學子，多有購置之力，誠不負普及之名矣。付印有日，謹述概要。

中華民國六十五年雙十節王雲五識

股東會全體股東獻禮

本公司董事長王岫廬（雲五）先生，學界巨擘，社會棟樑，歷任艱巨，功在國家。一生繫中國文化出版之命脈，惠澤士林。本公司三度罹國難而得復興。咸賴　先生之大力。每次復興，莫不聲光煥發，蔚為奇蹟。民國五十二年冬，　先生退出政壇。次年秋重主本公司，謀慮擘劃，晨夕辛勞，不取分文之酬，而甘之如飴；蓋純出於愛護本公司與宏揚文化之心願。無　先生之犧牲精神與卓越領導，不能有今日之商務書館，已為識者之定評。今歲欣逢　先生八秩華誕，社會同慶。股東會同人本崇功報德之念，群思有以祝賀。　先生謙辭至再至三，當以恭敬不如從命，爰於五十六年股東會議席上全體決議，利用重印之百衲本二十四史，作為　華誕獻禮。要不過體認　先生造福文化界之功績，聊表嵩祝悃誠於萬一耳。

臺灣商務印書館股份有限公司
股東會全體股東　謹啟

中華民國五十六年四月十五日

新唐書上

本紀十卷

志五十卷

表十五卷

新唐書中

列傳一百五十卷

臣公亮言竊惟唐有天下幾三百年其君臣行事之始終所
以治亂興衰之蹟與其典章制度之英宜其粲然著在簡冊
而紀次無法詳略失中文采不明事實零落蓋又百有五十
年然後得以發揮幽沫補緝闕亡黜正僞繆克備一家之史
以爲萬世之傳成之至難理若有待臣公亮誠惶誠恐頓首頓
首伏惟
體天法道欽文聰武聖神孝德皇帝陛下有虞舜之智而
好問
躬大禹之聖而克勤天下和平民物安樂而猶
垂心積精以求治要日與鴻生舊學
講誦六經
考覽前古以謂商周以來爲國長久惟漢與唐而不幸接乎
五代衰世之士氣力卑弱言淺意陋不足以起其文而使明
君賢臣雋功偉烈與夫昏虐賊亂禍根罪首皆不得暴其善
惡以動人耳目誠不可以垂勸戒示久遠甚可歎也乃因邇
臣之有言適契
上心之所閔於是刊修官翰林學士兼龍圖閣學士給事中
知制誥臣歐陽脩端明殿學士兼翰林侍讀學士龍圖閣學
士尚書吏部侍郎臣宋祁與編修官禮部郎中知制誥臣范
鎭刑部郎中知制誥臣王疇太常博士集賢校理臣宋敏求
秘書丞臣呂夏卿著作佐郎臣劉羲叟等並膺儒學之選悉
發秘府之藏俾之討論共加刪定凡十有七年成二百二十
五卷其事則增於前其文則省於舊至於名篇著目有革有
因立傳紀實或增或損義類凡例皆有據依纖悉綱條具載
別錄臣公亮典司事領徒費日月誠不足以成大典稱
明詔無任慚懼戰汗屏營之至臣公亮誠惶誠懼頓首頓
首謹言
嘉祐五年六月 日提舉編修推忠佐理功臣正奉大夫尚書禮部侍郎參知政事臣曾公亮上表

唐書錄卷上

推忠佐理功臣正奉大夫[illegible]尚書禮部侍郎兼[illegible]
勅撰纂編脩

本紀十
志五十
表十五
列傳一百五十

本紀

第一
高祖皇帝

第二
太宗皇帝

第三
高宗皇帝

第四
則天順聖武皇后
中宗皇帝

第五
睿宗皇帝
玄宗皇帝

第六
肅宗皇帝
代宗皇帝

第七
德宗皇帝
順宗皇帝
憲宗皇帝

第八

穆宗皇帝
敬宗皇帝
文宗皇帝
武宗皇帝

第九
宣宗皇帝
懿宗皇帝
僖宗皇帝

第十
昭宗皇帝
哀皇帝

志

第一
禮樂一

第二
禮樂二

第三
禮樂三

第四
禮樂四

第五
禮樂五

第六
禮樂六

第七
禮樂七

第八
禮樂八

表

列傳

襄邑王神符 從曦　隴西公博乂
渤海王奉慈 戲

第四　高祖二十二子

隱太子建成　衛王玄霸
巢王元吉　楚王智雲
荆王元景　漢王元昌
酆王元亨　周王元方
徐王元禮　韓王元嘉 黃公譔
彭王元則　鄭王元懿
霍王元軌　虢王鳳
道王元慶　鄧王元裕
舒王元名　魯王靈夔
江王元祥　密王元曉
滕王元嬰

第五　太宗九王

常山王承乾
鬱林王恪 成王千里 吳王琨 信安王禕 嗣國公峘 嗣吳王祗 嗣吳王巘
濮王泰　庶人祐
蜀王愔　蔣王惲 之芳
越王貞 琅琊王沖　紀王慎 義陽王琮
曹王明 嗣曹王皋 象古 道古

第六　三宗諸子

燕王忠　澤王上金
許王素節 東平王璆　孝敬皇帝弘 裴居道
章懷太子賢 邠王守禮 廣武王承宏 嗣邠王承寀
懿德太子重潤　譙王重福
節愍太子重俊　讓皇帝憲 汝陽王璡 漢中王瑀 景儉
惠莊太子撝　惠文太子範 嗣岐王珍
惠宣太子業 嗣薛王知柔

第七　十一宗諸子

奉天皇帝琮　太子瑛
棣王琰　鄂王瑤
靖恭太子琬　光王琚
潁王璬　永王璘
壽王瑁　延王玢
盛王琦　豐王珙
汴王璥　越王係
承天皇帝倓　彭王僅
襄王僙 嗣王煴　恭懿太子佋
昭靖太子邈　睦王述
舒王誼　通王諶
虔王諒　肅王詳

文敬太子謜　郯王經
惠昭太子寧　澧王惲
絳王悟　建王恪
懷懿太子湊　安王溶
悼懷太子普　陳王成美
莊恪太子永　通王滋
吉王保　德王裕

第八　諸帝公主

世祖一女　高祖十九女
太宗二十一女　高宗三女
中宗八女　睿宗十一女
玄宗二十九女　肅宗七女
代宗十八女　德宗十一女
順宗十一女　憲宗十八女

穆宗八女　　敬宗三女
文宗四女　　武宗七女
宣宗十一女　　懿宗八女
僖宗二女　　昭宗十一女
第九
李密 單雄信 祖君彥
第十
王世充　　竇建德
第十一
薛舉 仁杲　　李軌
劉武周
劉黑闥 徐圓朗　　高開道
第十二
蕭銑　　輔公祏

沈法興　　李子通 朱粲 林士弘 張善安
梁師都 劉季真
第十三
劉文靜 趙文恪 李思行 李高遷 姜寶誼 許世緒 劉師立 劉義節
裴寂 錢九隴 樊興 公孫武達 龐卿惲 張長遜 張平高 李安遠
馬三寶 李孟嘗 元仲文 秦行師
第十四
屈突通　　尉遲敬德
張公謹 大安　　秦瓊
唐儉 憲 次 扶 持 彥謙　　段志玄 文昌 成式
第十五
劉弘基　　殷開山
劉政會 奇 崇望 崇龜 崇魯　　許紹 圉師 欽寂 欽明
程知節　　柴紹

任瓌　　丘和 行恭
第十六
溫大雅 彥博 大有 佶 造 璋 挺筠 挺皓　　皇甫無逸
李襲志 襲譽　　姜謩 行本 晈 慶初 晦
崔善爲　　李嗣眞
第十七
杜伏威 闞稜 王雄誕　　張士貴
李子和　　苑君璋
羅藝　　王君廓
第十八
李靖 客師 令問 彥芳　　李勣 敬業 思文
第十九
侯君集　　張亮
薛萬均 萬徹 萬備 盛彥師 盧祖尚 劉世讓 劉蘭 李君羨

第二十
高儉 履行 眞行 重　　竇威 軌 琮 抗 靜 誕 璡 德玄
第二十一
房玄齡 遺愛　　杜如晦 楚客 淹 元穎 審權 讓能
第二十二
魏徵 謩
第二十三
王珪 燾　　薛收 元超 元敬 稷 伯陽
馬周 載　　韋挺 待價 武 萬石
第二十四
李綱 安仁 安靜　　李大亮 道裕 迥秀
戴冑 至德　　劉洎 樂彥瑋
第二十五
崔仁師 湜 液 澄

陳叔達　楊恭仁 思訓 師道 執柔
封倫　裴矩
宇文士及　鄭善果 元璹
權萬紀 懷恩　閻立德 立本
將儼　韋弘機 岳子
姜師度 強循　張知謇
第二十六
蕭瑀 鈞 嗣業 嵩 華 復 俛 倣 寘 遘 定
第二十七
岑文本 羲 長倩 植 羲元　虞世南
李百藥 安期　褚亮 劉孝孫 李玄道 李守素
姚思廉 壽 班　令狐德棻 峘 鄧世隆 顏胤 李延壽
第二十八
蘇世長 良嗣 升　韋雲起 方質

孫伏伽　張玄素
第二十九
于志寧 休烈 敖 琮 龐嚴　高季輔
張行成 易之 昌宗
第三十
長孫无忌 敞 操 詮 順德　褚遂良 璆
韓瑗　來濟 恒
李義琰 巢 蔚琛　上官儀
第三十一
杜正倫 求仁 咸　崔知溫 知悌
高智周 石仲覽　郭正一
趙弘智 來章　崔敦禮
楊弘禮 弘武 元禧 纂　盧承慶 齊卿
劉祥道 齊賢 從一　李敬玄 元素

劉德威 審禮 延景 昇 延嗣　孫處約 佺
邢文偉 高子貢
第三十二
傅弈　呂才 方毅
陳子昂 王無競 趙元
第三十三
劉仁軌　裴行儉 光庭 稹 倩 均
婁師德
第三十四
崔義玄 神基 神慶 琳　楊再思 季昭
竇懷貞 兢　宗楚客 晉卿 紀處訥
祝欽明 郭山惲　王璵
第三十五　諸夷蕃將
史大柰　馮盎 智戴 子猷

阿史那社介 忠　執失思力
契苾何力 明　黑齒常之
李謹行　泉男生 獻誠
李多祚 李湛　論弓仁 惟貞
尉遲勝　尚可孤
裴玢
第三十六
郭孝恪　張儉 延師
王方翼 珣　蘇定方
薛仁貴 訥 嵩 平 從　程務挺
王孝傑　唐休璟
張仁愿 張敬忠　王晙
第三十七
王義方　員半千 石抱忠

韓思彥 琬　蘇安恒
薛登　王求禮
柳澤 範 奐　馮元常 元淑
蔣欽緒 沈 清
第三十八
唐臨 暎 紹　張文瓘 文琮 錫 文收
徐有功 商 彥若
第三十九
崔融 禹 能 愼由 安潛 彥曾　徐彥伯
蘇味道　豆盧欽望 史務滋 崔元綜 周允元
第四十
狄仁傑 光嗣 兼謨　郝處俊 象賢
朱敬則 仁軌
第四十一

王綝 備 遂 摶　韋思謙 承慶 嗣立 恒 濟 弘景
陸元方 象先 景倩 景融 希聲 餘慶 璪　王及善
李日知　杜景佺
李懷遠 景伯 彭年
第四十二
裴炎 伷先　劉禕之 郭翰
魏玄同 恬　李昭德
吉頊
第四十三
張廷珪　韋湊 見素 諤 顗 知人 維 縚 虛心
韓思復 朝宗 佽　宋務光 呂元泰
辛替否　李渤
裴潾 張皐　李中敏 李款 李甘
第四十四

武平一　李乂
賈曾 至　白居易 行簡 敏中
第四十五
桓彥範 仲昌 崔[illegible]秀 薛季昶 楊元琰　敬暉
崔玄暐 渙 縱 碣　張柬之
袁恕己 高
第四十六
劉幽求　鍾紹京
崔日用 日知　王琚 [illegible]
王毛仲 李守德 陳玄禮
第四十七
魏元忠　韋安石 陟 斌 叔夏 縚 抗
郭元振
第四十八

李嶠　蕭至忠
盧藏用　韋巨源
趙彥昭 和逢堯
第四十九
姚崇 弈 合 勗　宋璟 渾
第五十
蘇瓌 頲 詵 乘 幹　張說 均 垍

唐書錄卷上

唐書錄卷下

[illegible]

勑撰纂編修

列傳

第五十一

魏知古　盧懷愼 奐

李元紘　杜暹 [illegible]

張九齡 拯 仲方　韓休 洪 滉 皋 洄

第五十二

張嘉貞 延賞 弘靖 文規 次宗 嘉祐　源乾曜 光裕 洧

裴耀卿 佶

第五十三

蘇珦 晉　尹思貞

畢構 栩　李傑

鄭惟忠　王志愔

許景先　潘好禮

倪若水　席豫

齊澣 抗

第五十四

裴守眞 子餘 行立　崔沔

盧從愿　李朝隱

王丘　嚴挺之 武 綬 澈

第五十五

裴漼 寬 諝 胄　陽嶠

宋慶禮　楊瑒

崔隱甫　李尚隱

解琬

第五十六　宗室宰相

李適之　李峴

李勉　李夷簡

李程 廓　李石 福

李回

第五十七

劉子玄 貺 滋 彙 餗 贊 迥 秩 迅

吳兢　韋述

蔣乂 係 曙 伸 偕　柳芳 登 璟 冕

沈既濟 傳師 詢

第五十八

郭虔瓘　郭知運 英傑 英乂

王君㚟　張守珪 獻誠 獻恭 睦 獻甫

王忠嗣　牛仙客

第五十九

宇文融　韋堅

楊愼矜　王鉷 盧鉉

第六十

哥舒翰 曜　高仙芝

封常淸

第六十一

李光弼 彙 白元光 光進 陳利貞 荔非元禮 侯仲莊 郝廷玉 柘良器 李國臣 烏承玼 白孝德 張伯儀

第六十二

郭子儀 曜 晞 承嘏 曖 釗 鏦 銛 曙 幼明 昕

第六十三

李嗣業　馬璘

李抱玉 抱眞 緘　路嗣恭 應 恕

第六十四

房琯 孺復 啓 式　張鎬

李泌 繁
第六十五
崔圓　苗晉卿
裴冕　裴遵慶 向 樞
呂諲
第六十六
崔光遠　鄧景山 崔瓘
魏少游　衛伯玉
李澄 克寧　韓全義
盧從史　高霞寓
第六十七
李麟　楊綰
崔祐甫 植 俊　柳渾 識
韋處厚　路隋

第六十八
高適　元結
李承　韋倫
薛珏 存慶　崔漢衡
戴叔倫　王翃 正雅 翃 鍜
徐申　郗士美
辛祕
第六十九
來瑱 裴茙　田神功 神玉
侯希逸　崔寧 蟊 義 黙
嚴礪
第七十
元載 卓英璘 李少良　王縉 黎幹
楊炎 庾準　嚴郢

竇參 申 吳通玄
第七十一
李栖筠 吉甫 德脩　李鄘 磎
第七十二
王思禮　魯炅
王難得 用　辛雲京 京杲 旻
馮河清 姚況　李芃
李叔明 昇　曲環
王虔休　盧羣
李元素　盧士玫
第七十三
令狐彰 建 運 通　張孝忠 茂宗 茂昭 裴爽直 陳楚
康日知 志睦 承訓　李洧
劉澭　田弘正 布 牟

王承元　牛元翼 傅良弼 李寰
第七十四
史孝章 憲忠
劉晏 濛 遘 澧 元琇 包佶 盧陟 李若初 于頎　第五琦
班宏　王紹
李巽
第七十五
李揆　常袞
趙憬　崔造
齊映　盧邁
第七十六
關播 李元平　董晉 溪 陸長源 劉全諒
袁滋　趙宗儒
竇易直

第七十七
張鎰　姜公輔
武元衡 儒衡　李絳 璋
宋申錫
第七十八
段秀實 伯倫 嶷 文楚 珂 劉海賓　顏眞卿
第七十九
李晟 愿 憲 愬 聽 琢 王佖
第八十
馬燧 暢 炫　渾瑊 鎬 鐬
第八十一
楊朝晟　戴休顏
陽惠元 旻　李元諒
李觀　韓游瓌
杜希全　邢君牙
第八十二
陸贄
第八十三
韋皐 聿 正貫 劉闢　張建封 愔
嚴震 礪　韓弘 公武 充
第八十四
鮑防　李自良
蕭昕　薛播
樊澤 宗師　王緯
吳湊 士矩　鄭權
陸亘　盧坦 關播美
柳晟　崔戎 雍
第八十五

徐浩　呂渭 溫 恭
王翃　劉伯芻 寬夫 允章
楊憑 凝 敬之　潘孟陽
崔元略 鉉 沆 元式 崔鉉從　韋綬
第八十六
張薦 讀　趙涓 博宣
李紓　鄭雲逵
徐岱　王仲舒
馮伉　庾敬休
第八十七
姚南仲　獨孤及 朗 郁 庠
顧少連　韋夏卿 瓘
段平仲　呂元膺
許孟容 季同　薛存誠 廷老
李遜 方立 建 訥
第八十八
孔巢父 戣 緯 戢 戡 溫業　穆寧 贊 質 員
崔邠 鄲 鄯 鄴　柳公綽 仲郢 璞 璧 玭 公權 子華
楊於陵　馬摠
第八十九
歸崇敬 登 融　奚陟
崔衍　盧景亮 王源中
薛苹 膺　衛次公 洙
薛戎 放　胡証
丁公著　崔弘禮
崔玄亮　王質
郗俌 盈孫　王彥威
第九十

鄭餘慶 澣 處誨 從讜　鄭珣瑜 覃 甯碑 朗
高郢 定　鄭絪 顥
權德輿 璩　崔羣
第九十一
賈耽　杜佑 式方 悰 孺休 惛 牧 顗
令狐楚 緒 綯 滈 定
第九十二
白志貞　裴延齡
崔損　韋渠牟
李齊運　李實
皇甫鎛 鏞　王播 起 龜 式
第九十三
韋執誼　王叔文 王伾 韓曄 陳諫 凌準 韓泰
陸質　劉禹錫

柳宗元　程异
第九十四
杜黄裳 勝　裴垍
李藩　韋貫之 澳 綬 温 蕭祐
第九十五
高崇文 承簡　伊慎
朱忠亮　劉昌裔
范希朝　王鍔 稷
孟元陽　王栖曜 茂元
劉昌 士涇　趙昌
李景略　任迪簡
張萬福　高固 郝玼 史敬奉 野詩良輔
第九十六
李光進 光顔　烏重胤 石洪 李珙

王沛 逢　楊元卿 延宗
曹華　高瑀
劉沔　石雄
第九十七
于頔 季友　王智興 晏平 宰
杜兼 羔 中立　杜亞
范傳正
第九十八
裴度 識 諗
第九十九
李逢吉　元稹
牛僧孺 蔚 徽 叢　李宗閔
楊嗣復 授 戢 損
第一百

竇羣 常 牟 鞏　劉栖楚
張又新　楊虞卿 漢公 汝士
張宿　熊望
柏耆
第一百一
韓愈 孟郊 張籍 皇甫湜 盧仝 賈島 劉叉
第一百二
錢徽 珝　崔咸
韋表微　高釴 湜 銖 鍇 湘
馮宿 定 審　李虞仲
李翱　盧簡辭 知猷 弘止 簡求 汝弼
高元裕 少逸 璩　封敖
鄭薰　敬晦
韋博　李景讓 景温

常達　敬君弘 謝叔方
呂子臧 馬元規　王行敏 盧士叡 李玄通
羅士信　張道源 楚金
李育德 李公逸 張善相　高叡 仲舒
安金藏　王同皎 瞀 周憬
吳保安　李憕 源 彭
盧弈 元輔　張介然 崔無詖
第一百十七　忠義中
顏杲卿 春卿　賈循 隱林
張巡　許遠 南霽雲 雷萬春 姚誾
第一百十八　忠義下
程千里 袁光庭　龐堅 薛愿
張興　蔡廷玉
符令奇 璘　劉迺

孟華　張伾
周曾　張名振
石演芬　吳溆
高沐　賈直言
辛讜　黃碣 孫揆
第一百十九　卓行
元德秀 李萼　權皐
甄濟　陽城 何蕃
司空圖
第一百二十　孝友
李知本　張志寬
劉君良　王少玄
任敬臣　支叔才
程袁師　武弘度

宋思禮　鄭潛曜
元讓　裴敬彝
梁文貞　沈季詮
許伯會　陳集原
陸南金　張琇
侯知道 程俱羅　許法慎
林攢　陳饒奴
王博武　萬敬儒
章全益
第一百二十一　隱逸
王績　朱桃椎
孫思邈　田游巖 史德義
孟詵　王友貞
王希夷　李元愷

衛大經　武攸緒
白履忠　盧鴻
吳筠 潘師正 劉道合 司馬承禎　賀知章
秦系　張志和
孔述睿 敏行　陸羽
崔覲　陸龜蒙
第一百二十二　循吏
韋仁壽　陳君賓
張允濟 李桐客　李素立 至遠 畬 嶠
薛大鼎 克構　賈敦頤 敦實 楊德幹
田仁會 歸道　裴懷古
韋景駿　李惠登
羅珦 讓　韋丹 宙 岫
盧弘宣　薛元賞

桑道茂

第一百三十　烈女

李德武妻裴淑英　楊慶妻王
房玄齡妻盧　獨孤師仁姆王蘭英
楊三安妻李　樊會仁母敬
衛孝女無忌　鄭義宗妻盧
劉寂妻夏侯碎金　于敏直妻張
楚王靈龜妃上官　楊紹宗妻王
賈孝女　李氏妻王阿足
樊彥琛妻魏　李畬母
汴女李　崔繪妻盧
堅貞節婦李　符鳳妻玉英
高叡妻秦　王琳妻韋
盧惟清妻徐　饒娥

竇伯女仲女　盧甫妻李
鄒待徵妻薄　金節婦
高愍女　楊烈婦
賈直言妻董　李孝女妙法
李湍妻　董昌齡母楊
王孝女和子　段居貞妻謝
楊含妻蕭　韋雍妻蕭
衛方厚妻程　鄭孝女
李廷節妻崔　殷保晦妻封絢
竇烈婦　李拯妻盧
山陽女趙　周迪妻
朱延壽妻王

第一百三十一　外戚

獨孤懷恩　武士彠 士稜 士逸 承嗣 三思 懿宗 攸暨

韋溫　王仁皎 守一
楊國忠　李偁
鄭光

第一百三十二　宦者上

楊思勗　高力士
程元振 駱奉先　魚朝恩
竇文場 霍仙鳴　劉貞亮
吐突承璀　馬存亮 嚴遵美
仇士良　楊復光

第一百三十三　宦者下

李輔國　王守澄
劉克明　田令孜 楊復恭
劉季述　韓全誨 張彥弘

第一百三十四　酷吏

索元禮　來俊臣 來子珣 周興 丘神勣
侯思止　王弘義
郭弘霸　姚紹之
周利貞　王旭
吉溫 羅希奭　崔器
毛若虛　敬羽

第一百三十五　藩鎮魏博

田承嗣 悅 緒 季安 懷諫 緒　史憲誠
何進滔 弘敬 樂彥禎　全皞 韓允中 簡　羅弘信 紹威

第一百三十六　藩鎮鎮冀

李寶臣 惟岳 惟簡　王武俊 士真 承宗
王廷湊 元逵 紹鼎 紹懿 景崇 鎔

第一百三十七　藩鎮盧龍

李懷仙　朱滔

唐書錄卷下

本紀第一　唐書一

翰林學士兼龍圖閣學士朝散大夫給事中知制誥充史館脩撰臣歐陽脩奉

敕撰

高祖神堯大聖大光孝皇帝諱淵字叔德姓李氏隴西成紀人也其七世祖暠當晉末據秦涼以自王是爲涼武昭王暠生歆歆爲沮渠蒙遜所滅歆生重耳魏弘農太守重耳生熙金門鎮將戍于武川因留家焉熙生天賜爲幢主天賜生虎西魏時賜姓大野氏官至太尉與李弼等八人佐周代魏有功皆爲柱國號八柱國家周閔帝受魏禪虎已卒乃追錄其功封唐國公謚曰襄襄公生昞襲封唐公隋安州總管柱國大將軍卒謚曰仁仁公生高祖於長安體有三乳性寬仁襲封唐公隋文帝獨孤皇后高祖之從母也以故文帝與高祖相親愛文帝相周復高祖姓李氏以爲千牛備身事隋譙隴二州刺史大業中歷岐州刺史滎陽樓煩二郡太守召爲殿內少監衛尉少卿煬帝征遼東遣高祖督運糧於懷遠鎮楊玄感將反其兄弟從征遼者皆逃歸高祖先覺以聞煬帝遽班師以高祖爲弘化留守以禦玄感詔關右諸郡兵皆受高祖節度是時隋政荒天下大亂煬帝多以猜忌殺戮大臣嘗以事召高祖高祖遇疾不時謁高祖有甥王氏在後宮煬帝問之王氏對以疾煬帝曰可得死否高祖聞之益懼因縱酒納賂以自晦十一年拜山西河東慰撫大使擊龍門賊母端兒射七十發皆中賊敗去而斂其尸以築京觀盡得其箭於其尸又擊絳州賊柴保昌降其衆數萬人突厥犯塞高祖與馬邑太守王仁恭擊之隋兵少不敵高祖選精騎二千爲游軍居處飲食隨水草如突厥而射獵馳騁示以閒暇別選善射者伏爲奇兵虜見高祖疑不敢戰高祖乘而擊之突厥敗走十三年拜太原留守擊高陽歷山飛賊甄翟兒于西河破之是時煬帝南遊江都天下盜起高祖子世民知隋必亡陰結豪傑招納亡命與晉陽令劉文靜謀舉大事計已決而高祖未之知欲以情告懼不見聽高祖留守太原領晉陽宮監而所善客

裴寂爲副監世民陰與寂謀寂因選晉陽宮人私侍高祖高祖過寂飲酒酒酣從容寂具以大事告之高祖大驚寂曰正爲宮人奉公事發當誅爲此爾世民因亦入白其事高祖初陽不許欲執世民送官已而許之曰吾愛汝豈忍告汝邪然未有以發而所在盜賊益多突厥數犯邊高祖兵出無功煬帝遣使者執高祖詣江都高祖大懼世民曰事急矣可舉事已而煬帝復馳使者赦止高祖其事遂已是時劉武周起馬邑林士弘起豫章劉元進起晉安皆稱皇帝朱粲起南陽號楚帝李子通起海陵號楚王邵江海據岐州號新平王薛舉起金城號西秦霸王郭子和起榆林號永樂王竇建德起河間號長樂王王須拔起恒定號漫天王汪華起新安杜伏威起淮南皆號吳王李密起鞏號魏公王德仁起鄴號太公左才相起齊郡號博山公羅藝據幽州左難當據涇馮盎據高羅皆號總管梁師都據朔方號大丞相孟海公據曹州號錄事周文舉據淮陽號柳葉軍高開道據北平張長遜據五原周洮據上洛楊士林據山南徐圓朗據兗州楊仲達據豫州張善相據伊汝王要漢據汴州時德叡據尉氏李義滿據平陵綦公順據青萊淳于難據文登徐師順據任城蔣弘度據東海王薄據齊郡蔣善合據鄆州田留安據章丘張青特據濟北臧君相據海州殷恭邃據舒州周法明據永安苗海潮據永嘉梅知巖據宣城鄧文進據廣州俚酋楊世略據循潮冉安昌據巴東甯長真據鬱林其別號諸盜往往屯聚山澤而劉武周攻汾陽宮高祖乃集將吏告曰今吾爲留守而賊據離宮縱賊不誅罪當死然出兵必待報今江都隔遠後期柰何將吏皆曰國家之利可專者公也高祖曰善乃募兵旬日間得衆一萬副留守虎賁郎將王威虎牙郎將高君雅見兵大集疑有變謀因禱雨晉祠以圖高祖高祖覺之乃陰爲備五月甲子高祖及威君雅視事開陽府司馬劉政會告威君雅反即坐上執之丙寅突厥犯邊高祖令軍中曰人告威君雅召突厥今其果然遂殺之以起兵遣劉文靜使突厥約連和六月己卯傳檄諸郡稱

義兵開大將軍府置三軍以子建成爲隴西公左領軍大都督左軍隸焉世民爲燉煌公右領軍大都督右軍隸焉元吉爲姑臧公中軍隸焉裴寂爲長史劉文靜爲司馬石艾縣長殷開山爲掾劉政會爲屬長孫順德王長諧劉弘基竇琮爲統軍開倉庫賑窮乏七月壬子高祖杖白旗誓衆於野有兵三萬以元吉爲太原留守癸丑發太原甲寅遣將張綸徇下離石龍泉文城三郡丙辰次靈石營於賈胡堡隋虎牙郎將宋老生屯于霍邑以拒義師丙寅隋鷹揚府司馬李軌起武威號大涼王八月辛巳敗宋老生于霍邑丙戌下臨汾郡辛卯克絳郡癸巳次龍門突厥來助隋驍衛大將軍屈突通守河東絕津梁壬寅馮翊賊孫華土門賊白玄度皆具舟以來逆九月戊午高祖領太尉加置僚佐以少牢祀河乃濟甲子次長春宮丙寅隴西公建成劉文靜屯永豐倉守潼關燉煌公世民自渭北徇三輔從父弟神通起兵于鄠柴氏婦高祖女也亦起兵于司竹皆與世民會鄠賊丘師利李仲文盩厔賊何潘仁向

善思宜君賊劉炅等皆來降因略定鄠杜壬申高祖次馮翊乙亥燉煌公世民屯阿城隴西公建成自新豐趨霸上丙子高祖自下邽以西所經隋行宮苑籞悉罷之出宮女還其家十月辛巳次長樂宮有衆二十萬隋留守衛文昇等奉代王侑守京城高祖遣使諭之不報乃圍城下令曰犯隋七廟及宗室者罪三族丙申隋羅山令蕭銑自號梁公十一月丙辰克京城命主符郎宋公弼收圖籍約法十二條殺人劫盜背軍叛者死癸亥遙尊隋帝爲太上皇立代王爲皇帝大赦改元義寧甲子高祖入京師至朝堂望闕而拜隋帝授高祖假黃鉞使持節大都督內外諸軍事大丞相錄尚書事進封唐王以武德殿爲丞相府下教曰令視事于虔化門十二月癸未隋帝贈唐襄公爲景王仁公爲元王夫人竇氏爲唐國妃謚曰穆以建成爲唐國世子世民爲唐國內史徙封秦國公元吉爲齊國公丞相府置長史司錄以下官趙郡公孝恭徇山南甲辰雲陽令詹俊徇巴蜀二年正月丁未隋帝詔唐王劍履上殿入朝

不趨贊拜不名加前後羽葆鼓吹戊午周洮降戊辰世子建成爲左元帥秦國公世民爲右元帥徇地東都二月己卯太常卿鄭元璹定樊鄧使者馬元規徇荆襄三月己酉齊國公元吉爲太原道行軍元帥乙卯世民徙封趙國公丙辰隋右屯衛將軍宇文化及弒太上皇于江都立秦王浩爲皇帝吳興郡守沈法興據丹陽自稱江南道總管樂安人盧祖尚據光州自稱刺史戊辰隋帝進唐王位相國總百揆備九錫唐國置丞相等官立四廟四月己卯張長遜降辛巳停竹使符班銀菟符五月乙巳隋帝命唐王冕十有二旒建天子旌旗出警入蹕甲寅王德仁降戊午隋帝遜于位以刑部尚書蕭造司農少卿裴之隱奉皇帝璽紱於唐王三讓乃受武德元年五月甲子即皇帝位于太極殿命蕭造兼太尉告于南郊大赦改元賜百官庶人爵一級義師所過給復三年其餘給復一年改郡爲州太守爲刺史庚午太白晝見隋東都留守元文都及左武衛大將軍王世充立越王侗爲皇帝六月甲戌趙國公世

民爲尚書令裴寂爲尚書右僕射知政事劉文靜爲納言隋民部尚書蕭瑀丞相府司錄參軍竇威爲內史令丙子太白晝見己卯追謚皇高祖曰宣簡公皇曾祖曰懿王皇祖曰景皇帝廟號太祖祖妣梁氏曰景烈皇后皇考曰元皇帝廟號世祖妣獨孤氏曰元貞皇后妃竇氏曰穆皇后庚辰立世子建成爲皇太子封世民爲秦王元吉齊王癸未薛舉寇涇州秦王世民爲西討元帥劉文靜爲司馬太僕卿宇文明達招慰山東乙酉奉隋帝爲酅國公詔曰近世時運遷革前代親族莫不夷絕曆數有歸實惟 天命興亡之效豈伊人力前隋蔡王智積等子孫皆選用之癸巳禁言符瑞者辛丑竇威薨黃門侍郎陳叔達判納言將作大匠竇抗兼納言七月壬子劉文靜及薛舉戰于涇州敗績乙卯郭子和降庚申廢隋離宮八月壬申劉文靜除名戊寅約功臣恕死罪辛巳薛舉卒壬午李軌降甲申嚴州刺史王德仁殺招慰使宇文明達以反己丑秦王世民爲西討元帥以討薛仁杲庚子贈隋太常卿高熲上

柱國鄖國公上柱國賀若弼杞國公司隷大夫薛道衡上開府臨
河縣公刑部尚書宇文弼上開府平昌縣公左翊衛將軍董純柱
國狄道公右驍衛將軍李金才上柱國申國公左光祿大夫李敏
柱國觀國公諸遭隋枉殺而子孫被流者皆還之九月乙巳慮囚
始置軍府癸丑改銀菟符爲銅魚符甲寅秦州總管竇軌及薛仁
杲戰敗績辛未宇文化及殺秦王浩自稱皇帝十月壬申朔日有
食之己卯李密降壬午朱粲陷鄧州刺史呂子臧死之乙酉邵江
海降己亥盜殺商州刺史泉彥宗辛丑大閱是月竇抗罷十一月
竇建德敗王須拔于幽州須拔亡入于突厥乙巳涼王李軌反戊
申禁獻侏儒短節小馬庳牛異獸奇禽者己酉秦王世民敗薛仁
杲執之癸丑行軍總管趙慈景攻蒲州隋刺史堯君素拒戰執慈
景癸亥秦王世民俘薛仁杲以獻十二月壬申世民爲太尉丙子
蒲州人殺堯君素立其將王行本辛巳鄭元璹及朱粲戰于商州
敗之乙酉如周氏陂丁亥至自周氏陂庚子光祿卿李密反伏誅

是歲高開道陷漁陽號燕王

二年正月甲子陳叔達兼納言詔自今正月五月九月不行死刑
禁屠殺丙寅張善相降己巳楊士林降二月乙酉初定租庸調法
令文武官終喪丙戌州置宗師一人甲午赦并浩介石四州賈胡堡
以北繫囚閏月竇建德陷邢州執總管陳君賓辛丑竇建德殺宇
文化及于聊城朱粲降壬寅皇太子及秦王世民裴寂巡于畿縣
乙巳御史大夫段確勞朱粲于菊潭庚戌微行察風俗乙卯以穀
貴禁關內屠酤左屯衛將軍何潘仁及山賊張子惠戰于司竹死
之丁巳慮囚庚申驍騎將軍趙欽王娑羅及山賊戰于盩厔死之
丁卯王世充陷殷州陟州刺史李育德死之三月甲戌王薄降庚
辰蔣弘度徐師順降丁亥竇建德陷趙州丁酉李義滿降四月綦
公順降庚子并州總管齊王元吉及劉武周戰于榆次敗績辛丑
朱粲殺段確以反乙巳王世充廢越王侗自稱皇帝癸亥陷伊州
執總管張善相五月庚辰涼州將安脩仁執李軌以降癸未曲赦

涼甘瓜鄯肅會蘭河廓九州六月王世充殺越王侗戊戌立周公
孔子廟于國子監庚子竇建德陷滄州丁未劉武周陷介州癸亥
裴寂爲晉州道行軍總管離石胡劉季眞叛陷石州刺史王儉死
之七月壬申徐圓朗降八月丁酉酅國公薨甲子竇建德陷洺州
執總管袁子幹九月辛未殺戶部尚書劉文靜李子通自稱皇帝
沈法興自稱梁王丁丑杜伏威降裴寂及劉武周戰于介州敗績
右武衛大將軍姜寶誼死之庚辰竇建德陷相州總管呂珉死之
辛巳劉武周陷并州庚寅太白晝見竇建德陷趙州執總管張志
昂乙未京師地震梁師都寇延州鄜州刺史梁禮死之十月己亥
羅藝降乙卯如華陰赦募士背軍者壬戌劉武周寇晉州永安王
孝基及工部尚書獨孤懷恩陝州總管于筠內史侍郎唐儉討之
甲子祠華山是月夏縣人呂崇茂反秦王世民討劉武周十一月
丙子竇建德陷黎州執淮安王神通總管李世勣十二月丙申獵
于華山永安王孝基及劉武周戰于下邽敗績壬子大風拔木

三年正月己巳獵于渭濱戊寅王行本降辛巳如蒲州癸巳至自
蒲州二月丁酉京師西南地有聲庚子如華陰甲寅獨孤懷恩謀
反伏誅辛酉檢校隰州總管劉師善謀反伏誅三月庚午改納言
爲侍中內史令爲中書令甲戌中書侍郎封德彝兼中書令乙酉
劉季眞降四月丙申祠華山壬寅至自華陰癸卯禁關內諸州屠
甲寅秦王世民及宋金剛戰于雀鼠谷敗之辛酉王世充陷鄧州
總管雷四郎死之壬戌秦王世民及劉武周戰于洺州敗之武周
亡入于突厥克并州五月壬午秦王世民屠夏縣六月丙申赦晉隰
潞并四州癸卯詔隋帝及其宗室柩在江都者爲營窆置陵廟以
故宮人守之丙午慮囚封子元景爲趙王元昌魯王元亨酆王己酉
出宮女五百人賜東征將士有功者甲寅顯州長史田瓚殺行臺
尚書令楊士林叛附于王世充乙卯瘞州縣暴骨七月壬戌秦王
世民討王世充甲戌皇太子屯于蒲州以備突厥丙戌梁師都導
突厥稽胡寇邊行軍總管段德操敗之八月庚子慮囚甲辰時德

歙降九月癸酉田瓚降己丑給復陝鼎熊穀四州二年十月戊申
高開道降己酉楊仲達降己未有星隕于東都十二月己酉瓜州
刺史賀拔行威反
四年正月辛巳皇太子伐稽胡二月竇建德陷曹州執孟海公己
丑車騎將軍董阿興反于隴州伏誅乙巳太常少卿李仲文謀反
伏誅丙午慮囚丁巳赦代州總管府石嶺之北三月進封宜都郡
王泰為衛王庚申慮囚乙酉竇建德陷管州刺史郭志安死之四
月壬寅齊王元吉及王世充戰于東都敗績行軍總管盧君諤死
之戊申突厥寇并州執漢陽郡王瓌太常卿鄭元璹左驍騎衛大
將軍長孫順德甲寅封子元亨為酆王元禮鄭王元嘉宋王元則
荊王元茂越王丁巳左武衛將軍王君廓敗張青特執之五月壬
戌秦王世民敗竇建德于虎牢執之乙丑赦山東爲建德所詿誤
者戊辰王世充降庚午周法明降六月庚寅赦河南爲王世充所
詿誤者戊戌將善合降庚子營州人石世則執其總管晉文衍叛

附于靺鞨乙卯臧君相降七月甲子秦王世民俘王世充以獻丙
寅竇建德伏誅丁卯大赦給復天下一年陝鼎函虢虞芮豳七州
二年甲戌劉黑闥反于貝州辛巳戴州刺史孟噉鬼反伏誅八月
丙戌朔日有食之丁亥皇太子安撫北境丁酉劉黑闥陷鄃縣魏
州刺史權威貝州刺史戴元祥死之癸卯突厥寇代州執行軍總
管王孝基丁未劉黑闥陷歷亭屯衛將軍王行敏死之辛亥深州
人崔元遜殺其刺史裴晞叛附于劉黑闥兗州總管徐圓朗反九
月盧祖尚降乙卯淳于難降甲子汪華降是秋夔州總管趙郡王
孝恭率十二總管兵以討蕭銑十月己丑秦王世民為天策上將
領司徒齊王元吉為司空庚寅劉黑闥陷瀛州執刺史盧士叡又
陷觀州癸卯毛州人董燈明殺其刺史趙元愷乙巳趙郡王孝恭
敗蕭銑于荊州執之閏月乙卯如稷州己未幸舊墅壬戌獵于好
畤乙丑獵于九嵕丁卯獵于仲山戊辰獵于清水谷遂幸三原辛
未如周氏陂壬申至自周氏陂十一月甲申有事于南郊庚寅李子

通降丙申子通謀反伏誅壬寅劉黑闥陷定州總管李玄通死之
庚戌杞州人周文舉殺其刺史王孝矩叛附于黑闥十二月乙卯
黑闥陷冀州總管麴稜死之甲子左武候將軍李世勣及黑闥戰
于宋州敗績丁卯秦王世民齊王元吉討黑闥己巳黑闥陷邢州
庚午陷魏州總管潘道毅死之辛未陷莘州壬申徙封元嘉為
徐王
五年正月乙酉劉黑闥陷相州刺史房晃死之丙戌殷恭邃降丁
亥濟州別駕劉伯通執其刺史竇務本叛附于徐圓朗庚寅東鹽
州治中王才藝殺其刺史田華叛附于劉黑闥丙申相州人殺其
刺史獨孤徹以其州叛附于黑闥己酉楊世略劉元進降二月王
要漢降己巳秦王世民克邢州丁丑劉黑闥陷洺水總管羅士信
死之戊寅汴州總管王要漢敗徐圓朗于杞州執周文舉三月戊
戌譚州刺史李義滿殺齊州都督王薄丁未秦王世民及劉黑闥
戰于洺水敗之黑闥亡入于突厥蔚州總管高開道反寇易州刺史

慕容孝幹死之四月梁州野蠶成繭冉安昌降己未甯長眞降戊
辰釋流罪以下穫麥壬申代州總管李大恩及突厥戰死之戊寅
鄧文進降五月田留安降庚寅瓜州人王幹殺賀拔行威以降乙
巳賜荊州今歲田租六月辛亥劉黑闥與突厥寇山東車騎將軍
元韶為瓜州道行軍總管以備突厥癸丑吐谷渾寇洮旭疊三州
岷州總管李長卿敗之乙卯淮安郡王神通討徐圓朗七月甲申作
弘義宮甲午淮陽郡王道玄為河北道行軍總管討劉黑闥貝州
人董該以定州叛附于黑闥丙申突厥殺劉武周于白道遷州人
鄧士政反執其刺史李敬昂丁酉馮盎降八月辛亥葬隋煬帝甲
寅吐谷渾寇岷州益州道行臺左僕射竇軌敗之乙卯突厥寇邊
庚申皇太子出豳州道秦王世民出秦州道以禦突厥己巳吐谷
渾陷洮州并州總管襄邑郡王神符及突厥戰于汾東敗之戊寅
突厥陷大震關九月癸巳靈州總管楊師道敗之于三觀山丙申
洪州總管宇文歆又敗之于崇岡壬寅定州總管雙士洛驃騎將

軍魏道仁又敗之于恒山之陽丙午領軍將軍安興貴又敗之于
甘州劉黑闥陷瀛州刺史馬匡武死之東鹽州人馬君德以其州
叛附于黑闥十月己酉齊王元吉討黑闥癸丑貝州刺史許善護
及黑闥戰于鄃縣死之甲寅觀州刺史劉君會叛附于黑闥乙丑
淮陽郡王道玄及黑闥戰于下博死之己巳林士弘降十一月庚辰
劉黑闥陷滄州甲申皇太子討黑闥丙申如宜州癸卯獵于富平
北原十二月丙辰獵于萬壽原戊午劉黑闥陷恒州刺史王公政
死之庚申至自萬壽原壬申皇太子及劉黑闥戰于魏州敗之甲
戌又敗之于毛州

六年正月己卯黑闥將葛德威執黑闥以降壬午巂州人王摩娑
反驃騎將軍衞彥討之庚寅徐圓朗陷泗州二月劉黑闥伏誅庚
戌幸溫湯壬子獵于驪山甲寅至自溫湯丙寅行軍總管李世勣
敗徐圓朗執之三月苗海潮梅知巖左難當降乙巳洪州總管張
善安反四月己酉吐蕃陷芳州己未以故第爲通義宮祭元皇帝

元貞皇后于舊寢赦京城賜從官帛辛酉張善安陷孫州執總管
王戎丁卯南州刺史龐孝泰反陷南越州壬申封子元璹爲蜀王
元慶漢王癸酉裴寂爲尚書左僕射蕭瑀爲右僕射封德彝爲中
書令吏部尚書楊恭仁兼中書令檢校涼州諸軍事五月庚寅吐
谷渾党項寇河州刺史盧士良敗之癸卯高開道以奚寇幽州長
史王詵敗之六月丁卯突厥寇朔州總管高滿政敗之曲赦朔州
七月丙子沙州別駕竇伏明反殺其總管賀若懷廓己亥皇太子
屯于北邊秦王世民屯于并州以備突厥八月壬子淮南道行臺
左僕射輔公祏反乙丑趙郡王孝恭討之九月壬辰秦王世民爲
江州道行軍元帥丙申渝州人張大智反十月丙午殺廣州都督
劉世讓戊申降死罪流以下原之己未如華陰張大智降庚申獵
于白鹿原壬戌右虞候率杜士遠殺高滿政以朔州反丁卯突厥
請和十一月壬午張善安襲殺黃州總管周法明丁亥如華陰辛
卯獵于沙苑丁酉獵于伏龍原十二月壬寅朔日有食之癸卯張

善安降庚戌以奉義監爲龍躍宮武功宅爲慶善宮甲寅至自
華陰

七年正月庚寅鄒州人鄧同穎殺其刺史李士衡二月丁巳釋奠于
國學己未漁陽部將張金樹殺高開道以降三月戊戌趙郡王孝
恭敗輔公祏執之己亥孝恭殺越州都督闞稜四月庚子大赦班
新律令給復江州道二年揚越一年五月丙戌作仁智宮六月辛
丑如仁智宮壬戌慶州都督楊文幹反七月己巳突厥寇朔州總
管秦武通敗之癸酉慶州人殺楊文幹以降甲午至自仁智宮巂
州地震山崩遏江水閏月己未秦王世民齊王元吉屯于豳州以
備突厥八月己巳吐谷渾寇鄯州驃騎將軍彭武傑死之戊寅突
厥寇綏州刺史劉大俱敗之壬辰突厥請和丁酉裴寂使于突厥
十月丁卯如慶善宮辛未獵于鄠南癸酉幸終南山丙子謁樓觀
老子祠庚寅獵于圍川十二月丁卯如龍躍宮戊辰獵于高陵庚
午至自高陵太子詹事裴矩檢校侍中

八年二月癸未慮囚四月甲申如鄠獵于甘谷作太和宮丙戌至
自鄠六月甲子如太和宮七月丙午至自太和宮丁巳秦王世民
屯于蒲州以備突厥八月壬申并州行軍總管張瑾及突厥戰于
太谷敗績鄆州都督張德政死之執行軍長史溫彥博甲申任城
郡王道宗及突厥戰于靈州敗之丁亥突厥請和十月辛巳如周
氏陂獵于北原壬午如龍躍宮十一月辛卯如宜州獵于西原裴
矩罷庚子講武于同官天策府司馬宇文士及權檢校侍中辛丑
徙封元璹爲吳王元慶陳王癸卯秦王世民爲中書令齊王元吉
爲侍中癸丑獵于華池北原十二月辛酉至自華池庚辰獵于鳴
犢泉辛巳至自鳴犢泉

九年正月甲寅裴寂爲司空二月庚申齊王元吉爲司徒壬午有
星孛于胃昴丁亥孛于卷舌三月庚寅幸昆明池習水戰壬辰至
自昆明池丙午如周氏陂乙卯至自周氏陂丁巳突厥寇涼州都督
長樂郡王幼良敗之四月辛巳廢浮屠老子法六月丁巳太白經天

庚申秦王世民殺皇太子建成齊王元吉大赦復浮屠老子法癸亥立秦王世民爲皇太子聽政賜爲父後者襲勳爵赤牒官得爲眞免民逋租宿賦己卯太白晝見庚辰幽州都督廬江郡王瑗反伏誅癸未赦幽州管內爲瑗所詿誤者七月辛卯楊恭仁罷太子右庶子高士廉爲侍中左庶子房玄齡爲中書令蕭瑀爲尚書左僕射癸巳宇文士及爲中書令封德彝爲尚書右僕射辛亥太白晝見八月丙辰突厥請和丁巳太白晝見壬戌吐谷渾請和甲子皇太子即皇帝位貞觀三年太上皇徙居大安宮九年五月崩于垂拱前殿年七十一謚曰太武廟號高祖上元元年改謚神堯皇帝天寶八載謚神堯大聖皇帝十三載增謚神堯大聖大光孝皇帝

贊曰自古受命之君非有德不王自夏后氏以來始傳以世而有賢有不肖故其爲世數亦或短或長論者乃謂周自后稷至於文武積功累仁其來也遠故其爲世尤長然考於世本夏商周皆出於黃帝夏自鯀以前商自契至於成湯其間寂寥無聞與周之興異矣而漢亦起於亭長成亡之徒及其興也有天下皆數百年而後已由是言之天命豈易知哉然考其終始治亂顧其功德有厚薄與其制度紀綱所以維持者如何而其後世或寖以隆昌或遽以壞亂或漸以陵遲或能振而復起或遂至於不可支持雖各因其勢然有德則興無德則絕豈非所謂天命者常不顯其符而俾有國者兢兢以自勉耶唐在周隋之際世雖貴矣然烏有所謂積功累仁之漸而高祖之興亦何異因時而特起者歟雖其有治有亂或絕或微然其有天下年幾三百可謂盛哉豈非人厭隋亂而蒙德澤繼以太宗之治制度紀綱之法後世有以憑藉扶持而能永其天命歟

本紀第一

本紀第二　　唐書二

翰林學士兼龍圖閣學士朝散大夫給事中知制誥充史館修撰臣歐陽脩奉

敕撰

太宗文武大聖大廣孝皇帝諱世民高祖次子也母曰太穆皇后竇氏生而不驚方四歲有書生謁高祖曰公在相法貴人也然必有貴子及見太宗曰龍鳳之姿天日之表其年幾冠必能濟世安民書生已辭去高祖懼其語泄使人追殺之而不知其所往因以爲神乃採其語名之曰世民大業中突厥圍煬帝鴈門煬帝從圍中以木繫詔書投汾水而下募兵赴援太宗時年十六往應募隸將軍雲定興謂定興曰虜敢圍吾天子者以爲無援故也今宜先後吾軍爲數十里使其晝見旌旗夜聞鉦鼓以爲大至則可不擊而走之不然知我虛實則勝敗未可知也定興從之軍至崞縣突厥候騎見其軍來不絕果馳告始畢可汗曰救兵大至矣遂引去高祖擊歷山飛陷其圍中太宗馳輕騎取之而出遂奮擊大破之

太宗爲人聰明英武有大志而能屈節下士時天下已亂盜賊起知隋必亡乃推財養士結納豪傑長孫順德劉弘基等皆因事亡命匿之又與晉陽令劉文靜尤善文靜坐李密事繫獄太宗夜就獄中見之與圖大事時百姓避賊多入城城中幾萬人文靜爲令久知其豪傑因共部署計已定乃因裴寂告高祖高祖初不許已而許之高祖已起兵建大將軍府太宗率兵徇西河斬其郡丞高德儒拜右領軍大都督封燉煌郡公唐兵西將至霍邑會天久雨糧且盡高祖謀欲還兵太原太宗諫曰義師爲天下起也宜直入咸陽號令天下今還守一城是爲賊爾高祖不納太宗哭于軍門高祖驚召問之對曰還則衆散於前而敵乘於後死亡須臾所以悲爾高祖寤曰起事者汝也成敗惟汝時左軍已先返即與隴西公建成分追之夜半太宗失道入山谷棄其馬步而及其兵與俱還高祖乃并而前遲明至霍邑宋老生不出太宗從數騎傅其城舉鞭指麾若將圍之者老生怒出背城陣高祖率建成居其東太宗及柴紹居其南老生兵薄東陣建成墜馬老生乘之高祖軍卻太宗自南原馳下坂分兵斷其軍爲二而出其陣後老生兵敗走遂斬之進次涇陽擊胡賊劉鷂子破之唐兵攻長安太宗屯金城坊攻其西北遂克之義寧元年爲光祿大夫唐國內史徙封秦國公食邑萬戶薛舉攻扶風太宗擊敗之斬首萬餘級遂略地至隴右二年爲右元帥徙封趙國公率兵十萬攻東都不克而還設三伏于三王陵敗隋將段達兵萬人武德元年爲尚書令右翊衛大將軍進封秦王薛舉寇涇州太宗爲西討元帥進位雍州牧七月太宗有疾諸將爲舉所敗八月太宗疾間復屯于高墌城相持六十餘日已而舉死其子仁杲率其衆求戰太宗按軍不動久之仁杲糧盡衆稍離叛太宗曰可矣乃遣行軍總管梁實柵淺水原仁杲將宗羅睺擊實太宗遣將軍龐玉救實玉軍幾敗太宗率兵出其後羅睺敗走太宗追之至其城下仁杲乃出降師還高祖遣李密馳傳勞之于豳州密見太宗不敢仰視退而歎曰眞英主也獻捷太廟拜右武候大將軍太尉使持節陝東道大行臺尚書令詔蒲陝河北諸總管兵皆受其節度二年正月鎭長春宮進拜左武候大將軍涼州總管是時劉武周據幷州宋金剛陷澮州王行本據蒲州而夏縣人呂崇茂殺縣令以應武周高祖懼詔諸將棄河東以守關中太宗以爲不可棄願得兵三萬可以破賊高祖於是悉發關中兵益之十一月出龍門關屯于柏壁三年四月擊敗宋金剛于柏壁金剛走介州太宗追之一日夜馳二百里宿于雀鼠谷之西原軍士皆饑太宗不食者二日行至浩州乃得食而金剛將尉遲敬德尋相等皆來降劉武周懼奔于突厥其將楊伏念舉幷州降高祖遣蕭瑀即軍中拜太宗益州道行臺尚書令七月討王世充敗之于北邙四年二月竇建德率兵十萬以援世充太宗敗建德于虎牢執之世充乃降六月凱旋太宗被金甲陳鐵騎一萬介士三萬前後鼓吹獻俘于太廟高祖以謂太宗功高古官號不足以稱乃加號天策上將領司徒陝東道大行臺尚書令位

在王公上增邑戶至三萬賜袞冕金輅雙璧黃金六千斤前後鼓吹九部之樂班劍四十人五年正月討劉黑闥於洺州敗之黑闥旣降已而復反高祖怒命太子建成取山東男子十五以上悉阬之驅其小弱婦女以實關中太宗切諫以為不可遂已加拜左右十二衛大將軍七年突厥寇邊太宗與遇于豳州從百騎與其可汗語乃盟而去八年進位中書令初高祖起太原非其本意而事出太宗及取天下破宋金剛王世充竇建德等太宗功益高而高祖屢許以為太子太子建成懼廢與齊王元吉謀害太宗未發九年六月太宗以兵入玄武門殺太子建成及齊王元吉高祖大驚乃以太宗為皇太子八月甲子即皇帝位于東宮顯德殿遣裴寂告于南郊大赦武德流人還之賜文武官勳爵免關內及蒲芮虞泰陝鼎六州二歲租給復天下一年民八十以上賜粟帛百歲加版授廢潼關以東瀕河諸關癸酉放宮女三千餘人丙子立妃長孫氏為皇后癸未突厥寇便橋乙酉又與突厥頡利盟于便橋九月壬

子禁私家妖神淫祀占卜非龜易五兆者十月丙辰朔日有食之癸亥立中山郡王承乾為皇太子庚辰蕭瑀陳叔達罷十一月庚寅降宗室郡王非有功者爵為縣公十二月癸酉慮囚是歲進封子長沙郡王恪為漢王宜陽郡王祐為楚王

貞觀元年正月乙酉改元辛丑燕郡王李藝反于涇州伏誅二月丁巳詔民男二十女十五以上無夫家者州縣以禮聘娶貧不能自行者鄉里富人及親戚資送之鰥夫六十寡婦五十婦人有子若守節者勿強三月癸巳皇后親蠶丙午詔齊僕射崔季舒黃門侍郎郭遵尚書右丞封孝琰以極言蒙難季舒子剛遵子雲孝琰子君遵並及淫刑宜免內侍褒敘以官閏月癸丑朔日有食之四月癸巳涼州都督長樂郡王幼良有罪伏誅五月癸丑敕中書令侍中朝堂受訟辭有陳事者悉上封六月辛丑封德彝薨甲辰太子少師蕭瑀為尚書左僕射是夏山東旱免今歲租七月壬子吏部尚書長孫無忌為尚書右僕射八月河南隴右邊州霜宇文士及檢校涼州都督戊戌以高士廉為安州大都督九月庚戌朔日有食之辛酉遣使諸州行損田賑問下戶御史大夫杜淹檢校吏部尚書參議朝政宇文士及罷辛未幽州都督王君廓奔于突厥十月丁酉以歲饑減膳十一月己未許子弟年十九以下隨父兄之官所十二月壬午蕭瑀罷戊申利州都督李孝常右武衛將軍劉德裕謀反伏誅

二年正月辛亥長孫無忌罷兵部尚書杜如晦檢校侍中摠監東宮兵馬事癸丑吐谷渾寇岷州都督李道彥敗之丁巳徙封恪為蜀王泰越王祐燕王庚午刑部尚書李靖檢校中書令二月戊戌外官上考者給祿三月戊申朔日有食之壬子命中書門下五品以上及尚書議決死罪壬戌李靖為關內道行軍大摠管以備薛延陀己巳遣使巡關內出金寶贖饑民鬻子者還之庚午以旱蝗責躬大赦癸酉雨四月己卯瘞隋人暴骸壬寅朔方人梁洛仁殺梁師都以降六月甲申詔出使官稟其家庚寅以子治生賜是

日生子者粟辛卯辰州刺史裴虔通以弒隋煬帝削爵流驩州七月戊申萊州刺史牛方裕絳州刺史薛世良廣州長史唐奉義虎牙郎將高元禮以宇文化及之黨皆除名徙于邊八月甲戌省冤獄于朝堂辛丑立三王後廟置國官九月壬子以有年賜酺三日十月庚辰杜淹薨戊子殺瀛州刺史盧祖尚十一月辛酉有事于南郊十二月壬辰黃門侍郎王珪守侍中癸巳禁五品以上過市

三年正月丙午以旱避正殿癸丑官得上下考者給祿一年戊午享于太廟癸亥耕藉田辛未裴寂罷二月戊寅房玄齡為尚書左僕射杜如晦為右僕射尚書右丞魏徵為祕書監參預朝政三月己酉慮囚四月乙亥太上皇徙居于大安宮甲午始御太極殿戊戌賜孝義之家粟五斛八十以上二斛九十以上三斛百歲加絹二匹婦人正月以來產子者粟一斛五月乙丑周王元方薨六月戊寅以旱慮囚己卯大風拔木壬午詔文武官言事八月己巳朔日有食之丁亥李靖為定襄道行軍大摠管以伐突厥九月丁巳華州

剌史柴紹爲勝州道行軍總管以伐突厥十一月庚申并州都督李世勣爲通漠道行軍總管華州刺史柴紹爲金河道行軍總管任城郡王道宗爲大同道行軍總管幽州都督衛孝節爲恒安道行軍總管營州都督薛萬淑爲暢武道行軍總管以伐突厥十二月癸未杜如晦罷閏月癸丑爲死兵者立浮屠祠辛酉慮囚是歲中國人歸自塞外及開四夷爲州縣者百二十餘萬人

四年正月丁卯朔日有食之癸巳武德殿北院火二月己亥幸溫湯甲辰李靖及突厥戰于陰山敗之丙午至自溫湯甲寅大赦賜酺五日御史大夫溫彥博爲中書令王珪爲侍中民部尚書戴冑檢校吏部尚書參豫朝政太常卿蕭瑀爲御史大夫與宰臣參議朝政丁巳以旱詔公卿言事三月甲午李靖俘突厥頡利可汗以獻四月戊戌西北君長請上號爲天可汗六月乙卯發卒治洛陽宮七月甲子朔日有食之癸酉蕭瑀罷甲戌太上皇不豫廢朝辛卯疾愈賜都督刺史文武官及民年八十以上孝子表門閭者有

差八月甲寅李靖爲尚書右僕射九月庚午瘞長城南隋人暴骨己卯如隴州壬午禁芻牧于古明君賢臣烈士之墓者十月壬辰赦岐隴二州免今歲租賦降咸陽始平武功死罪以下辛丑獵于貴泉谷甲辰獵于魚龍川獻獲于大安宮乙卯免武功今歲租賦十一月壬戌右衛大將軍侯君集爲兵部尚書參議朝政甲子至自隴州戊寅除鞭背刑十二月甲辰獵于鹿苑乙巳至自鹿苑是歲天下斷死罪者二十九人

五年正月癸酉獵于昆明池丙子至自昆明池獻獲于大安宮二月己酉封弟元裕爲鄶王元名譙王靈夔魏王元祥許王元曉密王庚戌封子愔爲梁王貞漢王惲郯王治晉王慎申王囂江王簡代王四月壬辰代王簡薨五月乙丑以金帛贖隋人沒于突厥者以還其家八月甲辰遣使高麗祭隋人戰亡者戊申殺大理丞張蘊古十一月丙子有事于南郊十二月丁亥詔決死刑京師五覆奏諸州三覆奏其日尚食毋進酒肉壬寅幸溫湯癸卯獵于驪山

賜新豐高年帛戊申至自溫湯癸丑赦關內

六年正月乙卯朔日有食之癸酉靜州山獠反右武衛將軍李子和敗之三月侯君集罷戊辰如九成宮丁丑降雍岐豳三州死罪以下賜民八十以上粟帛五月魏徵檢校侍中六月己亥鄶王元亨薨辛亥江王囂薨七月己巳詔天下行鄉飲酒九月己酉幸慶善宮十月侯君集起復乙卯至自慶善宮十二月辛未慮囚縱死罪者歸其家是歲諸羌內屬者三十萬人

七年正月戊子宇文化及黨人之子孫勿齒辛丑賜京城酺三日二月丁卯雨土三月戊子王珪罷庚寅魏徵爲侍中五月癸未如九成宮六月辛亥戴冑薨八月辛未東西洞獠寇邊右屯衛大將軍張士貴爲龔州道行軍總管以討之九月縱囚來歸皆赦之十月庚申至自九成宮乙丑京師地震十一月壬辰開府儀同三司長孫无忌爲司空十二月甲寅幸芙蓉園丙辰獵于少陵原戊午至自少陵原

八年正月辛丑張士貴及獠戰敗之壬寅遣使循省天下二月乙巳皇太子加元服丙午降死罪以下賜五品以上子爲父後者爵一級民酺三日三月庚辰如九成宮五月辛未朔日有食之是夏吐谷渾寇涼州左驍衛大將軍段志玄爲西海道行軍總管左驍衛將軍樊興爲赤水道行軍總管以伐之七月隴右山崩八月甲子有星孛于虛危十月作永安宮甲子至自九成宮十一月辛未李靖罷己丑吐谷渾寇涼州執行人鴻臚丞趙德楷十二月辛丑特進李靖爲西海道行軍大總管侯君集爲積石道行軍總管任城郡王道宗爲鄯善道行軍總管膠東郡公道彥爲赤水道行軍總管涼州都督李大亮爲且末道行軍總管利州刺史高甑生爲鹽澤道行軍總管以伐吐谷渾丁卯從太上皇閱武于城西

九年正月党項羌叛二月長孫无忌罷三月庚辰洮州羌殺刺史孔長秀附于吐谷渾壬午大赦乙酉高甑生及羌人戰敗之閏四月丙寅朔日有食之五月長孫无忌起復庚子太上皇崩皇太子

聽政壬子李靖及吐谷渾戰敗之七月庚子鹽澤道行軍副揔管
劉德敏及羌人戰敗之十月庚寅葬太武皇帝于獻陵十一月壬
戌特進蕭瑀參豫朝政
十年正月甲午復聽政癸丑徙封元景爲荆王元昌漢王元禮徐
王元嘉韓王元則彭王元懿鄭王元軌霍王元鳳虢王元慶道王
靈夔燕王恪吳王泰魏王祐齊王愔蜀王惲蔣王貞越王愼紀王
三月癸丑出諸王爲都督六月壬申温彦博爲尚書右僕射太常
卿楊師道爲侍中魏徵罷爲特進知門下省事參議朝章國典
己卯皇后崩十一月庚寅葬文德皇后于昭陵十二月蕭瑀罷庚
辰慮囚
十一年正月丁亥徙封元裕爲鄧王元名舒王庚子作飛山宮乙
卯免雍州今歲租賦二月丁巳營九嵕山爲陵賜功臣密戚陪塋
地及秘器甲子如洛陽宮乙丑給民百歲以上侍五人壬午獵于
鹿臺嶺三月丙戌朔日有食之癸卯降洛州囚見徒免一歲租調
辛亥獵于廣成澤癸丑如洛陽宮六月甲寅温彦博薨丁巳幸明
德宮己未以諸王爲世封刺史戊辰以功臣爲世封刺史己巳徙
封元祥爲江王七月癸未大雨水穀洛溢乙未詔百官言事壬寅
廢明德宮之玄圃院賜遭水家丙午給亳州老子廟兗州孔子廟
戶各二十以奉享復涼武昭王近墓戶二十以守衛九月丁亥河
溢壞陝州河北縣毀河陽中潬幸白司馬坂觀之賜瀕河遭水家
粟帛十月癸丑賜先朝謀臣武將及親戚亡者塋陪獻陵十一月
辛卯如懷州乙未獵于濟源麥山丙午如洛陽宮
十二年正月乙未叢州地震癸卯松州地震二月癸亥如河北縣
觀底柱甲子巫州獠反夔州都督齊善行敗之乙丑如陝州丁卯
觀鹽池庚午如蒲州甲戌如長春宮免朝邑今歲租賦降囚罪乙
亥獵于河濱閏月庚辰朔日有食之丙戌至自長春宮七月癸酉
吏部尚書高士廉爲尚書右僕射八月壬寅吐蕃寇松州侯君集
爲當彌道行軍大揔管率三揔管兵以伐之九月辛亥闊水道行

軍揔管牛進達及吐蕃戰于松州敗之十月己卯獵于始平賜高
年粟帛乙未至自始平鈞州山獠反桂州都督張寶德敗之十一
月己巳明州山獠反交州都督李道彦敗之十二月辛巳壁州山
獠反右武候將軍上官懷仁討之是歲滁豪二州野蠶成繭
十三年正月乙巳拜獻陵赦三原及行從免縣人今歲租賦賜宿
衛陵邑郎將三原令爵一級丁未至自獻陵二月庚子停世封刺
史三月乙丑有星孛于畢昴四月戊寅如九成宮甲申中郎將阿
史那結社率反伏誅壬寅雲陽石然五月甲寅以旱避正殿詔五
品以上言事減膳罷役理囚賑乏乃雨六月丙申封弟元嬰爲滕
王八月辛未朔日有食之十月甲申至自九成宮十一月辛亥楊
師道爲中書令戊辰尚書左丞劉洎爲黃門侍郎參知政事十
二月壬申侯君集爲交河道行軍大揔管以伐高昌乙亥封子福
爲趙王壬辰獵于咸陽癸巳至自咸陽是歲滁州野蠶成繭
十四年正月庚子有司讀時令甲寅幸魏王泰第赦雍州長安縣
免延康里今歲租賦二月丁丑觀釋奠于國學赦大理萬年縣賜
學官高第生帛壬午幸温湯辛卯至自温湯乙未求梁皇侃褚仲
都周熊安生沈重陳沈文阿周弘正張譏隋何妥劉焯劉炫之後
三月羅竇二州獠反廣州揔管党仁弘敗之五月壬寅徙封靈夔
爲魯王六月滁州野蠶成繭乙酉大風拔木八月庚午作襄城宮
癸酉侯君集克高昌九月癸卯赦高昌部及士卒父子犯死期犯
流大功犯徒小功緦麻犯杖皆原之閏十月乙未如同州甲辰獵
于堯山庚戌至自同州十一月甲子有事于南郊十二月丁酉侯
君集俘高昌王以獻賜酺三日癸卯獵于樊川乙巳至自樊川
十五年正月辛巳如洛陽宮次温湯衛士崔卿刁文懿謀反伏誅
三月戊辰如襄城宮四月辛卯詔以來歲二月有事于泰山乙未免
洛州今歲租遷戶故給復者加給一年賜民八十以上物惸獨鰥
寡疾病不能自存者米二斛慮囚六月己酉有星孛于太微丙辰
停封泰山避正殿減膳七月丙寅宥周隋名臣及忠烈子孫貞觀

以後流配者十月辛卯獵于伊闕壬辰如洛陽宮十一月癸酉薛延陀寇邊兵部尚書李世勣爲朔州道行軍摠管右衛大將軍李大亮爲靈州道行軍摠管涼州都督李襲譽爲涼州道行軍摠管以伐之十二月戊子至自洛陽宮庚子命三品以上嫡子事東宮辛丑慮囚甲辰李世勣及薛延陀戰于諾真水敗之乙巳贈戰亡將士官三轉

十六年正月乙丑遣使安撫西州戊辰募戍西州者前犯流死亡匿聽自首以應募辛未徙天下死罪囚實西州中書舍人岑文本爲中書侍郎專典機密六月戊戌太白晝見七月戊午長孫无忌爲司徒房玄齡爲司空十一月丙辰獵于武功壬戌獵于岐山之陽甲子賜所過六縣高年孤疾氊衾粟帛遂幸慶善宮庚午至自慶善宮十二月癸卯幸温湯甲辰獵于驪山乙巳至自温湯

十七年正月戊辰魏徵薨代州都督劉蘭謀反伏誅二月己亥慮囚戊申圖功臣于凌煙閣三月壬子禁送終違令式者丙辰齊王祐反李世勣討之甲子以旱遣使覆囚決獄乙丑齊王祐伏誅給復齊州一年四月乙酉廢皇太子爲庶人漢王元昌侯君集等伏誅丙戌立晉王治爲皇太子大赦賜文武官及五品以上子爲父後者爵一級民八十以上粟帛酺三日丁亥楊師道罷己丑特進蕭瑀爲太子太保李世勣爲太子詹事同中書門下三品庚寅謝承乾之過于太廟癸巳降封魏王泰爲東萊郡王六月己卯朔日有食之壬辰葬隋恭帝甲午以旱避正殿減膳詔京官五品以上言事丁酉高士廉同中書門下三品平章政事閏月丁巳詔皇太子典左右屯營兵丙子徙封泰爲順陽郡王七月丁酉房玄齡罷八月庚戌工部尚書張亮爲刑部尚書參豫朝政十月丁未建諸州邸于京城丁巳房玄齡起復十一月己卯有事于南郊壬午賜酺三日以涼州獲瑞石赦涼州十二月庚申幸温湯庚午至自温湯

十八年正月乙未如鍾官城庚子如鄠壬寅幸温湯二月己酉如零口乙卯至自零口丁巳給復突厥高昌部人隷諸州者二年四月辛亥如九成宮七月甲午營州都督張儉率幽營兵及契丹奚以伐高麗八月壬子安西都護郭孝恪爲西州道行軍摠管以伐焉耆甲子至自九成宮丁卯劉洎爲侍中岑文本爲中書令中書侍郎馬周守中書令九月黃門侍郎褚遂良參豫朝政辛卯郭孝恪及焉耆戰敗之十月辛丑朔日有食之癸卯宴雍州父老于上林苑賜粟帛甲寅如洛陽宮己巳獵于天池十一月戊寅慮囚庚辰遣使巡問鄭汝懷澤四州高年宴賜之甲午張亮爲平壤道行軍大摠管李世勣馬周爲遼東道行軍大摠管率十六摠管兵以伐高麗十二月壬寅庶人承乾卒戊午李思摩部落叛

十九年二月庚戌如洛陽宮以伐高麗癸丑射虎于武德北山乙卯皇太子監國于定州丁巳賜所過高年鰥寡粟帛贈比干太師謚忠烈三月壬辰長孫无忌攝侍中吏部尚書楊師道攝中書令四月癸卯誓師于幽州大饗軍丁未岑文本薨癸亥李世勣克蓋牟城五月己巳平壤道行軍摠管程名振克沙卑城庚午次遼澤瘞隋人戰亡者乙亥遼東道行軍摠管張君乂有罪伏誅丁丑軍于馬首山甲申克遼東城六月丁酉克白巖城己未大敗高麗于安市城東南山左武衛將軍王君愕死之辛酉賜酺三日七月壬申葬死事官加爵四級以一子襲九月癸未班師十月丙午次營州以太牢祭死事者丙辰皇太子迎謁于臨渝關戊午次漢武臺刻石紀功十一月癸酉大饗軍于幽州庚辰次易州癸未平壤道行軍摠管張文幹有罪伏誅丙戌次定州丁亥貶楊師道爲工部尚書十二月戊申次幷州己未薛延陀寇夏州左領軍大將軍執失思力敗之庚申殺劉洎

二十年正月辛未夏州都督喬師望及薛延陀戰敗之丁丑遣使二十二人以六條黜陟于天下庚辰赦幷州起義時編戶給復三年後附者一年二月甲午從伐高麗無功者皆賜勳一轉庚申賜所過高年鰥寡粟三月己巳至自高麗庚午不豫皇太子聽政己丑

張亮謀反伏誅閏月癸巳朔日有食之六月乙亥江夏郡王道宗李世勣伐薛延陀七月辛亥疾愈李世勣及薛延陀戰敗之八月甲子封孫忠為陳王己巳如靈州庚辰次涇州賜高年鰥寡粟帛丙戌踰隴山關次瓦亭觀馬牧丁亥許陪陵者子孫從葬九月辛卯遣使巡察嶺南甲辰鐵勒諸部請上號為可汗辛亥靈州地震十月貶蕭瑀為商州刺史丙戌至自靈州十一月己丑詔祭祀表跡蕃客兵馬宿衛行魚契給驛授五品以上官及除解決死罪皆以聞餘委皇太子

二十一年正月壬辰高士廉薨丁酉詔以來歲二月有事于泰山甲寅以鐵勒諸部為州縣賜京師酺三日慮囚降死罪以下二月丁丑皇太子釋菜于太學三月戊子左武衛大將軍牛進達為青丘道行軍大總管李世勣為遼東道行軍大總管率三總管兵以伐高麗四月乙丑作翠微宮五月戊子幸翠微宮壬辰命百司決事于皇太子庚戌李世勣克南蘇木底城六月丁丑遣使鐵勒諸

部購中國人陷沒者七月乙未牛進達克石城丙申作玉華宮庚戌至自翠微宮八月泉州海溢壬戌停封泰山九月丁酉封子明為曹王十月癸丑褚遂良罷十一月癸卯進封泰為濮王十二月戊寅左驍衛大將軍契苾何力為崑丘道行軍大總管率三總管兵以伐龜茲

二十二年正月庚寅馬周薨戊戌幸溫湯己亥中書舍人崔仁師為中書侍郎參知機務丙午左武衛大將軍薛萬徹為青丘道行軍大總管以伐高麗長孫無忌檢校中書令知尚書門下省事戊申至自溫湯二月褚遂良起復乙卯見京城父老勞之蠲今歲半租畿縣三之一丁卯詔度遼水有功未酬勳而犯罪者與成官同乙亥幸玉華宮己卯獵于華原流崔仁師于連州三月丁亥赦宜君給復縣人自玉華宮苑中遷者三年四月丁巳松州蠻叛右武候將軍梁建方敗之六月丙寅張行成存問河北從軍者家令州縣為營農丙子薛萬徹及高麗戰于泊灼城敗之七月甲申太白書見壬辰殺華州刺史李君羨癸卯房玄齡薨八月己酉朔日有食之辛未執失思力伐薛延陀餘部于金山九月庚辰崑丘道行軍總管阿史那社尒及薛延陀餘部處月處蜜戰敗之己亥褚遂良為中書令壬寅眉邛雅三州獠反茂州都督張士貴討之十月癸丑至自玉華宮己巳阿史那社尒及龜茲戰敗之十二月辛未降長安萬年徒罪以下閏月癸巳慮囚

二十三年正月辛亥阿史那社尒俘龜茲王以獻三月己未自冬旱至是雨辛酉大赦丁卯不豫命皇太子聽政于金液門四月己亥幸翠微宮五月戊午貶李世勣為疊州都督己巳皇帝崩于含風殿年五十三庚午奉大行御馬輿還京師禮部尚書于志寧為侍中太子少詹事張行成兼侍中高季輔兼中書令壬申發喪謚曰文上元元年改謚文武聖皇帝天寶八載謚文武大聖皇帝十三載增謚文武大聖大廣孝皇帝

贊曰甚矣至治之君不世出也禹有天下傳十有六王而少康有

中興之業湯有天下傳二十八王而其甚盛者號稱三宗武王有天下傳三十六王而成康之治與宣之功其餘無所稱焉雖詩書所載時有闕略然三代千有七百餘年傳七十餘君其卓然著見於後世者此六七君而已嗚呼可謂難得也唐有天下傳世二十其可稱者三君玄宗憲宗皆不克其終盛哉太宗之烈也其除隋之亂比迹湯武致治之美庶幾成康自古功德兼隆由漢以來未之有也至其牽於多愛復立浮圖好大喜功勤兵於遠此中材庸主之所常為然春秋之法常責備於賢者是以後世君子之欲成人之美者莫不歎息於斯焉

本紀第二

本紀第三　　唐書三

翰林學士兼龍圖閣學士朝散大夫給事中知制誥充史館修撰臣歐陽脩奉

敕撰

高宗天皇大聖大弘孝皇帝諱治字爲善太宗第九子也母曰文德皇后長孫氏始封晉王貞觀七年遥領并州都督十七年太子承乾廢焉魏王泰次當立亦以罪黜乃立子治爲皇太子太宗嘗命皇太子遊觀習射太子辭以非所好願得奉至尊居膝下太宗大喜乃營寢殿側爲別院使太子居之太宗每視朝皇太子常侍觀決庶政二十三年太宗有疾詔皇太子聽政於金液門四月從幸翠微宮太宗崩以羽檄發六府甲士四千衛皇太子入于京師六月甲戌即皇帝位于柩前大赦賜文武官勳一轉民八十以上粟帛給復雍州及比歲供軍所一年癸未長孫无忌爲太尉癸巳檢校洛州刺史李勣爲開府儀同三司參掌機密八月癸酉河東地震乙亥又震庚辰遣使存問河東給復二年賜壓死者人絹三

匹庚寅葬文皇帝于昭陵九月甲寅荆王元景爲司徒吳王恪爲司空乙卯李勣爲尚書左僕射同中書門下三品十一月乙丑晉州地震左詡衛郎將高偘伐突厥是冬無雪

永徽元年正月辛丑改元丙午立妃王氏爲皇后張行成爲侍中二月辛卯封子孝爲許王上金杞王素節雍王四月己巳晉州地震五月己未太白晝見六月高偘及突厥戰于金山敗之庚辰晉州地震詔五品以上言事七月辛酉以旱慮囚八月戊辰給五品以上解官充侍者半祿加賜帛庚午降死罪以下九月癸卯高偘俘突厥車鼻可汗以獻十月戊辰李勣罷左僕射十一月己未褚遂良爲同州刺史十二月庚午琰州獠寇邊梓州都督謝萬歲死之

二年正月戊戌開義倉以賑民乙巳黃門侍郎宇文節中書侍郎柳奭同中書門下三品乙卯瑤池都督阿史那賀魯叛四月乙丑命有司毋進肉食訖于五月七月丁未賀魯寇庭州左武衛大將軍梁建方右驍衛大將軍契苾何力爲弓月道行軍總管以伐之八月己巳高季輔爲侍中于志寧爲尚書左僕射張行成爲右僕射同中書門下三品己卯白水蠻寇邊左領軍將軍趙孝祖爲郎州道行軍總管以伐之九月癸卯以同州苦泉牧地賜貧民十月辛卯晉州地震十一月辛酉有事于南郊癸酉禁進犬馬鷹鶻戊寅忻州地震甲申雨木冰是月竇州義州蠻寇邊桂州都督劉伯英敗之趙孝祖及白水蠻戰于羅仵候山敗之十二月乙未太白晝見壬子處月朱邪孤注殺招慰使單道惠叛附于賀魯是冬無雪

三年正月癸亥梁建方及處月戰于牢山敗之甲子以旱避正殿減膳降囚罪徒以下原之己巳褚遂良爲吏部尚書同中書門下三品丙子享于太廟丁亥耕藉田三月辛巳雨土宇文節爲侍中柳奭守中書令四月庚寅趙孝祖及白水蠻戰敗之甲午彭王元則薨是月兵部侍郎韓瑗爲黃門侍郎同中書門下三品五月庚申求齊侍中崔季舒給事黃門侍郎裴澤隋儀同三司豆盧毓

御史中丞游楚客子孫官之七月丁巳立陳王忠爲皇太子大赦賜五品以上子爲父後者勳一轉民酺三日九月丙辰求周司沐大夫裴融尚書左丞封孝琰子孫官之是月中書侍郎來濟同中書門下三品十二月癸巳濮王泰薨

四年二月甲申駙馬都尉房遺愛薛萬徹柴令武高陽巴陵公主謀反伏誅殺荆王元景吳王恪乙酉流宇文節于桂州戊子廢蜀王愔爲庶人己亥徐王元禮爲司徒李勣爲司空四月壬寅以旱慮囚遣使決天下獄減殿中太僕馬粟詔文武官言事甲辰避正殿減膳六月己丑太白晝見八月己亥隕石于馮翊十有八九月壬戌張行成薨甲戌褚遂良爲尚書右僕射十月庚子幸溫湯甲辰赦新豐乙巳至自溫湯戊申睦州女子陳碩眞反婺州刺史崔義玄討之十一月庚戌陳碩眞伏誅癸丑兵部尚書崔敦禮爲侍中丁巳柳奭爲中書令十二月庚子高季輔薨

五年正月丙寅以旱詔文武官朝集使言事三月戊午如萬年宮

乙丑次鳳泉湯辛未赦岐州及所過徒罪以下六月癸亥柳奭罷
丙寅河北大水遣使慮囚八月己未詔免鱗游岐陽今歲課役岐
州及供頓縣半歲九月丁酉至自萬年宮十月癸卯築京師羅
郭起觀于九門
六年正月壬申拜昭陵赦醴泉及行從免縣今歲租調陵所宿衛
進爵一級令丞加一階癸酉以少牢祭陪葬者甲戌至自昭陵庚
寅封子弘爲代王賢潞王二月乙巳皇太子加元服降死罪以下
賜酺三日五品以上爲父後者勳一轉乙丑營州都督程名振左
衛中郎將蘇定方伐高麗五月壬午及高麗戰于貴端水敗之
癸未左屯衛大將軍程知節爲葱山道行軍大總管以伐賀魯
壬辰韓瑗爲侍中來濟爲中書令七月乙酉崔敦禮爲中書令是
月中書舍人李義府爲中書侍郎參知政事九月庚午貶褚遂
良爲潭州都督乙酉洛水溢十月齊州黃河溢己酉廢皇后爲庶
人乙卯立宸妃武氏爲皇后丁巳大赦賜民八十以上粟帛十一

月己巳皇后見于太廟戊子停諸州貢珠癸巳詔禁吏酷法及爲
隱名書者是冬皇后殺王庶人
顯慶元年正月辛未廢皇太子忠爲梁王立代王弘爲皇太子壬申
大赦改元賜五品以上子爲父後者勳一轉民酺三日八十以上粟
帛丙戌禁胡人爲幻戲者甲午放宮人三月辛巳皇后親蠶丙
戌戶部侍郎杜正倫爲黃門侍郎同中書門下三品四月壬寅詔
五品以上老疾不以罪者同致仕壬子矩州人謝無零反伏誅七
月癸未崔敦禮爲太子少師同中書門下三品八月丙申崔敦禮
薨辛丑程知節及賀魯部歌邏祿處月戰于榆慕谷敗之九月
庚辰括州海溢癸未程知節及賀魯戰于怛篤城敗之十一月乙
丑以子顯生賜京官朝集使勳一轉自八月霖且雨至於是月
是歲龜茲大將羯獵顛附于賀魯左屯衛大將軍楊胄伐之
二年閏正月壬寅如洛陽宮庚戌右屯衛將軍蘇定方爲伊麗道
行軍總管以伐賀魯二月癸亥降洛州囚罪徒以下原之免民一

歲租調賜百歲以上氈衾粟帛庚午封子顯爲周王壬申徙封素
節爲郇王三月戊申禁舅姑拜公主父母拜王妃癸丑李義府兼
中書令五月丙申幸明德宮七月丁亥如洛陽宮八月丁卯貶韓
瑗爲振州刺史來濟爲台州刺史辛未衛尉卿許敬宗爲侍中九
月庚寅杜正倫兼中書令十一月戊戌如許州甲辰遣使慮所過
州縣囚乙巳獵于滍南壬子講武于新鄭赦鄭州免一歲租賦賜
八十以上粟帛其嘗事高祖任佐史者以名聞十二月乙卯如洛陽
宮丁巳蘇定方敗賀魯于金牙山執之丁卯以洛陽宮爲東都
三年正月戊申楊胄及龜茲羯獵顛戰于泥師城敗之二月甲
戌至自東都戊寅慮囚六月壬子程名振及高麗戰于赤烽鎮敗
之十一月乙酉貶杜正倫爲橫州刺史李義府普州刺史戊子許敬
宗權檢校中書令甲午蘇定方俘賀魯以獻戊戌許敬宗爲中
書令大理卿辛茂將兼侍中
四年三月壬午崐陵都護阿史那彌射及西突厥眞珠葉護戰于

雙河敗之四月丙辰于志寧爲太子太師同中書門下三品乙丑
黃門侍郎許圉師同中書門下三品戊辰流長孫无忌于黔州于
志寧罷五月己卯許圉師爲中書侍郎同中書門下三品丙申
兵部尚書任雅相度支尚書盧承慶參知政事戊戌殺涼州都督
長史趙持滿七月己丑以旱避正殿壬辰慮囚八月壬子李義府
爲吏部尚書同中書門下三品十月丙午皇太子加元服大赦賜
五品以上子孫爲父祖後者勳一轉民酺三日閏月戊寅如東都
皇太子監國辛巳詔所過供頓免今歲租賦之半賜民八十以上
氈衾粟帛十一月丙午許圉師爲左散騎常侍檢校侍中戊午辛
茂將薨癸亥賀魯部悉結闕俟斤都曼寇邊左驍衛大將軍蘇
定方爲安撫大使以伐之盧承慶同中書門下三品
五年正月癸卯蘇定方俘都曼以獻甲子如并州己巳次長平
賜父老布帛二月丙戌赦并州及所過州縣義旗初嘗任五品以
上葬并州者祭之加佐命功臣食別封者子孫二階大將軍府僚佐

存者一階民年八十以上版授刺史縣令賜酺三日甲午祠舊宅三月丙午皇后宴親族鄰里于朝堂會命婦于內殿賜從官五品以上并州長史司馬勳一轉婦人八十以上版授郡君賜氈衾粟帛己酉講武于城西辛亥左武衛大將軍蘇定方為神兵道行軍大總管新羅王金春秋為嵎夷道行軍總管率三將軍及新羅兵以伐百濟四月癸巳如東都五月辛丑作八關宮戊辰定襄都督阿史德樞賓為沙磚道行軍總管以伐契丹六月庚午朔日有食之七月乙巳廢梁王忠為庶人丁卯盧承慶罷八月庚辰蘇定方及百濟戰敗之壬午左武衛大將軍鄭仁泰及悉結拔也固僕骨同羅戰敗之癸未赦神兵道大總管以下軍士及其家賜民酺三日十一月戊戌蘇定方俘百濟王以獻甲寅如許州十二月辛未獵于安樂川己卯如東都壬午左驍衛大將軍契苾何力為浿江道行軍大總管蘇定方為遼東道行軍大總管左驍衛將軍劉伯英為平壤道行軍大總管以伐高麗阿史德樞賓及奚契丹

戰敗之

龍朔元年正月戊午鴻臚卿蕭嗣業為扶餘道行軍總管以伐高麗二月乙未改元赦洛州四月庚辰任雅相為浿江道行軍總管契苾何力為遼東道行軍總管蘇定方為平壤道行軍總管蕭嗣業為扶餘道行軍總管右驍衛將軍程名振為鏤方道行軍總管左驍衛將軍龐孝泰為沃沮道行軍總管率三十五軍以伐高麗甲午晦日有食之六月辛巳太白經天八月甲戌蘇定方及高麗戰于浿江敗之九月癸卯及皇后幸李勣許圉師第壬子徙封賢為沛王十月丁卯獵于陸渾戊辰獵于非山癸酉如東都鄭仁泰為鐵勒道行軍大總管蕭嗣業為仙萼道行軍大總管左驍衛大將軍阿史那忠為長岑道行軍大總管以伐鐵勒

二年二月甲子大易官名甲戌任雅相薨戊寅龐孝泰及高麗戰于蛇水死之三月庚寅鄭仁泰及鐵勒戰于天山敗之乙巳如河北縣辛亥如蒲州癸丑如同州四月庚申至自同州辛巳作蓬萊宮六月癸亥禁宗戚獻纂組雕鏤七月戊子以子旭輪生滿月大赦賜酺三日右威衛將軍孫仁師為熊津道行軍總管以伐百濟戊戌李義府罷八月壬寅許敬宗為太子少師同東西臺三品九月丁丑李義府起復十月丁酉幸溫湯皇太子監國丁未至自溫湯庚戌西臺侍郎上官儀同東西臺三品十一月辛未貶許圉師為虔州刺史癸酉封子旭輪為殷王是歲右衛將軍蘇海政為廛海道行軍總管以伐龜茲海政殺昆陵都督阿史那彌射

三年正月乙丑李義府為右相二月減百官一月俸賦雍同等十五州民錢以作蓬萊宮己亥殺駙馬都尉韋正矩庚戌慮囚四月戊子流李義府于嶲州五月壬午柳州蠻叛冀州都督長史劉伯英以嶺南兵伐之六月吐蕃攻吐谷渾涼州都督鄭仁泰為青海道行軍大總管以救之八月癸卯有彗星出于左攝提戊申詔百寮言事遣按察大使于十道九月戊午孫仁師及百濟戰于白江敗之十月辛巳詔皇太子五日一至光順門監諸司奏事小事決

之十一月甲戌雨木冰十二月庚子改明年為麟德元年降京師雍州諸縣死罪以下壬寅安西都護高賢為行軍總管以伐弓月

麟德元年二月戊子如福昌宮癸卯如萬年宮四月壬午道王元慶薨五月戊申許王孝薨丙寅以旱避正殿七月丁未詔以三年正月有事于泰山八月己卯幸舊第降萬年縣死罪以下壬午至自萬年宮丁亥司列太常伯劉祥道兼右相大司憲竇德玄為司元太常伯檢校左相十二月丙戌殺上官儀戊子殺庶人忠劉祥道罷太子右中護樂彥瑋西臺侍郎孫處約同知軍國政事是冬無雪

二年二月壬午如東都三月甲寅司戎太常伯姜恪同東西臺三品戊午遣使慮京都諸司及雍洛二州囚閏月癸酉日有食之是春疏勒弓月吐蕃攻于闐西州都督崔智辯左武衛將軍曹繼叔救之四月丙午赦桂廣黔三都督府丙寅講武于邙山之陽戊辰左侍極陸敦信檢校右相孫處約樂彥瑋罷七月己丑鄧王元

裕薨十月壬戌帶方州刺史劉仁軌爲大司憲兼知政事丁卯如
泰山大有年
乾封元年正月戊辰封于泰山庚午禪于社首以皇后爲亞獻壬
申大赦改元賜文武官階勳爵民年八十以上版授下州刺史司
馬縣令婦人郡縣君二十以上至八十賜古爵一級民酺七日女
子百戶牛酒免所過今年租賦給復齊州一年半兗州二年辛卯
幸曲阜祠孔子贈太師二月己未如亳州祠老子追號太上玄元
皇帝縣人宗姓給復一年四月甲辰至自亳州庚戌陸敦信罷六
月壬寅高麗泉男生請內附右驍衞大將軍契苾何力爲遼東安
撫大使率兵援之左金吾衞將軍龐同善營州都督高偘爲遼東
道行軍總管左武衞將軍薛仁貴左監門衞將軍李謹行爲後援
七月乙丑徙封旭輪爲豫王庚午劉仁軌兼右相八月辛丑竇德
玄薨丁未殺始州刺史武惟良淄州刺史武懷運九月龐同善及
高麗戰敗之十二月己酉李勣爲遼東道行臺大總管率六總
管兵以伐高麗

二年正月丁丑以旱避正殿減膳慮囚二月丁酉涪陵郡王愔薨
辛丑禁工商乘馬六月乙卯西臺侍郎楊武戴至德東臺侍郎李
安期司列少常伯趙仁本同東西臺三品東臺舍人張文瓘參知
政事七月己卯以旱避正殿減膳遣使慮囚八月己丑朔日有食
之辛亥李安期罷九月庚申以餌藥皇太子監國辛未李勣及
高麗戰于新城敗之是歲嶺南洞獠陷瓊州
總章元年正月壬子劉仁軌爲遼東道副大總管兼安撫大使浿
江道行軍總管二月丁巳皇太子釋奠于國學戊寅如九成宮壬
午李勣敗高麗克扶餘南蘇木底蒼巖城三月庚寅大赦改元
四月乙卯贈顏回太子少師曾參太子少保丙辰有彗星出于五
車避正殿減膳撤樂詔內外官言事庚申以太原元從西府功臣
爲二等第一功後官無五品者授其子若孫一人有至四品五品
者加二階有三品以上加爵三等第二功後官無五品者授其子若
孫從六品一人有至五品者加一階六品者二階三品以上爵一等
辛巳楊武薨八月癸酉至自九成宮九月癸巳李勣敗高麗王
高藏執之十二月丁巳俘高藏以獻丁卯有事于南郊甲戌姜恪
檢校左相司平太常伯閻立本守右相
二年二月辛酉右肅機李敬玄爲西臺侍郎張文瓘爲東臺侍
郎同東西臺三品三月丙戌東臺侍郎郝處俊同東西臺三品癸
巳皇后親蠶四月己酉如九成宮六月戊申朔日有食之七月癸
巳左衞大將軍契苾何力爲烏海道行軍大總管以援吐谷渾九
月庚寅括州海溢壬寅如岐州乙巳赦岐州賜高年粟帛十月
巳至自岐州十一月丁亥徙封旭輪爲冀王改名輪十二月戊申
李勣薨是冬無雪
咸亨元年正月丁丑劉仁軌罷二月戊申慮囚丁巳東南有聲若
雷三月甲戌大赦改元壬辰許敬宗罷四月癸卯吐蕃陷龜茲撥
換城廢安西四鎮己酉李敬玄罷辛亥右威衞大將軍薛仁貴爲

邏娑道行軍大總管以伐吐蕃庚午如九成宮雍州大雨雹高麗
酋長鉗牟岑叛寇邊左監門衞大將軍高偘爲東州道行軍總
管右領軍衞大將軍李謹行爲燕山道行軍總管以伐之六月壬
寅朔日有食之七月甲戌以雍華蒲同四州旱遣使慮囚減中御
諸廄馬戊子李敬玄起復薛仁貴及吐蕃戰于大非川敗績八月
庚戌以穀貴禁酒丁巳至自九成宮甲子趙王福薨丙寅以旱
避正殿減膳九月丁丑給復雍華同岐邠隴六州一年閏月癸卯
皇后以旱請避位甲寅姜恪爲涼州道行軍大總管以伐吐蕃十
月庚辰詔文武官言事乙未趙仁本罷十二月庚寅復官名是歲
大饑
二年正月乙巳如東都皇太子監國二月辛未遣使存問諸州
四月戊子大風雨雹六月癸巳以旱慮囚九月地震丙申徐王元
禮薨十月丙子求明禮樂之士十一月甲午朔日有食之庚戌如
許州遣使存問所過疾老鰥寡慮囚十二月癸酉獵于昆陽丙戌

如東都是歲姜恪爲侍中閻立本爲中書令

三年正月辛丑姚州蠻寇邊太子右衞副率梁積壽爲姚州道行軍總管以伐之三月己卯姜恪薨四月壬申校旗于洛水之陰九月癸卯徙封賢爲雍王十月己未皇太子監國十一月戊子朔日有食之甲辰至自東都十二月金紫光祿大夫致仕劉仁軌爲太子左庶子同中書門下三品

四年正月丙辰鄭王元懿薨四月丙子如九成宮閏五月丁卯禁作簺捕魚營圈取獸者八月辛丑以不豫詔皇太子聽諸司啓事己酉大風落太廟鴟尾十月壬午閻立本薨乙未以皇太子納妃赦岐州賜酺三日乙巳至自九成宮

上元元年二月壬午劉仁軌爲雞林道行軍大總管以伐新羅三月辛亥朔日有食之己巳皇后親蠶八月壬辰皇帝稱天皇皇后稱天后追尊六代祖宣簡公爲宣皇帝妣張氏曰宣莊皇后五代祖懿王爲光皇帝妣賈氏曰光懿皇后增高祖太宗及后謚大赦

改元賜酺三日十一月丙午如東都己酉獵于華山曲武原十二月癸未蔣王惲自殺

二年正月己未給復雍同華岐隴五州一年辛未吐蕃請和二月劉仁軌及新羅戰于七重城敗之三月丁巳天后親蠶四月辛巳天后殺周王顯妃趙氏丙戌以旱避正殿減膳撤樂詔百官言事己亥天后殺皇太子五月戊申追號皇太子爲孝敬皇帝六月戊寅立雍王賢爲皇太子大赦七月辛亥杞王上金免官削封邑八月庚寅葬孝敬皇帝于恭陵丁酉詔婦人爲宮官者歲一見其親庚子張文瓘爲侍中郝處俊爲中書令劉仁軌爲尚書左僕射戴至德爲右僕射十月庚辰雍州雨雹壬午有彗星出于角亢

儀鳳元年正月壬戌徙封輪爲相王丁卯納州獠寇邊二月丁亥如汝州溫湯遣使慮免汝州輕繫三月癸卯黃門侍郎來恒中書侍郎薛元超同中書門下三品甲辰如東都免汝州今歲半租賜民八十以上帛閏月己巳吐蕃寇鄯廓河芳四州左監門衞中郎將令狐智通伐之乙酉周王顯爲洮河道行軍元帥領左衞大將軍劉審禮等十二總管相王輪爲涼州道行軍元帥領契苾何力等軍以伐吐蕃四月戊申至自東都甲寅中書侍郎李義琰同中書門下三品戊午如九成宮六月癸亥黃門侍郎高智周同中書門下三品七月丁亥有彗星出于東井乙未吐蕃寇疊州八月庚子避正殿減膳撤樂損食粟馬慮囚詔文武官言事甲子停南北中尚梨園作坊減少府雜匠是月青州海溢十月乙未至自九成宮丙午降封鄅王素節鄱陽郡王十一月壬申大赦改元庚寅李敬玄爲中書令十二月戊午來恒薛元超爲河南河北道大使

二年正月乙亥耕藉田庚辰京師地震四月太子左庶子張大安同中書門下三品五月吐蕃寇扶州八月辛亥劉仁軌爲洮河軍鎮守使十月壬辰徙封顯爲英王更名哲十二月乙卯募關內河東猛士以伐吐蕃是歲西突厥及吐蕃寇安西冬無雪

三年正月丙子李敬玄爲洮河道行軍大總管以伐吐蕃癸未遣

使募河南河北猛士以伐吐蕃四月丁亥以旱避正殿慮囚戊申大赦改明年爲通乾元年癸丑涇州民生子異體連心五月壬戌如九成宮大雨霖九月辛酉至自九成宮癸亥張文瓘薨丙寅李敬玄劉審禮及吐蕃戰于青海敗績審禮死之十月丙申停劍南隴右歲貢丙午密王元曉薨閏十一月丙申雨木冰壬子來恒薨十二月癸丑罷通乾號

調露元年正月戊子如東都庚戌戴至德薨四月辛酉郝處俊爲侍中五月丙戌皇太子監國戊戌作紫桂宮六月辛亥大赦改元吏部侍郎裴行儉伐西突厥九月壬午行儉敗西突厥執其可汗都支十月突厥溫傅奉職二部寇邊單于大都護府長史蕭嗣業伐之十一月戊寅高智周罷甲辰禮部尚書裴行儉爲定襄道行軍大總管以伐突厥

永隆元年二月癸丑如汝州溫湯丁巳如少室山乙丑如東都三月裴行儉及突厥戰于黑山敗之四月乙丑如紫桂宮戊辰黃門

侍郎裴炎崔知溫中書侍郎王德眞同中書門下三品五月丁酉
太白經天七月己卯吐蕃寇河源辛巳李敬玄及吐蕃戰于湟川
敗績左武衛將軍黑齒常之爲河源軍經略大使丙申江王元祥
薨突厥寇雲州都督竇懷哲敗之八月丁未如東都丁巳貶李敬
玄爲衡州刺史甲子廢皇太子爲庶人乙丑立英王哲爲皇太子
大赦改元賜酺三日己巳貶張大安爲普州刺史九月甲申王德
眞罷十月壬寅降封曹王明爲零陵郡王戊辰至自東都十一月
壬申朔日有食之

開耀元年正月乙亥突厥寇原慶二州辛巳賜京官九品以上酺
三日癸巳裴行儉爲定襄道行軍大總管以伐突厥己亥減殿中
太僕馬省諸方貢獻免雍岐華同四州二歲稅河南河北一年調
二月丙午皇太子釋奠于國學三月辛卯郝處俊罷五月乙酉常
州人劉龍子謀反伏誅丙戌定襄道副總管曹懷舜及突厥戰于
橫水敗績己丑黑齒常之及吐蕃戰于良非川敗之六月壬子永嘉

郡王晫有罪伏誅七月己丑以太平公主下嫁赦京師甲午劉仁
軌罷左僕射閏月丁未裴炎爲侍中崔知溫薛元超守中書令庚
戌以餌藥皇太子監國庚申裴行儉及突厥戰敗之八月丁卯以
河南河北大水遣使賑乏絕室廬壞者給復一年溺死者贈物人
三段九月丙申有彗星出于天市壬戌裴行儉俘突厥溫傅可汗
阿史那伏念以獻乙丑改元赦定襄軍及諸道緣征官吏兵募十
月丙寅朔日有食之十一月癸卯徙庶人賢于巴州

永淳元年二月癸未以孫重照生滿月大赦改元賜酺三日是月
突厥車薄咽麪寇邊三月戊午立重照爲皇太孫四月甲子朔日
有食之丙寅如東都皇太子監國辛未裴行儉爲金牙道行軍大
總管率三總管兵以伐突厥安西副都護王方翼及車薄咽麪戰
于熱海敗之丁亥黃門侍郎郭待舉兵部侍郎岑長倩秘書員
外少監郭正一吏部侍郎魏玄同與中書門下同承受進止平章
事五月乙卯洛水溢六月甲子突厥骨咄祿寇邊嵐州刺史王德
茂死之是月大蝗人相食七月作萬泉宮己亥作奉天宮庚申零
陵郡王明自殺九月吐蕃寇柘州驍衛郎將李孝逸伐之十月甲
子京師地震丙寅黃門侍郎劉齊賢同中書門下平章事

弘道元年正月甲午幸奉天宮二月庚午突厥寇定州刺史霍王
元軌敗之三月庚寅突厥寇單于都護府司馬張行師死之庚子
李義琰罷丙午有彗星出于五車癸丑崔知溫薨四月己未如東
都壬申郭待舉郭正一同中書門下平章事甲申綏州部落稽
白鐵余寇邊右武衛將軍程務挺敗之五月乙巳突厥寇蔚州刺史
李思儉死之七月甲辰徙封輪爲豫王改名旦薛元超罷八月乙
丑皇太子朝于東都皇太孫留守京師丁卯滹沱溢己巳河溢壞
河陽城九月己丑以太平公主子生赦東都十月癸亥幸奉天宮
十一月戊戌右武衛將軍程務挺爲單于道安撫大使以伐突厥
辛丑皇太子監國丁未如東都戊申裴炎劉齊賢郭正一兼於東
宮平章事十二月丁巳改元大赦是夕皇帝崩于貞觀殿年五十六

論曰天皇大帝天寶八載改諡天皇大聖皇帝十三載增諡天皇
大聖大弘孝皇帝

贊曰小雅曰赫赫宗周褒姒滅之此周幽王之詩也是時幽王雖
亡而太子宜臼立是爲平王而詩人乃言滅之者以爲文武之業
於是蕩盡東周雖在不能復興矣其曰滅者甚疾之之辭也武
氏之亂唐之宗室戕殺殆盡其賢士大夫不免者十八九以太宗
之治其遺德餘烈在人者未遠而幾於遂絕其爲惡豈一褒姒
之比邪以太宗之明昧於知子廢立之際不能自決卒用昏童高
宗溺愛衽席不戒履霜之漸而毒流天下貽禍邦家嗚呼父子夫
婦之間可謂難哉可不愼哉

本紀第三

本紀第四　　　　　　　　唐書四

翰林學士兼龍圖閣學士朝散大夫給事中知制誥充史館修撰臣歐陽脩奉

敕撰

則天順聖皇后武氏諱曌并州文水人也父士彠官至工部尚書荆州都督封應國公后年十四太宗聞其有色選爲才人太宗崩后削髮爲比丘尼居于感業寺高宗幸感業寺見而悅之復召入宮久之立爲昭儀進號宸妃永徽六年高宗廢皇后王氏立宸妃爲皇后高宗自顯慶後多苦風疾百司奏事時時令后決之常稱旨由是參豫國政后既專寵與政乃數上書言天下利害務收人心而高宗春秋高苦疾后益用事遂不能制高宗悔陰欲廢之而謀泄不果上元元年高宗號天皇皇后亦號天后天下之人謂之二聖弘道元年十二月高宗崩遺詔皇太子即皇帝位軍國大務不決者兼取天后進止甲子皇太子即皇帝位尊后爲皇太后臨朝稱制大赦賜九品以下勳官一級庚午韓王元嘉爲太尉

霍王元軌爲司徒舒王元名爲司空甲戌劉仁軌爲尚書左僕射裴炎爲中書令劉齊賢爲侍中同中書門下三品戊寅郭待舉魏玄同岑長倩同中書門下三品癸未郭正一罷

光宅元年正月癸未改元嗣聖癸巳左散騎常侍韋弘敏爲太府卿同中書門下三品二月戊午廢皇帝爲廬陵王幽之己未立豫王旦爲皇帝妃劉氏爲皇后立永平郡王成器爲皇太子大赦改元爲文明賜文武官五品以上爵一等九品以上勳兩轉老人版授官賜粟帛職官五品以上舉所知一人皇太后仍臨朝稱制庚申廢皇太孫重照爲庶人殺庶人賢于巴州甲子皇帝率羣臣上尊號于武成殿丁卯冊皇帝丁丑太常卿王德眞爲侍中中書侍郎劉禕之同中書門下三品庚辰贈王清觀道士太中大夫王遠知金紫光祿大夫三月丁亥徙封上金爲畢王素節葛王四月丁巳滕王元嬰薨辛酉徙封上金爲澤王素節許王癸酉遷廬陵王于房州丁丑又遷于均州五月癸巳以大喪禁射獵閏月甲子禮部尚書武承嗣爲太常卿同中書門下三品七月戊午廣州崑崙殺其都督路元叡乙丑突厥寇朔州左武衛大將軍程務挺敗之辛未有彗星出于西方八月庚寅葬天皇大帝于乾陵丙午武承嗣罷九月甲寅大赦改元旗幟尚白易內外官服靑者以碧大易官名改東都爲神都追尊老子母爲先天太后丙辰左威衛大將軍程務挺爲單于道安撫大使以備突厥己巳追尊武氏五代祖克己爲魯國公妣裴氏爲魯國夫人高祖居常爲太尉北平郡王妣劉氏爲王妃曾祖儉爲太尉金城郡王妣宋氏爲王妃祖華爲太尉太原郡王妣趙氏爲王妃考士彠爲太師魏王妣楊氏爲王妃丁丑柳州司馬李敬業舉兵于揚州以討亂貶韋弘敏爲汾州刺史十月癸未楚州司馬李崇福以山陽安宜鹽城三縣歸于敬業甲申左玉鈐衛大將軍梁郡公李孝逸爲揚州道行軍大總管左金吾衛大將軍李知十爲副率兵三十萬以拒李敬業丁亥左肅政臺御史大夫騫味道檢校內史同鳳閣鸞臺三品鳳閣舍人李

景諶同鳳閣鸞臺平章事壬辰李敬業克潤州丙申殺裴炎追謚五代祖魯國公曰靖高祖北平郡王曰恭肅曾祖金城郡王曰義康祖太原郡王曰安成考魏王曰忠孝丁酉曲赦揚楚二州復敬業姓徐氏貶劉齊賢爲辰州刺史李景諶罷右史沈君諒著作郎崔詧爲正諫大夫同鳳閣鸞臺平章事十一月辛亥左鷹揚衛大將軍黑齒常之爲江南道行軍大總管庚申右監門衛將軍蘇孝祥及徐敬業戰于阿谿死之乙丑徐敬業將王那相殺敬業降丁卯郭待舉罷鸞臺侍郎韋方質爲鳳閣侍郎同鳳閣鸞臺平章事十二月戊子遣御史察風俗癸卯殺程務挺

垂拱元年正月丁未大赦改元庚戌騫味道守內史戊辰劉仁軌薨二月乙巳春官尚書武承嗣秋官尚書裴居道右肅政臺御史大夫韋思謙同鳳閣鸞臺三品突厥寇邊左玉鈐衛中郎將淳于處平爲陽曲道行軍總管以擊之沈君諒罷三月崔詧罷丙辰遷廬陵王于房州辛酉武承嗣罷辛未頒垂拱格四月丙子貶

鶱味道爲青州刺史癸未淳于處平及突厥戰于忻州敗績五月
丙午裴居道爲納言丁未流王德眞于象州己酉冬官尚書蘇良
嗣守納言封皇帝子成義爲恒王壬戌以旱慮囚壬申韋方質同
鳳閣鸞臺三品六月天官尚書韋待價同鳳閣鸞臺三品九月丁
卯揚州地生毛十一月癸卯韋待價爲燕然道行軍大總管以
擊突厥
二年正月辛酉大赦賜酺三日內外官勳一轉二月辛未朔日有
蝕之三月戊申作銅匭四月庚辰岑長倩爲內史五月丙午裴居
道爲內史六月辛未蘇良嗣同鳳閣鸞臺三品己卯韋思謙守
納言十月己巳有山出于新豐縣改新豐爲慶山赦囚給復一年
賜酺三日十二月免并州百姓庸調終其身是冬無雪
三年閏正月丁卯封皇帝子隆基爲楚王隆範衞王隆業趙王二
月己亥以旱避正殿減膳丙辰突厥寇昌平黑齒常之擊之三月
乙丑韋思謙罷四月辛丑追號孝敬皇帝妃裴氏曰哀皇后葬于

恭陵癸丑以旱慮囚命京官九品以上言事壬戌裴居道爲納言
五月丙寅夏官侍郎張光輔爲鳳閣侍郎同鳳閣鸞臺平章事
庚午殺劉褘之七月丁卯冀州雌雞化爲雄乙亥京師地震雨金
于廣州八月壬子魏玄同兼檢校納言交趾人李嗣仙殺安南都護
劉延祐據交州桂州司馬曹玄靜敗之是月突厥寇朔州燕然道
行軍大總管黑齒常之敗之九月己卯虢州人楊初成自稱郎將
募州人迎廬陵王于房州不果見殺十月庚子右監門衞中郎將
爨寶璧及突厥戰敗績十二月壬辰韋待價爲安息道行軍大總
管安西大都護閻溫古副之以擊吐蕃是歲大饑
四年正月甲子增七廟立高祖太宗高宗廟于神都庚午毀乾
元殿作明堂三月壬戌殺麟臺少監周思茂四月戊戌殺太子通
事舍人郝象賢五月庚申得寶圖于洛水乙亥加尊號爲聖母
神皇六月丁亥朔日有食之得瑞石于汜水七月丁巳大赦改
寶圖爲天授聖圖洛水爲永昌洛水封其神爲顯聖侯加特進禁

漁釣改嵩山爲神岳封其神爲天中王太師使持節大都督賜酺
五日戊午京師地震八月戊戌神都地震丙午博州刺史瑯邪郡
王沖舉兵以討亂遣左金吾衞大將軍丘神勣拒之戊申沖死之
庚戌越王貞舉兵于豫州以討亂辛亥曲赦博州九月丙辰左豹
韜衞大將軍麴崇裕爲中軍大總管岑長倩爲後軍大總管以
拒越王貞張光輔爲諸軍節度削越王貞及瑯邪郡王沖屬籍改
其姓爲虺氏貞死之丙寅赦豫州殺韓王元嘉魯王靈夔范陽郡
王藹黃國公譔東莞郡公融及常樂公主皆改其姓爲虺氏丁卯
左肅政臺御史大夫騫味道夏官侍郎王本立同鳳閣鸞臺平章
事十月辛亥大風拔木十一月辛酉殺濟州刺史薛顗及其弟駙
馬都尉紹十二月乙酉殺霍王元軌江都郡王緒及殿中監裴承
光大殺唐宗室流其幼者于嶺南己亥殺騫味道己酉拜洛受圖
辛亥改明堂爲萬象神宮大赦
永昌元年正月乙卯享于萬象神宮大赦改元賜酺七日丁巳舒

王元名爲司徒戊午布政于萬象神宮頒九條以訓百官己未則
州雌雞化爲雄二月丁酉尊考太師魏忠孝王曰周忠孝太皇置
崇先府官戊戌追謚妣楊氏曰周忠孝太后太原郡王曰周安成
王妃趙氏爲王妃金城郡王曰魏義康王妃宋氏爲王妃北平郡
王曰趙肅恭王妃劉氏爲王妃五代祖魯國公曰太原靖王夫人
裴氏爲王妃三月甲子張光輔守納言癸酉天官尚書武承嗣爲
納言張光輔守內史四月甲辰殺汝南郡王瑋鄱陽郡公諲廣漢郡
公謐汶山郡公蓁零陵郡王俊廣都郡公璹徙其家于嶲州己酉
殺天官侍郎鄧玄挺五月丙辰韋待價及吐蕃戰于寅識迦河敗
績己巳白馬寺僧薛懷義爲新平道行軍大總管以擊突厥七
月丁巳流紀王愼于巴州改其姓爲虺氏丙子流韋待價于繡州
殺閻溫古戊寅王本立同鳳閣鸞臺三品八月癸未薛懷義爲新
平道中軍大總管以擊突厥甲申殺張光輔洛州司馬弓嗣業洛
陽令弓嗣明陜州參軍弓嗣古流人徐敬眞乙未松州雌雞化爲

雄辛丑殺陝州刺史郭正一丁未殺相州刺史弓志元蒲州刺
史弓彭祖尚方監王令基九月庚戌殺恒山郡王承乾之子厥閏
月甲午殺魏玄同夏官侍郎崔詧戊申殺彭州長史劉易從十月
癸丑殺涼州都督李光誼丁巳殺陝州刺史劉延景戊午殺右武
威衛大將軍黑齒常之右鷹揚衛將軍趙懷節己未殺嗣鄭王
璥丁卯春官尚書范履冰鳳閣侍郎邢文偉同鳳閣鸞臺平章事
天授元年正月庚辰大赦改元曰載初以十一月爲正月十二月
爲臘月來歲正月爲一月以周漢之後爲二王後封舜禹湯之裔
爲三恪周隋同列國封其嗣乙未除唐宗室屬籍臘月丙寅殺劉齊
賢一月戊子王本立罷邢文偉爲內史岑長倩武承嗣同鳳閣鸞
臺三品鳳閣侍郎武攸寧爲納言甲午流韋方質于儋州二月丁
卯殺地官尚書王本立三月乙酉以旱減膳丁亥蘇良嗣薨五月
戊子殺范履冰己亥殺梁郡公孝逸六月戊申殺汴州刺史柳明
肅七月辛巳流舒王元名于和州頒大雲經于天下壬午殺豫章

郡王亶丁亥殺澤王上金許王素節甲午赦永昌縣癸卯殺太常
丞蘇踐言八月辛亥殺許王素節之子璟曾江縣令白令言甲寅
殺裴居道壬戌殺將軍阿史那惠右司郎中喬知之癸亥殺尚書
右丞張行廉太州刺史杜儒童甲子殺流人張楚金戊辰殺流人元
萬頃苗神客辛未殺南安郡王穎鄅國公昭及諸宗室李直李敞
李然李勳李策李越李黯李玄李英李志業李知言李玄貞九月
乙亥殺鉅鹿郡公晃麟臺郎裴望及其弟司膳丞璉壬午改國號
周大赦改元賜酺七日乙酉加尊號曰聖神皇帝降皇帝爲皇嗣
賜姓武氏皇太子爲皇孫丙戌立武氏七廟于神都追尊周文王
曰始祖文皇帝妣姒氏曰文定皇后四十代祖平王少子武曰睿
祖康皇帝妣姜氏曰康惠皇后太原靖王曰嚴祖成皇帝妣曰成
莊皇后趙肅恭王曰肅祖章敬皇帝妣曰章敬皇后魏義康王
曰烈祖昭安皇帝妣曰昭安皇后周安成王曰顯祖文穆皇帝妣
曰文穆皇后忠孝太皇曰太祖孝明高皇帝妣曰孝明高皇后追

封伯父及兄弟之子爲王堂兄爲郡王諸姑姊爲長公主堂姊妹
爲郡主司賓卿史務滋守納言鳳閣侍郎宗秦客檢校內史給事
中傅游藝爲鸞臺侍郎同鳳閣鸞臺平章事十月丁巳給復并
州武興縣百姓子孫相承如漢豐沛甲子貶宗秦客爲遵化尉丁
卯殺流人韋方質己巳殺許王素節之子瑛琪琬瓚瑒瑗琛唐臣
辛未貶邢文偉爲珍州刺史置大雲寺封周公爲褒德王孔子爲
隆道公改唐太廟爲享德廟以武氏七廟爲太廟
二年正月甲戌改置社稷旗幟尚赤戊寅殺雅州刺史劉行實及
其弟渠州刺史行瑜尚衣奉御行感兄子左鷹揚衛將軍虔通戊
子武承嗣爲文昌左相庚寅賜酺乙未殺丘神勣左豹韜衛將軍
衛蒲山庚子殺史務滋臘月己未始用周臘四月壬寅朔日有蝕之
丙午大赦五月丁亥大風折木岑長倩爲武威道行軍大總管以
擊吐蕃六月庚戌左肅政臺御史大夫格輔元爲地官尚書鸞臺
侍郎樂思晦鳳閣侍郎任知古同鳳閣鸞臺平章事七月庚午徙

關內七州戶以實神都八月戊申武攸寧罷夏官尚書歐陽通
爲司禮卿兼判納言事庚申殺右玉鈐衛大將軍張虔勗九月乙
亥殺岐州刺史雲弘嗣壬辰殺傅游藝癸巳左羽林衛大將軍武
攸寧守納言冬官侍郎裴行本洛州司馬狄仁傑爲地官侍郎同
鳳閣鸞臺平章事十月己酉殺岑長倩歐陽通格輔元壬戌殺
樂思晦左衛將軍李安靜
長壽元年一月戊辰夏官尚書楊執柔同鳳閣鸞臺平章事庚
午貶任知古爲江夏令狄仁傑彭澤令流裴行本于嶺南乙亥殺
右衛大將軍泉獻誠庚辰司刑卿李遊道爲冬官尚書同鳳閣鸞
臺平章事二月戊午秋官尚書袁智弘同鳳閣鸞臺平章事四
月丙申朔日有食之大赦改元如意五月洛水溢七月又溢八月甲
戌河溢壞河陽縣戊寅武承嗣武攸寧楊執柔罷秋官侍郎崔元
綜爲鸞臺侍郎夏官侍郎李昭德爲鳳閣侍郎權檢校天官侍郎
姚璹爲文昌左丞檢校地官侍郎李元素爲文昌右丞營繕大匠王

璿為夏官尚書司賓卿崔神基同鳳閣鸞臺平章事九月戊戌大
霧庚子大赦改元改用九月社賜酺七日癸卯以并州為北都癸
丑流李遊道袁智弘王璿崔神基李元素于嶺南十月丙戌武
威道行軍總管王孝傑敗吐蕃克四鎮
二年臘月癸亥殺皇嗣妃劉氏德妃竇氏丁卯降封皇孫成器為
壽春郡王恒王成義衡陽郡王楚王隆基臨淄郡王衛王隆範巴
陵郡王趙王隆業彭城郡王一月庚子夏官侍郎婁師德同鳳閣
鸞臺平章事甲寅殺尚方監裴匪躬內常侍范雲仙三月己卯殺
左衛負外大將軍阿史那元慶白澗府果毅薛大信五月乙未殺
冬官尚書蘇幹相州刺史來同敏癸丑河溢棣州九月丁亥朔日
有蝕之乙未加號金輪聖神皇帝大赦賜酺七日作七寶庚子追
尊烈祖昭安皇帝曰渾元昭安皇帝顯祖文穆皇帝曰立極文穆
皇帝太祖孝明高皇帝曰無上孝明高皇帝辛丑姚璹罷文昌右
丞韋巨源同鳳閣鸞臺平章事秋官侍郎陸元方為鸞臺侍郎

同鳳閣鸞臺平章事司賓卿豆盧欽望守內史
延載元年臘月甲戌突厥默啜寇靈州右鷹揚衛大將軍李多祚
敗之一月甲午婁師德為河源積石懷遠等軍營田大使二月庚
午薛懷義為伐逆道行軍大總管領十八將軍以擊默啜乙亥以
旱慮囚己卯武威道大總管王孝傑及吐蕃戰于冷泉敗之三月
甲申鳳閣舍人蘇味道為鳳閣侍郎同鳳閣鸞臺平章事李昭
德檢校內史薛懷義為朔方道行軍大總管以擊默啜昭德為朔方
道行軍長史味道為司馬四月壬戌常州地震五月甲午加號越古
金輪聖神皇帝大赦改元賜酺七日七月癸未嵩嶽山人武什方
為正諫大夫同鳳閣鸞臺平章事八月什方罷戊辰王孝傑為
瀚海道行軍總管己巳司賓少卿姚璹守納言左肅政臺御史大
夫楊再思為鸞臺侍郎洛州司馬杜景佺檢校鳳閣侍郎同鳳閣
鸞臺平章事戊寅流崔元綜于振州九月壬午朔日有蝕之壬寅
貶李昭德為南賓尉十月壬申文昌右丞李元素為鳳閣侍郎右

肅政臺御史中丞周允元檢校鳳閣侍郎同鳳閣鸞臺平章事嶺
南獠寇邊容州都督張玄遇為桂永等州經略大使癸酉雨木冰
天冊萬歲元年正月辛巳加號慈氏越古金輪聖神皇帝改元證
聖大赦賜酺三日戊子貶豆盧欽望為趙州刺史韋巨源鄜州刺
史杜景佺溱州刺史蘇味道集州刺史陸元方綏州刺史丙申萬
象神宮火丙午王孝傑為朔方行軍總管以擊突厥二月己酉朔
日有蝕之壬子殺薛懷義甲子罷慈氏越古號三月丙辰周允元
薨四月戊寅建大周萬國頌德天樞七月辛酉吐蕃寇臨洮王孝
傑為肅邊道行軍大總管以擊之九月甲寅祀南郊加號天冊金
輪大聖皇帝大赦改元賜酺九日以崇先廟為崇尊廟
萬歲通天元年臘月甲戌如神岳甲申封于神岳改元曰萬歲登
封大赦免今歲租稅賜酺十日丁亥禪于少室山己丑給復洛州
二年登封告成縣三年癸巳復于神都一月甲寅婁師德為肅邊
道行軍副總管以擊吐蕃己巳改崇尊廟為太廟二月辛巳尊神

岳天中王為神岳天中黃帝天靈妃為天中黃后三月壬寅王
孝傑婁師德及吐蕃戰于素羅汗山敗績丁巳復作明堂改曰通
天宮大赦改元賜酺七日四月癸酉檢校夏官侍郎孫元亨同鳳
閣鸞臺平章事庚子貶婁師德為原州都督府司馬五月壬子契
丹首領松漠都督李盡忠歸誠州刺史孫萬榮陷營州殺都督
趙文翽乙丑左鷹揚衛將軍曹仁師右金吾衛大將軍張玄遇左
威衛大將軍李多祚司農少卿麻仁節等擊之七月辛亥春官尚
書武三思為榆關道安撫大使納言姚璹為副以備契丹八月丁酉
張玄遇曹仁師麻仁節等及契丹戰于黃獐谷敗績執玄遇仁節
九月庚子同州刺史武攸宜為清邊道行軍大總管以擊契丹丁
巳吐蕃寇涼州都督許欽明死之庚申并州長史王方慶為鸞臺
侍郎殿中監李道廣同鳳閣鸞臺平章事十月辛卯契丹寇冀
州刺史陸寶積死之甲午慮囚
神功元年正月壬戌殺李元素孫元亨洛州錄事參軍綦連耀

箕州刺史劉思禮知天官侍郎事石抱忠劉奇給事中周譖鳳閣舍人王勮前涇州刺史王勔太子司議郎路敬淳司門員外郎劉順之右司員外郎宇文全志來庭縣主簿柳璆癸亥突厥默啜寇勝州平狄軍副使安道買敗之甲子婁師德守鳳閣侍郎同鳳閣鸞臺平章事一月乙巳慮囚三月庚子王孝傑及孫萬斬戰于東硤石谷敗績孝傑死之戊申赦河南北四月戊辰置九鼎于通天宮癸酉前益州大都督府長史王及善爲內史癸未右金吾衛大將軍武懿宗爲神兵道行軍大總管及右豹韜衛將軍何迦密以擊契丹五月癸卯婁師德爲清邊道行軍副大總管右武衛將軍沙吒忠義爲清邊中道前軍總管以擊契丹六月丁卯殺監察御史李昭德司僕少卿來俊臣己卯尚方少監宗楚客同鳳閣鸞臺平章事戊子特進武承嗣春官尚書武三思同鳳閣鸞臺三品辛卯婁師德安撫河北七月丁酉武承嗣武三思罷八月丙戌姚璹罷九月壬寅大赦改元賜酺七日庚戌婁師德守納言十月

甲子給復徇忠立節二縣一年閏月甲寅檢校司刑卿幽州都督狄仁傑爲鸞臺侍郎司刑卿杜景佺爲鳳閣侍郎同鳳閣鸞臺平章事

聖曆元年正月甲子大赦改元賜酺九日丙寅宗楚客罷丁亥李道廣罷三月己巳召廬陵王于房州戊子廬陵王至自房州四月庚寅赦神都及河北辛丑婁師德爲隴右諸軍大使檢校河西營田事五月庚午禁屠六月乙卯大風拔木七月辛未杜景佺罷八月突厥寇邊戊子左豹韜衛將軍閻知微降于突厥寇邊甲午王方慶罷庚子春官尚書武三思檢校內史狄仁傑兼納言司屬卿武重規爲天兵中道大總管沙吒忠義爲天兵西道前軍總管幽州都督張仁亶爲天兵東道總管左羽林衛大將軍李多祚右羽林衛大將軍閻敬容爲天兵西道後軍總管以擊突厥癸丑突厥寇蔚州乙卯寇定州刺史孫彥高死之九月甲子夏官尚書武攸寧同鳳閣鸞臺三品戊辰突厥寇趙州長史唐波若降于突厥刺史高叡死之突厥寇相州沙吒忠義爲河北道前軍總管將軍陽基副之李多祚爲後軍總管大將軍富福信爲奇兵總管以禦之壬申立廬陵王顯爲皇太子大赦賜酺五日甲戌皇太子爲河北道行軍元帥以擊突厥戊寅狄仁傑爲河北道行軍副元帥檢校納言辛巳試天官侍郎蘇味道爲鳳閣侍郎同鳳閣鸞臺平章事十月癸卯狄仁傑爲河北道安撫大使夏官侍郎姚元崇麟臺少監李嶠同鳳閣鸞臺平章事族閻知微

二年正月壬戌封皇嗣旦爲相王臘月戊子左肅政臺御史中丞吉頊爲天官侍郎檢校右肅政臺御史中丞魏元忠爲鳳閣侍郎同鳳閣鸞臺平章事辛亥賜皇太子姓武氏大赦一月庚申武攸寧罷二月己丑如緱氏辛卯如嵩陽丁酉復于神都三月甲戌以隋唐爲二王後婁師德爲納言四月壬辰魏元忠檢校并州大都督府長史天兵軍大總管婁師德副之以備突厥辛丑婁師德爲隴右諸軍大使甲辰慮囚七月丙辰神都大雨洛水溢八月庚子

王及善爲文昌左相同鳳閣鸞臺平章事太子宮尹豆盧欽望爲文昌右相同鳳閣鸞臺三品楊再思罷丁未試天官侍郎陸元方爲鸞臺侍郎同鳳閣鸞臺平章事婁師德薨戊申武三思爲內史九月乙亥如福昌縣曲赦戊寅復于神都庚辰王及善薨是秋黃河溢十月丁亥吐蕃首領贊婆來

久視元年正月戊午貶吉頊爲琰川尉壬申武三思罷臘月辛巳封皇太子之子重潤爲邵王庚寅陸元方罷司禮卿阿史那斛瑟羅爲平西軍大總管丁酉狄仁傑爲內史庚子文昌左相韋巨源爲納言乙巳如嵩山一月丁卯如汝州溫湯戊寅復于神都作三陽宮二月乙未豆盧欽望罷三月癸丑夏官尚書唐奉一爲天兵中軍大總管以備突厥四月戊申如三陽宮五月己酉朔日有蝕之癸丑大赦改元罷天冊金輪大聖號賜酺五日給復告成縣一年閏七月戊寅復于神都己丑天官侍郎張錫爲鳳閣侍郎同鳳閣鸞臺平章事李嶠罷丁酉吐蕃寇涼州隴右諸軍州大使唐休璟

敗之于洪源谷八月庚戌魏元忠爲隴右諸軍州大摠管以擊吐蕃庚申斂天下僧錢作大像九月辛丑狄仁傑薨十月辛亥魏元忠爲蕭關道行軍大摠管以備突厥甲寅復唐正月大赦丁巳韋巨源罷文昌右丞韋安石爲鸞臺侍郎同鳳閣鸞臺平章事丁卯如新安隴澗山曲赦壬申復于神都十二月甲寅突厥寇隴右

長安元年正月丁丑改元大足二月己酉鸞臺侍郎李懷遠同鳳閣鸞臺平章事三月丙申流張錫于循州四月丙午大赦癸丑姚元崇檢校幷州以北諸軍州兵馬五月乙亥如三陽宮丁丑魏元忠爲靈武道行軍大摠管以備突厥丙申天官侍郎顧琮同鳳閣鸞臺平章事六月庚申夏官侍郎李迥秀同鳳閣鸞臺平章事辛未赦告成縣七月甲戌復于神都乙亥楊楚常潤蘇五州地震壬午蘇味道按察幽平等州兵馬甲申李懷遠罷九月壬申殺邵王重潤及永泰郡主主壻武延基十月壬寅如京師辛酉大赦改元給復關內三年賜酺三日丙寅魏元忠同鳳閣鸞臺三品十一

月壬申武三思罷戊寅改含元宮爲大明宮

二年正月突厥寇鹽州三月丙戌李迥秀安置山東軍馬檢校武騎兵庚寅突厥寇幷州雍州長史薛季昶持節山東防禦大使以備之七月甲午突厥寇代州八月辛亥劒南六州地震九月乙丑朔日有蝕之壬申突厥寇忻州己卯吐蕃請和十月甲辰顧琮薨戊申吐蕃寇悉州茂州都督陳大慈敗之甲寅姚元崇同鳳閣鸞臺平章事蘇味道韋安石李迥秀同鳳閣鸞臺三品十一月甲子相王旦爲司徒戊子祀南郊大赦賜酺三日十二月甲午魏元忠爲安東道安撫使

三年三月壬戌朔日有蝕之四月庚子相王旦罷吐蕃來求婚乙巳以旱避正殿閏月庚午成均祭酒李嶠同鳳閣鸞臺平章事己卯李嶠知納言事七月壬寅正諫大夫朱敬則同鳳閣鸞臺平章事庚戌檢校涼州都督唐休璟爲夏官尙書同鳳閣鸞臺平章事八月乙酉京師大雨雹九月庚寅朔日有蝕之丁酉貶魏元忠爲高要尉十月丙寅如神都十二月丙戌天下置關三十

四年正月丁未作興泰宮壬子天官侍郎韋嗣立爲鳳閣侍郎同鳳閣鸞臺三品二月癸亥貶李迥秀爲廬州刺史壬申朱敬則罷三月丁亥進封皇孫平恩郡王重福爲譙王己亥夏官侍郎宗楚客同鳳閣鸞臺平章事貶蘇味道爲坊州刺史四月壬戌韋安石知納言事李嶠知內史事丙子如興泰宮赦壽安縣給復一年五月丁亥大風拔木六月辛酉姚元之罷乙丑天官侍郎崔玄暐爲鸞臺侍郎同鳳閣鸞臺平章事丁丑李嶠同鳳閣鸞臺三品壬午相王府長史姚元之兼知夏官尙書同鳳閣鸞臺三品七月丙戌左肅政臺御史大夫楊再思守內史甲午復于神都貶宗楚客爲原州都督八月庚申唐休璟兼幽營二州都督安東都護九月壬子姚元之爲靈武道行軍大摠管十月辛酉元之爲靈武道安撫大使甲戌判秋官侍郎張柬之同鳳閣鸞臺平章事壬午懷州長史房融爲正諫大夫同鳳閣鸞臺平章事十一月丁亥天官侍郎韋承

慶行鳳閣侍郎同鳳閣鸞臺平章事李嶠罷十二月丙辰韋嗣立罷

五年正月壬午大赦庚寅禁屠癸卯張柬之崔玄暐及左羽林衞將軍敬暉檢校左羽林衞將軍桓彥範司刑少卿袁恕己左羽林衞將軍李湛薛思行趙承恩右羽林衞將軍楊元琰左羽林衞大將軍李多祚職方郎中崔泰之庫部員外郎朱敬則司刑評事冀仲甫檢校司農少卿兼知摠監翟世言內直郎王同皎率左右羽林兵以討亂麟臺監張易之春官侍郎張昌宗汴州刺史張昌期司禮少卿張同休通事舍人張景雄伏誅丙午皇帝復于位丁未徙后于上陽宮戊申上后號曰則天大聖皇帝十一月崩諡曰大聖則天皇后唐隆元年改爲天后聖帝景雲元年改爲大聖天后延和元年改爲天后聖帝未幾改爲聖后開元四年改爲則天皇后天寶八載加諡則天順聖皇后

中宗大和大聖大昭孝皇帝諱顯高宗第七子也母曰則天順聖皇后武氏高宗崩以皇太子即皇帝位而皇太后臨朝稱制嗣

聖元年正月廢居于均州又遷于房州聖曆二年復爲皇太子太后老且病神龍元年正月張柬之等以羽林兵討亂甲辰皇太子監國大赦改元丙午復于位大赦賜文武官階爵民酺五日免今歲租賦給復房州三年放宮女三千人相王旦爲安國相王太尉同鳳閣鸞臺三品庚戌張柬之袁恕己同鳳閣鸞臺三品崔玄暐守內史敬暉爲納言桓彥範守納言二月甲寅復國號唐貶韋承慶爲高要尉流房融于高州楊再思同中書門下三品姚元之罷甲子皇后韋氏復于位大赦賜酺三日復宗室死于周者官爵丙寅太子賓客武三思爲司空同中書門下三品貶譙王重福爲濮州刺史丁卯右散騎常侍駙馬都尉武攸暨爲司徒辛未安國相王旦罷甲戌太子少詹事祝欽明同中書門下三品韋安石罷進封子義興郡王重俊爲衞王北海郡王重茂溫王丁丑武三思武攸暨罷三月甲申詔文明後破家者昭洗之還其子孫蔭己丑袁恕己守中書令四月辛亥桓彥範爲侍中袁恕己爲中書令丁卯高要尉魏元忠爲衞尉卿同中書門下平章事辛未敬暉爲侍中甲戌魏元忠崔玄暐刑部尚書韋安石爲吏部尚書太子右庶子李懷遠爲左散騎常侍涼州都督唐休璟爲輔國大將軍同中書門下三品乙亥張柬之爲中書令五月壬午遷武氏神主于崇恩廟乙酉立太廟社稷于東都戊子復周隋二王後壬辰進封兄成紀郡王千里爲成王甲午敬暉桓彥範張柬之袁恕己崔玄暐罷韋安石兼檢校中書令魏元忠兼侍中甲辰唐休璟爲尚書左僕射特進豆盧欽望爲尚書右僕射同中書門下三品六月壬子左驍衞大將軍裴思諒爲靈武道行軍大總管以備突厥癸亥韋安石爲中書令魏元忠爲侍中楊再思檢校中書令豆盧欽望平章軍國重事七月辛巳太子賓客韋巨源同中書門下三品甲辰洛水溢八月戊申給復河南洛陽二縣一年壬戌追冊妃趙氏爲皇后乙亥祔孝敬皇帝于東都太廟皇后見于廟丁丑幸洛城南門觀鬬象九月壬午祀天地于明堂大赦賜文武官勳

爵民爲父後者古爵一級酺三日癸巳韋巨源罷十月癸亥幸龍門乙丑獵于新安辛未魏元忠爲中書令楊再思爲侍中十一月戊寅上尊號曰應天皇帝皇后曰順天皇后壬午及皇后享于太廟大赦賜文武官階勳爵民酺三日己丑幸洛城南門觀潑寒胡戲壬寅皇太后崩廢崇恩廟

二年正月戊戌吏部尚書李嶠同中書門下三品中書侍郎于惟謙同中書門下平章事閏月丙午公主開府置官屬二月乙未禮部尚書韋巨源爲刑部尚書同中書門下三品丙申遣十道巡察使三月甲辰韋安石罷戶部尚書蘇瓌守侍中戊申唐休璟罷庚戌殺光祿卿駙馬都尉王同皎是月置員外官四月己丑李懷遠罷己亥雨毛于鄮縣辛丑洛水溢五月庚申葬則天大聖皇后六月戊寅貶敬暉爲崖州司馬桓彥範瀧州司馬袁恕己竇州司馬崔玄暐白州司馬張柬之新州司馬七月戊申立衞王重俊爲皇太子丙寅魏元忠爲尚書右僕射兼中書令李嶠守中書令辛未左散騎常侍致仕李懷遠同中書門下三品流敬暉于瓊州桓彥範于瀼州袁恕己于環州崔玄暐于古州張柬之于瀧州八月丙子貶祝欽明爲申州刺史九月戊午李懷遠薨十月癸巳蘇瓌爲侍中戊戌至自東都十一月乙巳大赦賜行從官勳一轉十二月己卯靈武軍大總管沙吒忠義及突厥戰于鳴沙敗績丙戌以突厥寇邊京師旱河北水減膳罷土木工蘇瓌存撫河北丙申魏元忠爲尚書左僕射

景龍元年正月丙辰以旱慮囚二月丙戌復武氏廟陵置令丞守戶如昭陵甲午褒德廟榮先陵置令丞四月庚寅赦雍州五月戊戌右屯衞大將軍張仁亶爲朔方道行軍大總管以備突厥丙午假鴻臚卿臧思言使于突厥死之以旱避正殿減膳六月丁卯朔日有食之庚午雨土于陝州戊子吐蕃及姚州蠻寇邊姚嶲道討擊使唐九徵敗之七月辛丑皇太子以羽林千騎兵誅武三思不克死之癸卯大赦壬戌李嶠爲中書令八月丙戌上尊號曰

應天神龍皇帝皇后曰順天翊聖皇后魏元忠罷九月丁酉吏部侍郎蕭至忠爲黃門侍郎兵部尚書宗楚客左衛將軍兼太府卿紀處訥同中書門下三品于惟謙罷庚子大赦改元賜文武官階勳爵辛亥楊再思爲中書令韋巨源紀處訥爲侍中蘇瓌罷十月戊寅殺習藝館內教蘇安恒壬午有彗星出于西方十二月乙丑朔日有食之丁丑雨土

二年二月癸未有星隕于西南庚寅大赦進五品以上母妻封號一等無妻者授其女婦人八十以上版授郡縣鄉君七月癸巳朔方道行軍大總管張仁亶同中書門下三品丁酉有星孛于胃昴十一月庚申西突厥寇邊御史中丞馮嘉賓使于突厥死之己卯大赦賜酺三日癸未安西都護牛師獎及西突厥戰于火燒城死之是歲皇后妃主昭容賣官行墨敕斜封

三年二月己丑及皇后幸玄武門觀宮女拔河爲宮市以嬉壬寅韋巨源爲尚書左僕射楊再思爲右僕射同中書門下三品壬子及皇后幸太常寺三月戊午宗楚客爲中書令蕭至忠守侍中太府卿韋嗣立守兵部尚書同中書門下三品中書侍郎兼檢校吏部侍郎崔湜守兵部侍郎趙彥昭爲中書侍郎同中書門下平章事戊寅禮部尚書韋溫爲太子少保同中書門下三品太常少卿鄭愔守吏部侍郎同中書門下平章事五月丙戌貶崔湜爲襄州刺史鄭愔江州司馬六月癸巳太白晝見庚子以旱避正殿減膳撤樂詔括天下圖籍壬寅慮囚癸卯楊再思薨七月丙辰西突厥娑葛降辛酉許婦人非緣夫子封者蔭其子孫癸亥慮囚庚辰澧水溢八月乙酉李嶠同中書門下三品特進韋安石爲侍中壬辰有星孛于紫宮九月戊辰吏部尚書蘇瓌爲尚書左僕射同中書門下三品十一月乙丑有事于南郊以皇后爲亞獻大赦賜文武官階爵八品者減考免關內今歲賦賜酺三日甲戌豆盧欽望薨十二月壬辰前宋國公致仕唐休璟爲太子少師同中書門下三品甲午如新豐溫湯甲辰赦新豐給復一年賜從官勳一轉

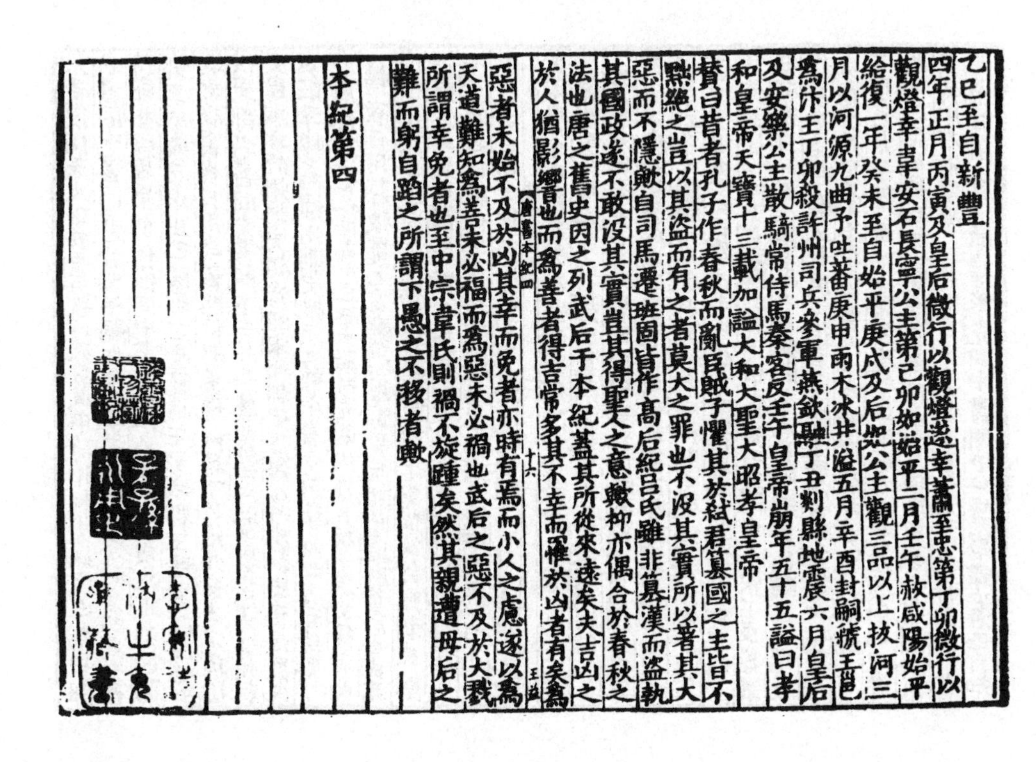

乙巳至自新豐

四年正月丙寅及皇后微行以觀燈遂幸蕭至忠第丁卯微行以觀燈幸韋安石長寧公主第己卯如始平二月壬午赦咸陽始平給復一年癸未至自始平庚戌及后如公主觀三品以上拔河三月以河源九曲予吐蕃庚申雨木冰井溢五月辛酉封嗣虢王邕爲汴王丁卯殺許州司兵參軍燕欽融丁丑剡縣地震六月皇后及安樂公主散騎常侍馬秦客反壬午皇帝崩年五十五謚曰孝和皇帝天寶十三載加謚大和大聖大昭孝皇帝

贊曰昔者孔子作春秋而亂臣賊子懼其於弒君篡國之主皆不黜絕之豈以其盜而有之者莫大之罪也不沒其實所以著其大惡而不隱歟自司馬遷班固皆作高后紀呂氏雖非篡漢而盜執其國政遂不敢沒其實豈其得聖人之意歟抑亦偶合於春秋之法也唐之舊史因之列武后于本紀蓋其所從來遠矣夫吉凶之於人猶影響也而爲善者得吉常多其不幸而罹於凶者有矣爲

惡者未始不及於凶其幸而免者亦時有焉而小人之慮遂以爲天道難知爲善未必福而爲惡未必禍也武后之惡不及於大戮所謂幸免者也至中宗韋氏則禍不旋踵矣然其親遭母后之難而躬自蹈之所謂下愚之不移者歟

本紀第四

本紀第五

翰林學士兼龍圖閣學士[illegible]史館修撰臣歐陽修奉

敕撰

睿宗玄眞大聖大興孝皇帝諱旦高宗第八子也始封殷王領冀
州大都督單于大都護長而溫恭好學通詁訓工草隸書徙封豫
王又封冀王累遷右金吾衛大將軍洛州牧徙封相王復封豫王
武后廢中宗立爲皇帝其改國號周以爲皇嗣居于東宮中宗自
房州還復爲皇太子武后封皇嗣爲相王授太子右衛率累遷右
羽林衛大將軍并州牧安北大都護諸道元帥中宗復位進號安
國相王景雲元年六月壬午韋皇后弑中宗矯詔立溫王重茂爲
皇太子以刑部尚書裴談工部尚書張錫同中書門下三品吏部
尚書張嘉福中書侍郎岑羲吏部侍郎崔湜同中書門下平章
事發諸府兵五萬屯京師以韋溫揔知內外兵馬甲申乃發喪又
矯遺詔自立爲皇太后皇太子即皇帝位以睿宗參謀政事大赦

改元曰唐隆太后臨朝攝政罷睿宗參謀政事以爲太尉封嗣雍
王守禮爲邠王壽春郡王成器宋王丁亥溫王妃陸氏爲皇后壬
辰紀處訥張嘉福岑羲持節巡撫關內河南北庚子臨淄郡王隆
基率萬騎兵入北軍討亂誅韋氏安樂公主及韋巨源馬秦客駙
馬都尉武延秀光祿少卿楊均辛丑睿宗奉皇帝御安福門大赦
賜文武官階勳爵免天下歲租之半進封隆基爲平王朝邑尉劉
幽求爲中書舍人苑揔監鍾紹京爲中書侍郎參知機務壬寅紹
京及黃門侍郎李日知同中書門下三品紀處訥韋溫宗楚客將作
大匠宗晉卿司農卿趙履溫伏誅貶汴王邕爲沁州刺史蕭至忠
許州刺史韋嗣立宋州刺史趙彥昭絳州刺史崔湜華州刺史癸
卯太白晝見平王隆基同中書門下三品鍾紹京行中書令張嘉
福伏誅甲辰安國相王即皇帝位于承天門大赦長流長任及流
人未達者還之賜內外官階爵復重茂爲溫王乙巳鍾紹京罷丙
午太常少卿薛稷爲黃門侍郎參豫機務丁未立平王隆基爲皇

太子復則天大聖皇后號曰天后戊申許州刺史姚元之爲兵部
尚書同中書門下三品韋嗣立蕭至忠爲中書令趙彥昭爲中書
侍郎崔湜爲吏部侍郎同中書門下平章事七月庚戌進封衡陽
郡王成義爲申王巴陵郡王隆範岐王彭城郡王隆業薛王癸丑
兵部尚書崔日用爲黃門侍郎參豫機務丁巳洛州長史宋璟檢
校吏部尚書同中書門下三品岑羲罷壬戌貶蕭至忠爲晉州刺
史韋嗣立許州刺史趙彥昭宋州刺史張錫絳州刺史崔湜罷丙
寅貶李嶠爲懷州刺史姚元之兼中書令蘇瓌爲尚書左僕射丁
卯唐休璟張仁亶罷己巳大赦改元賜內外官及子爲父後者勳
一轉崔日用薛稷罷乙亥廢崇恩廟昊陵順陵追廢皇后韋氏爲
庶人安樂公主爲勃逆庶人八月庚寅譙王重福及汴州刺史鄭
愔反伏誅癸巳罷墨敕斜封官貶裴談爲蒲州刺史九月辛未太
子少師致仕唐休璟爲朔方道行軍大揔管以備突厥十月乙未
追號天后曰大聖天后癸卯出義宗于太廟十一月戊申姚元之

爲中書令己酉葬孝和皇帝于定陵壬子蘇瓌韋安石罷宋王成
器爲尚書左僕射丁卯赦靈駕所過己巳宋王成器爲司徒
二年正月己未太僕卿郭元振中書侍郎張說同中書門下平章
事甲子徙封重茂爲襄王乙丑追冊妃劉氏竇氏爲皇后二月丁
丑皇太子監國甲申貶姚元之爲申州刺史宋璟楚州刺史丙戌
太子少保韋安石爲侍中劉幽求罷復墨敕斜封官辛卯禁屠三
月癸丑作金仙玉眞觀四月甲申韋安石爲中書令宋王成器罷
辛卯李日知爲侍中壬寅大赦賜文武官階勳爵民酺三日甲辰
作玄元皇帝廟五月庚戌復昊陵順陵置官屬壬戌殿中監竇懷
貞爲左御史臺大夫同中書門下平章事八月乙卯大赦賜酺三日
丁巳皇太子釋奠于國學庚午韋安石爲尚書左僕射同中書
門下三品九月乙亥竇懷貞爲侍中十月甲辰吏部尚書劉幽求
爲侍中右散騎常侍魏知古太子詹事崔湜爲中書侍郎同中書
門下三品中書侍郎陸象先同中書門下平章事韋安石李日知

郭元振竇懷貞張說罷十二月丁未作潑寒胡戲
先天元年正月辛未享于太廟甲戌并汾絳三州地震辛巳有
事于南郊戊子耕籍田己丑大赦改元曰太極賜內外官階爵
民酺五日版授九十以上下州刺史八十以上上州司馬辛卯幸安
福門觀酺三日夜壬辰陸象先同中書門下三品乙未戶部尚書岑
羲左御史臺大夫竇懷貞同中書門下三品二月丁巳皇太子釋
奠于國學是春旱五月戊寅有事于北郊辛巳大赦改元曰延
和賜內外官陪禮者勳一轉民酺五日六月癸丑岑羲為侍中乙
卯追號大聖天后為天后聖帝辛酉刑部尚書郭元振為朔方
道行軍大總管以伐突厥甲子幽州都督孫佺左驍衛將軍李楷
洛左威衛將軍周以悌及奚戰于冷陘山敗績七月辛未有彗星
入于太微兵部尚書李迥秀為朔方道後軍大總管乙亥竇懷貞
為尚書右僕射平章軍國重事己卯幸安福門觀樂三日而止丙
戌以旱減膳八月庚子立皇太子為皇帝以聽小事自尊為太上
皇以聽大事壬寅追號天后聖帝為聖后甲辰大赦改元賜內外
官及五品以上子為父後者勳爵民酺五日丁未立皇太子妃王氏
為皇后戊申封皇帝子嗣直為郯王嗣謙郢王己酉宋王成器為
司徒庚戌竇懷貞為尚書左僕射劉幽求守尚書右僕射同中書
門下三品魏知古為侍中崔湜檢校中書令戊午流劉幽求于封
州九月丁卯朔日有食之甲午封皇帝子嗣昇為陝王十月辛卯
獵于驪山十一月丁亥誥遣皇帝巡邊甲午幽州都督宋璟為左
軍大總管并州長史薛訥為中軍大總管兵部尚書郭元振為右
軍大總管
二年正月乙亥吏部尚書蕭至忠為中書令二月追作先天元年
酺六月辛丑以雨霖避正殿減膳丙辰郭元振同中書門下三品
七月甲子大赦乙丑誥歸政于皇帝開元四年六月崩于百福殿
年五十五諡曰大聖真皇帝天寶十三載增諡玄真大聖大興
孝皇帝

玄宗至道大聖大明孝皇帝諱隆基睿宗第三子也母曰昭成皇
后竇氏性英武善騎射通音律曆象之學始封楚王後為臨淄郡
王累遷衛尉少卿潞州別駕景龍四年朝于京師遂留不遣庶人
韋氏已弒中宗矯詔稱制玄宗乃與太平公主子薛崇簡尚衣奉
御王崇曄公主府典籤王師虔朝邑尉劉幽求苑總監鍾紹京長
上折衝麻嗣宗押萬騎果毅葛福順李仙鳧道士馮處澄僧普潤
定策討亂或請先啓相王玄宗曰請而從是王與危事不從則吾計
失矣乃夜率幽求等入苑中福順仙鳧以萬騎兵攻玄武門斬左羽
林將軍韋播中郎將高嵩以徇左萬騎由左入右萬騎由右入玄
宗率總監羽林兵會兩儀殿梓宮宿衛兵皆起應之遂誅韋氏黎
明馳謁相王謝不先啓相王泣曰賴汝以免不然吾且及難乃拜玄
宗殿中監兼知內外閑廄檢校隴右羣牧大使押左右萬騎進封
平王同中書門下三品睿宗即位立為皇太子景雲二年監國聽
除六品以下官延和元年星官言帝坐前星有變睿宗曰傳德
避災吾意決矣七月壬辰制皇太子宜即皇帝位太子惶懼入請
睿宗曰此吾所以答天戒也皇太子乃御武德殿除三品以下官八
月庚子即皇帝位先天元年十月庚子享于太廟大赦
開元元年正月辛巳皇后親蠶七月甲子太平公主及岑羲蕭至
忠竇懷貞謀反伏誅乙丑始聽政丁卯大赦賜文武官階爵庚午
流崔湜于竇州甲戌毀天樞乙亥尚書右丞張說檢校中書令庚
辰陸象先罷八月癸巳劉幽求為尚書右僕射知軍國大事壬寅
宋王成器為太尉申王成義為司徒邠王守禮為司空九月丙寅
宋王成器罷庚午劉幽求同中書門下三品張說為中書令十月
姚巂蠻寇姚州都督李蒙死之己亥幸溫湯癸卯講武于驪山流
郭元振于新州給事中唐紹伏誅免新豐來歲稅賜從官帛甲辰
獵于渭川同州刺史姚元之為兵部尚書同中書門下三品乙巳至
自渭川十一月乙丑劉幽求兼侍中戊子君臣上尊號曰開元神武
皇帝十二月庚寅大赦改元賜內外官勳改中書省為紫微省門

下省爲黃門省侍中爲監甲午吐蕃請和已亥禁潑寒胡戲壬寅
姚崇兼紫微令癸丑劉幽求罷貶張說爲相州刺史甲寅黃門侍
郎盧懷慎同紫微黃門平章事
二年正月壬午以關內旱求直諫停不急之務寬繫囚祠名山大
川葬暴骸甲申并州節度大使薛訥同紫微黃門三品以伐契丹
二月壬辰避正殿減膳徹樂突厥寇北庭都護郭虔瓘敗之己酉
慮囚三月己亥磧西節度使阿史那獻執西突厥都擔四月辛未
停諸陵供奉鷹犬五月辛亥魏知古罷六月京師大風拔木甲子
以太上皇避暑徙御大明宮七月乙未焚錦繡珠玉于前殿戊戌
禁采珠玉及爲刻鏤器玩珠繩帖絛服者廢織錦坊庚子薛訥及
奚契丹戰于灤河敗績丁未襄王重茂薨追冊爲皇帝八月壬戌
禁女樂乙亥吐蕃寇邊薛訥攝左羽林軍將軍爲隴右防禦大使
右驍衛將軍郭知運爲副以伐之九月庚寅作興慶宮丁酉宴京師
侍老于含元殿庭賜九十以上几杖八十以上鳩杖婦人亦如之賜於

其家戊申幸溫湯十月戊午至自溫湯甲子薛訥及吐蕃戰于武
階敗之十二月乙丑封子嗣眞爲鄫王嗣初鄂王嗣玄鄄王
三年正月丁亥立郢王嗣謙爲皇太子降死罪流以下原之賜酺三
日癸卯盧懷慎檢校黃門監二月辛酉赦囚非惡逆造僞者四月
庚申突厥部三姓葛邏祿來附右羽林軍大將軍薛訥爲涼川鎮
軍大總管涼州都督楊執一副之右衛大將軍郭虔瓘爲朔川鎮
軍大總管并州長史王晙副之以備突厥五月丁未以旱錄京師
囚戊申避正殿減膳七月庚辰朔日有食之十月辛酉嶲州蠻寇
邊右驍衛將軍李玄道伐之壬戌薛訥爲朔方道行軍大總管太
僕卿呂延祚靈州刺史杜賓客副之癸亥如鄠赦所過徒罪以下
賜侍老九十以上及篤疾者物甲子如鳳泉湯戊辰降大理繫囚
罪十一月己卯至自鳳泉湯乙酉幸溫湯丁亥相州人崔子嵒反
伏誅甲午至自溫湯乙未禁白衣長髮會十二月乙丑降鳳泉湯
所過死罪以下

四年正月戊寅朝太上皇于西宮二月丙辰幸溫湯辛酉吐蕃寇
松州廓州刺史蓋思貴伐之丁卯至自溫湯癸酉松州都督孫仁
獻及吐蕃戰敗之六月甲子太上皇崩辛未京師華陝二州大風
拔木癸酉大武軍子將郝靈佺殺突厥默啜七月丁丑吐蕃請和
丁酉洛水溢八月辛未奚契丹降十月庚午葬大聖眞皇帝于橋
陵十一月己卯盧懷慎罷丁亥遷中宗于西廟丙申尚書左丞源乾
曜爲黃門侍郎同紫微黃門平章事十二月乙卯定陵寢殿火丙
辰幸溫湯乙丑至自溫湯閏月己亥姚崇源乾曜罷刑部尚書宋
璟爲吏部尚書兼黃門監紫微侍郎蘇頲同紫微黃門平章事
五年正月癸卯太廟四室壞遷神主于太極殿素服避正殿輟視
朝五日己酉享于太極殿辛亥如東都戊辰大霧二月甲戌大赦
賜從官帛給復河南一年免河南北蝗水州今歲租三月丙寅吐
蕃請和四月甲申毀拜洛受圖壇己丑子嗣一卒五月丙辰詔公
侯子孫襲封七月壬寅隴右節度使郭知運及吐蕃戰敗之九月

壬寅復紫微省爲中書省黃門省爲門下省監爲侍中十月戊
寅祔神主于太廟甲申命史官月奏所行事
六年正月辛丑突厥請和二月壬辰朔方道行軍大總管王晙伐
突厥六月甲申瀍水溢八月庚辰以旱慮囚十月癸亥賜河南府
懷汝鄭三州父老帛十一月辛卯至自東都丙申享于太廟元皇
帝以上三祖枝孫失官者授五品京官皇祖妣家子孫在選者甄
擇之免知頓及旁州供承者一歲租稅乙巳改傳國璽曰寶是月
突厥執單于副都護張知運
七年五月己丑朔日有食之素服徹樂減膳中書門下慮囚六月
戊辰吐蕃請和閏七月辛巳以旱避正殿徹樂減膳甲申慮囚八
月丙戌慮囚九月甲戌徙封宋王憲爲寧王十月作義宗廟于東
都辛卯幸溫湯癸卯至自溫湯十一月乙亥皇太子入學齒冑賜
陪位官及學生帛
八年正月辛巳宋璟蘇頲罷京兆尹源乾曜爲黃門侍郎并州大都

督府長史張嘉貞爲中書侍郎同中書門下平章事二月戊戌子
敏卒三月甲子免水旱州逋負給復四鎮行人家一年五月丁卯
源乾曜爲侍中張嘉貞爲中書令六月庚寅洛瀍穀水溢九月
突厥寇甘源涼州都督楊敬述及突厥戰敗績丙寅降京城囚罪
杖以下原之壬申契丹寇邊王晙檢校幽州都督節度河北諸軍大
使黃門侍郎韋抗爲朔方道行軍大摠管以伐之甲戌中書門下慮
囚十月辛巳如長春宮壬午獵于下邽庚寅幸溫湯十一月乙卯
至自溫湯
九年正月括田丙寅幸溫湯乙亥至自溫湯二月丙戌突厥請和
丁亥免天下七年以前逋負四月庚寅蘭池胡康待賓寇邊五月
庚午原見囚死流罪隨軍効力徒以下未發者七月己酉王晙執
康待賓八月蘭池胡康願子寇邊九月乙巳朔日有食之癸亥天
兵軍節度大使張說爲兵部尚書同中書門下三品十一月庚午
大赦賜文武官階爵唐隆先天實封功臣坐事免若死者加贈賜

民酺三日十二月乙酉幸溫湯壬辰至自溫湯是冬無雪
十年正月丁巳如東都二月丁丑次望春頓賜從官帛四月己亥
張說持節朔方軍節度大使五月戊午突厥請和辛酉伊汝水
溢閏月壬申張說巡邊六月丁巳河決博棣二州七月庚辰給復
遭水州丙戌安南人梅叔鸞反伏誅九月張說敗康願子于木盤
山執之己卯京兆人權梁山反伏誅癸未吐蕃攻小勃律北庭節
度使張孝嵩敗之十月甲寅如興泰宮獵于上宜川庚申如東都
十二月突厥請和
十一年正月丁卯降東都囚罪杖以下原之己巳如并州降囚罪
徒以下原之賜侍老物庚辰次潞州赦囚給復五年以故第爲飛
龍宮辛卯次并州改并州爲北都癸巳赦太原府給復一年下戶
三年元從家五年版授侍老八十以上上縣令婦人縣君九十以
上上州長史婦人郡君百歲以上上州刺史婦人郡夫人二月己
酉貶張嘉貞爲幽州刺史壬子如汾陰祠后土賜文武官階勳爵

帛癸亥張說兼中書令三月辛未至自汾陰免所過今歲稅赦京
城四月甲子張說爲中書令吏部尚書王晙爲兵部尚書同中書
門下三品五月乙丑復中宗于太廟己丑王晙持節朔方軍節度
大使辛卯遣使分巡天下六月王晙巡邊八月戊申追號宣皇帝
曰獻祖光皇帝曰懿祖十月丁酉幸溫湯作溫泉宮甲寅至自溫
湯十一月戊寅有事于南郊大赦賜奉祠官階勳爵親王公主一
子官高年粟帛孝子順孫終身勿事天下酺三日京城五日十二
月甲午如鳳泉湯戊申至自鳳泉湯庚申貶王晙爲蘄州刺史
十二年四月壬寅詔傍繼國王禮當廢而屬近者封郡王七月己
卯廢皇后王氏爲庶人十月庶人王氏卒十一月庚午如東都庚
辰溪州首領覃行章反伏誅辛巳申王撝薨閏十二月丙辰朔
日有食之
十三年正月戊子降死罪流以下原之遣使宣慰天下壬子葬朔
方隴右河西戰亡者三月甲午徙封郯王潭爲慶王陝王浚忠王

鄫王洽棣王鄄王涺榮王封子涺爲光王濰儀王澐潁王澤永
王清壽王洄延王沐盛王溢濟王九月丙戌罷奏祥瑞十月辛酉
如兗州庚午次濮州賜河南北五百里內父老帛十一月庚寅封
于泰山辛卯禪于社首壬辰大赦賜文武官階勳爵致仕官一
季祿公主嗣王郡縣主一子官諸蕃酋長來會者一官免所過
一歲兗州二歲租賜天下酺七日丙申幸孔子宅遣使以太牢祭
其墓給復近墓五戶丁酉賜徐曹亳許仙豫六州父老帛十二
月己巳如東都
十四年二月邕州獠梁大海反伏誅四月丁巳戶部侍郎李元紘
爲中書侍郎同中書門下平章事庚申張說罷丁卯岐王範薨六
月戊午東都大風拔木壬戌詔州縣長官言事七月癸未瀍水溢
八月丙午河決魏州九月己丑磧西節度使杜暹檢校黃門侍郎
同中書門下平章事十月甲寅太白晝見庚申如廣成湯己巳如
東都十二月丁巳獵于方秀川

十五年正月辛丑河西隴右節度使王君㚟及吐蕃戰于青海敗之七月甲戌震興教門觀災庚寅洛水溢己亥降都城囚罪徒以下原之八月澗穀溢毀澠池縣己巳降天下死罪嶺南邊州流人徒以下原之九月丙子吐蕃寇瓜州執刺史田元獻閏月庚子寇安西副大都護趙頤貞敗之庚申回紇殺甘州王君㚟死之十月己卯至自東都十一月丁卯獵于城南十二月乙亥幸溫泉宮丙戌至自溫泉宮

十六年正月壬寅趙頤貞及吐蕃戰于曲子城敗之乙卯瀧州首領陳行範反伏誅庚申許徒以下囚保任營農三月辛丑免營農囚罪七月吐蕃寇瓜州刺史張守珪敗之乙巳隴右節度使張志亮河西節度使蕭嵩克吐蕃大莫門城八月辛卯及吐蕃戰于祁連城敗之九月丙午以久雨降囚罪徒以下原之十月己卯幸溫泉宮己丑至自溫泉宮十一月癸巳蕭嵩為兵部尚書同中書門下平章事甲辰弛陂澤禁戊申幸寧王憲第庚戌至自寧王憲第

十二月丁卯幸溫泉宮丁丑至自溫泉宮

十七年二月丁卯巂州都督張審素克雲南昆明城鹽城三月戊戌張守珪及吐蕃戰于大同軍敗之四月癸亥降死罪流以下原之乙亥大風震藍田山崩六月甲戌源乾曜杜暹李元紘罷蕭嵩兼中書令戶部侍郎宇文融為黃門侍郎兵部侍郎裴光庭為中書侍郎同中書門下平章事九月壬子貶宇文融為汝州刺史十月戊午朔日有食之十一月庚寅有事于太廟丙申拜橋陵赦奉先縣戊戌拜定陵己亥拜獻陵壬寅拜昭陵乙巳拜乾陵戊申至自乾陵大赦免今歲稅之半賜文武官階爵侍老帛旌表孝子順孫義夫節婦終身勿事唐隆兩營立功三品以上予一子官免供頓縣今歲稅賜諸軍行人勳兩轉十二月辛酉幸溫泉宮壬申至自溫泉宮是冬無雪

十八年正月辛卯裴光庭為侍中二月丙寅大雨雷震左飛龍廄災辛未免囚罪杖以下四月乙卯築京師外郭五月己酉奚契丹附于突厥六月甲子有彗星出于五車癸酉有星孛于畢昴乙亥瀍水溢丙子忠王浚為河北道行軍元帥壬午洛水溢九月丁巳忠王浚兼河東道諸軍元帥十月戊子吐蕃請和庚寅如鳳泉湯癸卯至自鳳泉湯十一月丁卯幸溫泉宮丁丑至自溫泉宮

十九年正月殺瀼州別駕王毛仲丙子耕于興慶宮己卯禁捕鯉魚四月壬午降死罪以下丙申立太公廟六月乙酉大風拔木七月癸丑吐蕃請和八月辛巳以千秋節降死罪流以下原之十月丙申如東都十一月乙卯大洛城南賜從官帛是歲楊州穭稻生

二十年正月乙卯信安郡王禕為河東河北道行軍副元帥以伐奚契丹二月甲戌朔日有食之壬午降囚罪徒以下原之三月己巳信安郡王禕及奚契丹戰于薊州敗之五月戊申忠王浚俘奚契丹以獻六月丁丑浚為司徒八月辛未朔日有食之九月乙巳渤海靺鞨寇登州刺史韋俊死之左領軍衛將軍蓋福慎伐之戊辰以宋滑兗鄆四州水免今歲稅十月壬午如潞州丙戌中書門

下慮巡幸所過囚辛卯赦潞州給復三年賜高年粟帛十一月辛丑如北都癸丑赦北都給復三年庚申如汾陰祠后土大赦免供頓州今歲稅賜文武官階勳爵諸州侍老帛武德以來功臣後及唐隆功臣三品以上一子官民酺三日十二月辛未至自汾陰

二十一年正月丁巳幸溫泉宮二月丁亥至自溫泉宮三月乙巳裴光庭薨甲寅尚書右丞韓休為黃門侍郎同中書門下平章事閏月癸酉幽州副總管郭英傑及契丹戰于都山英傑死之四月乙卯遣宣慰使黜陟官吏決繫囚丁巳寧王憲為太尉薛王業為司徒五月戊子以皇太子納妃降死罪流以下原之七月乙丑朔日有食之九月壬午封子沔為信王泚義王漼陳王澄豐王潓恆王漩涼王滔深王十月庚戌幸溫泉宮己未至自溫泉宮十二月丁巳蕭嵩韓休罷京兆尹裴耀卿為黃門侍郎中書侍郎張九齡同中書門下平章事

二十二年正月己巳如東都二月壬寅秦州地震給復壓死者家

一年三人者二年四月甲辰降死罪以下甲寅北庭都護劉渙謀
反伏誅五月戊子裴耀卿爲侍中張九齡爲中書令黃門侍郎李
林甫爲禮部尚書同中書門下三品是日大風拔木六月壬辰幽
州節度使張守珪俘奚契丹以獻七月己巳薛王業薨十二月甲
戌免關内河南八等以下戶田不百畝者今歲租十二月戊子朔
日有食之乙巳張守珪及契丹戰敗之殺其王屈烈
二十三年正月乙亥耕藉田大赦侍老百歲以上版授上州刺史
九十以上中州刺史八十以上上州司馬賜陪位官勳爵征防兵
父母年七十者遣還民酺三日八月戊子免鰥寡惸獨今歲稅
米十月戊申突騎施寇邊閏十一月壬午朔日有食之是冬東都
人劉普會反伏誅
二十四年正月丙午北庭都護蓋嘉運及突騎施戰敗之四月丁
丑降死罪以下五月丙午醴泉人劉志誠反伏誅八月甲寅突騎
施請和乙亥汴王璥薨十月戊申京師地震甲子次華州免供頓

州今歲稅賜刺史縣令中上考降兩京死罪流以下原之丁卯至
自東都十一月辛丑東都地震壬寅裴耀卿張九齡罷李林甫兼
中書令朔方軍節度副大使牛仙客爲工部尚書同中書門下三
品十二月戊申慶王琮爲司徒
二十五年三月乙酉張守珪及契丹戰于捺祿山敗之辛卯河西
節度副大使崔希逸及吐蕃戰于青海敗之四月辛酉殺監察御
史周子諒乙丑廢皇太子瑛及鄂王瑤光王琚爲庶人皆殺之十
一月壬申幸溫泉宮乙酉至自溫泉宮十二月丙午惠妃武氏薨
丁巳追冊爲皇后
二十六年正月甲戌潮州刺史陳思挺謀反伏誅乙亥牛仙客爲
侍中丁丑迎氣于東郊降死罪流以下原之以京兆稻田給貧民
禁王公獻珍物賜文武官帛壬辰李林甫兼隴右節度副大使二
月乙卯牛仙客兼河東節度副大使三月丙子有星孛于紫微癸
巳京師地震吐蕃寇河西崔希逸敗之鄯州都督杜希望克其新

城四月己亥有司讀時令降死罪流以下原之五月乙酉李林甫
兼河西節度副大使六月庚子立忠王璵爲皇太子七月己巳大
赦賜文武九品以上及五品以上子爲父後者勳一轉侍老粟帛
加版授免京畿下戶今歲租之半賜民酺三日九月丙申朔日有
食之庚子益州長史王昱及吐蕃戰于安戎城敗績十月戊寅幸
溫泉宮壬辰至自溫泉宮
二十七年正月壬寅榮王琬巡按隴右二月己巳羣臣上尊號曰
開元聖文神武皇帝大赦免今歲稅賜文武官階爵版授侍老百
歲以上下州刺史婦人郡君九十以上上州司馬婦人縣君八十以
上縣令婦人鄉君賜民酺五日八月乙亥磧西節度使蓋嘉運
敗突騎施于賀邏嶺執其可汗吐火仙壬午吐蕃寇邊河西隴
右節度使蕭炅敗之十月丙戌幸溫泉宮十一月辛丑至自溫泉宮
二十八年正月癸巳幸溫泉宮庚子至自溫泉宮三月丁亥朔日
有食之壬子益州司馬章仇兼瓊敗吐蕃克安戎城五月癸卯吐

蕃寇安戎城兼瓊又敗之十月甲子幸溫泉宮以壽王妃楊氏爲
道士號太眞戊辰以徐泗二州無蠶免今歲稅辛巳至自溫泉宮
十一月牛仙客罷朔方河東節度副大使
二十九年正月癸巳幸溫泉宮丁酉立玄元皇帝廟禁厚葬庚子
至自溫泉宮五月庚戌求明道德經及莊列文子者降死罪流以
下原之七月乙亥伊洛溢九月丁卯大雨雪十月丙申幸溫泉宮戊
戌遣使黜陟官吏十一月庚戌邠王守禮薨辛酉至自溫泉宮己
巳雨木冰辛未寧王憲薨追冊爲皇帝及其妃元氏爲皇后十二
月癸未吐蕃陷石堡城
天寶元年正月丁未大赦改元詔京文武官材堪刺史者自舉賜
侍老八十以上粟帛九品以上勳兩轉甲寅陳王府參軍田同秀
言玄元皇帝降于丹鳳門通衢二月丁亥羣臣上尊號曰開元
天寶聖文神武皇帝辛卯享玄元皇帝于新廟甲午享于太廟
丙申合祭天地于南郊大赦侍老加版授賜文武官階爵改侍中爲

左相中書令爲右相東都爲東京北都爲北京州爲郡刺史爲太
守七月癸卯朔日有食之辛未牛仙客薨八月丁丑刑部尚書李
適之爲左相十月丁酉幸温泉宮十一月己巳至自温泉宮十二
月戊戌隴右節度使皇甫惟明及吐蕃戰于青海敗之庚子河西
節度使王倕克吐蕃漁海遊弈軍朔方軍節度使王忠嗣及奚戰
于紫乾河敗之遂伐突厥是冬無冰
二年正月乙卯作昇仙宮丙辰加號玄元皇帝曰大聖祖三月壬
子享于玄元宮追號大聖祖父周上御大夫敬曰先天太皇咎繇
曰德明皇帝涼武昭王曰興聖皇帝改西京玄元宮曰太清宮東
京曰太微宮四月己卯皇甫惟明克吐蕃洪濟城六月甲戌震東
京應天門觀災十月戊寅幸温泉宮十一月乙卯至自温泉宮十
二月壬午海賊吳令光寇永嘉郡是冬無雪
三載正月丙申改年爲載降死罪流以下原之辛丑幸温泉宮辛
亥有星隕于東南二月庚午至自温泉宮丁丑河南尹裴敦復晉

陵郡太守劉同昇南海郡太守劉巨鱗討吳令光閏月令光伏誅
三月壬申降死罪流以下原之八月丙午拔悉蜜攻突厥殺烏蘇
米施可汗來獻其首十月甲午幸温泉宮十一月丁卯至自温泉
宮十二月癸丑祠九宮貴神于東郊大赦詔天下家藏孝經賜文
武官階爵侍老粟帛民酺三日
四載正月丙戌王忠嗣及突厥戰于薩河內山敗之三月壬申以外
孫獨孤氏女爲靜樂公主嫁于契丹松漠都督李懷節楊氏女爲
宜芳公主嫁于奚饒樂都督李延寵八月壬寅立太眞爲貴妃九
月契丹奚皆殺其公主以叛甲申皇甫惟明及吐蕃戰于石堡
城副將褚詡死之十月戊戌幸温泉宮十二月戊戌至自温泉宮
五載正月乙亥停六品以下員外官三月丙子遣使黜陟官吏四
月庚寅李適之罷丁酉門下侍郎陳希烈同中書門下平章事五
月壬子朔日有食之七月殺括蒼郡太守韋堅播川郡太守皇甫
惟明十月戊戌幸温泉宮十一月乙巳至自温泉宮十二月甲戌

殺贊善大夫杜有鄰著作郎王曾左驍衛兵曹參軍柳勣左司禦
率府倉曹參軍王脩已右武衛司戈盧寧左威衛參軍徐徵
六載正月辛巳殺北海郡太守李邕淄川郡太守裴敦復丁亥享
于太廟戊子有事于南郊大赦流人老者許致仕停立仗錠賜文
武官階爵侍老粟帛民酺三日三月甲辰陳希烈爲左相七月乙
酉以旱降死罪流以下原之十月戊申幸華清宮十一月丁酉殺戶
部侍郎楊愼矜及其弟少府少監愼餘洛陽令愼名十二月癸丑
至自華清宮是歲安西副都護高仙芝及小勃律國戰敗之
七載五月壬午羣臣上尊號曰開元天寶聖文神武應道皇帝大
赦免來載租庸以魏周隋爲三恪賜京城父老物人十段七十以上
版授本縣令婦人縣君六十以上縣丞天下侍老百歲以上上郡
太守婦人郡君九十以上上郡司馬婦人縣君八十以上縣令婦
人鄉君賜文武官勳兩轉民酺三日十月庚戌幸華清宮十二月
辛酉至自華清宮

八載四月殺咸寧郡太守趙奉璋六月乙卯隴右節度使哥舒翰
及吐蕃戰于石堡城敗之閏月丙寅謁太清宮加上玄元皇帝號
曰聖祖大道玄元皇帝增祖宗帝后謚羣臣上尊號曰開元天地
大寶聖文神武應道皇帝大赦男子七十婦人七十五以上皆給一
子侍賜文武官階爵民爲戶者古爵酺三日十月乙丑幸華清
宮是月特進何履光率十道兵以伐雲南十一月丁巳幸御史中
丞楊釗莊
九載正月己亥至自華清宮丁巳詔以十一月封華嶽三月辛亥
華嶽廟災關內旱乃停封五月庚寅慮囚九月辛卯以商周漢
爲三恪十月庚申幸華清宮太白山人王玄翼言玄元皇帝降于
寶仙洞十二月乙亥至自華清宮是歲雲南蠻陷雲南郡都督
張虔陀死之
十載正月壬辰朝獻于太清宮癸巳朝享于太廟甲午有事于南
郊大赦賜侍老粟帛酺三日丁酉李林甫兼朔方軍節度副大使

安北副大都護己亥改傳國璽爲承天大寶戊申安西四鎮節度使高仙芝執突騎施可汗及石國王四月壬午劍南節度使鮮于仲通及雲南蠻戰于西洱河大敗績大將王天運死之陷雲南都護府七月高仙芝及大食戰于恒邏斯城敗績八月范陽節度副大使安祿山及契丹戰于吐護真河敗績乙卯廣陵海溢丙辰武庫災十月壬子幸華清宮十一月乙未幸楊國忠第

十一載正月丁亥至自華清宮三月庚午突厥部落阿布思寇邊三月乙巳改尚書省八部名四月乙酉戶部郎中王銲京兆人邢縡謀反伏誅丙戌殺御史大夫王鉷李林甫罷安北副大都護五月戊申慶王琮薨甲子東京大風拔木六月壬午御史大夫兼劍南節度使楊國忠敗吐蕃于雲南克故洪城十月戊寅幸華清宮十一月乙卯李林甫薨庚申楊國忠爲右相十二月丁亥至自華清宮

十二載五月己酉復魏周隋爲三恪六月阿布思部落降八月中書門下慮囚九月甲寅葛邏祿葉護執阿布思十月戊寅幸華清宮

十三載正月丙午至自華清宮二月壬申朝獻于太清宮加上玄元皇帝號曰大聖祖高上大道金闕玄元天皇大帝癸酉朝享于太廟增祖宗謚甲戌羣臣上尊號曰開元天地大寶聖文神武證道孝德皇帝大赦左降官遭父母喪者聽歸賜孝義旌表者勳兩轉侍老百歲以上版授本郡太守婦人郡夫人九十以上郡長史婦人郡君八十以上縣令婦人縣君太守加賜爵一級縣令勳兩轉民酺三日丁丑楊國忠爲司空是日雨土三月隴右河西節度使哥舒翰敗吐蕃復河源九曲辛酉大風拔木五月壬戌觀酺于勤政樓北庭都護程千里俘阿布思以獻六月乙丑朔日有食之劍南節度留後李宓及雲南蠻戰于西洱河死之八月丙戌陳希烈罷文部侍郎韋見素爲武部尚書同中書門下平章事是秋霪洛水溢十月乙酉幸華清宮十二月戊午至自華清宮

十四載三月壬午安祿山及契丹戰于潢水敗之五月天有聲于浙西八月辛卯降死罪流以下原之免今載租庸半賜侍老米十月

庚寅幸華清宮十一月安祿山反陷河北諸郡范陽將何千年殺河東節度使楊光翽壬申伊西節度使封常清爲范陽平盧節度使以討安祿山丙子至自華清宮九原郡太守郭子儀爲朔方軍節度副大使右羽林軍大將軍王承業爲太原尹衞尉卿張介然爲河南節度採訪使右金吾大將軍程千里爲上黨郡長史以討安祿山丁丑榮王琬爲東討元帥高仙芝副之十二月丁亥安祿山陷靈昌郡辛卯陷陳留郡執太守郭納張介然死之癸巳安祿山陷滎陽郡太守崔無詖死之丙申封常清及安祿山戰于罌子谷敗績丁酉陷東京留守李憕御史中丞盧奕判官蔣清死之河南尹達奚珣叛降于安祿山己亥恒山郡太守顏杲卿敗何千年執之克趙鉅鹿廣平清河河間景城樂安博平博陵上谷文安信都魏鄴十四郡癸卯封常清高仙芝伏誅哥舒翰持節統領處置太子先鋒兵馬副元帥守潼關甲辰郭子儀及安祿山將高秀巖戰于河曲敗之戊申榮王琬薨壬子濟南郡太守李隨單父尉賈賁濮陽人尚衡以兵討安祿山是月平原郡太守顏眞卿饒陽郡太守盧全誠司馬李正以兵討安祿山

十五載正月乙卯東平郡太守嗣吳王祗以兵討安祿山丙辰李隨爲河南節度使以討祿山壬戌祿山陷恒山郡執顏杲卿袁履謙陷鄴廣平鉅鹿趙上谷博陵文安魏信都九郡癸亥朔方軍節度副使李光弼爲河東節度副大使以討祿山甲子南陽郡太守魯炅爲南陽節度使率嶺南黔中山南東道兵屯于葉縣乙丑安慶緒寇潼關哥舒翰敗之丁丑眞源令張巡以兵討安祿山二月己亥嗣吳王祗及祿山將謝元同戰于陳留敗之李光弼克恒山郡郭子儀出井陘會光弼及安祿山將史思明戰敗之庚子賈賁戰于雍丘死之三月顏眞卿克魏郡史思明寇饒陽平原乙卯張巡及安祿山將令狐潮戰于雍丘敗之丙辰殺戶部尚書安思順太僕卿安元貞乙丑李光弼克趙郡四月乙酉北海郡太守賀蘭進明以兵救平原丙午太子左贊善大夫來瑱爲潁川郡太守

兼招討使五月丁巳魯炅及安祿山戰于滍水敗績奔于南陽戊辰嗣虢王巨爲河南節度使六月癸未顏眞卿及安祿山將袁知泰戰于堂邑敗之賀蘭進明克信都丙戌哥舒翰及安祿山戰于靈寶西原敗績是日郭子儀李光弼及史思明戰于嘉山敗之辛卯蕃將火拔歸仁執哥舒翰叛降于安祿山遂陷潼關上洛郡甲午詔親征京兆尹崔光遠爲西京留守招討處置使丙申行在望賢宮丁酉次馬嵬左龍武大將軍陳玄禮殺楊國忠及御史大夫魏方進太常卿楊暄賜貴妃楊氏死是日張巡及安祿山將翟伯玉戰于白沙堝敗之己亥祿山陷京師辛丑次陳倉閑廏使任沙門叛降于祿山丙午次河池郡劍南節度使崔圓爲中書侍郎同中書門下平章事七月甲子次普安郡憲部侍郎房琯爲文部尚書同中書門下平章事丁卯皇太子爲天下兵馬元帥都統朔方河東河北平盧節度使御史中丞裴冕隴西郡司馬劉秩副之江陵大都督永王璘爲山南東路黔中江南西路節度使盛王琦爲廣陵

郡都督江南東路淮南道節度使豐王珙爲武威郡都督河西隴右安西北庭節度使庚午次巴西郡以太守崔渙爲門下侍郎同中書門下平章事韋見素爲左相庚辰次蜀郡八月壬午大赦賜文武官階爵爲安祿山脅從能自歸者原之癸巳皇太子即皇帝位于靈武以聞庚子上皇天帝誥遣韋見素房琯崔渙奉皇帝冊于靈武十一月甲寅憲部尚書李麟同中書門下平章事十二月甲辰永王璘反廢爲庶人至德二載正月庚戌誥求天下孝悌可旌者甲子劍南健兒賈秀反伏誅三月庚午通化郡言玄元皇帝降五月庚申誥追冊貴嬪楊氏爲皇后七月庚戌行營健兒李季反伏誅庚午劍南健兒郭千仞反伏誅十月丁巳皇帝復京師以聞誥降劍南囚罪流以下原之十二月丁未至自蜀郡居于興慶宮三載上號曰太上至道聖皇天帝上元元年徙居于西內甘露殿元年建巳月崩于神龍殿年七十八

贊曰睿宗因其子之功而在位不久固無可稱者嗚呼女子之禍於人者甚矣自高祖至于中宗數十年閒再罹女禍唐祚既絕而復續中宗不免其身韋氏遂以滅族玄宗親平其亂可以鑒矣而又敗以女子方其勵精政事開元之際幾致太平何其盛也及侈心一動窮天下之欲不足爲其樂而溺其所甚愛忘其所可戒至於竄身失國而不悔考其始終之異其性習之相遠也至於如此可不愼哉可不愼哉

本紀第五

翰林學士兼龍圖閣學士朝散大夫給事中知制誥充史館修撰臣歐陽　脩奉
敕撰

肅宗文明武德大聖大宣孝皇帝諱亨玄宗第三子也母曰元獻
皇后楊氏初名嗣昇封陝王開元四年爲安西大都護性仁孝好
學玄宗尤愛之遣賀知章潘肅呂向皇甫彬邢璹等侍讀左右十
五年更名浚徙封忠王爲朔方節度大使單于大都護十八年奚
契丹寇邊乃以肅宗爲河北道行軍元帥遣御史大夫李朝隱等
八總管兵十萬以伐之居二歲朝隱等敗奚契丹於范陽北肅宗
以統帥功遷司徒二十三年又更名璵二十五年皇太子瑛廢死
明年立爲皇太子有司行冊禮其儀有中嚴外辦其服絳紗太
子曰此天子禮也乃下公卿議太師蕭嵩左丞相裴耀卿請改外
辦爲外備絳紗衣爲朱明服乃從之二十八年又更名紹天寶三載
又更名亨安祿山來朝太子識其有反相請以罪誅之玄宗不聽

祿山反十五載玄宗避賊行至馬嵬父老遮道請留太子討賊玄
宗許之遣壽王瑁及內侍高力士諭太子太子乃還六月丁酉至渭
北便橋橋絕募水濱居民得三千餘人涉而濟遇潼關散卒以爲
賊與戰多傷既而覺之收其餘以涉後軍多沒者夕次永壽縣吏
民稍持牛酒來獻新平郡太守薛羽保定郡太守徐穀聞賊且至
皆棄城走己亥太子次保定捕得羽穀斬之辛丑次平涼郡得牧
馬牛羊兵始振朔方留後支度副使杜鴻漸六城水陸運使魏少
游節度判官崔漪支度判官盧簡金關內鹽池判官李涵河西
行軍司馬裴冕迎太子治兵于朔方庚戌次豐寧見大河之險將
保之會天大風迴趨靈武七月辛酉至于靈武壬戌裴冕等請皇
太子即皇帝位甲子即皇帝位于靈武尊皇帝曰上皇天帝大赦
改元至德賜文武官階勳爵版授侍老太守縣令裴冕爲中書
侍郎同中書門下平章事甲戌安祿山寇扶風太守薛景仙敗之八
月辛卯張巡及安祿山將李廷望戰于雍丘敗之十月辛巳朔日
有食之癸未次彭原郡詔御史諫官論事勿先白大夫及宰相始
鬻爵度僧尼房琯爲招討西京防禦蒲潼兩關兵馬元帥兵部尚
書王思禮副之南軍入于宜壽中軍入于武功北軍入于奉天辛
卯河南節度副使張巡及令狐潮戰于雍丘敗之辛丑房琯以中
軍北軍及安祿山之衆戰于陳濤斜敗績癸卯琯又以南軍戰
敗績是月遣永王璘朝上皇天帝于蜀郡璘反丹徒郡太守閻敬
之及璘戰于伊婁埭死之十一月辛亥河西地震戊午崔渙爲江南
宣慰使郭子儀率回紇及安祿山戰于河上敗之史思明寇太原
十二月安祿山陷魯東平濟陰三郡戊子給復彭原郡二載安祿
山陷潁川執太守薛愿及長史龐堅是歲吐蕃陷嶲州嶺南溪獠
梁崇牽陷容州

二載正月永王璘陷鄱陽郡乙卯安慶緒弑其父祿山丙寅河西
兵馬使孟庭倫殺其節度使周佖以武威郡反乙亥安慶緒將尹
子奇寇睢陽郡張巡敗之二月戊子次于鳳翔李光弼及安慶緒

之衆戰于太原敗之丁酉關西節度兵馬使郭英乂及安慶緒戰
于武功敗績慶緒陷馮翊郡太守蕭賁死之慶緒將蔡希德寇太
原戊戌庶人璘伏誅庚子郭子儀及安慶緒戰于潼關敗之壬寅
河西判官崔偁克武威郡孟庭倫伏誅甲辰郭子儀及安慶緒
戰于永豐倉敗之大將李韶光王祚死之三月辛酉韋見素裴冕
罷憲部尚書致仕苗晉卿爲左相四月戊寅郭子儀爲關內河東
副元帥壬午瘞陣亡者庚寅郭子儀及安慶緒將李歸仁戰于劉
運橋敗之五月癸丑子儀及慶緒將安守忠戰于清渠敗績丁巳
房琯罷諫議大夫張鎬爲中書侍郎同中書門下平章事六月癸
未尹子奇寇睢陽丁酉南充郡民何滔執其太守楊齊曾以反劍
南節度使盧元裕敗之七月己酉太白經天丁巳安慶緒將安武
臣陷陝郡八月丁丑焚長春宮甲申崔渙罷張鎬兼河南節度使
都統淮南諸軍事靈昌郡太守許叔冀奔于彭城癸巳大閱閏月
甲寅安慶緒寇好時渭北節度使李光進敗之丁卯廣平郡王俶

爲天下兵馬元帥郭子儀副之以朔方安西回紇南蠻大食兵討安慶緒辛未京畿採訪宣慰使崔光遠及慶緒戰于駱谷敗之行軍司馬王伯倫戰于苑北死之九月丁丑慶緒陷上黨郡執節度使程千里壬寅廣平郡王俶及慶緒戰于灃水敗之癸卯復京師慶緒奔于陝郡尚書左僕射裴冕告太清宮郊廟社稷五陵宣慰百姓十月戊申廣平郡王俶及安慶緒戰于新店敗之克陝郡壬子復東京慶緒奔于河北興平軍兵馬使李奐及慶緒之衆戰于武關敗之克上洛郡吐蕃陷西平郡癸丑安慶緒陷睢陽太守許遠及張巡鄆州刺史姚誾左金吾衛將軍南霽雲皆死之癸亥給復鳳翔五載版授父老官遣太子太師韋見素迎上皇天帝于蜀郡丁卯至自靈武饗于太廟哭三日己巳關內節度使王思禮及安慶緒戰于絳郡敗之十一月丙子張鎬率四鎮伊西北庭行營兵馬使李嗣業陝西節度使來瑱河南都知兵馬使嗣吳王祗克河南郡縣庚子作九廟神主告享于長樂殿十二月丙午上皇

天帝至自蜀郡甲寅苗晉卿爲中書侍郎同中書門下平章事戊午大赦靈武元從蜀郡扈從官三品以上子一子官四品以下一子出身歿陣亡者致祭之給復其家二載免天下租庸來歲三之一禁珠玉寶鈿平脫金泥刺繡復諸州及官名以蜀郡爲南京鳳翔郡爲西京西京爲中京給復潞州五載幷鄧許滑宋五州雍丘好畤奉先縣二載益州三載賜文武官階勳爵父老八十以上版授加緋衣銀魚民酺五日廣平郡王俶爲太尉進封楚王苗晉卿爲侍中崔圓爲中書令李麟同中書門下三品進封子南陽郡王係爲趙王新城郡王僅彭王潁川郡王僩兗王東陽郡王侹涇王封子僙爲襄王倕杞王偲召王佋興王侗定王乙丑史思明降壬申達奚珣等伏誅

乾元元年正月戊寅上皇天帝御宣政殿授皇帝傳國受命寶符冊號曰光天文武大聖孝感皇帝乙酉出宮女三千人庚寅大閱二月癸卯安慶緒將能元皓以淄青降以元皓爲河北招討使乙巳上上皇天帝冊號曰聖皇天帝丁未大赦改元賜死事及拒僞命者官成都靈州扈從三品以上子一子官五品以上一子出身六品以下敘進之免陷賊州三歲稅賜文武官階爵三月甲戌徙封俶爲成王戊寅立淑妃張氏爲皇后四月辛亥祔神主于太廟甲寅朝享于太廟有事于南郊乙卯大赦賜文武官階勳爵天下非租庸毋輒役使有能賑貧窮寵以官爵京官九品以上言事二王三恪子一子官史思明殺范陽節度副使烏承恩以反五月戊子張鎬罷乙未崔圓李麟罷太常少卿王璵爲中書侍郎同中書門下平章事七月党項羌寇邊九月丙子招討党項使王仲昇殺拓拔戎德庚寅郭子儀率李光弼李嗣業王思禮淮西節度使魯炅興平軍節度使李奐滑濮節度使許叔冀平盧兵馬使董秦鄭蔡節度使季廣琛以討安慶緒癸巳大食波斯寇廣州十月甲辰立成王俶爲皇太子大赦賜文武官階爵五品以上子爲父後者勳兩轉舉忠正孝友堪東宮官者十一月壬申王思禮及安慶緒

戰于相州敗之十二月庚戌戶部尚書李峘都統淮南江東江西節度使丁卯史思明陷魏州

二年正月己巳羣臣上尊號曰乾元大聖光天文武孝感皇帝郭子儀及安慶緒戰于愁思岡敗之丁丑祠九宮貴神戊寅耕籍田二月壬戌中書門下慮囚三月己巳皇后親蠶壬申九節度之師潰于滏水史思明殺安慶緒東京留守崔圓河南尹蘇震汝州刺史賈至奔于襄鄧郭子儀屯于東京丁亥以旱降死罪流以下原之流民還者給復三年甲午兵部侍郎呂諲同中書門下平章事乙未苗晉卿王璵罷京兆尹李峴爲吏部尚書中書舍人李揆爲中書侍郎戶部侍郎第五琦同中書門下平章事丙申郭子儀爲東畿山南東河南等道諸節度防禦兵馬元帥四月庚子王思禮及史思明戰于直千嶺敗之壬寅詔減常膳服御武德中尚作坊非賜蕃客戎祀所須者皆罷之五月辛巳貶李峴爲蜀州刺史七月辛巳趙王係爲天下兵馬元帥李光弼副之辛卯呂諲罷八月乙

巳襄州防禦將康楚元張嘉延反逐其刺史王政九月甲子張嘉延陷荆州丁亥太子少保崔光遠爲荆襄招討山南東道處置兵馬使庚寅史思明陷東京及齊汝鄭滑四州十月乙巳李光弼及史思明戰于河陽敗之壬戌呂諲起復十一月庚午貶第五琦爲忠州刺史十二月乙巳康楚元伏誅史思明寇陝州神策軍將衞伯玉敗之

上元元年三月丙子降死罪流以下原之四月戊申山南東道將張維瑾反殺其節度使史翽丁巳有彗星出于婁胃己未來瑱爲山南東道節度使以討張維瑾閏月辛酉有彗星出于西方甲戌徙封係爲越王己卯大赦改元賜文武官爵追封太公望爲武成王復死刑三覆奏是月大饑張維瑾降五月丙午太子太傅苗晉卿爲侍中壬子呂諲罷六月乙丑鳳翔節度使崔光遠及羌渾党項戰于涇隴敗之乙酉又敗之于普潤李光弼及史思明戰于懷州敗之七月丁未聖皇天帝遷于西內十一月甲午揚州長史劉展反陷潤州丙申陷昇州壬子李峘淮南節度使鄧景山及劉展戰于淮上敗績是歲吐蕃陷廓州西原蠻寇邊桂州經略使邢濟敗之

二年正月甲寅降死罪流以下原之乙卯劉展伏誅二月己未奴剌党項羌寇寶鷄焚大散關寇鳳州刺史蕭倪死之鳳翔尹李鼎敗之戊寅李光弼及史思明戰于北邙敗績思明陷河陽癸未貶李揆爲袁州長史河中節度使蕭華爲中書侍郎同中書門下平章事乙酉來瑱及史思明戰于魯山敗之三月甲午史朝義寇陝州神策軍節度使衞伯玉敗之戊戌史朝義弒其父思明李光弼罷副元帥四月己未吏部侍郎裴遵慶爲黃門侍郎同中書門下平章事乙亥青密節度使尚衡及史朝義戰敗之丁丑兗鄆節度使能元皓又敗之壬午劍南東川節度兵馬使段子璋反陷綿州遂州刺史嗣虢王巨死之節度使李奐奔于成都五月甲午史朝義將令狐彰以滑州降戊戌平盧軍節度使侯希逸及史朝義戰于幽州敗之庚子李光弼爲河南道副元帥劍南節度使崔光遠克東川段子璋伏誅七月癸未朔日有食之八月辛巳殿中監李國貞都統朔方鎭西北庭興平陳鄭河中節度使九月壬寅大赦去乾元大聖光天文武孝感號去上元號稱元年以十一月爲歲首月以斗所建辰爲名賜文武官階勳爵版授侍老官先授者敘進之停四京號元年建子月癸巳曹州刺史常休明及史朝義將薛崿戰敗之己亥朝聖皇天帝于西內丙午衞伯玉及史朝義戰于永寧敗之己酉朝獻于太淸宮庚戌朝享于太廟及元獻皇后廟建丑月辛亥有事于南郊己未來瑱及史朝義戰于汝州敗之乙亥侯希逸及朝義將李懷仙戰于范陽敗之

寶應元年建寅月甲申追冊靖德太子琮爲皇帝妃竇氏爲皇后乙酉葬王公妃主遇害者丙戌盜發敬陵惠陵甲辰李光弼克許州吐蕃請和戊申史朝義陷營州建卯月辛亥大赦賜文武官階爵五品以上淸望及郎官御史薦流人有行業情可矜者停貢鷹鷂狗豹以京兆府爲上都河南府爲東都鳳翔府爲西都江陵

府爲南都太原府爲北都壬子羌渾奴剌寇梁州癸丑河東軍亂殺其節度使鄧景山都知兵馬使辛雲京自稱節度使乙丑河中軍亂殺李國貞及其節度使荔非元禮戊辰淮西節度使王仲昇及史朝義將謝欽讓戰于申州敗績庚午郭子儀知朔方河中北庭潞儀澤沁節度行營興平定國軍兵馬副元帥壬申鄜州刺史成公意及党項戰敗之建辰月壬午大赦官吏聽納贓免罪左降官及流人罰鎭効力者還之甲午奴剌寇梁州戊申蕭華罷戶部侍郎元載同中書門下平章事建巳月庚戌史朝義寇澤州刺史李抱玉敗之壬子楚州獻定國寶玉十有三甲寅聖皇天帝崩乙丑皇太子監國大赦改元年爲寶應元年復以正月爲歲首建巳月爲四月丙寅閑廄使李輔國飛龍廄副使程元振遷皇后于別殿殺越王係兗王僩是夜皇帝崩于長生殿年五十二

代宗睿文孝武皇帝諱豫肅宗長子也母曰章敬皇后吳氏玄宗諸孫百餘人代宗最長爲嫡皇孫聰明寬厚喜慍不形於色而好

學強記通易象初名俶封廣平郡王安祿山反玄宗幸蜀肅宗留討賊代宗常從於兵閒肅宗已即位郭子儀等兵討安慶緒未克肅宗在岐至德二載九月以廣平郡王爲天下兵馬元帥率朔方安西回紇南蠻大食等兵二十萬以進討百官送于朝堂過闕而下步出木馬門然後復騎以安西北庭行營節度使李嗣業爲前軍朔方河西隴右節度使郭子儀爲中軍關內行營節度使王思禮爲後軍屯于香積寺敗賊將安守忠斬首六萬級賊將張通儒守長安聞守忠敗棄城走遂克京城乃留思禮屯于苑中代宗率大軍以東安慶緒遣其將嚴莊拒于陝州代宗及子儀嗣業戰陝西大敗之慶緒奔于河北遂克東都肅宗還京師十二月進封楚王乾元元年三月徙封成王四月立爲皇太子初太子生之歲豫州獻嘉禾於是以爲祥乃更名豫肅宗去上元三年號止稱元年月以斗所建辰爲名元年建巳月肅宗寢疾乃詔皇太子監國而楚州獻定國寶十有三因曰楚者太子之所封今天降寶於楚宜以

建元乃以元年爲寶應元年肅宗張皇后惡李輔國欲圖之召問太子太子不許乃與越王係謀之肅宗疾革四月丁卯皇后與係將召太子入宮飛龍副使程元振得其謀以告輔國輔國止太子無入率兵入殺係及兗王僩幽皇后于別殿是夕肅宗崩乃迎太子見羣臣於九仙門明日發喪己巳即皇帝位于柩前癸酉始聽政甲戌奉節郡王适爲天下兵馬元帥郭子儀罷副元帥乙亥進封适爲魯王五月壬午李輔國爲司空庚寅追尊母爲皇太后丙申李光弼及史朝義戰于宋州敗之丁酉大赦刺史予一子官賜文武官階爵子爲父後者勳轉免民逋租宿負進封子益昌郡王邈爲鄭王延慶郡王迥韓王追復庶人王氏爲皇后瑛瑤琚皆復其封號六月辛亥追廢皇后張氏越王係兗王僩皆爲庶人七月乙酉殺山南東道節度使裴茙癸巳劒南西川兵馬使徐知道反八月己未知道伏誅辛未台州人袁鼂反乙亥徙封适爲雍王九月戊子鳳州刺史呂日將及党項羌戰于三嵕谷敗之丙申回紇請助戰壬寅大閱癸卯袁鼂陷信州十月乙卯陷溫明二州詔浙江水旱百姓重困州縣勿輒科率民疫死不能葬者爲瘞之辛酉雍王适討史朝義壬戌盜殺李輔國癸酉雍王适克懷州甲戌敗史朝義于橫水克河陽東都史朝義將張獻誠以汴州降十一月丁亥朝義將薛嵩以相衛洺邢四州降丁酉朝義將張忠志以趙定深恒易五州降己亥朔方行營節度使僕固懷恩爲朔方河北副元帥十二月己酉太府左藏庫火戊辰瘞京城內外暴骨甲戌李光弼及袁鼂戰于衢州敗之是歲舒州人楊昭反殺其刺史劉秋子西原蠻叛吐蕃寇秦成渭三州

廣德元年正月癸未京兆尹劉晏爲吏部尚書同中書門下平章事甲申史朝義自殺其將李懷仙以幽州降田承嗣以魏州降壬寅山陵使山南東道節度使來瑱有罪伏誅三月甲辰山南東道兵馬使梁崇義自南陽入于襄州丁未李光弼及袁鼂戰敗之辛酉葬至道大聖大明孝皇帝于泰陵甲子党項羌寇同州郭子儀

敗之于黃堆山庚午葬文明武德大聖大宣孝皇帝于建陵六月同華節度使李懷讓自殺七月壬寅羣臣上尊號曰寶應元聖文武孝皇帝壬子大赦改元免民逋負戶三丁免其一庸調給復河北三年回紇行營所經免今歲租賜內外官階勳爵給功臣鐵券藏名于太廟圖形于凌煙閣吐蕃陷隴右諸州八月僕固懷恩反九月壬寅裴遵慶宣慰僕固懷恩于汾州乙丑涇州刺史高暉叛附于吐蕃十月庚午吐蕃陷邠州辛未寇奉天武功京師戒嚴壬申雍王适爲關內兵馬元帥郭子儀副之癸酉渭北行營兵馬使呂日將及吐蕃戰于盩厔敗之乙亥又戰于盩厔敗績丙子如陝州丁丑次華陰豐王珙有罪伏誅戊寅吐蕃陷京師立廣武郡王承宏爲皇帝辛巳次陝州癸巳吐蕃潰郭子儀復京師南山五谷人高玉反十一月壬寅廣州市舶使呂太一反逐其節度使張休十二月辛未劉晏宣慰上都甲午至自陝州乙未苗晉卿裴遵慶罷檢校禮部尚書李峴爲黃門侍郎同中書門下平章事丙申

放承宏于華州吐蕃陷松維二州西原蠻陷道州
二年正月丙午詔舉堪御史諫官刺史縣令者乙卯立雍王适爲
皇太子癸亥劉晏李峴罷右散騎常侍王縉爲黃門侍郎太常
卿杜鴻漸爲兵部侍郎同中書門下平章事郭子儀兼河東副元
帥二月辛未僕固懷恩殺朔方軍節度留後渾釋之癸酉朝獻于太
清宮甲戌朝享于太廟乙亥有事于南郊己丑大赦賜內外官階
爵武德功臣子孫予一人官成都靈武元從三品以上加賜爵一
級餘加一階寶應功臣三品以上官一子仍賜爵一級餘加階勳兩
轉五品以上爲父後者勳兩轉三月辛丑給復河南府二年甲子
盛王琦薨四月甲午禁錮作珠翠五月洛水溢六月丁卯有星隕
于汾州七月庚子初稅青苗己酉李光弼薨八月丙寅王縉爲侍
中都統河南淮南山南東道節度行營事壬申王縉罷侍中癸
巳吐蕃寇邠州邠寧節度使白孝德敗之于宜祿九月己未劍南
節度使嚴武及吐蕃戰于當狗城敗之是秋有蝗十月丙寅吐蕃
寇邠州丁卯寇奉天京師戒嚴庚午嚴武克吐蕃鹽川城辛未
朔方兵馬使郭晞及吐蕃戰于邠西敗之是月突厥寇豐州守將
馬望死之十一月乙未吐蕃軍潰京師解嚴河西節度使楊志烈
及僕固懷恩戰于靈州敗績癸丑袁鼂伏誅免越州今歲田租之
半給復溫台明三州一年十二月乙丑高玉伏誅丙寅衆星隕是
歲西原蠻陷邵州
永泰元年正月癸巳大赦改元是月歙州人殺其刺史龐濬二月
戊寅党項羌寇富平庚辰儀王璲薨三月庚子雨木冰庚戌吐蕃
請和辛亥大風拔木四月己巳自春不雨至于是而雨是夏盩厔
穞麥生七月辛卯平盧淄青兵馬使李懷玉逐其節度使侯希
逸八月庚辰王縉爲河南副元帥僕固懷恩及吐蕃回紇党項羌
渾奴剌寇邊九月庚寅命百官觀浮屠象于光順門辛卯太白經
天甲辰吐蕃寇醴泉奉天党項羌寇同州渾奴剌寇盩厔京師戒
嚴己酉屯于苑郭子儀屯于涇陽丁巳同華節度使周智光及吐

蕃戰于澄城敗之智光入于鄜州殺其刺史張麟遂焚坊州十月
沙陀殺楊志烈己未吐蕃至邠州與回紇寇邊辛酉寇奉天癸亥
寇同州乙丑寇興平丁卯回紇党項羌請降癸酉郭子儀及吐蕃
戰于靈臺敗之京師解嚴閏月辛卯朔方副將李懷光克靈州
辛亥劍南西山兵馬使崔旰反寇成都節度使郭英乂奔于靈池
普州刺史韓澄殺之癸丑斂民貲作浮屠供
大曆元年二月吐蕃遣使來朝壬子杜鴻漸爲山南西道劍南東
西川邛南西山等道副元帥三月癸未劍南東川節度使張獻誠
及崔旰戰于梓州敗績七月癸酉洛水溢九月辛巳吐蕃陷原州
十一月甲子大赦改元給復流民歸業者三年十二月己亥有彗
星出于瓠瓜癸卯周智光反殺虢州刺史龐充是冬無雪鄭王
邈爲天下兵馬元帥
二年正月丁巳郭子儀討周智光己未同華將李漢惠以同州降
甲子周智光伏誅淮西節度使李忠臣入于華州戊寅給復同華
二州二年八月壬寅殺駙馬都尉姜慶初九月甲寅吐蕃寇靈州
乙卯寇邠州郭子儀屯于涇陽京師戒嚴乙丑晝有星流于南方
是秋桂州山獠反十月戊寅朔方軍節度使路嗣恭及吐蕃戰于
靈州敗之京師解嚴十一月辛未雨木冰壬申京師地震
三年二月癸巳商州兵馬使劉洽殺其刺史殷仲卿三月乙巳朔
日有食之五月乙卯追號齊王倓爲皇帝興信公主女張氏爲皇
后癸亥地震六月壬寅幽州兵馬使朱希彩殺其節度使李懷仙
自稱留後閏月庚午王縉兼幽州盧龍軍節度使七月壬申瀘
州刺史楊子琳反陷成都劍南節度留後崔寬敗之克成都子琳
殺夔州別駕張忠戊寅吐蕃遣使來朝八月己酉吐蕃寇靈州丁
卯寇邠州京師戒嚴戊辰邠寧節度使馬璘及吐蕃戰敗之庚
午王縉兼河東節度使九月丁丑齊王璟薨壬午吐蕃寇靈州朔
方將白元光敗之壬辰又敗之于靈武戊戌京師解嚴十二月辛
酉涇原兵馬使王童之謀反伏誅

四年正月甲戌殺潁州刺史李岵二月乙卯杜鴻漸罷副元帥丙
辰京師地震三月遣御史稅商錢甲戌免京兆今歲稅五月丙戌
京師地震六月戊申王縉罷副元帥都統七月癸未降死罪流以
下原之十月丁巳大霧十一月辛未禁畿內弋獵壬申杜鴻漸罷
癸酉元載權知門下省事甲戌吐蕃寇靈州朔方軍節度留後
常謙光敗之丙子左僕射裴冕同中書門下平章事癸巳裴冕兼
河南淮西山南東道副元帥十二月戊戌裴冕薨是歲廣州人馮崇
道桂州人朱濟時反容管經略使王翃敗之
五年正月辛卯鳳翔節度使李抱玉爲河西隴右山南西道副元
帥三月癸酉內侍監魚朝恩有罪自殺丙戌以昭陵皇堂有光赦
京兆關輔四月庚子湖南兵馬使臧玠殺其團練使崔灌己未有
彗星出于五車五月己卯有彗星出于北方六月己未以彗星滅
降死罪流以下原之錄魏徵王珪李靖李勣房玄齡杜如晦之後
是歲湖南將王國良反及西原蠻寇州縣

六年二月壬寅李抱玉罷山南西道副元帥三月王翃敗梁崇牽
克容州四月戊寅藍田西原地陷禁大繝竭鑿六破錦及文紗吳
綾爲龍鳳麒麟天馬辟邪者五月戊申殺殿中侍御史陸珽戊
都府司錄參軍事李少良大理評事韋頌
七年二月庚午江州江溢五月乙酉大雨雹大風拔木乙未以旱
大赦減膳徹樂是秋幽州盧龍將李懷瑗殺其節度使朱希彩
經略軍副使朱泚自稱留後十月乙亥以淮南旱免租庸三之二十
一月庚辰免巴蓬渠集壁充通開八州二歲租庸十二月丙寅雨
土有長星出于參
八年正月甲辰詔京官三品以上及郎官御史歲舉刺史縣令一
人五月辛卯鄭王邈薨壬辰禁京師癸卯降死罪流以下原之八
月己未吐蕃寇靈州郭子儀敗之于七級渠甲子廢華州屯田
給貧民九月壬午循州刺史哥舒晃反殺嶺南節度使呂崇賁戊
子詔京官五品以上兩省供奉官郎官御史言事十月庚申吐蕃

寇涇邠丙寅朔方兵馬使渾瑊及吐蕃戰于宜祿敗績涇原節度
使馬璘及吐蕃戰于潘原敗之
九年二月辛未徐州兵亂逐其刺史梁乘四月壬辰大赦十月壬
申信王瑝薨乙亥涼王璿薨壬辰降京師死罪流以下原之
十年正月丁酉昭義軍兵馬使裴志清逐其節度使薛崿叛附于
田承嗣壬寅壽王瑁薨戊申田承嗣反癸丑承嗣陷洺州乙卯劍南
西川節度使崔寧及吐蕃戰于西山敗之二月乙丑田承嗣陷衞
州刺史薛雄死之辛未封子述爲睦王逾郴王連恩王遘鄜王造
忻王暹韶王運嘉王遇端王遹循王通恭王逵原王逸雅王丙
子河陽軍亂逐三城使常休明三月甲午陝州軍亂逐其觀察使
李國清四月癸未河東節度使薛兼訓等討田承嗣給復昭義五
州二年甲申大雨雹大風拔木五月乙未魏博將霍榮國以磁州
降甲寅大雨雹大風拔木震闕門六月甲戌成德軍節度使李寶
臣及田承嗣戰于冀州敗之七月己未杭州海溢八月己丑田承嗣

寇磁州九月壬寅降京師死罪流以下原之壬子吐蕃寇臨涇癸
丑寇隴州丙辰李抱玉敗之于義寧丁巳馬璘又敗之于百里城
十月辛酉朔日有食之甲子昭義軍節度使李承昭及田承嗣戰
于清水敗之丙寅貴妃獨孤氏薨丁卯追冊爲皇后十一月丁酉
魏博將吳希光以瀛州降丁未嶺南節度使路嗣恭克廣州哥舒
晃伏誅
十一年正月庚寅田承嗣降辛亥崔寧及吐蕃戰敗之五月汴宋
都虞候李靈耀反殺濮州刺史孟鑒七月庚寅田承嗣寇滑州
永平軍節度使李勉敗績八月甲申淮西節度使李忠臣河陽三城
使馬燧及李勉討李靈耀閏月丁酉太白晝見九月乙丑李忠
臣馬燧及李靈耀戰于鄭州敗績十月乙酉戰于中牟敗之壬辰
忠臣又敗之于西梁固壬寅淮南節度使陳少遊及李靈耀戰
于汴州敗之丙午田承嗣以兵援靈耀李忠臣敗之于匡城甲寅
靈耀伏誅

十二年三月庚午赦田承嗣辛巳元載有罪伏誅貶王縉爲括州
刺史四月壬午太常卿楊綰爲中書侍郎禮部侍郎常袞爲門下
侍郎同中書門下平章事癸巳詔諫官獻封事勿限時側門論事
者隨狀面奏六品以上官言事投匭者無勒副章丁酉吐蕃寇黎
雅二州崔寧敗之是月金州人卓英璘反六月乙巳英璘伏誅給
復金州二年丁未以旱降京師死罪流以下原之七月己巳楊綰
薨丙子詔尚書御史大夫左右丞侍郎舉任刺史者九月庚午吐
蕃寇坊州是秋河溢十一月壬子山南西道節度使張獻恭及吐
蕃戰于岷州敗之十二月丁亥崔寧及吐蕃戰于西山敗之是歲
恒定趙三州地震冬無雪

十三年正月戊辰回紇寇并州癸酉河東節度留後鮑防及回紇
戰于陽曲敗績二月庚辰代州刺史張光晟及回紇戰于羊虎谷
敗之四月甲辰吐蕃寇靈州常謙光敗之十月己丑禁京畿持兵
器捕獵是歲郴州黃芩山崩

十四年二月癸未魏博節度使田承嗣卒其兄子悅自稱留後
三月丁未汴宋將李希烈逐其節度使李忠臣自稱留後五月辛
酉不豫詔皇太子監國是夕皇帝崩于紫宸內殿年五十三

贊曰天寶之亂大盜遽起天子出奔方是時肅宗以皇太子治兵
討賊眞得其職矣然以僖宗之時唐之威德在人紀綱未壞孰與
天寶之際而僖宗在蜀諸鎮之兵糾合勠力遂破黃巢而復京
師由是言之肅宗雖不即尊位亦可以破賊矣蓋自高祖以來三遜
于位以授其子而獨睿宗上畏天戒發於誠心若高祖玄宗豈其
志哉代宗之時餘孽猶在平亂守成蓋亦中村之主也

本紀第六

本紀第七　唐書七

翰林學士兼龍圖閣學士朝散大夫給事中知制誥充史館脩撰臣歐陽脩奉敕撰

德宗神武聖文皇帝諱适代宗長子也母曰睿眞皇太后沈氏初沈氏以開元末選入代宗宮安祿山之亂玄宗避賊于蜀諸王妃妾不及從者皆爲賊所得拘之東都之掖廷代宗克東都得沈氏留之宮中史思明再陷東都遂失所在肅宗元年建丑月封德宗奉節郡王代宗即位史朝義據東都乃以德宗爲天下兵馬元帥進封魯王八月徙封雍王寶應元年十月屯于陝州諸將進擊史朝義敗之朝義走河北遂克東都十一月史朝義死幽州守將李懷仙斬其首來獻河北平以功兼尚書令與功臣郭子儀李光弼等皆賜鐵券圖形淩煙閣廣德二年二月立爲皇太子大曆十四年五月辛酉代宗崩癸亥即皇帝位于太極殿閏月甲戌貶常袞爲河南少尹以河南少尹崔祐甫爲門下侍郎同中書門下平章事丙子罷諸州府及新羅渤海貢鷹鷂戊寅罷山南貢枇杷江南甘橘非供宗廟者辛巳罷邕府歲貢奴婢癸未罷梨園樂工三百人劍南貢生春酒甲申郭子儀爲尚父兼太尉中書令丙戌罷獻祥瑞貢器以金銀飾者還之丁亥出宮人放舞象三十有二于荊山之陽六月己亥大赦賜文武官階爵民爲戶者古爵一級減乘輿服御士庶田宅車服踰制者有司爲立法度禁百官置邸販鬻武德至德將相有功者子孫予官庚子進封子宣城郡王誦爲宣王封子謨爲舒王諶通王諒虔王詳肅王諫資王乙巳封弟迺爲益王迅隋王遂蜀王丙午詔六品以上淸望官日二人待制癸丑命皇族五等以上居四方者家一人赴山陵己未罷揚州貢鏡幽州貢麝癸亥舉可刺史京令者七月戊辰朔日有食之庚午弛邕州金坑禁辛卯罷榷酤八月甲辰道州司馬楊炎爲門下侍郎懷州刺史喬琳爲御史大夫同中書門下平章事乙巳還吐蕃俘十月丁酉吐蕃雲南蠻寇黎茂文扶四州鳳翔節度使朱泚金吾衛大將軍曲環敗之于七盤城己酉葬睿文孝武皇帝于元陵戊午罷九成宮貢立獸炭襄州蕪菁辛酉以沙苑豢豕三千給貧民十一月壬午喬琳罷十二月乙卯立宣王誦爲皇太子丙寅晦日有食之

建中元年正月丁卯改元羣臣上尊號曰聖神文武皇帝己巳朝獻于太淸宮庚午朝享于太廟辛未有事于南郊大赦賜文武官階勳爵遣黜陟使于天下賜子爲父後者勳兩轉二月丙申初定兩稅四月乙未四鎮北庭行軍別駕劉文喜反于涇州伏誅己亥地震六月甲午崔祐甫薨七月丙寅王國良降己丑殺忠州刺史劉晏八月丁巳遙尊母沈氏爲皇太后九月己卯雷庚寅睦王述爲奉迎皇太后使是冬無雪黃河滹沱易水溢

二年正月戊辰成德軍節度使李寶臣卒其子惟岳自稱留後幽州盧龍軍節度使朱滔討之魏博節度使田悅反神策都虞候李晟河東節度使馬燧昭義軍節度使李抱眞河陽節度副使李艽討之永平軍節度使李勉爲汴滑陳懷鄭汝陝河陽三城宋亳潁節度都統二月乙巳御史大夫盧杞爲門下侍郎同中書門下平章事乙卯振武軍亂殺其使彭令芳及監軍劉惠光丁巳發兵屯關東誓師于望春樓山南東道節度使梁崇義反五月京師雨雹庚申置待詔官三十人六月熒惑太白闘于東井癸巳淮寧軍節度使李希烈爲漢南漢北兵馬招討使以討梁崇義辛丑郭子儀薨七月庚申楊炎罷檢校尚書右僕射侯希逸爲司空丁丑前永平軍節度使張鎰爲中書侍郎同中書門下平章事侯希逸薨癸未馬燧李抱眞及田悅戰于臨洺敗之八月劍南西川節度使張延賞東川節度使王叔邕山南東道節度使賈耽荊南節度使李昌巙陳少游討梁崇義以李希烈爲諸軍都統辛卯平盧軍節度使李正己卒其子納自稱留後壬子梁崇義伏誅九月李納陷宋州李惟岳將張孝忠以易定二州降壬戌賜立功士卒帛稾死事家三歲十月戊申李納將李洧以徐州降十一月辛酉納寇徐州宣武

軍節度使劉洽敗之于七里溝丁丑馬燧及田悅戰于雙岡敗之甲申李納將王涉以海州降十二月丁酉馬萬通以密州降馬燧爲魏博招討使是歲殺崖州司馬楊炎

三年正月丙寅朱滔成德軍節度使張孝忠及李惟岳戰于束鹿敗之辛未減常膳及太子諸王食物復榷酤癸未李納陷海密二州閏月乙未李惟岳將康日知以趙州降甲辰惟岳伏誅其將楊榮國以深州降庚戌馬燧及田悅戰于洹水敗之是月悅將李再春以博州降田昂以洺州降二月戊午李惟岳將楊政義以定州降甲戌給復易定深趙恒冀六州三年赦吏民爲李惟岳迫脅者己卯震通化門四月戊午李納將李士眞以德棣二州降甲子借商錢甲戌昭義軍節度副使盧玄卿爲魏博澶相招討使戊寅張鎰罷壬午殺殿中侍御史鄭詹是月朱滔反陷德棣二州五月辛卯朔方軍節度使李懷光討田悅六月甲子京師地震恒冀觀察使王武俊反辛巳李懷光馬燧李芃李抱眞及朱滔王武俊田悅戰于連篋山敗績七月壬辰殿中丞李雲端謀反伏誅癸巳停借商錢令八月癸丑演州司馬李孟秋峯州刺史皮岸反伏誅九月丁亥初稅商錢茶漆竹木十月丙辰吏部侍郎關播爲中書侍郎同中書門下平章事李希烈反丙子肅王詳薨

四年正月丁亥鳳翔節度使張鎰及吐蕃尚結贊盟于清水庚寅李希烈陷汝州執刺史李元平戊戌東都汝州行營節度使哥舒曜討李希烈二月丁卯克汝州三月辛卯李希烈寇鄂州刺史李兼敗之丁酉荊南節度使張伯儀及李希烈戰于安州敗績四月庚申李勉爲淮西招討使哥舒曜副之張伯儀爲淮西應援招討使賈耽江南西道節度使嗣曹王皐副之甲子京師地震生毛丙子哥舒曜及李希烈戰于潁橋敗之五月辛巳京師地震乙酉潁王璬薨乙未劉洽爲淄青兗鄆招討制置使六月庚戌稅屋閒架筭除陌錢丁卯徙封逌爲丹王遘簡王七月馬燧爲魏博澶相節度招討使壬辰盧杞關播李忠臣及吐蕃區頰贊盟于京師

八月丁未李希烈寇襄城乙卯希烈將曹季昌以隋州降庚申有星隕于京師九月丙戌神策軍行營兵馬使劉德信及李希烈戰于扈澗敗績庚子舒王謨爲荊襄江西沔鄂節度諸軍行營兵馬都元帥徙封普王十月涇原節度使姚令言反犯京師戊申如奉天朱泚反庚戌泚殺司農卿段秀實及左驍衛將軍劉海賓鳳翔後營將李楚琳殺其節度使張鎰自稱留後癸丑李希烈陷襄城宣武軍兵馬使高翼死之甲寅朱泚殺涇原節度都虞候何明禮乙卯殺尚書右僕射崔寧丁巳戶部尚書蕭復爲吏部尚書吏部郎中劉從一爲刑部侍郎京兆府戶曹參軍翰林學士姜公輔爲諫議大夫同中書門下平章事朱泚犯奉天禁軍敗績于城東辛酉靈鹽節度留後杜希全鄜坊節度使李建徽及朱泚戰于漠谷敗績癸亥劉德信及泚戰于思子陵敗之甲子行在都虞候渾瑊及泚戰于城下敗之左龍武軍大將軍呂希倩死之乙丑將軍高重傑死之是月商州軍亂殺其刺史謝良輔十一月劍南西山兵馬使張朏逐其節度使張延賞朏伏誅癸巳李懷光及朱泚戰于魯店敗之懷光爲中書令朔方邠寧同華陝虢河中晉絳慈隰行營兵馬副元帥十二月朱泚陷華州壬戌貶盧杞爲新州司馬庚午李希烈陷汴鄭二州

興元元年正月癸酉大赦改元去聖神文武號復李希烈田悅王武俊李納官爵赴奉天收京城將士有罪減三等子孫減二等在行營者賜勳五轉賜文武官階勳爵罷間架竹木茶漆稅及除陌錢給復奉天五年城中十年關播罷丙戌吏部侍郎盧翰爲兵部侍郎同中書門下平章事戊子蕭復爲山南東西荊湖淮南江西鄂岳浙江東西福建嶺南宣慰安撫使戊戌劉洽爲汴滑宋亳都統副使二月甲子李懷光爲太尉懷光反丁卯如梁州懷光將孟庭保以兵來追左衛大將軍侯仲莊敗之于驛店三月李懷光奪鄜坊京畿金商節度使李建徽神策軍兵馬使陽惠元兵惠元死之癸酉魏博兵馬使田緒殺其節度使田悅自稱留後甲戌李懷

光殺左廂兵馬使張名振右武鋒兵馬使石演芬丁亥李晟爲京畿渭北鄜坊丹延節度招討使神策行營兵馬使尚可孤爲神策京畿渭南商州節度招討使壬辰次梁州丁酉劉洽權知汴滑宋亳都統兵馬事己亥渾瑊爲朔方邠寧振武永平奉天行營兵馬副元帥四月李懷光陷坊州甲辰李晟爲京畿渭北商華兵馬副元帥甲寅姜公輔罷涇原兵馬使田希鑒殺其節度使馮河清自稱留後乙丑渾瑊及朱泚戰于武亭川敗之丁卯義王玼薨是月坊州刺史竇覦克坊州五月癸酉涇王侹薨丙子李抱眞王武俊及朱滔戰于經城敗之壬辰尚可孤及朱泚戰于藍田之西敗之乙未李晟又敗之于苑北戊戌又敗之于白華復京師六月癸卯姚令言伏誅甲辰朱泚伏誅己酉李晟爲司徒中書令癸丑以梁州爲興元府給復一年耆老加版授甲寅渾瑊爲侍中己巳給復洋州一年加給興元一年免鳳州今歲稅父老加版授七月丙子次鳳翔免今歲秋稅八十以上版授刺史餘授上佐丁丑葬宗室遇害

者壬午至自興元丁亥李懷光殺宣慰使孔巢父辛卯大赦賜百官將士階勳爵收京城者外八資給復京兆府一年是月嗣曹王皐及李希烈戰于應山敗之八月癸卯李晟爲鳳翔隴右涇原四鎮北庭行營兵馬副元帥馬燧爲晉慈隰諸軍行營兵馬副元帥渾瑊爲河中同絳陝虢諸軍行營兵馬副元帥丙午渾瑊兼朔方行營兵馬副元帥己酉延王玢隋王迅薨十月辛丑李勉檢校司徒同中書門下平章事閏月戊子李希烈將李澄以滑州降十一月癸卯劉洽邠隴行營節度使曲環及李希烈戰于陳州敗之戊午克汴州乙丑蕭復罷十二月乙酉渾瑊及李懷光戰于乾坑敗績是歲陳王珪薨

貞元元年正月丁酉大赦改元罷権稅三月李懷光殺步軍兵馬使田仙浩都虞候呂鳴岳丁未李希烈陷鄧州殺唐鄧隋招討使黃金岳是春旱四月乙丑徙封諲爲舒王壬午渾瑊及李懷光戰于長春宮敗之丙戌馬燧渾瑊爲河中招撫使六月己丑幽州盧龍軍節度使朱滔卒涿州刺史劉怦自稱留後辛卯劍南西川節度使張延賞爲中書侍郎同中書門下平章事戊子馬燧及李懷光戰于陶城敗之七月灞滻竭庚子大風拔木八月襲封配饗功臣子孫甲子以旱避正殿減膳甲戌李懷光伏誅己卯給復河中同絳三州一年馬燧爲侍中張延賞罷丙戌李希烈殺宣慰使顏眞卿九月辛亥劉從一罷庚申幽州盧龍軍節度使劉怦卒其子濟自稱留後是秋雨木冰十一月癸卯有事于南郊大赦賜奉天興元扈從百官收京將士階勳爵

二年正月丙申詔減御膳之半賜貧乏者授以官壬寅盧翰罷吏部侍郎劉滋爲左散騎常侍給事中崔造中書舍人齊映同中書門下平章事二月癸亥山南東道節度使樊澤及李希烈戰于泌河敗之四月丙寅希烈伏誅甲戌雨土甲申給復淮西二年五月李希烈將李惠登以隋州降己酉地震六月癸未滄州刺史程日華卒其子懷直自稱觀察留後是月淮西兵馬使吳少誠殺其節

度使陳仙奇自稱留後七月李希烈將薛翼以唐州降侯召以光州降八月丙子大雨雹丙戌吐蕃寇邠寧涇隴四州九月乙巳寇好畤李晟敗之于汧陽十月癸酉邠寧節度使韓游瓌又敗之于平川十一月甲午立淑妃王氏爲皇后丁酉皇后崩辛丑吐蕃陷鹽州十二月丁巳陷夏州馬燧爲綏銀麟勝招討使庚申崔造罷甲戌以吐蕃寇邊避正殿

三年正月壬寅尚書左僕射張延賞同中書門下平章事壬子劉滋罷貶齊映爲夔州刺史兵部侍郎柳渾同中書門下平章事二月己卯華州潼關節度使駱元光克鹽夏二州甲申葬昭德皇后于靖陵三月丁未李晟爲太尉辛亥馬燧罷副元帥五月揚州江溢吳少誠殺申州刺史張伯元殿中侍御史鄭常閏月辛未渾瑊及吐蕃盟于平涼吐蕃執會盟副使兵部尚書崔漢衡殺判官殿中侍御史韓弇戊寅太白晝見六月吐蕃寇鹽夏二州丙戌馬燧爲司徒前陝虢觀察使李泌爲中書侍郎同中書門下平章事七

月甲子朔方節度使杜希全爲朔方靈鹽豐夏綏銀節度都統壬申張延賞薨八月辛巳朔日有食之己丑柳渾罷戊申吐蕃寇青石嶺隴州刺史蘇清沔敗之庚戌禁大馬出蒲潼武關九月丁巳吐蕃寇汧陽丙寅陷華亭及連雲堡十月甲申寇豐義韓游瓌敗之乙酉寇長武城城使韓全義敗之壬辰射生將韓欽緒謀反伏誅十一月己卯京師東都河中地震十二月庚辰獵于新店

四年正月庚戌朔京師地震大赦刺史予一子官增戶墾田者加階縣令減選九品以上官言事壬申劉玄佐爲四鎮北庭行營涇原節度副元帥是月金房二州地震江溢山裂雨木冰于陳留四月河南淮海地生毛己亥福建軍亂逐其觀察使吳詵大將郝誠溢自稱留後五月吐蕃寇涇邠寧慶鄜五州六月己亥封子源爲邕王七月庚戌渾瑊爲邠寧慶副元帥癸丑寧州軍亂邠寧都虞候楊朝晟敗之己未奚室韋寇振武是月河水黑八月灞水溢九月庚申吐蕃寇寧州邠寧節度使張獻甫敗之冬築夾城是歲京師

地震二十

五年正月甲辰朔日有食之二月庚子大理卿董晉爲門下侍郎御史大夫竇參爲中書侍郎同中書門下平章事三月甲辰李泌薨夏吐蕃寇長武城韓全義敗之于佛堂原九月丙午劍南西川節度使韋皐敗吐蕃于臺登北谷克嶲州十月嶺南節度使李復克瓊州

六年春旱閏四月乙卯詔常參官畿縣令言事免京兆府夏稅八月辛丑殺皇太子妃蕭氏十一月戊辰朝獻于太清宮己巳朝享于太廟庚午有事于南郊賜文武官階爵降囚罪徒以下原之葬戰亡暴骨者是歲吐蕃陷北庭都護府節度使楊襲古奔于西州

七年正月己巳襄王僙薨四月安南首領杜英翰反伏誅五月甲申端王遇薨九月回鶻殺楊襲古十二月戊戌睦王述薨是冬無雪

八年二月庚子雨土三月甲申宣武軍節度使劉玄佐卒其子士寧自稱留後四月吐蕃寇靈州丁亥殺左諫議大夫知制誥吳通玄乙未貶竇參爲郴州別駕尚書左丞趙憬兵部侍郎陸贄爲中書侍郎同中書門下平章事五月己未大風發太廟屋瓦癸酉平盧軍節度使李納卒其子師古自稱留後六月淮水溢吐蕃寇連雲堡大將王進用死之九月丁巳韋皐及吐蕃戰于維州敗之十一月壬子朔日有食之庚午山南西道節度使嚴震及吐蕃戰于黑水堡敗之是月幽州盧龍軍節度使劉濟及其弟瀛州刺史澭戰于瀛州澭敗奔于京師十二月甲辰獵于城東

九年正月癸卯復稅茶四月辛酉關輔河中地震五月甲辰義成軍節度使賈耽爲尚書右僕射尚書右丞盧邁同中書門下平章事丙午董晉罷八月庚戌李晟薨十一月癸未朝獻于太清宮甲申朝享于太廟乙酉有事于南郊大赦十二月丙辰宣武軍將李萬榮逐其節度使劉士寧自稱留後

十年正月壬辰南詔蠻敗吐蕃于神川來獻捷四月癸卯朔赦京

城戊申地震癸丑又震是月太白晝見六月丙寅韋皐敗吐蕃克峨和城自春不雨至于是月辛未雨大風拔木七月西原蠻叛八月陷欽橫潯貴四州十月昭義軍節度留後王虔休及攝洺州刺史元誼戰于雞澤敗之十二月丙辰獵于城南壬戌貶陸贄爲太子賓客

十一年四月丙寅奚寇平州劉濟敗之于青都山五月庚午中書門下慮囚八月辛亥馬燧薨九月橫海軍兵馬使程懷信逐其兄節度使懷直自稱留後十月朗蜀二州江溢十二月戊辰獵于苑中

十二年二月己卯吐蕃寇嶲州刺史曹高仕敗之三月丙辰韶王暹薨四月庚午魏博節度使田緒卒其子季安自稱留後六月己丑宣武軍節度使李萬榮卒其子廼自稱兵馬使伏誅七月戊戌韓王迥薨八月己未朔日有食之丙戌趙憬薨九月吐蕃寇慶州十月甲戌右諫議大夫崔損給事中趙宗儒同中書門下平章事

十三年正月壬寅吐蕃請和四月辛酉以旱慮囚壬戌雩于興慶宮五月壬寅吐蕃寇巂州曹高仕敗之庚戌義寧軍亂殺其將常楚客七月乙未京師地震九月己丑盧邁罷

十四年三月丙申鳳翔監軍使西門去奢殺其將夏侯衎五月己酉始雷閏月辛亥有星隕于西北辛酉長武城軍亂逐其使韓全義六月丙申歸化堡軍亂逐其將張國誠涇原節度使劉昌敗之七月壬申趙宗儒罷工部侍郎鄭餘慶為中書侍郎同中書門下平章事九月丁卯杞王倕薨十二月壬寅明州將栗鍠殺其刺史盧雲以反是冬無雪京師饑

十五年正月甲寅雅王逸薨壬戌郴州藍山崩二月乙酉宣武軍亂殺節度行軍司馬陸長源宋州刺史劉逸淮自稱留後三月甲寅彰義軍節度使吳少誠反陷[illegible] 守將張嘉瑜死之四月乙未栗鍠伏誅九月乙巳陳許節度留後上官涚及吳少誠戰于臨潁敗績丙午少誠寇許州庚戌宣武軍節度使劉全諒卒都知兵馬使韓弘自稱留後丙辰宣武河陽鄭滑東都汝成德幽州淄青魏博易定澤潞河東淮南徐泗山南東西鄂岳軍討吳少誠十月己丑邕王源薨十一月丁未山南東道節度使于頔及吳少誠戰于吳房敗之陳許節度使上官涚又敗之于柴籬辛亥安黃節度使伊慎又敗之于鍾山十二月庚午壽州刺史王宗又敗之于秋柵辛未渾瑊薨乙未諸道兵潰于小㵐河

十六年正月乙巳易定兵及吳少誠戰敗績二月乙酉鹽夏綏銀節度使韓全義為蔡州行營招討處置使上官涚副之四月丁亥黔中宴設將傅近逐其觀察使吳士宗五月庚戌韓全義及吳少誠戰于廣利城敗績壬子徐泗濠節度使張建封卒其子愔自稱知軍事七月丁巳伊慎及吳少誠戰于申州敗之己未韋皋克吐蕃末恭城丙寅韓全義及吳少誠戰于五樓敗績八月劉濟及其弟涿州刺史源戰于涿州源敗執之己丑殺遂州別駕崔位韋皋克吐蕃顯城九月庚戌鄭餘慶為郴州司馬庚申太常卿齊抗

為中書侍郎同中書門下平章事十月辛未殺通州別駕崔河圖是歲京師饑

十七年二月丁酉大雨雹己亥霜乙巳韋皋及吐蕃戰于鹿危山敗之戊申大雨雹震電庚戌大雪雨雹五月壬戌朔日有食之六月丙申寧州軍亂殺其刺史劉南金己亥浙西觀察使李錡殺上封事人崔善貞丁巳成德軍節度使王武俊卒其子士真自稱留後七月隕霜殺菽戊寅吐蕃寇鹽州己丑陷麟州刺史郭鋒死之九月乙亥韋皋敗吐蕃于雅州克末波城是歲嘉王運薨

十八年七月乙亥罷正衙奏事十二月環王陷驩愛二州

十九年二月己亥安南將王季元逐其經略使裴泰兵馬使趙均敗之三月壬子淮南節度使杜佑檢校司空同中書門下平章事七月己未齊抗罷自正月不雨至于是月甲戌雨閏十月庚戌鹽州將李庭俊反伏誅丁巳崔損薨十二月庚申太常卿高郢為中書侍郎吏部侍郎鄭珣瑜為門下侍郎同中書門下平章事

二十年二月庚戌大雨雹七月癸酉大雨雹冬雨木冰

二十一年正月癸巳皇帝崩于會寧殿年六十四

順宗至德弘道大聖大安孝皇帝諱誦德宗長子也母曰昭德皇后王氏始封宣城郡王大曆十四年六月進封宣王十二月乙卯立為皇太子為人寬仁喜學藝善隸書禮重師傅見輒先拜從德宗幸奉天常執弓矢居左右郜國公主以蠱事得罪太子妃其女也德宗疑之幾廢者屢矣賴李泌保護乃免後侍宴魚藻宮張水嬉綵艦宮人為櫂歌眾樂間發德宗驩甚顧太子曰今日何如太子誦詩好樂無荒以為對及裴延齡韋渠牟用事世皆畏其為相太子每候顏色陳其不可故二人者卒不得用貞元二十年太子病風且瘖二十一年正月不能朝是時德宗不豫諸王皆侍左右惟太子臥病不能見德宗悲傷涕泣疾有加癸巳德宗崩丙申即皇帝位于太極殿二月癸卯朝羣臣于紫宸門辛亥吏部侍郎韋執誼為尚書左丞同中書門下平章事甲子大赦罷宮市民負歲

版授下州刺史婦人郡君九十以上上佐婦人縣君乙丑罷鹽鐵使
月進三月庚午放後宮三百人癸酉放後宮及敎坊女妓六百人
癸巳立廣陵郡王純爲皇太子四月壬寅封弟諤爲欽王誠珍王
進封子建康郡王經郯王洋川郡王緯均王臨淮郡王縱溆王弘
農郡王紓莒王漢東郡王綱密王晉陵郡王總郇王高平郡王約
邵王雲安郡王結宋王宣城郡王緗集王德陽郡王緓冀王河東
郡王綺和王封子絢爲衡王纁會王綰福王紘撫王緄岳王紳袁
王綸桂王纆翼王戊申以册皇太子降死罪以下賜文武官子爲
父後者勳兩轉七月辛卯横海軍節度使程懷信卒其子執恭
自稱留後乙未皇太子權句當軍國政事太常卿杜黃裳爲門下
侍郎左金吾衛大將軍袁滋爲中書侍郎同中書門下平章事鄭
珣瑜高郢罷
永貞元年八月庚子立皇太子爲皇帝自稱曰太上皇辛丑改元
降死罪以下立良娣王氏爲太上皇后元和元年正月皇帝率羣

臣上尊號曰應乾聖壽太上皇是月崩于咸寧殿年四十六謚曰
至德大聖大安孝皇帝大中三年增謚至德弘道大聖大安孝
皇帝
憲宗昭文章武大聖至神孝皇帝諱純順宗長子也母曰莊憲皇
太后王氏貞元四年六月己亥封廣陵郡王二十一年三月立爲
皇太子永貞元年八月順宗詔立爲皇帝乙巳即皇帝位于太極
殿丁未始聽政庚戌罷獻祥瑞癸丑劒南西川節度使韋皐卒行
軍司馬劉闢自稱留後戊午天有聲于西北己未袁滋爲劒南西
川山南西道安撫大使癸亥尚書左丞鄭餘慶同中書門下平章
事九月己巳罷敎坊樂工正員官十月丁酉爲曾太皇太后舉哀
賈耽薨戊戌舒王誼薨袁滋罷己酉葬神武聖文皇帝于崇陵十
一月己巳祔睿眞皇后于元陵寢宮壬申貶韋執誼爲崖州司馬
夏綏銀節度留後楊惠琳反十二月壬戌中書舍人鄭絪爲中書
侍郎同中書門下平章事

元和元年正月丁卯大赦改元賜文武官階勳爵民高年者米帛
羊酒癸未長武城使高崇文爲左神策行營節度使率左右神策
京西行營兵馬使李元奕山南西道節度使嚴礪劒南東川節度
使李康以討劉闢甲申太上皇崩劉闢陷梓州執李康三月丙子
高崇文克梓州辛巳楊惠琳伏誅四月丁未杜佑爲司徒壬戌邵
王約薨初令尚書省六品諸司四品以上職事官太子師傅賓客
詹事王府傅曰二人待制五月辛卯尊母爲皇太后六月癸巳降
死罪以下賜百姓有父母祖父母八十以上者粟二斛物二段九十
以上粟三斛物三段丙申大風拔木丁酉高崇文及劉闢戰于鹿
頭柵敗之癸卯嚴礪又敗之于石碑谷閏月壬戌平盧軍節度使
李師古卒其弟師道自稱留後七月壬寅葬至德大聖大安孝皇
帝于豐陵癸丑高崇文及劉闢戰于玄武敗之八月丁卯進封子
平原郡王寧爲鄧王同安郡王寬澧王延安郡王宥遂王彭城郡
王察深王高密郡王寰洋王文安郡王寮絳王封子審爲建王九

月丙午嚴礪及劉闢戰于神泉敗之辛亥高崇文克成都十月甲
子減劒南東西川山南西道今歲賦釋脅從將吏葬陣亡者稟其
家五歲戊子劉闢伏誅十一月庚戌鄭餘慶罷是歲召王偲薨
二年正月己丑朝獻于太清宮庚寅朝享于太廟辛卯有事于南
郊大赦賜文武官勳爵文宣公二王後三恪公主諸王一子官高
年米帛羊酒加版授乙巳杜黃裳罷己酉御史中丞武元衡爲門
下侍郎中書舍人李吉甫爲中書侍郎同中書門下平章事二月
己巳罷兩省官次對癸酉邕管經略使路恕敗黃洞蠻執其首領
黃承慶九月乙酉密王綢薨十月鎭海軍節度使李錡反殺留後
王澹乙丑淮南節度使王鍔爲諸道行營兵馬招討使以討之丁
卯武元衡罷癸酉鎭海軍兵馬使張子良執李錡己卯免潤州今
歲稅十一月甲申李錡伏誅十二月丙寅劒南西川節度使高崇
文爲邠寧節度京西諸軍都統
三年正月癸巳羣臣上尊號曰睿聖文武皇帝大赦罷諸道受代

進奉錢三月癸巳郇王總薨四月壬申大風壞含元殿西闕檻六
月西原蠻首領黃少卿降七月辛巳朔日有食之九月庚寅山南
東道節度使于頔爲司空同中書門下平章事丙申戶部侍郎裴
垍爲中書侍郎同中書門下平章事戊戌李吉甫罷
四年正月壬午免山南東道淮南江西浙東湖南荊南今歲稅戊
子簡王遘薨二月丁卯鄭絪罷給事中李藩爲門下侍郎同中書
門下平章事三月乙酉成德軍節度使王士眞卒其子承宗自稱
留後閏月己酉以旱降京師死罪非殺人者禁刺史境內榷率諸
道旨條外進獻嶺南黔中福建掠良民爲奴婢者省飛龍廄馬己
未雨丁卯立鄧王寧爲皇太子七月癸亥吐蕃請和八月丙申環
王寇安南都護張舟敗之十月辛巳成德軍節度使王承宗反執
保信軍節度使薛昌朝癸未左神策軍護軍中尉吐突承璀爲左
右神策河陽浙西宣歙鎮州行營兵馬招討處置使以討之戊子
承璀爲鎮州招討宣慰使癸巳降死罪以下賜文武官子爲父後
者勳兩轉十一月己巳彰義軍節度使吳少誠卒其弟少陽自稱
留後
五年正月己巳左神策軍大將軍酈定進及王承宗戰死之三月甲
子大風拔木四月丁亥河東節度使范希朝義武軍節度使張茂
昭及王承宗戰于木刀溝敗之七月丁未赦王承宗乙卯幽州盧龍
軍節度使劉濟卒其子總自稱留後九月丙寅太常卿權德輿爲
禮部尚書同中書門下平章事十月張茂昭以易定二州歸于有
司辛巳義武軍都虞候楊伯玉反伏誅是月義武軍兵馬使張佐
元反伏誅十一月甲辰會王纁薨庚申裴垍罷
六年正月庚申淮南節度使李吉甫爲中書侍郎同中書門下平
章事二月壬申李藩罷己丑忻王造薨三月戊戌有星隕于鄆州
十二月己丑戶部侍郎李絳爲中書侍郎同中書門下平章事閏
月辛卯辰漵州首領張伯靖反寇播費二州辛亥皇太子薨
七年正月癸酉振武河溢毀東受降城四月癸巳詔民田畮樹桑

二六月癸巳杜佑罷七月乙亥立遂王宥爲皇太子八月戊戌魏
博節度使田季安卒其子懷諫自稱知軍府事九月京師地震十
月乙未魏博軍以田季安之將田興知軍事庚戌降死罪以下賜
文武官子爲父後者勳兩轉是月魏博節度使田興以六州歸于
有司十一月辛酉赦魏博貝衞澶相六州給復一年賜高年孤獨
廢疾粟帛賞軍士
八年正月辛未權德輿罷二月丁酉貶于頔爲恩王傅三月甲子
劍南西川節度使武元衡爲門下侍郎同中書門下平章事四月
己亥黔中經略使崔能討張伯靖五月癸亥荊南節度使嚴綬討
伯靖丁丑大隗山崩六月辛卯渭水溢辛丑出宮人七月己巳劍南
東川節度使潘孟陽討張伯靖八月辛巳湖南觀察使柳公綽討
伯靖丁未伯靖降十二月庚寅振武將楊遵憲反逐其節度使
李進賢
九年二月癸卯李絳罷三月丙辰嶲州地震丁卯隕霜殺桑五月
乙丑桂王綸薨癸酉以旱免京畿夏稅六月壬寅河中節度使張
弘靖爲刑部尚書同中書門下平章事閏八月丙辰彰義軍節度
使吳少陽卒其子元濟自稱知軍事九月丁亥山南東道節度使
嚴綬忠武軍都知兵馬使李光顏壽州團練使李文通河陽節度
使烏重胤討之十月太白晝見丙午李吉甫薨甲子嚴綬爲申光
蔡招撫使十一月戊子罷京兆府臘獻狐兔十二月詔刑部大理
官朔望入對戊辰尚書右丞韋貫之同中書門下平章事
十年正月乙酉宣武軍節度使韓弘爲司徒二月甲辰嚴綬及吳
元濟戰于磁丘敗績自冬不雨至于是月丙午雪壬戌河東將
劉輔殺豐州刺史燕重旰伏誅三月庚子忠武軍節度使李光顏
及吳元濟戰于臨潁敗之四月甲辰又敗之于南頓五月丙申又
敗之于時曲六月癸卯盜殺武元衡戊申京師大索乙丑御史中
丞裴度爲中書侍郎同中書門下平章事七月甲戌王承宗有罪
絕其朝貢八月己亥朔日有食之丁未李師道將訾嘉珍反于東

都留守呂元膺敗之乙丑李光顔及吳元濟戰于時曲敗績九月癸酉韓弘爲淮西行營兵馬都統十月地震十一月壬申李光顔烏重胤及吳元濟戰于小溵河敗之丁丑李文通又敗之于固始戊寅盜焚獻陵寢宮十二月甲辰武寧軍都押衙王智興及李師道戰于平陰敗之是歲丹王逾薨

十一年正月己巳張弘靖罷乙亥幽州盧龍軍節度使劉總及王承宗戰于武彊敗之癸未免鄰賊州二歲稅甲申盜斷建陵門戟二月庚子王承宗焚蔚州乙巳中書舍人李逢吉爲門下侍郎同中書門下平章事乙丑地震三月庚午皇太后崩四月庚子李光顔烏重胤及吳元濟戰于凌雲柵敗之乙卯劉總及王承宗戰于深州敗之己未免京畿二歲逋稅五月丁卯宥州軍亂逐其刺史駱怡夏綏銀節度使田縉敗之丁亥雲南蠻寇安南六月密州海溢甲辰唐鄧節度使高霞寓及吳元濟戰于鐵城敗績七月壬午韓弘及元濟戰于郾城敗之丙戌免淮西鄰賊州夏稅八月甲午渭水溢壬寅韋貫之罷戊申西原蠻陷賓巒二州己未昭義軍節度使郗士美及王承宗戰于栢鄉敗之庚申葬莊憲皇太后于豐陵十一月乙丑邕管經略使韋悅克賓巒二州甲戌元陵火十二月丁未翰林學士工部侍郎王涯爲中書侍郎同中書門下平章事己未西原蠻陷巖州是冬桃李華

十二年正月丁丑地震戊子有彗星出于畢四月辛卯唐鄧隨節度使李愬及吳元濟戰于嵖岈山敗之乙未李光顔又敗之于郾城五月辛酉李愬又敗之于張柴七月丙辰裴度爲淮西宣慰處置使戶部侍郎崔群爲中書侍郎同中書門下平章事八月癸亥烏重胤及吳元濟戰于賈店敗績九月丁未李逢吉罷甲寅李愬及吳元濟戰于吳房敗之十月癸酉克蔡州甲戌淮南節度使李鄘爲門下侍郎同中書門下平章事甲申給復淮西二年免旁州來歲夏稅葬戰士稟其家五年十一月丙戌吳元濟伏誅甲午恩王連薨是歲容管經略使陽旻克欽橫潯貴四州

十三年正月乙酉大赦免元和二年以前逋負賜高年米帛羊酒三月戊戌御史大夫李夷簡爲門下侍郎同中書門下平章事李鄘罷己酉橫海軍節度使程權以滄景二州歸于有司權朝于京師四月甲寅王承宗獻德棣二州庚辰赦承宗六月癸丑朔日有食之癸亥給復德棣滄景四州一年辛未淮水溢七月乙酉宣武魏博義成橫海軍討李師道辛丑李夷簡罷八月壬子王涯罷九月甲辰戶部侍郎皇甫鎛諸道鹽鐵轉運使程异爲工部侍郎同中書門下平章事十月壬戌吐蕃寇宥州靈武節度使杜叔良敗之于定遠城十一月丁亥命山人柳泌爲台州刺史以求藥十二月庚戌迎佛骨于鳳翔

十四年正月丙午田弘正及李師道戰于陽穀敗之二月戊午師道伏誅四月辛未程异薨丙子裴度罷七月戊寅韓弘以汴宋亳潁四州歸于有司弘朝于京師己丑群臣上尊號曰元和聖文神武法天應道皇帝大赦賜文武官階勳爵遣黜陟使于天下辛卯沂海將王弁殺其觀察使王遂自稱留後丁酉河陽節度使令狐楚爲中書侍郎同中書門下平章事八月己酉韓弘爲中書令九月戊寅王弁伏誅十月壬戌安南將楊清殺其都護李象古以反癸酉吐蕃寇鹽州十一月辛卯朔方將史敬奉及吐蕃戰于瓠蘆河敗之十二月乙卯崔群罷

十五年正月宦者陳弘志等反庚子皇帝崩年四十三謚曰聖神章武孝皇帝大中三年加謚昭文章武大聖至神孝皇帝

贊曰德宗猜忌刻薄以彊明自任恥見屈於正論而忘受欺於姦諛故其疑蕭復之輕己謂姜公輔爲賣直而不能容用盧杞趙贊則至於敗亂而終不悔及奉天之難深自懲艾遂行姑息之政由是朝廷益弱而方鎮愈彊至於唐亡其患以此憲宗剛明果斷自初即位慨然發憤志平僭叛能用忠謀不惑群議卒收成功自吳元濟誅彊藩悍將皆欲悔過而效順當此之時唐之威令幾於復振則其爲優劣不待較而可知也及其晚節信用非人不終其業

而身罹不測之禍則尤甚於德宗嗚呼小人之能敗國也不必愚
君暗主雖聰明聖智苟有惑焉未有不爲患者也昔韓愈言順
宗在東宮二十年天下陰受其賜然享國日淺不幸疾病莫克有
爲亦可以悲夫

本紀第七

本紀第八　　唐書八

翰林學士兼龍圖閣學士朝散大夫給事中知制誥充史館脩撰臣歐陽脩奉
敕撰

穆宗睿聖文惠孝皇帝諱恒憲宗第三子也母曰懿安皇太后郭
氏始封建安郡王進封遂王遙領彰義軍節度使元和七年惠昭
太子薨左神策軍中尉吐突承璀欲立澧王惲而惲母賤不當立
乃立遂王爲皇太子十五年正月庚子憲宗崩陳弘志殺吐突承
璀及澧王辛丑遺詔皇太子即皇帝位于柩前司空兼中書令韓
弘攝冢宰閏月丙午皇太子即皇帝位于太極殿丁未貶皇甫鎛
爲崖州司戶參軍戊申始聽政辛亥御史中丞蕭俛中書舍人翰
林學士段文昌爲中書侍郎同中書門下平章事乙卯尊母爲皇
太后戊辰京師地震二月丁丑大赦賜文武官階爵高年粟帛二
王後三洛文宣公嗣王公主縣主武德配饗及第一等功臣家予
一子官放沒掖庭者辛丹鳳門觀俳優丁亥幸左神策軍觀角觝

倡戲乙未吐蕃寇靈州丙申丹王逾薨三月乙巳杜叔良及吐蕃
戰敗之戊辰大風雨雹辛未楊清伏誅五月庚申葬聖神章武孝
皇帝于景陵六月丁丑韓弘罷七月丁卯令狐楚罷八月乙酉容
管經略留後嚴公素及黃洞蠻戰于神步敗之戊戌御史中丞崔
植爲中書侍郎同中書門下平章事九月辛丑觀競渡角觝于魚
藻宮用樂十月庚辰王承宗卒辛巳成德軍觀察支使王承元以
鎮趙深冀四州歸于有司癸未吐蕃寇涇州右神策軍中尉梁守
謙爲左右神策京西京北行營都監以禦之丙戌吐蕃遁十一月
癸卯赦鎮趙深冀四州死罪以下賜成德軍將士錢十二月庚辰
獵于城南壬午擊鞠于右神策軍遂獵于城西甲申獵于苑北
長慶元年正月己亥朝獻于太清宮庚子朝享于太廟辛丑有事
于南郊大赦改元賜文武官階勳爵己未有星孛于翼壬戌蕭俛
罷丁卯有星孛于太微二月乙亥觀樂于麟德殿丙子觀神策諸
軍雜伎己卯劉總以盧龍軍八州歸于有司壬午段文昌罷翰林

學士戶部侍郎杜元穎同中書門下平章事辛卯擊鞠于麟德殿
三月庚戌太白晝見丁巳赦幽涿檀順瀛莫營平八州死罪以下給
復一年賜盧龍軍士錢戊午封弟憬爲鄜王悅瓊王恂沔王懌婺
王愔茂王怡光王協淄王憺衢王忱澶王子湛爲鄂王涵江王湊
漳王溶安王瀍潁王是月徙封湛爲景王五月丙辰建王審薨六
月有彗星出于昴辛未吐蕃寇青塞烽鹽州刺史李文悅敗之七
月甲辰幽州盧龍軍都知兵馬使朱克融囚其節度使張弘靖以
反壬子羣臣上尊號曰文武孝德皇帝大赦賜文武官階勳爵王
戌成德軍大將王廷湊殺其節度使田弘正以反八月壬申朱克
融陷莫州癸酉王廷湊陷冀州刺史王進岌死之丙子瀛州軍亂
執其觀察使盧士玫叛附于朱克融王廷湊寇深州丁丑魏博橫
海昭義河東義武兵討王廷湊己丑裴度爲幽鎮招撫使九月乙
巳相州軍亂殺其刺史邢濋十月丙寅諸道鹽鐵轉運使刑部尚
書王播爲中書侍郎同中書門下平章事裴度爲鎮州西面行營

都招討使左領軍衛大將軍杜叔良爲深州諸道行營節度使戊
寅王廷湊陷貝州己卯易州刺史柳公濟及朱克融戰于白石敗
之庚辰橫海軍節度使烏重胤及王廷湊戰于饒陽敗之辛卯靈
武節度使李進誠及吐蕃戰于大石山敗之十一月甲午裴度及
王廷湊戰于會星敗之丙申朱克融寇定州義武軍節度使陳
楚敗之十二月庚午杜叔良及王廷湊戰于博野敗績丁丑陳楚
及朱克融戰于望都敗之乙酉赦朱克融己丑陳楚及克融戰于
清源敗之
二年正月庚子魏博軍潰于南宮癸卯魏博節度使田布自殺兵
馬使史憲誠自稱留後海州海冰二月甲子赦王廷湊辛巳崔植
罷工部侍郎元稹同中書門下平章事戊子昭義軍節度使劉
悟囚其監軍使劉承偕三月乙巳武寧軍節度副使王智興逐其
節度使崔羣戊午守司徒淮南節度使裴度同中書門下平章事
王播罷四月辛酉朔日有食之壬戌成德軍節度使牛元翼奔于

京師王庭湊陷深州五月壬寅邕州刺史李元宗叛奔于黃洞蠻六月癸亥宣武軍宿直將李臣則逐其節度使李愿衙門都將李岕反甲子裴度元積罷兵部尚書李逢吉爲門下侍郎同中書門下平章事乙丑大風落太廟鴟尾癸酉吐蕃寇靈州鹽州刺史趙盱敗之七月丙申宋王結薨戊申李岕陷宋州丙辰兗鄆節度使曹華及李岕戰于宋州敗之丁巳忠武軍節度使李光顏又敗之于尉氏八月壬申宣武軍節度使韓充又敗之于郭橋丙子李岕伏誅癸未詔瘞汴宋鄭三州戰亡者㮚其家三歲九月戊子鎮海軍將王國清謀反伏誅丙申德州軍亂殺其刺史王稷十月己卯獵于咸陽十一月庚午皇太后幸華清宮癸酉迎皇太后遂獵于驪山丙子集王緗薨十二月丁亥不豫放五坊鷹隼及供獵狐兔癸巳立景王湛爲皇太子癸丑降死罪以下賜文武常參及州府長官子爲父後者勳兩轉宗子諸親一轉是冬無冰草木萌

三年三月壬戌御史中丞牛僧孺爲戶部侍郎同中書門下平章

事癸亥淮南浙東西江南宣歙旱遣使宣撫理繫囚察官吏四月甲午陸州獠反五月壬申京師雨雹七月丙寅黃洞蠻陷欽州九月壬子朔日有食之十月己丑杜元穎罷辛卯黃洞蠻寇安南

四年正月辛亥降死罪以下減流人一歲賜文武官及宗子賀正使階勳爵詔百官言事辛未以皇太子權句當軍國政事壬申皇帝崩于清思殿年三十

敬宗睿武昭愍孝皇帝諱湛穆宗長子也母曰恭僖皇太后王氏始封鄂王徙封景王長慶二年十二月穆宗因擊毬暴得疾不見羣臣者三日左僕射裴度三上疏請立皇太子而翰林學士兩省官相次皆以爲言居數日穆宗疾少閒宰相李逢吉請立景王爲皇太子四年正月穆宗崩癸酉門下侍郎平章事李逢吉攝冢宰丙子皇太子即皇帝位于太極殿二月辛巳始聽政癸未尊母爲皇太后皇太后爲太皇太后辛卯放掖庭內園沒入者丁未擊鞠于中和殿戊申擊鞠于飛龍院黃洞蠻降己酉擊鞠用樂三月壬子大赦免京畿河南青苗稅減宮禁經費乘輿服膳罷貢鷹犬元和以來兩河藩鎮歸地者予一子官庚午太白經天四月丙申擊鞠于清思殿染坊匠張韶反幸左神策軍韶伏誅丁酉還宮五月乙卯吏部侍郎李程戶部侍郎判度支竇易直同中書門下平章事六月庚辰大風壞延喜景風門是夏漢水溢八月丁亥太白晝見丁酉中官季文德謀反伏誅黃洞蠻寇安南十一月戊午環王及黃洞蠻陷陸州刺史葛維死之庚申葬睿聖文惠孝皇帝于光陵

寶曆元年正月己酉朝獻于太清宮庚戌朝享于太廟辛亥有事于南郊大赦改元乙卯牛僧孺罷四月癸巳羣臣上尊號曰文武大聖廣孝皇帝大赦賜文武官階爵五月庚戌觀競渡于魚藻宮九月壬午昭義軍節度使劉悟卒其子從諫自稱留後十一月丙申封子普爲晉王

二年正月甲戌發神策六軍穿池于禁中二月丁未山南西道節

度使裴度守司空同中書門下平章事三月戊寅觀競渡于魚藻宮四月戊戌橫海軍節度使李全略卒其子同捷反五月戊寅觀競渡于魚藻宮庚辰幽州盧龍軍亂殺其節度使朱克融其子延嗣自稱節度使六月辛酉觀漁于臨碧池甲子觀驢鞠角觝于三殿七月癸未衡王絢薨以漢陂隸尚食禁民漁八月丙午觀競渡于新池九月甲戌觀百戲于宣和殿三日而罷戊寅幽州盧龍軍兵馬使李載義殺朱延嗣自稱留後壬午李程罷十一月甲申李逢吉罷己丑禁朝官方鎮置私白身十二月中官劉克明反辛丑皇帝崩年十八

文宗元聖昭獻孝皇帝諱昂穆宗第二子也母曰貞獻皇太后蕭氏始封江王寶曆二年十二月敬宗崩劉克明等矯詔以絳王悟句當軍國事壬寅內樞密使王守澄楊承和神策護軍中尉魏從簡梁守謙奉江王而立之率神策六軍飛龍兵誅克明殺絳王乙巳江王即皇帝位于宣政殿戊申始聽政尊母爲皇太后庚戌兵

部侍郎翰林學士韋處厚爲中書侍郎同中書門下平章事庚申出宮人三千省教坊樂工翰林伎術冗員千二百七十人縱五坊鷹犬停貢纂組雕鏤金筐寶飾牀榻

大和元年二月乙巳大赦改元免京兆今歲夏稅半賜九廟陪位者子孫二階立功將士階爵始封諸王後子一子出身五月戊辰罷宰臣奏事監搜丙子橫海軍節度使烏重胤討李同捷六月癸巳淮南節度副大使王播爲尚書左僕射同中書門下平章事乙卯以旱降京畿死罪以下七月癸酉葬睿武昭愍孝皇帝于莊陵十一月庚辰橫海軍節度使李寰討李同捷十二月庚戌王智興爲滄州行營招撫使

二年正月壬申地震六月乙卯晉王普薨己巳大風拔木乙亥峯州刺史王昇朝反伏誅是夏河溢壞棣州城越州海溢七月辛丑魏博節度使史憲誠及同捷戰于平原敗之甲辰有彗星出于右攝提八月己巳王庭湊反壬申義武軍節度使柳公濟及庭湊戰

于新樂敗之己卯劉從諫又敗之于臨城辛巳史憲誠及李同捷戰于平原敗之癸未劉從諫及王庭湊戰于昭慶敗之九月癸卯柳公濟又敗之于博野丁未岳王緄薨庚戌安南軍亂逐其都護韓約十月庚申史憲誠及李同捷戰于平原敗之丁卯洋王忻薨癸酉竇易直罷戊寅史憲誠及李同捷戰于平原敗之壬午幽州盧龍軍節度使李載義又敗之于長蘆十一月壬辰給復棣州一年稟戰士創廢者終身甲辰昭德寺火十二月乙丑魏博行營兵馬使丌志沼反壬申韋處厚薨戊寅兵部侍郎翰林學士路隋爲中書侍郎同中書門下平章事

三年正月丁亥宣武河陽兵討丌志沼庚子志沼奔于鎮州三月乙酉罷教坊日直樂工乙巳以太原兵馬使傅毅爲義武軍節度使義武軍不受命都知兵馬使張璠自稱節度使戊申以璠爲義武軍節度使四月戊辰滄景節度使李祐克德州李同捷降乙亥滄德宣慰使柏耆以同捷歸于京師殺之于將陵五月辛卯給復滄景德棣四州一年六月甲戌魏博軍亂殺其節度使史憲誠都知兵馬使何進滔自稱留後八月辛亥以相衞澶三州隸相衞節度使進滔不受命辛酉以旱免京畿九縣今歲租壬申赦王庭湊甲戌吏部侍郎李宗閔同中書門下平章事十月癸丑仗內火十一月壬辰朝獻于太清宮癸巳朝享于太廟甲午有事于南郊大赦詔毋獻難成非常之物焚綵布撩綾機杼是月雲南蠻陷嶲邛二州十二月丁未鄂岳襄鄧忠武軍伐雲南蠻庚戌雲南蠻寇成都右領軍衞大將軍董重質爲左右神策及諸道行營西川都知兵馬使以伐之己未雲南蠻寇梓州壬戌寇蜀州

四年正月戊子封子永爲魯王辛卯武昌軍節度使牛僧孺爲兵部尚書同中書門下平章事甲午王播薨二月乙卯興元軍亂殺其節度使李絳三月癸卯禁京畿弋獵四月丁未奚寇邊李載義敗之六月丁未裴度平章軍國重事是夏舒州江溢七月癸未尚書右丞宋申錫同中書門下平章事九月壬午裴度罷

五年正月庚申幽州盧龍軍亂逐其節度使李載義殺莫州刺史張慶初兵馬使楊志誠自稱留後三月庚子貶宋申錫爲太子右庶子癸卯降封漳王湊爲巢縣公六月甲午梓州玄武江溢

六年正月壬子降死罪以下二月蘇州地震生白毛五月庚申給民疫死者棺十歲以下不能自存者二月糧七月戊申原王逵薨十一月甲子立魯王永爲皇太子十二月乙丑牛僧孺罷己巳珍王誠薨

七年正月壬辰罷吳蜀冬貢茶二月丙戌兵部尚書李德裕同中書門下平章事三月辛卯幽州盧龍軍節度使楊志誠執春衣使邊奉鸞送奚契丹使尹士恭辛丑和王綺薨六月甲戌地震乙亥李宗閔罷七月壬寅尚書右僕射諸道鹽鐵轉運使王涯同中書門下平章事閏月乙卯以旱避正殿減膳徹樂出宮女千人縱五坊鷹犬八月庚寅降死罪以下賜文武及州府長官子爲父後者勳兩轉十二月庚子不豫

八年二月壬午朔日有食之庚寅以疾愈降死罪以下四月丙戌詔笞罪毋鞭背五月己巳飛龍神駒中廏火六月丙戌莒王紓薨七月辛酉震定陵寢宮癸亥鄆王經薨九月辛亥有彗星出于太微十月辛巳幽州盧龍軍大將史元忠逐其節度使楊志誠自稱權句當節度兵馬庚寅山南西道節度使李宗閔爲中書侍郎同中書門下平章事甲午李德裕罷十一月癸丑成德軍節度使王庭湊卒其子元逵自稱權句當節度事丙子莫州軍亂逐其刺史張惟汎十二月己卯降京畿死罪以下

九年正月癸亥巢縣公湊薨二月辛亥巽王緒薨乙卯京師地震四月丙申路隋罷戊戌浙江東道觀察使賈餗爲中書侍郎同中書門下平章事辛丑大風拔木落含元殿鴟尾壞門觀五月辛未王涯爲司空六月壬寅貶李宗閔爲明州刺史七月辛亥御史大夫李固言爲門下侍郎同中書門下平章事九月癸亥殺陳弘志丁卯李固言罷己巳御史中丞舒元輿爲刑部侍郎翰林學士兵

部郎中李訓爲禮部侍郎同中書門下平章事十月辛巳殺觀軍容使王守澄十一月乙巳殺武寧軍監軍使王守涓壬戌李訓及河東節度使王璠邠寧節度使郭行餘御史中丞李孝本京兆少尹羅立言謀誅中官不克訓奔于鳳翔甲子尚書右僕射鄭覃同中書門下平章事乙丑權知戶部侍郎李石同中書門下平章事左神策軍中尉仇士良殺王涯賈餗舒元輿李孝本羅立言王璠郭行餘鳳翔少尹魏逢戊辰晝晦鳳翔監軍使張仲淸殺其節度使鄭注己巳仇士良殺右金吾衛大將軍韓約十二月壬申殺左金吾衛將軍李貞素翰林學士顧師邕丁亥降京師死罪以下

開成元年正月辛丑朔日有食之大赦改元免大和五年以前逋負京畿今歲稅賜文武官階爵二月乙亥停獻鷙鳥畋犬三年京師地震四月辛卯淄王協薨甲午山南西道節度使李固言爲門下侍郎同中書門下平章事七月滹沱溢乙亥雨土十二月己未漵王縱薨

二年二月丙午有彗星出于東方己未均王緯薨三月丙寅以彗見減膳壬申素服避正殿徹樂降死罪流以下原之縱五坊鷹隼禁京畿採捕四月戊戌工部侍郎陳夷行同中書門下平章事乙卯以旱避正殿六月丙午河陽軍亂逐其節度使李泳己未綿州獠反七月癸亥党項羌寇振武八月庚戌封兄子休復爲梁王執中襄王言揚杞王成美陳王癸丑封子宗儉爲蔣王十月戊申李固言罷十一月乙丑京師地震丁丑有星隕于興元

三年正月甲子盜傷李石戊申大風拔木諸道鹽鐵轉運使戶部尚書楊嗣復戶部侍郎李珏同中書門下平章事丙子李石罷夏漢水溢八月己亥嘉王運薨十月乙酉義武軍節度使張璠卒其子元益自稱留後庚子皇太子薨乙巳有彗星出于軫十一月壬戌降死罪以下

四年正月癸酉有彗星出于羽林閏月丙午出于卷舌五月丙申鄭覃陳夷行罷七月甲辰太常卿崔鄲同中書門下平章事八月

辛亥鄜王憬薨十月丙寅立陳王成美爲皇太子甲戌地震十一月己亥降京畿死罪以下十二月乙卯乾陵寢宮火

五年正月戊寅不豫己卯左右神策軍護軍中尉魚弘志仇士良立潁王瀍爲皇太弟權句當軍國事廢皇太子成美爲陳王庚辰仇士良殺仙韶院副使尉遲璋辛巳皇帝崩于太和殿年三十三

武宗至道昭肅孝皇帝諱炎穆宗第五子也母曰宣懿皇太后韋氏始封潁王累加開府儀同三司檢校吏部尚書開成五年正月文宗疾大漸神策軍護軍中尉仇士良魚弘志矯詔廢皇太子成美復爲陳王立潁王爲皇太弟辛巳即皇帝位于柩前辛卯殺陳王成美及安王溶賢妃楊氏甲午始聽政追尊母爲皇太后二月乙卯大赦庚申有彗星出于室壁四月甲子大風拔木五月己卯楊嗣復罷諸道鹽鐵轉運使刑部尚書崔珙同中書門下平章事壬寅大風拔木六月丙寅以旱避正殿理囚河北河南淮南浙東福建蝗疫州除其徭七月戊寅大風拔木八月甲寅雨壬戌葬元

聖昭獻孝皇帝于章陵內樞密使劉弘逸薛季稜以兵殺仇士良不克伏誅庚午李珏罷九月丁丑淮南節度副大使李德裕爲門下侍郎同中書門下平章事十一月癸卯回鶻寇天德軍十一月戊寅有彗星出于東方魏博節度使何進滔卒其子重霸自稱留後十二月封子峻爲杞王

會昌元年正月己卯朝獻于太淸宮庚辰朝享于太廟辛巳有事于南郊大赦改元三月御史大夫陳夷行爲門下侍郎同中書門下平章事七月有彗星出于羽林壬辰漢水溢九月癸巳幽州盧龍軍將陳行泰殺其節度使史元忠自稱知留務閏月幽州盧龍軍將張絳殺行泰自稱主軍務十月幽州盧龍軍逐絳雄武軍使張仲武入于幽州十一月壬寅有彗星出于營室辛亥避正殿減膳理囚罷興作癸亥崔鄲罷

二年正月宋亳二州地震己亥李德裕爲司空回鶻寇橫水柵略天德振武軍二月丁丑淮南節度副大使李紳爲中書侍郎同中

書門下平章事三月回鶻寇雲朔四月丁亥羣臣上尊號曰仁聖文武至神大孝皇帝大赦賜文武官階勳爵五月丙申回鶻嗢沒斯降六月陳夷行罷河東節度使劉沔及回鶻戰于雲州敗績七月辛左神策軍閼武尚書右丞兼御史中丞李讓夷爲中書侍郎同中書門下平章事嵐州民田滿川反伏誅回鶻可汗寇大同川九月劉沔爲回鶻南面招撫使幽州盧龍軍節度使張仲武爲東面招撫使右金吾衞大將軍李思忠爲河西党項都將西南面招討使十月丁卯封子峴爲益王岐爲兗王十一月獵于白鹿原十二月封子嶧爲德王嵯爲昌王癸未京師地震

三年正月庚子天德軍行營副使石雄及回鶻戰于殺胡山敗之二月庚申朔日有食之辛未崔珙罷是春大雨雪四月乙丑昭義軍節度使劉從諫卒其子稹自稱留後五月甲午震東都廣運樓災辛丑成德軍節度使王元逵爲北面招討澤潞使魏博節度使何弘敬爲東面招討澤潞使及河中節度使陳夷行河陽節度使王茂元劉沔以討劉稹戊申翰林學士承旨中書舍人崔鉉爲中書侍郎同中書門下平章事武寧軍節度使李彥佐爲晉絳行營諸軍節度招討使六月西內神龍寺火辛酉李德裕爲司徒是夏作望仙觀于禁中七月庚子免河東今歲秋稅九月辛卯忠武軍節度使王宰兼河陽行營攻討使丁未以雨霖理囚免京兆府秋稅十月己巳晉絳行營節度使石雄及劉稹戰于烏嶺敗之壬午日中月食太白是月党項羌寇鹽州十一月寇邠寧兗王岐爲靈夏六道元帥安撫党項大使御史中丞李回副之安南軍亂逐其經略使武渾十二月丁巳王宰克天井關

四年正月乙酉河東將楊弁逐其節度使李石二月甲寅朔日有食之辛酉楊弁伏誅三月石雄兼冀氏行營攻討使晉州刺史李丕副之六月己未中書門下御史臺慮囚閏七月壬戌李紳罷淮南節度副大使杜悰爲尚書右僕射兼中書侍郎同中書門下平章事丙子昭義軍將裴問及邢州刺史崔嘏以城降是月洺州刺

史王釗磁州刺史安玉以城降八月乙未昭義軍將郭誼殺劉稹以降戊戌給復澤潞邢洺磁五州一歲免太原河陽及懷陝晉絳四州秋稅戊申李德裕爲太尉十月獵于鄠縣十二月獵于雲陽

五年正月己酉羣臣上尊號曰仁聖文武章天成功神德明道大孝皇帝是日朝獻于太淸宮庚戌朝享于太廟辛亥有事于南郊大赦賜文武官階勳爵文宣公二王三恪子一子出身作仙臺于南郊庚申皇太后崩三月旱五月壬子葬恭僖皇太后于光陵壬戌杜悰崔鉉罷乙丑戶部侍郎李回爲中書侍郎同中書門下平章事六月甲申作望仙樓于神策軍七月丙午朔日有食之是月山南東道節度使鄭肅檢校尚書右僕射同中書門下平章事八月壬午大毀佛寺復僧尼爲民十月作昭武廟于虎牢關

六年二月癸酉以旱降死罪以下免今歲夏稅庚辰夏綏銀節度使米暨爲東北道招討党項使三月壬戌不豫左神策軍護軍中尉馬元贄立光王怡爲皇太叔權句當軍國政事甲子皇帝崩于

大明宮年三十三
宣宗元聖至明成武獻文睿智章仁神聰懿道大孝皇帝諱忱憲
宗第十三子也母曰孝明皇太后鄭氏始封光王性嚴重寡言宮中
或以爲不慧會昌六年武宗疾大漸左神策軍護軍中尉馬元贄
立光王爲皇太叔三月甲子即皇帝位于柩前四月乙亥始聽政
尊母爲皇太后丙子李德裕罷辛卯李讓夷爲司空五月乙巳大
赦翰林學士承旨兵部侍郎白敏中同中書門下平章事辛酉封
子溫爲鄆王渼雍王涇雅王滋夔王沂慶王七月李讓夷罷八月
辛未大行宮火壬申葬至道昭肅孝皇帝于端陵九月鄭肅罷兵
部侍郎判度支盧商爲中書侍郎同中書門下平章事雲南蠻寇
安南經略使裴元裕敗之十二月戊辰朔日有食之
大中元年正月壬子朝獻于太清宮癸丑朝享于太廟甲寅有事
于南郊大赦改元復左降官死者官爵賜文武官階勳父老帛文
宣王後及二王後三恪子一子官二月癸未以旱避正殿減膳理京
師囚罷太常教坊習樂損百官食出宮女五百人放五坊鷹犬停
飛龍馬　盧商罷刑部尚書判度支崔元式爲門下侍郎翰林
學士承旨戶部侍郎韋琮爲中書侍郎同中書門下平章事閏月
大復佛寺四月己酉皇太后崩五月張仲武及奚北部落戰敗之
吐蕃回鶻寇河西河東節度使王宰伐之八月丙申李回罷庚子
葬貞獻皇太后于光陵十二月戊午貶太子少保李德裕爲潮州
司馬
二年正月甲子羣臣上尊號曰聖敬文思和武光孝皇帝大赦宗
子房未仕者予一人出身賜文武官階勳爵三月封子澤爲濮王
五月己未朔日有食之崔元式罷兵部侍郎判度支周墀刑部侍
郎諸道鹽鐵轉運使馬植同中書門下平章事己卯太皇太后崩
七月己巳續圖功臣于淩煙閣十一月壬午葬懿安太皇太后于
景陵貶韋琮爲太子賓客分司東都
三年二月吐蕃以秦原安樂三州石門驛藏木峽制勝六盤石峽

蕭七關歸于有司三月詔待制官與刑法官諫官次對馬植罷是
春隕霜殺桑四月乙酉周墀罷御史大夫崔鉉爲中書侍郎兵部
侍郎判戶部事魏扶同中書門下平章事癸巳幽州盧龍軍節度
使張仲武卒其子直方自稱留後五月武寧軍亂逐其節度使李
廓十月辛巳京師地震是月振武及天德靈武鹽夏二州地震吐
蕃以維州歸于有司十一月己卯封弟惕爲彭王十二月吐蕃以
扶州歸于有司
四年正月庚辰大赦四月壬申以雨霖詔京師關輔理囚蠲度支
鹽鐵戶部逋負六月戊申魏扶薨戶部尚書判度支崔龜從同中
書門下平章事八月幽州盧龍軍亂逐其節度使張直方衙將張
允伸自稱留後十月辛未翰林學士承旨兵部侍郎令狐綯同中
書門下平章事十一月党項羌寇邠寧十二月鳳翔節度使李安
業河東節度使李拭爲招討党項使
五年三月白敏中爲司空招討南山平夏党項行營兵馬都統四
月赦平夏党項羌辛未給復靈鹽夏三州邠寧鄜坊等道三歲六
月封子潤爲鄂王八月乙巳赦南山党項羌十月沙州人張義潮
以瓜沙伊肅鄯甘河西蘭岷廓十一州歸于有司白敏中罷戊辰
戶部侍郎判戶部魏謩同中書門下平章事十一月崔龜從罷十
二月盜斫景陵門戟是歲湖南饑
六年三月有彗星出于觜參七月雍王渼薨八月禮部尚書諸道
鹽鐵轉運使裴休同中書門下平章事九月獠寇昌資二州十一
月封弟惴爲棣王是歲淮南饑
七年正月丙午朝獻于太清宮丁未朝享于太廟戊申有事于南
郊大赦
八年正月丙戌朔日有食之三月以旱理囚九月封子洽爲懷王
汭昭王汶康王
九年正月甲申成德軍節度使王元逵卒其子紹鼎自稱留後閏
四月辛丑禁嶺外民鬻男女者七月以旱遣使巡撫淮南減上供

饋運蠲逋租發粟賑民丙辰崔鉉罷庚申罷淮南宣歙浙西冬至
元日常貢以代下戶租稅是月浙江東道軍亂逐其觀察使李訥
十年正月丁巳御史大夫鄭朗為工部尚書同中書門下平章事
九月封子灌為衞王十月戊子裴休罷十二月壬辰戶部侍郎判
戶部崔慎由為工部尚書同中書門下平章事
十一年二月辛巳魏謩罷五月容管軍亂逐其經略使王球七月
庚子兵部侍郎判度支蕭鄴同中書門下平章事成德軍節度副
大使王紹鼎卒其弟紹懿自稱留後八月封子灘為廣王九月乙
未有彗星出于房十月壬申鄭朗罷
十二年正月戊戌戶部侍郎判度支劉瑑同中書門下平章事二
月廢穆宗忌日停光陵朝拜及守陵宮人壬申崔慎由罷閏月自
十月不雨至于是月雨三月鹽州監軍使楊玄价殺其刺史劉皋
四月庚子嶺南軍亂逐其節度使楊發戊申兵部侍郎諸道鹽鐵
轉運使夏侯孜同中書門下平章事五月丙寅劉瑑薨庚辰湖南

軍亂逐其觀察使韓琮六月丙申江西都將毛鶴逐其觀察使鄭
憲辛亥南蠻寇邊七月容州將來正反伏誅八月宣歙將康全泰
逐其觀察使鄭薰淮南節度使崔鉉兼宣歙池觀察處置使以
討之丁巳太原地震十月康全泰伏誅十二月毛鶴伏誅甲寅兵
部侍郎判戶部蔣伸同中書門下平章事
十三年正月戊午大赦蠲度支戶部逋負放宮人八月壬辰左神
策軍護軍中尉王宗實立鄆王溫為皇太子權句當軍國政事癸
巳皇帝崩于咸寧殿年五十謚曰聖武獻文孝皇帝咸通十三年
加謚元聖至明成武獻文睿智章仁神聰懿道大孝皇帝
贊曰春秋之法君弒而賊不討則深責其國以為無臣子也憲宗
之弒歷三世而賊猶在至於文宗不能明弘志等罪惡以正國之
典刑僅能殺之而已是可歎也穆敬昏童失德以其在位不久故
天下未至於敗亂而敬宗卒及其身是豈有討賊之志哉文宗恭
儉儒雅出於天性嘗讀太宗政要慨然慕之及即位銳意於治每
延英對宰臣率漏下十一刻唐制天子以隻日視朝乃命輟朝放
朝皆用雙日凡除吏必召見訪問親察其能否故大和之初政事
脩飭號為清明然其仁而少斷承父兄之弊宦官撓權制之不得
其術故其終困以此甘露之事禍及忠良不勝冤憤飲恨而已由
是言之其能殺弘志亦足伸其志也昔武丁得一傅說為商高宗
武宗用一李德裕遂成其功烈然其奮然除去浮圖之法甚銳而
躬受道家之籙服藥以求長年以此見其非明智之不惑者特好
惡有不同爾宣宗精於聽斷而以察為明無復仁恩之意嗚呼自
是而後唐衰矣

本紀第八

本紀第九　　　唐書九

翰林學士兼龍圖閣學士朝散大夫給事中知制誥充史館修撰臣歐陽　脩　奉
敕撰

懿宗昭聖恭惠孝皇帝諱漼宣宗長子也母曰元昭皇太后晁氏始封鄆王宣宗愛夔王滋欲立爲皇太子而鄆王長故久不決大中十三年八月宣宗疾大漸以夔王屬內樞密使王歸長馬公儒宣徽南院使王居方等而左神策護軍中尉王宗實副使丌元實矯詔立鄆王爲皇太子癸巳即皇帝位于柩前王宗實殺王歸長馬公儒王居方庚子始聽政癸卯令狐綯爲司空尊皇太后曰太皇太后九月庚申追尊母爲皇太后十月辛卯大赦賜文武官階勳爵耆老粟帛十一月戊午蕭鄴罷十二月甲申翰林學士承旨兵部侍郎杜審權同中書門下平章事丁酉令狐綯罷荊南節度使白敏中爲司徒兼門下侍郎同中書門下平章事是歲雲南蠻陷播州咸通元年正月浙東人仇甫反安南經略使王式爲浙江東

道觀察使以討之二月丙申葬聖武獻文孝皇帝于貞陵五月京師地震袁王紳薨七月封叔憴爲信王八月衞王灌薨己卯仇甫伏誅九月戊申白敏中爲中書令十月安南都護李鄠克播州己亥夏侯孜罷戶部尚書判度支畢諴爲禮部尚書同中書門下平章事閏月乙亥朝獻于太清宮十一月丙子朝享于太廟丁丑有事于南郊大赦改元是月慶王沂薨十二月戊申雲南蠻寇安南癸亥福王綰爲司空二年二月白敏中罷尚書左僕射判度支杜悰兼門下侍郎同中書門下平章事福王綰薨六月鹽州刺史王寬爲安南經略招討使八月雲南蠻寇邕州九月寇巂州

三年正月庚午羣臣上尊號曰睿文明聖孝德皇帝大赦是月蔣伸罷二月庚子杜悰爲司空是月棣王惴薨湖南觀察使蔡襲爲安南經略招討使三月戊寅歸義軍節度使張義潮克涼州七月武寧軍亂逐其節度使溫璋劒南西川節度使夏侯孜爲尚書左僕射兼門下侍郎同中書門下平章事九月嶺南西道軍亂逐其節度使蔡京十月丙申封子佾爲魏王佺涼王佶蜀王杜悰爲司徒十一月封叔祖緝爲蘄王叔憒榮王雲南蠻寇安南丙寅降囚罪免徐州秋稅十二月翼王繟薨

四年正月戊辰朝獻于太清宮己巳朝享于太廟庚午有事于南郊大赦雲南蠻陷安南蔡襲死之庚辰撫王紘爲司空二月拜十六陵秦州經略使高駢爲安南經略招討使四月畢諴罷五月己巳翰林學士承旨兵部侍郎楊收同中書門下平章事戊子杜審權罷閏六月杜悰罷兵部侍郎判度支曹確同中書門下平章事七月辛卯朔日有食之免安南戶稅丁錢二歲弛廉州珠池禁八月夔王滋薨十二月乙酉昭義軍亂殺其節度使沈詢

五年正月丙午雲南蠻寇巂州三月寇邕州四月兵部侍郎判戶部蕭寘同中書門下平章事五月丁酉瘞邕巂州死事者己亥有彗星出于婁八月丁卯夏侯孜爲司空十月貞陵隧陷十一月戊戌夏侯孜罷壬寅翰林學士承旨兵部侍郎路巖同中書門下平

章事

六年三月蕭寘薨四月劒南東川節度使高璩爲兵部侍郎同中書門下平章事五月高駢及雲南蠻戰于邕州敗之六月高璩薨御史大夫徐商爲兵部侍郎同中書門下平章事七月封子保爲郢王十二月晉絳二州地震壬子太皇太后崩

七年二月戊申免河南府同華陝虢四州一歲稅湖南及桂邕容三管岳州夏秋稅之半三月成德軍節度使王紹懿卒其兄子景崇自稱留後閏月吐蕃寇邠寧五月甲辰葬孝明太皇太后于景陵之園六月魏博節度使何弘敬卒其子全皡自稱留後八月辛卯晝晦十月壬申楊收罷是月高駢克安南十一月辛亥大赦免咸通三年以前逋負賜文武官階勳爵

八年正月丁未河中府晉絳二州地震五月丙辰以不豫降囚罪出宮人五百縱神策五坊飛龍鷹鷂禁延慶端午節獻女口七月雨湯于下邳壬寅蘄王緝薨乙巳懷州民亂逐其刺史劉仁規甲

子兵部侍郎諸道鹽鐵轉運使于琮同中書門下平章事十一月
辛丑疾愈避正殿賜民年七十而痼疾及軍士戰傷者帛十二月
信王憓薨
九年正月有彗星出于婁胃七月武寧軍節度糧料判官龐勛反
于桂州十月庚午陷宿州丁丑陷徐州觀察使崔彥曾死之十一
月陷濠州刺史盧望回死之右金吾衛大將軍康承訓爲徐泗行
營兵馬都招討使神武大將軍王晏權爲北面招討使羽林將軍
戴可師爲南面招討使十二月龐勛陷和滁二州滁州刺史高錫
望死之壬申戴可師及龐勛戰于都梁山死之是月前天雄軍節
度使馬舉爲南面招討使泰寧軍節度使曹翔爲北面招討使
十年二月殺驩州流人楊收三月徙封保爲威王四月殺嶺南軍
節度使嚴譔康承訓及龐勛戰于柳子敗之六月神策軍將軍宋
威爲西北面招討使戊戌以蝗旱理囚癸卯徐商罷翰林學士承
旨戶部侍郎劉瞻同中書門下平章事八月有彗星出于大陵九

月癸酉龐勛伏誅十月戊戌免徐宿濠泗四州三歲稅役十二月
壬子雲南蠻寇嘉州
十一年正月甲寅羣臣上尊號曰睿文英武明德至仁大聖廣孝
皇帝大赦雲南蠻寇黎雅二州及成都二月甲申劍南西川節度
副使王建立及雲南蠻戰于城北死之甲午劍南東川節度使顏
慶復及雲南蠻戰于新都敗之三月曹確罷四月丙午翰林學士
承旨兵部侍郎韋保衡同中書門下平章事八月殺醫待詔韓宗
紹魏博軍亂殺其節度使何全皥其將韓君雄自稱留後九月丙
辰劉瞻罷十一月辛亥禮部尚書判度支王鐸同中書門下平章事
十二年四月癸卯路巖罷五月庚申理囚十月兵部侍郎諸道鹽
鐵轉運使劉鄴爲禮部尚書同中書門下平章事
十三年二月丁巳于琮罷刑部侍郎判戶部趙隱爲戶部侍郎同
中書門下平章事幽州盧龍軍節度使張允伸卒其子簡會自稱
留後三月癸酉平州刺史張公素逐簡會自稱留後四月庚子浙

江東西道地震封子保爲吉王傑壽王倚睦王五月乙亥殺國子
司業韋殷裕十一月王鐸爲司徒韋保衡爲司空
十四年正月沙陀寇代北三月迎佛骨于鳳翔癸巳雨土四月并
州民產子二頭四手壬寅大赦六月不豫王鐸罷七月辛巳皇帝
崩于咸寧殿年四十一
僖宗惠聖恭定孝皇帝諱儇懿宗第五子也母曰惠安皇太后王
氏始封普王名儼咸通十四年七月懿宗疾大漸左右神策護軍
中尉劉行深韓文約立普王爲皇太子辛巳即皇帝位于柩前八
月癸巳始聽政丁未追尊母爲皇太后乙卯韋保衡爲司徒九月
貶保衡爲賀州刺史十月乙未尚書左僕射蕭倣爲中書侍郎同
中書門下平章事十二月震電癸卯大赦免水旱州縣租賦罷貢
鷹鶻雲南蠻寇黎州
乾符元年二月甲午葬昭聖恭惠孝皇帝于簡陵癸丑降死罪以
下趙隱罷華州刺史裴坦爲中書侍郎同中書門下平章事四月

辛卯以旱理囚五月乙未裴坦薨刑部尚書劉瞻爲中書侍郎同
中書門下平章事八月辛未瞻薨兵部侍郎判度支崔彥昭爲中
書侍郎同中書門下平章事十月劉鄴罷吏部侍郎鄭畋爲兵部
侍郎翰林學士承旨戶部侍郎盧攜同中書門下平章事十一月
庚寅改元羣臣上尊號曰聖神聰睿仁哲明孝皇帝是月蕭倣爲
司空魏博節度使韓允中卒其子簡自稱留後十二月党項回鶻
寇天德軍雲南蠻寇黎雅二州河西河東山南東道東川兵伐雲南
二年正月己丑朝獻于太清宮庚寅朝享于太廟辛卯有事于南
郊大赦賜文武官階勳爵文宣王及二王後三恪一子官雲南蠻
請和四月庚辰太白晝見浙西突陣將王郢反五月右龍武軍大
將軍宋皓討之蕭倣薨六月濮州賊王仙芝尚君長陷曹濮二州
河南諸鎮兵討之吏部尚書李蔚爲中書侍郎同中書門下平章
事幽州將李茂勳逐其節度使張公素自稱留後七月以蝗避正
殿減膳十一月震電

三年二月丙子以旱降死罪以下三月葬暴骸平盧軍節度使宋威爲指揮諸道招討草賊使檢校左散騎常侍曾元裕副之募能捕賊三百人者官以將軍幽州盧龍軍節度使李茂勳立其子可舉爲留後五月庚子以旱理囚免浙東西一歲稅昭王汭薨六月乙丑雄州地震撫王紘爲太尉七月辛巳雄州地震鎮海軍節度使裴璩及王郢戰敗之郢王潤薨九月乙亥朔日有食之避正殿丙子王仙芝陷汝州執刺史王鐐十一月陷郢復二州十二月京師地震王仙芝陷申光廬壽通舒六州忠武軍節度使崔安潛爲諸道行營都統宮苑使李琢爲諸軍行營招討草賊使右威衛上將軍張自勉副之是冬無雪

四年正月丁丑降死罪以下二等流人死者聽收葬崔彥昭爲司空二月王仙芝陷鄂州閏月崔彥昭罷昭義軍亂逐其節度使高湜宣武軍節度使王鐸檢校司徒兼門下侍郎同中書門下平章事三月宛句賊黃巢陷鄆沂二州天平軍節度使薛崇死之四月

壬申朔日有食之是月陝州軍亂逐其觀察使崔碣江西賊柳彥璋陷江州執其刺史陶祥高安制置使鍾傳陷撫州五月有彗星避正殿減膳六月王鐸爲司徒庚寅雄州地震八月黃巢陷隋州執刺史崔休徵九月沙陀寇雲朔二州鹽州軍亂逐其刺史王承顏十月河中軍亂逐其節度使劉侔十一月尚君長降宋威殺之十二月安南戍兵亂逐桂管觀察使李瓚江州刺史劉秉仁及柳彥璋戰敗之

五年正月丁酉王仙芝陷江陵外郭壬寅曾元裕及王仙芝戰于申州敗之元裕爲諸道行營招討草賊使張自勉副之宋威罷招討使二月癸酉雲中守捉使李克用殺大同軍防禦使段文楚己卯克用寇遮虜軍是月王仙芝伏誅其將王重隱陷饒州刺史顏標死之江西賊徐唐莒陷洪州三月黃巢陷濮州寇河南崔安潛罷都統張自勉爲東西面行營招討使湖南軍亂逐其觀察使崔瑾四月饒州將彭令璋克饒州自稱刺史徐唐莒伏誅五月丁酉

鄭畋盧攜罷翰林學士承旨戶部侍郎豆盧瑑爲兵部侍郎吏部侍郎崔沆爲戶部侍郎同中書門下平章事是日雨雹大風拔木八月大同軍節度使李國昌陷岢嵐軍黃巢陷杭州九月李蔚罷吏部尚書鄭從讜爲中書侍郎同中書門下平章事黃巢陷越州執觀察使崔璆鎮海軍將張潾克越州十月昭義軍節度使李鈞幽州盧龍軍節度使李可舉討李國昌十一月丁未河東宣慰使崔季康爲河東節度代北行營招討使十二月甲戌黃巢陷福州庚辰崔季康李鈞及李克用戰于洪谷敗績是歲天平軍節度使張裼卒衙將崔君裕自知州事

六年正月鎮海軍節度使高駢爲諸道行營兵馬都統魏王佾薨二月京師地震藍田山裂出水河東軍亂殺其節度使崔季康四月庚申朔日有食之涼王侹薨王鐸爲荊南節度使南面行營招討都統五月泰寧軍節度使李係爲湖南觀察使副之黃巢陷廣州執嶺南東道節度使李迢陷安南八月甲子東都留守李蔚爲

河東節度代北行營招討使閏十月黃巢陷潭澧二州澧州刺史李絢死之十一月丙辰兩日並出而鬭戊午河東節度使康傳圭爲代北行營招討使辛酉黃巢陷江陵殺李迢丁丑山南東道節度使劉巨容及黃巢戰于荊門敗之十二月壬辰克江陵是月貶王鐸爲太子賓客分司東都兵部尚書盧攜爲門下侍郎同中書門下平章事是歲淄州刺史曹全晸克鄆州殺崔君裕黃巢陷鄂宣歙池四州朗州賊周岳陷衡州逐其刺史徐顥荊南將雷滿陷朗州刺史崔翥死之石門蠻向瓌陷澧州權知州事呂自牧死之桂陽賊陳彥謙陷郴州刺史董岳死之

廣明元年正月乙卯改元免嶺南荊湖河中河東稅賦十之四戊寅荊南監軍楊復光泰寧軍將段彥謨殺其守將宋浩以常滋爲節度留後淮南將張潾及黃巢戰于大雲倉敗之二月丙戌李國昌寇忻代二州戊戌河東軍亂殺其節度使康傳圭壬子鄭從讜罷爲河東節度使代北行營招討使三月辛未以旱避正殿減膳

四月甲申京師東都汝州雨雹大風拔木丁酉太府卿李琢爲蔚
朔招討都統壬寅張潾克饒州五月汝州防禦使諸葛爽爲蔚朔
招討副使泰寧軍將劉漢宏反張潾及黃巢戰于信州死之六月
巢陷睦婺宣三州江華賊蔡結陷道州宿州賊魯景仁陷連州七
月黃巢陷滁和二州辛酉天平軍節度使曹全晸爲東面副都統
辛未劉漢宏降李可舉及李國昌戰于藥兒嶺敗之八月辛卯昭
義軍亂殺其節度使李鈞癸卯滎王憒爲司空是月憒薨九月忠
武軍將周岌殺其節度使薛能牙將秦宗權自稱權知蔡州事十
月黃巢陷申州十一月河中都虞候王重榮逐其節度使李都黃
巢陷汝州壬戌幸左神策軍閱武護軍中尉田令孜爲諸道兵馬
都指揮制置招討使忠武軍監軍楊復光副之丁卯東都留守劉
允章叛附于黃巢壬申巢陷虢州田令孜爲汝洛晉絳同華都統
十二月壬午黃巢陷潼關甲申貶盧攜爲太子賓客分司東都翰
林學士承旨尚書左丞王徽爲戶部侍郎翰林學士戶部侍郎裴

澈爲工部侍郎同中書門下平章事行在咸陽丙戌左金吾衛大
將軍張直方率武官叛附于黃巢巢陷京師辛卯次鳳翔丙申河
陽節度使諸葛爽叛附于黃巢丁酉次興元庚子廣德公主豆盧
瑑崔沆尚書左僕射劉鄴右僕射于琮太子少師裴諗御史中丞
趙濛刑部侍郎李溥京兆尹李湯死于黃巢是歲雨血于靖陵
中和元年正月壬子如成都壬申兵部侍郎判度支蕭遘爲工部
侍郎同中書門下平章事丁丑次成都二月己卯赦劍南三川太
子少師王鐸爲司徒兼門下侍郎同中書門下平章事淮南節度
使高駢爲京城四面都統邠寧節度使李存禮討黃巢鳳翔節度
使鄭畋及巢戰于龍尾坡敗之邠寧將王玫陷邠州戊戌淸平鎭
使陳晟執睦州刺史韋諸自稱刺史三月辛亥黃巢陷鄧州執刺
史趙戎辛酉鄭畋爲京城西面行營都統甲子畋及涇原節度使
程宗楚天雄軍經略使仇公遇盟于鳳翔是月王徽罷諸葛爽以
河陽降四月戊寅王玫伏誅程宗楚朔方軍節度使唐弘夫及黃

巢戰于咸陽敗之壬午巢遯于灞上丁亥復入于京師弘夫宗楚
死之是月赦李國昌及其子克用以討黃巢五月丙辰克用寇太
原振武軍節度使契苾璋敗之辛酉大風雨土是月劉巨容爲南
面行營招討使楊復光克鄧州六月鄧賊鍾季文陷明州辛卯邠
寧節度副使朱玫及黃巢戰于興平敗績戊戌鄭畋爲司空兼門
下侍郎同中書門下平章事京城四面行營都統丙午李克用陷
忻代二州七月丁巳大赦改元庚申翰林學士承旨兵部侍郎韋
昭度同中書門下平章事丙寅神策軍將郭琪反伏誅辛未田令
孜殺左拾遺孟昭圖義武軍節度使王處存爲東南面行營招討
使八月感化軍將時溥逐其節度使支詳自稱留後昭義軍節度
使高潯及黃巢戰于石橋敗績十將成麟殺潯入于潞州己丑衆
星隕于成都九月丙午鄜延節度使李孝章夏綏銀節度使拓拔
思恭及黃巢戰于東渭橋敗績臨海賊杜雄陷台州辛酉封子震
爲建王己巳昭義軍戍將孟方立殺成麟自稱留後永嘉賊朱褒

陷溫州是秋河東霜殺禾十月鳳翔行軍司馬李昌言逐其節度
使鄭畋十一月李昌言爲鳳翔節度行營招討使鄭畋裴澈罷遂
昌賊盧約陷處州十二月安南戍將閔頊逐湖南觀察使李裕自
稱留後是歲霍丘鎭使王緒陷壽光二州
二年正月辛亥王鐸爲諸道行營都都統承制封拜太子少師崔
安潛副之高駢罷都統辛未王處存爲京城東面都統李孝章爲
北面都統拓拔思恭爲南面都統二月甲戌黃巢陷同州己卯太
子少傅分司東都鄭畋爲司空兼門下侍郎同中書門下平章事
丙戌李昌言爲京城西面都統邠寧節度使朱玫爲河南都統諸
谷防遏使三月邛州蠻阡能叛西川部將楊行遷討之李克用陷
蔚州六月朱玫爲京城西北面行營都統楊行遷及阡能戰于乾
溪敗績己亥荊南監軍朱敬玫殺其節度使段彥謨少尹李燧自
稱留後七月保大軍節度留後東方逵爲京城東面行營招討使
撫州刺史鍾傳陷洪州江西觀察使高茂卿奔于江州八月丁巳

東方逵爲京城東北面行營都統拓拔思恭爲京城四面都統魏
博節度使韓簡陷孟州九月丙戌黃巢將朱溫以同州降己亥溫
爲右金吾衛大將軍河中行營招討副使是月太原桃李實嶺南
西道軍亂逐其節度使張從訓平盧軍將王敬武逐其節度使安
師儒自稱留後十月嵐州刺史湯羣以沙陀反韓簡寇鄆州天平
軍節度使曹全晸死之部將崔用自稱留後諸葛爽陷孟州十一
月荆南軍亂裨將陳儒自稱留後丙子湯羣伏誅是歲關中大饑
南城賊危全諷陷撫州危仔倡陷信州廬州將楊行密逐其刺史
郎幼復和州刺史秦彥逐宣歙觀察使竇潏

三年正月鴈門節度使李克用爲京城東北面行營都統乙亥王
鐸罷二月魏博軍亂殺其節度使韓簡其將樂彥禎自稱留後己
未建王震爲太保三月天有聲于浙西壬申李克用及黃巢戰于
零口敗之四月甲辰又敗之于渭橋丙午復京師五月鄭畋爲司
徒東都留守檢校司空鄭從讜爲司空同中書門下平章事淮南

將張環陷復州奉國軍節度使秦宗權叛附于黃巢七月宣武軍
節度副大使朱全忠爲東北面都招討使鄭畋罷兵部尚書判度
支裴澈同中書門下平章事八月黃巢秦宗權寇陳州淮南將韓
師德陷岳州九月武寧軍節度使時溥爲東面兵馬都統是秋晉
州地震十月全椒賊許勍陷滁州李克用陷潞州刺史李殷銳死
之十一月壬申劍南西川行軍司馬高仁厚及阡能戰于邛州敗
之十二月忠武軍將鹿晏弘逐興元節度使牛勗自稱留後是歲
天平軍將曹存實克鄆州石鏡鎮將董昌逐杭州刺史路審中

四年正月婺州將王鎮執其刺史黃碣叛附于董昌二月鎮伏誅
浦陽將蔣瓌陷婺州討州賊吳迥逐其刺史高澞三月甲子劍南
東川節度副大使楊師立反西川節度使陳敬瑄爲西川東川山
南西道都指揮招討使前杭州刺史路審中陷鄂州五月辛酉朱
全忠及黃巢戰敗之辛未河東節度使李克用及巢戰于宛句敗
之癸酉高仁厚爲劍南東川節度使以討楊師立壬午福建團練
副使陳巖逐其觀察使鄭鎰自稱觀察使六月乙卯赦劍南三川
瘞京畿骸骨七月辛酉楊師立伏誅壬午黃巢伏誅九月山南西
道節度使鹿晏弘反十月蕭遘爲司空十一月鹿晏弘陷許州殺
節度使周岌自稱留後十二月甲午荆南行軍司馬張瓌逐其節
度使陳儒自稱留後盜殺義昌軍節度使王鐸是歲關中大饑濮
州刺史朱宣逐天平軍節度使曹存實自稱留後武昌軍將杜洪
陷岳州

光啓元年正月庚辰荆南軍將成汭陷歸州是月王緒陷汀漳二
州南康賊盧光稠陷虔州三月丁卯至自成都己巳大赦改元時
溥爲蔡州四面行營兵馬都統蕭遘爲司徒韋昭度爲司空四月
吳迥伏誅秦宗權陷襄州山南東道節度使劉巨容奔于成都武
當賊馮行襲陷均州逐其刺史呂燁五月羣臣上尊號曰至德光
烈皇帝六月幽州盧龍軍亂殺其節度使李可舉其將李全忠自
稱留後壬戌秦宗權陷東都七月義昌軍亂逐其節度使楊全玫

衙將盧彥威自稱留後八月光州賊王潮執王緒甲寅殺右補闕
常濬樂彥禎殺洺州刺史馬爽九月河中節度使王重榮反邠寧
節度使朱玫討之十月癸丑朱全忠及秦宗權戰于雙丘敗績十
一月河東節度使李克用叛附于王重榮重榮及克用寇同州刺
史郭璋死之十二月癸酉朱玫及王重榮李克用戰于沙苑敗績
乙亥克用犯京師丙子如鳳翔

二年正月辛巳鎮海軍將張郁陷常州戊子如興元癸巳朱玫叛
寇鳳翔二月鄭從讜爲太傅三月壬午山南西道節度使石君涉
奔于鳳翔遂州刺史鄭君雄陷漢州丙申次興元戊戌御史大夫
孔緯翰林學士承旨兵部尚書杜讓能爲兵部侍郎同中書門下
平章事是春成都地震鳳翔女子化爲丈夫四月乙卯朱玫以嗣
襄王煴入于京師五月丙戌有星孛于箕尾武寧軍將丁從實陷
常州逐其刺史張郁六月淮西將黃皓殺歙化軍節度使閔頊衡
州刺史周岳陷潭州自稱節度使七月秦宗權陷許州忠武軍節

度使鹿晏弘死之八月王潮陷泉州刺史廖彥若死之幽州盧龍軍節度使李全忠卒其子匡威自稱留後九月有星隕于揚州戊寅靜難軍將王行瑜陷興鳳二州十月丙午嗣襄王熅自立爲皇帝尊皇帝爲太上元皇聖帝朱全忠陷滑州執義成軍節度使安師儒丙辰杭州刺史董昌攻越州浙東觀察使劉漢宏奔于台州是月河陽節度使諸葛爽卒其子仲方自稱留後神策行營先鋒使滿存克興鳳二州感義軍節度使楊晟陷文州武寧軍將張雄陷蘇州十一月庚子秦宗權陷鄭州十二月魏州地震丙午台州刺史杜雄執劉漢宏降于董昌昌自稱浙東觀察使丙辰朱玫伏誅丁巳熅伏誅秦宗權陷孟州諸葛仲方奔于汴州是歲天平軍將朱瑾逐泰寧軍節度使齊克讓自稱留後湘陰賊鄧進思陷岳州杜洪陷鄂州自稱武昌軍節度留後

三年三月癸未蕭遘裴澈兵部侍郎鄭昌圖有罪伏誅壬辰如鳳翔鄭從讜罷韋昭度爲司徒癸巳鎮海軍將劉浩逐其節度使周

寶度支催勘使薛朗自稱知府事四月甲辰六合鎮遏使徐約陷蘇州逐其刺史張雄甲子淮南兵馬使畢師鐸陷揚州執其節度使高駢是月維州山崩五月甲戌宣歙觀察使秦彥入于揚州癸未秦宗權陷鄭州六月陷孟州河陽將李罕之入于孟州張全義入于東都己酉鳳翔節度使李昌符反庚戌犯大安門不克奔于隴州壬子武定軍節度使李茂貞爲隴州招討使丁巳護國軍將常行儒殺其節度使王重榮其兄重盈自稱留後壬戌亳州將謝殷逐其刺史宋衮七月丁亥降死罪以下貞觀開元建中興元功臣後予一子九品正員官減常膳三之一賜民九十以上粟帛七月李昌符伏誅八月韋昭度爲太保壬寅謝殷伏誅朱全忠陷亳州壬子陷曹州刺史丘弘禮死之九月戶部侍郎判度支張濬爲兵部侍郎同中書門下平章事秦彥殺高駢十月丁未朱全忠陷濮州甲寅封子陞爲益王杭州刺史錢鏐陷常州丁卯鏐殺周寶是月秦宗權將孫儒寇揚州十一月壬申廬州刺史楊行密陷揚州秦彥畢師鐸奔于孫儒十二月癸巳淮西將趙德諲陷江陵荊南節度使張瓌死之朱全忠爲東南面招討使饒州刺史陳儒陷衢州上蔡賊馮敬章陷蘄州

文德元年正月甲寅孫儒殺秦彥畢師鐸癸亥朱全忠爲蔡州四面行營都統丙寅薛朗伏誅錢鏐陷潤州二月乙亥不豫己丑至自鳳翔庚寅謁于太廟大赦改元是月魏博軍亂殺其節度使樂彥禎其將羅弘信自稱權知留後三月戊戌朔日有食之既壬寅疾大漸立壽王傑爲皇太弟知軍國事癸卯皇帝崩于武德殿年二十七

贊曰唐自穆宗以來八世而爲宦官所立者七君然則唐之衰亡豈止方鎮之患蓋朝廷天下之本也人君者朝廷之本也始即位者人君之本也其本始不正欲以正天下其可得乎懿僖當唐政之始衰而以昏庸相繼乾符之際歲大旱蝗民愁盜起其亂遂不可復支蓋亦天人之會歟

本紀第九

翰林學士兼龍圖閣學士朝散大夫給事中知制誥充史館修撰臣歐陽脩奉

敕撰

昭宗聖穆景文孝皇帝諱曄懿宗第七子也母曰恭憲皇太后王氏始封壽王乾符三年領幽州盧龍軍節度使僖宗遇亂再出奔壽王握兵侍左右尤見倚信文德元年三月僖宗疾大漸羣臣以吉王長且欲立之觀軍容使楊復恭率兵迎壽王立爲皇太弟改名敏乙巳即皇帝位于柩前四月戊辰孫儒陷揚州自稱淮南節度使楊行密奔于廬州庚午追尊母爲皇太后韋昭度爲中書令孔緯爲司空乙亥張全義陷孟州李罕之奔于河東成汭陷江陵自稱留後辛卯朱全忠及秦宗權戰于蔡州敗之五月壬寅趙德諲以襄州降以德諲爲忠義軍節度使蔡州四面行營副都統六月閬州防禦使王建陷漢州執刺史張頊遂寇成都韋昭度罷爲劍南西川節度副大使兼兩川招撫制置使十月陳敬瑄反辛卯葬惠聖恭定孝皇帝于靖陵十一月丙申秦宗權陷許州執忠武

軍節度使王緼辛酉秦國軍將申叢執秦宗權十二月丁亥韋昭度爲行營招討使及永平軍節度使王建討陳敬瑄山南西道節度使楊守亮陷夔州

龍紀元年正月癸巳大赦改元翰林學士承旨兵部侍郎劉崇望同中書門下平章事壬子宣武軍將郭璠殺秦國軍留後申叢自稱留後二月戊辰朱全忠俘秦宗權以獻己丑宗權伏誅三月孔緯爲司徒杜讓能爲司空丙申錢鏐陷蘇州逐刺史徐約六月李克用寇邢州昭義軍節度使孟方立卒其弟遷自稱留後楊行密陷宣州宣歙觀察使趙鍠死之廬州刺史蔡儔叛附于孫儒八月甲戌孟遷叛附于李克用十月平盧軍節度使王敬武卒其子師範自稱留後陷棣州刺史張蟾死之宣歙觀察使楊行密陷常州刺史杜陵死之錢鏐陷潤州十一月丁未朝獻于太清宮戊申朝享于太廟己酉有事于南郊大赦十二月孫儒陷常潤二州戊午孔緯爲太保杜讓能爲司徒壬申眉州刺史山行章叛附于王建

大順元年正月戊子羣臣上尊號曰聖文睿德光武弘孝皇帝大赦改元壬寅簡州將杜有遷執其刺史員虔嵩叛附于王建二月己未資州將侯元綽執其刺史楊戡叛附于王建三月戊申昭義軍節度使李克脩卒其弟克恭自稱留後四月丙辰宿州將張筠逐其刺史張紹光丙寅嘉州刺史朱實叛附于王建丙子戎州將文武堅執其刺史謝承恩叛附于王建五月張濬爲河東行營都招討宣慰使京兆尹孫揆副之幽州盧龍軍節度使李匡威爲北面招討使雲州防禦使赫連鐸副之朱全忠爲南面招討使王鎔爲東面招討使以討李克用壬寅昭義軍將安居受殺其節度使李克恭叛附于朱全忠癸丑劍南東川節度使顧彥朗卒其弟彥暉自稱留後六月辛酉雅州將謝從本殺其刺史張承簡叛附于王建辛未朱全忠爲河東東面行營招討使是月河東將安知建以邢洺磁三州叛附于全忠七月楊行密陷潤州戊申李克用執昭義

軍節度使孫揆八月錢鏐殺蘇州刺史杜孺休楊行密陷蘇州淮南節度使孫儒陷潤州庚午朱全忠爲中書令九月李克用陷潞州楊行密陷潤常二州閏月孫儒陷常州壬戌邛州將任可知殺其刺史毛湘十月癸未蜀州刺史李行周叛附于王建李克用陷邢洺磁三州十一月丁卯李匡威陷蔚州是月張濬及李克用戰于陰地敗績孫儒陷蘇州十二月李克用陷晉州

二年正月庚申孔緯張濬罷翰林學士承旨兵部侍郎崔昭緯御史中丞徐彥若爲戶部侍郎同中書門下平章事甘露鎮使陳可言陷常州錢鏐陷蘇州二月乙巳赦陳敬瑄丁未詔王建罷兵不受命是春淮南大饑四月庚辰有彗星入于太微甲申大赦避正殿減膳徹樂賜兩軍金帛贖所略男女還其家民年八十以上及疾不能自存者長吏存卹訪武德功臣子孫癸卯王建寇成都五月孫儒陷和滁二州六月楊行密陷和滁二州丙午封子祐爲德王七月李克用陷雲州防禦使赫連鐸奔于退渾孫儒焚揚州以

逃八月庚子王建陷成都執劒南西川節度使陳敬瑄自稱留後十月壬午朱全忠陷宿州十一月己未曹州將郭銖殺其刺史郭詞叛附于全忠辛未全忠陷壽州

景福元年正月己未朱全忠陷孟州逐河陽節度使趙克裕丙寅大赦改元二月劉崇望罷錢鏐陷蘇州甲申朱全忠寇鄆州天平軍節度使朱宣敗之三月戶部尚書鄭延昌爲中書侍郎同中書門下平章事乙巳楊行密陷楚州執刺史劉瓚又陷常州刺史陳可言死之丙辰武定軍節度使楊守忠龍劒節度使楊守貞會楊守厚兵寇梓州丙寅福建觀察使陳巖卒護閩都將范暉自稱留後庚午泉州刺史王潮寇福州四月辛巳杜讓能爲太尉六月戊寅楊行密陷揚州己巳鳳翔隴右節度使李茂貞陷鳳州感義軍節度使滿存奔于興元遂陷興洋二州八月壬申寇興元楊守亮滿存奔于閬州丙戌降京畿關輔囚罪免淮南浙西宣州逋負十月蔡儔以廬州叛附于朱全忠河東將李存孝以邢州叛附于全忠十一月有星孛于斗牛辛丑武寧軍將張璲張諫以濠泗二州叛附于朱全忠乙巳朱友裕陷濮州執刺史邵儒孫儒將王壇陷婺州刺史蔣瓌奔于越州是歲明州刺史鍾文季卒其將黃晟自稱刺史

二年正月徐彥若罷鳳翔隴右節度使李茂貞爲山南西道節度使茂貞不受命二月楊行密陷常州三月辛酉幽州盧龍軍兵馬留後李匡籌逐其兄匡威自稱節度留後四月乙亥王建殺陳敬瑄及劒南西川監軍田令孜乙酉有彗星入于太微丁亥王鎔殺李匡威戊子朱全忠陷徐州武寧軍節度使時溥死之五月庚子王潮陷福州范暉死之潮自稱留後七月楊行密陷廬州蔡儔死之八月丙申嗣覃王嗣周爲京西面招討使神策大將軍李鐬副之以討李茂貞庚子昇州刺史張雄卒其將馮弘鐸自稱刺史是月楊行密陷歙州九月壬午嗣覃王嗣周及李茂貞戰于興平敗績甲申茂貞犯京師乙酉茂貞殺觀軍容使西門重遂內樞密使李周諲段詡貶杜讓能爲梧州刺史壬辰東都留守檢校司徒韋昭度爲司徒御史中丞崔胤爲戶部侍郎同中書門下平章事是月昇州刺史馮弘鐸叛附于楊行密十月乙未殺杜讓能及戶部侍郎杜弘徽楊行密陷舒州十二月韋昭度爲太傅邵州刺史鄧處訥陷潭州欽化軍節度使周岳死之處訥自稱留後是歲建州刺史徐歸範汀州刺史鍾全慕叛附于王潮

乾寧元年正月有星孛于鶉首乙丑大赦改元李茂貞以兵來朝二月右散騎常侍鄭綮爲禮部侍郎同中書門下平章事彰義軍節度使張鈞卒其兄鐇自稱留後三月甲申李克用寇邢州執李存孝殺之五月丙子王建陷彭州威戎軍節度使楊晟死之是月鄭延昌罷孫儒將劉建鋒馬殷陷潭州武安軍節度使鄧處訥死之建鋒自稱留後武岡指揮使蔣勛陷邵州六月大同軍防禦使赫連鐸及李克用戰于雲州死之戊午翰林學士承旨禮部尚書李谿同中書門下平章事庚申谿罷御史大夫徐彥若爲中書侍

郎同中書門下平章事七月以雨霖避正殿減膳鄭綮罷李茂貞陷閬州八月楊守亮伏誅癸巳減京畿興元洋金商州賦役九月庚申李克用陷潞州昭義軍節度使康君立死之十月丁酉封子祤爲棣王禊虔王禋沂王禕遂王十一月李克用陷武州十二月陷新州甲寅幽州盧龍軍節度使李匡籌奔于滄州義昌軍節度使盧彥威殺之丙辰李克用陷幽州是冬楊行密陷黃州執刺史吳討

二年正月己巳給事中陸希聲爲戶部侍郎同中書門下平章事壬申護國軍節度使王重盈卒其子珂自稱留後二月乙未太子太傅李谿爲戶部侍郎同中書門下平章事三月崔胤李谿罷戶部侍郎判戶部王摶爲中書侍郎同中書門下平章事楊行密陷濠州執刺史張璲庚午河東地震四月蘇州大雨雪陸希聲韋昭度罷泰寧軍節度使朱瑾及朱全忠戰于高梧敗績其將安福慶死之楊行密陷壽州執刺史江從勗五月甲子靜難軍節度使王

行瑜鎮國軍節度使韓建及李茂貞犯京師殺太保致仕韋昭度太子少師李磎是月李克用陷絳州刺史王瑤死之六月庚寅鎮海軍節度使錢鏐爲浙江東道招討使癸巳吏部尚書孔緯爲司空兼門下侍郎同中書門下平章事七月丙辰李克用以兵屯于河中戊午匡國軍節度使王行約奔于京師庚申左右神策軍護軍中尉駱全瓘劉景宣指揮使王行實李繼鵬反行在莎城嗣薛王知柔權知中書事壬戌李克用陷同州甲子次石門前護國軍節度使崔胤爲中書侍郎同中書門下平章事八月戊戌李克用爲邠寧四面行營招討使保大軍節度使李思孝爲北面招討使定難軍節度使李思諫爲東北面招討使彰義軍節度使張鐇爲西面招討使辛丑李克用爲邠寧四面行營都統李繼鵬伏誅赦李茂貞辛亥至自石門壬子崔昭緯罷九月丙辰徐彥若爲司空癸亥孔緯薨前昭義軍節度使李罕之爲邠寧四面行營副都統十月京兆尹孫偓爲戶部侍郎同中書門下平章事丙戌李克用

及王行瑜戰于梨園敗之庚寅王行約焚寧州以逃義武軍節度使王處存卒其子郜自稱留後十一月丁巳李克用及王行瑜戰于龍泉敗之辛酉衢州刺史陳儒卒其弟岌自稱刺史丁卯王行瑜伏誅壬申齊州刺史朱瓊叛附于朱全忠丁丑王建陷利州刺史李繼顒死之十二月癸未赦京師復大順以來削奪官爵非其罪者甲申閬州防禦使李繼雍蓬州刺史費存渠州刺史陳璠叛附于王建丙申建寇梓州戊戌通州刺史李彥昭叛附于建是歲安州防禦使宣晟陷桂州靜江軍節度使周元靜部將劉士政死之晟自稱知軍府事

三年正月癸丑王建陷龍州刺史田昉死之閏月丁亥果州刺史周雄叛附于建四月壬子武安軍亂殺其節度使劉建鋒其將馬殷自稱留後五月癸未楊行密陷蘇州執刺史成及陷光州刺史劉存死之庚寅成汭陷黔州武泰軍節度使王建肇奔于成都乙未董昌伏誅是月蘄州刺史馮行章叛附于楊行密六月庚戌李茂貞犯京師嗣延王戒丕禦之丙寅及茂貞戰于婁館敗績七月癸巳行在渭北甲午韓建來朝次華州乙巳崔胤罷丙午翰林學士承旨尚書左丞陸扆爲戶部侍郎同中書門下平章事八月甲寅王摶罷乙丑國子毛詩博士朱朴爲左諫議大夫同中書門下平章事九月乙未武安軍節度使崔胤爲中書侍郎翰林學士承旨兵部侍郎崔遠同中書門下平章事丁酉貶陸扆爲峽州刺史十月李克用及羅弘信戰于白龍潭敗之壬子孫偓持節鳳翔四面行營節度諸軍都統招討處置使戊午威勝軍節度使王摶爲吏部尚書同中書門下平章事十一月戊子忠國軍節度使李師悅卒其子繼徽自稱留後

四年正月乙酉韓建以兵圍行宮殺扈蹕都將李筠丙申朱全忠陷鄆州天平軍節度使朱宣死之己亥孫偓罷都統二月朱全忠寇兗州泰寧軍節度使朱瑾奔于淮南其子用貞以兗州叛附于全忠全忠陷沂海密三州保義軍節度使王珙寇河中韓建殺太

子詹事馬道殷將作監許巖士楊行密爲江南諸道行營都統癸丑王建陷瀘州刺史馬敬儒死之己未立德王裕爲皇太子大赦饗于行廟辛未王建陷渝州乙亥孫偓朱朴罷五月壬午朱全忠陷黃州刺史瞿璋死之六月貶王建爲南州刺史以李茂貞爲劍南西川節度使嗣覃王嗣周爲鳳翔隴右節度使茂貞不受命嗣周及茂貞戰于奉天敗績八月韓建殺通王滋沂王禋韶王彭王嗣韓王嗣陳王嗣覃王嗣周嗣延王戒丕嗣丹王允九月錢鏐陷湖州忠國軍節度使李繼徽奔于淮南彰義軍節度使張璉爲鳳翔西北行營招討使靜難軍節度使李思諫爲鳳翔四面行營副都統以討李茂貞十月壬子遂州刺史侯紹叛附于王建乙卯合州刺史王仁威叛附于建庚申建陷梓州劍南東川節度使顧彥暉死之甲子封子祕爲景王祚輝王祺祁王十一月癸酉楊行密及朱全忠戰于清口敗之丙子錢鏐陷台州十二月丁未威武軍節度使王潮卒其弟審知自稱留後

光化元年正月徐彥若爲司徒二月赦李茂貞三月幽州盧龍軍節度使劉仁恭之子守文陷滄州義昌軍節度使盧彥威奔于汴州四月丙寅立淑妃何氏爲皇后五月己巳大赦辛未朱全忠陷洺州刺史邢善益死之又陷邢州壬午陷磁州刺史袁奉韜死之是月馬殷陷邵衡永三州刺史蔣勛楊師遠唐旻死之七月丙申朱全忠陷唐州又陷隋州執刺史趙匡璘八月戊午陷鄧州執刺史國湘壬戌至自華州甲子大赦改元九月丙子有星隕于北方甲申錢鏐陷蘇州十月魏博節度使羅弘信卒其子紹威自稱留後己亥朱全忠陷安州刺史武瑜死之十一月衢州刺史陳岌叛附于楊行密甲寅封子禛爲雅王祥瓊王十二月癸未李罕之陷潞州自稱節度留後李克用陷澤州

二年正月乙未給復綿劍二州二年丁未崔胤罷兵部尚書陸扆同中書門下平章事是月李罕之陷沁州劉仁恭陷貝州二月甲子朱全忠陷蔡州奉國軍節度使崔洪奔于淮南三月丁巳全忠

陷澤州六月丁丑保義軍亂殺其節度使王珙其將李璠叛附于全忠七月壬辰海州戍將陳漢賓以其州叛附于楊行密馬殷陷道州刺史蔡結死之八月李克用陷澤潞懷三州十一月徐彥若爲太保王摶爲司空馬殷陷郴連二州刺史陳彥謙魯景仁死之辛丑保義軍將朱簡殺其節度使李璠叛附于朱全忠

三年四月辛未皇后及皇太子享于太廟六月丁卯清海軍節度使崔胤爲尚書左僕射兼門下侍郎同中書門下平章事王摶罷己巳殺之七月浙江溢八月庚辰李克用陷洺州執刺史朱紹宗九月朱全忠陷洺州錢鏐陷婺州刺史王壇奔于宣州衢州刺史陳岌叛附于錢鏐乙巳徐彥若罷丙午崔遠罷戊申刑部尚書裴贄爲中書侍郎同中書門下平章事甲寅朱全忠陷瀛州十月丙辰陷景州執刺史劉仁霸辛酉陷莫州辛巳陷祁州刺史楊約死之甲申陷定州義武軍節度使王郜奔于太原十一月己丑左右神策軍中尉劉季述王仲先內樞密使王彥範薛齊偓作亂皇帝居于少陽院辛卯季述以皇太子裕爲皇帝丁未太白晝見十二月劉季述殺睦王倚是歲馬殷陷桂宜巖柳象五州睦州刺史陳晟卒其弟詢自稱刺史

天復元年正月乙酉左神策軍將孫德昭董彥弼周承誨以兵討亂皇帝復于位劉季述薛齊偓伏誅降封皇太子裕爲德王戊申朱全忠陷絳州壬子崔胤爲司空朱全忠陷晉州二月甲寅以旱避正殿減膳戊辰朱全忠陷河中執護國軍節度使王珂辛未封全忠爲梁王是月翰林學士戶部侍郎王溥爲中書侍郎吏部侍郎裴樞爲戶部侍郎同中書門下平章事三月辛亥昭義軍節度使孟遷叛附于朱全忠四月壬子全忠陷沁澤二州丁巳儀州刺史張鄂叛附于全忠甲戌享于太廟丙子大赦改元武德貞觀配饗功臣主祭子孫敍進之介公酅公後子一子九品正員官免光化以來畿內逋負五月李茂貞來朝六月李克用陷隰慈二州十月戊戌朱全忠犯京師十一月己酉陷同州壬子如鳳翔丁巳朱

全忠陷華州鎮國軍節度使韓建叛附于全忠辛酉兵部侍郎盧光啓權勾當中書事癸亥李茂貞及朱全忠戰于武功敗績丁卯盧光啓爲右諫議大夫參知機務戊辰朱全忠犯鳳翔辛未陷邠州靜難軍節度使李繼徽叛附于全忠甲戌崔胤裴樞罷十二月鍾傳陷吉州是歲清海軍節度使徐彥若卒行軍司馬劉隱自稱留後武貞軍節度使雷滿卒其子彥威自稱留後

二年正月丁卯給事中韋貽範爲工部侍郎同中書門下平章事丙子給事中嚴龜爲汴岐和協使二月己亥盜發簡陵王建陷利州昭武軍節度使李繼忠奔于鳳翔三月庚戌晝晦癸丑朱全忠陷汾州乙卯浙西大雨雪戊午朱全忠陷慈隰二州丁卯李克用陷汾慈隰三州四月盧光啓罷丙申溫州刺史朱褒卒其兄敖自稱刺史楊行密陷昇州五月丙午李茂貞及朱全忠戰于武功敗績庚午韋貽範罷六月丙子中書舍人蘇檢爲工部侍郎同中書門下平章事丙戌朱全忠陷鳳州七月甲辰陷成州乙巳陷隴州

八月己亥韋貽範起復辛丑王建陷興元山南西道節度使王萬弘
叛附于建九月戊申李茂貞及朱全忠戰于槐林敗績武定軍節度
使拓拔思恭叛附于王建十月癸酉楊行密為東面諸道行營都
統及湖南節度使馬殷討朱全忠王建陷興州十一月癸卯保大
軍節度使李茂勳以兵援鳳翔丙辰韋貽範薨十二月癸巳溫
州將丁章逐其刺史朱敖己亥朱全忠陷鄜州保大軍節度使李
茂勳叛附于全忠是歲盧光稠陷韶州岳州刺史鄧進思卒其弟
進忠自稱刺史

三年正月丙午平盧軍節度使王師範取兗州戊申殺左右神策
軍護軍中尉韓全誨張彥弘內樞密使袁易簡周敬容辛亥翰林
學士姚洎為汴岐和協使壬子工部尚書崔胤為司空兼門下侍
郎同中書門下平章事甲子幸朱全忠軍己巳至自鳳翔哭于太
廟大赦庚午崔胤及朱全忠殺中官七百餘人辛未胤判六軍十
二衛事丁章伏誅二月雨土甲戌貶陸扆為沂王傅分司東都丙
子王溥罷朱全忠殺蘇檢吏部侍郎盧光啓戊寅降京畿河中鳳
翔興德府同州鄜三州死罪以下己卯輝王祚為諸道兵馬都元
帥庚辰朱全忠為太尉中書令副之崔胤為司徒乙未淸海軍節
度使裴樞為門下侍郎同中書門下平章事三月朱全忠陷青州
楊行密陷密州刺史劉康乂死之四月己卯朱全忠判元帥府事
五月壬子荊南節度使成汭及楊行密戰于君山死之武貞軍節
度使雷彥威之弟彥恭陷江陵六月乙亥朱全忠陷登州九月楊
行密殺奉國軍節度使朱延壽辛亥朱全忠陷棣州刺史邵播死
之陷密州戊午平盧軍節度使王師範叛附于全忠十月忠義軍
將趙匡明陷江陵自稱留後王建陷忠萬施三州甲戌陷夔州丁
丑平盧軍將劉鄩以兗州叛附于朱全忠十二月裴贄罷楊行密
陷宣州寧國軍節度使田頵死之辛巳禮部尚書獨孤損為兵部
侍郎同中書門下平章事丙申朱全忠殺尚書左僕射致仕張濬

天祐元年正月乙巳崔胤罷裴樞判左三軍事獨孤損判右三軍

事兵部尚書崔遠為中書侍郎翰林學士右拾遺柳璨為右諫議
大夫同中書門下平章事己酉朱全忠殺太子少傅崔胤及京兆
尹鄭元規威遠軍使陳班戊午全忠遷唐都于洛陽二月丙寅日
中見北斗戊寅次陝州朱全忠來朝甲申封子禎為端王祁豐王
福和王禧登王祜嘉王三月丁未朱全忠兼判左右神策及六軍
諸衛事閏四月壬寅次穀水朱全忠來朝甲辰至自西都享于太
廟大風雨土乙巳大赦改元六月靜難軍節度使楊崇本會李克
用王建兵以討朱全忠七月乙丑全忠以兵屯于河中八月壬寅
全忠以左右龍武統軍朱友恭氏叔琮樞密使蔣玄暉兵犯宮門
是夕皇帝崩年三十八明年起居郎蘇楷請更諡恭靈莊閔廟號
襄宗至後唐同光初復故號諡云昭宣光烈孝皇帝諱柷昭宗第
九子也母曰皇太后何氏始封輝王朱全忠已弒昭宗矯詔立為
皇太子監軍國事天祐元年八月丙午即皇帝位于柩前衢州刺
史陳璋睦州刺史陳詢叛附于楊行密九月庚午尊皇后為皇太
后十月辛卯朔日有食之癸巳朱全忠來朝甲午全忠殺朱友恭
氏叔琮十一月全忠陷光州是歲虔州刺史盧光稠卒衙將李圖
自稱知州事

二年正月盧約陷溫州楊行密殺平盧軍節度使安仁義丁丑盜
焚乾陵下宮二月楊行密陷鄂州武昌軍節度使杜洪死之戊戌
朱全忠殺德王裕及棣王祤虔王禊遂王禕景王祕祁王祺瓊王
祥己酉葬聖穆景文孝皇帝于和陵三月甲子裴樞罷戊寅獨孤
損罷禮部侍郎張文蔚同中書門下平章事甲申崔遠罷吏部侍
郎楊涉同中書門下平章事四月乙未以旱避正殿減膳庚子有
彗星出于西北甲辰出于北河辛亥降京畿死罪以下給復山陵
役者一年五月王建陷金州戎昭軍節度使馮行襲奔于均州六
月行襲克金州楊行密陷婺州執刺史沈夏戊子朱全忠殺裴樞
及靜海軍節度使獨孤損左僕射崔遠吏部尚書陸扆工部尚書
王溥司空致仕裴贄檢校司空兼太子太保致仕趙崇兵部侍

郎王贊七月卜郊岳州刺史鄧進忠叛附于馬殷九月甲子朱全忠陷襄州忠義軍節度使趙匡凝奔于淮南丙寅封弟禔為潁王祐蔡王朱全忠陷江陵留後趙匡明奔于成都乙酉改卜郊十月丙戌朱全忠為諸道兵馬元帥十一月庚午三卜郊庚辰淮南節度使楊行密卒以其子渥為淮南節度副大使東面諸道行營都統辛巳朱全忠為相國揔百揆封魏王十二月乙未全忠為天下兵馬元帥殺蔣玄暉及豐德庫使應頊尚食使朱建武癸卯柳璨為司空戊申朱全忠弒皇太后辛亥罷郊癸丑貶柳璨為登州刺史甲寅殺璨及太常卿張廷範

三年正月壬戌淮南將王茂章以宣歙二州叛附于錢鏐二月楊渥陷岳州癸巳王建陷歸州四月癸未朔日有食之鎮南軍節度使鍾傳卒其子匡時自稱留後六月錢鏐陷衢睦二州刺史陳璋陳詢奔于淮南七月楊渥陷饒州八月癸未朱全忠陷相州九月楊渥陷洪州執鍾匡時乙亥匡國軍節度使劉知俊陷坊州執刺史劉彥暉十月辛巳楊崇本會鳳翔涇原鄜延秦隴兵以討朱全忠戰于美原敗績十一月忠國軍節度使高彥卒其子澧自稱留後閏十二月戊辰李克用陷潞州昭義軍節度使丁會叛附于克用乙亥震電雨雪

四年三月劉守光囚其父仁恭自稱幽州盧龍軍節度使四月戊午錢鏐陷溫州甲子皇帝遜于位徙于曹州號濟陰王梁開平二年二月遇弒年十七謚曰哀帝後唐明宗追謚昭宣光烈孝皇帝陵曰溫陵

贊曰自古亡國未必皆愚庸暴虐之君也其禍亂之來有漸積及其大勢已去適丁斯時故雖有智勇有不能為者矣可謂真不幸也昭宗是已昭宗為人明雋初亦有志於興復而外患已成內無賢佐頗亦慨然思得非常之材而用匪其人徒以益亂自唐之亡也其遺毒餘酷更五代五十餘年至於天下分裂大壞極亂而後止跡其禍亂其漸積豈一朝一夕哉

本紀第十

翰林學士兼龍圖閣學士朝散大夫給事中知制誥充史館修撰臣歐陽脩奉
敕撰

由三代而上治出於一而禮樂達于天下由三代而下治出於二而禮樂爲虛名古者宮室車輿以爲居衣裳冕弁以爲服尊爵俎豆以爲器金石絲竹以爲樂以適郊廟以臨朝廷以事神而治民其歲時聚會以爲朝覲聘問懽欣交接以爲射鄉食饗合衆興事以爲師田學校下至里閭田畝吉凶哀樂凡民之事莫不一出於禮由之以教其民爲孝慈友悌忠信仁義者常不出於居處動作衣服飲食之間蓋其朝夕從事者無非乎此也此所謂治出於一而禮樂達天下使天下安習而行之不知所以遷善遠罪而成俗也及三代已亡遭秦變古後之有天下者自天子百官名號位序國家制度宮車服器一切用秦其間雖有欲治之主思所改作不能超然遠復三代之上而牽其時俗稍卽以損益大抵安於苟

簡而已其朝夕從事則以簿書獄訟兵食爲急曰此爲政也所以治民至於三代禮樂具其名物而藏於有司時出而用之郊廟朝廷曰此爲禮也所以教民此所謂治出於二而禮樂爲虛名故自漢以來史官所記事物名數降登揖讓拜俛伏興之節皆有司之事爾所謂禮之末節也然用之郊廟朝廷自搢紳大夫從事其間者皆莫能曉習而天下之人至於老死未嘗見也況欲識禮樂之盛曉然諭其意而被其教化以成俗乎嗚呼習其器而不知其意忘其本而存其末又不能備具所謂朝覲聘問射鄉食饗師田學校冠婚喪葬之禮在者幾何自梁以來始以其當時所行傅於周官五禮之名各立一家之學唐初卽用隋禮至太宗時中書令房玄齡祕書監魏徵與禮官學士等因隋之禮增以天子上陵朝廟養老大射講武讀時令納皇后皇太子入學太常行陵合朔陳兵太社等爲吉禮六十一篇賓禮四篇軍禮二十篇嘉禮四十二篇凶禮十一篇是爲貞觀禮高宗又詔太尉長孫无忌中書令杜正

倫李義府中書侍郎李友益黃門侍郎劉祥道許圉師太子賓客許敬宗太常卿韋琨等增之爲一百三十卷是爲顯慶禮其文雜以式令而義府敬宗方得幸多希旨傅會事旣施行議者皆以爲非上元三年詔復用貞觀禮由是終高宗世貞觀顯慶二禮兼行而有司臨事遠引古義與二禮參考增損之無復定制武氏中宗繼以亂敗無可言者博士掌禮備官而已玄宗開元十年以國子司業韋縚爲禮儀使以掌五禮十四年通事舍人王嵒上疏請刪去禮記舊文而益以今事詔付集賢院議學士張說以爲禮記不刊之書去聖久遠不可改易而唐貞觀顯慶禮儀注前後不同宜加折衷以爲唐禮乃詔集賢院學士右散騎常侍徐堅左拾遺李銳及太常博士施敬本撰述歷年未就而銳卒蕭嵩代銳爲學士奏起居舍人王仲丘撰定爲一百五十卷是爲大唐開元禮由是唐之五禮之文始備而後世用之雖時小有損益不能過也貞元中太常禮院脩撰王涇考次歷代郊廟沿革之制及其工歌祝號

而圖其壇屋陟降之序爲郊祀錄十卷元和十一年祕書郎脩撰韋公肅又錄開元已後禮文損益爲禮閣新儀三十卷十三年太常博士王彥威爲曲臺新禮三十卷又采元和以來王公士民昏祭喪葬之禮爲續曲臺禮三十卷嗚呼考其文記可謂備矣以之施于貞觀開元之間亦可謂盛矣而不能至三代之隆者具其文而意不在焉此所謂禮樂爲虛名也哉五禮一曰吉禮大祀天地宗廟五帝及追尊之帝后中祀社稷日月星辰岳鎭海瀆帝社先蠶七祀文宣武成王及古帝王贈太子小祀司中司命司人司祿風伯雨師靈星山林川澤司寒馬祖先牧馬社馬步州縣之社稷釋奠而天子親祠者二十有四三歲一祫五歲一禘當其歲則舉其餘二十有二一歲之間不能徧舉則有司攝事其非常祀者有時而行之而皇后皇太子歲行事者各一其餘皆有司行事凡歲之常祀二十有二冬至正月上辛祈穀孟夏雩祀昊天上帝于圜丘季秋大享于明堂臘蜡百神于南郊春分朝日于東郊秋分夕

月于西郊夏至祭地祇于方丘孟冬祭神州地祇于北郊仲
秋上戊祭于太社立春立夏季夏之土王立秋立冬祀五帝于四
郊孟春孟夏孟秋孟冬臘享于太廟孟春吉亥享先農遂以耕藉
凡祭祀之節有六一曰卜日二曰齋戒三曰陳設四曰省牲器五
曰奠玉帛宗廟之晨祼六曰進熟饋食一曰卜日凡大祀中祀無
常日者卜小祀則筮皆于太廟卜日前祀四十有五日卜于廟南
門之外布卜席闑西閾外太常卿立門東太卜正占者立門西卜
正奠龜於席西首灼龜之具在龜北乃執龜立席東北向太卜令
進受龜詣卿示高卿受視已令受龜少退俟命卿曰皇帝以其日
祇祀於某令曰諾遂還席西向坐命龜曰假爾太龜有常興授卜
正龜卜正負東扉坐作龜興令進受龜示卿卿受反之令復位東
向占之不釋龜進告於卿曰某日從乃以龜還卜正凡卜日必擧
初旬不吉即擧中及下如初儀若筮日則卜正啓櫝出筴兼執之
受命還席以櫝擊筴述命曰假爾太筮有常乃釋櫝坐筮執卦以

示如卜儀小祀筮日則太卜令蒞之日吉乃用遇廢務皆勿避二
曰齋戒其別有三曰散齋曰致齋曰清齋大祀散齋四日致齋三
日中祀散齋三日致齋二日小祀散齋二日致齋一日大祀前期
七日太尉誓百官於尚書省曰某日祀其神祇于其所各揚其職
不供其事國有常刑於是乃齋皇帝散齋于別殿致齋其二日于
太極殿一日于行宮前致齋一日尚舍奉御設御幄於太極殿西
序及室內皆東向尚舍直長張帷於前楹下致齋之日質明諸衛
勒所部屯門列仗晝漏上水一刻侍中版奏請中嚴諸衛之屬各
督其隊入陳於殿庭通事舍人引文武五品已上袴褶陪位諸侍
衛之官服其器服諸侍臣齋者結佩詣閤奉迎二刻侍中版奏外
辦三刻皇帝服袞冕結佩乘輿出自西房曲直華蓋警蹕侍衛即
御座東向侍臣夾侍一刻頃侍中前跪奏稱侍中臣某言請就齋
室皇帝降座入室文武侍臣還本司陪位者以次出凡豫祀之官
散齋理事如舊唯不弔喪問疾不作樂不判署刑殺文書不行刑

罰不預穢惡致齋唯行祀事其祀官已齋而闕者攝其餘清齋一
日三曰陳設其別有五有待事之次有即事之位有門外之位有
牲器之位有席神之位前祀三日尚舍直長施大次於外壝東門
之內道北南向衛尉設文武侍臣之次於其前左右相向設祀官
次於東壝之外道南從祀文官九品於其東東方南方朝集使又
於其東蕃客又於其東重行異位北向西上介公酅公於西壝之
外道南武官九品於其西西方北方朝集使又於其西蕃客又於
其西東上（其褒聖侯若在朝位於文武三品下）設陳饌幔於內壝東西門之外道北
南向北門之外道東西向明日奉禮郎設御位於壇之東南西向
望燎位當柴壇之北南向祀官公卿位於內壝東門之內道南分
獻之官於公卿之南執事者又於其後異位重行西向北上御史
位於壇下一在東南西向一在西南東向奉禮郎位於樂縣東北
贊者在南差退皆西向又設奉禮郎贊者位於燎壇東北西向皆
北上協律郎位於壇上南陛之西東向太樂令位於北縣之間當

壇北向從祀文官九品位於執事之南東方南方朝集使又於其
南蕃客又於其南西向北上介公酅公位於中壝西門之內道南
武官九品又於其南西方北方朝集使又於其南蕃客又於其南
東向北上所以即而行事也又設祀官及從祀羣官位於東西壝
門之外如設次所以省牲及祀之日將入而序立也設牲牓於東
壝之外當門西向蒼牲一居前又蒼牲一又青牲一在北少退南
上次赤牲一次黃牲一白牲一玄牲一又赤牲一白牲一在南少
退北上廩犧令位於牲西南祝史陪其後皆北向諸太祝位於牲
東各當牲後祝史陪其後西向太常卿位於牲前少北御史位於
其西皆南向又設酒尊之位上帝太尊著尊犧尊山罍各二在壇
上東南隅北向象尊壺尊山罍各二在壇下南陛之東北向俱西
上配帝著尊犧尊象尊山罍各二在壇上於上帝酒尊之東北向
西上五帝日月各太尊二在第一等內官每陛閒各象尊二在第
二等中官每陛閒各壺尊二在第三等外官每道閒各概尊二於

下壇下衆星每道間各設尊二於内壝之外凡尊設於神座之左
而右向（尊皆加勺羃五帝日月以上皆有坫以置爵也）設御洗於午陛東南亞獻終獻同洗於
卯陛之南皆北向罍水在洗東篚在洗西南肆（篚實以巾爵也）分獻罍洗
篚羃各於其方陛道之左内向執尊罍篚羃者各立於其後玉幣
之篚於壇上下尊坫之所前祀一日晡後太史令郊社令各常服
帥其屬升設昊天上帝神座於壇上北方南向席以槀秸高祖神
堯皇帝神座於東方西向席以莞五方帝日月於壇第一等青帝
於東陛之北赤帝於南陛之東黄帝於南陛之西白帝於西陛之
南黑帝於北陛之西大明於東陛之南夜明於西陛之北席皆以
槀秸五星十二辰河漢及内官五十有五於第二等十有二陛之
間各依其方席皆内向其内官有北辰座於東陛之北曜魄寶於
北陛之西北斗於南陛之東天一太一皆在北斗之東五帝内座
於曜魄寶之東皆差在前二十八宿及中官一百五十有九於第
三等其二十八宿及帝座七公日星帝席大角攝提太微太子明

堂軒轅三台五車諸王月星織女建星天紀等一十有七皆差在
前外官一百有五於内壝之内衆星三百六十於内壝之外各依
方次十有二道之間席皆以莞若在宗廟則前享三日尚舍直長
施大次於廟東門之外道北南向守宮設文武侍臣次於其後文
左武右俱南向設諸享官九廟子孫於齋坊内道東近南西向北
上文官九品又於其南東方南方蕃客又於其南西向北上介公
酅公於廟西門之外近南武官九品於其南西方北方蕃客又於
其南東向北上前享二日奉禮郎設御位於廟東南西向設享官
公卿位於東門之内道南執事者位於其後西向北上御史位於
廟堂之下一在東南西向一在西南東向令史各陪其後奉禮郎
位於樂縣東北贊者二人在南差退俱西向協律郎位於廟堂上
前楹之間近西東向太樂令位於北縣之間北向設從享之官位
九廟子孫於享官公卿之南昭穆異位文官九品以上又於其南
東方南方蕃客又於其南西向北上介公酅公位於西門之内道

南武官九品於其南少西西方北方蕃客又於其南東向北上
設牲牓於東門之外如郊之位設尊彝之位於廟堂之上下每座
斝彝一黄彝一犧尊象尊著尊山罍各二在堂上皆於神座之左
獻祖太祖高祖高宗尊彝在前楹間北向懿祖代祖太宗中宗睿
宗尊彝在戶外南向各有坫焉其壺尊二太尊二山罍四皆在堂
下階間北向西上簠簋鉶籩豆在堂上俱東側階之北每座四簋居
前四簠次之六登次之六鉶次之籩豆為後皆以南為上屈陳而下
御洗在東階東南亞獻又於東南俱北向罍水在洗東篚在洗西
南肆享日未明五刻太廟令服其服布昭穆之座於戶外自西序
以東獻祖太祖高祖高宗皆北廂南向懿祖代祖太宗中宗睿宗
南廂北向每座黼扆莞席紛純藻席畫純次席黼純左右几四曰
省牲器省牲之日午後十刻去壇二百步所禁行人晡後二刻郊
社令丞帥府史三人及齋郎以尊坫罍洗篚羃入設於位三刻謁
者贊引各引祀官公卿及牲皆就位謁者引司空贊引引御史入

詣壇東陛升行掃除於上降行樂縣於下初司空將升謁者引太
常卿贊引引御史入詣壇東陛升視滌濯降就省牲位南向立廩
犧令少前曰請省牲太常卿省牲廩犧令北面舉手曰腯諸太祝
各循牲一匝西向舉手曰充諸太祝與廩犧令以次牽牲詣廚授
太官謁者引光祿卿詣廚省鼎鑊申視濯溉祀官御史省饌具乃
還齋所祀日未明十五刻太官令帥宰人以鸞刀割牲祝史以豆取
毛血各置於饌所遂烹牲其于廟亦如之五曰奠玉帛祀日未明
三刻郊社令良醞令各帥其屬入實尊罍太祝以玉幣置於篚太
官令帥進饌者實諸籩豆簠簋盡於饌幔未明二刻奉禮郎帥贊者
先入就位贊者引御史博士諸太祝及令史祝史與執事者入自
東門壇南北向西上奉禮郎曰再拜贊者承傳御史以下皆再拜
執尊罍篚羃者各就位贊者引御史諸太祝升壇東陛御史一
人太祝二人行掃除於上及第一等御史一人太祝七人行掃除於
下未明一刻謁者贊引各引羣臣就門外位太樂令帥工人二舞

以次入文舞陳於縣內武舞立於縣南謁者引司空入奉禮郎曰再拜司空再拜升自東陛行掃除於上降行樂縣於下謁者贊引各引群臣入就位初未明三刻諸衛列大駕仗衛侍中版奏請中嚴乘黃令進玉輅於行宮南門外南向未明一刻侍中版奏外辦皇帝服袞冕乘輿以出皇帝升輅如初黃門侍郎奏請進發至大次門外南向侍中請降輅皇帝降輅乘輿之大次半刻頃太常博士引太常卿立於大次外當門北向侍中版奏外辦質明皇帝服大裘而冕博士引太常卿太常卿引皇帝至中壝門外殿中監進大珪尚衣奉御又以鎮珪授殿中監以進皇帝搢大珪執鎮珪禮部尚書與近侍者從皇帝至版位西向立太常卿前奏請再拜皇帝再拜奉禮郎曰衆官再拜在位者皆再拜太常卿前曰有司謹具請行事協律郎跪俛伏舉麾樂舞六成偃麾戛敔樂止太常卿前奏請再拜皇帝再拜奉禮郎曰衆官再拜在位者皆再拜諸太祝跪取玉幣於篚各立於尊所皇帝升壇自南陛北向立太祝以玉

幣授侍中東向以進皇帝搢鎮珪受之跪奠於昊天上帝俛伏興少退再拜立於西方東向太祝以幣授侍中以進皇帝受幣跪奠於高祖神堯皇帝俛伏興拜降自南陛復于位皇帝將奠配帝之幣謁者七人分引獻官奉玉幣俱進跪奠於諸神之位祝史齋郎助奠初衆官再拜祝史各奉毛血之豆入各由其陛升諸太祝迎取於壇上進奠之退立於尊所若宗廟曰晨祼享日未明四刻太廟令良醞令各帥其屬入實尊罍太官令帥進饌者實諸籩豆簠簋未明三刻奉禮郎帥贊者先入就位贊者引御史博士宮闈令太祝及令史祝史與執事者入自東門當階間北向西上奉禮郎曰再拜御史以下皆再拜執尊罍篚冪者各就位贊者引御史諸太祝升自東階行掃除於堂上令史祝史行掃除於下太廟令帥其屬陳瑞物太階之西上瑞為前列次瑞次之下瑞為後又陳伐國寶器亦如之皆北向西上藉以席未明二刻陳腰輿於東階之東每室各二皆西向北上贊者引太廟令太祝宮闈令帥內外執事者

以胄興升自東階入獻祖室開始室太祝宮闈令奉神主各置於輿出置於座次出懿祖以下神主如獻祖鑾駕將至謁者贊者各引享官通事舍人分引從享群官九廟子孫諸方客使皆就門外位鑾駕至大次門外回輅南向將軍降立於輅右侍中請降輅皇帝降輅乘輿之大次通事舍人引文武五品以上從享之官皆就門外位大樂令帥工人二舞入謁者引司空入就位奉禮郎曰再拜司空再拜升自東階行掃除於堂上降行樂縣於下初司空行樂縣謁者贊引各引享官通事舍人分引九廟子孫從享群官諸方客使入就位皇帝停大次半刻頃侍中版奏外辦皇帝出太常卿引皇帝至廟門外殿中監進鎮珪皇帝執鎮珪近侍者從入皇帝至版位西向立太常卿前曰再拜皇帝再拜奉禮郎曰衆官再拜在位者皆再拜太常卿前曰有司謹具請行事協律郎舉麾鼓柷樂舞九成偃麾戛敔樂止太常卿曰再拜皇帝再拜奉禮郎曰衆官再拜在位者皆再拜皇帝詣罍洗侍中跪取匜興沃水又跪取盤興承水皇帝搢珪盥手黃門侍郎跪取巾於篚興以帨

受巾跪奠於篚又取瓚於篚興以進皇帝受瓚侍中酌水奉盤皇帝洗瓚黃門侍郎授巾如初皇帝拭瓚升自阼階就獻祖尊彝所執尊者舉冪侍中贊酌鬱鬯進獻祖神座前北向跪以鬯祼地奠之俛伏興少退北向再拜又就懿祖尊彝所執尊者舉冪侍中取瓚於坫以進皇帝受瓚侍中贊酌鬱鬯進懿祖神座前南向跪以鬯祼地奠之次祼太祖以下皆如懿祖皇帝降自阼階復于版位初群官已再拜祝史各奉毛血及肝膋之豆立於東門外齋郎奉爐炭蕭稷黍各立於其後以次入自正門升自太階諸太祝各迎取毛血肝膋於階上進奠於神座前祝史退立於尊所齋郎奉爐炭置於神座之左其蕭稷黍各置於其下降自阼階以出諸太祝取肝膋燔於爐還尊所

禮樂志第一

翰林學士兼龍圖閣學士朝散大夫給事中知制誥充史館修撰臣歐陽脩奉敕撰

六曰進熟皇帝既升奠玉幣太官令帥進饌者奉饌各陳於內壝門外謁者引司徒出詣饌所司徒奉昊天上帝之俎太官令引饌入門各至其陛祝史俱進跪徹毛血之豆降自東陛以出諸太祝迎饌於壇上司徒太官令俱降自東陛以出又進設外官衆星之饌皇帝詣罍洗盥手洗爵升壇自南陛司徒升自東陛立於尊所齋郎奉俎從升立於司徒後皇帝詣上帝尊所執尊者舉冪侍中贊酌汎齊進昊天上帝前北向跪奠爵興少退立太祝持版進於神右東向跪讀祝文曰維某年歲次月朔日嗣天子臣某敢昭告于昊天上帝皇帝再拜詣配帝酒尊所執尊者舉冪侍中取爵於坫以進皇帝受爵侍中贊酌泛齊進高祖神堯皇帝前東向跪奠興少退立太祝持版進於左北向跪讀祝文曰維某年歲次月朔

日曾孫開元神武皇帝臣某敢昭告于高祖神堯皇帝皇帝再拜進昊天上帝前北向立太祝各以爵酌上尊福酒合置一爵太祝持爵授侍中以進皇帝再拜受爵跪祭酒啐酒奠爵俛伏興太祝各帥齋郎進俎太祝減神前胙肉共置一俎授司徒以進皇帝受以授左右皇帝跪取爵遂飲卒爵侍中進受虛爵復於坫皇帝俛伏興再拜降自南陛復于位文舞出武舞入初皇帝將復位謁者引太尉詣罍洗盥手洗匏爵自東陛升壇詣昊天上帝著尊所執尊者舉冪太尉酌醴齊進昊天上帝前北向跪奠爵興再拜詣配帝犧尊所取爵於坫酌醴齊進高祖神堯皇帝前東向跪奠爵興再拜進昊天上帝前北向立諸太祝各以爵酌福酒合置一爵進于右西向立太尉再拜受爵跪祭酒遂飲卒爵太祝進受虛爵復於坫太尉再拜降復位初太尉獻將畢謁者引光祿卿詣罍洗盥手洗匏爵升酌盎齊終獻如亞獻太尉將升獻謁者七人分引五方帝及大明夜明等獻官詣罍洗盥手洗匏爵各由其陛升酌泛

齊進跪奠於神前初第一等獻官將升謁者五人次引獻官各詣罍洗盥洗各由其陛升壇詣第二等內官酒尊所酌泛齊以獻贊者四人次引獻官詣罍洗盥洗詣外官酒尊所酌清酒以獻贊者四人次引獻官詣罍洗盥洗詣衆星酒尊所酌昔酒以獻其祝史齋郎酌酒助奠皆如內官上下諸祝各進跪徹豆還尊所奉禮郎曰賜胙贊者曰衆官再拜在位者皆再拜太常卿前奏請再拜皇帝再拜奉禮郎曰衆官再拜在位者皆再拜樂作一成太常卿前奏請就望燎位皇帝就位南向立上下諸祝各執篚取玉幣祝版禮物以上齋郎以俎載牲體稷黍飯及爵酒各由其陛降壇詣柴壇自南陛登以幣祝版饌物置於柴上戶內諸祝又以內官以下禮幣皆從燎奉禮郎曰可燎東西面各六人以炬燎火半柴太常卿前曰禮畢皇帝還大次出中壝門殿中監前受鎮珪以授尚衣奉御殿中監又前受大珪皇帝入次謁者贊引各引祀官通事舍人分引從祀羣官諸方客使以次出贊者引御史太祝以下俱復

執事位奉禮郎曰再拜御史以下皆再拜出工人二舞以次出若宗廟曰饋食皇帝既升祼太官令出帥進饌者奉饌陳於東門之外西向南上謁者引司徒出詣饌所司徒奉獻祖之俎太官引饌入自正門至於太階祝史俱進徹毛血之豆降自阼階以出諸太祝迎饌於階上設之乃取蕭稷黍擩於脂燔於爐太常卿引皇帝詣罍洗盥手洗爵升自阼階詣獻祖尊彝所執尊者舉冪侍中贊酌汎齊進獻祖前北向跪奠爵又詣尊所侍中取爵於坫以進酌汎齊進神前北向跪奠爵退立太祝持版進於神右東面跪讀祝文曰維某年歲次月朔日孝曾孫開元神武皇帝某敢昭告于獻祖宣皇帝祖妣宣莊皇后張氏皇帝再拜又再拜奠詣懿祖尊彝酌汎齊進神前南向跪奠爵少西俛伏興又酌汎齊進神前南向跪爵少東退立祝史西面跪讀祝文皇帝再拜又再拜次奠太祖代祖高祖太宗高宗中宗睿宗皆如懿祖乃詣東序西向立司徒升自阼階立於前楹間北面東上諸太祝各以爵酌上尊福酒合置

一爵太祝持爵授侍中以進皇帝再拜受爵跪祭酒啐酒奠爵俛伏興諸太祝各帥齋郎進俎太祝減神前三牲胙肉共置一俎上以黍稷飯共置一籩授司徒以進太祝又以胙肉授司徒以進皇帝每受以授左右乃跪取爵飲卒爵侍中進受虛爵以授太祝復於坫皇帝降自阼階復于版位文舞出武舞入初皇帝將復位太尉詣罍洗盥手洗爵升自阼階詣獻祖尊彝所酌醴齊進神前北向跪奠爵少東興再拜又取爵於坫酌醴齊進神前北向跪奠爵少西北向再拜次奠懿祖太祖代祖高祖太宗高宗中宗睿宗如獻祖乃詣東序西向立諸太祝各以爵酌福酒合置一爵太祝持爵進於左北向立太尉再拜受爵跪祭酒遂飲卒爵太祝進受爵復於坫太尉興再拜復于位初太尉獻將畢謁者引光祿卿詣罍洗盥洗升酌盎齊終獻如亞獻諸太祝各進徹豆還尊所奉禮郎曰賜胙贊者曰衆官再拜在位者皆再拜太常卿前奏請再拜皇帝再拜奉禮郎曰衆官再拜在位者皆再拜樂一成止太常卿前

曰禮畢皇帝出門殿中監前受鎮珪通事舍人謁者贊引各引享官九廟子孫及從享羣官諸方客使以次出贊引引御史太祝以下俱復執事位奉禮郎曰再拜御史以下皆再拜以出工人二舞以次出太廟令與太祝宮闈令帥腰輿升納神主其祝版燔於齋坊七祀各因其時享司命戶以春竈以夏中霤以季夏土王之日門厲以秋行以冬時享之日太廟令布神席于廟庭西門之內道南東向北上設酒尊于東南罍洗又於東南太廟令良醞令實尊籠太官丞引饌光祿卿升終獻獻官乃即事一獻而止其配享功臣各位於其廟室太階之東少南西向以北為上壺尊二於座左設洗於終獻洗東南北向以太官令奉饌廟享已亞獻然後獻官即事而助奠者分奠一獻而止此冬至祀昊天上帝于圜丘孟冬祫于太廟之禮在乎壇壝宗廟之閒禮盛而物備者莫過乎此也其壇堂之上下壝門之內外次位之尊卑與其向立之方出入降登之節大抵可推而見其盛且備者如此則其小且略者又可推

而知也至於壇埳神位尊爵玉幣籩豆簠簋牲牢冊祝之數皆略依古四成而成高八尺一寸下成廣二十丈而五減之至于五丈而十有二陛者圜丘也八觚三成成高四尺上廣十有六步設八陛上陛廣八尺中陛一丈下陛丈有二尺者方丘也高廣皆四丈者神州之壇也其　皆四丈而高八尺者青帝七尺者赤帝五尺者黃帝九尺者白帝六尺者黑帝之壇也廣四丈高八尺者朝日之壇也為坎深三尺縱廣四丈壇於其中高一尺方廣四丈者夕月之壇也廣五丈以五土為之者社稷之壇也高尺廣丈蜡壇也高五尺周四十步者先農先蠶之壇也其高皆三尺廣皆丈者小祀之壇也嶽鎮海瀆祭於其廟無廟則為之壇於坎廣一丈四向為陛者海瀆之壇也廣二丈五尺高三尺四出陛者古帝王之壇也廣一丈高一丈二尺戶方六尺者大祀之燎壇也廣八尺高一丈戶方三尺者中祀之燎壇也廣五尺戶方二尺者小祀之燎壇也皆開上南出瘞坎皆在內壝之外壬地南出陛方深足容物此

壇埳之制也冬至祀昊天上帝於圜丘以高祖神堯皇帝配東方青帝靈威仰南方赤帝赤熛怒中央黃帝含樞紐西方白帝白招拒北方黑帝汁光紀及大明夜明在壇之第一等天皇大帝北辰北斗天一太一紫微五帝座並差在行位前餘內官諸坐及五星十二辰河漢四十九坐在第二等十有二陛之閒中官市垣帝座七公日星帝席大角攝提太微五帝太子明堂軒轅三台五車諸王月星織女建星天紀十七座及二十八宿差在前列其餘中官一百四十二座皆在第三等十二陛之閒外官一百五在內壝之內衆星三百六十在內壝之外正月上辛祈穀祀昊天上帝以高祖神堯皇帝配五帝在四方之陛孟夏雩祀昊天上帝以太宗文武聖皇帝配五方帝在第一等五帝在第二等五官在壇下之東南季秋祀昊天上帝以睿宗大聖真皇帝配五方帝在五室五帝各在其左五官在庭各依其方立春祀青帝以太皞氏配歲星三辰在壇下之東北七宿在西北句芒在東南立夏祀赤帝以神農

氏配熒惑三辰七宿祝融氏之位如青帝季夏土王之日祀黃帝
以軒轅氏配鎮星后土氏之位如赤帝立秋祀白帝以少昊氏配
太白三辰七宿蓐收之位如赤帝立冬祀黑帝以顓頊氏配辰星
三辰七宿玄冥氏之位如白帝蜡祭百神大明夜明在壇上神農
伊耆各在其壇上后稷在壇東五官田畯各在其方五星十二次
二十八宿五方之岳鎮海瀆山林川澤丘陵墳衍原隰井泉各在
其方之壇龍麟朱鳥騶虞玄武鱗羽贏毛介水墉坊郵表畷於菟
貓各在其方壇之後夏至祭皇地祇以高祖配五方之岳鎮海瀆
原隰丘陵墳衍在內壝之內各居其方而中岳以下在西南孟冬
祭神州地祇以太宗配社以后土稷以后稷配吉亥祭神農以后
稷配而朝日夕月無配席尊者以稾秸卑者以莞此神位之序也
以太尊實汎齊著尊實醴齊犧尊實盎齊山罍實酒皆二以象尊
實醍齊壺尊實沈齊皆二山罍實酒四以祀昊天上帝皇地祇神
州地祇以著尊實汎齊犧尊實醴齊象尊實盎齊山罍實酒皆二

以祀配帝以著尊二實醴齊以祀內官以犧尊二實盎齊以祀中
官以象尊二實醍齊以祀外官以壺尊二實昔酒以祀衆星日月
以上皆有坫迎氣五方帝五人帝以六尊惟山罍皆減上帝之半
五方帝大享於明堂太尊著尊犧尊山罍各二五方帝從祀於圜
丘以太尊實汎齊皆二五人帝從享於明堂以著尊實醴齊皆二
日月以太尊實醴齊著尊實盎齊皆二以山罍實酒一從祀於圜
丘以太尊二實汎齊神州地祇從祀於方丘以太尊二實汎齊五
官五星三辰后稷以象尊實醍齊七宿以壺尊實沈齊皆二蜡祭
神農伊耆氏以著尊皆二實盎齊田畯龍麟朱鳥騶虞玄武以壺
尊實沈齊鱗羽贏毛介丘陵墳衍原隰井泉水墉坊郵表畷虎貓
昆蟲以散尊實清酒皆二嶽鎮海瀆以山尊實醍齊山川林澤以
蜃尊實沈齊皆二伊耆氏以上皆有坫太社以太罍實醍齊著尊
實盎齊皆二山罍一太稷后稷氏亦如之其餘中祀皆以犧尊實
醍齊象尊實盎齊山罍實酒皆二小祀皆以象尊二實醍齊宗廟

祫享室以斝彝實明水黃彝實鬯皆一犧尊五實汎齊象尊實醴齊
著尊實盎齊山罍實酒皆二設堂上壺尊實醍齊大尊實沈齊山
罍實酒皆二設堂下禘享雞彝鳥彝一時享春夏室以雞彝鳥彝
一秋冬以斝彝黃彝一皆有坫七祀及功臣配享以壺尊二實醍
齊別廟之享春夏以雞彝實明水鳥彝實鬯皆一犧尊實醴齊象
尊實盎齊山罍實酒皆二秋冬以斝彝黃彝皆一著尊壺尊山罍
皆二太子之廟以犧尊實醴齊象尊實盎齊山罍實酒皆二凡祀
五齊之上尊必皆實明水山罍之上尊必皆實明酒小祀之上尊
亦實明水此尊爵之數也冬至祀昊天上帝以蒼璧上辛明堂以
四圭有邸與配帝之幣皆以蒼內官以下幣如方色皇地祇以黃
琮與配帝之幣皆以黃青帝以青圭赤帝以赤璋黃帝以黃琮白
帝以白琥黑帝以黑璜幣如其玉日以圭璧幣以青月以圭璧幣
以白神州社稷以兩圭有邸幣以黑嶽鎮海瀆以兩圭有邸幣如
其方色神農之幣以赤伊耆以黑五星以方色先農之幣以青先

蠶之幣以黑配坐皆如之它祀幣皆以白其長丈八尺此玉幣之
制也冬至祀圜丘昊天上帝配帝籩十二豆十二簋一簠一甑一
俎一五方上帝大明夜明籩八豆八簋一簠一甑一俎一五星十
二辰河漢及內官中官籩二豆二簋一簠一俎一外官衆星籩豆
簋簠俎各一正月上辛祈穀圜丘昊天配帝五方帝如冬至孟
夏雩祀圜丘昊天配帝五方帝如冬至五人帝籩四豆四簋一簠
俎一五官籩二豆二簋一簠一俎一季秋大享明堂如雩祀立春
祀青帝及太昊氏籩豆皆十二簋一簠一甑一俎一歲星三辰句
芒七宿籩二豆二簋一簠一俎一其赤帝黃帝白帝黑帝皆如之
蜡祭百神大明夜明籩十豆十簋一簠一甑一俎一神農伊耆籩
豆各四簋簠甑俎各一五星十二辰后稷五方田畯岳鎮海瀆二
十八宿五方山林川澤籩豆各二簋簠俎各一丘陵墳衍原隰龍麟朱
鳥白虎玄武鱗羽毛介於菟等籩豆各一簋簠俎各一又井泉籩
豆各一簋簠俎各一春分朝日秋分夕月籩十豆十簋一簠一甑

一俎一四時祭風師雨師靈星司中司命司人司祿籩八豆八簋一
簠一俎一夏至祭方丘皇地祇及配帝籩豆皆十二簋一簠一㽅一
俎一神州籩四豆四簋一簠一㽅一俎一其五岳四鎮四海四瀆及
五方山川林澤籩二豆二簋簠俎各一孟冬祭神州及配帝籩豆
皆十二簋一簠一㽅一俎一春秋祭太社太稷及配坐籩豆皆十簋二
簠二鉶三俎三四時祭馬祖馬社先牧馬步籩豆皆八簋一簠一
俎一時享太廟每室籩豆皆十二簋二簠二㽅三鉶三俎三七祀
籩二豆二簋二簠二俎一祫享功臣配享如七祀孟春祭帝社及配
坐籩豆皆十簋二簠二㽅三鉶三俎三季春祭先蠶籩豆皆十簋
二簠二㽅三鉶三俎三孟冬祭司寒籩豆皆八簋一簠一俎一春秋
釋奠於孔宣父先聖先師籩十豆十簋二簠二㽅三鉶三俎三若
從祀籩豆皆二簋一簠一俎一春秋釋奠於齊太公留侯籩豆皆十
簋二簠二㽅三鉶三俎三仲春祭五龍籩豆皆八簋一簠一俎一四
時祭五岳四鎮四海四瀆各籩豆十簋二簠二俎三三年祭先代

帝王及配坐籩豆皆十簋二簠二俎三州縣祭社稷先聖釋奠於
先師籩豆皆八簋二簠二俎三籩以石鹽槀魚棗栗榛菱芡之實
鹿脯白餅黑餅糗餌粉餈豆以韭葅醓醢菁葅鹿醢芹葅兔醢筍
葅魚醢脾析葅豚胉䬪食糝食中祀之籩無糗餌粉餈豆無䬪
食糝食小祀之籩無白餅黑餅豆無脾析葅豚胉凡用皆四者
籩以石鹽槀實栗黃鹿脯豆以芹葅兔醢菁葅鹿醢用皆二者
籩以栗黃牛脯豆以葵葅鹿醢用皆一者籩以牛脯豆以鹿醢
用牛脯者通以羊凡簠簋皆一者簠以稷簋以黍用皆二者簋
以黍稷簠以稻粱實㽅以大羹鉶以肉羹此籩豆簠簋㽅鉶之實
也昊天上帝蒼犢五方帝方色犢大明青犢夜明白犢神州地祇
黑犢配帝之犢天以蒼地以黃神州以黑皆一宗廟太社太稷帝
社先蠶古帝王嶽鎮海瀆皆太牢社稷之牲以黑五官五星三辰
七宿皆少牢蜡祭神農氏伊耆氏少牢后稷及五方十二次五官
五田畯五嶽四鎮海瀆日月方以犢二星辰以降方皆少牢五

井泉皆羊一非順成之方則闕風師雨師靈星司中司命司人司
祿馬祖先牧馬社馬步皆羊一司寒黑牲一凡牲在滌大祀九旬
中祀三旬小祀一旬養而不卜無方色則用純必有副焉省牲而
犢鳴則免之而用副禁其棰扑死則瘞之創病者請代犢告祈之
牲不養凡祀皆以其日未明十五刻太官令帥宰人以鸞刀割牲
祝史以豆斂毛血置饌所祭則奉之以入遂享之肉載以俎皆升
右胖體十一前節三肩臂臑後節二肫胳正脊一脡脊一橫脊一
正脅一短脅一代脅一皆並骨別祭用太牢者酒二斗脯一段醢
四合用少牢者酒減半此牲牢之別也祝版其長一尺一分廣八
寸厚二分其木梓楸凡大祀中祀署版必拜皇帝親祠至大次郊
社令以祝版進署受以出奠於坫宗廟則太廟令進之若有司攝
事則進而御署皇帝北向再拜侍臣奉版郊社令受以出皇后親
祠則郊社令預送內侍享前一日進署后北向再拜近侍奉以出
授內侍送享所享日之平明女祝奠於坫此冊祝之制也

禮樂志第二

禮樂志第三　　唐書十三

翰林學士兼龍圖閣學士朝散大夫給事中知制誥充史館修撰臣歐陽　脩奉

敕撰

自周衰禮樂壞于戰國而廢絶于秦漢興六經在者皆錯亂散亡雜僞而諸儒方共補緝以意解詁未得其眞而讖緯之書出以亂經矣自鄭玄之徒號稱大儒皆主其說學者由此牽惑没溺而時君不能斷決以爲有其舉之莫可廢也由是郊丘明堂之論至於紛然而莫知所止禮曰以禋祀祀昊天上帝此天也玄以爲天皇大帝者北辰耀魄寶也又曰兆五帝於四郊此五行精氣之神也玄以爲青帝靈威仰赤帝赤熛怒黄帝含樞紐白帝白招拒黑帝汁光紀者五天也由是有六天之說後世莫能廢焉唐初貞觀禮冬至祀昊天上帝于圜丘正月辛日祀感生帝靈威仰于南郊以祈穀而孟夏雩于南郊季秋大享于明堂皆祀五天帝至高宗時禮官以謂太史圜丘圖昊天上帝在壇上而耀魄寶在壇第一等

則昊天上帝非耀魄寶可知而祠令及顯慶禮猶著六天之說顯慶二年禮部尚書許敬宗與禮官等議曰六天出於緯書而南郊圜丘一也玄以爲二物郊及明堂本以祭天而玄皆以爲祭太微五帝傳曰凡祀啓蟄而郊郊而後耕故郊祀后稷以祈農事而玄謂周祭感帝靈威仰配以后稷因而祈穀皆繆論也由是盡黜玄說而南郊祈穀孟夏雩明堂大享皆祭昊天上帝乾封元年詔祈穀復祀感帝二年又詔明堂兼祀昊天上帝及五帝開元中起居舍人王仲丘議曰按貞觀禮祈穀祀感帝而顯慶禮祀昊天上帝傳曰郊而後耕詩曰噫嘻春夏祈穀于上帝禮記亦曰上辛祈穀于上帝而鄭玄乃云天之五帝迭王王者之興必感其一因別祭尊之故夏正之月祭其所生之帝於南郊以其祖配之故周祭靈威仰以后稷配因以祈穀然則祈穀非祭之本意乃因后稷爲配爾此非祈穀之本義也夫祈穀本以祭天也然五帝者五行之精所以生九穀也宜於祈穀祭昊天而兼祭五帝又曰月令大雩大

享帝皆盛祭也而孟夏雩季秋大享貞觀禮皆祭五方帝而顯慶禮皆祭昊天上帝宜兼用之以合大雩大享之義旣而蕭嵩等撰定開元禮雖未能合古而天神之位別矣其配神之主武德中冬至及孟夏雩祭皇地祇于方丘神州地祇於北郊以景帝配而上辛祈穀祀感帝于南郊季秋祀五方天帝於明堂以元帝配貞觀初圜丘明堂北郊以高祖配而元帝惟配感帝高宗永徽二年以太宗配祀明堂而有司乃以高祖配五天帝太宗配五人帝太尉長孫无忌等與禮官議以謂自三代以來歷漢魏晉宋無父子同配於明堂者祭法曰周人禘嚳而郊稷祖文王而宗武王鄭玄以祖宗合爲一祭謂祭五帝五神于明堂以文武共配而王肅駁曰古者祖功宗德自是不毁之名非謂配食於明堂春秋傳曰禘郊祖宗報五者國之典祀也以此知祖宗非一祭於是以高祖配于圜丘太宗配于明堂乾封二年詔圜丘五方明堂感帝神州皆以高祖太宗並配則天垂拱元年詔有司議而成均助教孔玄義太

子右諭德沈伯儀鳳閣舍人元萬頃范履冰議皆不同而卒用萬頃履冰之說由是郊丘諸祠常以高祖太宗高宗並配開元十一年親享圜丘中書令張說衛尉少卿韋縚爲禮儀使乃以高祖配而罷三祖並配至二十年蕭嵩等定禮而祖宗之配定矣寶應元年太常卿杜鴻漸禮儀使判官薛頎歸崇敬等言禘者冬至祭天於圜丘周人配以遠祖唐高祖非始封之君不得爲太祖以配天地而太祖景皇帝受封于唐即殷之契周之后稷也請以太祖郊配天地諫議大夫黎幹以謂禘者宗廟之事非祭天而太祖非受命之君不宜作配爲十詰十難以非之書奏不報乃罷高祖以景皇帝配明年旱言事者以爲高祖不得配之過也代宗疑之詔羣臣議太常博士獨孤及議曰受命於神宗禹也而夏后氏祖顓頊而郊鯀纘禹黜夏湯也而殷人郊冥而祖契革命作周武王也而周人郊稷而祖文王太祖景皇帝始封于唐天所命也由是配享不易嗚呼禮之失也豈獨緯書之罪哉在於學者好爲曲說而人

君一切臨時申其私意以增多爲盡禮而不知煩數之爲黷也古者祭天於圜丘在國之南祭地於澤中之方丘在國之北所以順陰陽因高下而事天地以其類也其方位既別而其燎壇瘞坎樂舞變數亦皆不同而後世有合祭之文則天天冊萬歲元年親享南郊始合祭天地睿宗即位將有事於南郊諫議大夫賈曾議曰祭法有虞氏禘黃帝而郊嚳夏后氏禘黃帝而郊鯀郊之與廟皆有禘也禘於廟則祖宗合食於太祖禘於郊則地祇羣望皆合於圜丘以始祖配享蓋有事之大祭非常祀也三輔故事祭于圜丘上帝后土位皆南面則漢嘗合祭矣國子祭酒褚無量司業郭山惲等皆以曾言爲然是時睿宗將祭地於北郊故曾之議寢玄宗既已定開元禮天寶元年遂合祭天地于南郊是時神仙道家之說興陳王府參軍田同秀言玄元皇帝降丹鳳門乃建玄元廟二月辛卯親享玄元皇帝廟甲午親享太廟丙申有事于南郊其後遂以爲故事終唐之世莫能改也爲禮可不慎哉夫男女之不相

褻於內外也況郊廟乎中宗時將享南郊國子祭酒祝欽明言皇后當助祭太常博士唐紹蔣欽緒以爲不可左僕射韋巨源獨以欽明說爲是於是以皇后爲亞獻補大臣李嶠等女爲齋娘以執籩豆焉至德宗貞元六年又以皇太子爲亞獻親王爲終獻孝經曰宗祀文王於明堂以配上帝而三代有其名而無其制度故自漢以來諸儒之論不一至於莫知所從則一切臨時增損而不能合古然推其本旨要於布政交神於王者尊嚴之居而已其制作何必與古同然爲之者至無所據依乃引天地四時風氣乾坤五行數象之類以爲倣像而衆說亦不克成隋無明堂而季秋大享常寓雩壇唐高祖太宗時寓於圜丘貞觀中禮部尚書豆盧寬國子助教劉伯莊議從崑崙道上層以祭天下層以布政而太子中允孔穎達以爲非侍中魏徵以謂五室重屋上圜下方上以祭天下以布政自前世儒者所言雖異而以爲如此者多同至於高下廣狹丈尺之制可以因事制宜也祕書監顏師古曰周書敍明堂

有應門雉門之制以此知爲王者之常居爾其青陽總章玄堂太廟左右个皆路寢之名也文王居明堂之篇帶弓韣禮高禖九門磔禳國有酒以合三族推其事皆與月令合則皆在路寢也大戴禮曰在近郊又曰文王之廟也此奚足以取信哉且門有臯庫豈得施於郊野謂宜近在宮中徵及師古等皆當世名儒其論止於如此高宗時改元總章分萬年置明堂縣示欲必立之而議者益紛然或以爲五室或以爲九室而高宗依兩議以帟幕爲之與公卿臨觀而議益不一乃下詔率意班其制度至取象黃琮上設鴟尾其言益不經而明堂亦不能立至則天始毀東都乾元殿以其地立明堂其制淫侈無復可觀皆不足記其後火焚之既而又復立開元五年復以爲乾元殿而不毀初則天以木爲瓦夾紵漆之二十五年玄宗遣將作大匠康𧵍素毀之𧵍素以爲勞人乃去其上層易以真瓦而迄唐之世季秋大享皆寓圜丘書曰七世之廟可以觀德而禮家之說世數不同然自禮記王制祭法禮器大儒

荀卿劉歆班固王肅之徒以爲七廟者多蓋自漢魏以來創業之君特起其上世微又無功德以備祖宗故其初皆不能立七廟唐武德元年始立四廟曰宣簡公懿王景皇帝元皇帝貞觀九年高祖崩太宗詔有司定議諫議大夫朱子奢請立七廟虛太祖之室以待於是尚書八座議禮曰天子三昭三穆與太祖之廟而七晉宋齊梁皆立親廟六此故事也制曰可於是祔弘農府君及高祖爲六室二十三年太宗崩弘農府君以世遠毀藏夾室遂祔太宗及高宗崩宣皇帝遷于夾室而祔高宗皆爲六室武氏亂敗中宗神龍元年已復京太廟又立太廟于東都議立始祖爲七廟而議者欲以涼武昭王爲始祖太常博士張齊賢議以爲不可因曰古者有天下者事七世而始封之君謂之太祖太祖之廟百世不遷至祫祭則毀廟皆以昭穆合食于太祖商祖玄王周祖后稷其世數遠而遷廟之主皆出太祖後故合食之序尊卑不差漢以高皇帝爲太祖而太上皇不在合食之列爲其尊於太祖也魏以武帝

為太祖晉以宣帝為太祖武宣而上廟室皆不合食于祫至隋亦
然唐受天命景皇帝始封之君太祖也以其世近而在三昭三穆
之內而光皇帝以上皆以屬尊不列合食今宜以景皇帝為太祖
復祔宣皇帝為七室而太祖以上四室皆不合食于祫博士劉承
慶尹知章議曰三昭三穆與太祖為七廟者禮也而王迹有淺深
太祖有遠近太祖以功建昭穆以親崇有功者不遷親盡者則毀
今以太祖近而廟數不備乃欲於昭穆之外遠立當遷之主以足
七廟而乖迭毀之義不可天子下其議太臣禮部尚書祝欽明兩
用其言於是以景皇帝為始祖而不祔宣皇帝已而以孝敬皇帝
為義宗祔于廟由是為七室而京太廟亦七室中宗崩中書令姚
元之吏部尚書宋璟以為義宗追尊之帝不宜列昭穆而其葬在
洛州請立別廟于東都而有司時享其京廟神主藏于夾室由是
祔中宗而光皇帝不遷遂為七室矣睿宗崩博士陳貞節蘇獻等
議曰古者兄弟不相為後殷之盤庚不序於陽甲漢之光武不嗣

於孝成而晉懷帝亦繼世祖而不繼惠帝蓋兄弟相代昭穆位同
至其當遷不可兼毀二廟荀卿子曰有天下者事七世謂從禰以
上也若傍容兄弟上毀祖考則天子有不得事七世者矣孝和皇
帝有中興之功而無後宜如殷之陽甲出為別廟祔睿宗以繼高
宗於是立中宗廟于太廟之西開元十年詔宣皇帝復祔于正室
謚為獻祖并謚光皇帝為懿祖又以中宗還祔太廟於是太廟為
九室將親祔之而遇雨不克行乃命有司行事寶應二年祧獻祖
懿祖祔玄宗肅宗自是之後常為九室矣代宗崩禮儀使顏真卿
議太祖高祖太宗皆不毀而代祖元皇帝當遷於是遷元皇帝而
祔代宗德宗崩禮儀使杜黃裳議高宗在三昭三穆外當遷於是
遷高宗而祔德宗蓋以中睿為昭穆矣順宗崩當遷中宗而有司
疑之以謂則天革命中宗中興之主也博士王涇史官蔣武皆以為
中宗得失在已非漢光武晉元帝之比不得為中興不遷之君由
是遷中宗而祔順宗自憲宗穆宗敬宗文宗四世祔廟睿玄肅代

以次遷至武宗崩德宗以次當遷而於世次為高祖禮官始覺其
非以謂兄弟不相為後不得為昭穆乃議復祔代宗而議者言已
祧之主不得復入太廟禮官曰昔晉元明之世已遷豫章潁川後
皆復祔此故事也議者又言廟室有定數而無後之主當置別
廟禮官曰晉武帝時景文同廟廟雖六代其實七主至元帝明帝
廟皆十室故賀循曰廟以容主為限而無常數也於是復祔代宗
而以敬宗文宗武宗同為一代初玄宗之復祔獻祖也詔曰使親而
不盡遠而不祧蓋其率意而言爾非本於禮也而後之為說者乃
遷就其事以謂三昭三穆與太祖祖功宗德三廟不遷為九廟者
周制也及敬文武三宗為一代故終唐之世常為九代十一室焉開
元五年太廟四室壞奉其神主于太極殿天子素服避正殿輟朝
三日時將行幸東都遂謁神主于太極殿而後行安祿山之亂宗
廟為賊所焚肅宗復京師設次光順門外嚮廟而哭輟朝三日其
後黃巢陷京師焚毀宗廟而僖宗出奔神主法物從行皆為賊

所掠巢敗復京師素服哭于廟而後入初唐建東西二都而東都
無廟則天皇后僭號稱周立周七廟于東都以祀武氏改西京唐
太廟為享德廟神龍元年中宗復位遷武氏廟主于西京為崇尊
廟而以東都武氏故廟為唐太廟祔光皇帝以下七室而親享焉
由是東西二都皆有廟歲時並享其後安祿山陷兩京宗廟皆焚
毀肅宗即位西都建廟作主而東都太廟毀為軍營九室神主亡
失至大曆中始於人間得之寓于太微宮不復祔享自建中至于
會昌議者不一或以為東西二京宜皆有廟而舊主當瘞虛其廟
以俟巡幸則載主而行或謂且藏其神主于夾室或曰周豐洛有
廟者因遷都乃立廟爾今東都不因遷而立廟非也又曰古者載
主以行者惟新遷一室之主爾未有載群廟之主者也至武宗時
悉廢群議詔有司擇日修東都廟已而武宗崩宣宗竟以太微神
主祔東都廟焉其追贈皇后追尊皇太后贈皇太子往往皆立別
廟其近於禮者後世當求諸禮其不合於禮而出其私意者蓋其

制作與其論議皆不足取焉故不著也宣宗已復河湟三州七關
歸其功順宗憲宗而加謚號博士李稠請改作神主易書新謚右
司郎中楊發等議以謂古者已祔之主無改作加謚追尊非禮也
始於則天然猶不改主易書宜以新謚寶冊告于陵廟可也是時
宰相以謂士族之廟皆就易書乃就舊主易書新謚焉禘祫大祭
也祫以昭穆合食于太祖而禘以審諦其尊卑此祫禘之義而為
禮者失之至於年數不同祖宗失世而議者莫知所從禮曰三年
一祫五年一禘傳曰五年再殷祭高宗上元三年十月當祫而有
司疑其年數太學博士史玄璨等議以為新君喪畢而祫明年而
禘自是之後五年而再祭蓋後禘去前禘五年而祫常在禘後三
年禘常在祫後二年魯宣公八年禘僖公蓋二年喪畢而祫明年
而禘至八年而再禘昭公二十年禘至二十五年又禘此可知也
議者以玄璨等言有經據遂從之睿宗崩開元六年喪畢而祫明
年而禘自是之後祫禘各自以年不相通數凡七祫五禘至二十

七年禘祫並在一歲有司覺其非乃議以為一禘一祫五年再殷
宜通數而禘後置祫歲數遠近二說不同鄭玄用高堂隆先三而
後二徐邈先二後三而邈以謂二禘相去為月六十中分三十置
一祫焉此最為得遂用其說由是一禘一祫在五年之間合於再
殷之義而置祫先後則不同焉禮禘祫太祖位于西而東向其子
孫列為昭穆昭南向而穆北向雖已毀廟之主皆出而序于昭穆
殷周之興太祖世遠而羣廟之主皆出其後故其禮易明漢魏以
來其興也暴又其上世微故創國之君為太祖而世近毀廟之主
皆在太祖之上於是禘祫不得如古而漢魏之制太祖而上毀廟
之主皆不合食唐興以景皇帝為太祖而世近在三昭三穆之內
至祫禘乃虛東向之位而太祖與羣廟列於昭穆代宗即位祔玄
宗肅宗而遷獻祖懿祖于夾室於是太祖居第一室禘祫得正其
位而東向而獻懿不合食建中二年太學博士陳京請為獻祖懿
祖立別廟至禘祫則享禮儀使顏真卿議曰太祖景皇帝居百代不

遷之尊而禘祫之時暫居昭穆屈己以奉祖宗可也乃引晉蔡謨
議以獻祖居東向而懿祖太祖以下左右為昭穆由是議者紛然
貞元十七年太常卿裴郁議以太祖百代不遷獻懿二祖親盡廟
遷而居東向非是請下百官議工部郎中張薦等議與真卿同太
子左庶子李嶸等七人曰真卿所用晉蔡謨之議也謨為禹不先
鯀之說雖有其言當時不用獻懿二祖宜藏夾室以合祭法遠廟
為祧而壇墠有禱則祭無禱則止之義吏部郎中柳冕等十二人
曰周禮有先公之祧遷祖藏於后稷之廟其周未受命之祧乎又有
先王之祧其遷主藏於文武之廟其周已受命之祧乎今獻祖懿
祖猶周先公也請築別廟以居之司勳員外郎裴樞曰建石室於
寢園以藏神主至禘祫之歲則祭之考功員外郎陳京同官縣尉仲
子陵皆曰遷神主於德明興聖廟京兆少尹韋武曰祫則獻祖東
向禘則太祖東向十一年左司郎中陸淳曰議者多矣不過三而已
一曰復太祖之正位二曰並列昭穆而虛東向三曰祫則獻祖禘

則太祖迭居東向而復正太祖之位為是然太祖復位則獻懿之
主宜有所歸一曰藏諸夾室二曰置之別廟三曰遷于園寢四曰
祔於興聖然而藏諸夾室則無饗獻之期置之別廟則非禮經
之文遷于寢園則亂宗廟之儀唯祔于興聖為是至十九年左僕射
姚南仲等獻議五十七封付都省集議戶部尚書王紹等五十五
人請遷懿祖祔興聖廟議遂定由是太祖始復東向之位若諸臣
之享其親廟室服器之數視其品開元十二年著令一品二品四
廟三品三廟五品二廟嫡士一廟庶人祭於寢及定禮二品以上
四廟三品三廟三品以上不須爵者亦四廟四廟有始封為五廟
四品五品有兼爵亦三廟六品以下達于庶人祭於寢天寶十載
京官正員四品清望及四品五品清官聽立廟勿限兼爵雖品
及而建廟未逮亦聽寢祭廟之制三品以上九架厦兩旁三廟者
五間中為三室左右厦一間前後虛之無重栱藻井室皆為石
室一於西墉三之一近南距地四尺容二十廟垣周之為南門東門

門屋三室而上間以廟增建神厨於廟東之少南齋院於東門之
外少北制勿逾於廟三品以上有神主五品以上有几筵牲以少
牢羊豕一六品以下特豚不以祖禰貴賤皆子孫之牲牲闕代以
野獸五品以上室異牲六品以下共牲二品以上室以籩豆十三
品以八四品五品以六五品以上室皆簠二簋二甑二鉶二俎三
尊二罍二勺二爵六盤一坫一篚一牙盤胙俎一祭服三品以上
玄冕五品以上爵弁六品以下進賢冠各以其服凡祔皆給休
五日時享皆四日散齋二日於正寢致齋一日於廟子孫陪者齋一
宿於家始廟則署主而祔後喪闋乃祔喪二十八月上旬卜而祔
始神事之矣王公之主載以輅夫人之主以翟車其餘皆以輿天
子以四孟臘享太廟諸臣避之祭仲而不臘三歲一祫五歲一禘
若祔若常享若禘祫卜日齋戒省牲視濯鼎鑊亨牲實饌三
獻飲福受胙進退之數大抵如宗廟之祀以國官亞終獻無則以
親賓以子弟其後不卜日而筮用亥祭寢者春秋以分冬夏以至

日若祭春分則廢元日然元正歲之始冬至陽之復二節最重祭
不欲數乃廢春分通爲四祠器以烏漆差小常制祭服以進賢冠
主婦花釵禮衣後或改衣冠從公服無則常服凡祭之在廟在寢
既畢皆親賓子孫慰主人以常服見若宗子有故庶子攝祭則祝
曰孝子某使介子某執其常事通祭三代而宗子卑則以上牲祭
宗子家祝曰孝子某爲其介子某薦其常事庶子官尊而立廟其
主祭則以支庶封官依大宗主祭兄陪於位以廟由弟立已不得延
神也或兄弟分官則各祭考妣於正寢古殤及無後皆祔食於祖
無祝而不拜設坐祖左而西向亞獻者奠祝乃奠之一獻而止其
後廟制設幄當中南向祔坐無所施皆祭室戶外之東而西向親
伯叔之無後者祔曾祖親昆弟及從父昆弟祔於祖親子姪祔於
禰寢祭之位西上祖東向而昭穆南北則伯叔之祔者居禰下之穆
位北向昆弟從父昆弟居祖下之昭位南向子姪居伯叔之下穆
位北向以序尊卑凡殤無後以周親及大功爲斷古者廟於大門

內奉出寢於陵側故王公亦建廟於墓既廟與居異則宮中有喪
而祭三年之喪齊衰大功皆廢祭外喪齊衰以下行之

禮樂志第三

翰林學士兼龍圖閣學士朝散大夫給事中知制誥充史館修撰臣歐陽脩奉
敕撰

其非常祀天子有時而行之者曰封禪巡守視學耕藉拜陵文中子曰封禪非古也其秦漢之侈心乎蓋其曠世不常行而於禮無所本故自漢以來儒生學官論議不同而至於不能決則出於時君率意而行之爾隋文帝嘗令牛弘辛彥之等撰定儀注爲壇泰山下設祭如南郊而已未嘗升山也唐太宗已平突厥而年穀屢豐羣臣請封泰山太宗初頗非之已而遣中書侍郎杜正倫行太山上七十二君壇迹以是歲兩河大水而止其後羣臣言封禪者多乃命秘書少監顏師古諫議大夫朱子奢等集當時名儒博士雜議不能決於是左僕射房玄齡特進魏徵中書令楊師道博採衆議奏上之其議曰爲壇於泰山下祀昊天上帝壇之廣十二丈高丈二尺玉牒長一尺三寸廣厚五寸玉檢如之厚減三寸其印

齒如璽纏以金繩五周玉策四皆長一尺三寸廣寸五分厚五分每策皆五簡聯以金昊天上帝配以太祖皇地祇配以高祖已祀而歸格于廟盛以金匱匱高六寸廣足容之制如表函纏以金繩封以金泥印以受命之璽而玉牒藏于山上以方石三枚爲再累纏以金繩封以石泥印以受命之璽其山上之圓壇土以五色高九尺廣五丈四面爲一階天子升自南階而封玉牒已封而加以土築爲封高一丈二尺廣二丈其禪社首亦如之其石檢封以受命璽而玉檢別製璽方一寸二分文如受命璽以石距非經不用又爲告至壇方八十一尺高三尺四出陛以燔柴告至望秩羣神遂著于禮其他降禪朝覲皆不著至十五年將東幸行至洛陽而彗星見乃止高宗乾封元年封泰山爲圓壇山南四里如圓丘三壝壇上飾以青四方如其色號封祀壇玉策三以玉爲簡長一尺二寸廣一寸二分厚三分刻而金文玉匱一長一尺三寸以藏上帝之冊金匱二以藏配帝之冊纏以金繩五周金泥玉璽璽方一寸二分文如受命璽石䃉以方石再累皆方五尺厚一尺刻方其中以容玉匱䃉旁施檢刻深三寸三分闊一尺當繩刻深三分闊一寸五分石檢十枚以檢石䃉皆長三尺闊一尺厚七寸印齒三道皆深四寸當璽方五寸當繩闊一寸五分檢立於䃉旁南方北方皆三東方西方皆二去䃉隅皆一尺䃉纏以金繩五周封以石泥距石十二分距䃉隅皆再累皆闊二尺長一丈斜刻其首令與䃉隅相應又爲壇於山上廣五丈高九尺四出陛一壝號登封壇玉牒玉檢石䃉石距玉匱石檢皆如之爲降禪壇於社首山上八隅一成八陛如方丘三壝上飾以黃四方如其色其餘皆如登封其議略定而天子詔曰古今之制文質不同今封禪以玉牒金繩而瓦尊匏爵秸席宜改從文於是昊天上帝褥以蒼地祇褥以黃配褥皆以紫而尊爵亦更焉是歲正月天子祀昊天上帝于山下之封祀壇以高祖太宗配如圓丘之禮親封玉冊置石䃉聚五色土封之徑一丈二尺高尺已事升山明日又封玉冊于登封壇又

明日祀皇地祇于社首山之降禪壇如方丘之禮以太穆皇后文德皇后配而以皇后武氏爲亞獻越國太妃燕氏爲終獻率六宮以登其帷帟皆錦繡羣臣瞻望多竊笑之又明日御朝覲壇以朝羣臣如元日之禮乃詔立登封降禪朝覲之碑名封祀壇曰舞鶴臺登封壇曰萬歲臺降禪壇曰景雲臺以紀瑞焉其後將封嵩嶽以吐蕃突厥寇邊而止永淳元年又作奉天宮於嵩山南遂幸焉將以明年十一月封禪詔諸儒國子司業李行偉考功員外郎賈大隱等草具其儀已而遇疾不克封至武后遂登封焉玄宗開元十二年四方治定歲屢豐稔羣臣多言封禪中書令張說又固請乃下制以十三年有事泰山於是說與右散騎常侍徐堅太常少卿韋縚秘書少監康子元國子博士侯行果刊定儀注立圓臺於山上廣五丈高九尺土色各依其方又於圓臺上起方壇廣一丈二尺高九尺其壇臺四面爲一階又積柴爲燎壇於圓臺之東南量地之宜柴高一丈二尺方一丈開上南出戶六尺又爲圓壇於

山下三成十二階如圓丘之制又積柴於壇南爲燎壇如山上又爲玉冊玉匱石䃭皆如高宗之制玄宗初以謂升中於崇山精享也不可讙譁欲使亞獻已下皆行禮山下壇召禮官講議學士賀知章等言昊天上帝君也五方精帝臣也陛下享君於上羣臣祀臣於下可謂變禮之中然禮成於三亞終之獻不可異也於是三獻皆升山而五方帝及諸神皆祭山下壇玄宗問前世何爲秘玉牒知章曰玉牒以通意於天前代或祈長年希神仙旨尚微密故外莫知帝曰朕今爲民祈福無一秘請即出玉牒以示百寮乃祀昊天上帝於山上壇以高祖配祀五帝以下諸神於山下其祀禮皆如圓丘而卜日告天及廟社大駕所經及告至問百年朝覲皆如巡狩之禮其登山也爲大次於中道止休三刻而後升其已祭燔燎侍中前跪稱具官臣某言請封玉冊皇帝升自南陛北向立太尉進昊天上帝神座前跪取玉冊置於按以進皇帝受玉冊跪內之玉匱纏以金繩封以金泥侍中取受命寶跪以進皇帝取寶

以印玉匱侍中受寶以授符寶郎太尉進皇帝跪捧玉匱授太尉太尉退復位太常卿前奏請再拜皇帝再拜退入于次太尉奉玉匱之按於石䃭南北向立執事者發石蓋太尉奉玉匱跪藏於石䃭內執事者覆石蓋檢以石檢纏以金繩封以石泥以玉寶遍印引降復位帥執事者以石距封固又以五色土圜封其配座玉牒封於金匱皆如封玉匱太尉奉金匱從降俱復位以金匱內太廟藏於高祖神堯皇帝之石室其禪于社首皆如方丘之禮天子將巡狩告於其方之州曰皇帝以某月于某巡狩各脩乃守考乃職事敢不敬戒國有常刑將發告于圓丘前一日皇帝齊如郊祀告昊天上帝又告于太廟社稷具大駕鹵簿所過州縣刺史令候於境通事舍人承制問高年祭古帝王名臣烈士既至刺史令皆先奉見將作築告至圓壇於嶽下四出陛設昊天上帝配帝位天子至執事皆齋一日明日望於嶽鎮海瀆山川林澤丘陵墳衍原隰所司爲壇設祭官次於東壝門外道南北向設饌幔內壝東門外道北

南向設宮縣登歌爲瘞埳祭官執事皆齋一日嶽鎮海瀆山川林澤丘陵墳衍原隰之尊在壇上南陛之東北向設玉篚及洗設神坐壇上北方獻官奠玉幣及爵於嶽神祝史助奠鎮海以下明日乃肆覲將作於行宮南爲壝三分壝間之二在南爲壇於北廣九丈六尺高九尺四出陛設宮縣壇南御坐壇上之北解劍席南陛之西文武官次門外東西刺史令次文官南蕃客次武官南列輦路壇南文官九品位壇東南武官西南相向刺史令位壇南三分庭一蕃客位於西又設門外位建牙旗於壝外黃麾大仗屯門鈒戟陳壝中吏部主客戶部贊羣官客使就門外位刺史令贄其土之實錦綺繒布葛越皆五兩爲束錦以黃帊當貢之物皆篚其屬執列令後文武九品先入就位皇帝乘輿入北壝門繇北陛升壇即坐南向刺史蕃客皆入壝門至位再拜奠贄興執贄侍中降于刺史東北皆拜宣已又拜蕃客以舍人稱制如之戶部導貢物入刺史前龜首之金次之丹漆絲纊四海九州之美物重行陳執者

退就東西文武前側立通事舍人導刺史一人解劍脫舄執贄升前北向跪奏官封臣姓名等敢獻壤奠遂奠贄舍人跪舉以東授所司刺史劍舄復位初刺史升奠贄在庭者以次奠於位前皆再拜戶部尚書壇間北向跪請以貢物付所司侍中承制曰可所司受贄出東門中書侍郎以州鎮表方一按俟于西門外給事中以瑞按俟于東門外乃就侍臣位初刺史將入乃各引按分進東西陛下刺史將升中書令黃門侍郎降立既升乃取表升尚書既請受贄中書令乃前跪讀黃門侍郎給事中進跪奏瑞侍郎給事中導按退文武刺史國客皆再拜北向位者出就門外位皇帝降北陛以入東西位者出設會如正至刺史蕃客入門皆奏樂如上公會之明日考制度太常卿採詩陳之以觀風俗命市納賈以觀民之好惡典禮者考時定日同律禮樂制度衣服正之山川神祇有不舉爲不恭宗廟有不慎爲不孝皆黜爵革制度衣服者爲叛有討有功德於百姓者爵賞之皇帝視學設大次于學堂後皇太

子次于大次東設御座堂上講榻北向皇太子座御座東南西向
文臣三品以上座太子南少退武臣三品以上於講榻西南執讀
座於前楹北向侍講座執讀者西北武官之前論義座於講榻前
北向執如意立於侍講之東北向三館學官座武官後設堂下版
位脫屨席西階下皇太子位於東階東南執經於西階西南文武
三品以上分位於南執如意者一人在執經者後學生位于文武
後其日皇帝乘馬祭酒帥監官學生迎于道左皇帝入次執經侍
講執如意者與文武學生皆就位堂下皇太子立于學堂門外西
向侍中奏外辦皇帝升北階即坐皇太子乃入就位在位皆再拜
侍中敘皇太子王公升皆再拜乃坐執讀執經釋義執如意者以
授侍講衆講論義坐問所疑退以如意授執者還坐乃皆降若賜
會則侍中宣制皇帝返次羣官既會皇帝還監官學生辭於道左
皇帝孟春吉亥享先農遂以耕籍前享一日奉禮設御坐於壇東
西向望瘞位於壇西南北向從官位於內壝東門之內道南執事

者居後奉禮位於樂縣東北贊者在南又設御耕籍位於外壝南
門之外十步所南向從耕三公諸王尚書卿位於御坐東南重行
西向以其推數為列其三公諸王尚書卿等非耕者位於耕者之
東重行西向北上介公酅公於御位西南東向北上尚舍設御耒
席於三公之北少西南向奉禮又設司農卿之位於南少退諸執
耒耜者位於公卿耕者之後非耕者之前西向御耒耜一具三公耒耜三具諸王尚
書卿各三人合耒耜九具以下耒耜太常各令籍田農人執之皇帝已享乃以耕根車載耒耜於
御者間皇帝乘車自行宮降大次乘黃令以耒耜授廩犧令橫執
之左耜寘於席遂守之皇帝將望瘞謁者引三公及從耕侍耕者
司農卿與執耒耜者皆就位皇帝出就耕位南向立廩犧令進耒
席南北向解韜出耒執以興少退北向立司農卿進受之以授侍
中奉以進皇帝受之耕三推侍中前受耒耜反之司農卿卿反之
廩犧令令復耒於韜執以興復位皇帝初耕執耒者皆以耒耜授
侍耕者皇帝耕止三公諸王耕五推尚書卿九推執耒者前受之

皇帝還入自南門出內壝東門入大次享官從享者出太常卿帥
其屬耕于千畝皇帝還宮明日班勞酒於太極殿如元會不賀不
為壽藉田之穀斂而鍾之神倉以擬粢盛及五齊三酒穰稾以食
牲藉田祭先農唐初為帝社亦曰藉田壇貞觀三年太宗將親耕
給事中孔穎達議曰禮天子藉田南郊諸侯東郊晉武帝猶東南
今帝社乃東壇未合於古太宗曰書稱平秩東作而青輅黛耜順
春氣也吾方位少陽田宜于東郊乃耕于東郊垂拱中武后藉田
壇曰先農壇神龍元年禮部尚書祝欽明議曰周頌載芟春藉田
而祈社稷禮天子為藉千畝諸侯百畝則緣田為社曰王社侯社
今曰先農失王社之義宜正名為帝社太常少卿韋叔夏博士張
齊賢等議曰祭法王者立太社然後立王社所置之地則無傳也
漢興已有官社未立官稷乃立于官社之後以夏禹配官社以后
稷配官稷臣瓚曰高紀立漢社稷所謂太社也官社配以禹所謂
王社也至光武乃不立官稷相承至今魏以官社為帝社故摯虞

謂魏氏故事立太社是也晉或廢或置皆無處所或曰二社並處
而王社居西崔氏皇甫氏皆曰王社在藉田按衛宏漢儀春始東
耕於藉田引詩先農則神農也又五經要義曰壇於田以祀先農
如社魏秦靜議風伯雨師靈星先農社稷為國六神晉太始四年
耕於東郊以太牢祀先農周隋舊儀及國朝先農皆祭神農于帝
社配以后稷則王社先農不可一也今宜於藉田立帝社帝稷配
以禹棄則先農帝社並祠叶於周之載芟之義欽明又議曰藉田
之祭本王社古之祀先農句龍后稷也烈山之子亦謂之農而周
棄繼之皆祀為稷共工之子曰后土湯勝夏欲遷而不可故二神
社稷主也黃帝以降不以羲農列常祀豈社稷而祭神農乎社稷
之祭不取神農耒耜大功而專於共工烈山蓋以三皇洪荒之迹
無取為教彼秦靜何人而知社稷先農為二而藉田有二壇乎先
農王社一也皆后稷句龍異名而分祭牲以四牢欽明又言漢祀
禹謬也今欲正王社先農之號而未決乃更加二祀不可叔夏齊

賢等乃奏言經無先農禮曰王自為立社曰王社先儒以為在籍田也永徽中猶曰藉田垂拱後乃為先農然則先農與社一神今先農壇請改曰帝社壇以合古王社之義其祭準令以孟春吉亥祠后土以句龍氏配於是為帝社壇又立帝稷壇於西如太社太稷而壇不設方色以異於太社開元十九年停帝稷而祀神農氏於壇上以后稷配二十三年親祀神農於東郊配以句芒遂躬耕盡壠止肅宗乾元二年詔去耒耜雕刻命有司改造之天子出通化門釋軷而入壇遂祭神農氏以后稷配冕而朱紘躬九推焉憲宗元和五年詔以來歲正月藉田太常脩撰韋公肅言藉田禮廢久矣有司無可考乃據禮經參采開元乾元故事為先農壇於藉田皇帝夾侍二人正衣二人侍中一人奉耒耜中書令一人禮部尚書一人侍從司農卿一人授耒耜於侍中太僕卿一人執牛左右衛將軍各一人侍衛三公以宰相攝九卿以左右僕射尚書御史大夫攝三諸侯以正員一品官及嗣王攝推數一用古制禮儀

使一人太常卿一人贊禮三公九卿諸侯執牛三十人用六品以下官皆服褲褶御耒耜二并韜皆以青其制度取合農用不雕飾畢日收之藉耒耜於席二先農壇高五尺廣五丈四出陛其色青三公九卿諸侯耒十有五御耒之牛四其二副也并牛衣每牛各一人絳衣介幘取閑農務者禮司以人贊導之執耒持耜以高品中官二人不褲褶皇帝詣望耕位通事舍人分導文武就耕所太常帥其屬用庶人二十八以郊社令一人押之太常少卿一人率庶人趨耕所博士六人分贊耕禮司農少卿一人督視庶人終千畮廩犧令二人間一人奉耒耜授司農卿以五品六品清官攝一人掌耒耜太常寺用本官三公九卿諸侯耕牛四十其十副也牛各一人庶人耕牛四十各二牛一人庶人耒耜二十具鍤二具木為刃主藉田縣令一人具朝服當耕時立田側畢乃退畿甸諸縣令先期集以常服陪耕所耆艾二十人陪於庶人耕位南三公從者各三人九卿諸侯從者各一人以助耕皆絳服介幘用其本司

隸是時雖草具其儀如此以水旱用兵而止皇帝謁陵行宮距陵十里設坐於齋室設小次於陵所道西南大次於寢西南侍臣次於大次西南陪位者次又於西南皆東向文官於北武官於南朝集使又於其南皆相地之宜前行二日遣太尉告於廟皇帝至行宮即齋室陵令以玉冊進署設御位於陵東南隅西向有岡麓之閡則隨地之宜又設位於寢宮之殿東陛之東南西向尊坫陳于堂戶東南百官行從宗室客使位神道左右寢宮則分方序立大次前其日未明五刻陳黃麾大仗於陵寢三刻行事官及宗室親五等諸親三等以上并客使之當陪者就位皇帝素服乘馬華蓋繖扇侍臣騎從詣小次步出次至位再拜又再拜在位皆再拜又再拜少選太常卿請辭皇帝再拜又再拜奉禮曰奉辭在位者再拜皇帝還小次乘馬詣大次仗衞列立以俟行百官宗室諸親客使序立次前皇帝步至寢宮南門仗衞止乃入繇東序進殿陛東南位再拜升自東階北向再拜又再拜入省服玩抆拭帳簀進太

牢之饌加珍羞皇帝出尊所酌酒入三奠爵北向立太祝二人持玉冊于戶外東向跪讀皇帝再拜又再拜乃出戶當前北向立太常卿請辭皇帝再拜出東門還大次宿行宮若太子諸王公主陪葬柏城者皆祭寢殿東廡功臣陪葬者祭東序為位奠饌以有司行事或皇后從謁則設大次寢宮東先朝妃嬪次於大次南大長公主諸親命婦之次又於其南皆東向以行帷具障謁所內謁者設皇后位於寢宮東大次前少東先朝妃嬪位西南各於次東司贊位妃嬪東北皆東向皇帝既發行宮皇后乘四望車之大次改服假髻白練單衣內典引導妃嬪以下就位皇后再拜陪者皆拜少選遂辭又拜陪者皆拜皇后還寢東大次陪者退皇后鈿釵禮衣乘輿詣寢宮先朝妃嬪大長公主以下從至北門降輿入大次詣寢殿前西階之西妃嬪公主位於西司贊位妃嬪東北皆東向皇后再拜在位者皆拜皇后繇西階入室詣先帝前再拜復詣先后前再拜進省先后服玩退西廂東向立進食皇帝出乃降西階

位辭再拜妃嬪皆拜詣大次更衣皇帝過乃出寢宮北門乘車還
天子不躬謁則以太常卿行陵所司撰日車府令具軺車一馬清
道青衣團扇曲蓋繖列俟于太常寺門設次陵南百步道東西向
右校令具薙器以備汎掃太常卿公服乘車奉禮郎以下從至次
設卿位兆門外之左陵官位卿東南執事又於其南皆西向奉礼
郎位陵官之西贊引二人居南太常卿以下再拜在位皆拜謁者
導卿贊引導衆官入奉行後位皆拜出乘車之它陵有芟治則命
之凡園陵之制皇祖以上至太祖陵皆朔望上食元日冬至寒食
伏臘社各一祭皇考陵朔望及節祭而日進食又薦新於諸陵其
物五十有六品始將進御所司必先以送太常與尚食滋味薦之
如宗廟貞觀十三年太宗謁獻陵帝至小次降輿納履入闕門西
向再拜慟哭俯伏殆不能興禮畢改服入寢宮執饌以薦閱高祖
及太穆后服御悲感左右步出司馬北門泥行二百步永徽二年
有司言先帝時獻陵既三年惟朔望冬至夏伏臘清明社上食今
昭陵喪期畢請上食如獻陵從之六年正月朔高宗謁昭陵行哭
就位再拜擗踊畢易服謁寢宮入寢哭踊進東階西向拜號久乃
薦太牢之饌加珍羞拜哭奠饌閱服御而後辭行哭出寢北門御
小輦還顯慶五年詔歲春秋季一巡宜以三公行陵太常少卿貳
之太常給鹵簿仍著於令始貞觀禮歲以春秋仲月巡陵至武后
時乃以四季月生日忌日遣使詣陵起居景龍二年右臺侍御史
唐紹上書曰禮不祭墓唐家之制春秋仲月以使具鹵簿衣冠巡
陵天授之後乃有起居遂爲故事夫起居者參候動止事生之道
非陵寢法請停四季及生日忌日節日起居準式二時巡陵手敕
曰乾陵歲冬至寒食以外使二忌以內使朝奉它陵如紹奏至是
又獻昭乾陵皆日祭太常博士彭景直上疏曰禮無日祭陵惟宗
廟月有祭故王設廟祧壇墠爲親疏多少之數立七廟一壇一墠
曰考廟曰王考廟曰皇考廟曰顯考廟皆月祭之遠廟爲祧享嘗
乃止去祧爲壇去壇爲墠有禱焉祭之無禱乃止又譙周祭志天

子始祖高祖曾祖祖考之廟皆月朔加薦以象平生朔食謂之月
祭二祧之廟無月祭則古皆無日祭者今諸陵朔望食則近於古
之殷事諸節日食近於古之薦新鄭注禮記殷事月朔半薦新之
奠也又既大祥即四時焉此其祭皆在廟近代始以朔望諸節祭
陵寢唯四時及臘五享廟考經據禮固無日祭於陵唯漢七廟議
京師自高祖下至宣帝與太上皇悼皇考陵旁立廟園各有寢便
殿故日祭於寢月祭於便殿元帝時貢禹以禮節煩數願罷郡國
廟丞相韋玄成等又議七廟外寢園皆無復議者亦以祭不欲數
宜復古四時祭於廟後劉歆引春秋傳日祭月祀時享歲貢祖禰
則日祭曾高則月祀二祧則時享壇墠則歲貢後漢陵寢之祭無
傳焉魏晉以降皆不祭墓國家諸陵日祭請停如禮疏奏天子以
語侍臣曰禮官言諸陵不當日進食夫禮以人情沿革何專古爲
乾陵宜朝晡進奠如故昭獻二陵日一進或所司苦於費可減朕
常膳爲之開元十五年敕宣皇帝光皇帝陵以縣令檢校州長官
歲一巡又敕歲春秋巡陵公卿具仗出城至陵十里復十七年玄
宗謁橋陵至壖垣西闕下馬望陵涕泗行及神午門號慟再拜且
以三府兵馬供衛遂謁定陵獻陵昭陵乾陵乃還二十三年詔獻
昭乾定橋五陵朔望上食歲冬至寒食各日設一祭若節與朔望
忌日合即準節祭料橋陵日進半羊食二十七年敕公卿巡陵乘
輅其令太僕寺陵給輅二乘及仗明年制以宣皇帝光皇帝景皇
帝元皇帝追尊號謚有制而陵寢所奉未稱建初啓運陵如興寧
永康陵置署官陵户春秋仲月分命公卿巡謁二十年詔建初啓
運興寧永康陵歲四時八節所司與陵署具食進天寶二年始以
九月朔薦衣於諸陵又常以寒食薦餳粥雞毬雷車五月薦衣扇
陵司舊曰署十三載改獻昭乾定橋五陵署爲臺令爲臺令陞舊
一階是後諸陵署皆稱臺大曆十四年禮儀使顏眞卿奏今元陵
請朔望節祭日薦如故事泰陵惟朔望歲冬至寒食伏臘社一祭而
罷日食制曰可貞元四年國子祭酒包佶言歲二月八月公卿朝拜

諸陵隧臺所由導至陵下禮略無以盡恭於是太常約舊禮草定曰所司先撰吉日公卿輅車鹵簿就太常寺發抵陵南道東設次西向北上公卿既至次奉禮郎設位北門外之左陵官位其東南執事官又於其南謁者導公卿典引導衆官就位皆拜公卿衆官以次奉行拜而還故事朝陵公卿發天子視事不廢十六年拜陵官發會董晉卒廢朝是後公卿發乃因之不視事元和元年禮儀使杜黃裳請如故事豐陵日祭崇陵唯祭朔望節日伏臘二年宰臣建言禮有著定後世徇一時之慕過於煩并故陵廟有薦新而節有遺使請歲太廟以時享朔望上食諸陵以朔望奠親陵以朝晡奠其餘享及忌日告陵皆停

禮樂志第四

禮樂志第五　　唐書十五

翰林學士兼龍圖閣學士朝散大夫給事中知制誥充史館脩撰臣歐陽脩奉
敕撰

皇后歲祀一季春吉巳享先蠶遂以親桑散齋三日於後殿致齋
一日於正寢一日於正殿前一日尚舍設御幄於正殿西序及室
中俱東向致齋之日晝漏上水一刻尚儀版奏請中嚴尚服帥司
仗布侍衛司賓引內命婦陪位六尚以下各服其服詣後殿奉迎
尚儀版奏外辦上水二刻皇后服鈿釵禮衣結珮乘輿出自西房
華蓋警蹕皇后即御座六尚以下侍衛一刻頃尚儀前跪奏稱尚
儀妾姓言請降就齋室皇后降座乘輿入室散齋之日內侍帥內
命婦之吉者使蠶於蠶室諸預享者皆齋前享三日尚舍直長設
大次於外壝東門之內道北南向內命婦及六尚以下次於其後
俱南向守宮設外命婦次大長公主長公主公主以下於南壝之
外道西三公夫人以下在其南重行異位東向北上陳饌幔於內

壝東門之外道南北向前享二日太樂令設宮縣之樂於壇南內
壝之內諸女工各位於縣後右校爲采桑壇於壇南二十步所方
三丈高五尺四出陛尚舍量施帷障於外壝之外四面開門其東
門足容厭翟車前享一日內謁者設御位於壇之東南西向望瘞
位於西南當瘞埳西向亞獻終獻位於內壝東門之內道南執事
者位於其後重行異位西向北上典正位於壇下一位於東南西
向一位於西南東向女史各陪其後司贊位於樂縣東北掌贊二
人在南差退西面又設司贊掌贊位於瘞埳西南東面南上典樂
舉麾位於壇上南陛之西東向司樂位於北縣之間當壇北向內
命婦位於終獻之南絕位重行異位西向北上外命婦位於中壝
南門之外大長公主以下於道東東西當內命婦差退太夫人以
下於道西去道遠近如公主重行異位相向北上又設御采桑位
於壇上東向內命婦采桑位於壇下當御位東南北向西上執御
鉤筐者位於內命婦之西少南西上內外命婦執鉤筐者位各於其

采桑位之後設門外位享官於東壝之外道南從享內命婦於享
官之東北面西上從享外命婦於南壝之外道西如設次設酒尊
之位於壇上東南隅北向西上御洗於壇南陛東南亞獻之洗又
於東南俱北向幣篚於壇上尊坫之所晡後內謁者帥其屬以尊
坫罍洗篚冪入設於位外壇者自東陛享日未明十五刻太官令
帥宰人以鸞刀割牲祝史以豆取毛血置於饌所遂烹牲五刻司
設外設先蠶氏神座於壇上北方南向前享一日金吾奏請外命
婦等應集壇所者聽夜行其應采桑者四人各有女侍者進筐
鉤載之而行其日未明四刻搥一鼓爲一嚴二刻搥二鼓爲再嚴尚
儀版奏請中嚴一刻搥三鼓爲三嚴司賓引內命婦入立於庭重
行西面北上六尚以下詣室奉迎尚服負寶內僕進厭翟車於閤外
尚儀版奏外辦馭者執轡皇后服鞠衣乘輿以出華蓋侍衛警蹕
內命婦從出門皇后升車尚功進鉤司製進筐載之內命婦及六尚
等乘車從諸翊駕之官皆乘馬駕動警蹕不鳴鼓角內命婦宮

人以次從其日三刻尚儀及司醞帥其屬入實尊罍及幣太官令
實諸籩豆簠簋俎等內謁者帥其屬詣廚奉饌入設於饌幔內
駕將至女相者引享官內典引引外命婦俱就門外位駕至大次
門外迴車南向尚儀進車前跪奏稱尚儀妾姓言請降車皇后降
車乘輿之大次華蓋繖扇尚儀以祝版進御署出奠於坫尚功司
製進受鉤筐以退典贊引亞獻及從享內命婦俱就門外位司贊
帥掌贊先入就位女相者引尚儀典正及女史祝史與執尊罍
篚冪者入自東門當壇南北向西上司贊曰再拜掌贊承傳尚儀
以下皆再拜就位司樂帥女工人入典贊引亞獻終獻女相者引
執事者司賓引內命婦內典引引外命婦入就位皇后停大次半
刻頃司言引尚宮立於大次門外當門北向尚儀版奏外辦皇后
出次入自東門至版位西向立尚宮曰再拜皇后再拜司贊曰衆
官再拜在位者皆再拜尚宮曰有司謹具請行事樂三成尚宮曰
再拜皇后再拜司贊曰衆官再拜在位者皆再拜壇上尚儀跪取

幣於篚興立於尊所皇后自壇南陛升北面立尚儀奉幣東向進
皇后受幣進北向跪奠於神座少退再拜降自南陛復于位初內
外命婦拜訖女祝史奉毛血之豆立於內壝東門之外皇后已奠
幣乃奉毛血入升自南陛尚儀迎引於壇上進跪奠於神座前皇
后既升奠幣司膳出帥女進饌者奉饌陳於內壝東門之外皇后
既降復位司膳引饌入至階女祝史跪徹毛血之豆降自東陛以出
饌升自南陛尚儀迎引於壇上設於神座前皇后詣罍洗尚儀跪
取匜興沃水司言跪取盤興承水皇后盥司言跪取巾於篚進以
帨受巾跪奠於篚乃取爵於篚興進受爵尚儀酌罍水司言奉
盤皇后洗爵司言授巾皆如初皇后升自壇南陛詣酒尊尚儀贊
酌醴齊進先蠶氏神座前北向跪奠爵興少退立尚儀持版進於
神座之右東面跪讀祝文皇后再拜尚儀以爵酌上尊福酒西向
進皇后再拜受爵跪祭酒啐酒奠爵興尚儀帥女進饌者持籩俎
進神前三牲胙肉各置一俎又以籩取稷黍飯共置一籩尚儀以

飯籩胙俎西向以次進皇后每受以授左右乃跪取爵遂飲卒爵
興再拜降自南陛復于位初皇后獻將畢典贊引貴妃詣罍洗盥
手洗爵自東陛升壇酌盎齊于象尊進神座前北向跪奠爵興
少退再拜尚儀以爵酌福酒進貴妃再拜受爵跪祭遂飲卒爵再
拜降自東陛復位昭儀終獻如亞獻尚儀進神座前跪徹豆司贊
曰賜胙掌唱曰衆官再拜在位者皆再拜尚宮曰再拜皇后再拜
司贊曰衆官再拜在位者皆再拜尚宮請就望瘞位司贊帥掌贊
就瘞埳西南位皇后至望瘞位西向立尚儀執篚進神座前取幣
自北陛降壇西行詣瘞埳以幣置於埳司贊曰可瘞埳東西各四
人實土半埳尚宮曰禮畢請就采桑位尚宮引皇后詣采桑壇升
自西陛東向立初皇后將詣望瘞位司賓引內外命婦采桑者執
鉤筐者皆就位（內外命婦一品各二人二品三品各一人）皇后既至尚功奉金鉤自北陛
升進典製奉筐從升皇后受鉤采桑典製以筐受之皇后采三條
止尚功前受鉤典製以筐俱退皇后初采桑典製等各以鉤授內

外命婦皇后采桑訖內外命婦以次采女史執筐者受之內外命
婦一品采五條二品采九條止典製等受鉤與執筐者退復位司
賓各引內外命婦采桑者以從至蠶室尚功以桑授蠶母蠶母切
之以授婕妤食蠶灑一簿止尚儀曰禮畢尚宮引皇后還大次內
外命婦各還其次尚儀典正以下俱復執事位司贊曰再拜尚儀
以下皆再拜出女工人以次出其祝版燔於齋所車駕還宮之明
日內外命婦設會於正殿如元會之儀命曰勞酒其有司歲所常
祀者十有三立春後丑日祀風師立夏後申日祀雨師立秋後辰
日祀靈星立冬後亥日祀司中司命司人司祿季夏土王之日祭
中霤孟冬祭司寒皆一獻祝稱天子謹遣其中春中秋釋奠于
文宣王武成王皆以上丁上戊國學以祭酒司業博士三獻樂以軒
縣前享一日奉禮郎設三獻位于東門之內道北執事位於道南
皆西向北上學官館官位於縣東當執事西南西向學生位於館
官之後皆重行北上觀者位於南門之內道之左右重行北面相

對為首設三獻門外位於東門之外道南執事位於其後每等
異位北向西上館官學官位於三獻東南北向西上設先聖神座
於廟室內西楹間東向先師於先聖東北南向其餘弟子及二十
一賢以次東陳南向西上其餘皆如常祀皇子束脩束帛一篚五
匹酒一壺二斗脩一案五脡其日平明皇子服學生之服（其服青衿）至學
門外博士公服執事者引立學堂東階上西面相者引皇子立於
門東西面陳束帛篚壺酒脯案於皇子西南當門北向重行西
上將命者出立門西東面曰敢請就事皇子少進曰某方受業
於先生敢請見將命者入告博士曰某也不德請皇子無辱（若已封王則云請王無辱）
將命者出告皇子固請博士曰某也不德請皇子就位某
敢見將命者出告皇子曰某不敢以視賓客請終賜見將命者入
告博士曰某辭不得命敢不從將命者出告執篚者以篚東面授
皇子皇子執篚博士降俟于東階下西面相者引皇子執事者
奉壺酒脩案以從皇子入門而左詣西階之南東面奉酒脩者立

於皇子西南東面北上皇子跪奠篚再拜博士荅再拜皇子還避遂進跪取篚相者引皇子進博士前東面授幣奉壺酒篚者從奠於博士前博士受幣執事者取酒脩幣以東相者引皇子立於階間近南北面奉酒脩者出皇子拜訖相者引皇子出其學生束帛酒脩以見如皇子武德二年始詔國子學立周公孔子廟七年高祖釋奠焉以周公為先聖孔子配九年封孔子之後為褒聖侯貞觀二年左僕射房元齡博士朱子奢建言周公尼父俱聖人然釋奠於學以夫子也大業以前皆孔丘為先聖顏回為先師乃罷周公升孔子為先聖以顏回配四年詔州縣學皆作孔子廟十一年詔尊孔子為宣父作廟於兗州給戶二十以奉之十四年太宗觀釋奠於國子學詔祭酒孔穎達講孝經二十一年詔左丘明卜子夏公羊高穀梁赤伏勝高堂生戴聖毛萇孔安國劉向鄭衆賈逵杜子春馬融盧植鄭康成服虔何休王肅王弼杜預范甯二十二人皆以配享而尼父廟學官自祭之祝曰博士某昭告于先聖州

縣之釋奠亦以博士祭中書侍郎許敬宗等奏禮學官釋奠于其先師鄭氏謂詩書禮樂之官也四時之學將習其道故釋奠各以其師而不及先聖惟春秋合樂則天子視學有司揔祭先聖先師秦漢釋奠無文魏則以太常行事晉宋以學官主祭且國學樂以軒縣尊俎須於官非臣下所可專也請國學釋奠以祭酒司業博士為三獻辭稱皇帝謹遣州學以刺史上佐博士三獻縣學以令丞主簿若尉三獻如社祭給明衣會皇太子釋奠自為初獻以祭酒張後胤亞獻光州刺史攝司業趙弘智終獻永徽中復以周公為先聖孔子為先師顏回左丘明以降皆從祀顯慶二年太尉長孫无忌等言禮釋奠于其先師若禮有高堂生樂有制氏詩有毛公書有伏生又禮始立學釋奠于先聖鄭氏注若周公孔子也故貞觀以夫子為聖衆儒為先師且周公作禮樂當同王者之祀乃以周公配武王而孔子為先聖總章元年太子弘釋奠于學贈顏回為太子少師曾參少保咸亨元年詔州縣皆營孔子廟武

后天授元年封周公為褒德王孔子為隆道公神龍元年以鄒魯百戶為隆道公采邑以奉歲祀子孫世襲褒聖侯睿宗太極元年以兗州隆道公近祠戶三十供灑掃加贈顏回太子太師曾參太子太保皆配享玄宗開元七年皇太子齒胄於學謁先聖詔宋璟亞獻蘇頲終獻臨享天子思齒胄義乃詔二獻皆用胄子祀先聖如釋奠右散騎常侍褚无量講孝經禮記文王世子篇明年司業李元瓘奏先聖廟為十哲象以先師顏子配則配象當坐今乃立侍餘弟子列象廟堂不豫享而范甯等皆從祀請釋奠十哲享於上而圖七十子於壁曾參以孝受經於夫子請享之如二十二賢乃詔十哲為坐象悉豫祀曾參特為之象坐亞之圖七十子及二十二賢於廟壁二十七年詔夫子既稱先聖可謚曰文宣王遣三公持節冊命以其嗣為文宣公任州長史代代勿絕先時孔廟以周公南面而夫子坐西墉下貞觀中廢周公祭而夫子位未改至是二京國子監天下州縣夫子始皆南向以顏淵配贈諸弟子爵

公侯子淵兗公子騫費侯伯牛鄆侯仲弓薛侯子有徐侯子路衛侯子我齊侯子貢黎侯子游吳侯子夏魏侯又贈曾參以降六十七人參成伯顓孫師陳伯澹臺滅明江伯宓子賤單伯原憲原伯公冶長莒伯南宮适郯伯公晳哀郳伯曾點宿伯顏路杞伯商瞿蒙伯高柴共伯漆雕開滕伯公伯寮任伯司馬牛向伯樊遲樊伯有若下伯公西赤邵伯巫馬期鄫伯梁鱣梁伯顏柳蕭伯冉孺郜伯曹卹豐伯伯虔鄒伯公孫龍黃伯冉季產東平伯秦子南少梁伯漆雕斂武城伯顏子驕琅邪伯漆雕徒父須句伯壤駟赤北徵伯商澤睢陽伯石作蜀郈邑伯任不齊任城伯公夏首亢父伯公良孺東牟伯后處營丘伯秦開彭衙伯奚容蒧下邳伯公肩定新田伯顏襄臨沂伯鄡單銅鞮伯句井疆淇陽伯罕父黑乘丘伯秦商上洛伯申黨召陵伯公祖子之期思伯榮子旗雩婁伯縣成鉅野伯左人郢臨淄伯燕伋漁陽伯鄭子徒榮陽伯秦非汧陽伯施常乘氏伯顏噲朱虛伯步叔乘淳于伯顏之僕東武伯原亢籍萊

蕪伯樂欬昌平伯廉絜莒父伯顏何開陽伯叔仲會瑕丘伯狄黑
臨濟伯郪巽平陸伯孔忠汶陽伯公西輿如重丘伯公西蔵祝阿
伯於是二京之祭牲太牢樂宮縣舞六佾矣州縣之牲以少牢而
無樂二十八年詔春秋二仲上丁以三公攝事若會大祀則用中丁
州縣之祭上丁上元元年肅宗以歲旱罷中小祀而文宣之祭至
仲秋猶祠之於太學永泰二年八月脩國學祠堂成祭酒蕭昕
始奏釋奠宰相元載杜鴻漸李抱玉及常參官六軍將軍就觀焉
自復二京惟正會之樂用宮縣郊廟之享登歌而已文武二舞亦
不能具至是魚朝恩典監事乃奏宮縣於論堂而雜以教坊工伎
貞元九年季冬貢舉人謁先師日與親享廟同有司言上丁釋奠
與大祠同即用中丁乃更用日謁於學元和九年禮部奏貢舉人
謁先師自是不復行矣開元十九年始置太公尚父廟以留侯張
良配中春中秋上戊祭之牲樂之制如文宣出師命將發日引辭
于廟仍以古名將十人為十哲配享天寶六載詔諸州武舉人上

省先謁太公廟乾元元年太常少卿于休烈奏秋享漢祖廟旁無
侍臣而太公乃以張良配子房生漢初佐高祖定天下時不與太
公接古配食廟庭皆其佐命太公人臣也誼無配享請以張良配
漢祖廟上元元年尊太公為武成王祭典與文宣王比以歷代良將
為十哲象坐侍秦武安君白起漢淮陰侯韓信蜀丞相諸葛亮唐
尚書右僕射衛國公李靖司空英國公李勣列於左漢太子少傅
張良齊大司馬田穰苴吳將軍孫武魏西河守吳起燕昌國君樂
毅列於右以良為配後罷中祀遂不祭建中三年禮儀使顏真卿
奏治武成廟請如月令春秋釋奠其追封以王宜用諸侯之數樂
奏軒縣詔史館考定可配享者列古今名將凡六十四人圖形焉
越相國范蠡齊將孫臏趙信平君廉頗秦將王翦漢相國平陽侯
曹參左丞相絳侯周勃前將軍北平太守李廣大司馬冠軍侯霍
去病後漢太傅高密侯鄧禹左將軍膠東侯賈復執金吾雍奴侯
寇恂伏波將軍新息侯馬援太尉槐里侯皇甫嵩魏征東將軍晉

陽侯張遼蜀前將軍漢壽亭侯關羽吳偏將軍南郡太守周瑜丞
相婁侯陸遜晉征南大將軍南城侯羊祜撫軍大將軍襄陽侯王
濬東晉車騎將軍康樂公謝玄前燕太宰錄尚書太原王慕容恪
宋司空武陵公檀道濟梁太尉永寧郡公王僧辯北齊尚書右僕
射燕郡公慕容紹宗周大冢宰齊王宇文憲隋上柱國新義公韓
擒虎柱國太平公史萬歲唐右武候大將軍鄂國公尉遲敬德右
武衛大將軍邢國公蘇定方右武衛大將軍同中書門下平章事
韓國公張仁亶兵部尚書同中書門下三品中山公王晙夏官尚
書同中書門下三品朔方大總管王孝傑齊相管仲安平君田單
趙馬服君趙奢大將軍武安君李牧漢梁王彭越太尉條侯周亞
夫大將軍長平侯衛青後將軍營平侯趙充國後漢大司馬廣平
侯吳漢征西大將軍夏陽侯馮異建威大將軍好畤侯耿弇太尉
新豐侯段熲魏太尉鄧艾蜀車騎將軍西鄉侯張飛吳武威將軍
南郡太守孱陵侯呂蒙大司馬荊州牧陸抗晉鎮南大將軍當陽

侯杜預太尉長沙公陶侃前秦丞相王猛後魏太尉北平王長孫
嵩宋征虜將軍王鎮惡陳司空南平公吳明徹北齊右丞相咸陽
王斛律光周太傅大宗伯燕國公于謹右僕射鄖國公韋孝寬隋
司空尚書令越國公楊素右武候大將軍宋國公賀若弼唐司空
河間郡王孝恭禮部尚書聞喜公裴行儉兵部尚書同中書門下
三品代國公郭元振朔方節度使兼御史大夫張齊丘太尉中書
令尚父汾陽郡王郭子儀貞元二年刑部尚書關播奏太公古稱
大賢下乃置亞聖義有未安而仲尼十哲皆當時弟子今以異時
名將列之弟子非類也請但用古今名將配享去亞聖十哲之名
自是唯享武成王及留侯而諸將不復祭矣四年兵部侍郎李紓
言開元中太公廟以張良配以太常卿少卿三獻祝文曰皇帝遣
某敢昭告至上元元年贈太公以王爵祭典同文宣有司遂以太
尉獻祝版親署夫太公周之太師張良漢之少傅今至尊屈禮於
臣佐神何敢歆且文宣百世所宗故樂以宮縣獻以太尉尊師崇

道也太公述作止六韜勳業著一代請祝辭不進署改昭告為敬祭留侯為致祭獻官用太常卿以下百官議之多請如紓言左司郎中嚴涗等議曰按紓援典訓尊卑之節當矣抑猶有未盡夫大名徽號不容虛美而太公兵權奇計之人耳當殷之失德諸侯歸周遂為佐命祀典不云乎法施於人則祀之如仲尼祖述堯舜憲章文武刪詩書定禮樂使君君臣臣父父子子皆宗之法施於人矣貞觀中以太公兵家者流始令磻溪立廟開元漸著上戊釋奠禮其進不薄矣上元之際執事者苟意於兵遂封王爵號擬文宣彼於聖人非倫也謂宜去武成王號復為太公廟奠享之制如紓請刑部員外郎陸淳等議曰武成王殷臣也紂暴不諫而佐周傾之夫尊道者師其人使天下之人入是廟登是堂稽其人思其道則立節死義之士安所奮乎聖人宗堯舜賢夷齊不法桓文不贊伊尹殆謂此也武成之名與文宣偶非不刊之典也臣愚謂罷上元追封立廟復磻溪祠有司以時享斯得矣左領軍大將軍令狐

建等二十四人議曰兵革未靖宜右武以起忠烈今特貶損非勸也且追王爵以時祠為武教主文武並宗典禮已久改之非也乃詔以將軍為獻官餘用紓奏自是以上將軍大將軍將軍為三獻

其五岳四鎮歲一祭各以五郊迎氣日祭之東岳岱山於兗州東鎮沂山於沂州南岳衡山於衡州南鎮會稽於越州中岳嵩高於河南西岳華山於華州西鎮吳山於隴州北岳常山於定州北鎮醫無閭於營州東海於萊州淮於唐州南海於廣州江於益州西海及河於同州北海及濟於河南

禮樂志第五

禮樂志第六　唐書十六

翰林學士兼龍圖閣學士朝散大夫給事中知制誥充史館修撰臣歐陽脩奉

敕撰

二曰賓禮以待四夷之君長與其使者蕃國主來朝遣使者迎勞前一日守宮設次於館門之外道右南向其日使者就次蕃主服其國服立於東階下西面使者朝服出次立於門西東面從者執束帛立於其南有司出門西面曰敢請事使者曰奉制勞某主稱其國名有司入告蕃主迎於門外之東西面再拜俱入使者先升立於西階上執束帛者從升立於其北俱東向蕃主乃升立於東階上西面使者執幣曰有制蕃主將下拜使者曰有後制無下拜蕃主旋北面再拜稽首使者宣制蕃主進受命退復位以幣授左右又再拜稽首使者降出立於門外之西東面蕃主送於門之外西止使者揖以俱入讓升蕃主先升東階上西面使者升西階上東面蕃主以主物儐使者使者再拜受蕃主再拜送物使者降出蕃主從出門外皆如初蕃主再拜送使者還蕃主入鴻臚迎引詣朝堂依方北面立所司奏聞舍人承敕出稱有敕蕃主再拜宣勞又再拜乃就館皇帝遣使戒蕃主見日如勞禮宣制曰某日某主見蕃主拜稽首使者降出蕃主送蕃主奉見前一日尚舍奉御設御幄於太極殿南向蕃主坐於西南東向守宮設次太樂令展宮縣設舉麾位於上下鼓吹令設十二案乘黃令陳車輅尚輦奉御陳輿輦典儀設蕃主立位於縣南道西北面蕃國諸官之位於其後重行北面西上典儀位于縣之東北贊者二人在南差退俱西面諸衞各勒部屯門列黃麾仗所司迎引蕃主至承天門外就次本司入奏鈒戟近仗皆入典儀帥贊者先入就位侍中版奏請中嚴諸侍衞之官及符寶郎詣閤奉迎蕃主及其屬各立於閤外西廂東面侍中版奏外辦皇帝服通天冠絳紗袍乘輿以出舍人引蕃主入門舒和之樂作典儀曰再拜蕃主再拜稽首侍中承制降詣蕃主西北東面曰有制蕃主再拜稽首乃宣制又再拜稽首侍中還

奏承制降勞敕升座蕃主再拜稽首升座侍中承制勞問蕃主俛伏避席將下拜侍中承制曰無下拜蕃主復位拜而對侍中還奏承制勞還館蕃主降復縣南位再拜稽首其官屬勞以舍人與其主俱出侍中奏禮畢皇帝興若蕃國遣使奉表幣其勞及戒見皆如蕃國主庭實陳於客前中書侍郎受表置於案至西階以表升有司各率其屬受其幣焉其宴蕃國主及其使皆如見禮皇帝已即御坐蕃主入其有獻物陳於其前侍中承制降敕蕃主升座蕃主再拜奉贄曰某國蕃臣某敢獻壤奠侍中升奏承旨曰朕其受之侍中降於蕃主東北西面稱有制蕃主再拜乃宣制又再拜以贄授侍中以授有司有司受其餘幣俱以東舍人承旨降敕就座蕃國諸官俱再拜應升殿者自西階其不升殿者分別立於廊下席後典儀曰就坐階下贊者承傳皆就座太樂令引歌者及琴瑟至階脫履升坐其笙管者就階間北面立尚食奉御進酒至階典儀曰酒至興階下贊者承傳皆俛伏興立殿中監及階省酒尚食奉御進酒皇帝舉酒良醞令行酒典儀曰再拜階下贊者承傳皆再拜受觶皇帝初舉酒登歌作昭和三終尚食奉御受虛觶奠于坫酒三行尚食奉御進食典儀曰食至興階下贊者承傳皆興立殿中監及階省桉尚食奉御品嘗食以次進太官令行蕃主以下食桉典儀曰就坐階下贊者承傳皆就坐皇帝乃飯蕃主以下皆飯徹桉又行酒遂設庶羞二舞以次入作食畢蕃主以下復位于縣南皆再拜若有筐篚舍人前承旨降宣敕蕃主以下又再拜乃出其三曰軍禮皇帝親征纂嚴前期一日有司設御幄於太極殿南向文武羣官次於殿庭東西每等異位重行北向乘黃令陳革輅以下車旗于庭其日未明諸衞勒所部列黃麾仗平明侍臣將帥從行之官皆平巾幘袴褶留守之官公服就次上水五刻侍中版奏請中嚴鈒戟近仗列于庭三刻羣官就位諸侍臣詣閤奉迎侍中版奏外辦皇帝服武弁御輿以出即御座典儀曰再拜在位者皆再拜中書令承旨敕百寮羣官出侍中跪奏禮畢皇帝入自

東房侍臣從至閤乃類于昊天上帝前一日皇帝清齋於太極殿諸豫告之官侍臣軍將與在位者皆清齋一日其日皇帝服武弁乘革輅備大駕至于壇所其牲二及玉幣皆以蒼尊以太尊山罍各二其獻一皇帝已飲福諸軍將升自東階立于神座前北向西上飲福受胙將軍之次在外壝南門之外道東西向北上其即事之位在縣南北面每等異位重行西上其奠玉帛進熟飲福望燎皆如南郊其宜于社造于廟皆各如其禮而一獻軍將飲福于太稷廟則皇考之室其凱旋則陳俘馘於廟南門之外軍實陳于其後其解嚴皇帝服通天冠絳紗袍羣臣再拜以退而無所詔其餘皆如纂嚴若禡于所征之地則爲壝再重以熊席祀軒轅氏兵部建兩旗于外壝南門之外陳甲冑弓矢于神位之側植稍于其後尊以犧象山罍各二饌以特牲皇帝服武弁羣臣戎服三獻其接於神者皆如常祀瘞而不燎其軍將之位如禡其軷于國門右校委土於國門外爲軷又爲瘞埳於神位西北太祝布神位於軷前南向太官令帥宰人刳羊郊社之屬設尊罍篚冪於神左俱右向置幣於尊所皇帝將至太祝立於罍洗東南西向再拜取幣進跪奠於神進饌者薦脯醢加羊於軷西首太祝盥手洗爵酌酒進跪奠於神興少退北向立讀祝太祝再拜少頃帥齋郎奉幣爵酒饌宰人舉羊肆解之太祝幷載埋於埳執尊者徹罍篚席駕至權停太祝以爵酌酒授太僕卿左併轡右受酒祭兩軹及軓前乃飲授爵駕轢軷而行其所過山川遣官告以一獻若遣將出征則皆有司行事賊平而宣露布其日守宮量設羣官次露布至兵部侍郎奉以奏聞承制集文武羣官客使於東朝堂各服其服奉禮設版位於其前近南文東武西重行北向又設客使之位設中書令位於羣官之北南面吏部兵部贊羣官客使謁者引就位中書令受露布置於案令史二人絳公服對舉之以從中書令出就南面位持案者立於西南東面中書令取露布稱有制羣官客使皆再拜遂宣之又再拜舞蹈又再拜兵部尚書進受露布退復位兵部侍郎

前受之中書令入羣官客使各還次仲冬之月講武於都外前期十有一日所司奏請講武兵部承詔遂命將帥簡軍士除地爲場方一千二百步四出爲和門又爲步騎六軍營域左右廂各爲三軍北上中間相去三百步立五表表間五十步爲二軍進止之節別墠地於北廂南向前三日尚舍奉御設大次於墠前一日講武將帥及士卒集於墠所建旗爲和門如方色都墠之中及四角皆建五采牙旗旗鼓甲仗大將以下各有統帥大將被甲乘馬教習士衆少者在前長者在後其還則反之長者持弓矢短者持戈矛力者持旌勇者持鉦鼓刀楯爲前行持稍者次之弓箭者爲後使其習見旌旗金鼓之節旗卧則跪旗舉則起講武之日未明十刻而嚴五刻而甲步軍爲直陣以俟大將立旗鼓之下六軍各鼓十二鉦一大角四未明七刻鼓一嚴侍中奏開宮殿門及城門五刻再嚴侍中版奏請中嚴文武官應從者俱先置文武官皆公服所司爲小駕二刻三嚴諸衛各督其隊與鈒戟以次入陳於殿庭皇帝乘革輅至墠所兵部尚書介冑乘馬奉引入自北門至兩步軍之北南向黃門侍郎請降輅乃入大次兵部尚書停於東廂西向領軍減小駕騎士立於都墠之西周侍臣左右立於大次之前北上九品以上皆公服東西在侍臣之外十步所重行北上諸州使人及蕃客先集於北門外東方南方立於道東西方北方立於道西北上駕將至奉禮曰可拜在位者皆再拜皇帝入次謁者引諸州使人鴻臚引蕃客東方南方立於大次東北西方北方立於西北觀者立於都墠騎士仗外四周然後講武吹大角三通中軍將各以鞞令鼓二軍俱擊鼓三鼓有司偃旗步士皆跪諸帥果毅以上各集於其中軍左廂中軍大將立於旗鼓之東西面諸軍將立於其南右廂中軍大將立於旗鼓之西東面諸軍將立於其南北面以聽大將誓左右三軍各長史二人振鐸分循諸果毅各以誓詞告其所部遂聲鼓有司舉旗士衆皆起行及表擊鉦乃止又擊三鼓有司偃旗士衆皆跪又擊鼓有司舉旗士衆皆起驟及表乃止

東軍一鼓舉青旗爲直陣西軍亦鼓舉白旗爲方陣以應次西軍
鼓舉赤旗爲銳陣東軍亦鼓舉黑旗爲曲陣以應次東軍鼓舉黃
旗爲圜陣西軍亦鼓舉青旗爲直陣以應次西軍鼓舉白旗爲方
陣東軍亦鼓舉赤旗爲銳陣以應次東軍鼓舉黑旗爲曲陣西軍
亦鼓舉黃旗爲圜陣以應凡陣先舉者爲客後舉者爲主每變陣
二軍各選刀楯五十人挑戰第一第二挑戰迭爲勇怯之狀第三
挑戰爲敵均之勢第四第五挑戰爲勝敗之形每將變陣先鼓而
直陣然後變從餘陣之法既已兩軍俱爲直陣又擊三鼓有司偃
旗士衆皆跪又聲鼓舉旗士衆皆起騎馳徒走左右軍俱至中表
相擬擊而還每退至一行表跪起如前遂復其初侍中跪奏請觀騎
軍承制曰可二軍騎軍皆如步軍之法每陣各八騎挑戰五陣畢
大擊鼓而前盤馬相擬擊而罷遂振旅侍中跪奏稱侍中臣某言
禮畢乃還皇帝狩田之禮亦以仲冬前期兵部集衆庶脩田法虞
部表所田之野建旗於其後前一日諸將帥士集於旗下質明弊

旗後至者罰兵部申田令遂圍田其兩翼之將皆建旗及夜布圍
闕其南面駕至田所皇帝鼓行入圍鼓吹令以鼓六十陳於皇帝
東南西向六十陳於西南東向皆乘馬各備簫角諸將皆鼓行圍
乃設驅逆之騎皇帝乘馬南向有司斂大綏以從諸公王以下皆
乘馬帶弓矢陳於前後所司之屬又斂小綏以從乃驅獸出前
初一驅過有司整飭弓矢以前再驅過有司奉進弓矢三驅過皇
帝乃從禽左而射之每驅必三獸以上皇帝發抗大綏然後公王
發抗小綏驅逆之騎止然後百姓獵凡射獸自左而射之達於右
腢爲上射達右耳本爲次射左髀達於右䯚爲下射羣獸相從不
盡殺已被射者不重射不射其面不翦其毛凡出表者不逐之田
將止虞部建旗於田內乃雷擊駕鼓及諸將之鼓士從躁呼諸得
禽獻旗下致其左耳大獸公之小獸私之其上者供宗廟次者供
賓客下者充庖廚乃命有司饁獸於四郊以獸告至於廟社射前
一日太樂令設宮縣之樂鼓吹令設十二桉於射殿之庭東面縣

在東階東西面縣在西階西南北二縣及登歌廣開中央避射位
張熊侯去殿九十步設乏於侯西十步北十步設五楅庭前少西
布侍射者位於西階前東面北上布司馬位於侍射位之南東面
布獲者位乏東東面布侍射者射位於殿階下當前少西橫布南
面侍射者弓矢俟於西門外陳賞物於東階下少東置罰豐於西
階下少西設罰尊於西階南北以殿深設篚於尊西南肆實爵加
冪其日質明皇帝服武弁文武官俱公服典謁引入見樂作如元
會之儀酒二徧侍中一人奏稱有司謹具請射侍中一人前承制
退稱制曰可王公以下皆降文官立於東階下西面北上武官立
於西階下於射乏後東面北上持鈒隊羣立於兩邊千牛備身二
人奉御弓及矢立於東階上西面執弓者在北又設坫於執弓者
之前又置御決拾笥於其上獲者持旌自乏之南行當侯東行至侯
負侯北面立侍射者出西門外取弓矢兩手奉弓搢乘矢帶入立
於殿下射位西東面司馬奉弓自西階升當西楹前南面揮弓命

獲者以旌去侯西行十步北行至乏止司馬降自西階復位千牛
中郎一人奉決拾以笥千牛將軍奉弓千牛郎將奉矢進立於御
榻東少南西向郎將跪奠笥於御榻前少東遂拂以巾取決興贊
設決又跪取拾興贊設拾以笥退奠於坫千牛將軍北面張弓以
袂順左右隈上再下一（弓左右隈謂弓面上下以衣袂摩拭上面再下面一）西面左執弣右執簫以
進千牛郎將以巾拂矢進一一供御欲射協律郎舉麾先奏鼓吹
及奏樂騶虞五節御及射第一矢與第六節相應第二矢與第七
節相應以至九節協律郎偃麾樂止千牛將軍以矢行奏中曰獲下
曰留上曰揚左曰左方右曰右方（留謂矢短不及侯揚謂矢過侯左右謂矢偏不正）千牛將軍於
御座東西面受弓退付千牛於東階上千牛郎將以笥受決拾奠
於坫侍射者進升射席北面立左旋東面張弓南面挾矢協律郎
舉麾乃作樂不作鼓吹樂奏貍首三節然後發矢若侍射者多則
齊發第一發與第四節相應第二發與第五節相應以至七節協
律郎偃麾樂止弓右旋東西施弓如面立乃退復西階下立司馬

外自西階自西楹前南面揮弓命取矢取矢者以御矢付千牛於
東階下侍射者釋弓於位庭前北面東上有司奏請賞罰侍中
稱制曰可有司立福之西東面監唱射矢取矢者各唱中者姓名中
者立於東階下西面北上不中者立於西階下東面北上俱再拜
有司於東階下以付賞物酌者於罰尊西東面跪奠爵於豐上
不中者進豐南北面跪取爵立飲卒爵奠豐下酌者北面跪取虛
爵酌奠不中者以次繼飲皆如初典謁引王公以下及侍射者皆庭
前北面相對爲首再拜訖引出持鈒隊復位皇帝入奏樂警蹕有
司以弓矢出中門外侍射者出若特射無侍射之人則不設福不
陳賞罰若燕遊小射則常服不陳樂縣不行會禮不合朔伐鼓其
日前二刻郊社令及門僕赤幘絳衣守四門令巡門監察鼓吹令
平巾幘袴褶帥工人以方色執麾旒分置四門屋下設龍蛇鼓於
右東門者立於北塾南面南門者立於東塾西面西門者立於南
塾北面北門者立於西塾東面隊正一人平巾幘袴褶執刀帥衛

士五人執五兵立於鼓外矛在東戟在南斧鉞在西矟在北郊社
令立櫕於社壇四隅以朱絲繩縈之太史一人赤幘赤衣立於社
壇北向日觀變黃麾次之龍鼓一次之在北弓一矢四次之諸兵
鼓立候變日有變史官曰祥有變工人舉麾龍鼓發聲如雷史官
曰止乃止其日皇帝素服避正殿百官廢務自府史以上皆素服
各於其廳事之前重行每等異位向日立明復而止貞元三年八
月日有食之有司將伐鼓德宗不許太常卿董晉言伐鼓所以責
陰而助陽也請聽有司依經伐鼓不報由是其禮遂廢大儺之禮
選人年十二以上十六以下爲侲子假面赤布袴褶二十四人爲
一隊六人爲列執事十二人赤幘赤衣麻鞭工人二十二人其一
人方相氏假面黃金四目蒙熊皮黑衣朱裳右執楯其一人爲唱
帥假面皮衣執棒鼓角各十合爲一隊隊別鼓吹令一人太卜令
一人各監所部巫師二人以逐惡鬼于禁中有司預備每門雄雞
及酒擬於宮城正門皇城諸門磔攘設祭太祝一人齋郎三人右

校爲瘞埳各於皇城中門外之右前一日之夕儺者赴集所具其
器服以待事其日未明諸衛依時刻勒所部屯門列仗近仗入陳
於階鼓吹令帥儺者各集於宮門外內侍詣皇帝所御殿前奏侲
子備請逐疫出命寺伯六人分引儺者於長樂門永安門以入至
左右上閤鼓譟以進方相氏執戈揚楯唱侲子和曰甲作食殈胇
胃食虎雄伯食魅騰簡食不祥攬諸食咎伯奇食夢強梁祖明共
食磔死寄生委隨食觀錯斷食巨窮奇騰根共食蠱凡使一十二
神追惡凶赫汝軀拉汝幹節解汝肉抽汝肺腸汝不急去後者爲
糧周呼訖前後鼓譟而出諸隊各趨順天門以出分詣諸城門出
郭而止儺者將出祝布神席當中門南向出訖宰手齋郎疈牲匈
磔之神席之西藉以席北首齋郎酌清酒太祝受奠之祝史持版
於座右跪讀祝文曰維某年歲次月朔日天子遣太祝臣姓名昭
告于太陰之神興奠版于席乃舉牲幷酒瘞於埳

禮樂志第六

翰林學士兼龍圖閣學士朝散大夫給事中知制誥充史館修撰臣歐陽脩奉

敕撰

四曰嘉禮皇帝加元服有司卜日告于天地宗廟前一日尚舍設席於太極殿中楹之間莞筵紛純加藻席繅純加次席黼純有司設次展縣設案陳車輦設文官五品以上位於縣東武官於縣西六品以下皆於橫街之南北上朝集使分方於文武官當品之下諸親位於四品五品之下皇宗親在東異姓親在西蕃客分方各於朝集使六品之南諸州使人於朝集使九品之後又設太師太尉位於橫街之南道東北面西上典儀於縣東北贊者二人在南少退俱西向又設門外位於東西朝堂如元日其日侍中版奏請中嚴太樂令鼓吹令帥工人入就位有司設罍洗於阼階東南設席於東房內近西張帷於東序外殿中監陳袞服於內席東領緇纚玉簪及櫛三物同箱在服南又設莞筵一紛純加藻席緇純加

次席黼純在南尚食實醴尊於東序外帷內坫在尊北實角觶柶各一饌陳於尊西籩豆各十二俎三在籩豆之北設罍洗於尊東衮冕玉導置於箱太常博士一人立於西階下東面諸侍衛之官俱詣閤奉迎典儀帥贊者及羣官以次入就位太常博士引太常卿升西階立於西房外當戶北向侍中版奏外辦皇帝服空頂黑介幘絳紗袍出自西房即御座立太師太尉入就位典儀曰再拜贊者承傳在位者皆再拜太師升自西階立於東階上東面太尉詣阼階下盥洗盥手升自東階詣東房取纚櫛箱進跪奠於御座西端太師詣御座前跪奏曰坐皇帝坐太尉當前少左跪脫幘置於箱櫛畢設纚興少西東面立太師降盥受冕右執項左執前升自西階當前少左祝曰令月吉日始加元服壽考惟祺以介景福乃跪冠興復西階上位太尉前少左跪設簪結纓興復位皇帝興適東房殿中監徹櫛纚箱以退皇帝袞服出即席南向坐太尉詣序外帷內盥手洗觶酌醴加柶覆之面葉立於序內南面太師進

受醴面柄前北向祝曰甘醴唯厚嘉薦令芳承天之休壽考不忘退降立於西階下東面將祝殿中監率進饌者奉饌設於前皇帝左執觶右取脯擩於醢祭於籩豆之間太尉取胏一以進皇帝奠觶於薦西受胏舒左執本右絕末以祭上左手嚌之授太尉太尉加於俎降立於太師之南皇帝悅手取觶以柶祭醴啐醴建柶奠觶於薦東太師太尉復橫街南位典儀曰再拜贊者承傳在位者皆再拜太師太尉出侍中前跪奏禮畢皇帝興入自東房在位者以次出皇太子加元服有司豫奏司徒一人為賓卿一人為贊冠吏部承以戒之前一日尚舍設御幄於太極殿有司設群官皇太子之次位展縣設按陳車輿皆如皇帝之冠設賓受命位於橫街南道東贊冠位於其後少東皆北面又設文武官門外位於順天門外道東西其日侍中奏請中嚴羣官有司皆就位賓贊入立於太極門外道東西面黃門侍郎引主節持幡節中書侍郎引制書按立於樂縣東南西面北上侍中奏外辦皇帝服通天冠絳紗袍乘輿出

自西房即御坐賓贊入就位典儀曰再拜在位皆再拜侍中及舍人前承制侍中降至賓前稱有制公再拜侍中曰將加冠於某之首公其將事公少進北面再拜稽首辭曰臣不敏恐不能供事敢辭侍中外奏又承制降稱制旨公其將事無辭公再拜侍中舍人至卿前稱敕旨卿再拜侍中曰將加冠於某之首卿宜贊冠卿再拜黃門侍郎執節立於賓東北西面賓再拜受節付于主節又再拜中書侍郎取制書立賓東北西面賓再拜受制書又再拜典儀曰再拜贊者承傳在位皆再拜賓贊出皇帝降坐入自東房在位者以次出初賓贊出門以制書置於按引以幡節威儀鐃吹及六品以上皆詣東宮朝堂冠前一日衛尉設賓次於重明門外道西南向贊冠於其西南又設次於門內道西以待賓贊又設皇太子位於閤外道東西向三師位於道西三少位於其南少退俱東向又設軒縣於庭皇太子受制位於縣北解劍席於東北皆北面冠日平明宮臣皆朝服其餘公服集於重明門外朝堂宗正卿乘車

侍從詣左春坊勸停左右二率各勤所部屯門列仗左庶子版奏
請中嚴羣官有司入就位設罍洗於東階東南設冠席於殿上東
壁下少南西向賓席於西階上東向主人席於皇太子席西南西
向三師席於冠席南張帷於東序內設褥席於帷中又張帷於序
外具饌內直郎陳服於帷內東領北上衮冕金飾象笏遠游冠緇
布冠服玄衣素裳素韠白紗中單青領褾襈裾履襪革帶大帶笏
緇纚犀簪二物同箱在服南櫛實於箱又在南莞筵四藻席四又
在南良醞令實側尊甒醴於序外帷內設罍洗於尊東實巾一角
觶柶各一太官令實饌豆九籩九於尊西俎三在豆北衮冕遠游
三梁冠黑介幘緇布冠青組纓屬於冠冠冕各一箱奉禮郎三人
各執立於西階之西東面北上主人贊冠者（宗正卿為主人庶子為贊冠者）升詣
東序帷內少北戶東西立典謁引羣官以次入就位初賓贊入次
左庶子版奏外辦通事舍人引三師等入就閤外道西位東面立
皇太子空頂黑介幘雙童髻綵衣紫袴褶織成褾領綠紳烏皮履

乘輿以出洗馬迎於閤門外左庶子請降輿洗馬引之道東位西向
立左庶子請再拜三師三少答拜乃就階東南位三師在前三少在
後千牛二人夾左右其餘仗衞列於師保之外皇太子乃出迎賓至
阼階東西面立宗正卿立於門東西面賓立於西東面宗正卿再拜賓
不答拜賓入主人從入立於縣東北西面賓入贊冠者從賓詣殿階
間南面贊冠者立於賓西南東面節在賓東少南西面制案在贊冠
西南東面賓執制皇太子詣受制位北面立主節脫節衣賓稱有制
皇太子再拜宣詔曰有制皇太子某吉日元服率由舊章命太尉某
就宮展禮皇太子再拜少傅進詣賓前受制書以授皇太子付于庶
子皇太子升東階入于東序帷內近北南面立賓升西階及宗正卿
各立席後初賓升贊冠者詣罍洗盥手升自東階帷內於主人冠贊
之南俱西面主人贊冠者引皇太子出立於席東西面賓贊冠者取
纚櫛二箱坐奠於筵皇太子進升筵西面坐賓之贊冠者東面坐脫
幘置於箱櫛畢設纚興少北南面立冠緇布冠升賓降一等受之右執

項左執前進東向立祝曰令月吉日始加元服棄爾幼志慎其成
德壽考惟祺以介景福乃跪冠興復位皇太子東面立賓揖皇太
子贊冠者引適東序帷內服玄衣素裳之服以出立於席東西面
賓揖皇太子升筵西向坐賓之贊冠者進跪脫緇布冠置於箱興
復位賓降二等受遠游冠右執項左執前進祝曰吉月令辰乃申
嘉服克敬威儀式昭厥德眉壽萬歲永壽胡福乃跪冠興復位皇
太子興賓揖皇太子贊冠者引適東序帷內朝服以出立於席東
西面賓揖皇太子升筵坐賓之贊冠者跪脫遠游冠興復位賓降
三等受冕右執項左執前進祝曰以歲之正以月之令咸加其服以
成厥德萬壽無疆承天之慶乃跪冠興復位每冠皆贊冠者跪設
簪結纓皇太子興賓揖皇太子適東序服衮冕之服以出立於席
東西面贊冠者徹纚櫛箱以入又取筵入於帷內主人贊冠者又
設醴皇太子席於室戶西南向下莞上藻賓之贊冠者於東序外
帷內盥手洗觶典膳郎酌醴加柶覆之面柄授贊冠立於序內南

面賓揖皇太子就筵西南面立賓進受醴加柶面柄進北向立祝
曰甘醴唯厚嘉薦令芳拜受祭之以定爾祥承天之休壽考不忘
皇太子拜受觶賓復位東面答拜贊冠者與進饌者奉饌設於筵
前皇太子升筵坐左執觶右取脯擩於醢祭於籩豆之間贊冠者
取韭菹遍擩於豆以授皇太子又祭於籩豆之間贊冠者取胏一
以授皇太子皇太子奠觶於薦西興受胏卻左手執本坐繚右手
絕末以祭上左手嚌之興以授贊冠者加於俎皇太子坐挩手取
觶以柶祭醴三始扱一祭又扱再祭加柶於觶面葉興筵末坐啐
醴建柶興降筵西南面坐奠觶再拜執觶興賓答拜皇太子降立
於西階之東南面賓降立於西階之西少南贊冠隨降立於賓西
南皆東面賓少進字之祝曰禮儀既備令月吉日昭告爾字君子
攸宜宜之於嘏永受保之奉敕字某皇太子再拜曰某雖不敏敢
不祗奉又再拜洗馬引太子降阼階位三師在南北面三少在北
南面立皇太子西面再拜三師等各再拜以出典儀曰再拜贊者

承傳在位者皆再拜左庶子前稱禮畢皇太子乘輿以入侍臣從
至閤賓贊及宗正卿出就會皇子冠前三日本司帥其屬筮日筮
賓於聽事前二日主人至賓之門外次東面賓立於阼階下西面
儐者進於左北面受命出立於門東西面曰敢請事主人曰皇子
某王將加冠請某公教之儐者入告賓出立於門左西面再拜主
人荅拜主人曰皇子某王將加冠願某公教之賓曰某不敏恐不
能恭事敢辭主人曰某猶願某公教之賓曰王重有命某敢不從
主人再拜而還賓拜送命贊冠者亦如之冠之日夙興設洗於阼
階東南席於東房內西墉下陳衣於席東領北上袞冕遠游冠緇
布冠緇纚犀簪櫛實於箱在服南莞筵藻席各三在南設尊於房
戶外之西兩甒玄酒在西加勺冪設坫於尊東置二爵於坫加冪
豆十籩十在服北俎在籩豆之北質明賓贊至於主人大門外
之次遠游三梁緇布冠各一箱各一人執之待於西階之西東面
北上設主人之席於阼階上西面賓席於西階上東面皇子席於

室戶東房戶西南面俱下莞上藻主人立於阼階下當東房西面
諸親立於罍洗東南西面北上儐者立於門內道東北面皇子雙
童髻空頂幘綵褶錦紳烏皮履立於房內南面主人贊冠者立
於房內戶東西面賓及贊冠者出立於門西贊冠者少退俱東面
北上儐者受命於主人出立於門東西面曰敢請事賓曰皇子某
王將加冠某謹應命儐者入告主人出迎賓西面再拜賓荅拜主
人揖贊冠者贊冠者報揖主人又揖賓賓報主人入賓贊冠者以
次入及內門主人揖賓賓入贊冠者從之至內霤將曲揖賓報揖
至階主人立於階東西面賓立於階西東面主人曰請公升賓曰
某備將事敢辭主人曰固請公升賓曰某敢固辭主人曰終請公
升賓曰某敢終辭主人升自阼階立於席東西向賓升自西階立
於席西東向贊冠者及庭盥於洗升自西階入於東房立於主人
贊冠者之南俱西面主人贊冠者引皇子出立於房戶外西南面
賓之贊冠者取纚櫛簪箱跪奠於皇子筵東端興席東少北南面

立賓揖皇子賓主俱即座皇子進升席南面坐賓之贊冠者進筵
前北面跪脫雙童髻置於箱櫛畢設纚賓降盥主從降賓東面辭
曰願王不降主人曰公降辱敢不從降賓既盥詣西階賓主一揖
一讓升主人立於席後西面賓立於西階上東執緇布冠者升賓
降一等受之右執項左執前北面跪冠興復西階上席後東面立
皇子興賓揖皇子適房賓主俱坐皇子服青衣素裳之服出房戶
西南面立賓揖皇子皇子進立於席後南面賓降盥主人從降辭
對如初賓跪取爵於篚興洗詣西階賓主一揖一讓升坐主人立於
席後西面賓詣酒尊所酌酒進皇子筵前北向立祝曰旨酒既清
嘉薦亶時始加元服兄弟具來孝友時格永乃保之皇子筵西拜
爵賓復西階上東面荅拜執饌者薦籩豆於皇子筵前皇子升座
左執爵右取脯擩於醢祭於籩豆之間祭酒興筵末坐啐酒執爵
興降筵奠爵再拜執爵興賓荅拜冠者升筵跪奠爵於薦東興立
於筵西南面執饌者徹薦爵賓揖皇子皇子進升筵南向坐賓之

贊冠者跪脫緇布冠置於箱賓降二等受遠游冠冠之皇子興賓
揖皇子適房賓主俱坐皇子服朝服出房戶西南面立賓主俱興
賓揖皇子皇子進立於席後南面賓詣尊所取爵酌酒進皇子筵
前北向立祝曰旨酒既湑嘉薦伊脯乃申其服禮儀有序祭此嘉
爵承天之祜皇子筵西拜受爵祭饌如初禮賓揖皇子進升席南
面坐賓之贊冠者跪脫進賢冠賓降三等受袞冕冠之每冠皆贊冠
者設簪結纓皇子興賓揖皇子適房服袞冕以出房戶西南面賓
揖皇子進立於席後南面賓詣酒尊所取爵酌酒進皇子祝曰旨
酒令芳籩豆有楚咸加其服肴升折俎承天之慶受福無疆皇子
筵西拜受爵執饌者薦籩豆設俎於其南皇子升筵坐執爵祭脯
醢贊冠者取脯一以授皇子奠爵於薦西興受坐祭左手嚌之興
加於俎皇子坐涗手執爵祭酒興筵末坐啐酒降筵西南面坐奠
爵再拜執爵興賓荅拜皇子升筵坐奠爵於薦東興贊冠者引皇
子降立於西階之東南面初皇子降賓降自西階直西序東面立

主人降自東階直東序西面立賓少進字之曰禮儀既備令月吉
日昭告其字爰字孔嘉君子攸宜宜之于嘏永受保之曰孟某甫
仲叔季唯其所當皇子曰某雖不敏夙夜祗奉賓出主人送於內
門外主人西面請賓曰公辱執事請禮從者賓曰某既得將事敢
辭主人曰敢固以請賓曰某辭不得命敢不從賓就次主人入初
賓出皇子東面見諸親拜之皇子荅拜皇子入見內外諸尊於別
所賓主既釋服改設席訖賓贊俱出次立於門西主人出揖賓賓
報揖主人先入賓贊從之至階一揖一讓升坐俱坐會訖賓立於
西階上贊冠者在北少退俱東面主人立於東階上西面掌事者
奉束帛之篚升授主人於序端主人執篚少進西面立又掌事者
奉幣篚升立於主人後幣篚升牽馬者牽兩馬入陳於門內三分
庭一在南北首西上賓還西階上北面再拜主人進立於楹間贊
冠者立於賓左少退俱北面再拜主人南面賓贊進立於主人之
右俱南面東上主人授幣賓受之退復位於主人授幣掌事者又

以幣篚授贊冠者主人還阼階上北面拜送賓贊降自西階從者
訝受幣賓當庭實東面揖出牽馬者從出從者訝受馬於門外賓
降主人降送賓於大門西面再拜若諸臣之嫡子三加皆祝而冠
又祝而酌又祝而字庶子三加既加然後酌而祝之又祝而字其
始冠皆緇布再加皆進賢其三加一品之子以衮冕二品之子以
鷩冕三品之子以毳冕四品之子以絺冕五品之子以玄冕六品
至於九品之子以爵弁其服從之其即席而冠也嫡子西面庶子
南面其筮日筮賓贊遂戒之及其所以冠之禮皆如親王

禮樂志卷七

禮樂志第八　唐書十八

翰林學士兼龍圖閣學士朝散大夫給事中知制誥充史館脩撰臣歐陽　奉

敕撰

皇帝納皇后制命太尉爲使宗正卿爲副吏部承以戒之前一日有司展縣設桉陳車輿于太極殿廷如元日文武九品朝集蕃客之位皆如冠禮設使者受命位於大横街南道東西上副少退北面侍中請中嚴羣臣入就位使副入立於門外道東西面黄門侍郎引幡節中書侍郎引制書桉立於左延明門内道北西面北上乃奏外辦皇帝袞冕御輿出自西房即御座使副入就位典儀曰再拜在位者皆再拜侍中前承制降詣使者東北西面曰有制使副再拜侍中宣制曰納某官某氏女爲皇后命公等持節行納采等禮使副又拜主節立於使者東北西面以節授黄門侍郎侍郎以授使者付于主節立於後中書侍郎引制書桉立於使者東北以制書授使者置於桉典儀曰再拜在位者皆再拜使副出持節

者前導持桉者次之侍中奏禮畢皇帝入在位者以次出初使副乘輅鼓吹備而不作從者乘車以從其制書以油絡網犢車載之其日大昕使副至于次主人受於廟若寢布神席於室戶外之西莞筵紛純加藻席畫純南向右彫几使副立於門西北上持幡節者立於北少退制桉立於南執鴈者又在其南皆東面主人立於大門内西面儐者北面受命於左出立於門東西面曰敢請事使者曰某奉制納采儐者入告主人曰臣某之女若如人既蒙制訪臣某不敢辭儐者出告入引主人出迎使者於大門外之南北面再拜使者不荅主人揖使副先入至於階使副入導以幡節桉鴈從之幡節立西階之西東面使者由階升立於兩楹間南面副在西南持桉及執鴈者又在西南皆東面主人升阼階當使者前北面立持桉者以桉進授使者以制書節脫衣使者曰有制主人再拜宣制主人降詣階間北面再拜稽首升進北面受制書以授左右使者授鴈主人再拜進受鴈以授左右儐者引荅表桉進立於

主人後少西以表授主人主人進授使者退復位再拜節加衣謁者引使副降自西階以出制文以版長一尺二寸博四寸厚八分后家荅版亦如之問名使者既出遂立於内門外之西東面主人立於内門内東廂西面儐者出請事使者曰將加卜筮奉制問名儐者入告主人曰臣某之子若如人既蒙制訪臣某不敢辭儐者出告入引主人出迎使者以入授主人以制書荅表皆如納采使副降自西階以出立於内門外之西東面主人立於東階下西向儐者出請事使者曰禮畢儐者入告主人曰某公奉制至於某之室某有先人之禮請禮從者儐者出告使者曰某既得將事敢辭儐者入告主人曰先人之禮敢固以請儐者出告使者曰某辭不得命敢不從儐者入告遂引主人升立於序端掌事者徹几設二筵東上設甒醴於東房西牖下加杓冪坫在尊北實觶二角柶二籩豆各一實以脯醢在坫北又設洗於東南主人降迎使者西面揖先入使副入門而左主人入門而右至階主人曰請某位升使者

曰某敢辭主人又曰固請某位升使者曰某敢固辭主人又曰終請某位升使者曰敢終辭主人升自阼階使副升自西階北面立主人阼階上北面再拜受几於序端掌事者内拂几三奉兩端西北向以進主人東南向外拂几三振袂内執之掌事者一人又執几以從主人進西北向使者序進迎受於筵前東南向以俟主人還東階上北面再拜送使者以几跪進北面跪各設於坐左退於西階上北面東上荅拜立於階西東面南上賛者二人俱升取觶降盥手洗觶升實醴加柶於觶覆之面葉出房南面主人受醴面柄進使者筵前西北面立又賛者執觶以從使者西階上北面各一拜序進筵前東南面主人又以次授醴使者受俱復西階上位主人退復東階上北面一拜送掌事者以次薦脯醢於筵前使者各進升筵皆坐左執觶右取脯擩於醢祭於籩豆之間各以柶祭醴三始扱一祭又扱再祭興各以柶兼諸觶上興降筵於西階上俱北面坐啐醴建柶各奠觶於薦遂拜執觶興主人荅拜使者進

升筵坐各眞觶於薦東降筵序立於西階上東面南上掌事者牽馬入陳於門內三分庭一在南北首西上又掌事者奉幣篚升自東階以授主人受於序端進西面位掌事者一人又奉幣篚立於主人之後使者西階上俱北面再拜主人進詣楹間南面立使者序進立於主人之西俱南面主人以幣篚授使者使者受退立於西階上東面執幣者又以授主人主人受以授使副使副受之退立於使者之北俱東面主人還東階上北面再拜送使者降自西階從者訝受幣篚使者當庭實揖馬以出牽馬者從出使者出大門外之西東面立從者訝受馬主人出門東西面再拜送使者退主人入立於東階下西面儐者告於主人曰賓不顧矣主人反於寢使者奉答表詣闕納吉使者之辭曰加諸卜筮占曰日從制使某也入告主人之辭曰臣某之女若如人龜筮云吉臣預在焉臣某謹奉典制其餘皆如納采納徵其日使者至于主人之門外執事者入布幕於內門之外玄纁束陳於幕上六馬陳於幕南北首

西上執事者奉穀珪以櫝俟於幕東西面謁者引使者及主人立於大門之內外儐者進受命出請事使者曰某奉制納徵儐者入告主人曰奉制賜臣以重禮臣某祗奉典制儐者出告入引主人出迎使者入執事者坐啓櫝取珪加於玄纁牽馬者從入三分庭一在南北首西上執珪者在馬西俱北面其餘皆如納采冊后前一日守宮設使者次於后氏大門外之西尚舍設尚宮以下次於后氏閤外道西東向障以行帷其日臨軒命使如納采奉禮設使者位於大門外之西東向使副及內侍位於使者之南舉冊案及寶綬者在南差退持節者在使者之北少退俱東向設主人位於大門外之南北面使者以下及主人位於內門外亦如之設內謁者監位於內門外主人之南西面司贊位於東階東南掌贊二人在南差退俱西向又置一案於閤外使副乘輅持節備儀仗鼓吹備而不作內僕進重翟以下於大門之外道西東向以北爲上諸衞令其屬布后儀仗使者出次就位主人朝服立於東階下西面

儐者受命出請事使者曰某奉制授皇后備物典冊儐者入告主人出迎於大門外北面再拜使者不答拜使者入門而左持節者前導持案者次之主人入門而右至內門外位奉冊寶案者進授使副冊寶內侍進使者前西面受冊寶東面授內謁者監持入立於閤外之西東面跪置於案尚宮以下入閤奉后首飾褘衣傅姆贊出尚宮引降立於庭中北面尚宮跪取冊尚服跪取寶綬立於后之右西向司言司寶各一人立於后左東向尚宮曰有制尚儀曰再拜皇后再拜宣冊尚儀曰再拜皇后又再拜尚宮授皇后以冊受以授司言尚服又授以寶綬受以授司寶皇后升坐內官以下俱降立於庭重行相向西上司贊曰再拜掌贊承傳皆再拜諸應侍衞者各升立於侍位尚儀前跪奏曰禮畢皇后降坐以入使者復命其遣使者奉迎其日侍中版奏請中嚴皇帝服冕出升所御殿文武之官五品已上立於東西朝堂奉迎前一日守宮設使者次於太門之外道右設使副及內侍次於使者次西俱南向尚

舍設宮人次於閤外道西奉禮設使副持案執鴈者持節者及奉禮贊者位如冊后又設內侍位於大門外道左西面又設宮人以下位於堂前使副朝服乘輅持節至大門外次宮人等各之次奉迎尚儀奏請皇后中嚴傅姆導皇后尚宮前引出升堂皇后將出主婦出於房外之西南向文武奉迎者皆陪立於大門之外文官在東武官在西皆北上謁者引使者詣大門外位主人立於內門外堂前東階下西面儐者受命出請事使者曰某奉制以今吉辰率職奉迎儐者入告主人曰臣謹奉典制儐者出告入引主人出門南北面再拜謁者引入至內門外堂西階使者先升位於兩楹間南面副在西持案執鴈者在西南俱東面主人升東階詣使者前北面立使副授以制書曰有制主人再拜使者宣制主人降詣階間北面再拜稽首升進北面受制書主人再拜北面立使副授以鴈主人再拜進受仍北面立儐者引二人對舉答表案進主人以表授使副再拜降自西階以出復門外位奉禮曰再拜贊者承

傳使副俱再拜使者曰令月吉日臣某等承制率職奉迎內侍受
以入傳於司言司言受以奏聞尚儀奏請皇后再拜主人入升自
東階進西面誡之曰戒之敬之夙夜無違命主人退立於東階上
西面毋誡於西階上施衿結帨曰勉之敬之夙夜無違命皇后升
輿以降升重翟以几娣加景內宮侍從及內侍導引應乘車從者
如鹵簿皇后車出大門外以次乘車馬引從同牢之日內侍之屬
設皇后大次於皇帝所御殿門外之東南向將夕尚寢設皇帝御
幄於室內之奧東向鋪地席重茵施屏障初昏尚食設洗於東階
東西當東霤南北以堂深后洗於東房近北設饌於東房西墉下
豆各二十四簠簋各二甑登各三俎三尊於室內北牖下玄酒在西
又尊於房戶外之東無玄酒坫在南加四爵合巹器皆烏漆巹以
匏皇后入大門鳴鐘鼓從永巷至大次前回車南向施步障尚儀
進當車前跪請降車皇后降入次尚宮引詣殿門之外西向立尚
儀跪奏外辦請降坐禮迎皇帝降坐尚宮前引詣門內之西東面

揖后以入尚食酌玄酒三注於尊尚寢設席於室內之西東向皇
帝導后升自西階入室即席東向立皇后入立於尊西南面皇帝
盥於西洗后盥於北洗饌入設醬於席前菹醢在其北俎三設於
豆東豕俎特在北尚食設黍于醬東稷稻粱又在東設湆于醬南
設后對醬于東當特俎菹醢在其南北上設黍于豕俎北其西稷
稻粱設湆于醬北尚食啓會卻于簠簋之南對簠簋于北加匕箸
尚寢設對席於饌東尚食跪奏饌具皇帝揖皇后升對席西面皆
坐尚食跪取韭菹擩醢授皇帝取菹擩醢授皇后俱受祭於豆閒
尚食又取黍實於左手遍取稷稻粱反於左手授皇帝又取黍稷
稻粱授皇后俱受祭於豆閒又各取肺絕末授帝后俱祭於豆閒
尚食各以肺加於俎司飾二人以巾授皇帝及皇后俱涚手尚食
各跪品嘗饌移黍置於席上以次授肺脊帝后皆食三飯卒食尚
食二人俱盥手洗爵於房入室酌于尊以授帝后俱受祭尚食各
以肝從皆奠爵振祭嚌之尚食皆受實於俎豆各取爵皆飲尚儀

受虛爵奠於坫再酳如初三酳用巹如再酳尚食俱降東階洗爵
升酌於戶外進北面奠爵興再拜跪取爵祭酒遂飲卒爵奠遂拜
執爵興降奠於篚尚儀北面跪奏稱禮畢興帝后俱興尚宮引皇
帝入東房釋冕服御常服尚宮引皇后入幄脫服尚宮引皇帝入
尚食徹饌設於東房如初皇后從者餕皇帝之饌皇帝侍者餕皇
后之饌皇太子納妃皇帝遣使者至于主人之家不持節無制書
其納采問名納吉納徵告期皆如后禮其冊妃前一日主人設使
者次大門之外道右南向又設宮人次於使者西南俱東向障以
行帷奉禮設使者位於大門外之西副及內侍又於其南舉冊按
及璽綬命服者又南差退俱東向設主人位於門南北面又設位
於內門外如之設典內位於內門外主人之南西面宮人位於門
外使者之後重行東向以北為上障以行帷設贊者二人位於東
階東南西向典內預置一按於閤外使副朝服乘輅持節鼓吹備
而不作至妃氏大門外次掌嚴奉褕翟衣及首飾內廐尉進厭翟

於大門之外道西東向以北為上諸衛帥其屬布儀仗使者出次
持節前導及宮人典內皆就位主人朝服出迎於大門之外北面
再拜使者入門而左持按從之主人入門而右至內門外位奉冊
寶按者進授使副冊寶內侍西面受之東面授典內典內持入跪
置於閤內之按奉衣服及侍衛者從入皆立於典內之南俱東面
傅姆贊妃出立於庭中北面掌書跪取玉寶南向掌嚴奉首飾褕
翟與諸宮官侍衛者以次入司則前贊妃再拜北面授冊寶於掌
書南向授妃妃以授司閨司則又贊再拜乃請妃升坐宮官以下
皆降立於庭重行北面西上贊者曰再拜皆再拜司則前啓禮畢
妃降座入於室主人儐使者如禮賓之儀臨軒醮戒前一日衛尉
設次於東朝堂之北西向又設宮官次於重明門外其日皇太子
服袞冕出升金輅至承天門降輅就次前一日有司設御座於太
極殿阼階上西向設群官次於朝堂展縣陳車輅其日尚
舍設皇太子席位於戶牖間南向莞席藻席尚食設酒尊於東

序下又陳籩脯一豆醢一在尊西脯前三刻設羣官版位於內奉
禮設版位於外如朝禮侍中版奏請中嚴前三刻諸侍衛之官侍
中中書令以下俱詣閤奉迎典儀帥贊者先入就位吏部兵部贊
羣官出次就門外位侍中版奏外辦皇帝服通天冠絳紗袍乘輿
出自西房即御座西向羣官入就位典儀曰再拜贊者承傳在位
者皆再拜皇太子入縣南典儀曰再拜贊者承傳皇太子再拜詣
階脫舄升席西南面立尚食酌酒於序進詣皇太子西東面立皇
太子再拜受爵尚食又薦脯醢於席前皇太子升席坐左執爵右
取脯擩於醢祭於籩豆之間右祭酒興降席西南面坐啐酒奠爵
興再拜執爵興奉御受虛爵直長徹薦還於房皇太子進當御座
前東面立皇帝命之曰往迎爾相承我宗事勗帥以敬皇太子曰
臣謹奉制旨遂再拜降自西階納舄出門典儀曰再拜贊者承傳
在位者皆再拜以次出侍中前跪奏禮畢皇帝入皇太子既受命
執燭前馬鼓吹至于妃氏大門外道西之次回輅南向左庶子跪

奏降輅之次主人設几筵妃服褕翟花釵立於東房主婦立於房
戶外之西南向主人公服出立於大門之內西向在廟則祭服左
庶子跪奏請就位皇太子立於門西東面儐者受命出請事左
庶子承傳跪奏皇太子曰以茲初昏某奉制承命左庶子俛伏興
傳於儐者入告主人曰某謹敬具以須儐者出傳於左庶子以奏
儐者入引主人迎於門外之東西面再拜皇太子荅再拜主人揖
皇太子先入掌畜者以鴈授左庶子以授皇太子執鴈入及內門
主人讓曰請皇太子入皇太子曰某弗敢先主人又固請皇太子
又曰某固弗敢先主人揖皇太子入門而左主人入門而右及內
門主人揖入及內霤當曲揖當階揖皇太子皆報揖至於階主人
曰請皇太子升皇太子曰某敢辭主人固請皇太子又曰某敢固
辭主人終請皇太子又曰某終辭主人揖皇太子報揖主人升立
於阼階上西面皇太子升進當房戶前北面跪奠鴈再拜降出主
人不降送內廄尉進厭翟於內外傅姆導妃司則前引出於母左

師姆在右保姆在左父少進西面戒之曰必有正焉若衣花命之
曰戒之敬之夙夜無違命母戒之西階上施衿結帨命之曰勉之
敬之夙夜無違命庶母及門內施鞶申之以父母之命命之曰敬
恭聽宗父母之言夙夜無愆視諸衿鞶妃既出內門至輅後皇太
子授綏姆辭不受曰未教不足與為禮妃升輅乘以几姆加景皇
太子馭輪三周馭者代之皇太子出大門乘輅還宮妃次於後主
人使其屬送妃以族從同牢之日司閨設妃次於閤內道東南向
設皇太子御幄於內殿室內西廂東向設席重茵施屏障設同牢
之席於室內皇太子之席西廂東向妃席東廂西向席間量容牢
饌設洗於東階東南設妃洗於東房近北饌於東房西墉下豆各
二十簠簋各二鉶各三瓦登一俎三尊在室內北墉下玄酒在西
又設尊於房戶外之東無玄酒篚在南實四爵合巹皇太子車至
左閤回輅南向左庶子跪奏請降輅入俟於內殿門外之東西面
妃至左閤外回輅南向司則請妃降輅前後扇燭就次立於內殿

門西東面皇太子揖以入升自西階妃從升執扇燭者陳於東西
階內皇太子即席東向立妃西向立司饌進詣階間跪奏具牢饌
司則承令曰諾遂設饌如皇后同牢之禮司饌跪奏饌具皇太子
及妃俱坐司饌跪取脯取韭菹皆擩於醢授皇太子又取授妃俱
受祭於籩豆之間司饌跪取黍實於左手遍取稷反於右手授皇
太子又授妃各受祭於菹醢之間司饌各立取肺皆絕末跪授皇
太子及妃俱受又祭於菹醢之間司饌俱以肺加於俎掌嚴授皇
太子妃巾涗手以柶扱上鉶遍擩之祭於上豆之間司饌品嘗妃
饌移黍置於席上以次跪授肺脊皇太子及妃皆食以湆醬三飯
卒食司饌北面請進酒司則承令曰諾司饌二人俱盥手洗爵於
房入室酌于尊北面立皇太子及妃俱興再拜一人進授皇太子
一人授妃皇太子及妃俱坐祭酒舉酒司饌各以肝從司則進受
虛爵奠於篚司饌又俱洗爵酌酒再酳皇太子及妃俱受爵飲三
酳用巹如再酳皇太子及妃立於席後司則俱降東階洗爵升酌

於戶外北面俱奠爵興再拜皇太子及妃俱荅拜司則坐取爵祭酒遂飲啐爵奠遂拜執爵興降奠爵於篚司饌奏徹饌司則前跪奏稱司則妾姓言請殿下入皇太子乃入於東房釋冕服著袴褶司則啓妃入幃幄皇太子入室媵餕皇太子之饌御餕妃之饌親王納妃其納采問名納吉納徵請期使者公服乘犢車至於妃氏之家主人受於廟若寢其賓主相見儐贊出入升降與其禮賓者大抵皆如皇太子之使而無副其聘以玄纁束乘馬玉以璋冊命之日使者持節有副親迎王衮冕輅車至于妃氏之門外主人布席於室戶外之西西上右几又席於戶內南向設甒醴於東房東北隅篚在尊南實觶一角柶一脯醢又在其南妃於房內即席南向立姆立於右主人立於戶之東西面內贊者以觶酌醴加柶覆之面枋進筵前北面妃降席西南面再拜受觶內贊者薦脯醢妃升席跪左執觶右取脯擩於醢祭於籩豆之間遂以柶祭醴三始扱一祭又扱再祭興筵末跪啐醴建柶奠觶降筵西南面再拜就

席立主人乃迎賓其餘皆如皇太子之迎初昏設洗於東階東南又設妃洗於東房近北饌於東房障以帷豆十六簠簋各二㽅各二俎三羊豕腊羊豕節折尊坫於室內北墉下玄酒在西又設尊於房戶外之東無玄酒坫在南實以四爵合卺王至降車以俟妃至降車北面立王南面揖妃以入及寢門又揖以入贊者酌玄酒三注於尊妃從者設席於奧東向王導妃升自西階入於室即席東面立妃入立於尊西南面王盥於南洗妃從者沃之妃盥於北洗王從者沃之俱復位立贊者設饌入西面告饌具王揖妃即對席西面皆坐其先祭而後飯乃酳祭至于燭入皆如太子納妃之禮公主出降禮皆如王妃而納采問名納吉納徵請期主人皆受於寢其賓之辭曰國恩貺室於某公之子某公有先人之禮使某也請主人命賓曰寡人有先皇之禮云其諸臣之子一品至于三品爲一等玄纁束乘馬玉以璋四品至于五品爲一等玄纁束兩馬無璋六品至于九品爲一等玄纁束儷皮二而無馬儷皮二納麛之毛如

內左首立於寢南其餘納采問名納吉納徵請期大抵皆如親王納妃其親迎之日大昕壻之父女之父告於禰廟若寢將行布席於東序西向又席於戶牖之間南向父公服坐於東序西向子服其上服一品衮冕二品鷩冕三品毳冕四品絺冕五品玄冕六品爵弁庶人絳公服升自西階進立於席西南向贊者酌酒進北面以授子子再拜受爵贊者薦脯醢於席前子升席跪左執爵右取脯擩於醢祭於籩豆之間右祭酒執爵興降席西南面跪卒爵再拜執爵興贊者受虛爵還尊所子進立於父席前東面父命之曰往迎爾相承我宗事勗率以敬先妣之嗣若則有常庶子但云往迎爾相勗率以敬子再拜曰不敢忘命又再拜降出乃迎初昏設洗陳饌皆如親王牲少牢及腊三俎二籩二簋其豆數一品十六二品十四三品十二壻及婦共牢婦之簋簠及豆㽅之數各視其夫尊於室中北墉下設尊於房戶外之東加冪勺無玄酒夫婦酌於內尊四爵兩卺几六夫婦各三酳主人乘華輅至於婦氏大門外女準其夫服花釵

翟衣入於房以觶酌醴如王妃主人迎賓以入遂同牢皆如親王納妃之禮質明布舅席於東序西向布姑席於房戶外之西南向舅姑即席婦執笲棗栗入升自西階東面再拜進跪奠於舅席前舅撫之婦退復位又再拜降自西階受笲腶脩升進北面再拜進跪奠於姑席前姑舉之婦退復位又再拜婦席於姑西少北南向側尊甒醴於房內東壁下籩豆一實以脯醢在尊北設洗於東房近北婦立於席西南面內贊者盥手洗觶酌醴加柶面柄北面立于婦前婦進東面拜受復位內贊者西階上北面拜送乃薦脯醢婦升席坐左執觶右取脯擩於醢祭於籩豆之間以柶祭醴三始扱一祭又扱再祭加柶於觶面葉興降席西東面坐啐醴建柶興拜內贊者荅拜婦進升席跪奠觶於豆東取脯降自西階以出授氏從入於寢門外盥饋舅姑入於室婦盥饋布席於室之奧舅姑共席坐俱東面南上贊者設尊於室內北墉下饌於房內西墉下如同牢牲體皆節折右載之於舅俎左載之於姑俎婦入升

自西階入房以醬進其他饌從者設之皆加匕箸俎入設於豆東贊者各授箸舅姑各以篚菹擩於醬祭於籩豆之間又祭飯訖乃食三飯卒食婦入於房盥手洗爵入室酌酒酳舅進奠爵舅席前少東西面再拜舅取爵祭酒飲之婦受爵出戶入房奠於右盥手洗爵酌酒酳姑設婦席於室內北墉下尊東面婦徹饌設於席前如初西上婦進西面再拜退升席南向坐將餕舅命易醬內贊者易之婦乃餕姑饌婦祭內贊者助之既祭乃食三飯卒食內贊者洗爵酌酒酳婦降席西面再拜受爵升席坐祭酒飲執爵興降席東南面立內贊者受爵奠於坫婦進西面再拜受爵升席坐祭酒飲訖執爵興降席東南面立內贊者受奠於篚婦進西面再拜舅姑先降自西階婦降自阼階凡庶子婦舅不降而婦降自西階以出

禮樂志第八

禮樂志第九　唐書十九

翰林學士兼龍圖閣學士朝散大夫給事中知制誥充史館脩撰臣歐陽脩奉

敕撰

皇帝元正冬至受羣臣朝賀而會前一日尚舍設御幄於太極殿有司設羣官客使等次於東西朝堂展縣置桉陳車輿又設解劒席於縣西北橫街之南文官三品以上位於橫街之南道東褒聖侯位於三品之下介公酅公位於道西武官三品以上位於介公之西少南文官四品五品位於縣東六品以下位於橫街之南又設諸州朝集使位都督刺史三品以上位於文武官三品之東西四品以下分方位於文武官當品之下諸州使人又於朝集使之下諸親於四品五品之南設諸蕃方客位三等以上東方南方在東方朝集使之東西方北方在西方朝集使之西每國異位重行北面四等以下分方位於朝集使六品之下又設門外位文官於東朝堂介公酅公在西朝堂之前武官在介公之南少退每等異位

重行諸親位於文武官四品五品之南諸州朝集使東方南方在宗親之南使人分方於朝集使之下諸方客東方南方在東方朝集使之南西方北方在西方朝集使之南每國異位重行其日將士填諸街勒所部列黃麾大仗屯門及陳於殿庭羣官就次侍中版奏請中嚴諸侍衛之官詣閤奉迎吏部兵部主客戶部贊羣官客使俱出次通事舍人各引就朝堂前位引四品以下及諸親客等應先置者入就位侍中版奏外辦皇帝服袞冕冬至則服通天冠絳紗袍御輿出自西房即御座南向坐符寶郎奉寶置於前公王以下及諸客使等以次入就位典儀曰再拜贊者承傳在位者皆再拜上公一人詣西階席脫舃跪解劒置於席升當御座前北面跪賀稱某官臣某言元正首祚景福惟新伏惟開元神武皇帝陛下與天同休（冬至云天正長至伏惟陛下如日之昇）乃降階詣席跪佩劒俛伏興納舃復位在位者皆再拜侍中前承詔降詣羣官東北西面稱有制在位者皆再拜宣制曰履新之慶與公等同之（冬至云履長）在位者

皆再拜舞蹈三稱萬歲又再拜初羣官將朝中書侍郎以諸州鎮表別為一桉俟於右延明門外給事中以祥瑞桉俟於左延明門外侍郎給事中俱就侍臣班初入戶部以諸州貢物陳於太極門東東西廂禮部以諸蕃貢物可執者蕃客執入就位其餘陳於朝堂前上公將入門中書侍郎給事中皆降各引其桉入詣東西階下立上公將升賀中書令黃門侍郎俱降各立取所奏之文以次升上公已賀中書令前跪奏諸方表黃門侍郎又進跪奏祥瑞俱降置所奏之文於桉侍郎與給事中引桉退至東西階前桉出初侍中已宣制朝集使及蕃客皆再拜戶部尚書進詣階間跪奏稱戶部尚書臣某言諸州貢物請付所司侍中前承制退稱制曰可禮部尚書以次進詣階間跪奏稱禮部尚書臣某言諸蕃貢物請付所司侍中前承制退稱制曰可太府帥其屬受諸州及諸蕃貢物出歸仁納義門執物者隨之典儀曰再拜通事舍人以次引北面位者出侍中前跪奏稱侍中臣某言禮畢皇帝降座御輿入自

東房侍臣從至閤引東西面位者以次出蕃客先出冬至不奏祥瑞無諸方表其會則太樂令設登歌於殿上二舞入立於縣南尚舍設羣官升殿者座文官三品以上於御座東南西向介公酅公在御座西南東向武官三品以上於其後朝集使都督刺史蕃客三等以上座如立位設不升殿者座各於其位又設羣官解劒席於縣之西北橫街之南尚食設壽尊於殿上東序之端西向設坫於尊南加爵一太官令設升殿者酒尊於東西廂近北設在庭羣官酒尊各於其座之南皆有坫冪俱障以帷吏部兵部戶部主客贊羣官客使俱出次通事舍人引就朝堂前位又引非升殿者次入就位侍中版奏外辦皇帝改服通天冠絳紗袍御輿出自西房即御座典儀一人升就東階上通事舍人引公王以下及諸客使以次入就位侍中進當御座前北面跪奏稱侍中臣某言請延諸公王等升又侍中稱制曰可侍中詣東階上西面稱制延公王等升殿上典儀承傳階下贊者又承傳在位者皆再拜

應升殿者詣東西階至解劒席脫舄解劒升上公一人升階少東
西面立於座後光祿卿進詣階間跪奏稱臣某言請賜群臣上壽
侍中稱制曰可光祿卿退升詣酒尊所西向立上公詣酒尊所北
面尚食酌酒一爵授上公上公受爵進前北面授殿中監殿中監
受爵進置御前上公退北面跪稱某官臣某等稽首言元正首祚
冬至云天正長至臣某等不勝大慶謹上千秋萬歲壽再拜在位者皆再
拜立於席後侍中前承制退稱敬舉公等之觴在位者又再拜殿
中監取爵奉進皇帝舉酒在位者皆舞蹈三稱萬歲皇帝舉酒訖
殿中監進受虛爵以授尚食尚食受爵於坫初殿中監受虛爵殿
中典儀唱再拜階下贊者承傳在位者皆再拜上公就座後立殿
上典儀唱就座階下贊者承傳俱就座歌者琴瑟升坐笙管立階
間尚食進酒至階殿上典儀唱酒至興階下贊者承傳坐者皆俛
伏起立於席後殿中監到階省酒尚食奉酒進皇帝舉酒太官令
又行群官酒酒至殿上典儀唱再拜階下贊者承傳在位者皆再

拜搢笏受觶殿上典儀唱就座階下贊者承傳皆就座皇帝舉酒
尚食進受虛爵復于坫觴行三周尚食進御食食至階殿上典儀
唱食至興階下贊者承傳坐者皆起立座後殿中監到階省桉尚
食品嘗食訖以次進置御前太官令又行群官桉設食訖殿上典
儀唱就座階下贊者承傳皆就座皇帝乃飯上下俱飯御食畢仍
行酒遂設庶羞二舞作若賜酒侍中承詔詣東階上西面稱賜酒
殿上典儀承傳階下贊者又承傳坐者皆起再拜立受觶就席坐
飲立授虛爵又再拜就座酒行十二遍會畢殿上典儀唱可起階
下贊者承傳上下皆起降階佩劒納舄復位位於殿庭者仍立於
席後典儀曰再拜贊者承傳在位者皆再拜若有賜物侍中前承
制降詣群官東北西面稱有制在位者皆再拜侍中宣制又再拜
以次出侍中前跪奏稱侍中臣某言禮畢皇帝興御輿入自東房
東西面位者以次出皇帝若服翼善冠袴褶則京官袴褶朝集使
公服設九部樂則去樂縣無警蹕太樂令帥九部伎立於左右延

明門外群官初唱萬歲太樂令即引九部伎聲作而入各就座
以次作臨軒冊皇太子有司卜日告于天地宗廟前一日尚舍設
御幄于太極殿有司設太子次于東朝堂之北西向又設版位於
大橫街之南展縣設桉陳車輿及文武群官朝集蕃客之次位
皆如加元服之日其日前二刻宮官服其器服諸衛率各勒所部
陳于庭左庶子奏請中嚴侍衛之官奉迎僕進金路內率一人執
刀贊善奏發引令侍臣上馬庶子承令其餘略如皇帝出宮之禮
皇太子遠遊冠絳紗袍三師導三少從鳴鐃而行降路入次亦如
[illegible][illegible]其日列黃麾大仗侍中請中嚴有司與群官皆入就位三
師三少導從皇太子立於殿門外之東西向黃門侍郎以冊寶綬桉
立於殿內道北西面中書侍郎立桉後侍中乃奏外辦皇帝服袞
冕出自西房即御座皇太子入就位典儀曰再拜皇太子再拜又
曰再拜在位者皆再拜中書令降立於皇太子東北西向中書侍
郎一人引冊一人引寶綬桉立於其東西面以冊授之中書令曰

有制皇太子再拜中書令跪讀冊皇太子再拜受冊左庶子受之
侍郎以璽綬授中書令皇太子進受以授左庶子皇太子再拜在
位者皆再拜侍中奏禮畢皇帝入自東房在位者以次出皇帝御
明堂讀時令孟春禮部尚書先讀令三日奏讀月令承以宣告前
三日尚舍設大次於東門外道北南向守宮設文武侍臣次於其
後之左右設群官次於璧水東之門外文官在北武官在南俱西
上前一日設御座於青陽左个東向三品以上及諸司長官座於
堂上文官座於御座東北南向武官座於御座之東北向俱重行
西上設刑部郎中讀令座於御座東南北向有桉設文官解劒席
於丑陛之左武官於卯陛之右皆內向太樂令展宮縣於青陽左
个之庭設舉麾位於堂上寅陛之南北向其一位於樂縣東北南
向典儀設三品以上及應升坐者位於縣東文左武右俱重行西
向非升坐者文官四品五品位於縣北六品以下於其東絕位俱
南向武官四品五品於縣南六品以下於其東俱北向皆重行西

上設典儀位於縣之西北贊者二人在東差退俱南向奉禮設門外位各於次前俱每等異位重行相向西上其日陳小駕皇帝服青紗袍佩蒼玉乘金路出宮至于大次文武五品以上從駕之官皆就門外位太樂令工人協律郎典儀師贊者皆先入群官非外坐者次入就位刑部郎中以月令置於桉覆以帊立於武官五品東南郎中立於桉後北面侍中版奏外辦皇帝御輿入自青龍門外自寅階即座符寶郎置寶於前典儀外立於左个東北南向公王以下入就西面位典儀曰再拜贊者承傳在位者皆再拜侍中前跪奏稱侍中臣某言請延公王等升又侍中稱制曰可侍中詣左个東北南向稱詔延公王等升典儀傳贊者承傳在位者皆再拜西面位者各詣其階解劍脫舄升立於座後刑部郎中引桉進立於卯階下侍中跪奏請讀月令又侍中稱制曰可刑部郎中再拜解劍脫舄取令升自卯階詣席南北向跪置令於桉立於席後堂上典儀唱就座公王以下及刑部郎中並就座刑部郎中讀

令每句一絶使言聲可了讀訖堂上典儀唱可起王公以下皆起刑部郎中以令置於桉與群官佩劍納舄復于位典儀曰再拜在位者皆再拜西面位者出侍中跪奏稱侍中臣某言禮畢皇帝降座御輿出之便次南北面位者以次出自仲春以後每月各居其位皆冠通天服王之色如其時若四時之孟月及季夏土王讀五時令於明堂亦如之皇帝親養三老五更於太學所司先奏三師三公致仕者用其德行及年高者一人爲三老次一人爲五更五品以上致仕者爲國老六品以下致仕者爲庶老尚食具牢饌前三日尚舍設大次於學堂之後隨地之宜設三老五更次於南門外之西群老又於其後皆東向文官於門外之東武官在群老之西重行東西向皆北上前一日設御座於堂上東序西向莞筵藻席三老座於西楹之東近北南向五更座於西階上東向國老三人座於三老西階不屬焉皆莞筵藻席衆國老座於堂下西階之西東面北上皆蒲筵緇布純加莞席太樂令展宮縣於庭設登

歌於堂上如元會典儀設文武官五品以上位於縣東西六品以下在其南皆重行西向北上蕃客位於其南諸州使人位於九品之後學生分位於文武官之後設門外位如設次又設尊於東楹之西北向左玄酒右坫以置爵其日鑾駕將至先置之官就門外位學生俱青衿服入就位鑾駕至太學門回輅南向侍中跪奏請降輅降入大次文武五品以上從駕之官皆就門外位太樂令工人二舞入群官客使以次入初鑾駕出宮量時刻遣使迎三老五更於其第三老五更俱服進賢冠乘安車前後導從其國老庶老則有司預戒之鑾駕既至太學三老五更及群老等俱赴集群老各服其服太常少卿贊三老五更俱出次引立於學堂南門外之西東面北上奉禮贊群老出次立於三老五更之後太常博士引太常卿升立於學堂北戶之內當戶北面侍中版奏外辦皇帝出戶殿中監進大珪皇帝執大珪降迎三老於門內之東西面立侍臣從立於皇帝之後太常卿與博士退立於左三老五更皆杖各

二人夾扶左右太常少卿引導敦史執筆以從三老五更於門西東面北上奉禮引群老隨入立於其後太常卿前奏請再拜皇帝再拜三老五更去杖攝齊荅拜皇帝揖進三老在前五更從仍杖夾扶至階皇帝揖升俱就座後立皇帝西面再拜三老三老南面荅拜皇帝又西向肅拜五更五更荅肅拜俱坐三公授几九卿正履殿中監尚食奉御進珍羞及黍稷等皇帝省之遂設於三老前皇帝詣三老座前執爵而饋乃詣酒尊所取爵侍中贊酌酒皇帝進執爵而酳尚食奉御以次進珍羞酒食於五更前國老庶老等皆坐又設酒食於前皆食皇帝即座三老乃論五孝六順典訓大綱格言宣於上惠音被于下皇帝乃虛躬請受敦史執筆錄善言善行禮畢三老以下降筵太常卿引皇帝從以降階逡巡立於階前三老五更出皇帝升立於階上三老五更出門侍中前奏禮畢皇帝降還大次三老五更升安車導從而還群官及學生等以次出明日三老詣闕表謝州貢明經秀才進士身孝悌旌表門閭

者行鄉飲酒之禮皆刺史爲主人先召鄉致仕有德者謀之賢者
爲賓其次爲介又其次爲衆賓與之行禮而賓舉之主人戒賓立
於大門外之西東面賓立於東階下西面將命者立於賓之左北
面受命出立於門外之東西面曰敢請事主人曰某日行鄉飲酒
之禮請吾子臨之將命者入告賓出立於門東西面拜辱主人荅
拜主人曰吾子學優行高應茲觀國某日展禮請吾子臨之賓曰
某固陋恐辱命敢辭主人曰某謀於父師莫若吾子賢敢固以請
賓曰夫子申命之某敢不敬須主人再拜賓荅拜主人退賓拜送
其戒介亦如之辭曰某日行鄉飲酒之禮請吾子貳之其日質明
設賓席於楹間近北南向主人席於阼階上西向介席於西階上
東向衆賓席三於賓席之西南向皆不屬又設堂下衆賓席於西
階西南東面北上設兩壺於賓席之東少北玄酒在西加勺冪置
篚於壺南東肆實以爵觶設贊者位於東階東西向北上賓介及
衆賓至位於大門外之右東面北上主人迎賓於門外之左西面

拜賓賓荅拜又西南面拜介介荅拜又西南面揖衆賓衆賓報揖
主人又揖賓賓報揖主人先入門而右西面賓入門而左東面介
及衆賓序入立於賓西南東面北上衆賓非三賓者皆北面東上
主人將進揖當階揖賓皆報揖及階主人曰請吾子升賓曰某敢
辭主人曰固請吾子升賓曰某敢固辭主人曰終請吾子升賓曰
某敢終辭主人升自阼階賓升自西階當楣北面立執尊者徹冪
主人適篚跪取爵興適尊實之進賓席前西北面獻賓賓西階上
北面拜主人少退賓進於席前受爵退復西階上北面立主人退
於阼階上北面拜送爵賓少退贊者薦脯醢於賓席前賓自西方
升席南面立贊者設折俎賓跪左執爵右取脯擩於醢祭於籩豆
之間遂祭酒啐酒興降席東適西階上北面跪卒爵執爵興適尊
實之進主人席前東面酢主人主人於阼階上北面拜賓少退主
人進受爵退阼階上北面立賓退復西階上北面拜送爵贊者薦
脯醢於主人席前主人由席東自北方升席贊者設折俎主人跪

左執爵右祭脯擩於醢祭於籩豆之間遂祭酒啐酒興自南方降
席復阼階上北面跪卒爵執爵興跪奠爵於東序端興適篚跪取
觶實之以酬復阼階上北面跪奠觶遂拜執觶興賓西階上荅拜
主人跪酒祭遂飲卒觶執觶興適尊實之進賓席前北面賓拜
主人少退賓既拜主人跪奠觶於薦西興復阼階上位賓遂進席
前北面跪取觶興復西階上位主人北面拜送賓進席前北面跪
奠觶於薦東興復西階上位主人北面揖降立阼階下西面賓降
立於階西東面主人進延介揖之介報揖至階一讓升主人升阼
階介升西階當楣北面立主人詣東序端跪取爵興適尊實之進
於介席前西南面獻介介西階上北面拜主人少退介進北面受
爵退復位主人於介右北面拜送爵介少退主人立於西階之東
贊者薦脯醢於介席前介進自北方升席贊者設折俎介跪左執
爵右祭脯醢遂祭酒執爵興自南方降席北面跪卒爵執爵興介
授主人爵主人適尊實之酢於西階上立於介右北面跪奠爵遂

拜執爵興介荅拜主人跪祭遂飲卒爵執爵興進跪奠爵於西楹
南還阼階上揖降介降立於賓南主人於阼階前西南揖衆賓遂
升適西楹南跪取爵興適尊實之進於西階上南面獻衆賓之長
升西階上北面拜受爵主人於衆賓長之右北面拜送贊者薦脯
醢於其席前衆賓之長升席跪左執爵右祭脯醢祭酒執爵興退
於西階上立飲訖授主人爵降復位主人又適尊實之進於西階
上南面獻衆賓之次者如獻衆賓之長又次一人升飲亦如之主
人適尊實酒進於西階上南面獻堂下衆賓每一人升受爵跪祭
立飲贊者遍薦脯醢於其位主人受爵尊於篚主人與賓一揖一
讓升賓介衆賓序升即席設工人席於堂廉西之東北面東上工
四人先二瑟後二歌工持瑟升自階就位坐工鼓鹿鳴卒歌笙入
立於堂下北面奏南陔乃間歌歌南有嘉魚笙崇丘乃合樂周南
關雎召南鵲巢司正升自西階（司正謂主人贊禮者禮樂之正既成將留賓爲有懈惰立司正以監之）
跪取觶於篚興適尊實之降自西階詣階間左還北面跪奠觶拱

手少跪取觶遂飲卒觶奠再拜賓降席跪取觶於篚適尊實之
詣阼階上北面酬主人主人降席進立於賓東賓跪奠觶遂拜執
觶興主人荅拜賓立飲卒觶適尊實之阼階上東南授主人主人
再拜賓少退主人受觶賓於主人之西北面拜送賓揖復席主人
進西階上北面酬介介降席自南方進立於主人之西北面主人
跪奠觶遂拜執觶興介荅拜主人立飲卒觶適尊實之進西階上
西面立介拜主人少退介受觶主人於介東北面拜送主人揖復
席司正升自西階近西北面立相旅曰某子受酬受酬者降席自
西方進北面立於介右司正退立於序端東面避受酬者介跪奠
觶遂拜執觶興某子荅拜介立飲卒觶適尊實之進西階上西南
面授某子某子受觶介立於某子之左北面揖復席司正曰某子
受酬受酬者降席自西方立於某子之左北面某子跪奠觶遂拜
執觶興受酬者荅拜某子立飲卒觶適尊實之進西階上西南面
授之受酬者受觶某子立於酬者之右揖復席次一人及堂下衆

賓受酬亦如之卒受酬者以觶跪奠於篚興復階下位司正適阼
階上東面請命於主人主人曰請坐於賓司正回北面告於賓曰
請賓坐賓曰唯命賓主各就席坐若賓主公服者則降脫履主
人先左賓先右司正降復位乃羞肉胾醢賓主燕飲行無筭爵無
筭樂主人之贊者皆興焉已燕賓主俱興賓以下降自西階主人
降自東階賓以下出立於門外之西東面北上主人送於門外之
東西面再拜賓介遂巡而退季冬之月正齒位則縣令爲主人鄉
之老人年六十以上有德望者一人爲賓次一人爲介又其次爲三賓
又其次爲衆賓年六十者三豆七十者四豆八十者五豆九十者及
主人皆六豆賓主燕飲則司正北面請賓坐賓主各就席立司正適
篚跪取觶興實之進立于楹間北面乃揚觶而戒之以忠孝之本賓
主以下皆再拜司正跪奠觶再拜跪取觶飲卒觶興賓主以下皆坐
司正適篚跪奠觶興降復位乃行無筭爵其大[illegible]
禮樂志第九

禮樂志第十

翰林學士兼龍圖閣學士朝散大夫給事中知制誥充史館脩撰臣歐陽脩奉敕撰

五曰凶禮周禮五禮二曰凶禮唐初徙其次第五而李義府許敬宗以爲凶事非臣子所宜言遂去其國卹一篇由是天子凶禮闕焉至國有大故則皆臨時采掇附比以從事事已則諱而不傳故後世無考焉至開元制禮惟著天子賑卹水旱遣使問疾弔死舉哀除服臨喪册贈之類若五服與諸臣之喪葬衰麻哭泣則頗詳焉凡四方之水旱蝗天子遣使者持節至其州位于庭使者南面持節在其東南長官北面寮佐正長老人在其後再拜以授制書其問疾亦如之其主人迎使者於門外使者東面主人西面再拜而入其問婦人之疾則受勞問者北面若舉哀之日爲位於別殿文武三品以上入哭于庭四品以下哭于門外有司版奏中嚴外辦皇帝已變服而哭然後百官内外在位者皆哭十五舉音哭

止而奉慰其除服如之皇帝服一品錫衰三品以上緦衰四品以下疑衰服朞者三朝晡止大功朝晡止小功以下一哀止晡百官不集若爲蕃國君長之喪則設次于城外向其國而哭五舉音止若臨喪則設大次於其門西設素裀榻於堂上皇帝小駕鹵簿乘四望車警蹕鼓吹備而不作皇帝至大次易素服從官皆易服侍臣則不皇帝出次喪主人免絰釋杖哭門外望見乘輿止哭而再拜先入門右西向皇帝至堂升自阼階即哭位巫祝各一人先升巫執桃立于東南祝執茢立于西南戈者四人先後隨升喪主人入廷再拜敕引乃升立戶内之東西向皇帝出喪主人門外拜送皇帝變服于次乃還廬文武常服皇帝升車鼓吹不作而入其以敕使册贈則受册于朝堂載以犢車備鹵簿至第妃主以内侍爲使贈者以蠟印畫綬册贈必因其啓葬既葬則受於靈寢既除則受於廟主人公服而不哭或單衣而介幘受必有祭未廟受之寢五服之制斬衰三年正服子爲父女子子在室與已嫁而反室爲父加服嫡孫爲後者爲祖父爲長子義服爲人後者爲所後父妻爲夫妾爲君國官爲君王公以下三月而葬葬而虞三虞而卒哭十三月小祥二十五月大祥二十七月禫祭齊衰三年正服子父在爲母加服爲祖後者祖卒則爲祖母母爲長子義服爲繼母慈母繼母爲長子妾爲君之長子齊衰杖周降服父卒母嫁及出妻之子爲母報服亦如之正服爲祖後者祖在爲祖母義服父卒繼母嫁從爲之服報夫爲妻齊衰不杖周正服爲祖父母爲伯叔父爲兄弟爲衆子爲兄弟之子及女子子在室與適人者爲嫡孫爲姑姊妹與無夫子報女子子與適人爲祖父母妾爲其子加服女子子適人者爲兄弟之爲父後者降服妾爲其父母爲人後者爲其父母報女子子適人者爲其父母義服爲伯叔母爲繼父同居者妾爲嫡妻妾爲君之庶子婦爲舅姑爲夫之兄弟之子舅姑爲嫡婦齊衰五月正服爲曾祖父母女子子在室及嫁者亦如之齊衰三月正服爲高祖父母女子子在室及嫁者亦如之義服爲繼父不

同居者其父卒母嫁出妻之子爲母及爲祖後祖在爲祖母雖周除仍心喪三年大功長殤九月中殤七月正服爲子女子子之長殤中殤爲叔父之長殤中殤爲姑姊妹之長殤中殤爲兄弟之長殤中殤爲嫡孫之長殤中殤爲兄弟之子女子子之長殤中殤義服爲夫之兄弟之子女子子之長殤中殤成人九月正服爲從兄弟爲庶孫降服爲女子子適人者爲姑姊妹適人者報出母爲女子子適人者爲兄弟之女適人者報爲人後者爲其兄弟與姑姊妹在室者報義服爲夫之祖父母與伯叔父母報爲夫之兄弟女適人者報夫爲人後者其妻爲本生舅姑爲衆子之婦小功五月殤正服爲子女子子之下殤爲叔父之下殤爲姑姊妹之下殤爲兄弟之下殤爲嫡孫之下殤爲兄弟之子女子子之下殤爲從兄弟姊妹之長殤爲庶孫之長殤降服爲人後者爲其兄弟之長殤出嫁姑爲姪之長殤爲人後者爲其姑姊妹之長殤義服爲夫之兄弟之子女子子之下殤爲夫之叔父之長殤成人正服爲從祖祖父

報爲從祖父報爲從祖姑姊妹在室者報爲從祖兄弟報爲從祖
祖姑在室者報爲外祖父母爲舅及從母報降服爲從父姊妹適
人者報爲孫女適人者爲人後者爲其姑姊妹適人者報義服爲
從祖祖母報爲從祖母報爲夫之姑姊妹在室及適人者報娣姒
婦報爲同母異父兄弟姊妹報爲嫡母之父母兄弟從母爲庶母
慈已者爲嫡孫之婦母出爲繼母之父母兄弟從母嫂叔報緦麻
三月殤正服爲從父兄弟姊妹之中殤下殤爲庶孫之中殤下殤
爲從祖叔父之長殤爲從祖兄弟之長殤爲舅及從母之長殤爲
從父兄弟之子之長殤爲兄弟之孫長殤爲從祖姑姊妹之長殤
降服爲人後者爲其兄弟之中殤下殤爲姪之中殤下殤出嫁姑
爲之報爲人後者爲其姑姊妹之中殤下殤義服爲人後者爲從
父兄弟之長殤爲夫之叔父之中殤下殤爲夫之姑姊妹之長殤
成人正服爲族兄弟爲族曾祖父報爲族祖父報爲族父報爲外
孫爲曾孫玄孫爲從母兄弟姊妹爲姑之子爲舅之子爲族曾祖

姑在室者報爲族祖姑在室者報爲族姑在室者報降服爲從祖
姑姊妹適人者報女子子適人者爲從祖父報庶子爲父後者爲
其母爲從祖姑適人者報爲人後者爲外祖父母爲兄弟之孫女
適人者報義服爲族曾祖母報爲族祖母報爲族母報爲庶孫之
婦女子子適人者爲從祖伯叔母爲庶母爲乳母爲壻爲妻之父
母爲夫之曾祖高祖父母爲夫之從祖祖父母報爲夫之從祖父
母報爲夫之外祖父母報爲從祖兄弟之子爲夫之從父兄弟之
妻爲夫之從父姊妹在室及適人者爲夫之舅及從母報改葬子
爲父母妻妾爲其夫其冠服杖屨皆依儀禮皇家所絕傍親無服
者皇弟皇子爲之皆降一等初太宗嘗以同爨緦而嫂叔乃無服
舅與從母親等而異服詔侍中魏徵禮部侍郎令孤德棻等議舅
爲母族姨乃外戚它姓舅固爲重而服止一時姨喪乃五月古人
未達者也於是服曾祖父母齊衰三月者增以齊衰五月適子婦
大功增以朞衆子婦小功增以大功嫂叔服以小功五月報其弟

妻及夫兄亦以小功舅服緦請與從母增以小功然律疏舅報甥
服猶緦顯慶中長孫无忌以爲甥爲舅服同從母則舅宜進同從
母報又古庶母緦今無服且庶母之子昆弟也爲之杖齊是同氣
而吉凶異自是亦改服緦上元元年武后請父在服母三年開元
五年右補闕盧履冰言禮父在爲母朞而服三年非也請如舊章
乃詔并議舅及嫂叔服久而不能決二十年中書令蕭嵩等改脩
五禮於是父在爲母齊衰三年諸臣之喪有疾齊於正寢臥東首
北牖下疾困去衣加新衣徹樂清掃內外四人坐而持手足遺言
則書之屬纊氣絕寢於地男子白布衣被髮徒跣婦人女子青縑
衣去首飾齊衰以下丈夫素冠主人坐於牀東啼踊無數衆主人
在其後兄弟之子以下又在其後皆西面南上妻坐於牀西妾
及女子在其後哭踊無數兄弟之女以下又在其後皆東面南上
藉藁坐哭內外之際隔以行帷祖父以下爲帷東北壁下南面西
上祖母以下爲帷西北壁南面東上外姻丈夫於戶外東北面西

上婦人於主婦西北南面東上諸內喪則尊行丈夫及外親丈夫
席位於前堂若戶外之左右俱南面宗親戶東西上外親戶西東
上凡喪皆以服精麤爲序國官位於門內之東重行北面西上俱
衰巾帕頭舒薦坐參佐位於門內之西重行北面東上素服皆舒
席坐哭斬衰三日不食齊衰二日不食大功三不食小功緦麻再
不食復於正寢復者三人以死者之上服左荷之升自前東霤當
屋履危北面西上左執領右執要招以左每招長聲呼某復三呼
止投衣於前承以篋升自阼階入以覆尸乃設床於室戶內之西
去腳簟枕施幄去裙遷尸於牀南首覆用斂衾去死衣楔齒以角
柶綴足以燕几校在南其內外哭位如始死之儀乃奠以脯醢酒
用吉器升自阼階奠於尸東當腢內喪則贊者皆受於戶外而設
之沐浴掘坎於階間近西南順廣尺長二尺深三尺南其壤爲垼
竈於西牆下東向以俟煮沐新盆瓶六鬲皆濯之陳於西階下沐
巾一浴巾二用絺若綌實於笲櫛實於箱若簞浴衣實於篋皆具

於西序下南上水淅稷米取汁煑之又汲爲湯以俟浴以盆盛潘及沐盤升自西階授沐者沐者執潘及盤入主人皆出於戶東北面西上主婦以下戶西北面東上俱立哭其尊行者丈夫於主人之東北面西上婦人於主婦之西北面東上俱坐哭婦人以帳乃沐櫛束髮用組抯用巾浴則四人抗衾二人浴拭用巾抯用浴衣設牀於戶東衽下莞上簟浴者舉尸易牀設枕翦鬚斷爪如生盛以小囊大斂內於棺中楔齒之柶浴巾皆埋於坎寘之衣以明衣裳以方巾覆面仍以大斂之衾覆之內外入就位哭乃襲襲衣三稱西領南上明衣裳爲一帛巾一方尺八寸充耳白纊面衣玄方尺纁裏組繫握手玄纁裏長尺二寸廣五寸削約於內旁寸著以綿組繫庶襚繼陳不用將襲具牀席於西階西內外皆出哭如浴襲者以牀升入設於戶東布枕席陳襲於席祝去巾加面衣設充耳握手納舃若履既襲覆以大斂之衾內外入哭乃含贊者奉盤水及笄一品至于三品飯用粱含用璧四品至于五品飯用稷含

用碧六品至于九品飯用粱含用貝升堂含者盥手於戶外洗粱璧實於笄執以入祝從入北面徹枕去衾受笄奠於尸東含者坐於牀東西面鑿巾納飯含於尸口既含主人復位乃爲明旌以絳廣充幅一品至于三品長九尺韜杠銘曰某官封之柩置於西階上四品至于五品長八尺六品至于九品長六尺鑿木爲重一品至于三品長八尺橫者半之三分庭一在南四品至于五品長七尺六品至于九品長六尺以沐之米爲粥實於鬲蓋以疏布繫以竹䈰縣於重木覆用葦席北面屈兩端交後西端在上綴以竹䈰祝取銘置於重殯堂前楹下夾以葦席小斂衣一十九稱朝服一笏一陳於東序西領北上設奠於東堂下甒二實以醴酒觶二角柶一少牢腊三籩豆俎各八設盆盥於饌東布巾贊者辟脯醢之奠於尸牀西南乃斂具牀席於堂西設盆盥西階之西如東方斂者盥與執服者以斂衣入喪者東西皆少退內外哭已斂覆以夷衾設牀於堂上兩楹間衽下莞上簟有枕卒斂開帷主人已下西面

憑哭主婦以下東面憑哭退乃斂髮而奠贊者盥手奉饌至階升設於尸東醴酒奠於饌南西上其俎祝受巾巾之奠者徹襲奠自西階降出下帷內外俱坐哭有國官僚佐者以官代哭無者以親踈爲之夜則爲燎於庭厥明滅燎乃大斂衣三十稱上服一稱冕具簪導纓內喪則有花釵衾一西領南上設奠如小斂甒加勺篚在東南籩豆俎皆有冪用功布棺入內外皆止哭升棺於殯所乃哭熬八筐黍稷粱稻各二皆加魚腊燭俟於饌東設盆盥於東階東南祝盥訖升自阼階徹巾執巾者以待於阼階下祝盥贊者徹小斂之饌降自西階設於序西南當西霤如設於堂上乃適於東階下新饌所帷堂內外皆少退立哭御者斂加冠若花釵覆以衾開帷喪者東西憑哭如小斂諸親憑哭斂者四人舉牀男女從奉尸斂於棺乃加蓋覆以夷衾內外皆復位如初設熬穀首足各一筐傍各三筐以木覆棺上乃塗之設帟於殯上祝取銘置于殯乃奠執巾几席者升自阼階入設於室之西南隅東面又几巾已加

贊者以饌升入室西面設於席前祝加巾於俎奠者降自西階以出下帷內外皆就位哭既殯設靈座於下室西間東向施牀几案屏帳服飾以時上膳羞及湯沐如平生殷奠之日不饋於下室廬在殯堂東廊下近南設苫凷齊衰於其南爲堊室俱北戶翦蒲爲席不緣大功又於其南張帷席以蒲小功緦麻又於其南設牀席以蒲婦人次於西房三日成服內外皆哭盡哀乃降就次服其服無服者仍素服相者引主人以下俱杖升立於殯內外皆哭諸子孫跪哭尊者之前祖父撫之女子子對立而哭唯諸父不撫尊者出主人以下降立阼階朔望殷奠饌於東堂下瓦甒二實醴及酒角觶二木柶一少牢及腊三俎二簋二簠二鉶六籩六豆其日不饋於下室葬有期前一日之夕除葦障設賓次於大門外之右南向啓殯之日主人及諸子皆去冠以衰巾帕頭就位哭祝衰服執功布升自東階詣殯南北向內外止哭三聲噫嘻乃曰謹以吉辰啓殯既告內外哭祝取銘置於重掌事者升徹殯塗設席於柩東

席又設席柩東祝以功布升拂柩覆用夷衾周設帷開戶東向主
人以下升哭於帷東西向俱南上諸祖父以下哭於帷東北壁下
諸祖母以下哭於帷西北壁下外姻丈夫帷東上婦人帷西祝與
進饌者各以奠升設於柩東席上祝酌醴奠之陳器用啓之夕發
引前五刻搥一鼓為一嚴陳布吉凶儀仗方相誌石大棺車及明
器以下陳於柩車之前一品引四披六鐸左右各八黼翣二黻翣
二畫翣二二品三品引二披四鐸左右各六黼翣二畫翣二四品
五品引二披二鐸左右各四黼翣二畫翣二六品至于九品披二
鐸二畫翣二二刻頃搥二鼓為二嚴掌饌者徹啓奠以出內外俱
立哭執紼者皆入掌事者徹帷持翣者升以翣障柩執紼者升執
鐸者夾西階立執纛者入當西階南北面立掌事者取重出倚於
門外之東執旌者立於纛南北面搥三鼓為三嚴靈車進於內門
外南向祝以腰輿詣靈座前西向跪告腰輿降自西階以詣靈車
腰輿退執鐸者振鐸降就階間南向持翣者障以翣執纛者却行

而引輴止則北面立執旌者亦漸而南輴止北面主人以下以次從
輴在庭輴至庭主人及諸子以下立哭於輴東北西向南上祖父
以下立哭於輴東北南向西上異姓之丈夫立哭於主人東南西
面北上婦人以次從降妻妾女子子以下立哭於輴西東面南上
祖母以下立哭於輴西北南向東上異姓之婦人立哭於主婦西
南東面北上內外之際障以行帷國官立哭於執紼者東北面西
上僚佐立哭於執紼者西南北面東上祝帥執饌者設祖奠於輴
東如大斂祝酌奠進饌北面跪曰永遷之禮靈辰不留謹奉旌車
式遵祖道尚饗輴出升車執披者執前後披執紼者引輴出旌先纛
次主人以下從哭於輴後輴出到輀車執紼者解屬於輀車設帷障
於輴後遂升柩祝與執饌者設遣奠於柩東如祖奠既奠掌事者
以蒲葦苞牲體下節五以繩束之盛以盤載於輿前方相大棺車
輴車明器輿下帳輿米輿酒脯醢輿苞牲輿食輿為六輿銘旌纛
鐸輀車以次行賓有贈者既祖奠賓立於大門外西廂東面從者

以篚奉玄纁立於西南以馬陳於賓東南北首西上相者入受命
出西面曰敢請事賓曰某敢賵相者入告出曰孤某須矣執篚者
奠取幣以授賓牽馬者先入陳於輴車南北首西上賓入由馬西
當輴車南北面立內外止哭賓曰某謚封若某位將歸幽宅敢致
賵乃哭內外皆哭主人拜稽顙賓進輴東西面奠幣於車上西出
主人拜稽顙送之喪至于墓所下柩進輴車於柩車之後張帷下
柩於輴丈夫在西憑以哭卑者拜辭主人以下婦人皆障以行帷
哭於羨道西東面北上入墓施行席於壙戶內之西執紼者屬紼
於輴遂下柩於壙戶內席上北首覆以夷衾輴出持翣入倚翣於
壙內兩廂遂以帳張於柩東南向米酒脯於東北食盤設於前醯
醢設於盤南苞牲置於四隅明器設於右在壙掌事者以玄纁授
主人主人授祝奉以入奠於靈座主人拜稽顙施銘旌誌石於壙
門之內掩戶設關鑰遂復土三主人以下稽顙哭退俱就靈所哭
掌儀者祭后土於墓左反哭既下柩於壙搥一鼓為一嚴掩戶搥

二鼓為再嚴內外就靈所搥三鼓為三嚴徹酒脯之奠追靈車於
帷外陳布儀仗如來儀腰輿入少頃出詣靈車後靈車發引內外
從哭如來儀出墓門尊者乘去墓百步卑者乘以哭靈車至第西
階下南向祝以腰輿詣靈車後少頃升入詣靈座前主人以下從
升立於靈座東西面南上內外俱升諸祖父以下哭於帷東北壁
下南面妻及女子子以下婦人哭於靈西東面諸祖母以下哭於
帷西北壁下南面外姻哭於南廂丈夫帷東婦人帷西皆北面吊
者哭於堂上西面主人以下出就次沐浴以俟虞斬衰者沐而不
櫛虞主用桑長尺方四寸孔徑九分烏漆匱置於靈坐在寢室內
戶西東向素几在右設洗於西階西南瓦甒二設於北牖下醴酒
在東喪者既沐升靈所主人及諸子倚杖於戶外入哭于位如初
饌入如殷奠升自東階主人盥手洗爵酌醴西面跪奠哭止祝跪
讀祝主人哭拜內外應拜者皆哭拜乃出杖降西階還次間日再
虞後日三虞禮如初小祥毀廬為堊室設蒲席堊室者除之席地

主人及諸子沐浴櫛翦去首絰練冠妻妾女子去䰄絰主用栗祭
如虞禮大祥之祭如小祥閒月而禫釋祥服而禫祭如大祥既祥
而還外寢妻妾女子還於寢食有醯醬既禫而飲醴酒食乾肉祔
廟筮日將祔掌事者爲埳室於始祖廟室西壁主人及亞獻以下
散齊三日致齊一日前一日主人以酒脯告遷之主乃遷置於
幄坐又奠酒脯以安神掌饌者徹膳以出掌廟者以次匱神主納
於埳室又設考之祔坐於曾祖室內東壁下西向右几設主人位
於東南西面設子孫位於南門內道東北面西上設亞獻終獻位
於主人東南設掌事以下位於終獻東南俱西面北上設贊唱者
位於主人西南西面設酒尊於堂上室戶之東南北向西上設洗
於阼階東南北向實爵三巾二加冪其日具少牢之饌三座各俎
三籩二簋二鉶二酒尊二其一實玄酒爲上其一實清酒次之其
籩豆一品者各十二二品三品者各八主人及行事者祭服掌事
者具䰄輿掌廟者闔…北面再拜升自東階入開埳

室出曾祖曾祖妣神主置於座降出執尊罍篚者入就位祝進座
前西面告曰以今吉神奉遷神主于廟執輿者以輿升入進輿於
座前祝納神主於匱升輿祝仍扶於左降自西階子孫內外陪從
於後至廟門諸婦人停於門外周以行帷俟祭訖而還神主入自
南門升自西階入於室諸子孫從升立於室戶西重行東面以北
爲上行事者從入各就位輿詣室前迴輿西向祝啓匱出神主置
於坐輿降立於西階下東向相者引主人以下降自東階各就位
祝立定贊唱者曰再拜在位者皆再拜掌饌者引饌入升自東階
入於室各設於神座前主人盥手洗爵升自東階酌醴酒入室進
北面跪奠爵於曾祖神座前主人出取爵酌酒入室進東面跪奠
於祖座前出戶北面立祝持版進於室戶外之右東向跪讀祝文
主人再拜祝進入奠版於曾祖座主人出降還本位初主人出亞
獻盥手洗爵升酌酒入進北面跪奠於曾祖又酌酒入進東面跪
奠於祖神座出戶北面再拜訖又入室立於西壁下東向再拜出
降復位亞獻將畢終獻入如亞獻祝入徹豆贊者皆再拜主人及
在位子孫以下出掌饌者入徹饌以出掌廟者納曾祖神主於埳
室出又以䰄輿升諸考神座前納主於匱置於輿詣考廟出神主
置於座進酒脯之奠少頃徹之祝納神主於埳室六品以下祔祭
于正寢禮略如之

禮樂志第十

禮樂志第十一　　唐書二十一

翰林學士兼龍圖閣學士朝散大夫給事中知制誥充史館修撰臣歐陽脩奉
敕撰

聲無形而樂有器古之作樂者知夫器之必有弊而聲不可以言傳懼夫器失而聲遂亡也乃多爲之法以著之故始求聲者以律而造律者以黍自一黍之廣積而爲分寸一黍之多積而爲龠合一黍之重積而爲銖兩此造律之本也故爲之長短之法而著之於度爲之多少之法而著之於量爲之輕重之法而著之於權衡是三物者亦必有時而弊則又總其法而著之於數使其分寸龠合銖兩皆起於黃鍾然後律度量衡相用爲表裏使得律者可以制度量衡因度量衡亦可以制律不幸而皆亡則推其法數而制之用其長短多少輕重以相參考四者既同而聲必至聲至而后樂可作矣夫物用於有形而必弊聲藏於無形而不竭以有數之法求無形之聲其法具存無作則已苟有作者雖去聖人於千萬歲後無不得焉此古之君子知物之終始而憂世之慮深其多爲之法而丁寧纖悉可謂至矣三代既亡禮樂失其本至其聲器有司之守亦以散亡自漢以來歷代莫不有樂作者各因其所學雖清濁高下時有不同然不能出於法數至其所以用於郊廟朝廷以接人神之歡其金石之響歌舞之容則各因其功業治亂之所起而本其風俗之所由自漢魏之亂晉遷江南中國遂沒於夷狄至隋滅陳始得其樂器稍欲因而有作而時君褊迫不足以堪其事也是時鄭譯牛弘辛彥之何妥蔡子元于普明之徒皆名知樂相與譔定依京房六十律因而六之爲三百六十律以當一歲之日又以一律爲七音音爲一調凡十二律爲八十四調其說甚詳而終隋之世所用者黃鍾一宮五夏二舞登歌房中等十四調而已記曰功成作樂蓋王者未作樂之時必因其舊而用之唐興即用隋樂武德九年始詔太常少卿祖孝孫協律郎竇璡等定樂初隋用黃鍾一宮惟擊七鍾其五鍾設而不擊謂之啞鍾唐協律郎張文收乃依古斷竹爲十二律高祖命與孝孫吹調五鍾叩之而應由是十二鍾皆用孝孫又以十二月旋相爲六十聲八十四調其法因五音生二變因變徵爲正徵因變宮爲清宮七音起黃鍾終南呂迭爲綱紀黃鍾之律管長九寸王於中宮土半之四寸五分與清宮合五音之首也加以二變循環無間故一宮二商三角四變徵五徵六羽七變宮其聲繇濁至清爲一均凡十二宮調皆正宮也正宮聲之下無復濁音故五音以宮爲尊十二商調調有下聲一謂宮也十二角調調有下聲二宮商也十二徵調調有下聲三宮商角也十二羽調調有下聲四宮商角徵也十二變徵調居角音之後正徵之前十二變宮調在羽音之後清宮之前雅樂成調無出七聲本宮遞相用唯樂章則隨律定均合以笙磬節以鍾鼓樂既成奏之太宗謂侍臣曰古者聖人沿情以作樂國之興衰未必由此御史大夫杜淹曰陳將亡也有玉樹後庭花齊將亡也有伴侶曲聞者悲泣所謂亡國之音哀以思以是觀之亦樂之所起帝曰夫聲之所感各因人之哀樂將亡之政其民苦故聞以悲今玉樹伴侶之曲尚存爲公奏之知必不悲尚書右丞魏徵進曰孔子稱樂云樂云鍾鼓云乎哉樂在人和不在音也十一年張文收復請重正餘樂帝不許曰朕聞人和則樂和隋末喪亂雖改音律而樂不和若百姓安樂金石自諧矣文收既定樂復鑄銅律三百六十銅斛二銅秤二銅甌十四秤尺一斛左右耳與臀皆方積十而登以至於斛與古玉尺玉斗同皆藏於太樂署武后時太常卿武延秀以爲奇玩乃獻之及將考中宗廟樂有司奏請出之而秤尺已亡其跡猶存以常用度量校之尺當六之五量衡皆三之一至肅宗時山東人魏延陵得律一因中官李輔國獻之云太常諸樂調皆下不合黃鍾請悉更制諸鍾磬帝以爲然乃悉取太常諸樂器入于禁中更加磨𨯨凡二十五日而成御三殿觀之以還太常然以漢律考之黃鍾乃太蔟也當時議者以爲非是其後黃巢之亂樂工逃散金奏皆亡昭宗即位將謁郊廟有司不知樂

縣制度太常博士殷盈孫按周法以算數除鎛鐘輕重高卬黃鍾
九寸五分倍應鍾三寸三分半凡四十八等圖上口項之量及徑
衡之圖乃命鑄鎛鐘十二編鐘二百四十宰相張濬爲脩奉樂縣
使求知聲者得處士蕭承訓等校石磬合而擊拊之音遂諧唐爲
國而作樂之制尤簡高祖太宗即用隋樂與孝孫文收所定而已
其後世所更者樂章舞曲至于昭宗始得盈孫焉故其議論罕所
發明若其樂歌廟舞用於當世者可以考也樂縣之制宮縣四面
天子用之若祭祀則前祀二日太樂令設縣於壇南內壝之外北
嚮東方西方磬虡起北鍾虡次之南方北方磬虡起西鍾虡次之
鎛鐘十有二在十二辰之位樹雷鼓於北縣之內道之左右植建
鼓於四隅置柷敔於縣內柷在右敔在左設歌鍾歌磬於壇上南
方北向磬虡在西鍾虡在東琴瑟箏筑皆一當磬虡之次匏竹在
下凡天神之類皆以雷鼓地祇之類皆以靈鼓人鬼之類皆以路
鼓其設於庭則在南而登歌者在堂若朝會則加鍾磬十二虡設

鼓吹十二案於建鼓之外案設羽葆鼓一大鼓一金錞一歌簫笳
皆二登歌鍾磬各一虡節鼓一歌者四人琴瑟箏筑皆一在堂上
笙和簫篪塤皆一在堂下若皇后享先蠶則設十二大磬以當辰
位而無路鼓軒縣三面皇太子用之若釋奠于文宣王武成王亦
用之其制去宮縣之南面判縣二面唐之舊禮祭風伯雨師五嶽
四瀆用之其制去軒縣之北面皆植建鼓於東北西北二隅特縣
去判縣之西面或陳於階間有其制而無所用凡橫者爲簨植者
爲虡虡以縣鍾磬皆十有六周人謂之一堵而唐人謂之一虡自
隋以前宮縣二十虡及隋平陳得梁故事用三十六虡遂用之唐
初因隋舊用三十六虡高宗蓬萊宮成增用七十二虡至武后時
省之開元定禮始依古著爲二十虡至昭宗時宰相張濬已脩樂
縣乃言舊制太清宮南北郊社稷及諸殿廷用二十虡而太廟含
元殿用三十六虡濬以爲非古而廟廷狹隘不能容三十六乃復
用二十虡而鍾虡四以當甲丙庚壬磬虡四以當乙丁辛癸與開

元禮異而不知其改制之時或說以鍾磬應陰陽之位此禮經所
不著凡樂八音自漢以來惟金以鍾定律呂故其制度最詳其餘
七者史官不記至唐獨宮縣與登歌鼓吹十二案樂器有數其餘
皆略而不著而其物名具在八音一曰金爲鎛鍾爲編鍾爲歌鍾
爲錞爲鐃爲鐲爲鐸二曰石爲大磬爲編磬爲歌磬三曰土爲壎
爲嘂嘂大壎也四曰革爲雷鼓爲靈鼓爲路鼓皆有鞉爲建鼓爲
鞉鼓爲縣鼓爲節鼓爲拊爲相五曰絲爲琴爲瑟爲頌瑟頌瑟箏
也爲阮咸爲筑六曰木爲柷爲敔爲雅爲應七曰匏爲笙爲竽爲
巢巢大笙也爲和和小笙也八曰竹爲簫爲管爲篪爲笛爲舂牘
此其樂器也初祖孝孫已定樂乃曰大樂與天地同和者也製十
二和以法天之成數號大唐雅樂一曰豫和二曰順和三曰永和
四曰肅和五曰雍和六曰壽和七曰太和八曰舒和九曰昭和十
曰休和十一曰正和十二曰承和用於郊廟朝廷以和人神孝孫
已卒張文收以爲十二和之制未備乃詔有司釐定而文收考正

律呂起居郎呂才叶其聲音樂曲遂備自高宗以後稍更其曲名
開元定禮始復遵用孝孫十二和其著于禮者一曰豫和以降天
神冬至祀圜丘上辛祈穀孟夏雩季秋享明堂朝日夕月巡守告
于圜丘燔柴告至封祀太山類于上帝皆以圜鍾爲宮三奏黃鍾
爲角太簇爲徵姑洗爲羽各一奏文舞六成五郊迎氣黃帝以黃
鍾爲宮赤帝以函鍾爲徵白帝以太簇爲商黑帝以南呂爲羽青
帝以姑洗爲角皆文舞六成二曰順和以降地祇夏至祭方丘孟
冬祭神州地祇春秋社巡狩告社宜于社禪社首皆以函鍾爲宮
太簇爲角姑洗爲徵南呂爲羽各三奏文舞八成望于山川以蕤
賓爲宮三奏三曰永和以降人鬼時享禘祫有事而告謁于廟皆
以黃鍾爲宮三奏大呂爲角太簇爲徵應鍾爲羽各二奏文舞九
成祀先農皇太子釋奠皆以姑洗爲宮文舞三成送神各以其曲一
成蜡兼天地人以黃鍾奏豫和蕤賓姑洗太簇奏順和無射夷則奏
永和六均皆一成以降神而送神以豫和四曰肅和登歌以奠玉帛

于天神以大呂爲宮于地祇以應鍾爲宮于宗廟以圜鍾爲宮祀先農釋奠以南呂爲宮望于山川以函鍾爲宮五曰雍和凡祭祀以入俎天神之俎以黃鍾爲宮地祇之俎以太蔟爲宮人鬼之俎以無射爲宮又以徹豆凡祭祀俎入之後接神之曲亦如之六曰壽和以酌獻飲福以黃鍾爲宮七曰太和以爲行節亦以黃鍾爲宮凡祭祀天子入門而即位與其升降至于還次行則作止則止其在朝廷天子將自內出撞黃鍾之鍾右五鍾應乃奏之其禮畢興而入撞蕤賓之鍾左五鍾應乃奏之皆以黃鍾爲宮八曰舒和以出入二舞及皇太子王公群后國老若皇后之妾御皇太子之宮臣出入門則奏之皆以太蔟之商九曰昭和皇帝皇太子以舉酒十曰休和皇帝以飯以肅拜三老皇太子亦以飯皆以其月之律均十一曰正和皇后受冊以行十二曰承和皇太子在其宮有會以行若駕出則撞黃鍾奏太和出太極門而奏采茨至于嘉德門而止其還也亦然初隋有文舞武舞至祖孝孫定樂更文舞曰治康

武舞曰凱安舞者各六十四人文舞左籥右翟與執纛而引者二人皆委貌冠黑素絳領廣袖白絝革帶烏皮履武舞左干右戚執旌居前者二人執鞀鼓執鐸皆二人金錞二輿者四人奏者二人執鐃二人執相在左執雅在右皆二人夾導服平冕餘同文舞朝會則武弁平巾幘廣袖金甲豹文絝烏皮鞾執干戚夾道皆同郊廟凡初獻作文舞之舞亞獻終獻作武舞之舞太廟降神以文舞每室酌獻各用其廟之舞禘祫遷廟之主合食則舞亦如之儀鳳二年太常卿韋萬石定凱安舞六變一變象龍興參墟二變象克定關中三變象東夏賓服四變象江淮平五變象獫狁伏從六變復位以崇象兵還振旅初太宗時詔祕書監顏師古等撰定弘農府君至高祖太武皇帝六廟樂曲舞名其後變更不一而自獻祖而下廟舞略可見也獻祖曰光大之舞懿祖曰長發之舞太祖曰大政之舞世祖曰大成之舞高祖曰大明之舞太宗曰崇德之舞高宗曰鈞天之舞中宗曰太和之舞睿宗曰景雲之舞玄宗曰大運

之舞肅宗曰惟新之舞代宗曰保大之舞德宗曰文明之舞順宗曰大順之舞憲宗曰象德之舞穆宗曰和寧之舞敬宗曰大鈞之舞文宗曰文成之舞武宗曰大定之舞昭宗曰咸寧之舞其餘闕而不著唐之自製樂凡三一曰七德舞二曰九功舞三曰上元舞七德舞者本名秦王破陣樂太宗爲秦王破劉武周軍中相與作秦王破陣樂曲及即位宴會必奏之謂侍臣曰雖發揚蹈厲異乎文容然功業由之被於樂章示不忘本也右僕射封德彝曰陛下以聖武戡難陳樂象德文容豈足道也帝矍然曰朕雖以武功興終以文德綏海內謂文容不如蹈厲斯過矣乃製舞圖左圓右方先偏後伍交錯屈伸以象魚麗鵝鸛命呂才以圖教樂工百二十八人被銀甲執戟而舞凡三變每變爲四陣象擊刺往來歌者和曰秦王破陣樂後令魏徵與員外散騎常侍褚亮員外散騎常侍虞世南太子右庶子李百藥更製歌辭名曰七德舞舞初成觀者皆扼腕踊躍諸將上壽群臣稱萬歲蠻夷在庭者請相率以舞

太常卿蕭瑀曰樂所以美盛德形容而有所未盡陛下破劉武周薛舉竇建德王世充願圖其狀以識帝曰方四海未定攻伐以平禍亂製樂陳其梗槩而已若備寫禽獲今將相有嘗爲其臣者觀之有所不忍我不爲也自是元日冬至朝會慶賀與九功舞同奏舞人更以進賢冠虎文袴螣蛇帶烏皮鞾二人執旌居前其後更號神功破陣樂九功舞者本名功成慶善樂太宗生於慶善宮貞觀六年幸之宴從臣賞賜閭里同漢沛宛帝歡甚賦詩起居郎呂才被之管絃名曰功成慶善樂以童兒六十四人冠進德冠紫褲褶長袖漆髻屣履而舞號九功舞進蹈安徐以象文德麟德二年詔郊廟享宴奏文舞用功成慶善樂曳履執紼服袴褶童子冠如故武舞用神功破陣樂衣甲持戟執纛者被金甲八佾加簫笛歌鼓列坐縣南若舞即與宮縣合奏其宴樂二舞仍別設焉上元舞者高宗所作也舞者百八十人衣畫雲五色衣以象元氣其樂有上元二儀三才四時五行六律七政八風九宮十洲得一慶雲之

曲大祠享皆用之至上元三年詔惟圜丘方澤太廟乃用餘皆罷
又曰神功破陣樂不入雅樂功成慶善樂不可降神亦皆罷而郊
廟用治康凱安如故儀鳳二年太常卿韋萬石奏請作上元舞兼
奏破陣慶善二舞而破陣樂五十二徧著于雅樂者二徧慶善樂
五十徧著于雅樂者一徧上元舞二十九徧皆著于雅樂又曰雲
門大咸大磬大夏古文舞也大濩大武古武舞也爲國家者揖讓
得天下則先奏文舞征伐得天下則先奏武舞神功破陣樂有武
事之象功成慶善樂有文事之象用二舞請先奏神功破陣樂初
朝會常奏破陣舞高宗即位不忍觀之乃不設後幸九成宮置酒
韋萬石曰破陣樂舞所以宣揚祖宗盛烈以示後世自陛下即位
寢而不作者久矣禮天子親總干戚以舞先祖之樂今破陣樂久
廢羣下無所稱述非所以發孝思也帝復令奏之舞畢歎曰不見
此樂垂三十年追思王業勤勞若此朕安可忘武功邪羣臣皆稱
萬歲然遇饗燕奏二樂天子必避位坐者皆興太常博士裴守眞

以謂奏二舞時天子不宜起立詔從之及高宗崩改治康舞曰化
康以避諱武后毀唐太廟七德九功之舞皆亡唯其名存自後復
用隋文舞武舞而已燕樂高祖即位仍隋制設九部樂燕樂伎樂
工舞人無變者清商伎者隋清樂也有編鐘編磬獨絃琴擊琴瑟
秦琵琶臥箜篌筑箏節鼓皆一笙笛簫箎方響跋膝皆二歌二人
吹葉一人舞者四人并習巴渝舞西涼伎有編鐘編磬皆一彈箏
搊箏臥箜篌豎箜篌琵琶五絃笙簫觱篥小觱篥笛橫笛腰鼓
齊鼓檐鼓皆一銅鈸二貝一白舞一人方舞四人天竺伎有銅鼓羯
鼓都曇鼓毛員鼓觱篥橫笛鳳首箜篌琵琶五絃貝皆一銅鈸二
舞者二人高麗伎有彈箏搊箏鳳首箜篌臥箜篌豎箜篌琵琶
以蛇皮爲槽厚寸餘有鱗甲楸木爲面象牙爲捍撥畫國王形又
有五絃義觜笛笙葫蘆笙簫小觱篥桃皮觱篥腰鼓齊鼓檐鼓
龜頭鼓鐵版貝大觱篥胡旋舞舞者立毬上旋轉如風龜茲伎有
彈箏豎箜篌琵琶五絃橫笛笙簫觱篥答臘鼓毛員鼓都曇鼓

侯提鼓雞婁鼓腰鼓齊鼓檐鼓貝皆一銅鈸二舞者四人設五方師
子高丈餘飾以方色每師子有十二人畫衣執紅拂首加紅袜謂
之師子郎安國伎有豎箜篌琵琶五絃橫笛簫觱篥正鼓和鼓銅
鈸皆一舞者二人疏勒伎有豎箜篌琵琶五絃簫橫笛觱篥答臘
鼓羯鼓侯提鼓腰鼓雞婁鼓皆一舞者二人康國伎有正鼓和鼓
皆一笛銅鈸皆二舞者二人工人之服皆從其國隋樂每奏九部
樂終輒奏文康樂一曰禮畢太宗時命削去之其後遂亡及平高
昌收其樂有豎箜篌銅角一琵琶五絃橫笛簫觱篥答臘鼓腰
鼓雞婁鼓羯鼓皆二人工人布巾袷袍錦襟金銅帶畫絝舞者二
人黃袍袖練襦五色絛帶金銅耳璫赤鞾自是初有十部樂其後
因內宴詔長孫无忌製傾盃曲魏徵製樂社樂曲虞世南製英雄
樂曲帝之破竇建德也乘馬名黃驄驃及征高麗死於道頗哀惜
之命樂工製黃驄疊曲四曲皆宮調也五絃如琵琶而小北國所
出舊以木撥彈樂工裴神符初以手彈太宗悅甚後人習爲搊琵

琶高宗即位景雲見河水清張文收采古誼爲景雲河清歌亦名
燕樂有玉磬方響搊箏筑臥箜篌大小箜篌大小琵琶大小五絃
吹葉大小笙大小觱篥簫銅鈸長笛尺八短笛皆一毛員鼓連鞉
鼓桴鼓貝皆二每器工一人歌二人工人絳袍金帶烏鞾舞者二十
人分四部一景雲舞二慶善舞三破陣舞四承天舞景雲樂舞八
人五色雲冠錦袍五色袴金銅帶慶善樂舞四人紫袍白袴破陣
樂舞四人綾袍絳袴承天樂舞四人進德冠紫袍白袴景雲舞元
會第一奏之高宗以琴曲寖絕雖有傳者復失宮商令有司脩習
太常丞呂才上言舜彈五絃之琴歌南風之詩是知琴操曲弄皆
合於歌今以御雪詩爲白雪歌古今奏正曲復有送聲君唱臣和
之義以羣臣所和詩十六韻爲送聲十六節帝善之乃命太常著
于樂府才復撰琴歌白雪等曲帝亦製歌詞十六皆著樂府帝將
伐高麗燕洛陽城門觀屯營教舞按新征用武之勢名曰一戎大
定樂舞者百四十人被五采甲持槊而舞歌者和之曰八紘同軌

樂象高麗平而天下大定也及遼東平行軍大摠管李勣作夷美賓之曲以獻調露二年幸洛陽城南樓宴羣臣太常奏六合還淳之舞其容制不傳高宗自以李氏老子之後也於是命樂工製道調

禮樂志第十一

禮樂志第十二　　唐書二十二

端明殿學士兼翰林侍讀學士龍圖閣學士朝請大夫尚書吏部侍郎充集賢殿修撰臣宋祁奉敕撰

自周陳以上雅鄭淆雜而無別隋文帝始分雅俗二部至唐更曰
部當凡所謂俗樂者二十有八調正宮高宮中呂宮道調宮南呂
宮仙呂宮黃鍾宮爲七宮越調大食調高大食調雙調小食調歇
指調林鍾商爲七商大食角高大食角雙角小食角歇指角林鍾
角越角爲七角中呂調正平調高平調仙呂調黃鍾羽般涉調高
般涉爲七羽皆從濁至清迭更其聲下則益濁上則益清慢者過
節急者流蕩其後聲器寖殊或有宮調之名或以倍四爲度有與
律呂同名而聲不近雅者其宮調乃應夾鍾之律燕設用之絲有
琵琶五絃箜篌箏竹有觱篥簫笛匏有笙革有杖鼓第二鼓第三
鼓腰鼓大鼓土則附革而爲鞚木有拍板方響以體金應石而備
八音倍四本屬清樂形類雅音而曲出於胡部復有銀字之名中

管之格皆前代應律之器也後人失其傳而更以異名故俗部諸
曲悉源於雅樂周隋管絃雜曲數百皆西涼樂也鼓舞曲皆龜茲
樂也唯琴工猶傳楚漢舊聲及清調蔡邕五弄楚調四弄謂之九
弄隋亡清樂散缺存者纔六十三曲其後傳者平調清調周房中
樂遺聲也白雪楚曲也公莫舞漢舞也巴渝漢高帝命工人作也
明君漢元帝時作也明之君漢鞞舞曲也鐸舞漢曲也白鳩吳拂
舞曲也白紵吳舞也子夜晉曲也前溪晉車騎將軍沈玩作也團
扇晉王珉歌也懊憹晉隆安初謠也長史變晉司徒左長史王廞
作也丁督護晉宋閒曲也讀曲宋人爲彭城王義康作也烏夜啼
宋臨川王義慶作也石城宋臧質作也莫愁石城樂所出也襄陽
宋隨王誕作也烏夜飛宋沈攸之作也估客樂齊武帝作也楊叛
北齊歌也驍壺投壺樂也常林歡宋梁閒曲也三洲商人歌也採
桑三洲曲所出也玉樹後庭花堂堂陳後主作也泛龍舟隋煬帝
作也又有吳聲四時歌雅歌上林鳳雛平折命嘯等曲其

聲與其辭皆訛失十不傳其一二蓋唐自太宗高宗作三大舞雜
用於燕樂其他諸曲出於一時之作雖非純雅尚不至於淫放武
后之禍繼以中宗昏亂固無足言者玄宗爲平王有散樂一部定
韋后之難頗有預謀者及即位命寧王主藩邸樂以亢太常分兩
朋以角優劣置內教坊於蓬萊宮側居新聲散樂倡優之伎有諧
謔而賜金帛朱紫者酸棗縣尉袁楚客上疏極諫初帝賜第隆慶坊坊
南之地變爲池中宗常泛舟以厭其祥帝即位作龍池樂舞者十有二
人冠芙蓉冠躡履備用雅樂唯無磬又作聖壽樂以女子衣五色繡襟
而舞之又作小破陣樂舞者被甲冑又作光聖樂舞者鳥冠畫衣以歌
王迹所興又分樂爲二部堂下立奏謂之立部伎堂上坐奏謂之坐部
伎太常閱坐部不可教者隸立部又不可教者乃習雅樂立部八一安
舞二太平樂三破陣樂四慶善樂五大定樂六上元樂七聖壽樂八光
聖樂安舞太平樂周隋遺音也破陣樂以下皆用大鼓雜以龜茲樂
其聲震厲大定樂又加金鉦慶善舞顓用西涼樂聲頗閑雅每享郊廟

則破陣上元慶善三舞皆用之坐部伎六一燕樂二長壽樂三天
授樂四鳥歌萬歲樂五龍池樂六小破陣樂天授鳥歌皆武后作
也天授年名鳥歌者有鳥能人言萬歲因以制樂自長壽樂以下
用龜茲舞唯龍池樂則否是時民間以帝自潞州還京師舉兵夜
半誅韋皇后制夜半樂還京樂二曲帝又作文成曲與小破陣樂
更奏之其後河西節度使楊敬忠獻霓裳羽衣曲十二遍凡曲終
必遽唯霓裳羽衣曲將畢引聲益緩帝方寖喜神仙之事詔道士
司馬承禎製玄真道曲茅山道士李會元製大羅天曲工部侍郎
賀知章製紫清上聖道曲太清宮成太常卿韋縚製景雲九真紫
極小長壽承天順天樂六曲又製商調君臣相遇樂曲初隋有法
曲其音清而近雅其器有鐃鈸鍾磬幢簫琵琶琵琶圓體修頸
而小號曰秦漢子蓋絃鼗之遺製出於胡中傳爲秦漢所作其聲
金石絲竹以次作隋煬帝厭其聲澹曲終復加解音玄宗既知音
律又酷愛法曲選坐部伎子弟三百教於梨園聲有誤者帝必覺

而正之號皇帝梨園弟子宮女數百亦為梨園弟子居宜春北院梨園法部更置小部音聲三十餘人帝幸驪山楊貴妃生日命小部張樂長生殿因奏新曲未有名會南方進荔枝因名曰荔枝香帝又好羯鼓而寧王善吹橫笛達官大臣慕之皆喜言音律帝常稱羯鼓八音之領袖諸樂不可方也蓋本戎羯之樂其音太蔟一均龜茲高昌疏勒天竺部皆用之其聲焦殺特異衆樂開元二十四年升胡部於堂上而天寶樂曲皆以邊地名若涼州伊州甘州之類後又詔道調法曲與胡部新聲合作明年安祿山反涼州伊州甘州皆陷吐蕃唐之盛時凡樂人音聲人太常雜戶子弟隸太常及鼓吹署皆番上總號音聲人至數萬人玄宗又嘗以馬百匹盛飾分左右施三重榻舞傾盃數十曲壯士舉榻馬不動樂工少年姿秀者十數人衣黃衫文玉帶立左右每千秋節舞於勤政樓下後賜宴設酺亦會勤政樓其日未明金吾引駕騎北衙四軍陳仗列旗幟被金甲短後繡袍太常卿引雅樂每部數十人間以

胡夷之技內閑廄使引戲馬五坊使引象犀入場拜舞宮人數百衣錦繡衣出帷中擊雷鼓奏小破陣樂歲以為常千秋節者玄宗以八月五日生因以其日名節而君臣共為荒樂當時流俗多傳其事以為盛其後巨盜起陷兩京自此天下用兵不息而離宮苑囿遂以荒堙獨其餘聲遺曲傳人間聞者為之悲涼感動蓋其事適足為戒而不足考法故不復著其詳自肅宗以後皆以生日為節而德宗不立節然止於羣臣稱觴上壽而已代宗繇廣平王復二京梨園供奉官劉日進製寶應長寧樂十八曲以獻皆宮調也大曆元年又有廣平太一樂涼州曲本西涼所獻也其聲本宮調有大遍小遍貞元初樂工康崑崙寓其聲於琵琶奏於玉宸殿因號玉宸宮調合諸樂則用黃鍾宮其後方鎮多製樂舞以獻河東節度使馬燧獻定難曲昭義軍節度使王虔休以德宗誕辰未有大樂乃作繼天誕聖樂以宮為調帝因作中和樂舞山南節度使于頔又獻順聖樂曲將半而行綴皆伏一人舞於中又令女伎為佾

舞雄健壯妙號孫武順聖樂文宗好雅樂詔太常卿馮定采開元雅樂製雲韶法曲及霓裳羽衣舞曲雲韶樂有玉磬四虡琴瑟筑簫篪籥跋膝笙竽皆一登歌四人分立堂上下童子五人繡衣執金蓮花以導舞者三百人階下設錦筵遇內宴乃奏謂大臣曰笙磬同音沈吟忘味不圖為樂至於斯也自是臣下功高者輒賜之樂成改法曲為仙韶曲會昌初宰相李德裕命樂工製萬斯年曲以獻大中初太常樂工五千餘人俗樂一千五百餘人宣宗每宴羣臣備百戲帝製新曲教女伶數十百人衣珠翠緹繡連袂而歌其樂有播皇猷之曲舞者高冠方履褒衣博帶趨走俯仰中於規矩又有葱嶺西曲士女踏歌為隊其詞言葱嶺之民樂河湟故地歸唐也咸通間諸王多習音聲倡優雜戲天子幸其院則迎駕奏樂是時藩鎮稍復舞破陣樂然舞者衣畫甲執旗旆纔十人而已蓋唐之盛時樂曲所傳至其末年往往亡缺周隋與北齊陳接壤故歌舞雜有四方之樂至唐東夷樂有高麗百濟北狄有鮮卑吐谷

渾部落稽南蠻有扶南天竺南詔驃國西戎有高昌龜茲疏勒康國安國凡十四國之樂而八國之伎列于十部樂中宗時百濟樂工人亡散岐王為太常卿復奏置之然音伎多闕舞者二人紫大袖裙襦章甫冠衣履樂有箏笛桃皮觱篥箜篌歌而已北狄樂皆馬上之聲自漢後以為鼓吹亦軍中樂馬上奏之故隸鼓吹署後魏樂府初有北歌亦曰真人歌都代時命宮人朝夕歌之周隋始與西涼樂雜奏至唐存者五十三章而名可解者六章而已一曰慕容可汗二曰吐谷渾三曰部落稽四曰鉅鹿公主五曰白淨王六曰太子企喻也其餘辭多可汗之稱蓋燕魏之際鮮卑歌也隋鼓吹有其曲而不同貞觀中將軍侯貴昌并州人世傳北歌詔隸太樂然譯者不能通歲久不可辨矣金吾所掌有大角即魏之簸邏回工人謂之角手以備鼓吹南蠻北狄俗斷髮故舞者以繩圍首約髮有新聲自河西至者號胡音龜茲散樂皆為之少息扶南樂舞者二人以朝霞為衣赤皮鞋天竺伎能自斷手足刺腸胃高宗

惡其驚俗詔不令入中國睿宗時婆羅門國獻人倒行以足舞仰植銛刀俯身就鋒歷臉下復植於背觱篥者立腹上終曲而不傷又伏伸其手二人躡之周旋百轉開元初其樂猶與四夷樂同列貞元中南詔異牟尋遣使詣劒南西川節度使韋臯言欲獻夷中歌曲且令驃國進樂臯乃作南詔奉聖樂用黃鍾之均舞六成工六十四人贊引二人序曲二十八疊執羽而舞南詔奉聖樂字曲將終雷鼓作於四隅舞者皆拜金聲作而起執羽稽首以象朝覲每拜跪節以鉦鼓又為五均一曰黃鍾宮之宮二曰太蔟商之宮三曰沽洗角之宮四曰林鍾徵之宮五曰南呂羽之宮其文義繁雜不足復紀德宗閱於麟德殿以授太常工人自是殿庭宴則立奏宮中則坐奏十七年驃國王雍羌遣弟悉利移城主舒難陁獻其國樂至成都韋臯復譜次其聲又圖其舞容樂器以獻凡工器二十有二其音八金貝絲竹匏革牙角大抵皆夷狄之器其聲曲不隸於有司故無足采云

禮樂志第十二

翰林學士兼龍圖閣學士朝散大夫給事中知制誥充史館脩撰臣歐陽　脩奉
敕撰

唐制天子居曰衙行曰駕皆有衛有嚴羽葆華蓋旌旗罕畢車馬
之衆盛矣皆安徐而不譁其人君舉動必以扇出入則撞鍾庭設
樂宮道路有鹵簿鼓吹禮官百司必備物而後動蓋所以爲慎重
也故慎重則尊嚴尊嚴則肅恭夫儀衛所以尊君而肅臣其聲容
文采雖非三代之制至其盛也有足取焉衙凡朝會之仗三衛番
上分爲五仗號衙內五衛一曰供奉仗以左右衛爲之二曰親仗
以親衛爲之三曰勳仗以勳衛爲之四曰翊仗以翊衛爲之皆服
鶡冠緋衫裌五曰散手仗以親勳翊衛爲之服緋絁裲襠繡野馬
皆帶刀捉仗列坐于東西廊下每月以四十六人立內廊閤外號
曰內仗以左右金吾將軍當上中郎將一人押之有押官有知隊
仗官朝堂置左右引駕三衛六十人以左右衛三衛年長彊直能

糾劾者爲之分五番有引駕佽飛六十六人以佽飛越騎步射爲
之分六番每番皆有主帥一人坐日引駕外殿金吾大將軍各一
人押之號曰押引駕官中郎將郎將各一人檢校引駕事又有千
牛仗以千牛備身備身左右爲之千牛備身冠進德冠服袴褶備
身左右服如三衛皆執御刀弓箭升殿列御座左右內外諸門以
排道人帶刀捉仗而立號曰立門仗宣政左右門仗內仗皆分三
番而立號曰交番仗諸衛有挾門隊長槍隊承天門內則左右衛
挾門隊列東西廊下門外則左右驍衛挾門隊列東西廊下長樂
永安門內則左右威衛挾門隊列東西廊下門外則左右領軍衛
挾門隊列東西廊下嘉德門內則左右武衛挾門隊列東西廊下
車駕出皇城則挾門隊皆從長槍隊有漆槍木槍白幹槍樸頭槍
每夜第一鼕鼕諸隊仗佩弓箭胡祿出鋪立廊下按稍張弓捻箭
彀弩第二鼕鼕後擊鍾訖持更者舉稍鍾聲絕則解仗一點持更
人按稍持弓者稍前唱號諸衛仗隊皆分更行探宿衛門閤仗隊

鼕甲蕞欑左欑餘仗隊唯持更人蕞一具供奉散手仗亦持更蕞
甲每朝第一鼕鼕訖持更稍皆舉張弓者攝箭收弩立門隊及諸
隊仗皆立於廊下第二鼕鼕聲絕按稍弛弓收鋪諸門挾門隊立
於階下復一刻立門仗皆復舊內外仗隊立於階下元日冬至大
朝會宴見蕃國王則供奉仗散手仗立於殿上黃麾仗樂縣五路
五副路屬車輿輦繖二翰一陳于庭扇一百五十有六三衛三百
人執之陳于兩箱黃麾仗左右廂各十二部十二行第一行長戟
六色氅領軍衛赤氅威衛青氅黑氅武衛鶩氅驍衛白氅左右衛
黃氅黃地雲花襖冒第二行儀鍠五色幡赤地雲花襖冒第三行
大稍小孔雀氅黑地雲花襖冒第四行小戟刀楯白地雲花襖冒
第五行短戟大五色鸚鵡毛氅青地雲花襖冒第六行細射弓箭
赤地四色雲花襖冒第七行小稍小五色鸚鵡毛氅黃地雲花襖
冒第八行金花朱縢格楯刀赤地雲花襖冒第九行戎雞毛氅黑
地雲花襖冒第十行細射弓箭白地雲花襖冒第十一行大鋋白

毦青地雲花襖冒第十二行金花綠縢格楯刀赤地四色雲花襖
冒十二行皆有行縢鞋襪前黃麾仗首左右廂各二部部十二行
行十人左右領軍衛折衝都尉各一人領主帥各十人師子袍冒
次左右廂皆一部部十二行行十人左右威衛果毅都尉各一人
領主帥各十人豹文袍冒次廂各一部部十二行行十人左右武
衛折衝都尉各一人主帥各十人次廂各一部部十二行行十人
左右衛折衝都尉各一人主帥各十人次當御廂各一部部十二
行行十人左右驍衛折衝都尉各一人主帥各十人次後廂各一部
部十二行行十人左右衛果毅都尉各一人主帥各十人次後
廂各二部部十二行行十人左右武衛果毅都尉各一人主帥各
十人次後左右廂各一部部十二行行十人左右威衛折衝都尉
各一人主帥各十人次後左右廂各一部部十二行行十人左右
威衛果毅都尉各一人主帥各十人次後左右廂各一部部十二
行行十人左右領軍衛果毅都尉各一人主帥各十人次盡後

左右廂軍衛主帥各十人護後被師子文袍冒左右領軍衛黃麾
仗首尾廂皆絳引旛二十引前十掩後十廂各獨揭鼓十二重重
二人赤地雲花襖冒行縢鞋韈居黃麾仗外每黃麾仗一部鼓一
左右衛左右驍衛左右武衛左右威衛將軍各一人大將軍各一
人左右領軍衛大將軍各一人檢校被繡袍次左右衛黃旗仗立
于兩階之次鍪甲弓箭刀楯皆黃隊有主帥以下四十人皆戎服
被大袍二人引旗一人執二人夾二十人執矟餘佩弩弓箭第一
麟旗隊第二角端旗隊第三赤熊旗隊折衝都尉各一人檢校戎
服被大袍佩弓箭橫刀又有夾轂隊廂各六隊隊三十人胡木鍪
毦蜀鎧懸鈴覆膊錦臂韝白行縢紫帶鞋韈持矟楯刀廂各折衝
都尉二人果毅都尉二人檢校冠進德冠被紫縚連甲緋繡葵花
文袍第一隊第四隊朱質鍪鎧緋綺第二隊第五隊白質鍪鎧紫
綺第三隊第六隊黑質鍪鎧皁綺次左右驍衛赤旗仗坐于東西
廊下鍪甲弓箭刀楯皆赤主帥以下如左右衛第一鳳旗隊第二

飛黃旗隊折衝都尉各一人檢校第三吉利旗隊第四兕旗隊第
五太平旗隊果毅都尉各一人檢校又有親勳翊衛仗廂各三隊
壓角隊皆有旗一人執二人引二人夾校尉以下翊衛以上三十
五人皆平巾幘緋裲襠大口綺帶橫刀執矟二十人帶弩四人帶
弓箭十一人第一隊鳳旗大將軍各一人主之第二隊飛黃旗將
軍各一人主之第三隊吉利旗郎將一人主之次左右武衛白旗
仗居驍衛之次鍪甲弓箭刀楯皆白主帥以下如左右衛第一五
牛旗隊黃旗居內赤青居左白黑居右各八人執第二飛麟旗隊
第三駃騠旗隊第四鸞旗隊果毅都尉各一人檢校第五犀牛旗
隊第六鵕鸃旗隊第七騏驎旗隊第八騼騶旗隊折衝都尉各一
人檢校持鈒隊果毅都尉各一人校尉二人檢校前隊執銀裝長
刀紫黃綬紛絳引旛一金節十二分左右次罕畢朱雀幢叉青龍
白虎幢道蓋叉各一自絳引旛以下執者服如黃麾執罕畢及幢
者平陵冠朱衣革帶左罕右畢左青龍右白虎稱長一人出則告

警服如黃麾鈒戟隊各一百四十四人分左右三行應蹕服如黃
麾果毅執青龍等旗將軍各一人檢校旅帥二人執銀裝長刀紫
黃綬紛檢校後隊次左右威衛黑旗仗立于階下鍪甲弓箭楯矟
皆黑主帥以下如左右衛第一黃龍負圖旗隊第二黃鹿旗隊第
三騶牙旗隊第四蒼烏旗隊果毅都尉各一人檢校次左右領軍
衛青旗仗居威衛之次鍪甲弓箭楯矟皆青主帥以下如左右衛
第一應龍旗隊第二玉馬旗隊第三三角獸旗隊果毅都尉各一
人檢校第四白狼旗隊第五龍馬旗隊第六金牛旗隊折衝都尉
各一人檢校又有殳仗步甲隊將軍各一人檢校殳仗左右廂千
人廂別二百五十人執殳二百五十人執叉皆赤地雲花襖冒行
縢鞋韈殳叉以次相間左右領軍衛各一百六十人左右武衛各
一百人左右威衛左右驍衛左右衛各八十人左右廂有主帥三
十八人平巾幘緋裲襠大口綺執儀刀廂有左右衛各三人左右
驍衛左右武衛左右威衛左右領軍衛各四人以主殳仗被豹文

袍冒領軍衛師子文袍步甲隊從左右廂各四十八前後皆二十四
每隊折衝都尉一人主之被繡袍每隊一人戎服大袍帶橫刀執
旗二人引二人夾皆戎服大袍帶弓箭橫刀隊別三十人被甲臂
韝行縢鞋韈每一隊鍪甲覆膊執弓箭一隊胡木鍪及毦蜀鎧覆
膊執刀楯矟相間第一隊赤質鍪甲赤弓箭折衝都尉各一人主
之執鶡雞旗第二隊赤質鍪鎧赤刀楯矟果毅都尉各一人主之
執豹旗第三隊青質鍪甲青弓箭折衝都尉各一人主之第四隊
青質鍪鎧青刀楯矟果毅都尉各一人主之第五隊黑質鍪甲黑
弓箭左右威衛折衝都尉各一人主之第六隊黑質鍪鎧黑刀楯
矟果毅都尉各一人主之第七隊白質鍪甲白弓箭左右武衛折
衝都尉各一人主之第八隊白質鍪鎧白刀楯矟果毅都尉各一
人主之第九隊黃質鍪甲黃弓箭左右驍衛折衝都尉各一人主
之第十隊黃質鍪鎧黃刀楯矟果毅都尉各一人主之第十一隊
黃質鍪甲黃弓箭左右衛折衝都尉各一人主之第十二隊黃質

鍪鎧黃刀楯矟果毅都尉各一人主之次後第一隊黃質鍪鎧黃刀楯矟左右衞折衝都尉各一人主之至第十二隊與前同次左右金吾衞辟邪旗隊折衝都尉各一人檢校又有清游隊朱雀隊玄武隊清游隊建白澤旗二各一人執帶橫刀二人引二人夾皆帶弓箭橫刀左右金吾衞折衝都尉各一人帶弓箭橫刀各領四十人皆帶橫刀二十人持矟四人持弩十六人帶弓箭朱雀隊建朱雀旗一人執引夾皆二人金吾衞折衝都尉一人主之領四十人二十人持矟四人持弩十六人帶弓箭又二人持䂎矟皆佩橫刀䂎矟以黃金塗末龍旗十二執者戎服大袍副竿二各一人執戎服大袍分左右果毅都尉各一人主之大將軍各一人檢校二隊玄武隊建玄武旗一人執二人引二人夾平巾幘黑裲襠黑袴大口絝左右金吾衞折衝都尉各一人主之々領五十人持矟二十五人持弩五人帶弓箭二十人又二人持䂎矟諸衞挾門隊長槍隊與諸隊相間朝日殿上設黼扆躡席熏爐香案御史大夫領

屬官至殿西廡從官朱衣傳呼促百官就班文武列于兩觀監察御史二人立於東西朝堂甎道以涖之平明傳點畢內門開監察御史領百官入夾階監門校尉二人執門籍曰唱籍既視籍曰在入畢而止次門亦如之序班于通乾觀象門南武班居文班之次入宣政門文班自東門而入武班自西門而入至閤門亦如之夾階校尉十人同唱入畢而止宰相兩省官對班于香案前百官班于殿庭左右巡使二人分涖于鐘鼓樓下先一品班次二品班次三品班次四品班次五品班每班尚書省官爲首武班供奉者立于橫街之北次千牛中郎將次千牛將軍次過狀中郎將一人次接狀中郎將一人次押柱中郎將一人次押柱中郎一人次排階中郎將一人次押散手仗中郎將一人次左右金吾衞大將軍凡殿中省監少監尚衣尚舍尚輦奉御分左右隨繖扇而立東宮官居上臺官之次王府官又次之唯三太三少賓客庶子王傅隨本品侍中奏外辦皇帝步出西序門索扇扇合皇帝升御座扇開左右留扇各

三左右金吾將軍一人奏左右廂內外平安通事舍人贊宰相兩省官再拜升殿內謁者承旨喚仗左右羽林軍勘以木契自東西閤而入內侍省五品以上一人引之左右衞大將軍將軍各一人押之二十人以下入則不帶仗三十人入則左右廂監門各二人千牛備身各四人三衞各八人金吾一人百人入則左右廂監門各六人千牛備身各四人三衞三十三人金吾七人二百人則增以左右武衞威衞領軍衞金吾衞翊衞等凡仗入則左右廂加一人監捉永巷御刀弓箭及三衞帶刀入則曰仗入三衞不帶刀而入則曰監引入朝罷皇帝步入東序門然後放仗內外仗隊七刻乃下常參輟朝日六刻即下宴蕃客日隊下復立半仗于兩廊朔望受朝及蕃客辭見加纛矟隊儀仗減半凡千牛仗立則全仗立太陽虧昏壓大霧則內外諸門皆立仗泥雨則延三刻傳點駕大駕鹵簿天子將出前二日太樂令設宮縣之樂于庭晝漏上五刻駕發前發七刻擊一鼓爲一嚴前五刻擊二鼓爲再嚴侍中版奏

請中嚴有司陳鹵簿前二刻擊三鼓爲三嚴諸衞各督其隊與鈒戟以次入陳殿庭通事舍人引羣官立朝堂侍中中書令以下奉迎於西階侍中負寶乘黃令進路於太極殿西階南向千牛將軍一人執長刀立路前北向黃門侍郎一人立侍臣之前贊者二人既外辦太僕卿攝衣而升正立執轡天子乘輿以出降自西階曲直華蓋警蹕侍衞千牛將軍前執轡天子升路太僕卿授綏侍中中書令以下夾侍黃門侍郎前奏請發鑾駕動警蹕鼓傳音黃門侍郎與贊者夾引而出千牛將軍夾路而趨駕出承天門侍郎乘馬奏駕少留敕侍臣乘馬侍中前承制退稱制曰可黃門侍郎退稱侍臣乘馬贊者承傳侍臣皆乘侍衞之官各督其屬左右翊駕在黃麾內符寶郎奉六寶與殿中後部從在黃鉞內侍中中書令以下夾侍路前贊者在供奉官內侍臣乘畢侍郎奏請車右升侍中前承制退稱制曰可侍郎復位千牛將軍升侍郎奏請發萬年縣令先導次京兆牧

太常卿司徒御史大夫兵部尚書皆乘路鹵簿如本品次清游隊次左右金吾衛大將軍各一人帶弓箭橫刀檢校龍旗以前朱雀等隊各二人持矟騎夾次左右金吾衛果毅都尉各一人帶弓箭橫刀領夾道鐵甲佽飛次虞候佽飛四十八騎平巾幘緋裲襠大口絝帶弓箭橫刀夾道分左右以屬黃麾仗次外鐵甲佽飛二十四人帶弓箭橫刀甲騎具裝分左右廂皆六重以屬步甲隊次朱雀隊次指南車記里鼓車白鷺車鸞旗車辟惡車皮軒車皆四馬有正道匠一人駕士十四人皆平巾幘大口絝緋衫太卜令一人居辟惡車服如佽飛執弓箭左金吾衛隊正一人居皮軒車服平巾幘緋裲襠銀裝儀刀紫黃綬紛執弩次引駕十二重重二人皆騎帶橫刀自皮軒車後屬于細仗前矟弓箭相間左右金吾衛果毅都尉各一人主之次鼓吹次黃麾仗一執者武弁朱衣革帶二人夾次殿中侍御史二人導次太史監一人書令史一人騎引相風行漏轝次相風轝正道匠一人轝士八人服如正道匠次掆

鼓金鉦司辰典事匠各一人刻漏生四人分左右次行漏轝正道匠一人轝士十四人次持鈒前隊次御馬二十四分左右各二人馭次尚乘奉御二人書令史二人騎從次左青龍右白虎旗執者一人服如正道匠引夾各二人皆騎次左右衛果毅都尉各一人各領二十五騎二十人執矟四人持弩一人帶弓箭行儀刀仗前次通事舍人四人在左四人在右侍御史一人在左一人在右御史中丞一人在左一人在右左拾遺一人在左右拾遺一人在右左補闕一人在左右補闕一人在右起居郎一人在左起居舍人一人在右諫議大夫一人在左一人在右給事中二人在左中書舍人二人在右黃門侍郎二人在左中書侍郎二人在右左散騎常侍一人在左右散騎常侍一人在右侍中二人在左中書令二人在右通事舍人以下皆一人從次香蹬一有衣繡以黃龍執者四人服如折衝都尉次左右衛將軍二人分左右領班劍儀刀各一人從次班劍儀刀左右廂各十二行第一左右衛親衛各五十

三人第二左右衛親衛各五十五人第三左右衛勳衛各五十七人第四左右衛勳衛各五十九人各執金銅裝班劍纁朱綬紛第五左右衛翊衛各六十一人第六左右衛翊衛各六十三人第七左右衛翊衛各六十五人第八左右驍衛翊衛各六十七人各執金銅裝儀刀綠綟綬紛第九左右武衛翊衛各六十九人第十左右威衛翊衛各七十一人第十一左右領軍衛翊衛各七十三人第十二左右金吾衛翊衛各七十五人各執銀裝儀刀紫黃綬紛自第一行有曲折三人陪後門每行加一人至第十二行曲折十四人次左右廂諸衛中郎將主之執班劍儀刀領親勳翊衛次左右衛郎將各一人皆領散手翊衛三十人佩橫刀騎居副仗矟翊衛內次左右驍衛郎將各一人各領翊衛二十八人甲騎具裝執副仗矟居散手衛外次左右衛供奉中郎將郎將四人各領親勳翊衛四十八人帶橫刀騎分左右居三衛仗內次玉輅駕六馬太僕卿馭之駕士三十二人凡五路皆有副駕士皆平巾幘大口絝衫從

路色玉路服青衫千牛衛將軍一人陪乘執金裝長刀左右衛大將軍各一人騎夾皆一人從居供奉官後次千牛衛將軍一人中郎將二人皆一人從次千牛備身備身左右二人騎居玉路後帶橫刀執御刀弓箭次御馬二各一人馭次左右監門校尉二人騎執銀裝儀刀居後門內次衙門旗二人執四人夾皆騎赤綦襖黃冒黃袍次左右監門校尉各十二人騎執銀裝儀刀督後門十二行仗頭皆一人次左右驍衛翊衛各三隊居副仗矟外次左右衛夾轂廂各六隊次大繖二執者騎橫行居衙門後次雉尾障扇四執者騎夾繖次腰轝轝士八人次小團雉尾扇四方雉尾扇十二花蓋二皆執者一人夾腰轝自大繖以下執者服皆如折衝都尉次掌輦四人引輦次大輦一主輦二百人平巾幘黃絲布衫大口絝紫誕帶紫行縢鞋韈尚輦奉御二人主腰轝各書令史二人騎從次殿中少監一人督諸局供奉事一人從次諸司供奉官次御馬二十四各二人馭分左右次尚乘直長二人平巾幘緋絝褶書令

史二人騎從居御馬後次後持鈒隊次大繖二雉尾扇八夾繖左右橫行次小雉尾扇朱畫團扇皆十二左右橫行次花蓋二叉二次俾倪十二左右橫行次玄武幢一叉一居絳麾內次絳麾二左右夾玄武幢次細矟十二孔雀為毦左右橫行居絳麾後自鈒戟以下執者服如黃麾仗唯玄武幢執者服如罕畢次後黃麾執者一人夾二人皆騎次殿中侍御史二人分左右各令史二人騎從居黃麾後次大角次方輦一主輦二百人次小輦一主輦六十人次小輿一奉輿十二人服如主輦次尚輦直長二人分左右檢校輦輿皆書令史二人騎從次左右武衛五牛旗輿五赤青居左黃居中白黑居右皆八人執之平巾幘大口絝衫從旗色左右威衛隊正各一人主之騎執銀裝長刀次乘黃令一人丞一人分左右檢校玉路皆府史二人騎從次金路象路革路木路皆駕六馬駕士三十二人次五副路皆駕四馬駕士二十八人次耕根車駕六馬駕士三十二人次安車四望車皆駕四馬駕士二十四人次

羊車駕果下馬一小史十四人次屬車十二乘駕牛駕士各八人次門下中書秘書殿中四省局官各一人騎分左右夾屬車各五人從唯符寶以十二人從次黃鉞車上建黃鉞駕二馬左武衛隊正一人在車駕士十二人次豹尾車駕二馬右武衛隊正一人在車駕士十二人次左右威衛折衝都尉各一人各領掩後二百人步從五十人為行大戟五十人刀楯穳五十人弓箭五十人弩五十人皆黑鍪甲覆膊臂韝橫行次左右領軍衛將軍二人領步甲隊及殳仗各二人執𥎊矟從次前後左右廂步甲隊次左右廂黃麾仗次左右廂殳仗次諸衛馬隊左右廂各二十四自十二旗後屬于玄武隊前後有主帥以下四十人皆戎服大袍二人引旗一人執二人夾二十人執矟餘佩弩弓箭第一辟邪旗左右金吾衛折衝都尉各一人主之皆戎服大袍佩弓箭橫刀騎第二應龍旗第三玉馬旗第四三角獸旗左右領軍衛果毅都尉各一人主之第五黃龍負圖旗第六黃鹿旗左右威衛折衝都尉各一人主之

第七飛麟旗第八駃騠旗第九鸞旗左右武衛果毅都尉各一人主之第十鳳旗第十一飛黃旗左右驍衛折衝都尉各一人主之第十二麟旗第十三角端旗以當御第十四赤熊旗左右衛折衝都尉各一人主之第十五兕旗第十六太平旗左右驍衛果毅都尉各一人主之第十七犀牛旗第十八鵕鸃旗第十九騼騮旗左右武衛果毅都尉各一人主之第二十騶牙旗第二十一蒼烏旗左右威衛果毅都尉各一人主之第二十二白狼旗第二十三龍馬旗第二十四金牛旗左右領軍衛折衝都尉各一人主之其服皆如第一次玄武隊次衙門一居玄武隊前大戟隊後執者二人夾四人皆騎分左右赤綦襖黃袍黃冒次衙門左右廂廂有五門執夾人同上第一門居左右威衛黑質步甲隊之後白質步甲隊之前第二門居左右衛步甲隊之後左右領軍衛黃麾仗之前第三門居左右武衛黃麾仗之後左右驍衛黃麾仗之前第四門居左右領軍衛黃麾仗之後左右衛步甲隊之前第五門居左右

武衛白質步甲隊之後黑質步甲隊之前五門別當步甲隊黃麾仗前馬隊後各六人分左右戎服大袍帶弓箭橫刀凡衙門皆監門校尉六人分左右執銀裝長刀騎左右監門衛大將軍將軍中郎將廂各巡行校尉二人往來檢校諸門中郎將各一人騎從左右金吾衛將軍循仗檢校各二人執𥎊矟騎從左右金吾衛果毅都尉二人糾察仗內不法各一人騎從駕所至路南向將軍降立于路右侍中前奏請降路天子降乘輿而入繖扇華蓋侍衛駕還一刻擊一鼓為一嚴仗衛還於塗三刻擊二鼓為再嚴將士布隊仗侍中奏請中嚴五刻擊三鼓為三嚴黃門侍郎奏請駕發鼓傳音駕發鼓吹振作入門太樂令命擊蕤賓之鐘左五鐘皆應鼓柷奏采茨之樂至太極門戛敔樂止既入鼓柷奏太和之樂回路南向侍中請降路乘輿乃入繖扇侍御警蹕如初至門戛敔樂止皇帝入侍中版奏請解嚴叩鉦將士皆休

儀衛志第十三上

儀衛志第十三下　唐書二十三下

翰林學士兼龍圖閣學士朝散大夫給事中知制誥充史館脩撰臣歐陽脩奉
敕撰

太皇太后皇太后皇后出尚儀版奏請中嚴尚服率司仗布侍衛司賓列内命婦於庭西嚮北上六尚以下詣室奉迎尚服負寶内僕進車于閤外尚儀版奏外辦馭者執轡太皇太后乘輿以出華蓋侍衛警蹕内命婦從出門太皇太后升車從官皆乘馬内命婦宮人以次從清游隊旗一執者一人佩横刀引夾皆二人佩弓箭横刀騎次金吾衛折衝都尉一人佩横刀弓箭領騎四十亦佩横刀夾折衝執矟二十人持弩四人佩弓箭十六人持𥎊矟刀二人次虞候佽飛二十八人騎佩弓箭横刀夾道分左右以屬黄麾仗次内僕令一人在左丞一人在右各書令史二人騎從次黄麾一執者一人夾道二人皆騎次左右廂黄麾仗廂皆三行行百人第一短戟五色氅執者黄地白花綦襖冒第二戈五色氅執者赤地

黄花綦襖冒第三鍠五色幡執者青地赤花綦襖冒左右衛左右威衛左右武衛左右驍衛左右領軍衛各三行行二十人每衛以主帥六人主之皆豹文袍冒執鍮石裝長刀騎唯左右領軍衛減三人每衛果毅都尉一人被繡袍各一人從左右領軍衛有絳引幡引前者三掩後者三次内謁者監四人給事二人内常侍二人内侍少監二人騎分左右皆有内給使一人從次内給使百二十人平巾幘大口絝緋裲襠分左右屬于宮人車次偏扇團扇方扇皆二十四宮人執之衣綵大袖裙襦綵衣革帶履分左右次香蹬一内給使四人轝之居重翟車前次重翟車駕四馬駕士二十四人次行障六次坐障三皆左右夾車宮人執之服同執扇次内寺伯二人領寺人六人執御刀服如内給使夾重翟車次轝轝一執者八人團雉尾扇二夾轝次大繖四次雉尾扇八左右横行為二重次錦花蓋二單行次小雉尾扇朱畫團扇皆十二横行次錦曲蓋二十横行為二重次錦六柱八分左右自轝轝以下皆内給使

執之次宮人車次絳麾二分左右次後黄麾一執者一人夾二人皆騎次供奉宮人在黄麾後次厭翟車翟車安車皆駕四馬駕士各二十四人四望車駕士二十二人金根車駕牛駕士十二人次左右廂衙門各二每門二人執四人夾皆赤綦襖黄袍冒騎次左右領軍衛廂皆一百五十人執殳赤地黄花綦襖冒前屬于黄麾仗後盡鹵簿廂各主帥四人主之皆黄袍冒執鍮石裝長刀騎折衝都尉二人檢校殳仗皆一人騎從次衙門一盡鹵簿後殳仗内正道每門監門校尉二人主之執銀裝長刀廂各有校尉一人騎佩銀横刀往來檢校御馬減大駕之半太皇太后將還三嚴内典引引外命婦出次就位司賓引内命婦出次序立大次之前既外辦馭者執轡太皇太后乘輿出次華蓋警蹕侍衛如初内命婦以下乘車以從車駕入内典引引外命婦退駕至正殿門外車駕南嚮尚儀前奏請降車將士還皇太子出則鹵簿陳于重明門外其日三刻宮臣皆集於次左庶子版奏請中嚴典謁引宮臣就位侍

衛官服其器服左庶子負璽詣閤奉迎僕進車若輦于西閤外南嚮内率一人執刀立車前北嚮中允一人立侍臣之前贊者二人立中允之前前二刻諸衛之官詣閤奉迎宮臣應從者各出次立於門外文東武西重行北嚮北上左庶子版奏外辦僕升正位執轡皇太子乘輿而出内率前執轡皇太子升車僕立授綏左庶子以下夾侍中允奏請發車動贊者夾引而出内率夾車而趨出重明門中允奏請停車侍臣上馬左庶子前承令退稱令曰諾中允退稱侍臣上馬贊者承傳侍臣皆騎中允奏請車右升左庶子前承令退稱令曰諾内率升訖中允奏請發車動鼓吹振作太傅乘車訓道少傅乘車訓從出延喜門家令先道次率更令詹事太保太傅太師皆軺車備鹵簿次清游隊旗一執者一人佩横刀引夾皆二人亦佩弓箭横刀騎次清道率府折衝都尉一人佩弓箭横刀領騎三十亦佩横刀十八人執矟九人挾弓箭三人持弩各二人騎從次左右清道率府率各一人騎佩横刀弓箭領清道直盪及

檢校清游隊各二人執䂍矟騎從次外清道直盪二十四人騎佩
弓箭橫刀夾道次龍旗六各一人騎執佩橫刀戎服大袍橫行正
道每旗前後二人騎爲二重前引後護皆佩弓箭橫刀戎服大袍
次副竿二分左右各一人騎執次細引六重皆騎佩橫刀每重二
人自龍旗後屬于細仗矟弓箭相間廂各果毅都尉一人主之次
率更丞一人府史二人騎從領鼓吹次誕馬十分左右執者各二
人次廄牧令一人居左丞一人居右各府史二人騎從次左右翊
府郎將二人主班劍次左右翊衛二十四人執班劍分左右次通事
舍人四人司直二人文學四人洗馬二人司議郎二人居左太子
舍人二人居右中允二人居左中舍人二人居右左右諭德二人
左右庶子四人騎分左右皆一人從次左右衛率府副率二人步
從次親勳翊衛廂各中郎將郎將一人皆領儀刀六行第一親衛
二十三人第二親衛二十五人皆執金銅裝儀刀纁朱綬紛第三
勳衛二十七人第四勳衛二十九人皆執銀裝儀刀綠綬紛第五

翊衛三十一人第六翊衛三十三人皆執鍮石裝儀刀紫黃綬紛
自第一行有曲折三人陪後門每行加一人至第六行八人次三
衛十八人騎分左右夾路次金路駕四馬駕士二十三人僕寺僕
馭左右率府率二人執儀刀陪乘次左右衛率府率二人夾路各
一人從居供奉官後次左右內率府率二人副率二人領細刀弓
箭皆一人從次千牛騎執細刀弓箭次三衛儀刀仗後開衙門次
左右監門率府直長各六人執鍮石儀刀騎監後門次左右衛率
府廂各翊衛二隊皆騎在執儀刀行外壓角隊各三十人騎佩橫
刀一人執旗二人引二人夾十五人執矟七人佩弓箭三人佩弩
隊各郎將一人主之次繖二人執雉尾扇四夾繖次腰輦一執者
八人團雉尾扇二小方雉尾扇八以夾腰輦內直郎二人主之各
令史二人騎從次誕馬十分左右馭者各二人次典乘二人各府
史二人騎從次左右司禦率府校尉二人騎從佩鍮石裝儀刀領
團扇曲蓋次朱漆團扇六紫曲蓋六各橫行次諸司供奉次左右

清道率府校尉二人騎佩鍮石裝儀刀主大角次副路駕駕四馬
駕士二十二人軺車駕一馬駕士十四人四望車駕一馬駕士十
人次左右廂步隊十六每隊果毅都尉一人領騎三十人戎服大
袍佩橫刀一人執旗二人引二人夾二十五人佩弓箭前隊持矟
與佩弓箭隊以次相間次左右司禦率府副率各一人騎檢校步
隊二人執䂍矟騎從次儀仗左右廂各六色每色九行行六人赤
綦襖冒行縢鞋韈第一戟赤氅六人第二弓箭六人第三儀鋋毦
六人第四刀楯六人第五儀鍠五色幡六人第六油戟六人次前
仗首左右廂各六色每色三行行六人左右司禦率府二人果毅
都尉各一人主帥各六人主之次左右廂各六色每色三行行六
人左右衛率府副率二人果毅都尉各一人主帥各六人主之左
右司禦率府主帥各六人騎護後率及副率各一人步從廂有絳
引旛十二引前者六引後者六廂各有獨揭鼓六重重二人居儀
仗外夾仗內皆赤綦襖冒行縢鞋韈左右司禦率府四重左右衛

率府二重次左右廂皆百五十人左右司禦率府各八十六人左右
衛率府各六十四人赤綦襖冒主殳分前後居步隊外馬隊內各
司禦率府果毅都尉一人主之各一人騎從廂各主帥七人左右
司禦率府各四人左右衛率府各三人騎分前後次左右廂馬隊
廂各十隊隊有主帥以下三十一人戎服大袍佩橫刀騎隊有旗
一執者一人引夾各二人皆佩弓箭十六人持矟七人佩弓箭三
人佩弩第一左右清道率府果毅都尉二人主之第二第三第四
左右司禦率府果毅都尉二人主之第五第六第七左右衛率府
果毅都尉主之第八第九第十左右司禦率府果毅都尉二人主
之皆戎服大袍佩弓箭橫刀次後拒隊旗一執者佩橫刀引夾路
各二人佩弓箭橫刀次清道率府果毅都尉一人領四十騎佩橫
刀凡執矟二十人佩弓箭十六人佩弩四人騎從次後拒隊前當
正道殳仗內有衙門次左右廂各有衙門三第一當左右司禦率
府步隊後左右衛率府步隊前第二當左右衛率府步隊後左右

司御率府儀仗前第三當左右司御率府儀仗後左右衛率府步
隊前每門二人執四人夾皆騎赤綦襖黃袍冒門有監門率府直
長二人檢校左右監門率府副率各二人檢校諸門各一人騎從
次左右清道率府副率各二人檢校仗內不法各一人騎從次少
師少傅少保正道乘路備鹵簿文武以次從皇太子所至回車南
嚮左庶子跪奏請降路還宮一嚴轉仗衛于還塗再嚴左庶子版
奏請中嚴三嚴僕進車左庶子版奏外辦皇太子乘輿出門外降
輿乘車左庶子請車右升侍臣皆騎車動至重明門宮官下馬皇
太子乘車而入太傅少傅還皇太子至殿前車南嚮左庶子奏請
降皇太子乘輿而入侍臣從至閤左庶子版奏解嚴若常行常朝
無馬隊鼓吹金路四望車家令率更令詹事太保太師少保少師
又減隊仗三之一清道儀刀誕馬皆減半乘軺車而已二傅乘犢
車導從十人太傅加清道二人皇太子妃鹵簿清道率府校尉六
人騎分左右為三重佩橫刀弓箭次青衣十人分左右次導客舍

人四人內給使六十人皆分左右後屬內人車次偏扇團扇方扇
各十八分左右宮人執者間綵衣革帶次行障四坐障二宮人執
以夾車次典內二人騎分左右次厭翟車駕三馬駕士十四人次
閤帥二人領內給使十八人夾車次六柱二內給使執之次供奉內
人乘犢車次繖一雉尾扇二團扇四曲蓋二皆分左右各內給使
執之次戟九十執者絳綦襖冒分左右親王鹵簿有清道六人為
三重武弁朱衣革帶次幰弩一執者平巾幘緋裲襠騎次青衣十
二人平巾青幘青布袴褶執青布仗袋分左右次車輻十二分左
右車輻棒也夾車而行故曰車輻執者服如幰弩次戟九十執者
絳綦襖冒分左右次絳引旛六分左右橫行以引刀楯弓箭矟次
內第一行廂執刀楯絳綦襖冒第二行廂執弓矢戎服第三行廂
執矟戎服大袍廂各四十人次節一夾矟二各一人騎執平巾幘
大口袴緋衫次告止旛四傳教旛四信旛八凡旛皆絳為之署官
號篆以黃飾以鳥翅取其疾也金塗鉤竿長一丈一尺執者服如

夾矟分左右次儀鋋二儀鍠六油戟十八儀矟十細矟十執者皆
絳綦襖冒次儀刀十八執者服如夾矟分左右次誕馬八馭者服
如夾矟分左右次府佐六人平巾幘大口絝緋裲襠騎持刀夾引
次象路一駕四馬佐二人立侍一人武弁朱衣革帶居左二人緋
裲襠大口絝持刀居右駕士十八人服如夾矟次繖一雉尾扇二
次朱漆團扇四曲蓋二執者皆絳綦襖冒分左右次僚佐本服陪
從次麾幢各一左麾右幢次大角鼓吹一品鹵簿有清道四人為
二重幰弩一騎青衣十人車輻十人戟九十絳引旛六刀楯弓箭
矟皆八十節二大矟二告止旛傳教旛皆二信旛六誕馬六儀刀
十六府佐四人夾行革路一駕四馬駕士十六人繖一朱漆團扇
四曲蓋二僚佐本服陪從麾幢大角鐃吹皆備自二品至四品青
衣車輻每品減二人二品刀楯弓箭戟矟各減二十三品以下每
品減十而已二品信旛四誕馬四儀刀十四革路駕士十四人三
品亦如之儀刀十革路駕士十二人四品五品信旛二誕馬二儀

刀八木路駕士十人自二品至四品皆有清道二人朱漆團扇二
曲蓋一幰弩一騎旛竿長丈繖一節一夾矟二萬年縣令亦有清
道二人幰弩一騎青衣車輻皆二人戟三十告止旛傳教旛信旛
皆二竿長九尺誕馬二軺車一馬駕士六人繖朱漆團扇曲蓋皆
一非導駕及餘四等縣初上者減幰弩車輻曲蓋其戟亦減十內
命婦夫人鹵簿青衣六人偏扇團扇皆十六執者間綵裙襦綵衣
革帶行障三坐障二厭翟車駕二馬馭人十內給使十六人夾車
從車六乘繖雉尾扇皆一團扇二內給使執之戟六十外命婦一
品亦如之厭翟車馭人減二有從人十六人非公主王妃則乘白
銅飾犢車駕牛馭人四無雉尾扇犢青衣四人偏扇團扇方扇十
四行障二坐障一翟車馭人八內給使十四人夾車四乘戟四十
外命婦二品亦如之乘白銅飾犢車青通幰朱裏從人十四人婕
妤美人才人青衣二人偏扇團扇方扇十行障二坐障一安車駕
二馬馭人八內給使十人從車二乘戟二十太子良娣良媛承徽

外命婦三品亦如之白銅飾犢車從人十人外命婦四品青衣二人偏扇團扇方扇皆八行障坐障皆一白銅飾犢車駁人四從人八餘同三品唯無戟自夫人以下皆清道二人幰一又有團扇二

大駕鹵簿鼓吹分前後二部鼓吹令二人府史二人騎從分左右前部掆鼓十二夾金鉦十二大鼓長鳴皆百二十鐃鼓十二歌簫笳次之大橫吹百二十節鼓二笛簫觱篥笳桃皮觱篥次之掆鼓夾金鉦皆十二小鼓中鳴皆百二十羽葆鼓十二歌簫笳次之至相風轝有掆鼓一金鉦一鼓左鉦右至黃麾有左右金吾衛果毅都尉二人主大角百二十橫行十重鼓吹丞二人典事二人騎從次後部鼓吹羽葆鼓十二歌簫笳次之鐃鼓十二歌簫笳次之小橫吹百二十笛簫觱篥笳桃皮觱篥次之凡歌簫笳工各二十四人主帥四人笛簫觱篥笳桃皮觱篥工各二十四人法駕減太常卿司徒兵部尚書白鷺車辟惡車大輦五副路安車四望車又減屬車四清游隊持鈒隊玄武隊皆減四之一鼓吹減三之一小駕

又減御史大夫指南車記里鼓車鸞旗車皮軒車象革木三路耕根車羊車黃鉞車豹尾車屬車小輦小輿諸隊及鼓吹減大駕之半凡鼓吹五部一鼓吹二羽葆三鐃吹四大橫吹五小橫吹揔七十五曲鼓吹部有掆鼓大鼓金鉦小鼓長鳴中鳴掆鼓十曲一警雷震二猛獸駭三鷙鳥擊四龍媒蹀五靈夔吼六鵰鶚爭七壯士怒八熊羆吼九石墜崖十波蕩壑大鼓十五曲嚴用三曲一元驎合邏二元驎他固夜三元驎跋至慮警用十二曲一元咳大至遊三阿列乾三破達析利純四賀羽眞五鳴都路跋六他勃鳴路跋七相雷析追八元咳赤賴九赤咳赤賴十吐咳乞物眞十一貪大訐十二賀粟胡眞小鼓九曲一漁陽二雞子三警鼓四三鳴五合節六覆參七步鼓八南陽會星九單搖皆以爲嚴警其一上馬用之長鳴一曲三聲一龍吟聲二彪吼聲三河聲中鳴一曲三聲一盪聲二牙聲三送聲羽葆部十八曲一太和二休和三七德四騶虞五基王化六纂唐風七厭炎精八肇皇運九躍龍飛十殄馬邑十一興晉陽十二濟渭險十三應聖期十四御宸極十五寧兆庶十六服遐荒十七龍池十八破陣樂鐃吹部七曲一破陣樂二上車三行車四向城五平安六歡樂七太平大橫吹部有節鼓二十四曲一悲風二遊絃三閒絃明君四吳明君五古明君六長樂聲七五調聲八烏夜啼九望鄉十跨鞍十一閒君十二瑟調十三止息十四天女怨十五楚客十六楚妃歎十七霜鴻引十八楚歌十九胡笳聲二十辭漢二十一對月二十二胡笳明君二十三湘妃怨二十四沈湘小橫吹部有角笛簫笳觱篥桃皮觱篥六種曲名失傳伶工謂夜警爲嚴凡大駕嚴夜警十二曲中警三曲五更嚴三遍天子謁郊廟夜五鼓過半奏四嚴車駕至橋復奏一嚴元和初禮儀使高郢建議罷之歷代獻捷必有凱歌太宗平東都破宋金剛執賀魯克高麗皆備軍容凱歌入京都然其禮儀不傳太和初有司奏命將征討有大功獻俘馘則神策兵衛於門外如獻俘儀凱樂用鐃吹二部笛觱篥簫笳鐃鼓皆工二人歌工二十四人

乘馬執樂陳列如鹵簿鼓吹令丞前導分行俘馘之前將入都門鼓吹振作奏破陣樂應聖期賀朝歡君臣同慶樂等四曲至太社太廟門外陳而不作告獻禮畢樂作至御樓前陳兵仗于旌門外二十步樂工步行兵部尚書介冑執鉞于旌門中路前導協律郎二人執麾門外分導太常卿跪請奏凱樂樂闋太常卿跪奏樂畢兵部尚書太常卿退樂工立于旌門外引俘馘入獻及稱賀俘囚出乃退

儀衛志第十三下

車服志第十四　　唐書二十四

翰林學士兼龍圖閣學士朝散大夫給事中知制誥充史館修撰臣歐陽脩奉
敕撰

唐初受命車服皆因隋舊武德四年始著車輿衣服之令上得兼
下下不得儗上凡天子之車曰玉路者祭祀納后所乘也青質玉
飾末金路者饗射祀還飲至所乘也赤質金飾末象路者行道所
乘也黃質象飾末革路者臨兵巡守所乘也白質鞔以革木路者
蒐田所乘也黑質漆之五路皆重輿左青龍右白虎金鳳翅畫苣
文鳥獸黃屋左纛金鳳一在軾前鸞十二在衡龍輈前設鄣
塵青蓋三層繡飾上設博山方鏡下圓鏡樹羽輪金根朱班重牙
左建旂十有二旒畫升龍其長曳地青繡綢杠右載闟戟長四尺
廣三尺黻文旂首金龍銜錦結綬及緌帶垂鈴金鍐方釳插翟尾
五焦鏤錫鞶纓十二就旌旗蓋襜鞶纓皆從路質唯蓋裏皆用黃五
路皆有副耕根車者耕藉所乘也青質三重蓋餘如玉路安車者
臨幸所乘也金飾重輿曲壁紫油纁朱裏通幰朱絲絡網朱鞶纓
朱覆髮具絡駕赤駵副路耕根車安車皆八鸞四望車者拜陵臨
弔所乘也制如安車青油纁朱裏通幰朱絲絡網又有屬車十乘
一曰指南車二曰記里鼓車三曰白鷺車四曰鸞旗車五曰辟惡
車六曰皮軒車七曰羊車與耕根車四望車安車為十乘行幸陳
于鹵簿則分前後大朝會則分左右皇后之車六重翟車者受冊
從祀饗廟所乘也青質青油纁朱裏通幰繡紫絡帶及帷八鸞鏤
錫鞶纓十二就金鍐方釳樹翟羽朱總厭翟車者親桑所乘也赤
質紫油纁朱裏通幰紅錦絡帶及帷翟車者歸寧所乘也黃油纁
黃裏通幰白紅錦絡帶及帷三車皆金飾末輪畫朱牙箱飾翟羽
朱絲絡網鞶纓色皆從車質安車者臨幸所乘也制如金路紫油
纁朱裏通幰四望車者拜陵弔喪所乘也青油纁朱裏通幰金根
車者常行所乘也紫油纁朱裏通幰夫人乘厭翟車九嬪乘翟車
婕妤以下乘安車外命婦公主王妃乘厭翟車一品乘白銅飾犢

車青油纁朱裏通幰朱絲絡網二品以下去油纁絡網四品有青
偏幰皇太子之車三金路者從祀朝賀納妃所乘也赤質金飾末
重較箱畫苣文鳥獸黃屋伏鹿軾龍輈金鳳一在軾前設鄣塵朱
黃蓋裏輪畫朱牙左建旂九旒右載闟戟旂首金龍銜結綬及鈴
緌八鸞二鈴金鍐方釳樹翟尾五焦鏤錫鞶纓九就軺車者五日
常服朝饗宮臣出入行道所乘也四望車者臨弔所乘也二車皆
金飾末紫油纁朱裏通幰親王及武職一品有象路青油纁朱裏
通幰朱絲絡網二品三品有革路朱裏青通幰四品有木路五品
有軺車皆碧裏青偏幰象飾末班輪八鸞左建旂畫升龍右載闟
戟革路木路左建旜軺車曲壁碧裏青通幰諸路朱質朱蓋朱旂
朱班輪一品之旜九旒二品八旒三品七旒四品六旒鞶纓就亦
如之三品以上珂九子四品七子五品五子六品以下去通幰及
珂王公車路藏于太僕受制行冊命巡陵昏葬則給之餘皆以騎
代車凡天子之服十四大裘冕者祀天地之服也廣八寸長一尺
二寸以板為之黑表纁裏無旒金飾玉簪導組帶為纓色如其綬
黈纊充耳大裘繒表黑羔表為緣纁裏黑領褾襟緣朱裳白紗中
單皁領青褾襈裾朱韈赤舄鹿盧玉具劍火珠鏢首白玉雙佩黑
組大雙綬黑質黑黃赤白縹綠為純以備天地四方之色廣一尺長
二丈四尺五百首紛廣二寸四分長六尺四寸色如綬又有小雙
綬長二尺六寸色如大綬而首半之間施三玉環革帶以白皮為
之以屬佩綬印章鞶囊亦曰鞶帶博三寸半加金鏤玉鉤鰈大帶
以素為之以朱為裏在腰及垂皆有裨上以朱錦貴正色也下以
綠錦賤間色也博四寸紐約貴賤皆用青組博三寸黻以繒為之
隨裳色上廣一尺以象天數下廣二尺以象地數長三尺朱質畫
龍火山三章以象三才其頸五寸兩角有肩廣二寸以屬革帶朝
服謂之韠冕服謂之黻衮冕者踐阼饗廟征還遣將飲至加元服
納后元日受朝賀臨軒冊拜王公之服也廣一尺二寸長二尺四
寸金飾玉簪導垂白珠十二旒朱絲組帶為纓色如綬深青衣纁

裳十二章日月星辰山龍華蟲火宗彝八章在衣藻粉米黼黻四章在裳衣畫裳繡以象天地之色也自山龍以下每章一行爲等每行十二衣褾領畫以升龍白紗中單黼領青褾襈裾韍繡龍山火三章舄加金飾鷩冕者有事遠主之服也八旒七章華蟲火宗彝四章在衣藻粉米黼黻四章在裳毳冕者祭海嶽之服也七旒五章宗彝藻粉米在衣黼黻在裳絺冕者祭社稷饗先農之服也六旒三章絺粉米在衣黼黻在裳玄冕者蜡祭百神朝日夕月之服也五旒裳刺黼一章自衮冕以下其制一也簪導劍佩綬皆同通天冠者冬至受朝賀祭還燕羣臣養老之服也二十四梁附蟬十二首施珠翠金博山黑介幘組纓翠緌玉犀簪導絳紗袍朱裏紅羅裳白紗中單朱領褾襈裾白裙襦絳紗蔽膝白羅方心曲領白韈黑舄白假帶其制垂二條帛以變祭服之大帶天子未加元服以空頂黑介幘雙童髻雙玉導加寶飾三品以上亦加寶飾五品以上雙玉導金飾六品以下無飾緇布冠者始冠之服也天

子五梁三品以上三梁五品以上二梁九品以上一梁武弁者講武出征蒐狩大射禡類宜社賞祖罰社纂嚴之服也有金附蟬平巾幘弁服者朔日受朝之服也以鹿皮爲之有攀以持髮十有二璂玉簪導絳紗衣素裳白玉雙佩革帶之後有鞶囊以盛小雙綬白韈烏皮履黑介幘者拜陵之服也無飾白紗單衣白裙襦革帶素韈烏皮履白紗帽者視朝聽訟宴見賓客之服也以烏紗爲之白裙襦白韈烏皮履平巾幘者乘馬之服也金飾玉簪導冠支以玉紫褶白袴玉具裝珠寶鈿帶有靴白帢者臨喪之服也白紗單衣烏皮履皇后之服三褘衣者受冊助祭朝會大事之服也深青織成爲之畫翬赤質五色十二等素紗中單黼領朱羅縠褾襈蔽膝隨裳色以緅領爲緣用翟爲章三等青衣革帶大帶隨衣色裨紐約佩綬如天子青韈舄加金飾鞠衣者親蠶之服也黃羅爲之不畫蔽膝大帶革帶舄隨衣色餘同褘衣鈿釵禮衣者燕見賓客之服也十二鈿服用雜色而不畫加雙佩小綬去舄加履首飾

大小華十二樹以象衮冕之旒又有兩博鬢皇太子之服六衮冕者從祀謁廟加元服納妃之服也白珠九旒紅絲組爲纓犀簪導青纊充耳黑衣纁裳凡九章龍山華蟲火宗彝在衣藻粉米黼黻在裳白紗中單黼領青褾襈裾革帶金鉤䚢大帶瑜玉雙佩朱組雙大綬朱質赤白縹紺爲純長一丈八尺廣九寸三百二十首黻隨裳色有火山二章白韈赤舄朱履加金塗銀釦飾鹿盧玉具劍如天子遠遊冠者謁廟還宮元日朔日入朝釋奠之服也以具服遠遊冠三梁加金博山附蟬九首施珠翠黑介幘髮纓翠緌犀簪導絳紗袍紅裳白紗中單黑領褾襈裾白裙襦白假帶方心曲領絳紗蔽膝白韈黑舄朔日入朝通服綪襠公服者五日常朝元日冬至受朝之服也遠遊冠絳紗單衣白裙襦革帶金鉤䚢假帶瑜玉雙佩方心紛金縷鞶囊純長六尺四寸廣二寸四分色如大綬烏紗冒者視事及燕見賓客之服也白裙襦烏皮履弁服者朔望視事之服也鹿皮爲之犀簪導組纓九璂絳紗衣素裳革帶鞶囊

小綬雙佩自具服以下皆白韈烏皮履平巾幘者乘馬之服也金飾犀簪導紫褶白袴起梁珠寶鈿帶靴進德冠者亦乘馬之服也九璂加金飾有袴褶常服則有白裙襦皇太子妃之服有三褕翟者受冊助祭朝會大事之服也青織成文爲搖翟青質五色九等素紗中單黼領朱羅縠褾襈蔽膝隨裳色用緅爲領緣以翟爲章二等青衣革帶大帶隨衣色不朱裏青韈舄加金飾佩綬如皇太子鞠衣者從蠶之服也以黃羅爲之制如褕翟無雉蔽膝大帶隨衣色鈿釵禮衣者燕見賓客之服也九鈿其服用雜色制如鞠衣加雙佩小綬去舄加履首飾花九樹有兩博鬢羣臣之服二十有一衮冕者一品之服也九旒青璂爲珠貫三采玉以組爲纓色如其綬青纊充耳寶飾角簪導青衣纁裳九章龍山華蟲火宗彝在衣藻粉米黼黻在裳皆絳爲繡遍衣白紗中單黼領青褾襈裾朱韈赤舄革帶鉤䚢大帶黻隨裳色金寶玉飾劍鏢首山玄玉佩綠綟綬綠質綠紫黃赤爲純長一丈八尺廣九寸二百四十首郊祀

太尉攝事亦服之鷩冕者二品之服也八旒青衣纁裳七章華蟲
火宗彝在衣藻粉米黼黻在裳銀裝劍佩水蒼玉紫綬紫質紫黃
赤為純長一丈六尺廣八寸一百八十首革帶之後有金鐍鞶囊
金飾劍水蒼玉佩朱韈赤舄毳冕者三品之服也七旒寶飾角簪
導五章宗彝藻粉米在衣黼黻在裳數二章山火紫綬如二品金
銀鏤鞶囊金飾劍水蒼玉佩朱韈赤舄絺冕者四品之服也六旒
三章粉米在衣黼黻在裳中單青領黻山一章銀鏤鞶囊自三品
以下皆青綬青質青白紅為純長一丈四尺廣七寸一百四十首
金飾劍水蒼玉佩朱韈赤舄玄冕者五品之服也以羅為之五旒
衣無章裳刺黻一章角簪導青衣纁裳其服用紬大帶及裨外
黑內黃黑綬紺質青紺為純長一丈二尺廣六寸一百二十首象笏
上圓下方六品以竹木上挫下方金飾劍水蒼玉佩朱韈赤舄三
品以下私祭皆服之平冕者郊廟武舞郎之服也黑衣絳裳革帶
烏皮履爵弁者六品以下九品以上從祀之服也以紬為之無旒黑
纓角簪導青衣纁裳白紗中單青領褾襈裾革帶鉤艓大帶及裨
內外皆緇爵韠白韈赤履五品以上私祭皆服之武弁者武官朝
參殿庭武舞郎堂下鼓人鼓吹按工之服也有平巾幘武舞緋絲
布大袖白練褴襠螣蛇起梁帶豹文大口絝烏皮鞾鼓人朱褠衣
革帶烏皮履鼓吹按工加白練褴襠弁服者文官九品公事之服
也以鹿皮為之通用烏紗牙簪導纓一品九璂二品八璂三品七
璂四品六璂五品五璂犀簪導皆朱衣素裳革帶鞶囊小綬雙
佩白韈烏皮履六品以下去璂及鞶囊綬佩六品七品綠衣八品
九品青衣進賢冠者文官朝參三老五更之服也黑介幘青緌紛
長六尺四寸廣四寸色如其綬三品以上三梁五品以上兩梁九
品以上及國官一梁六品以下私祭皆服之侍中中書令左右散
騎常侍有黃金璫附蟬貂尾侍左者左珥侍右者右珥諸州大中
正一梁絳紗公服殿庭文舞郎黃紗袍黑領襈白練褴襠白布大
口絝革帶烏皮履遠遊冠者親王之服也黑介幘三梁青緌金鉤

艓大帶金寶飾劍玉鏢首纁朱綬朱質赤黃縹紺為純長一丈八
尺廣九寸二百四十首黃金璫附蟬諸王則否法冠者御史大夫
中丞御史之服也一名獬廌冠高山冠者內侍省內謁者親王司閤
謁者之服也委貌冠者郊廟文舞郎之服也有黑絲布大袖白練
領褾絳布大口絝革帶烏皮履却非冠者亭長門僕之服也平巾
幘者武官衛官公事之服也金飾五品以上兼用玉大口絝烏皮
鞾白練裙襦起梁帶陪大仗有褴襠螣蛇朝集從事州縣佐史岳
瀆祝史外州品子庶民任掌事者服之有緋褶大口絝紫附褠文
武官騎馬服之則去褴襠螣蛇袴褶之制五品以上細綾及羅為
之六品以下小綾為之三品以上紫五品以上緋七品以上綠九
品以上碧褴襠之制一當胷一當背短袖覆膊螣蛇之制以錦為
表長八尺中實以綿象蛇形起梁帶之制三品以上玉梁寶鈿五
品以上金梁寶鈿六品以下金飾隱起而已黑介幘者國官視品
府佐謁府國子大學四門生俊士參見之服也簪導白紗單衣青
褾襈領革帶烏皮履未冠者冠則空頂黑介幘雙童髻去革帶書
筭律學生州縣學生朝參則服烏紗冒白裙襦青領未冠者童子
髻介幘者流外官行署三品以下登歌工人之服也絳公服以縵
緋為之制如絳紗單衣方心曲領革帶鉤艓假帶韈烏皮履九品
以上則絳褠衣制如絳公服而狹袖形直如褠不垂緋褶大口絝
紫附褠去方心曲領假帶登歌工人朱連裳革帶烏皮履殿庭加
白練褴襠平巾綠幘者尚食局主膳典膳局典食太官署食官署
供膳奉觶之服也青絲布絝褶羊車小史五辮髻紫碧腰襻青耳
屩漏刻生漏童總角髻皆青絲布絝褶具服者五品以上陪祭朝
饗拜表大事之服也亦曰朝服冠幘簪導絳紗單衣白紗中單黑
領袖黑褾襈裾白裙襦革帶金鉤艓假帶曲領方心絳紗蔽膝白
韈烏皮舄劍紛鞶囊雙佩雙綬六品以下去劍佩綬七品以上以白
筆代簪八品九品去白筆白紗中單以履代舄從省服者五品以
上公事朔望朝謁見東宮之服也亦曰公服冠幘纓簪導絳紗單

衣白裙襦革帶鉤䚢假帶方心韈履紛鞶囊雙佩烏皮履六品以
下去紛鞶囊雙佩三品以上有公爵者嫡子之婚假絺冕五品以
上子孫九品以上子爵弁庶人婚假絳公服命婦之服六翟衣者
內命婦受冊從蠶朝會外命婦嫁及受冊從蠶大朝會之服也青
質繡翟編次於衣及裳重為九等青紗中單黼領朱縠褾襈裾蔽
膝隨裳色以緅為領緣加文繡重雉為章二等大帶隨衣色以青
衣革帶青韈舄佩綬兩博鬢飾以寶鈿一品翟九等花釵九樹二
品翟八等花釵八樹三品翟七等花釵七樹四品翟六等花釵六
樹五品翟五等花釵五樹寶鈿視花樹之數鈿釵禮衣者內命婦
常參外命婦朝參辭見禮會之服也制同翟衣加雙佩小綬去舄
加履一品九鈿二品八鈿三品七鈿四品六鈿五品五鈿禮衣者六
尚寶林御女采女女官七品以上大事之服也通用雜色制如鈿
釵禮衣唯無首飾佩綬公服者常供奉之服也去中單蔽膝大帶
九品以上大事常供奉亦如之半袖裙襦者東宮女史常供奉之

服也公主王妃佩綬同諸王花釵禮衣者親王納妃所給之服也
大袖連裳者六品以下妻九品以上女嫁服也青質素紗中單蔽
膝大帶革帶韈履同裳色花釵覆笄兩博鬢以金銀雜寶飾之庶
人女嫁有花釵以金銀琉璃塗飾之連裳青質青衣革帶韈履同
裳色婦人燕服視夫百官女嫁廟見攝母服五品以上媵降妻一
等妾降媵一等六品以下妾降妻一等天子有傳國璽及八璽皆
玉為之神璽以鎮中國藏而不用受命璽以封禪禮神皇帝行璽
以報王公書皇帝之璽以勞王公皇帝信璽以召王公天子行璽
以報四夷書天子之璽以勞四夷天子信璽以召兵四夷皆泥封
大朝會則符璽郎進神璽受命璽于御座行幸則合八璽為五轝
函封從于黃鉞之內太皇太后皇太后皇后皇太子及妃璽皆金
為之藏而不用太皇太后皇太后封令書以宮官印皇后以內侍
省印皇太子以左春坊印妃以內坊印 初太宗刻受命玄璽以白
玉為螭首文曰皇天景命有德者昌至武后改諸璽皆為寶中宗

即位復為璽開元六年復為寶天寶初改璽書為寶書十載改傳
國寶為承天大寶初高祖入長安罷隋竹使符班銀菟符其後改
為銅魚符以起軍旅易守長京都留守折衝府捉兵鎮守之所及
左右金吾宮苑總監牧監皆給之畿內則左三右一畿外則左五
右一左者進內右者在外用始第一周而復始宮殿門城門給交
魚符巡魚符左廂右廂給開門符閉門符亦左符進內右符監門
掌之蕃國亦給之雄雌各十二銘以國名雄者進內雌者付其國
朝貢使各齎其月魚而至不合者劾奏傳信符者以給郵驛通制
命皇太子監國給雙龍符左右皆十兩京北都留守給麟符左二
十右十九東方諸州給青龍符南方諸州朱雀符西方諸州騶虞
符北方諸州玄武符皆左四右三左者進內右者付外行軍所亦
給之隨身魚符者以明貴賤應召命左二右一左者進內右者隨
身皇太子以玉契召勘合乃赴親王以金庶官以銅皆題某位姓
名官有貳者加左右皆盛以魚袋三品以上飾以金五品以上飾

以銀刻姓名者去官納之不刻者傳佩相付有傳符銅魚符者給
封符印發驛封符及封魚函用之有銅魚而無傳符者給封函還
符封函用之天子巡幸則京師東都留守給留守印諸司從行者
給行從印木契符者以重鎮守慎出納畿內左右皆三畿外左右
皆五皇帝巡幸太子監國有軍旅之事則用之王公征討皆給焉
左右各十九太極殿前刻漏所亦以左契給之右以授承天門監
門晝夜勘合然後鳴鼓玄武門苑內諸門有喚人木契左以進內
右以授監門有勑召者用之魚契所降皆有勑書尚書省符與左
同乃用大將出賜旌以顓賞節以顓殺旌以絳帛五丈粉畫虎有
銅龍一首纏緋幡紫縑為袋油囊為表節懸畫木盤三相去數寸
隅垂赤麻餘與旌同高宗給五品以上隨身魚銀袋以防召命之
詐出內必合之三品以上金飾袋垂拱中都督刺史始賜魚天授
二年改佩魚皆為龜其後三品以上龜袋飾以金四品以銀五品
以銅中宗初罷龜袋復給以魚郡王嗣王亦佩金魚袋景龍中令

特進佩魚散官佩魚自此始也然員外試檢校官猶不佩魚景雲中詔衣紫者魚袋以金飾之衣緋者以銀飾之開元初駙馬都尉從五品者假紫金魚袋都督刺史品卑者假緋魚袋五品以上檢校試判官皆佩魚中書令張嘉貞奏致仕者佩魚終身自是百官賞緋紫必兼魚袋謂之章服當時服朱紫佩魚者衆矣初隋文帝聽朝之服以赭黃文綾袍烏紗冒折上巾六合鞾與貴臣通服唯天子之帶有十三鐶文官又有平頭小樣巾百官常服同於庶人至唐高祖以赭黃袍巾帶爲常服腰帶者搢垂頭於下名曰鉈尾取順下之義一品二品銙以金六品以上以犀九品以上以銀庶人以鐵既而天子袍衫稍用赤黃遂禁臣民服親王及三品二王後服大科綾羅色用紫飾以玉五品以上服小科綾羅色用朱飾以金六品以上服絲布交梭雙紃綾色用黃六品七品服用綠飾以銀八品九品服用青飾以鍮石勳官之服隨其品而加佩刀礪紛帨流外官庶人部曲奴婢則服紬絁布色用黃白飾以鐵銅

太宗時又命七品服龜甲雙巨十花綾色用綠九品服絲布雜綾色用青是時士人以棠苧襴衫爲上服貴女功之始也一命以黃再命以黑三命以纁四命以綠五命以紫士服短褐庶人以白中書令馬周上議禮無服衫之文三代之制有深衣請加襴袖褾襈爲士人上服開骻者名曰缺骻衫庶人服之又請裹頭者左右各三襵以象三才重繫前腳以象二儀詔皆從之太尉長孫无忌又議服袍者下加襴緋紫綠皆視其品庶人以白太宗嘗以幞頭起於後周便武事者也方天下偃兵採古制爲翼善冠自服之又製進德冠以賜貴臣玉璂制如弁服以金飾梁花趺三品以上加金絡五品以上附山雲自是元日冬至朔望視朝服翼善冠衣白練裙襦常服則有袴褶與平巾幘通用翼善冠進德冠制如幞頭皇太子乘馬則服進德冠九璂加金飾犀簪導亦有袴褶燕服用紫其後朔望視朝仍用弁服顯慶元年長孫无忌等曰武德初撰衣服令天子祀天地服大裘冕按周郊被衮以象天戴冕藻十有二旒與大裘異月令孟冬天子始裘以禦寒若啓蟄祈穀冬至報天服裘可也季夏迎氣龍見而雩如之何可服故歷代唯服衮章漢明帝始采周官禮記制祀天地之服天子備十二章後魏周隋皆如之伏請郊祀天地服衮冕罷大裘又新禮皇帝祭社稷服絺冕四旒三章祭日月服玄冕三旒衣無章按令文四品五品之服也三公亞獻皆服衮孤卿服毳鷩是天子同於大夫君少臣多非禮之中且天子十二爲節以法天烏有四旒三章之服若諸臣助祭冕與王同是貴賤無分也若降王一等則王服玄冕羣臣服爵弁既屈天子又貶公卿周禮此文久不用矣猶祭祀之有尸侑以君親而拜臣子硩蔟蟈氏之職不通行者蓋多故漢魏承用衮冕今新禮親祭日月服五品之服請循歷代故事諸祭皆用衮冕制曰可无忌等又曰禮皇帝爲諸臣及五服親舉哀素服今服白袷禮令乖外且白袷出近代不可用乃改以素服自是鷩冕以下天子不復用而白袷廢矣其後以紫爲三品之服金玉帶銙十三緋爲四品之

服金帶銙十一淺緋爲五品之服金帶銙十深綠爲六品之服淺綠爲七品之服皆銀帶銙九深青爲八品之服淺青爲九品之服皆鍮石帶銙八黃爲流外官及庶人之服銅鐵帶銙七武后擅政多賜羣臣巾子繡袍勒以回文之銘皆無法度不足紀至中宗又賜百官英王踣樣巾其制高而踣帝在藩時冠也其後文官以紫黑絁爲巾賜供奉官及諸司長官則有羅巾圓頭巾子後遂不改初職事官三品以上賜金裝刀礪石一品以下則有手巾筭袋佩刀礪石至睿宗時罷佩刀礪石而武官五品以上佩鞊韘七事佩刀刀子礪石契苾真噦厥針筒火石是也時皇太子將釋奠有司草儀注從臣皆乘馬著衣冠左庶子劉子玄議曰古大夫乘車以馬爲騑服魏晉朝士駕牛車如李廣北征解鞍憩息馬援據鞍顧眄則鞍馬行於軍旅戎服所便江左尚書郎乘馬則御史治之顏延年罷官騎馬出入世稱放誕近古專車則衣朝服單馬則衣褻服皇家巡謁陵廟冊命王公則盛服冠履乘路車士庶有以

衣冠親迎者亦時服箱其餘貴賤皆以騎代車比者法駕所幸侍
臣朝服乘馬今旣舍車而冠履不易何者襃衣博帶革履高冠車
中之服也韈而鐙跣而乘非唯數古亦自取譏誚議者以祕閣梁
南郊圖有衣冠乘馬者此圖後人所爲世古今圖畫多矣如畫羣
公祖二踈而有芒屩者畫昭君入匈奴而婦人有施帷帽者夫
芒屩出於水鄉非京華所有帷帽創於隋代非漢宮所用豈可因
二畫以爲故實乎謂乘馬衣冠宜省太子從之編于令開元初將
有事南郊中書令張說請遵古制用大裘乃命有司製二冕玄宗
以大裘樸略不可通寒暑者廢而不服自是元正朝會用衮冕通天
冠百官朔望朝參外官衙日則佩筭袋餘日則否玄宗謁五陵初
用素服朔望朝顯用常服弁服翼善冠皆廢唐初賞朱紫者服於
軍中其後軍將亦賞以假緋紫有從戎缺胯之服不在軍者服長
袍或無官而冒衣綠有詔殿中侍御史糾察諸衛大將軍中郎將
以下給袍者皆易其繡文千牛衛以瑞牛左右衛以瑞馬驍衛以

虎武衛以鷹威衛以豹領軍衛以白澤金吾衛以辟邪行六品者
冠去綦珠五品去鞶囊雙佩幞頭用羅縠婦人服從夫子五等以
上親及五品以上母妻服紫衣腰襻標緣用錦繡九品以上母妻
服朱衣流外及庶人不服綾羅縠五色綫鞾履凡襴色衣不過十
二破渾色衣不過六破二十五年御史大夫李適之建議冬至元
日大禮朝參官及六品清官服朱衣六品以下通服袴褶天寶中
御史中丞吉溫建議京官朔望朝參衣朱袴褶五品以上有珂傘
德宗嘗賜節度使時服以鶻銜綬帶謂其行列有序牧人有威儀
也元和十二年太子少師鄭餘慶言百官服朝服者多誤自今唯
職事官五品兼六品以上散官者則有佩劒綬其餘皆省初婦人
施羃䍦以蔽身永徽中始用帷冒施帬及頸坐檐以代乘車命婦
朝謁則以駝駕車數下詔禁而不止武后時帷冒益盛中宗後乃
無復羃䍦矣宮人從駕皆胡冒乘馬海內傚之至露髻馳騁而帷
冒亦廢有衣男子衣而鞾如奚契丹之服武德間婦人曳履及線

鞾開元中初有線鞋侍兒則著履奴婢服襴衫而士女衣胡服其
後安祿山反當時以爲服妖之應巴蜀婦人出入有兜籠乾元初
蕃將又以兜籠易負遂以代車文宗即位以四方車服僭奢下詔
準儀制令品秩勳勞爲等級職事官服綠青碧勳官諸司則佩刀
礪紛帨諸親朝賀宴會之服一品二品服玉及通犀三品服花犀
班犀車馬無飾金銀衣曳地不過二寸袖不過三寸婦人裙
不過五幅曳地不過三寸襦袖不過一尺五寸袍襖之制三品以
上服綾以鶻銜瑞草鴈銜綬帶及雙孔雀四品五品服綾以地黃
交枝六品以下服綾小窠無文及隔織獨織一品導從以七騎二
品三品以五騎四品以三騎五品以二騎六品以一騎五品以上
及節度使冊拜婚會則車有幰外命婦一品二品三品乘金銅飾
犢車檐舁以八人二品舁以六人四品五品乘白銅飾犢車檐舁
以四人胥吏商賈之妻老者乘葦輦車兜籠舁以二人度支戶部
鹽鐵門官等服細葛布無紋綾綠闇銀藍鐵帶鞍轡銜鐙以鍮石

未有官者服麤葛布官絁綠銅鐵帶乘蜀馬鐵鐙行官服紫麤
布絁藍鐵帶中官不衣紗縠綾羅諸司小兒不服大巾商賈庶人
僧道士不乘馬婦人衣青碧纈平頭小花草履彩帛縵成履而禁
高髻險粧去眉開額及吳越高頭草履王公之居不施重栱藻井
三品堂五間九架門三間五架五品堂五間七架門三間兩架六
品七品堂三間五架庶人四架而門皆一間兩架常參官施懸魚
對鳳瓦獸通栿乳梁詔下人多怨者京兆尹杜悰條易行者爲寬
限而事遂不行唯淮南觀察使李德裕令管內婦人衣袖四尺者
闊一尺五寸裙曳地四五寸者減三寸開成末定制宰相三公師
保尚書令僕射諸司長官及致仕官疾病許乘檐如漢魏載輿步
輿之制三品以上官及刺史有疾暫乘不得舍驛

車服志第十四

翰林學士兼龍圖閣學士朝散大夫給事中知[illegible]脩[illegible]　敕撰

曆法尚矣自堯命羲和曆象日月星辰以閏月定四時成歲其事略見于書而夏商周以三統改正朔爲曆固已不同而其法不傳至漢造曆始以八十一分爲統母其數起於黃鍾之龠蓋其法一本於律矣其後劉歆又以春秋易象推合其數蓋傅會之說也至唐一行始專用大衍之策則曆術又本於易矣蓋曆起於數數者自然之用也其用無窮而無所不通以之於律於易皆可以合也然其要在於候天地之氣以知四時寒暑而仰察天日月星之行運以相參合而已然四時寒暑無形而運於下天日月星有象而見于上二者常動而不息一有一無出入升降或遲或疾不相爲謀其久而不能無差忒者勢使之然也故爲曆者其始未嘗不精密而其後多疎而不合亦理之然也不合則屢變其法以求之自堯

舜三代以來曆未嘗同也唐終始二百九十餘年而曆八改初曰戊寅元曆曰麟德甲子元曆曰開元大衍曆曰寶應五紀曆曰建中正元曆曰元和觀象曆曰長慶宣明曆曰景福崇玄曆而止矣高祖受禪將治新曆東都道士傅仁均善推步之學太史令庾儉丞傅奕薦之詔仁均與儉等參議合受命歲名爲戊寅元曆乃列其大要所可考驗者有七曰唐以戊寅歲甲子日登極曆元戊寅日起甲子如漢太初一也冬至五十餘年輒差一度日短星昴合于堯典二也周幽王六年十月辛卯朔入蝕限合于詩三也魯僖公五年壬子冬至合春秋命曆序四也月有三大三小則日蝕常在朔月蝕常在望五也命辰起子半命度起虛六符陰陽之始六也立遲疾定朔則月行晦不東見朔不西朓七也高祖詔司曆起二年用之擢仁均員外散騎侍郎三年正月望及二月八月朔當蝕比不効六年詔吏部郎中祖孝孫考其得失孝孫使筭曆博士王孝通以甲辰曆法詰之曰日短星昴以正仲冬七宿畢見舉中

宿言耳舉中宿則餘星可知仁均專守昴中執文害意不亦謬乎又月令仲冬昏東壁中明昴中非爲常準若堯時星昴昏中差至東壁然則堯前七千餘載冬至昏翼中日應在東井井極北去人最近故暑斗極南去人最遠故寒寒暑易位必不然矣又平朔定朔舊有二家三大三小爲定朔望一大一小爲平朔望日月行有遲速相及謂之合會晦朔無定由時消息若定大小皆在朔者合會雖定而蔀元紀首三端並失若上合履端之始下得歸餘於終合會有時則甲辰元曆爲通術矣仁均對曰宋祖沖之立歲差隋張胄玄等因而脩之雖差數不同各明其意孝通未曉乃執南斗爲冬至常星夫日躔宿度如郵傳之過宿度既差黃道隨而變矣書云季秋月朔辰弗集于房孔氏云集合也不合則日蝕可知又云先時者殺無赦不及時者殺無赦既有先後之差是知定朔矣詩云十月之交朔月辛卯又春秋傳曰不書朔官失之也自後曆差莫能詳正故秦漢以來多非朔蝕宋御史中丞何承天微欲見

意不能詳究乃爲散騎侍郎皮延宗等所抑孝通之語乃延宗舊說治曆之本必推上元日月如合璧五星如連珠夜半甲子朔旦冬至自此七曜散行不復餘分普盡揔會如初唯朔分氣分有可盡之理因其可盡即有三端此乃紀其日數之元爾或以爲即夜半甲子朔冬至者非也冬至自有常數朔名由於月起月行遲疾匪常三端安得即合故必須日月相合與至同日者乃爲合朔冬至耳孝孫以爲然但略去尤疎闊者九年復詔大理卿崔善爲與孝通等較定善爲所改凡數十條初仁均以武德元年爲曆始而氣朔遲疾交會及五星皆有加減差至是復用上元積筭其周天度即古赤道也貞觀初直太史李淳風又上疏論十有八事復詔善爲課二家得失其七條改從淳風十四年太宗將親祀南郊以十一月癸亥朔甲子冬至而淳風新術以甲子合朔冬至乃上言古曆分日起於子半十一月當甲子合朔冬至故太史令傅仁均以減餘稍多子初爲朔遂差三刻司曆南宮子明太史令薛頤等

言子初及半日月未離淳風之法較春秋已來暑度薄蝕事皆符合國子祭酒孔穎達等及尚書八座參議請從淳風又以平朔推之則二曆皆以朔日冬至於事彌合且平朔行之自古故春秋傳或失之前謂晦日也雖癸亥日月相及明日甲子爲朔可也從之十八年淳風又上言仁均曆有三大三小云日月之蝕必在朔望十九年九月後四朔頻大詔集諸解曆者詳之不能定庚子詔用仁均平朔訖麟德元年仁均曆法祖述胄玄稍以劉孝孫舊議參之其大最疎於淳風然更相出入其有所中淳風亦不能逾之今所記者善爲所較也戊寅曆上元戊寅歲至武德九年丙戌積十六萬四千三百四十八筭外

章歲六百七十六 亦名行分法

章閏二百四十九

章月八千三百六十一

月法三十八萬四千七十五

日法萬三千六

時法六千五百三

度法氣法九千四百六十四

氣時法千一百八十三

歲分三百四十五萬六千六百七十五

歲餘二千三百一十五

周分三百四十五萬六千八百四十五半

斗分二千四百八十五半

沒分七萬六千八百一十五

沒法千一百三

曆日二十七曆餘萬六千六十四

曆周七十九萬八千二百

曆法二萬八千九百六十八

餘數四萬九千六百三十五

章月乘年如章歲得一爲積月以月法乘積月如日法得一爲朔積日餘爲小餘日滿六十去之餘爲大餘命甲子筭外得天正平朔加大餘二十九小餘六千九百一得次朔加平朔大餘七小餘四千九百七十六小分四之三爲上弦又加得望又加得下弦餘數乘年如氣法得一爲氣積日命日如前得冬至加大餘十五小餘二千六十八小分八之一得次氣日加四季之節大餘十二小餘千六百五十四小分四得土王凡節氣小餘三之以氣時法而一命子半筭外各其加時置冬至小餘八之減沒分餘滿沒法爲日加冬至去朔日筭依月大小去之日不滿月筭得沒日餘分盡爲滅加日六十九餘七百八得次沒

二十四氣	損益率	盈縮數
冬至	益八百九十六	盈空
小寒	益三百九十八	盈八百九十六
大寒	益四百	盈千二百九十四
立春	益二百二十八	盈千六百九十四
啓蟄	益三百四十一	盈千九百二十二
雨水	益四百五十	盈二千二百六十三
春分	損五百	盈二千七百一十三
清明	損四百五十五	盈二千二百一十三
穀雨	損三百五十五	盈千七百五十八
立夏	損五百五十五	盈千四百三
小滿	損八百四十八	盈八百四十八
芒種	益七百三十九	縮初
夏至	益六百二十六	縮七百三十九
小暑	益四百五十六	縮千三百六十五
大暑	益二百八十八	縮千八百二十一
立秋	益四十	縮二千一百九
處暑	益三百四十二	縮二千一百四十九

白露	益四百五十五	縮二千四百九十一
秋分	損六百八十二	縮二千九百四十六
寒露	損六百二十五	縮二千二百六十四
霜降	損五百七十	縮千六百三十九
立冬	損五百一十三	縮千六十九
小雪	損四百五十六	縮五百五十六
大雪	損百	縮百

以平朔弦望入氣日筭乘損益率如十五得一以損益盈縮數為定盈縮分凡不盡半法已上亦從一以曆法乘朔積日滿曆周去之餘如曆法得一為日命日筭外得天正平朔夜半入曆日及餘次日加一累而裁之若以萬四千四百八十四乘平朔小餘如六千五百三而一不盡為小分以加夜半入曆日加之滿曆日及餘去之得平朔加時所入加曆日七餘萬一千八十四小分三千九百九十五命如前得上弦又加得望下弦及後朔

曆日	行分	損益率	盈縮積分
一日	九千九百九	益三百九十二	盈初
二日	九千八百一十	益三百四十七	盈二千一百四十四萬一千二百二十六
三日	九千六百九十五	益二百九十五	盈二千一百三十九萬四千八百五十八
四日	九千五百六十三	益二百三十六	盈二千九百九十五萬二千八百四
五日	九千四百一十四	益百六十九	盈三千六百七十九萬三千九百五十
六日	九千二百六十六	益百三	盈四千一百六十九萬七千二百七
七日	九千一百一十八	益三十六	盈四千四百六十七萬三千五百七十五
八日	八千九百五十三	損三十八	盈四千五百七十二萬九千五百五十五
九日	八千七百八十八	損百一十二	盈四千四百六十三萬六千五百五十七
十日	八千六百四十	損百七十八	盈四千一百三十九萬八千六十八
十一日	八千五百八	損二百三十八	盈三千六百三十二萬四千六百九十二
十二日	八千三百九十二	損二百九十	盈二千九百三十五萬四千五百二十八
十三日	八千二百七十七	損三百四十一	盈二千九十六萬五千六百六十

曆日	行分	損益率	盈縮積分
十四日	八千一百七十八	損三百八十六	盈一千一百八萬一千一百六
十五日	八千二百一十一	益三百七十一	縮九萬一千四十三
十六日	八千三百一十	益三百二十六	縮千八十三萬四千四
十七日	八千四百二十五	益二百一十五	縮二千二十八萬九千三百七十二
十八日	八千五百五十五	益二百一十六	縮二千八百二十三萬九千五十
十九日	八千六百八十九	益百五十六	縮三千四百四十九萬一千九百三十六
二十日	八千八百三十七	益九十	縮三千九百一萬八千三十
二十一日	八千九百八十六	益二十三	縮四千一百六十一萬九千二百三十五
二十二日	九千一百五十一	損五十一	縮四千二百二十八萬二千五百四十七
二十三日	九千二百九十九	損百一十八	縮四千七百九萬九千八百五十七
二十四日	九千四百四十七	損百八十四	縮三千七百三十九萬二千二百七十九
二十五日	九千五百七十八	損二百四十三	縮三千二百五十萬九千八百一十四
二十六日	九千七百一十	損三百二	縮二千五百二十二萬三千五百六十二
二十七日	九千八百九	損三百四十七	縮千六百三十九萬五百一十八
二十八日	九千八百九十一	損三百八十三	縮六百二十二萬九千八百一十

曆行分與次日相減為行差後多為進後少為退減去行分六百七十六為差法各置平朔弦望加時入曆日餘乘所入日損益率以損益其下積分差法除為定盈縮積分置平朔弦望小餘各以入氣積分盈加縮減之以入曆積分盈減縮加之滿若不足進退日法皆為定大小餘命日甲子筭外以歲分乘年為積分滿周分去之餘如度法得一為度命以虛六經斗去分得冬至日度及分以冬至去朔日筭及分減之得天正平朔前夜半日度及分（以小分法十四約度分為行分凡小分滿法成行分行分滿法成度若注曆又以二十六約行分月星準此斗分百七十七小分七半）累加一度得次日以行分法乘朔望定小餘以九百二十九除為度分又以十四約為行分以加夜半度為朔望加時日度定朔加時日月同度望則因加日度百八十二行分四百二十六小分十太以夜半入曆日餘乘行差滿曆法得一以進加退減曆行分為行定分以朔定小餘乘之滿日法得一為行分以減加時月度為朔望夜半月度

求次日加月行定分累之

歲星率三百七十七萬五千二十三

終日三百九十八行分五百九十六小分七

平見入冬至初日減行分五千四百一十一自後日損所減百二十分立春初日增所加六十分春分均加四日清明畢穀雨均加五日立夏畢大暑均加六日立秋初日加四千八十分乃日損所加六十七分入寒露日增所減百一十七分入小雪畢大雪均減八日初見順日行百七十一分日益遲一分百一十四日行十九度二百九分而留二十六日乃退日九十七分八十四日退十二度三十六分又留二十五日五百九十六分小分七 凡五星留日有分者以初定見日分加之若滿行分法去之又增一日 乃順初日行六十分日益疾一分百一十四日行十九度四百三十七分而伏

熒惑率七百三十八萬一千二百二十三

終日七百七十九行分六百二十六小分三

平見入冬至初日減萬六千三百五十四分乃日損所減五百四十五分入大寒日增所加四百二十六分入雨水後均加二十九日立夏初日加萬九千三百九十二分乃日損所加二百一十三分入立秋依平入處暑日增所減百八十四分入小雪後均減二十五日初見入冬至初率二百四十一日行百六十三度自後二日損日度各一自百二十八日率百七十七日行九十九度畢百六十一日又三日損一盡百八十二日率百七十日行九十二度畢百八十八日乃三日益一盡二百二十七日率百八十三日行百五度又二日益一盡二百四十九日率百九十四日行百一十六度又每日益一盡三百一十日率二百五十五日行百七十七度畢三百三十七日乃二日損一盡大雪復初見入小雪後三日去日率一入雨水畢立夏均去日率二十自後三日減所去一日畢小暑依平爲定日率若入處暑畢秋分皆去度率六各依冬至後日數而損益之又依所入之氣以減之爲前疾日度率若初行入大寒畢大暑皆差行日益遲二分其餘皆平行若入白露畢秋分初遲日行半度四十日行二十度 即去日率四十度率二十別爲半度之行訖然後求平行分續之以行分法乘度定率如日定率而一爲平行分不盡爲小分求差行者減日率一又半之加平行分爲初日行分 各盡其日度而遲初日行三百二十六分日益遲一分半六十日行二十五度五分 其前疾去度六者行三十一度五分此遲初日加六十七分小分六十分之三十一 而留十三日 前疾去日者分日於二留奇從後留 乃退日百九十二分六十日退十七度二十八分又留十二日六百二十六分小分三又順後遲初日行二百三十八分日益疾一分半六十日行二十五度三十五分 此遲在立秋至秋分者加六度行三十一度三十五分此遲初日加行分六十七小分六十分之三十六 而後疾入冬至初率二百一十四日行百三十六度乃每日損一盡三十七日率百七十七日行九十九度又二日損一盡五十七日率百六十七日行八十九度畢七十九日又三日益一盡百三十日率百八十四日行百六度又二日益一盡百四十四日率百九十一日行百一十三度又每日益一盡百九十日率二百三十七日行百五十九度又每日益二盡二百日率二百五十七日行百七十九度又每日益一盡二百一十日率二百六十七日行百八十九度畢二百五十九日乃二日損一畢大雪復初後遲加六度者此後疾去度率六爲定各依冬至後日數而損益之爲後疾日度率若入立夏畢夏至日行半度盡六十日行三十度若入小暑畢大暑盡四十日行二十度 皆去日度率別爲半度之行訖然後求平行分續之 各盡其日度而伏

鎮星率三百五十七萬八千二百四十六

終日三百七十八行分六十一

平見入冬至初日減四千八百一十四分乃日增所減七十九分入小寒均減九日乃每氣損所減一日入夏至初日均減二日自後十日損所減一日小暑五日外依平入大暑日增所加百八十一分入處暑均加九日入白露初日加六千二分乃日損所加百三十三分入霜降日增所減七十九分初見順日行六十一分八十三日行七度二百四十八分而留三十八日乃退日四十一分百日退六度四十四分又留三十七日六十一分乃順日行六十分八十

三日行七度二百四十八分而伏
太白率五百五十二萬六千二百
終日五百八十三行分六百二十小分八
晨見伏三百二十七日行分六百二十小分八
夕見伏二百五十六日
晨平見入冬至依平入小寒日增所加六十六分入立春畢立夏均加三日小滿初日加千九百六十四分乃日損所加六十分入夏至依平入小暑日增所減六十分入立秋畢立冬均減三日小雪初日減千九百六十四分乃日損所減六十六分初見乃退日半度十日退五度而留九日乃順遲差行日益疾八分四十日行三十度入大雪畢小滿者依此入芒種十日減一度入小暑畢霜降均減三度入立冬十日損所減一度畢小雪皆為定度以行分法乘定度四十除為平行分又以四乘三十九以減平行為初日行分平行日一度十五日行十五度入小寒十日益日度各一入雨水後皆二十一日行二十一度入春分後十日減一畢立夏依平入小滿後六日減一畢立秋日度皆盡無平行入霜降後四日加一畢大雪依平疾百七十日行二百四度前順遲減度者計所減之數以益此度為定而晨伏夕平見入冬至日增所減百分入啓蟄畢春分均減九日清明初日減五千九百八十六分乃日損所減百分入芒種依平入夏至日增所加百分入處暑畢秋分均加九日寒露初日加五千九百八十六分乃日損所減百分入大雪依平初見順疾百七十日行二百四度入冬至畢立夏者依此入小滿六日加一度入夏至畢小暑均加五度入大暑三日減一度入立秋畢大雪依平從白露畢春分皆差行日益疾一分半以一分半乘百六十九而半之以加平行為初日行分入清明畢於處暑皆平行乃平行日一度十五日行十五度入冬至後十日減日度各一入啓蟄畢芒種皆九日行九度入夏至後五日益一入大暑依平入立秋後六日加一畢秋分二十五日行二十五度入寒露六日減一入大雪依平順遲日益遲八分四十日行三十度前加度者此依數減之

又留九日乃退日半度十日退五度而夕伏
辰星率百九萬六千六百八十三
終日百一十五行分五百九十四小分七
晨見伏六十三日行分五百九十四小分七
夕見伏五十二日
晨平見入冬至均減四日入小寒依平入立春後均減三日入雨水畢立夏應見不見其在啓蟄立夏氣內去日十八度外三十六度內晨有木火土金一星者亦見入小滿依平入霜降畢立冬均加一日入小雪至大雪十二日依平若在大雪十三日後日增所減一日初見留六日順遲日行百六十九分入大寒畢啓蟄無此遲行乃平行日一度十日行十度入大寒後二日去日度各一畢於二十日日度俱盡無此平行疾日行一度六百九分十日行十九度六分前無遲行者此疾日減二百三分十日行十六度四分而晨伏夕平見入冬至後依平入穀雨畢芒種均減二日入夏至依平入立秋畢霜降應見不見其在立秋霜降氣內夕有星去日如前者亦見入立冬畢大雪依平初見順疾日行一度六百九分十日行十九度六分若入小暑畢處暑者日減二百三分乃平行日一度十日行十度入大暑後二日去日及度各一畢於二十日日度俱盡無此平行遲日行百六十九分若疾減二百三分者即不須此遲行又留六日七分而夕伏
各以星率去歲積分餘反以減其率餘如度法得一為日得冬至後晨平見日及分以冬至去朔日筭及分加之起天正依月大小計之命日筭外得所在日月金水各以晨見伏日及分加之得夕平見各以其星初日所加減之分計後日損益之數以損益之訖乃以加減平見為定見其加減分皆滿行分法為日以定見去朔日及分加其朔前夜半日度又以星初見去日度歲星十四太白十一熒惑鎮星辰星皆十七晨減夕加之得初見宿度求次日各加一日所行度及分熒惑太白有小分者各以日率為母其行有益疾遲者副置一日行分各以其差疾益遲損乃加之留者因前退則依減伏不注度順行出斗去其分退行入斗先加分訖皆以二十六約行分為度分

交會法千二百七十四萬一千二百五八分
交分法六百三十七萬六百二九分
朔差百八萬五千四百九十四二分
望分六百九十一萬三千三百五十
交限五百八十二萬七千八百五十五八分
望差五十四萬二千七百四十七一分
外限六百七十六萬七百八十二九分
中限千二百三十五萬一千二十五八分
內限千二百一十九萬一千四百五十八七分

以朔差乘積月滿交會法去之餘得天正月朔入平交分求望以望分加之求次月以朔差加之其朔望入大雪畢冬至依平入小寒日加氣差千六百五十分入啓蟄畢清明均加七萬六千一百分自後日損所加千六百五十分入芒種畢夏至依平加之滿法去之（若朔交入小寒畢雨水及立夏畢小滿值盈二時巳下皆半氣差加之二時巳上則否如望差巳下外限巳上有星伏木土去見十日外火去見四十日外金晨伏去見二十二日外有一星者不加氣差）入小暑後日增所減千二百分入白露畢霜降均減九萬五千八百二十五分立冬初日減六萬三千三百分自後日損所減二千一百一十分減若不足加法乃減之餘爲定交分（朔入交分如交限內限巳上交分中限巳下有星伏如前者不減）不滿交分法者爲在外道滿去之餘爲在內道如望差巳下爲去先交分交限巳上以減交分餘爲去後交分皆三日法約爲時數望則月蝕朔在內道則日蝕（雖在外道去交近亦蝕在內道去交遠亦不蝕）置蝕望定小餘入曆一日減二百八十若十五日即加之十四日加五百五十若二十八日即減之餘日皆盈加縮減二百八十爲月蝕定餘十二乘之時法而一命子半筭外不盡得月蝕加時約定小餘如夜漏半巳下者退日筭上置蝕朔定小餘入曆一日即減二百八十若十五日即加之十四日加五百五十若二十八日即減之爲定後不入四時加減之限其內道春去交四時巳上入曆盈加縮減二百八十夏盈加縮減二百八十秋去交十一時巳下惟盈加二百八十巳上者盈加五百五十縮加二百八十冬去交五時巳下惟盈加二百八十皆爲定餘十二乘之時法而一命子半筭外不盡爲時餘副之仲辰半前以副減法爲差率半後退半辰以法加餘以副爲差率季辰半前以法加副爲差率半後退半辰以法加餘倍法加副爲差率孟辰半前三因其法以副減之餘爲差率半後退半辰以法加餘又以法加副乃三因其法以副減之爲差率又置去交時數三巳下加三六巳下加二九巳下加一九巳上依數十二巳上從十二（若季辰半後孟辰半前去交六時巳上者皆從其六時巳下依數不加）皆乘差率十四除爲時差子午半後以加時餘卯酉半後以減時餘加之滿若不足進退時法（孟謂寅巳申仲謂午卯酉季謂辰未戌）得日蝕加時望去交分冬先後交皆去二時春先交秋後交去半時春後交秋先交去二時夏則依定不足去者既乃以三萬六千一百八十三爲法而一以減十五餘爲月蝕分朔去交在內道五月朔加時在南方先交十三時外六月朔後交十三時外者不蝕啓蟄畢清明先交十三時外值縮加時在未西處暑畢寒露後交十三時外值盈加時在巳東皆不蝕交在外道先後去交一時內者皆蝕若二時內及先交值盈後交值縮二時外者亦蝕夏去交二時內加時在南方者亦蝕若去分至十二時內去交六時內者亦蝕若去春分三日內後交二時秋分三日內先交二時內者亦蝕諸去交三時內有星伏土木去見十日外火去見四十日外金晨伏去見二十二日外有一星者不蝕各置去交分秋分後畢立春均減二十二萬八百分啓蟄初日畢芒種日損所減千八百一十分夏至後畢白露日增所減二千四百分以減去交分餘爲不蝕分不足減反相減爲不蝕分亦以減望差爲定法後交值縮者直以望差爲定法其不蝕分大寒畢立春後交五時外皆去一時時差值減者先交減之後交加之時差值加者先交加之後交減之不足減者皆既十五乘之定法而一以減十五餘爲日蝕分置日月蝕分四巳下因增二五巳下因增三六巳上因增五各爲刻率副之以乘所入曆損益率四千五十七爲法而一值盈反其損益值縮依

其損益皆損益其副爲定用刻乃六乘之十而一以減蝕甚辰刻
　爲虧初又四乘之十而一以加食甚辰刻爲復滿

曆志第十五

翰林學士兼龍圖閣學士朝散大夫給事中知制誥充史館脩撰臣歐陽脩奉敕撰

高宗時，戊寅曆益疎，淳風作甲子元曆以獻。詔太史起麟德二年頒用，謂之麟德曆。古曆有章蔀，有元紀，有日分、度分，參差不齊。淳風爲揔法千三百四十以一之，損益中晷術以考日至，爲木渾圖以測黃道，餘因劉焯皇極曆法，增損所宜。當時以爲密，與太史令瞿曇羅所上經緯曆參行。弘道元年十二月甲寅朔，壬午晦。八月，詔二年元日用甲申，故進以癸未晦焉。永昌元年十一月，改元載初，用周正，以十二月爲臘月，建寅月爲一月。神功二年，司曆以臘爲閏，而前歲之晦月見東方。太后詔以正月爲閏十月。是歲甲子南至，改元聖曆。命瞿曇羅作光宅曆，將用之。三年，罷作光宅曆，復行夏時，終開元十六年。麟德曆麟德元年甲子，距上元積二十六萬九千八百八十筭。

揔法千三百四十。

朞實十八萬九千四百二十八。

常朔實三萬九千五百七十一。加三百六十二日盈朔實，減二百五十一日朒朔實。

辰率百三十五。

以朞實乘積筭爲朞揔，如揔法得一爲日，六十去之，命甲子筭外，得冬至。累加日十五、小餘二百九十二、小分六之五，得次氣。六乘小餘，辰率而一，命子半筭外，各其加時。以常朔實去朞揔，不滿爲閏餘，以閏餘減朞揔爲揔實，如揔法得一爲日，以減冬至，得天正常朔。又以常朔小餘并閏餘，以減朞揔，爲揔實，因常朔加日二十九、小餘七百一十一，得次朔。因朔加日七、小餘五百一十二、太，得上弦；又加得望及下弦。

進綱十六。秋分後

退紀十七。春分後

中節	躔差率	消息揔	先後率	盈朒積
冬至	益七百二十二	息初	先五十四	盈初
小寒	益六百一十八	息七百二十二	先四十六	盈五十四
大寒	益五百一十四	息千三百四十	先三十八	盈百
立春	益五百一十四	息千八百五十四	先三十八	盈百三十八
啓蟄	益六百一十八	息二千三百六十八	先四十六	盈百七十六
雨水	益七百二十二	息二千九百八十六	先五十四	盈二百二十二
春分	損七百二十二	息三千七百八	後五十四	盈二百七十六
清明	損六百一十八	息二千九百八十六	後四十六	盈二百二十二
穀雨	損五百一十四	息二千三百六十八	後三十八	盈百七十六
立夏	損五百一十四	息千八百五十四	後三十八	盈百三十八
小滿	損六百一十八	息千三百四十	後四十六	盈百
芒種	損七百二十二	息七百二十二	後五十四	盈五十四
夏至	益七百二十二	消初	先五十四	朒初
小暑	益六百一十八	消七百二十二	先四十六	朒五十四
大暑	益五百一十四	消千三百四十	先三十八	朒百
立秋	益五百一十四	消千八百五十四	先三十八	朒百三十八
處暑	益六百一十八	消二千三百六十八	先四十六	朒百七十六
白露	益七百二十二	消二千九百八十六	先五十四	朒二百二十二
秋分	損七百二十二	消三千七百八	後五十四	朒二百七十六
寒露	損六百一十八	消二千九百八十六	後四十六	朒二百二十二
霜降	損五百一十四	消二千三百六十八	後三十八	朒百七十六
立冬	損五百一十四	消千八百五十四	後三十八	朒百三十八
小雪	損六百一十八	消千三百四十	後四十六	朒百
大雪	損七百二十二	消七百二十二	後五十四	朒五十四

各以其氣率并後氣率而半之，十二乘之，綱紀除之，爲末率。二率相減，餘以十二乘之，綱紀除，爲揔差。又以十二乘揔差，綱紀除之，爲別差。以揔差前少以減末率，前多以加末率，爲初率。累以別差前少以加初率，前多以減初率，爲每日躔差及先後率，乃循積而

損益之各得其日定氣消息與盈朒積其後無同率因前末爲初率前少者加揔差前多者以揔差減之爲末率餘依術入之各以氣下消息積息減消加常氣爲定氣各以定氣大小餘減所近朔望大小餘十二通其日以辰率約其餘相從爲辰揔其氣前多以乘末率前少以乘初率十二而一爲揔率前多者以辰揔減綱紀以乘十二綱紀而一以加揔率辰揔乘之二十四除之前少者辰揔再乘別差二百八十八除之皆加揔率乃以先加後減其氣盈朒積爲定以定積盈加朒減常朔弦望得盈朒大小餘

變周四十四萬三千七十七

變日二十七餘七百四十三變奇一

變奇法十二

月程法六十七

以奇法乘揔實滿變周去之不滿者奇法而一爲變分盈揔法從日得天正常朔夜半入變加常朔小餘爲經辰所入因朔加七日餘五百一十二奇九得上弦轉加得望下弦及次朔加之滿變日及餘去之又以所入盈朒定積盈加朒減之得朔弦望盈朒經辰所入

變日	離程	增減率	遲速積
一日	九百八十五	增百三十四	速初
二日	九百七十四	增百一十七	速百三十四
三日	九百六十二	增九十九	速二百五十一
四日	九百四十八	增七十八	速三百五十
五日	九百三十三	增五十六	速四百二十八
六日	九百一十八	增三十三	速四百八十四
七日	九百二	增九 初增九末減隱	速五百一十七
八日	八百八十六	減十四	速五百二十六
九日	八百七十	減三十八	速五百一十二
十日	八百五十四	減十四	速四百七十四
十一日	八百三十九	減八十五	速四百一十二
十二日	八百二十六	減百四	速三百二十七
十三日	八百一十五	減百二十一	速二百二十三
十四日	八百八	初減百二末增二十九	速百二
十五日	八百十	增百二十八	遲二十九
十六日	八百一十九	增百一十五	遲百五十七
十七日	八百三十二	增九十五	遲二百七十二
十八日	八百四十六	增七十四	遲三百六十七
十九日	八百六十一	增五十二	遲四百四十一
二十日	八百七十七	增二十八	遲四百九十三
二十一日	八百九十三	增四 初增四末減隱	遲五百二十一
二十二日	九百九	減二十	遲五百二十五
二十三日	九百二十五	減四十四	遲五百五
二十四日	九百四十一	減六十八	遲四百六十一
二十五日	九百五十五	減八十九	遲三百九十三
二十六日	九百六十八	減百八	遲三百四
二十七日	九百七十九	減百二十五	遲百九十六
二十八日	九百八十五	減百四十四 初減十二末增入後	遲七十一

以離程與次相減得進退差後多爲進後少爲退等爲平各列朔弦望盈朒經辰所入日增減率并後率而半之爲通率又二率相減爲率差增者以入變曆日餘減揔法餘乘率差揔法而一并率差而半之減者半入餘乘率差亦揔法而一皆加通率以乘入餘揔法除爲經辰變率半之以速減遲加入餘爲轉餘增者以減揔法減者因餘皆乘率差揔法而一以加通率變率乘之揔法除之以速減遲加變率爲定率乃以定率增減遲速積爲定其後無同率亦因前率應增者以通率爲初數半率差而減之應損者即爲通率其曆率損益入餘進退日者分爲二日隨餘初末如法求之所得并以加減變率爲定七日初千一百九十一末百四十

九十四日初千四十二末二百九十八二十一日初八百九十二
末四百四十八二十八日初七百四十三末五百九十七各視入
餘初數已下爲初已上以初數減之餘爲末各以入變遲速定數
速減遲加朔弦望盈朒小餘滿若不足進退其日加其常日者爲
盈減其常日者爲朒各爲定大小餘命日如前乃前朔後朔迭相
推校盈朒之課據實爲準損不侵朒益不過盈定朔日名與次朔
同者大不同者小無中氣者爲閏月其元日有交加時應見者消息前後一兩月以定大小令虧在晦二弦望亦隨消息月朔盈朒之極不過頻三其或過者觀定小餘近夜半者量之
黃道南斗二十四度三百二十八分牛七度婺女十一度虛十度
危十六度營室十八度東壁十度奎十七度婁十三度胃十五度
昴十一度畢十六度觜觿二度參九度東井三十度輿鬼四度柳
十四度七星七度張十七度翼十九度軫十八度角十三度
亢十度氐十六度房五度心五度尾十八度箕十度
冬至之初日躔定在南斗十二度每加十五度二百九十二分小

分五依宿度去之各得定氣加時日度各以初日躔差乘定氣小
餘揔法而一進加退減小餘爲分以減加時度爲氣初夜半度乃
日加一度以躔差進加退減之得次日以定朔弦望小餘副之以
乘躔差揔法而一進加退減其副各加夜半日躔爲加時宿度合
朔度即月離也上弦加度九十一度分四百一十七望加度一百八
十二度分八百三十四下弦加度二百七十三度分千二百五十一
訖半其分降一等以同程法得加時月離因天正常朔夜半所入
變日及餘定朔有進退日者亦進退一日爲定朔夜半所入累加
一日得次日各以夜半入變餘乘進退差揔法而一進加退減離
程爲定程以定朔弦望小餘乘之揔法而一以減加時月離爲夜
半月離求次日程法約定程累加之若以定程乘夜刻二百除爲
晨分以減定程爲昏分其夜半月離朔後加昏爲昏度望後加晨
爲晨度其注曆五乘弦望小餘程法而一爲刻不滿晨前刻者退
命算上

辰刻八分二十四
刻分法七十二

定氣	晨前刻	黃道去極度	屈伸率	發斂差
冬至	三十刻	百一十五度三分	伸一三分	益十六
小寒	二十九刻五十四分	百一十三度一分	伸三七分	益十六
大寒	二十九刻十八分	百一十度七分	伸六一分	益二十二
立春	二十八刻三十三分	百七度九分	伸九四分	益九
啓蟄	二十七刻三十分	百二度九分	伸十七分半	益七
雨水	二十六刻十八分	九十七度三分	伸十一八分	益三
春分	二十五刻	九十一度三分	伸十二二分半	損三
清明	二十三刻五十四分	八十五度三分	伸十一八分	損七
穀雨	二十二刻四十二分	七十九度七分	伸十七分半	損九
立夏	二十一刻三十九分	七十四度七分	伸九四分	損二十二
小滿	二十刻五十四分	七十度九分	伸六一分	損十六
芒種	二十刻十八分	六十八度五分	伸三七分	損十六
夏至	二十刻	六十七度三分	屈一三分	益十六
小暑	二十刻十八分	六十八度五分	屈三七分	益十六
大暑	二十刻五十四分	七十度九分	屈六一分	益二十二
立秋	二十一刻三十九分	七十四度七分	屈九四分	益九
處暑	二十二刻四十二分	七十九度七分	屈十七分半	益七
白露	二十三刻五十四分	八十五度三分	屈十一八分	益三
秋分	二十五刻	九十一度三分	屈十二二分半	損三
寒露	二十六刻十八分	九十七度三分	屈十一八分	損七
霜降	二十七刻三十分	百二度九分	屈十七分半	損九
立冬	二十八刻三十三分	百七度九分	屈九四分	損二十二
小雪	二十九刻十八分	百一十度七分	屈六一分	損十六
大雪	二十九刻五十四分	百一十三度一分	屈三七分	損十六

置其氣屈伸率各以發斂差損益之爲每日屈伸率差滿十從分

分滿十爲率各累計其率爲刻分百八十乘之十一乘綱紀除之
爲刻差各半之以伸減屈加晨前刻分爲每日晨前定刻倍之爲
夜刻以減一百爲晝刻以三十四約刻差爲分分滿十爲度以伸
減屈加氣初黃道去極得每日以晝刻乘朞實二百乘揔法除爲
昏中度以減三百六十五度三百二十八分餘爲旦中度各以加
日躔得昏旦中星赤道計之其赤道同太初星距

遊交終率千九十三萬九千三百一十三

奇率三百

約終三萬六千四百六十四奇百一十三

交中萬八千二百三十二奇五十六半

交終日二十七餘二百八十四奇百一十三

交中日十三餘八百一十二奇五十六半

虧朔三千一百六奇百八十七

實望萬九千七百八十五奇百五十

後準千五百五十三奇九十三半

前準萬六千六百七十八奇二百六十三

置揔實以奇率乘之滿終率去之不滿以奇率約爲入交分加天
正常朔小餘得朔汎交分求次朔以虧朔加之因朔求望以實望
加之各以朔望入氣盈朒定積盈加朒減之又六十乘遲速定數
七百七十七除爲限數以速減遲加爲定交分（其朔月在日道裏者以所入限數減遲速定數餘以速減遲加其定交分而出日道表者爲變交分不出表者依定交分其變交分三時半內者依術消息以定蝕不）交中已下者爲
月在外道已上者去之餘爲月在內道其分如後準已下爲交後
分前準已上者反減交中餘爲交前分望則月蝕朔在內道則日
蝕百一十二約前後分爲去交時置定朔小餘副之辰率約之以
艮巽坤乾爲次命筭外其餘半法已下爲初已上者去之爲末初
則因餘末則減法各爲差率月在內道者益去交時十而三除之
以乘差率十四而一爲差其朔在二分前後一氣內即以差爲定
近冬至以去寒露雨水近夏至以去清明白露氣數倍之又三除

去交時增之近冬至艮巽以加坤乾以減近夏至艮巽以減坤乾
以加其差爲定差艮巽加副坤乾減副月在外道者三除去交時
數以乘差率十四而一爲差亘艮坤以減副巽乾以加副爲食定小
餘望即因定望小餘即所在辰近朝夕者以日出没刻校前後十
二刻半內候之月在外道朔不應蝕夏至初日以二百四十八爲
初準去交前後分如初準已下加時在午正前後七刻內者蝕朔
去夏至前後每一日損初準二分皆畢於九十四日爲每日變準
交分如變準已下加時如前者亦蝕又以末準六十減初準及變
準餘以十八約之爲刻準以并午正前後七刻內數爲時準加時
準內交分如末準已下亦蝕又置末準每一刻加十八爲差準加
時刻去午前後如刻準已上交分如差準已下者亦蝕自秋分至
春分去交如末準已下加時巳午未者亦蝕月在內道朔應蝕若
在夏至初日以千三百七十三爲初準去交如初準已上加時在

午正前後十八刻內者或不蝕夏至前後每日益初準一分半皆
畢於九十四日爲每日變準以初準減變準餘十而一爲刻準以
減午正前後十八刻餘爲時準其去交在變準已上加時在準內
或不蝕望去交前後定分冬減二百二十四夏減五十四春交
後減百交前減二百秋交後減二百交前減百不足減者蝕既有
餘者以減後準百四而一得月蝕分朔交月在內道入冬至畢定
雨水及秋分畢大雪皆以五百五十八爲蝕差入春分日損六分
畢芒種以蝕差減去交分不足減者反減蝕差爲不蝕分其不
蝕分自小滿畢小暑加時在午正前後七刻外者皆減一時三刻
內者加一時大寒畢立春交前五時外大暑畢立冬交後五時外
者皆減一時五時內者加一時諸加時蝕差應減者交後減之交
前加之應加者交後加之交前減之不足減者皆既加減入不蝕
限者或不蝕月在外道冬至初日無蝕差自後日益六分畢於雨
水入春分畢白露皆以五百二十二爲差入秋分日損六分畢大
雪以差加去交分爲蝕分以減後準餘爲不蝕分十五約蝕差以

百四爲定法其不蝕分如定法得一以減十五餘得日蝕分

歲星揔率五十三萬四千四百八十三奇四十五

伏分二萬四千三十一奇七十二半

終日三百九十八餘千一百六十三奇四十五平見入冬至畢小寒均減六日入大寒日損六十七分入春分依平乃日加八十九分入立夏畢小滿均加六日入芒種日損八十九分入夏至畢立秋均加四日入處暑日損百七十八分入白露依平自後日減五十二分入小雪畢大雪均減六日初順百一十四日行十八度五百九分日益遲一分前留二十六日旋退四十二日退六度十二分日益疾二分又退四十二日退六度十二分日益遲二分後留二十五日後順百一十四日行十八度五百九分日益疾一分日盡而夕伏

熒惑揔率百四萬五千八十一奇六十

伏分九萬七千九十一奇三十

終日七百七十九餘千二百二十奇六十

平見入冬至減二十七日自後日損六百三分入大寒日加四百二分入雨水畢穀雨均加二十七日入立夏日損百九十八分入立秋依平入處暑日減百九十八分入小雪畢大雪均減二十七日初順入冬至率二百四十三日行百六十五度乃三日損日度各二小寒初日率二百三十三日行百五十五度乃二日損一入穀雨四日平畢小滿九日率百七十八日行百度乃三日損一夏至初日平畢六日率百七十一日行九十三度乃三日益一入立秋初日百八十四日行百六度乃每日益一入白露初日率二百一十四日行百三十六度乃五日益六入秋分初日率二百二十二日行百五十四度又每日益一入寒露初日率二百四十七日行百六十九度乃五日益三入霜降五日平畢立冬十三日率二百五十九日行百八十一度乃二日損日一入冬至復初各依所入常氣平者依率餘皆計日損益爲前疾日度定率其前遲及留

退入氣有損益日度者計日損益皆準此法疾行日率入大寒六日損一入春分畢立夏均減十日入小滿三日損所減一畢芒種依平入立秋三日益一入白露畢秋分均加十日入寒露一日半損所加一畢氣盡依平爲變日率疾行度率入大寒畢啓蟄立夏畢夏至大暑畢氣盡霜降畢小雪皆加四度清明畢穀雨加二度爲變度率初行入處暑減日率六十度率三十入白露畢秋分減日率四十四度率二十二皆爲初遲半度之行盡此日度乃求所減之餘日度率續之爲疾初行入大寒畢大暑差行日益遲一分其前遲後遲日率既有增損而益遲益疾差分皆檢括前疾末日行分爲前遲初日行分以前遲平行分減之餘爲前遲揔差後疾初日行分爲後遲末日行分以後遲初日行分減之餘爲後遲揔差相減爲前後別日差分其不滿者皆調爲小分遲疾之際行分衰殺不倫者依此前遲入冬至率六十日行二十五度先疾日益遲二分入小寒三日損一大寒初日率五十五日行二十度乃三日益一立春初日平畢清明率六十日行二十五度入穀雨每氣別減一度立夏初日平畢小滿率六十日行二十二度入芒種每氣別益一度夏至初日平畢處暑率

六十日行二十五度入白露三日損一秋分初日率六十日行二十五度乃每日益日一三日益度二寒露初日率七十五日行三十度乃每日損日一三日損度一霜降初日率六十日行二十五度乃二日損一度入立冬一日平畢氣盡率六十日行十七度入小雪五日益一度大雪初日率六十日行二十度乃三日益一度入冬至復初前留十三日前疾減日率一者以其數分益此留及後遲日率前疾加日率者以其數分減此留及後遲日率旋退西行入冬至初日率六十三日退二十一度乃四日益度一小寒一日率六十三日退二十六度乃三日半損度一立春三日平畢啓蟄率六十三日退十七度乃二日益日度各一雨水八日平畢氣盡率六十七日退二十一度入春分每氣損日度各一大暑初日平畢氣盡率五十八日退十二度立秋初日平畢氣盡率五十七日退十一度乃二日益日一寒露九日平畢氣盡率六十六日退二十度乃二日損一霜降六日平畢氣盡率六十三日退十七度乃三日益一立冬十一日平畢氣盡率六十七日退二十一度

乃二日損一入冬至復初後留冬至初留十三日乃二日半益一大寒初日平畢氣盡留二十五日乃二日半損一雨水初日留十三日乃三日益一清明初日留二十三日乃日損一清明十日平畢處暑留十三日乃二日損一秋分十一日無留乃每日益一霜降初日留十九日乃三日損一立冬畢大雪留十三日後遲順六十日行二十五度日益疾二分前疾加度者此遲依數減之爲定度前疾無加度者此遲入秋分至立冬減三度入冬至減五度後留定日朒十三日者以所朒日數加此遲日率後疾冬至初日率二百一十日行百三十二度乃每日損一大寒八日率百七十二日行九十四度乃二日損一啓蟄平畢氣盡率百六十一日行八十三度乃二日益一芒種十四日平畢夏至率二百三十三日行百五十五度乃每日益一大暑初日平畢處暑率二百六十三日行百八十五度乃二日損一秋分一日率二百五十五日行百七十七度乃一日半損一大雪初日率二百五日行百二十七度乃三日益一入冬至復初其入常氣日度之率有損益者計日損益爲後疾

定日度率疾行日率其前遲定日朒六十及退行定日朒六十三者皆以所朒日數加疾行定日率前遲定日盈六十退行定日盈六十三後留定日盈十三者皆以所盈日數減此疾定日率各爲變日率疾行度率其前遲定度朒二十五退行定度盈十七後遲入秋分到冬至減度者皆以所盈朒度數如此疾定率前遲定度盈二十五及退行定度朒十七者皆以所盈朒度數減此疾定度率各爲變度率初行入春分畢穀雨差行日益疾一分初行入立夏畢夏至日行半度六十六日行三十三度小暑畢大暑五十日行二十五度立秋畢氣盡二十日行十度減率續行並同前盡日度而夕伏

鎭星揔率五十萬六千六百二十三奇二十九　伏分二萬二千八百三十一奇六十四半　終日三百七十八餘一百三奇二十九

平見入冬至初減四日乃日益八十九分入大寒畢春分均減八日入清明日損五十九分入小暑初依平自後日加八十九分入

白露初加八日自後日損百七十八分入秋分均加四日入寒露日損五十九分入小雪初日依平乃日減八十九分初順八十三日行七度二百九十分日益遲半分前留三十七日旋退五十一日退二度四百九十一分日益疾少半又退五十一日退二度四百九十一分日益遲少半後留三十七日後順八十三日行七度二百九十分日益疾半分日盡而夕伏

太白揔率七十八萬四千四百四十九奇九

伏分五萬六千二百二十四奇五十四半

終日五百八十三餘千二百二十九奇九

夕見伏日二百五十六

晨見伏日三百二十七餘千二百二十九奇九夕平見入冬至初依平乃日減百分入啓蟄畢春分均減九日入清明日損百分入芒種依平入夏至日加百分入處暑畢秋分均加九日入寒露日損百分入大雪依平夕順入冬至畢立夏入立秋畢大雪率百七

十二日行二百六度入小滿後十日益一度爲定度入白露畢春分差行益遲二分自餘平行夏至畢小暑率百七十二日行二百九度入大暑五日損一度畢氣盡平行入冬至大暑畢氣盡率十三日行十三度入冬至十日損一畢立春入立秋十日益一畢秋分啓蟄畢芒種七日行七度入夏至後五日益一畢於小暑寒露初日率二十三日行二十二度乃六日損一畢小雪順遲四十二日行三十度日益遲八分前疾加過二百六度者準數損此度夕留七日夕退十日退五度日盡而夕伏晨平見入冬至依平入小寒日加六十七分入立春畢立夏均加三日入小滿日損六十七分入夏至依平入小暑日減六十七分入立秋畢立冬均減三日入小雪日損六十七分晨退十日退五度晨留七日順遲冬至畢立夏大雪畢氣盡率四十二日行三十度日益疾八分入小滿率十日損一度畢芒種夏至畢寒露率四十二日行二十七度入霜降每氣益一度畢小雪平行冬至畢氣盡立夏畢氣盡十三日行十三度入小寒後六

日益日度各一畢啓蟄小滿後七日損日度各一畢立秋雨水初日率二十三日行二十三度自後六日損日度各一畢穀雨處暑畢寒露無平行入霜降後五日益日度各一畢大雪疾行百七十二日行二百六度前遲行損度不滿三十度者此疾依數益之處暑畢寒露差行日益疾一分自餘平行日盡而晨伏

辰星揔率十五萬五千二百七十八奇六十六

伏分二萬二千六百九十九奇三十三

終日百一十五餘千一百七十八奇六十六

夕見伏日五十二

晨見伏日六十三餘千一百七十八奇六十六夕平見入冬至畢清明依平入穀雨畢芒種均減二日入夏至畢大暑依平入立秋畢霜降應見不見（其在立秋霜降氣內夕去日十八度外三十六度內有木火土金星者亦見）入立冬畢大雪依平順疾十二日行二十一度六分日行一度五百三分大暑畢處暑十二日行十七度二分日行一度二百八十分平行

七日行七度入大暑後二日損日度各一入立秋無此平行順遲六日行二度四分日行二百二十四分前疾行十七度者無此遲行夕留五日日盡而夕伏晨平見入冬至均減四日入小寒畢大寒依平入立春畢啓蟄均減三日（其在啓蟄氣內去日度如前晨無木火土金星者不見）入雨水畢立夏應見不見（其在立夏氣內去日度如前晨有木火土金星者亦見）入小滿畢寒露依平入霜降畢立冬均加一日入小雪畢大雪依平晨見留五日順遲六日行二度四分日行二百二十四分入大寒畢啓蟄無此遲行平行七日行七度入大寒後二日損日度各一入立春無此平行順疾行十二日行二十一度六分日行一度五百三分前無遲行者十二日行十七度一十分日行一度二百八十分日盡而晨伏

各以伏分減揔實以揔率去之不盡反以減揔率如揔法爲日天正定朔與常朔有進退者亦進減退加一日乃隨次月大小去之命日算外得平見所在各半見餘以同半揔太白辰星以夕見伏日加之得晨平見各依所入常氣加減日及應計日損益者以損益所加減訖餘以加減平見爲常見又以常見日消息定數之半息減消加常見爲定見日及分置定見夜半日躔半其分以其日躔差乘定見餘揔法而一進加退減之乃以其星初見去日度歲星十四太白十一熒惑鎮星辰星十七晨減夕加得初見定辰所在宿度其初見消息定數亦半之以息加消減其星初見行留日率（其歲星鎮星不須加減其加減不滿日者與見通之過半從日乃依此行星日度率求初日行分）

置定見餘以減半揔各以初日行分乘之半揔而一順加逆減星初見定辰所在度分得星見後夜半宿度以所行度分順加逆減之其差行益疾益遲者副置初日行分各以其差遲損疾加之留者因前逆則依減以程法約行分爲度分得每日所至求行分者皆以半揔乘定度率有分者從之曰率除爲平行度分置定日率減一以所差分乘之二而一爲差率以疾減遲加平行爲初日所行度及分

中宗反正太史丞南宮說以麟德曆上元五星有入氣加減非合璧連珠之正以神龍元年歲次乙巳故治乙巳元曆推而上之積四十一萬四千三百六十算得十一月甲子朔夜半冬至七曜起牽牛之初其術有黃道而無赤道推五星先步定合加伏日以求定見佗與淳風術同所異者惟平合加減差旣成而睿宗即位罷之

曆志第十六

曆志第十七上　　唐書二十七上

翰林學士兼龍圖閣學士朝散大夫給事中知制誥充史館脩撰臣歐陽脩奉
敕撰

開元九年麟德曆署日蝕比不效詔僧一行作新曆推大衍數立
術以應之較經史所書氣朔日名宿度可考者皆合十五年草成
而一行卒詔特進張說與曆官陳玄景等次爲曆術七篇略例一
篇曆議十篇玄宗顧訪者則稱制旨明年說表上之起十七年頒
于有司時善筭瞿曇譔者怨不得預改曆事二十一年與玄景奏
大衍寫九執曆其術未盡太子右司禦率南宮說亦非之詔侍御
史李麟太史令桓執圭較靈臺候簿大衍十得七八麟德纔三四
九執一二焉乃罪說等而是否決自太初至麟德曆有二十三家
與天雖近而未密也至一行密矣其倚數立法固無以易也後世
雖有改作者皆依倣而已故詳録之略例所以明述作本旨也曆
議所以考古今得失也其說皆足以爲將來折衷略其大要著于
篇者十有二其一曆本議曰易天數五地數五五位相得而各有
合所以成變化而行鬼神也天數始於一地數始於二合二始以
位剛柔天數終於九地數終於十合二終以紀閏餘天數中於五
地數中於六合二中以通律曆天有五音所以司日也地有六律
所以司辰也參伍相周究於六十聖人以此見天地之心也自五
以降爲五行生數自六以往爲五材成數錯而乘之以生數衍成
位一六而退極五十而增極一六爲爻位之統五十爲大衍之母
成數乘生數其筭六百爲天中之積生數乘成數其筭亦六百爲
地中之積合千有二百以五十約之則四象周六爻也二十四約
之則太極包四十九用也綜成數約中積皆十五綜生數約中積
皆四十兼而爲天地之數以五位取之復得二中之合矣蓍數之
變九六各一乾坤之象也七八各三六子之象也故爻數通乎六
十策數行乎二百四十是以大衍爲天地之樞如環之無端蓋律
曆之大紀也夫數象微於三四而章於七八卦有三微策有四象

故二微之合在始中之際焉蓍以七備卦以八周故二章之合而
在中終之際焉中極居五六間由闢闔之交而在章微之際者人
神之極也天地中積千有二百揲之以四爲爻率三百以十位乘
之而二章之積三千以五材乘八象爲二微之積四十兼章微之
積則氣朔之分母也以三極參之倍六位除之凡七百六十是謂
辰法而齊於代軌以十位乘之倍大衍除之凡三百四是謂刻法
而齊于德運半氣朔之母千五百二十得天地出符之數因而三
之凡四千五百六十當七精返初之會也易始于三微而生一象
四象成而後八卦章三變皆剛太陽之象三變皆柔太陰之象一
剛二柔少陽之象一柔二剛少陰之象少陽之剛有始有壯有究
少陰之柔有始有壯有究兼三才而兩之神明動乎其中故四十
九象而大業之用周矣數之德圓故紀之以三而變於七象之德
方故紀之以四而變于八人在天地中以閱盈虛之變則閏餘之
初而氣朔所虛也以終合通大衍之母虧其地十凡九百四十爲
通數終合除之得中率四十九餘十九分之九終歲之弦而斗分
復初之朔也地於終極之際虧十而從天所以遠疑陽之戰也夫
十九分之九盈九而虛十也乾盈九隱乎龍戰之中故不見其首
坤虛十以導潛龍之氣故不見其成周日之朔分周歲之閏分與
一章之弦一蔀之月皆合於九百四十蓋取諸中率也一策之分
十九而章法生一揲之分七十六而蔀法生一蔀之日二萬七千
七百五十七以通數約之凡二十九日餘四百九十九而日月相
及於朔此六爻之紀也以卦當歲以爻當月以策當日凡三十二
歲而小終二百八十五小終而與卦運大終二百八十五則參伍
二終之合也數象既合而遯行之變在乎其間矣所謂遯行者以
爻率乘朔餘爲十四萬九千七百以四十九用二十四象虛之復
以爻率約之爲四百九十八微分七十五太半則章微之中率也
二十四象象有四十九蓍凡千一百七十六故虛遯之數七十三
半氣朔之母以三極乘參伍以兩儀乘二十四變因而并之得千

六百一十三為朔餘四揲氣朔之母以八氣九精遞其十七得七
百四十三為氣餘歲八萬九千七百七十三而氣朔會是謂章率
歲二億七千二百九十萬九百二十而無小餘合于夜半是謂蔀
率歲百六十三億七千四百五十九萬五千二百而大餘與歲建
俱終是謂元率此不易之道也策以紀日象以紀月故乾坤之策
三百六十為日度之準乾坤之用四十九象為月弦之檢日之一
度不盈全策月之一弦不盈全用故策餘萬五千九百四十三則
十有二中所盈也用差萬七千一百二十四則十有二朔所虛也
綜盈虛之數五歲而再閏中節相距皆當三五弦望相距皆當二
七升降之應發斂之候皆紀之以策而從日者也表裏之行朓朒
之變皆紀之以用而從月者也積算曰演紀日法曰通法月氣曰
中朔朔實曰揲法歲分曰策實周天曰乾實餘分曰虛分氣策曰
三元一元之策則天一遯行也月策曰四象一象之策則朔弦望
相距也五行用事曰發斂候策曰天中卦策曰地中半卦曰貞悔

旬周曰爻數小分母曰象統日行曰躔其差曰盈縮積盈縮曰先
後古者平朔月朝見曰朏夕見曰朓今以日之所盈縮月之所遲
疾損益之或進退其日以為定朔舒亟之度乃數使然躔離相錯
偕以損益故同謂之朓朒月行曰離遲疾曰轉度母曰轉法遲疾有
衰其變者勢也月逶迤馴屈行不中道進退遲速不率其常過中
則為速不及中則為遲積遲謂之屈積速謂之伸陽執中以出令
故曰先後陰含章以聽命故曰屈伸日不及中則損之過則益之
月不及中則益之過則損之尊卑之用睽而及中之志同觀晷景
之進退知軌道之升降軌與晷名舛而義合其差則水漏之所從
也總名曰軌漏中晷長短謂之陟降景長則夜短景短則夜長積
其陟降謂之消息游交曰交會交而周曰交終交終不及朔謂之
朔差交中不及望謂之望差日道表曰陽曆其裏曰陰曆五星見
伏周謂之終率以分從日謂之終日其差為進退其二中氣議曰
曆氣始于冬至稽其實蓋取諸晷景春秋傳僖公五年正月辛亥

朔日南至以周曆推之入壬子蔀第四章以辛亥一分合朔冬至
殷曆則壬子蔀首也昭公二十年二月己丑朔日南至魯史失閏
至不在正左氏記之以懲司曆之罪周曆得己丑二分殷曆得庚
寅一分殷曆南至常在十月晦則中氣後天也周曆蝕朔差經或
二日則合朔先天也傳所據者周曆也緯所據者殷曆也氣合于
傳朔合于緯斯得之矣戊寅曆月氣專合于緯麟德曆專合于傳
偏取之故兩失之又命曆序以為孔子脩春秋用殷曆使其數可
傳於後考其蝕朔不與殷曆合及開元十二年朔差五日矣氣差
八日矣上不合於經下不足以傳於後代蓋哀平間治甲寅元曆
者託之非古也又漢太史令張壽王說黃帝調曆以非太初有司
劾官有黃帝調曆不與壽王同壽王所治乃殷曆也漢自中興以
來圖讖漏泄而考靈曜命曆序皆有甲寅元其所起在四分曆庚
申元後百一十四歲延光初中謁者亶誦靈帝時五官郎中馮光等
皆請用之卒不施行緯所載壬子冬至則其遺術也魯曆南至又

先周曆四分日之三而朔後九百四十分日之五十一故僖公五
年辛亥為十二月晦壬子為正月朔又推日蝕密於殷曆其以閏
餘一為章首亦取合於當時也開元十二年十一月陽城測景以
癸未極長較其前後所差則夜半前尚有餘分新曆大餘十九加
時九十九刻而皇極戊寅麟德曆皆得甲申以玄始曆氣分二千
四百四十三為率推而上之則失春秋辛亥是減分太多也以皇
極曆氣分二千四百四十五為率推而上之雖合春秋而失元嘉
十九年乙巳冬至及開皇五年甲戌冬至七年癸未夏至若用
麟德曆率二千四百四十七又失春秋己丑是減分太少也故新
曆以二千四百四十四為率而舊曆所失者皆中矣漢會稽東部尉
劉洪以四分疏闊由斗分多更以五百八十九為紀法百四十五為
斗分減餘太甚是以不及四十年而加時漸覺先天韓翊楊偉劉
智等皆稍損益更造新術而皆依讖緯三百歲改憲之文考經之
合朔多中較傳之南至則否玄始曆以為十九年七閏皆有餘分

是以中氣漸差據渾天二分為東西之中而晷景不等二至為南北之極而進退不齊此古人所未達也更因劉洪紀法增十一年以為章歲而減閏餘十九分之一春秋後五十四年歲在甲寅直應鍾章首與景初曆閏餘皆盡雖減章閏然中氣加時尚差故未合于春秋其斗分幾得中矣後代曆家皆因循玄始而損益或過差大抵古曆未減斗分其率自二千五百以上乾象至于元嘉曆未減閏餘其率自二千四百六十以上玄始大明至麟德曆皆減分破章其率自二千四百二十九以上較前代史官注記惟元嘉十三年十一月甲戌景長皇極麟德開元曆皆得癸酉蓋日度變常爾祖沖之既失甲戌冬至以為加時太早增小餘以附會之而十二年戊辰景長得己巳十七年甲午景長得乙未十八年己亥景長得庚子合一失三其失愈多劉孝孫張胄玄因之小餘益彊又以十六年己丑景長為庚寅矣治曆者糾合眾同以稽其所異苟獨異焉則失行可知今曲就其一而少者失三多者失五是捨常數而從失行也周建德六年以壬辰景長而麟德開元曆皆得癸巳開皇七年以癸未景短而麟德開元曆皆得壬午先後相戾不可叶也皆日行盈縮使然凡曆術在於常數而不在於變行既叶中行之率則可以兩齊先後之變矣麟德已前實錄所記乃依時曆書之非候景所得又比年候景長短不均由加時有早晏行度有盈縮也自春秋以來至開元十二年冬夏至凡三十一事戊寅曆得十六麟德曆得二十三開元曆得二十四其三合朔議曰日月合度謂之朔無所取之取之蝕也春秋日蝕有甲乙者三十四殷曆魯曆先一日者十三後一日者三周曆先一日者二十二先二日者九其僞可知矣莊公三十年九月庚午朔襄公二十一年九月庚戌朔定公五年三月辛亥朔當以盈縮遲速為定朔殷曆雖合適然耳非正也僖公五年正月辛亥朔十二月丙子朔十四年三月己丑朔文公元年五月辛酉朔十一年三月甲申晦襄公十九年五月壬辰晦昭公元年十二月甲辰朔二十年二月

己丑朔二十三年正月壬寅朔七月戊辰晦皆與周曆合其所記多周齊晉事蓋周王所頒齊晉用之僖公十五年九月己卯晦十六年正月戊申朔成公十六年六月甲午晦襄公十八年十月丙寅晦十一月丁卯朔二十六年三月甲寅朔二十七年六月丁未朔與殷曆魯曆合此非合蝕故仲尼因循時史而所記多宋魯事與齊晉不同可知矣昭公十二年十月壬申朔原輿人逐原伯絞與魯曆周曆皆差一日此丘明即其所聞書之也僖公二十二年十一月己巳朔宋楚戰于泓周殷魯曆皆先一日楚人所赴也昭公二十年六月丁巳晦衞侯與北宮喜盟七月戊午朔遂盟國人三曆皆先二日衞人所赴也此則列國之曆不可以一術齊矣而長曆日子不在其月則改易閏餘欲以求合故閏月相距近則十餘月遠或七十餘月此杜預所甚繆也夫合朔先天則經書日蝕以糾之中氣後天則傳書南至以明之其在晦二日則原乎定朔以得之列國之曆或殊則稽於六家之術以知之此四者皆治曆之大端而預所未曉故也新曆本春秋日蝕古史交會加時及史官候簿所詳稽其進退之中以立常率然後以日躔月離先後屈伸之變偕損益之故經朔雖得其中而躔離或失其正若躔離各得其度而經朔或失其中則參求累代必有差矣三者迭相為經若權衡相持使千有五百年間朔必在晝望必在夜其加時又合則三術之交自然各當其正此最微者也若乾度盈虛與時消息告譴於經數之表變常於潛遯之中則聖人且猶不質非籌曆之所能及矣昔人考天事多不知定朔假蝕在二日而常朔之晨月見東方食在晦日則常朔之夕月見西方理數然也而或以為朓朒變行或以為曆術疏闊遇常朔朝見則增朔餘夕見則減朔餘此紀曆所以屢遷也漢編訢李梵等又以晦猶月見欲令蔀首先大賈逵曰春秋書朔晦者朔必有朔晦必有晦晦朔必在其月前也先大則一月再朔後月無朔是朔不可必也訢梵等欲諧偶十六日月朓昏晦當滅而已又晦與合朔同時不得異日考逵等所

言蓋知之矣晦朔之交始終相際則光盡明生之限度數宜均故
合於子正則晦日之朝猶朔日之夕也是以月皆不見若合於午
正則晦日之晨猶二日之昏也是以月或皆見若陰陽遲速軌漏
加時不同舉其中數率去日十三度以上而月見乃其常也且晦
日之光未盡也如二日之明已生也一以爲是一以爲非又常朔
進退則定朔之晦二也或以爲變或以爲常是未通於四三交質
之論也綜近代諸曆以百萬爲率齊之其所差少或一分多至十
數失一分考春秋纔差一刻而百數年閒不足成朓朒之異施行
未幾旋復疎闊由未知躔離經朔相求耳李業興甄鸞等欲求天
驗輒加減月分遷革不已朓朒相戾又未知昏明之限與定朔故
也楊偉採乾象爲遲疾陰陽曆雖知加時後天蝕不在朔而未能
有以更之也何承天欲以盈縮定朔望小餘錢樂之以爲推交會
時刻雖審而月頻三大二小日蝕不唯在朔亦有在晦二者皮延
宗又以爲紀首合朔大小餘當盡若每月定之則紀首位盈當退

一日便應以故歲之晦爲新紀之首立法之制如爲不便承天乃
止虞劇曰所謂朔在會合苟躔次既同何患於頻大也日月相離
何患於頻小也春秋日蝕不書朔者八公羊曰二日也穀梁曰晦
也左氏曰官失之也劉孝孫推俱得朔日以丘明爲是乃與劉焯
皆議定朔爲有司所抑不得行傅仁均始爲定朔而曰晦不東見
朔不西朓以爲昏晦當滅亦詐梵之論淳風因循皇極皇極密於
麟德以朔餘乘三千四十乃一萬除之就全數得千六百一十三
又以九百四十乘之以三千四十而一得四百九十八秒七十五
太彊是爲四分餘率劉洪以古曆斗分太彊久當後天乃先正斗
分而後求朔法故朔餘之母煩矣韓翊以乾象朔分太弱久當先
天乃先考朔分而後覆求度法故度餘之母煩矣何承天反覆相
求使氣朔之母合簡易之率而星數不得同元矣李業興宋景業
甄鸞張賓欲使六甲之首衆術同元而氣朔餘分其細甚矣麟德
曆有總法開元曆有通法故積歲如月分之數而後閏餘偕盡考

漢元光已來史官注記日蝕有加時者凡三十七事麟德曆得五
開元曆得二十二其四没滅略例曰古者以中氣所盈之日爲没
没分偕盡者爲滅開元曆以中分所盈爲没朔分所虛爲滅綜終
歲没分謂之策餘終歲滅分謂之用差皆歸于揲易再扐而後掛
也其五卦候議曰七十二候原于周公時訓月令雖頗有增益然
先後之次則同自後魏始載于曆乃依易軌所傳不合經義今改
從古其六卦議曰十二月卦出於孟氏章句其說易本於氣而後
以人事明之京氏又以卦爻配朞之日坎離震兌其用事自分至
之首皆得八十分日之七十三頤晉井大畜皆五日十四分餘皆
六日七分止於占災眚與吉凶善敗之事至於觀陰陽之變則錯
亂而不明自乾象曆以降皆因京氏惟天保曆依易通統軌圖自
入十有二節五卦初爻相次用事及上爻而與中氣偕終非京氏
本旨及七略所傳按郎顗所傳卦皆六日七分不以初爻相次用事
齊曆謬矣又京氏減七十三分爲四正之候其說不經欲附會緯

文七日來復而已夫陽精道消靜而無迹不過極其正數至七而
通矣七者陽之正也安在益其小餘令七日而後雷動地中乎當
據孟氏自冬至初中孚用事一月之策九六七八是爲三十而卦
以地六候以天五五六相乘消息一變十有二變而歲復初坎震
離兌二十四氣次主一爻其初則二至二分也坎以陰包陽故自北
正微陽動於下升而未達極於二月凝涸之氣消坎運終焉春分
出於震始據萬物之元爲主於內則羣陰化而從之極于南正而
豐大之變窮震功究焉離以陽包陰故自南正微陰生於地下積
而未章至于八月文明之質衰離運終焉仲秋陰形于兌始循萬
物之末爲主於內羣陽降而承之極於北正而天澤之施窮兌功
究焉故陽七之靜始於坎陽九之動始于震陰八之靜始于離陰
六之動始于兌故四象之變皆兼六爻而中節之應備矣易爻當
日十有二中直全卦之初十有二節直全卦之中齊曆又以節在
貞氣在悔非是其七日度議曰古曆日有常度天周爲歲終故係

星度于節氣其說似是而非故久而益差虞喜覺之使天爲天歲
爲歲乃立差以追其變使五十年退一度何承天以爲太過乃倍
其年而反不及皇極取二家中數爲七十五年蓋近之矣考古史
及日官候簿以通法之三十九分太爲一歲之差自帝堯演紀之
端在虛一度及今開元甲子却三十六度而乾策復初矣日在虛
一則鳥火昴虛皆以仲月昏中合于堯典劉炫依大明曆四十五
年差一度則冬至在虛危而夏至火已過中矣梁武帝據虞劇曆
百八十六年差一度則唐虞之際日在斗牛間而冬至昴尚未中
以爲皆承閏後節前月却使然而此綴術始一歲之事不容頓有
四閏故淳風因爲之說曰若冬至昴中則夏至秋分星火星虛皆
在未正之西若以夏至火中秋分虛中則冬至昴在巳正之東互
有盈縮不足以爲歲差證是又不然今以四象分天北正玄枵中
虛九度東正大火中房二度南正鶉火中七星七度西正大梁中
昴七度揔晝夜刻以約周天命距中星則春分南正中天秋分北

正中天冬至之昏西正在午東十八度夏至之昏東正在午西十八
度軌漏使然也冬至日在虛一度則春分昏張一度中秋分虛九
度中冬至胃二度中昴距星直午正之東十二度夏至尾十一度
中心後星直午正之西十二度四序進退不逾午正間而淳風以爲
不叶非也又王孝通云如歲差自昴至壁則堯前七千餘載冬至
日應在東井井極北故暑斗極南故寒寒暑易位必不然矣所謂
歲差者日與黃道俱差也假冬至日躔大火之中則春分黃道交
於虛九而南至之軌更出房心外距赤道亦二十四度設在東井差
亦如之若日在東井猶去極最近表景最短則是分至常居其所
黃道不遷日行不退又安得謂之歲差乎孝通及淳風以爲冬至
日在斗十三度昏東壁中昴在巽維之左向明之位非無星也水
星昏正可以爲仲冬之候何必援昴於始覿之際以惑民之視聽
哉夏后氏四百三十二年日却差五度太康十二年戊子歲冬至
應在女十一度書曰乃季秋月朔辰弗集于房劉炫曰房所舍

之次也集會也會合也不合則日蝕可知或以房爲房星知不然
者且日之所在正可推而知之君子慎疑寧當以日在之宿爲文
近代善曆者推仲康時九月合朔已在房星北矣按古文集與輯
義同日月嘉會而陰陽輯睦則陽不疚乎位以常其明陰亦含章
示沖以隱其形若變而相傷則不輯矣房者辰之所次星者所次
之名其揆一也又春秋傳辰在斗柄天策焞焞降婁之初辰尾之
末君子言之不以爲繆何獨慎疑於房星哉新曆仲康五年癸巳
歲九月庚戌朔日蝕在房二度炫以五子之歌仲康當是其一肇
位四海復脩大禹之典其五年羲和失職則王命徂征虞劇以爲
仲康元年非也國語單子曰辰角見而雨畢天根見而水涸本見
而草木節解駟見而隕霜火見而清風戒寒韋昭以爲夏后氏之
令周人所因推夏后氏之初秋分後五日日在氐十三度龍角盡
見時雨可以畢矣又先寒露三日天根朝覿時訓爰始收潦而月
令亦云水涸後寒露十日日在尾八度而本見又五日而駟見故

隕霜則蟄蟲墐戶鄭康成據當時所見謂天根朝見在季秋之末
以月令爲謬韋昭以仲秋水始涸天根見乃竭皆非是霜降六日
日在尾末火星初見營室昏中於是始脩城郭宮室故時儆曰營
室之中土功其始火之初見期于司理麟德曆霜降後五日火伏
小雪後十日晨見至大雪而後定星中日且南至冰壯地圻又非
土功之始也夏曆十二次立春日在東壁三度於太初星距壁一
度太也顓頊曆上元甲寅歲正月甲寅晨初合朔立春七曜皆直
艮維之首蓋重黎受職於顓頊九黎亂德二官咸廢帝堯復其子
孫命掌天地四時以及虞夏故本其所由生命曰顓頊其實夏曆
也湯作殷曆更以十一月甲子合朔冬至爲上元周人因之距羲
和千祀昏明中星率差半次夏時直月節者皆當十有二中故因
循夏令其後呂不韋得之以爲秦法更考中星斷取近距以乙卯
歲正月己巳合朔立春爲上元洪範傳曰曆記始於顓頊上元太
始閼蒙攝提格之歲畢陬之月朔日己巳立春七曜俱在營室五

度是也秦顓頊曆元起乙卯漢太初曆元起丁丑推而上之皆不
値甲寅猶以日月五緯復得上元本星度故命曰閼蒙攝提格之
歲而實非甲寅夏曆章蔀紀首皆在立春故其課中星揆斗建與
閏餘之所盈縮皆以十有二節爲損益之中而殷周漢曆章蔀紀
首皆直冬至故其名察發斂亦以中氣爲主此其異也夏小正雖
頗疎簡失傳乃羲和遺迹何承天循大戴之說復用夏時更以正
月甲子夜半合朔雨水爲上元進乖夏曆退非周正故近代推月
令小正者皆不與古合開元曆推夏時立春日在營室之末昏東
井二度中古曆以參右肩爲距方當南正故小正曰正月初昏斗
杓縣在下魁枕參首所以著參中也季春在昴十一度半去參距
星十八度故曰三月參則伏立夏日在井四度昏角中南門右星
入角距西五度其左星入角距東六度故曰四月初昏南門正昴
則見五月節日在輿鬼一度半參去日道最遠以渾儀度之參體
始見其肩股猶在濁中房星正中故曰五月參則見初昏大火中

八月參中則曙失傳也辰伏則參見非中也十月初昏南門見亦
失傳也定星方中則南門伏非昏見也商六百二十八年日却差
八度太甲二年壬午歲冬至應在女六度國語曰武王伐商歲在
鶉火月在天駟日在析木之津辰在斗柄星在天黿舊說歲在己
卯推其朏魄迺文王崩武王成君之歲也其明年武王即位新曆
孟春定朔丙辰於商爲二月故周書曰維王元祀二月丙辰朔武
王訪于周公竹書十一年庚寅周始伐商而管子及家語以爲十
二年蓋通成君之歲也先儒以文王受命九年而崩至十年武王
觀兵盟津十三年復伐商推元祀二月丙辰朔距伐商日月不爲
相距四年所說非是武王十年夏正十月戊子周師始起於歲差
日在箕十度則析木津也晨初月在房四度於易雷乘乾曰大壯
房心象焉心爲乾精而房升陽之駟也房與歲星實相經緯以屬
靈威仰之神后稷感之以生故國語曰月之所在辰馬農祥我祖
后稷之所經緯也又三日得周正月庚寅朔日月會南斗一度故

曰辰在斗柄壬辰辰星夕見在南斗二十度其明日武王自宗周
次于師所凡月朔而未見曰死魄夕而成光則謂之朏朏或以二
日或以三日故武成曰維一月壬辰旁死魄翌日癸巳王朝步自
周于征伐商是時辰星與周師俱進由建星之末歷牽牛須女涉
顓頊之虛戊午師度盟津而辰星伏于天黿辰星汁光紀之精所
以告顓頊而終水行之運且木帝之所繇生也故國語曰星與日
辰之位皆在北維顓頊之所建也帝嚳受之我周氏出自天黿及
析木有建星牽牛焉則我皇妣太姜之姪伯陵之後逄公之所
憑神也是歲歲星始及鶉火其明年周始革命歲又退行旅於鶉
首而後進及鳥帑所以返復其道經綸周室鶉火直軒轅之虛以
爰稼穡稷星繫焉而成周之大萃也鶉首當山河之右太王以興
后稷封焉而宗周之所宅也歲星與房實相經緯而相距七舍木
與水代終而相及七月故國語曰歲之所在則我有周之分也自
鶉及駟七列南北之揆七月其二月戊子朔哉生明王自克商還至

于豐於周爲四月新曆推定望甲辰而乙巳旁之故武成曰維四
月旣旁生魄粤六日庚戌武王燎于周廟麟德曆周師始起歲在
降婁月宿天根日躔心而合辰在尾水星伏於星紀不及天黿又
周書革命六年而武王崩管子家語以爲七年蓋通克商之歲也
周公攝政七年二月甲戌朔己丑望後六日乙未三月定朔甲辰
三日丙午故召誥曰惟二月旣望越六日乙未王朝步自周至于
豐三月惟丙午朏越三日戊申太保朝至于洛其明年成王正位
三十年四月己酉朔甲子哉生魄故書曰惟四月才生魄甲子作
顧命康王十二年歲在乙酉六月戊辰朔三日庚午故畢命曰惟
十有二年六月庚午朏越三日壬申王以成周之衆命畢公自伐
紂及此五十六年朏魄日名上下無不合而三統曆以己卯爲克
商之歲非也夫有效於古者宜合於今三統曆自太初至開元朔
後天三日推而上之以至周初先天失之蓋益甚焉是以知合於
獻者必非克商之歲自宗周訖春秋之季日却差八度康王十一

年甲申歲冬至應在牽牛六度周曆十二次星紀初南斗十四度
於太初星距斗十七度少也古曆分率簡易歲久輒差達曆數者
隨時遷革以合其變故三代之興皆揆測天行考正星次爲一代
之制正朔既革而服色從之及繼體守文疇人代嗣則謹循先王
舊制焉國語曰農祥晨正日月底于天廟土乃脉發先時九日太
史告稷曰自今至于初吉陽氣俱蒸土膏其動弗震不渝脉其滿
眚穀乃不殖周初先立春九日日至營室古曆距中九十一度是
日晨初大火正中故曰農祥晨正日月底于天廟也於易象升氣
究而臨受之自冬至後七日乾精始復及大寒地統之中陽洽於
萬物根柢而與萌芽俱升木在地中之象升氣已達則當推而大
之故受之以臨於消息龍德在田得地道之和澤而動於地中升
陽憤盈土氣震發故曰自今至於初吉陽氣俱蒸土膏其動又先
立春三日而小過用事陽好節止於內動作于外矯而過正然後
返求中焉是以及于艮維則山澤通氣陽精闢戶甲坼之萌見而

莩穀之際離故曰不震不渝脉其滿眚穀乃不殖君子之道必擬
之而後言豈億度而已哉韋昭以爲日及天廟在立春之初非也
於麟德曆則又後立春十五日矣春秋桓公五年秋大雩傳曰書
不時也凡祀啓蟄而郊龍見而雩周曆立夏日在觜觿二度於軌
漏昏角一度中蒼龍畢見然則當在建巳之初周禮也至春秋時
日已潛退五度節前月却猶在建辰月令以爲五月者呂氏以顓
頊曆芒種亢中則龍以立夏昏見不知有歲差故雩祭失時然則
唐禮當以建巳之初農祥始見而雩若據麟德曆以小滿後十三
日則龍角過中爲不時矣傳曰凡土功龍見而畢務戒事火見而
致用水昏正而栽日至而畢十六年冬城向十有一月衞侯朔出
奔齊冬城向書時也以歲差推之周初霜降日在心五度角亢晨
見立冬火見營室中後七日水星昏正可以興板榦故祖沖之以
爲定之方中直營室八度是歲九月六日霜降二十一日立冬十月
之前水星昏正故傳以爲得時杜氏據晉曆小雪後定星乃中季

秋城向似爲大旱因曰功役之事皆揔指天象不與言曆數同引
詩云定之方中乃未正中之辭非是麟德曆立冬後二十五日火
見至大雪後營室乃中而春秋九月書時不已早乎大雪周之孟
春陽氣靜復以繕城隍治宮室是謂發天地之房方於立春斷獄
所失多矣然則唐制宜以玄枵中天興土功僖公五年晉侯伐虢
卜偃曰克之童謡云丙之辰龍尾伏辰袀服振振取虢之旂鶉之
賁賁天策焞焞火中成軍其九月十月之交乎丙子旦日在尾月
在策鶉火中必是時策入尾十二度新曆是歲十月丙子定朔日
月合尾十四度於黃道日在古曆尾而月在策故曰龍尾伏辰於
古距張中而曙直鶉火之末始將西降故曰賁賁昭公七年四月
甲辰朔日蝕士文伯曰去衞地如魯地於是有災魯實受之新曆
是歲二月甲辰朔入常雨水後七日在奎十度周度爲降婁之始
則魯衞之交也自周初至是已退七度故入雨水七日方及降婁
雖日度潛移而周禮未改其配神主祭之宿宜書於建國之初淳

風駮戊寅曆曰漢志降婁初在奎五度今曆日蝕在降婁之中依
無歲差法食於兩次之交是又不然議者曉十有二次之所由生
然後可以明其得失且劉歆等所定辰次非能有以覩陰陽之賾
而得於鬼神各據當時中節星度耳歆以太初曆冬至日在牽牛
前五度故降婁直東壁八度李業興正光曆冬至在牽牛前十二
度故降婁退至東壁三度及祖沖之後以爲日度漸差則當據列
宿四正之中以定辰次不復係於中節淳風以冬至常在斗十三
度則當以東壁二度爲降婁之初安得守漢曆以駮仁均耶又三
統曆昭公二十年己丑日南至與麟德及開元曆同然則入雨水
後七日亦入降婁七度非魯衞之交也三十一年十二月辛亥朔
日蝕史墨曰日月在辰尾庚午之日日始有謫開元曆是歲十月
辛亥朔入常立冬五日日在尾十三度於古距辰尾之初麟德曆
日在心三度於黃道退直于房矣哀公十二年冬十有二月螽開
元曆推置閏當在十一年春至十二年冬失閏已久是歲九月己

亥朔先寒露三日於定氣日在亢五度去心近一次火星明大尚
未當伏至霜降五日始潛日下乃月令蟄蟲咸俯則火辰未伏當
在霜降前雖節氣極晚不得十月昏見故仲尼曰丘聞之火伏而
後蟄者畢今火猶西流司曆過也方夏后氏之初八月辰伏九月
內火及霜降之後火已朝覿東方距春秋之季千五百餘年乃云
火伏而後蟄者畢向使冬至常居其所則仲尼不得以西流未伏
明是九月之初也自春秋至今又千五百歲麟德曆以霜降後五
日日在氐八度房心初伏定增二日以月蝕衝校之猶差三度閏
餘稍多則建亥之始火猶見西方向使宿度不移則仲尼不得以
西流未伏明非十月之候也自羲和已來火辰見伏三覩厥變然
則丘明之記欲令後之作者參求微象以探仲尼之旨是歲失閏
寖久季秋中氣後天三日比及明年仲冬又得一閏寤仲尼之言
補正時曆而十二月猶可以螽至哀公十四年五月庚申朔日蝕
以開元曆考之則日蝕前又增一閏魯曆正矣長曆自哀公十年

六月迄十四年二月纔置一閏非是戰國及秦日却退三度始皇
十七年辛未歲冬至應在斗二十二度秦曆上元正月己巳朔晨
初立春日月五星俱起營室五度蔀首日名皆直四孟假朔退十
五日則閏在正月前朔進十五日則閏在正月後是以十有二節
皆在盈縮之中而晨昏宿度隨之以顓頊曆依月令自十有二節
推之與不韋所記合而穎子嚴之倫謂月令晨昏距宿當在中氣
致雩祭太晚自乖左氏之文而杜預又據春秋以月令為否皆非
是梁大同曆夏后氏之初冬至日在牽牛初以為明堂月令乃夏
時之記據中氣推之不合更以中節之間為正迺稍相符不知進
在節初自然契合自秦初及今又且千歲節初之宿皆當中氣淳
風因為說曰今孟春中氣日在營室昏明中星與月令不殊按秦
曆立春日在營室五度麟德曆以啓蟄之日迺至營室其昏明中
宿十有二建以為不差妄矣古曆冬至昏明中星去日九十二度
春分秋分百度夏至百一十八度率一氣差三度九日差一刻秦

曆十二次立春在營室五度於太初星距危十六度少也昏畢八
度中月令參中謂肩股也晨心八度中月令尾中於太初星距尾
也仲春昏東井十四度中月令弧中弧星入東井十八度晨南斗
二度中月令建星中於太初星距西建也甄耀度及魯曆南方有
狼弧無東井鬼北方有建星無南斗井斗度長弧建度短故以正
昏明云古曆星度及漢落下閎等所測其星距遠近不同然二十
八之宿體不異古以牽牛上星為距太初改用中星入古曆牽牛
太半度於氣法當三十二分日之二十一故洪範傳冬至日在牽
牛一度減太初星距二十一分直南斗二十六度十九分也顓頊
曆立春起營室五度冬至在牽牛一度少洪範傳冬至所起無餘
分故立春在營室四度太祖沖之自營室五度以太初星距命之
因云秦曆冬至日在牽牛六度虞劆等襲沖之之誤為之說云夏
時冬至日在斗末以歲差考之牽牛六度乃顓頊之代漢時雖覺
其差頓移五度故冬至還在牛初按洪範古今星距僅差四分之

三皆起牽牛一度劆等所說亦非是魯宣公十五年丁卯歲顓頊
曆第十三蔀首與麟德曆俱以丁巳平旦立春至始皇三十三年
丁亥凡三百八十歲得顓頊曆壬申蔀首是歲秦曆以壬申寅初
立春而開元曆與麟德曆俱以庚午平旦差二日日當在南斗十二
十二度古曆後天二日又增二度然則秦曆冬至定在牛前二度
氣後天二日日不及天二度微而難覺故呂氏循用之及漢興張
蒼等亦以為顓頊曆比五家疎闊中最近密今考月蝕衝則開元
冬至上及牛初正差一次淳風以為古術疎舛雖弦望昏明差天
十五度而猶不知又引呂氏春秋黃帝以仲春乙卯日在奎始奏
十二鍾命之曰咸池至今三千餘年而春分亦在奎反謂秦曆與
今不異按不韋所記以其月令孟春在奎謂黃帝之時亦在奎猶
淳風曆冬至斗十三度因謂黃帝時亦在建星耳經籍所載合於
歲差者淳風皆不取而專取於呂氏春秋若謂十二紀可以為正
則立春在營室五度固當不易安得頓移使當啓蟄之節此又其

所不思也漢四百二十六年日却差五度景帝中元三年甲午歲
冬至應在斗二十一度太初元年三統曆及周曆皆以十一月夜
半合朔冬至日月俱起牽牛一度古曆與近代密率相較二百年
氣差一日三百年朔差一日推而上之久益先天引而下之久益
後天僖公五年周曆正月辛亥朔餘四分之一南至以歲差推之
日在牽牛初至宣公十一年癸亥周曆與麟德曆俱以庚戌日中
冬至而月朔尚先麟德曆十五辰至昭公二十年己卯周曆以正
月己丑朔日中南至麟德曆以己丑平旦冬至哀公十一年丁巳
周曆入己酉蔀首麟德曆以戊申禺中冬至惠王四十三年己丑
周曆入丁卯蔀首麟德曆以乙丑日昳冬至呂后八年辛酉周曆
入乙酉蔀首麟德曆以壬午黃昏冬至其十二月甲申人定合朔
太初元年周曆以甲子夜半合朔冬至麟德曆以辛酉禺中冬至
十二月癸亥晡時合朔氣差三十二辰朔差四辰此疏密之大較
也僖公五年周曆漢曆唐曆皆以辛亥南至後五百五十餘歲至

太初元年周曆漢曆皆得甲子夜半冬至唐曆皆以辛酉則漢曆
後天三日矣祖沖之張胄玄促上章歲至太初元年沖之以癸亥
雞鳴冬至而胄玄以癸亥日出欲令合於甲子而適與魯曆相會
自此推僖公五年魯曆以庚戌冬至而二家皆以甲寅且僖公登
觀臺以望而書雲物出於表晷天驗非時史億度乖丘明正時之
意以就劉歆之失今考麟德元年甲子唐曆皆以甲子冬至而周
曆漢曆皆以庚午然則自太初下至麟德差四日自太初上及僖
公差三日不足疑也以歲差考太初元年辛酉冬至加時日在斗
二十三度漢曆氣後天三日而日先天三度所差尚少故落下閎
等雖候昏明中星步日所在猶未覺其差然洪範太初所揆冬至
昏奎八度中夏至昏氐十三度中依漢曆冬至日在牽牛初太半
度以昏距中命之奎十一度中夏至房一度中此皆閎等所測自
差三度則劉向等殆已知太初冬至不及天三度矣及永平中治
曆者考行事史官注日常不及太初曆五度然諸儒守讖緯以爲

當在牛初故賈逵等議石氏星距黃道規牽牛初直斗二十度於
赤道二十一度也尚書考靈燿斗二十二度無餘分冬至日在牽
牛初無牽牛所起文編訢等據今日所去牽牛中星五度於斗二
十一度四分一與考靈燿相近遂更曆從斗二十一度起然古曆
以斗魁首爲距至牽牛爲二十二度未聞移牽牛六度以就太初
星距也逵等以末學僻於所傳而昧天象故以權誣之而後聽從
他術以爲日在牛初者由此遂黜今歲差引而退之則辛酉冬至
日在斗二十度合於密率而有驗於今推而進之則甲子冬至日
在斗二十四度昏奎八度中而有證於古其虛退之度又適及牽
牛之初而沖之雖促減氣分其符漢曆猶差六度未及於天而麟
德曆冬至不移則昏中向差半次淳風以爲太初元年得本星度
日月合璧俱起建星賈逵考曆亦云古曆冬至皆起建星兩漢冬
至日皆後天故其宿度多在斗末今以儀測建星在斗十三四度
間自古冬至無差審矣按古之六術並同四分四分之法久則後

天推古曆之作皆在漢初却較春秋朔並先天則非三代之前明
矣古曆南斗至牽牛上星二十一度入太初星距四度上直西建
之初故六家或以南斗命度或以建星命度方周漢之交日已潛
退其襲春秋舊曆者則以爲在牽牛之首其考當時之驗者則以
爲入建星度中然氣朔前後不逾一日故漢曆冬至當在斗末以
爲建星上得太初本星度此其明據也四分法雖疏而先賢謹於
天事其遷革之意俱有効於當時故太史公等觀二十八宿疏密
立晷儀下漏刻以稽晦朔分至躔離弦望其赤道遺法後世無以
非之故雜候清臺太初最密若當時日在建星已直斗十三度則
壽王調曆宜先得其中豈容頓差一氣而未知其謬不能觀乎時
變而欲厚誣古人也後百餘歲至永平十一年以麟德曆較之氣
當後天二日半朔當後天半日是歲四分曆得辛酉蔀首已減太
初曆四分日之三定後天二日太半開元曆以戊午禺中冬至日
在斗十八度半弱潛退至牛前八度進至辛酉夜半日在斗二十

一度半弱續漢志云元和二年冬至日在斗二十一度四分之一是也祖沖之曰四分曆立冬景長一丈立春九尺六寸冬至南極日晷最長二氣去至日數既同則中景應等而相差四寸此冬至後天之驗也二氣中景日差九分半弱進退調均略無盈縮各退二日十二刻則景皆九尺八寸以此推冬至後天亦二日十二刻矣東漢晷漏定於永元十四年則四分法施行後十五歲也二十四氣加時進退不等其去午正極遠者四十九刻有餘日中之晷頗有盈縮故治曆者皆就其中率以午正言之而開元曆所推氣及日度皆直子半之始其未及日中尚五十刻因加二日十二刻正得二日太半與沖之所筭及破章二百年間輒差一日之數皆合自漢時辛酉冬至以後天之數減之則合於今曆歲差斗十八度自今曆戊午冬至以後天之數加之則合於賈逵所測斗二十一度反復僉同而淳風冬至常在斗十三度豈當時知不及牽牛五度而不知過建星八度耶晉武帝太始三年丁亥歲冬至日當

在斗十六度晉用魏景初曆其冬至亦在斗二十一度少太元九年姜岌更造三紀術退在斗十七度曰古曆斗分彊故不可施於今乾象斗分細故不可通於古景初雖得其中而日之所在乃差四度合朔虧盈皆不及其次假月在東井一度蝕以日檢之乃在參六度岌以月蝕衝知日度由是躔次遂正爲後代治曆者宗宋文帝時何承天上元嘉曆曰四分景初曆冬至同在斗二十一度臣以月蝕檢之則今應在斗十七度又土圭測二至晷差三日有餘則天之南至日在斗十三四度矣事下太史考驗如承天所上以開元曆考元嘉十年冬至日在斗十四度與承天所測合大明八年祖沖之上大明曆冬至在斗十一度開元曆應在斗十三度梁天監八年沖之子員外散騎侍郎暅之上其家術詔太史令將作大匠道秀等較之上距大明又五十年日度益差其明年閏月十六日月蝕在虛十度日應在張四度承天曆在張六度沖之曆在張二度大同九年虞𠠎等議姜岌何承天俱以月蝕衝步日所

在承天雖移岌三度然其冬至亦上岌三日承天在斗十三四度而岌在斗十七度其實非移祖沖之謂爲實差以推今冬至日在斗九度用求中星不合自岌至今將二百年而冬至在斗十二度然日之所在難知驗以中星則漏刻不定漢世課昏明中星爲法已淺今候夜半中星以求日衝近於得密而水有清濁壺有增減或積塵所擁故漏有遲疾臣等頻夜候中星而前後相差或至三度大略冬至遠不過斗十四度近不出十度又以九年三月十五日夜半月在房四度蝕九月十五日夜半月在昴三度蝕以其衝計冬至皆在斗十二度自姜岌何承天所測下及大同日已卻差二度而淳風以爲晉宋以來三百餘歲以月蝕衝考之固在斗十三四度間非矣劉孝孫甲子元曆推太初冬至在牽牛初下及晉太元宋元嘉皆在斗十七度開皇十四年在斗十三度而劉焯曆仁壽四年冬至日在黃道斗十度於赤道斗十一度也其後孝孫改從焯法而仁壽四年冬至日亦在斗十度焯卒後胄玄以其前

曆上元起虛五度推漢太初猶不及牽牛乃更起虛七度故太初在斗二十三度永平在斗二十一度並與今曆合而仁壽四年冬至在斗十三度以驗近事又不逮其前曆矣戊寅曆太初元年辛酉冬至進及甲子日在牽牛三度永平十一年得戊午冬至進及辛酉在斗二十六度至元嘉中氣上景初三日而冬至猶在斗十七度欲以求合反更失之又曲循孝孫之論而不知孝孫已變從皇極故爲淳風等所駁歲差之術由此不行以太史注記月蝕衝考日度麟德元年九月庚申月蝕在婁十度至開元四年六月庚申月蝕在牛六度較麟德曆率差三度則今冬至定在赤道斗十度又皇極曆歲差皆自黃道命之其每歲周分常當南至之軌與赤道相較所減尤多計黃道差三十六度赤道差四十餘度雖每歲遯之不足爲過然立法之體宜盡其原是以開元曆皆自赤道推之乃以今有術從變黃道

曆志第十七上

翰林學士兼龍圖閣學士朝散大夫給事中知制誥充史館修撰臣歐陽修奉
敕撰

其八日躔盈縮略例曰北齊張子信積候合蝕加時覺日行有入
氣差然損益未得其正至劉焯立盈縮躔衰術與四象升降麟德
曆因之更名躔差凡陰陽往來皆馴積而變日南至其行最急急
而漸損至春分及中而後遲迨日北至其行最舒而漸益之以至
秋分又及中而後益急急極而寒若舒極而燠若及中而雨暘之
氣交自然之數也焯術於春分前一日最急後一日最舒秋分前
一日最舒後一日最急舒急同于二至而中閒一日平行其說非
是當以二十四氣晷景考日躔盈縮而密於加時其九道議曰
洪範傳云日有中道月有九行中道謂黃道也九行者青道二出
黃道東朱道二出黃道南白道二出黃道西黑道二出黃道北立
春春分月東從青道立夏夏至月南從朱道立秋秋分月西從白
道立冬冬至月北從黑道漢史官舊事九道術廢久劉洪頗採以
著遲疾陰陽曆然本以消息爲奇而術不傳推陰陽曆交在冬至
夏至則月行青道白道所交則同而出入之行異故青道至春分
之宿及其所衝皆在黃道正東白道至秋分之宿及其所衝皆在
黃道正西若陰陽曆交在立春立秋則月循朱道黑道所交則同
而出入之行異故朱道至立夏之宿及其所衝皆在黃道西南黑
道至立冬之宿及其所衝皆在黃道東北若陰陽曆交在春分秋
分之宿則月行朱道黑道所交則同而出入之行異故朱道至夏
至之宿及其所衝皆在黃道正南黑道至冬至之宿及其所衝皆
在黃道正北若陰陽曆交在立夏立冬則月循青道白道所交則
同而出入之行異故青道至立春之宿及其所衝皆在黃道東南
白道至立秋之宿及其所衝皆在黃道西北其大紀皆兼二道而
實分主八節合于四正四維按陰陽曆中終之所交則月行正當
黃道去交七日其行九十一度齊於一象之率而得八行之中八

行與中道而九是謂九道凡八行正於春秋其去黃道六度則交
在冬夏正於冬夏其去黃道六度則交在春秋易九六七八迭爲
終始之象也乾坤定位則八行各當其正及其寒暑相推晦朔相
易則在南者變而居北在東者徙而爲西屈伸消息之象也黃道
之差始自春分秋分赤道所交前後各五度爲限初黃道增多赤
道二十四分之十二每限損一極九限數終于四率赤道四十五
度而黃道四十八度至四立之際一度少彊依平復從四起初限
五度赤道增多黃道二十四分之四每限益一極九限而止終于
十二率赤道四十五度而黃道四十二度復得冬夏至之中矣月
道之差始自交初交中黃道所交亦距交前後五度爲限初限月
道增多黃道四十八分之十二每限損一極九限而止數終于四
率黃道四十五度而月道四十六度半乃一度彊依平復從四起
初限五度月道差少黃道四十八分之四每限益一極九限而止
終于十二率黃道四十五度而月道四十三度半至陰陽曆二交
之半矣凡近交初限增十二分者至半交末限減十二分去交四
十六度得損益之平率夫日行與歲差偕遷月行隨交限而變遯
伏相消朓朒相補則九道之數可知矣其月道所交與二分同度
則赤道黑道近交初限黃道增二十四分之十二月道增四十八
分之十二至半交之末其減亦如之故於九限之際黃道差三度
月道差一度半蓋損益之數齊也若所交與四立同度則黃道在
損益之中月道差四十八分之十二月道至損益之中黃道差二
十四分之十二於九限之際黃道差三度月道差四分度之三皆
朓朒相補也若所交與二至同度則青道白道近交初限黃道減
二十四分之十二月道增四十八分之十二至半交之末黃道增
二十四分之十二月道減四十八分之十二於九限之際黃道與
月道差同蓋遯伏相消也日出入赤道二十四度月出入黃道六
度相距則四分之一故於九道之變以四立爲中交在二分增四
分之一而與黃道度相半在二至減四分之一而與黃道度正均

故推極其數引而伸之每氣移一候月道所差增損九分之一七十二候而九道究矣凡月交一終退前所交一度及餘八萬九千七百七十三分度之四萬二千五百三少半積二百二十一月及分七千七百五十三而交道周天矣因而半之將九年而九道終以四象考之各據合朔所交入七十二候則其八道之行也以朔交爲交初望交爲交中若交初在冬至初候而入陰曆則行青道又十三日七十六分日之四十六至交中得所衝之宿變入陽曆亦行青道若交初入陽曆則白道也故考交初所入而周天之度可知若望交在冬至初候則減十三日四十六分視大雪初候陰陽曆而正其行也其十晷漏中星略例曰日行有南北晷漏有長短然二十四氣晷差徐疾不同者句股使然也直規中則差遲與句股數齊則差急隨辰極高下所遇不同如黃道刻漏此乃數之淺者近代且猶未曉今推黃道去極與晷景漏刻昏距中星四術返覆相求消息同率旋相爲中以合九服之變其十一日蝕議曰

小雅十月之交朔日辛卯虞劆以曆推之在幽王六年開元曆定交分四萬三千四百二十九入蝕限加時在晝交會而蝕數之常也詩云彼月而食則維其常此日而食于何不臧日君道也無朏魄之變月臣道也遠日益明近日益虧望與日軌相會則徙而浸遠遠極又徙而近交所以著臣人之象也望而正於黃道是謂臣干君明則陽斯蝕之矣朔而正於黃道是謂臣壅君明則陽爲之蝕矣且十月之交於曆當蝕君子猶以爲變詩人悼之然則古之太平日不蝕星不孛蓋有之矣若過至未分月或變行而避之或五星潛在日下禦侮而救之或涉交數淺或在陽曆陽盛陰微則不蝕或德之休明而有小眚焉則天爲之隱雖交而不蝕此四者皆德教之所由生也四序之中分同道至相過交而有蝕則天道之常如劉歆賈逵皆近古大儒豈不知軌道所交朔望同術哉以日蝕非常故闕而不論黃初已來治曆者始課日蝕疏密及張子信而益詳劉焯張胄玄之徒自負其術謂日月皆可以密率求是專於曆紀者也以戊寅麟德曆推春秋日蝕大最皆入蝕限於曆應蝕而春秋不書者尚多則日蝕必在交限其入限者不必盡蝕開元十二年七月戊午朔於曆當蝕半彊自交趾至于朔方候之不蝕十三年十二月庚戌朔於曆當蝕太半時東封泰山還次梁宋閒皇帝徹膳不舉樂不蓋素服日亦不蝕時群臣與八荒君長之來助祭者降物以需不可勝數皆奉壽稱慶肅然神服雖算術乖舛不宜如此然後知德之動天不俟終日矣若因開元二蝕曲變交限而從之則差者益多自開元治曆史官每歲較節氣中晷因檢加時小餘雖大數有常然亦與時推移每歲不等晷變而長則日行黃道南晷變而短則日行黃道北行而南則陰曆之交也或失行而北則陽曆之交也或失日在黃道之中且猶有變況月行九道乎杜預云日月動物雖行度有大量不能不小有盈縮故有雖交會而不蝕者或有頻交而蝕者是也故較曆必稽古史虧蝕深淺加時朓朒陰陽其數相叶者反覆相求由曆數之中以合

辰象之變觀辰象之變反求曆數之中類其所同而中可知矣辨其所異而變可知矣其循度則合于曆失行則合于占占道順成常執中以追變曆道逆數常執中以俟變知此之說者天道如視諸掌略例曰舊曆考日蝕淺深皆自張子信所傳云積候所得而未曉其然也以圓儀度日月之徑乃以月徑之半減入交初限一度半餘爲闇虛半徑以月去黃道每度差數令二徑相掩以驗蝕分以所入日遲疾乘徑爲泛所用刻數大率去交不及三度即月行沒在闇虛皆入既限又半日月之徑減春分入交初限相去度數餘爲斜射所差乃考差數以立既限而優游進退於二度中閒亦令二徑相掩以知日蝕分數月徑踰既限之南則雖在陰曆而所虧類同外道斜望使然也既限之外應向外蝕外道交分準用此例以較古今日蝕四十三事月蝕九十九事課皆第一使日蝕皆不可以常數求則無以稽曆數之疏密若皆可以常數求則無以知政教之休咎今更設考日蝕或限術得常則合于數又日月

交會大小相若而月在日下自京師斜射而望之假中國食既則南方戴日之下所虧纔半月外反觀則交而不蝕步九服日晷以定蝕分晨昏漏刻與地偕變則宇宙雖廣可以一術齊之矣其十二五星議曰歲星自商周迄春秋之季率百二十餘年而超一次戰國後其行寖急至漢尚微差及哀平閒餘勢乃盡更八十四年而超一次因以爲常此其與餘星異也姬氏出自靈威仰之精受木行正氣歲星主農祥后稷憑焉故周人常閱其禨祥而觀善敗其始王也次于鶉火以達天黿及其衰也淫于玄枵以害鳥帑其後羣雄力爭禮樂隤壞而從衡攻守之術興故歲星常贏行於上而侯王不寧於下則木緯失行之勢宜極於火運之中理數然也開元十二年正月庚午歲星在進賢東北尺三寸直軫十二度於麟德曆在軫十五度推而上之至漢河平二年其十月下旬歲星在軒轅南耑大星西北尺所麟德曆在張二度直軒轅大星上下相距七百五十年考其行度猶未甚盈縮則哀平後不復每歲漸差也又上百二十年至孝景中元三年五月星在東井鉞麟德曆在參三度又上六十年得漢元年十月五星聚于東井從歲星也於秦正歲在乙未夏正當在甲午麟德曆白露八日歲星留觜觿一度明年立夏伏于參由差行未盡而以常數求之使然也又上二百七十一年至哀公十七年歲在鶉火麟德曆初見在輿鬼二度立秋九日留星三度明年啓蟄十日退至柳五度猶不及鶉火又上百七十八年至僖公五年歲星當在大火麟德曆初見在張八度明年伏于翼十六度定在鶉火差三次矣哀公以後差行漸遲相去猶近哀公以前率常行遲而舊曆猶用急率不知合變故所差彌多武王革命歲星亦在大火而麟德曆在東壁三度則唐虞已上所差周天矣太初三統曆歲星十二周天超一次推商周閒事大抵皆合驗開元注記差九十餘度蓋不知歲星後率故也皇極麟德曆七周天超一次以推漢魏閒事尚未差上驗春秋所載亦差九十餘度蓋不知歲星前率故也天保天和曆得二率之

中故上合於春秋下猶密於記注以推永平黃初閒事遠者或差三十餘度蓋不知戰國後歲星變行故也自漢元始四年距開元十二年凡十二甲子上距隱公六年亦十二甲子而二曆相合於其中或差三次於古或差三次於今其兩合於古今者中閒亦乖欲一術以求之則不可得也開元曆歲星前率三百九十八日餘二千二百一十九秒九十三自哀公二十年丙寅後每加度餘一分盡四百三十九合次合乃加秒十三而止凡三百九十八日餘二千六百五十九秒六十一而與日合是爲歲星後率自此因以爲常入漢元始六年也歲星差合術曰置哀公二十年冬至合餘加入差已來中積分以前率約之爲入差合數不盡者如曆術入之反求冬至後合日乃副列入差合數增下位一算乘而半之盈大衍通法爲日不盡爲日餘以加合日即差合所在也求歲星差行徑術以後終率約上元以來中積分亦得所求若稽其實行當從元始六年置差步之則前後相距閒不容髮而上元之首無忽微空積矣成湯伐桀歲在壬戌開元曆星與日合于角次于氐十度而後退行其明年湯始建國爲元祀順行與日合于房所以紀商人之命也後六百一算至紂六祀周文王初禴于畢十三祀歲在己卯星在鶉火武王嗣位克商之年進及輿鬼而退守東井明年周始革命順行與日合于柳進留于張考其分野則分陝之閒與三監封域之際也成王三年歲在丙午星在大火唐叔始封故國語曰晉之始封歲在大火春秋傳僖公五年歲在大火晉公子重耳自蒲奔狄十六年歲在壽星適齊過衞野人與之塊子犯曰天賜也天事必象歲及鶉火必有此乎復于壽星必獲諸侯二十三年歲星在胃昴秦伯納晉文公董因曰歲在大梁將集天行元年實沈之星晉人是居君之行也歲在大火閼伯之星也是謂大辰辰以善成后稷是相唐叔以封且以辰出而以參入皆晉祥也二十七年歲在鶉火晉侯伐衞取五鹿敗楚師于城濮始獲諸侯歲適及壽星皆與開元曆合襄公十八年歲星在陬訾之口開元曆大

寒三日星與日合在危三度遂順行至營室八度其明年鄭子蟜卒將葬公孫子羽與裨竈晨會事焉過伯有氏其門上生莠子羽曰其莠猶在乎於是歲在降婁中而曙裨竈指之曰猶可以終歲歲不及此次也開元曆歲星在奎奎降婁也麟德曆在危危玄枵也二十八年春無冰梓慎曰歲在星紀而淫於玄枵裨竈曰歲弃其次而旅於明年之次以害鳥帑周楚惡之開元曆歲星至南斗十七度而退守西建間復順行與日合于牛初應在星紀而盈行進及虛宿故曰淫留玄枵二年至三十年開元曆歲星順行至營室十度留距子蟜之卒一終矣其年八月鄭人殺良宵故曰及其亡也歲在陬訾之口其明年乃及降婁昭公八年十一月楚滅陳史趙曰未也陳顓頊之族也歲在鶉火是以卒滅今在析木之津猶將復由開元曆在箕八度析木津也十年春進及婺女初在玄枵之維首傳曰正月有星出于婺女裨竈曰今茲歲在顓頊之墟是歲與日合于危其明年進及營室復得豕韋之次景王問萇弘曰今茲諸侯何實吉何實凶對曰蔡凶此蔡侯般殺其君之歲歲在豕韋弗過此矣楚將有之歲及大梁蔡復楚凶至十三年歲星在昴畢而楚弒靈王陳蔡復封初昭公九年陳災裨竈曰後五年陳將復封歲五及鶉火而後陳卒亡自陳災五年而歲在大梁陳復建國哀公十七年五及鶉火而楚滅陳是年歲星與日合在張六度昭公三十一年夏吳伐越始用師於越也史墨曰越得歲而吳伐之必受其凶是歲星與日合于南斗三度昔僖公六年歲陰在卯星在析木昭公三十二年亦歲陰在卯而星在星紀故三統曆因以為超次之率考其實猶百二十餘年近代諸曆欲以八十四年齊之此其所惑也後三十八年而越滅吳星三及斗牛已入差合二年矣夫五事感於中而五行之祥應于下五緯之變彰于上若聲發而響和形動而影隨故王者失典刑之正則星辰為之亂行汨彝倫之敘則天事為之無象當其亂行無象又可以曆紀齊乎故襄公二十八年歲在星紀淫于玄枵至三十年八月始及

陬訾之口超次而前二年守之漢元鼎中太白入于天苑失行在黃道南三十餘度間歲武帝北巡守登單于臺勒兵十八萬騎又誅大宛馬大死軍中晉咸寧四年九月太白當見不見占曰是謂失舍不有破軍必有亡國時將伐吳明年三月兵出太白始夕見西方而吳亡永寧元年正月至閏月五星經天縱橫無常永興二年四月丙子太白犯狼星失行在黃道南四十餘度永嘉三年正月庚子熒惑犯紫微皆天變所未有也終以二帝蒙塵天下大亂後魏神瑞二年十二月熒惑在瓠瓜星中一夕忽亡不知所在崔浩以日辰推之曰庚午之夕辛未之朝天有陰雲熒惑之亡在此二日庚午辛未皆主秦辛為西夷今姚興據咸陽是熒惑入秦矣其後熒惑果出東井留守盤旋秦中大旱赤地昆明水竭明年姚興死二子交兵三年國滅齊永明九年八月十四日火星應退在昴三度先曆在畢二十一日始逆行北轉垂及立冬形色彌盛魏永平四年八月癸未熒惑在氐夕伏西方亦先期五十餘日雖時曆疎闊不宜若此隋大業九年五月丁丑熒惑逆行入南斗色赤如血大如三斗器光芒震耀長七八尺於斗中句已而行亦天變所未有也後楊玄感反天下大亂故五星留逆伏見之効表裏盈縮之行皆係之於時而象之於政政小失則小變事微而象微事章而象章已示吉凶之象則又變行襲其常度不然則皇天何以陰騭下民警悟人主哉近代筭者昧於象占者迷於數覩五星失行皆謂之曆舛雖七曜循軌猶或謂之天災終以數象相蒙兩喪其實故較曆必稽古今注記入氣均而行度齊上下相距反復相求苟獨異於常則失行可知矣凡二星相近多為之失行三星以上失度彌甚天竺曆以九執之情皆有所好惡遇其所好之星則趣之行疾捨之行遲張子信曆辰星應見不見術晨夕去日前後四十六度內十八度外有木火土金一星者見無則不見張冑玄曆朔望在交限有星伏在日下木土去見十日外火去見四十日外金去見二十二日外者並不加減差皆精氣相感使然夫日月所

以著尊卑不易之象五星所以示政教從時之義故日月之失行也微而少五星之失行也著而多今略考常數以課疎密略例曰其入氣加減亦自張子信始後人莫不遵用之原始要終多有不叶今較麟德曆熒惑太白見伏行度過與不及熒惑凡四十八事太白二十一事餘星所差蓋細不足考且盈縮之行宜與四象潛合而二十四氣加減不均更推易數而正之又各立歲差以究五精運周二十八舍之變較史官所記歲星二十七事熒惑二十八事鎮星二十一事太白二十二事辰星二十四事開元曆課皆第一云至肅宗時山人韓穎上言大衍曆或誤帝疑之以穎爲太子宮門郎直司天臺又損益其術每節增二日更名至德曆起乾元元年用之訖上元三年

曆志第十七下

翰林學士兼龍圖閣學士朝散大夫給事中知制誥充史館脩撰臣歐陽脩奉敕撰

開元大衍曆演紀上元閼逢困敦之歲，距開元十二年甲子，積九千六百九十六萬一千七百四十算。

一曰步中朔術

通法三千四十。

策實百一十一萬三百四十三。

揲法八萬九千七百七十三。

減法九萬一千二百。

策餘萬五千九百四十三。

用差萬七千一百二十四。

掛限八萬七千一十八。

三元之策十五，餘六百六十四，秒七。

四象之策二十九，餘千六百一十三。

中盈分千三百二十八，秒十四。

朔虛分千四百二十七。

象統二十四。

以策實乘積算，曰中積分。盈通法得一，為積日。以爻數去之，餘起甲子，算外，得天正中氣。凡分為小餘，日為大餘。加三元之策，得次氣。（凡率相因加者，下有餘秒，皆以類相從，而滿法從進，用加上位。日盈爻數去之。）以揲法去中積分，不盡曰歸餘之掛。以減中積分，為朔積分。如通法為日，去命如前，得天正經朔。加一象之日七、餘千一百六十三少，得上弦；倍之，得望；參之，得下弦；四之，是謂一揲，得後月朔。（凡四分一為少，二為半，三為太。）綜中盈朔虛分，累益歸餘之掛，每其月閏衰。（凡歸餘之掛五萬六千七百六十以上，其歲有閏。因考其閏衰，滿掛限以上，其月合置閏；或以進退，皆以定朔無中氣裁焉。）凡常氣小餘不滿通法，如中盈分之半已下者，以象統乘之，內秒分，參而伍之，以減策實，不盡，如策餘為日，命常氣初日算外，得沒日。凡經朔小餘不滿朔虛分者，以小餘減通法，餘倍參伍乘之，用減減法，不盡，如朔虛分為日，命經朔初日算外，得滅日。

二曰發斂術

天中之策五，餘二百二十一，秒三十一。秒法七十二。

地中之策六，餘二百六十五，秒八十六。秒法百二十。

貞悔之策三，餘百三十二，秒百三。

辰法七百六十。

刻法三百四。

各因中節命之，得初候；加天中之策，得次候；又加，得末候。因中氣命之，得公卦用事；以地中之策累加之，得次卦；若以貞悔之策加候卦，得十有二節之初外卦用事。因四立命之，得春木、夏火、秋金、冬水用事；以貞悔之策減季月中氣，得土王用事。（凡抽加減而秒母不齊，當令母互乘，子乃加減之，母相乘為法。）

常氣（月中節 四正卦）	初候	次候	末候
	始卦	中卦	終卦
冬至（十一月中 坎初六）	丘蚓結	麋角解	水泉動
	公中孚	辟復	侯屯內
小寒（十二月節 坎九二）	鴈北鄉	鵲始巢	野雞始雊
	侯屯外	大夫謙	卿睽
大寒（十二月中 坎六三）	雞始乳	鷙鳥厲疾	水澤腹堅
	公升	辟臨	侯小過內
立春（正月節 坎六四）	東風解凍	蟄蟲始振	魚上冰
	侯小過外	大夫蒙	卿益
雨水（正月中 坎九五）	獺祭魚	鴻鴈來	草木萌動
	公漸	辟泰	侯需內
驚蟄（二月節 坎上六）	桃始華	倉庚鳴	鷹化為鳩
	侯需外	大夫隨	卿晉
春分（二月中 震初九）	玄鳥至	雷乃發聲	始電
	公解	辟大壯	侯豫內

節氣	初候	次候	末候
清明 三月節 震六二	桐始華	田鼠化爲鴽	虹始見
	侯豫外	大夫訟	卿蠱
穀雨 三月中 震六三	萍始生	鳴鳩拂其羽	戴勝降于桑
	公革	辟夬	侯旅內
立夏 四月節 震九四	螻蟈鳴	丘蚓出	王瓜生
	侯旅外	大夫師	卿比
小滿 四月中 震六五	苦菜秀	靡草死	小暑至
	公小畜	辟乾	侯大有內
芒種 五月節 震上六	螳螂生	鵙始鳴	反舌無聲
	侯大有外	大夫家人	卿井
夏至 五月中 離初九	鹿角解	蜩始鳴	半夏生
	公咸	辟姤	侯鼎內
小暑 六月節 離六二	溫風至	蟋蟀居壁	鷹乃學習
	侯鼎外	大夫豐	卿渙
大暑 六月中 離九三	腐草爲螢	土潤溽暑	大雨時行
	公履	辟遯	侯恒內
立秋 七月節 離九四	涼風至	白露降	寒蟬鳴
	侯恒外	大夫節	卿同人
處暑 七月中 離六五	鷹祭鳥	天地始肅	禾乃登
	公損	辟否	侯巽內
白露 八月節 離上九	鴻鴈來	玄鳥歸	羣鳥養羞
	侯巽外	大夫萃	卿大畜
秋分 八月中 兌初九	雷乃收聲	蟄蟲培戶	水始涸
	公賁	辟觀	侯歸妹內
寒露 九月節 兌九二	鴻鴈來賓	雀入大水爲蛤	菊有黃華
	侯歸妹外	大夫无妄	卿明夷
霜降 九月中 兌六三	豺乃祭獸	草木黃落	蟄蟲咸俯
	公困	辟剝	侯艮內

節氣	初候	次候	末候
立冬 十月節 兌九四	水始冰	地始凍	野雞入水爲蜃
	侯艮外	大夫既濟	卿噬嗑
小雪 十月中 兌九五	虹藏不見	天氣上騰地氣下降	閉塞而成冬
	公大過	辟坤	侯未濟內
大雪 十一月節 兌上六	鶡鳥不鳴	虎始交	荔挺生
	侯未濟外	大夫蹇	卿頤

各以通法約其月閏衰爲日，得中氣去經朔日筭。求卦候者，各以天地之策累加減之。凡發斂加時，各置其小餘，以六爻乘之，如辰法而一爲半辰之數，不盡者三約爲分。分滿刻法爲刻，若令滿象積爲刻者，即置不盡之數十之，十九而一爲分。命辰起子半筭外。

三日步日躔術

乾實百一十一萬三百七十九太

周天度三百六十五虛分七百七十九太

歲差三十六太

定氣	盈縮分	先後數	損益率	朓朒積
冬至	盈二千三百五十三	先端	益百七十六	朒初
小寒	盈千八百四十五	先二千三百五十三	益百三十八	朒百七十六
大寒	盈千三百九十	先四千一百九十八	益百四	朒三百一十四
立春	盈九百七十六	先五千五百八十八	益七十三	朒四百一十八
雨水	盈五百八十八	先六千五百六十四	益四十四	朒四百九十一
驚蟄	盈二百一十四	先七千一百五十二	益十六	朒五百三十五
春分	縮二百一十四	先七千三百六十六	損十六	朒五百五十一
清明	縮五百八十八	先七千一百五十二	損四十四	朒五百三十五
穀雨	縮九百七十六	先六千五百六十四	損七十三	朒四百九十一
立夏	縮千三百九十	先五千五百八十八	損百四	朒四百一十八
小滿	縮千八百四十五	先四千一百九十八	損百三十八	朒三百一十四
芒種	縮二千三百五十三	先二千三百五十三	損百七十六	朒百七十六
夏至	縮二千三百五十三	後端	益百七十六	朓初

小暑	縮千八百四十五	後二千三百五十三	益百三十八	朒百七十六
大暑	縮千三百九十	後四千一百九十八	益百四	朒三百一十四
立秋	縮九百七十六	後五千五百八十八	益七十三	朒四百一十八
處暑	縮五百八十八	後六千五百六十四	益四十四	朒四百九十一
白露	縮二百一十四	後七千一百五十二	益十六	朒五百三十五
秋分	盈二百一十四	後七千三百六十六	損十六	朒五百五十一
寒露	盈五百八十八	後七千一百五十二	損四十四	朒五百三十五
霜降	盈九百七十六	後六千五百六十四	損七十三	朒四百九十一
立冬	盈千三百九十	後五千五百八十八	損百四	朒四百一十八
小雪	盈千八百四十五	後四千一百九十八	損百三十八	朒三百一十四
大雪	盈二千三百五十三	後二千三百五十三	損百七十六	朒百七十六

以盈縮分盈減縮加三元之策爲定氣所有日及餘乃十二乘日又三其小餘辰法約而一從之爲定氣辰數不盡十之又約爲分以所入氣幷後氣盈縮分倍六爻乘之綜兩氣辰數除之爲末率又列二氣盈縮分皆倍六爻乘之各如辰數而一以少減多餘爲氣差至後以差加末率分後以差減末率爲初率倍氣差亦倍六爻乘之復綜兩氣辰數除爲日差半之以加減初末各爲定率以日差至後以減分後以加氣初定率爲每日盈縮分乃馴積之隨所入氣日加減氣下先後數各其日定數其求朓朒倣此冬至後爲陽復在盈加之在縮減之夏至後爲陰復在縮加之在盈減之距四正前一氣在陰陽變革之際不可相幷皆因前末爲初率以氣差至前加之分前減之爲末率餘依前術各得所求其分不滿全數母又每氣不同當退法除之以百爲母半已上收成一冬至夏至皆得天地之中無有盈縮餘各以氣下先後數先減後加常氣小餘滿若不足進退其日得定大小餘凡推日月度及軌漏交蝕依定氣注曆依常氣以減經朔弦望各其所入日筭若大餘不足減加爻數乃減之減所入定氣日筭一各以日差乘而半之前少以加前多以減氣初定率以乘其所入定氣日筭及餘秒凡除者先以母通全內子乃相乘母相乘除之所得以損益朓朒積各其入朓朒定數若非朔望有交者以十二乘所入日筭三其小餘辰法除而從之以乘損益率如定氣辰數而一所得以損益朓朒積各爲定數

南斗二十六牛八婺女十二虛十虛分七百七十九太危十七營室十六東壁

九奎十六婁十二胃十四昴十一畢十七觜觿一參十東井三十三輿鬼三柳十五七星七張十八翼十八軫十七角十二亢九氐十五房五心五尾十八箕十一爲赤道度其畢觜觿參輿鬼四宿度數與古不同依天以儀測定用爲常數紘帶天中儀極攸憑以格黃道推冬至歲差所在每距冬至前後各五度爲限初數十二每限減一盡九限數終於四當二立之際一度少彊依平乃距春分前秋分後初限起四每限增一盡九限終於十二而黃道交復計春分後秋分前亦五度爲限初數十二盡九限數終於四當二立之際一度少彊依平乃距夏至前後初限起四盡九限終於十二皆累裁之以數乘限度百二十而一得度不滿者十二除爲分若以十除則大分十二爲母命太半少及彊弱命曰黃赤道差數二至前後各九限以差減赤道度二分前後各九限以差加赤道度各爲黃道度開元十二年南斗二十三半牛七半婺女十一少虛十六虛之差十九太危十七太營室十七少東壁九太奎十七半婁十二太胃十四太昴十一畢十六少觜觿一參九少東井三十輿鬼二太柳十四少七星六太張十八太翼十九少軫十八太角十三亢九半氐十五太房五心四太尾十七箕十少爲黃道度以步日行月與五星出入循此求此宿度皆有餘分前後輩之成少半太準爲全度若上考往古下驗將來當據歲差每移一度各依術算使得當時度分然後可以步三辰矣以乾實去中積分不盡者盈通法爲度命起赤道虛九宿次去之經虛去分至不滿宿筭外得冬至加時日度以三元之策累加之得次氣加時日度以度餘減通法餘以冬至日躔距度所入限數乘之爲距前分置距度下黃赤道差以通法乘之減去距前分餘滿百二十除爲定差不滿者以象統乘之復除爲秒分乃以定差減赤道宿度得冬至加時黃道日度又置歲差以限數乘之滿百二十除爲秒分不盡爲小分以加三元之策因累裁之命以黃道宿次各得定氣加時日度置其氣定小餘副之以乘其日盈縮分滿通法而一盈加縮減其副用減其日加時度餘得其夜半日度因累加一策以其日盈縮分盈加縮減度餘得每日夜半日度

一曰步月離術

轉終六百七十萬一千二百七十九

轉終日二十七餘千六百八十五秒七十九

轉法七十六

轉秒法八十

以秒法乘朔積分盈轉終去之餘復以秒法約爲入轉分滿通法爲日命曰筭外得天正經朔加時所入因加轉差日一餘二千九百六十七秒一得次朔以象之策循變相加得弦望盈轉終日及餘秒者去之各以經朔弦望小餘減之得其日夜半所入

轉日	轉分	列衰	轉積度	損益率	朓朒積
一日	九百一十七	進十三	度初	益二百九十七	朒初
二日	九百三十	進十三	十二度五分	益二百五十九	朒二百九十七
三日	九百四十三	進十三	二十四度二十三分	益二百二十	朒五百五十六
四日	九百五十六	進十四	三十六度五十四分	益百八十	朒七百七十六
五日	九百七十	進十四	四十九度二十二分	益百三十九	朒九百五十六
六日	九百八十四	進十六	六十二度四分	益九十七	朒千九十五
七日	千	進十八	七十五度空	初益四十八 末損六	朒千一百九十二
八日	千一十八	進十九	八十八度十二分	損六十四	朒千二百三十四
九日	千三十七	進十四	百一度四十二分	損百六	朒千一百七十
十日	千五十一	進十四	百一十五度十五分	損百四十八	朒千六十四
十一日	千六十五	進十四	百二十九度二分	損百八十九	朒九百一十六
十二日	千七十九	進十三	百四十三度三分	損二百二十九	朒七百二十七
十三日	千九十二	進十三	百五十七度十八分	損二百六十七	朒四百九十八
十四日	千一百五	進十 退三	百七十一度四十六分	初損二百三十一 末益六十六	朒二百三十一
十五日	千一百一十二	退十三	百八十六度十一分	益二百八十九	朓六十六
十六日	千九十九	退十三	二百度五十九分	益二百五十	朓三百五十五
十七日	千八十六	退十三	二百一十五度十八分	益二百一十一	朓六百五
十八日	千七十三	退十四	二百二十九度四十分	益百七十一	朓八百一十六
十九日	千五十九	退十四	二百四十三度四十九分	益百三十	朓九百八十七
二十日	千四十五	退十七	二百五十七度四十四分	益八十七	朓千一百一十七
二十一日	千二十八	退十八	二百七十一度二十五分	初益三十六 末損十八	朓千二百四
二十二日	千一十	退十八	二百八十四度六十五分	損七十三	朓千二百二十二
二十三日	九百九十二	退十四	二百九十八度十一分	損百一十六	朓千一百四十九
二十四日	九百七十八	退十四	三百一十一度十五分	損百五十七	朓千三十三
二十五日	九百六十四	退十四	三百二十四度五分	損百九十八	朓八百七十六
二十六日	九百五十	退十三	三百三十六度五十七分	損二百三十七	朓六百七十八
二十七日	九百三十七	退十三	三百四十九度十九分	損二百七十六	朓四百四十一
二十八日	九百二十四	退七 進六	三百六十一度四十四分	初損百六十五 末益入後	朓百六十五

各置朔弦望所入轉日損益率并後率而半之爲通率又二率相減爲率差前多者以入餘減通法餘乘率差而半之前少者半入餘乘率差亦以通法除之爲加時轉率乃半之以損益加時所入餘爲轉餘其轉餘應益者減法應損者因餘皆以乘率差盈通法得一加於通率轉率乘之通法約之以朓減朒加轉率爲定率乃以定率損益朓朒積爲定數其後無同率者亦因前率應益者以通率爲初數半率差而減之應損者即爲通率其損益入餘進退日分爲二日隨餘初末如法求之所得並以損益轉率此術本出皇極曆以究算術之微變若非朔望有交者直以入餘乘損益率如通法而一以損益朓朒爲定數

七日初數二千七百末數三百三十九十四日初數二千三百六十三末數六百七十七二十一日初數二千二十四末數千一十六二十八日初數千六百八十六末數千三百五十四以四象約轉終均得六日二千七百一分就全數約爲九分日之八各以減法餘爲末數乃四象馴變相加各其所當之日初末數也視入轉餘如初數已下者加減損益因循前率如初數以上則反其衰歸于後率云各置朔弦望大小餘以入氣入轉朓朒定數朓減朒加之爲定朔弦望大小餘定朔日名與後朔同者月大不同者小無中氣者爲閏月凡言夜半皆起晨前子正之中若注曆觀弦望定小餘不盈晨初餘數者退一日其望有交起虧在晨初已前者亦如之又月行九道遲疾則有三大二小以日行盈縮累增損之則容有四大三小理數然也若俯循常儀當察加時早晚隨其所近而進退之使不過三大二小其正月朔有交加時正見者消息前後一兩月以定大小令虧在晦二定朔弦望夜半日度各隨所直日度及餘分命之乃列定朔望小餘副之以乘其日盈縮分如通法而一盈加縮減其副以

加夜半日度，各得加時日度。凡合朔所交，冬在陰曆，夏在陽曆，月行青道（冬至、夏至後，青道半交在春分之宿，當黃道東；立冬、立夏後，青道半交在立春之宿，當黃道東南；至所衝之宿亦如之。）冬在陽曆，夏在陰曆，月行白道（冬至、夏至後，白道半交在秋分之宿，當黃道西；立冬、立夏後，白道半交在立秋之宿，當黃道西北；至所衝之宿亦如之。）春在陽曆，秋在陰曆，月行朱道（春分、秋分後，朱道半交在夏至之宿，當黃道南；立春、立秋後，朱道半交在立夏之宿，當黃道西南；至所衝之宿亦如之。）春在陰曆，秋在陽曆，月行黑道（春分、秋分後，黑道半交在冬至之宿，當黃道北；立春、立秋後，黑道半交在立冬之宿，當黃道東北；至所衝之宿亦如之。）四序離為八節，至陰陽之所交，皆與黃道相會，故月有九行。各視月交所入七十二候，距交初中黃道日度，每五度為限，亦初數十二，每限減一，數終於四，乃一度彊，依平更從四起，每限增一，終於十二，而至半交，其去黃道六度。又自十二每限減一，數終於四，亦一度彊，依平更從四起，每限增一，終於十二，復與日軌相會。各累計其數，以乘限度，二百四十而一，得度，不滿者二十四除為（若以二十四除之，則為入分大分以十二為母）為月行與黃道差數。距半交前後各九限，以差數為減；距正交前後各九限，以差數為加（此加減出入六度，單與黃道相較之數，若較之赤道，則隨氣遷變不常）。計去冬、夏至以來候數，乘黃道所差，十八而一，為月行與赤道差數。凡日以赤道內為陰，外為陽；月以黃道內為陰，外為陽。故月行宿度，入春分交後行陰曆，秋分交後行陽曆，皆為同名；若入春分交後行陽曆，秋分交後行陰曆，皆為異名。其在同名，以差數為加者加之，減者減之；若在異名，以差數為加者減之，減者加之。皆以增損黃道度，為九道定度。

各以中氣去經朔日筭，加其入交汎，乃以減交終，得平交入中氣日筭。滿三元之策去之，餘得入後節日筭（因求次交者，以交終加之，滿三元之策去之，得後平交入氣日筭）。各以氣初先後數先加後減之，得平交入定氣日筭，倍六爻乘之，三其小餘，辰法除而從之，以乘其氣損益率，如定氣辰數而一，所得以損益其氣朓朒積，為定數。又置平交所入定氣餘，加其日夜半入轉餘，以乘其日損益率，滿通法而一，以損益其日朓朒積，交率乘之，交數而一，為定數。乃以入氣入轉朓朒定數，朓減朒加，平交入氣餘，滿若不足，進退日筭，為正交入定氣日筭。其入定氣餘，副之，乘其日盈縮分，滿通法而一，以盈加縮減其副，以加其日夜半日度，得正交加時黃道日度。以正交加時度餘減通法，餘以正交之宿距度所入限數乘之，為距前分。置距度下月道與黃道差，以通法乘之，減去距前分，餘滿二百四十除，為定差；不滿者，一退為秒。以定差及秒加黃道度餘，仍計去冬、夏至已來候數，乘定差，十八而一，所得依名同異而加減之，滿若不足，進退其度，得正交加時月離九道宿度。各置定朔弦望加時日度，從九道循次相加。凡合朔加時，月行潛在日下，與太陽同度，是謂離象。（先置朔弦望加時黃道日度，以正交加時所在黃道宿度減之，餘以加其正交九道宿度，命起正交宿度外，即朔弦望加時所當九道宿度也。其合朔加時若非正交，則日在黃道，月在九道，各入宿度雖多少不同，考其去極若應繩準，故云月行潛在日下，與太陽同度。）以一象之度九十一、餘九百五十四、秒二十二半，為上弦兌象；倍之而與日衝，得望坎象；參之得下弦震象。各以加其所當九道宿度，秒盈象統從餘，餘滿通法從度，得其日加時月度。（綜五位成數四十以約度餘為分，不盡者因為小分。）視經朔夜半入轉，若定朔大餘有進退者，亦加減轉日，否則因經朔為定，累加一日，得次日。各以夜半入轉餘乘列衰，如通法而一，所得以進加退減其日轉分，為月轉定分，滿轉法為度。視定朔弦望夜半入轉，各半列衰以減轉分，退者定餘乘衰，以通法除，并衰而半之；進者半餘乘衰，亦以通法除，皆加所減，乃以定餘乘之，盈通法得一，以減加時月度，為夜半月度。各以每日轉定分累加之，得次日。若以入轉定分乘其日夜漏，倍百刻除，為晨分；以減轉定分，餘為昏分。望前以昏，望後以晨，加夜半度，各得晨昏月。

交日	屈伸率	屈伸積
一日	屈二十七	積初
二日	屈十九	積二十七
三日	屈十三	積四十六
四日	屈八	積五十九
五日	屈十三	積六十七
六日	屈十九	積一度四
七日	初屈二十 末伸十	積一度二十三

八日	伸十九	積一度三十六
九日	伸十三	積一度十七
十日	伸八	積一度四
十一日	伸十三	積七十二
十二日	伸十九	積五十九
十三日	伸二十七	積四十
十四日	初伸十三 末屈八後	積十三

各視每日夜半入陰陽曆交日數以其下屈伸積月道與黃道同名者加之異名者減之各以加減每日晨昏黃道月度爲入宿定度及分

五日步軌漏術

爻統千五百二十

象積四百八十

辰八刻百六十分

昏明二刻二百四十分

定氣	陟降率	漏刻	消息衰	黃道去極度	陽城日晷	距中星度
冬至	降七十八	二十七刻 二百二十分	息空 六十四	百一十七度 二十分	丈二尺七寸一分 五十	八十二度 二十六分
小寒	降七十二	二十七刻 百三十五分	息十一 九十一	百十四度 三十五分	丈二尺二寸二分 七十七	八十二度 九十一分
大寒	降五十三	二十六刻 三百八十分	息二十二 四十二	百一十一度 九十分	丈一尺二寸一分 八十二	八十四度 七十七分
立春	降三十四	二十五刻 四百七十五分	息三十 二十五	百八度 五分	九尺七寸三分 五十一	八十七度 七十分
雨水	降 初限七十八	二十四刻 四百七十分	息三十五 七十八	百三度 二十分	八尺二寸一分 六	九十一度 三十九分
驚蟄	降一	二十三刻 三百六十分	息三十九 五十	九十七度 三十分	六尺七寸三分 八十四	九十五度 八十八分
春分	陟五	二十二刻 二百三十分	息三十九 六十五	九十一度 三十分	五尺四寸三分 十九	百度 四十四分 五十
清明	陟 初限一	二十一刻 百二十分	息三十八 八十九	八十五度 三十分	四尺三寸二分 十一	百五度 一分
穀雨	陟三十二	二十刻 十分	息三十三 五十六	七十九度 三十分	三尺三寸 四十七	百九度 五十分
立夏	陟五十二	十九刻 五分	息二十八 三十八	七十四度 五十五分	二尺五寸三分 三十一	百十三度 十九分
小滿	陟六十三	十八刻 百分	息二十 十二	七十度 七十分	尺九寸五分 七十六	百一十六度 十三分
芒種	陟六十四	十七刻 三百三十五分	息十 十二	六十八度 三十五分	尺六寸 三	百一十七度 九十八分
夏至	降六十四	十七刻 二百五十分	消空 五十二	六十七度 四十分	尺四寸七分 七十九	百一十八度 六十三分
小暑	降六十三	十七刻 三百三十五分	消十 七十六	六十八度 三十五分	尺六寸 三	百十七度 九十八分
大暑	降五十二	十八刻 百分	消二十 七十五	七十度 七十分	尺九寸五分 七十六	百一十六度 十二分
立秋	降三十二	十九刻 五分	消二十八 九十	七十四度 五十五分	二尺五寸三分 三十一	百一十三度 十九分
處暑	降 初限九十九	二十刻 十分	消三十四 五十五分	七十九度 三十分	三尺三寸 四十七	百九度 五十分
白露	降五	二十一刻 百二十分	消三十八 九十	八十五度 三十分	四尺三寸二分 十一	百五度 一分
秋分	陟一	二十二刻 二百三十分	消三十九 六十六	九十一度 三十分	五尺四寸三分 十九	百度 四十四分 五十
寒露	陟 初限一		消三十九 五十		六尺七寸三分 八十四	

	二十三刻 三百六十分	九十七度 三十分	九十五度 八十八分
霜降	陟三十四	消二十四 九十八	八尺二寸一分 六
	二十四刻 四百七十分	百三度 二十分	九十一度 三十九分
立冬	陟五十三	消二十九 七十三	九尺七寸三分 五十一
	二十五刻 四百七十五分	百八度 五分	八十七度 七十分
小雪	陟七十二	消二十一 七十	丈一尺二寸一分 八十二
	二十六刻 三百八十分	百十一度 九十分	八十四度 七十七分
大雪	陟七十八	消十一 十三	丈二尺二寸二分 七十七
	二十七刻 百三十五分	百十四度 三十五分	八十二度 九十一分

各置其氣消息衰依定氣所有日每以陟降率陟減降加其分滿百從衰各得每日消息定衰其距二分前後各一氣之外陟降不等皆以三日爲限雨水初日降七十八初限日損十二次限日損八次限日損三次限日損二次限日損一清明初日陟一初限日益一次限日益二次限日益三次限日益八末限日益十九處暑初日降九十九初限日損十九次限日損八次限日損三次限日損二末限日損一寒露初日陟一初限日益一次限日益二次限日益三次限日益八末限日益十二各置初日陟降率依限次損益之爲每日率乃遞以陟減降加氣初消息衰各得每日定衰南方戴日之下正中無晷自戴日之北一度乃初數千三百七十九自此起差每度增一終於二十五度計增二十六分又每度增二終於四十度又每度增六終於四十四度增六十八又每度增二終於五十度又每度增七終於五十五度又每度增十九終於六十度增百六十又每度增三十三終於六十五度又每度增三十六終於七十度又每度增三十九終於七十二度增二百六十又度增四百四十又度增千六十又度增千八百六十又度增二千八百四十又度增四千又度增五千三百四十各爲每度差因累其差以遞加初數滿百爲分分十爲寸各爲每度晷差又累其晷差得戴日之北每度晷數各置其氣去極度以極去戴日度五十

六及分八十二半減之得戴日之北度數各以其消息定衰所直度之晷差滿百爲分分十爲寸得每日晷差乃遞以息減消加其氣初晷數得每日中晷常數以其日所在氣定小餘爻統減之餘爲中後分不足減反相減爲中前分以其晷差乘之如通法而一爲變差以加減中晷常數冬至後中前以差減中後以差加夏至後中前以差加中後以差減冬至一日有減無加夏至一日有加無減得每日中晷定數又置消息定衰滿象積爲刻不滿爲分各遞以息減消加其氣初夜半漏得每日夜半漏定數其全刻以九千一百二十乘之十九乘刻分從之如三百而一爲晨初餘數各倍夜半漏爲夜刻以減百刻餘爲晝刻減晝五刻以加夜即晝爲見刻夜爲沒刻半沒刻加半辰起子初筭外得日出辰刻以見刻加而命之得日入置夜刻五而一得每更差刻又五除之得每籌差刻以昏刻加日入辰刻得甲夜初刻又以更籌差加之得五夜更籌所當辰其夜半定漏亦名晨初夜刻又置消息定衰滿百爲度不滿爲分各遞以息減消加氣初去極度各得每日去極定數又置消息定衰以萬二千三百八十六乘之如萬六千二百七十七而一爲度差差滿百爲度各遞以息加消減其氣初距中度得每日距中度定數倍之以減周天爲距子度置其日赤道日度加距中度得昏中星倍距子度以加昏中星得曉中星命昏中星爲甲夜中星加每更差度得五夜中星凡九服所在每氣初日中晷常數不齊使每氣去極度數相減各爲其氣消息定數因測其地二至日晷測一至可矣不必兼要冬夏於其戴日之北每度晷數中較取長短同者以爲其地戴日北度數及分每氣各以消息定數加減之因冬至後者每氣以減因夏至後者每氣以加得每氣戴日北度數各因所直度分之晷數爲其地每定氣初日中晷常數其測晷有在表南者亦據其晷尺寸長短與戴日北每度晷數同者因取其所直之度去戴日北度數反之爲去戴日南度然後以消息定數加減之二至各於其地下水漏以定當處晝夜刻數乃相減爲冬夏至差刻半之以加減二至晝夜刻數爲定春秋分初日晝夜刻數乃置每氣消息定數以當處差刻數乘之如二至去極差度四十七分八十而一所得依分前後加減初日晝夜漏刻各得餘定氣初日晝夜漏刻置每日消息定衰亦以差刻乘之差度而一所得以息減消加其

氣初漏刻得次日其求距中度及昏明中星日出入皆依陽城法求之仍以差刻乘之差度而一為今有之數若置其地春秋定日中晷常數與陽城每日晷數較其同者因其日夜半漏亦為其地定春秋分初日夜半漏求餘定氣初日亦以消息定數依分前後加減刻分春分後以減秋分後以加滿象積為刻求次日亦以消息定衰依陽城術求之此術究理大體合通然高山平川視日不等較其日晷長短乃同考其水漏多少殊別以為參課前術為審

曆志第十八上

曆志第十八下

翰林學士兼龍圖閣學士朝散大夫給事中知制誥充史館修撰臣歐陽脩奉勅撰

六曰步交會術

終數八億二千七百二十五萬一千三百二十二

交終日二十七餘六百四十五秒千三百二十二

中日十三餘千八百四十二秒五千六百六十一

朔差日二餘九百六十七秒八千六百七十八

望差日一餘四百八十三秒九千三百三十九

望數日十四餘二千三百二十六秒五十

交限日十二餘千三百五十八秒六千三百二十二

交率三百四十三

交數四千三百六十九

交秒法一萬

以交數去朔積分不盡以秒法乘之盈交數又去之餘如秒法而一爲入交分滿通法爲日命日筭外得天正經朔加時入交汎日及餘因加朔差得次朔以望數加朔得望若以經朔望小餘減之各得夜半所入累加一日得次日加之滿交終去之各以其日入氣朓朒定數朓減朒加交汎爲入交常日及餘又以交率乘其日入轉朓朒定數如交數而一以朓減朒加入交常爲入交定日及餘各如中日已下者爲月入陽曆已上者去之餘爲月入陰曆

陰陽曆

爻目	加減率	陰陽積	月去黃道度
少陽 少陰 初	加百八十七	陽 陰 初	空
少陽 少陰 二	加百七十一	陽 陰 百八十七	一度六十七分
少陽 少陰 三	加百四十七	陽 陰 三百五十八	二度百一十八分
少陽 少陰 四	加百一十五	陽 陰 五百五	四度二十五分
少陽 少陰 五	加七十五	陽 陰 六百二十	五度二十分
少陽 少陰 上	加二十七	陽 陰 六百九十五	五度九十五分
老陽 老陰 初	減二十七	陽 陰 七百二十二	六度二分
老陽 老陰 二	減七十五	陽 陰 六百九十五	五度九十五分
老陽 老陰 三	減百一十五	陽 陰 六百二十	五度二十分
老陽 老陰 四	減百四十七	陽 陰 五百五	四度二十五分
老陽 老陰 五	減百七十一	陽 陰 三百五十八	二度百一十八分
老陽 老陰 上	減百八十七	陽 陰 百八十七	一度六十七分

以其爻加減率與後爻加減率相減爲前差又以後爻率與次後爻率相減爲後差二差相減爲中差置所在爻幷後爻加減率半中差以加而半之十五而一爲爻末率因爲後爻初率每以本爻初末率相減爲爻差十五而一爲度差半之以加減初率（少象減之老象加之）爲定初率每以度差累加減之（少象以差減老象以差加）各得每歲加減定分適循積其分滿百二十爲度各爲月去黃道數及分（其四象初爻無初率上爻無末率皆倍本爻加減率十五而一所得各以初末率減之皆互得其率）各置夜半入轉以夜半入交定日及餘減之（不足減加轉終）餘爲定交初日夜半入轉乃以定交初日與其日夜半入轉餘各乘其日轉定分如通法而一爲分滿轉法爲度各以加其日轉積度分乃相減所餘爲其日夜半月行入陰陽度數（轉求次日以轉定分加之）以一象之度九十除之（若以少象除之則兼除差度一度分百六大分十三小分十四訖然後以次象除之）所得以少陽老陽少陰老陰爲次起少陽筭外得所入象度數及分（先以三十度八分十九而一爲度分不盡以十五乘十九除爲大分不盡者又乘又除爲小分然後以象度及分除之）乃以一爻之度十五除之得所入爻度數及分（其月行入少象初爻之內及老象上爻之中皆沾黃道當朔望則有虧蝕）凡入交定如望差已下交限已上爲入蝕限望入蝕限則月蝕朔入蝕限月在陰曆則日蝕如望差已下爲交後交限已上以減交中餘爲交前置交前後定日及餘通之爲去交前後定分十一乘之二千六百四十三除爲去交度數不盡以通法乘之復除爲餘（大抵去交十三度已上雖入蝕限爲涉交數微光景相接或不見蝕）望去交分七百七十九已下者皆既已上者以定交分減望差餘以百八十三約之命以十五爲限得月蝕之大分月在陰曆初起東南甚於正南復於西南月在陽曆初起東北甚

於正北復於西北其蝕十二分巳上者起於正東復於正西此據午正而論之餘各隨方面所在準此取正凡月蝕之大分五巳下因增三十巳下因增四十巳上因增五其去交定分五百二十巳下又增半二百六十巳下又增半各為汎用刻率

定氣	增損差	差積
冬至	增十	積初
小寒	增十五	積十
大寒	增二十	積二十五
立春	增二十五	積四十五
雨水	增三十	積七十
驚蟄	增三十五	積百
春分	增四十	積百三十五
清明	增四十五	積百七十五
穀雨	增五十	積二百二十
立夏	增五十五	積二百七十
小滿	增六十	積三百二十五
芒種	增六十五	積三百八十五
夏至	損六十五	積四百五十
小暑	損六十	積三百八十五
大暑	損五十五	積三百二十五
立秋	損五十	積二百七十
處暑	損四十五	積二百二十
白露	損四十	積百七十五
秋分	損三十五	積百三十五
寒露	損三十	積百
霜降	損二十五	積七十
立冬	損二十	積四十五
小雪	損十五	積二十五
大雪	損十	積十

以所入氣并後氣增損差倍六爻乘之綜兩氣辰數除之為氣末率又列二氣增損差皆倍六爻乘之各如辰數而一少減多餘為氣差加減末率冬至後以差減夏至後以差加為初率倍氣差綜兩氣辰數除為日差半之加減初末為定率以差累加減氣初定率冬至後以差加夏至後以差減為每日增損差乃循積之隨所入氣日增損氣下差積各其日定數其二至之前一氣皆以無同差不可相并各因前末為初率以氣差冬至前減夏至前加為末率陰曆蝕差千二百七十五蝕限三千五百二十四或限三千六百五十九陽曆蝕限百三十五或限九百七十四以蝕朔所入氣日下差積陰曆減之陽曆加之各為朔定差及定限朔在陰曆去交定分滿蝕定差巳上者為陰曆蝕不滿者雖在陰曆皆類同陽曆蝕其去交定分滿定限巳下者的蝕或限巳下者或蝕陰曆蝕者置去交定分以蝕定差減之餘百四巳下者皆蝕既巳上者以百四減之餘以百四十三約之其入或限者以百五十二約之半巳下為半弱半巳上為半強以減十五餘為日蝕之大分其同陽曆蝕者其去交定分少於蝕定差六十巳下者皆蝕既巳上者以陽曆蝕定限加去交分以九十約之其陽曆蝕者置去交定分亦以九十約之入或限者以百四十三約之皆半巳下為半弱半巳上為半彊命之以十五為限得日蝕之大分月在陰曆初起西北甚於正北復於東北月在陽曆初起西南甚於正南復於東南其蝕十二分巳上皆起於正西復於正東凡日蝕之大分皆因增二其陰曆去交定分多於蝕定差七十巳下者又增三十五巳下者又增半其同陽曆去交定分少於蝕定差二十巳下者又增半四巳下者又增少各為汎用刻率置去交定分以交率乘之二十乘交數除之其月道與黃道同名者以加朔望差定小餘異名者以減朔望差定小餘為蝕定餘如求發斂加時術入之得蝕甚辰刻各置汎用刻率副之以乘其日入轉損益率如通法而一所得應朒者依其損益應朓者損加益減其副為定用刻數半之以減蝕甚辰刻為虧初以加蝕甚辰刻為復末

其月蝕置定用刻數以其日每更差刻除爲更數不盡以每籌差刻除爲籌數綜之爲定用更籌乃累計日入後至蝕甚辰刻置之以昏刻加日入辰刻減之餘以更籌刻差刻除之所得命以初更籌算外得蝕甚更籌半定用更籌減之爲虧初加之爲復末按天竺俱摩羅所傳斷日蝕法日躔鬱車宮者的蝕其餘據日所在宮火星在前三及後五之宮并伏在日下則不蝕若五星皆見又水在陰曆及三星已上同聚一宿則亦不蝕凡星與日別宮或別宿則易斷若同宿則難天竺所云十二宮即中國之十二次鬱車宮者降婁之次也

九服之地蝕差不同先測其地二至及定春秋中晷長短與陽城每日中晷常數較取同者各因其日蝕差爲其地二至及定春秋分蝕差以夏至差減春分差以春分差減冬至各爲率并二率半之六而一爲夏率二率相減六而一爲總差置總差六而一爲氣差半氣差以加夏率又以總差減之爲冬率冬率即冬至率每以氣差加之各爲每氣定率乃循積其率以減冬至蝕差各得每氣初日蝕差求每日如陽城法求之若戴日之南當計所在地皆反用之

七曰步五星術

歲星終率百二十一萬二千五百七十九秒六

終日三百九十八餘二千六百五十九秒六

變差三十四秒十四

象算九十一餘二百三十八秒五十七微分十二

爻算十五餘百六十六秒四十二微分八十二

熒惑終率二百三十七萬一千三秒八十六

終日七百七十九餘二千八百四十三秒八十六

變差三十二秒二

象算九十一餘二百三十八秒四十三微分八十四

爻算十五餘百六十六秒四十微分六十二

鎮星終率百一十四萬九千三百九十九秒九十八

終日三百七十八餘二百七十九秒九十八

變差二十二秒九十二

象算九十一餘二百三十七秒八十七

爻算十五餘百六十六秒三十一微分十六

太白終率百七十七萬五千三十秒十二

終日五百八十三餘二千七百一十一秒十二

中合日二百九十一餘二千八百七十五秒六

變差三十秒五十三

象算九十一餘二百三十八秒三十四微五十四

爻算十五餘百六十六秒三十九微分九

辰星終率三十五萬二千二百七十九秒七十二

終日百一十五餘二千六百七十九秒七十二

中合日五十七餘二千八百五十九秒八十六

變差百三十六秒七十八

象算九十一餘二百四十四秒九十八微分六十

爻算十五餘百六十七秒四十九微分七十四

辰法七百六十

秒法一百

微分法九十六

置中積分以冬至小餘減之各以其星終率去之不盡者返以減終率餘滿通法爲日得冬至夜半後平合日算各以其星變差乘積算滿乾實去之餘滿通法爲日以減平合日算得入曆算數皆四約其餘同於辰法乃以一象之算除之以少陽老陽少陰老陰爲次起少陽算外餘以一爻之算除之所得命起其象初爻算外得所入爻算數

五星爻象曆

歲星

爻象	損益	進退積
少陽少陰初	益七百七十三	進退積空
少陽少陰二	益七百二十一	進退七百七十三
少陽少陰三	益六百三十	進退千四百九十四
少陽少陰四	益五百	進退二千一百二十四
少陽少陰五	益三百三十一	進退二千六百二十四
少陽少陰上	益百二十三	進退二千九百五十五
老陽老陰初	損百二十三	進退三千七十八
老陽老陰二	損三百三十一	進退二千九百五十五

爻	損益率	進退積
老陽老陰三	損五百	進退二千六百二十四
老陽老陰四	損六百三十	進退二千一百二十四
老陽老陰五	損七百二十一	進退千四百九十四
老陽老陰上	損七百七十三	進退七百七十三

熒惑

爻	損益率	進退積
少陽少陰初	益千二百三十七	進退積空
少陽少陰二	益千一百四十三	進退千二百三十七
少陽少陰三	益九百九十一	進退二千三百八十
少陽少陰四	益七百八十一	進退三千三百七十一
少陽少陰五	益五百一十三	進退四千一百五十二
少陽少陰上	益百八十七	進退四千六百六十五
老陽老陰初	損百八十七	進退四千八百五十二
老陽老陰二	損五百一十三	進退四千六百六十五
老陽老陰三	損七百八十一	進退四千一百五十二
老陽老陰四	損九百九十一	進退三千三百七十一
老陽老陰五	損千一百四十三	進退二千三百八十
老陽老陰上	損千二百三十七	進退千二百三十七

鎮星

爻	損益率	進退積
少陽少陰初	益千六百八十四	進退積空
少陽少陰二	益千五百四十四	進退千六百八十四
少陽少陰三	益千三百三十	進退三千二百二十八
少陽少陰四	益千四十二	進退四千五百五十八
少陽少陰五	益六百八十	進退五千六百
少陽少陰上	益二百四十四	進退六千二百八十
老陽老陰初	損二百四十四	進退六千五百二十四
老陽老陰二	損六百八十	進退六千二百八十
老陽老陰三	損千四十二	進退五千六百
老陽老陰四	損千三百三十	進退四千五百五十八
老陽老陰五	損千五百四十四	進退三千二百二十八
老陽老陰上	損千六百八十四	進退千六百八十四

太白

爻	損益率	進退積
少陽少陰初	益二百五十五	進退積空
少陽少陰二	益二百三十一	進退二百五十五
少陽少陰三	益百九十八	進退四百八十六
少陽少陰四	益百五十六	進退六百八十四
少陽少陰五	益百五	進退八百四十
少陽少陰上	益四十五	進退九百四十五
老陽老陰初	損四十五	進退九百九十
老陽老陰二	損百五	進退九百四十五
老陽老陰三	損百五十六	進退八百四十
老陽老陰四	損百九十八	進退六百八十四
老陽老陰五	損二百三十一	進退四百八十六
老陽老陰上	損二百五十五	進退二百五十五

辰星

爻	損益率	進退積
少陽少陰初	益六百四十三	進退積空
少陽少陰二	益五百八十五	進退六百四十三

爻	損益率	進退積
少陽少陰三	益五百一	進退千二百二十八
少陽少陰四	益三百九十一	進退千七百二十九
少陽少陰五	益二百五十五	進退二千一百二十
少陽少陰上	益九十三	進退二千三百七十五
老陽老陰初	損九十三	進退二千四百六十八
老陽老陰二	損二百五十五	進退二千三百七十五
老陽老陰三	損三百九十一	進退二千一百二十
老陽老陰四	損五百一	進退千七百二十九
老陽老陰五	損五百八十五	進退千二百二十八
老陽老陰上	損六百四十三	進退六百四十三

以所入爻與後爻損益率相減爲前差，又以後爻與次後爻損益率相減爲後差，二差相減爲中差。置所入爻并後爻損益率，半中差以加之，九之，二百七十四而一，爲爻末率，因爲後爻初率。皆因前爻末率以爲後爻初率。初末之率相減爲爻差，倍爻差，九之，二百七十四而一爲

筭差半之加減初末各為定率以筭差累加減爻初定率（少象以差減老象以差加）為每筭損益率循累其率隨所入爻損益其下進退積各得其筭定數（其四象初爻無初率上爻無末率皆置本爻損益率四而九之二百七十四得一各以初末率減之皆至得其率）各置其星平合所入爻之筭差半之以減其入筭損益率損者以所入餘乘差辰法除并差而半之益者半入餘乘差亦辰法除皆加所減之率乃以入餘乘之辰法而一所得以損益其筭下進退各為平合所入定數置進退定數（金星則倍置之）各以合下乘數乘之除數除之所得滿辰法為日以進加退減平合日筭（先以四約平合餘然後加減）為常合日筭置常合日先後定數四而一以先減後加常合日筭得定合日筭又四約盈縮分以定合餘乘之滿辰法而一所得以盈加縮減其定餘加其日夜半日度為定合加時星度又置定合日筭以冬至大小餘加之天正經朔大小餘減之（其至朔小餘皆先以四約之若大餘不足減又以爻數加之乃減之）餘滿四象之策除為月數不盡者為入朔日筭命月起天正日起經朔筭外得定合月日（視定朔與經朔有進退者亦進減退加一日為定）置常合及定合應加

減定數同名相從異名相消乃以加減其平合入爻筭滿若不足進退爻筭得定合所入乃以合後諸變曆度累加之去命如前得次變初日所入如平合求進退定數乃以乘數乘之除數除之各為進退變率

五星變行日中率度中率差行損益率曆度（乘數除數）

歲星合後伏十七日三百三十二分行三度三百三十二分先遲二日益疾九分曆一度三百五十七分（乘數三百五十除數二百八十一）

前順百一十二日行十八度六百五十六分先疾五日益遲六分曆九度三百三十七分（乘數三百五十除數二百八十一）

前留二十七日曆二度二百二十分（乘數二百六十七除數二百二十一）

前退四十三日退五度三百六十九分先遲六日益疾十一分曆三度四百七十五分（乘數四百七十除數四百三）

後退四十三日退五度三百六十九分先遲六日益遲十一分曆三度四百七十五分（乘數五百一十除數四百六十七）

後留二十七日曆三度二百一十分（乘數二百七十除數二百二十二）

後順百一十二日行十八度六十五分先遲五日益疾六分曆九度三百三十七分（乘數二百六十七除數二百二十七）

合前伏十七日三百三十二分行三度三百三十二分先疾二日益遲九分曆一度三百五十八分（乘數三百五十除數二百八十一）

熒惑合後伏七十一日七百三十五分行五十四度七百三十五分先疾五日益遲七分曆三十八度二百一分（乘數百二十七除數三十）

前疾二百一十四日行百三十六度先疾九日益遲四分曆百一十三度五百九十六分（乘數百二十七除數三十）

前遲六十日行二十五度先疾日益遲四分曆三十一度六百八十五分（乘數二百三除數五十四）

前留十三日曆六度六百九十三分（乘數二百三除數五十四）

前退三十一日退八度四百七十三分先遲六日益疾五分曆十六度三百六十七分（乘數二百三除數四十八）

後退三十一日退八度四百七十三分先疾六日益遲五分曆十六度三百六十七分（乘數二百三除數四十八）

後留十三日曆六度六百九十三度（乘數二百三除數四十八）

後遲六十日行二十五度先遲日益疾四分曆三十一度六百八十五分（乘數二百三除數五十四）

後疾二百一十四日行百三十六度先遲九日益疾四分曆百一十三度五百九十六分（乘數二百三除數五十四）

合前伏七十一日七百三十六分行五十四度七百三十六分先遲五日益疾七分曆三十八度二百一分（乘數百二十七除數三十）

鎮星合後伏十八日四百一十五分行一度四百一十五分先遲二日益疾九分曆四百八十分（乘數十二除數十一）

前順八十三日行七度二百四十一分先疾六日益遲五分曆二度六百二十三分（乘數十二除數十一）

前留三十七日三百八十分曆一度二百八分（乘數十除數九）

前退五十日退二度三百三十四分先遲七日益疾一分曆一度
五百三十一分 乘數二十 除數十七
後退五十日退二度三百三十四分先疾七日益遲一分曆一度
五百三十一分 乘數五 除數四
後留三十七日三百八十分曆一度二百八分 乘數二十 除數一十七
後順八十三日行七度二百四十一分先遲六日益疾五分曆二
度六百二十三分 乘數十 除數九
合前伏十八日四百一十五分行一度四百一十五分先疾二日
益遲九分曆四百八十分 乘數十三 除數十一
太白晨合後伏四十一日七百一十九分行五十二度七百一十
九分先遲三日益疾十六分曆四十一度七百一十九分 乘數
七百九十七 除數二百九
夕疾行百七十一日行二百六度先疾五日益遲九分曆百七十
一度 乘數七百九十一 除數二百九

夕平行十二日行十二度曆十二度 乘數五百一十五 除數百五十六
夕遲行四十二日行三十一度先疾日益遲十分曆四十二度 乘數
五百一十五除數百三十七
夕留八日曆八度 乘數五百一十五 除數九十二
夕退十日退五度先遲日益疾九分曆十度 乘數五百一十五 除數八十六
夕合前伏六日退五度先疾日益遲十五分曆六度 乘數五百一十五 除數八十四
夕合後伏六日退五度先遲日益疾十五分曆六度 乘數五百一十五 除數八十三
晨退十日退五度先疾日益遲九分曆十度 乘數五百一十五 除數八十四
晨留八日曆八度 乘數五百一十五 除數八十六
晨遲行四十二日行三十一度先遲日益疾十分曆四十二度 乘數
五百一十五 除數九十二
晨平行十二日行十二度曆十二度 乘數五百一十五 除數百三十七
晨疾行百七十一日行二百六度先遲五日益疾九分曆百七十
一度 乘數五百一十五 除數百五十六

晨合前伏四十一日七百一十九分行五十二度七百一十九分
先疾三日益遲十六分曆四十一度七百一十九分 乘數七百九十七 除數二百九
辰星晨合後伏十六日七百一十五分行三十三度七百一十五
分先遲日益疾二十二分曆十六度七百一十五分 乘數二百八十六 除數二百八十七
夕疾行十二日行十七度先疾日益遲五十分曆十二度 乘數二百八十六 除數二百八十七
夕平行九日行九度曆九度 乘數四百九十五 除數百九十四
夕遲行六日行四度先疾日益遲七十六分曆六度 乘數四百九十六 除數百九十五
夕留三日曆三度 乘數四百九十七 除數百九十六
夕合前伏十一日退六度先遲日益疾三十一分曆十一度 乘數四百
九十八除數百九十七
夕合後伏十一日退六度先疾日益遲三十一分曆十一度 乘數五百
除數百九十八
晨留三日曆三度 乘數四百九十八 除數百九十八
晨遲行六日行四度先遲日益疾七十六分曆六度 乘數四百九十七 除數百九十六

晨平行九日行九度曆九度 乘數四百九十六 除數百九十五
晨疾行十二日行十七度先遲日益疾五十分曆十二度 乘數四百九十三 除數百九十四
晨合前伏十六日七百一十五分行三十三度七百一十五分先
疾日益遲二十二分曆十六度七百一十五分 乘數二百八十六 除數二百八十七
各置其本進退變率與後變率同名者相消為差在進前少在
退前多各以差為加在進前多在退前少各以差為減異名者相
從為并前退後進各以并為加前進後退各以并為減逆行度率
則反之皆以差及并加減日度中率各為日度變率 其水星疾行直以差并加減度
中率為變率其日直因中率為變率勿加減也 以定合日與前疾初日後疾初日與合前伏初
日先後定數各以同名者相消為差異名者相從為并皆四而一
所得滿辰法各為日度乃以前日度盈加縮減其合後伏度之變
率及合前伏前疾日之變率亦以後日度盈減縮加其後疾日之
變率及合前伏前疾度之變率 金水夕合反其加減留退亦然 其二留日之變率若
差於中率者即以所差之數為度各加減本遲度之變率 謂以所多於中率之

數加之少於中率之數減之已下加減準此退行度之變率若差於中率者即倍所差之數各加減本疾度之變率其木土二星既無遲疾即加減前後順行度之變率其水星疾行度之變率若差於中率者即以所差之數爲日各加減留日變率其留日變率若少不足減者即侵減遲日變率若多於中率者亦以所多之數爲日以加留日變率各加減變率訖皆爲日度定率其日定率有分者前後輩之輩配也以少分配多分滿全爲日有餘轉配其諸變率不加減者皆依變率爲定率置其星定合餘以減辰法餘以其星初日行分乘之辰法而一以加定合加時度得定合後夜半星度及餘自此各依其星計日行度所至皆從夜半爲始各以一日所行度分順加退減之其行有小分者各滿其法從行分伏不注度留者因前退則依減順行出虛去六虛之差退行入虛先加此差六虛之差亦四而一乃用加減訖皆以轉法約行分爲度分得每日所至日度定率或加或減益疾損遲每日漸差不可預定今且略據日度中率商量置之其定率既有盈縮即差數合隨而增損當先檢括諸變定率與中率相較近者因用其差求其初末之日行分爲主自餘諸變因此消息加減其差各求初末行分循環比較使際會參合衰殺相循其金水皆以平行爲主前後諸變準此求之其合前伏雖有日度定率因加至合而與後算不叶者皆從後算爲定其初見伏之度去日不等各以日度與星辰相較木去日十四度金十一度火土水各十七度皆見各減一度皆伏其木火土三星前順之初後順之末及金水疾行留退初末皆置日定率減一以是見伏之初日注曆消息定之金水及日月度皆不注分

所差分乘之爲實以所差日乘定日率爲法實如法而一爲行分得每日差以辰法通度定率從其分如日定率而一爲平行度分減日定率一以所差分乘之二而一爲差率以加減平行分益疾者以差率減平行爲初日加平行爲末日益遲者以差率加平行爲初日減平行爲末日得初末日所行度及分其差不全而與日相合者先置日定率減一以所差分乘之爲實倍所差日爲法實如法而一爲行分不盡者因爲小分然後爲差率置初日行分益遲者以每日差累減之益疾者以每日差累加之得次日所行度分其每日差及初日行皆有小分母既不同當令同之乃用加減其先定日數而求度者減所求日一以每日差乘之二而一所得以加減初日行分益遲減之益疾加之以所求日乘之如辰法而一爲度不盡者爲行分得從初日至所求日積度及分若先定度數而返求日者以辰法乘所求行度有分者從之八之如每日差而一爲積倍初日行分以每日差加減之益遲者加之益疾者減之如每日差而一爲率令自乘以積加減之益遲者以積減之益疾者以積加之開方除之所得以率加減之益遲者以率加之益疾者以率減之乃半之得所求日數開方除者置所開之數爲實借一筭於實之下名曰下法步之超一位置商於上方副商於下法之上名曰方法命上商以除實畢倍方法一折下法再折乃置後商於下法之上名曰隅法副隅并方命後商以除實畢隅從方法折下就除如前開之五星前變入陽爻爲黃道北入陰爻爲黃道南後變入陽爻爲黃道南入陰爻爲黃道北其金水二星以夕爲前變晨爲後變各計其變行起初日入爻之筭盡老象上爻末筭之數不滿變行度常率者因置其數以變行日定率乘之如變行度常率而一爲日其入變日數與此日數已下者星在道南北依本所入陰陽爻爲定過此日數之外者南北返之

九執曆者出于西域開元六年詔太史監瞿曇悉達譯之斷取近距以開元二年二月朔爲曆首度法六十月有二十九日餘七百三分日之三百七十三曆首有朔虛分百二十六周天三百六十度無餘分日去段分九百分度之十三二月爲時六時爲歲三十度爲相十二相而周天望前曰白博又望後曰黑博又其筭皆以字書不用籌策其術繁碎或幸而中不可以爲法名數詭異初莫之辨也陳玄景等持以惑當時謂一行寫其術未盡妄矣

曆志第十八下

曆志第十九　　唐書二十九

翰林學士兼龍圖閣學士朝散大夫給事中知制誥充史館脩撰臣歐陽脩奉
敕撰

寶應元年六月望戊夜月蝕三之一官曆加時在日出後有交不署蝕代宗以至德曆不與天合詔司天臺官屬郭獻之等復用麟德元紀更立歲差增損遲疾交會及五星差數以寫大衍舊術上元七曜起赤道虛四度帝爲製序題曰五紀曆其與大衍小異者九事曰仲夏之朔若月行極疾合于亥正朔不進則朔之晨月見東方矣依大衍戌初進朔則朔之夕月見西方矣當視定朔小餘不滿五紀通法如晨初餘數減十刻已下者進以明日爲朔一也以三萬二千一百六十乘夜半定漏刻六十七乘刻分從之二千四百而一爲晨初餘數二也陽曆去交分交前加一辰交後減一辰餘百八十三已下者日亦蝕三也月蝕有差以望日所入定數視月道同名者交前爲加交後爲減異名者交前爲減交後爲加各以加減去交分又交前減一辰交後加一辰餘如三百三十八已下者既已上以減望差八十約之得蝕分四也日蝕有差以朔日所入定數十五而一以減百四餘爲定法以蝕差減去交分又交前減兩辰餘爲陰曆蝕其不足減者反減蝕差在交後減兩辰交前加三辰餘爲類同陽曆蝕又自小滿畢小暑加時距午正八刻外者皆減一辰三刻內者皆加一辰自大寒畢立春交前五辰外自大暑畢立冬交後五辰外又減一辰不足減者既加減訖各如定法而一以減十五餘爲蝕分其陽曆蝕者置去交分以蝕差加之交前加一辰交後減一辰所得以減望差餘如百四約之得爲蝕分五也所蝕分日以十八乘之月以二十乘之皆十五而一爲汎用刻不復因加六也日蝕定用刻在辰正前者以十分之四爲虧初刻六爲復末刻未正後者六爲虧初刻四爲復末刻不復相半七也五星乘數除數諸變皆通用之不復變行異數入進退曆皆用度中率八也以定合初日與前疾初日後疾初日與合前伏初日先後定數各同名者相從異名者相消爲差皆四而一所得滿辰法各爲日乃以前日盈減縮加其合後伏日變率若亦以後日盈加縮減合前伏日變率（太白辰星夕見則退加減留日）二退度變率若差於中率者倍所差之數曰伏差以加減前疾日度變率（熒惑均加減前疾兩變日度變率）歲星熒惑鎭星前留日變率若差於中率者以所差之爲度加減前遲日變率（皆多於中率之數者加之少於中率者減之）後留日變率若差於中率者以所差之數爲日以加減後遲日變率及加減二退度變率又以伏差加減後疾日度變率（多於中率之數者減之少於中率者加之其熒惑均加減疾遲兩變日度變率歲星鎭星無遲即加減前後順行日度變率）太白晨夕退行度變率若差於中率者亦倍所差之數爲度加減本疾變度率（夕合前後伏退行不取加減）亦二留日變率若差於中率者以所差之數爲度加減本遲度變率皆多於中率之數加之少於中率減之其辰星二留日變率若差於中率者以所差之數爲度各加減本遲度變率疾行度變率若差於中率者以所差之數爲日各加減留日變率（亦多於中率之數者加之少於中率者減之其留日變率若少不足減者優減退日變率）加減訖皆爲日度定率九也大衍以四象考五星進退或時失獻之加減頗異而偶與天合於是須用訖建中四年寶應五紀曆演紀上元甲子距寶應元年壬寅積二十六萬九千九百七十八筭

五紀通法千三百四十

策實四十八萬九千四百二十八

揲法三萬九千五百七十一

策餘七千二十八

用差七千五百四十八

掛限三萬八千三百五十七

三元之策十五餘二百九十二秒五秒母六（以象統爲母者又四因之）

四象之策二十九餘七百一十一

一象之策七餘五百一十二太

天中之策五餘九十七秒十一秒母十八

地中之策六餘百一十七秒四秒母三十

貞悔之策三餘五十八秒十七

辰法三百三十五

刻法百三十四

乾實四十八萬九千四百四十二秒七十

周天度三百六十五虛分三百四十二秒七十

歲差十四秒七十

秒法百

定氣	盈縮分	先後數	損益率	朓朒積
冬至	盈千三十七	先端	益七十八	朒初
小寒	盈八百一十三	先千三十七	益六十一	朒七十八
大寒	盈六百一十三	先千八百五十	益四十六	朒百三十九
立春	盈四百三十	先二千四百六十三	益三十二	朒百八十五
雨水	盈二百五十九	先二千八百九十三	益十九	朒二百一十七
驚蟄	盈九十四	先三千一百五十二	益七	朒二百三十六
春分	縮九十四	先三千二百四十六	損七	朒二百四十三
清明	縮二百五十九	先三千一百五十二	損十九	朒二百三十六
穀雨	縮四百三十	先二千八百九十三	損三十二	朒二百一十七
立夏	縮六百一十三	先二千四百六十三	損四十六	朒百八十五
小滿	縮八百一十三	先千八百五十	損六十一	朒百三十九
芒種	縮千三十七	先千三十七	損七十八	朒七十八
夏至	縮千三十七	後端	益七十八	朓初
小暑	縮八百一十三	後千三十七	益六十一	朓七十八
大暑	縮六百一十三	後千八百五十	益四十六	朓百三十九
立秋	縮四百三十	後二千四百六十三	益三十三	朓百八十五
處暑	縮二百五十九	後二千八百九十三	益十九	朓二百一十七
白露	縮九十四	後三千一百五十二	益七	朓二百三十六
秋分	盈九十四	後三千二百四十六	損七	朓二百四十三
寒露	盈二百五十九	後三千一百五十二	損十九	朓二百三十六
霜降	盈四百三十	後二千八百九十三	損三十二	朓二百一十七
立冬	盈六百一十三	後二千四百六十三	損四十六	朓百八十五
小雪	盈八百一十三	後千八百五十	損六十一	朓百三十九
大雪	盈千三十七	後千三十七	損七十八	朓七十八

定氣所有日及餘以辰計之曰辰數與大衍同

六虛之差七秒七十

轉終分百三十六萬六千一百五十六

轉終日二十七餘七百四十三秒五

秒法三十七

轉法六十七 約轉分爲度曰遲速程積遲速程曰轉積度

終日	轉分 列衰	損益率	朓朒積
一日	九百八十六 退十二	益百三十五	朓初
二日	九百七十四 退十二	益百一十七	朓百三十五
三日	九百六十二 退十四	益九十九	朓二百五十二
四日	九百四十八 退十五	益七十八	朓三百五十一
五日	九百三十三 退十五	益五十六	朓四百二十九
六日	九百一十八 退十六	益三十三	朓四百八十五
七日	九百二 退十六	初益八 末損一	朓五百一十八
八日	八百八十六 退十六	損十四	朓五百二十五
九日	八百七十 退十五	損三十八	朓五百一十一
十日	八百五十五 退十四	損六十二	朓四百七十三
十一日	八百四十一 退十二	損八十五	朓四百一十一
十二日	八百二十八 退十一	損百三	朓三百二十六
十三日	八百一十七 退七	損百一十八	朓二百二十三
十四日	八百一十 退三 進一	初損百五 末益三十	朓百五
十五日	八百八 進十一	益百二十八	朒三十
十六日	八百一十九 進十三	益百一十五	朒百五十八

十七日	八百三十二 進十四	益九十五	朒二百七十三
十八日	八百四十六 進十五	益七十四	朒三百六十八
十九日	八百六十一 進十六	益五十二	朒四百四十二
二十日	八百七十七 進十六	益二十八	朒四百九十四
二十一日	八百九十三 進十六	初益六 末損三	朒五百二十二
二十二日	九百九 進十五	損二十	朒五百二十五
二十三日	九百二十四 進十五	損四十二	朒五百五
二十四日	九百三十九 進十五	損六十五	朒四百六十三
二十五日	九百五十四 進十四	損八十九	朒三百九十八
二十六日	九百六十八 進十一	損百九	朒三百九
二十七日	九百七十九 進六	損百二十五	朒二百
二十八日	九百八十五 進五 退四	初損七十五 末益入後	朒七十五

七日 初千一百九十一 末百四十九 十四日 初千四十二 末二百九十八

二十一日 初八百九十二 末四百四十八 二十八日 初七百四十三 末五百九十七

入交陰陽	屈伸率	屈伸積
一日	屈二十四	積初
二日	屈十七	積二十四
三日	屈十一	積四十一
四日	屈八	積五十二
五日	屈十一	積六十
六日	屈十七	積一度四
七日	初屈十八 末伸六	積一度二十一
八日	伸十七	積一度三十三
九日	伸十一	積一度十六
十日	伸八	積一度五
十一日	伸十一	積六十四
十二日	伸十七	積五十三
十三日	伸二十四	積三十六
十四日	初伸十二 末屈入後	積十二

半紀六百七十

象積四百八十

辰刻八刻分百六十

昏明刻各二刻分二百四十

交終三億六千四百六十四萬三千七百六十七

交終日二十七餘二百八十四秒三千七百六十七

交中日十三餘八百一十二秒千八百八十三半

朔差日二餘四百二十六秒六千二百三十三

望差日一餘二百一十三秒三千一百一十六半

望數日十四餘千二十五秒五千

交限日十二餘五百九十八秒八千七百六十七

交率六十一

交數七百七十七 凡春分後陰曆交後秋分後陽曆交後爲月道同名餘皆爲異名

辰分百一十三

秒法一萬

去交度乘數十一除數千一百六十五

太陰損益差冬至夏至益十九積七十六小寒小暑益十七積九十五大寒大暑益十四積百一十一立春立秋益十二積百二十五雨水處暑益十積百三十七驚蟄白露益七積百四十七春分秋分損七積百五十四清明寒露損十積百四十七穀雨霜降損十二積百三十七立夏立冬損十四積百二十五小滿小雪損十七積百一十一芒種大雪損十九積九十五依定氣求朓朒術入之各得其望日所入定數

太陽每日蝕差月在陰曆自秋分後春分前皆以四百五十七爲蝕差入春分後日損五分入夏至初日損不盡者七乃自後日益五分月在陽曆自春分後秋分前亦以四百五十七爲蝕差入秋分後日損五分入冬至初日損不盡者七乃自後日益五分各得

朔日所入定數

歲星終率五十三萬四千四百八十二秒三十六

終日三百九十八餘千一百六十二秒三十六

變差十四秒八十八

象筭九十一餘百五秒十八

爻筭十五餘七十三秒四十六微分三十二

乘數五

除數四

熒惑終率百四萬三千八十八秒八十三

終日七百七十九餘千二百二十八秒八十三

變差三十二秒五十七

象筭九十一餘百六秒二十八微分五十四

爻筭十五餘七十三秒五十四微分七十三

乘數百二十七

除數三十

鎮星終率五十萬六千六百二十三秒二十九

終日三百七十八餘百三秒二十九

變差九秒八十七

象筭九十一餘百四秒八十六微分六十六

爻筭十五餘七十三秒三十一微分十一

乘數十二

除數十一

太白終率七十八萬二千四百四十九秒九

終日五百八十三餘千二百二十九秒九

中合二百九十二餘千二百八十四秒五十九微分七十二

變差四十九秒七十二

象筭九十一餘百七秒三十五微分七十二

爻筭十五餘七十三秒七十二微分六十

乘數十五

除數二

辰星終率十五萬五千二百七十八秒六十六

終日百一十五餘千一百七十八秒六十六

中合五十七餘千二百五十九秒三十三

變差五十秒八十五

象筭九十一餘百七秒四十二微分七十八

爻筭十五餘七十三秒七十三微分七十七

秒法百

微分法九十六

星名	爻目損益率	進退積	爻目損益率	進退積
歲星	少陽少陰初益三百四十一	進退空	老陽老陰初損五十四	進退千三百五十七
	少陽少陰二益三百一十八	進退三百四十一	老陽老陰二損百四十六	進退千三百三
	少陽少陰三益二百七十七	進退六百五十九	老陽老陰三損二百二十	進退千一百五十七
	少陽少陰四益二百二十一	進退九百三十六	老陽老陰四損二百七十七	進退九百三十六
	少陽少陰五益百四十六	進退千一百五十七	老陽老陰五損三百一十八	進退六百五十九
	少陽少陰上益五十四	進退千三百三	老陽老陰上損三百四十一	進退三百四十一
熒惑	少陽少陰初益五百四十五	進退空	老陽老陰初損八十二	進退二千一百三十九
	少陽少陰二益五百四	進退五百四十五	老陽老陰二損二百二十七	進退二千五十七
	少陽少陰三益四百三十七	進退千四十九	老陽老陰三損三百四十四	進退千八百三十
	少陽少陰四益三百四十四	進退千四百八十六	老陽老陰四損四百三十七	進退千四百八十六
	少陽少陰五益二百二十七	進退千八百三十	老陽老陰五損五百四	進退千四十九
	少陽少陰上益八十二	進退二千五十七	老陽老陰上損五百四十五	進退五百四十五
鎮星	少陽少陰初益七百四十二	進退空	老陽老陰初損百八	進退二千八百七十七
	少陽少陰二益六百八十一	進退七百四十二	老陽老陰二損三百	進退二千七百六十八
	少陽少陰三益五百八十六	進退千四百二十三	老陽老陰三損四百五十九	進退二千四百六十八
	少陽少陰四益四百五十九	進退二千九	老陽老陰四損五百八十六	進退二千九
	少陽少陰五益三百	進退二千四百六十八	老陽老陰五損六百八十一	進退千四百二十三

	少陽少陰	進退	老陽老陰	進退
	上益百八	二千七百六十八	上損七百四十二	七百四十二
太白	初益百十二	空	初損十九	四百三十六
	二益百二	百十二	二損四十七	四百一十七
	三益八十八	二百一十四	三損六十八	三百七十
	四益六十八	三百二	四損八十八	三百二
	五益四十七	三百七十	五損百二	二百一十四
	上益十九	四百一十七	上損百十二	百十二
辰星	初益三百八十三	空	初損四十一	千八十八
	二益三百五十八	二百八十三	二損百十三	千四十七
	三益二百二十一	五百四十一	三損百七十二	九百三十四
	四益百七十二	七百六十二	四損二百二十一	七百六十二
	五益百一十三	九百三十四	五損三百五十八	五百四十一
	上益四十一	千四十七	上損三百八十三	二百八十三

星目	變行目	變行日中率	變行度中率	差行損益率
歲星	合後伏	十七日百四十五分	行三度一百四十五分	先遲日益疾二分
	前順	百一十四日	行十八度二百八十九分	先疾二日益遲一分
	前留	二十七日		
	前退	四十一日	退五度百六十二分	先遲四日益疾三分
	後退	四十一日	退五度百六十三分	先遲四日益疾三分
	後留	二十七日		
	後順	百一十四日	行十八度二百八十九分	先遲二日益疾一分
	合前伏	十七日百四十六分	行三度一百四十六分	先疾日益遲二分
熒惑	合後伏	七十一日三百二十二分	行五十四度三百二十二分	先疾五日益遲七分
	前疾	百八日	行七十度	先疾三日益遲一分
	前次疾	百六日	行六十六度	先疾九日益遲四分
	前遲	六十日	行二十五度	先疾日益遲四分
	前留	十三日		
	前退	三十一日	退八度二百一十分	先遲六日益疾五分

星目	變行目	變行日中率	變行度中率	差行損益率
	後退	三十一日	退八度二百一十分	先疾六日益遲五分
	後留	十三日		
	後遲	六十日	行二十五度	先遲日益疾四分
	後次疾	百六日	行六十六度	先遲九日益疾二分
	後疾	百八日	行七十度	先遲三日益疾一分
	合前伏	七十一日三百二十三分	行五十四度三百二十三分	先遲五日益疾七分
鎮星	合後伏	十八日百八十四分	行一度百八十四分	先遲日益疾二分
	前順	八十三日	行七度百二分	先疾三日益遲一分
	前留	三十七日百六十四分		
	前退	五十日	退二度百四十七分	先遲十四日益疾一分
	後退	五十日	退二度百四十七分	先疾十四日益遲一分
	後留	三十七日百六十四分		
	後順	八十三日	行七度百二分	先遲三日益疾一分
	合前伏	十八日百八十四分	行一度百八十四分	先疾日益遲二分
太白	晨合後伏	四十一日二百八十分	行五十二度二百八十分	先疾五日益遲八分
	夕疾行	百七十一日	行二百六度	先疾五日益遲四分
	夕平行	十二日	行十二度	
	夕遲行	四十三日	行三十一度	先疾日益遲五分
	夕留	八日		
	夕退	十日	退五度	先遲日益疾四分
	夕合前伏	六日	退五度	先遲日益疾四十二分
	夕合後伏	六日	退五度	先疾日益遲四十二分
	晨退	十日	退五度	先疾日益遲四分
	晨留	八日		
	晨遲行	四十三日	行三十一度	先遲日益疾五分
	晨平行	十二日	行十二分	
	晨疾行	百七十一日	行二百六度	先遲五日益疾四分
	晨合前伏	四十一日二百八十分	行五十二度二百八十分	先遲三日益疾八分

辰星			
晨夕合後伏	十六日三百一十五分	行三十三度三百一十五分	先遲日益疾十一分
夕疾行	十二日	行十七度	先疾日益遲二十五分
夕平行	九日	行九度	
夕遲行	六日	行四度	先疾日益遲三十八分
夕留	三日		
夕合前伏	十一日	退六度	先遲三日益疾十五分
夕合後伏	十一日	退六度	先疾日益遲十五分
晨留，	三日		
夕合前伏	十一日	退六度	先遲日益疾十五分
夕合後伏	十一日	退六度	先疾日益遲十五分
晨留	三日		
晨遲行	六日	行四度	先遲日益疾三十八分
晨平行	九日	行九度	
晨疾行	十二日	行十七度	先遲日益疾二十五分
晨夕合前伏	十六日	行三十三度三百一十五分	先疾日益遲十一分

德宗時五紀曆氣朔加時稍後天推測星度與大衍差率頗異詔司天徐承嗣與夏官正楊景風等雜麟德大衍之旨治新曆上元七曜起赤道虛四度建中四年曆成名曰正元其氣朔發斂日躔月離軌漏交會悉如五紀法惟發斂加時無辰法皆以象統乘小餘通法而一爲半辰數餘五因之六刻法除之得刻不盡六而一爲刻分其軌漏夜半刻分以刻法準象積取其數用之以刻法通夜半定漏刻內分二十而一爲晨初餘數月蝕去交分如二百七十九已下者既已上以減望差六十六約之爲蝕分日蝕差亦十五約之以減八十五餘爲定法又加減去交分訖以減望差八十五約之得蝕分日法不同也其五星寫麟德曆舊術因冬至後夜半平合日筭加合後伏日及餘即平見日筭金水先得夕見其滿晨見伏日及餘秒去之餘爲晨平見求入常氣以取定見而推之麟德曆之啓蟄正元曆之雨水麟德曆之雨水正元曆之驚蟄也

麟德曆發斂前後疾變度率初行入氣差行日益遲疾一分正元曆則二分亦度母不同也詔起五年正月行新曆會朱泚之亂改元興元自是頒用訖元和元年建中正元曆演紀上元甲子距建中五年甲子歲積四十萬二千九百筭外

正元通法千九十五

策實三十九萬九千九百四十三

揲法三萬三千三百三十六

章閏萬一千九百一十一

策餘五千七百四十三

用差六千一百六十八

掛限三萬一千三百四十三

三元之策十五餘二百三十九秒七

四象之策二十九餘五百八十一

一象之策七餘四百一十九

中盈分四百七十八秒一十四

朔虛分五百一十四

象統二十四

象位六

天中之策五餘七十九秒五十五秒母七十二

地中之策六餘九十五秒四十三秒母六十

貞悔之策三餘四十七秒五十一半

刻法二百一十九 六刻法千三百一十四

乾實三十九萬九千九百五十五秒二

周天度三百六十五虛分二百八十秒二

歲差十二秒二

秒母百

定氣	盈縮分	先後數	損益率	朓朒積
冬至	盈八百四十八	先端	益六十三	朒初

定氣	盈縮分	先後數	損益率	朓朒積
小寒	盈六百六十四	先八百四十八	益五十	朒六十三
大寒	盈五百一	先千五百一十二	益三十七	朒百一十三
立春	盈三百五十一	先二千一十三	益二十六	朒百五十
雨水	盈二百一十二	先二千三百六十四	益十六	朒百七十六
驚蟄	盈七十七	先二千五百七十六	益六	朒百九十二
春分	縮七十七	先二千六百五十三	損六	朒百九十八
清明	縮二百一十二	先二千五百七十六	損十六	朒百九十二
穀雨	縮三百五十一	先二千三百六十四	損二十六	朒百七十六
立夏	縮五百一	先二千一十三	損三十七	朒百五十
小滿	縮六百六十四	先千五百一十二	損五十	朒百一十三
芒種	縮八百四十八	先八百四十八	損六十三	朒六十三
夏至	縮八百四十八	後端	益六十三	朓初
小暑	縮六百六十四	後八百四十八	益五十	朓六十三
大暑	縮五百一	後千五百一十二	益三十七	朓百一十三
立秋	縮三百五十一	後二千一十三	益二十六	朓百五十
處暑	縮二百一十二	後二千三百六十四	益十六	朓百七十六
白露	縮七十七	後二千五百七十六	益六	朓百九十二
秋分	盈七十七	後二千六百五十三	損六	朓百九十八
寒露	盈二百一十二	後二千五百七十六	損十六	朓百九十二
霜降	盈三百五十一	後二千三百六十四	損二十六	朓百七十六
立冬	盈五百一	後二千一十三	損三十七	朓百五十
小雪	盈六百六十四	後千五百一十二	損五十	朓百一十三
大雪	盈八百四十八	後八百四十八	損六十三	朓六十三

定氣辰數同大衍

六曆之差六秒二十

轉終分三億一百七十二萬一百三十二

轉終日二十七餘六百七秒百三十二

入轉秒法一萬

轉法二百一十九 約轉分爲度曰逡程積逡程曰轉積度

終日	轉分 列衰	損益率	朓朒積
一日	三千二百二十二 退三十八	益百一十	朓初
二日	三千一百八十四 退四十	益九十六	朓百一十
三日	三千一百四十四 退四十五	益八十一	朓二百六
四日	三千九十九 退四十九	益六十四	朓二百八十七
五日	三千五十 退四十九	益四十六	朓三百五十一
六日	三千一 退五十三	益二十七	朓三百九十七
七日	二千九百四十八 退五十二	初益七 末損一	朓四百二十四
八日	二千八百九十六 退五十二	損十二	朓四百三十
九日	二千八百四十四 退四十九	損三十一	朓四百一十八
十日	二千七百九十五 退四十九	損五十一	朓三百八十七
十一日	二千七百四十六 退四十六	損六十八	朓三百三十六
十二日	二千七百 退三十	損八十五	朓二百六十八
十三日	二千六百七十 退二十二	損九十六	朓百八十三
十四日	二千六百四十八 退十 進三	初損八十七 末益二十五	朓八十七
十五日	二千六百四十一 進三十六	益百七	朒二十五
十六日	二千六百七十七 進四十三	益九十四	朒百三十二
十七日	二千七百二十 進四十五	益七十八	朒二百二十六
十八日	二千七百六十五 進四十九	益六十一	朒三百四
十九日	二千八百一十四 進五十三	益四十二	朒三百六十五
二十日	二千八百六十七 進五十二	益二十三	朒四百七
二十一日	二千九百一十九 進五十二	初益五 末損二	朒四百三十
二十二日	二千九百七十一 進四十九	損十六	朒四百三十三
二十三日	三千二十 進四十九	損三十五	朒四百一十七
二十四日	三千六十九 進四十九	損五十三	朒三百八十二
二十五日	三千一百一十八 進四十六	損七十一	朒三百二十九
二十六日	三千一百六十四 進三十六	損八十八	朒二百五十八

二十七日	三千二百 進二十	損百二	朒百七十
二十八日	三千二百二十 進十一 退九	初損六十八 末益四十二	朒六十八

七日初九百七十三末百二十二

十四日初八百五十一末二百四十四

二十一日初七百二十九末三百六十六

二十八日初六百七末四百八十八

入交陰陽	屈伸率	屈伸積
一日	屈七十八	積初
二日	屈五十六	積七十八
三日	屈三十六	積百三十四
四日	屈二十六	積百七十
五日	屈三十六	積百九十六
六日	屈五十六	積一度十三
七日	初屈五十九 末伸二十	積一度六十九
八日	伸五十六	積一度百八
九日	伸三十六	積一度五十二
十日	伸二十六	積一度十六
十一日	伸三十六	積二百九
十二日	伸五十六	積百七十三
十三日	伸七十八	積百一十七
十四日	初伸三十九 末屈入後	積三十九

辰刻八刻分七十三

刻法二百一十九

昏明刻各二刻分百九半

交終分二億九千七百九十七萬三千八百一十五

交終日二十七餘二百三十二秒三千八百一十五

交中日十三餘六百六十三秒六千九百七半

朔差日二餘三百四十八秒六千一百八十五

望差日一餘百七十四秒三千九十二半

望數日十四餘八百三十八

交限日十二餘四百八十九秒三千八百一十五

交率六十一

交數七百七十七

交辰法九十一少

秒法一萬

去交度乘數十一除數九百四十五

太陰損益差冬至夏至益十六積六十二小寒小暑益十三積七十八大寒大暑益十一積九十一立春立秋益十積百二雨水處暑益八積百一十二驚蟄白露益六積百二十春分秋分損六積百二十六清明寒露損八積百二十穀雨霜降損十積百一十二立夏立冬損十一積百二小滿小雪損十三積九十一芒種大雪損十六積七十八以損益依入定氣求朓朒術入之各得其望日所入定數

太陽毎日蝕差月在陰曆自秋分後春分前皆以三百七十三爲蝕差入春分後日損四分入夏至初日損不盡者六乃自後日益四分月在陽曆自春分後秋分前亦以三百七十三爲蝕差入秋分後日損四分入冬至初日損不盡者六乃自後日益四分各得朔日所入定數

歲星終率四十三萬六千七百六十秒四

終日三百九十八餘九百五十秒四

合後伏日十七餘千二十三

熒惑終率八十五萬四千七秒七十九

終日七百七十九餘千二秒七十九

合後伏日七十一餘千四十九

鎮星終率四十一萬三千九百九十四秒六十三

終日三百七十八餘八十四秒六十三

合後伏日十八餘五百九十
太白終率六十三萬九千三百八十九秒二十八
晨合後伏日四十一餘九百一十五
夕見伏日二百五十六餘五百二秒一十四
晨見伏日三百二十七餘五百二秒一十四
辰星終率十二萬六千八百八十八秒四半
終日百一十五餘九百六十三秒四半
晨合後伏日十六餘千四十
夕見伏日五十二餘四百八十一秒五十二少
晨見伏日六十三餘四百八十一秒五十二少
秒法一百

五星平見加減差
歲星初見去日十四度見入冬至畢小寒均減六日自入大寒後日損百九分半入春分初日依平自後日加百四十五分半入立夏畢小滿均加六日自入芒種後日損百四十五分入夏至畢立秋均加四日自入處暑後日損二百九十一分半入白露初日依平自後日減八十七分入小雪畢大雪均減六日
熒惑初見去日十七度見入冬至初日減二十七日自後日損九百八十五分半入大寒初日依平自後日加六百五十七分入驚蟄畢穀雨均加二十七日自入立夏後日損三百二十三分入立秋依平自入處暑後日減三百二十三分入小雪畢大雪均減二十七日
鎮星初見去日十七度見入冬至初日減四日自後日益百四十五分半入大寒畢春分均減八日自入清明後日損九十六分入小暑初日依平自後日加百四十五分半入白露初日加八日自後日損二百九十一分入秋分均加四日自入寒露後日損九十六分入小雪初日依平自後日減百四十五分半
太白初見去日十一度夕見入冬至初日依平自後日減百六十三分入雨水畢春分均減九日自入清明後日減百六十三分入芒種依平自入夏至日加百六十三分入處暑畢秋分均加九日自入寒露後日損百六十三分入大雪依平晨見入冬至依平入小寒後日加百九分半入立春畢立夏均加三日入小滿後日損百九分半入夏至依平入小暑後日減百九分半入立秋畢立冬均減三日入小雪後日損百九分半
辰星初見去日十七度夕見入冬至畢清明依平入穀雨畢芒種均減二日入夏至畢大暑依平入立秋畢霜降應見不見（其在立秋及霜降二氣之內者去日十八度外三十六度內有水火土金一星已上者見）入立冬畢大雪依平晨見入冬至均減四日入小寒畢雨水均減三日（其在雨水氣內去日度如前晨無木火土金一星已上者不見）入驚蟄畢立夏應見不見（其在立夏氣內去日度如前晨有水火土金一星已上者亦見）入小滿寒露依平入霜降畢立冬均加一日入小雪畢大雪依平
五星變行加減差日度率

歲星前順差行百一十四日行十八度九百七十一分先疾二百益遲三分
前留二十六日
前退差行四十二日退六度先遲日益疾二分
後退差行四十二日退六度先疾日益遲二分
後留二十五日
後順差行百一十四日行十八度九百七十一分先遲二日益疾三分日盡而夕伏
熒惑前疾入冬至初日二百四十三日行百六十五度自後三日損日度各一小寒初日二百三十三日行百五十五度自後二日損日度各一穀雨四日依平畢小滿九日百七十八日行百度自九日後三日損日度各一夏至初日依平畢六日百七十一日行九十三度自六日後每三日益日度各一立秋初日百八十四日行百六度自後每日益日度各一白露初日二百一十四日行百三十六度自後五日益日度各六秋分初日二百三十二日行百

五十四度自後每日益日度各一寒露初日二百四十七日行百六十九度自後五日益日度各三霜降五日依平畢立冬十三日二百五十九日行百八十一度自入十三日後二日損日度各一

前遲差行入冬至六十日行二十五度先疾日益遲三分自入小寒後三日損日度各一大寒初日五十五日行二十度自後三日益日度各一立春初日畢清明平六十日行二十五度自入穀雨每氣損度一立夏初日畢小滿平六十日行二十三度自入芒種後每氣益一度夏至初日平畢處暑六十日行二十五度自入白露後三日損度一秋分初日六十日行二十度自後每日益日一三日益度三寒露初日七十五日行三十度自後每日損日一三日損度一霜降初日六十日行二十五度自後二日損度一立冬一日平畢氣末六十日行十七度自小雪後五日益度一大雪初日六十日行二十度自後三日益度一

前留十三日（前疾減一日率者以其差分益此留及[illegible]日率前疾加日率者以其差分減此留及後遲日率）

退行入冬至初日六十三日行二十二度自後四日益度一小寒一日六十三日行二十六度自入小寒一日後三日半損度一立春三日平畢雨水六十三日退十七度自入驚蟄後二日益日度各一驚蟄八日平畢氣末六十七日退二十一度自入春分後一日損日度各一春分四日平畢芒種六十三日退十七度自入夏至後每六日損日度各一大暑初日平畢氣末五十八日退十二度立秋初日平畢氣末五十七日退十一度自入白露後二日益日度各一白露十二日平畢秋分六十三日退十七度自入寒露後三日益日度各一寒露九日平畢氣末六十六日退二十度自入霜降後二日損日度各一霜降六日平畢氣末六十三日退十七度自入立冬後三日益日度各一立冬十二日平畢氣末六十七日退二十一度自入小雪後二日損日度各一小雪八日平畢氣末六十三日退十七度自入大雪後三日益度一

後留冬至初日十三日大寒初日平畢氣末二十五日自入立春後二日半損一日驚蟄初日十三日自後三日益日一清明初日三十三日自後每日損日一清明十日平畢處暑十三日自入白露後二日損日一秋分十一日無留自入秋分十一日後日益日一霜降初日十九日立冬畢大雪十三日

後遲差行六十日行二十五度（先遲日益疾三分前疾加度者此遲依數減之爲定若不加度者此遲入秋分至立冬減三度入立冬到冬至減五度後留定日十三日者以所朒數加此遲日率）

後疾冬至初日二百一十日行百三十二度自後每日損日度各一大寒八日百七十二日行九十四度自入大寒八日後二日損日度各一雨水平畢氣末百六十一日行八十三度自入驚蟄後三日益日度各一穀雨三日百七十七日行九十九度自三日後每日益日度各一芒種十四日平畢夏至十日二百三十三日行百五十五度自十日後每日益日度各一小暑五日二百五十三日行百七十五度自後每日益日度各一大暑初日平畢處暑二百六十三日行百八十五度自入白露後二日損日度各一秋分一日二百五十五日行百七十七度自一日後每三日損日度各一大

雪初日二百五日行百二十七度自後三日益日度各一

鎮星前順差行八十三日行七度四百七十四分先疾三日益遲二分

前留三十七日

前退差行五十一日退三度先遲二日益疾一分

後退差行五十一日退三度先疾二日益遲一分

後留三十六日

後順差行八十三日行七度四百七十四分先遲三日益遲二分

太白夕見入冬至畢立夏立秋畢大雪百七十二日行二百六度自入小滿後十日益度一爲定初入白露畢春分差行先疾日益遲二分自餘平行夏至畢小暑百七十二日行二百九度自入大暑後五日損一度畢氣末

夕平行冬至及大暑大雪各畢氣末十三日行十三度自入冬至

後十日損一畢立春入立秋六日益一畢秋分雨水畢芒種七日行七度自入夏至後五日益一畢小暑寒露初日二十三日行二十三度自後六日損一畢小雪

夕遲差行四十二日行三十度先疾日益遲十三分前加度過二百六度者準數損此度

夕留七日

夕退十日退五度日盡而夕伏

晨退十日退五度

晨留七日

晨遲差行冬至畢立夏大雪畢氣末四十二日行三十度先遲日益疾十三分自小滿後率十日損一度畢芒種夏至畢寒露四十二日行二十七度差依前自入霜降後每氣益一度畢小雪

晨平行冬至畢氣末立夏畢氣末十三日行十三度自小寒後六日益日度各一畢雨水入小滿後七日損日度各一畢立秋驚蟄初日二十三日行二十三度自後六日損日度各一畢穀雨處暑畢寒露無此平行自入霜降後五日益日度各一畢大雪

晨疾百七十二日行二百六度（前遲行損度不滿三十者此疾依數益之）

處暑畢寒露差行先遲日益疾二分自餘平行日盡而晨伏

辰星夕見疾十二日行二十一度十分大暑畢處暑十二日行十七度十六分

夕平七日行七度自入大暑後二日損度各一入立秋無此平行

夕遲六日行二度七分前疾行十七度者無此遲行

夕伏留五日日盡而夕伏

晨見留五日

晨遲六日行二度七分自入大寒畢雨水無此遲行

晨平行七日行七度入大寒後二日損日度各一入立春無此平行

晨疾十二日行二十一度十分前無遲行者十二日行十七度十六分日盡而晨伏

曆志第十九

曆志第二十上　唐書三十上

翰林學士兼龍圖閣學士朝散大夫給事中知制誥充[illegible]

敕撰

憲宗即位司天徐昂上新曆名曰觀象起元和二年用之然無蔀章之數至於察斂啓閉之候循用舊法測驗不合至穆宗立以為累世纘緒必更曆紀乃詔日官改撰曆術名曰宣明上元七曜起赤道虛九度其氣朔發斂日躔月離皆因大衍舊術晷漏交會則稍增損之更立新數以步五星其大略謂通法曰統法策實曰章歲揲法曰章月掛限曰閏限三元之策曰中節四象之策曰合策一象之策曰象準策餘曰通餘爻數曰紀法通紀法為分曰旬周章歲乘年曰通積分地中之策曰候策天中之策曰卦策以貞悔之策減中節曰辰數以加季月之節即土用事曰凡小餘滿辰法為辰數滿刻法為刻乾實曰象數秒法三百以乘統法曰分統凡步七曜入宿度皆以刻法為度母凡刻法乘盈縮分如定氣

而一曰氣中率與後氣中率相減為合差以定氣乘合差併後定氣以除為中差加減氣率為初末率倍中差百乘之以定氣除為日差半之以加減初末各為定率以日差累加減之為每日盈縮分凡百乘氣下先後數先減後加常氣為定氣限數乘歲差千四百四十為秒分以加中節因冬至黃道日度累而裁之得每定氣初日度入轉曰曆凡入曆如曆中已下為進已上去之為退凡定朔小餘秋分後四分之三已上進一日春分後昏明小餘差春分初日者五而一以減四分之三定朔小餘如此數已上者進一日或有交應見虧初則否定弦望小餘不滿昏明小餘者退一日或有交應見虧初者亦如之凡正交以平交入曆朓朒定數朓減朒加平交入定氣餘滿若不足進退日筭為正交入定氣不復以交率乘交數除及不加減平交入氣朓朒也凡推月度以曆分乘夜半定全漏如刻法而一為晨分以減曆分為昏分又以定朔弦望小餘乘曆分統法除之以減晨分餘為前不足反相減餘為後

乃前加後減加時月度為晨昏月度以所入加時日度減後曆加時日度餘加上弦之度及餘以所入日前減後加又以後曆前加後減各為定程乃累計距後曆每日曆度及分以減定程為盈不足及相減為縮以距後曆日數均其差盈減縮加每日曆分為曆定分累以加朔弦望晨昏月度為每日晨昏月度不復加減屈伸也交統曰中統象積曰刻法消息曰屈伸以屈伸準盈縮分求每日所入日定衰五乘之二十四除之曰漏差屈加伸減氣初夜半漏得每日夜半定漏刻法通為分曰昏明小餘二十一乘屈伸定數二十五而一為黃道屈伸差乃屈減伸加氣初去極度分得每日去極度分以萬二千三百八十六乘黃道屈伸差萬六千二百七十七而一為每日度差屈減伸加氣初距中度分得每日距中度數凡屈伸準消息於中晷曰定數於漏刻曰漏差於去極曰屈伸差於距中度曰度差交終曰終率朔差曰交朔望數曰交望交限曰前準望差曰後準凡月行入四象陰陽度

有分者十乘之七而一為度分不盡十五乘之七除為大分不盡又除為小分乃以一象之度九十除之兼除度差分百一十三大分七小分一少然後以次象除之凡日蝕以定朔日出入辰刻距午正刻數約百四十七為時差視定朔小餘如半法已下以減半法為初率已上減去半法餘為末率以乘時差如刻法而一初率以減末率倍之以加定朔小餘為蝕定餘月蝕以定望小餘為蝕定餘凡日蝕有氣差有刻差有加差二至之初氣差二千三百五十距二至前後每日損二十六至二分而空以日出沒辰刻距午正刻數約其朔日氣差以乘食甚距午正刻數所得以減氣差為定數春分後陰曆加之陽曆減之秋分後陰曆減之陽曆加之二至初日無刻差自後每日益差分二小分十起立春至立夏起立秋至立冬皆以九十四分有半為刻差自後日損差分二小分十至二至之初損盡以朔日刻差乘食甚距午正刻數為刻差定數冬至後食甚在午正前夏至後食甚在午正後陰曆以減陽曆以

加冬至後食甚在午正後夏至後食甚在午正前陰曆以加陽曆以減又立冬立春初日後每氣增差十七至冬至初日得五十一自後每氣損十七終于大寒損盡若蝕甚在午正後則每刻累益其差陰曆以減陽曆以加應加減差同名相從異名相銷各爲蝕差以加減去交分爲定分月在陰曆不足減反減蝕差交前減之餘爲陽曆交後定分交後減之餘爲陽曆交前定分皆不蝕陽曆不足減亦反減蝕差交前減之餘爲陰曆交後定分交後減之餘爲陰曆交前定分皆蝕凡去交定分如陽曆蝕限已下爲陽曆蝕以陽曆定法約爲蝕分已上者以陽曆蝕限減之餘爲陰曆蝕以陰曆定法約之以減十五餘爲蝕分凡月蝕去交分二千一百四十七已下皆既已上者以減後準餘如定法五百六約爲蝕分凡月蝕既汎用刻二十如去交分千四百三十五已下因增半刻七百一十二已下又增半刻凡日月帶蝕出沒各以定法通蝕分半定用刻約之以乘見刻多於半定用刻出爲進沒爲退少於半定用刻出爲退沒爲進各如定法而一爲見蝕之大分朔晝望夜皆爲見刻其九服蝕差則不復考詳五星終率日周率因平合加中伏得平見金水加夕得晨加晨得夕又以變差乘年滿象數去之不盡爲變交三百約爲分統法而一以減平見(三十六乘平見秒十二除)(變交秒同以三千六百爲母)餘如交率已下星在陽曆已上去之爲入陰曆各以變策除爲變數命初變筭外不盡爲入其變度數及餘自此百約餘分母同刻法以所入變下數加減平見爲常見金星晨見先計自夕見盡夕退應加減先後差同名相從異名相銷與晨常見加減差異名相銷同名相從依加減晨平見爲常見凡常見計入定氣求先後定數各以差率乘之差數而一爲定差晨見先減後加夕見先加後減常見爲定見以常見與定見加減數加減平見入變度數及餘秒爲定見初變所入以所行度順加退減之即次變所入各以所入變下差數於減日度變率(其水星常見與定見加減數同名相從異名相銷反其加減夕見差加疾行日率者倍其差加度率又分其差以加遲留日率晨見亦分其差以加遲留日率以所差之數加疾行日率亦倍其差加疾行度率夕見差減疾行日率者倍其差減度率又以其差減留日不足減侵減遲日晨見差減留日不足減者侵減遲日亦以其差減疾行日率倍其差以減度率)前變初日與後變末日先後數同名相銷異名相從爲先後定數各以差率乘之差數而一爲日差(金星用後變差率差數)以先後定數減之爲度差(金星夕伏以日差減先後定數爲度差晨伏以先後定數加日差爲度差水星夕伏以先後定數爲日差倍之爲度差)乃以日度差積盈者以減積縮者以加末變日度率(金水晨伏反用其差)又倍退行差差率乘之差數而一爲日差以退差減之爲度差(金星夕伏以日差減退差爲度差晨伏以退差加日差爲度差)以退行日度差應加者減末變日度率(晨伏反用其差)各加減變訖爲日度定率佗亦皆準大衍曆法其分秒不同則各據本曆母法云起長慶二年用宣明曆自敬宗至于僖宗皆遵用之雖朝廷多故不暇討論然大衍曆後法制簡易合望密近無能出其右者訖景福元年觀象曆今有司無傳者長慶宣明曆

演紀上元甲子至長慶二年壬寅積七百七萬一百三十八筭外

宣明統法八千四百

章歲三百六萬八千五十五

章月二十四萬八千五十七

通餘四萬四千五十五

章閏九萬一千三百七十一

閏限二十四萬四百四十三秒六

中節十五餘千八百三十五秒五

合策二十九餘四千四百五十七

象準七餘三千二百一十四少中盈分三千六百七十一秒二

朔虛分三千九百四十三

旬周五十萬四千

紀法六十

秒法八

候數五餘六百一十一秒七

卦位六餘七百三十四秒二

辰數十二餘千四百六十八秒四

刻法八十四

象數九億二千四百四十四萬六千一百九十九

周天三百六十五度

虛分二千一百五十三秒二百九十九

歲差二萬九千六百九十九

分統二百五十二萬　秒母三百

氣節	盈縮分	先後數	損益率	朓朒數
冬至	盈六十	先初	益四百四十九	朒初
小寒	盈五十	先六十	益三百七十四	朒四百四十九
大寒	盈四十	先百一十	益二百九十九	朒八百二十三
立春	盈三十	先百五十	益二百二十四	朒千一百二十二
雨水	盈十八	先百八十	益百三十五	朒千三百四十六
驚蟄	盈六	先百九十八	益四十五	朒千四百八十一
春分	縮六	先二百四	損四十五	朒千五百二十六
清明	縮十八	先百九十八	損百三十五	朒千四百八十一
穀雨	縮三十	先百八十	損二百二十四	朒千三百四十六
立夏	縮四十	先百五十	損二百九十九	朒千一百二十二
小滿	縮五十	先百一十	損三百七十四	朒八百二十三
芒種	縮六十	先六十	損四百四十九	朒四百四十九
夏至	縮六十	後初	益四百四十九	朓初
小暑	縮五十	後六十	益三百七十四	朓四百四十九
大暑	縮四十	後百一十	益二百九十九	朓八百二十三
立秋	縮三十	後百五十	益二百二十四	朓千一百二十二
處暑	縮十八	後百八十	益百三十五	朓千三百四十六
白露	縮六	後百九十八	益四十五	朓千四百八十一
秋分	盈六	後二百四	損四十五	朓千五百二十六
寒露	盈十八	後百九十八	損百三十五	朓千四百八十一
霜降	盈三十	後百八十	損二百二十四	朓千三百四十六
立冬	盈四十	後百五十	損二百九十九	朓千一百二十二
小雪	盈五十	後百一十	損三百七十四	朓八百二十三
大雪	盈六十	後六十	損四百四十九	朓四百四十九

二十四定氣皆百乘其氣盈縮分盈減縮加中節爲定氣所有日及餘秒

六虛之差五十三秒二百九十九

曆周二十三萬一千四百五十八秒十九

曆周日二十七餘四千六百五十八秒十九

曆中日十三餘六千五百二十九秒九半

周差日一餘八千一百九十八秒八十一

秒母一百

七日初數七千四百六十五末數九百三十五

十四日初數六千五百二十九末數千八百七十一

上弦九十一度餘二千六百三十八秒百四十九太

望百八十二度餘五千二百七十六秒二百九十九半

下弦二百七十三度餘七千九百一十五秒百四十九半

秒母三百　以刻法約曆分爲度積之爲積度

曆日	曆分　進退衰	積度	損益率	朓朒積
一日	千一十二　進十四	初度	益八百三十	朒初
二日	千二十六　進十六	十二度四分	益七百二十六	朒八百三十
三日	千四十二　進十八	二十四度二十二分	益六百六	朒千五百五十六
四日	千六十　進十八	三十六度五十六分	益四百七十一	朒二千一百六十二
五日	千七十八　進十八	四十九度二十四分	益三百三十七	朒二千六百三十三
六日	千九十六　進十九	六十二度一十分	益二百二	朒二千九百七十
七日	千一百一十五　進十九	七十五度十四分	初益五十三 末損七	朒三千一百七十二
八日	千一百三十四　進十九	八十八度三十七分	損八十二	朒三千二百一十八
九日	千一百五十三　進十九	百一度七十九分	損二百二十四	朒三千一百三十六
十日	千一百七十二　進十九	百一十五度五十六分	損三百六十六	朒二千九百一十二
十一日	千一百九十一　進十八	百二十九度五十二分	損五百九	朒二千五百四十六

十二日	千二百九 進十四	百四十三度六十七分	損六百四十三	朒二千三十七
十三日	千二百二十三 進十一	百五十八度十六分	損七百四十八	朒千三百九十四
十四日	千二百三十四 進退空	百七十二度六十三分	初損六百四十六	朒六百四十六
一日	千二百三十四 退十四	百八十七度三十七分	益八百三十	朓初
二日	千二百二十 退十七	二百二度十一分	益七百二十六	朓八百三十
三日	千二百三 退十八	二百十六度五十五分	益五百九十八	朓千五百五十六
四日	千一百八十五 退十六	二百三十度八十二分	益四百六十四	朓二千一百五十四
五日	千一百六十七 退十八	二百四十五度七分	益三百二十九	朓二千六百一十八
六日	千一百四十九 退十八	二百五十八度八十二分	益百九十五	朓二千九百四十七
七日	千一百三十一 退十九	二百七十二度五十五分	初益五十三 末損七	朓三千一百四十二
八日	千一百一十二 退十九	二百八十六度十分	損八十二	朓三千一百八十八
九日	千九十三 退十九	二百九十九度三十分	損二百二十五	朓三千一百六
十日	千七十四 退十八	三百一十二度三十分	損三百六十六	朓二千八百八十一
十一日	千五十六 退十七	三百二十五度十三分	損五百一	朓二千五百一十五
十二日	千三十九 退十五	三百三十七度九十二分	損六百二十八	朓二千一十四
十三日	千二十四 退十二	三百五十度八分	損七百四十	朓千三百八十六
十四日	千一十二 進退空	三百六十二度三十四分	初損六百四十六	朓六百四十六

中統四千二百

辰刻八刻分二十八

昏明刻各二刻分四十二

刻法八十四度母同刻法 距極度五十六餘八十二分半

北極出地三十四度餘四十七分半

定氣	屈伸數	黃道去極度	陽城日晷	夜半定漏	距中星度
冬至	屈六十五	百一十五度十七分	丈二尺七寸三十二分	二十七刻四十分	八十二度二十二分
小寒	屈二百二十五	百一十四度二十六分	丈二尺三寸九分十一	二十七刻二十九分	八十二度六十四分
大寒	屈三百六十五	百一十二度二十五分	丈一尺三寸八分十	二十六刻十四分	八十四度四十分
立春	屈四百八十五	百八度五十五分	九尺九寸四分七十八	二十六刻十分	八十七度二十二分
雨水	屈五百八十五	百三度六十七分	八尺三寸七分八十一	二十五刻九分	九十度七十分
驚蟄	屈六百六十五	九十七度八十分	六尺八寸八分七十四	二十三刻三十四分	九十五度三十三分
春分	屈六百六十五	九十一度二十五分	五尺四寸四分七十	二十二刻四十六分	百度三十八分
清明	屈五百八十五	八十四度五十五分	四尺一寸九分五十九	二十一刻十分	百五度四十三分
穀雨	屈四百八十五	七十八度六十七分	三尺二寸六十九	十九刻三十五分	百九度八十六分
立夏	屈三百六十五	七十三度八十分	二尺四寸四分五十一	十八刻七十四分	百一十三度五十五分
小滿	屈二百二十五	七十度二十五分	尺八寸九分八十七	十八刻十分	百一十六度三十五分
芒種	屈六十五	六十八度四分	尺五寸七分十四	十七刻五十五分	百一十八度十二分
夏至	伸六十五	六十七度三十四分	尺四寸七分八十	十七刻四十四分	百一十八度五十五分
小暑	伸二百二十五	六十八度四分	尺五寸七分十四	十七刻五十五分	百一十八度十二分
大暑	伸三百六十五	七十度二十五分	尺八寸九分八十九	十八刻十分	百一十六度三十三分
立秋	伸四百八十五	七十三度八十分	二尺四寸四分五十一	十八刻七十四分	百一十三度五十五分
處暑	伸五百八十五	七十八度六十七分	三尺二寸六十九	十九刻三十五分	百九度八十六分
白露	伸六百六十五	八十四度五十五分	四尺一寸九分五十九	二十一刻十分	百五度四十三分
秋分	伸六百六十五	九十一度二十五分	五尺四寸五分七十	二十二刻四十六分	百度三十八分
寒露	伸五百八十五	九十七度八十分	六尺八寸八分七十四	二十三刻三十四分	九十五度三十三分
霜降	伸四百八十五	百三度六十七分	八尺三寸七分八十一	二十五刻九分	九十度七十九分
立冬	伸三百六十五	百八度五十五分	九尺九寸四分七十八	二十六刻十分	八十七度二十二分
小雪	伸二百二十五	百一十二度二十五分	丈一尺三寸八分三十	二十六刻二十四分	八十四度四十分
大雪	伸六十五	百一十四度四十六分	丈二尺三寸九分十一	二十七刻二十九分	八十二度六十四分

終率二十二萬八千五百八十二秒六千五百一十二

終日二十七餘千七百八十二秒六千五百一十二

中日十三餘五千九十一秒三千二百五十六

交朔日二餘二千六百七十四秒三千四百八十八

交望日十四餘六千四百二十八秒五千

前準日十二餘三千七百五十四秒千五百一十二

後準日一餘千三百三十七秒千七百四十四

陰曆蝕限六千六十

陽曆蝕限二千六百四十

陰曆定法四百四
陽曆定法百七十六
交率二百二
交數二千五百七十三
秒法一萬
去交度乘數十一除數七千三百三
歲星周率三百三十五萬五百四十秒八十三
周策三百九十八餘七千三百四十秒八十三
中伏日十六餘七千八百七十秒四十一半
變差九十八秒三十二
交率百八十二餘五十二秒二十七
變策十五餘十八秒三十五
差率五
差數四

熒惑周率六百五十五萬一千三百九十五秒二十六
周策七百七十九餘七千七百九十五秒二十六
中伏日七十餘八千九十七秒六十三
變差三千五秒一
交率百八十二餘五十二秒三十二
變策十五餘十八秒三十六
差率三十九
差數十
鎮星周率三百一十七萬五千八百七十九秒七十九
周策三百七十八餘六百七十九秒七十九
中伏日十八餘四千五百三十九秒八十九半
變差二百七十七秒九十二
交率百八十二餘五十二秒二十七
變策十五餘十八秒三十五

差率十
差數九
太白周率四百九十萬四千八百四十五秒八十五
周策五百八十三餘七千六百四十五秒八十五
夕見伏日二百五十六
夕見伏行二百四十四度
晨見伏日三百二十七餘七千六百四十五秒八十五
晨見伏行三百四十九餘七千六百四十五秒八十五
中伏日四十一餘八千二十二秒九十二半
變差千二百三十六秒十二
交率百八十二餘五十二秒二十九
變策十五餘十八秒三十五
夕見差率三十一
差數十
晨見差率二
差數三

辰星周率九十七萬三千三百九十秒二十五
周策百一十五餘七千三百九十秒二十五
夕見伏日五十二
夕見伏行十八度
晨見伏日六十三餘七千三百九十秒二十五
晨見伏行九十七度餘七千三百九十秒二十五
中伏日十八餘七千八百九十五秒十二半
變差三千二百一餘十秒六十七
交率百八十二餘五十二秒三十二
變策十五餘十八秒三十六
差率差數空秒法百
小分法三千六百

五星平見加減曆

變數	歲星	熒惑	鎮星	太白夕	太白晨	辰星夕	辰星晨
陽初	減空	加空	五百八十	加空	七十六	加空	二百七十七
二	百二十六	九百七十	六百五	百二十六	百三十九	百五十一	三百七十八
三	二百三十九	千七百六十四	六百五	二百五十二	百八十九	二百七十七	四百五十四
四	三百四十	二千一百六十七	六百五	三百七十八	二百二十七	三百七十八	五百四
五	四百二十八	二千二百三十	五百八十	五百四	二百五十二	四百五十四	四百七十九
六	四百九十一	二千二百五十五	五百四	六百三十	二百六十五	五百四	四百五十四
七	五百一十七	二千二百六十八	三百七十八	七百五十六	二百五十二	四百七十九	四百三
八	四百九十一	二千二百九十二	二百二十七	六百三十	二百二十七	四百五十四	三百二十八
九	四百二十八	千九百六十六	七十六	五百四	百八十九	四百三	二百二十七
十	三百四十	千五百一十二	加七十六	三百七十八	百三十九	三百二十八	百二十六
十一	二百三十九	千二十一	百八十九	二百五十二	七十六	二百二十七	加空
十二	百二十六	五百一十七	三百一十五	百二十六	加空	百二十六	百五十一
陰初	加空	減空	四百五十四	減空	七十六	減空	二百七十七
二	百二十六	百二十六	六百五	百二十六	百三十九	百五十一	三百七十八
三	二百三十九	二百一十四	五百二十九	二百五十二	百八十九	二百七十七	四百五十四
四	三百四十	五百一十七	四百五十四	三百七十八	二百二十七	三百七十八	五百四
五	四百二十八	九百三十二	三百七十八	五百四	二百五十二	四百五十四	四百七十九
六	四百九十一	千四百二十四	三百二	六百三十	二百六十五	五百四	四百五十四
七	五百一十七	二千一百六十八	二百二十八	七百五十六	二百五十二	四百七十九	四百三
八	四百九十一	二千二百六十八	百一十三	六百三十	二百二十七	四百五十四	三百二十八
九	四百二十八	二千二百五十五	減空	五百四	百八十九	四百三	二百二十七
十	三百四十	二千一百六十一	三百二十七	三百七十八	百三十九	三百二十八	百二十六
十一	二百三十九	二千七十九	四百三	二百五十二	七十六	二百二十七	減空
十二	百二十六	千九十六	五百四	百二十六	減空	百二十六	百五十一

歲星 初見去日十四度	前順百一十五日行十九度三十三分 先疾日益遲十三秒	前留二十五日	退行八十五日行十度八十二分 益疾益遲二十一秒	後留二十五日	後順百一十五日行十九度三十三分 先遲日益疾十三秒
陽初	七十六		三十四		六十三
二	六十三		四十		七十六
三	五十		三十四		六十三
四	三十八		二十七		五十
五	二十五		二十		三十八
六	十三		十三		二十五
七	加空		七		十三
八	十三		減空		加空
九	二十五		七		十三
十	三十八		十三		二十五
十一	五十		二十		三十八
十二	六十三		二十七		五十
陰初	七十六		三十四		六十三
二	六十三		四十		七十六
三	五十		三十四		六十三
四	三十八		二十七		五十
五	二十五		二十		三十八
六	十三		十三		二十五
七	減空		七		十三
八	十三		加空		減空
九	二十五		七		十三
十	三十八		十三		二十五
十一	五十		二十		三十八
十二	六十三		二十七		五十

熒惑 初見去日十七度	前疾二百二十日行百四十度 先疾日益遲五秒	前遲六十日行二十五度 先疾日益遲四十二秒	前留十三日	退行六十三日行十七度 益疾益遲九秒	後留十三日	後遲六十日行二十五度 先遲日益疾四十二秒	後疾二百七日行百三十四度 先遲日益疾五秒
陽初	七百五十六	百一		五十		百一	二千五百二十
二	減空	百二十六		六十三		百二十六	千六百七十六

三	二百三十九	百五十一		七十六		百五十一	八百三十二
四	五百四	百二十六		百五十七		百二十六	減空
五	千八	百一		二百七十七		百一	六百三十
六	千八百三十八	七十六		二百五十二		七十六	七百六
七	二千五百十	五十		二百十七		五十	千六百七十六
八	三千二十四	二十五		百四十三		二十五	二千九百二十六
九	三千三百七十六	減空		三十八		加空	三千九百六
十	三千四百四十	二十五		加空		二十五	四千五百三十六
十一	三千六百七十六	五十		七十六		五十	四千四百六十
十二	三千四百四十	七十六		八十八		七十六	四千一百八
陰初	三千二百七十六	百一		百十三		百一	三千六百七十六
二	二千五百十	百二十六		百三十九		百二十六	三千二百八十
三	千三百二十八	百五十一		二百五十二		百五十一	二千二百六十八
四	加空	百二十六		二百七十七		百二十六	千八
五	千三百二十八	百一		百七十六		百一	加三百四十
六	二千六百九十六	七十六		百一		七十六	二千五百十二
七	三千三百七十六	五十		七十六		五十	三千三百五十六
八	三千六百七十六	二十五		五十		二十五	四千三十二
九	三千五百三十二	加空		二十五		減空	四千三十二
十	二千九百三十八	二十五		減空		二十五	三千三百五十二
十一	二千一百六十八	五十		十三		五十	三千一百五十四
十二	千五百十二	七十六		二十五		七十六	二千五百六十二
鎮星	前順八十三日行七度三十六分	前留三十六日		退行百三日行六度	後留三十六日		後順八十三日行七度三十六分
初見去日十七度	先疾日益遲八秒			益疾益遲二秒			先遲日益疾八秒
陽初	二十六			二十			二十六
二	三十二			二十五			三十二
三	三十八			三十			三十八
四	三十二			二十五			三十二

五	二十六		二十		二十六
六	二十		十五		二十
七	十三		十		十三
八	七		五		七
九	加空		減空		加空
十	七		五		七
十一	十三		十		十三
十二	二十		十五		二十
陰初	二十六		二十		二十六
二	三十二		二十五		三十二
三	三十八		三十		三十八
四	三十二		二十五		三十二
五	二十六		二十		二十六
六	二十		十五		二十
七	十三		十		十三
八	七		五		七
九	減空		加空		減空
十	七		五		七
十一	十三		十		十三
十二	二十		十五		二十
太白	夕疾百七十二日行二百六度	夕平十三日行十三度	夕遲四十二日行三十度	夕留	夕退十日行五度
初見去日十一度	先疾日益遲八十四秒		先疾日益遲一分二十八秒	七日	先遲日益疾八十四秒
陽初	二百二十七	六	減空		四
二	百一十二	十二	十三		空
三	減空	十八	二十五		減空
四	百一十三	二十四	三十八		空
五	二百二十七	三十一	五十		四
六	三百四十	三十八	六十三		八

七	四百五十四	三十一	七十六		十三
八	五百六十七	二十四	六十三		十三
九	六百八十	十八	五十		十三
十	五百六十七	十二	三十八		十三
十一	四百五十四	六	二十五		十三
十二	三百四十	加空	十三		八
陰初	二百二十七	六	加空		四
二	百一十三	十三	十二		空
三	加空	十八	二十五		加空
四	百一十三	二十四	三十八		空
五	二百二十七	三十一	五十		四
六	三百四十	三十八	六十三		八
七	四百五十四	三十一	七十六		十三
八	五百六十七	二十四	六十三		十三
九	六百八十	十八	五十		十三
十	五百六十七	十二	三十八		十三
十一	四百五十四	六	二十五		十三
十二	三百四十	減空	十三		八

太白	晨見退行十日行五度 先疾日益遲八十四秒	晨留 七日	晨遲四十二日三十度 先遲日益疾一分二十八秒	晨平十三日行十三度	晨疾百七十二日行二百六度 先遲日益疾十九秒
陽初	十三		百六十四	七十六	四百五十四
二	八		百三十九	八十八	五百六十七
三	四		百一十三	七十六	六百八十
四	空		七十六	六十三	五百六十七
五	空		三十八	五十	四百五十四
六	減空		加空	三十八	三百四十
七	空		三十八	十九	二百二十七
八	空		七十六	加空	百一十三
九	四		百一十三	十八	加空
十	八		百三十九	三十八	百一十三
十一	十三		百六十四	五十	二百二十七
十二	十三		百七十六	六十三	三百四十
陰初	十三		百六十四	七十六	四百五十四
二	八		百三十九	八十八	五百六十七
三	四		百一十三	七十六	六百八十
四	空		七十六	六十三	五百六十七
五	空		三十八	五十	四百五十四
六	加空		減空	三十八	三百四十
七	空		三十八	十九	二百二十七
八	空		七十六	減空	百一十三
九	四		百一十三	十八	減空
十	八		百三十九	三十八	百一十三
十一	十三		百六十四	五十	二百二十七
十二	十三		百七十六	六十三	三百四十

辰星 初見晝十七度	夕疾十二日行十七度 先疾日益遲三分	夕遲十一日行九度 先疾日益遲六分	夕留三日	晨留三日	晨遲十一日行九度 先遲日益疾六分	晨疾十二日行十七度 先遲日益疾三分

曆志第二十上

翰林學士兼龍圖閣學士朝散大夫給事中知制誥充史館脩撰臣歐陽脩奉
敕撰

昭宗時宣明曆施行已久數亦漸差詔太子少詹事邊岡與司天少監胡秀林均州司馬王墀改治新曆然術一出於岡岡用算巧能馳騁反覆于乘除間由是簡捷超徑等接之術興而經制遠大衰序之法廢矣雖籌策便易然皆冥於本原其上元七曜起赤道虛四度景福元年曆成賜名崇玄氣朔發斂盈縮朓朒定朔弦望九道月度交會入蝕限去交前後皆大衍之舊餘雖不同亦殊塗而至者大略謂策實曰歲實揲法曰朔實三元之策曰氣策四象之策曰平會一象之策曰弦策掛限曰閏限爻數曰紀法策餘曰歲餘天中之策曰候策地中之策曰卦策貞悔之策曰土王策辰法半辰法也乾實曰周天分盈縮朓朒皆用常氣盈縮分曰升降先後曰盈縮凡升降損益皆進一等倍象統乘之除法而一爲平

行率與後率相減爲差半之以加減平行率爲初末率倍差進一等以象統乘之除法而一爲日差以加減初末爲定以日差累加減爲每日分凡小餘皆萬乘之通法除爲約餘則以萬爲法又以百約之爲大分則以百爲法凡冬至赤道日度及約餘以減其宿全度乃累加次宿皆爲距後積度滿限九十一度三十一分三十七小分去之餘半已下爲初已上以減限爲末皆百四十四乘之退一等以減千三百一十五所得以乘初末度分爲差又通初末度分與四千五百六十六先相減後相乘千六百九十除之以減差爲定差再退爲分至後以減分後以加距後積度爲黃道積度宿次相減即其度也以冬至赤道日度及約餘依前求定差以減之爲黃道日度凡歲差十一乘之又以所求氣數乘之三千八百八十八而一以加前氣中積又以盈縮分盈加縮減之命以冬至宿度即其氣初加時宿度其定朔小餘如日法四十分之二十九已上以定朔小餘減日法餘如晨初餘數已下進一日岡又作徑術

求黃道月度以蔀率去積年爲蔀周不盡爲蔀餘以歲餘乘蔀餘副之二因蔀周三十七除之以減副百一十九約蔀餘以加副滿周天去之餘四因之爲分度毋而一爲度即冬至加時平行月又以冬至約餘距午前後分二百五十四乘之萬約爲分度毋爲度午前以加午後以減加時月爲午中月自此計日平行十三度十九分度之七自冬至距定朔累以平行減之爲定朔午中月求次朔及弦望各計日以平行加之其分以度毋除爲約分又四十七除蔀餘爲率差不盡以乘七日三分半副之九因率差退一等爲分以減副又百約冬至加時距午分午前加之午後減之滿轉周去之即冬至午中入轉以冬至距朔日減之即定朔午中入轉求次朔及弦望計日加之各以所入日下損益率乘轉餘百而一以損益盈縮積爲定差以盈加縮減午中月爲定月以月行定分乘其日晨昏距午分萬約爲分滿百爲度以減午中定月爲晨月加之爲昏月以朔昏月減上弦昏月以上弦昏月減望昏月以望晨

月減下弦晨月以下弦晨月減後朔晨月各爲定程以相距日均爲平行度分與次程相減爲差以加減平行爲初末日定行（後少加爲初減爲末後多減爲初加爲末）減相距日一均差爲日差累損益初日爲每日定行（後多累益之後少累減之）因朔弦望晨昏月累加之得每日晨昏月晷漏各計其日中入二至加時已來日數及餘如初限已下爲後已上以減二至限餘爲前副之各以乘數乘之用減初末差所得再乘其副滿百萬爲尺不滿爲寸爲分夏至後則退一等皆命曰晷差冬至前後以減冬至中晷夏至前後以加夏至中晷爲每日陽城中晷與次日相減後多曰息後少曰消以冬夏至午前後約分乘之萬而一午前息減消加午後息加消減中晷爲定數也凡冬至初日有減無加夏至初日有加無減又計二至加時已來至其日昏後夜半日數及餘冬至後爲息夏至後爲消如一象已下爲初已上反減二至限餘爲末令自相乘進二位以消息法除爲分副之與五百分先相減後相乘千八百而一以加副爲消息數以象積乘

之百約爲分再退爲度春分後以加六十七度四十分秋後以減百一十五度二十分即各其日黃道去極與二象相減則赤道內外也以消息數春分後加千七百五十二秋分後以減二千七百四十八即各其日晷漏毋也以減五千爲晨昏距午分置晷漏毋千四百六十一乘而再半之百約爲距子度以減半周天餘爲距中度百三十五乘晷漏毋百約爲分得晨初餘數凡晷漏百爲刻不滿以象積乘之百約爲分得夜半定漏九服中晷各於其地立表候之在陽城北冬至前候晷景與陽城冬至同者爲差日之始在陽城南夏至前候晷景與陽城夏至同者爲差日之始自差日之始至二至日爲距差日數也在至前者計距前已來日數至後者計入至後已來日數反減距差日餘爲距後日準求初末限晷差各冬至前後以加夏至前後以減冬夏至陽城中晷得其地其日中晷若不足減減去夏至陽城中晷即其日南倒中晷也自餘之日各計冬夏至後所求日數減去距冬夏至差日餘準初末

限入之又九服所在各於其地置水漏以定二至夜刻爲漏率以漏率乘每日晷漏毋各以陽城二至晷漏毋除之得其地每日晷漏毋交會以四百一乘朔望加時入交常日及約餘三十除爲度不滿退除爲分得定朔望入交定積度分以減周天命起朔望加時黃道日躔即交所在宿次凡入交定積度如半交已上爲在陽曆已上減去半交餘爲入陰曆以定朔望約餘乘轉分萬約爲分滿百爲度以減入陰陽曆積度爲定朔望夜半所入如一象已下爲在少象已上者反減半交餘爲入老象皆七十三乘之退一等用減千三百二十四餘以乘老少象度及餘再退爲分副之在少象三十度已下老象六十一度已上皆與九十一度先相減後相乘五十六除爲差若少象三十度已上反減九十一度及老象六十度已下皆自相乘百五除爲差皆以減副百約爲度即朔望夜半月去黃道度分凡定朔約餘距午前後分與五千先相減後相乘三萬除之午前以減午後倍之以加約餘爲日蝕定餘定望

約餘即爲月蝕定餘晨初餘數已下者皆四百乘之以晨初餘數除之所得以加定望約餘爲或蝕小餘各以象統乘之萬約爲半辰之數餘滿二千四百爲刻不盡退除爲刻分即其辰刻日蝕有差置其朔距天正中氣積度以減三百六十五度半餘以千乘滿三百六十五度半除爲分曰限心加二百五十分爲限首減二百五十分爲限尾滿若不足加減一千退蝕定餘一等與限首尾相近者相減餘爲限內外分其蝕定餘多於限首少於限尾者爲外少於限首多限尾者爲內在限內者令限內分自乘百七十九而一以減六百三十餘爲陰曆蝕差限外者置限外分與五百先相減後相乘四百四十六而一爲陰曆蝕差又限內分亦與五百先相減後相乘三百一十三半而一爲陽曆蝕差在限內者以陽曆蝕差加陰曆蝕差爲既前法以減千四百八十餘爲既後法在限外者以六百一十分爲既前法八百八十分爲既後法其去交度分在限外陰曆者以陰曆差減之不足減者不蝕又限外無陽曆

交在限內陰曆者以陽曆蝕差加之若在限內陽曆者以去交度分反減陽曆蝕差若不足反減者不蝕皆爲去交定分如既前法已下者爲既前分已上者以減千四百八十餘爲既後分皆進一位各以既前後法除爲蝕分在既後者其虧復陰曆也既前者陽曆也凡朔望月行定分日以九百乘月以千乘如千三百三十七而一日以減千八百月以減二千餘爲汎用刻分凡月蝕汎用刻在陽曆以三十四乘在陰曆以四十一乘百約爲月蝕既限以減千四百八十餘爲月蝕定法其去交度分如既限已下者既已上者以減千四百八十餘進一位以定法約爲蝕分其蝕五分已下者爲或食已上爲的蝕凡日月食分汎用刻乘之千而一爲定用刻不盡退除爲刻分既者以汎爲定各以減蝕甚約餘爲虧初加之爲復滿凡蝕甚與晨昏分相近如定用刻已下者因相減餘以乘蝕分滿定用刻而一所得以減蝕分得帶蝕分五星變差曰歲差陰陽進退差曰盈縮交筭曰晝度晝有十二亦爻數也推冬至後加時平合日筭曰

平合中積副之曰平合中星歲差減中星曰入曆有餘者皆約之
因平合以諸變常積日加中積常積度加中星入曆各其變中積
中星入曆也凡入曆盈限巳下爲盈巳上去之爲縮各如晝度分
而一命晝數筭外不滿以晝下損益乘之晝度分除之以損益盈
縮積爲定差盈加縮減中積爲定積準求所入氣及月日加冬至
大餘及約餘爲其變大小餘以命日辰則變行所在也亦以盈加
縮減中星應用躔差視定積如半交巳下爲在盈巳上去之爲在
縮所得令半交度先相減後相乘三千四百三十五除爲度不盡
退除爲分者亦盈加縮減之其變異術者從其術各爲定星命起
冬至黃道日躔得其變行加時所在宿度也凡辰星依曆變置筭
乃視晨見晨順在冬至後夕見夕順在夏至後計中積去二至九
十一日半巳下令自乘巳上以減百八十一日半亦自乘五百而
一爲日以加晨夕見中積中星減晨夕順中積中星各爲應見不
見中積中星也凡盈縮定差熒惑晨見變六十一乘之五十四除

之乃爲定差太白辰星再合則半其差其在夕見晨疾二變則盈
減縮加凡歲鎭熒惑留退皆用前遲入曆定差又各視前遲定星
以變下減度減之餘半交巳下爲盈巳上去之爲縮又視之七十
三巳下三因之巳上減半交餘二因之爲差歲鎭二星退一等熒
惑全用之在後退又倍其差後留三之皆滿百爲度以盈加縮減
中積又以前遲定差盈加縮減乃爲留退定積其前後退中星則
以差縮加盈減又以前遲定差盈加縮減乃爲退行定星凡諸變
定星迭相減爲日度率熒惑遲日盈六十度盈二十四者所盈日
度加疾變日度爲定率太白退日率百乘之二百一十二除之爲留
日以減退日率爲定率辰星退順日率一等爲留日以減順日率
爲定率以日均度爲平行又與後變平行相減爲差半之視後多
少以加減平行爲初末日行分以初日行分乘其變小餘萬而一
順減退加其變加時宿度爲夜半宿度又減日率一均差爲日
差視後多少累損益初日爲每日行分因夜半宿度累加減之得

每日所至五星差行衰殺不倫皆以諸變類會消息署之起二年
頒用至唐終景福崇玄曆演紀上元甲子距景福元年壬子歲積
五千三百九十四萬七千三百八筭外

崇玄通法萬三千五百

歲實四百九十三萬八百一

氣策十五餘二千九百五十秒一

朔實三十九萬八千六百六十三

平會二十九餘七千一百六十三

望策十四餘萬三百三十一半

弦策七餘五千一百六十五太

朔虛分六千三百三十七

中盈分五千九百秒二

歲餘七萬八百一

閏限三十八萬六千四百二十五秒二十三

象位六

象統二十四

候策五餘九百八十三秒二十五秒母七十二

卦策六餘千一百八十秒一秒母六十

土王策三餘五百九十秒一秒母百二十

辰數五百六十二半

刻法百三十五

周天分四百九十三萬九百六十一秒二十四

歲差百六十秒二十四

周天三百六十五度虛分三千四百六十一秒二十四

約虛分二千五百六十三秒八十八

除法七千三百五

秒母一百

二十四氣

中積自冬至每氣以氣策及約餘累之

氣節	升降差	盈縮分	損益數	朓朒積
冬至	升七千七百四十	盈初	益七百八十二	朒初
小寒	升六千六十九	盈七千七百四十	益六百一十三	朒七百八十二
大寒	升四千五百七十二	盈萬三千八百九	益四百六十二	朒千三百九十五
立春	升三千二百五十	盈萬八千三百八十一	益三百二十八	朒千八百五十七
雨水	升千九百七十七	盈二萬一千六百三十一	益二百	朒二千一百八十五
驚蟄	升六百六十	盈二萬三千六百八	益六十七	朒二千三百八十五
春分	降六百六十	盈二萬四千二百六十八	損六十七	朒二千四百五十二
清明	降千九百七十七	盈二萬三千六百八	損二百	朒二千三百八十五
穀雨	降三千二百五十	盈二萬一千六百三十一	損三百二十八	朒二千一百八十五
立夏	降四千五百七十二	盈萬八千三百八十一	損四百六十二	朒千八百五十七
小滿	降六千六十九	盈萬三千八百九	損六百一十三	朒千三百九十五
芒種	降七千七百四十	盈七千七百四十	損七百八十二	朒七百八十二
夏至	降七千七百四十	縮初	益七百八十二	朓初
小暑	降六千六十九	縮七千七百四十	益六百一十三	朓七百八十二
大暑	降四千五百七十二	縮萬三千八百九	益四百六十二	朓千三百九十五
立秋	降三千二百五十	縮萬八千三百八十一	益三百二十八	朓千八百五十七
處暑	降千九百七十七	縮二萬一千六百三十一	益二百	朓二千一百八十五
白露	降六百六十	縮二萬三千六百八	益六十七	朓二千三百八十五
秋分	升六百六十	縮二萬四千二百六十八	損六十七	朓二千四百五十二
寒露	升千九百七十七	縮二萬三千六百八	損二百	朓二千三百八十五
霜降	升三千二百五十	縮二萬一千六百三十一	損三百二十八	朓二千一百八十五
立冬	升四千五百七十二	縮萬八千三百八十一	損四百六十二	朓千八百五十七
小雪	升六千六十九	縮萬三千八百九	損六百一十三	朓千三百九十五
大雪	升七千七百四十	縮七千七百四十	損七百八十二	朓七百八十二

轉周分三十七萬一千九百八十六秒九十七

轉終日二十七餘七千四百八十六秒九十七

朔差日一餘萬三千一百七十六秒三

度母一百 每日累轉分為轉積度

秒母一百

轉終日	轉分 列差	損益率	朓朒積
一日	千二百七 進十六	益千三百一十九	朒初
二日	千二百二十三 進十七	益千一百五十	朒千三百一十九
三日	千二百四十 進十八	益九百七十八	朒二千四百六十九
四日	千二百五十八 進十八	益七百九十九	朒三千四百四十七
五日	千二百七十六 進十九	益六百一十七	朒四千二百四十六
六日	千二百九十五 進二十一	益四百三十一	朒四千八百六十三
七日	千三百一十六 進二十三	初益二百一十三 末損二十七	朒五千二百九十四
八日	千三百三十九 進二十六	損二百八十五	朒五千四百八十
九日	千三百六十五 進十八	損四百七十一	朒五千一百九十五
十日	千三百八十三 進十八	損六百五十	朒四千七百二十四
十一日	千四百一 進十九	損八百四十	朒四千七十四
十二日	千四百二十 進十七	損千一十七	朒三千二百三十四
十三日	千四百三十七 進十六	損千一百八十五	朒二千二百一十七
十四日	千四百五十三 進十一	初損千三十二 末益二百九十二	朒千三十二
十五日	千四百六十四 退十七	益千二百八十四	朓二百九十二
十六日	千四百四十七 退十八	益千一百一十	北千五百七十七
十七日	千四百二十九 退十八	益九百四十一	朓二千六百八十七
十八日	千四百一十一 退十八	益七百五十七	朓三千六百二十八
十九日	千三百九十四 退十八	益五百七十八	朓四千三百八十五
二十日	千三百七十五 退二十二	益三百八十六	朓四千九百六十三
二十一日	千三百五十三 退二十五	初益百六十 末損八十	朓五千三百四十九
二十二日	千三百二十八 退二十五	損三百二十四	朓五千四百二十九
二十三日	千三百六 退十九	損五百一十六	朓五千一百五
二十四日	千二百八十七 退十九	損六百九十七	朓四千五百八十九

二十五日	千二百六十八 退十八	損八百七十九	朓三千八百九十二
二十六日	千二百五十 退十七	損千五十三	朓三千一十三
二十七日	千二百三十三 退十七	損千二百二十三	朓千九百六十
二十八日	千二百一十六 退九	初損七百三十七 末益入後	朓七百三十七

七日初數萬一千九百九十六太末數千五百三

十四日初數萬四百九十三半末數三千六半

二十一日初數八千九百九十少末數四千五百九太

二十八日初數七千四百八十七

蔀率九千三十六

歲餘六百三十九

周天分千七百三十五

周天三百六十五度五分

度毋十九

月行定分同轉分

平行積度日累十三度七分

入轉日	損益數	盈縮積度
一日	益百三十一	縮初空
二日	益百一十四	縮一度三十一分
三日	益九十七	縮二度四十五分
四日	益七十九	縮三度四十二分
五日	益六十一	縮四度二十一分
六日	益四十三	縮四度八十二分
七日	初益二十一 末損三	縮五度二十五分
八日	損二十八	縮五度四十三分
九日	損四十七	縮五度一十五分
十日	損六十五	縮四度六十八分
十一日	損八十三	縮四度三分
十二日	損百一	縮三度二十分

十三日	損百一十七	縮二度十九分
十四日	初損百二 末益二十九	縮一度二分
十五日	益百二十七	盈二十九分
十六日	益百一十	盈一度五十六分
十七日	益九十四	盈二度六十六分
十八日	益七十五	盈三度六十分
十九日	益五十七	盈四度三十五分
二十日	益三十八	盈四度九十二分
二十一日	初益十六 末損八	盈五度三十分
二十二日	損三十二	盈五度三十八分
二十三日	損五十一	盈五度六分
二十四日	損六十九	盈四度五十五分
二十五日	損八十七	盈三度八十六分
二十六日	損百四	盈二度九十九分
二十七日	損百二十一	盈一度九十五分
二十八日	初損七十四 末益入後	盈七十四分

轉周二十七日五十五分半

七日初八日十八分小分八十七半末十一分小分十二半

十四日初七十七分太末二十二分少

二十一日初六十六分小分六十二半末三十三分小分三十七半

二十八日初五十五分半

入轉日毋一百

二至限百八十二日六十二分小分二十二分半

消息法千六百六十七半

一象九十一度三千一百三十一分

辰法八刻百六十分

昏明二刻二百四十分

象積四百八十

冬至前後限五十九日
差二千一百九十五分乘數十五
夏至前後限百二十三日六十二分小分二十二半差四千八百八
十分乘數四
陽城冬至晷丈二尺七寸一分半
夏至晷尺四寸七分小分八十
交終分三十六萬七千三百六十四秒九千六百七十三
交終日二十七餘二千八百六十四秒九千六百七十三約餘二千
一百二十二
交中日十三餘八千一百八十二秒四千八百三十六半約餘六
千六十一
朔差日二餘四千二百九十八秒三百二十七約餘三千一百八
十四
望策日十四餘萬三百三十一秒五千約餘七千六百五十三

交限日十二餘六千三十三秒四千六百七十三約餘四千四百
六十九
望差日一餘二千一百四十九秒百六十三半約餘千五百九
十二
交率二百六十二
交數三千三百五十
交終三百六十三度七十三分小分六十四
轉終三百七十四度二十八分
半交百八十一度八十六分小分八十二
一象九十度九十三分小分四十一
去交度乘數十一除數八千六百三十二
秒母一萬
歲星終率五百三十八萬四千九百六十二秒十一
平合日三百九十八餘萬一千九百六十二秒十一約餘八千八百
六十一
盈限二百五度
盈畫十七度八分秒三十三
縮限百六十度二十五分秒六十三太
縮畫十三度三十五分秒四十七
歲差百三十三秒九十二半

晝數	損益	盈差積	損益	縮差積
初	益百九十	盈初	益九十	縮初
二	益百八十	盈一度九十	益百七十	縮九十
三	益百五十	盈三度七十	益二百一十	縮二度六十
四	益百四十	盈五度二十	益百六十	縮四度七十
五	益七十	盈六度六十	益八十	縮七度三十
六	益四十五	盈七度三十	益四十	縮七度十
七	損四十五	盈七度七十五	益十五	縮七度五十
八	損百四十五	盈七度三十	益十	縮七度六十五
九	損八十五	盈五度八十五	損十	縮七度七十五
十	損二百	盈五度	損二百六十五	縮七度六十五
十一	損百六十	盈三度	損二百六十	縮五度
十二	損百四十	盈一度四十	損二百四十	縮二度四十

熒惑終率千五十二萬八千九百一十六秒九十一
平合日七百七十九餘萬二千四百一十六秒九十一約餘九千一
百九十八
盈限百九十六度八十分
盈畫十六度四十分
縮限百六十八度四十五分秒六十三太
縮畫十四度三分秒八十
歲差百三十三秒四十六

晝數	損益	盈差積	損益	縮差積

畫數	損益	盈差積	損益	縮差積
初	益千二百一十	盈初	益三百九十六	縮初
二	益八百一十二	盈十二度十三	益四百四十一	縮三度九十六
三	益四百七十三	盈二十度二十五	益四百五十七	縮八度三十七
四	益二百二	盈二十四度九十八	益四百四十八	縮十二度九十四
五	損十六	盈二十七度	益四百五	縮十七度四十二
六	損二百一十四	盈二十六度八十四	益三百二十三	縮二十一度四十七
七	損三百二十三	盈二十四度七十	益二百一十四	縮二十四度七十
八	損四百五	盈二十一度四十七	益十六	縮二十六度八十四
九	損四百四十八	盈十七度四十二	損二百二	縮二十七度
十	損四百五十七	盈十二度九十四	損四百七十三	縮二十四度九十八
十一	損四百四十一	盈八度三十七	損八百一十二	縮二十度二十五
十二	損三百九十六	盈三度九十六	損千二百一十	縮十二度十三

鎮星終率五百一十萬四千八十四秒五十四

平合日三百七十八餘千八十四秒五十四約餘八百三

盈限百八十二度六十二分秒六十三太

盈畫十五度二十二分

縮限百八十二度六十三分

縮畫十五度二十二分

歲差百三十二秒九十四

畫數	損益	盈差損	損益	縮差積
初	益百	盈初	益三百	縮初
二	益百三十	盈一度	益二百二十五	縮三度
三	益百七十	盈二度三十	益二百	縮五度二十五
四	益二百二十	盈四度	益五十	縮七度二十五
五	益百二十	盈六度二十	損三十五	縮七度七十五
六	益三十五	盈七度四十	損二十	縮七度四十
七	損三十五	盈七度七十五	損十五	縮七度二十
八	損百二十	盈七度四十	損五	縮七度五
九	損二百二十	盈六度二十	損百六十	縮七度
十	損百七十	盈四度	損百七十	縮五度四十
十一	損百三十	盈二度三十	損百八十	縮三度七十
十二	損百	盈一度	損百九十	縮一度九十

太白終率七百八十八萬二千六百四十八秒七十六

平合日五百八十三餘萬二千一百四十八秒七十六約餘八千九百九十九

再合日二百九十一餘萬二千八百二十四秒三十八約餘九千五百

盈限百九十七度十六分

盈畫十六度四十三分

縮限百六十八度九分秒六十三太

縮畫十四度秒八十

歲差百三十四秒三十六

畫數	損益	盈差積	損益	縮差積
初	益百八十三	盈初	益六十四	縮初
二	益百五十	盈一度八十三	益百一十九	縮六十四
三	益百一十七	盈三度三十三	益百二	縮一度八十三
四	益八十三	盈四度五十	益百	縮二度八十五
五	益五十	盈五度三十三	益九十	縮三度八十五
六	益七十	盈五度八十三	益七十三	縮四度七十五
七	損七十	盈六度	益四十五	縮五度四十八
八	損五十	盈五度八十三	益十五	縮五度九十三
九	損八十三	盈五度三十三	益五十一	縮六度八
十	損百一十七	盈四度五十	損百五	縮五度五十七
十一	損百五十	盈三度三十三	損百八十	縮四度五十二
十二	損百八十三	盈一度八十三	損二百十二	縮二度七十二

辰星終率百五十六萬四千三百七十八秒九十七

平合日百一十五餘萬一千八百七十八秒九十七約餘八千八百
再合日五十七餘萬二千六百八十九秒四十八半約餘九千四百
盈限百八十二度六十三分
盈晝十五度二十二分
縮限百八十二度六十二分秒六十三太
縮晝十五度二十一分秒八十九
歲差百三十三秒六十四

晝數	損益	盈差積	損益	縮差損
初	益九十二	盈初	益九十二	縮初
二	益七十五	盈九十二	益七十五	縮九十二
三	益五十八	盈一度六十七	益五十八	縮一度六十七
四	益四十一	盈二度二十五	益四十一	縮二度二十五
五	益二十五	盈二度六十六	益二十五	縮二度六十六
六	益九	盈二度九十一	益九	縮二度九十一
七	損九	盈三度	損九	縮三度
八	損二十五	盈二度九十一	損二十五	縮二度九十一
九	損四十一	盈二度六十六	損四十一	縮二度六十六
十	損五十八	盈二度二十五	損五十八	縮二度二十五
十一	損七十五	盈一度六十七	損七十五	縮一度六十七
十二	損九十二	盈九十二	損九十二	縮九十二

五星入變曆

星名	變目	常積日	常積度	加減
歲星	晨見	十七日五十分	三度五十分	用日躔差
	前疾	九十八日	十八度五十分	
	前遲	百三十一日五十分	二十二度五十分	
	前留	百五十八日		減六十五度
	前退	百九十九日七十五分	十六度七十五分	減七十一度
	後退	二百四十日	十一度	減八十二度五十分
	後留	二百六十七日五十分		減八十七度
	後遲	三百一日	十五度	
	後疾	三百八十一日三十八分	三十度十二分半	用日躔差
	夕合	三百九十八日八十七分	三十三度六十二分半	用日躔差
熒惑	晨見	七十二日	五十五度	用日躔差
	前疾	百九十三日	百三十五度	
	前次疾	二百八十七日	百九十二度五十分	
	前遲	三百四十七日	二百一十六度七十五分	
	前留	三百六十日		減百二十度
	前退	三百九十日	二百七度二十五分	減百二十五度五十分
	後退	四百二十日	百九十七度七十五分	減百三十度
	後留	四百三十三日		減百三十五度
	後遲	四百九十三日	二百二十二度	
	後次疾	五百八十七日	二百七十九度五十分	
	後疾	七百七日九十二分	二百五十九度六十二分	用日躔差
	夕合	七百七十九日九十二分	四百一十四度六十二分	用日躔差
鎮星	晨見	十九日	二度	用日躔差
	前疾	七十九日	八度	
	前遲	百三日	九度六十分	
	前留	百四十日		減百七十二度
	前退	百八十九日	六度四十二分	減百七十度
	後退	二百三十八日	三度二十四分	減百七十六度
	後留	二百七十五日		減百八十二度
	後遲	二百九十九日	四度八十四分	
	後疾	三百五十九日八分	十度八十三分	用日躔差
	夕合	三百七十八日八分	十二度八十三分	用日躔差
太白	夕見	四十二日	五十三度	用日躔差
	夕疾	百四十二日	百八十度五十分	

	夕次疾	二百一十九日	二百六十五度	
	夕遲	二百六十八日	三百一度五十分	用日躔差
	夕留退	二百八十五日	二百九十六度	用日躔差
	再合	二百九十二日	二百九十二度	用日躔差
	晨見	二百九十九日	二百八十八度	用日躔差
	晨退留	二百一十六日	二百八十二度五十分	
	晨遲	三百六十五日	三百一十九度五十分	
	晨次疾	四百四十二日	四百三度五十分	
	晨疾	五百四十一日九十分	五百三十度九十分	用日躔差
	晨伏合	五百八十三日九十分	三百八十三度九十分	用日躔差
辰星	夕見	十七日	三十四度	用日躔差
	夕順留	四十七日	六十四度	用日躔差
	再合	五十八日	五十八度	用日躔差
	晨見	六十九日	五十二度	用日躔差
	晨留順	九十八日八十八分	八十一度八十八分	用日躔差
	晨伏合	百一十五日八十八分	百一十五度八十八分	用日躔差

曆志第二十下

天文志第二十一　唐書三十一

翰林學士兼龍圖閣學士朝散大夫給事中知制誥充史館脩撰臣歐陽脩奉勑撰

昔者堯命羲和出納日月考星中以正四時至舜則曰在璿璣玉衡以齊七政而已雖二典質略存其大法亦由古者天人之際推候占測爲術猶簡至於後世其法漸密者必積衆人之智然後能極其精微哉蓋自三代以來詳矣詩人所記婚禮土功必候天星而春秋書日食星變傳載諸國所占次舍伏見逆順至於周禮測景求中分星辨國妖祥察候皆可推考而獨無所謂璿璣玉衡者豈其不用於三代耶抑其法制遂亡而不可復得耶不然二物者莫知其爲何器也至漢以後表測景晷以正地中分列境界上當星次皆略依古而又作儀以候天地而渾天周髀宣夜之說至於星經歷法皆出於數術之學唐興太史李淳風浮圖一行尤稱精博後世未能過也故採其要說以著于篇至於天象變見所

以譴告人君者皆有司所宜謹記也貞觀初淳風上言舜在璿璣玉衡以齊七政則渾天儀也周禮土圭正日景以求地中有以見日行黃道之驗也暨于周末此器乃亡漢落下閎作渾儀其後賈逵張衡等亦各有之而推驗七曜並循赤道按冬至極南夏至極北而赤道常定於中國無南北之異蓋渾儀無黃道久矣太宗異其說因詔爲之至七年儀成表裏三重下據準基狀如十字末樹鼇足以張四表一曰六合儀有天經雙規金渾緯規金常規相結於四極之內列二十八宿十日十二辰經緯三百六十五度二曰三辰儀圓徑八尺有璿璣規月遊規列宿距度七曜所行轉於六合之內三曰四遊儀玄樞爲軸以連結玉衡遊筩而貫約矩規又玄極北樹北辰南矩地軸傍轉於內玉衡在玄樞之間而南北游仰以觀天之辰宿下以識器之晷度皆用銅帝稱善置於凝暉閣用之測候閣在禁中其後遂亡開元九年一行受詔改治新曆欲知黃道進退而太史無黃道儀率府兵曹參軍梁令瓚以木爲游儀一行是之乃奏黃道游儀古有其術而無其器昔人潛思皆未能得今令瓚所爲日道月交皆自然契合於推步尤要請更鑄以銅鐵十一年儀成一行又曰靈臺鐵儀後魏斛蘭所作規制朴略度刻不均赤道不動乃如膠柱以考月行遲速多差多或至十七度少不減十度不足以稽天象授人時李淳風黃道儀以玉衡旋規別帶日道傍列二百四十九交以攜月游法頗難術遂寢廢臣更造游儀使黃道運行以追列舍之變因二分之中以立黃道交於奎軫之間二至陟降各二十四度黃道內施白道月環用究陰陽朓朒動合天運簡而易從可以制器垂象永傳不朽於是玄宗嘉之自爲之銘又詔一行與令瓚等更鑄渾天銅儀圓天之象具列宿赤道及周天度數注水激輪令其自轉一晝夜而天運周外絡二輪綴以日月令得運行每天西旋一周日東行一度月行十三度十九分度之七二十九轉有餘而日月會三百六十五轉而日周天以木櫃爲地平令儀半在地下晦明朔望遲速

有準立木人二於地平上其一前置鼓以候刻至一刻則自擊之其一前置鐘以候辰至一辰亦自撞之皆於櫃中各施輪軸鉤鍵關鏁交錯相持置於武成殿前以示百官無幾而銅鐵漸澀不能自轉遂藏於集賢院其黃道游儀以古尺四分爲度旋樞雙環其表一丈四尺六寸一分縱八分厚三分直徑四尺五寸九分古所謂旋儀也南北科兩極上下循規各三十四度表裏畫周天度其一面加之銀釘使東西運轉如渾天游旋中旋樞軸至兩極首內孔徑大兩度半長與旋環徑齊玉衡望筩長四尺五寸八分廣一寸二分厚一寸孔徑六分衡旋於軸中旋運持正用窺七曜及列星之闊狹外方內圓孔徑一度半周日輪也陽經雙環表一丈七尺三寸裏一丈四尺六寸四分廣四寸厚四分直徑五尺四寸四分置於子午左右用八柱八柱相固亦表裏畫周天度其一面加之銀釘半出地上半入地下雙間使樞軸及玉衡望筩旋環於中也陰緯單環外內廣厚周徑皆準陽經與陽經相銜各半內外

俱齊面平上爲天下爲地橫周陽環謂之陰渾也平上爲兩界
內外爲周天百刻天頂單環表一丈七尺三寸縱廣八尺厚三分
直徑五尺四寸四分直中國人頂之上東西當卯酉之中稍南使
見日出入令與陽經陰緯相固如鳥殼之裹黃南去赤道三十
六度去黃道十二度去北極五十五度去南北平各九十一度強
赤道單環表一丈四尺五寸九分橫八分厚三分直徑四尺五寸
八分赤道者當天之中二十八宿之位也雙規運動度穿一穴古
者秋分日在角五度今在軫十三度冬至日在牽牛初今在斗十
度隨穴退交不復差繆傍在卯酉之南上去天頂三十六度而橫
置之黃道單環表一丈五尺四寸一分橫八分厚四分直徑四尺八
寸四分日之所行故名黃道太陽陟降積歲有差月及五星亦隨
日度出入古無其器規制不知準的斟酌爲率疎闊尤甚今設
此環置於赤道環內仍開合使運轉出入四十八度而極晝兩方
東西列周天度數南北列百刻可使見日知時上列三百六十策

與用封相準度穿一穴與赤道相交白道月環表一丈五尺一寸
五分橫八分厚三分直徑四尺七寸六分月行有迂曲遲速與日
行緩急相反古亦無其器今設於黃道環內使就黃道爲交合
出入六度以測每夜月離上畫周天度數度穿一穴擬移交會皆用
鋼鐵游儀四柱爲龍其崇四尺七寸水槽及山崇一尺七寸半槽
長六尺九寸高廣皆四寸池深一寸廣一寸半龍能興雲雨故以
飾柱柱在四維龍下有山雲俱在水平槽上皆用銅其所測宿度
與古異者舊經角距星去極九十一度亢八十九度氐九十四度
房百八度心百八度尾百二十度箕百一十八度南斗百一十六度
牽牛百六度虛百四度危九十七度營室八十五度東壁八
十六度奎七十六度婁八十度胃昴七十四度畢七十八度
觜觽八十四度參九十四度東井七十度輿鬼六十八度柳七十
七度七星九十一度張九十七度翼九十七度軫九十八度今測角
九十三度半亢九十一度半氐九十八度房百一十度半心百一十

度尾百二十四度箕百二十度南斗百一十九度牽牛百四度須
女百一度虛百一度危九十七度營室八十三度東壁八十四度
奎七十三度婁七十七度胃昴七十二度畢七十六度觜
觽八十二度參九十三度東井六十八度輿鬼六十八度柳八十
度半七星九十三度半張百度翼百三度軫百度又舊經角距
星正當赤道黃道在其南今測角在赤道南二度半則黃道復
經角中與天象合虛北星舊圖入虛今測在須女九度危北星舊
圖入危今測在虛六度半又奎誤距以西大星故壁損二度奎增
二度今復距西南大星即奎壁各得本度畢赤道十六度黃道
亦十六度觜觽赤道二度黃道三度二宿俱當黃道斜虛畢尚與
赤道度同觜觽總二度黃道損加一度蓋其誤也今測畢十七度
半觜觽半度又柳誤距以第四星今復用第三星張中央四星爲
朱鳥嗉外二星爲翼比距以翼而不距以膺故張增二度半七星
減二度半今復以膺爲距則七星張各得本度其他星舊經文

昌二星在輿鬼四星在東井北斗樞在七星一度璇在張二度機
在翼二度權在翼八度衡在軫八度開陽在角七度杓在亢四度
天關在黃道南四度天尊天樽在黃道北天江天高狗國外屛雲
雨虛梁在黃道外天囷土公吏在赤道外上台在東井中台在七
星建星在黃道北半度天苑在昴畢王良在壁外屛在觜觽雷
電在赤道外五度霹靂在赤道外四度八魁在營室長垣羅堰當
黃道今測文昌四星在柳一星在輿鬼一星在東井北斗樞在張
十三度璇在張十二度半機在翼十三度權在翼十七度太衡在
軫十度半開陽在角四度少杓在角十二度少天關天尊天樽天
江天高狗國外屛皆當黃道雲雨在黃道內七度虛梁在黃道
內四度天囷當赤道土公吏在赤道內六度上台在柳中台在張
建星在黃道北四度半天苑在胃昴王良四星在奎一星在壁外
屛在畢雷電在赤道內二度霹靂四星在赤道內一星在外八魁
五星在壁四星在營室長垣在黃道北五度羅堰在黃道北黃

道春分與赤道交於奎五度太秋分交於軫十四度少冬至在斗十度去赤道南二十四度夏至在井十三度少去赤道北二十四度其赤道帶天之中以分列宿之度黃道斜運以明日月之行乃立八節九限校二道差數著之曆經蓋天之說李淳風以爲天地中高而四隤日月相隱蔽以爲晝夜遶北極常見者謂之上規南極常隱者謂之下規赤道橫絡者謂之中規及一行考月行出入黃道爲圖三十六究九道之增損而蓋天之狀見矣削篾爲度徑一分其厚半之長與圖等穴其正中植鍼爲樞令可環運自中樞之外均刻百四十七度全度之末旋爲外規規外太半度再旋爲重規以均賦周天度分又距極樞九十一度少半旋爲赤道帶天之紘距極三十五度旋爲內規乃步冬至日躔所在以正辰次之中以立宿距按渾儀所測甘石巫咸衆星明者皆以篾横考入宿距縱考去極度而後圖之其赤道外衆星疏密之狀與仰視小殊者由渾儀去南極漸近其度益狹而蓋圖漸遠其度益廣使然若考其去極入宿度數移之於渾天則一也又赤道內外其廣狹不均若就二至出入赤道二十四度以規度之則二分所交不得其正自二分黃赤道交以規度之則二至距極度數不得其正當求赤道分至之中均刻爲七十二限據每黃道差數以篾度量而識之然後規爲黃道則周天咸得其正矣又考黃道二分二至之中均刻爲七十二候定陰陽曆二交所在依月去黃道度率差一候亦以篾度量而識之然後規爲月道則周天咸得其正矣中晷之法初淳風造曆定二十四氣中晷與祖沖之短長頗異然未知其孰是及一行作大衍曆詔太史測天下之晷求其土中以爲定數其議曰周禮大司徒以土圭之法測土深日至之景尺有五寸謂之地中鄭氏以爲日景於地千里而差一寸尺有五寸者南戴日下萬五千里地與星辰四游升降於三萬里內是以半之得地中今潁川陽城是也宋元嘉中南征林邑五月立表望之日在表北交州影在表南三寸林邑九寸一分交州去洛水陸之路九千

里蓋山川回折使之然以表考其弦當五千乎開元十二年測交州夏至在表南三寸三分與元嘉所測略同使者大相元太言交州望極纔高二十餘度八月海中望老人星下列星粲然明大者甚衆古所未識迺渾天家以爲常没地中者也大率去南極二十度巳上之星則見又鐵勒回紇在薛延陀之北去京師六千九百里其北又有骨利幹居澣海之北北距大海晝長而夜短既夜天如曛不暝夕胹羊髀纔熟而曙蓋近日出没之所太史監南宮說擇河南平地設水準繩墨植表而以引度之自滑臺始白馬夏至之晷尺五寸七分又南百九十八里百七十九步得浚儀岳臺晷尺五寸三分又南百六十七里二百八十一步得扶溝晷尺四寸四分又南百六十里百一十步至上蔡武津晷尺三寸六分半大率五百二十六里二百七十步晷差二寸餘而舊說王畿千里影差一寸妄矣今以句股校陽城中晷夏至尺四寸七分八釐冬至丈二尺七寸一分半定春秋分五尺四寸三分以覆矩斜視極出地三十四度十分度之四自滑臺表視之極高三十五度三分冬至丈三尺定春秋分五尺五寸六分自浚儀表視之極高三十四度八分冬至丈二尺八寸五分定春秋分五尺五寸自扶溝表視之極高三十四度三分冬至丈二尺五寸五分定春秋分五尺三寸七分上蔡武津表視之極高三十三度八分冬至丈二尺三寸八分定春秋分五尺二寸八分其北極去地雖秒分微有盈縮難以目校大率三百五十一里八十步而極差一度極之遠近異則黃道軌景固隨而變矣自此爲率推之比歲武陵晷夏至七寸七分冬至丈五寸三分春秋分四尺三寸七分半以圖測之定氣四尺四寸七分按圖斜視極高二十九度半差陽城五度三分蔚州橫野軍夏至二尺二寸九分冬至丈五尺八寸九分春秋分六尺四寸四分半以圖測之定氣六尺六寸二分半按圖斜視極高四十度差陽城五度三分凡南北之差十度半其徑三千六百八十八里九十步自陽城至武陵千八百二十六里七十六步自陽城至

橫野千八百六十一里二百十四步夏至晷差尺五寸三分自陽城至武陵差七寸三分自陽城至橫野差八寸冬至晷差五尺三寸六分自陽城至武陵差二尺一寸八分自陽城至橫野差三尺一寸八分率夏至與南方差少冬至與北方差多又以圖校安南日在天頂北二度四分極高二十度四分冬至晷七尺九寸四分定春秋分二尺九寸三分夏至在表南三寸三分差陽城十四度三分其徑五千二十三里至林邑日在天頂北六度六分彊極高十七度四分周圓三十五度常見不隱冬至晷六尺九寸定春秋分二尺八寸五分夏至在表南五寸七分其徑六千一百一十二里若令距陽城而北至鐵勒之地亦差十七度四分與林邑正等則五月日在天頂南二十七度四分極高五十二度周圓百四度常見不隱北至晷四尺一寸三分南至晷二丈九尺二寸六分定春秋分晷五尺八寸七分其沒地纔十五餘度夕沒亥西晨出丑東校其里數已在回紇之北又南距洛陽九千八百一十五里則極長

之晝其夕常明然則骨利幹猶在其南矣吳中常侍王蕃考先儒所傳以戴日下萬五千里爲句股斜射陽城考周徑之率以揆天度當千四百六里二十四步有餘今測日晷距陽城五千里已在戴日之南則一度之廣皆三分減二南北極相去八萬里其徑五萬里宇宙之廣豈若是乎然則蕃之術以蠡測海者也古人所以恃句股術謂其有證於近事顧未知目視不能及遠遠則微差其差不已遂與術錯譬游於大湖廣袤不盈百里見日月朝夕出入湖中及其浮于巨海不知幾千萬里猶見日月朝夕出入其中矣若於朝夕之際俱設重差而望之必將大小同術無以分矣橫既有之縱亦宜然又若樹兩表南北相距十里其崇皆數十里置大炬於南表之端而植八尺之木於其下則當無影試從南表之下仰望北表之端必將積微分之差漸與南表參合表首參合則置炬於其上亦當無影矣又置大炬於北表之端而植八尺之木於其下則當無影試從北表之下仰望南表之端又將積微

分之差漸與北表參合表首參合則置炬於其上亦當無影矣復於二表間更植八尺之木仰而望之則表首環屈相合若置火炬於兩表之端皆當無影矣夫數十里之高與十里之廣然猶斜射之影與仰望不殊今欲憑晷差以推遠近高下尚不可知而況稽周天里步於不測之中又可必乎十三年南至岱宗禮畢自上傳呼萬歲聲聞於下時山下夜漏未盡自日觀東望日已漸高據曆法晨初迨日出差二刻半然則山上所差凡三刻餘其冬至夜刻同立春之後春分夜刻同立夏之後自岳趾升泰壇僅二十里而晝夜之差一節設使因二十里之崇以立句股術固不知其所以然況八尺之表乎原古人所以步圭影之意將以節宣和氣輔相物宜不在於辰次之周徑其所以重曆數之意將欲恭授人時欽若乾象不在於渾蓋之是非若乃述無稽之法於視聽之所不及則君子當闕疑而不議也而或者各封所傳之器以術天體謂渾元可任數而測大象可運算而闚終以六家之說迭爲矛楯誠以

爲蓋天邪則南方之度漸狹果以爲渾天邪則北方之極寖高此二者又渾蓋之家盡智畢議未能有以通其說也則王仲任葛稚川之徒區區於異同之辨何益人倫之化哉凡晷差冬夏不同南北亦異先儒一以里數齊之遂失其實今更爲覆矩圖南自丹穴北暨幽都每極移一度輒累其差可以稽日食之多少定晝夜之長短而天下之晷皆協其數矣昭宗時太子少詹事邊岡脩曆術服其精粹以爲不刊之數也初貞觀中淳風撰法象志因漢書十二次度數始以唐之州縣配焉而一行以爲天下山河之象存乎兩戒北戒自三危積石負終南地絡之陰東及太華逾河並雷首厎柱王屋太行北抵常山之右乃東循塞垣至濊貊朝鮮是謂北紀所以限戎狄也南戒自岷山嶓冢負地絡之陽東及太華連商山熊耳外方桐柏自上洛南逾江漢攜武當荊山至于衡陽乃東循嶺徼達東甌閩中是謂南紀所以限蠻夷也故星傳謂北戒爲胡門南戒爲越門河源自北紀之首循雍州北徼達華陰而與地

絡相會並行而東至太行之曲分而東流與涇渭濟瀆相爲表裏
謂之北河江源自南紀之首循梁州南徼達華陽而與地絡相會
並行而東及荆山之陽分而東流與漢水淮瀆相爲表裏謂之南
河故於天象則弘農分陜爲兩河之會五服諸侯在焉自陜而西
爲秦涼北紀山河之曲爲晉代南紀山河之曲爲巴蜀皆負險用
武之國也自陜而東三川中岳爲成周西距外方大伾北至于濟
南至于淮東達鉅野爲宋鄭陳蔡河內及濟水之陽爲邶衞漢
東濱淮水之陰爲申隨皆四戰用文之國也北紀之東至北河之北
爲邢趙南紀之東至南河之南爲荆楚自北河下流南距岱山爲
三齊夾右碣石爲北燕自南河下流北距岱山爲鄒魯南涉江淮
爲吳越皆負海之國貨殖之所阜也自河源循塞垣北東及海爲
戎狄自江源循嶺徼南東及海爲蠻越觀兩河之象與雲漢之
所始終而分野可知矣於易五月一陰生而雲漢潛萌于天稷之
下進及井鉞閒得坤維之氣陰始達於地上而雲漢上升始交於

列宿七緯之氣通矣東井據百川上流故鶉首爲秦蜀墟得兩戒
山河之首雲漢達坤維右而漸升始居列宿上觜觽參伐皆直天
關表而在河陰故實沈下流得大梁距河稍遠涉陰亦深故其分
野自漳濱却負恒山居北紀衆山之東南外接髦頭地皆河外陰
國也十月陰氣進踰乾維始上達于天雲漢至營室東壁閒升氣
悉究與內規相接故自南正達於西正得雲漢升氣爲山河上流
自北正達于東正得雲漢降氣爲山河下流陬訾在雲漢升降中
居水行正位故其分野當中州河濟閒且王良閣道由紫垣絕漢
抵營室上帝離宮也內接成周河內皆豕韋分十一月一陽生而雲
漢漸降退及艮維始下接于地至斗建閒復與列舍氣通於易天
地始交泰象也踰析木津陰氣益降進及大辰升陽之氣究而雲
漢沈潛於東正之中故易雷出地曰豫龍出泉爲解皆房心象也
星紀得雲漢下流百川歸焉析木爲雲漢末派山河極焉故其分
野自南河下流窮南紀之曲東南負海爲星紀自北河末派窮北

紀之曲東北負海爲析木負海者以其雲漢之陰也唯陬訾內接
紫宮在王畿河濟閒降婁玄枵與山河首尾相遠鄰顓頊之墟
故爲中州負海之國也其地當南河之北北河之南界以岱宗至
于東海自鶉首踰河戒東曰鶉火得重離正位軒轅之祇在焉
其分野自河華之交東接祝融之墟北負河南及漢蓋寒燠之所
均也自析木紀天漢而南曰大火得明堂升氣天市之都在焉其
分野自鉅野岱宗西至陳留北負河濟南及淮皆和氣之所布也
陽氣自明堂漸升達于龍角曰壽星龍角謂之天關於易氣以陽
決陰夬象也升陽進踰天關得純乾之位故鶉尾直建巳之月內
列太微爲天廷其分野自南河以負海亦純陽地也壽星在天關
內故其分野在商亳西南淮水之陰北連太室之東自陽城際之
亦巽維地也夫雲漢自坤抵艮爲地紀北斗自乾攜巽爲天綱其
分野與帝車相直皆五帝墟也究咸池之政而在乾維內者降婁
也故爲少昊之墟叶北宮之政而在乾維外者陬訾也故爲顓頊

之墟成攝提之政而在巽維內者壽星也故爲太昊之墟布太微
之政而在巽維外者鶉尾也故爲列山氏之墟得四海中承太階
之政者軒轅也故爲有熊氏之墟木金得天地之微氣其神治於
季月水火得天地之章氣其神治於孟月故章道存乎至微道存
乎終皆陰陽變化之際也若微者沈潛而不及章者高明而過亢
皆非上帝之居也斗杓謂之外廷陽精之所布也斗魁謂之會府
陽精之所復也杓以治外故鶉尾爲南方負海之國魁以治內故
陬訾爲中州四戰之國其餘列舍在雲漢之陰者八爲負海之國
在雲漢之陽者四爲四戰之國降婁玄枵以負東海其神主於岱
宗歲星位焉星紀鶉尾以負南海其神主於衡山熒惑位焉鶉首
實沈以負西海其神主於華山太白位焉大梁析木以負北海其
神主於恒山辰星位焉鶉火大火壽星豕韋爲中州其神主於
嵩丘鎭星位焉近代諸儒言星土者或以州或以國虞夏秦漢郡
國廢置不同周之興也王畿千里及其衰也僅得河南七縣今又

天下一統而直以鶉火為周分則疆埸舛矣七國之初天下地形
雌韓而雄魏魏地西距高陵盡河東河内北固漳鄴東分梁宋
至於汝南韓據全鄭之地南盡潁川南陽西達虢略距函谷固宜
陽北連上地皆綿亘數州相錯如繡考雲漢山河之象多者或至
十餘宿其後魏徙大梁則西河合於東井秦拔宜陽而上黨入於
輿鬼方戰國未滅時星家之言屢有明效今則同在畿甸之中矣
而或者猶據漢書地理志推之是守甘石遺術而不知變通之數
也又古之辰次與節氣相係各據當時曆數與歲差遷徙不同
今更以七宿之中分四象中位自上元之首以度數紀之而著其分
野其州縣雖改隸不同但據山河以分爾須女虛危玄枵也初須
女五度餘二千三百七十四秒四少中虛九度終危十二度其分野
自濟北東踰濟水涉平陰至于山茌循岱岳衆山之陰東南及高
密又東盡萊夷之地得漢北海千乘淄川濟南齊郡及平原渤海
九河故道之南濱于碣石古齊紀祝淳于萊譚寒及斟尋有過有

鬲蒲姑氏之國其地得陬訾之下流自濟東達于河外故其象著
為天津絕雲漢之陽凡司人之星與羣臣之錄皆主虛危故岱宗
為十二諸侯受命府又下流得婺女當九河末派比于星紀與吳
越同占營室東壁陬訾也初危十三度餘二千九百二十六秒一太
中營室十二度終奎一度自王屋太行而東得漢河内至北紀
之東隅北負漳鄴東及館陶聊城又自河濟之交涉滎波濱濟
水而東得東郡之地古邶鄘衛凡胙邢雍共微觀南燕昆吾豕韋
之國自閼道王良至東壁在豕韋為上流當河内及漳鄴之南得
山河之會為離宮又循河濟而東接玄枵為營室之分奎婁降婁
也初奎二度餘千二百一十七秒十七少中婁一度終胃三度自蛇丘
肥成南屆鉅野東達梁父循岱岳衆山之陽以負東海又濱泗
水經方輿沛留彭城東至于呂梁乃東南抵淮並淮水而東盡徐
夷之地得漢東平魯國琅邪東海泗水城陽古魯薛邾莒小邾徐
郯鄫鄅邳邿任宿須句顓臾牟遂鑄夷介根牟及大庭氏之國奎

為大澤在陬訾下流當鉅野之東陽至于淮泗婁胃之墟東北
負山蓋中國膏腴地百穀之所阜也胃得馬牧之氣與冀之北土
同占胃昴畢大梁也初胃四度餘二千五百四十九秒八太中昴六
度終畢九度自魏郡濁漳之北得漢趙國廣平鉅鹿常山東及
清河信都北據中山真定全趙之分又北逾衆山盡代郡鴈門雲
中定襄之地與北方羣狄之國北紀之東陽表裏山河以蕃屏中
國為畢分循北河之表西盡塞垣皆髦頭故地為昴分冀之北土
馬牧之所蕃庶故天苑之象存焉觜觿參伐實沈也初畢十度
餘八百四十一秒四之一中參七度終東井十一度自漢之河東及上
黨太原盡西河之地古晉魏虞唐耿楊霍冀黎郇與西河戎狄
之國西河之濱所以設險限秦晉故其地上應天闕其南曲之陰
在晉地衆山之陽南曲之陽在秦地衆山之陰陰陽之氣并故與
東井通河東永樂芮城河北縣及河曲豐勝夏州皆東井之分參
伐為戎索為武政當河東盡大夏之墟上黨次居下流與趙魏接為

觜觿之分東井輿鬼鶉首也初東井十二度餘二千一百七十二秒
十五太中東井二十七度終柳六度自漢三輔及北地上郡安定
西自隴坻至河右西南盡巴蜀漢中之地及西南夷犍為越巂益
州郡極南河之表東至牂柯古秦梁豳芮豐畢駘杜有扈密須庸
蜀羌髳之國東井居兩河之陰自山河上流當地絡之西北輿鬼居
兩河之陽自漢中東盡華陽與鶉火相接當地絡之東南鶉首
之外雲漢潛流而未達故狼星在江河上源之西弧矢犬雞皆徼
外之備也西羌吐蕃吐谷渾及西南徼外夷人皆占狼星柳七星
張鶉火也初柳七度餘四百六十四秒七少中七星七度終張十四
度北自滎澤滎陽并京索暨山南得新鄭密縣至外方東隅斜
至方城抵桐栢北自宛葉南暨漢東盡漢南陽之地又自雒邑
負北河之南西及函谷逾南紀達武當漢水之陰盡弘農郡以淮
源桐栢東陽為限而申州屬壽星古成周虢鄭管鄶東虢密滑
焦唐隨申鄧及祝融氏之都新鄭為軒轅祝融之墟其東鄶則入

壽星柳在輿鬼東又接漢源當商洛之陽接南河上流七星係軒轅得土行正位中岳象也河南之分張直南陽漢東與鶉尾同占翼軫鶉尾也初張十五度餘千七百九十五秒二十二太中翼十二度終軫九度自房陵白帝而東盡漢之南郡江夏東達廬江南部濱彭蠡之西得長沙武陵又逾南紀盡鬱林合浦之地自沅湘上流西達黔安之左皆全楚之分自富昭象龔繡容白廉州已西亦鶉尾之墟古荊楚鄖鄀羅權巴夔與南方蠻貊之國翼與咮張同象當南河之北軫在天關之外當南河之南其中一星主長沙逾嶺徼而南爲東甌青丘之分安南諸州在雲漢上源之東陽宜屬鶉火而柳七星張皆當中州不得連負海之地故麗于鶉尾角亢壽星也初軫十度餘八十七秒十四少中角八度終氐一度自原武管城濱河濟之南東至封丘陳留盡陳蔡汝南之地逾淮源至于弋陽西涉南陽郡至于桐柏又東北抵嵩之東陽中國地絡在南北河之閒首自西傾極于陪尾故隨申光皆豫州之分宜屬

鶉火古陳蔡許息江黃道栢沈賴蓼須頓胡防弦厲之國氐涉壽星當洛邑衆山之東與亳土相接次南直潁水之閒曰太昊之墟爲亢分又南涉淮氣連鶉尾在成周之東陽爲角分氐房心大火也初氐二度餘千四百一十九秒五太中房二度終尾六度自雍丘襄邑小黃而東循濟陰界于齊魯右泗水達于呂梁乃東南接太昊之墟盡漢濟陰山陽楚國豐沛之地古宋曹郕滕茅郜蕭葛向城偪陽申父之國商亳負北河陽氣之所升也爲心分豐沛負南河陽氣之所布也爲房分其下流與尾同占西接陳鄭爲氐分尾箕析木津也初尾七度餘二千七百五十秒二十一少中箕五度終南斗八度自渤海九河之北得漢河閒涿郡廣陽及上谷漁陽右北平遼西遼東樂浪玄菟古北燕孤竹無終九夷之國尾得雲漢之末派龜魚麗焉當九河之下流濱于渤碣皆北紀之所窮也箕與南斗相近爲遼水之陽盡朝鮮三韓之地在吳越東南斗牽牛星紀也初南斗九度餘千四百四十二秒十二太中南斗二十四度終

女四度自廬江九江負淮水南盡臨淮廣陵至于東海又逾南河得漢丹楊會稽豫章西濱彭蠡南涉越門迄蒼梧南海逾嶺表自韶廣以西珠崖以東爲星紀之分也古吳越羣舒廬桐六蓼及東南百越之國南斗在雲漢下流當淮海閒爲吳分牽牛去南河寖遠自豫章迄會稽南逾嶺徼爲越分島夷蠻貊之人聲教所不曁皆係于狗國云

天文志第二十一

天文志第二十二　唐書三十二

翰林學士兼龍圖閣學士朝散大夫給事中知制誥充史館脩撰臣歐陽脩奉
敕撰

日食武德元年十月壬申朔日有食之在氐五度占曰諸侯專權
則其應在所宿國諸侯附從則爲王者事四年八月丙戌朔日有
食之在翼四度楚分也六年十二月壬寅朔日有食之在南斗十
九度吴分也九年十月丙辰朔日有食之在氐七度貞觀元年閏
三月癸丑朔日有食之在胃九度九月庚戌朔日有食之在亢五
度胃爲天倉亢爲疏廟二年三月戊申朔日有食之在婁十一度
占爲大臣憂三年八月己巳朔日有食之在翼五度占曰旱四年
閏正月丁卯朔日有食之在營室四度七月甲子朔日有食之在
張十四度占爲禮失六年正月乙卯朔日有食之在虛九度虛耗
祥也八年五月辛未朔日有食之在參七度九年閏四月丙寅朔
日有食之在畢十三度占爲邊兵十一年三月丙戌朔日有食之

在婁二度占爲大臣憂十二年閏二月庚辰朔日有食之在奎九
度奎武庫也十三年八月辛未朔日有食之在翼十四度翼爲遠
夷十七年六月己卯朔日有食之在東井十六度京師分也十八
年十月辛丑朔日有食之在房三度房將相位二十年閏三月癸
巳朔日有食之在胃九度占曰主有疾二十二年八月己酉朔日
有食之在翼五度占曰旱顯慶五年六月庚午朔日有食之在柳
五度龍朔元年五月甲子晦日有食之在東井二十七度皆京師
分也麟德二年閏三月癸酉日有食之在胃九度占曰主有疾乾
封二年八月己丑朔日有食之在翼六度總章二年六月戊申朔
日有食之在東井二十九度咸亨元年六月壬寅朔日有食之在
東井十八度二年十一月甲午朔日有食之在箕九度三年十一
月戊子朔日有食之在尾十度東井京師分箕爲后妃之府尾爲
後宮五年三月辛亥朔日有食之在婁十三度占爲大臣憂永隆
元年十一月壬申朔日有食之在尾十六度開耀元年十月丙寅

朔日有食之在尾四度永淳元年四月甲子朔日有食之在畢五
度十月庚申朔日有食之在房三度垂拱二年二月辛未朔日有
食之在營室十五度四年六月丁亥朔日有食之在東井二十七
度京師分也天授二年四月壬寅朔日有食之在昴七度如意元
年四月丙申朔日有食之在胃十一度皆正陽之月長壽二年九
月丁亥朔日有食之在角十度角內爲天廷延載元年九月壬午
朔日有食之在軫十八度軫爲車騎證聖元年二月己酉朔日有
食之在營室五度聖曆三年五月己酉朔日有食之在畢十五度
長安二年九月乙丑朔日有食之幾既在角初度三年三月壬戌
朔日有食之在奎十度占曰君不安九月庚寅朔日有食之在亢
七度神龍三年六月丁卯朔日有食之在東井二十八度京師分
也景龍元年十二月乙丑朔日有食之在南斗二十一度斗爲丞
相位先天元年九月丁卯朔日有食之在角十度開元三年七月
庚辰朔日有食之在張四度七年五月己丑朔日有食之在畢十

五度九年九月乙巳朔日有食之在軫十八度十二年閏十二月
丙辰朔日有食之在虛初度十七年十月戊午朔日有食之不盡
如鉤在氐九度二十年二月甲戌朔日有食之在營室十度八月
辛未朔日有食之在翼七度二十一年七月乙丑朔日有食之在張
十五度二十二年十二月戊子朔日有食之在南斗二十三度二
十三年閏十一月壬午朔日有食之在南斗十一度二十六年九
月丙申朔日有食之在亢九度二十八年三月丁亥朔日有食之
在婁三度天寶元年七月癸卯朔日有食之在張五度五載五月
壬子朔日有食之在畢十六度十三載六月乙丑朔日有食之幾
既在東井十九度京師分也至德元載十月辛巳朔日有食之既
在氐十度上元二年七月癸未朔日有食之既大星皆見在張四
度大曆三年三月乙巳朔日有食之在奎十一度十年十月辛酉
朔日有食之在氐十一度宋分也十四年七月戊辰朔日有食之
在張四度十二月丙寅晦日有食之在危十二度貞元三年八月辛

巳朔日有食之在軫八度五年正月甲辰朔日有食之在營室六
度八年十一月壬子朔日有食之在尾六度宋分也十二年八月
己未朔日有食之在翼十八度占曰旱十七年五月壬戌朔日有
食之在東井十度元和三年七月辛巳朔日有食之在七星三度
十年八月己亥朔日有食之在翼十八度十三年六月癸丑朔日
有食之在輿鬼一度京師分也長慶二年四月辛酉朔日有食之
在胃十三度三年九月壬子朔日有食之在角十二度大和八年
二月壬午朔日有食之在奎一度開成元年正月辛丑朔日有食
之在虛三度會昌三年二月庚申朔日有食之在東壁一度并州
分也四年二月甲寅朔日有食之在營室七度五年七月丙午朔
日有食之在張七度六年十二月戊辰朔日有食之在南斗十四
度大中二年五月己未朔日有食之在參九度八年正月丙戌朔
日有食之在危二度危爲玄枵亦耗祥也咸通四年七月辛卯朔
日有食之在張十七度乾符三年九月乙亥朔日有食之在軫十

四度四年四月壬申朔日有食之在畢三度六年四月庚申朔日
有食之既在胃八度文德元年三月戊戌朔日有食之在胃一度
天祐元年十月辛卯朔日有食之在心二度三年四月癸未朔日
有食之在胃十二度凡唐著紀二百八十九年日食九十三朔九
十一晦一二日一日變貞觀初突厥有五日並照二十三年三月
日赤無光李淳風曰日變色有軍急又曰其君無德其臣亂國濮
陽復曰日無光主病咸亨元年二月壬子日赤無光癸丑四方濛
濛日有濁氣色赤如赭上元二年三月丁未日赤如赭永淳元年
三月日赤如赭文明元年二月辛巳日赤如赭長安四年正月壬
子日赤如赭景龍三年二月庚申日色紫赤無光開元十四年十
二月己未日赤如赭二十九年三月丙午風霾日無光近晝昏也
占爲上刑急人不樂生天寶三載正月庚戌日暈五重占曰是謂
棄光天下有兵肅宗上元二年二月乙酉白虹貫日大曆二年七
月丙寅日旁有青赤氣長四丈餘壬申日上有赤氣長二丈九月

乙亥至于辛丑日旁有青赤氣三年正月丁巳日有黃冠青赤
珥辛丑赤如之凡氣長而立者爲直橫者爲格立于日上者爲冠
直爲有自立者格爲戰鬬又曰赤氣在日上君有佞臣黃爲土功
青赤爲憂貞元二年閏五月壬戌日有黑暈六年正月甲子日赤
如血十年三月乙亥黃霧四塞日無光元和二年十月壬午日傍
有黑氣如人形跪手捧盤向日盤中氣如人頭四年閏三月日傍
有物如日五年四月辛未白虹貫日十年正月辛卯日外有物如
烏十一年正月己卯日紫赤無光長慶元年六月己丑白虹貫日
三年二月庚戌白虹貫日寶曆元年六月甲戌赤虹貫日九月甲
申日赤無光二年三月甲午日中有黑氣如杯辛亥日中有黑子
四月甲寅白虹貫日大和二年二月癸亥日無光白霧晝昏十二
月癸亥有黑祲與日如鬬五年二月辛丑白虹貫日六年三月有
黑祲與日如鬬庚戌日中有黑子四月乙丑黑氣磨日七年正月
庚戌白虹貫日八年七月甲戌白虹貫日日有交暈十月壬寅白

虹貫日東西際天上有背玦九年二月辛卯日月赤如血壬辰亦
如之開成元年正月辛丑朔白虹貫日二月己丑亦如之二年十
一月辛巳日中有黑子大如雞卵日赤如赭晝昏至于癸未五年
正月己丑日暈白虹在東如玉環貫珥二月丙辰日有重暈有
赤氣夾日十二月癸卯朔日旁有黑氣來觸會昌元年十一月庚
戌日中有黑子四年正月戊申日無光二月己巳白虹貫日如玉
環大中十三年四月甲午日暗無光咸通六年正月白虹貫日中
有黑氣如雞卵七年十二月癸酉白氣貫日日有重暈甲戌亦如
之白氣兵象也十四年二月癸卯白虹貫日乾符元年日中有黑
子二年日中有若飛鷰者六年十一月丙辰朔有兩日並出而鬬
三日乃不見鬬者離而復合也廣明元年日暈如虹黃氣蔽日無
光日不可以二虹百殃之本也中和三年三月丙午日有青黃暈
四月丙辰亦如之丁巳戊午又如之光啓三年十一月己亥下晡
日上有黑氣四年二月己丑日赤如血庚寅改元文德是日風日

赤無光景福元年五月日色散如黃金光化三年冬日有虹蜺背
璚彌旬日有赤氣自東北至于東南天復元年十月日色散如黃
金十一月又如之三年二月丁丑日有赤氣自東北至于東南天
祐元年二月丙寅日中見北斗其占重十一月癸酉日中日有黃
暈旁有青赤氣二三年正月甲申日有黃白暈暈上有青赤背乙
酉亦如之暈中生白虹漸東長百餘丈二月乙巳日有黃白暈如
半環有蒼黑雲夾日長各六尺餘既而雲變狀如人如馬乃消舊
占背者叛背之象日暈有虹者爲大戰半暈者相有謀蒼黑祲祥
也夾日者賊臣制君之象變而如人者爲叛臣如馬者爲兵三年
正月辛未日有黃白暈上有青赤背二月癸巳日有黃白暈如半
環有青赤背庚戌日有黃白暈青赤背月變貞觀初突厥有三月
並見儀鳳二年正月甲子朔月見西方是謂朓朓則侯王其舒武
太后時月過望不虧者二天寶三載正月庚戌日有紅氣如垂帶
肅宗元年建子月癸巳乙夜月掩昴而暈色白有白氣自北貫之

昴胡也白氣兵喪建辰月丙戌月有黃白冠連暈圍東井五諸侯
兩河及輿鬼東井京師分也大曆十年九月戊申月暈熒惑畢昴
參東及五車暈中有黑氣乍合乍散十二月丙子月出東方上有
白氣十餘道如匹練貫五車及畢觜觿參東井輿鬼柳軒轅中夜
散去占曰女主凶白氣爲兵喪五車主庫兵軒轅爲後宮其宿則
晉分及京師也元和十一年己未旦日已出有虹貫月于營室開
成四年閏正月甲申朔乙酉月在營室正偃魄質成早也占爲臣
下專恣之象五年正月戊寅朔甲申月昏而中未弦而中早也占
同上景福二年十一月有白氣如環貫月穿北斗連太微天復二
年十二月甲申夜月有三暈裏白中赤黃外綠天祐二年二月丙
申月暈熒惑孛彗武德九年二月壬午有星孛于胃昴閒丁亥
孛于卷舌孛與彗皆非常惡氣所生而災甚于彗貞觀八年八月
甲子有星孛于虛危歷玄枵乙亥不見十三年三月乙丑有星孛
于畢昴十五年六月己酉有星孛于太微犯郎位七月甲戌不見

龍朔三年八月癸卯有彗星于左攝提長二尺餘乙巳不見攝提
建時節大臣象乾封二年四月丙辰有彗星于東北在五車畢昴
閒乙亥不見上元二年十二月壬午有彗星于角亢南長五尺三
年七月丁亥有彗星于東井指北河長三尺餘東北行光芒益盛
長三丈掃中台指文昌九月乙酉不見東井京師分中台文昌將
相位兩河天闕也開耀元年九月丙申有彗星于天市中長五丈
漸小東行至河鼓癸丑不見市者貨食之所聚以衣食生民者一
曰帝將遷都河鼓將軍象永淳二年三月丙午有彗星于五車北
四月辛未不見光宅元年九月丁丑有星如半月見于西方月衆
陰之長星如月者陰盛之極文明元年七月辛未夕有彗星于西
方長丈餘八月甲辰不見是謂天攙景龍元年十月壬午有彗星
于西方十一月甲寅不見二年二月丁酉有星孛于胃昴閒胡分
也八月壬辰有星孛于紫宮延和元年六月有彗星自軒轅入太
微至大角滅開元十八年六月甲子有彗星于五車癸酉有星孛

于畢昴二十六年三月丙子有星孛于紫宮垣歷北斗魁旬餘因
雲陰不見乾元三年四月丁巳有彗星于東方在婁胃閒色白長
四尺東北疾行歷昴畢觜觿參東井輿鬼柳軒轅至右執法西
凡五旬餘不見閏月辛酉朔有彗星于西方長數丈至五月乃滅
婁爲魯胃昴畢爲趙觜觿參爲唐東井輿鬼爲京師分柳其半
爲周分二彗仍見者荐禍也又婁胃閒天倉大曆元年十二月己
亥有彗星于匏瓜長尺餘經二旬不見犯宦者星五年四月己未
有彗星于五車光芒蓬勃長三丈五月己卯彗星見于北方色白
癸未東行近八穀中星六月癸卯近三公己未不見占曰色白者
太白所生也七年十二月丙寅有長星于參下其長亘天長星彗
屬參唐星也元和十年三月有長星于太微尾至軒轅十二年正
月戊子有彗星于畢長慶元年正月己未有星孛于翼二月丁卯
孛于太微西上將六月有彗星于昴長一丈凡十日不見大和二
年七月甲辰有彗星于右攝提南長二尺三年十月客星見于水

位八年九月辛亥有彗星于太微長丈餘西北行越郎位庚申不
見開成二年二月丙午有彗星于危長七尺餘西指南斗戊申在
危西南芒耀愈盛癸丑在虛辛酉長丈餘西行稍南指壬戌在婺
女長二丈餘廣三尺癸亥愈長且闊三月甲子在南斗乙丑長五
丈其末兩岐一指氐一掩房丙寅長六丈無岐北指在亢七度丁
卯西北行東指己巳長八丈餘在張癸未長三尺在軒轅右不見
凡彗星晨出則西指夕出則東指乃常也未有遍指四方凌犯如
此之甚者甲申客星出于東井下戊子客星別出于端門內近屏
星四月丙午東井下客星沒五月癸酉端門內客星沒壬午客星
如孛在南斗天籥旁八月丁酉有彗星于虛危虛危爲玄枵枵耗
名也三年十月乙巳有彗星于軫魁長二丈餘漸長西指十一月
乙卯有彗星于東方在尾箕東西亘天十二月壬辰不見四年正
月癸酉有彗星于羽林衞分也閏月丙午有彗星于卷舌西北二
月己卯不見五年二月庚申有彗星于營室東壁間二十日滅十

一月戊寅有彗星于東方燕分也會昌元年七月有彗星于羽林
營室東壁間也十一月壬寅有彗星于北落師門在營室入紫宮
十二月辛卯不見并州分也大中六年三月有彗星于觜觽參唐
星也十一年九月乙未有彗星于房長三尺咸通五年五月己亥
夜漏未盡一刻有彗星出于東北色黃白長三尺在婁徐州分也
九年正月有彗星于婁胃十年八月有彗星于大陵東北指占爲
外夷兵及水災乾符四年五月有彗星光啓元年有彗星于積水
積薪之間二年五月丙戌有星孛于尾箕歷北斗攝提占曰貴臣
誅大順二年四月庚辰有彗星于三台東行入太微掃大角天市
長十丈餘五月甲戌不見宦者陳匡知星奏曰當有亂臣入宮三
台太一三階也太微大角帝廷也天市都市也景福元年五月蚩
尤旗見初出有白彗形如髮長二尺許經數日乃從中天下如匹
布至地如蛇六月孫儒攻楊行密于宣州有黑雲如山漸下墜于
儒營上狀如破屋占曰營頭星也十一月有星孛于斗牛占曰越

有自立者十二月丙子天攙出于西南己卯化爲雲而沒二年三
月天久陰至四月乙酉夜雲稍開有彗星于上台長十餘丈東行
入太微掃大角入天市經三旬有七日益長至二十餘丈因雲陰
不見乾寧元年正月有星孛于鶉首秦分也又星隕于西南有聲
如雷七月妖星見非彗非孛不知其名時人謂之妖星或曰惡星
三年十月有客星三一大二小在虛危間乍合乍離相隨東行狀
如鬬經三日而二小星沒其大星後沒虛危齊分也光化三年正
月客星出于中垣宦者旁大如桃光炎射宦者宦者不見天復元
年五月有三赤星各有鋒芒在南方既而西方北方東方亦如之
頃之又各增一星凡十六星少時先從北滅占曰潒星也見則諸
侯兵相攻二年正月客星如桃在紫宮華蓋下漸行至御女丁卯
有流星起文昌抵客星客星不動己巳客星在杠守之至明年猶
不去占曰將相出兵五月夕有星當箕下如炬火炎炎上衝人初
以爲燒火也高丈餘乃隕占曰機星也下有亂天祐元年四月有

星狀如人首赤身黑在北斗下紫微中占曰天衝也天衝抱極泣
帝前血濁霧下天下寃後三日而黑風晦暝二年四月庚子夕西
北隅有星類太白上有光似彗長三四丈色如赭辛丑夕色如縞
或曰五車之水星也一曰昭明星也甲辰有彗星于北河貫文昌
長三丈餘陵中台下台五月乙丑夜自軒轅左角及天市西垣光
芒猛怒其長亘天丙寅雲陰至辛未少霽不見兩河爲天闕在東
井間而北河中國所經也文昌天之六司天市都市也星變武德
三年十月己未有星隕于東都中隱隱有聲貞觀二年天狗隕于
夏州城中十四年八月有星隕于高昌城中十六年六月甲辰西
方有流星如月西南行三丈乃滅占曰星甚大者爲人主十八年
五月流星出東壁有聲如雷占曰聲如雷者怒象十九年四月己
酉有流星向北斗杓而滅永徽三年十月有流星貫北極四年十
月睦州女子陳碩眞反婺州刺史崔義玄討之有星隕于賊營乾
封元年正月癸酉有星出太微東流有聲如雷咸亨元年十一月

西方有流星聲如雷調露元年十一月戊寅流星入北斗魁中乙
巳流星燭地有光使星也神龍三年三月丙辰有流星聲如頹墻
光燭天地景龍二年二月癸未有大星隕于西南聲如雷野雉皆
雊景雲元年八月己未有流星出五車至上台滅九月甲申有流
星出中台至相滅太極元年正月辛卯有流星出太微至相滅延
和元年六月幽州都督孫佺討奚契丹出師之夕有大星隕于營
中開元二年五月乙卯晦有星西北流或如甕或如斗貫北極小
者不可勝數天星盡搖至曙乃止占曰星民象流者失其所也漢
書曰星搖者民勞十二年十月壬辰流星大如桃色赤黃有光燭
地占曰色赤為將軍使天寶三載閏二月辛亥有星如月墜于東
南墜後有聲至德二載賊將武令珣圍南陽四月甲辰夜中有大
星赤黃色長數十丈光燭地墜賊營中十一月壬戌有流星大如
斗東北流長數丈蛇行屈曲有碎光迸出占曰是謂枉矢廣德二
年六月丁卯有妖星隕于汾州十二月丙寅自乙夜至曙星流如

雨大曆二年九月乙丑晝有星如一斗器色黃有尾長六丈餘出
南方没于東北東北于中國則幽州分也三年九月乙亥有星大
如斗北流有光燭地占為貴使六年九月甲辰有星西流大如一
升器光燭地有尾迸光如珠長五丈出婺女入天市南垣滅八年
六月戊辰有流星大如一升器有尾長三丈餘入太微十二月壬
申有流星大如一升器有尾長二丈餘出紫微入濁十年三月戊
戌有流星出于西方如二升器有尾長二丈入濁十二年二月辛
亥有流星如桃尾長十丈出匏瓜入太微建中四年八月庚申有
星隕于京師興元元年六月戊午星或什或伍而隕貞元三年閏
五月戊寅枉矢墜于虛危十四年閏五月辛亥有星墜于東北光
燭如晝聲如雷元和二年十二月己巳西北有流星亘天尾散如
珠占曰有貴使四年八月丁丑西北有大星東南流聲如雷鼓六
年三月戊戌日晡天陰寒有流星大如一斛器墜于兗鄆間聲震
數百里野雉皆雊所墜之上有赤氣如立蛇長丈餘至夕乃滅時

占者以為日在戌魯分也不及十年其野主殺而地分九年正月
有大星如半席自下而升有光燭地羣小星隨之四月辛巳有大
流星尾迹長五丈餘光燭地至右攝提西滅十二年九月己亥甲
夜有流星起中天首如甕尾如二百斛船長十餘丈聲如羣鴨飛
明若火炬過月下西流須臾有聲礱礱墜地有大聲如壞屋者
三在陳蔡間十四年五月己亥有大流星出北斗魁長二丈餘南
抵軒轅而滅占曰有赦赦視星之大小十五年七月癸亥有大星
出鉤陳南流至婁滅長慶元年正月丙辰有大星出狼星北色赤
有尾迹長三丈餘光燭地東北流至七星南滅四月有大星墜于
吳聲如飛羽七月乙巳有大流星出參西北色黃有尾迹長六七
丈光燭地至羽林滅八月辛巳東北方有大星自雲中出色白光
燭地前銳後大長二丈餘西北流入雲中滅二年四月辛亥有流
星出天市光燭地隱隱有聲至郎位滅市者小人所聚郎在天廷
中主宿衛六月丁酉有小星隕于房心間戊戌亦如之己亥亦如

之閏十月丙申有流星大如斗抵中台上星三年八月丁酉夜有
大流星如數斗器起西北經奎婁東南流去月甚近迸光散落墜
地有聲四年四月紫微中星隕者衆七月乙卯有大流星出天船
犯斗魁樞星而滅占曰有舟檝事丙子有大流星出天將軍東北
入濁寶曆元年正月乙卯有流星出北斗樞星光燭地入濁占曰
有赦二年五月癸巳西北有流星長三丈餘光燭地入天市中滅
占為有誅七月丙戌日初入東南有流星向南滅以晷度推之在
箕斗間八月丙申有大流星出王良長四丈餘至北斗杓滅王良
奉車御官也大和四年六月辛未自昏至戊夜流星或大或小觀
者不能數占曰民失其所王者失道綱紀廢則然又曰星在野象
物在朝象官七年六月戊子自昏及曙四方流星大小縱橫百餘
八年六月辛巳夜中有流星出河鼓赤色有尾迹光燭地迸如散
珠北行近天棓滅有聲如雷河鼓為將軍天棓者帝之武備九年
六月丁酉自昏至丁夜流星二十餘縱橫出没多近天漢開成二

年九月丁酉有星大如斗長五丈自室壁西北流入大角下没行類枉矢中天有聲小星數百隨之十一月丁丑有大星隕于興元府署寢室之上光燭庭宇三年五月乙丑有大星出于柳張尾長五丈餘再出再没四年二月己亥丁夜至戊夜四方中天流星小大凡二百餘並西流有尾迹長二丈至五丈八月辛未流星出羽林有尾迹長八丈餘有聲如雷羽林天軍也十二月壬申蚩尤旗見會昌元年六月戊辰自昏至戊夜小星數十縱横流散占曰小星民象七月庚午北方有星光燭地東北流經王良有聲如雷十一月壬寅有大星東北流光燭地有聲如雷四年八月丙午有大星如炬火光燭天地自奎婁掃西方七宿而隕六年二月辛丑夜中有流星赤色如桃光燭地有尾迹貫紫微入濁咸通六年七月乙酉甲夜有大流星長數丈光爍如電羣小星隨之自南徂北其象南方有以衆叛而之北也九年十一月丁酉有星出如匹練亘空化爲雲而没在楚分是謂長庚見則兵起十三年春有二星從

天際而上相從至中天狀如旌旗乃隕九月蚩尤旗見乾符二年冬有二星一赤一白大如斗相隨東南流燭地如月漸大光芒猛怒三年晝有星如炬火大如五升器出東北徐行隕于西北四年七月有大流星如盂自虛危歷天市入羽林滅占爲外兵中和元年有異星出于輿鬼占者以爲惡星八月己丑夜星隕如雨或如杯椀者交流如織庚寅夜亦如之至丁酉止三年十一月夜星隕于西北如雨光啓二年九月有大星隕于揚州府署延和閣前聲如雷光炎燭地十月壬戌有星出于西方色白長一丈五尺屈曲而隕占曰長庚也下則流血三年五月秦宗權擁兵于汴州北郊晝有大星隕于其營聲如雷是謂營頭其下破軍殺將乾寧元年夏有星隕于越州後有光長丈餘狀如蛇或曰枉矢也三年六月天暴雨雷電有星大如椀起西南墜于東北色如鶴練聲如羣鴨飛占爲姦謀光化元年九月丙子有大星墜于北方三年三月丙午有星如二十斛船色黃前銳後大西南行十一月中天有大星自東緩流如帶屈曲光凝著天食頃乃滅是謂枉矢天復三年二月帝至自鳳翔其明日有大星如月自東濁際西流有聲如雷尾跡横貫中天三夕乃滅天祐元年五月戊寅乙夜雨晦暝有星長二十丈出東方西南向首黒尾赤中白枉矢也一曰長星二年三月乙丑夜中有大星出中天如五斗器流至西北去地十丈許而止上有星芒炎如火赤而黃長丈五許而蛇行小星皆動而東南其隕如雨少頃没後有蒼白氣如竹叢上衝天中色瞢瞢占曰亦枉矢也三年十二月昏東方有星如太白自地徐上行極緩至中天如上弦月乃曲行頃之分爲二占曰有大孽

天文志第二十二

天文志第二十三　唐書三十三

翰林學士兼龍圖閣學士朝散大夫給事中知制誥充史館脩撰臣歐陽脩奉

敕撰

月五星凌犯及星變隋大業十三年六月鎮星贏而旅于參參唐星也李淳風曰鎮星主福未當居而居所宿國吉義寧二年三月丙午熒惑入東井占曰大人憂武德元年五月庚午太白晝見占曰兵起臣彊六月丙子熒惑犯右執法占曰執法大臣象二年七月戊寅月犯牽牛凡月與列宿相犯其宿地憂牽牛吳越分九月庚寅太白晝見冬熒惑守五諸侯六年七月癸卯熒惑犯輿鬼西南星占曰大臣有誅七年六月熒惑犯右執法七月戊寅歲星犯畢占曰邊有兵八年九月癸丑熒惑入太微太微天廷也冬太白入南斗斗主爵禄九年五月太白晝見六月丁巳經天己未又經天在秦分丙寅月犯氐氐爲天子宿宮己卯太白晝見七月辛亥晝見甲寅晝見八月丁巳晝見太白上公經天者陰乘陽也貞觀三

年三月丁丑歲星逆行入氐占曰人君治宮室過度一曰饑五年五月庚申鎮星犯鍵閉占爲腹心喉舌臣九年四月丙午熒惑犯軒轅十年四月癸酉復犯之占曰熒惑主禮禮失而後罰出焉軒轅爲後宮十一年二月癸未熒惑入輿鬼占曰賊在大人側十二年六月辛卯熒惑入東井占曰旱十三年五月乙巳犯右執法六月太白犯東井北轅井京師分也十四年十一月壬午月入太微占曰君不安十五年二月熒惑逆行犯太微東上相十六年五月太白犯畢左股畢爲邊將六月戊戌晝見九月己未熒惑犯太微西上將十月丙戌入太微犯左執法十七年二月犯鍵閉三月丁巳守心前星癸酉逆行犯鉤鈐熒惑常以十月入太微受制而出伺其所守犯天子所誅也鍵閉爲腹心喉舌臣鉤鈐以開闔天心皆貴臣象十八年十一月乙未月掩鉤鈐十九年七月壬午太白入太微是夜月掩南斗太白遂犯左執法光芒相及箕斗間漢津高麗地也太白爲兵亦罰星也二十年七月丁未歲星守東壁占

曰五穀以水傷二十一年四月戊寅月犯熒惑占曰貴臣死十二月丁丑月食昴占曰天子破匈奴二十二年五月丁亥犯右執法七月太白晝見乙巳鎮星守東井占曰旱閏十二月辛巳太白犯建星占曰大臣相譖永徽元年二月己丑熒惑犯東井占曰旱四月己巳月犯五諸侯熒惑犯輿鬼占曰諸侯凶五月己未太白晝見二年六月己丑太白入太微犯右執法九月甲午犯心前星十二月乙未太白晝見三年正月壬戌犯牽牛牽牛爲將軍又吳越分也丁亥歲星掩太微上將二月己丑熒惑犯五諸侯五月戊子掩右執法四年六月己丑太白晝見六年七月乙亥歲星守尾占曰人主以嬪爲后己丑熒惑入輿鬼八月丁卯入軒轅顯慶元年四月丁酉太白犯東井北轅占曰秦有兵五年二月甲午熒惑入南斗六月戊申復犯之南斗天廟去復來者其事大且久也龍朔元年六月辛巳太白晝見經天九月癸卯犯左執法二年七月己丑熒惑守羽林羽林禁兵也三年正月己卯犯天街占曰政塞姦出六

月乙酉太白入東井占曰君失政大臣有誅麟德二年三月戊午熒惑犯東井四月壬寅入輿鬼犯質星乾封元年八月乙巳熒惑入東井二年五月庚申入軒轅三年正月乙巳月犯軒轅大星咸亨元年四月癸卯月犯東井占曰人主憂七月壬申熒惑入東井占曰旱丙申月犯熒惑占曰貴人死十二月丙子熒惑入太微二年四月戊辰復犯太微垣將相位也五年六月壬寅太白入東井上元二年正月甲寅熒惑犯房占曰君有憂一曰有喪三年正月丁卯太白犯牽牛占曰將軍凶儀鳳二年八月辛亥太白犯軒轅左角左角貴相也三年十月戊寅熒惑犯鉤鈐四年四月戊午入羽林占曰軍憂調露元年七月辛巳入天囷永隆元年五月癸未犯輿鬼丁酉太白晝見經天是謂陰乘陽君道也永淳元年五月丁巳辰星犯軒轅九月庚戌熒惑入輿鬼犯質星十一月乙未復犯輿鬼去而復來是謂句已垂拱元年四月癸未辰星犯東井北轅辰星爲廷尉東井爲法令失道則相犯也十二月戊子月掩

軒轅大星二年三月丙辰復犯之萬歲通天元年十一月乙丑歲
星犯司怪占曰水旱不時聖曆元年五月庚午太白犯天關天關
主邊事二年熒惑入輿鬼三年三月辛亥歲星犯左執法久視元
年十二月甲戌晦熒惑犯軒轅自乾封二年後月及熒惑太白辰
星凌犯軒轅者六長安二年熒惑犯五諸侯渾儀監尚獻甫奏臣
命在金五諸侯太史之位火克金臣將死矣武后曰朕爲卿禳之
以獻甫爲水衡都尉水生金又去太史之位卿無憂矣是秋獻甫
卒四年熒惑入月鎮星犯天關神龍元年三月癸巳熒惑犯天田
占曰旱七月辛巳掩氐西南星占曰賊臣在內二年閏正月丁卯
月掩軒轅后星九月壬子熒惑犯左執法己巳月犯軒轅后星十
一月辛亥犯昴占曰胡王死戊午熒惑入氐十二月丁酉犯天江
占曰旱三年五月戊戌太白入輿鬼中占曰大臣有誅景龍三年
六月癸巳太白晝見在東井京師分也四年二月癸未熒惑犯天
街五月甲子月犯五諸侯景雲二年三月壬申太白入羽林八月

己未歲星犯執法三月壬申熒惑入東井先天元年八月甲子太
白襲月占曰太白兵象月大臣體二年十一月丙子熒惑犯司怪
開元二年七月己丑太白犯輿鬼東南星七年六月甲戌太白犯
東井鉞星占曰斧鉞用八年三月庚午犯東井北轅五月甲子犯
軒轅十一年十一月丁卯歲星犯進賢十四年十月甲寅太白晝
見二十五年六月壬戌熒惑犯房二十七年七月辛丑犯南斗占
曰貴相凶天寶十三載五月熒惑守心五旬餘占曰主去其宮十
四載十二月月食歲星在東井占曰其國亡東井京師分也至德
二載七月己酉太白晝見經天至于十一月戊午不見歷秦周楚
鄭宋燕之分十二月歲星犯軒轅大星占曰女主謀君乾元元年
五月癸未月掩心前星占曰太子憂六月癸丑入南斗魁中占曰
大人憂二年正月癸未歲星蝕月在翼楚分也一曰饑二月丙辰
月犯心中星占曰主命惡之上元元年五月癸丑月掩昴占曰胡
王死八月己酉太白犯進賢十二月癸未歲星掩房占曰將相憂三

年建子月癸巳月掩昴出昴北八月丁卯又掩昴寶應二年四月
己丑月掩歲星占曰饑永泰元年九月辛卯太白晝見經天大曆
二年七月癸亥熒惑入氐其色赤黃乙丑鎮星犯水位占曰有水
災乙亥歲星犯司怪八月壬午月入氐丙申犯畢九月戊申歲星
守東井占皆爲有兵乙丑熒惑犯南斗在燕分十二月丁丑犯壘
壁占曰兵起三年正月壬子月掩畢八月己未復掩畢辛酉入東
井九月壬申歲星入輿鬼占曰歲星爲貴臣輿鬼主死喪丁丑熒
惑入太微二旬而出己卯太白犯左執法四年二月壬寅熒惑守
房上相丙午有芒角三月壬午逆行入氐中是月鎮星犯輿鬼七
月戊辰熒惑犯次相九月丁卯犯建星占曰大臣相譖五年二月
乙巳歲星入軒轅六月丁酉月犯進賢庚子犯氐庚戌太白入東
井六年七月乙巳月掩畢入畢中壬子月犯太微八月甲戌熒惑
犯鄭星庚辰月入太微九月壬辰熒惑犯哭星庚子犯泣星是夜
月掩畢丁未入太微十月丁卯掩畢己巳熒惑犯壘壁甲戌月入

軒轅占曰憂在後宮十一月壬寅入太微丙午掩氐十二月己巳入
太微七年正月乙未犯軒轅二月戊午掩天關占曰亂臣更天子
法令己巳熒惑犯天街四月丁巳入東井辛未歲星犯左角占曰
天下之道不通壬申月入羽林五月丙戌入太微八年四月癸丑歲
星掩房占曰將相憂又宋分也甲寅熒惑入壘壁五月庚辰入羽
林七月己卯太白入東井留七日非常度也占曰秦有兵乙未月
入畢中癸未入羽林己丑太白入太微占曰兵入天廷八月晝見
十月丁巳月掩畢壬戌入輿鬼掩質星庚午月及太白入氐中占
曰君有哭泣事十一月己卯月入羽林癸未太白入房占曰白衣
會不曰犯而曰入蓋鉤鈐間癸丑月掩天關甲寅入東井癸酉入
羽林九年三月丁未熒惑入東井四月丁丑月入太微五月己未
太白入軒轅占曰憂在後宮六月己卯月掩南斗庚辰入太微七
月甲辰掩房辛亥入羽林壬戌入輿鬼九月辛丑太白入南斗占
曰有反臣又曰有赦甲子熒惑入氐宋分也十月戊子歲星入南

斗占曰大臣有誅十二月戊辰月入羽林十年三月庚戌熒惑入
壘壁四月甲子入羽林八月戊辰月入太微十一年閏八月丁酉
太白晝見經天十二年正月乙丑月掩軒轅癸酉掩心前星宋分
也丙子入南斗魁中二月乙未鎮星入氐中占曰其分兵喪李正
己地也三月壬戌月入太微四月乙未掩心前星五月丙辰入太
微戊戌入羽林七月庚戌入南斗乙亥熒惑入東井十月壬辰月
掩昴庚子入太微十一月乙卯入羽林十二月壬午復入羽林自
六年至此月入太微者十有二入羽林者八熒惑三入東井再入
羽林三入壘壁月太白歲星皆入南斗魁中十四年春歲星入東
井建中元年十一月月食歲星在秦分占曰其國亡是月歲星食
天尸天尸輿鬼中星占曰有妖言小人在位君王失樞死者太半
三年七月月掩心中星貞元四年五月丁卯月犯歲星在營室六
月癸卯熒惑逆行入羽林占曰軍有憂六年五月戊辰月犯太白
閒容一指占曰大將死十年四月太白晝見十一年七月熒惑太

白相繼犯太微上將十三年二月戊辰大白入昴三月庚寅月犯
太白十九年三月熒惑入南斗色如血斗吳越分色如血者旱祥
也二十一年正月己酉太白犯昴趙分也永貞元年十二月丙午
月犯畢己酉歲星犯太微西垣將相位也元和元年十月太白入
南斗十二月復犯之斗吳分也二年正月癸丑月犯太白于女虛
二月壬申月掩歲星占曰大臣死四月丙子太白犯東井北轅己
卯月犯房上相三年三月乙未鎮星蝕月在氐占曰其地主死四
年九月癸亥太白犯南斗七年正月辛未月掩熒惑五月癸亥熒
惑犯右執法六月己亥月犯南斗魁八年七月癸酉月犯五諸侯
十月己丑熒惑犯太微西上將十二月掩左執法九年二月丁酉
月犯心中星七月辛亥掩心中星占曰其宿地凶心豫州分壬辰
月掩軒轅是月太白入南斗至十月出乃晝見熒惑入南斗中因
留犯之南斗天廟又丞相位也十年八月丙午月入南斗魁中十
一年二月丙辰月掩心是月熒惑入氐因逆行三月己丑月犯鎮

星在女齊分也四月丙辰太白犯輿鬼占曰有僇臣六月甲辰月
掩心後星是月熒惑復入氐是謂句己十一月戊寅月犯歲星十
二月甲午犯鎮星在危亦齊分也十二年三月丁丑月犯心十三
年正月乙未歲星逆行犯太微西上將三月熒惑入南斗因逆留
至于七月在南斗中大如五升器色赤而怒乃東行非常也八月
甲戌太白犯左執法乙己熒惑犯哭星十月甲子月犯昴趙分也
十四年正月癸卯月犯南斗魁占曰相凶五月丙戌月犯心中星
七月乙酉掩心中星十五年正月丙申復犯中星四月太白犯昴
七月庚申熒惑逆行入羽林八月己卯月掩牽牛吳越分也十一
月壬子月犯東井北轅長慶元年正月丙午月掩東井鉞遂犯南
轅第一星二月乙亥太白犯昴趙分也丁亥月犯歲星在尾占曰
大臣死燕分也三月庚戌太白犯五車因晝見至于七月以曆度
推之在唐及趙魏之分占曰兵起七月壬寅月掩房次相九月乙
巳太白犯左執法二年九月太白晝見熒惑守天囷六旬餘乃去

占曰天囷上帝之藏秏祥也十月熒惑犯鎮星于昴甲子月掩牽
牛中星占曰吳越凶十一月丁丑掩左角十二月復掩之占曰將
死甲寅月犯太白于南斗四年三月庚午太白犯東井北轅遂入
井中晝見經天七日而出因犯輿鬼京師分也五月乙亥月掩畢
大星六月丙戌鎮星依曆在觜觿贏行至參三度當居不居失行
而前遂犯井鉞占曰所居宿久國福厚易福薄又曰贏為王不寧
鉞主斬刈而又犯之其占重癸未熒惑犯東井丁亥入井中己丑
太白犯軒轅右角因晝見至于九月占曰相凶十月辛巳月入畢
口十一月熒惑逆行向參鎮星守天關十二月戊子月掩東井寶
曆元年四月壬寅熒惑入輿鬼掩積尸七月癸卯犯執法甲辰鎮
星犯東井甲子月掩畢大星癸未太白犯南斗丙戌月犯畢十月
辛亥犯天囷十一月庚辰鎮星復犯東井癸未月犯東井二年正
月甲申犯左執法戊子入于氐二月丙午犯畢五月甲午熒惑犯
昴六月太白犯昴七月壬申月犯畢八月庚戌熒惑犯輿鬼大和

元年正月庚午月掩畢三月癸丑入畢口掩大星月變于畢者自
寶曆元年九月及茲而五五月月掩熒惑在太微西垣丙戌熒惑
犯右執法大和二年正月庚午月掩鎮星七月甲辰熒惑掩輿鬼
質星十月丁卯月掩東井北轅三年二月乙卯太白犯昴壬申熒
惑掩右執法七月入于氐十月入于南斗四年四月庚申月掩南
斗杓次星十一月辛未熒惑犯右執法五年二月甲申月掩熒惑
三月熒惑犯南斗杓次星六年四月辛未月掩鎮星于端門己丑
太白晝見七月戊戌月掩心大星辛丑掩南斗杓次星七年五月
甲辰熒惑守心中星六月丙子月掩心中星遂犯熒惑七月甲午
月掩心中星丙申掩南斗口第二星九月丁巳入于箕戊辰入于
南斗癸酉太白入南斗冬鎮星守角八年二月始去七月戊子月
犯昴十月庚子熒惑鎮星合于亢十二月丙戌月掩昴是歲月入
南斗者五占曰大人憂九年夏太白晝見自軒轅至于翼軫六月
庚寅月掩歲星在危而暈十月庚辰月復掩歲星在危開成元年

正月甲辰太白掩建星占曰大臣相譖六月丁未月掩心前星八
月乙巳入南斗二年正月壬申月掩昴二月己亥月掩太白于昴
中六月甲寅月掩昴而暈太白亦有暈六月己酉大星晝見庚申
太白入于東井七月壬申月入南斗丁亥掩太白于柳八月壬子
太白入太微遂犯左右執法九月丙子月掩昴三年二月己酉掩
心前星三月戊午熒惑入東井三月乙酉入輿鬼五月辛酉太白
犯輿鬼庚午月犯心中星甲寅太白犯右執法七月乙丑月掩心
前星十月辛卯太白犯南斗四年二月丁卯月掩歲星于畢三月
乙酉掩東井七月乙未月犯熒惑占曰貴臣死八月壬申熒惑犯
鉞遂入東井十月戊午辰星入南斗魁中占曰大赦五年春木當
王而歲星小闇無光占曰有大喪二月壬申熒惑入輿鬼四月太
白歲星入輿鬼五月辰星見于七星色赤如火七月乙酉月掩鎮
星會昌元年閏八月丁酉熒惑入輿鬼中占曰有兵喪十二月庚
午月犯太白于羽林二年正月壬戌掩太白于羽林六月丙寅太

白犯東井十月丙戌月掩歲星于角三年三月丙申又掩歲星于
角七月癸巳熒惑入東井色蒼赤動搖井中八月丁丑犯輿鬼十
月壬午晝月食太白于亢四年二月歲星守房掩上相熒惑逆行
守軒轅四旬乃去庚申月掩畢大星十月癸未太白與熒惑合遂
入南斗五年二月壬午太白掩昴五月辛酉入畢口八月壬午犯
軒轅大星九月癸巳熒惑犯太微上將六年二月丁丑犯畢大星
丁亥月出無光犯熒惑于太微頃之乃稍有光遂犯左執法丙申
掩牽牛南星遂犯歲星牽牛揚州分大中十一年八月熒惑犯東
井咸通十年春熒惑逆行守心乾符二年四月庚辰太白晝見在
昴三年七月常星晝見四年七月月犯房六年冬歲星入南斗魁
中占曰有反臣光啓二年四月熒惑犯月角文德元年七月丙午
月入南斗八月熒惑守輿鬼占曰多戰死龍紀元年七月甲辰月
犯心乾寧二年七月癸亥熒惑犯心光化二年鎮星入南斗三年
八月壬申太白應見在氐不見至九月丁亥乃見是謂當出不出

十一月丁未太白犯月因晝見天復元年五月自丁酉至于己亥
太白晝見經天在井度十月大角五色散搖煌煌如火占曰王者
惡之二年五月甲子太白襲熒惑在軒轅后星上太白遂犯端門
又犯長垣中星占曰賊臣謀亂京畿大戰十月甲戌太白夕見在
斗去地一丈而墜占曰兵聚其下又曰山摧石裂大水竭庚子辰
星見氐中小而不明占曰負海之國大水是歲鎮星守虛三年二
月始去虛十一月丙戌太白在南斗去地五尺許色小而黃至明
年正月乃高十丈光芒甚大是冬熒惑徘徊于東井閒久而不去
京師分也天祐元年二月辛卯太白夕見昴西色赤炎燄如火壬
辰有三角如花而動搖占曰有反城有火災胡兵起六月甲午太
白在張芒角甚大癸丑句己犯水位自夏及秋大角五色散搖煌
煌然占同天復初三年八月丙午歲星在哭星上生黃白氣如孛
狀五星聚合武德元年七月丙午鎮星太白辰星聚于東井關中
分也二年三月丙申鎮星太白辰星聚于東井九年六月己卯

歲星辰星合于東井占曰為變謀貞觀十八年五月太白辰星合于東井占曰為兵謀十九年六月丙辰太宗征高麗次安市城太白辰星合于東井史記曰太白為主辰星為客為蠻夷出相從而兵在野為戰永徽元年七月辛酉歲星太白合于柳在秦分占曰兵起景龍元年十月丙寅太白熒惑合于虛危占曰有喪景雲三年七月鎮星太白合于張占曰內兵太極元年四月熒惑太白合于東井天寶九載八月五星聚于尾箕熒惑先至而又先去尾箕燕分也占曰有德則慶無德則殃十四載二月熒惑太白鬬于畢昴井鬼閒至四月乃伏十五載五月熒惑鎮星同在虛危中天芒角大動搖占者以為北方之宿子午相衝災在南方至德二載四月壬寅歲星熒惑太白辰星聚于鶉首從歲星也罰星先去而歲星留占曰歲星熒惑為陽太白辰星為陰陰主外邦陽主中邦陽與陰合中外相連以兵八月太白芒怒掩歲星于鶉火又晝見經天鶉火周分也乾元元年四月熒惑鎮星太白聚于營室太史南

宮沛奏其地戰不勝衛分也大曆三年七月壬申五星並出東方占曰中國利八年閏十一月壬寅太白辰星合于危齊分也十年正月甲寅歲星熒惑合于南斗占曰饑旱吳越分也一曰不可用兵七月庚辰太白辰星合于柳京師分也建中二年六月熒惑太白鬬于東井四年六月熒惑太白復鬬于東井京師分也金火罰星鬬者戰象也興元元年春熒惑守歲星在角亢占曰有反臣角亢鄭也貞元四年五月乙亥歲星熒惑鎮星聚于營室占曰其國亡地在衛分六年閏三月庚申太白辰星合于東井占為兵憂戊寅熒惑犯鎮星在奎魯分也元和九年十月辛未熒惑犯鎮星又與太白合于女在齊分十年六月辛未歲星熒惑太白辰星合于東井占曰中外相連以兵十一年五月丁卯歲星辰星合于東井六月己未復合于東井占曰為變謀而更事十一月戊子鎮星熒惑合于虛危十二月鎮星太白辰星聚于危皆齊分也十四年八月丁丑歲星太白辰星聚于軫占曰兵喪在楚分與南方夷貊之

國十五年三月鎮星太白合于奎占曰內兵徐州分也十二月熒惑鎮星合于奎占曰主憂長慶二年二月甲戌歲星熒惑合于南斗占曰饑旱八月丙寅熒惑犯鎮星在昴畢因留相守占曰主憂四年八月庚辰熒惑犯鎮星于東井鎮星既失行犯鉞而熒惑復往犯之占曰內亂寶曆二年八月丁未熒惑鎮星復合于東井輿鬼閒大和二年九月歲星熒惑鎮星聚于七星三年四月壬申歲星犯鎮星占曰饑四年五月丙午歲星太白合于東井六年正月太白熒惑合于羽林十月太白熒惑鎮星聚于軫八年七月庚寅太白熒惑合相犯推曆度在翼近太微占曰兵起開成三年六月丁亥太白犯熒惑于張占曰有喪四年正月丁巳熒惑太白辰星聚于南斗推曆度在燕分占曰內外兵喪改立王公冬歲星熒惑俱逆行失色合于東井京師分也會昌二年六月乙丑熒惑犯歲星于翼占曰旱四年十月癸未太白熒惑合于南斗咸通中熒惑鎮星太白辰星聚于畢昴在趙魏之分詔鎮州王景崇被袞冕軍府

稱臣以厭之文德元年八月歲星鎮星太白聚于張周分也占曰內外有兵為河內河東地光化三年十月太白鎮星合于南斗占曰吳越有兵

天文志第二十三

五行志第二十四　　唐書三十四

翰林學士兼龍圖閣學士朝散大夫給事中知制誥充史館脩撰臣歐陽脩奉

勑撰

萬物盈於天地之間而其為物最大且多者有五一曰水二曰火三曰木四曰金五曰土其用於人也非此五物不能以為生而闕其一不可是以聖王重焉夫所謂五物者其見象於天也為五星分位於地也為五方行於四時也為五德稟於人也為五常播於音律為五聲發於文章為五色而總其精氣之用謂之五行自三代之後數術之士興而為災異之學者務極其說至舉天地萬物動植無大小皆推其類而附之於五物曰五行之屬以謂人稟五行之全氣以生故於物為最靈其餘動植之類各得其氣之偏者其發為英華美實氣臭滋味羽毛鱗介文采剛柔亦皆得其一氣之盛至其為變怪非常失其本性則推以事類吉凶影響其說尤為委曲繁密蓋王者之有天下也順天地以治人而取材於萬

李謀

物以足用若政得其道而取不過度則天地順成萬物茂盛而民以安樂謂之至治若政失其道用物傷夭民被其害而愁苦則天地之氣沴三光錯行陰陽寒暑失節以為水旱蝗螟風雹雷火山崩水溢泉竭雪霜不時雨非其物或發為氛霧虹蜺光怪之類此天地災異之大者皆生於亂政而考其所發驗以人事往往近其所失而以類至然時有推之不能合者豈非天地之大固有不可知者邪若其諸物種類不可勝數下至細微家人里巷之占有考於人事而合者有漠然而無所應者皆不足道語曰迅雷風烈必變蓋君子之畏天也見物有反常而為變者失其本性則思其有以致而為之戒懼雖微不敢忽而已至為災異之學者不然莫不指事以為應及其難合則旁引曲取而遷就其說蓋自漢儒董仲舒劉向與其子歆之徒皆以春秋洪範為學而失聖人之本意至其不通也父子之言自相戾可勝歎哉昔者箕子為周武王陳禹所有洪範之書條其事為九類別其說為九章謂之九疇考其說

初不相附屬而向為五行傳乃取其五事皇極庶證附於五行以為八事皆屬五行歟則至於八政五紀三德稽疑福極之類又不能附至俾洪範之書失其倫理有以見所謂旁引曲取而遷就其說也然自漢以來未有非之者又其祥眚禍痾之說自其數術之學故略存之庶幾深識博聞之士有以考而擇焉夫所謂災者被於物而可知者也水旱螟蝗之類是已異者不可知其所以然者也日食星孛五石六鷁之類是已孔子於春秋記災異而不著其事應蓋慎之也以謂天道遠非諄諄以諭人而君子見其變則知天之所以譴告恐懼脩省而已若推其事應則有合有不合有同有不同至於不合不同則將使君子怠焉以為偶然而不懼此其深意也蓋聖人慎而不言如此而後世猶為曲說以妄意天此其不可以傳也故考次武德以來略依洪範五行傳著其災異而削其事應云五行傳曰田獵不宿飲食不享出入不節奪民農時及有姦謀則木不曲直謂生不暢茂多折槁及為變怪而失其性也又

李謀

曰貌之不恭是謂不肅厥咎狂厥罰常雨厥極凶時則有服妖時則有龜孽時則有雞禍時則有下體生上之痾時則有青眚青祥鼠妖惟金沴木木不曲直武德四年亳州老子祠枯樹復生枝葉老子唐祖也占曰枯木復生權臣執政眭孟以為有受命者九年三月順天門樓東柱已傾毀而自起占曰木仆而自起國之災永徽二年十一月甲申陰霧凝凍封樹木數日不解劉向以為木少陽貴臣象此人將有害則陰氣脅木先寒故得雨而冰也亦謂之樹介介兵象也顯慶四年八月有毛桃樹生李李國姓也占曰木生異實國主殃麟德元年十二月癸酉氛霧終日不解甲戌雨木冰儀鳳三年十一月乙未昏霧四塞連夜不解丙申雨木冰垂拱四年三月雨桂子于台州旬餘乃止占曰天雨草木人多死長壽二年十月萬象神宮側槐杉皆變為柏柏貫四時不改柯易葉有士君子之操槐杉柔脆小人性也象小人居君子之位延載元年十月癸酉白霧木冰景龍四年三月庚申雨木冰景雲二年高祖

故第有柿樹自天授中枯死至是復生開元二十一年六月蓬州枯
楊生李枝有實與顯慶中毛祧生李同二十九年亳州老子祠枯
樹復榮是年十一月己巳寒甚雨木冰數日不解永泰元年三月
庚子夜霜木有冰大曆二年十一月紛霧如雪草木冰九年晉州
神山縣慶唐觀枯檜復生興元元年春亳州眞源縣有李樹植已
十四年其長尺有八寸至是枝忽上聳高六尺周迴如蓋九尺餘
李國姓也占曰木生枝聳國有寇盜是歲中書省枯柳復榮貞元
元年十二月雨木冰四年正月雨木于陳留十里許大如指長寸
餘中空所下者立如植木生于下而自上隕者上下易位之象碎
而中空者小人象如植者自立之象二十年冬雨木冰元和十五
年九月己酉大雨樹無風而摧者十五六近木自拔也占曰木自
拔國將亂長慶三年十一月丁丑雨木冰成都栗樹結實食之如
李寶曆元年十一月丙申雨木冰大和三年成都李樹生木瓜空
中不實七年十二月丙戌夜霧木冰開成四年九月辛丑雨雪木

冰十月己巳亦如之會昌元年十二月丁丑雨木冰四年正月己
酉雨木冰庚戌亦如之咸通十四年四月成都李實變爲木瓜時
人以爲李國姓也變者國奪於人之象廣明二年春眉州有檀樹
已枯倒一夕復生常雨武德六年秋關中久雨少陽曰暘少陰曰
雨陽德衰則陰氣勝故常雨貞觀十五年春霖雨永徽六年八月
京城大雨顯慶元年八月霖雨更九旬乃止開元二年五月壬子
久雨禜京城門十六年九月關中久雨害稼天寶五載秋大雨十
二載八月久雨十三載秋大霖雨害稼六旬不止九月閉坊市北
門蓋井禁婦人入街市祭玄冥太社禜明德門壞京城垣屋殆盡
人亦乏食至德二載三月癸亥大雨至甲戌乃止上元元年四月
雨訖閏月乃止二年秋霖雨連月渠竇生魚永泰元年九月丙午
大雨至于丙寅大曆四年四月雨至于九月閉坊市北門置土臺
臺上置壇立黃幡以祈晴六年八月連雨害秋稼貞元二年正月
乙未大雨雪至于庚子平地數尺雪上黃黑如塵五月乙巳雨至

于丙申時大飢至是麥將登復大雨霖衆心恐懼十年春雨至閏
四月間止不過一二日十一年秋大雨十九年八月己未大霖雨元
和四年四月冊皇太子寧以雨霑服罷十月再擇日冊又以雨霑
服罷近常雨也六年七月霖雨害稼十二年五月連雨八月壬申
雨至于九月戊子十五年二月癸未大雨八月久雨閉坊市北門
宋滄景等州大雨自六月癸酉至于丁亥廬舍漂沒殆盡寶曆元
年六月雨至于八月大和四年夏鄆曹濮等州雨壞城郭廬舍殆
盡五年正月庚子朔京城陰雪彌旬開成五年七月霖雨葬文宗
龍輴陷不能進大中十年四月雨至于九月咸通九年六月久雨
禜明德門乾符五年秋大霖雨汾澮及河溢流害稼廣明元年秋
八月大霖雨天復元年八月久雨服妖唐初宮人乘馬者依周舊
儀著冪䍦全身障蔽永徽後乃用帷帽施裙及頸頗爲淺露至
神龍末冪䍦始絕皆婦人預事之象太尉長孫无忌以烏羊毛爲
渾脫氈帽人多效之謂之趙公渾脫近服妖也高宗嘗內宴太平

公主紫衫玉帶皁羅折上巾具紛礪七事歌舞于帝前帝與武后
笑曰女子不可爲武官何爲此裝束近服妖也武后時嬖臣張易
之爲母臧作七寶帳有魚龍鸞鳳之形仍爲象牀犀簟安樂公主
使尚方合百鳥毛織二裙正視爲一色傍視爲一色日中爲一色
影中爲一色而百鳥之狀皆見以其一獻韋后公主又以百獸毛
爲韉面韋后則集鳥毛爲之皆具其鳥獸狀工費巨萬公主初出
降益州獻單絲碧羅籠裙縷金爲花鳥細如絲髮大如黍米眼
鼻觜甲皆備瞭視者方見之皆服妖也自作毛裙貴臣富家多效
之江嶺奇禽異獸毛羽採之殆盡韋后妹嘗爲豹頭枕以辟邪白
澤枕以辟魅伏熊枕以宜男亦服妖也景龍三年十一月郊祀韋
后爲亞獻以婦人爲齋娘以祭祀之服執事近服妖也中宗賜宰
臣宗楚客等巾子樣其制高而踣即帝在藩邸時冠也故時人號
英王踣踣顛仆也開元二十五年正月道士尹愔爲諫議大夫衣道
士服視事亦服妖也天寶初貴族及士民好爲胡服胡帽婦人則

簪步搖釵衿袖窄小楊貴妃常以假鬢爲首飾而好服黃裙近服
妖也時人爲之語曰義髻拋河裏黃裙逐水流元和末婦人爲圓
鬟椎髻不設鬢飾不施朱粉惟以烏膏注脣狀似悲啼者圓鬟者
上不自樹也悲啼者憂恤象也文宗時吳越間織高頭草履纖如
綾縠前代所無履下物也織草爲之又非正服而被以文飾蓋陰
斜闇昔泰後之象乾符五年雒陽人爲帽皆冠軍士所冠者又內
臣有刻木象頭以裹幞頭百官效之工門如市度木斫之曰此斫
尚書頭此斫將軍頭此斫軍容頭近服妖也僖宗時內人束髮極
急及在成都蜀婦人效之時謂爲囚髻唐末京都婦人梳髮以兩
鬢抱面狀如椎髻時謂之拋家髻又世俗尚以琉璃爲釵釧近服妖
也拋家流離皆播遷之兆云昭宗時十六宅諸王以華侈相尚巾
幘各自爲制度都人傚之則曰爲我作某王頭識者以爲不祥龜
孽大足初虔州獲龜六眼一夕而失肅宗上元二年有黿聚于楊
州城門上節度使鄧景山以問族弟珽對曰黿介物兵象也貞元

三年潤州魚鼈蔽江而下皆無首大和三年魏博管內有蟲狀如
龜其鳴晝夜不絕近龜孽也秦宗權在蔡州州中地忽裂有石出
高五六尺廣袤丈餘正如大龜雞禍垂拱三年七月冀州雌雞化
爲雄永昌元年正月明州雌雞化爲雄八月松州雌雞化爲雄景
龍二年春滑州匡城縣民家雞有三足京房易妖占曰君用婦言
則雞生妖玄宗好鬬雞貴臣外戚皆尚之貧者或弄木雞識者以
爲雞酉屬帝生之歲也鬬者兵象近雞禍也大中八年九月考城
縣民家雄雞化爲雌伏子而雄鳴化爲雌王室將卑之象反雌伏也
漢宣帝時雌雞化爲雄至元帝而王氏始萌蓋馴致其禍也咸通
六年七月徐州彭城民家雞生角角兵象雞小畜猶賤類也下體
生上之痾咸通十四年七月宋州襄邑有獵者得雉五足三足出
背上足出于背者下干上之象五足者衆也青眚青祥貞觀十七
年四月立晉王爲太子有青氣繞東宮殿始冊命而有祲不祥十
八年六月壬戌有青黑氣廣六尺貫于辰戌其長亘天大和九年

鄭注誅中藥化爲蠅數萬飛去注始以藥術進化爲蠅者敗死之
象近青眚也乾元三年六月昏西北有青氣三鼠妖武德元年秋
李密王世充隔洛水相拒密營中鼠一夕渡水盡去占曰鼠無故
皆夜去邑有兵貞觀十三年建州鼠害稼二十一年渝州鼠害稼
顯慶三年長孫无忌第有大鼠見於庭月餘出入無常後忽然死
龍朔元年十一月洛州猫鼠同處鼠隱伏象盜竊猫職捕齧而反
與鼠同象司盜者廢職容姦弘道初梁州倉有大鼠長二尺餘爲
猫所齧數百鼠反齧猫少選聚萬餘鼠州遣人捕擊殺之餘皆去
景雲中有蛇鼠鬬于右威衛營東街槐樹蛇爲鼠所傷鬬者兵象
景龍元年基州鼠害稼開元二年韶州鼠害稼千萬爲羣天寶元
年十月魏郡猫鼠同乳同乳者甚于同處大曆十三年六月隴右
節度使朱泚於兵家得猫鼠同乳以獻大和三年成都猫鼠相乳
開成四年江西鼠害稼咸通十二年正月汾州孝義縣民家鼠多
銜蒿芻巢樹上鼠穴居去穴登木賤人將貴之象乾符三年秋河

東諸州多鼠穴屋壞衣三月止鼠盜也天戒若曰將有盜矣乾寧
末陝州有蛇鼠鬬于南門之內蛇死而鼠亡去金沴木武德元年
八月戊戌突厥始畢可汗衙帳無故自壞中宗即位金雞竿折樹
雞竿所以肆赦始發大號而雞竿折不祥神龍中有羣狐入御史
大夫李承嘉第其堂無故壞又秉筆而管直裂易之又裂開元五
年正月癸卯太廟四室壞天寶十四載十二月哥舒翰帥師守潼
關前軍牙行牙門旗至坊門觸落槍刃衆以爲不祥永泰二年三
月辛酉中書敕庫壞貞元四年正月庚戌朔德宗御含元殿受朝
賀質明殿階及欄檻三十餘間自壞衞士死者十餘人含元路寢
大朝會之所御也正月朔一歲之元王者之事天所以儆者重矣
大和九年鄭注爲鳳翔節度使將之鎮出開遠門旗竿折光啓初
揚州府署門屋自壞故隋之行臺門也制度甚宏麗云五行傳曰
棄法律逐功臣殺太子以妾爲妻則火不炎上謂火失其性而爲
災也京房易傳曰上不儉下不節盛火數起燔宮室蓋火主禮云

又曰視之不明是謂不哲厥咎舒厥罰常燠厥極疾時則有草妖時則有羽蟲之孽時則有羊禍時則有目痾時則有赤眚赤祥惟水沴火火不炎上貞觀四年正月癸巳武德殿北院火十三年三月壬寅雲陽石燃方丈晝則如灰夜則有光投草木則焚歷年乃止火失其性而沴金也二十三年三月甲弩庫火永徽五年十二月乙巳尚書司勳庫火顯慶元年九月戊辰恩州吉州火焚倉廩甲仗民居二百餘家十一月己巳饒州火證聖元年正月丙申夜明堂火武太后欲避正殿徹樂宰相姚璹以爲火因人非天災也不宜貶損后乃御端門觀酺引建章故事復作明堂以厭之是歲內庫災燔二百餘區萬歲登封元年三月壬寅撫州火久視元年八月壬子平州火燔千餘家景龍四年二月東都凌空觀災開元五年十一月乙卯定陵寢殿火是歲洪州潭州災延燒州署州人見有物赤而暾暾飛來旋即火發十五年七月甲戌興教門樓柱災是年衡州災延燒三百餘家州人見有物大如甕赤如燭籠所至火

即發十八年二月丙寅大雨雪俄而雷震左飛龍廄災占曰天火燒廄兵大起十月乙丑東都宮佛光寺火天寶二年六月東都應天門觀災延燒左右延福門經日不滅京房易傳曰君不思道天火燔其宮室九載三月華岳廟災時帝將封西嶽以廟災乃止十載八月丙辰武庫災燔兵器四十餘萬武庫甲兵之本也寶應元年十二月己酉太府左藏庫火廣德元年十二月辛卯夜鄂州大風火發江中焚舟三千艘延及岸上民居二千餘家死者數千人大曆十年二月莊嚴寺浮圖災初有疾風震電俄而火從浮圖中出貞元元年江陵度支院火焚江東租賦百餘萬十三年正月東都尚書省火十九年四月家令寺火二年七月洪州火燔民舍萬七千家元和七年六月鎭州甲仗庫災主吏坐死者百餘人八年江陵大火十一年十一月甲戌元陵火李師道起宮室於鄆州將謀亂既成而火大和二年十一月甲辰禁中昭德寺火延至宣政東垣及門下省宮人死者數百人三年十月癸丑仗內火四年三

月陳州許州火燒萬餘家十月浙西火十一月揚州海陵火八年三月揚州火皆燔民舍千區五月己巳飛龍神駒中廄火十月揚州市火燔民舍數千區十二月禁中昭成寺火開成二年六月徐州火延燒民居三百餘家四年十二月乙卯乾陵火丁丑晦揚州市火燔民舍數千家會昌元年五月潞州市火三年六月西內神龍寺火萬年縣東市火焚廬舍甚衆六年八月葬武宗辛未靈駕次三原縣夜大風行宮幔城火乾符四年十月東都聖善寺火大順二年六月乙酉幽州市樓災延及數百步七月癸丑甲夜汴州相國寺佛閣災是日暮微雨震電或見有赤塊轉門譙藤網中周而火作頃之赤塊北飛轉佛閣藤網中亦周而火作既而大雨暴至平地水深數尺火益甚延及民居三日不滅常燠天寶元年冬無冰先儒以爲陰失節也又曰知罪不誅其罰燠夏則暑殺人冬則物華實蓋當寒反燠象宜刑而賞之也貞元十四年夏大燠元和九年六月大燠長慶二年冬少雪水不冰凍草木萌芽如正月

廣明元年十一月暖如仲春草妖武德四年益州獻芝草如人狀占曰王德將衰下人將起則有木生爲人狀草亦木類也景龍二年岐州郿縣民王上賓家有苦蕒菜高三尺餘上廣尺餘厚二分近草妖也三年內出蒜條上重生蒜蒜惡草也重生者其類衆也四年京畿藍田山竹實如麥占曰大饑開元二年終南山竹有華實如麥嶺南亦然竹並枯死是歲大饑民採食之占曰國中竹栢枯不出三年有喪十七年睦州竹實天寶初臨川郡人李嘉胤屋柱生芝草狀如天尊像上元二年七月甲辰延英殿御座上生白芝一莖三花白喪象也大和九年冬鄭注之金帶有菌生近草妖也開成四年六月襄州山竹有實成米民採食之光啓元年七月河中解永樂生草葉自相樛結如旌旗之狀時人以爲旗子草二年七月鳳翔麟游草生如旗狀占曰其野有兵羽蟲之孽武德初隋將堯君素守蒲州有鵲巢其砲機貞觀十七年春齊王祐爲齊州刺史好畜鴨有狸齧鴨頭斷者四十餘是歲四月丙戌立晉王

爲太子雌雉集太極殿前太極三朝所會
也永徽四年宋州人蔡道基舍傍有獸高丈餘頭類羊一角鹿形
馬蹄牛尾五色有翅占曰鳥如畜形者有大兵五年七月辛巳萬
年宮有小鳥如雀生子大如鳴鳩調露元年鳴鷄群飛入塞相繼
蔽野至二年正月還復北飛至靈夏北悉墮地而死視之皆無首
文明後天下屢奏雌雉化爲雄或半化者景龍四年六月辛巳朔
烏集太極殿梁驅之不去開元十三年十一月戊子雄雉馴飛泰山
齋宮內封禪所以告成功祀事無重於此者而野鳥馴飛不忌禁
衞不祥二十五年四月濮州兩烏兩鵲兩鸜鵒同巢隴州鵲哺慈
烏二十八年四月庚辰慈烏巢宣政殿栱辛巳又巢宣政殿栱天
寶十三載葉縣有鵲巢于車轍中不巢木而巢地失其所也至德
二載三月安祿山將武令珣圍南陽有鵲巢于城中砲機者三鷇
成乃去大曆八年九月武功獲大鳥肉翅狐首四足有爪長四尺
餘毛赤如蝙蝠羣鳥隨而噪之近羽蟲孽也十三年五月左羽林

軍有鸜鵒乳鵲二貞元四年三月中書省梧桐樹有鵲以泥爲巢
鵲巢知歲大於羽蟲爲有知今以泥露巢過風雨壞矣是歲夏鄭
汴境內烏皆群飛集魏博田緒淄青李納境內銜木爲城高二三
尺方十里緒納惡而焚之信宿又然烏口皆流血九年春許州鵲
哺鳥鷇十年四月有大鳥飛集宮中食雜骨數日獲之不食死六
月辛未晦水鳥集左藏庫十三年十月懷州鸜鵒巢內有黃雀往
來哺食十四年秋有異鳥色青類鳩鵲見於宋州郊外所止之處
羣鳥翼衞朝夕嗛稻粱以哺之睢陽人適野聚觀者旬日十八年
六月烏集徐州之滕縣嗛柴爲城中有白烏一碧烏一元和元年
常州鵲巢于平地四年十二月羣烏夜集于太行山上十三年春
淄青府署及城中烏鵲互取其鶵各以哺子更相搏擊不能禁大
曆元年十一月丙申羣烏夜鳴開成元年閏五月丙戌烏集唐安
寺逾月散雀集玄法寺鷰集蕭望之冢二年三月眞興門外鵲巢
於古冢鵲巢知避歲而古占又以高下卜水旱今不巢于木而穴

于冢不祥秋突厥鳥自塞北羣飛入塞五年六月有禿鶖羣飛集
禁苑禿鶖水鳥也會昌元年潞州長子有白頸烏與鵲鬬大中十年
三月舒州吳塘堰有衆禽成巢闊七尺高一尺水禽山鳥無不馴
狎中有如人面綠毛紺爪觜者其聲曰甘人謂之甘蟲占曰有鳥
非常來宿于邑中國有兵人相食咸通七年涇州靈臺百里成有
雀生鷰至大俱飛去京房易傳曰賊臣在國厥妖鷰生雀雀生鷰
同說十一年夏雉集河內縣署咸通中吳越有異鳥極大四目三
足鳴山林其聲曰羅平占曰國有兵人相食乾符四年春盧江縣
北鵲巢于地六年夏鶉雉集于偃師南樓及縣署劉向說野鳥入處
宮室將空廣明元年春絳州翼城縣有鵂鶹鳥羣飛集縣署衆鳥
逐而噪之光啓元年二年復如之鵂鶹一名訓狐中和元年三月陳
留有烏變爲鵲二年有鵲變爲烏古者以烏卜軍之勝負烏變爲
鵲民從賊之象鵲復變爲烏賊復爲民之象三年新安縣吏家捕
得雉養之與雞馴月餘相與鬬死四年臨淮漣水民家鷹化爲鳩

而弗能游鷹以鷙而擊武臣象也鳩雖毛羽清潔而飛不能遠
無搏擊之用充庖廚而已光啓元年十二月陜州平陸集津山有
雉二首向背而連頸者棲集津倉廩後數月羣雉數百來鬬殺
之二年正月閿鄉湖城野雉及烏鳶夜鳴七月中條山鵲焚其巢三
年七月鵲復焚巢京房易傳曰人君暴虐鳥焚其舍三年十月慈
州仵城梟與鷂鬬相殺光化二年幽州節度使劉仁恭署貝州去
夜有鵂鶹鳥十數飛入帳中逐去復來昭宗時有禿鶖鳥巢寢殿
隅帝親射殺之天復二年帝在鳳翔十一月丁巳日南至夜驟風
有鳥數千迄明飛噪數日不止自車駕在岐常有烏數萬棲殿前
諸樹岐人謂之神鴉三年宣州有鳥如雉而大尾有火光如散星
集于戟門明日大火曹局皆盡惟兵械存羊禍義寧二年三月丙
辰麟游縣有羔生而無尾是月乙丑太原獻羖羊無頭而不死開
元二年正月原州獻肉角羊三年三月富平縣有肉角羊會昌三
年春代州崞縣羊生二首連有兩尾占曰二首上不一也咸通三

年夏平陶民家羊生羔如犢乾符二年洛陽建春門外因暴雨有
物墮地如羖羊不食頃之入地中其跡月餘不滅或以為雨土也
占曰當旱赤眚赤祥武德七年河間王孝恭征輔公祏宴羣帥于
舟中孝恭以金盌酌江水將飲之則化為血孝恭曰盌中之血公
祏授首之祥武德初突厥國中雨血三日光宅初宗室岐州刺史
崇真之子橫杭等夜宴忽有氣如血腥武后時來俊臣家井水變
赤如血井中夜有吁嗟歎惋聲俊臣以木棧之木忽自投十步外
長安中并州晉祠水赤如血中宗時成王千里家有血點地及奩
箱上有血淋瀝腥聞數步又中郎將東夷人毛婆羅炊飯一夕化
為血景龍二年七月癸巳赤氣際天光燭地三日乃止赤氣血祥
也天寶六載少陵原楊慎矜父墓封域內草木皆流血慎矜令浮
屠史敬忠禳之退朝裸而桎梏於叢棘間如是數旬而流血不止
十二載李林甫第東北隅每夜火光起或有如小兒持火出入者
近赤祥也寶應元年八月庚午夜有赤光亘天貫紫微漸移東北

彌漫半天大曆十三年二月太僕寺有泥像左臂上有黑汗滴下
以紙承之血也貞元二年十一月壬午日沒有赤氣五出于黑雲
中亘天十二年九月癸卯夜有赤氣如火見北方上至北斗十七
年福州劒池水赤如血二十一年正月甲戌雨赤雪于京師元和十
四年二月鄆州從事院門前地有血方尺餘色甚鮮赤不知所從
來人以為自空而墮也長慶元年七月戊午河水赤三日止寶曆
元年十二月乙酉夜西北有霧起須臾遍天霧上有赤氣或淺或
深久而乃散大和元年四月庚戌北方有赤氣中有數白氣間之
六月乙卯夜西北有赤氣八月癸卯京師見赤氣滿天二年閏三
月乙卯北方有赤氣如血咸通七年鄭州永福湖水赤如疑血者
三日乾符六年中書政事堂忽且有死人血污滿地不知主名又
御井水色赤而腥漉之得一死女子腐爛近赤祥也中和二年七
月丙午夜西北方赤氣如絳際天光啓元年正月潤州江水赤凡
數日水沴火幽州坊谷地常有火長慶三年夏遂積水為池近水
沴火也

五行志第二十四

五行志第二十五　　唐書三十五

翰林學士兼龍圖閣學士朝散大夫給事中知制誥充史館脩撰臣歐陽脩奉敕撰

五行傳曰治宮室飾臺榭內淫亂犯親戚侮父兄則稼穡不成謂土失其性則有水旱之災草木百穀不熟也又曰思心之不睿是謂不聖厥咎霿厥罰常風厥極凶短折時則有脂夜之妖時則有華孽時則有臝蟲之孽時則有牛禍時則有心腹之痾時則有黃眚黃祥時則有木火金水沴土稼穡不成貞觀元年關內饑總章二年諸州四十餘饑關中尤甚儀鳳四年春東都饑調露元年秋關中饑永隆元年冬東都饑永淳元年關中及山南州二十六饑京師人相食垂拱三年天下饑大足元年春河南諸州饑景龍二年春饑三年三月饑先天二年冬京師岐隴幽州饑開元十六年河北饑乾元三年春饑米斗錢千五百廣德二年秋關輔饑米斗千錢永泰元年饑京師米斗千錢貞元元年春大饑東都河南河北米斗千

錢死者相枕二年五月麥將登而雨霖米斗千錢十四年京師及河南饑十九年秋關輔饑元和七年春饑八年廣州饑九年春關內饑十一年東都陳許州饑長慶二年江淮饑大和四年河北及太原饑六年春劍南饑九年春饑河北尤甚開成四年溫台明等州饑大中五年冬湖南饑六年夏淮南饑海陵高郵民於官河中漉得異米號聖米九年秋淮南饑咸通三年夏淮南河南饑九年秋江左及關內饑東都尤甚乾符三年春京師饑中和二年關內大饑四年關內大饑人相食光啟二年二月荊襄大饑米斗三千錢人相食三年揚州大饑米斗萬錢大順二年春淮南大饑天祐元年十月京師大饑

常風武德二年十二月壬子大風拔木易巽為風重巽以申命其及物也象人君誥命其鼓動於天地間有時飛沙揚塵怒也發屋拔木者怒甚也其占大臣專恣而氣盛眾逆同志君行蒙暗施於事則皆傷害故常風又飄風入宮闕一日再三若風聲如雷觸地而起為兵將興貞觀十四年六月乙酉大風拔木咸亨四年八月己酉大風落太廟鴟尾永隆二年七月雍州大風害稼弘道元年十二月壬午晦宋州大風拔木嗣聖元年四月丁巳寧州大風拔木垂拱四年十月辛亥大風拔木永昌二年五月丁亥大風拔木神龍元年三月乙酉睦州大風拔木崔玄暐封博陵郡王也大風折其輅蓋二年六月乙亥滑州大風拔木景龍元年七月郴州大風發屋拔木八月宋州大風拔木壞廬舍三年十月辛亥滑州暴風發屋三年三月辛未曹州大風拔木開元二年六月京師大風發屋大木拔者十七八四年六月辛未京師陝華大風拔木九年七月丙辰揚州潤州暴風雨發屋拔木十四年六月戊午大風拔木發屋端門鴟尾盡落端門號令所從出也十九年六月乙酉大風拔木二十二年五月戊子大風拔木天寶十一載五月甲子東京大風拔木十三載三月辛酉大風拔木永泰元年三月辛亥大風拔木大曆七年五月乙酉大風拔木十年五月甲寅大風拔木貞元元年七月庚子大風拔木六年四月甲

申大風雨八年五月己未暴風發太廟屋瓦毀門闕官署廬舍不可勝紀十年六月辛未大風拔木十四年八月癸未廣州大風壞屋覆舟元和元年六月丙申大風拔木三年四月壬申大風毀含元殿欄檻二十七間占為兵起四年十月壬午天有氣如煙臭如燔皮日昳大風而止五年三月丙子大風毀崇陵上宮衙殿鴟尾及神門戟竿六壞行垣四十間八年六月庚寅京師大風雨毀屋飄瓦人多壓死者丙申富平大風拔棗木千餘株十二年春青州一夕暴風自西北天地晦冥空中有若旌旗狀屋瓦上如蹂躒聲有日者占之曰不及五年茲地當大殺戮長慶二年正月己酉大風霾十月夏州大風飛沙為堆高及城堞三年正月丁巳朔大風昏霾終日四年六月庚寅大風毀延喜門及景風門大和八年六月癸未暴風壞長安縣署及經行寺塔九年四月辛丑大風拔木萬株墮含元殿四鴟尾拔殿廷樹三壞金吾仗舍發城門樓觀內外三十餘所光化門西城十數雉壞開成三年正月戊辰大風拔

木五年四月甲子大風拔木五月壬寅亦如之七月戊寅亦如之
會昌元年三月黔南大風飄瓦咸通六年正月絳州大風拔木有
十圍者十一月己卯晦潼關夜中大風山如吼雷河噴石鳴羣鳥
亂飛重關傾側十二月大風拔木乾符五年五月丁酉大風拔木
廣明元年四月甲申京師及東都汝州雨雹大風拔木四年六月
乙巳太原大風雨拔木千株害稼百里光化三年七月乙丑洺州
大風拔木發屋天復二年昇州大風發屋飛大木夜妖大和九年
十一月戊辰晝晦咸通七年九月辛卯朔天闇乾符二年二月宣
武境內黑風雨土天祐元年閏四月乙未朔大風雨土華孽延載
元年九月內出梨華一枝示宰相萬木搖落而生華陰陽贖也傳
曰天反時爲災又近常燠也神龍二年十月陳州李有華鮮茂如
春元和十一年十二月桃杏華大和二年九月徐州滑州李有華
實可食會昌三年冬沁源桃李華廣明元年冬桃李華山華皆發
中和二年九月太原諸山桃杏華有實景福中滄州城壍中冰有
文如畫大樹華葉芬敷者時人以爲其地當有兵難近華孽也蠃
蟲之孽貞觀二十一年八月萊州螟開元二十二年八月榆關虸
蚄蟲害稼入平州界有羣雀來食之一日而盡二十六年榆關虸
蚄蟲害稼羣雀來食之三載青州紫蟲食田有鳥食之廣德元年
秋虸蚄蟲害稼關中尤甚米斗千錢貞元十年四月江西溪澗魚
頭皆戴蚯蚓長慶四年絳州虸蚄蟲害稼大和元年秋河東同虢
等州虸蚄蟲害稼開成元年京城有蟻聚長五六十步闊五尺至
一丈厚五寸至一尺者四年河南黑蟲食田牛禍調露元年春牛
大疫京房易傳曰牛少者穀不成又占曰金革動長安中有獻牛
無前髆三足而行者又有牛髆上生數足蹄甲皆具者武太后從
姊之子司農卿宗晉卿家牛生三角神龍元年春牛疫二年冬牛
大疫先天初洛陽市有牛左脇有人手長一尺或牽之以乞丐開
元十五年春河北牛大疫大曆八年武功櫟陽民家牛生犢二首
貞元二年牛疫四年二月郊牛生犢六足足多者下不一郊所以

奉天七年關輔牛大疫死者十五六咸通七年荊州民家牛生犢
五足十五年夏渝州江陽有水牛生驢駒駒死光啓元年河東有
牛人言其家殺而食之二年延州膚施有牛死復生黃眚黃祥貞
觀七年三月丁卯雨土二十年閏三月己酉有黃雲闊一丈東西
際天黃爲土功永徽三年三月辛巳雨土景龍元年六月庚午陝
州雨土十二月丁丑雨土天寶十三載二月丁丑雨黃土大曆七
年十二月丙寅雨土貞元二年四月甲戌雨土八年二月庚子雨
土大和八年十月甲子土霧晝昏至于十一月癸丑開成元年七
月乙亥雨土咸通十四年三月癸巳雨黃土中和二年五月辛酉
大風雨土天復三年二月雨土天地昏霾天祐元年閏四月甲辰
大風雨土木火金水沴土武德二年十月乙未京師地震陰盛而
反常則地震故其占爲臣彊爲后妃專恣爲夷犯華爲小人道長
爲寇至爲叛臣七年七月巂州地震山摧壅江水噎流貞觀七年
十月乙丑京師地震十二年正月壬寅松叢二州地震壞廬舍三
十年九月辛亥靈州地震有聲如雷二十三年八月癸酉朔河東
地震晉州尤甚壓殺五十餘人乙亥又震十一月乙丑又震永徽
元年四月己巳朔晉州地震己卯又震六月庚辰又震有聲如雷
二年十月又震十一月戊寅定襄地震帝始封晉王初即位而地
屢震天下將由帝而動搖象也儀鳳二年正月庚辰京師地震永
淳元年十月甲子京師地震垂拱三年七月乙亥京師地震四年
七月戊午又震八月戊戌神都地震延載元年四月壬戌常州地
震大足元年七月乙亥揚楚常潤蘇五州地震二年八月辛亥劍
南六州地震景龍四年五月丁丑剡縣地震景雲三年正月甲戌
幷汾絳三州地震壞廬舍壓死百餘人開元二十二年二月壬寅
秦州地震西北隱隱有聲坼而復合經時不止壞廬舍殆盡壓死
四千餘人二十六年三月癸巳京師地震至德元載十一月辛亥
朔河西地震裂有聲陷廬舍張掖酒泉尤甚至二載三月癸亥乃
止大曆二年十一月壬申京師地震自東北來其聲如雷者三年

五月丙戌又震十二年恒定二州地大震三日乃止東鹿寧晉地
裂數丈沙石隨水流出平地壞廬舍壓死者數百人建中元年四
月己亥京師地震三年六月甲子又震四年四月甲子又震五月
辛巳又震貞元二年五月己酉又震三年十一月丁丑夜京師東
都蒲陝地震四年正月庚戌朔夜京師地震辛亥壬子丁卯戊辰
庚午癸酉甲戌乙亥皆震金房二州尤甚江溢山裂屋宇多壞人
皆露處二月壬午京師又震甲申乙酉丙申三月甲寅己未庚午
辛未五月丙寅丁卯皆震八月甲午又震有聲如雷甲辰又震九
年四月辛酉又震有聲如雷河中關輔尤甚壞城壁廬舍地裂水
涌十年四月戊申京師地震癸丑又震侍中渾瑊第有樹湧出樹
枝皆戴蚯蚓十三年七月乙未又震元和七年八月京師地震草
樹皆搖九年三月丙辰雟州地震晝夜八十壓死百餘人地陷者
三十里十年十月京師地震十一年二月丁丑又震十五年正月
穆宗即位戊辰始朝羣臣於宣政殿是夜地震大和二年正月壬

申地震七年六月甲戌又震九年三月乙卯京師地震屋瓦皆墜
戶牖間有聲開成元年二月乙亥又震二年十一月乙丑夜又震
四年十一月甲戌又震會昌二年正月癸亥宋亳二州地震十二
月癸未京師地震大中三年十月辛巳上都及振武河西天德靈
武鹽夏等州地震壞廬舍壓死數十人十二年八月丁巳太原地
震咸通元年五月上都地震六年十二月晉絳二州地震壞廬舍
地裂泉湧泥出青色八年正月丁未河中晉絳三州地大震壞廬
舍人有死者十三年四月庚子朔浙東西地震乾符三年　六月乙
丑雄州地震至七月辛巳止州城廬舍盡壞地陷水湧傷死甚衆
是月濮州地震十二月京師地震有聲四年六月庚寅雄州地震
六年二月京師地震有聲如雷藍田山裂水湧中和三年秋晉州
地震有聲如雷光啓二年春成都地震月中十數占曰兵饑十二
月魏州地震乾寧二年三月庚午河東地震山摧貞觀八年七月
隴右山摧山者高峻自上而隕之象也垂拱二年九月己巳雍州

新豐縣露臺鄉大風雨震電有山湧出高二十丈有池周三百畝
池中有龍鳳之形禾麥之異武后以爲休應名曰慶山荊州人俞
文俊上言天氣不和而寒暑隔人氣不和而贅疣生地氣不和而
堆阜出今陛下以女主居陽位反易剛柔故地氣隔塞山變爲災
陛下以爲慶山臣以爲非慶也宜側身修德以荅天譴不然恐災
禍至后怒流于嶺南永昌中華州赤水南岸大山晝日忽風昏有
聲隱隱如雷頃之漸移東數百步擁赤水壓張村民三十餘家山
高二百餘丈水深三十丈坡上草木宛然金縢曰山徙者人君不
用道祿去公室賞罰不由君佞人執政政在女主不出五年有走
王開元十七年四月乙亥大風震電藍田山摧裂百餘步畿內山
也國主山川山摧川竭亡之證也占曰人君德消政易則然大曆
九年十一月戊戌同州夏陽有山徙于河上聲如雷十三年郴州
黃芩山摧壓死者數百人建中二年霍山裂元和八年五月丁丑
大隗山摧十五年七月丁未苑中土山摧壓死二十人光啓三年

四月維州山崩累日不止塵坌亘天壅江水逆流占曰國破山鳥
武德二年三月太行山聖人崖有聲占曰有寇至開元二十八年
六月吐蕃圍安戎城斷水路城東山鳴石坼湧泉二土爲變怪垂
拱元年九月淮南地生毛或白或蒼長者尺餘遍居人牀下揚州
尤甚大如馬騣焚之臭如燎毛占曰兵起民不安長壽中東都天
宮寺泥像皆流汗霢霂天寶十一載六月虢州閿鄉黃河中女媧
墓因大雨晦冥失其所在至乾元二年六月乙未夜瀕河人聞有
風雷聲曉見其墓踊出下有巨石上有雙柳各長丈餘時號風陵
堆占曰塚墓自移天下破十三載汝州葉縣南有土塊鬭中有血
出數日不止大曆六年四月戊寅藍田西原地陷建中初魏州魏
縣西四十里地數畝忽長崇數尺四年四月甲子京師地生毛或
黃或白有長尺餘者貞元四年四月淮南及河南地生毛元和十
二年四月吳元濟鄖城守將鄧懷金以城降城自壞五十餘步大
和六年二月蘇州地震生白毛長慶中新都大道觀泥人生須數

寸拔之復生咸通五年十月貞陵隧道摧陷神策軍有浮屠像
懿宗嘗跪禮之像没地四尺五行傳曰好攻戰輕百姓飾城郭侵
邊境則金不從革謂金失其性而爲變怪也又曰言之不從是謂
不乂厥咎僭厥罰常暘厥極憂時則有詩妖訛言時則有毛蟲之
孽時則有犬禍時則有口舌之痾時則有白眚白祥惟木沴金金
不從革堯君素爲隋守蒲州兵器夜皆有光如火火鑠金金所畏
也敗亡之象劉武周據并州兵勢甚盛城上矟刃夜每有火光貞
觀十七年八月涼州昌松縣鴻池谷有石五青質白文成字曰高
皇海出多子李元王八十年太平天子李世民千年太子李治書
燕山人士樂太國主尚汪譚獎文仁邁千古大王五王六王七王
十風毛才子七佛八菩薩及上果佛田天子文武貞觀昌大聖延
四方上不治示孝仙戈八爲善太宗遣使祭之曰天有成命表瑞
貞石文字昭然曆數惟永既旌高廟之業又錫眇身之祚迨于皇
太子治亦降貞符具紀姓氏甫惟寡薄彌增寅懼昔魏以土德代
漢涼州石有文石金類以五勝推之故時人謂爲魏氏之妖而晉
室之瑞唐亦土德王石有文事頗相類然其文初不可曉而後人
因推已事以驗之蓋武氏革命自以爲金德王其佛菩薩者慈氏
金輪之號也樂太國主則鎮國太平公主安樂公主皆以女亂國
其五王六王七王者唐世十八之數垂拱三年七月魏州地出鐵
如船數十丈廣州雨金金位正秋爲刑爲兵占曰人君多殺無辜
一年兵災于朝開元二十三年十二月乙巳龍池聖德頌石自鳴
其音清遠如鐘磬石與金同類春秋傳怨讟動于民則有非言之
物言石鳴近石言也天寶十載六月乙亥大同殿前鐘自鳴占曰
庶雄爲亂至德二載昭陵石馬汗出昔周武帝之克晉州也齊有
石像汗流濕地此其類也乾元二年七月乙亥晝渾天儀有液如
汗下沫上元二年楚州獻寶玉十三曰玄黃天符形如笏長八寸
有孔云辟兵疫曰玉雞毛白玉也曰穀璧亦白玉也粟粒自然無
雕鐫迹曰西王母白環二曰如意寶珠大如雞卵曰紅靺鞨大如

巨粟曰琅玕珠二形如玉環四分缺一曰玉印大如半手理如鹿
陷入印中曰皇后採桑鉤如箸屈其末曰雷公石斧無孔其一闕
凡十三寶置之日中白氣連天元和中文水武士彠碑失其龜頭翰
林院有鈴夜中文書入則引之以代傳呼長慶中河北用兵夜輒
自鳴與軍中息耗相應聲急則軍事急聲緩則軍事緩資州有
石方丈走行數畝大和三年南蠻圍成都毀玉晨殿爲礪有吼聲
三乃止四年五月己卯通化南北二門鏁不可開鑰入如有持之
者破其管門乃啓又浙西觀察使王璠治潤州城隍中得方石有
刻文曰山有石石有玉玉有瑕瑕即休廣明元年華岳廟玄宗御
製碑隱隱然有聲聞數里間浹旬乃止近石言也光化三年冬武
德殿前鐘聲忽嘶嗄天復元年九月聲又變小常暘武德三年夏
旱至于八月乃雨四年自春不雨至于七月雨少陰之氣其氣毀
則不雨少陰者金也金爲刑爲兵刑不辜兵不戢則金氣毀故常
爲旱火爲盛陽陽氣彊悍故聖人制禮以節之禮失則僭而驕炕
以導盛陽火勝則金衰故亦旱於五行土實制水土功興則水氣
壅閼又常爲旱天官有東井主水事天漢天江亦水祥也水與火
仇而受制于土土火讁見若日蝕過分而未至與七曜循中道之
南皆旱祥也七年秋關內河東旱貞觀元年夏山東大旱二年春
旱三年春夏旱四年春旱自太上皇傳位至此而比年水旱九年
秋劒南關東州二十四旱十二年吳楚巴蜀州二十六旱冬不雨
至于明年五月十七年春夏旱二十一年秋陝絳蒲夔等州旱二
十二年秋開萬等州旱冬不雨至于明年三月永徽元年京畿雍
同絳等州十旱二年九月不雨至于明年二月四年夏秋旱光婺
滁潁等州尤甚顯慶五年春河北州二十二旱總章元年京師及
山東江淮大旱二年七月劒南州十九旱冬無雪咸亨元年春旱
秋復大旱儀鳳二年夏河南河北旱三年四月旱永隆二年關中
旱霜大饑永淳元年關中大旱饑二年夏河南河北旱永昌元年
三月旱神功元年黃隋等州旱久視元年夏關內河東旱長安二

年春不雨至于六月三年冬無雪至于明年二月神龍二年冬不
雨至于明年五月京師山東河北河南旱饑太極元年春旱七月
復旱開元二年春大旱十二年七月河東河北旱帝親禱雨宮中
設壇席暴立三日九月蒲同等州旱十四年秋諸道州十五旱十
五年諸道州十七旱十六年東都河南宋亳等州旱二十四年夏
旱永泰元年春夏旱二年關內大旱自三月不雨至于六月大曆
六年春旱至于八月建中三年自五月不雨至于七月興元元年冬
大旱貞元元年春旱無麥苗至于八月旱甚灞滻將竭井皆無水
六年春關輔大旱無麥苗夏淮南浙西福建等道大旱井泉竭人
暍且疫死者甚衆七年揚楚滁壽澧等州旱十四年春旱無麥十
五年夏旱十八年夏申光蔡州旱十九年正月不雨至七月甲戌
乃雨永貞元年秋江浙淮南荆南湖南鄂岳陳許等州二十六旱
元和三年淮南江南江西湖南廣南山南東西皆旱四年春夏大
旱秋淮南浙西江西江東旱七年夏揚潤等州旱八年夏同華二

州大旱十五年夏旱寶曆元年秋荆南淮南浙西江西湖南及宣
襄鄂等州旱大和元年夏京畿河中同州旱六年河東河南關輔
旱七年秋大旱八年夏江淮及陝華等州旱九年秋京兆河南河
中陝華同等州旱開成二年春夏旱四年夏旱浙東尤甚會昌五
年春旱六年春不雨冬又不雨至明年二月大中四年大旱咸通
二年秋淮南河南不雨至于明年六月九年江淮旱十年夏旱十
一年夏旱廣明元年春夏大旱中和四年江南大旱饑人相食景
福二年秋大旱光化三年冬京師旱至于四年春詩妖竇建德未
敗時有謠曰豆入牛口勢不得久貞觀十四年交河道行軍大總
管侯君集伐高昌先是其國中有童謠曰高昌兵馬如霜雪漢家
兵馬如日月日月照霜雪回首自消滅永徽後民歌武媚娘曲調
露初京城民謠有側堂堂橈堂堂之言太常丞李嗣眞曰側者不
正橈者不安自隋以來樂府有堂堂曲再言堂者唐再受命之象
永淳元年七月東都大雨人多殍殕先是童謠曰新禾不入箱新

麥不入場迨及八九月狗吠空垣墻高宗自調露中欲封嵩山屬
突厥叛而止後又欲封以吐蕃入寇遂停時童謠曰嵩山凡幾層
不畏登不得但恐不得登三度徵兵馬傍道打騰騰永徽末里歌
有桑條韋也女時韋也樂龍朔中時人飲酒令曰子母相去離連
臺拗倒俗謂杯盤爲子母又名盤爲臺又里歌有突厥鹽永淳後
民歌曰楊柳楊柳漫頭駝垂拱後東都有契苾兒歌皆淫豔之詞
契苾張易之小字也如意初里歌曰黃麞黃麞草裏藏彎弓射
爾傷其後王孝傑敗於黃麞谷神龍以後民謠曰山南烏鵲窠山
北金駱駝鐮柯不鑿孔斧子不施柯山南唐也烏鵲窠者人居寡
也山北胡也金駱駝者虜獲而重載也安樂公主於洛州造安樂
寺童謠曰可憐安樂寺了了樹頭懸景龍中民謠曰黃牸犢子挽
紖斷兩足踏地鞵䩤斷城南黃牸犢子韋又有阿緯娘歌時又謠
曰可憐聖善寺身著綠毛衣牽來河裏飲踏殺鯉魚兒玄宗在潞
州有童謠曰羊頭山北作朝堂天寶中有術士李遐周於玄都觀

院廡間爲詩曰燕市人皆去函關馬不歸人逢山下鬼環上繫羅
衣而人皆不悟近詩妖也又祿山未反時童謠曰燕燕飛上天天
上女兒鋪白氈氈上有千錢時幽州又有謠曰舊來誇戴竿今日
不堪看但看五月裏清水河邊見契丹德宗時或爲詩曰此水連
涇水雙眸血滿川青牛逐朱虎方號太平年近詩妖也朱泚未敗
前兩月有童謠曰一隻箭兩頭朱五六月化爲胆元和初童謠曰
打麥打麥三三三乃轉身曰舞了也大中末京師小兒疊布漬水
紐之向日謂之曰拔暈咸通七年童謠曰草青青被嚴霜鵲始後
看顛狂十四年成都童謠曰咸通癸巳出無所之蛇去馬來道路
稍開頭無片瓦地有殘灰是歲歲陰在巳明年在午巳蛇也午馬
也僖宗時童謠曰金色蝦蟆爭努眼翻却曹州天下反乾符六年
童謠曰八月無霜寒草青將軍騎馬出空城漢家天子西巡狩
猶向江東更索兵中和初童謠曰黃巢走泰山東死在翁家翁訛
言貞觀十七年七月民訛言官遣棖棖殺人以祭天狗云其來也

身衣狗皮鐵爪每於闇中取人心肝而去於是更相震怖每夜驚
擾皆引弓劍自防無兵器者剡竹爲之郊外不敢獨行太宗惡之
令通夜開諸坊門宣旨慰諭月餘乃止武后時民飲酒謳歌曲終
而不盡者謂之族鹽開元二十七年十月改作東都明堂訛言官
取小兒埋明堂下以爲厭勝村野兒童藏于山谷都城騷然或言
兵至玄宗惡之遣使慰諭久之乃止天寶三載二月辛亥有星如
月墜于東南墜後有聲京師訛言官遣棖棖捕人取肝以祭天狗
人頗恐懼畿內尤甚遣使安諭之與貞觀十七年占同天寶後詩
人多爲憂苦流寓之思及寄興于江湖僧寺而樂曲亦多以邊地
爲名有伊州甘州涼州等至其曲遍繁聲皆謂之入破又有胡旋
舞本出康居以旋轉便捷爲巧時又尚之破者蓋破碎云建中三
年秋江淮訛言有毛人食其心人情大恐朱泚既僭號名其舊第
曰潛龍宮移內府珍貨以實之占者以爲易稱潛龍勿用此敗祥
也大和九年京師訛言鄭注爲上合金丹生取小兒心肝密旨捕

小兒無算往往陰相告曰某處失幾兒矣方士言金丹可致神仙
蓋誕妄不經之語或信而服之則發熱多死如有所戒云小兒無
辜者取其心肝將有殺戮象劉從諫未死時潞州有狂人折腰於
市曰石雄七千人至矣從諫捕斬之咸通十四年秋成都訛言有
猿母鬼夜入人家民皆恐夜則聚坐或曰某家見鬼眼晃然如燈
焰民益懼黃巢未入京師時都人以黃米及黑豆屑蒸食之謂之
黃賊打黑賊僖宗時里巷鬭者激怒言任見右廂天子毛蟲之孽
永徽中河源軍有狼三晝入軍門射之斃永淳中嵐勝州兔害稼
千萬爲羣食苗盡兔亦不復見開元三年有熊晝入揚州城乾元
二年十月詔百官上勤政樓觀安西兵赴陝州有狐出于樓上獲
之大曆四年八月己卯虎入京師長壽坊宰臣元載家廟射殺之
虎西方之屬威猛吞噬刑戮之象六年八月丁丑獲白兔于太極
殿之內廊占曰國有憂白喪祥也建中三年九月己亥夜虎入宣
陽里傷人二詰朝獲之貞元二年二月乙丑有野鹿至于含元殿

前獲之壬申又有鹿至于含元殿前獲之占曰有大喪四年三月
癸亥有鹿至京師西市門獲之開成四年四月有麞出于太廟獲
之犬禍武德三年突厥處羅可汗將入寇夜聞犬羣嘷而不見犬
武后初酷吏丘神勣家狗生子皆無首當項有孔如口晝夜鳴吠
俄失所在神功元年安國獻兩首犬首多者上不一也天寶十一
載李林甫晨起盥飾將朝取書囊視之中有物如鼠躍于地即
變爲狗壯大雄目張牙視林甫林甫射之中殺然有聲隨箭沒貞
元七年趙州栢鄉民李崇貞家黃犬乳犢會昌三年定州深澤令
家狗生角大中初狗生角京房曰執正失將害之應又曰君子危
陷則狗生角咸通中會稽有狗生而不能吠擊之無聲狗職吠以
守禦其不能者象鎮守者不能禦寇之兆成汭爲荊南節度使城
中犬皆夜吠日者向隱以爲城郭將丘墟中和二年秋丹徒狗與
彘交占曰諸侯有謀害國者白眚白祥調露元年十一月壬午秦
州神亭治北霧開如日初耀有白鹿白狼見近白祥也神龍二年

四月己亥雨毛于越州之鄮縣占曰邪人進賢人遁大曆二年七
月甲戌日入時有白氣亘天九月戊午夜白霧起西北亘天五年
五月甲申西北有白氣亘天貞元二十年九月庚辰甲夜有白氣
八東西際天大和三年八月西方有白氣如柱七年十月己酉西
方又有白氣如柱者三光啓二年四月有白氣頭黑如髮自東南
入于揚州滅光化二年三月乙巳日中有白氣亘天自西南貫于
東北天復元年八月己亥西方有白雲如履底中出白氣如匹練
長五丈上衝天分爲三彗頭下垂占曰天下有兵白者戰祥也木
沴金神龍中東都白馬寺鐵像頭無故自落於殿門外天寶五載
四月宰臣李適之常列鼎具膳羞中夜鼎躍出相鬭不解鼎耳及
足皆折

五行志第二十五

翰林學士兼龍圖閣學士朝散大夫給事中知制誥充史館修撰臣歐陽修奉
敕撰

五行傳曰簡宗廟不禱祠廢祭祀逆天時則水不潤下謂水失其性百川逆溢壞鄉邑溺人民而爲災也又曰聽之不聰是謂不謀厥咎急厥罰常寒厥極貧時則有鼓妖時則有豕禍時則有耳痾時則有雷電霜雪雨雹黑眚黑祥惟火沴水水不潤下占貞觀三年秋貝譙鄆泗沂徐豪蘇隴九州水水太陰之氣也若臣道顓女謁行夷狄彊小人道長嚴刑以逞下民不堪其憂則陰類勝其氣應而水至其謫見于天月及辰星與列星之司水者爲之變若七曜循中道之北皆水祥也四年秋許戴集三州水七年八月山東河南州四十大水八年七月山東江淮大水十年關東及淮海旁州二十八大水十一年七月癸未黃氣際天大雨穀水溢入洛陽宮深四尺壞左掖門毀官寺十九洛水漂六百餘家九月丁亥河溢壞陝州之河北縣及太原倉毀河陽中潬十六年秋徐戴二州大水十八年秋穀襄豫荊徐梓忠綿宋亳十州大水十九年秋沁易二州水害稼二十一年八月河北大水泉州海溢驩州水二十二年夏瀘越徐交渝等州水永徽元年六月新豐渭南大雨零口山水暴出漂廬舍宣歙饒常等州大雨水溺死者數百人秋齊定等州十六水二年秋汴定濮亳等州水四年杭夔果忠等州水五年五月丁丑夜大雨麟遊縣山水衝萬年宮玄武門入寢殿衛士有溺死者六月河北大水滹沱溢損五千餘家六年六月商州大水秋冀沂密兗滑汴鄭婺等州水害稼洛州大水毀天津橋十月齊州河溢顯慶元年七月宣州涇縣山水暴出平地四丈溺死者二千餘人九月括州暴風雨海水溢壞安固永嘉二縣四年七月連州山水暴出漂七百餘家麟德二年六月鄜州大水壞居人廬舍總章二年六月括州大風雨海溢壞永嘉安固二縣溺死者九千七十人冀州大雨水平地深一丈壞民居萬家咸亨元年五月丙戌大雨山水溢溺死五千餘人二年八月徐州山水漂百餘家四年七月婺州大雨山水暴漲溺死五千餘人上元三年八月青州大風海溢漂居人五千餘家齊淄等七州大水永隆元年九月河南河北大水溺死者甚衆二年八月河南河北大水壞民居十萬餘家永淳元年五月丙午東都連日澍雨乙卯洛水溢壞天津橋及中橋漂居民千餘家六月乙亥京師大雨水平地深數尺秋山東大雨水大饑二年七月己巳河溢壞河陽橋八月恒州滹沱河及山水暴溢害稼文明元年七月溫州大水漂千餘家括州溪水暴漲溺死百餘人如意元年四月洛水溢壞永昌橋漂居民四百餘家七月洛水溢漂居民五千餘家八月河溢壞河陽縣長壽二年五月棣州河溢壞居民二千餘家是歲河南州十一水萬歲通天元年八月徐州大水害稼神功元年三月括州水壞民居七百餘家是歲河南州十九水聖曆二年七月丙辰神都大雨洛水壞天津橋秋河溢懷州漂千餘家三年三月辛亥鴻州水漂千餘家溺死四百餘人久視元年十月洛州水長安三年六月寧州大雨水漂二千餘家溺死千餘人四年八月瀛州水壞民居數千家神龍元年四月雍州同官縣大雨水漂居民五百餘家六月河北州十七大水七月甲辰洛水溢壞民居二千餘家二年四月辛丑洛水壞天津橋溺死數百人八月魏州水景龍三年七月澧水溢害稼九月密州水壞民居數百家開元三年河南河北水四年七月丁酉洛水溢沈舟數百艘五年六月甲申瀍水溢溺死者千餘人鞏縣大水壞城邑損居民數百家河南水害稼八年夏契丹寇營州發關中卒援之宿澠池之缺門營穀水上夜半山水暴至萬餘人皆溺死六月庚寅夜穀洛溢入西上陽宮宮人死者十七八畿內諸縣田稼廬舍蕩盡掌閑衛兵溺死千餘人京師興道坊一夕陷爲池居民五百餘家皆沒不見是年鄧州三鴉口大水塞谷或見二小兒以水相沃須臾有蛇大十圍張口仰天人或斫射之俄而暴雷雨漂溺數百家十年五月辛酉伊水溢毀東都城東南隅

平地深六尺河南許仙豫陳汝唐鄧等州大水害稼漂没民居溺
死者甚衆六月博州棣州河決十二年六月豫州大水八月兗州
大水十四年秋天下州五十水河南河北尤甚河及支川皆溢懷
衛鄭滑汴濮人或巢或舟以居死者千計潤州大風自東北海濤
没瓜步十五年五月晉州大水七月鄧州大水溺死數千人洛水
溢入鄜城平地丈餘死者無筭壞同州城市及馮翊縣漂居民二
千餘家八月澗穀溢毁澠池縣是秋天下州六十三大水害稼及
居人廬舍河北尤甚十七年八月丙寅越州大水壞州縣城十八
年六月壬午東都瀍水溺揚楚等州租船洛水壞天津永濟二橋
及民居千餘家十九年秋河南水害稼二十年秋宋滑兗鄆等州
大水二十二年秋關輔河南州十餘水害稼二十七年三月澧袁
江等州水二十八年十月河南郡十三水二十九年七月伊洛及
支川皆溢害稼毁天津橋及東西漕上陽宮仗舍溺死千餘人是
秋河南河北郡二十四水害稼天寶四載九月河南睢陽譙

四郡水十載廣陵大風駕海潮沈江口船數千艘十三載九月東
郡瀍洛溢壞十九坊廣德元年九月大雨水平地數尺時吐蕃寇
京畿以水自潰去二年五月東都大雨洛水溢漂二十餘坊河南
諸州水大曆元年七月洛水溢二年秋湖南及河東河南淮南浙
東西福建等道州五十五水災七年二月江州江溢十年七月杭
州海溢十一年七月戊子夜澍雨京師平地水尺餘溝渠漲溢壞
民居千餘家十二年秋京畿及宋亳滑三州大雨水害稼河南尤
甚平地深五尺河溢建中元年幽鎮魏博大雨易水滹沱横流自
山而下轉石折樹水高丈餘苗稼蕩盡貞元二年六月丁酉大風
雨京城通衢水深數尺有溺死者東都河南荆南淮南江河溢三
年三月東都河南江陵汴揚等州大水四年八月灞水暴溢殺百
餘人八年秋自江淮及荆襄陳宋至于河朔州四十餘大水害稼溺
死二萬餘人漂没城郭廬舍幽州平地水深二丈徐鄭涿薊檀平
等州皆深丈餘八年六月淮水溢平地七尺没泗州城十一年十

月朗蜀二州江溢十二年四月福建二州大水嵐州暴雨水深二
丈十三年七月淮水溢于亳州十八年春申光蔡等州大水永貞
元年夏朗州之熊武五溪溢秋武陵龍陽二縣江水溢漂萬餘家
京畿長安等九縣山水害稼元和元年夏荆南及壽幽徐等州大
水二年六月蔡州大雨水平地深數尺四年十月丁未渭南暴水
漂民居二百餘家六年七月鄜坊黔中水七年正月振武河溢毁
東受降城五月饒撫虔吉信五州暴水虔州尤甚平地有深至四
丈者八年五月陳州許州大雨大隗山摧水流出溺死者千餘人
六月庚寅大風毁屋揚瓦人多壓死京師大水城南深丈餘入明
德門猶漸車輻辛卯渭水漲絶濟時所在百川發溢多不由故道
滄州水潦浸鹽山等四縣九年秋淮南及岳安宣江撫袁等州大
水害稼十一年五月京畿大雨水昭應尤甚衢州山水害稼深三
丈毁州郭溺死百餘人六月密州大風雨海溢毁城郭饒州浮梁
樂平二縣暴雨水漂没四千餘戸潤常湖陳許五州及京畿水害

稼八月甲午渭水溢毁中橋十二年六月乙酉京師大雨水含元
殿一柱傾市中水深三尺毁民居二千餘家河南河北大水洺邢
尤甚平地二丈河中江陵幽澤潞晉隰蘇台越州水害稼十三年
六月辛未淮水溢十五年秋洪吉信滄等州水長慶二年七月河
南陳許蔡等州大水好畤山水漂民居三百餘家處州大雨水平
地深八尺壞城邑桑田太半四年夏蘇湖二州大雨水太湖決溢
睦州及壽州之霍山山水暴出鄆曹濮三州雨水壞州城民居田
稼略盡襄均復郢四州漢水溢決秋河南及陳許二州水害稼寶
曆元年秋鄜坊二州暴水兗海華三州及京畿奉天等六縣水害
稼大和二年夏京畿及陳滑二州水害稼河陽水平地五尺河決
壞棣州城越州大風海溢河南鄆曹濮淄青齊德兗海等州並大
水三年四月同官縣暴水漂没三百餘家宋亳徐等州大水害稼
四年夏江水溢没舒州太湖宿松望江三縣民田數百戸鄜坊水
漂三百餘家浙西浙東宣歙江西鄜坊山南東道淮南京畿河南

江南荆襄鄂岳湖南大水皆害稼五年六月玄武江漲高二丈溢
入梓州羅城淮西浙東浙西荆襄岳鄂東川大水害稼六年二月
蘇湖二州大水六月徐州大雨壞民居九百餘家七年秋浙西及
楊楚舒廬壽滁和宣等州大水害稼八年秋江西及襄州水害稼
蘄州湖水溢滁州大水溺萬餘戶開成元年夏鳳翔麟遊縣暴雨
水毀九成宮壞民舍數百家死者百餘人七月鎮州滹沱河溢害
稼三年夏河決浸鄭滑外城陳許鄜坊鄂曹濮襄魏博等州大水
江漢漲溢壞房均荆襄等州民居及田產殆盡蘇湖處等州水溢
入城處州平地八尺四年秋西川滄景淄青大雨水害稼及民廬
舍德州尤甚平地水深八尺五年七月鎮州及江南水會昌元年
七月江南大水漢水壞襄均等州民居甚衆大中十二年八月魏
博幽鎮兗鄆滑汴宋舒壽和潤等州水害稼徐泗等州水深五丈
漂沒數萬家十三年夏大水咸通元年潁州大水四年閏六月東
都暴水自龍門毀定鼎長夏等門漂溺居人七月東都許汝徐泗

唐書五行志二十六　五

等州大水傷稼九月孝義山水深三丈破武牢關金城門汜水橋
六年六月東都大水漂壞十二坊溺死者甚衆七年夏江淮大水
秋河南大水害稼十四年八月關東河南大水乾符三年關東大
水光化三年九月浙江溢壞民居甚衆乾寧三年四月河圮于滑
州朱全忠決其堤因爲二河散漫千餘里常寒顯慶四年二月壬
子大雨雪方春少陽用事而寒氣脅之古占以爲人君刑法暴濫
之象近常寒也咸亨元年十月癸酉大雪平地三尺人多凍死儀
鳳三年五月丙寅高宗在九成宮霖雨大寒兵衛有凍死者開耀
元年冬大寒久視元年三月大雪神龍元年三月乙酉睦州暴寒
且冰開元二十九年九月丁卯大雨雪大木偃折大曆四年六月
伏日寒貞元元年正月戊戌大風雪寒丙午又大風雪寒民饑多
凍死者十二年十二月大雪甚寒竹柏柿樹多死占曰有德遭險
厥災暴寒十九年三月大雪二十年二月庚戌始雷大雨雹震電
大雨雪既雷則不當雪陰脅陽也如魯隱公之九年元和六年十

二月大寒八年十月東都大寒霜厚數寸雀鼠多死十二年九月
己丑雨雪人有凍死者十五年八月己卯同州雨雪害稼長慶元
年二月海州海水冰南北二百里東望無際大和六年正月雨雪
踰月寒甚九年十二月京師苦寒會昌三年春寒大雪江左尤甚
民有凍死者咸通五年冬隰石汾等州大雨雪平地深五尺景福
二年二月辛巳曹州大雪平地二尺天復三年三月浙西大雪平
地三尺餘其氣如煙其味苦十二月又大雪江海冰天祐元年九
月壬戌朔大風寒如仲冬是冬浙東浙西大雪吳越地氣常燠而
積雪近常寒也鼓妖武德三年二月丁丑京師西南有聲如崩山
近鼓妖也說者以爲人君不聰爲衆所惑則有聲無形不知所從
生天授元年九月檢校內史宗秦客拜日無雲而雷震近鼓妖也
貞元十三年六月丙寅天晦街鼓不鳴中和二年十月西北方無
雲而雷天復三年十月甲午有大聲出于宣武節度使廳事近鼓
妖也魚孽如意中濟源路敬淳家水碾柱將壞易之爲薪中有鮎

唐書五行志二十六　六

魚長尺餘猶生近魚孽也開元四年安南都護府江中有大蛇首
尾橫出兩岸經日而腐寸寸自斷數日江魚盡死蔽江而下十十
五五相附著江水臭神龍中渭水有蝦蟇大如鼎里人聚觀數日
而失是歲大水元和十四年二月晝有魚長尺餘墜於鄆州市良
久乃死魚失水而墜于市敗滅象也開成二年三月壬申有大魚
長六丈自海入淮至濠州招義民殺之近魚孽也乾符六年汜水
河魚逆流而上至垣曲平陸界魚民象逆流而上民不從君令也
光啓二年楊州雨魚占如元和十四年蝗武德六年夏州蝗蝗之
殘民若無功而祿者然皆貪撓之所生先儒以爲人主失禮煩苛
則旱魚螺變爲蟲蝗故以屬魚孽貞觀二年六月京畿旱蝗太宗
在苑中掇蝗祝之曰人以穀爲命百姓有過在予一人但當蝕我
無害百姓將吞之侍臣懼帝致疾遽以爲諫帝曰所冀移災朕躬
何疾之避遂吞之是歲蝗不爲災三年五月徐州蝗秋德戴廓等
州蝗四年秋觀兗遼等州蝗二十一年秋渠泉二州蝗永徽元年

夔絳雍同等州蝗永淳元年三月京畿蝗無麥苗六月雍岐隴等州蝗長壽二年台建等州蝗開元三年七月河南河北蝗四年夏山東蝗蝕稼聲如風雨二十五年貝州蝗有白鳥數千萬羣飛食之一夕而盡禾稼不傷廣德二年秋蝗關輔尤甚米斗千錢興元元年秋螟蝗自山而東際于海晦天蔽野草木葉皆盡貞元元年夏蝗東自海西盡河隴羣飛蔽天旬日不息所至草木葉及畜毛靡有孑遺餓殣枕道民蒸蝗曝颺去翅足而食之永貞元年秋陳州蝗元和元年夏鎮冀等州蝗長慶三年秋洪州螟蝗害稼八萬頃開成元年夏鎮州河中蝗害稼二年六月魏博昭義淄青滄州兗海河南蝗三年秋河南河北鎮定等州蝗草木葉皆盡五年夏幽魏博鄆曹濮滄齊德淄青兗海河陽淮南虢陳許汝等州螟蝗害稼占曰國多邪人朝無忠臣居位食祿如蟲與民爭食故比年蟲蝗會昌元年七月關東山南鄧唐等州蝗大中八年七月劔南東川蝗咸通三年六月淮南河南蝗六年八月東都同華陝虢

等州蝗七年夏東都同華陝虢及京畿蝗九年江淮關內及東都蝗十年夏陝虢等州蝗不絀無德虐取於民之罰乾符二年蝗自東而西蔽天光啓元年秋蝗自東方來羣飛蔽天二年荊襄蝗米斗錢三千人相食淮南蝗自西來行而不飛浮水緣城入揚州府署竹樹幢節一夕如翦幡幟畫像皆齧去其首撲不能止旬日自相食盡豕禍貞觀十七年六月司農寺豕生子一首八足自頸分爲二貞元四年二月京師民家有豕生子兩首四足首多者上不一也是歲宣州大雨震電有物隋地如猪手足各兩指執赤班蛇食之頃之雲合不復見近豕禍也元和八年四月長安西市有豕生子三耳八足自尾分爲二足多者下不一也咸通七年徐州蕭縣民家豕出圂舞又牡豕多將鄰里羣豕而行復自相噬齧乾符六年越州山陰民家有豕入室內壞器用銜椀缶置於水次廣明元年絳州稷山縣民家豕生如人狀無眉目耳髮占爲邑有亂雷電貞觀十一年四月甲子震乾元殿前槐樹震耀天之威怒以象

殺戮槐古者三公所樹也證聖元年正月丁酉雷雷者陽聲出非其時臣竊君柄之象長安四年五月丁亥震雷大風拔木人有震死者延和元年六月河南偃師縣李村有震電入民家地震裂闊丈餘長十五里深不可測所裂處井廁相通或衝冢墓柩出平地無損李國姓也震電威刑之象地陰類也永泰元年二月甲子夜震霆自是無雷至六月甲申乃雷大曆十年四月甲申雷電暴風拔木飄瓦人有震死者京畿害稼者七縣建中元年九月己卯雷四年四月丙子東都畿汝節度使哥舒曜攻李希烈進軍至潁橋大雨震電人不能言者十三四馬驢多死貞元十四年五月己酉夏至始雷元和十一年冬雷長慶二年六月乙丑大風震電落太廟鴟尾破御史臺樹大和八年七月辛酉定陵臺大雨震廡下地裂二十有六步占曰士庶分離大臣專恣不救大敗會昌三年五月甲午始雷咸通四年十二月震雷乾符二年十二月震雷雨雹乾寧四年李茂貞遣將符道昭攻成都至廣漢震雷有石隕于

帳前霜貞觀元年秋霜殺稼京房易傳曰人君刑罰妄行則天應之以隕霜三年北邊霜殺稼永徽二年綏延等州霜殺稼調露元年八月邠涇寧慶原五州霜證聖元年六月睦州隕霜殺草吳越地燠而盛夏隕霜昔所未有四年四月延州霜殺草四月純陽用事象人君當布惠于天下而反隕霜是無陽也開元十二年八月潞綏等州霜殺稼十五年天下州十七霜殺稼元和二年七月邠寧等州霜殺稼九年三月丁卯隕霜殺桑十四年四月淄青隕霜殺惡草及荊棘而不害嘉穀寶曆元年八月邠州霜殺稼大和三年秋京畿奉先等八縣早霜殺稼大中三年春隕霜殺桑中和元年春霜秋河東早霜殺稼雹貞觀四年秋丹延北永等州雹顯慶二年五月滄州大雨雹中人有死者咸亨元年四月庚午雍州大雨雹二年四月戊子大雨雹震電大風折木落則天門鴟尾三先儒以爲雹者陰脅陽也又曰人君惡聞其過抑賢用邪則雹與雨俱信讒殺無罪則雹下毀瓦破車殺牛馬永淳元年五月壬寅定

州大雨雹害麥禾及桑天授二年六月庚戌許州大雨雹諸聖元
年二月癸卯滑州大雨雹殺燕雀神功元年嬀綏二州雹聖曆元
年六月甲午曹州大雨雹久視元年六月丁亥曹州大雨雹長安
三年八月京師大雨雹人畜有凍死者神龍元年四月壬子雍州
同官縣大雨雹殺鳥獸景龍元年四月己巳曹州大雨雹二年正
月己卯滄州雨雹如雞卵開元八年十二月丁未滑州大雨雹二
十二年五月戊辰京畿渭南等六縣大風雹傷麥大曆七年五月
乙酉雨雹貞元二年六月丙子大雨雹十七年二月丁酉雨雹己
亥霜戊申夜震霆雨雹庚戌大雨雪而雹五月戊寅好畤縣風雹
害麥十八年七月癸酉大雨雹元和元年鄜坊等州雹十年秋鄜
坊等州風雹害稼十二年夏河南雨雹中人有死者十五年三月
京畿興平醴泉等縣雹傷麥長慶四年六月庚寅京師雨雹如彈
丸大和四年秋鄜坊等州雹五年夏京畿奉先渭南等縣雨雹開
成二年秋河南雹害稼四年七月鄭滑等州風雹五年六月濮州

雨雹如拳殺人三十六牛馬甚衆會昌元年秋登州雨雹文登尤
甚破瓦害稼四年夏雨雹如彈丸乾符六年五月丁酉宣授宰臣
豆盧瑑崔沆制殿庭氛霧四塞及百官班賀于政事堂雨雹如鳧
卵大風雷雨拔木廣明元年四月甲申朔汝州大雨風拔街衢樹
十二三東都有雲起西北大風隨之長夏門內表道古槐樹自拔
者十五六宮殿鴟尾皆落雨雹大如桮鳥獸殪於川澤黑眚黑祥
大曆二年十二月戊戌黑氣如塵彌漫于北方黑氣陰沴也貞元
四年七月自陝至河陰河水黑流入汴至汴州城下一宿而復近
黑祥也占曰法嚴刑酷傷水性也五行變節陰陽相干氣色繆亂
皆敗亂之象十四年潤州有黑氣如隄自海門山橫亘江中與北
固山相峙又有白氣如虹自金山出與黑氣交將旦而沒大和四
年正月壬寅黑氣如帶東西際天咸通十四年七月僖宗即位是
日黑氣如盤自天屬含元殿庭火沴水武德九年二月蒲州河清
襄楷以爲河諸侯象清陽明之效也貞觀十四年二月陝州泰州

河清十六年正月懷州河清十七年十二月鄭州滑州河清二十
三年四月靈州河清永徽元年正月濟州河清二年十二月衛州
河清五年六月濟州河清十六里調露二年夏豐州河清長安初
醴泉坊太平公主第井水溢流又并州文水縣猷水竭武氏井溢
神龍二年三月壬子洛陽城東七里地色如水樹木車馬歷歷見
影漸移至都月餘乃滅長安街中往往見水影昔符堅之將死也
長安嘗有是景龍四年三月庚申京師井水溢占曰君凶又曰兵
將起開元二十二年八月清夷軍黃帝祠古井湧浪二十五年五
月淄州棣州河清二十九年亳州老子祠九井涸復湧乾元二年
七月嵐州合河關河三十里清如井水四日而變寶應元年九月
甲午太州至陝州二百餘里河清澄澈見底大曆末深州束鹿縣
中有水影長七八尺遙望見人馬往來如在水中及至前則不見
水建中四年五月乙巳滑州濮州河清十四年閏五月乙丑滑州
河清貞元二十一年夏越州鏡湖竭是歲朗州熊武五溪水鬬占

曰山崩川竭國必亡又曰方伯力政厥異水鬬開成二年夏旱揚
州運河竭大中八年正月陝州河清咸通八年七月泗州下邳雨
湯殺鳥雀水沸于火則可以傷物近火沴水也雨者自上而降鳥
雀民象中和三年秋汴水入于淮水鬬壞船數艘廣明元年夏汝
州峴陽峯龍池涸近川竭也五行傳曰皇之不極是謂不建厥咎
眊厥罰常陰厥極弱時則有射妖時則有龍蛇之孽時則有馬禍
時則有下人伐上之痾時則有日月亂行星辰逆行謂木金火水
土沴天也常陰長安四年自九月霖雨陰晦至于神龍元年正月
貞元二十一年秋連月陰霪元和十五年正月庚辰至于丙申晝
常陰晦微雨雪夜則晴霽占曰晝霧夜晴臣志得申咸通十四年
七月靈州陰晦乾符六年秋多雲霧晦冥自旦及禺中乃解光啓
元年秋河東大雲霧明年夏晝陰積六十日二年十一月淮南陰
晦雨雪至明年二月不解景福二年夏連陰四十餘日霧長壽元
年九月戊戌黃霧四塞霧者百邪之氣爲陰冒陽本于地而應于

天黃爲土土爲中宮神龍二年三月乙巳黃霧四塞景龍二年八月甲戌黃霧昏濁不雨二年正月丁卯黃霧四塞十一月甲寅日入後昏霧四塞經二日乃止占曰霧連日不解其國昏亂開元五年正月戊辰昏霧四塞天寶十四載冬三月常霧起昏暗十步外不見人是謂晝昏占曰有破國至德二載四月賊將武令珣圍南陽白霧四塞上元元年閏四月大霧占曰兵起貞元十年三月乙亥黃霧四塞日無光咸通九年十一月龐勛圍徐州甲辰大霧昏塞至于丙午光化四年冬昭宗在東內武德門內煙霧四塞門外日色皎然虹蜺武德初隋將堯君素守蒲州有白虹下城中唐隆元年六月戊子虹蜺亘天蜺者斗之精占曰后妃陰脅王者又曰五色迭至照于宮殿有兵延和元年六月幽州都督孫佺帥兵襲奚將入賊境有白虹垂頭于軍門占曰其下流血至德二載正月丙子南陽夜有白虹四上亘百餘丈元和十三年十二月丙辰有白虹闊五尺東西亘天會昌四年正月己酉西方有白虹咸通元年七月己酉朔白虹橫亘西方九年七月戊戌白虹橫亘西方光啓二年九月白虹見西方十月壬辰夜又如之天復三年三月庚申有曲虹在日東北龍蛇孽貞觀八年七月隴右大蛇屢見蛇女子之祥大者有所象也又汾州青龍見吐物在空中光明如火墮地地陷掘之得玄金廣尺長七寸顯慶二年五月庚寅有五龍見于岐州之皇后泉先天二年六月京師朝堂塼下有大蛇出長丈餘有大蝦蟇如盤而目赤如火相與鬬俄而蛇入于大樹蝦蟇入于草蛇蝦蟇皆陰類朝堂出非其所也開元四年六月郴州馬嶺山下有白蛇與黑蛇鬬白蛇長六七尺吞黑蛇至腹口眼血流黑蛇長丈餘頭穿白蛇腹出俱死天寶中洛陽有巨蛇高丈餘長百尺出芒山下胡僧無畏見之曰此欲決水瀦洛城即以天竺法呪之數日蛇死十四載七月有二龍鬬于南陽城西易坤上六龍戰于野文言曰陰疑于陽必戰至德元載八月朔成都丈人廟有肉角蛇見二載三月有蛇鬬于南陽門之外一蛇死一蛇上城建中二年

夏趙州寧晉縣沙河北有棠樹甚茂民祠之爲神有蛇數百千自東西來趨北岸者聚棠樹下爲二積留南岸者爲一積俄有徑寸龜三繞行積蛇盡死而後各登其積野人以告蛇腹皆有瘡若矢所中刺史康日知圖其事奉三龜來獻四年九月戊寅有龍見于汝州城壕龍大人象其潛也淵其飛也天城壕失其所也貞元末資州得龍丈餘西川節度使韋皐匣而獻之百姓縱觀三日爲煙所薰而死大和二年六月丁丑西北有龍鬬三年成都門外有龍與牛鬬開成元年宮中有衆蛇相與鬬光化三年九月杭州有龍鬬于浙江水溢壞民廬舍占同天寶十四載光啓二年冬鄆州洛交有蛇見于縣署復見于州署蛇冬則蟄易曰龍蛇之蟄以存身也馬禍義寧二年五月戊申有馬生角長二寸末有肉角者兵象武德三年十月王世充僞左僕射韋霽馬生角當項永隆二年監牧馬大死凡十八萬疋馬者國之武備天去其備國將危亡文明初新豐有馬生駒二首同項各有口鼻生而死又咸陽牝馬生石大如升上微有綠毛皆馬禍也開元十二年五月太原獻異馬駒兩肋各十六肉尾無毛二十五年濮州有馬生駒肉角二十九年三月滑州刺史李邕獻馬肉鬉鱗臆嘶不類馬日行三百里建中四年五月滑州馬生角大和九年八月易定馬飲水因吐珠一以獻開成元年六月揚州民明齊家馬生角長一寸三分會昌元年四月桂州有馬生駒三足能隨羣于牧咸通三年郴州馬生角十一年沁州綿上及和川牡馬生子皆死京房易傳曰方伯分威厥妖牡馬生子乾符二年河北馬生人中和元年九月長安馬生人京房易傳曰諸侯相伐厥妖馬生人一曰人流亡二年二月蘇州嘉興馬生角光啓二年夏四月僖宗在鳳翔馬尾皆咤蓬如彗咤怒象文德元年李克用獻馬二肘膝皆有鬣長五寸許蹄大如七寸甌人痾武德四年太原尼志覺死十日而蘇貞觀十九年衛州人劉道安頭生肉角隱見不常因以惑衆伏誅角兵象肉不可以觸者永徽六年淄州高苑民吳威妻嘉州民辛道護妻皆一產四

男凡物反常則爲妖亦陰氣盛則母道壯也顯慶二年普州有人化爲虎虎猛噬而不仁儀鳳三年四月涇州獻二小兒連心異體初鶉觚縣衛士胡萬年妻吳生一男一女其胷相連餘各異體乃析之則皆死又産復然俱男也遂育之至是四歲以獻于朝永隆元年長安獲女魃長尺有二寸其狀怪異詩曰旱魃爲虐如炎如焚是歲秋不雨至于明年正月永隆二年九月萬年縣女子劉凝静衣白衣從者數人升太史令廳問比有何災異令執之以聞是夜彗星見太史司天文曆候王者所以奉若天道恭授民時者非女子所當問載初中涪州民范端化爲虎神功元年十一月庚子有人走入端門又入則天門至通天宫閽及仗衛不之覺時來俊臣婢産肉塊如二升器剖之有赤蟲須臾化爲蜂螫人而去久視二年正月成州有大人跡見長安中郴州佐史因病化爲虎欲食其嫂擒之乃人也雖未全化而虎毛生矣太極元年狂人段萬謙潛入承天門登太極殿升御牀自稱天子且言我李安國也人相我

年三十二當爲天子開元二十三年四月冀州獻長人李家寵八尺有五寸大曆十年二月昭應婦人張産一男二女貞元八年正月丁亥許州人李狗兒持仗上含元殿擊欄檻伏誅十年四月恒州有巨人跡見十五年正月戊申狂人劉忠詣銀臺稱白起令上表天下有火災十七年十一月翰林待詔戴少平死十有六日而蘇是歲宣州南陵縣丞李嶷死已殯三十日而蘇元和二年商州洪崖冶役夫將化爲虎衆以水沃之不果化長慶四年三月民徐忠信潛入浴堂門寶曆二年十二月延州人賀文妻一産四男大和二年十月狂人劉德廣入含元殿咸通七年渭州有人生角寸許占曰天下有兵十三年四月太原晉陽民家有嬰兒兩頭異頸四手聯足此天下不一之妖是歲民皇甫及年十四暴長七尺餘長啜大嚼三倍如初歲餘死乾符六年秋蜀郡婦人尹生子首如豕目在腋下占曰君失道光啓元年隰州温泉民家有死者既葬且半月行人聞聲呼地下其家發之則復生歲餘乃死二年春鳳翔郿縣女子未齔化爲丈夫旬日而死京房易傳曰茲謂陰昌賊人爲王大順元年六月資州兵王全義妻如孕覺物漸下入股至足大拇痛甚坼而生珠如彈丸漸長大如杯天祐二年五月潁州汝陰民彭文妻一産三男疫貞觀十年關内河東大疫十五年三月澤州疫十六年夏穀涇徐戴虢五州疫十七年夏潭濠廬三州疫十八年廬濠巴普郴五州疫二十二年郤州大疫永徽六年三月楚州大疫永淳元年冬大疫兩京死者相枕於路占曰國將有恤則邪亂之氣先被于民故疫景龍元年夏自京師至山東河北疫死者千數寶應元年江東大疫死者過半貞元六年夏淮南浙西福建道疫元和元年夏浙東大疫死者太半大和六年春自劒南至浙西大疫開成五年夏福建台明四州疫咸通十年宣歙兩浙疫大順二年春淮南疫死者十三四天鳴天寶十四載五月天鳴聲若雷占曰人君有憂貞元二十一年八月天鳴在西北中和三

年三月浙西天鳴聲如轉磨無雲而雨元和十二年正月乙酉星見而雨占曰無雲而雨是謂天泣隕石永徽四年八月己亥隕石于同州馮翊十八光耀有聲如雷近星隕而化也庶民惟星自上而隕民去其上之象一曰人君爲詐妄所蔽則然

五行志第二十六

地理志第二十七　唐書三十七

翰林學士兼龍圖閣學士朝散大夫給事中知制誥充史館脩撰臣歐陽　脩　奉　敕撰

自秦變古王制亡始郡縣天下下更漢晉分裂爲南北至隋滅陳天下始合爲一乃攺州爲郡依漢制置太守以司隸刺史相統治爲郡一百九十縣一千二百五十五戶八百九十萬七千五百三十六口四千六百一萬九千九百五十六其地東西九千三百里南北一萬四千八百一十五里東南皆至海西至且末北至五原唐興高祖攺郡爲州太守爲刺史又置都督府以治之然天下初定權置州郡頗多太宗元年始命併省又因山川形便分天下爲十道一曰關内二曰河南三曰河東四曰河北五曰山南六曰隴右七曰淮南八曰江南九曰劒南十曰嶺南至十三年定簿凡州府三百五十八縣一千五百五十一明年平高昌又增州二縣六其後北殄突厥頡利西平高昌北踰陰山西抵大漠其地東極海西至焉耆南盡林州南境北接薛延陀界東西九千五百一十一里南北一萬六千九百一十八里景雲二年分天下郡縣置二十四都督府以統之既而以其權重不便罷之開元二十一年又因十道分山南江南爲東西道增置黔中道及京畿都畿置十五採訪使檢察如漢刺史之職天寶盜起中國用兵而河西隴右不守陷吐蕃至大中咸通始復隴右乾符以後天下大亂至於唐亡然舉唐之盛時開元天寶之際東至安東西至安西南至日南北至單于府蓋南北如漢之盛東不及而西過之開元二十八年戶部帳凡郡府三百二十有八縣千五百七十三戶八百四十一萬二千八百七十一口四千八百一十四萬三千六百九應受田一千四百四十萬三千八百六十二頃考隋唐地理之廣狹戶口盈耗與其州縣廢置其盛衰治亂興亡可以見矣蓋自古爲天下者務廣德而不務廣地德不足矣地雖廣莫能守也嗚呼盛極必衰雖曰勢使之然而殆忽驕滿常因盛大可不戒哉

關内道蓋古雍州之域漢三輔北地安定上郡及弘農隴西五原西河雲中之境京兆華同鳳翔邠隴涇原渭武寧慶鄜坊丹延靈威雄會鹽綏宥爲鶉首分麟豐勝銀夏單于安北爲實沈分而爲鶉火分爲府二都二護府二州二十七縣百三十五其名山太白九嵏吴岐梁華其大川涇渭灞滻厥賦絹綿布麻（京兆同華岐調綿餘州布麻開元二十五年以關輔庸調請納米粟其河南河北非通漕州皆調絹以便關中）厥貢毛羽華角布席弓刀上都初曰京城天寶元年曰西京至德二載曰中京上元二年復曰西京肅宗元年曰上都（皇城長千九百一十五步廣千二百步宮城在北長千四百四十步廣九百六十步周四千八百六十步其崇三丈有半龍朔後皇帝常居大明宮乃謂之西内神龍元年曰太極宮大明宮在禁苑東南西接宮城之東北隅長千八百步廣千八十步曰東内本永安宮貞觀八年置九年曰大明宮以備太上皇清暑百官獻貲以助役高宗以風痺厭西内湫濕龍朔二年始大興葺曰蓬萊宮咸亨元年曰含元宮長安元年復曰大明宮興慶宮在皇城東南距京城之東開元初置至十四年又增廣之謂之南内二十年築夾城入芙蓉園京城前直子午谷後枕龍首山左臨灞岸右抵灃水其長六千六百六十五步廣五千五百七十五步周二萬四千一百二十步其崇丈有八尺）

京兆府京兆郡本雍州開元元年爲府厥貢水土稻麥麰紫稈粟隔紗粲席鞾氈蠟酸棗人地骨皮櫻桃藕粉天寶元年領戶三十六萬二千九百二十一口百九十六萬一百八十八領縣二十（有府百三十一曰眞化匡道水衡仲山新城寶泉善信鳳神安業平香太清餘皆逸）萬年（赤本大興武德元年更名二年析置芷陽縣七年省總章元年析置明堂縣長安二年省天寶七載曰咸寧至德三載復故名有南望春宮臨滻水西岸有北望春宮宮東有廣運潭福陵在東二十五里哲陵在東南四十里）長安（赤總章元年析置乾封縣長安二年省有大安宮本弘義後更名南五十里太和谷有太和宮武德八年置貞觀十年廢二十一年復置曰翠微宮籠山爲苑元和中以爲翠微寺有子午關天寶二年尹韓朝宗引渭水入金光門置潭于西市以貯材木大曆元年尹黎幹自南山開漕渠抵景風延喜門入苑以漕炭薪）咸陽（畿武德元年析涇陽始平置有望賢宮有便橋有興寧陵又有順陵在咸陽原）興平（畿本始平景龍二年中宗送金城公主降吐蕃至此改曰金城至德二載更名西十八里有隋仙林宮）雲陽（赤武德元年析置石門縣三年以石門溫秀置泉州貞觀元年州廢省溫秀更石門曰雲陽雲陽曰池陽八年省雲陽更池陽曰雲陽天授二年以雲陽涇陽醴泉三原置鼎州大足元年州廢有堯山甘泉山凡禁樵採者著于志有古鄭白渠崇陵在北十五里嵯峨山貞陵在西北四十里）涇陽（畿）三原（次赤武德四年曰池陽六年曰華池析置三原隸泉州貞觀元年省復華池曰三原永康陵在北十八里獻陵在東十八里莊陵在西北五里端陵在東十里）渭南（畿武德元年隸華州五年還隸雍州天授二年析渭南慶山置鴻門縣以渭南慶山鴻門高陵櫟陽置鴻州大足元年州廢西十里有遊龍宮開元二十五年更置東十五里有隋崇業宮）昭應（次赤本新豐垂拱二年曰慶山神龍元年復故名有宮在驪山下貞觀十八年置咸亨二年始名溫泉宮天寶元年更驪山曰會昌山三載以縣去宮遠析新豐萬年置會昌縣六載更溫泉曰華清宮宮治湯井爲池環山列宮室又築羅城置百司及十宅七載省新豐更會昌縣及山曰昭應東三十五里有慶山垂拱二年涌出有清虛原本鳳凰原有幽棲谷本鸚鵡谷中宗以韋嗣立所居更名有旌儒鄉有廟故坑儒玄宗更名有齊陵在東十六里）高陵（畿武德元

年析置鹿苑縣貞觀元年省西四十里有龍躍宮武德六年高祖以舊第置德宗以為脩眞觀有古白渠寶曆元年令劉仁師請更水道渠成名曰劉公渠曰彭城

同官畿有女迴山富平次赤有荊山有鹽池澤定陵在西北十五里龍泉山元陵在西北二十五里檀山豐陵在東三十三里甕金山章陵在西北二十里簡陵在西北四十里藍田畿武德二年析置白鹿縣三年更曰寧民又析藍田置玉山縣貞觀三年皆省有覆車山有藍田關故嶢關有庫谷有關武德六年寧民令顏昶引南山水入京城永淳元年作萬全宮弘道元年廢鄠畿有渼陂東南三十里有隋太平宮西南二十二里有隋甘泉宮奉天次赤文明元年析醴泉始平好時武功豳州之永壽置以奉乾陵陵在北五里梁山靖陵在東北十里乾寧二年以縣置乾州又覃王出鎮又以畿內之好時武功盩厔醴泉隸之好時畿故上宜武德二年析醴泉置好時貞觀八年廢上宜入岐陽二十一年省好時岐陽復置上宜更上宜曰好時有大橫關武功畿武德三年以武功好時盩厔及郿州之郿鳳泉置稷州又析始平置扶風縣四年以岐州之圍川隸之七年以郿隸岐州貞觀元年州廢省扶風以圍川鳳泉隸岐州盩厔武功隸雍州天授二年復以武功始平奉天盩厔好時置稷州大足元年州廢有太一山南十八里有慶善宮臨渭水武德元年高祖以舊第置宮後廢為慈德寺西原隋煬帝所葬醴泉次赤武德元年析置溫秀縣後省醴泉貞觀十年營昭陵析雲陽咸陽復置有芳山有九嵕山昭陵在西北六十里九嵕山建陵在東北十八里武將山一名馮山華原畿義寧二年以華原宜君同官置宜君郡并置土門縣以隸之武德元年曰宜州貞觀十七年州廢省宜君土門以華原同官隸雍州垂拱二年更華原曰永安天授二年復以永安同官富平美原置宜州大足元年州廢有永安宮長安二年置神龍元年復永安曰華原有蒲萄園官天祐三年李茂貞墨制以縣置耀州美原畿咸亨二年析富平華原及同州之蒲城以故土門縣置天祐三年李茂貞墨制以縣置鼎州

華州華陰郡上輔義寧元年析京兆郡之鄭華陰置垂拱二年避

武氏諱曰太州神龍元年復故名上元二年又更名太州寶應元年復故名乾寧四年曰興德府縣次畿赤光化三年復為州土貢鷂烏鶻伏苓伏神細辛戶三萬三千一百八十七口二十二萬三千六百一十三縣四有府二十曰普樂豐原義全淸義萬福脩仁神水常興義津定城延壽羅文鄭邑宣義相原孝德溫湯宣化懷德懷仁有鎮國軍肅宗上元元年置鄭望有少華山東北三里有神臺宮本隋普德宮咸亨二年更名西南二十三里有利俗渠引喬谷水東南十五里有羅文渠引小敷谷水支分溉田皆開元四年詔陝州刺史姜師度疏故渠又立隄以捍水害華陰望垂拱元年更名仙掌天授二年析置潼津縣在關口後隸虢州聖曆二年來屬長安中省神龍元年復曰華陰上元二年曰太陰華山曰太山寶應元年復故名有岳祠有潼關有渭津關有漕渠自苑西引渭水因石渠會灞滻經廣運潭至縣入渭天寶三載韋堅開又有永豐倉有臨渭倉西十八里有興德宮故隋華陰宮顯慶三年更名東十三里有隋金城宮武德三年廢顯慶三年復置西二十四里有敷水渠開元二年姜師度鑿以洩水害五年刺史樊忱復鑿之使通渭漕下邽望本隸同州垂拱元年來屬東南二十里有金氏二陂武德二年引白渠灌之以置監屯櫟陽本畿故萬年隸雍州武德元年更名又析置平陵縣二年更平陵曰粟邑貞觀八年省有煮鹽澤天祐三年來屬

同州馮翊郡上輔武德元年更諸郡為州其沒于賊者事平乃更天寶三載以州為郡乾元元年復以郡為州凡州郡縣無所更置者皆承隋舊土貢韡鞹二物皺紋吉莫䴥芑茨龍莎凝水石戶六萬九百二十八口四十萬八千七百五縣八有府二十六曰濟北唐安秦城太州大亭河東興德連邑伏龍溫湯安遠業善南鄉臨高漢陽襄城崇道淅谷吉安長春華池永大洪泉善福司御效誠馮翊望武德九年析置臨沮縣貞觀九年省有沙苑南三十二里有月興德宮在志武里高祖將趨長安所次朝邑望有長春宮武德三年析置河濱縣貞觀元年省北四里有通靈陂開元七年刺史姜師度引洛堰河以溉田百餘頃乾元三年曰河西隸河中府大曆五年復曰朝邑還隸同州有河瀆祠西海祠小池有鹽韓城上武德八年徙置西韓州貞觀八年州廢以韓城河西郃陽來屬天祐二年更名韓原有鐵有梁山有龍門山有關武德七年治中雲得臣自龍門引河溉田六千餘頃郃陽望有陽班泓貞元四年墋涔谷水成夏陽本河西武德三年析郃陽置又以河西西韓州乾元三年更河西曰夏陽隸河中後復來屬白水望澄城望武德三年析置長寧縣貞觀八年省奉先本次赤故蒲城開元四年更名隸京北府橋陵在西北三十里豐山泰陵在東北二十里金粟山景陵在西北二十里金熾山光陵在北十五里堯山惠陵在西北十里有鹵池二大中二年其一生鹽天祐三年來屬

商州上洛郡望土貢麝香弓材有洛源監錢官貞元七年刺史李西華自藍田至內鄉開新道七百餘里迴山取塗人不病涉謂之偏路行旅便之戶八千九百二十六口五萬三千八十縣六有府二曰洵水玉京有興平軍初在鄠縣東原至德中徙上洛緊有熊耳山豐陽上洛南上有金有銅有鐵商洛望東有武關上津上義寧二年以上津豐利黃土置上津郡并置長利縣武德元年曰上州貞觀元年省長利八年州廢以黃土隸金州豐利隸均州上津來屬乾元中下本安業萬歲通天元年析豐陽置景龍三年隸雍州景雲元年來屬乾元元年更名隸京兆尋復還屬

鳳翔府扶風郡赤上輔本岐州至德元載更郡曰鳳翔二載復郡

故名號西京為府上元二年罷京元年曰西都未幾復罷都土貢榛實龍鬚席蠟燭戶五萬八千四百八十六口三十八萬四百六十三縣九有府十三曰岐山雍北道淸洛邑留谷岐陽文城郊邑三交鳳泉望苑邵吉山泉天興次赤本雍至德二載曰鳳翔倂析置天興縣寶應元年省鳳翔入天興岐山次畿貞觀七年析扶風岐山及京兆之上宜置岐陽縣八年省上宜入岐山永徽五年復置元和三年省有岐山扶風次畿本湋川武德三年析岐山置以湋水名之貞觀八年更名麟遊次畿義寧元年置以麟遊及京兆之上宜扶風郡之普潤置鳳棲郡二年以仁壽宮中獲白麟更郡曰麟遊又以安定郡之鶉觚并析置靈臺縣隸之武德元年曰麟州貞觀元年州廢省靈臺入麟遊以麟遊普潤來屬上宜還隸雍州鶉觚還隸涇州西五里有九成宮本隋仁壽宮義寧元年廢貞觀五年復置更名永徽二年曰萬年宮乾封二年復曰九成宮周垣千八百步并置禁苑及府庫官寺等又西三十里有永安宮貞觀八年置普潤次畿有隴右軍貞元十年置十一年以縣隸隴右經略使元和元年更名保義軍寶雞次畿本陳倉至德二載更名東有渠引渭水入昇原渠通長安故城咸通三年開西南有大散關有寶雞山虢次畿貞觀八年省入岐山天授二年復置東北十里有高泉渠如意元年開引水入縣城又西北有昇原渠引汧水至咸陽垂拱初運岐隴水入京城郿次畿義寧二年置郿城郡又析置鳳泉縣武德元年曰郿州以鳳泉來屬三年州廢以郿隸稷州七年來屬貞觀八年省鳳泉大曆五年權隸京兆有太白山有鳳泉湯盩厔本畿隸雍州武德二年析置終南縣貞觀八年省天寶元年更名宜壽至德二載復故名乾寧中隸乾州天復元年來屬有駱谷關武德七年置有司竹園東南三十二里有隋宜壽宮有樓觀老子祠

邠州新平郡緊義寧二年析北地郡之新平三水置邠故作豳開

元十三年以守頻幽改土貢剪刀火筯蕈豆䜴豆白蜜地膽戶二萬二千九百七十七口十二萬五千二百五十縣四有府十日嘉陽宜祿公劉良杜胡陵雅川萬敵金池奔城宜山新平望有永定壘二太宗討薛舉置三水緊有石門山北二十里有萬壽湫大曆八年因風雷而成永壽上武德二年析新平置神龍元年隸雍州唐隆元年來屬宜祿中貞觀二年析新平及涇州之保定靈臺置有淺水原有長武城

右京畿採訪使治京城內

隴州汧陽郡上本隴東郡義寧二年析扶風郡之汧源汧陽南由安定郡之華亭置天寶元年更郡曰汧陽土貢榛實龍鬚席戶二萬四千六百五十二口十萬一百四十八縣三有府四日大堆龍盤開川臨汧汧源上垂拱二年更華亭曰亭川神龍元年復故名元和三年省入汧源西有安戎關在隴山本大震關大中六年防禦使薛逵徙築更名有鐵有五節堰引隴川水通漕武德八年水部郎中姜行本開後廢華亭有義寧軍大曆八年置貞元十三年築永信城于平戎川汧陽上有臨汧城大和元年築吳山中本長蛇義寧二年置貞觀元年更名上元二年曰華山尋復曰吳山武德元年以南由縣置含州四年州廢元和三年省入焉有西鎮吳山祠有岍山西有安夷關

涇州保定郡上本安定郡至德元載更名土貢龍鬚席戶三萬一千三百六十五口十八萬六千八百四十九縣五有府六日涇陽四門典教純德肅清仁賢保定上本安定至德元載更名廣德元年沒吐蕃大曆三年復置有折墌故城靈臺上本鶉觚天寶元年更名臨涇中良原上興元二年沒吐蕃貞元四年復置潘原中本陰盤天寶元年更名後省爲彰信堡貞元十一年復置

原州平涼郡中都督府望廣德元年沒吐蕃節度使馬璘表置行原州於靈臺之百里城貞元十九年徙治平涼元和三年又徙治臨涇大中三年收復關隴歸治平高廣明後復沒吐蕃又僑治臨涇土貢氈覆鞍氈龍鬚席戶七千三百四十九口三萬三千一百四十六縣二有府二日彭陽安善平高望有崆峒山西南有木峽關州境又有石門驛藏制勝石峽木靖等關并木峽六盤爲七關又南有瓦亭故關百泉上

渭州元和四年以原州之平涼縣置行渭州廣明元年爲吐蕃所破中和四年涇原節度使張鈞表置凡乾元後所置州皆無郡名及其季世所置州縣又不列上中下之第縣一平涼上廣德元年沒吐蕃貞元四年復置及爲行渭州其民皆州自須之西南隴山有六盤關有銀有銅有鐵西北五里有吐蕃會盟壇貞元五年築

武州中大中五年以原州之蕭關置中和四年僑治潘原縣一蕭關中貞觀六年以突厥降戶置緣州治平高之他樓城高宗置他樓縣隸原州神龍元年省更置蕭關縣白草軍在蔚茹水之西至德後沒吐蕃

寧州彭原郡望本北地郡天寶元年更名土貢五色覆鞍氈龍鬚席荖蓆亭長菴蕳假蘇戶三萬七千一百二十一口二十二萬四千八百三十七縣五有府十一日彭池高望静難寶天國蒲川東原三會大延和泉永寧定安望義寧二年析置歸義縣十七年省入定平有定安故關眞寧緊本羅川有要册湫天寶元年獲玉眞人像二十七因更名襄樂緊彭原緊武德元年以縣置彭州二年析置豐義縣貞觀元年州廢以彭原豐義來屬開元八年以豐義隸涇州尋復還屬唐末省定平上武德二年析定安置後隸邠州元和三年復來屬四年隸左神策軍有高摭城唐末以縣置衍州

慶州順化郡中都督府本弘化郡天寶元年曰安化至德元載更名土貢胡女布牛酥麝蠟戶二萬三千九百四十九口十二萬四千二百三十六縣十有府八日龍息交水同川永清蟠交永業樂蟠永安順化中本弘化天寶元年曰安化至德元載更名合水中本合川武德元年置是年又析置蟠交縣貞觀元年省合川入弘化天寶元年更蟠交曰合水樂蟠中義寧元年析合水置馬嶺中華池下武德四年置以縣置林州貞觀元年州廢同川中下本三泉義寧二年析彭原郡之彭原置武德三年更名洛源中貞觀三年置四年隸北永州五年徙州來治八年州廢來屬延慶中本白馬武德六年徙故豐州民析合水置天寶元年更名方渠中下神龍三年析馬嶺置懷安下開元十一年括逃戶連党項蕃落置

鄜州洛交郡上本上郡天寶元年更名土貢龍鬚席戶二萬三千四百八十四口十五萬三千七百一十四縣五有府十一日洛昌龍交蕃川五交大同安光洛安銀方杏林脩武安吉有肅戎軍大曆六年置在廊城洛交緊洛川上三川中華池水黑水洛水所會直羅中武德三年析三川洛交因古直羅城置羅水過城下地平直故名甘泉中本伏陸武德元年析洛交置天寶元年更名

坊州中部郡上武德二年析鄜州之中部鄜城置土貢龍鬚席梟弦麻戶二萬二千四百五十八口十二萬二百八縣四有府五日杏城仁里思臣永平安臺中部上本内部武德二年更名周天和中元皇帝爲敷州刺史置馬坊高祖因以名州有鐵州郭無水東北七里有上善泉開成二年刺史張治架水入城以紓遠汲四年刺史崔驛復增修之民獲其利後思之爲立祠宜君上本隸宜州有仁智宮武德七年置貞觀十七年州廢縣亦省二十年置玉華宮復置縣隸雍州宮在北四里鳳凰谷永徽二年廢宮爲玉華寺縣又省龍朔三年析中部同官復置來屬有鐵昇平上天寶十二載析宜君置寶應元年省後復置鄜城上唐末以縣置翟州

丹州咸寧郡上本丹陽郡義寧元年析延安郡之義川汾川咸寧縣置天寶元年更名土貢龍鬚席麝蠟燭戶萬五千一百五口八萬七千六百二十五縣四有府五日宜城通天同化丹陽長松義川上雲巖中武德元年析義川置汾川上有烏仁關咸寧中

延州延安郡中都督府土貢樺皮麝蠟戶萬八千九百五十四口

十萬四十縣十 有府七較化延川寧戎因城塞門延安金明又儀鳳中吐谷渾部落自涼州內附置二府于金明西境曰羌部落曰閤門

膚施 上有牢山嶺城 延長 中本延安武德二年置以縣置北連州并置義鄉齊明二縣以隸之貞觀二年州廢省義鄉齊明入延安來屬廣德二年更名 臨眞 中武德元年隸東夏州貞觀二年州廢來屬 金明 中武德二年析膚施置以縣置北武州并置開遠全義崇德永安定義五縣貞觀二年州廢省開遠全義崇德永安定義入金明來屬 豐林 中武德四年僑置雲州及雲中榆林龍泉三縣八年州廢省龍泉入臨眞省雲中榆林入豐林東北有合嶺關 延川 中武德二年招慰稽胡置基州又安撫使段德操表置義門縣以義門置南平州三年析綏州之城平置魏平縣四年廢南平州省義門魏平五年更基州曰北基州貞觀八年州廢來屬 敷政 中下本因城武德二年徙治金城鎮更名金城又東境置永州并置洛盤新昌土塠三縣貞觀四年徙州治洛原及州廢省洛盤新昌土塠入金城天寶元年曰敷政 延昌 武德二年置北仁州貞觀三年州廢十年以其地置羅交縣天寶元年更名其北蘆子關 延水 中下本安民武德二年析延川置以縣置西和州并置修文桑原二縣貞觀二年州廢省修文桑原入安民隸北基州州廢來屬二十三年曰弘風神龍元年更名 門山 上武德三年析汾川置隸丹州廣德二年來屬

靈州靈武郡大都督府土貢紅藍甘草花蓯蓉代赭白膠青蟲鵰鶻白羽麝野馬鹿革野猪黃吉莫鞾氊庫利赤檉馬策印鹽黃牛臆戶萬一千四百五十六口五萬三千一百六十三縣四 有府五曰武略河閭鄰城鳴沙萬春有朔方軍經略軍豐安軍定遠新昌等軍豐寧保寧等城黃河外有豐安定遠新昌等軍豐寧保寧等城 迴樂 望武德四年析置豐安縣貞觀四年於迴樂境置迴州以豐安隸迴州十三年州廢省豐安有溫泉鹽池有特進渠溉田六百頃長慶四年詔開 靈武 上 懷遠 緊武德六年廢豐州省九原永豐二縣入焉隋九原郡也有鹽池三曰紅桃武平河池 保靜 上本弘靜神龍元年曰安靜至德元載更名

威州 闕郡 中本安樂州初吐谷渾部落自涼州徙于鄯州不安其居又徙于靈州之境咸亨三年以靈州之故鳴沙縣地置州以居之至德後没吐蕃大中三年收復更名光啓三年徙治涼州鎮爲行州縣二 鳴沙 上武德二年置會州貞觀六年州廢更置環州以大河環曲爲名九年州廢還隸靈州神龍中爲默啜所寇移治故豐安城咸亨三年復得故縣 温池 上本隸靈州神龍元年置大中四年來屬有鹽池

雄州在靈州西南百八十里中和元年徙治承天堡爲行州

警州本定遠城在靈州東北二百里先天二年朔方大總管郭元振置其後爲上縣隸靈州景福元年靈威節度使韓遵表爲州 縣馬 城幅員十四里信安王禕所築

會州會寧郡上本西會州武德二年以平涼郡之會寧鎮置貞觀八年以足食故更名粟州是年又更名土貢駝毛褐野馬革覆鞍氈鹿舌鹿尾戶四千五百九十四口二萬六千六百六十縣二 有新泉軍開元五年廢爲守捉 會寧 上本涼川武德二年更名開元四年別置涼川縣九年省有黃河堰開元七年刺史安敬忠築以捍河流有河池因雨生鹽東南有會寧關 烏蘭 上武德九年置西南有烏蘭關

鹽州五原郡下都督府本鹽川郡唐初没梁師都武德元年僑治靈州貞觀元年州省以縣隸靈州二年師都平復置州天寶元年更郡曰五原貞元三年没吐蕃九年復城之土貢鹽山木瓜狩牛戶二千九百二十九口萬六千六百六十五縣二 有府一曰鹽川有保塞軍貞元十九年置 五原 上有烏池白池細項池瓦窯池鹽 白池 上本興寧貞觀元年與州同省二年復置景龍三年更名

夏州朔方郡中都督府土貢氈角弓酥拒霜薺戶九千二百一十三口五萬三千一十四縣三 有府一曰寧朔有化 朔方 上本巖綠貞觀二年更名貞元七年開延化渠引烏水入庫狄澤溉田二百頃有鹽池二有天德軍天寶十四載置寶應元年廢長慶四年節度使李祐築烏延宥州臨塞陰河陶子等城蘆子關北以護塞外有木瓜嶺 德靜 中下貞觀七年隸北開州八年曰化州十三年州廢 寧朔 中下武德六年置南夏州貞觀二年州廢省入朔方五年復置來屬長安二年省開元四年又置九年省其後又置

綏州上郡下本雕陰郡地唐初没梁師都武德三年以歸民於延州豐林縣僑置六年徙治延川境七年徙治魏平貞觀二年師都平歸治上縣天寶元年更郡名土貢胡女布蠟燭戶萬八百六十七口八萬九千一百一十二縣五 有府四曰伏洛義合萬吉大斌 龍泉 中本上縣天寶元年更名 延福 中下武德六年析置北吉州并置歸義洛陽二縣又析置羅州并置石羅開善萬福三縣又析置匡州并置安定源泉二縣貞觀二年州縣皆廢 綏德 中下武德三年析置雲州并置信義淳義三縣又析置龍州并置風鄉義良二縣貞觀二年州縣皆廢 城平 中下武德七年析置魏州并置安故安泉二縣貞觀二年州廢省安故安泉西南有魏平關 大斌 中下取稽胡懷化文武雜半以名

銀州銀川郡下貞觀二年析綏州之儒林眞鄉置土貢女稽布戶七千六百二口四萬五千五百二十七縣四 儒林 中東北有無定河 眞鄉 中下西北有茹盧水 開光 中本隸綏州貞觀二年置八年隸祐州十三年州廢來屬 撫寧 中下本隸綏州貞觀八年來屬

宥州寧朔郡上調露元年於靈夏南境以降突厥置魯州麗州含州塞州依州契州以唐人爲刺史謂之六胡州長安四年并爲匡長二州神龍三年置蘭池都督府分六州爲縣開元十年復置魯州麗州契州塞州十年平康待賓遷其人於河南及江淮十八年復置匡長二州二十六年還所遷胡戶置宥州及延恩等縣其後僑治經略軍至德二載更郡曰懷德乾元元年復故名寶應後廢元和九年於經略軍復置距故州東北三百里十五年徙治長澤

為吐蕃所破長慶四年節度使李祐復奏置土貢氈戶七千八十三口三萬二千六百五十二縣二延恩中開元二十六年以故匡州地置又以故塞門縣地置懷德縣以故蘭州之長泉縣地置歸仁縣寶應後皆省元和九年復置延恩有經略軍在榆多勒城天寶中王忠嗣奏置長澤中下本隸夏州貞觀七年置長州十三年州廢隸夏州元和十五年來屬有胡洛鹽池

麟州新秦郡下都督府開元十二年析勝州之連谷銀城置十四年廢天寶元年復置土貢青他鹿角戶二千四百二十八口萬九百三縣三新秦中開元二年置七年又置鐵麟縣十四年州廢皆省天寶元年復置新秦連谷中下貞觀八年以隋連谷戍置銀城中下貞觀二年置四年隸銀州八年隸勝州

勝州榆林郡下都督府武德中沒梁師都師都平復置土貢胡布青他鹿角芍藥徐長卿戶四千一百八十七口二萬九百五十二縣二有義勇軍榆林中下有隋故榆林宮東有榆林關貞觀十三年置河濱中下貞觀三年置以縣置雲州四年曰威州八年州廢來屬東北有河濱關貞觀七年置

豐州九原郡下都督府貞觀四年以降突厥戶置不領縣十一年州廢地入靈州二十三年復置土貢白麥印鹽野馬胯革駝毛褐氈

戶二千八百一十三口九千六百四十一縣二九原中下永徽四年置有陵陽渠建中三年浚之以溉田置屯尋棄之有咸應永清二渠貞元中刺史李景略開溉田數百頃永豐中下永徽元年置麟德元年別置豐安縣天寶末省東受降城景雲三年朔方軍總管張仁愿築三受降城寶曆元年振武節度使張惟清以東城濱河徙置綏遠烽南中受降城有拂雲堆祠接靈州境有關元和九年置又有橫塞軍本可敦城天寶八載置十二載廢西二百里大同川有天德軍大同川之西有天安軍皆天寶十二載置天德軍乾元後徙屯永濟柵故大同城也元和九年宰相李吉甫奏修復舊城北有安樂戍西受降城開元初為河所圮十年總管張說於城東別置新城北三百里有鸊鵜泉

單于大都護府本雲中都護府龍朔三年置麟德元年更名土貢胡女布野馬胯革戶二千一百五十五口六千八百七十七縣一金河中天寶四年置本後魏道武所都有雲伽關後廢大和四年復置

安北大都護府本燕然都護府龍朔三年曰瀚海都督府總章二年更名開元二年治中受降城十年徙治豐勝二州之境十二年徙治天德軍土貢野馬胯革戶二千六口七千四百九十八縣二陰山上天寶元年置通濟上

鎮北大都護府土貢犛牛尾縣二大同上長寧上

右關內採訪使以京官領

地理志第二十七

翰林學士兼龍圖閣學士朝散大夫給事中知制誥充史館修撰臣歐陽　脩奉

敕撰

河南道蓋古豫兗青徐之域漢河南弘農潁川汝南陳留沛泰山濟陰濟南東萊齊山陽東海琅邪北海千乘東郡及梁楚魯東平城陽淮陽菑川高密泗水等國暨平原勃海九江之境洛陜負河而北爲實沈分負河而南號汝許及新鄭之地爲鶉火分鄭汴陳蔡潁爲壽星分宋亳徐宿鄆曹濮爲大火分兗海沂泗爲降婁分青淄密登萊齊棣爲玄枵分滑爲娵訾分濠爲星紀分爲府一州二十九縣百九十六其名山三崤少室砥柱蒙嶧嵩高泰岳其大川伊洛汝潁沂泗淮濟厥賦絹絁緜布厥貢絲布葛席埏埴盎缶

東都隋置武德四年廢貞觀六年號洛陽宮顯慶二年曰東都光宅元年曰神都神龍元年復曰東都天寶元年曰東京上元二年罷京肅宗元年復爲東都 皇城長千八百一十七步廣千三百七十八步周四千九百三十步其崇三丈七尺曲折以象南宮垣名曰太微城宮城在皇城北長千六百二十步廣八百有五步周四千九百二十一步其崇四丈八尺以象北辰藩衛曰紫微城武后號太初宮上陽宮在禁苑之東東接皇城之西南隅上元中置高宗之季常居以聽政都城前直伊闕後據邙山左瀍右澗洛水貫其中以象河漢東西五千六百一十步南北五千四百七十步西連苑北自東城而東二千五百四十步周二萬五千五十步其崇丈有八尺武后號曰金城

　李敏

河南府河南郡本洛州開元元年爲府土貢文綾繒縠絲葛埏埴盎缶苟杞黃精美果華酸棗戶十九萬四千七百四十六口百一十八萬三千九十二縣二十 有府三十九曰武定復梁康城柏林嵩巖邑陽樊王陽永嘉邵南慕善政敎翼洛伊陽懷音軹城洛汭郟鄏伊川洛泉通谷潁源宜陽金谷王屋成皐夏邑原邑原城鶴臺函谷千秋同軌鐵濟温城具茨寶圖鈞臺承雲軒轅

河南 赤垂拱四年析河南洛陽置永昌縣永昌元年更河南曰合宮長安二年省永昌神龍元年復曰河南二年又曰合宮唐隆元年復故名有洛漕新潭大足元年開以置租船龍門山東抵天津有伊水石堰天寶十載尹裴迥置有瀍水渠武宗名曰吉水宣宗立復故名 洛陽 赤天授三年析洛陽永昌置來庭縣長安二年省神龍二年更洛陽曰永昌唐隆元年復故名 偃師 畿天寶七載尹韋濟以北坡道迂自縣東山下開新道通孝義橋西北有故富平津河陽故關 鞏 畿有洛口倉 緱氏 次赤貞觀十八年省上元二年復置有恭陵有和陵在太平山本懷來山天祐元年更名東南有轘轅故關 陽城 畿武德四年王世充僞令王雄來降以陽城嵩陽陽翟置嵩州又析三縣地置康城縣貞觀三年州廢省康城萬歲登封元年將封嵩山改陽城曰告成神龍元年復故名二年復爲告成天祐二年更名陽邑有測景臺開元十一年詔太史監南宮說刻石表焉 登封 畿本嵩陽貞觀十七年省入陽城永淳元年營奉天宮分陽城緱氏復置二年省光宅元年復置萬歲登封元年更名神龍元年曰嵩陽二年復曰登封嵩山有中岳祠有少室山有三陽宮聖曆三年置 陸

渾 畿有鳴皐山有漢故關 伊闕 畿北有伊闕故關有陸渾山一名方山 新安 畿義寧二年以縣置新安郡武德元年曰穀州以熊州之澠池隸之又析置東垣縣四年省東垣貞觀元年來屬有長石山 澠池 畿貞觀元年徙穀州來治西五里有紫桂宮儀鳳二年置調露二年曰避暑宮永淳元年曰芳桂宮弘道元年廢 福昌 畿本宜陽義寧二年以宜陽澠池永寧置宜陽郡武德元年曰熊州二年更宜陽曰福昌因隋宮爲名四年以洛州之壽安隸之貞觀元年州廢以福昌永寧二縣隸穀州六年徙穀州來治八年以穀州之長水隸之顯慶二年州廢以福昌永寧長水來屬西十七里有蘭昌宮有故隋福昌宮顯慶三年復置有女几山 長水 畿本長淵隸弘農郡義寧元年更名隸虢州貞觀八年隸穀州顯慶二年來屬西有高門關松陽故關鵶嶋故關 永寧 畿本熊耳義寧二年更名武德元年以永寧崤置函州八年州廢隸穀州顯慶二年來屬西二十九里五里有崎岫宮西三十三里有蘭峯宮皆顯慶三年置 壽安 畿初隸熊州八年來屬西十九里有連昌宮顯慶三年置西南四十二里有萬安山有興泰宮長安四年置并析置興泰縣神龍元年省有錦屏山武后所名 密 畿武德三年以縣置密州四年州廢以密隸鄭州龍朔二年來屬有羽山 河清 畿本大基武德二年析河南洛陽新安王屋置縣尋省栢崖先天元年更名會昌三年隸孟州尋還屬後廢咸通中復置有栢崖倉 潁陽 畿本武林…名西北有大谷故關山有鍾乳貞觀七年采 伊陽 畿先天元年析陸渾置和山有銀有銅有錫伊水有金 王屋 畿武德元年更名邵伯隸邵州貞觀元年州廢隸懷州顯慶二年復故名來屬有王屋山

汝州臨汝郡雄本伊州襄城郡貞觀八年更州名天寶元年更郡名土貢絁戶六萬九千三百七十四口二十七萬三千七百五十六縣七 有府四曰龍興魯陽梁川 梁 望本承休又有梁縣西南四十五里有温湯可以熨… 郟城 緊本隸許州武德四年以縣置魯州又有… 魯山 上王世充置魯州武德四年廢縣以魯山滍陽復置魯州貞觀九年廢… 葉 緊本隸許州… 襄城 望武德元年以縣置汝州… 龍興 上本滍陽武德元年置貞觀元年省… 臨汝 上先天元年置有溫泉有嵩山南貞觀中置

　李敏

右都畿採訪使治東都城內

陝州陝郡大都督府雄本弘農郡義寧元年置武德元年曰陝州三年兼置南韓州四年廢南韓州天寶元年更郡名天祐元年爲興唐府縣次畿赤哀帝初復故土貢𧏙麥栝蔞栢實戶二萬九百五十八口十七萬三百三十八縣六 有府十五曰曹陽崇樂華望安城底柱夏川望陝吉陝陝望有大陽故關即茅津一曰陝津貞觀十一年造浮梁有南北利津有太宗東幸使武候將軍丘行恭開有陝城宮上本崤義寧二年… 峽石 上本崤武德元年復置… 有崤山

十四年移治峽石塢因更名有底柱山山有三門河所經太宗勒銘有繡嶺宮顯慶三年置東有神臺宮天寶二年以赤光見置 靈寶 望本桃林義寧元年隸鼎州武德元年來屬天寶元年獲寶符于縣南古函谷關因更名有涸津義寧元年置閿鄉貞觀元年廢關置津有桃源宮武德元年置 夏 望本隸虞州貞觀十七年隸絳州大足元年來屬尋還隸絳州乾元三年復來屬 芮城 望武德二年以芮城河北永樂置芮州貞觀元年州廢以永樂隸鼎州芮城河北來屬 平陸 望本河北隸蒲州貞觀元年來屬天寶元年太守李齊物開三門以利漕運得古刃有篆文曰平陸因更名三門西有鹽倉東有集津倉有[illegible]有銀穴三十四銅穴四十八在雲嶺金三錐五岡分雲等山

虢州弘農郡雄本虢郡治盧氏義寧元年析隋弘農郡三縣置貞觀八年徙治弘農天寶元年更郡名土貢絁瓦硯麝地骨皮梨戶二萬八千二百四十九口八萬八千八百四十五縣六有府四曰鼎湖金節金明開方 弘農 緊本隋弘農郡義寧元年曰鳳林領弘農閿鄉湖城武德元年曰鼎州因鼎湖為名貞觀八年州廢縣皆來屬神龍初避孝敬皇帝諱曰恒農開元十六年復故名南七里有渠貞觀元年令元伯武引水北流入城 閿鄉 緊貞觀元年來屬有潼關大谷關武德二年廢有鳳陵關貞觀元年廢有軒遊宮故隋別院宮咸亨五年更名 湖城 望義寧元年置乾元三年更名天平大曆四年復舊有故隋上陽宮貞觀初置咸亨元年廢縣東故道瀕河不井汲馬多渴死天寶八載館驛使御史中丞宋渾開新路自稠桑西由晉王斜有熊耳山覆釜山一名荊山 朱陽 上龍朔元年隸商州萬歲通天二年隸洛州後來屬有鐵 玉城 上義寧元年置 盧氏 上武德元年置南有朱陽關武德八年廢

滑州靈昌郡望本東郡天寶元年更名土貢方紋綾紗絹藨席酸

棗人戶七萬一千九百八十三口四十二萬二千七百九縣七有宜義軍大曆七年置本永平十四年徙屯蔡州興元元年復還貞元元年曰義成軍光啓二年更名 白馬 望 衛南 緊 匡城 望有長垣縣貞觀八年省 韋城 望王世充置燕州偽刺史單宗來降復為縣 胙城 緊武德二年置胙州并置南燕縣四年州廢省南燕以胙城來屬 酸棗 望本隸東梁州武德三年析酸棗胙城置守節縣四年省貞觀八年州廢來屬 靈昌 緊王世充置興州世充平廢

鄭州滎陽郡雄武德四年置治虎牢城貞觀七年徙治管城土貢絹龍莎戶七萬六千六百九十四口三十六萬七千八百八十一縣七 管城 望武德四年以管城中牟原武陽武新鄭置管州并置須水清池二縣貞觀元年州廢省須水清池以管城原武陽武新鄭來屬有僕射陂後魏孝文帝賜僕射李沖因以為名天寶六載更名廣仁池禁漁採 滎陽 上天授二年析置武泰縣隸洛州尋省更滎陽曰武泰萬歲通天元年復為滎陽又別置武泰縣二年省更滎陽曰武泰神龍元年復故名二年來屬 滎澤 望 原武 緊本原陵唐初更名復漢舊 陽武 望本原武城武德四年置 新鄭 望 中牟 緊本圃田武德三年更名以縣置牟州四年州廢隸管州貞觀元年隸汴州龍朔二年來屬

潁州汝陰郡上本信州武德四年置六年更名土貢絁綿糟白魚戶三萬七百七口二十萬二千八百九十縣四 汝陰 緊武德初有永安高唐永樂清丘潁陽等縣六年省永安高唐永樂貞觀元年省清丘潁陽皆入汝陰南三十五里有椒陂塘引潤水溉田二百頃永徽中刺史柳寶積修 潁上 上 下蔡 上武德四年置渦州八年州廢西北百二十里有大崇陂八十里有雞陂六十里有黃陂東北八十里有湄陂皆隋末廢唐復之溉田數百頃

沈丘 中本郊州領沈丘宛丘唐初州廢以宛丘隸陳州沈丘來屬後省沈丘入汝陰神龍二年復置

許州潁川郡望土貢絹藨蓆柿戶七萬三千三百四十七口四十八萬七千八百六十四縣九 長社 望本潁川隸汴州武德四年更名來屬州又領黃臺隱彊二縣貞觀元年省入焉續州郭有堤塘百八十里節度使高瑀立以溉田 長葛 緊有小陘山 陽翟 緊初隸嵩州貞觀元年來屬龍朔二年隸洛州會昌三年復來屬有具茨山 許昌 上 鄢陵 上 扶溝 望武德四年以縣置北陳州是年州廢隸洧州 臨潁 上貞觀元年省繁昌縣入焉有講武臺本尚書臺馬融講書之地顯慶二年高宗大閱于此更名 舞陽 上本北舞隸道州貞觀元年來屬尋廢開元四年復置更名有鐵 郾城 望武德四年以郾城邵陵北舞西平置道州貞觀元年州廢省邵陵西平入郾城隸蔡州建中二年以郾城臨潁陳州之溵水置溵州貞元二年州廢縣還故屬元和十二年復以郾城上蔡西平遂平置溵州長慶元年州廢縣還隸蔡州是年以郾城來屬

陳州淮陽郡上土貢絹戶六萬六千四百四十二口四十萬二千四百八十六縣六有忠武軍貞元元年置于許州天復元年徙屯 宛丘 緊武德元年析置新平縣八年省 太康 緊貞觀元年省扶樂縣入焉 項城 上武德四年置以項城鮦陽南頓溵水置沈州并置溵水穎東縣貞觀元年州廢省穎東入項城以溵水來屬 溵水 上建中二年隸溵州興元二年州廢來屬 南頓 上武德六年省入項城證聖元年復置曰光武以縣有光武祠名景雲元年復故名 西華 上武德元年更名箕城貞觀元年省入宛丘長壽元年復置曰武城神龍元年又曰箕城景雲元年復故名有鄧門廢陂神龍中令張餘慶復開引潁水溉田

蔡州汝南郡緊本豫州寶應元年更名土貢珉玉棊子四窠雲花

龜甲雙距溪鷘等綾戶八萬七千七百六十一口四十六萬二百五縣十 汝陽 緊貞元七年析汝陽朗山上蔡吳房置汝南縣元和十三年省 朗山 上本隸北朗州貞觀元年隸蔡州 遂平 上本吳房貞觀元年省八年復置元和十二年更名權隸唐州長慶元年復來屬 上蔡 緊 新蔡 中武德四年以新蔡褒信舒城置舒州貞觀元年州廢省舒城入沈丘 褒信 中天祐中更曰包孚 新息 上武德四年以縣置息州并置淮川長陵二縣貞觀元年州廢省淮川入真陽長陵入褒信以新息來屬有玉坑歲出貢玉西北五十里有隋故玉梁渠開元中令薛務增濬溉田三千餘頃 真陽 上載初元年曰淮陽神龍元年復故名 平輿 中王世充置輿州武德七年州廢貞觀元年省入新蔡天授二年復置 西平 上武德初置貞觀元年省天授二年分郾城復置尋又廢開元四年復置

汴州陳留郡雄武德四年以鄭州之浚儀開封滑州之封丘置土貢絹戶十萬九千八百七十六口五十七萬七千五百七縣六有宣武軍建中二年置于宋州興元元年徙屯 浚儀 望故縣陷李密縣民王要漢率宗族置縣自爲令高祖因之復置汴州并置小黃新里二縣貞觀元年省二縣 開封 望貞觀元年省入浚儀延和元年析浚儀尉氏復置有湛渠載初元年引汴注白溝以通曹兗賦租有福源池本蓬池天寶六載更名禁漁採 尉氏 望本隸潁川郡王世充置尉州武德四年廢以尉氏扶溝鄢陵置洧州并置康陰新汲宛陵歸化四縣貞觀元年州廢省康陰宛陵新汲歸化以扶溝鄢陵隸許州尉氏來屬 封丘 緊 雍丘 望本隸梁郡武德四年以雍丘陳留圉城襄邑外黃濟陽置杞州貞觀元年州廢省濟陽圉城外黃以襄邑隸宋州雍丘陳留來屬 陳留 緊武德四年置有觀省陂貞觀十年令劉雅決水溉田百頃

宋州睢陽郡望本梁郡天寶元年更名土貢絹戶十二萬四千二

百六十八口八十九萬七千四十一縣十宋城望襄邑望本隸杞州貞
觀九年來屬寧陵緊下邑上穀熟上隋末縣民劉𪇆據之武德二年置南穀州授以刺史四年州廢楚丘上
緊拓城緊貞觀元年省入寧陵穀熟永淳元年復置碭山上光化二年朱全忠以碭山虞城單父曹州之成武表置輝州三年置崇德軍
單父緊光化三年徙輝州來治虞城上武德四年置東虞州五年州廢
亳州譙郡望本譙州貞觀八年更名土貢絹戶八萬八千九百六
十口六十七萬五千一百二十一縣七譙緊酇上本隸沛郡武德四年來屬城
父上王世充置成州世充平廢武德三年於魯丘堡置文州并置穀城縣四年州廢為文城縣七年省入城父天祐二年更名焦夷鹿邑上大
業十三年縣民田黑社盜據號濄州武德三年來降復為縣眞源望本谷陽乾封元年更名載初元年曰仙源神龍元年復曰眞源有老子祠天
寶二年曰太清宮又有洞霄宮先天太后祠也永城上蒙城上本山桑天寶元年更名
徐州彭城郡緊土貢雙絲綾䌷綿䌷布刀錯紫石戶六萬五千一
百七十口四十七萬八千六百七十六縣七彭城望秋丘治有鐵蕭上豐
上沛上武德滕上宿遷上本宿預隸泗州寶應元年更名來屬下邳上武德四年以下邳郯良城置邳州貞觀元年
州廢省郯良城以下邳隸泗州又省泗州之淮陽入焉元和四年來屬
泗州臨淮郡上本下邳郡治宿預開元二十三年徙治臨淮天寶

元年更郡名土貢錦貲布戶三萬七千五百二十六口二十萬五
千九百五十九縣四臨淮緊長安四年析徐城置漣水上武德四年以縣置漣州并置金城縣貞觀元年州廢省
金城以漣水來屬總章元年隸楚州咸亨五年復故有新漕渠南通淮垂拱四年開以通海沂密等州盱眙緊武德四年以縣置西楚州八年州
廢隸楚州光宅初曰建中後復故名建中二年來屬有直河太極元年敕使魏景清引淮水至黃土岡以通揚州徐城中
濠州鍾離郡上濠字初作豪元和三年改從濠土貢絁綿絲布雲
母戶二萬一千八百六十四口十三萬八千三百六十一縣三鍾
離緊武德七年省塗山縣入焉南有故千人塘乾封中修以溉田有塗山定遠緊本臨濠武德三年更名招義上本化明武德二年
析置且睢陵縣三年更化明曰招義四年省睢陵大業末縣民馬簿據號化州後揚益德殺簿自號刺史又置濟陰縣是年來降貞觀元年廢化州省濟陰
宿州上元和四年析徐州之苻離蘄泗州之虹置大和三年州廢
七年復置初治虹後徙治苻離土貢絹縣四苻離武德四年置貞觀九年省徐州之諸
陽入焉有西向山一曰石城東北九十里有隋故牌湖堤灌田五百餘頃顯慶中復脩虹中本夏丘武德四年以夏丘穀陽置仁州又析夏丘置虹及龍
元二縣六年省夏丘貞觀八年州廢省龍元以虹隸泗州穀陽隸北譙州有銅有廣濟新渠開元二十七年採訪使齊澣開自虹至淮陰北十八里入淮以便
漕運既成湍急不可行遂廢蘄上顯慶元年省穀陽入焉臨渙緊武德四年以臨渙永城山桑蘄置北譙州貞觀八年增領穀陽十七年州廢
以臨渙永城山桑隸亳州穀陽蘄隸徐州元和後來屬

鄆州東平郡緊本治鄆城貞觀八年徙治須昌土貢絹防風戶八
萬三千四十八口五十萬一千五百九縣九須昌望貞觀八年省宿城縣入焉景龍三
年復置宿城縣貞元四年曰東平大和四年曰天平六年省入須昌壽張緊武德四年以縣置壽州并置壽良縣五年州廢省壽良以壽張來屬有
刀梁山鄆城緊天祐二年曰萬安鉅野望武德四年以縣置麟州五年州廢隸鄆州貞觀元年省乘丘縣入焉後隸戴州州廢來屬
盧緊本濟州武德四年析東平郡置隋曰濟北郡天寶元年更名濟陽郡領盧平陰長清東阿陽穀范六縣又置昌城濟北穀城孝感蘁丘美政六縣
六年省美政孝感穀城蘁丘昌城八年以范隸濮州貞觀元年省濟北天寶十三載郡廢以長清隸齊州以盧平陰東阿陽穀來屬北有碻磝津故關平
陰緊大和六年省入盧東阿開成二年復置有龍山東阿緊陽穀上中都上本平陸隸兗州天寶元年更名貞元十四年來屬
齊州濟南郡上本齊郡天寶元年更名臨淄五載又更名土貢絲
葛絹綿防風滑石雲母戶六萬二千四百八十五口三十六萬五
千九百七十二縣六歷城上有華不注山有鐵章丘上武德二年縣民李義滿以縣來降於平陵置譚州并置平
陵縣以章丘亭山營城臨邑隸之八年省營城入平陵又領臨濟鄒平貞觀元年州廢以平城亭山章丘臨邑臨濟來屬鄒平隸淄州十七年齊王祐反平陵人
不從因更名全節元和十五年省全節入縣城省亭山入章丘有大胡山長白山臨邑上元和十三年析德州之安德置歸化縣隸德州大和二
年來屬四年省入臨邑北有鹿角故關臨濟上武德元年以臨濟鄒平長山高苑蒲臺置鄒州八年州廢以長山高苑蒲臺隸淄州長
清中本隸齊州貞觀十七年來屬武德元年析置山茌縣天寶元年曰豐齊元和十年省有牛山西南有四口關武德中廢禹城上本祝阿貞觀

元年省源陽縣入焉天寶元年更名
曹州濟陰郡上土貢絹綿大蛇粟葶藶戶十萬三百五十二口七
十一萬六千八百四十八縣六濟陰緊武德四年析置蒙澤縣貞觀元年及定陶省入焉考
城上武德四年以縣置東梁州五年州廢來屬元和十四年權隸宋州尋復故冤句上武德四年析置濟陽縣隸杞州貞觀元年省乘
氏上武德四年置陽晉縣尋省南華上本離狐天寶元年更名成武緊武德四年以成武及宋州之單父楚丘置戴州并置高鄉鏊
城三縣尋省高鄉鏊城入單父貞觀十七年州廢以成武來屬光化二年朱全忠表縣隸輝州
濮州濮陽郡上武德四年置土貢絹犬戶五萬七千七百八十二
口四十萬六百四十八縣五鄄城緊武德四年析置永定縣八年省北有靈津關濮陽緊武德四
年析置昌吾縣五年省范上武德二年以縣置范州五年州廢隸濟州貞觀八年來屬雷澤上武德四年析置廩城縣八年省臨
濮緊武德四年析雷澤置并置長城安丘二縣五年省長城安丘
青州北海郡望土貢仙紋綾絲棗紅藍紫草戶七萬三千一百四
十八口四十萬二千七百四縣七益都望臨淄緊武德八年省時水縣入焉千
乘緊武德二年以千乘博昌壽光置乘州并置新河縣六年省新河八年州廢縣來屬博昌上武德八年省樂安安平二縣入焉有靈山
壽光緊武德二年置臨朐上武德五年置八年省般陽縣入焉北海緊唐初營丘民汲耐率鄉人拒賊權置杞州武德二年復為營丘縣

是年以北海營丘下密置濰州又置連永平壽華池城都東陽寒水訾亭濰水汶陽膠東華宛昌安城平十三縣六年皆省八年州廢省營丘下密入北海來屬長安中令竇琰於故營丘城東北穿渠引白浪水曲折三十里以溉田號竇公渠

淄州淄川郡上武德元年析齊州之淄川置土貢防風理石戶四萬二千七百三十七口二十三萬三千八百二十一縣四淄川上武德元年析置長白縣六年省有鐵長山上高苑上景龍元年析置濟陽縣元和十五年省南有八會津鄒平上武德元年置

登州東牟郡中都督府如意元年以萊州之牟平黃文登置神龍三年徙治蓬萊土貢貲布水葱席石器文蛤牛黃戶二萬二千二百九十八口十萬八千九縣四有平海軍亦曰東牟守捉蓬萊本黃神龍三年更名有銀山龍山牟平中武德四年以牟平黃置牟州六年以登州之觀陽隸萊州麟德元年析文登復置牟平來屬有之罘山文登中武德四年置登州以東萊郡之觀陽隸之六年析置清陽廓定二縣及州廢省清陽廓定以文登來屬有成山黃中先天元年析蓬萊別置有萊山

萊州東萊郡中土貢貲布水葱席石器文蛤牛黃戶二萬六千九百九十八口十七萬一千五百一十六縣四有東萊守捉亦曰團結營又有蓬萊鎮丘亦曰挽營兵掖上貞觀元年省曲城當利曲臺三縣入焉有東海祠有鹽井二昌陽上貞觀元年省盧鄉縣入焉有銀有鐵東百四十里有黃銀坑貞觀初得之膠水中貞觀元年省膠東縣入焉有鹽即墨中有馬山中祠山女姑山東南有堰貞觀十年令仇源築以防淮涉水有鹽

棣州樂安郡上武德四年析滄州之陽信滴河樂陵厭次置八年州廢縣還隸滄州貞觀十七年復以滄州之厭次德州之滴河陽信置土貢絹戶三萬九千一百五十口二十三萬八千一百五十九縣五厭次上貞觀元年隸德州滴河中貞觀元年隸德州陽信望貞觀元年省八年復置蒲臺緊本隸淄州貞觀六年省入高苑七年復置景龍元年來屬渤海緊垂拱四年析蒲臺厭次置有鹽

兗州魯郡上都督府土貢鏡花綾雙距綾絹雲母防風紫石戶八萬七千九百八十七口五十八萬六百八縣十瑕丘上曲阜緊貞觀元年省八年復置乾封上本博城武德五年以博城梁父嬴置東泰州并置肥城岱山二縣貞觀元年州廢省梁父嬴肥城岱山入博城來屬乾封元年更名乾封總章元年又曰博城神龍元年復曰乾封有泰山有東岳祠有梁父山亭亭山云云山社首山蒿里山石閭山泗水上鄒上嶧山任城緊龔丘中金鄉望武德四年以金鄉方與置金州五年州廢縣隸戴州從戴州來治仍析金鄉置昌邑縣八年省昌邑貞觀元年以單父楚丘隸宋州成武隸曹州鉅野隸鄆州魚臺上本方與寶應元年更名元和十四年權隸徐州尋復故萊蕪中本隸淄州武德六年省入博城長安四年以廢嬴縣置元和十五年省入乾封大和元年復置有鐵冶十三有銅冶十八銅坑四有錫西北十五里有普濟渠開元六年令趙建盛開

海州東海郡上土貢綾楚布紫菜戶二萬八千五百四十九口十八萬四千九縣四朐山上武德四年析州治置龍沮曲陽利城厚丘新樂五縣六年改新樂曰祝其八年省龍沮曲陽入朐山利城祝其入懷仁厚丘入沭陽東二十里有永安堤北接山環城長十里以捍海潮開元十四年刺史杜令昭築東海上武德四年以縣置環州并置青山石城贛榆三縣八年州廢省青山石城贛榆以東海來屬沭陽中總章元年隸泗州咸亨五年復故懷仁中

沂州琅邪郡上土貢紫石鍾乳戶三萬三千五百一十口十九萬五千七百三十七縣五臨沂上武德四年析置蘭山臨沭昌樂三縣六年皆省費上貞觀元年州廢省顓臾縣入焉丞上本蘭陵武德四年以縣置鄫州并置蘭陵鄫城二縣貞觀元年州廢省蘭陵鄫城以丞來屬有鐵有陂十三畜水溉田皆貞觀以來築沂水上武德五年以沂水新泰置莒州貞觀八年州廢以沂水新泰來屬有沂山龍山北有穆陵關新泰上有蒙山

密州高密郡上土貢貲布海蛤牛黃戶二萬八千二百九十二口十四萬六千五百二十四縣四諸城上有鹽輔唐上本安丘武德六年省郚城縣入焉乾元二年更名高密上武德三年置六年省膠西縣入焉莒上有鹽

右河南採訪使治汴州

地理志第二十八

地理志第二十九　　唐書三十九

翰林學士兼龍圖閣學士朝散大夫給事中知制誥充史館脩撰臣歐陽脩奉
敕撰

河東道，蓋古冀州之域，漢河東、太原、上黨、西河、鴈門、代郡及鉅鹿、常山、趙國、廣平國之地。河中、絳、晉、慈、隰、石、太原、汾、忻、潞、澤、沁、遼為實沈分，代、雲、朔、蔚、武、新、嵐、憲為大梁分。為府二，州十九，縣百一十。其名山：雷首、介、霍、五臺。其大川：汾、沁、丹、潞。厥賦：布、繭。厥貢：布、席、豹尾、熊鞹、鵰羽。

河中府河東郡，赤。本蒲州，上輔。義寧元年治桑泉，武德三年徙治河東。開元八年置中都，為府，是年罷都，復為州。乾元三年復為府。土貢：氈、靴、扇、龍骨、棗、鳳棲梨。戶七萬八百，口四十六萬九千二百一十三。縣十三：有府三十三，曰興樂、德義、胡壁、龍泉、清源、永和、陶城、靈山、冀公、奉信、永興、右威、汾陰、甘泉、平川、安保、石門、綏化、壇道、安水、首陽、壽貴、歸仁、長渠、虞城、通闓、寶鼎、臨海、歸淳、大陽、永安、邑崇、義六軍，又有耀德、彰衛，元二年置，廣德二年廢。河東，次赤。有芳屈監。三年置，十年廢。南有風陵關，聖曆元年置。有歷山。河西，次赤。開元八年析河東置，尋省，乾元三年更以同州之朝邑曰河西來屬，大曆五年復還同州。析猗邑河東別置。有蒲津關，一名蒲坂。開元十二年鑄八牛，牛有一人策之，牛下有山，皆鐵也，夾岸以維浮梁。十五年自朝邑徙河瀆祠于此。臨晉，次畿。本桑泉，武德三年析置溫泉縣，九年省。天寶十三載更名。解，次畿。武德元年更名，貞觀十七年省，以地入虞鄉，二十二年復置。有鹽池，又有女鹽池，有紫泉監，乾元元年置。有銅穴十二。猗氏，次畿。有狐山。虞鄉，次畿。武德元年別置，貞觀二十二年省，以地入解，天授二年復置。北十五里有涑水渠，貞觀十七年刺史薛萬徹開，自聞喜引涑水下入臨晉。永樂，次畿。武德元年置，本隸芮州，州廢隸鼎州，貞觀八年來屬，後又隸虢州，神龍元年復故。有雷首山。安邑，次畿。義寧元年以安邑、虞鄉、夏置安邑郡，武德元年曰虞州，又析置桐鄉縣，三年析安邑置興樂縣，貞觀元年省，十七年州廢，省桐鄉入聞喜，以安邑、解來屬。至德二載更安邑曰虞邑，乾元元年隸陝州，大曆四年復故名，元和三年來屬。有龍池宮，開元八年置。有鹽池，與解為兩池，大曆十二年生乳鹽，賜名寶應慶靈池。有銀監。寶鼎，次畿。本汾陰，義寧元年以汾陰、龍門置汾陰郡，武德元年曰泰州，州廢來屬。開元十年獲寶鼎，更名。有后土祠。襄陵，緊。本隸晉州，元和十四年隸絳州，大和元年來屬。稷山，上。本隸絳州，唐末來屬。有稷山。萬泉，上。本隸泰州，武德三年析稷山、安邑、猗氏、汾陰、龍門置，州廢隸絳州，大順二年來屬。有介山。龍門，次畿。武德二年徙泰州來治，五年析置萬春縣，貞觀十七年州廢，省萬春入龍門，隸絳州，元和初來屬。有龍門關。有高祖朝，貞觀中置。北三十里有瓜谷山堰，貞觀十年築。東南二十三里有十石壚渠，二十三年縣令長孫恕鑿，溉田良沃，畝收十石。西二十一里有馬鞍塢渠，亦恕所鑿。有龍門倉，開元二年置。

晉州平陽郡，望。本臨汾郡，義寧二年更名。土貢：蠟燭。有平陽院礬官。戶六萬四千八百三十六，口四十二萬九千二百二十一。縣八：有府十五，曰神山、平陽、豐寧、翼城、安信、萬安、益昌、英臺、岳陽、仁壽、高陽、臨汾、晉安、白澗、高華、仁德。臨汾，望。東北十里有高梁堰，武德中引高梁水溉田，入百金泊，貞觀十三年為水所壞，永徽二年刺史李寬自東二十五里夏柴堰引潏水溉田，令陶善鼎復治百金泊，亦引潏水溉田，乾封二年堰壞，乃西引晉水。有姑射山。洪洞，上。臨汾置西河縣，貞觀十七年省入臨汾。神山，上。武德二年析襄陵置浮山縣，四年以老子祠更名。東南有羊角山。岳陽，中。有鐵。霍邑，上。義寧元年以霍邑、趙城、汾西、靈石置霍山郡，武德元年曰呂州，貞觀十七年州廢，以靈石隸汾州，霍邑、趙城、汾西來屬。西北有霍山祠。趙城，上。義寧元年析霍邑置。汾西，中。有鐵。冀氏，中。

絳州絳郡，雄。土貢：白穀、梁米、梨、墨、蠟燭、防風。戶八萬二千二百四，口五十一萬七千三百三十一。縣七：有府三十三，曰新田、太平、正平、武城、長社、大鄭、垣城、涑川、絳川、蕙陵、鳳亭、延光、平原、高涼、神泉、桐鄉、萬泉、翼城、皮氏、董澤、零原、石池、延福、永康、景山、周陽、夏臺、古亭、崇德、絳邑、長平、武陽、蒲邑、汾陽。正平，望。太平，緊。平貞觀七年置。曲沃，望。翼城，望。聞喜，望。稷山，望。垣，望。絳，望。

慈州文城郡，下。本汾州，武德五年曰南汾州，貞觀八年更名。土貢：白蜜、蠟燭。戶萬一千六百一十六，口六萬二千四百八十六。縣五：吉昌，中。有府三，曰仵城、吉昌、平昌。有鐵。文城，中。武德元年析吉昌置，天寶中更名。有孟門山、石𡸼山。昌寧，中。有鐵。呂香，中。本平昌，義寧元年析仵城置，貞觀元年更名。仵城，中。有鐵、𡸼山。

隰州大寧郡，下。本龍泉郡，天寶元年更名。土貢：胡女布、蜜、蠟燭。戶萬九千四百五十五，口十三萬四千四百二十。縣六：有府六，曰隰川、大義、孝敬、脩善、王城、屈產。隰川，中。蒲，中。武德二年以縣置昌州，并置仵城、常安、昌原三縣，貞觀元年州廢，省昌原、仵城、常安，以蒲來屬。西南有常安原。大寧，中。本仵城，武德二年更名，是年置中州，并置大義、白龍二縣，貞觀元年州廢，省大義、白龍，以大寧來屬。有孔山。西有馬鬬關。永和，中。武德二年以縣置西德州，并置長壽、臨河二縣，貞觀元年州廢，省長壽、臨河，以石樓隸。石樓，中。武德二年置東和州，六年析置樓山縣，貞觀二年州廢，省樓山，以永和來屬。西北有永和關。溫泉，中。武德三年置北溫州，并置新城、高唐二縣，貞觀元年州廢，省新城、高唐，以溫泉來屬。北有上平津。有鐵。

北都，天授元年置，神龍元年罷，開元十一年復置，天寶元年曰北京，上元二年罷，肅宗元年復為北都。晉陽宮在都之西北，宮城周二千五百二十步，崇四丈八尺。都城左汾右晉，潛丘在中，長四千三百二十一步，廣三千一百二十二步，周萬五千一百五十三步，其崇四丈。汾東曰東城，貞觀十一年長史李勣築。兩城之間有中城，武后時築，以合東城。宮南有大明城，故宮城也。宮城東有起義堂。倉城中有受瑞壇，唐初高祖使子元吉留守，獲瑞石，有文曰「李淵萬吉」，築壇祠以少牢。

太原府太原郡，本并州，開元十一年為府。土貢：銅鏡、鐵鏡、馬鞍、草席、梨蒲萄酒及煎玉粉屑、龍骨、柏實人、黃石鉚、甘草、人葠、礬石、礜石。戶十二萬八千九百五，口七十七萬八千二百七十八。縣十三：有府十八，曰興政、復化、寧靜、洞過、五泉、昌寧、志節、汾陽、靜智、信童、晉原、聞陽、清定、豐川、竹馬、懷胡、西胡、文谷。城中有天兵軍，開元十一年廢。

太原 赤。井苦不可飲，貞觀中長史李勣架汾引晉水入東城，以甘民食，謂之晉渠。 晉陽 赤。有號令堂，高祖誓義師於此。西北十五里有講武臺、飛閣，顯慶五年築。有龍山。 太谷 畿。武德三年以太谷、祁置太州，六年州廢，二縣來屬。東南八十里馬嶺上有長城，自平城至于魯口三百里，貞觀元年發。 祁 畿。 文水 畿。武德三年隸汾州，六年來屬，七年又隸汾州，貞觀元年復舊。天授元年更名武興，神龍元年復故名。西北二十里有柵城渠，貞觀三年民相率引文谷水溉田數百頃。西十里有常渠，武德二年汾州刺史蕭顗引文水南流入汾州。東北五十里有甘泉渠，二十五里有蕩沙渠，二十里有靈長渠，有千畝渠，俱引文谷水傳溉田數千頃，皆開元二年令戴謙所鑿。 榆次 畿。 盂 畿。武德三年以盂、受陽置受州，貞觀元年省并州之烏河縣入焉。有銅，有鐵。東北有白馬故關。 壽陽 畿。本受陽，武德六年徙受州來治，又以遼州之石艾、樂平隸之。貞觀八年州廢，縣皆來屬。十一年更名。有方山。 樂平 畿。 廣陽 畿。本石艾，天寶元年更名。東有井陘故關，東北有盤石故關、葦澤故關。 清源 畿。武德元年置。 交城 畿。先天二年析置靈川縣，開元二年省。有鐵。 陽曲 畿。本陽直，武德三年析置汾陽縣，七年省陽直，更汾陽曰陽曲，仍析置羅陰縣，貞觀元年省。六年以蘇農部落置燕然縣，隸順州，八年僑治陽曲，十七年省。有赤塘關、天門關。

汾州西河郡，望。本浩州，武德三年更名。土貢：龍鬚席、石膏、消石。戶五萬九千四百五十，口三十二萬二百三十。縣五：有府十二，曰嘉善、六壁、崇德、華夏、靈扶、五柳、京陵、介休、寶胡、寧固、開遠、清勝。

西河 望。本隰城，肅宗上元元年更名。 孝義 望。本永安，貞觀元年更名。有隱泉山。 介休 望。義寧元年以介休、平遙置介休郡，武德元年曰介州，貞觀元年州廢，以二縣來屬。有雀鼠谷，有介山。 平遙 望。 靈石 上。有賈胡堡，宋金剛拒唐兵，高祖所次。西南有陰地關，又有長寧關。

沁州陽城郡，下。本義寧郡，義寧元年置，天寶元年更郡名。土貢：龍鬚席。戶六千三百八，口三萬四千九百六十三。縣三：有府二，曰延豐、安樂。

沁源 中。武德二年析置招遠縣，三年省。有柴店關。 和川 中。義寧元年析沁源置。 綿上 中。有鐵。

遼州樂平郡，下。武德三年析并州之樂平、遼山、平城、石艾置，六年徙治遼山，八年曰箕州，先天元年避玄宗名曰儀州，中和三年復曰遼州。土貢：人葠、蠟。戶九千八百八十二，口五萬四千五百八十。縣四：有府三，曰遼城、清谷、龍城。

遼山 中。 榆社 中。本隸太原郡，義寧元年析上黨之鄉置。武德元年隸韓州，三年以縣及并州之平城置榆州，又析置偃武縣。六年州廢，省偃武，以榆社、平城來屬。 平城 中。 和順 中。武德三年析置義興縣，六年省。

嵐州樓煩郡，下。本東會州，武德六年更名。土貢：熊鞹、麝香。戶萬六千七百四十八，口八萬四千六。縣四：有府一，曰嵐山。有守捉兵。

宜芳 中。本嵐城，武德四年更名，析置豐閏、合會二縣，五年省豐閏，六年省合會。 靜樂 中。武德四年置管州，仍析置汾陽、六度二縣，五年曰北管州，六年州廢，省汾陽、六度，以靜樂來屬。有天池，祠有管涔山，北有樓煩關，有隋故汾陽宮。 合河 中。本臨泉，武德三年曰臨津，四年隸東會州，九年省太和縣入焉。貞觀元年更名，三年復置大和，八年又省。北有合河關，東有蔚汾關。 嵐谷 中。長安三年析宜芳置，神龍二年省，開元十二年復置。有岢嵐軍，永淳二年以岢嵐鎮為柵，長安三年為軍，景龍中張仁亶徙其軍於朔方，留者號岢嵐守捉，隸大同。

憲州，下。本樓煩監牧，嵐州刺史領之。貞元十五年別置監牧使，龍紀元年李克用表置州，領縣三。

樓煩 下。 玄池 下。有鐵。 天池 下。有鴨門關。

石州昌化郡，下。本離石郡，天寶元年更名。土貢：胡女布、龍鬚席、蜜蠟燭。戶萬四千二百九十四，口六萬六千九百三十五。縣五：有府二，曰離石、昌化。

離石 中。 平夷 中。有孝文山。 定胡 中。武德三年置西定州，貞觀二年州廢，來屬。又析置孟門縣，七年省。西有孟門關。 臨泉 中。本太和，武德三年更名，置北和州，別析置太和縣。四年以太和隸東會州，貞觀三年州廢，以臨泉來屬。 方山 中。武德二年以縣置方州，三年州廢，來屬。

忻州定襄郡，下。本新興郡，義寧元年以樓煩郡之秀容置。土貢：麝香、豹尾。戶萬四千八百六，口八萬二千三十二。縣二：有府四，曰秀容、高城、潼源、定襄。有守捉兵。

秀容 上。貞觀五年以思結部落置懷化縣，隸順州，十二年以懷化隸代州，後省。有繫舟山，有鐵。 定襄 上。武德四年析秀容置。有石嶺關。

代州鴈門郡，中都督府。土貢：蜜、青碌、彩、麝香、豹尾、白鵰羽。戶二萬一千二百八十，口十萬三百五十。縣五：有府三，曰五臺、東冶、鴈門。有捉兵，其北有大同軍，本大武軍，調露二年曰神武軍，天授二年曰平狄軍，大足元年復更名。其西有天安軍，天寶十二載置。又有代北軍，永泰元年置。

鴈門 上。有東陘關、西陘關。 五臺 中。栢谷有銀，有銅，有鐵，有五臺山。 繁畤 中。 崞 中。有石山門關。 唐林 中。本武延，證聖元年析五臺、崞置，唐隆元年更名。

雲州雲中郡，下都督府。貞觀十四年自朔州北定襄城徙治定襄縣。永淳元年為默啜所破，徙其民于朔州。開元十八年復置。土貢：麞牛尾、鵰羽。戶三千一百六十九，口七千九百三十。縣一：有雲中、順二守捉。城東有牛皮關。

雲中 中。本馬邑郡雲內之恒安鎮，武德元年置北恒州，七年廢。貞觀十四年復置，曰定襄縣。永淳元年廢，開元十八年復置，更名。有陰山道、青坡道，皆出兵路。

朔州馬邑郡，下。本治善陽，建中中，節度使馬燧徙治馬邑，後復故治。土貢：白鵰羽、豹尾、甘草。戶五千四百九十三，口二萬四千五百三十三。縣二：

善陽 中。武德四年省常寧縣入焉。 馬邑 中。開元五年析善陽於大同軍城置。

蔚州興唐郡，下。本安邊郡，隋鴈門郡之靈丘、上谷郡之飛狐縣地。唐初沒突厥，武德六年置州，并置靈丘、飛狐二縣，僑治陽曲。七年

僑治繁時八年僑治秀容故北恒州城貞觀五年破突厥復故地
還治靈丘開元初徙治安邊至德二載更郡名復故治土貢熊鞹
豹尾松實戶五千五十二口二萬九百五十八縣三東北有橫野軍乾元元年徙天成軍合之而廢橫野軍西有清塞軍本清塞守捉城貞元十五年置靈丘中有直谷關其北有孔嶺關有大安鎮飛狐中初僑治易州之遂城遷隸新州貞觀五年還故地有三河銅冶有鐵官興唐中本安邊開元十二年置治橫野軍至德二載更名
武州闕領縣一文德
新州闕領縣四永興礬山龍門懷安
潞州上黨郡大都督府土貢貲布人葠石蜜墨戶六萬八千三百
九十一口三十八萬八千六百六十一縣十有府一曰戡黎上黨望有啓聖宮本飛龍宮玄宗故第開元十一年置後又更名有瑞閣有五龍山馬駒山壺關上武德四年析上黨置長子緊屯留上有三嵕山潞城上天祐二年更曰潞子襄垣上武德元年以襄垣黎城涉銅鞮鄉置韓州貞觀十七年州廢縣皆來屬東有井谷故關黎城上天祐二年更曰黎亭有銅山東有壺口故關涉中有鐵銅鞮上武德三年析置甲水縣隸韓州九年省永徽六年隸沁州顯慶四年來屬武鄉中本鄉武后更名武鄉神龍元年復故名尋又曰武鄉北有昂車關
澤州高平郡上本長平郡治濩澤武德八年徙治端氏貞觀元年

徙治晉城天寶元年更郡名土貢人葠石英野雞戶二萬七千八
百二十二口十五萬七千九十縣六有府五曰丹川永固安平沁水白澗晉城上本丹川武德元年置建州三年析丹川置晉城以隸之六年州廢隸蓋州徙蓋州來治九年省丹川蓋城入晉城貞觀元年州廢以晉城高平陵川來屬天祐二年更曰丹川南有天井關一名太行關端氏中有濩山陵川中陽城中本濩澤天寶元年更名天祐二年更曰濩澤有銅有錫有鐵沁水中高平上本隋長平郡武德元年曰蓋州領高平丹川陵川三縣并析置蓋城縣以隸之有沁水一曰丹水貞元元年令明濟引入城號甘泉有省冤谷本殺谷玄宗幸潞州過之因更名北有長平關
右河東採訪使治蒲州
河北道蓋古幽冀二州之境漢河內魏勃海清河平原常山上谷
涿漁陽右北平遼西真定中山信都河間廣陽等郡國又參有東
郡河東上黨鉅鹿之地孟懷澶衛及魏博相之南境爲娵訾分邢
洺惠貝冀深趙鎮定及魏博相之北境爲大梁分滄景德爲玄枵
分瀛莫幽易涿平嬀檀薊營安東爲析木津分爲州二十九都護
府一縣百七十四其名山林慮白鹿封龍井陘碣石常岳其大川
漳淇呼沱厥賦絲絹綿厥貢羅綾紬紗鳳翮葦席

孟州望建中二年以河南府之河陽河清濟源溫租賦入河陽三
城使又以汜水租賦益之會昌三年遂以五縣爲州土貢黃魚鮓
縣五有河陽軍建中四年置河陽望武德四年析懷州之河陽集城溫於河陽宮置盟州八年州廢省集城入河陽隸懷州顯慶二年隸洛州有河陽關有回洛故城有池永徽四年引濟水溉之開元中以畜黃魚汜水望本隸鄭州武德四年析置成皋縣貞觀元年省顯慶二年隸洛州垂拱四年曰廣武神龍元年復故名有虎牢關東南有成皋故關西南有旋門故關有牛口渚西一里伏龜山有昭武廟會昌五年置河陰望開元二十二年析汜水滎澤武陟置隸河南府領河陰倉會昌三年來屬有梁公堰在河汴間開元二年河南尹李傑因故渠濬之以便漕運溫望武德四年隋令周仲隱以縣去王世充來降置平州名縣城曰李城是年州廢隸懷州顯慶二年隸洛州濟源望武德二年王世充將丁伯德以縣來降置西濟州又析置湨陽芙川邵原三縣四年州廢省湨陽芙川邵原以濟源隸懷州貞觀元年省懷州之軹縣入焉顯慶二年隸洛州有枋口堰大和五年節度使溫造浚古渠溉濟源河內溫武陟田五千頃有濟瀆祠北海祠西有故軹關
懷州河內郡雄武德二年沒王世充僑治濟源之柏崖城四年世
充平還舊治土貢平紗平紬枳殼茶牛膝戶五萬五千三百四十
九口三十一萬八千一百二十六縣五有府二曰丹水吳澤河內望武德三年析置太行忠義紫陵三縣析河陽置穀旦縣四年皆省有太行山有丹水開元十一年更名懷水武德望本安昌武德二年更名是年置北義州四年州廢來屬北百里有太行故關在太行山獲嘉望武德四年以獲嘉武陟脩武新鄉共城置殷州并置博望縣貞觀元年州廢以獲嘉武陟脩武來屬新鄉共城博望隸衛州

武陟望貞觀元年省懷縣入焉脩武緊武德二年河內民李厚德以獲鹿城來降置陟州并置脩武縣四年徙縣治故脩武更脩武曰武陟別置脩武縣是年州廢隸殷州西北二十里有新河自六眞山下合黃丹泉水南流入吳澤陂大中年令杜甘開
魏州魏郡大都督府雄本武陽郡龍朔二年更名冀州咸亨三年
復曰魏州天寶元年更郡名土貢花紬綿紬平紬絁絹紫草戶十
五萬一千五百九十六口百一十萬九千八百七十三縣十四貴
鄉望有西渠開元二十八年刺史盧暉徙永濟渠自石灰窠引流至城西注魏橋以通江淮之貨元城望貞觀十七年省入貴鄉聖曆二年復置魏望武德四年置漳陰縣貞觀元年省入焉館陶望武德五年以館陶冠氏及博州之堂邑貝州之臨清清水置毛州并析臨清置沙丘縣貞觀元年州廢省清水入冠氏省沙丘入臨清餘縣皆還故屬冠氏望莘上武德五年以莘臨黃武陽博州之武水置莘州貞觀元年州廢縣還故屬朝城緊本武陽貞觀十七年省入臨黃莘永昌元年復置曰武聖開元七年更名元和中隸澶州後復來屬天祐三年更曰武陽又以武陽莘河外地入鄆州昌樂望武德五年置貞觀十八年省繁水入焉臨河上武德二年隸黎州貞觀十七年省澶水縣入焉澶水本澶淵避高祖名更州廢隸相州天祐三年來屬洹水上本隸相州天祐三年來屬成安上本隸相州天祐二年更名斥丘三年來屬內黃緊本隸相州武德四年析置繁陽縣隸黎州貞觀元年省天祐三年來屬宗城望本隸貝州武德四年以宗城經城及冀州之南宮置宗州析經城置府城縣九年州廢省府城入經城省鼓疆入清河餘縣皆還故屬天祐三年曰廣宗是歲來屬永濟上本隸貝州大曆七年田承嗣析魏州之臨清置天祐三年來屬

博州博平郡上武德四年以魏州之聊城武水堂邑高唐置土貢綾平紬戶五萬二千六百三十一口四十萬八千二百五十二縣六聊城緊武德四年析置茌平縣又析魏州之莘置莘亭縣貞觀元年皆省天祐三年更曰聊邑又以聊邑博平高唐武水之河外地入鄆州東南有四口故關博平上武德三年析置靈泉縣四年省貞觀十七年省博平入聊城天授二年復置武水上清平上武德四年置堂邑上高唐上長壽二年曰崇武神龍元年復故名

相州鄴郡望本魏郡天寶元年更名土貢紗絹隔布鳳翮席花口瓢知母胡粉戶十萬一千一百四十二口五十九萬一百九十六縣六有昭義軍大曆元年置安陽緊武德四年省零泉縣五年省相縣入焉西二十里有高平渠刺史李景引安陽水東流溉田入廣潤陂咸亨三年開鄴緊西五里有金鳳渠引天平渠下流溉田咸亨三年開有鐵湯陰上本蕩陰武德四年析安陽置蕩源縣隸衛州六年來屬貞觀元年省更蕩陰曰湯陰林慮上武德二年以縣置巖州五年州廢來屬有鐵有林慮山堯城上天祐三年更曰永定北四十五里有萬金渠引漳水入故齊都領渠以溉田咸亨三年開臨漳上南有菊花渠自鄴引天平渠水溉田屈曲經三十里又北三十里有利物渠自滏陽下入成安并取天平渠水以溉田皆咸亨四年令李仁綽開

衛州汲郡望本治衛貞觀元年徙治汲土貢綾絹綿胡粉戶四萬八千五十六口二十八萬四千六百三十縣五汲緊武德元年以汲新鄉置義州四年州廢以汲來屬新鄉隸殷州衛緊貞觀十七年省清淇縣入焉長安三年復置清淇縣神龍元年又省御水有石堰一貞觀十七年築有蘇門山共城上武德元年以縣置共州并析置凡城縣四年州廢省凡城以共城隸殷州六年省博望縣入焉有白鹿山新鄉望東北有故臨清關東南有故延津關黎陽上武德二年以縣置黎州尋沒竇建德四年平復以黎陽臨河內黃澶水魏州觀城頓丘相州之蕩陰置是年以頓丘觀城還隸魏州蕩陰還隸相州貞觀十七年州廢省澶水以黎陽來屬內黃臨河隸相州有白馬津一名黎陽關有大伾山一名黎陽山有新河元和八年觀察使田弘正及鄭滑節度使薛平開長十四里闊六十步深丈有七尺決河注故道滑州遂無水患

貝州清河郡望本治清河武德六年徙治歷亭八年復故治土貢絹氈覆鞍氈戶十萬一千五十五口八十三萬四千七百五十七縣八清河緊清陽緊武德四年析置夏津縣九年省武城上經城望西南四十里有張甲河神龍三年姜師度因故瀆開臨清望大曆七年隸澶州貞元末來屬漳南上歷亭上夏津上本鄃天寶元年更名

澶州上武德四年析黎州之澶水魏州之頓丘觀城置貞觀元年州廢縣還故屬大曆七年田承嗣表以魏州之頓丘臨黃復置土貢角弓鳳翮席胡粉縣四頓丘望清豐上大曆七年析頓丘昌樂置以孝子張清豐名觀城緊貞觀十七年省入昌樂臨黃大曆七年復置臨黃緊東南有盧津關一名高陵津

邢州鉅鹿郡上本襄國郡天寶元年更名土貢絲布磁器刀文石戶七萬一百八十九口三十八萬二千七百九十八縣八龍岡上武德元年析龍岡內丘置青山縣開成五年省入焉沙河上武德元年置溫州四年州廢來屬有鐵南和緊武德元年置和州四年州廢來屬鉅鹿上武德元年置起州并析置白起縣四年州廢省白起以鉅鹿隸趙州貞觀元年來屬有大陸澤有鹹泉煮而成鹽平鄉上武德元年置封州四年州廢來屬貞元中刺史元誼徙漳水自州東二十里出至鉅鹿北十里入故河任上武德四年置堯山上本柏仁武德元年置東龍州四年州廢隸趙州五年來屬天寶元年更名內丘上武德四年隸趙州五年來屬有鐵

洺州廣平郡望本武安郡天寶元年更名土貢絁綿紬油衣戶九萬一千六百六十六口六十八萬三千二百八十縣六永年望平恩上臨洺緊武德元年以臨洺武安肥鄉邯鄲置紫州四年州廢縣皆隸磁州六年以臨洺肥鄉來屬狗山有太宗破劉黑闥于此雞澤上武德四年置有漳洺南堤二沙河南堤一永徽五年築肥鄉上州又領清漳洺水二縣會昌三年省清漳入肥鄉洺水入曲周曲周上武德四年置

惠州上本磁州武德元年以相州之滏陽臨水成安置貞觀元年州廢滏陽成安還隸相州永泰元年昭義節度使薛嵩表復以相州之滏陽洺州之邯鄲武安置天祐三年以磁慈聲一更名土貢紗磁石縣四滏陽望邯鄲上貞觀元年隸洺州武安上武德六年隸洺州有錫昭義上本臨水武德六年省永泰元年復置更名有鐵

鎭州常山郡大都督府本恒州恒山郡治石邑義寧元年析隋高陽郡置武德四年徙治眞定天寶元年更郡名十五載曰平山尋復爲恒山元和十五年避穆宗名更土貢孔雀羅瓜子羅春羅梨戶五萬四千六百三十三口三十四萬二千一百三十四縣十一有恒陽軍開元中置眞定望武德六年析置恒山縣貞觀元年省載初元年曰中山神龍元年復故名槀城緊義寧元年置鉅鹿郡并析置柏肆新豐貫安三縣武德元年曰廉州四年以趙州之鼓城定州之毋極冀州之鹿城隸之省柏肆新豐貫安入槀城貞觀元年州廢以鹿城隸深州鼓城毋極隸定州槀城來屬天祐二年更曰槀平石邑緊九門上義寧元年置九門郡并析置新市信義二縣武德元年曰觀州五年州廢省信義新市以九門來屬行唐中武德四年置玉城縣五年省滋陽縣入焉長壽二年曰章武神龍元年復故名大曆三年以縣置恒州又以靈壽及定州之恒陽隸之九年州廢縣還故屬井陘中義寧元年置井陘郡又析置葦澤縣武德元年曰井州後又領鹿泉及房山蒲吾靈壽貞觀元年省蒲吾入房山鹿泉葦澤入井陘十七年州廢縣皆來屬有鐵有鑾關山平山中本房山義寧元年置房山郡又置蒲吾縣武德元年曰嶽州四年州廢縣皆隸并州天寶十五載更名有鐵有白馬關有房山獲鹿中本鹿泉天寶十五載更名有故井陘關一名土門關東北十里有大唐渠自平山至石邑引太白渠溉田有禮教渠總章二年自石邑西北引太白渠東流入眞定界以溉田天寶二年又自石邑引大唐渠東流四十三里入太白渠有抱犢山靈壽中義寧元年以縣置燕州四年州廢隸并州鼓城中本隸定州大曆三年來屬欒城中本隸趙州大曆二年來屬天祐二年更名欒氏

冀州信都郡上本治信都武德六年徙治下博貞觀元年復故治龍朔二年更名魏州咸亨三年復故名土貢絹綿戶十一萬三千八百八十五口八十三萬五百二十縣九信都望天祐二年更曰堯都東二里有葛榮陂貞觀十一年刺史李興公開引趙照渠水以注之南宮望西五十九里有濁漳隄顯慶元年築有通利渠延載元年開堂陽上西南三十里有渠自鉅鹿入縣境下入南宮景龍元年開西十里有漳水隄開元六年築棗彊上武邑上武德四年析置昌亭縣貞觀元年省北三十里有衡漳右隄顯慶元年築衡水上南一里有羊令渠載初中令羊元珪引漳水北流貫城注隍阜城望天祐二年更曰漢阜蓨上本隸德州永泰元年來屬武彊望貞觀元年隸深州州廢來屬後復隸深州開元二年來屬永泰元年復隸深州唐末來屬

深州饒陽郡上武德四年以定州之安平瀛州之饒陽置尋徙治饒陽貞觀十七年州廢縣還故屬先天二年以瀛州之饒陽冀州之鹿城下博武彊定州之安平復置土貢絹戶萬八千八百二十五口三十四萬六千四百七十二縣七陸澤上先天二年析饒陽鹿城置饒陽望武德四年析置蕪蔞縣貞觀元年省束鹿上本鹿城天寶十五載更名安平上博野望本隸瀛州武德五年以博野清苑定州之義豐置蠡州八年州廢縣還故屬九年復以博野清苑置貞觀元年州廢以博野清苑隸瀛州永泰中以博野來屬元和十年復隸瀛州後又來屬樂壽緊本隸瀛州大曆中來屬元和十年復隸瀛州後又來屬下博上本隸冀州貞觀元年來屬州廢還隸冀州後又來屬開元二年隸冀州永泰

元年復來屬有永寧軍貞元十年置

趙州趙郡望武德初治柏鄉四年徙治平棘五年更名欒州貞觀初復故名土貢絹戶六萬三千四百五十四口三十九萬五千二百三十八縣八平棘上東二里有廣潤陂引太白渠以注之東南二十里有畢泓皆永徽五年令弓志元開以畜洩水利寧晉緊本癭陶天寶元年更名地旱鹵西南有新渠上元中令程處默引洨水入城以溉田經十餘里地用豐潤民食乃甘昭慶望本大陸武德四年曰象城天寶元年更名西南二十里有建初陵啓運陵二陵共塋城下有澧水渠儀鳳三年令李玄開以溉田通漕柏鄉上西有千金渠萬金堰開元中令王佐所浚築以疏積潦高邑中臨城中本房子天寶元年更名天祐二年更曰房子贊皇中元氏上有靈山封龍山

滄州景城郡上本渤海郡治清池武德元年徙治饒安六年徙治胡蘇貞觀元年復治清池土貢絲布柳箱葦簟糖蟹鱧鮬戶十二萬四千二十四口八十二萬五千七百五縣七西南有橫海軍開元十四年置天寶後廢大曆元年復置清池緊西北五十五里有永濟隄二永徽二年築西四十五里有明溝河隄二西五十里有李彪淀東隄及徙駭河西隄皆三年築西四十里有衡漳隄二顯慶元年築西北六十里有衡漳東隄開元十年築東南二十里有渠注毛氏河東南七十里有渠注漳並引浮水皆刺史姜師度開西南五十七里有無棣河東南十五里有陽通河皆開元十六年開南十五里有浮河隄陽通河隄又南三十里有永濟北隄亦是年築有甘井二十年令毛某母老苦水鹹無以養縣舍穿地泉湧而甘民謂之毛公井有鹽鹽山緊武德四年置東鹽州五年以景州之清池并析鹽山置浮水縣以隸之貞觀元年州廢省浮水以清池鹽山來屬有鹽長蘆上本隸瀛州武德四年以長蘆平舒魯城及滄州之清池置景州貞觀元年州廢以平舒還隸瀛州長蘆魯城來屬樂陵上本隸棣州武德八年來屬大和二年又隸棣州尋復來屬饒安上武德四年析置鬲津縣貞觀元年省入樂陵無棣上貞觀元年省入陽信八年復置大和二年隸棣州尋來屬有無棣溝通海隋末廢永徽元年刺史薛大鼎開乾符上本魯城乾符元年生野稻水穀二千餘頃燕魏饑民就食之因更名

景州上貞元三年析滄州之弓高東光臨津置長慶元年州廢縣還滄州二年復以弓高東光臨津南皮景城置大和四年州又廢縣還滄州景福元年復置土貢葦簟縣四弓高上本隸德州武德四年以弓高及胡蘇東光冀州之阜城蓨安陵觀津置觀州并析東光置安陵縣析蓨置觀津縣六年以胡蘇隸滄州貞觀元年省觀津復以胡蘇隸觀州十七年州廢以弓高東光胡蘇隸滄州蓨安陵隸德州阜城還隸冀州東光上南二十里有新河自安陵入浮河開元中開臨津上本胡蘇天寶元年更名南皮上古毛河自臨津經縣入清池開元十年開有唐昌軍貞元二十一年置

德州平原郡上土貢絹綾戶八萬三千二百一十一口六十五萬九千八百五十五縣六安德緊長河上東南有張公故關平原上大和二年隸齊州三年來屬平昌上貞觀十七年省般縣入焉大和二年隸齊州三年來屬有馬頰河久視元年開號新河將陵望安陵望景福元年隸景州尋復來屬

定州博陵郡上本高陽郡天寶元年更名土貢羅紬細綾瑞綾兩

窠綾獨窠綾二包綾熟線綾戶七萬八千九十口四十九萬六千六百七十六縣十有義武軍建中四年置西有北平軍開元中置安喜緊本鮮虞武德四年更名義豐緊萬歲通天二年以拒契丹更名立節神龍元年復故名北平上萬歲通天二年以拒契丹更名徇忠神龍元年復故名西北有安陽故關望都上武德四年置曲陽上本恒陽元和十五年更名是年又更恒岳曰鎮岳有岳祠陘邑中本隋昌武德四年曰唐昌天寶元年更名唐上有銅有鐵西北有八度故關倒馬故關北有委粟故關新樂中東南二十里有木刀溝有民木刀居溝傍因名之無極上本無作毋萬歲通天二年更有無極山景福二年節度使王處存以縣及深澤表置祁州深澤中

易州上谷郡上土貢紬綿墨戶四萬四千二百三十口二十五萬八千七百七十九縣六有府九日遂城安義脩武德行新安古亭武遂長樂龍水有高陽軍易上容城上本遒武德五年以容城及幽州之固安歸義置北義州貞觀元年州廢縣還故屬聖曆二年以拒契丹更名全忠神龍二年復故名天寶元年又更名遂城上淶水上滿城中本永樂天寶元年更名有郎山有永清軍貞元十五年置五回中下開元二十三年析易置并置樓亭板城二縣天寶後省

幽州范陽郡大都督府本涿郡天寶元年更名土貢綾綿絹角弓人葠栗戶六萬七千二百四十三口三十七萬一千三百一十二縣九有府十四日呂平涿城德聞潞城樂上清化洪源良鄉開福政和停驂柘河良杜固寧城內有經略軍又有納降軍本納降守捉城故丁零川也西

南有安塞軍有脩連城有宗王乾澗戍窟三鎮城石堆車坊萬城河旁四戍 薊 望天寶元年析置廣寧縣三載省有鐵有故隋臨朔宮 幽都 望本薊縣地隋於營州之境汝羅故城置遼西郡以處粟末靺鞨降人武德元年曰燕州領縣三遼西瀘河懷遠土貢豹尾是年省瀘河六年自營州遷于幽州城中以首領世襲刺史貞觀元年省懷遠開元二十五年徙治幽州北桃谷山天寶元年曰歸德郡戶二千四十五口萬一千六百三建中二年爲朱滔所滅因廢爲縣 廣平 上天寶元年析薊置三載省至德後復置 潞 上武德二年自無終徙漁陽郡於此置玄州領潞漁陽并置臨沟縣貞觀元年州廢省臨沟無終以潞漁陽來屬 武清 上本雍奴天寶元年更名 永清 緊本武隆如意元年析安次置景雲元年曰會昌天寶元年更名 安次 上 良鄉 望聖曆元年曰固節神龍元年復故名有大防山 昌平 望北十五里有軍都陘西北三十五里有納款關即居庸故關亦謂之軍都關其北有防禦軍古夏陽川也有狼山

涿州上大曆四年節度使朱希彩表析幽州之范陽歸義固安置縣五范陽 望本涿武德七年更名 歸義 上武德五年置貞觀元年省八年復置景雲二年隸鄚州是年還隸幽州 固安 上 新昌 上大曆四年析固安置 新城 上大和六年以故督亢地置

瀛州河間郡上土貢絹戶九萬八千一十八口六十六萬三千一百七十一縣五河間 望武德五年置武垣縣貞觀元年省入焉西北百里有長豐渠二十一年刺史朱潭開又西南五里有長豐渠開元二十五年刺史盧暉自東城平舒引滹沱東入淇通漕溉田五百餘頃 高陽 上武德四年以高陽鄚博野清苑置蒲州五年以博野清苑隸蠡州貞觀元年州廢以鄚高陽來屬 平舒 上 東城 上 景城 上本隸滄州武德四年來屬貞觀元年隸滄州大曆七年復舊後隸景州尋又來屬

莫州文安郡上本鄚州景雲二年以瀛州之鄚任丘文安清苑唐興幽州之歸義置開元十三年以鄚鄭文相類更名土貢絹縣戶五萬三千四百九十三口三十三萬九千九百七十二縣六 有唐興軍開元十四年置北又有渤海軍 莫 緊本鄚開元十三年更有九十九淀 清苑 上 文安 上貞觀元年省豐利縣入焉 任丘 上武德五年分鄚置有通利渠開元四年令魚思賢開以洩陂淀自縣南五里至城西北入滱得地二百餘頃 長豐 中本利豐開元十年析文安任丘置是年更名 唐興 上本武興如意元年析河間置長安四年隸易州是年還隸瀛州神龍元年更名

平州北平郡下初治臨渝武德元年徙治盧龍土貢熊鞹蔓荊實人蔘戶三千一百一十三口二萬五千八十六縣三 有府一曰盧龍有盧龍軍天寶二載置又有柳城軍永泰元年置有溫溝白望西狹石東狹石綠疇米磚長楊黃花紫蒙白狼昌黎遼西等十二戍愛川周夔二鎮城東北有明垤關鶻湖城牛毛城 盧龍 中本肥如武德二年更名又置撫寧縣七年省 石城 中本臨渝武德七年省貞觀十五年復置萬歲通天二年更名有臨渝關一名臨閭關有大海關有碣石山有溫昌鎮 馬城 中古海陽城也開元二十八年置以通水運東北有千金冶城東有茂鄉鎮城

嬀州嬀川郡上本北燕州武德七年平高開道以幽州之懷戎置貞觀八年更名土貢樺皮胡祿甲榆䓍矢麝香戶二千二百六十

三口萬一千五百八十四縣一 有府二曰密雲白檀有清夷軍垂拱中置有淮北白陽度雲治廣邊四鎮兵有橫河柴城二戍有陽門城有永定寨子二關又有懷柔軍在嬀蔚二州之境 懷戎 上天寶中析置嬀川縣尋省嬀水貫中北九十里有長城開元中張說築東南五十里有居庸塞東連盧龍碣石西屬太行常山實天下之險有鐵門關西有寧武軍又北有廣邊軍故白雲城也

檀州密雲郡本安樂郡天寶元年更名土貢人蔘麝香戶六千六十四口三萬二百四十六縣二 有威武軍萬歲通天元年置本漁陽開元十九年更名又有鎮遠軍故黑城川也有三叉城橫山城米城有大王北來保要廣固赤城邀虜石子嶺七鎮有臨河黃崖二戍 密雲 中有隗山 燕樂 中東北百八十里有東軍北口二守捉北口長城口也又北八百里有吐護眞河奚王衙帳也

薊州漁陽郡下開元十八年析幽州置土貢白膠戶五千三百一十七口萬八千五百二十一縣三 有府二曰漁陽臨渠南二百里有靜塞軍本障塞軍開元十九年更名又有雄武軍故廣漢川也東北九十里有洪水守捉又東北三十里有鹽城守捉又東北渡灤河有古盧龍鎮又有斗陘鎮自古盧龍北經九荊嶺受米城張洪隘度石嶺至奚王帳六百里又東北行傍吐護眞河五百里至奚契丹衙帳又北百里至室韋帳 漁陽 中神龍元年隸營州開元四年還隸幽州有平虜渠傍海穿漕以避海難又其北漲水爲溝以拒契丹皆神龍中滄州刺史姜師度開 三河 中開元四年析潞置北十二里有渠河塘西北六十里有孤山陂溉田三千頃 玉田 中本無終武德二年置貞觀元年省乾封二年復置萬歲通天元年更名神龍元年隸營州開元四年還隸幽州八年隸營州十一年又隸幽州有濼門米磚長亭三谷礓石方公白楊等七戍

營州柳城郡上都督府本遼西郡萬歲通天元年爲契丹所陷聖曆二年僑治漁陽開元五年又還治柳城天寶元年更名土貢人蔘麝香豹尾皮骨骴戶九百九十七口三千七百八十九縣一 有平盧軍開元初置東有鎮安軍本燕郡守捉城貞元二年爲軍城西四百八十里有渝關守捉城又有汝羅懷遠巫閭襄平四守捉城 柳城 中西北接奚北接契丹有東北鎮醫巫閭山祠又東有碣石山

安東上都護府總章元年李勣平高麗國得城百七十六分其地爲都督府九州四十二縣一百置安東都護府於平壤城以統之用其酋渠爲都督刺史縣令上元三年徙遼東郡故城儀鳳二年又徙新城聖曆元年更名安東都督府神龍元年復故名開元二年徙于平州天寶二年又徙于遼西故郡城至德後廢土貢人蔘 有安東守捉有懷遠軍天寶二載置又有保定軍

右河北採訪使治魏州

地理志第二十九

地理志第三十　唐書四十

翰林學士兼龍圖閣學士朝散大夫給事中知制誥充史館脩撰臣歐陽脩奉敕撰

山南道蓋古荆梁二州之域漢南郡武陵巴郡漢中南陽及江夏弘農廣漢武都郡地江陵峽歸夔澧朗復郢襄房爲鶉尾分鄧隋泌均爲鶉火分興元金洋鳳興成文扶利集壁巴蓬通開忠萬涪閬果渠爲鶉首分爲府二州三十三縣百六十一其名山嶓冢熊耳銅梁巫荆峴其大川巴漢沮淯厥賦絹布綿紬厥貢金絲紵漆

江陵府江陵郡本荆州南郡天寶元年更郡名肅宗上元元年號南都爲府二年罷都是年又號南都尋罷都土貢方紋綾貲布柑橙橘椑白魚糖蟹栀子貝母覆盆烏梅石龍芮戶三萬二百九十二口十四萬八千一百四十九縣八 有府一曰羅含有永安軍乾元二年置 江陵 次赤貞觀十七年省安興縣入焉貞元八年節度使嗣曹王臯塞古堤廣良田五千頃畝收一鍾又規江南廢洲爲廬舍架江爲二橋荆俗飲陂澤乃教人鑿井人以爲便 枝江 次畿上元元年析江陵置長寧縣二年省枝江入長寧大曆六年復置枝江省長寧 當陽 次畿武德四年置平州并析置臨沮縣六年曰玉州八年州廢省臨沮以當陽來屬有南紫蓋山北紫蓋山 長林 次畿武德四年於東境置基州并置章山縣七年州廢以章山隸郢州郢州廢來屬八年省章山入長林 石首 次畿武德四年置 松滋 次畿 公安 次畿 荆門 次畿貞元二十一年析長林置

峽州夷陵郡中本治下牢戍貞觀九年徙治步闡壘土貢紵葛箭竹柑茶蠟芒硝五加杜若鬼臼戶八千九十八口四萬五千六百六縣四 夷陵 上西北二十八里有下牢鎮有黃牛山 宜都 中下本宜昌隸南郡武德二年更名以宜都及峽州之夷道置江州六年曰東松州貞觀八年州廢省入宜都來屬 長陽 中下本隸南郡武德四年以縣置睦州并置巴山鹽水二縣八年州廢省鹽水以長陽巴山隸東松州州廢來屬天寶八載省巴山入長陽 遠安 中下有神馬山本白馬山天寶元年更名

歸州巴東郡下武德二年析夔州之秭歸巴東置土貢紵葛茶蜜蠟戶四千六百四十五口二萬三千四百一十七縣三 秭歸 中有鹽東南八十五里有太清鎮城 巴東 中下有鹽有鐵 興山 中下武德三年析秭歸置

夔州雲安郡下都督府本信州巴東郡武德二年更州名天寶元年更郡名土貢紵錫布熊羆山雞茶柑橘蜜蠟戶萬五千六百二十口七萬五千縣四 有府一曰東陽 奉節 上本人復貞觀二十三年更名有鐵有永安井鹽官 雲安 上有鹽官 巫山 中有巫山 大昌 下有鹽官

澧州澧陽郡上土貢紋綾紵練縛巾犀角竹簟光粉柑橘恒山蜀漆戶萬九千六百二十口九萬三千三百四十九縣四 澧陽 上有關山 安鄉 中貞觀元年省孱陵縣入焉 石門 中有鐵 慈利 中下武德中置崇義縣德元年省入焉本故崇州

朗州武陵郡下土貢葛紵練簟柑犀角戶九千三百六口四萬三千七百六十縣二 武陵 上北有永泰渠光宅中刺史胡處立開通漕且爲火備西北二十七里有北塔堰開元二十七年刺史李璡增修接古專陂由黃土堰注白馬湖分入城隍及故永泰渠溉田千餘頃東北八十九里有考功堰長慶元年刺史李翺因故漢樊陂開溉田千一百頃又有右史堰二年刺史溫造增修開後鄉渠九十七里溉田二千頃又北百一十九里有津石陂本聖曆初令崔嗣業開翺造亦從而增之溉田九百頃翺以尚書考功員外郎造以郎官居舍人出爲刺史故以官名東北八十里有崔陂東北三十五里有槎陂亦嗣業所修以溉田後廢大曆五年刺史韋夏卿復治槎陂溉田千餘頃十三年以堰壞遂廢有枉山 龍陽 中上

忠州南賓郡下本臨州義寧二年析巴東郡之臨江置貞觀八年更名土貢生金綿紬蘇薰席文刀戶六千七百二十二口四萬三千二十六縣五 臨江 中下有鹽 豐都 中下義寧二年析臨江置 南賓 中下武德二年析浦州之武寧置有鐵 墊江 中下 桂溪 中下本清水武德二年析臨江置天寶元年更名

涪州涪陵郡下武德元年以渝州之涪陵鎮置土貢麩金文刀獠布蠟戶九千四百口四萬四千七百二十二縣四 涪陵 中下武德二年置并置武龍縣又析涪陵巴縣地置永安縣開元二十二年省永安入焉 賓化 下本隆化貞觀十一年置先天元年更名 武龍 中下 樂溫 中下武德二年析巴縣地置隸南潾州九年來屬 溫山 下本隸南潾州後來屬

萬州南浦郡下本南浦州武德二年析信州置八年州廢以南浦梁山隸夔州武寧隸臨州九年復置曰浦州貞觀八年更名土貢麩金藥子戶五千一百七十九口二萬五千七百四十六縣三 南浦 中有塗溪監漁陽監鹽官二 武寧 中下 梁山 中下

襄州襄陽郡望土貢綸巾漆器庫路真二品十乘花文五乘碎石文柑蔗芋薑戶四萬七千七百八十口二十五萬二千一縣七 有府一曰漢津 襄陽 望貞觀八年省常平縣入焉有峴山 鄧城 緊本安養天寶元年曰臨漢貞元二十一年更名 穀城 上武德四年以穀城陰城置酇州五年州廢二縣來屬貞觀八年省陰城入焉有薤山 義清 中貞觀八年省南漳入焉南漳本臨沮 南漳 中下本荆山武德二年析南漳置以縣置重州并置重陽平陽渠陽土門歸義五縣七年省渠陽入荆山省平陽入重陽省土門歸義入房州之永清貞觀元年州廢以荆山來屬徙重陽于故重州隸遷州八年省重陽入荆山開元十八年徙于故南漳因更名有荆山 樂鄉 中下本隸音陵郡武德四年以樂鄉及襄州之率道上洪置鄀州貞觀元年又領長壽省上洪八年州廢以長壽隸溫州樂鄉率道來屬 宜城 上本率道貞觀八年省漢南縣入焉天寶七載更名有石梁山陰山

泌州淮安郡上本昌州春陵郡治棗陽武德五年以唐城山更名唐州九年徙治比陽天寶元年更郡名天祐三年朱全忠徙治泌陽表更名土貢絹布戶四萬二千六百四十三口十八萬二千三百六十四縣七泌陽中本上馬貞觀元年省入湖陽開元十三年復置天寶元年更名 比陽上本淮安郡治武德四年曰顯州領比陽慈丘平氏顯岡桐柏五縣二年省顯岡九年州廢縣皆來屬 慈丘上 桐柏中武德初置純州貞觀元年州廢來屬有桐柏山有淮瀆祠 平氏中有祈山 湖陽中武德四年以縣置湖州貞觀元年州廢來屬有蓼山 方城上本淯陽郡治武德二年曰北澧州領方城眞昌二縣貞觀元年省眞昌八年曰魯州九年州廢以方城來屬

隋州漢東郡上土貢合羅綾葛覆盆戶二萬三千九百一十七口十萬五千七百二十二縣四隋上武德四年省安貴縣入焉五年省平林順義縣入焉 光化上 棗陽上本隸唐州武德五年省唐州之清潭縣入焉貞觀元年又省唐州之春陵縣入焉十年以棗陽來屬有光武山 唐城上開元二十六年以客戶析棗陽地置

鄧州南陽郡上土貢絲布茅菊戶四萬三千五十五口十六萬五千二百五十七縣六穰望武德四年析置平晉縣以新野置新州尋廢新州以新野來屬六年省平晉州又領課陽縣貞觀元年省乾元元年省新野皆入焉 南陽緊武德三年以南陽及春陵郡之上馬置宛州并置云陽上宛安固三縣八年州廢以上馬隸唐州省云陽上宛以安固入南陽來屬聖曆元年曰武臺神龍初復故名有銅 向城上武德三年以縣置淯州八年州廢隸北澧州州廢來屬聖曆元年曰武淯神龍初復故名北八十里有魯陽關 臨湍上本新城武德三年以縣置酈州八年州廢來屬貞觀元年省冠軍縣入焉天寶元年更名又有順陽縣武德二年析冠軍置六年省 內鄉上本淅陽郡治武德二年曰淅州并置默水縣貞觀八年州廢省默水入內鄉來屬有帖山 菊潭中開元二十四年析新城置

均州武當郡下義寧二年析淅陽郡之武當均陽置貞觀元年州廢二縣隸淅州八年以武當鄖鄉復置土貢山雞尾麝香戶九千六百九十八口五萬八百九縣三有府一曰至誠 武當上義寧二年析置平陵縣武德七年省八年省均陽入焉東南百里有鹽池有武當山 鄖鄉上本隸淅陽郡武德元年以鄖鄉安福置南豐州并置堵陽黃沙白沙固城四縣八年省黃沙白沙固城是年州廢以鄖鄉安福堵陽隸淅州貞觀元年省安福堵陽入焉有精舍山本獨山天寶中更名 豐利上有伏龍山有錫義山一名天心山

房州房陵郡上武德元年析遷州之竹山上庸置貞觀十年徙治房陵土貢蠟苍礬麝香鍾乳雷丸石膏竹鼲戶萬四千四百二十二口七萬一千七百八縣四房陵上本光遷房陵郡治武德元年曰遷州并析置受陽淅川房陵三縣五年省淅川七年省房陵受陽貞觀十年州廢來屬更光遷曰房陵 永淸中下本隸遷州州廢來屬有房山 竹山中下武德元年析置武陵縣貞觀十年省 上庸上

復州竟陵郡上本沔陽郡治竟陵貞觀七年徙治沔陽天寶元年更名寶應二年復故治土貢白紵白蜜戶八千二百一十口四萬四千八百八十五縣三沔陽上 竟陵上有五花山有石堰渠咸通中刺史董元素開 監利中下

郢州富水郡上本竟陵郡治長壽貞觀元年州廢以長壽隸郢州十七年復置治京山後還治長壽土貢紵布葛蕉春酒麴棗節米戶萬二千四十六口五萬七千三百七十五縣三長壽上貞觀元年省藍水縣入焉 京山上本隸安州武德四年以京山富水二縣置溫州貞觀十七年州廢縣皆來屬 富水上有白沙山

金州漢陰郡上本西城郡天寶元年曰安康郡至德二載更名土貢麩金茶牙椒乾漆椒實白膠香麝香杜仲雷丸枳殼枳實黃蘗有橘官戶萬四千九十一口五萬七千九百二十九縣六有府一曰洪義 西城上本金川義寧二年更名有牛山漢水有金 洵陽中下武德元年以縣置洵州并置洵城驢川二縣七年州廢縣皆來屬貞觀二年省驢川八年省洵城東有申口鎭城 淯陽上本黃土天寶元年更名大曆六年省入洵陽長慶初復置 石泉中下聖曆元年曰武安神龍元年復故名大曆六年省入漢陰永貞元年復置 漢陰中下本安康武德元年以縣置西安州并置寧都廣德二縣二年曰直州貞觀元年州廢省寧都以廣德入安東來屬至德二載更名西有方山關貞觀十二年置月川水有金 平利中下武德元年以故吉安置大曆六年省入西城長慶初復置有女媧山

右東道採訪使治襄州

興元府漢中郡赤本梁州漢川郡開元十三年以梁涼聲相近更名褒州二十年復曰梁州天寶元年更郡名興元元年爲府土貢穀蠟紅藍燕脂夏蒜冬笋糟瓜柑枇杷茶戶三萬七千四百七十口十五萬三千七百一十七縣五有府一曰觀水 南鄭次赤有旱山王女山中梁山 褒城次畿義寧二年更名褒中貞觀三年復故名有牛頭山北有甘亭關 城固次畿武德二年更名唐固三年析置白雲縣九年省貞觀二年復故名 西次畿武德三年以縣置褒州析利州之綿谷置金牛縣八年州廢二縣來屬寶曆元年省金牛縣入焉西南有百牢關有錫有鐵 三泉次畿武德四年析利州之綿谷置以縣置南安州并置嘉牟縣八年州廢省嘉牟以三泉隸利州天寶元年來屬

洋州洋川郡雄武德元年析梁州之西鄉黃金興勢置天寶十五載徙治興道土貢白交梭火麻布野苧麻蠟白膠香麝香戶二萬三千八百四十九口八萬八千三百二十七縣四興道緊本興勢貞觀二十三年更名有駱谷路南口曰儻谷北口曰駱谷 西鄉上武德四年析置洋源縣寶曆元年省有雲亭山 黃金中有子午谷路 眞符中本華陽開元十八年析興道置天寶三載省八載開淸水谷路復置因鑿山得玉冊更名隸京兆府十一載來屬有太白山金星洞

利州益昌郡下都督府本義城郡天寶元年更名土貢金絲布梁米蠟燭鯀魚天門冬芎藭麝香戶萬三千九百一十口四萬四千六百縣六綿谷上有鐵 葭萌上 益昌中下 嘉川中下 胤山中下本義城義寧二年曰義淸武德

(七年以義清岐坪隆州之奉國置西平州貞觀二年州廢以義清來屬岐坪奉國隸閬州天寶元年更名)景谷(中下武德四年以景谷及龍州之方維置沙州貞觀元年州廢省方維爲鎮以景谷來屬寶曆元年省尋復置西有石門關西北有白壩魚老二鎮城)

鳳州河池郡下土貢布蠟燭麝香戶五千九百一十八口二萬七千八百七十七縣三(有府一曰歸昌)梁泉(中下武德元年析置黃花縣寶曆元年省有銀有鐵)兩當(中下)河池(中有銀)

興州順政郡下土貢蠟漆丹沙蜜笴戶二千二百二十四口萬一千四十六縣三順政(中有鐵南有興城關)長舉(中下元和中節度使嚴礪自縣而西疏嘉陵江二百里焚巨石沃醯以碎之通漕以饋成州戍兵州又領鳴水縣長慶元年省入焉有鐵)

成州同谷郡下本漢陽郡治上祿天寶元年更名寶應元年沒吐蕃貞元五年於同谷之西境泥公山權置行州咸通七年復置徙治寶井堡後徙治同谷土貢蠟燭麝香鹿茸防葵狼毒戶四千七百二十七口二萬一千五百八縣三(有府一曰平陰有靜戎軍寶應元年徙馬邑州于鹽井城置)同谷(中下武德元年以縣置西康州貞觀元年州廢來屬咸通十三年復置)上祿(中沒蕃後廢仇池山有鹽)漢源(中下沒蕃後廢)

文州陰平郡下義寧二年析武都郡之曲水正西長松置土貢麩金紬綿麝香白蜜蠟燭柑戶千九百八口九千二百五縣一曲水(中下貞觀元年省正西縣貞元六年省長松縣皆來屬)

扶州同昌郡下乾元後沒吐蕃大中二年節度使鄭涯收復土貢麝香當歸芎藭戶二千四百一十八口萬四千二百八十五縣四(有府二曰安川會川)同昌(中下)帖夷(中下萬歲通天二年曰武進神龍元年復故名)萬全(中下本尚安至德二年更名)鉗川(中下)

集州符陽郡下武德元年析梁州之難江巴州之符陽長池白石置土貢蠟燭藥子戶四千三百五十三口二萬五千七百二十六縣三難江(上武德元年析置平桑縣貞觀元年省二年復置六年省又省長池縣入焉)大牟(下武德二年徙靜州治狄平更狄平曰地平十七年廢靜州以大牟清化隸巴州地平來屬永泰元年以大牟隸集州更地平曰通平寶曆元年省)嘉川(下本隸利州貞觀二年隸靜州州廢還隸利州永泰元年來屬)

壁州始寧郡下武德八年析巴州之始寧縣地置土貢紬綿馬策戶萬三千三百六十八口五萬四千七百五十七縣五通江(上本諾水隸萬州武德中省八年又析巴州之始寧復置天寶元年更名)廣納(中武德三年析始寧歸仁置寶曆元年省大中初復置)符陽(中本隸清化郡武德元年隸集州八年來屬貞觀八年復隸集州長安三年來屬景雲二年又隸集州永泰元年來屬)白石(中本隸清化郡武德元年隸集州八年來

屬)東巴(中本太平開元二十三年置天寶元年更名)

巴州清化郡中土貢麩金綿紬貲布花油橙石蜜戶三萬二百一十口九萬一千五十七縣九化城(上)盤道(中下寶曆元年省入恩陽長慶中復置)清化(上武德元年置靜州又析置大牟狄平二縣)曾口(中)歸仁(中)始寧(中)其章(中寶曆元年省大中元年復置)恩陽(中貞觀十七年省萬歲通天元年復置)七盤(上久視元年置)

蓬州蓬山郡下本咸安郡武德元年以巴州之安固伏虞隆州之儀隴大寅渠州之宕渠咸安置開元二十九年徙治大寅至德二載更郡名土貢綿紬戶萬五千五百七十六口五萬三千三百五十三縣七蓬池(中本大寅廣德元年更名後省開成元年復置)良山(中本安固天寶元年更名寶曆元年省入蓬池大中中復置)儀隴(中武德三年以縣置方州八年州廢還隸蓬州)伏虞(中)宕渠(中下寶曆元年省入蓬山大中中復置)蓬山(上本咸安至德二載更名)朗池(中武德四年析果州之相如縣置隸果州寶應元年來屬寶曆元年省開成二年復置)

通州通川郡上土貢紬綿蜜蠟麝香楓香白藥實戶四萬七百四十三口十一萬八百四縣九通川(上武德二年置思來縣貞觀元年省入焉)永穆(上本隸巴州武德二年以永穆及歸仁置萬州又置諸水廣納太平恒豐四縣七年省諸水貞觀元年州廢以歸仁還隸巴州廣納隸壁州省太平恒豐入永穆來屬)三岡(中寶曆元年省大中五年復置)石鼓(中寶曆元年省大中元年復置)東鄉(中武德三年置南石州又置下蒲昌樂二縣八年州廢省昌樂入石鼓下蒲入東鄉來屬)宣漢(中下武德元年置南井州并析置東關縣貞觀元年州廢省東關以宣漢來屬有鹽有金)新寧(中下武德二年析通川置大和三年隸開州四年來屬)巴渠(中永泰元年析石鼓置大和三年隸開州四年來屬)閬英(中天寶九載置)

開州盛山郡下本萬世郡義寧二年析巴東郡之盛山新浦通川郡之萬世西流置天寶元年更名土貢白紵布柑芙苣實戶五千六百六十口三萬四百二十一縣三開江(上本盛山貞觀元年省西流縣入焉廣德元年更名)新浦(中下)萬歲(中下本萬世貞觀二十三年更名寶曆元年省尋復置有鹽東南五里有靈洞貞元九年雷雨震開)

閬州閬中郡上本隆州巴西郡先天二年避玄宗名更州名天寶元年更郡名土貢蓮綾綿絹紬縠戶二萬九千五百八十八口十三萬二千一百九十二縣九閬中(緊本閬內武德元年更名是年析置思恭縣七年省有靈山有鹽)晉安(中本晉城武德中避隱太子名更)南部(上有鹽)蒼溪(中下有雲臺山紫陽山)西水(中下)奉國(上武德七年隸西平州貞觀元年州廢還隸隆州)新井(中武德元年析南部晉安置有鹽)新政(中本新城武德四年析南部相如置避隱太子名更有鹽)岐坪(中本隸利州開元二十三年來屬寶曆元年省入奉國蒼溪天復中王建表置)

果州南充郡中武德四年析隆州之南充相如置大曆六年更名

充州十年復故名土貢絹絲布戶三萬三千六百四口八萬九千二百二十五縣五南充上有鹽相如中有鹽流溪中開耀元年析南充置西充上武德四年析南充置有鹽岳池中萬歲通天二年析南充相如置有龍扶速山

渠州潾山郡下本宕渠郡天寶元年更名土貢紬綿藥實買子本實戶九千九百五十七口二萬六千五百二十四縣三流江上武德元年析置義興縣別置賨城始安二縣八年皆省渠江中本賨城武德元年曰始安又析置嶽雙縣八年省嶽雙天寶元年更名潾山中下武德元年析潾水置以隸潾州并置潾水盤石大竹八年省盤石以墊江隸忠州潾山來屬久視元年分蓬州之宕渠置大竹縣隸蓬州至德二載來屬寶曆元年省潾水大竹入潾山有鐵

右西道採訪使治梁州

隴右道蓋古雍梁二州之境漢天水武都隴西金城武威張掖酒泉燉煌等郡揔爲鶉首分爲州十九都護府二縣六十其名山秦嶺隴坻鳥鼠同穴朱圉西傾積石合黎崆峒三危其大川河洮弱羌休屠之澤厥賦布麻厥貢金屑礪石鳥獸革角自祿山之亂河右暨西平武都合川懷道等郡皆沒于吐蕃寶應元年又陷秦渭

洮臨廣德元年復陷河蘭岷廓貞元三年陷安西北庭隴右州縣盡矣大中後吐蕃微弱秦武二州漸復故地置官守五年張義潮以瓜沙伊肅鄯甘河西蘭岷廓十一州來歸而宣懿德微不暇疆理惟名存有司而已

秦州天水郡中都督府本治上邽開元二十二年以地震徙治成紀之敬親川天寶元年還治上邽大中三年復徙治成紀土貢龍鬚席芎藭戶二萬四千八百二十七口十萬九千七百四十縣六有府六曰成紀脩德清德清水三度長川成紀上有銀有銅有鐵上邽上有嶓冢山伏羌中本冀城武德二年更名是年以伏羌及渭州之隴西置伏州八年州廢縣還故屬九年析置隴西泉縣貞觀元年更名夷賓三年省有石臼山朱圉山隴城下武德二年以縣置文州八年州廢來屬貞觀三年置長川縣六年省入焉有銀清水下武德四年以縣置邽州六年州廢來屬又有秦嶺縣貞觀十七年省大中二年收復權隸鳳翔府三年來屬東五十里有大震關有銀長道中下本隸成州天寶末廢咸通十三年復置來屬有鹽

河州安昌郡下本枹罕郡天寶元年更名土貢麝香戶五千七百八十二口三萬六千八十六縣三西百八十里有鎮西軍開元二十六年置西八十里索恭川有天成軍西百餘里鳳林關城有振威軍皆天寶十二載置西南四十里有平夷守捉城枹罕中下有藍關大夏中下貞觀元年省入枹罕五年復置鳳林中下本烏州貞觀七年置十一年州廢更置安昌縣來屬天寶元年更名北有鳳林關有積石山

渭州隴西郡中都督府土貢龍鬚席麝香秦艽戶六千四百二十五口二萬四千五百二十縣四有府四曰渭源樂臨源萬年襄武上隴西上鄣下天授二年曰武陽神龍元年復故名南二里有鹽井渭源上高宗上元二年更名首陽於渭源故縣別置渭源縣儀鳳三年省首陽入渭源有鳥鼠同穴山一名青雀山

鄯州西平郡下都督府土貢牸犛牛角戶五千三百八十九口二萬七千一十九縣三湟水中龍支中下上元二年州沒吐蕃以龍支隸河州鄯城中儀鳳三年置有土樓山有河源軍西六十里有臨蕃城又西六十里有白水軍綏戎城又西南六十里有定戎城又南隔澗七里有天威軍軍故石堡城開元十七年置初曰振武軍二十九年沒吐蕃天寶八載克之更名又西二十里至赤嶺其西吐蕃有開元中分界碑自振武經尉遲川苦拔海王孝傑米柵九十里至莫離驛又經公主佛堂大非川二百八十里至那錄驛吐渾界也又經暖泉烈謨海四百四十里渡黃河又四百七十里至眾龍驛又渡西月河二百一十里至多彌國西界又經犛牛河度藤橋百里至列驛又經食堂吐蕃村截支橋兩石南北相當又經截支川四百四十里至婆驛乃渡大月河羅橋經潭池魚池五百三十里至悉諾羅驛又經乞量寧水橋又經大速水橋三百二十里至鶻莽驛唐使入蕃公主每使人迎勞於此又經鶻莽峽十餘里兩山相崟上有小橋三瀑水注如瀉缶其下如煙霧百里至野馬驛經吐蕃墾田又經樂橋湯四百里至合川驛又經恕諶海百三十里至蛤不爛驛旁有三羅骨山積雪不消又六十里至突錄濟驛唐使至此贊普每遣使慰勞又經柳谷莽布支莊有溫湯涌高二丈氣如煙雲可以熟米又經湯羅葉遺山及贊普祭神所二百五十里至農歌驛邏些在東南距農歌二百里唐使至吐蕃宰相每遣使迎候于此又經鹽池暖泉江布靈河百一十里渡姜濟河經吐蕃墾田二百六十里至卒歌驛乃渡臧河經佛堂百八十里至勃令驛鴻臚館至贊普牙帳其西南拔布海

蘭州金城郡下以皐蘭山名州土貢麩金麝香鹿鼠戶二千八百八十九口萬四千二百二十六縣二有府二曰金城廣武又有榆林軍五泉下咸亨二年更名金城天寶元年復故名北有金城關金城下本廣武縣乾元二年更名

臨州狄道郡下都督府天寶三載析金城郡之狄道縣置縣二有臨洮軍久視元年置寶應元年沒吐蕃狄道下長樂下本安樂天寶後更名

階州武都郡下本武州因沒吐蕃廢大曆二年復置爲行州咸通中始得故地龍紀初遣使招葺之景福元年更名治皐蘭鎮土貢麝香蜜蠟燭山鷄尾羚羊角戶二千九百二十三口萬五千三百一十三縣三將利中下州又領建威縣元年省入焉福津中下本覆津景福元年更名盤隄中下後沒吐蕃不復置

洮州臨洮郡下本治美相貞觀八年徙治臨潭開元十七年州廢以縣隸岷州二十年復置更名臨州二十七年復故名土貢甘草

麝香戶二千七百口萬五千六十縣一有府一曰安西有莫門軍儀鳳二年置西八十里磨禪川有神策軍天寶十三載置臨潭中本美相貞觀四年徙治洪和城以故地置旭州五年又置臨潭縣八年州廢以臨潭來屬徙州來治還于洮陽城十二年省博陵縣天寶中省美相縣皆入臨潭西百六十里有廣恩鎮有西傾山

岷州和政郡下義寧二年析臨洮郡之臨洮和政置土貢龍鬚席甘草戶四千三百二十五口二萬三千四百四十一縣三有府三曰祐川臨洮和政溢樂中下本臨洮義寧二年更名貞觀二年析置當夷縣神龍元年省有岷山西有崆峒山祐川中下本基城義寧二年置先天元年更名和政中有關博山

廓州寧塞郡下本澆河郡天寶元年更名土貢麩金酥大黃戎鹽麝香戶四千二百六十一口二萬四千四百縣三西有寧邊軍本寧塞軍西八十里宛秀城有威勝軍西南百四十里洪濟橋有金天軍其東南八十里百谷城有武寧軍南二百里黑峽川有曜武軍皆天寶十三載置廣威下本化隆先天元年曰化成天寶元年又更名達化下西有積石軍本靜邊鎮儀鳳二年為軍東有黃沙戍米川下貞觀五年置米州十年州廢隸河州永徽六年來屬

疊州合川郡下武德二年析洮州之合川樂川疊川置土貢麝香戶千二百七十五口七千六百七十四縣二有府一曰長利合川下武德五年以党項戶置

王昌

安化和同二縣尋省貞觀二年省樂川疊川入焉有渭疊山常芬下武德元年以縣置芳州并置丹嶺縣四年以丹嶺隸洮州貞觀二年置恒香縣僑治恒香戍復以丹嶺隸芳州高宗上元二年陷吐蕃神龍元年州廢省丹嶺恒香以常芬來屬

宕州懷道郡下本宕昌郡天寶元年更名土貢麩金散金麝香戶千一百九十口七千一百九十九縣二有府二曰同歸常吉懷道下貞觀三年省和戎縣入焉西百八十三里有蘇董戍有同均山良恭下貞觀元年以成州之潭水來屬後省入焉

涼州武威郡中都督府土貢白麥龍鬚席毯野馬革芎藭戶二萬二千四百六十二口十二萬二百八十一縣五有府六曰明威洪池番禾武安麗水姑臧又有赤水軍本赤烏鎮有赤烏泉因名之幅員五千一百八十里軍之最大也西二百里有大斗軍本赤水守捉開元十六年為軍因大斗拔谷為名東南二百里有烏城守捉南二百里有張掖守捉西二百里有交城守捉西北五百里有白亭軍本白亭守捉天寶十四載為軍姑臧中下北百八十里有明威戍西北百六十里有武安戍有武興鹽池眾鹽池神烏下武德三年置貞觀元年省總章元年復置曰武威神龍元年復故名昌松中東北百五十里有白山戍天寶中下本番禾咸亨元年以縣置雄州調露元年州廢來屬天寶三載以山出醴泉更名有通化鎮有焉支山嘉麟神龍二年於故漢鸞鳥縣城置景龍元年省先天二年復置

沙州敦煌郡下都督府本瓜州武德五年曰西沙州貞觀七年曰沙州土貢棊子黃礬石膏戶四千二百六十五口萬六千二百五十縣二有府三曰龍勒效穀懸泉有豆盧軍神龍元年置敦煌下東四十七里有鹽池有三危山壽昌下武德二年析敦煌置永徽元年省乾封二年復置開元二十六年又省後復置治漢龍勒城西有陽關西北有玉門關有雲[illegible]山

瓜州晉昌郡下都督府武德五年析沙州之常樂置土貢野馬革緊鞓草豉黃礬絳礬胡桐律戶四百七十七口四千九百八十七縣二有府一曰大黃西北千里有墨離軍晉昌中下本常樂武德四年更名東北有合河鎮又百二十里有百帳守捉又東百五十里有豹文山守捉又七里至寧寇軍與甘州路合常樂中下武德五年別置有枝河帝山

甘州張掖郡下土貢麝香野馬革冬柰苟杞實葉戶六千二百八十四口二萬二千九十二縣二西北百九十里祁連山北有建康軍證聖元年王孝傑以甘肅二州相距回遠置軍西百二十里有蓼泉守捉城張掖上有祁連山合黎山北九百里有鹽池西有鞏筆驛刪丹中下北渡張掖河西北行出合黎山峽口傍河東壖屈曲東北行千里有寧寇軍故同城守捉也天寶二載為軍軍東北有居延海又北三百里有花門山堡又東北千里至迴鶻衙帳

肅州酒泉郡下武德二年析甘州之福祿瓜州之玉門置土貢麩金野馬革蓯蓉柏脉根戶二千二百三十口八千四百七十六縣三有酒泉威遠二守捉城酒泉中下本福祿唐初更名西十五里有興聖皇帝陵七十里有洞庭山出金有崑崙山福祿下武德二年析置東南百二十里有祁連戍東北八十里有鹽池玉門中下貞觀元年省後復置開元中沒吐蕃因其地置玉門軍天寶十四載廢軍為縣北有獨登

王昌

山出鹽以充貢有神雨山

伊州伊吾郡下本西伊州貞觀六年更名土貢香棗陰牙角胡桐律戶二千四百六十七口萬一百五十七縣三西北三百里甘露川有伊吾軍景龍四年置伊吾下貞觀四年置并置柔遠縣神功元年省入焉在大磧外南去玉門關八百里東去陽關二千七百三十里有折羅漫山亦曰天山南二里有鹹池海納職下貞觀四年以鄯善故城置開元六年省十五年復置南六十七里有陸鹽池自縣西經獨泉東華西華駝泉渡茨萁水過神泉三百九十里有羅護守捉又西南經達匪草堆百九十里至赤亭守捉與伊西路合別自羅護守捉西北上乏驢嶺百二十里至赤谷又出谷口經長泉龍泉百八十里有獨山守捉又經蒲類百六十里至北庭都護府柔遠下

西州交河郡中都督府貞觀十四年平高昌以其地置開元中曰金山都督府天寶元年為郡土貢絲氎布氈刺蜜蒲萄五物酒漿煎皺乾戶萬九千一十六口四萬九千四百七十六縣五有天山軍開元二年置自州西南有南平安昌兩城百二十里至天山西南入谷經礌石磧二百二十里至銀山磧又四十里至焉耆界呂光館又經盤石百里有張三城守捉又西南百四十五里經新城館渡淡河至焉耆鎮城前庭下本高昌寶應元年更名柳中下交河中下自縣北八十里有龍泉館又北入谷百三十里經柳谷渡金沙嶺百六十里經石會漢戍至北庭都護府城蒲昌中本隸庭州後來屬西有七屯城弩支城有石城鎮播仙鎮天山下有天山

北庭大都護府本庭州貞觀十四年平高昌以西突厥泥伏沙鉢羅葉護阿史那賀魯部落置并置蒲昌縣尋廢顯慶三年復置長安二年爲北庭都護府土貢陰牙角速霍角阿魏截根戶二千二百二十六口九千九百六十四縣四有瀚海軍本燭龍軍長安二年置三年更名開元中蓋嘉運增築西七百里有清海軍本清海鎮天寶中爲軍南有神山鎮自庭州西延城西六十里有沙鉢城守捉又有馮洛守捉又八十里有耶勒城守捉又八十里有俱六城守捉又百里至輪臺縣又百五十里有張堡城守捉又渡里移得建河七十里有烏宰守捉又渡白楊河七十里有清鎮軍城又渡葉葉河七十里有葉河守捉又渡黑水七十里有黑水守捉又七十里有東林守捉又七十里有西林守捉又經黃草泊大漠小磧渡石漆河踰車嶺至弓月城過思渾川蟄失蜜城渡伊麗河一名帝帝河至碎葉界又西行千里至碎葉城水皆北流入磧及入夷播海

金滿下 輪臺下有靜塞軍大曆六年置 後庭下本蒲類隸西州後來屬寶應元年更名有蒲類鎮郝遮鎮鹽泉鎮特羅堡 西海下寶應元年置

安西大都護府初治西州顯慶二年平賀魯析其地置濛池崑陵二都護府分種落列置州縣西盡波斯國皆隸安西又徙治高昌故地三年徙治龜茲都督府而故府復爲西州咸亨元年吐蕃陷都護府長壽二年收復安西四鎮至德元載更名鎮西後復爲安西土貢硇砂緋氈偏桃人吐蕃既侵河隴惟李元忠守北庭郭昕守安西與沙陀迴紇相依吐蕃攻之久不下建中二年元忠昕遣使間道入奏詔各以爲大都護並爲節度貞元三年吐蕃攻沙陀迴紇北庭安西無援遂陷有保大軍屯碎葉城于闐東界有蘭城坎城二守捉城西有葱嶺守捉城有胡弩固城吉良三鎮東有且末鎮西南有皮山鎮焉耆西有于術榆林龍泉東夷僻西夷僻赤岸六守捉城

地理志第三十

右隴右採訪使治鄯州

地理志第三十一　　　　唐書四十一

翰林學士兼龍圖閣學士朝散大夫給事中知制誥充史館修撰臣歐陽　脩奉　敕撰

淮南道蓋古揚州之域漢九江廬江江夏等郡廣陵六安國及南陽汝南臨淮之境揚楚滁和廬壽舒為星紀分安黃申光蘄為鶉尾分為州十二縣五十三其名山灊天柱羅塗八公其大川滁肥巢湖厥賦絁絹絲布厥貢絲布紵葛

揚州廣陵郡大都督府本南兗州江都郡武德七年曰邗州以邗溝為名九年更置揚州天寶元年更郡名土貢金銀銅器青銅鏡綿蕃客袍錦被錦半臂錦獨窠綾殿額莞席水兕甲黃稑米烏節米魚臍魚鮬糖蟹蜜薑藕鐵精空青白芒兔絲蛇粟括蔞粉有丹楊監廣陵監錢官二戶七萬七千一百五口四十六萬七千八百五十七縣七有府四曰江平新林方山邗江

江都望東十一里有雷塘貞觀十八年長史李襲譽引渠又築句城塘以溉田八百頃有愛敬陂水門貞元四年節度使杜亞自江都西循蜀岡之右引陂趨城隅以通漕溉夾陂田寶曆二年漕渠淺輸不及期鹽鐵使王播自七里港引渠東注官河以便漕運

江陽望貞觀十八年析江都置有康令祠咸通中大旱令以身禱雨赴水死天即大雨民為立祠

六合緊武德七年析置石梁縣以石梁六合二縣置方州貞觀元年州廢省石梁以六合來屬有銅有鐵

海陵望武德三年更名吳陵以縣置吳州七年州廢復故名來屬景龍二年析置海安縣開元十年省有鹽官

高郵上有堤塘溉田數千頃元和中節度使李吉甫築

揚子望永淳元年析江都置

天長望本千秋天寶元年析江都六合高郵置七載更名有銅

楚州淮陰郡緊本江都郡之山陽安宜縣地臧君相據之號東楚州武德四年君相降因之八年更名土貢貲布紵布戶二萬六千六十二口十五萬三千縣四

山陽上有常豐堰大曆中黜陟使李承置以溉田

鹽城上本故漢鹽瀆縣地隋末盜據其地置射州及射陽安樂新安三縣武德四年來歸因之七年州廢省射陽安樂新安置鹽城縣有鹽亭百二十三有監

寶應緊本安宜武德四年以縣置倉州七年州廢來屬上元三年以獲定國寶更名西南八十里有白水塘羨塘證聖中開置屯田西南四十里有徐州涇青州涇西南五十里有大府涇長慶中興白水塘屯田發青徐揚州之民以鑿之大府即揚州北四里有竹子涇亦長慶中開

淮陰中武德七年省乾封二年析山陽復置南九十五里有棠梨涇長慶二年開

滁州永陽郡上武德三年析揚州置土貢貲布絲布紵練麻有銅坑二戶二萬六千四百八十六口十五萬二千三百七十四縣三

清流上　全椒緊　永陽上景龍三年析清流置

和州歷陽郡上土貢紵布戶二萬四千七百九十四口十二萬二千縣三有府一曰新川

歷陽上有譍應山本白石山有棲隱山本梅山皆天寶六載更名

烏江上東南二里有韋游溝引江至郭十五里溉田五百頃開元中丞韋尹開貞元十六年令游重彥又治之民享其利以姓名溝

含山上武德六年析歷陽之故龍亢縣地置八年省長安四年復置更名武壽神龍元年復故名

壽州壽春郡中都督府本淮南郡天寶元年更名土貢絲布絁茶生石斛戶三萬五千五百八十一口十八萬七千五百八十七縣五

壽春上有八公山

安豐緊武德七年省小黃肥陵二縣入焉東北十里有永樂渠溉高原田廣德二年宰相元載置大曆十三年廢

盛唐上本霍山武德四年以霍山應城灊城三縣置霍州貞觀元年州廢省應城灊城以霍山來屬神功元年曰武昌神龍元年復故名開元二十七年更名有開化縣武德四年置有灊縣五年置貞觀中皆省

霍丘緊武德四年以松滋霍丘二縣置蓼州七年州廢省松滋以霍丘來屬神功元年曰武昌景雲元年復故名

霍山上天寶元年析盛唐別置有大別山霍山

廬州廬江郡上土貢花紗交梭絲布茶蠟酥鹿脯生石斛戶四萬三千三百二十三口二十萬五千三百九十六縣五

合肥緊　慎緊　巢上本襄安武德三年置巢州并析置開城扶陽二縣七年州廢省開城扶陽以巢來屬東南四十里有故東關

廬江緊有礬山白茅山有銅

舒城上開元二十三年析合肥廬江置

舒州同安郡上至德二載更名盛唐郡後復故名土貢紵布酒器鐵器石斛蠟戶三萬五千三百五十三口十八萬六千三百九十八縣五

懷寧上武德五年析置皖城安樂梅城皖陽四縣是年省安樂七年省皖城梅城皖陽有皖山

宿松上武德四年以縣置嚴州七年以望江隸之八年州廢縣皆來屬有嚴恭山

望江中武德四年以縣置高州尋更名智州七年州廢以望江隸嚴州

太湖上武德四年析置青城荊陽二縣七年省青城入荊陽八年省荊陽入太湖

桐城緊本同安至德二載更名自開元中徙治山城地多猛虎毒虺元和八年令韓震焚薙草木其害遂除

光州弋陽郡上本治光山太極元年徙治定城土貢葛布石斛戶三萬一千四百七十三口十九萬八千五百八十縣五

定城上武德三年置弦州貞觀元年州廢來屬

光山上南有木陵故關西南八里有雨施陂永徽四年刺史裴大覺積水以溉田百餘頃

仙居上本樂安武德三年析置宋安縣以宋安置谷州貞觀元年州廢省宋安天寶元年更名

殷城中武德元年置義州貞觀元年州廢來屬西有定城故關

固始上

蘄州蘄春郡上土貢白紵簟鹿毛筆茶白花蛇烏蛇脯戶二萬六千八百九口十八萬六千八百四十九縣四

蘄春上武德四年省蘄水縣入焉有鼓吹山

黃梅上武德四年置南晉州析置義豐長吉塘陽新蔡四縣八年州廢省義豐長吉塘陽新蔡以黃梅來屬

廣濟中本永寧武德四年析蘄春置天寶元年更名有鐵

蘄水上本浠水武德四年更名蘭溪省羅田縣入焉天寶元年又更名有鐵

安州安陸郡中都督府土貢青紵布糟筍瓜戶二萬二千二百二十一口十七萬一千二百二縣六有府一曰義安安陸上雲夢中有神山孝昌中武德四年以縣置澴州并置澴陽縣八年州廢省澴陽以孝昌來屬寶應二年隸沔州後復來屬元和三年省入雲夢咸通中復置應城中本應陽武德四年更名元和三年省入雲夢大和二年復置天祐二年復曰應陽吉陽中元和三年省入應山後復置有白兆山應山中武德四年以縣置應州并析置禮山縣八年州廢省禮山以應山來屬有故黃峴武陽百雁平靖四關

黃州齊安郡下本永安郡天寶元年更名土貢白紵布貲布連翹松蘿䗪蟲戶萬五千五百一十二口九萬六千三百六十八縣三黃岡上武德三年省木蘭縣入焉又析置堡城縣七年省有木蘭山黃陂中武德三年以縣置南司州七年州廢來屬北有大活關有白沙關麻城中武德三年以縣置亭州又析置陽城縣八年州廢省陽城以麻城來屬元和三年省入黃岡建中三年復置西北有木陵關在木陵山上東北有陰山關

申州義陽郡中土貢緋葛紵布貲布茶䗪蟲戶二萬五千八百六十四口十四萬七千七百五十六縣三義陽上有平靖關鍾山上羅山上武德四年以縣置南羅州八年州廢來屬

右淮南採訪使治揚州

江南道蓋古揚州南境漢丹陽會稽豫章廬江零陵桂陽等郡長

沙國及牂柯江夏南郡地潤昇常蘇湖杭睦越明衢處婺溫台宣歙池洪江饒虔吉袁信撫福建泉汀漳為星紀分岳鄂潭衡永道郴邵黔辰錦施敘獎夷播思費南溪溱為鶉尾分為州五十一縣二百四十七其名山衡廬茅蔣天目天台會稽四明括蒼縉雲金華大庾武夷其大川湘贛沅澧浙江洞庭彭蠡太湖厥賦麻紵厥貢金銀紗綾蕉葛綀練鮫革藤紙丹沙

潤州丹楊郡望武德三年以江都郡之延陵縣地置取潤浦為州名土貢衫羅水紋方紋魚口繡葉花紋等綾火麻布竹根黃粟伏牛山銅器鱘鮓戶十萬二千二十三口六十六萬二千七百六縣四有丹楊軍乾元二年置元和二年廢丹徒望本延陵縣地武德三年置開元二十二年刺史齊澣以州北隔江舟行繞瓜步回遠六十里多風濤乃於京口埭下直趨渡江二十里開伊婁河二十五里渡揚子立埭歲利百億舟不漂溺有勾驪山丹楊望本曲阿武德二年以縣置雲州五年曰簡州以縣南有簡瀆取名八年州廢來屬天寶元年更名有練塘周八十里永泰中刺史韋損因廢塘復置以溉丹楊金壇延陵之田民刻石頌之金壇緊本曲阿縣地隋末土人保聚因為金山縣隋亡沈法興又置琅邪縣李子通以琅邪置茅州以金山隸之賊平因之後隸蔣州武德八年省入延陵垂拱四年復置來屬更名東南三十里有南北謝塘武德二年刺史謝元超因故塘復置以溉田延陵緊本治丹徒武德三年別置縣茅州後隸蔣州九年來屬有茅山

昇州江寧郡至德二載以潤州之江寧縣置上元二年廢光啓三年復以上元句容溧水溧陽四縣置土貢筆甘棠縣四有江寧軍乾元二年置有石頭鎮兵有下蜀津山二戍上元望本江寧武德三年以江寧溧水二縣置揚州析置丹楊溧陽安業三縣更江寧曰歸化七年平輔公祏更名蔣州八年復為揚州又以延陵句容隸之省安業入歸化更歸化曰金陵九年州廢都督府治江都更名金陵曰白下以白下延陵句容隸潤州丹楊溧水溧陽隸宣州貞觀九年更白下曰江寧肅宗上元二年又更名有銅有鐵有蔣山句容望武德三年以句容延陵二縣置茅州七年州廢隸蔣州九年隸潤州乾元元年來屬西南三十里有絳巖湖麟德中令楊延嘉因梁故隄置後廢大曆十二年令王昕復置周百里為塘立二斗門以節旱暵開田萬頃絳巖故赤山天寶中更名有銅有錫溧水上乾元元年隸昇州州廢還隸宣州有銅溧陽緊上元元年隸昇州州廢還隸宣州有湖山有銅有鐵

常州晉陵郡望本毗陵郡天寶元年更名土貢紬絹布紵紅紫綿巾緊紗兔褐皂布大小香秔龍鳳席紫筍茶署預戶十萬二千六百三十三口六十九萬六百七十三縣五晉陵望武進望武德三年以故蘭陵縣地置貞觀八年省入晉陵垂拱二年復置西四十里有孟瀆引江水南注通漕溉田四千頃元和八年刺史孟簡因故渠開江陰望武德三年以縣置暨州并析置暨陽利城二縣九年州廢省暨陽利城以江陰來屬義興緊武德七年以縣置南興州并析置臨津陽羨二縣八年州廢省陽羨臨津以義興來屬有張公山無錫望南五里有泰伯瀆東連蠡湖亦元和八年孟簡所開

蘇州吳郡雄土貢絲葛絲綿八蠶絲緋綾布白角簟草席轂大小香秔柑橘藕鯔皮魬鯌鴨胞肚魚魚子白石脂蛇粟戶七萬六千四百二十一口六十三萬二千六百五十縣七有長洲軍乾元二年置大曆十二年廢吳望有包山有銅長洲望萬歲通天元年析吳置嘉興望武德七年置八年省入吳貞觀八年復置有鹽官崑山望常熟緊海鹽緊貞觀元年省景雲二年復置有古涇三百一長慶中令李諤開以禦水旱又西北六十里有漢塘大和七年開有故縣山華亭上天寶十載析嘉興置

湖州吳興郡上武德四年以吳郡之烏程縣置土貢御服烏眼綾折皂布綿紬布紵糯米黃糙紫筍茶木瓜杭子乳柑蜜金沙泉戶七萬三千三百六口四十七萬六千六百九十八縣五烏程望東百二十三里有官池元和中刺史范傳正開東南二十五里有陵波塘寶曆中刺史崔玄亮開北二里有蒲帆塘刺史楊漢公開開而得蒲帆因名有卞山有太湖占湖宣常蘇四州境武康上李子通置安州又曰武州武德四年平子通因之七年州廢縣隸湖州有封山有銅長城望大業末沈法興置長州武德四年更置綏州因古綏安縣名之又更名雉州并置原鄉縣七年州廢省原鄉以長城來屬有西湖溉田三千頃其後堙廢貞元十三年刺史于頔復之人賴其利有顧山有茶以供貢有銅安吉緊義寧二年沈法興置武德四年賊平因之以縣隸桃州七年州廢省入長城麟德元年復置北三十里有邸閣池北十七里有石鼓堰引天目山水溉田百頃皆聖曆初令鉗耳知命置有銅有錫德清上本武源天授二年析武康置景雲二年曰臨溪天寶元年更名

杭州餘杭郡上土貢白編綾緋綾藤紙木瓜橘蜜薑乾薑芑牛膝有臨平監新亭監鹽官戶八萬六千二百五十八口五十八萬五千九百六十三縣八有餘杭軍乾元二年置有鎮海軍建中二年置于潤州元和六年廢大和九年復置景福二年徙屯又有鳥山戍錢塘望南五里有沙河塘咸通二年刺史崔彥曾開有臯亭山鹽官緊武德四年隸東武州七年省入錢塘貞觀四年復置有鹽官有捍海塘堤長百二十四里開元元年重築餘杭望南五里有上湖西二里有下湖寶曆中令歸珧因漢令陳渾故迹置北三里有北湖亦珧所開溉田千餘頃珧又築甬道通西北大路高廣徑直百餘里行旅無山水之患有銅富陽緊北十四里有陽陂湖貞觀十二年令郝某開南六十步有堤登封元年令李濬時築東自海西至于莧浦以捍水患貞元七年令鄭早又增脩之王洲有橋以供貢於潛緊武德七年以縣置潛州并置臨水縣八年州廢省臨水以於潛來屬南三十里有紫溪水溉田貞元十八年令杜泳開又鑿渠三十里以通舟楫有天目山臨安緊垂拱四年析餘杭於潛地以故臨水城置有石鏡山新城上武德七年省入富陽永淳元年復置北五里有官塘堰水溉田有九澳永淳元年開唐山中垂拱二年析於潛置紫溪縣萬歲通天元年曰武隆其年復爲紫溪又析紫溪別置武隆縣聖曆三年省武隆入紫溪長安四年復置神龍元年更武隆爲唐山大曆二年省長慶初復置唐山

睦州新定郡上本遂安郡治雉山武德七年曰東睦州八年復舊名萬歲通天二年徙治建德天寶元年更郡名土貢文綾簟白石英銀花細茶有銅坑二戶五萬四千九百六十一口三十八萬二千五百六十三縣六有三河戍建德上武德四年置七年省入桐廬雉山永淳二年復置有銅青溪上本雉山文明元年曰新安開元二十年曰還淳永貞元年更名壽昌上永昌元年析雉山置載初元年省神龍元年復置桐廬緊武德四年以桐廬分水建德置嚴州七年州廢以桐廬來屬分水上武德七年省入桐廬如意元年復置更名武盛神龍元年復故名寶應二年析置昭德縣大曆六年省遂安上石英山有白石英以供貢有銅

越州會稽郡中都督府土貢寶花花紋等羅白編交梭十樣花紋等綾輕容生縠花紗吳絹丹沙石蜜橘葛粉瓷器紙筆有蘭亭監鹽官戶九萬二百七十九口五十二萬九千五百八十九縣七有府一曰浦陽有義勝軍靜海軍寶應元年置大曆二年廢靜海軍元和六年廢義勝軍中和二年復置義勝軍乾寧三年曰鎮東會稽望有南鎮會稽山有祠東北四十里有防海塘自上虞江抵山陰百餘里以畜水溉田開元十年令李俊之增脩大曆十年觀察使皇甫溫大和六年令李左次又增修之有錫山陰緊武德七年析會稽置八年省垂拱二年復置大曆二年省七年復置元和七年省十年復置北三十里有越王山堰貞元元年觀察使皇甫政鑿山以畜洩水利又東北二十里作朱儲斗門北五里有新河西北十里有運道塘皆元和十年觀察使孟簡開西北四十六里有新逕斗門大和七年觀察使陸亘置有鐵諸暨望有銀冶東二里有湖塘天寶中令郭密之築溉田二十餘頃餘姚緊武德四年析故句章縣置以縣置姚州七年州廢來屬有風山四明山剡望武德四年以縣置嵊州并析置剡城縣八年州廢省剡城以剡來屬蕭山緊本永興儀鳳二年置天寶元年更名上虞上貞元中析會稽置西北二十七里有任嶼湖寶曆二年令金堯恭置溉田二百頃北二十里有黎湖亦堯恭所置

明州餘姚郡上開元二十六年採訪使齊澣奏以越州之鄮縣置以境有四明山爲名土貢吳綾交梭綾海味署預附子戶四萬二千二百七口二十萬七千三十二縣四有上亭戍鄮上武德四年析故句章縣置鄞州八年州廢更置鄮縣隸越州開元二十六年析置翁山縣大曆六年省有鄮南二里有小江湖溉田八百頃開元中令王元緯置民立祠祀之東二十五里有西湖溉田五百頃天寶二年令陸南金開廣之西十二里有廣德湖溉田四百頃貞元九年刺史任侗因故迹增脩西南四十里有仲夏堰溉田數千頃大和六年刺史于季友築奉化上開元二十六年析鄮置有銅慈溪上開元二十六年析鄮置象山中本隸台州神龍元年析寧海及鄮置廣德二年來屬

衢州信安郡上武德四年析婺州之信安縣置六年沒輔公祏因廢州垂拱二年析婺州之信安龍丘常山復置土貢綿紙竹扇戶六萬八千四百七十二口四十四萬四百一十一縣四西安望本信安武德四年析置定陽縣六年省咸通中更信安曰西安東五十五里有神塘開元五年因風雷摧山偃澗成塘溉田二百頃有銀龍丘緊本太末武德四年置以縣置穀州并置白石縣八年州廢省太末白石入信安貞觀八年析信安金華復置更名龍丘隸婺州如意元年析置盈川縣證聖二年置武安縣後省武安元和七年省盈川入信安有岑山須江上武德四年析信安置八年省永昌元年復置常山上咸亨五年析信安置隸婺州垂拱二年來屬乾元元年隸信州後復故

處州縉雲郡上本括州永嘉郡天寶元年更郡名大曆十四年更州名土貢綿蠟黃連戶四萬二千九百三十六口二十五萬八千二百四十八縣六麗水上本括蒼武德八年以麗水縣入焉大曆十四年更名有銅出豫章孝義二山東十里有惡溪多水怪宣宗時刺史段成式有善政水怪潛去民謂之好溪有括蒼山松陽上武德中以縣置松州八年州廢來屬有銀出馬鞍山縉雲上聖曆元年析括蒼及婺州之永康置有縉雲山青田中景雲二年析括蒼置遂昌上武德八年省入松陽景雲二年復置龍泉中乾元二年析遂昌松陽置

婺州東陽郡上土貢綿葛紵布藤紙漆赤松澗米香杭葛粉黃連戶十四萬四千八十六口七十萬七千一百五十二縣七金華望武德八年省長山縣入焉垂拱四年曰金山神龍元年復故名有百沙山金華山有銅義烏緊本烏傷武德四年以縣置綢州因綢巖爲名并析置華川縣七年州廢省華川入烏傷更名來屬永康望本縉雲武德四年置麗州八年州廢更名來屬東陽望垂拱二年析義烏置有歌山蘭溪緊咸亨五年析金華置有望雲山大家山武成上本武義天授二年析永康置更名天祐中復曰武義浦陽上天寶十三載析義烏蘭溪及杭州之富陽置

溫州永嘉郡上高宗上元元年析括州之永嘉安固置土貢布柑橘蔗鮫革有永嘉監鹽官戶四萬二千八百一十四口二十四萬一千六百九十縣四永嘉上武德五年以縣置東嘉州并析置永寧安固橫陽樂成四縣貞觀元年州廢省橫陽永寧以

永嘉安固隸括州 安固上有銅 橫陽上大足元年析安固置析安固復置 樂成上武德七年省入永嘉載初元年復置

台州臨海郡上本海州武德四年以永嘉郡之臨海置土貢金漆乳柑乾薑甲香蛟革飛生鳥戶八萬三千八百六十八口四十八萬九千一十五縣五臨海望武德四年析置章安縣八年省有鐵 唐興上本始豐武德四年析臨海置八年省貞觀八年復置高宗上元二年更名有土墻山阜山天台山 黃巖上本永寧高宗上元二年析臨海置天授元年更名有鐵有鹽 樂安上武德四年析臨海置八年省高宗上元二年復置 寧海上武德四年析臨海置七年省入章安永昌元年復置有鐵有鹽

福州長樂郡中都督府本泉州建安郡治武德六年別置景雲二年曰閩州開元十三年更州名天寶元年更郡名土貢蕉布海蛤文扇茶橄欖戶三萬四千八十四口七萬五千八百七十六縣十閩望東五里有海隄大和二年令李茸築先是每六月潮水鹹鹵禾苗多死隄成瀦溪水殖稻其地三百戶皆良田有經略軍有寧海軍至德二載置元和六年廢 候官緊武德六年置八年省長安二年析閩復置元和三年省五年復置有鹽官西南七里有洪塘浦自石岊江而東經甓瀆至柳橋以通舟楫貞元十一年觀察使王翃開 長樂上本新寧武德六年析閩置尋更名元和三年省入福唐五年復置有鹽東十里有海隄大和七年令李茸築立十斗門以禦潮旱則瀦水雨則洩水遂成良田 福唐上本萬安聖曆二年析長樂置天寶元年更名有鐵 連江上本溫麻武德六年析閩置尋更名有鹽東北十八里有材塘貞觀元年築 長溪中下武德六年置尋省入連江長安二年復置有鹽 古田中下永泰二年析候官尤溪置 梅溪中貞元元年析候官置 永泰中咸通二年析連江及閩置 尤溪中下開元二十九年開山洞置有銀有銅有鐵

建州建安郡上武德四年置土貢蕉花練竹練戶二萬二千七百七十口十四萬二千七百七十四縣五建安上有銀有銅 邵武中下本隸撫州武德四年以邵武綏城二縣隸建州七年省綏城入焉有銅有鐵 浦城緊本吳興武德四年更名唐興後廢入建安載初元年復置天授二年曰武寧神龍元年復曰唐興天寶元年更名 建陽上武德四年置八年省入建安垂拱四年復置有武夷山 將樂中下武德五年析邵武置隸撫州七年省垂拱四年析邵武及故綏城縣地復置元和三年省五年復置有金泉有金又有銀有鐵

泉州清源郡上本武榮州聖曆二年析泉州之南安莆田龍溪置治南安後治晉江三年州廢縣還隸泉州久視元年復置景雲二年更名土貢綿絲蕉葛戶二萬三千八百六口十六萬二百九十五縣四晉江上開元八年析南安置北一里有尚書塘貞元五年刺史趙昌置名常稔塘後昌為尚書民思之因更名西南一里有天水淮灌田百八十頃大和三年刺史趙棨開有鹽 南安緊武德五年以縣置豐州并析置莆田縣貞觀元年州廢以二縣來屬有鹽有鐵 莆田上武德五年析南安置西一里有諸泉塘南五里有瀝嶠陂西南二里有永豐塘南二十里有橫塘東北四十里有頡洋塘東南二十里有國清塘溉田總千二百頃並貞觀中置北七里有延壽陂溉田四百餘頃建中年置 仙遊上本清源聖曆二年析莆田置天寶元年更名

汀州臨汀郡下開元二十四年開福撫二州山洞置治新羅大曆四年徙治白石皆長汀縣地土貢蠟燭戶四千六百八十口萬三千七百二縣三長汀中下有銅有鐵 寧化中下本黃連天寶元年更名有銀有鐵 沙中下本隸建州武德四年置後省入建安永徽六年復置大曆十二年來屬有銅有鐵

漳州漳浦郡下垂拱二年析福州西南境置以南有漳水為名并置漳浦懷恩二縣初治漳浦開元四年徙治李澳川乾元二年徙治龍溪土貢甲香鮫革戶五千八百四十六口萬七千九百四十縣三龍溪中下本隸泉州後隸武榮州開元二十九年來屬 龍巖中下開元二十四年置隸汀州大曆十二年來屬 漳浦中下開元二十九年省懷恩縣入焉有梁山

右東道採訪使治蘇州

宣州宣城郡望土貢銀銅器綺白紵絲頭紅毯兔褐簟紙筆署預黃連碌青有鉛坑戶十二萬一千二百四口八十八萬四千九百八十五縣八宣城望武德三年析置懷安縣六年省有大農陂元和六年觀察使陳少遊置 當塗緊武德三年以縣置南豫州八年州廢乾元元年隸昇州上元二年復來屬有采石戍有銅有鐵 涇緊武德三年以縣置猷州并置南陽安吳二縣八年州廢省南陽安吳以涇來屬 廣德緊本綏安武德三年以縣置桃州并置桃州後廢以綏安來屬至德二載更名有橫山 南陵望武德四年以縣置池州并置義安銅陵二縣貞觀元年州廢省義安銅陵以南陵來屬有利國山有銅有鐵鳳凰山有銀有大農陂溉田千頃元和四年寧國令范某因廢陂置為石埭一百八十里 太平上天寶十一載析涇置大曆中省永泰中復置 寧國緊天寶三載析宣城置 旌德上寶應二年析太平置

歙州新安郡上土貢白紵簟紙黃連戶三萬八千三百二十口二十六萬九千一百九縣六歙緊東南十二里有呂公灘本車輪灘湍悍善覆舟刺史呂季重以俸募工鑿之遂成安流 休寧上永泰元年盜方清陷州民拒賊保于山 黟上 績溪中下永泰二年析歙置 婺源上開元二十八年析休寧置 祁門中下永泰二年析黟及饒州之浮梁置

池州上武德四年以宣州之秋浦南陵二縣置貞觀元年州廢縣還隸宣州永泰元年復析宣州之秋浦青陽饒州之至德置土貢紙鐵有鉛坑一縣四秋浦緊有烏石山 青陽上天寶元年析涇南陵秋浦置

浦置有銅有銀至德中至德二載析鄱陽秋浦置隸尋陽郡乾元元年隸饒州石埭中永泰二年析青陽秋浦置

洪州豫章郡上都督府土貢葛絲布梅煎乳柑有銅坑一戶五萬五千五百三十口三十五萬三千二百三十一縣七有南昌軍乾元二年置元和六年廢南昌望本豫章武德五年析置鍾陵縣又置南昌縣以南昌置孫州八年州廢又省南昌鍾陵寶應元年更豫章曰鍾陵貞元中又更名縣南有東湖元和三年刺史韋丹開南塘斗門以節江水開陂塘以溉田豐城上天祐中曰吳皐高安望本建城武德五年更名以縣置靖州又置望蔡華陽宜豐陽樂四縣七年曰米州又更名筠州八年州廢省華陽望蔡宜豐陽樂以高安來屬有米山建昌緊武德五年置南昌州又析置龍安永脩新吳三縣八年州廢省永脩龍安新吳以建昌來屬南一里有捍水隄會昌六年攝令何易于築西二里又有隄咸通三年令孫永築新吳上永淳二年析建昌復置武寧上長安四年析建昌置景雲元年曰豫寧寶應元年復故名分寧上貞元十五年析武寧置

江州潯陽郡上本九江郡天寶元年更名土貢葛紙碌生石斛戶萬九千二十五口十萬五千七百四十四縣三有湖口湓城二戍潯陽緊本湓城武德四年更名又別析置湓城縣五年析湓城置楚城縣八年省湓城貞觀八年省楚城南有甘棠湖長慶二年刺史李渤築立斗門以蓄洩水勢東有秋水隄大和三年刺史韋珩築西有斷洪隄會昌二年刺史張又新築以窒水害有銀有銅有廬山有彭蠡湖一名宮亭湖彭澤上武德五年置浩州又析置都昌樂城二縣八年州廢省樂城以彭澤都昌隸江州有銅都昌上南一里有陳令塘咸通元年令陳可夫築以阻潦水

鄂州江夏郡緊土貢銀碌紵布有鳳山監錢官戶萬九千一百九十口八萬四千五百六十三縣七有武昌軍元和元年置江夏望有鐵永興緊有銅有鐵北有長樂堰貞元十三年築武昌緊有樊山有銀有銅有鐵蒲圻上唐年上天寶二年開山洞置漢陽中本沔州漢陽郡武德四年以沔陽郡之漢陽汊川二縣置沔州寶應二年以安州之孝昌隸之建中二年州廢四年復置元和三年省孝昌寶曆二年州又廢二縣來屬汊川中武德四年析漢陽置

岳州巴陵郡中本巴州武德六年更名土貢紵布鼈甲戶萬一千七百四十口五萬二百九十八縣五巴陵上有鐵有洞庭山在洞庭湖中華容上垂拱二年更名容城神龍元年復故名橋江中本沅江乾寧中更名湘陰中下武德八年省羅縣入焉昌江中下神龍三年析湘陰置

饒州鄱陽郡上土貢麩金銀簟茶有永平監錢官有銅坑三戶四萬八百九十九口二十四萬四千三百五十縣四鄱陽上武德五年析置廣晉縣隸浩州八年州廢省廣晉縣入焉縣東有邵父隄東北三里有李公隄建中元年刺史李復築以捍江水東北四里有馬塘北六里有土湖皆刺史馬植築餘干上武德四年置玉亭長城二縣七年省玉亭入長城八年省長城入餘干有神山樂平上武德四年置九年省後復置有金有銀有銅有鐵浮梁上本新平武德四年析鄱陽置八年省開元四年復置曰新昌天寶元年更名

虔州南康郡上土貢絲布紵布竹練石蜜梅桂子斑竹戶三萬七千六百四十七口二十七萬五千四百一十縣七有揗口鎮兵有百丈戍贛

上虔化上有梅嶺山南康上有錫有大庾山雩都上有金天祐元年置瑞金監有君山有皈固山信豐上本南安永淳元年析南康置天寶元年更名大庾中神龍元年析南康置有鉛錫有橫浦關安遠中貞元四年析雩都置有鐵有錫

吉州廬陵郡上土貢絲葛紵布陟釐斑竹戶三萬七千七百五十二口三十三萬七千三十二縣五廬陵緊太和上武德五年置南平州并置永新廣興東昌三縣八年州廢省永新廣興東昌入太和來屬有玉山安福上武德五年以縣置潁州七年州廢來屬新淦上永新上顯慶二年析太和置

袁州宜春郡上土貢白紵有銅坑一戶二萬七千九十三口十四萬四千九十六縣三宜春上有宜春泉醞酒入貢西南十里有李渠引仰山水入城刺史李將順鑿有鐵萍鄉上新喻上本作渝天寶後相承作喻

信州上乾元元年析饒州之弋陽衢州之常山玉山及建撫之地置土貢葛粉有玉山監錢官有銅坑一鉛坑一縣四上饒緊武德四年置隸饒州七年省入弋陽乾元元年復置并置永豐縣元和七年省永豐入焉有金有銅有鐵有鉛弋陽上有銀貴溪中永泰元年析弋陽置玉山上證聖二年析常山須江及弋陽置有銀

撫州臨川郡上土貢金絲布葛竹箭朱橘戶三萬六百五口十七萬六千三百九十四縣四臨川上有金有銀南城上武德五年析置永城東興二縣七年省崇仁上武德五年析置宜黃縣八年省南豐上景雲二年析南城置先天二年省開元八年復置

潭州長沙郡中都督府土貢絲葛絲布木瓜戶三萬二千二百七十二口十九萬二千六百五十七縣六有府一曰長沙有渌口花石二戍有橋口鎮兵長沙望有金湘潭緊本隸衡州元和後來屬有衡山湘鄉緊武德四年析衡山置益陽上武德四年析置新康縣七年省永泰元年都督翟灌自望浮驛開新道經浮丘至湘鄉醴陵中武德四年析長沙置有王喬山瀏陽中景龍二年析長沙置

衡州衡陽郡上本衡山郡天寶元年更名土貢麩金綿紙戶三萬三千六百八十八口十九萬九千二百二十八縣六有戍分洞口平陽三戍衡陽緊本臨烝武德四年置七年省重安新城二縣入焉開元二十年更名有西母山衡山上本隸潭州神龍三年來屬有南岳衡山祠常寧中下本新寧天寶元年更名攸中武德四年置南雲州又析置茶陵安樂陰山新興建寧五縣貞觀元年州廢省茶陵安樂陰山新興建寧以攸來屬茶陵中聖曆元年析攸因故縣復置耒陽上本耒陰武德四年更名

永州零陵郡中土貢葛筍零陵香石蜜石鷰戶二萬七千四百九十四口十七萬六千一百六十八縣四有麻田鎮兵有雷石盧洪二戍零陵上祁陽上武德四年析零陵置貞觀元年省四年復置有鐵湘源上有金有鐵灌陽中蕭銑析湘源置武德七年省上元二年復置

道州江華郡中本營州武德四年以零陵郡之營道永陽二縣置五年曰南營州貞觀八年更名十七年州廢入永州上元二年復置土貢白紵零陵香犀角戶二萬二千五百五十一口十三萬九千六十三縣五 弘道上本營道天寶元年更名 延唐上本梁興武德析營道置更名唐興長壽二年曰武盛神龍元年復曰唐興天寶元年又更名有銀 江華中武德四年析賀州之馮乘縣置文明元年曰雲溪神龍元年更名有錫 永明中本永陽貞觀八年省入營道天授二年復置天寶元年更名有銀有鐵 大曆中大曆二年析延唐置

郴州桂陽郡上土貢赤錢紵布絲布有桂陽監錢官戶三萬三千一百七十五縣八 郴上有馬嶺山 義章中下蘇蘭鎮析郴置武德七年省八年復置有銀有銅有鉛 平陽上 資興上本晉興貞觀八年省咸亨三年復置更名 高亭中下本安陵開元十三年析郴置天寶元年更名 義昌中下 臨武中下如意元年曰隆武神龍元年復故名 藍山上本南平咸亨二年置天寶元年更名

邵州邵陽郡下本南梁州武德四年析潭州之邵陽置并置邵陵建興二縣貞觀十年更名土貢銀犀角戶萬七千七十三口七萬一千六百四十四縣二 邵陽上武德七年省邵陵縣入焉有文斤山 武岡中本武攸武德四年更名七年省建興縣入焉

右西道採訪使治洪州

黔州黔中郡下都督府本黔安郡天寶元年更名土貢犀角光明丹沙蠟戶四千二百七十口二萬四千二百四縣六 彭水上武德元年析置都上石城二縣二年又析置盈隆洪杜相永萬資四縣貞觀四年以相永萬資置費州都上置夷州十年又以思州之高富來屬十一年以高富隸夷州有鹽 黔江中下本石城天寶元年更名 洪杜下 洋水中下本盈隆先天元年曰盈川天寶元年更名 信寧中下本信安武德二年更名隸義州貞觀十一年州廢來屬 都濡中下貞觀二十年析盈隆置

辰州盧溪郡中都督府本沅陵郡天寶元年更名土貢光明丹沙犀角黃連黃牙戶四千二百四十一口二萬八千五百五十四縣五 沅陵上 盧溪中下武德三年析沅陵置有武山 漵浦上武德五年析辰溪置 麻陽中下武德三年析沅陵辰溪置垂拱四年析置龍門縣尋省有丹穴 辰溪中

錦州盧陽郡下垂拱二年以辰州麻陽縣地及開山洞置土貢光明丹砂犀角戶二千八百七十二口萬四千三百七十四縣五 盧陽中下 招諭中下 渭陽中下 常豐中下本萬安天寶元年更名 洛浦中下本鎮溪州天授二年析辰州之大鄉置長安四年來屬

施州清化郡下本清江郡天寶元年更名土貢麩金犀角黃連蠟藥實戶三千七百二口萬六千四百四十四縣二 清江中下年置麟德元年省入焉 建始中下義寧二年置業州貞觀八年州廢來屬

敘州潭陽郡下本巫州貞觀八年以辰州之龍標縣置天授二年曰沅州開元十三年以沅原聲相近復爲巫州大曆五年更名土貢麩金犀角戶五千三百六十八口二萬二千七百三十八縣三 龍標上武德七年置貞觀八年析置夜郎朗溪思微三縣九年省思微 朗溪下 潭陽中下先天二年析龍標置

獎州龍溪郡下本舞州長安四年以沅州之夜郎渭溪二縣置開元十三年以舞武聲相近更名鶴州二十年曰業州大曆五年又更名土貢麩金犀角蠟戶千六百七十二口七千二百八十四縣三 峨山中下本夜郎天寶元年更名 渭溪中下天授二年析夜郎置 梓薑中下本隸充州天寶爲縣隸業州以縣來屬

夷州義泉郡下本隋明陽郡地武德四年以思州之寧夷縣置貞觀元年州廢四年復以黔州之都上縣開南蠻置十一年徙治綏陽土貢犀角蠟燭戶千二百八十四口一千一十三縣五 綏陽中下有綏陽山 都上中下 義泉中下本隸明陽郡武德二年以信安義泉綏陽三縣并置都牢洋川二縣五年曰智州貞觀四年省都牢廢鄀州之綏安宜林芙蓉琊川四縣之後又領廢夷州之綏陽十一年徙治義泉十六年州廢省綏安宜林以綏陽義泉洋川來屬芙蓉琊川隸郎州 洋川中下 寧夷中下武德四年析置夜郎神泉豐樂綏養翁伏遠富思義丹川宣慈慈岳十二縣六年省翁及州廢神泉豐樂以寧夷伏遠明陽高富丹川隸務州宣慈慈岳隸溱州綏養州貞觀六年復置鄀翁縣來屬十一年又以高富來屬永徽後省都翁高二十五年復以寧夷來屬

播州播川郡下本郎州貞觀九年以隋牂柯郡之牂柯縣置十一年廢十三年復置更名土貢斑竹戶四百九十口二千一百六十八縣三 遵義中下本恭水貞觀元年以牂柯地置并置高山貢山柯盈邪施釋燕五縣及郎州州廢縣亦省十三年復置州亦復置恭更恭水曰羅蒙高山曰舍月貢山曰湖江柯盈曰帶水邪施曰羅爲釋燕曰胡刀十六年更羅蒙曰遵義顯慶五年省舍月湖江羅爲 芙蓉五年置隸郎州十一年析琊川牂牢州開元二十六年省琊川胡刀入焉 帶水中下

思州寧夷郡下本務州武德四年以隋巴東郡之務川扶陽置貞觀四年更名土貢蠟戶千五百九十九口萬二千二十一縣三 務川中下武德元年置貞觀元年以廢夷州之寧夷伏遠思義明陽高富廢思州之丹陽城樂感化思王多田隸務州尋省思義明陽丹川陽八年省感化十年以高富隸黔州十一年省伏遠 思王中下武德三年置 思邛中下開元四年開生獠置

費州涪川郡下貞觀四年析思州之涪川扶陽開南蠻置土貢蠟戶四百二十九口二千六百九縣四涪川中下武德四年析務川置貞觀四年以黔州之相永萬資隸費州十一年省扶陽中下多田中下武德四年置隸思州貞觀元年隸務州八年來屬城樂中下武德四年招慰生獠置隸思州貞觀元年隸務州八年來屬

南州南川郡下武德二年開南蠻置三年更名棘州四年復故名土貢斑布戶四百四十三口二千四十三縣二南川中下本隆陽武德二年置并置扶化隆巫丹溪靈水四縣貞觀十一年省扶化隆巫靈水先天元年更龍陽曰南川三溪中下貞觀五年置七年又置當山嵐山歸德汶溪四縣八年皆省

溪州靈溪郡下天授二年析辰州置土貢丹沙犀角茶牙戶二千一百八十四口萬五千二百八十二縣二大鄉上三亭中下貞觀九年析大鄉置有大酉山

溱州溱溪郡下貞觀十六年開山洞置土貢文龜斑布丹沙戶八百七十九口五千四十五縣五榮懿中下貞觀十六年置并置扶歡樂來二縣咸亨元年省樂來扶歡中下夜郎中下貞觀十六年開山洞置珍州并置夜郎麗皐樂源三縣後為夜郎郡元和三年州廢縣皆來屬麗皐中下樂源中下

右黔中採訪使治黔州

地理志第三十一

地理志第三十二　唐書四十二

翰林學士兼龍圖閣學士朝散大夫給事中知制誥充史館脩撰臣歐陽脩奉敕撰

劍南道蓋古梁州之域漢蜀郡廣漢犍為越巂益州牂柯巴郡之地揔為鶉首分為府一都護府一州三十八縣百八十九其名山岷峨青城鶴鳴其大川江涪雒西漢厥賦絹綿葛紵厥貢金布絲葛羅綾綿紬羚角犛尾

成都府蜀郡赤至德二載曰南京為府上元元年罷京土貢錦單絲羅高杼布麻蔗糖梅煎生春酒戶十六萬九百五十口九十二萬八千一百九十九縣十有府三曰威遠歸德江源有天征軍本天威乾元二年置元和三年更名成都次赤有江瀆祠北十八里有萬歲池天寶中長史章仇兼瓊築隄積水溉田南百步有官源渠隄百餘里天寶二載令獨孤戒盈築華陽次赤本蜀貞觀十七年析成都置乾元元年更名新都次畿武德二年置有繁陽山犀浦次畿垂拱二年析成都置新繁次畿雙流次畿廣都次畿龍朔二年析雙流置郫次畿溫江次畿本萬春武德三年置貞觀元年更名有新源水開元二十三年長史章仇兼瓊因蜀王秀故渠開通漕西山竹木靈池次畿本東陽久視元年置天寶元年更名

彭州濛陽郡緊垂拱二年析益州置土貢段羅交梭戶五萬五千九百二十二口三十五萬七千三百八十七縣四有府二曰天水唐興有威戎軍有羊灌田烟峯堋橋三守捉城有七盤安遠等二城有當風戍有靜塞關九隴望武德三年以九隴綿竹導江置濛州貞觀二年州廢縣皆來屬武后時長史劉易從決唐昌沲江鑿川派流合堋口埌岐水溉九隴唐昌田民為立祠有葛璝山瀛沅山陽平山導江望本盤龍武德元年以故汶山置尋更名貞觀中曰灌寧開元中復為導江有侍郎堰其東百丈堰引江水以溉彭益田龍朔中築又有小堰長安初築西有蠶崖關有岷山玉壘山有鎮靜軍開元中置有白沙守捉城有木瓜戍二奇戍唐昌望儀鳳二年析九隴導江郫置長壽二年曰周昌神龍元年復故名濛陽緊儀鳳二年析九隴什邡雒置

蜀州唐安郡緊垂拱二年析益州置土貢錦單絲羅花紗紅藍馬策戶五萬六千五百七十七口三十九萬六千四百九十四縣四有府二曰金堤蜀遂有滑口鎮靜軍乾符二年節度使高駢置晉原望有天倉山青城望青故作清開元十八年更有青城山唐安望本唐隆武德九年置曰長壽二年曰武隆神龍元年復為唐隆先天元年更名新津望西南二里有遠濟堰分四筒穿渠溉眉州通義彭山之田開元二十八年採訪使章仇兼瓊開有稠稉山有竹山天社山主簿山有鐵

漢州德陽郡上垂拱二年析益州置土貢交梭雙紃彌牟紵布衫段綾紅藍蜀馬戶六萬九千五口三十萬八千二百三縣五有府一曰玉津有威勝軍雒望貞元末刺史盧士珵立堤堰溉田四百餘頃德陽緊武德三年析雒置有鹿頭關什邡望武德二年析雒置有李冰祠山綿竹緊有庚除山萬安山鹿堂山金堂上咸亨二年析雒新都置有昌利山

嘉州犍為郡中本眉山郡天寶元年更名土貢麩金紫葛麝香戶三萬四千二百八十九口九萬九千五百九十一縣八有犍為休源寺莊牛徑銅山曲灘臨和平戎依名利雲溶川羅護拓林大池雞心龍溪賴泥可陽波茫龍馬鞍始犂峨眉等二十二鎮兵龍遊緊平羌中下有鐵有關山峨眉上有金有鐵夾江上有鐵玉津中綏山中久視元年析置樂都縣尋省有綏山羅目中下麟德二年開生獠置以縣置沐州高宗上元三年州廢縣亦省儀鳳三年復置來屬有峨眉山犍為中本隸戎州高宗上元元年來屬

眉州通義郡上武德二年析嘉州置土貢麩金柑石蜜葛粉戶四萬三千五百二十九口十七萬五千二百五十六縣五通義緊彭山緊本隆山隸陵州貞觀元年省入通義二年復置來屬先天元年更名有通濟大堰一小堰十自新津邛江口引渠南下百二十里至州西南入江溉田千六百頃開元中益州長史章仇兼瓊開有鹽有彭女山丹稜上有龍鵠山洪雅上武德元年以縣置犍州五年省南安入焉貞觀元年州廢來屬開元七年置義州并以獠戶置南安平鄉二縣八年州廢省二縣以洪雅來屬青神上大和中榮夷人張武等百餘家請田于青神鑿山釀渠溉田二百餘頃

邛州臨邛郡上武德元年析雅州置顯慶二年徙治臨邛土貢葛絲布酒杓戶四萬二千一百七口十九萬三百二十七縣七有府一曰興化有鎮南軍寶應元年置臨邛緊有銅有鐵依政上安仁上武德三年析臨邛依政置貞觀十七年省咸亨元年復置大邑上咸亨二年析益州之晉原置有鶴鳴山蒲江中下有鹽大和四年以蒲江臨溪隸嶲州後皆復來屬臨溪有鐵火井中下有鎮兵有鹽

簡州陽安郡下武德三年析益州置土貢麩金葛綿紬柑戶二萬三千六十六口十四萬三千一百九縣三陽安上有銅有鹽有栢廟山玉女靈山金水上本金淵武德元年更名有銅平泉中

資州資陽郡上本治盤石居通六年徙治內江七年復治盤石土貢麩金柑戶二萬九千六百三十五口十萬四千七百七十五縣八有安夷軍盤石中有平岡山崇靈山有鹽北七十里有百枝池周六十里貞觀六年將軍薛萬徹決東使流資陽上有鹽清溪下本牛鞞天寶元年更名內江中有鹽月山下義寧二年置龍水中義寧二年置有鹽銀山下義寧二年置丹山中貞觀四年置六年省入內江七年復置

嶲州越嶲郡中都督府本治越嶲至德二載沒吐蕃貞元十三年收復大和五年為蠻寇所破六年徙治臺登土貢蜀馬絲布花布麩金麝香刀靴戶四萬七百二十一口十七萬五千二百八十縣九

有清溪關大和中節度使李德裕徙于中城西南有昆明軍其西有寧遠軍有新安三阜沙野蘇祁保塞羅山西瀘蛇勇過戎九城自清溪關南經大定城百一十里至達仕城西南經菁口百二十里至永安城城當滇笮要衝又南經水口西南度木瓜嶺二百二十里至臺登城又九十里至蘇祁縣又南八十里至巂州又經沙野二百六十里至羌浪驛又經陽蓬嶺百餘里至俄準添館陽蓬嶺北巂州境其南南詔境又經菁口會川四百三十里至河子鎮城又三十里渡瀘水又五百四十里至姚州又南九十里至外彌蕩館又百里至佉龍驛與戎州往羊苴咩城路合貞元十四年內侍劉希昂使南詔由此臺登中武德元年隸登州貞觀二年來屬有九子山越巂中邛部中蘇祁中西瀘中本可天寶元年更名昆明中武德二年置有鹽有鐵和集中貞觀八年置昌明中貞觀二十二年開松外蠻置牢州及松外尋聲林開三縣永徽三年州廢省三縣入昌明會川中本邛都高宗上元二年徙于會川因更名有瀘津關

雅州盧山郡下都督府本臨邛郡天寶元年更名土貢麩金茶石菖蒲落鴈木戶萬八百九十二口五萬四千一十九縣五有和川始陽靈關安國四鎮兵又有晏山遐臨統塞集重伐謀制勝龍游尼陽八城嚴道中唐初以州境析置濛陽長松陽啓嘉良火利六縣武德六年皆省盧山中儀鳳二年置大渡縣長安二年省有靈關有鹽有銅名山中下有雞棟關百丈中貞觀八年置榮經中下武德三年置有邛崍山有關有銅有金湯軍乾符二年置并置靜寇軍故延貢地也

黎州洪源郡下都督府大足元年以雅州之漢源飛越巂州之陽山置神龍三年州廢縣還故屬開元四年復置土貢升麻椒麝香牛黃戶千七百三十一口七千六百七十縣三有洪源軍有定蕃飛越和孤三鎮兵又有武侯鄧靖銅山肅寧大定要衝潘倉三峒林義瑠璃和孤十一城漢源中武德元年以漢源陽山二縣置登州九年州廢二縣來屬貞觀二年隸巂州永徽三年復故飛越中儀鳳二年析漢源置并置大渡縣隸雅州長安二年省神龍中隸雅州開元三年還屬通望中下本陽山隸登州武德元年析臺登置州廢隸雅州貞觀二年來屬天寶元年更名

茂州通化郡下都督府本汶山郡武德元年曰會州四年曰南會州貞觀八年更州名天寶元年更郡名土貢麩金丹砂麝香狐尾羌活當歸乾酪戶二千五百一十口萬三千二百四十二縣四有威戎軍汶山中有龍泉山岷山汶川中下有古桃關石泉中下貞觀八年置永徽二年省北川縣入焉有石紐山通化中下

翼州臨翼郡下武德元年析會州之左封翼針置咸亨三年僑治悉州之悉唐上元二年還治翼針土貢犛牛尾麝香白蜜戶七百一十一口三千六百一十八縣三有峨和白岸都護祚昌四城有合江穀碓三谷三守捉城有隴東益登靖蠻祭嶓吉超五鎮兵衛山中下本翼針天寶元年更名翼水下峨和下

維州維川郡下武德七年以白狗羌戶於姜維故城置并置金川定廉二縣貞觀元年以羌叛州廢縣亦省二年復置麟德二年自羈縻州為正州儀鳳二年以羌叛復降為羈縻州垂拱三年復為正州廣德元年沒吐蕃大和五年收復尋棄其地大中三年首領以州內附土貢麝香犛牛尾羌活當歸戶二千一百四十二口三千一百九十八縣三有通化軍有乾溪白望暗桶赤敲溪石梯達節鴉口質臺駱屯九守捉城西山南路有通耳爪平乾溪休儒箭上谷口六守捉城又有苻堅城有寧塞姜維二鎮兵薛城中下貞觀二年置又析置鹽溪縣永徽元年省入定廉有鹽通化中下本小封咸亨二年以生羌戶於故金川縣地置後更名歸化下

戎州南溪郡中都督府本犍為郡治南溪貞觀中徙治僰道天寶元年更名長慶中復治南溪土貢葛纖荔枝煎戶四千三百五十九口萬六千三百七十五縣五有石門龍騰和戎馬湖移風伊祿義賓可封泥溪開邊平寇十一鎮兵有舊戎城乾符二年置南溪中有平蓋山僰道中義賓中下本郁鄢武德二年省三年復置天寶元年更名又省撫夷縣入焉開邊中下貞觀四年以石門開邊朱提三縣置南通州五年析置鹽泉縣以隸之八年曰曾州是年州廢以石門朱提鹽泉置撫夷縣及開邊隸戎州自縣南七十里至曲州又四百八十里至石門鎮隋開皇五年率益漢二州兵所開又經鄧枕山馬鞍渡二百二十五里至阿傍部落又經蒙夔山百九十里至阿夔部落又百八十里至諭官川又經薄竿川百五十里至界江山下又經荊溪谷徽傑地三百二十里至湯麻頓又二百五十里至柘東城又經安寧井三百九十里至曲水又經石鼓二百二十里渡石門至佉龍驛又六十里至雲南城又八十里至白崖城又八十里至龍尾城又四十里至羊苴咩城貞元十年詔祠部郎中袁滋與內給事劉貞諒使南詔由此歸順中下聖曆二年析郁鄢縣地以生獠戶置

姚州雲南郡下武德四年以漢雲南縣地置土貢麩金麝香戶三千七百縣三有澄川南江二守捉城自巂州南至西瀘經陽蓬鹿谷渡門口會川四百五十里至瀘州乃南渡瀘水經褒州微州三百五十里至姚州州西距羊苴咩城三百里東南距安南水陸二千里姚城下故漢弄棟縣地瀘南下本長城垂拱元年置天寶初更名有葱山長明下

松州交川郡下都督府武德元年以扶州之嘉誠會州之交川置以地產甘松名廣德元年沒吐蕃其後松當悉靜柘恭保真霸乾維翼等為行州以部落首領世為刺史司馬土貢蠟朴硝麝香狐尾當歸羌活戶千七十六口五千七百四十二縣四有松當軍武后時置嘉誠下交川下平康下本隸當州垂拱元年析交川及當州之通軌翼針置天寶元年隸松州鹽泉下

當州江源郡下貞觀二十一年以羌首領董和那蓬固守松州功析松州之通軌縣置以地產當歸名土貢麩金酥麝香當歸羌活戶二千一百四十六口六千七百一十三縣三通軌中下貞觀三年置利和下顯慶二年析通軌置谷和下文明元年開生羌置并置平唐縣後省有宗石山

悉州歸誠郡下顯慶元年以當州之左封置悉唐識臼二縣
治悉唐咸亨元年徙治左封儀鳳二年羌叛僑治當州俄徙治左
封土貢麩金麝香犛牛尾當歸柑戶八百一十六口三千九百一
十四縣二左封中本隸會州武德元年隸翼州二年省貞觀四年復置二十一年隸當州 歸誠下垂拱二年析左封置
靜州靜川郡下本南和州儀鳳元年以悉州之悉唐置天授二年
更名土貢麝香犛牛尾當歸羌活戶千五百七十七口六千六百
六十九縣三悉唐中 靜居中 清道下
柘州蓬山郡下顯慶三年開置土貢麝香當歸羌活戶四百九十
五口二千一百二十縣二柘下 喬珠下
恭州恭化郡下開元二十四年以靜州之廣平置土貢麝香當歸
升麻羌活戶千一百八十九口六千二百二十三縣三西南有平戎軍 和集下本廣平天寶七年更名 博恭下開元二十四年析廣平置 烈山下開元二十四年析廣平置
保州天保郡下本奉州雲山郡開元二十八年以維州之定廉置
天寶八年徙治天保軍更郡名廣德元年沒吐蕃乾元元年嗣歸

誠王董嘉俊以郡來歸更州名後又更名古州其後復為保州土
貢麩金麝香犛牛尾戶千二百四十五口四千五百三十六縣四有天保軍
定廉下武德七年置永徽元年省維州之鹽溪縣入焉 歸順下天寶八載析定廉置 雲山下天寶八載析定廉置 安居下
眞州昭德郡下天寶五載析臨翼郡置土貢麝香大黃戶六百七
十六口三千一百四十七縣四眞符中下天寶五載析雞川昭德置 雞川中下先天元年析翼水縣地開生獠置本隸悉州天寶元年隸翼州 昭德下本識臼顯慶元年開生獠置隸悉州天寶元年隸翼州 昭遠中下
霸州靜戎郡下天寶元年招附生羌置戶五百七十一口千八百
六十一縣四安信下 牙利中 保寧中 歸化中
乾州下大曆三年開西山置縣二招武下 寧遠下
梓州梓潼郡下本新城郡天寶元年更名土貢紅綾絲布柑蔗糖
橘皮戶六萬一千八百二十四口二十四萬六千六百五十二縣
九郪望有鹽 射洪上 通泉緊大曆二年隸遂州後復來屬有鹽有鐵 玄武上本隸益州武德三年來屬有鹽 鹽
亭上有鹽有負戴山 飛烏中上有鹽 永泰中武德四年析鹽亭及劍州之黃安閬州之西水置有鹽有女徙山 銅山中南可象山西北私鎔山皆有銅貞觀二十三年置鑄錢官調露元年罷析郪飛烏置縣有會軍堂山
遂州遂寧郡中都督府土貢樗蒲綾絲布天門冬戶三萬五千六
百三十二口十萬七千七百一十六縣五有靜戎軍 方義望有鹽 長江中有鹽有廣山 蓬溪中本唐興永淳元年析方義置長壽二年曰武豐神龍元年復故名景龍二年析置唐安縣先天二年省天寶元年更唐興曰蓬溪有化鹽池 青石中 遂寧中景龍元年以故廣溪縣地置
綿州巴西郡上本金山郡天寶元年更名土貢鏤金銀器麩金輕
容雙紃綾錦白藕蔗有橘官戶六萬五千六十六口二十六萬三
千三百五十二縣八巴西望南六里有廣濟陂引渠溉田百餘頃垂拱四年長史樊思孝令夏侯奭因故渠開有富樂山有金有銀有鐵有鹽 昌明緊本昌隆武德三年析置顯武文義二縣貞觀元年省文義神龍元年更顯武曰興聖先天元年更昌隆曰昌明開元二年省興聖入焉十七年又析巴西涪城萬安地復置興聖二十七年省地還故屬有北芒山有鹽有鐵 魏城上北五里有洛水堰貞觀六年引安西水入縣民其利之 羅江中本萬安天寶元年更名北五里有茫江堰引射水溉田入城永徽五年令白大信置北十四里有楊村堰引折脚堰水溉田貞元二十一年令韋德築有白馬關有鹽 神泉上北二十里有折脚堰引水溉田貞觀元年開有鐵 鹽泉中武德三年析魏城置有鹽
龍安上本金山武德三年更名有松嶺關開元十八年廢東南二十三里有雲門堰決茶川水溉田貞觀元年築 西昌中永淳元年以隋益昌縣地置有鐵

劍州普安郡上本始州先天二年更名土貢麩金絲布蘇薰席葛
粉戶二萬三千五百一十口十萬四百五十縣八普安上 普城緊本黃安唐末更名 永歸中下有停船山 梓潼上有亮山神山 陰平中西北二里有利人渠引馬閣水入縣溉田龍朔三年令劉鳳儀開寶應中廢後復開景福二年又廢有浮滄山 臨津上 武連中 劍門中下聖曆二年析普安永歸陰平置
合州巴川郡中本涪陵郡天寶元年更名土貢麩金葛桃竹箸雙
陸子書筒橙牡丹藥實戶六萬六千八百一十四口七萬七千二
百二十縣六石鏡上有鐵有銅梁山 新明中武德三年析石鏡置 漢初中 赤水中 巴川中開元二十三年析石鏡銅梁置有鐵 銅梁中長安三年置
龍州應靈郡中都督府本平武郡西龍州義寧二年曰龍門郡又
曰西龍門郡貞觀元年曰龍門州初為羈縻屬茂州垂拱中為正
州天寶元年曰江油郡至德二載更郡名乾元元年更州名土貢
麩金酥羚羊角葛粉厚朴附子天雄側子烏頭戶二千九百九十
二口四千二百二十八縣二江油望貞觀八年省平武縣入焉有涪水關 清川中下本烏盤天寶元年更名

普州安岳郡中武德二年析資州置土貢雙紃葛布柑天門冬煎戶二萬五千六百九十三口七萬四千六百九十二縣六安岳上有鹽安居中下大曆二年隸遂州後復來屬有鹽普慈中樂至中武德三年置有鹽普康中下本隆康先天元年更名有鹽崇龕中本隆龕武德三年置先天元年更名

渝州南平郡下本巴郡天寶元年更名土貢葛藥實戶六千九百九十五口二萬七千六百八十五縣五巴中下有鹽江津中下萬壽中下本萬春武德三年析江津置五年更名南平中下貞觀四年析巴縣置南平州并置南平清谷周泉昆川和山白溪瀛山七縣八年日霸州十三年州廢省清谷周泉昆川和山白溪瀛山以南平來屬璧山中下至德二載析巴江津萬壽置有鹽

陵州仁壽郡本隆山郡天寶元年更名土貢麩金鵝溪絹細葛續隨苦藥戶三萬四千七百二十八口十萬一百二十八縣五仁壽望有鹽有高城山貴平中有鹽井研中有井鑊山始建中下有鐵籍上永徽四年析貴平置東五里有漢陽堰武德初引漢水溉田二百頃後廢文明元年令陳充復置後又廢有鹽

榮州和義郡中武德元年析資州置治公井六年徙治大牢永徽二年徙治旭川土貢紬班布葛利鐵柑戶五千六百三十九口萬

八千二十四縣六有威遠軍旭川中下貞觀元年析大牢置應靈中下本大牢景龍二年省雲州及歸水雲川胡連三縣入焉天寶元年更名有鹽公井中下武德元年置有鹽資官中下本隸嘉州武德六年來屬有鹽有鐵威遠中下貞觀元年析置婆日至如二縣二年以瀘州之隆越來屬八年省婆日至如隆越入焉有鹽和義中下本隸瀘州貞觀八年來屬

昌州下都督府乾元二年析資瀘普合四州之地置治昌元大曆六年州縣廢其地各還故屬十年復置光啓元年徙治大足土貢麩金麝香縣四大足下本合州巴川地靜南中昌元上永川下本渝州璧山縣地有鐵

瀘州瀘川郡下都督府土貢麩金利鐵葛布班布戶萬六千五百九十四口六萬五千七百一十一縣五瀘川中貞觀八年析置涇南縣後省富義中本富世武德九年省來鳳縣入焉貞觀二十三年更名江安中貞觀元年以夷獠戶置思隸思逢施陽三縣八年省施陽十三年省思隸思逢入焉有鹽合江中緜水中

保寧都護府天寶八載以劍南之索磨川置領牂柯

右劍南採訪使治益州

地理志第三十二

翰林學士兼龍圖閣學士朝散大夫給事中知制誥充史館修撰臣歐陽修奉敕撰

嶺南道蓋古揚州之南境漢南海鬱林蒼梧珠崖儋耳交趾合浦九眞日南等郡韶廣康端封梧藤羅雷崖以東爲星紀分桂柳鬱林富昭蒙龔繡容白羅而西及安南爲鶉尾分爲州七十有三都護府一縣三百一十四其名山黃嶺靈洲其大川桂鬱厥賦蕉紵落麻厥貢金銀孔翠犀象綵藤竹布

廣州南海郡中都督府土貢銀藤簟竹席荔支龜皮蚺蛇膽石斛沈香甲香詹糖香戶四萬二千二百三十五口二十二萬一千五百縣十三有府二曰綏南番禺有經略軍屯門鎮兵南海上有南海祠山峻水深民不井汲都督劉巨鱗始鑿井四有牛鼻鎮兵有赤岸紫石二戍有靈洲山在鬱水中番禺上增城中四會中武德五年以四會化蒙二縣置南綏州并析置新招化注化穆三縣貞觀元年省新招化注以廢威州之懷集發齊州之洊安隸之八年更名湞州十三年州廢省化穆以四會化蒙懷集洊安來屬化蒙中有銀懷集中武德五年置威州并析置興平霍清威成三縣貞觀元年州廢省興平霍清威成入懷集開元二年省永固縣入焉有陽山有錫洊水中本洊安武德五年置齊州并析置宜樂宋昌二縣貞觀元年州廢省宜樂宋昌入洊安至德二載更名東莞中本寶安至德二載更名有鹽有黃嶺山淸遠中武德六年省政賓縣入焉浛洭中武德五年以浛洭貞陽二縣置洭州并析置翁源縣貞觀元年州廢以翁源隸韶州浛洭貞陽來屬湞陽中本眞陽貞觀元年更名有鐵西南有洭浦故關新會中武德四年以南海郡之新會義寧二縣置岡州新會郡以地有金岡以名州并析置封平封樂二縣貞觀十三年州廢省封平封樂以新會義寧來屬是年復以新會義寧置岡州又析義寧置封樂縣後省封樂開元二十三年州廢以新會義寧復來屬有鹽義寧中

韶州始興郡下本番州武德四年析廣州之曲江始興樂昌翁源置尋更名東衡州貞觀元年又更名土貢竹布鍾乳石斛戶三萬一千口十六萬八千九百四十八縣六曲江上武德四年置臨瀧良化二縣貞觀八年省始興下有大庾嶺新路開元十七年詔張九齡開東北有安遠鎮兵樂昌下翁源下仁化下本隸廣州垂拱四年析曲江置後來屬湞昌下光宅元年析始興置

循州海豐郡下本龍川郡天寶元年更名土貢布五色藤盤鏡匣蚺蛇膽甲煎鮫革荃臺綬草戶九千五百二十五縣六歸善中下貞觀元年省龍川縣入焉博羅中下貞觀元年省羅陽縣入焉河源中下武德五年析置石城縣貞觀元年省海豐中下武德五年析置陸安縣貞觀元年省興寧貞觀元年省齊昌縣入焉雷鄉中下天授二年置

潮州潮陽郡下本義安郡土貢蕉鮫革甲香蚺蛇膽龜石井銀石生馬戶四千四百二十口二萬六千七百四十五縣三海陽中下有鹽潮陽中下永徽初省先天初復置程鄉中下

康州晉康郡下本南康州武德六年析端州之端溪置九年州廢貞觀元年復置十一年又廢十二年復置更名康州土貢金銀戶萬五百一十口萬七千二百一十九縣四端溪下武德五年析端州之博林置撫納縣後省晉康下本遂安至德二載更名悅城下本樂城隸端州武德五年來屬後更名都城下

瀧州開陽郡下本永熙郡天寶元年更名土貢銀石斛戶三千六百二十七口九千四百三十九縣四瀧水下武德四年析置正義縣并領懷德縣後省正義以懷德隸竇州開陽下武德四年析瀧水置鎭南下本安南武德四年置南建州以永熙郡之安遂永熙永業三縣隸之五年析瀧水置安南縣貞觀八年更南建州曰藥州十八年州廢省安遂永業以永寧安南來屬至德二載更名建水下本永熙武德五年曰永寧天寶元年復更名以建水在西也

端州高要郡下本信安郡天寶元年更名土貢銀柑戶九千五百口二萬一千一百二十縣二高要下貞觀十三年省懷林縣入焉東有青岐鎮平興下武德七年析置清泰縣貞觀十三年省

新州新興郡下本新昌郡武德四年以端州之新興置土貢金銀蕉戶九千五百縣二新興下武德四年析置索盧新昌單牒永順四縣後省新昌單牒乾元後又省索盧永順下

封州臨封郡下本廣信郡天寶元年更名土貢銀鮫革石斛戶三千九百口萬一千八百二十七縣二封川下武德四年析置封興縣後省開建下武德四年置

潘州南潘郡下本南宕州南巴郡武德四年以合浦郡之南昌定川置本治南昌貞觀元年徙治定川八年更名後徙治茂名後廢地入高州永徽元年復以茂名南巴毛山三縣置土貢銀戶四千三百口八千九百六十七縣三茂名下本隸高州以茂名水名貞觀元年來屬潘水下武德五年置以潘水名又析南昌定川置陸川思城溫水宕川四縣貞觀八年省思成後以定川宕川隸牢州陸川溫水隸禺州後省南昌二十三年析潘水置毛山縣以毛山名其後省潘水縣開元二年改毛山曰潘水南有博畔鎮南巴下本隸高州武德五年置永徽元年來屬

春州南陵郡下本陽春郡武德四年以高涼郡之陽春置天寶元年更郡名土貢銀鍾乳石斛戶萬一千二百一十八縣二陽春下武德四年并置流南縣五年又置西城縣後皆省有銀羅水下天寶後置

勤州雲浮郡下本銅陵郡武德四年析春州置五年州廢萬歲通

天二年復置長安中復廢開元十八年平春瀧等州首領陳行範餘黨保銅陵北山廣州都督耿仁忠奏復置州治富林洞因以爲縣乾元元年徙治銅陵土貢金銀石斛戶六百八十二口千九百三十三縣二銅陵下本隸端州武德五年隸春州後來屬有銅 富林下武德四年析銅陵置州廢隸春州後縣亦廢乾元元年復置

羅州招義郡下本石城郡武德五年以高涼郡之石龍吳川置六年徙治石城土貢銀孔雀鸚鵡戶五千四百六十口八千四十一縣四廉江下本石城以石城水名武德五年析石龍吳川置南河石城招義零綠石龍陵羅龍化羅辯慈廉羅肥十縣後以石龍而下六縣隸南石州天寶元年更名大曆八年以南河隸順州 吳川下 幹水下本石龍武德五年曰招義天寶元年更名以幹水名 零綠下以零綠水名

辯州陵水郡下本南石州石龍郡武德六年以羅州之石龍陵羅龍化羅辯慈廉羅肥置貞觀九年更名天祐元年朱全忠以辯汴聲近表更名勳州土貢銀竹䉈戶四千八百五十八口萬六千二百九縣二石龍下貞觀元年省慈廉羅肥二縣入焉 陵羅下

高州高涼郡下武德六年分廣州之電白連江置本治高涼貞觀二十三年徙治良德大曆十一年徙治電白土貢銀蚺蛇膽戶萬二千四百縣三電白下 良德下本隸瀧州武德中來屬 保寧下本連江開元五年曰保安至德二載更名

恩州恩平郡下本齊安郡貞觀二十三年以高州之西平齊安杜陵置大順二年徙治恩平土貢金銀戶九千縣三恩平下本海安武德五年曰齊安至德二載更名有西平縣本高涼亦武德五年更名後省 杜陵下本杜原武德五年更名 陽江下有銀

雷州海康郡下本南合州徐聞郡武德四年以合浦郡之海康隋康鐵杷置貞觀元年更名東合州八年又更名土貢絲電班竹孔雀戶四千三百二十口二萬五百七十二縣三海康中 遂溪下本鐵杷湛川二縣後併省更名 徐聞下本隋康貞觀二年更名

崖州珠崖郡下土貢金銀珠玳瑁高良薑戶八百一十九縣三舍城下以舍城水名西南有勤連鎮兵有顏城縣本顏盧貞觀元年更名開元後省 澄邁下 文昌下本平昌武德五年置貞觀元年更名

瓊州瓊山郡下都督府貞觀五年以崖州之瓊山置自乾封後沒山洞蠻貞元五年嶺南節度使李復討復之土貢金戶六百四十九縣五瓊山下貞觀十三年析置曾口顏羅容瓊三縣貞元七年省容瓊有鹽 臨高下本臨機隸崖州貞觀五年來屬州後隸崖州開元元年更名 曾口下 樂會下顯慶五年置 顏羅下

振州延德郡下本臨振郡又曰寧遠郡天寶元年更名土貢金五色藤盤斑布食單戶八百一十九口二千八百二十一縣五寧遠下以寧遠水名有鹽 延德下以延德水名 吉陽下貞觀二年析延德置 臨川下 落屯下天寶後置

儋州昌化郡下本儋耳郡隋珠崖郡治天寶元年更名土貢金糖香戶三千三百九縣五義倫下有鹽 昌化下貞觀元年析吉安縣置乾元後省 感恩下 洛場下乾元後置 富羅下本毗善武德五年更名

萬安州萬安郡下龍朔二年以崖州之萬安置開元九年徙治陵水至德二載更名萬全郡貞元元年復治萬全後復故名土貢金銀戶二千九百九十七縣四萬安下本隸瓊州貞觀五年析文昌置富雲博遼二縣十三年隸崖州後來屬至德二載曰萬全後復故名 陵水下本隸振州後來屬 富雲下 博遼下

邕州朗寧郡下都督府本南晉州武德四年以隋鬱林郡之宣化置貞觀八年更名土貢金銀有金坑戶二千八百九十三口七千三百二縣七有經略軍 宣化中下武德五年析置武緣晉興朗寧橫山四縣乾元後省橫山鬱水自蠻境七源州流出州民常苦之景雲中司馬呂仁引渠分流以殺水勢自是無沒溺之害民乃夾水而居 武緣中下西有都稜鎮 晉興中下 朗寧中下 思籠中下乾元後開山洞置 如和中下本隸欽州武德五年析南賓安京置景龍二年來屬 封陵中下乾元後開山洞置

澄州賀水郡下本南方州武德四年以鬱林郡之嶺方地置貞觀八年更名土貢金銀戶千三百六十八口八千五百八十縣四上林下武德四年析嶺方地置無虞琅邪思干上林止戈五縣 無虞下 止戈下 賀水下本隸柳州武德四年析馬平置八年來屬

賓州嶺方郡下本安城郡貞觀五年析南方州之嶺方思干琅邪南尹州之安城置至德二載更名土貢藤器戶千九百七十六口八千五百八十縣三嶺方中貞觀十二年省思干縣 琅邪中下 保城中下本安城至德二載更名

橫州寧浦郡下本簡州武德四年以鬱林郡之寧浦樂山置六年曰南簡州貞觀八年更名土貢金銀戶千九百七十八口八千三百四十二縣三寧浦中下武德四年析置蒙澤縣五年以貴州之嶺山來屬貞觀十二年省蒙澤入焉後又省嶺山 從化中下本淳風武德四年析寧浦置永貞元年更名 樂山下

潯州潯江郡下貞觀七年以鸞州之桂平大賓置十三年州廢縣隸龔州後復置土貢金銀戶二千五百口六千八百三十六縣三桂平下本隸龔州武德五年隸鸞州七年置陵江縣十二年省入焉 皇化下本隸鸞州貞觀七年來屬 大賓下

巒州永定郡下本淳州武德四年以故秦桂林郡地置永貞元年更名土貢金銀戶七百七十口三千八百三縣三永定下武羅下靈竹下

欽州寧越郡下土貢金銀翠羽高良薑戶二千七百口萬一百四十六縣五欽江下東南有西零戍保京下本安京至德二載更名內亭下武德五年以內亭遵化二縣置南亭州貞觀二年州廢二縣來屬遵化中下靈山下本南賓貞觀十年更名

貴州懷澤郡下本南定州鬱林郡武德四年曰南尹州貞觀八年曰貴州天寶元年更郡名土貢金銀鈆器紵布戶三千二十六口九千三百縣四有府一曰龍山鬱林中下懷澤下武德四年置潮水下武德四年析鬱林置義山下武德四年更馬嶺縣曰馬度貞觀後省天寶後更置曰義山

龔州臨江郡下貞觀七年以鷰州故治析潯州之武林鷰州之泰川置後徙治南平土貢銀戶九千口二萬一千縣五平南下貞觀七年置又置西平歸政大同三縣十二年省泰川入平南又省歸政西平武林下本隸藤州武德七年來屬隋建下本隸藤州貞觀十三年來屬大同下陽川下本陽建後更名

象州象郡下本桂林郡武德四年以始安郡之陽壽桂林置以象

山為州名貞觀十三年徙治武化大曆十一年復治陽壽土貢銀藤器戶五千五百口萬八百九十縣三陽壽下武德四年析桂林置武德西寧武仙三縣貞觀十二年省西寧入武德天寶元年省武德入陽壽武仙下乾封元年省桂林縣入焉武化下武德四年析桂州之建陵置本隸封州後隸晏州又析陽壽置長風縣隸晏州州廢縣皆來屬大曆十一年省長風入焉

藤州感義郡下本永平郡天寶元年更名土貢銀戶三千九百八十縣四鐔津中下初州治永年無鐔津又有隋安賀川寧人等縣皆貞觀後省併更置而寧人隸容州永平隸昭州有欽感義下本淳民武德中更名義昌下本安昌至德二載更名寧風下武德五年以縣置鷰州以貴州之桂平隸之貞觀三年又以藤州之大賓隸之增領長恭泰川池陽龍陽四縣治長恭五年置新樂寧風梁石羅風四縣七年更名鷰州徙治寧風更池陽曰承恩復以藤州之安基隸之以梁石羅風隸藤州省長恭縣八年徙治安基復為鷰州十二年省龍陽承恩二縣十八年州廢以寧風來屬後省新樂安基梁石羅風

巖州常樂郡下調露二年析橫貴二州置以巖岡之北因為名天寶元年曰安樂郡至德二載更名土貢金戶千一百一十縣四常樂下本安樂[illegible]分興德縣置貞觀元年省乾封元年復置隸鬱林州永隆元年來屬至德二載更名恩封下本伏龍洞當牢白二州之境調露二年與高城石巖同置高城下以高城水名石巖下

宜州龍水郡下唐開置本粵州乾封中更名有銀丹砂戶千二百二十口三千二百三十縣四龍水下崖山下東璽下天河下邕管所領又有顯州武州洸州後皆廢省

瀼州臨潭郡下貞觀十二年清平公李弘節開夷獠置戶千六百六十六縣四瀼江下波零下鵠山下弘遠下貞元後州縣名存而已

籠州扶南郡下貞觀十二年李弘節招慰生蠻置戶三千六百六十七縣七武勤下武禮下羅龍下扶南下龍額下武觀下武江下

田州橫山郡下開元中開蠻洞置貞元二十一年廢後復置戶四千一百六十八縣五都救下惠佳下武龍下橫山下如賴下

環州整平郡下貞觀十二年李弘節開拓生蠻置縣八正平下福零下龍源下饒勉下思恩下武石下歌良下都蒙下

桂州始安郡中都督府至德二載更郡曰建陵後復故名土貢銀銅器麖皮韡簟戶萬七千五百口七萬一千一十八縣十一有經略軍臨桂上本始安武德四年置福祿縣貞觀八年省入焉更名有相思埭長壽元年築分相思水使東西流又東南有回濤堤以捍桂水貞元十四年築有侯山理定中本興安武德四年置貞觀十二年省入焉至德二載更名西十里有靈渠引灕水故秦史祿所鑿後廢寶曆初觀察使李渤立斗門十八以通漕俄又廢

咸通九年刺史魚孟威以石為鏵隄亘四十里植大木為斗門至十八里乃通巨舟靈川中龍朔二年析始安置陽朔中下武德四年置歸義縣貞觀元年省入焉荔浦中下武德四年以始安郡之荔浦建陵隋化三縣置荔州又析置崇仁純義東區三縣五年以隋化東區隸南恭州貞觀元年以建陵隸晏州十二年州廢以荔浦崇仁來屬崇仁後省純義隸蒙州豐水中下本水豐隸昭州武德四年析陽朔置後來屬長慶三年更名修仁中下本建陵貞觀元年置晏州并置武龍武化長風三縣十二年州廢省武龍以武化長風隸象州建陵來屬長慶三年更名恭化中下本純化武德四年析始安置永貞元年更名永福中下武德四年析始安置全義中下本臨源武德四年析始安置大曆三年更名古乾寧二年析慕化置

梧州蒼梧郡下武德四年以靜州之蒼梧豪靜開江置土貢銀白石英戶千二百九縣三蒼梧下貞觀八年以賀州之綏越來屬十二年省豪靜其後又省綏越而開江復隸富州戎城下本隸藤州永徽中來屬光化四年馬殷表以縣隸桂州孟陵下本猛陵隸藤州蕭銑置貞觀八年來屬更名光化中馬殷表以縣隸桂州

賀州臨賀郡下本綏越郡武德四年以始安郡之富川熙平郡之桂嶺零陵郡之馮乘蒼梧郡之封陽置土貢銀戶四千五百五十二口二萬五百七十縣六臨賀下武德四年置東有銅冶在橘山桂嶺下朝岡程岡皆有鐵馮乘下有荔平關有錫冶三封陽下貞觀元年省九年復置富川下有富水天寶中更名富水後復故名有錫有鍾乳穴二蕩山下天寶後置

連州連山郡下本熙平郡天寶元年更名土貢赤錢竹紵練白紵

細布鍾乳水銀丹沙白鑞戶三萬二千二百一十口十四萬三千五百三十三縣三桂陽上有桂陽山本盧山天寶八載更名有銀有鐵陽山中下有鐵有故秦湟溪關連山中有金有銅有鐵

柳州龍城郡下本昆州武德四年以始安郡之馬平置是年更名南昆州貞觀八年又以地當柳星更名土貢銀蚺蛇膽戶二千二百三十二口萬一千五百五十縣五馬平下武德四年析置新平文安賀水歸德四縣尋更名歸德曰脩德文安曰樂沙八年以賀水隸登州貞觀七年省樂沙九年置崖山縣十二年省新平其後又省崖山以脩德隸嚴州龍城下武德四年置龍州并置柳嶺縣貞觀七年州廢省柳嶺以龍城來屬象下本隸桂州後來屬洛曹下本洛封元和十三年更名洛容下貞觀中置

富州開江郡下本靜州龍平郡武德四年以始安郡之龍平豪靜蒼梧郡之蒼梧置貞觀八年更名土貢銀班布戶千四百六十口八千五百八十六縣三龍平下武德四年析置博勞歸化安樂開江四縣尋以蒼梧豪靜開江隸梧州九年省安樂歸化博勞思勤下天寶後置馬江下本開江後隸梧州又復隸柳州長慶三年更名

昭州平樂郡下本樂州武德四年以始安郡之平樂置貞觀八年更名土貢銀戶四千九百一十八口萬二千六百九十一縣三平樂下以平樂水名之有鍾乳穴三武德四年析置沙亭縣貞觀七年省沙亭恭城下萬[illegible]置有鍾乳穴十二在銀帳山永平下本隸藤州後來屬

蒙州蒙山郡下本南恭州武德五年析荔州之隋化置貞觀八年更名土貢麩金銀戶千五十九口五千九百三十三縣三立山下本隋化武德五年更名又析置欽政縣貞觀十二年省東區下武德五年析立山置貞觀六年隸燕州十年來屬正義下本純義隸燕州十年來屬永貞元年更名

嚴州循德郡下乾封二年招致生獠以秦故桂林郡地置土貢銀戶千八百五十九口七千五十一縣三來賓下乾封二年置循德下本隸柳州後來屬歸化下乾封二年置

融州融水郡下武德四年析始安郡之義熙置土貢金桂心戶千二百三十二縣二融水下本義熙武德四年析置臨牂黃水安脩三縣六年更名貞觀十三年省安脩入臨牂武陽下天寶初析黃水臨牂二縣更置

思唐州武郎郡下永隆二年析龔蒙象三州置開元二十四年爲羈縻州建中元年爲正州土貢銀戶百四十一縣二武郎下思和下本平原長慶三年更名

古州樂興郡下貞觀十二年李弘節開夷獠置土貢蠟戶二百八十五縣三樂山本樂預寶應元年更名古書下樂興下

容州普寧郡下都督府本銅州武德四年以合浦郡之北流普寧置貞觀八年更名元和中徙治普寧土貢銀丹沙水銀戶四千九百七十口萬七千八十五縣六有經略軍普寧下北流下武德四年析置豪石宕昌南流陵城新安五縣貞觀十一年省新安後又省豪石宕昌北三十里有鬼門關兩石相對中闊三十步陵城下渭龍下武德四年析普寧置欣道下本寧人隸藤州貞觀二十三年更名來屬陸川下本隸東峩州唐末來屬

牢州定川郡下本義州武德二年以巴蜀徼外蠻夷地置貞觀十一年以東北有牢石因更名徙治南流後廢乾封三年將軍王杲平蠻獠復置土貢布銀戶千六百四十一口萬一千七百五十六縣三南流下本隸容州武德四年析北流置南流定川宕川三縣以南百步有南流江名之乾封三年皆來屬定川下本隸潘州以定川水名之宕川下本隸潘州因宕水名之

白州南昌郡下本南州武德四年以合浦郡之合浦地置六年更名土貢金銀珠戶二千五百七十四口九千四百九十八縣四博白下武德四年置并置朗平周羅龍豪淳良建寧五縣貞觀六年以淳州之大都隸之十二年省朗平淳良後又省大都大曆八年以龍豪隸順州西南百里有北戍灘咸通中安南都護高駢募人平其險石以通舟楫建寧下周羅下南昌下本隸潘州後來屬

順州順義郡下大曆八年容管經略使王翃析禺羅辯白四州置土貢銀戶五百九縣四龍化下武德四年置以西有龍化水名之六年隸禺州溫水下本隸禺州南河下武德五年析石龍置隸羅州龍豪武德四年析合浦置隸白州

繡州常林郡下本林州武德四年以鬱林郡之阿林縣及鬱平縣地置六年更名土貢金戶九千七百七十三縣三常林中武德四年置又置羅繡皇化歸誠三縣貞觀七年以皇化隸潯州省歸誠阿林中下羅繡下武德四年析置盧越縣貞觀六年縣廢入焉

鬱林州鬱林郡下本鬱州武德二年析貴州之石南興德鬱平置乾封元年更名土貢布戶千九百一十八口九千六百九十九縣四鬱平下本隸貴州後來屬興業下麟德二年析石南置建中二年省石南入焉興德下蕭銑析石南置尋廢武德四年析鬱平復置潭栗下

黨州寧仁郡下本鬱林州地永淳元年開古黨洞置土貢金銀戶千一百四十九口七千四百四縣八撫安下古西甌地善勞中下善文下寧仁下容山下本安仁永淳二年析黨州置平琴州平琴郡領安仁懷義福陽古符四縣垂拱三年廢神龍三年復置至德中更安仁曰容山建中二年州廢縣

皆來屬 懷義下 福陽下 古符下

竇州懷德郡下本南扶州武德四年以永熙郡之懷德置以獠叛僑治瀧州後徙治信義貞觀元年州廢以縣隸瀧州二年復置五年又廢以縣隸瀧州六年復置八年更名土貢銀戶千一十九口七千三百三十九縣四信義中下武德四年置并析置潭峩縣五年又析置特亮縣 懷德中下 潭峩下 特亮下

禺州溫水郡下本東峩州乾封二年將軍王杲奏析白辯竇容四州置總章二年更名土貢銀戶三千一百八十縣四峩石下總章二年析白州之溫水置以南有峩石名之 羅辯下本陸川隸辯州後更名本羅辯洞地 扶萊下武德五年析信義縣置隸竇州以扶萊水名之貞觀中省後復置 宕昌下本隸容州

廉州合浦郡下本合州武德四年曰越州貞觀八年更名以本大廉洞地土貢銀戶三千三十二口萬三千二十九縣四合浦下武德五年置安昌高城大廉大都四縣貞觀六年置珠池縣後以大都隸白州十二年省珠池安昌入焉 封山下武德五年置姜州并置東羅蔡龍二縣貞觀十年州廢以封山東羅蔡龍來屬後省東羅 蔡龍下以蔡龍洞名之貞觀十二年省高城縣入焉 廉下

義州連城郡下本南義州武德五年以永熙郡之永業縣地置貞觀元年州廢以縣隸南建州二年復置五年又廢以縣隸南建州六年復置後第名義州土貢銀戶千一百一十口七千三百三縣三岑溪下本龍城武德五年置并置安義義城二縣至德中更龍城曰岑溪其後又省義城有都山 永業下本安義至德中更名 連城下武德五年析瀧州之正義置

安南中都護府本交趾郡武德五年曰交州治交趾調露元年曰安南都護府至德二載曰鎮南都護府大曆三年復為安南寶曆元年徙治宋平土貢蕉檳榔鮫革蚺蛇膽翠羽戶二萬四千二百三十口九萬九千六百五十二縣八宋平有經略軍上武德四年置宋州并置弘教南定二縣五年析置交趾懷德二縣隸交州六年曰南宋州貞觀元年州廢省弘教懷德徙交趾于故南慈州來屬 南定本隸宋州武德四年析宋平置五年隸交州大曆五年省貞元八年復置 太平中下本隆平武德四年置以縣置隆州并置義廉封溪二縣治義廉六年曰南隆州貞觀元年州廢省義廉以封溪隸峯州隆平來屬先天元年更名 交趾中下武德四年置慈州并置慈廉烏延武立三縣以慈廉水因名之六年曰南慈州貞觀元年州廢省三縣更置 朱鳶上武德四年置鳶州并置高陵定安二縣貞觀元年州廢省高陵定安以朱鳶來屬 龍編中下武德四年置龍州并置武寧平樂二縣貞觀元年州廢省武寧平樂以龍編隸仙州州廢來屬 平道中下武德四年置道州并置昌國縣六年曰南道州是年更名仙州貞觀十年州廢省昌國以平道來屬 武平中下

本隸道州武德五年來屬

陸州玉山郡下本玉山州武德五年以寧越郡之安海玉山置貞觀二年州廢縣隸欽州高宗上元二年復置更名土貢銀玳瑁鼊皮翠羽甲香戶四百九十四口二千六百七十四縣三烏雷下 華清下本玉山天寶中更名 寧海下本安海武德四年又置海平縣貞觀十二年省至德二載更名

峯州承化郡下都督府武德四年以交趾郡之嘉寧置土貢銀藤器白鑞蚺蛇膽豆蔻戶千九百二十縣五嘉寧下武德四年置新昌安仁竹格石堤四縣又領封溪縣貞觀元年省石堤封溪入嘉寧後又省安仁 承化下 新昌下貞觀元年省竹格縣入焉 高山元和後置 珠綠元和後置

愛州九真郡下土貢紗絁孔雀尾戶萬四千七百縣六九真下武德五年置松源楊山安順三縣貞觀元年省楊山安順九年省松源有金有石磬 安順下武德五年置順州并析置東河建昌邊河三縣貞觀元年州廢省三縣入安順來屬 崇平下本隆安武德五年置安州并置教山建道都握三縣又置山州并置岡山真潤古安西安建初五縣貞觀元年廢安州省教山建道都握入隆安來屬又廢山州省岡山真潤古安西安入建初來屬八年省建初先天元年更隆安曰崇安至德二載又更名 軍寧下本軍安武德五年以縣置永州七年曰都州貞觀元年州廢隸南陵州至德二載更名 日南下武德五年置積州又置積善津梧方載三縣又以移風縣地置前真州并置九皋建正真寧三縣又以胥浦縣置胥州并置攀龍如侯博犢銀星四縣九年更積州曰南陵州貞觀元年曰度真州是年廢前真州省九皋建正真寧以移風隸南陵州又廢胥州省攀龍如侯博犢銀星以胥浦隸南陵州十年州亦廢以軍安日南移風胥浦來屬天寶中省移風胥浦 長林下本無編

驩州日南郡下都督府本南德州武德八年曰德州貞觀元年又更名土貢金金薄黃屑象齒犀角沈香班竹戶九千六百一十九口五萬八百一十八縣四九德中下武德五年置安遠曇羅光安三縣是年以光安置源州又置水源安銀河龍長江四縣貞觀八年更名阿州十三年州廢省水源河龍長江以光安安銀來屬安遠曇羅光安安銀後皆省 浦陽下 越裳下武德五年置明州并置萬安明弘明定三縣又以日南郡之文谷金寧二縣置智州并置新鎮闍貞二縣貞觀元年更曰南智州省新鎮闍貞十三年廢明州省萬安明弘明定入越裳隸智州後廢智州省文谷金寧入越裳來屬初以隋林邑郡置林州比景郡置景州又更名曰南景州貞觀二年綏懷林邑乃僑治驩州之南境領比景朱吾二縣并置由文縣八年第名景州九年置林州亦寄治驩州之南境領林邑金龍海界三縣又置山州領龍池盆山二縣有浦陽戍戶千三百二十口五千二百後為龍池郡皆貞元末廢 懷驩下本咸驩武德五年置驩州并置安人扶演相景西源四縣治安人貞觀元年更名演州十三年省相景十六年州廢省安人扶演西源以咸驩來屬後更咸驩曰懷驩

長州文陽郡下唐置土貢金戶六百四十八縣四文陽下 銅蔡下 長山下 其常下

福祿州唐林郡下本福祿郡總章二年智州刺史謝法成招慰生獠昆明北樓等七千餘落以故唐林州地置大足元年更名安武

州至德二載更郡曰唐林乾元元年復州故名土貢白鑞紫鉚戶
三百一十七縣三柔遠本安遠至德二載更名唐林唐初以唐林安遠二縣置唐林州後州縣皆廢更置福祿下
湯州湯泉郡下唐以故秦象郡地置土貢金縣三湯泉下綠水下
羅韶下
芝州忻城郡下唐置戶千二百口五千三百縣七忻城下富川下
平西下樂光下樂譱下多雲下思龍下
武峩州武峩郡下唐置戶千八百五十口五千三百二十縣七武
峩下如馬下武義下武夷下武緣下武勞下梁山下
演州龍池郡下本忠義郡又曰演水郡貞觀中廢廣德二年析
驩州復置土貢金戶千四百五十縣七忠義下懷驩下龍池下思
農下武郎下武容下武金下
武安州武曲郡下土貢金朝霞布戶四百五十縣二武安下臨江
下開元中安南所領有龐州土貢孔雀尾紫鉚又有南登州後
皆廢省

右嶺南採訪使治廣州

地理志第三十三上

翰林學士兼龍圖閣學士朝散大夫給事中知制誥充史館脩撰臣歐陽脩奉

敕撰

羈縻州

唐興初未暇於四夷自太宗平突厥西北諸蕃及蠻夷稍稍內屬即其部落列置州縣其大者爲都督府以其首領爲都督刺史皆得世襲雖貢賦版籍多不上戶部然聲敎所暨皆邊州都督都護所領著于令式今錄招降開置之目以見其盛其後或臣或叛經制不一不能詳見突厥回紇党項吐谷渾隸關內道者爲府二十九州九十突厥之別部及奚契丹靺鞨降胡高麗隸河北者爲府十四州四十六突厥回紇党項吐谷渾之別部及龜茲于闐焉耆疏勒河西內屬諸胡西域十六國隸隴右者爲府五十一州百九十八羌蠻隸劒南者爲州二百六十一蠻隸江南者爲州五十一隸嶺南者爲州九十二又有党項州二十四不知其隸屬大凡府州八百五十六號爲羈縻云

關內道

突厥州十九府五

定襄都督府（貞觀四年析頡利部爲二以左部置僑治寧朔）領州四（貞觀二十三年分諸部置州三）阿德州（以阿史德部置）執失州（以執失部置）蘇農州（以蘇農部置）拔延州

雲中都督府（貞觀四年析頡利右部置僑治朔方境）領州五（貞觀二十三年分諸部置州三）舍利州（以舍利吐利部置）阿史那州（以阿史那部置）綽州（以綽部置）思壁州　白登州（貞觀末隸燕然都護後復來屬）

右隸夏州都督府

桑乾都督府（龍朔三年分定襄置僑治朔方）領州四（貞觀二十三年分諸部置州三）郁射州（以郁射施部置初隸定襄後來屬）藝失州（以多地藝失部置）卑失州（以卑失部置初隸定襄後來屬）叱略州

呼延都督府（貞觀二十年置）領州三（貞觀二十三年分諸部置州二）賀魯州（以賀魯部置初隸雲中都督後來屬）葛邏州（以葛邏挹怛部置初隸雲中都督後來屬）跌跌州（初爲都督府隸北庭後爲州來屬）

右隸單于都護府

新黎州（貞觀二十三年以車鼻可汗之子羯漫陀部置初爲都督府後爲州）渾河州（永徽元年以車鼻可汗餘衆歌邏祿之烏德鞬山左廂部落置）狼山州（永徽元年以歌邏祿右廂部落置爲都督府隸雲中都護顯慶三年爲州來屬）

堅昆都督府（貞觀二十二年以沙鉢羅葉護部落置）

右隸安北都護府

回紇州十八府九（貞觀二十一年分回紇諸部置）

燕然州（以多濫葛部地置初爲都督府及雞鹿雞田燭龍三州隸燕然都護開元元年來屬僑治回樂）雞鹿州（以奚結部置僑治回樂）雞田州（以阿跌部置僑治回樂）東皐蘭州（以渾部置初爲都督府并以延陀餘衆置祁連州隸靈州後罷都督又分東西州永徽三年皆廢後復置東皐蘭州僑治鳴沙）燭龍州（貞觀二十二年析瀚海都督之掘羅勿部置僑治溫池）燕山州（僑治溫池）

右隸靈州都督府

達渾都督府（以延陀部落置僑治寧朔）領州五　姑衍州　步訖若州　嵠彈州（永徽中收延陀散亡部落置）鶻州　低粟州

安化州都督府（僑治朔方）

寧朔州都督府（僑治朔方）

僕固州都督府（僑治朔方）

右隸夏州都督府

榆溪州（以契苾部置）寘顏州（以白霫部置）居延州（以白霫別部置）稽落州（本高闕州以斛薩部置永徽元年廢高闕州更置稽落州後又廢三年以阿特部復置）余吾州（本玄闕州貞觀中以骨利幹部置龍朔中更名）浚稽州　仙萼州（初隸瀚海都護後來屬）

瀚海都督府（以回紇部置）

金微都督府（以僕固部置）

幽陵都督府（以拔野古部置）

龜林都督府（貞觀二十二年以同羅部落置）

堅昆都督府（以結骨部置）

右隸安北都護府

党項州五十一府十五（貞觀三年酋長細封步賴內附其後諸姓酋長相率亦內附皆列其地置州縣隸松州都督府五年又開其地置州十六縣四十七又以拓拔赤詞部置州三十二乾封二年以吐蕃入寇廢都流厥調湊般匐器邇鋒率差等十二州咸亨二年又廢蠶黎二州祿山之亂河隴陷吐蕃乃徙党項州所存者于靈慶銀夏之境）

清塞州　歸德州（僑治銀州境）

蘭池都督府

芳池都督府

相興都督府
永平都督府
旭定都督府
清寧都督府
忠順都督府
寧保都督府
靜塞都督府
萬吉都督府
樂容州都督府領州一 東夏州
靜邊州都督府 貞觀中置初在隴右後僑治慶州之境 領州二十五 布州 北夏州 思義州 思樂州 昌塞州 吳州 天寶二年置吳州縣歸淳等州 朝州 朝一作韶 歸州 歸一作陽 浮州 祐州 貞觀四年置縣二鄜川歸定 里州 西歸州 嶂州 貞觀四年置縣四崌平顯川桂川顯平 鎊州 開元州 歸順州 本在山南之西寶應元年詔梁州刺史內附 淳州 貞觀十二年以降戶置于洮州之境并置索恭烏披二縣開元中廢後為羈縻 烏籠州 恤州 嵯州 貞觀五年置縣一相雜相難 本隸西使州貞觀十年來屬 蓋州 本西唐州貞觀四年置八年更名縣四湘水河唐曲嶺祐川 悅州 迴樂州 烏掌州 諾州 貞觀五年置縣三諾川諾歸蘿昌

右隸靈州都督府
芳池州都督府 僑治懷安皆野利氏種落 領州九 寧靜州 種州 玉州 貞觀五年置縣二玉山帶河 濮州 林州 尹州 位州 貞觀四年置縣二位豐西使 長州 寶州
宜定州都督府 本安定後更名 領州七 党州 橋州 貞觀六年置 烏州 西戎州 貞觀五年以拓拔赤詞部落置初為都督府後為州來屬 野利州 米州 還州
安化州都督府領州七 永和州 威州 旭州 莫州 西滄州 貞觀六年置八年更名臺州後復故名 琮州 儒州 本西鹽州貞觀五年以拓拔部置治故後魏洪和郡之藍川縣地八年更名開元中廢後為羈縻
右隸慶州都督府
吐谷渾州二
寧朔州 初隸樂容都督府代宗時來屬
右隸夏州都督府
渾州 儀鳳中自涼州內附者處於金明西境置

右隸延州都督府
河北道
突厥州二
順州順義郡 貞觀四年平突厥以其部落置順祐化長四州都督府于幽靈之境又置北開北寧北撫北安等四州都督府六年順州僑治營州南之五柳戍又分思農部置燕然縣僑治陽曲分思結部置懷化縣僑治秀容隸順州後皆省祐化長及北開等四州亦廢而順州僑治幽州城中歲貢麝香縣一賓義
瑞州 本威州貞觀十年以烏突汗達干部落置在營州之境咸亨中更名後僑治良鄉之廣陽城縣一來遠
右初隸營州都督府及李盡忠陷營州以順州隸幽州都督府徙瑞州于宋州之境神龍初北還亦隸幽州都督府
奚州九府一
鮮州 武德五年析饒樂都督府置僑治潞之古縣城縣一賓從 崇州 武德五年析饒樂都督府之可汗部落置貞觀三年更名北黎州治營州之廢陽師鎮八年復故名後與鮮州同僑治潞之古縣城縣一昌黎 順化州 縣一懷遠 歸義州歸德郡 總章中以新羅戶置僑治良鄉之廣陽城縣一歸義後廢開元中信安王禕降契丹李詩部落五千帳以其眾復置
奉誠都督府 本饒樂都督府唐初置後廢貞觀二十二年以內屬奚可度者部落更置并以別帥五部置弱水等五州開元二十三年更名 領州五 弱水州 以阿會部置 祁黎州 以處和部置 洛瓌州 以奧失部置 太魯州 以度稽部置 渴野州 以元俟折部置

契丹州十七府一
威州 本遼州武德二年以內稽部落置初治燕支城後僑治營州城中貞觀元年更名後治良鄉之石窟堡縣一威化 玄州 貞觀二十年以紇主曲據部落置僑治范陽之魯泊村縣一靜蕃 昌州 貞觀二年以松漠部落置僑治營州之靜蕃戍七年徙于三合鎮後治安次之故常道城縣一龍山 師州 貞觀三年以契丹室韋部落置僑治營州之廢陽師鎮後僑治良鄉之東閭城縣一陽師 帶州 貞觀十年以乙失革部落置僑治昌平之清水店縣一孤竹 歸順州歸化郡 本彈汗州貞觀二十二年以內屬契丹別帥析紇便部置開元四年更名縣一懷柔 沃州 載初中析昌州置萬歲通天元年沒于李盡忠開元二年復置後僑治薊之南回城縣一濱海 信州 萬歲通天元年以乙失活部落置僑治范陽境縣一黃龍 青山州 景雲元年析玄州置僑治范陽之水門村縣一青山
松漠都督府 貞觀二十二年以內屬契丹窟哥部置其別帥七部分置峭落等八州李盡忠叛後廢開元二年復置 領州八
峭落州 以達稽部置 無逢州 以獨活部置 羽陵州 以芬問部置 白連州 以突便部置 徒何州 以芮奚部置 萬丹州 以墜斤部置 疋黎州 以伏部置 赤山州 以伏部分置
歸誠州
靺鞨州三府三
慎州 武德初以涑沫靺鞨烏素固部落置僑治良鄉之故都鄉城縣一逢龍 夷賓州 乾封中以愁思嶺部落置僑治良鄉之古廣陽城縣一來

黎州（載初二年析愼州置僑治良鄉之故都鄉城縣一新黎）
黑水州都督府（開元十四年置）
渤海都督府
安靜都督府
右初皆隸營州都督李盡忠陷營州乃遷玄州于徐宋之境威州于幽州之境昌師帶鮮信五州于青州之境崇愼二州于淄青之境夷賓州于徐州之境黎州于宋州之境在河南者十州神龍初乃使北還二年皆隸幽州都督府
降胡州一
稾州（天寶初置僑治范陽境）
右隸幽州都督府
高麗降戶州十四府九（太宗親征得蓋牟城置蓋州得遼東城置遼州得白崖城置巖州及師還拔蓋遼二州之人以歸高宗滅高麗置都督府九州四十二後所存州止十四初顯慶五年平百濟以其地置熊津馬韓東明金連德安五都督府并置帶方州麟德後廢）南蘇州
蓋牟州　代那州　倉巖州　磨米州　積利州　黎山州

延津州　木底州　安市州　諸北州　識利州　拂涅州
拜漢州
新城州都督府
遼城州都督府
哥勿州都督府
衛樂州都督府
舍利州都督府
居素州都督府
越喜州都督府
去旦州都督府
建安州都督府
右隸安東都護府
隴右道
突厥州三府二十七

皋蘭州（貞觀二十二年以阿史德特健部置初隸燕然都護後來屬）
興昔都督府
右隸涼州都督府
特伽州　雞洛州（開元中又有火拔州葛祿州後不復見）
濛池都護府（貞觀二十三年以阿史那賀魯部落置瑤池都督府永徽四年廢顯慶二年禽賀魯分其地置都護府二都督府八其役屬諸胡皆為州）
崑陵都護府
匐延都督府（以處木昆部置）
嗢鹿州都督府（以突騎施索葛莫賀部置）
絜山都督府（以突騎施阿利施部置）
雙河都督府（以攝舍提暾部置）
鷹娑都督府（以鼠尼施處半部置）
鹽泊州都督府（以胡祿屋闕部置）
陰山州都督府（顯慶三年分葛邏祿三部置三府以謀落部置）
大漠州都督府（以葛邏祿熾俟部置）

玄池州都督府（以葛邏祿踏實部置）
金附州都督府（析大漠州置）
輪臺州都督府
金滿州都督府（永徽五年以處月部落置為州隸輪臺龍朔二年為府）
咽麪州都督府（初以玄池咽麪為州隸燕然長安二年為都督府隸北庭）
鹽祿州都督府
哥係州都督府
孤舒州都督府
西鹽州都督府
東鹽州都督府
叱勒州都督府
迦瑟州都督府
憑洛州都督府
沙陀州都督府

苔爛州都督府
右隸北庭都護府
回紇州三府一
蹛林州以思結別部置 金水州 賀蘭州
盧山都督府以思結部置
右初隸燕然都護府總章元年隸涼州都督府
党項州七十三府一縣一
馬邑州開元十七年置在秦成二州山谷間寶應元年徙于成州之鹽井故城
右隸秦州都督府
保塞州
右隸臨州都督府
密恭縣高宗上元三年為吐蕃所破因廢後復置
右隸洮州
叢州貞觀三年置縣三密逵 臨泉 臨河山 崌州貞觀元年以降戶置縣二江源 落稽 奉州本西仁州貞觀元年置八年更名縣三奉
德 思安 永慈 巖州本西金州貞觀五年置八年更名縣三金池 甘松 丹巖 遠州本西懷州貞觀四年置八年更名縣二羅水 小部川
嶸州本西嶸州貞觀五年置八年更名縣七峽川 和善 御具 峽源 三交 利恭 東陵 可州本西義州貞觀四年置八年更名縣三義誠 清化
靜方 闊州貞觀五年置縣二闊源 落吳 彭州本洪州貞觀三年置七年更名縣四洪川 歸遠 臨津 歸正 直州本西集州貞觀五年
置八年更名縣二集川 新川 肆州貞觀五年置縣四歸唐 芳叢 鹽水 磨山 序州貞觀十年置 靜州咸亨三年以內附部落置
執州都督府貞觀二年以細封步賴部置縣四五城 金原 餓撤 通川 以上有版
研州 探那州 杷州 毗州 河州 幹州
瓊州 犀州 龕州 陪州 如州 麻州
霸州 彌州 光州 至涼州 曄州 思帝州
統州 毅邛州 達違州 萬里州 慈州 融洮州
執州 苔針州 税河州 吴洛州 齊帝州 苗州
始目州 悉多州 質州 兆州 求易州 託州
志德州 延避州 略州 索京州 柘剛州 明桑州
白豆州 瓚州 脅和州 和昔州 祝州 索川州
拔揭州 鼓州 飛州 索渠州 目州 寶劒州

津州 柘鍾州 紀州 徽州以上無版
右初隸松州都督府肅宗時懿蓋嵯諾嶂祐臺橋浮寶王位儒歸
恤及西戎西滄樂容歸德等州皆內徙餘皆沒于吐蕃
乾封州 歸義州 順化州 和寧州 和義州 保善州
寧定州 羅雲州
朝鳳州以上寶應元年內附 永定州永泰元年以永定等十二州部落內附析置州十五 宜芳州餘闕
右闕
吐谷渾州一
閤門州
右隸涼州都督府
四鎮都督府州三十四咸亨元年吐蕃陷安西因罷四鎮長壽二年復置
龜茲都督府貞觀二十年平龜茲置 領州九闕
毗沙都督府本于闐國貞觀二十二年內附初置州五高宗上元二年置府析州為十 領州十闕
焉耆都督府貞觀十八年滅焉耆置有碎葉城調露元年都護王方翼築四面十二門為屈曲隱出伏沒之狀云
疏勒都督府貞觀九年疏勒內附置 領州十五闕
河西內屬諸胡州十二府二
烏壘州 和墨州 温府州 蔚頭州 遍城州 耀建州
寅度州 豬拔州 達滿州 蒲順州 郢及滿州 乞乍州
嬀塞都督府
渠黎都督府
西域府十六州七十二龍朔元年以隴州南由令王名遠為吐火羅道置州縣使自于闐以西波斯以東凡十六國以其王都為都督府以其屬部為州縣凡州八十八縣百一十軍府百二十六
月支都督府以吐火羅葉護阿緩城置 領州二十六 藍氏州以鉢勃城置 大夏州以縛叱城
置 漢樓州以俱祿犍城置 弗敵州以烏邏氈城置 沙律州以咄城置 嬀水州以羯城置 盤越州以忽
婆城置 忸密州以烏那曷城置 伽倍州以摩彥城置 粟特州以阿捺臘城置 鉢羅州以蘭城置 雙
泉州以悉計蜜悉帝城置 祀惟州以昏磨城置 遲散州以悉蜜言城置 富樓州以乞施巘城置 丁零
州以泥射城置 薄知州以析面城置 桃槐州以阿臘城置 大檀州以頰厥伊具部落置 伏盧州
以播薩城置 身毒州以乞澀職城置 西戎州以突厥施怛駃城置 篾頡州以騎失帝城置 疊仗州以發部落城置

苑湯州以拔特山城置

大汗都督府以嚈噠部落活路城置　領州十五　附墨州以怒那城置　奄蔡州以胡路城置　依耐州以婆多勒薩達健城置　犁州以少俱部落置　榆令州以烏模言城置　安屋州以遏麗多城置　劉陵州以數始城置　碣石州以迦沙紛遮城置　波知州以謁勞支城置　烏丹州以烏捺斯城置　諾色州以遠利城置

迷蜜州以順問城置　肹頓州以下拔置　宿利州以賓菴谷部落置　賀那州以汗曜部落置

條支都督府以訶達羅支國伏寶瑟顛城置　領州九　細柳州以護闍城置　虞泉州以賛帳瑟顛城置　犁勸州以據瑟部落置　崦嵫州以遏忽部落置　巨雀州以烏離難城置　遺州以遺蘭部落置　西海州以耨薩大城置　鎮西州以活根部落置　乾陀州以縛狠部落置

天馬都督府以解蘇國數滿城置　領州二　洛那州以忽論城置　東離州以達利薄紇城置

高附都督府以骨咄施沃沙城置　領州二　五翎州以葛邏犍城置　休蜜州以烏斯城置

脩鮮都督府以罽賓國遏紇城置　領州十　毗舍州以羅漫城置　陰米州以蕨蒱城置　波路州以羯麻城置　龍池州以遏根城置　烏弋州以塞奔你羅斯城置　羅羅州以濫犍城置　檀特州以半製城置　烏利州以勃逸城置　漠州以鶻換城置　懸度州以布路犍城置

寫鳳都督府以帆延國羅爛城置　領州四　嶰谷州以有搽城置　冷淪州以俟麟城置　悉萬州以縛時伏城置　鉗敦州以末臘薩旦城置

悅般州都督府以石汗那國艷城置　領雙靡州以俱蘭城置

奇沙州都督府以護時犍國遏蜜城置　領州二　沛隸州以漫山城置　大秦州以鍼蜜城置

姑墨州都督府以怛沒國怛沒城置　領栗弋州以弩羯城置

旅獒州都督府以烏拉喝國摩竭城置

崑墟州都督府以多勒建國低寶那城置

至拔州都督府以俱蜜國褚瑟城置

鳥飛州都督府以護蜜多國摸逵城置　領鉢和州以娑勒色訶城置

王庭州都督府以久越得犍國步師城置

波斯都督府以波斯國疾陵城置

右隸安西都護府

劍南道

諸羌州百六十八

西雅州貞觀五年置縣三新城　三泉　石龍　蛾州貞觀五年置縣二常平　那川　拱州顯慶元年以鉗矣南伏浪恐部置　劍州永徽五年以大首領凍就部落置

右隸松州都督府

塗州武德元年以臨塗羌內附置領臨塗端源婆覽三縣貞觀元年州廢縣亦省二年析茂州之端原戍復置縣三端原　臨涂　悉降　炎州本西封州貞觀五年開生羌置八年更名縣三大封　慕仙　義川　徹州貞觀六年以西羌董洞貴部落置縣三文徹　俄耳　文進　向州貞觀五年以生羌置縣二貝左　向武　冉州本西冉州貞觀六年以徼外敘羌地置八年更名九年第爲冉州縣四冉山　磨山　玉溪　金水　穹州本西博州貞觀五年以生羌置八年更名縣五小川　徹當　壁川　當博　恭耳　笮州本西恭州貞觀七年以白狗羌戶置八年更名縣二遂都　亭勸　比思　蓬魯州永徽二年特浪生羌董悉奉求辟惠生羌卜檐莫等種落萬餘戶內附又析置州三十二　姜州　恕州　葛州

勿州　覲州　占州　達州　浪州　邠州

斂州　補州　賴州　那州　皋州　多州

爾州　射州　鐸州　平祭州　時州　箭州

嵠州　浩州　質州　居州　可州　宕州

歸化州　柰州　竺州　卓州

右隸茂州都督府

思亮州　杜州　初漢州　孚川州　渠川州　丘盧州

祐州　計州　龍施州　月亂州　涓彌州　月邊州

團州　櫃州　威川州　米羌州

右隸巂州都督府

當馬州此下二十一州天寶前置　林波州　中川州　林燒州　鉗矢州

會野州　當仁州　金林州　東嘉梁州　西嘉梁州　東石乳州

西石乳州　涉邛州　汶東州　費林州　徐渠州　彊雞州

長臂州　楊常州　羅嵓州初隸黎州都督後來屬　雉州　椎梅州此下三十六州開元後置

三井州　東鋒州　名配州　鉗恭州　斜恭州　畫重州

羅林州　籠羊州　龍逢州　敢川州　驚川州　橋眉州

木燭州　當品州　嚴城州　昌磊州　鉗并州　作重州

橋林州　三恭州　布嵐州　欠馬州　羅蓬州　論川州

讓川州　遠南州　卑盧州　夔龍州　耀川州　金川州

鹽井州　涼川州　夏梁州　甫和州　椒查州

右隸雅州都督府

奉上州此下二十二州開元前置 輒榮州 劇川州 合欽州 蓬口州
博盧州 明川州 胣肢州 蓬矢州 大渡州 米川州
木屬州 河東州 甫嵐州 昌明州 歸化州初隸嶲州後來屬
象川州 叢夏州 和良州 和都州 附樹州 東川州
上貴州此下二十八州開元十七年置 滑川州 比川州 吉川州 甫萼州
比地州 蒼榮州 野川州 邛陳州 貴林州 牒珍州
浪彌州 郎郭州 上欽州 時蓬州 儼馬州 邛川州
護邛州 脚川州 開望州 上蓬州 比蓬州 剝重州
久護州 瑤劍州 明昌州 護川州 索古州此下三州大和以前置
諾祚州 柘枝州
右隸黎州都督府
諸蠻州九十二皆徼外諸蠻城邑椎髻皮服惟來集于都督府則衣冠如華人焉
南寧州漢夜郎地武德元年開南中因故同樂縣置治味四年置總管府五年僑治益州八年復治味更名郎州貞觀元年罷都督開元五年復故名天寶末沒于蠻因廢唐末復置州于清溪鎮去黎州二十九日行縣七味 同樂 升麻 同起 新豐 隴堤 泉麻 昆州本隋置隋亂廢武德元年開南中復置土貢牛

黃縣四益寧 晉寧 安寧 秦臧滇池在晉寧其秦臧則故滇漢地也 黎州本西寧州武德七年析南寧州置貞觀八年更名北接昆州縣二梁
水 絳 匡州本南寧州武德七年置貞觀八年更名漢永昌郡地縣二勃弄 匡川 髳州本西濮州武德四年置貞觀十一年更名漢越嶲郡地南
接嶲州縣四濮水 青蛉 岐星 銅山 尹州武德四年置北接髳州縣五馬邑 天池 曠泉 百泉 涌泉 曾州武德四年置西接匡州縣五曾
三部 神泉 隴存 長和 鉤州本南龍州武德七年置貞觀十一年更名東北接昆州縣二望水 唐封 裒州武德七年置本弄棟地南接姚州縣
二陽褒 樂鄉 宗州本西宗州武德七年置貞觀十一年更名宗州北接姚州縣三宗居 石塔 河西 微州本西利州武德七年置貞觀十一年
更名北接檪州縣二深利 十部 檪州本西豫州武德七年置貞觀三年更名南接姚州初爲都督府督檪望麻三州後罷都督縣二磨豫 七部 望
州貞觀末以諸蠻內附與傍州同置初隸郎州都督後來屬 諾羅州 盤州本西平州武德四年置貞觀八年更名故興古郡地其南交州
縣三附唐 平夷 盤水 麻州貞觀二十二年析郎州置 英州 聲州 勤州 傍州貞觀二十三年諸蠻末徙
莫徙儉望二種落內附置傍望求丘覽五州 求州 丘州 覽州 咸州 瀘慈州 歸武
州 巖州 湯望州 武德州 奏龍州 武鎮州本武恒避穆宗名改 南唐
州 連州縣六當爲 羅龍 加平 都寧 清故 羅遊 南州政 析盈州置縣三播 百榮 洪盧 德州析志州置縣二羅連 萬
巖 爲州析扶德州置縣二扶 羅僧 洛州析鈐州置縣四臨津 賓表 曾城 慈藥 移州析悅州置縣三移當 臨河 湯陵 悅
州縣六甘泉 青賓 臨川 悅水 表鄉 胡磨 鍚州縣六奏郎 賓唐 溪琳 踪連 池臨 野并 筠州縣八曬水 筠山 羅余 臨居 澄瀾
臨堤 唐川 壽源 志州志一作忠縣四浮壽 羅椎 袁賓 河西 盈州縣四盈川 途寄 播陵 施燕 武昌州縣七洪武 羅虹 琅林

袁助 來賓 羅新 斷婆 扶德州縣三宋水 扶德 阿陰 播郎州析筆州置縣三播郎 從頭 順化 信州 居州
郎遣 何度 部仁 因闍 炎州 馴州縣五馴朽 方陀 羅茂 天池 播陽 騁州縣二解木 羅捐 浪川州貞元十三年節度使韋皋表置縣五 郎浪
協州本隋置隋亂廢武德元年開南中復置縣三東安 西安 胡津 靖州析協州置縣二靖川 分協 曲州
本恭州隋置隋亂廢武德元年開南中復置八年更名故朱提郡北接協州縣二朱提 唐興 武德七年更名 播陵州析盈州置 鉗州
州析開邊縣置 哥靈州縣三拱平 播官 羅谷 切騎州縣四柳池 麥祿 麻託 通蠻 品州縣三八
救 從州縣六從花 昆池 武安 羅林 梆山 南寧 柯連州縣三柯連 羅名 新戎 磯衛州縣三麻金 磯衛 洛麻
右隸戎州都督府
于州武德四年以古滇王國民多姓于因置蠻州都督府并置州十三 異州 五陵州 袖州
和往州 舍利州 范鄧州 野共州 洪郎州 日南州
眉鄧州 遼備州 洛諾州
右隸姚州都督府
納州都寧郡儀鳳二年開山洞置縣八羅圍 播羅 施陽 都寧 羅當 羅藍 都胡 茂先天二年與薩晏鞏奉浙皆降爲羈縻 薩州
黃池郡儀鳳二年招生獠置縣二黃池 播陽 晏州羅陽郡儀鳳二年招生獠置縣七思峩 柯陰 新賓 扶來 思晏 多岡
鞏州因忠郡儀鳳二年開山洞置縣五多羅 羅陽 都權 波婆 比求 播郎 奉州儀鳳二年開山洞置縣二柯里 邏蓬 浙

州儀鳳二年開山洞置縣四浙源 越賓 洛川 鱗山 順州儀鳳初二年置縣五曲水 順山 雲巖 來銀 藥池 思義州天授二年置縣二多
樂 洛溪 清州久視元年置縣四新定 清川 固城 居牢 能州大足元年置縣四長寧 來銀 藥池 猿山 高州縣三柯巴 多南 俠西
宋州縣四柯龍 柯支 宋水 盧吾 長寧州縣四婆員 波居 青盧 羅門 定州縣二支江 扶德
右隸瀘州都督府
江南道
諸蠻州五十一
牂州武德三年以牂柯首領謝龍羽地置四年更名柯州後復故名初與應矩六州皆爲下州開元中降牂琰莊爲羈縻天寶三載又降充應
矩縣三建安 賓化 新興 柯武德二年更名新興與州同置 琰州貞觀四年置縣五武侯 望江 應江 始安 東南貞觀中又領盤是 琰川二縣
後 莊州本南壽州貞觀三年以南謝蠻首領謝彊地置四年更名十一年爲都督府景龍二年罷都督故隋牂柯郡地南百里有牂牁縣七石牛 南陽 輕水 多樂 樂安 石城 新安
充州武德三年以牂柯蠻別部置縣七平蠻 東陵 韶明 牂柯 東陵 思王 安貞觀中又領清蘭縣後省
應州貞觀三年以東謝首領謝元深地置縣五都尚 婆覽 應江 羅恭 陁隆 矩州武德四年置 明州貞觀中以西趙首領趙磨地置
蕎州 勞州 義州 福州 犍州 邦州
清州 我州 蠻州縣一巴江 欽州欽一作飲 濡州 琳州縣三多梅
古陽 多奉 鸞州 令州 那州 暉州 都州

總州咸亨三年昆明十四姓率戶二萬內屬分置 敦州咸亨三年析內屬昆明部置縣六武寧 溝水 古質 昆川 叢燕 瑜雲 殷州
咸亨三年析昆明部置後廢開元十五年分戎州復置後又廢貞元二年節度使韋皐表復置故南漢之境也縣五 殷川 東公 龍原 章川 寶川 初與敦州皆隸
戎州都督後來屬 傒州 晃州 樊州 稜州 綠州
普寧州 功州 亮州 茂龍州 延州 訓州
鄉州貞觀十五年置 雙城州 整州 懸州 撫水州縣四 撫水 古勞 多逢 京水
思源州 逸州 南平州 勳州 襲州 寶州萬歲通天
二年以昆明夷內附置 姜州 鴻州縣五 樂鴻 思翁 都部 新庭 臨川
右隸黔州都督府
嶺南道
諸蠻州九十二
紆州縣六 東區 吉陵 南山 紆質 都邦 賓安 歸思州 思順州縣五 羅遵 履博 都恩 吉南 許水 蕃州
縣三 蕃水 都伊 思寮 溫泉州 溫泉郡土貢金 縣二 溫泉 洛富 述昆州土貢桂心 縣五 夷蒙 夷水 古桂 臨山 都隴 格州
右隸桂州都督府
棍州縣八 正平 富平 龍源 思恩 饒勉 武招 都象 歌良 歸順州本歸淳 元和初更名 思剛州 侯州

歸誠州 倫州 石西州 思恩州 思同州 思明州縣一 驟川
萬形州 萬承州 上思州 談州 思琅州 波州
員州 功饒州 萬德州 左州 思誠州 鶡州
歸樂州 青州 得州 七源州
右隸邕州都督府
德化州永泰二年以林覩符部落置縣二 德化 歸義 郎茫州永泰二年以林覩符部落分置縣二 郎茫 古勇 龍武州
大曆中以潘歸國部落置縣二 龍丘 福宇 歸化州縣四 歸朝 洛都 落回 落巍 郡州土貢白鑞孔雀尾 縣二 郡口 樂安 萬泉
州縣一 陸水 思農州縣三 武郎 武容 武全 爲州縣三 都龍 陵會 武零 西原州縣三 羅和 古林 羅淡 林西州縣二
林西 甘橘 思廓州縣三 都寧 昆陽 羅方 武靈州縣三 文萬 甘郎 蘇拗 新安州縣三 歸化 賓陽 安德 金廓州縣三
羅嘉 文龍 祿柴 提上州縣三 長賓 提頭 朱綠 甘棠州縣一 忠誠 武定州縣三 福祿 柔遠 康林 都金州縣四 溫泉
嘉陵 甘陽 都金 諒州縣二 武興 古都 武陸州開成三年都護馬植表以武陸縣置 平原州開成四年析都金州之平原館
置縣三 龍石 龍當 平林 龍州 武定州 眞州 信州 思陵州
祿州中宗時有單樂縣後省 南平州 西平州 門州 餘州
蘇州 金隣州儀鳳元年置 暑州 羅伏州 儋陵州 樊德州

金龍州 哥富州貞元十二年置 尚思州貞元十二年置 安德州貞元十二年置
右隸安南都護府
蜀爨蠻州十八貞元七年領州名逸
右隸峯州都督府
唐置羈縻諸州皆傍塞外或寓名於夷落而四夷之與中國通者
甚衆若將臣之所征討敕使之所慰賜宜有以記其所從出天寶
中玄宗問諸蕃國遠近鴻臚卿王忠嗣以西域圖對纔十數國其
後貞元宰相賈耽考方域道里之數最詳從邊州入四夷通譯于
鴻臚者莫不畢紀其入四夷之路與關戍走集最要者七一曰營
州入安東道二曰登州海行入高麗渤海道三曰夏州塞外通大
同雲中道四曰中受降城入回鶻道五曰安西入西域道六曰安
南通天竺道七曰廣州通海夷道其山川聚落封略遠近皆槩舉
其目州縣有名而前所不錄者或夷狄所自名云
營州西北百里曰松陘嶺其西奚其東契丹距營州北四百里至

湟水營州東百八十里至燕郡城又經汝羅守捉渡遼水至安東
都護府五百里府故漢襄平城也東南至平壤城八百里西南至
都里海口六百里西至建安城三百里故中郭縣也南至鴨淥江
北泊汋城七百里故安平縣也自都護府東北經古蓋牟新城又
經渤海長嶺府千五百里至渤海王城城臨忽汗海其西南三十
里有古肅愼城其北經德理鎮至南黑水靺鞨千里
登州東北海行過大謝島龜歆島末島烏湖島三百里北渡烏湖
海至馬石山東之都里鎮二百里東傍海壖過青泥浦桃花浦杏
花浦石人汪橐駝灣烏骨江八百里乃南傍海壖過烏牧島貝江
口椒島得新羅西北之長口鎮又過秦王石橋麻田島古寺島得
物島千里至鴨淥江唐恩浦口乃東南陸行七百里至新羅王城
自鴨淥江口舟行百餘里乃小舫泝流東北三十里至泊汋口得
渤海之境又泝流五百里至丸都縣城故高麗王都又東北泝流
二百里至神州又陸行四百里至顯州天寶中王所都又正北如

東六百里至渤海王城
夏州北渡烏水經賀麟澤拔利干澤過沙次內橫刻沃野泊長澤
白城百二十里至可朱渾水源又經故陽城澤橫刻北門突紇利
泊石子嶺百餘里至阿頹泉又經大非苦鹽池六十六里至賀蘭
驛又經庫也干泊彌鵝泊榆祿渾泊百餘里至地頹澤又經步拙
泉故城八十八里渡烏那水經胡洛鹽池紇伏干泉四十八里度
庫結沙一曰普納沙二十八里過橫水五十九里至十賁故城又
十里至寧遠鎮又涉屯根水五十里至安樂戍戍在河西壖其東
壖有古大同城今大同城故永濟柵也北經大泊十七里至金河
又經故後魏沃野鎮城傍金河過古長城九十二里至吐俱麟川
傍水行經破落汗山賀悅泉百三十一里至步越多山又東北二
十里至纈特泉又東六十里至賀人山山西磧口有詰特犍泊吐
俱麟川水西有城城東南經拔厥那山二百三十里至帝割達城
又東北至諾眞水汊又東南百八十七里經古可汗城至鹹澤又

東南經烏咄谷二百七里至古雲中城又西五十五里有綏遠城
皆靈夏以北蕃落所居
中受降城正北如東八十里有呼延谷谷南口有呼延柵谷北口
有歸唐柵車道也入回鶻使所經又五百里至鸊鵜泉又十里入
磧經麚鹿山鹿耳山錯甲山八百里至山燕子井又西北經密粟
山達旦泊野馬泊可汗泉橫嶺綿泉鏡泊七百里至回鶻衙帳又
別道自鸊鵜泉北經公主城眉間城怛羅思山赤崖鹽泊渾義河
爐門山木燭嶺千五百里亦至回鶻衙帳東有平野西據烏德鞬
山南依嗢昆水北六七百里至仙娥河河北岸有富貴城又正北
如東過雪山松樺林及諸泉泊千五百里至骨利幹又西十三日
行至都播部落又北六七日至堅昆部落有牢山劒水又自衙帳
東北渡仙娥河二千里至室韋骨利幹之東室韋之西有鞠部落
亦曰祴部落其東十五日行有俞折國亦室韋部落又正北十日
行有大漢國又北有骨師國骨利幹都播二部落北有小海冰堅

時馬行八日可度海北多大山其民狀貌甚偉風俗類骨利幹晝
長而夕短回鶻有延姪伽水一曰延特勒泊曰延特勒郍海烏德
鞬山左右嗢昆河獨邏河皆屈曲東北流至衙帳東北五百里合
流泊東北千餘里有俱倫泊泊之四面皆室韋
安西西出柘厥關渡白馬河百八十里西入俱毗羅磧經苦井百
二十里至俱毗羅城又六十里至阿悉言城又六十里至撥換城
一曰威戎城曰姑墨州南臨思渾河乃西北渡撥換河中河距思
渾河百二十里至小石城又二十里至于闐境之胡蘆河又六十
里至大石城一曰于祝曰溫肅州又西北三十里至粟樓烽又四
十里度拔達嶺又五十里至頓多城烏孫所治赤山城也又三十
里渡眞珠河又西北度乏驛嶺五十里渡雪海又三十里至碎卜
戍傍碎卜水五十里至熱海又四十里至凍城又百一十里至賀
獵城又三十里至葉支城出谷至碎葉川口八十里至裴羅將軍
城又西二十里至碎葉城城北有碎葉水水北四十里有羯丹山

十姓可汗每立君長於此自碎葉西十里至米國城又三十里至
新城又六十里至頓建城又五十里至阿史不來城又七十里至
俱蘭城又十里至稅建城又五十里至怛羅斯城自撥換碎葉西
南渡渾河百八十里有濟濁館故和平鋪也又經故達幹城百二
十里至謁者館又六十里至據史德城龜茲境也一曰鬱頭州在
赤河北岸孤石山渡赤河經岐山三百四十里至葭蘆館又經達
漫城百四十里至疏勒鎮南北西三面皆有山城在水中城東又
有漢城亦在灘上赤河來自疏勒西葛羅嶺至城西分流合于城
東北入據史德界自撥換南而東經崑崗渡赤河又西南經神山
睢陽鹹泊又南經疏樹九百三十里至于闐鎮城于闐西五十里
有葦關又西經勃野西北渡繫館河六百二十里至郅支滿城一
曰磧南州又西北經苦井黃渠三百二十里至雙渠故羯飯館也
又西北經半城百六十里至演渡州又北八十里至疏勒鎮自疏
勒西南入劒末谷青山嶺青嶺不忍嶺六百里至葱嶺守捉故羯

盤陀國開元中置守捉安西極邊之戍有寧彌故城一曰達德力
城曰汗彌國曰拘彌城于闐東三百九十里有建德力河東七百
里有精絕國于闐西南三百八十里有皮山城北與姑墨接凍淩
山在于闐國西南七百里又于闐東三百里有坎城鎮東六百里
有蘭城鎮南六百里有胡弩鎮西二百里有固城鎮西三百九十
里有吉良鎮于闐東距且末鎮千六百里自焉耆西五十里過鐵
門關又二十里至于術守捉城又二百里至榆林守捉又五十里
至龍泉守捉又六十里至東夷僻守捉又七十里至西夷僻守捉
又六十里至赤岸守捉又百二十里至安西都護府又一路自沙
州壽昌縣西十里至陽關故城又西至蒲昌海南岸千里自蒲昌
海南岸西經七屯城漢伊脩城也又西八十里至石城鎮漢樓蘭
國也亦名鄯善在蒲昌海南三百里康豔典為鎮使以通西域者
又西二百里至新城亦謂之弩支城豔典所築又西經特勒井渡
且末河五百里至播仙鎮故且末城也高宗上元中更名又西經

悉利支井祆井勿遮水五百里至于闐東蘭城守捉又西經移杜堡
彭懷堡坎城守捉三百里至于闐

安南經交趾太平百餘里至峯州又經南田百三十里至恩樓縣
乃水行四十里至忠城州又二百里至多利州又三百里至朱貴
州又四百里至丹棠州皆生獠也又四百五十里至古湧步水路
距安南凡千五百五十里又百八十里經浮動山天井山山上夾
道皆天井閒不容趾者三十里二日行至湯泉州又五十里至祿
索州又十五里至龍武州皆爨蠻安南境也又八十三里至儻遲
頓又經八平城八十里至洞澡水又經南亭百六十里至曲江劍
南地也又經通海鎮百六十里渡海河利水至絳縣又八十里至
晉寧驛戎州地也又八十里至柘東城又八十里至安寧故城又
四百八十里至靈南城又八十里至白崖城又七十里至蒙舍城
又八十里至龍尾城又十里至大和城又二十五里至羊苴咩城
自羊苴咩城西至永昌故郡三百里又西渡怒江至諸葛亮城二
百里又南至樂城二百里又入驃國境經万公等八部落至悉利
城七百里又經突旻城至驃國千里又自驃國西度黑山至東天
竺迦摩波國千六百里又西北渡迦羅都河至奔那伐檀那國六
百里又西南至中天竺國東境恒河南岸羯朱嗢羅國四百里又
西至摩羯陀國六百里一路自諸葛亮城西去騰充城二百里又
西至彌城百里又西過山二百里至麗水城乃西渡麗水龍泉水
二百里至安西城乃西渡彌諾江水千里至大秦婆羅門國又西
渡大嶺三百里至東天竺北界箇沒盧國又西南千二百里至中
天竺國東北境之奔那伐檀那國與驃國往婆羅門路合一路自
驩州東二日行至唐林州安遠縣南行經古羅江二日行至環王
國之檀洞江又四日至朱崖又經單補鎮二日至環王國城故漢
日南郡地也自驩州西南三日行度霧溫嶺又二日行至棠州日
落縣又經羅倫江及古朗洞之石蜜山三日行至棠州文陽縣又
經䕬䕬澗四日行至文單國之算臺縣又三日行至文單外城又

一日行至內城一曰陸真臘其南水真臘又南至小海其南羅越
國又南至大海

廣州東南海行二百里至屯門山乃帆風西行二日至九州石又
南二日至象石又西南三日行至占不勞山山在環王國東二百
里海中又南二日行至陵山又一日行至門毒國又一日行至古
笪國又半日行至奔陀浪洲又兩日行到軍突弄山又五日行至
海硤蕃人謂之質南北百里北岸則羅越國南岸則佛逝國佛逝
國東水行四五日至訶陵國南中洲之最大者又西出硤三日
至葛葛僧祇國在佛逝西北隅之別島國人多鈔暴乘舶者畏憚
之其北岸則箇羅國箇羅西則哥谷羅國又從葛葛僧祇四五日
行至勝鄧洲又西五日行至婆露國又六日行至婆國伽藍洲又
北四日行至師子國其北海岸距南天竺大岸百里又西四日行
經沒來國南天竺之最南境又西北經十餘小國至婆羅門西境
又西北二日行至拔颶國又十日行經天竺西境小國五至提颶

國其國有彌蘭太河一曰新頭河自北渤崑國來西流至提颶國
北入于海又自提颶國西二十日行經小國二十餘至提羅盧和
國一曰羅和異國國人於海中立華表夜則置炬其上使船人夜
行不迷又西一日行至烏剌國乃大食國之弗利剌河南入于海
小舟泝流二日至末羅國大食重鎮也又西北陸行千里至茂門
王所都縛達城自婆羅門南境從沒來國至烏剌國皆緣海東岸
行其西岸之西皆大食國其西最南謂之三蘭國自三蘭國正北
二十日行經小國十餘至設國又十日行經小國六七至薩伊瞿
和竭國當海西岸又西六七日行經小國六七至沒巽國又西北
十日行經小國十餘至拔離謌磨難國又一日行至烏剌國與東
岸路合西域有陀拔思單國在疏勒西南二萬五千里東距勃達
國西至涅滿國皆一月行南至羅剎支國半月行北至海兩月行
羅剎支國東至都槃國半月行西至沙蘭國南至大食國皆二十
日行都槃國東至大食國半月行南至大食國二十五日行北至

勃達國一月行勃達國東至大食國兩月行西北至岐蘭國二十
日行北至大食國一月行河沒國東南至陀拔國半月行西北至
岐蘭國二十日行南至沙蘭國一月行北至海兩月行岐蘭國西
至大食國兩月行南至涅滿國二十日行北至海五日行涅滿國
西至大食國兩月行南至大食國一月行北至岐蘭國二十日行
沙蘭國南至大食國二十五日行北至涅滿國二十五日行石國
東至拔汗那國百里西南至東米國五百里罽賓國在疏勒西南
四千里東至俱蘭城國七百里西至大食國千里南至婆羅門國
五百里北至吐火羅國二百里東米國在安國西北二千里東至
碎葉國五千里西南至石國千五百里南至拔汗那國千五百里
史國在疏勒西二千里東至俱蜜國千里西至大食國二千里南
至吐火羅國二百里西北至康國七百里

地理志第三十三下

翰林學士兼龍圖閣學士朝散大夫給事中知制誥

敕撰

唐制取士之科多因隋舊然其大要有三由學館者曰生徒由州縣者曰鄉貢皆升于有司而進退之其科之目有秀才有明經有俊士有進士有明法有明字有明筭有一史有三史有開元禮有道舉有童子而明經之別有五經有三經有二經有學究一經有三禮有三傳有史科此歲舉之常選也其天子自詔者曰制舉所以待非常之才焉凡學六皆隸于國子監國子學生三百人以文武三品以上子孫若從二品以上曾孫及勳官二品縣公京官四品帶三品勳封之子爲之太學生五百人以五品以上子孫職事官五品期親若三品曾孫及勳官三品以上有封之子爲之四門學生千三百人其五百人以勳官三品以上無封四品有封及文武七品以上子爲之八百人以庶人之俊異者爲之律學生五十

人書學生三十人筭學生三十人以八品以下子及庶人之通其學者爲之京都學生八十人大都督中都督府上州各六十人下都督府中州各五十人下州四十人京縣五十人上縣四十人中縣中下縣各三十五人下縣二十人國子監生尚書省補祭酒統焉州縣學生州縣長官補長史主焉凡館二門下省有弘文館生三十人東宮有崇文館生二十人以皇緦麻以上親皇太后皇后大功以上親宰相及散官一品功臣身食實封者京官職事從三品中書黃門侍郎之子爲之凡博士助教分經授諸生未終經者無易業凡生限年十四以上十九以下律學十八以上二十五以下凡禮記春秋左氏傳爲大經詩周禮儀禮爲中經易尚書春秋公羊傳穀梁傳爲小經通二經者大經小經各一若中經二通三經者大經中經小經各一通五經者大經皆通餘經各一孝經論語皆兼通之凡治孝經論語共限一歲尚書公羊傳穀梁傳各一歲半易詩周禮儀禮各二歲禮記左氏傳各三歲學書日紙一幅

間習時務策讀國語說文字林三蒼爾雅凡書學石經三體限三歲說文二歲字林一歲凡筭學孫子五曹共限一歲九章海島共三歲張丘建夏侯陽各一歲周髀五經筭共一歲綴術四歲緝古三歲記遺三等數皆兼習之旬給假一日前假博士考試讀者千言試一帖帖三言講者二千言問大義一條總三條通二爲第不及者有罰歲終通一年之業口問大義十條通八爲上六爲中五爲下并三下與在學九歲律生六歲不堪貢者罷歸諸學生通二經俊士通三經已及第而願留者四門學生補太學太學生補國子學每歲五月有田假九月有授衣假二百里外給程其不帥教及歲中違程滿三十日事故百日緣親病二百日皆罷歸既罷條其狀下之屬所五品以上子孫送兵部准蔭配色每歲仲冬州縣館監舉其成者送之尚書省而舉選不繇館學者謂之鄉貢皆懷牒自列于州縣試已長吏以鄉飲酒禮會屬僚設賓主陳俎豆備管絃牲用少牢歌鹿鳴之詩因與耆艾敘長少焉既至省皆疏名

列到結款通保及所居始由戶部集閱而關于考功員外郎試之凡秀才試方略策五道以文理通粗爲上上上中上下中上凡四等爲及第凡明經先帖文然後口試經問大義十條荅時務策三道亦爲四等凡開元禮通大義百條策三道者超資與官義通七十策通二者及第散試官能通者依正員凡三傳科左氏傳問大義五十條公羊穀梁傳三十條策皆三道義通七以上策通二以上爲第白身視五經有出身及前資官視學究一經凡史科每史問大義百條策三道義通七策通二以上爲第能通一史者白身視五經三傳有出身及前資官視學究一經三史皆通者奬擢之凡童子科十歲以下能通一經及孝經論語卷誦文十通者予官通七予出身凡進士試時務策五道帖一大經經策全通爲甲第策通四帖過四以上爲乙第凡明法試律七條令三條全通爲甲第通八爲乙第凡書學先口試通乃墨試說文字林二十條通十八爲第凡筭學錄大義本條爲問荅明數造術詳明術理然後爲

通試九章三條海島孫子五曹張丘建夏侯陽周髀五經算各一
條十通六記遺三等數帖讀十得九爲第試綴術緝古錄大義爲
問荅者明數造術詳明術理無注者合數造術不失義理然後爲
通綴術七條輯古三條十通六記遺三等數帖讀十得九爲第落
經者雖通六不第凡弘文崇文生試一大經一小經或二中經或
史記前後漢書三國志各一或時務策五道經史皆試策十道經
通六史及時務策通三皆帖孝經論語共十條通六爲第凡貢舉
非其人者廢舉者校試不以實者皆有罰其教人取士著於令者
大略如此而士之進取之方與上之好惡所以育材養士招來獎
進之意有司選士之法因時增損不同自高祖初入長安開大丞
相府下令置生員自京師至于州縣皆有數既即位又詔秘書外
省別立小學以教宗室子孫及功臣子弟其後又詔諸州明經秀
才俊士進士明於理體爲鄉里稱者縣考試州長重覆歲隨方物
入貢吏民子弟學藝者皆送于京學爲設考課之法州縣鄉皆

置學焉及太宗即位益崇儒術乃於門下別置弘文館又增置書
律學進士加讀經史一部十三年東宮置崇文館自天下初定增
築學舍至千二百區雖七營飛騎亦置生遣博士爲授經四夷若
高麗百濟新羅高昌吐蕃相繼遣子弟入學遂至八千餘人高宗
永徽二年始停秀才科龍朔二年東都置國子監明年以書學隷
蘭臺算學隷秘閣律學隷詳刑上元二年加試貢士老子策明經
二條進士三條國子監置大成二十人取已及第而聰明者爲之
試書日誦千言并日試策所業十通七然後補其祿俸同直官通
四經業成上於尚書吏部試之登第者加一階放選其不第則習
業如初三歲而又試三試而不中第從常調永隆二年考功員外
郎劉思立建言明經多抄義條進士唯誦舊策皆亡實才而有司
以人數充第乃詔自今明經試帖粗十得六以上進士試雜文二
篇通文律者然後試策武后之亂改易舊制頗多中宗反正詔宗
室三等以下五等以上未出身願宿衛及任國子生聽之其家居

業成而堪貢者宗正寺試送監舉如常法三衞番下日願入學者
聽附國子學太學及律館習業蕃王及可汗子孫願入學者附國
子學讀書玄宗開元五年始令鄉貢明經進士見訖國子監謁先
師學官開講問義有司爲具食淸資五品以上官及朝集使皆往
閱禮焉七年又令弘文崇文國子生季一朝參及注老子道德經
成詔天下家藏其書貢舉人減尚書論語策而加試老子又敕州
縣學生年二十五以下八品子若庶人二十一以下通一經及未通
經而聰悟有文辭史學者入四門學爲俊士即諸州貢舉省試不
第願入學者亦聽二十四年考功員外郎李昂爲舉人詆訶帝以
員外郎望輕遂移貢舉於禮部以侍郎主之禮部選士自此始二
十九年始置崇玄學習老子莊子文子列子亦曰道舉其生京都
各百人諸州無常員官秩蔭第同國子舉送課試如明經天寶九
載置廣文館於國學以領生徒爲進士者舉人舊重兩監後世祿
者以京兆同華爲榮而不入學十二載乃敕天下罷鄉貢舉人不

由國子及郡縣學者勿舉送是歲道舉停老子加周易十四載復
鄉貢代宗廣德二年詔曰古者設太學教胄子雖年穀不登兵革
或動而俎豆之事不廢頃年戎車屢駕諸生輟講宜追學生在館
習業度支給廚米是歲賈至爲侍郎建言歲方艱歉舉人赴省者
兩都試之兩都試人自此始貞元二年詔習開元禮者舉同一經
例明經習律以代爾雅是時弘文崇文生未補者務取員闕以補
速於登第而用蔭乖實至有假市門資變易昭穆及假人試藝者
六年詔宜據式考試假代者論如法初禮部侍郎親故移試考功
謂之別頭十六年中書舍人高郢奏罷議者是之元和二年置東
都監生一百員然自天寶後學校益廢生徒流散永泰中雖置西
監生而館無定員於是始定生員西京國子館生八十人太學七
十人四門三百人廣文六十人律館二十人書算館各十人東都
國子館十人太學十五人四門五十人廣文十人律館十人書館
三人算館二人而已明經停口義復試墨義十條五經取通五明

經通六其當坐法及爲州縣小吏雖藝文可采勿舉十三年權知禮部侍郎庾承宣奏復考功別頭試初開元中禮部考試畢送中書門下詳覆其後中廢是歲侍郎錢徽所舉送覆試多不中選由是貶官而舉人雜文復送中書門下長慶三年侍郎王起言故事禮部已放牓而中書門下始詳覆今請先詳覆而後放牓議者以起雖避嫌然失貢職矣諫議大夫殷侑言三史爲書勸善懲惡亞於六經比來史學都廢至有身處班列而朝廷舊章莫能知者於是立史科及三傳科大和三年高鍇爲考功員外郎取士有不當監察御史姚中立又奏停考功別頭試六年侍郎賈餗又奏復之八年宰相王涯以爲禮部取士乃先以牓示中書非至公之道自今一委有司以所試雜文鄉貫三代名諱送中書門下大抵衆科之目進士尤爲貴其得人亦最爲盛焉方其取以辭章類若浮文而少實及其臨事設施奮其事業隱然爲國名臣者不可勝數遂使時君篤意以謂莫此之尚及其後世俗益媮薄上下交疑因以謂按其聲病可以爲有司之責捨是則汗漫而無所守遂不復能易嗚呼乃知三代鄉里德行之舉非至治之隆莫能行也太宗時冀州進士張昌齡王公謹有名於當時考功員外郎王師旦不署以第太宗問其故對曰二人者皆文采浮華擢之將誘後生而弊風俗其後二人者卒不能有立寶應二年禮部侍郎楊綰上疏言進士科起於隋大業中是時猶試策高宗朝劉思立加進士雜文明經填帖故爲進士者皆誦當代之文而不通經史明經者但記帖括又投牒自舉非古先哲王側席待賢之道請依古察孝廉其鄉閭孝友信義廉恥而通經者縣薦之州州試其所通之學送于省自縣至省皆勿自投牒其到狀保辨識牒皆停而所習經取大義聽通諸家之學每問經十條對策三道皆通爲上第吏部官之經義通八策通二爲中第與出身下第罷歸論語孝經孟子兼爲一經其明經進士及道舉並停詔給事中李栖筠李廙尚書左丞賈至京兆尹兼御史大夫嚴武議栖筠等議曰夏之政忠商之政

敬周之政文然則文與忠敬皆統人行且諡號述行莫美於文文興則忠敬存焉故前代以文取士本文行也由辭觀行則及辭焉宣父稱顏子不遷怒不貳過謂之好學今試學者以帖字爲精通不窮旨義豈能知遷怒貳過之道乎考文者以聲病爲是非豈能知移風易俗化天下乎是以上失其源下襲其流先王之道莫能行也夫先王之道消則小人之道長亂臣賊子由是生焉今取士試之小道而不以遠大是猶以蝸蚓之餌垂海而望吞舟之魚不亦難乎所以食垂餌者皆小魚就科目者皆小藝且夏有天下四百載禹之道喪而商始興商有天下六百祀湯之法棄而周始興周有天下八百年文武之政廢而秦始并焉三代之選士任賢皆考實行是以風俗淳一運祚長遠漢興監其然尊儒術尚名節雖近戚竊位彊臣擅權弱主外立母后專政而亦能終彼四百豈非學行之效邪魏晉以來專尚浮侈德義不修故子孫速顛享國不永也今綰所請實爲正論然自晉室之亂南北分裂人多僑處必欲復古鄉舉里選竊恐未盡請兼廣學校以明訓誘雖京師州縣皆有小學兵革之後生徒流離儒臣師氏祿廩無向請增博士員厚其稟稍選通儒碩生閑居其職十道大郡置太學館遣博士出外兼領郡官以教生徒保桑梓者鄉里舉焉在流寓者庠序推焉朝而行之夕見其利而大臣以爲舉人循習難於速變請自來歲始帝以問翰林學士對曰舉進士久矣廢之恐失其業乃詔明經進士與孝廉兼行先是進士試詩賦及時務策五道明經策三道建中二年中書舍人趙贊權知貢舉乃以箴論表贊代詩賦而皆試策三道大和八年禮部復罷進士議論而試詩賦文宗從內出題以試進士謂侍臣曰吾患文格浮薄昨自出題所試差勝乃詔禮部歲取登第者三十人苟無其人不必充其數是時文宗好學嗜古鄭覃以經術位宰相深嫉進士浮薄屢請罷之文宗曰敦厚浮薄色色有之進士科取人二百年矣不可遽廢因得不罷武宗即位宰相李德裕尤惡進士初舉人既及第綴行通名詣主司第

謝其制序立西階下北上東向主人席東階下西向諸生拜主司荅拜乃敘齒謝恩遂升階與公卿觀者皆坐酒數行乃赴期集又有曲江會題名席至是德裕奏國家設科取士而附黨背公自為門生自今一見有司而止其期集參謁曲江題名皆罷德裕嘗論公卿子弟艱於科舉武宗曰向聞楊虞卿兄弟朋比貴勢妨平進之路昨黜楊知至鄭朴等抑其太甚耳有司不識朕意不放子弟即過矣但取實藝可也德裕曰鄭肅封敖子弟皆有才不敢應舉臣無名第不當非進士然臣祖天寶末以仕進無他岐勉彊隨計一舉登第自後家不置文選蓋惡其不根藝實然朝廷顯官須公卿子弟為之何者少習其業自熟朝廷事臺閣之儀不教而自成寒士縱有出人之才固不能閑習也則子弟未易可輕德裕之論偏異蓋如此然進士科當唐之晚節尤為浮薄世所共患也所謂制舉者其來遠矣自漢以來天子常稱制詔道其所欲問而親策之唐興世崇儒學雖其時君賢愚好惡不同而樂善求賢之意未

始少怠故自京師外至州縣有司常選之士以時而舉而天子又自詔四方德行才能文學之士或高蹈幽隱與其不能自達者下至軍謀將略翹關拔山絕藝奇伎莫不兼取其為名目隨其人主臨時所欲而列為定科者如賢良方正直言極諫博通墳典達於教化軍謀宏遠堪任將率詳明政術可以理人之類其名最著而天子巡狩行幸封禪太山梁父往往會見行在其所以待之之禮甚優而宏材偉論非常之人亦時出於其間不為無得也其外又有武舉蓋其起於武后之時長安二年始置武舉其制有長垜馬射步射平射筒射又有馬槍翹關負重身材之選翹關長丈七尺徑三寸半凡十舉後手持關距出處無過一尺負重者負米五斛行二十步皆為中第亦以鄉飲酒禮送兵部其選用之法不足道故不復書

選舉志第三十四

選舉志第三十五　唐書四十五

翰林學士兼龍圖閣學士朝散大夫給事中知制誥充史館脩撰臣歐陽脩奉
敕撰

凡選有文武文選吏部主之武選兵部主之皆爲三銓尚書侍郎
分主之凡官員有數而署置過者有罰知而聽者有罰規取者有
罰每歲五月頒格于州縣選人應格則本屬或故任取選解列其
罷免善惡之狀以十月會于省過其時者不叙其以時至者乃考
其功過同流者五五爲聯京官五人保之一人識之刑家之子工
賈異類及假名承偽隱冒升降者有罰文書粟錯隱倖者駁放之
非隱倖則不凡擇人之法有四一曰身體貌豐偉二曰言言辭辯
正三曰書楷法遒美四曰判文理優長四事皆可取則先德行德
均以才才均以勞得者爲留不得者爲放五品以上不試上其名
中書門下六品以下始集而試觀其書判已試而銓察其身言已
銓而注詢其便利而擬已注而唱不厭者得反通其辭三唱而不

厭聽冬集厭者爲甲上于僕射乃上門下省給事中讀之黃門侍
郎省之侍中審之然後以聞主者受旨而奉行焉謂之奏受視品
及流外則判補皆給以符謂之告身凡官已受成皆廷謝凡試判
登科謂之入等甚拙者謂之藍縷選未滿而試文三篇謂之宏辭
試判三條謂之拔萃中者即授官凡出身嗣王郡王從四品下親
王諸子封郡公者從五品上國公正六品上郡公正六品下縣公
從六品上侯正七品上伯正七品下子從七品上男從七品下皇
帝緦麻以上親皇太后期親正六品上皇太后大功皇后期親從
六品上皇帝袒免皇太后小功緦麻皇后大功親正七品上皇后
小功緦麻皇太子妃期親從七品上外戚皆以服屬降二階叙娶
郡主者正六品上娶縣主者正七品上郡主子從七品上縣主子從
八品上凡用蔭一品子正七品上二品子正七品下三品子從
七品上從三品子從七品下正四品子正八品上從四品子正八
品下正五品子從八品上從五品及國公子從八品下凡品子任

雜掌及王公以下親事帳內勞滿而選者七品以上子從九品上
叙其任流外而應入流內叙品卑者亦如之九品以上及勳官五
品以上子從九品下叙三品以上蔭曾孫五品以上蔭孫孫降子
一等曾孫降孫一等贈官降正官一等死事者與正官同郡縣公
子視從五品孫縣男以上子降一等勳官二品子又降一等二王
後孫視正三品凡秀才上上第正八品上上中第正八品下上下
第從八品上中上第從八品下明經上上第從八品下上中第正
九品上上下第正九品下中上第從九品上進士明法甲第從九
品上乙第從九品下弘文崇文館生及第亦如之應入五品者以
聞書筭學生從九品下叙凡弘文崇文生皇緦麻以上親皇太后
皇后大功以上親一家聽二人選職事二品以上散官一品中書
門下正三品同三品六尚書等子孫并姪功臣身食實封者子孫
一蔭聽二人選京官職事正三品同中書門下平章事供奉官三
品子孫京官職事從三品中書黃門侍郎并供奉三品官帶四品

五品散官子一蔭一人凡勳官選者上柱國正六品叙六品而下
遞降一階驍騎尉武騎尉從九品上叙凡居官必四考四考中中
進年勞一階叙每一考中上進一階上下二階上中以上及計考
應至五品以上奏而別叙六品以下遷改不更選及守五品以上
官年勞歲一叙給記階牒考多者準考累加凡醫術不過尚藥奉
御陰陽卜筮圖畫工巧造食音聲及天文不過本色局署令鴻臚
譯語不過典客署令凡千牛備身備身左右五考送兵部試有文
者送吏部凡齋郎太廟以五品以上子孫及六品職事并清官子
爲之六考而滿郊社以六品職事官子爲之八考而滿皆讀兩經
粗通限年十五以上二十以下擇儀狀端正無疾者武選凡納課
品子歲取文武六品以下勳官三品以下五品以上子年十八以
上每州爲解上兵部納課十三歲而試第一等送吏部第二等留
本司第三等納資二歲第四等納資三歲納已復試量文武授散
官若考滿不試免當年資遭喪免資無故不輸資及有犯者放還

之凡捉錢品子無違負滿二百日本屬以簿附朝集使上于考功兵部滿十歲量文武授散官其視品國官府佐應停者依品子納課十歲而試凡一歲為一選自一選至十二選視官品高下以定其數因其功過而增損之初武德中天下兵革新定士不求祿官不充員有司移符州縣課人赴調遠方或賜衣續食猶辭不行至則授用無所黜退不數年求者寖多亦頗加簡汰貞觀二年侍郎劉林甫言隋制以十一月為選始至春乃畢今選者衆請四時注擬十九年馬周以四時選為勞乃復以十一月選至三月畢太宗嘗謂攝吏部尚書杜如晦曰今專以言辭刀筆取人而不悉其行至後敗職雖刑戮之而民已敝矣乃欲放古令諸州辟召會功臣行世封乃止它日復顧侍臣曰致治之術在於得賢今公等不知人朕又不能徧識日月其逝而人遠矣吾將使人自舉可乎而魏徵以為長澆競又止初銓法簡而任重高宗總章二年司列少常伯裴行儉始設長名牓引銓注法復定州縣升降為八等其三京

五府都護都督府悉有差又量官資授之其後李敬玄為少常伯委事於員外郎張仁禕仁禕又造姓曆改狀樣銓曆等程式而銓總之法密矣然是時仕者衆庸愚咸集有僞主符告而矯為官者有接承它名而參調者有遠人無親而置保者試之日冒名代進或旁坐假手或借人外助多非其實雖繁設等級遞差選限增譴犯之科開糾告之令以遏之然猶不能禁大率十人競一官餘多委積不可遣有司患之謀為黜落之計以僻書隱學為判目無復求人之意而吏求貨賄出入升降至武后時天官侍郎魏玄同深嫉之因請復古辟署之法不報初試選人皆糊名令學士考判武后以為非委任之方罷之而其務收人心士無賢不肖多所進獎長安二年舉人授拾遺補闕御史著作佐郎大理評事衞佐凡百餘人明年引見風俗使舉人悉授試官高者至鳳閣舍人給事中次員外郎御史補闕拾遺校書郎試官之起自此始時李嶠為尚書又置員外郎二千餘員悉用勢家親戚給俸祿使釐務至與正

官爭事相毆者又有檢校勑攝判知之官神龍二年嶠復為中書令始悔之乃停員外官釐務中宗時韋后及太平安樂公主等用事於側門降墨勑斜封授官號斜封官凡數千員內外盈溢無聽事以居當時謂之三無坐處言宰相御史及員外郎也又以鄭愔為侍郎大納貨賂選人留者甚衆至逆用三年員闕而綱紀大潰韋氏敗始以宋璟為吏部尚書李乂盧從愿為侍郎姚元之為兵部尚書陸象先盧懷愼為侍郎悉奏罷斜封官量闕留人雖資高考深非才實者不取初尚書銓掌七品以上選侍郎銓掌八品以下選至是通其品而掌焉未幾璟元之等罷殿中侍御史崔涖太子中允薛昭希太平公主意上言罷斜封官人失其所而怨積於下必有非常之變乃下詔盡復斜封別勑官玄宗即位厲精為治左拾遺內供奉張九齡上疏言縣令刺史陛下所與共理尤親於民者也今京官出外乃反以為斥逐非少重其選不可又曰古者或遙聞辟召或一見任之是以士脩名行而流品不雜今吏部始

造簿書以備遺忘而反求精於案牘不急人才何異遺劒中流而刻舟以記於是下詔擇京官有善政者補刺史歲十月按察使校殿最自第一至第五校考使及戶部長官總覈之以為升降凡官不歷州縣不擬臺省已而悉集新除縣令宣政殿親臨問以治人之策而擢其高第者又詔員外郎御史諸供奉官皆進名勑授而兵吏部各以員外郎一人判南曹由是銓司之任輕矣其後戶部侍郎宇文融又建議置十銓乃以禮部尚書蘇頲等分主之太子左庶子吳兢諫曰易稱君子思不出其位言不侵官也今以頲等分掌吏部選而天子親臨決之尚書侍郎皆不聞參議者以為萬乘之君下行選事帝悟遂復以三銓還有司開元十八年侍中裴光庭兼吏部尚書始作循資格而賢愚一槩必與格合乃得銓授限年躡級不得踰越於是久淹不收者皆便之謂之聖書及光庭卒中書令蕭嵩以為非求材之方奏罷之乃下詔曰凡人年三十而出身四十乃得從事更造格以分寸為差若循新格則六十未

離一尉自今選人才業優異有操行及遠郡下寮名迹稍著者吏部隨材甄擢之初諸司官兼知政事者至日午後乃還本司視事兵部吏部尚書侍郎知政事者亦還本司分闕注唱開元以來宰相位望漸崇雖尚書知政事亦於中書決本司事以自便而左右相兼兵部吏部尚書者不自銓揔又故事必三銓三注三唱而后擬官季春始畢乃過門下省楊國忠以右相兼文部尚書建議選人視官資書判狀迹功優宜對衆定留放乃先遣吏密定員闕一日會左相及諸司長官於都堂注唱以誇神速由是門下過官三銓注官之制皆廢侍郎主試判而已肅代以後兵興天下多故官員益濫而銓法無可道者至德宗時試太常寺協律郎沈既濟極言其敝曰近世爵祿失之者久其失非他四太而已入仕之門太多世胄之家太優祿利之資太厚督責之令太薄臣以為當輕其祿利重其督責夫古今選用之法九流常敘有三科而已曰德也才也勞也而今選曹皆不及焉且吏部甲令雖曰度德居任量才

授職計勞升敘然考校之法皆在書判簿曆言辭俯仰之間侍郎非通神不可得而知則安行徐言非德也空文善書非才也累資積考非勞也苟執不失猶乖得人況衆流茫茫耳目有不足者乎蓋非鑒之不明非擇之不精法使然也王者觀變以制法察時而立政按前代選用皆州府察舉至于齊隋署置多由請託故當時議者以為與其率私不若自舉與其外濫不若內收是以罷州府之權而歸於吏部此矯時懲弊之權法非經國不刊之常典今吏部之法蹙矣不可以坐守刓弊臣請五品以上及羣司長官宰臣進敘吏部兵部得參議焉六品以下或僚佐之屬聽州府辟用則銓擇之任委於四方結奏之成歸於二部必先擇牧守然後授其權高者先署而後聞卑者聽版而不命其牧守將帥或選用非公則吏部兵部得察而舉之聖主明目達聰逖聽遐視罪其私冒不慎舉者小加譴黜大正刑典責成授任誰敢不勉夫如是則接名僞命之徒非才薄行之人貪叨賄貨懦弱姦宄下詔之日隨聲而

廢通大數十去八九矣如是人少而員寬事覈而官審賢者不獎而自進不肖者不抑而自退或曰開元天寶中不易吏部之法而天下砥平何必外辟方臻于理臣以為不然夫選舉者經邦之一端雖制之有美惡而行之由法令是以州郡察舉在兩漢則理在魏齊則亂吏部選集在神龍景龍則紊在開元天寶則理當其時久承升平御以法術慶賞不軼威刑必齊由是而理匪用吏部而臻此也向以此時用辟召之法則理不益久乎天子雖嘉其言而重於改作訖不能用初吏部歲常集人其後三數歲一集選人猥至文簿紛雜吏因得以為姦利士至蹉跌或十年不得官而闕員亦累歲不補陸贄為相乃懲其弊命吏部據內外員三分之計闕集人歲以為常是時河西隴右沒于虜河南河北不上計吏員大率減天寶三之一而入流者加一故士人二年居官十年待選而考限遷除之法寖壞憲宗時宰相李吉甫定考遷之格諸州刺史次赤府少尹次赤令諸陵令五府司馬上州以上上佐東宮官詹事

諭德以下王府官四品以上皆五考侍御史十三月殿中侍御史十八月監察御史二十五月三省官諸道勅補檢校五品以上及臺省官皆三考餘官四考文武官四品以下五考凡遷尚書省四品以上文武官三品以上皆先奏唐取人之路蓋多矣方其盛時著於令者納課品子萬人諸館及州縣學六萬三千七十人太史曆生三十六人天文生百五十人太醫藥童針呪諸生二百一十一人太卜卜筮三十人千牛備身八十人備身左右二百五十六人進馬十六人齋郎八百六十二人諸衛三衛監門直長三萬九千四百六十二人諸屯主副千九百八人諸折衝府錄事府史一千七百八十二人校尉三千五百六十四人執仗執乘每府三十二人親事帳內萬人集賢院御書手百人史館典書楷書四十一人尚藥童三十人諸臺省寺監軍衛坊府之胥史六千餘人凡此者皆入官之門戶而諸司主錄已成官及州縣佐史未敘者不在焉至於銓選其制不一凡流外兵部禮部舉人郎官得自主之謂

之小選太宗時以歲旱穀貴東人選者集于洛州謂之東選高宗上元二年以嶺南五管黔中都督府得即任土人而官或非其才乃遣郎官御史為選補使謂之南選其後江南淮南福建大抵因歲水旱皆遣選補使即選其人而廢置不常選法又不著故不復詳焉

選舉志第三十五

翰林學士兼龍圖閣學士朝散大夫給事中知制誥充史館修撰臣歐陽脩奉勑撰

唐之官制其名號祿秩雖因時增損而大抵皆沿隋故其官司之別曰省曰臺曰寺曰監曰衛曰府各統其屬以分職定位其辯貴賤敘勞能則有品有爵有勳有階以時考覈而升降之所以任羣材治百事其為法則精而密其施於事則簡而易行所以然者由職有常守而位有常員也方唐之盛時其制如此蓋其始未嘗不欲立制度明紀綱為萬世法而常至於交侵紛亂者由其時君不能慎守而徇一切之苟且故其事愈繁而官益冗至失其職業而卒不能復初太宗省內外官定制為七百三十員曰吾以此待天下賢材足矣然是時已有員外置其後又有特置同正員至於檢校兼守判知之類皆非本制又有置使之名或因事而置事已則罷或遂置而不廢其名類繁多莫能徧舉自中世已後盜起兵興

又有軍功之官遂不勝其濫矣故採其綱目條理可為後法及事雖非正後世遵用因仍而不能改者著于篇宰相之職佐天子摠百官治萬事其任重矣然自漢以來位號不同而唐世宰相名尤不正初唐因隋制以三省之長中書令侍中尚書令共議國政此宰相職也其後以太宗嘗為尚書令臣下避不敢居其職由是僕射為尚書省長官與侍中中書令號為宰相其品位既崇不欲輕以授人故常以他官居宰相職而假以他名自太宗時杜淹以吏部尚書參議朝政魏徵以祕書監參預朝政其後或曰參議得失參知政事之類其名非一皆宰相職也貞觀八年僕射李靖以疾辭位詔疾小瘳三兩日一至中書門下平章事而平章事之名蓋起於此其後李勣以太子詹事同中書門下三品謂同侍中中書令也而同三品之名蓋起於此然二名不專用而佗官居職者猶假佗名如故自高宗已後為宰相者必加同中書門下三品雖品高者亦然惟三公三師中書令則否其後改易官名而張文瓘以東臺侍郎同東西臺三品同三品入銜自文瓘始永淳元年以黃門侍郎郭待舉兵部侍郎岑長倩等同中書門下平章事平章事入銜自待舉等始自是以後終唐之世不能改初三省長官議事于門下省之政事堂其後裴炎自侍中遷中書令乃徙政事堂於中書省開元中張說為相又改政事堂號中書門下列五房于其後一曰吏房二曰樞機房三曰兵房四曰戶房五曰刑禮房分曹以主衆務焉宰相事無不統故不以一職名官自開元以後常以領他職實欲重其事而反輕宰相之體故時方用兵則為節度使時崇儒學則為大學士時急財用則為鹽鐵轉運使又其甚則為延資庫使至於國史太清宮之類其名頗多皆不足取法故不著其詳學士之職本以文學言語被顧問出入侍從因得參謀議納諫諍其禮尤寵而翰林院者待詔之所也唐制乘輿所在必有文詞經學之士下至卜醫伎術之流皆直於別院以備宴見而文書詔令則中書舍人掌之自太宗時名儒學士時時召以草制然猶

未有名號乾封以後始號北門學士玄宗初置翰林待詔以張說陸堅張九齡等為之掌四方表疏批答應和文章既而又以中書務劇文書多壅滯乃選文學之士號翰林供奉與集賢院學士分掌制詔書敕開元二十六年又改翰林供奉為學士別置學士院專掌內命凡拜免將相號令征伐皆用白麻其後選用益重而禮遇益親至號為內相又以為天子私人凡充其職者無定員自諸曹尚書下至校書郎皆得與選入院一歲則遷知制誥未知制誥者不作文書班次各以其官內宴則居宰相之下一品之上憲宗時又置學士承旨唐之學士弘文集賢分隸中書門下省而翰林學士獨無所屬故附列於此云

三師三公

太師太傅太保各一人是為三師太尉司徒司空各一人是為三公皆正一品三師天子所師法無所總職非其人則闕三公佐天子理陰陽平邦國無所不統親王拜者不親事祭祀闕則攝

三師貞觀十一年復置與三公皆不設官屬

尚書省尚書令一人正二品掌典領百官其屬有六尚書一曰吏部二曰戶部三曰禮部四曰兵部五曰刑部六曰工部六尚書兵部吏部為前行刑部戶部為中行工部禮部為後行行總四司以本行為頭司餘為子司庶務皆會決焉凡上之逮下其制有六一曰制二曰敕三曰冊天子用之四曰令皇太子用之五曰教親王公主用之六曰符省下於州州下於縣縣下於鄉下之達上其制有六一曰表二曰狀三曰牋四曰啓五曰辭六曰牒諸司相質其制有三一曰關二曰刺三曰移凡授內外百司之事皆印其發日為程一曰受二曰報諸州計奏達京師以事大小多少為之節凡符移關牒必遣於都省乃下天下大事不決者皆上尚書省凡制敕計奏之數省符宣告之節以歲終為斷龍朔二年改尚書省曰中臺廢尚書令尚書曰太常伯侍郎曰少常伯光宅元年改尚書省曰文昌臺俄曰文昌都省垂拱元年曰都臺長安三年曰中臺

左右僕射各一人從二品掌統理六官為令之貳令闕則總省事劾御史糾不當者龍朔二年改左右僕射曰左右匡政光宅元年曰文昌左右相開元元年曰左右丞相天寶元年復

左丞一人正四品上右丞一人正四品下掌辯六官之儀糾正省內劾御史舉不當者吏部戶部禮部左丞總焉兵部刑部工部右丞總焉郎中各一人從五品上員外郎各一人從六品上掌付諸司之務舉稽違署符目知宿直為丞之貳以都事受事發辰察稽失監印給紙筆以主事令史書令史署覆文案出符目以亭長啓閉傳禁約以掌固守當倉庫及陳設諸司皆如之隋尚書省諸司郎及承務郎各一人武德三年改諸司郎為郎中承務郎為員外郎貞觀元年復置左右司郎中龍朔二年改左右司郎中曰左右肅機郎中曰左右承務諸司郎中曰大夫永昌元年復置員外郎神龍元年省明年復置初有驛驢百人掌乘傳送符後廢

都事各六人從七品上主事各六人從八品下吏部考功禮部主書皆如之諸司主事從九品上有令史各十八人書令史各三十六人亭長各六人掌固各十四人

吏部尚書一人正三品侍郎二人正四品上郎中二人正五品上員外郎二人從六品上掌文選勳封考課之政以三銓之法官天下之材以身言書判德行才用勞效較其優劣而定其留放為之注擬五品以上以名上而聽制授六品以下量資而任之其屬有四一曰吏部二曰司封三曰司勳四曰考功吏部郎中掌文官階品朝集祿賜給其告身假使一人掌選補流外官員外郎二人從六品上一人判南曹皆為尚書侍郎之貳凡文官九品有正有從自正四品以下有上下為三十等凡文散階二十九從一品曰開府儀同三司正二品曰特進從二品曰光祿大夫正三品曰金紫光祿大夫從三品曰銀青光祿大夫正四品上曰正議大夫正四品下曰通議大夫從四品上曰太中大夫從四品下曰中大夫正五品上曰中散大夫正五品下曰朝議大夫從五品上曰朝請大夫從五品下曰朝散大夫正六品上曰朝議郎正六品下曰承議郎從六品上曰奉議郎從六品下曰通直郎正七品上曰朝請郎正七品下曰宣德郎從七品上曰朝散郎從七品下曰宣義郎正八品上曰給事郎正八品下曰徵事郎從八品上曰承奉郎從八品下曰承務郎正九品上曰儒林郎正九品下曰登仕郎從九品上曰文林郎從九品下曰將仕郎自四品皆番上於吏部不上者

歲輸資錢三品以上六百六品以下一千水旱蟲霜減半資有文藝樂京上者每州七人六十不樂簡選者罷輸勳官亦如之以征鎮功得護軍以上者納資減三之一凡流外九品取其書計時務其校試銓注與流內略同謂之小選吏部主事四人司封主事二人司勳主事三人考功主事三人武德五年改選部曰吏部七年省侍郎貞觀二年復置龍朔二年改吏部曰司列主爵曰司封考功曰司績武后光宅元年改吏部曰天官垂拱元年改主爵曰司封天寶十一載改吏部曰文部至德二載復舊有吏部令史三十人書令史六十人制書令史十四人甲庫令史十三人亭長八人掌固十二人司封令史四人書令史九人掌固四人司勳令史三十三人書令史六十七人掌固四人考功令史十五人書令史三十八人掌固四人

司封郎中一人從五品上員外郎一人從六品上諸郎中員外郎品皆如之掌封命朝會賜予之級凡爵九等一曰王食邑萬戶正一品二曰嗣王郡王食邑五千戶從一品三曰國公食邑三千戶從一品四曰開國郡公食邑二千戶正二品五曰開國縣公食邑千五百戶從二品六曰開國縣侯食邑千戶從三品七曰開國縣伯食邑七百戶正四品上八曰開國縣子食邑五百戶正五品上

九曰開國縣男食邑三百戶從五品上皇兄弟皇子皆封國爲親
王皇太子子爲郡王親王之子承嫡者爲嗣王諸子爲郡公以恩
進者封郡王襲郡王嗣王者封國公皇姑爲大長公主正一品姊
爲長公主女爲公主皆視一品皇太子女爲郡主從一品親王女
爲縣主從二品凡王公十五以上預朝集宗親女婦諸王長女月
二參內命婦一品母爲正四品郡君二品母爲從四品郡君三品
四品母爲正五品縣君凡諸王公主外戚之家卜祝占相不入門
王妃公主郡縣主嫠居有子者不再嫁凡外命婦有六王嗣王郡
王之母妻爲妃文武官一品國公之母妻爲國夫人三品以上母
妻爲郡夫人四品母妻爲郡君五品母妻爲縣君勳官四品有封
者母妻爲鄉君凡外命婦朝參視夫子之品諸蕃三品以上母妻
授封以制流外技術官不封母妻親王孺人二人視正五品媵十
人視從六品二品媵八人視正七品國公及三品媵六人視從七
品四品媵四人視正八品五品媵三人視從八品凡置媵上其數

補以告身散官三品以上皆置媵凡封戶三丁以上爲率歲租三
之一入于朝廷食實封者得眞戶分食諸州皇后諸王公主食邑
皆有課戶名山大川畿內之地皆不以封
司勳郎中一人員外郎二人掌官吏勳級凡十有二轉爲上柱國
視正二品十有一轉爲柱國視從二品十轉爲上護軍視正三品
九轉爲護軍視從三品八轉爲上輕車都尉視正四品七轉爲
輕車都尉視從四品六轉爲上騎都尉視正五品五轉爲騎都尉
視從五品四轉爲驍騎尉視正六品三轉爲飛騎尉視從六品二
轉爲雲騎尉視正七品一轉爲武騎尉視從七品凡以功授者覆
實然後奏擬戰功則計殺獲之數堅城苦戰功第一者三轉出少
擊多曰上陣兵數相當曰中陣出多擊少曰下陣矢石未交陷堅
突衆敵因而敗者曰跳盪殺獲十之四曰上獲十之二曰中獲十
之一曰下獲凡酬功之等見任前資常選曰上資文武散官衛官
勳官五品以上曰次資五品以上子孫上柱國柱國子勳官六品

以下曰下資白丁衛士曰無資跳盪人上資加二階次資下資無
資以次降凡上陣上獲五轉中獲四轉下獲三轉第二第三等遞
降爲中陣之上獲眡上陣之中獲中獲眡上陣之下獲下獲兩轉
下陣之上獲眡中陣之中獲中獲眡中陣之下獲下獲一轉破蠻
獠上陣上獲比兩番降二轉凡勳官九百人無職任者番上於兵
部眡遠近爲十二番以彊幹者爲番頭留宿衛者爲番月上外州
分五番主城門倉庫執刀上柱國以下番上四年驍騎尉以下番上
五年簡於兵部授散官不第者五品以上復番上四年六品以下
五年簡如初再不中者十二年則番上六年八年則番上四年勳
至上柱國有餘則授周以上親無者賜物太常音聲人得五品以
上勳非征討功不除簿諸州授勳人歲第勳之高下三月一報戶
部有蠲免必驗
考功郎中員外郎各一人掌文武百官功過善惡之考法及其行
狀若死而傳於史官諡于太常則以其行狀質其當不其欲銘于

碑者則會百官議其宜述者以聞報其家其考法凡百司之長歲
較其屬功過差以九等大合衆而讀之流內之官敘以四善一曰
德義有聞二曰清愼明著三曰公平可稱四曰恪勤匪懈善狀之
外有二十七最一曰獻可替否拾遺補闕爲近侍之最二曰銓衡
人物擢盡才良爲選司之最三曰揚清激濁褒貶必當爲考校之
最四曰禮制儀式動合經典爲禮官之最五曰音律克諧不失節
奏爲樂官之最六曰決斷不滯與奪合理爲判事之最七曰部統
有方警守無失爲宿衛之最八曰兵士調習戎裝充備爲督領之
最九曰推鞫得情處斷平允爲法官之最十曰讎校精審明於刊
定爲校正之最十一曰承旨敷奏吐納明敏爲宣納之最十二曰
訓導有方生徒充業爲學官之最十三曰賞罰嚴明攻戰必勝爲
軍將之最十四曰禮義興行肅清所部爲政教之最十五曰詳錄
典正詞理兼舉爲文史之最十六曰訪察精審彈舉必當爲糾正
之最十七曰明於勘覆稽失無隱爲句檢之最十八曰職事脩理

供承彊濟爲監掌之最十九曰功課皆充丁匠無怨爲役使之最二十曰耕耨以時收穫成課爲屯官之最二十一曰謹於蓋藏明於出納爲倉庫之最二十二曰推步盈虛究理精密爲曆官之最二十三曰占候醫卜效驗多者爲方術之最二十四曰檢察有方行旅無壅爲關津之最二十五曰市廛弗擾姦濫不行爲市司之最二十六曰牧養肥碩蕃息孳多爲牧官之最二十七曰邊境清肅城隍脩理爲鎮防之最一最四善爲上上一最三善爲上中一最二善爲上下無最而有二善爲中上無最而有一善爲中中職事粗理善最不聞爲中下愛憎任情處斷乖理爲下上背公向私職務廢闕爲下中居官諂詐貪濁有狀爲下下凡定考皆集於尚書省唱第然後奏親王及中書門下京官三品以上都督刺史都護節度觀察使則奏功過狀以覈考行之上下毎歲尚書省諸司具州牧刺史縣令殊功異行災蝗祥瑞戶口賦役增減盜賊多少皆上於考司監領之官以能撫養役使者爲功有耗亡者以十分

爲率一分爲一殿博士助教計講授多少爲差親勳翊衞以行能功過爲三等親勳翊衞備身東宮親勳翊衞備身王府執仗親事執乘親事及親勳翊衞主帥校尉直長品子雜任飛騎皆上中下考有二上第者加階蕃考別爲簿以侍郎顓掌之流外官以行能功過爲四等清謹勤公爲上執事無私爲中不勤其職爲下貪濁有狀爲下下凡考中上以上毎進一等加祿一季中中守本祿中下以下毎退一等奪祿一季中品以下四考皆中中者進一階一中上考復進一階一上下考進二階計當進而參有下考者以一中上覆一中下以一上下覆二中下上中以上雖有下考從上第有下下考者解任凡制敕不便有執奏者進其考貞觀初歲定京官望高者二人分校京官外官考給事中中書舍人各一人涖之號監中外官考使考功郎中判京官考員外郎判外官考其後屢置監考校考知考使故事考簿朱書吏緣爲姦咸通十四年始以墨

戶部尚書一人正三品侍郎二人正四品下掌天下土地人民錢穀之政貢賦之差其屬有四一曰戶部二曰度支三曰金部四曰倉部戶部郎中員外郎掌戶口土田賦役貢獻蠲免優復婣婚繼嗣之事以男女之黃小中丁老爲之帳籍以永業口分園宅均其土田以租庸調斂其物以九等定天下之戶以爲尚書侍郎之貳其後以諸行郎官判錢穀而戶部度支郎官失其職矣會昌二年著令以本行郎官分判錢穀戶部巡官二人主事四人度支主事二人金部主事三人倉部主事三人

高宗即位改民部曰戶部龍朔二年改戶部曰司元度支曰司度金部曰司珍倉部曰司庾光宅元年改戶部曰地官天寶十一載改金部曰司金倉部曰司儲有戶部令史十七人書令史三十四人計史一人亭長六人掌固十人度支令史十六人書令史三十三人計史一人掌固四人金部主事三人令史十人書令史二十一人計史一人掌固四人倉部令史十二人書令史二十三人計史一人掌固四人

度支郎中員外郎各一人掌天下租賦物產豐約之宜水陸道塗之利歲計所出而支調之以近及遠與中書門下議定乃奏

金部郎中員外郎各一人掌天下庫藏出納權衡度量之數兩京市互市和市宮市交易之事百官軍鎮蕃客之賜及給宮人王妃官奴婢衣服

倉部郎中員外郎各一人掌天下庫儲出納租稅祿糧倉廩之事以木契百合諸司出給之數以義倉常平倉備凶年平穀價

禮部尚書一人正三品侍郎一人正四品下掌禮儀祭享貢舉之政其屬有四一曰禮部二曰祠部三曰膳部四曰主客禮部郎中員外郎掌禮樂學校衣冠符印表疏圖書冊命祥瑞鋪設及百官宮人喪葬贈賻之數爲尚書侍郎之貳五禮之儀一曰吉禮二曰賓禮三曰軍禮四曰嘉禮五曰凶禮凡齊衰心喪以上奪情從職及周喪未練大功未葬皆不預宴大功以上喪受冊涖官鼓吹從而不作戎事則否凡朝晚入失儀御史錄名奪俸三奪者奏彈凡出蕃冊授弔贈者給衣冠皇帝巡幸兩京文武官職事五品以上月朔以表參起居近州刺史遣使一參留守月遣使起居北都則四時遣使起居諸司奏大事者前期三日具狀長官躬署對仗伏奏仗下中書門下涖讀河南太原府父老毎歲上表願駕幸遣使以聞駕在都則京兆府亦如之凡景雲慶雲爲大瑞其名物六十

有四白狼赤兎爲上瑞其名物三十有八蒼烏朱鴈爲中瑞其名物三十有二嘉禾芝草木連理爲下瑞其名物十四大瑞則百官詣闕奉賀餘瑞歲終員外郎以聞有司告廟凡喪三品以上稱薨五品以上稱卒自六品達于庶人稱死皇親三等以上喪舉哀有司帳具給食民諸蕃首領喪則主客鴻臚月奏禮部主事二人祠部主事二人膳部主事二人主客主事二人武德三年改儀曹郎曰禮部郎中司蕃郎曰主客郎中龍朔二年改禮部曰司禮祠部曰司禋膳部曰司膳光宅元年改禮部曰春官有禮部令史五人書令史十一人亭長六人掌固八人祠部令史六人書令史十三人掌固四人主客令史四人書令史九人掌固四人

祠部郎中員外郎各一人掌祠祀享祭天文漏刻國忌廟諱卜筮醫藥僧尼之事珠玉珍寶供祭者不求於市駕部比部歲會牲之死亡輸皮於太府郊祭酒醴脯醢黍稷果實所司長官封署以供兩京及磧西諸州火祆歲再祀而禁民祈祭凡巡幸路次名山大川聖帝明王名臣墓州縣以官告祭二王後享廟則給牲牢祭器而完其帷帟凡案主客以四時省問凡國忌廢務日內教太常停

習樂兩京文武五品以上及清官七品以上行香於寺觀凡名醫子弟試療病長官蒞覆三年有驗者以名聞

膳部郎中員外郎各一人掌陵廟之牲豆酒膳諸司供奉口味躬鎰其羣乃遣進胙亦如之非大禮大慶不獻食不進口味凡羊至廚而乳者釋之長生大齋日尚食進蔬食釋所殺羊爲長生供奉凡獻食進口味不殺犢尚食有猝須別索必奏覆月終而會之凡尚食進食以種取一而別嘗之殿中省主膳上食於諸陵以番上下四時遣食醫主食各一人蒞之

主客郎中員外郎各一人掌二王後諸蕃朝見之事二王後子孫視正三品酅公歲賜絹三百米粟亦如之介公減三之一殊俗入朝者始至之州給牒覆其人數謂之邊牒蕃州都督刺史朝集日視品給以衣冠袴褶乘傳者日四驛乘驛者六驛供客食料以四時輸鴻臚季終句會之客初至及辭設會第一等視三品第二等視四品第三等視五品蕃望非高者視散官而減半參日設食路由大海者給祈羊豕皆一西南蕃使還者給入海程糧西北諸蕃則給度磧程糧蕃客請宿衛者奏狀貌年齒突厥使置市坊有貿易錄奏爲質其輕重太府丞一人蒞之蕃王首領死子孫襲初授官兄弟子降一品兄弟子代攝者嫡年十五還以政使絕域者還上聞見及風俗之宜供饋贈貺之數

兵部尚書一人正三品侍郎二人正四品下掌武選地圖車馬甲械之政其屬有四一曰兵部二曰職方三曰駕部四曰庫部凡將出征告廟授斧鉞軍不從令大將專決還日具上其罪凡發兵降敕書於尚書尚書下文符放十人發十馬軍器出十皆不待敕衛士番直發一人以上必覆奏諸蕃首領至則備威儀郊導凡俘馘酬以絹入鈔之俘歸於司農郎中一人判帳及武官階品衛府衆寡校考給告身之事一人判簿及軍戎調遣之名數朝集祿賜假告之常員外郎一人掌貢舉雜請一人判南曹歲選解狀則覈簿書資歷考課皆爲尚書侍郎之貳武散階四十有五從一品曰驃

騎大將軍正二品曰輔國大將軍從二品曰鎭軍大將軍正三品上曰冠軍大將軍懷化大將軍正三品下曰懷化將軍從三品上曰雲麾將軍歸德大將軍從三品下曰歸德將軍正四品上曰忠武將軍正四品下曰壯武將軍懷化中郎將從四品上曰宣威將軍從四品下曰明威將軍歸德中郎將正五品上曰定遠將軍正五品下曰寧遠將軍懷化郎將從五品上曰游騎將軍從五品下曰游擊將軍歸德郎將正六品上曰昭武校尉正六品下曰昭武副尉懷化司階從六品上曰振威校尉從六品下曰振威副尉歸德司階正七品上曰致果校尉正七品下曰致果副尉懷化中候從七品上曰翊麾校尉從七品下曰翊麾副尉歸德中候正八品上曰宣節校尉正八品下曰宣節副尉懷化司戈從八品上曰禦侮校尉從八品下曰禦侮副尉歸德司戈正九品上曰仁勇校尉正九品下曰仁勇副尉懷化執戟長上從九品上曰陪戎校尉從九品下曰陪戎副尉歸德執戟長上自四品以下皆番上於兵部

以遠近爲八番三月一上三千里外者免番輸資如文散官唯追集乃上六品以下尚書省送符懷化大將軍歸德大將軍配諸衛上下餘直諸衛爲十二番皆月上忠武將軍以下游擊將軍以上每番閱彊毅者直諸衛番滿有將略者以名聞兵部主事四人職方主事二人駕部主事二人庫部主事二人龍朔二年改兵部曰司戎職方曰司城駕部曰司輿庫部曰司庫光宅元年改兵部曰夏官天寶十一載曰武部駕部曰司駕有兵部令史三十人書令史六十人制書令史十三人甲庫令史十二人亭長八人掌固十二人職方令史四人書令史九人掌固四人駕部令史十人書令史二十四人掌固四人庫部令史七人書令史十五人掌固四人

職方郎中員外郎各一人掌地圖城隍鎮戍烽候防人道路之遠近及四夷歸化之事凡圖經非州縣增廢五年乃脩歲與版籍偕上凡蕃客至鴻臚訊其國山川風土爲圖奏之副上於職方殊俗入朝者圖其容狀衣服以聞

駕部郎中員外郎各一人掌輿輦車乘傳驛廄牧馬牛雜畜之籍凡給馬者一品八匹二品六匹三品五匹四品五品四匹六品三匹七品以下二匹給傳乘者一品十馬二品九馬三品八馬四品五品四馬六品七品二馬八品九品一馬三品以上敕召者給四馬五品三馬六品以下有差凡驛馬給地四頃蒔以苜蓿凡三十里有驛驛有長舉天下四方之所達爲驛千六百三十九阻險無水草鎮戍者視路要隙置官馬水驛有舟凡傳驛馬驢每歲上其死損肥瘠之數

庫部郎中員外郎各一人掌戎器鹵簿儀仗元日冬至陳設祠祀喪葬辨其名數而供焉凡戎器色別而異處以衛尉幕士暴涼之京衛旗畫蹲獸立禽行幸則給飛走旗凡諸衛儀仗以御史涖其皮掌武庫器仗則兵部長官涖其脩完京官五品以上征行者假甲冑緜旗幡矟諸衛給弓千牛給甲

刑部尚書一人正三品侍郎一人正四品下掌律令刑灋徒隸按覆讞禁之政其屬有四一曰刑部二曰都官三曰比部四曰司門

刑部郎中員外郎掌律灋按覆大理及天下奏讞爲尚書侍郎之貳凡刑灋之書有四一曰律二曰令三曰格四曰式凡鞫大獄以

尚書侍郎與御史中丞大理卿爲三司使凡國有大赦集囚徒于闕下以聽刑部主事四人都官主事二人比部主事四人司門主事二人龍朔二年改刑部曰司刑都官曰司僕比部曰司計司門曰司關光宅元年改刑部曰秋官天寶十一載改刑部曰司憲比部曰司計有刑部令史十九人書令史三十八人亭長六人掌固十人都官令史九人書令史十二人掌固四人比部令史十四人書令史二十七人計史一人掌固四人司門令史六人書令史十三人掌固四人

都官郎中員外郎各一人掌俘隸簿錄給衣糧醫藥而理其訴免凡反逆相坐沒其家配官曹長役爲官奴婢一免者一歲三番役再免爲雜戶亦曰官戶二歲五番役每番皆一月三免爲良人六十以上及廢疾者爲官戶七十爲良人每歲孟春上其籍自黃口以上印臂仲冬送於都官條其生息而按比之樂工獸醫騸馬調馬羣頭栽接之人皆取焉附貫州縣者按比如平民不番上歲督丁資爲錢一千五百丁婢中男五輸其一侍丁殘疾半輸凡居作者差以三等四歲以上爲小十一以上爲中二十以上爲丁丁奴三當二役中奴丁婢二當一役中婢三當一役

比部郎中員外郎各一人掌句會內外賦斂經費俸祿公廨勳賜贓贖徒役課程逋欠之物及軍資械器和糴屯收所入京師倉庫三月一比諸司諸使京都四時句會於尚書省以後季句前季諸州則歲終總句焉

司門郎中員外郎各一人掌門關出入之籍及闌遺之物凡著籍月一易之流內記官爵姓名流外記年齒貌狀非遷解不除凡有召者降墨敕勘銅魚木契然後入監門校尉巡日送平安凡奏事遣官送之晝題時刻夜題更籌命婦諸親朝參者內侍監校尉涖索凡車輦不入宮門闌遺之物揭於門外牓以物色朞年沒官天下關二十六有上中下之差度者本司給過所出塞踰月者給行牒獵手所過給長籍三月一易蕃客往來閱其裝重入一關者餘關不譏

工部尚書一人正三品侍郎一人正四品下掌山澤屯田工匠諸司公廨紙筆墨之事其屬有四一曰工部二曰屯田三曰虞部四曰

水部工部郎中員外郎各一人掌城池土木之工役程式爲尚書侍郎之貳凡京都營繕皆下少府將作共其用役千功者先奏凡工匠以州縣爲團五人爲火五火置長一人四月至七月爲長功二月三月八月九月爲中功十月至正月爲短功雇者日爲絹三尺内中尚巧匠無作則納資凡津梁道路治以九月工部主事三人屯田主事二人虞部主事二人水部主事二人武德三年改起部曰工部龍朔二年曰司平屯田曰司田虞部曰司虞水部曰司川光宅元年改工部曰冬官天寶十一載改虞部曰司虞水部曰司水工部有令史十二人書令史二十一人計史一人亭長六人掌固八人屯田令史七人書令史十二人計史一人掌固四人虞部令史四人書令史九人掌固四人水部令史四人書令史九人掌固四人

屯田郎中員外郎各一人掌天下屯田及京文武職田諸司公廨田以品給焉

虞部郎中員外郎各一人掌京都衢閧苑囿山澤草木及百官蕃客時蔬薪炭供頓畋獵之事每歲春以戶小兒戶婢仗內蒔種溉灌冬則謹其蒙覆凡郊祠神壇五岳名山樵採芻牧皆有禁距壝三十步外得耕種春夏不伐木京兆河南府三百里內正月五月

九月禁弋獵山澤有寶可供用者以聞

水部郎中員外郎各一人掌津濟船艫渠梁堤堰溝洫漁捕運漕碾磑之事凡坑陷井穴皆有標京畿有渠長斗門長諸州堤堰刺史縣令以時檢行而涖其決築有埭則以下戶分牽禁爭利者

百官志第三十六

翰林學士兼龍圖閣學士朝散大夫給事中知制誥充史館脩撰臣歐陽脩奉

敕撰

門下省侍中二人正二品掌出納帝命相禮儀凡國家之務與中書令參總而顓判省事下之通上其制有六一曰奏鈔以支度國用授六品以下官斷流以下罪及除免官用之二曰奏彈三曰露布四曰議五曰表六曰狀自露布以上乃審其餘覆奏畫制可而授尚書省行幸則負寶以從版奏中嚴外辦還宮則請降輅解嚴皇帝齋則請就齋室將奠則奉玉幣盥則奉匜取盤酌罍水贊洗酌泛齊受虛爵進福酒皆左右其儀饗宗廟進瓚而贊酌鬱酒既祼贊酌醴齊籍田則奉耒四夷朝見則承詔勞問臨軒命使冊皇后皇太子則承詔降宣命慰問聘召則涖封題發驛遣使則給魚符凡官爵廢置刑政損益授之史官既書復涖其記注職事官六品以下進擬則審其稱否而進退之

武德元年改侍內曰納言三年曰侍中龍朔二年改門下省曰東臺侍中曰左相武后光宅元年曰納言垂拱元年改門下省曰鸞臺開元元年曰黃門省侍中曰監天寶元年曰左相

門下侍郎二人正三品掌貳侍中之職大祭祀則從盥則奉巾既帨奠巾奉匏爵贊獻元日冬至奏天下祥瑞侍中闕則涖封符券給傳驛

龍朔二年改黃門侍郎曰東臺侍郎武后垂拱元年曰鸞臺侍郎天寶元年曰門下侍郎乾元元年曰黃門侍郎大曆二年復舊

左散騎常侍二人正三品下掌規諷過失侍從顧問

隋廢散騎常侍貞觀元年復置十七年爲職事官顯慶二年分左右隸門下中書省皆金蟬珥貂左散騎與侍中爲左貂右散騎與中書令爲右貂謂之八貂龍朔二年曰侍極

左諫議大夫四人正四品下掌諫諭得失侍從贊相武后垂拱二年有魚保宗者上書請置匭以受四方之書乃鑄銅匭四塗以方色列于朝堂青匭曰延恩在東告養人勸農之事者投之丹匭曰招諫在南論時政得失者投之白匭曰申冤在西陳抑屈者投之黑匭曰通玄在北告天文秘謀者投之以諫議大夫補闕拾遺一人充使知匭事御史中丞侍御史一人爲理匭使其後同爲一匭天寶九載玄宗以匭聲近鬼改理匭使爲獻納使至德元年復舊寶應元年命中書門下擇正直清白官一人知匭以給事中中書舍人爲理匭使建中二年以御史中丞爲理匭使諫議大夫一人爲知匭使投匭者使先驗副本開成三年知匭使李中敏以爲非所以廣聰明而慮幽枉也乃奏罷驗副封

武德元年置諫議大夫龍朔二年曰正諫大夫貞元四年分左右

給事中四人正五品上掌侍左右分判省事察弘文館繕寫讎校之課凡百司奏抄侍中既審則駁正違失詔敕不便者塗竄而奏還謂之塗歸季終奏駁正之目凡大事覆奏小事署而頒之三司詳決失中則裁其輕重發驛遣使則與侍郎審其事宜六品以下奏擬則校功狀殿最行藝非其人則白侍中而更焉與御史中書舍人聽天下冤滯而申理之門下省有錄事四人從七品上主事四人從八品下

有令史二十二人書令史四十三人甲庫令史十三人能書一人傳制二人亭長六人掌固十四人脩補制敕匠五人裝潢一人起居郎領令史三人贊者六人武德三年改給事郎曰給事中

左補闕六人從七品上左拾遺六人從八品上掌供奉諷諫大事廷議小則上封事

武后垂拱元年置補闕拾遺左右各二員

起居郎二人從六品上掌錄天子起居法度天子御正殿則郎居左舍人居右有命俯陛以聽退而書之季終以授史官貞觀初以給事中諫議大夫兼知起居注或知起居事每仗下議政事起居郎一人執筆記錄于前史官隨之其後復置起居舍人分侍左右秉筆隨宰相入殿若仗在紫宸內閤則夾香案分立殿下直第二螭首和墨濡筆皆即坳處時號螭頭高宗臨朝不決事有司所奏唯辭見而已許敬宗李義府爲相奏請多畏人之知也命起居郎舍人對仗承旨仗下與百官皆出不復聞機務矣長壽中宰相姚璹建議仗下後宰相一人錄軍國政要爲時政紀月送史館然率推美讓善事非其實未幾亦罷而起居郎猶因制敕稍稍筆削以廣國史之闕起居舍人本記言之職唯編詔書不及它事開元初復詔脩史官非供奉者皆隨仗而入位於起居郎舍人之次及李林甫專權又廢大和九年詔入閤日起居郎舍人具紙筆立螭頭下復貞觀故事

有令史三人贊者六人貞觀三年置起居郎廢舍人龍朔二年曰左史天授元年亦如之

典儀二人從九品下掌贊唱及殿中版位之次侍中版奏中嚴外

辨示贊焉隋謁者臺有典儀武德五年復置隸門下省

城門郎四人從六品上掌京城皇城宮殿諸門開闔之節奉管鑰而出納之開則先外後內闔則先內後外啓閉有時不以時則詣閤覆奏有令史二人書令史二人武德五年置門僕八百人番上送管鑰

符寶郎四人從六品上掌天子八寶及國之符節有事則請於內既事則奉而藏之大朝會則奉寶進于御座行幸則奉以從焉大事出符則藏其左而班其右以合中外之契兼以敕書小事則降符函封使合而行之凡命將遣使皆請旌節旌以顓賞節以顓殺有令史二人書令史三人主寶二人主符四人主節四人武后延載元年改符璽郎曰符寶郎開元元年亦曰符寶郎

弘文館學士掌詳正圖籍教授生徒朝廷制度沿革禮儀輕重皆參議焉武德四年置修文館于門下省九年改曰弘文館貞觀元年詔京官職事五品已上子嗜書者二十四人隸館習書出禁中書法以授之其後又置講經博士儀鳳中置詳正學士校理圖籍武德從五品以上曰學士六品已上曰直學士又有文學直館皆它官領之武后垂拱後以宰相兼領館務號館主給事中一人判館事神龍元年改弘文館曰昭文館以避孝敬皇帝之名二年曰修文館景龍二年置大學士四人以象四時學士八人以象八節直學士十二人以象十二時景雲中減其員數復爲昭文館開元七年曰弘文館置校書郎又有校理讎校錯誤等官長慶二年與詳正學士講經博士皆罷歸以五品以上曰學士六品以下曰直學士未登朝爲直館

校書郎二人從九品上掌校理典籍刊正錯謬凡學生教授考試如國子之制有學生三十八人令史二人楷書十二人供進筆二人典書二人搨書手三人筆匠三人熟紙裝潢匠八人亭長二人掌固四人

中書省中書令二人正二品掌佐天子執大政而揔判省事凡王言之制有七一曰冊書立皇后皇太子封諸王臨軒冊命則用之二曰制書大賞罰赦宥慮囚大除授則用之三曰慰勞制書褒勉贊勞則用之四曰發敕廢置州縣增減官吏發兵除免官爵授六品以上官則用之五曰敕旨百官奏請施行則用之六曰論事敕書戒約臣下則用之七曰敕牒隨事承制不易於舊則用之皆宣署申覆然後行焉大祭祀則相禮親征纂嚴則戒飭百官臨軒冊命則讀冊若命於朝則宣授而已冊太子則授璽綬凡制詔文章獻納以授記事之官武德三年改內書省曰中書省內書令曰中書令龍朔元年改中書省曰西臺中書令曰右相光宅元年改中書省曰鳳閣中書令曰內史開元元年改中書省曰紫微省中書令曰紫微令天寶元年曰右相至大曆五年紫微侍郎乃復爲中書侍郎

侍郎二人正三品掌貳令之職朝廷大政參議焉臨軒冊命爲使則持冊書授之四夷來朝則受其表疏而奏之獻贄幣則受以付有司

舍人六人正五品上掌侍進奏參議表章凡詔旨制敕璽書冊命皆起草進畫既下則署行其禁有四一曰漏洩二曰稽緩三曰違失四曰忘誤制敕既行有誤則奏改之大朝會諸方起居則受其表狀大捷祥瑞百寮表賀亦如之冊命大臣則使持節讀冊命將帥有功及大賓客則勞問與給事中及御史三司鞫冤滯百司奏議考課皆預裁焉以久次者一人爲閣老判本省雜事又一人知制誥顓進畫給食于政事堂其餘分署制敕以六員分押尚書六曹佐宰相判案同署乃奏唯樞密遷授不預姚崇爲紫微令奏大事舍人爲商量狀與本狀皆下紫微令判二狀之是否然後乃奏開元初以它官掌詔敕策命謂之兼知制誥肅宗即位又以它官知中書舍人事兵興急於權便政去臺閣決遣顓出宰相自是舍人不復押六曹之奏會昌末宰相李德裕建議臺閣常務州縣奏請復以舍人平處可否先是知制誥率用前行正郎宣宗時選尚書郎爲之主書四人從七品上主事四人從八品下有令史二十五人書令史五十人能書四人蕃書譯語十人乘驛二十人傳制十人亭長十八人掌固二十四人裝制敕匠一人修補制敕匠五十人掌函掌案各二十人

右散騎常侍二人右諫議大夫四人右補闕六人右拾遺六人掌如門下省

起居舍人二人從六品上掌脩記言之史錄制誥德音如記事之制季終以授國史有楷書手四人典二人

通事舍人十六人從六品上掌朝見引納殿庭通奏凡近臣入侍文武就列則導其進退而贊其拜起出入之節蠻夷納貢皆受而進之軍出則受命勞遣既行則每月存問將士之家視其疾苦凱還則郊迓有令史十人典謁十人亭長十八人掌固二十四人武德四年廢謁者臺改通事謁者曰通事舍人

集賢殿書院學士直學士侍讀學士脩撰官掌刊緝經籍凡圖書遺逸賢才隱滯則承旨以求之謀慮可施於時著述可行於世者考其學術以聞凡承旨撰集文章校理經籍月終則進課於內歲終則考最於外開元五年乾元殿寫四部書置乾元院使有刊正官四人以一人判事押院中使一人掌出入宣奏領中

官監守院門知書官八人分掌四庫書六年乾元院更號麗正脩書院置使及檢校官改脩書官為麗正殿直學士八年加文學直又加脩撰校理刊正校勘官十一年置麗正院脩書學士光順門外亦置書院十二年東都明福門外亦置麗正書院十三年改麗正脩書院為集賢殿書院五品以上為學士六品以下為直學士宰相一人為學士知院事常侍一人為副知院事又置判院一人押院中使一人玄宗嘗選耆儒日一人侍讀以質史籍疑義至是置集賢院侍講學士侍讀直學士其後又增脩撰官校理官待制官留院官知檢討官文學直之員募能書者為書直及寫御書人其後亦以前資常選三衞散官五品以上子孫為之又置畫直至十九年以書直畫直搨書有官者為直院至德二年置大學士貞元初置編錄官四年罷大學士八年罷校理置校書四人正字二人元和二年復置集賢校理罷校書正字四年集賢御書院學士直學士皆用五品如開元故事以學士一人年高者判院事非登朝官者為校理餘皆罷初太宗即位命京官五品以上更宿中書門下兩省以備訪問永徽中命弘文館學士一人日待制于武德殿西門文明元年詔京官五品以上清官日一人待制于章善明福門先天末又命朝集使六品以上二人隨仗待制永泰時勳臣罷節制無職事皆待制于集賢門凡十三人崔祐甫為相建議文官一品以上更直待制其後著令正衙待制官日二人

校書四人正九品下正字二人從九品上有中使一人孔目官一人專知御書檢討八人知書官八人書直寫御書手九十人書直六人裝書直十四人造筆直四人搨書六人典四人

史館脩撰四人掌脩國史貞觀三年置史館於門下省以他官兼領或卑位有才者亦以直館稱以宰相涖脩撰又於中書省置秘書內省脩五代史開元二十年李林甫以宰相監脩國史建議以為中書切密之地史官記事隸門下省疏遠於是諫議大夫史館脩撰尹愔奏徙于中書省天寶後它官兼史職者曰史館脩撰初入為直館元和六年宰相裴垍建議登朝官領史職者為脩撰以官高一人判館事未登朝官皆為直館大中八年廢史館直館二員增脩撰四人分掌四季有令史二人楷書十二人寫國史楷書十八人楷書手二十五人典書二人亭長二人掌固四人熟紙匠六人

秘書省監一人從三品少監二人從四品上丞一人從五品上監掌經籍圖書之事領著作局少監為之貳武德四年改少令曰少監龍朔二年改秘書省曰蘭臺監曰太史少監曰侍郎丞曰大夫秘書郎曰蘭臺郎武后垂拱元年曰麟臺有令史四人書令史九人亭長六人掌固八人熟紙匠十人裝潢匠十人筆匠六人

秘書郎三人從六品上掌四部圖籍以甲乙丙丁為部皆有三本一曰正二曰副三曰貯凡課寫功程皆分判

校書郎十人正九品上正字四人正九品下掌讎校典籍刊正文章

著作局郎二人從五品上著作佐郎二人從六品上校書郎二人正九品上正字二人正九品下著作郎掌撰碑誌祝文祭文與佐郎分判局事武德四年改著作曹曰局龍朔二年曰司文局郎曰司文郎中佐郎曰司文郎有楷書手五人令史一人書吏二人掌固四人

司天臺監一人正三品少監二人正四品上丞一人正六品上主簿二人正七品上主事一人正八品下監掌察天文稽曆數凡日月星辰風雲氣色之異率其屬而占有通玄院以藝學召至京師者居之凡天文圖書器物非其任不得與焉每季錄祥眚送

門下中書省紀于起居注歲終上送史館歲頒曆于天下武德四年改太史監曰太史局隸秘書省七年廢監候龍朔二年改太史局曰秘書閣局令曰秘書閣郎中武后光宅元年改太史局曰渾天監不隸麟臺俄改曰渾儀監置副監及丞主簿改天文博士曰靈臺郎曆博士曰保章正景龍二年改太史局曰太史監不隸秘書省復置丞景雲元年又為局隸秘書省踰月為監歲中復為局二年改曰渾儀監開元二年復曰太史監置少監十四年太史監復為局以監為令而廢少監天寶元年太史局復為監自是不隸秘書省乾元元年曰司天臺藝術人韓穎劉烜建議改令為監置通玄院及主簿置五官監候及五官禮生十五人掌布諸壇神位五官楷書手五人掌寫御書有令史五人天文觀生九十人天文生五十人曆生五十五人初有天文博士二人正八品下曆博士一人從八品上司辰師五人正九品下裝書曆生掌候天文掌教習天文氣色掌寫御曆後皆省

春官夏官秋官冬官中官正各一人正五品上副正各一人正六品上掌司四時各司其方之變異冠加一星珠以應五緯衣從其方色元日冬至朔望朝會及大禮各奏方事而服以朝見乾元三年置五官正及副正

五官保章正二人從七品上五官監候三人正八品下五官司曆二人從八品上掌曆法及測景分至表準

五官靈臺郎各一人正七品下掌候天文之變五官挈壺正二人正八品上五官司辰八人正九品上漏刻博士六人從九品下掌知漏刻凡孔壺為漏浮箭為刻以考中星昏明更以擊鼓為節點以擊鐘為節武后長安二年置挈壺正乾元元年與靈臺郎保章正司曆司辰皆加五官之名有漏刻生四十人典鐘典鼓三百五十人初有刻漏視品刻漏典事掌知刻漏檢校刻漏後皆省

殿中省監一人從三品少監二人從四品上丞二人從五品上監掌天子服御之事其屬有六局曰尚食尚藥尚衣尚乘尚舍尚輦少監為之貳凡聽朝率屬執繖扇列于左右大朝會祭祀則進爵行幸則侍奉仗內驂乘百司皆納印而藏之大事聽焉有行從百司之印左右仗廄左曰奔星右曰內駒兩仗內又有六廄一曰左飛二曰右飛三曰左萬四曰右萬五曰東南內六曰西南內園苑有官馬坊每歲河隴羣牧進其良者以供御六閑馬以殿中監及尚乘主之武后萬歲通天元年置仗內六閑一曰飛龍二曰祥麟三曰鳳苑四曰鵷鸞五曰吉良六曰六羣亦號六廄以殿中丞檢校仗內閑廄以中官為內飛龍使聖曆中置閑廄使以殿中監承恩遇者為之分領殿中太僕之事而專掌輿輦牛馬自是宴游供奉殿中監皆不豫開元初閑廄馬至萬餘匹駱駝巨象皆養焉

以馸馬隸閑廄而尚乘局名存而已閑廄使押五坊以供時狩一
曰鵰坊二曰鶻坊三曰鷂坊四曰鷹坊五曰狗坊侍御尚醫二人
正六品上主事二人從九品上武德元年改殿內監曰殿中省龍朔二年曰中御府監曰大監丞曰大夫有令史四人書令史十二人左右仗千牛各十人掌固亭長各八人唐有天藏府開元十二年省
進馬五人正七品上掌大陳設戎服執鞭居立仗馬之左視馬進
退天寶八載罷南衙立仗馬因省進馬十二載復置乾元後又省大曆十四年復
尚食局奉御二人正五品下直長五人正七品上諸奉御直長品
皆如之食醫八人正九品下奉御掌儲供直長為之貳進御必辨
時禁先嘗之饗百官賓客則與光祿視品秩而供凡諸陵月享視
膳乃獻龍朔二年改尚食局曰奉膳局諸局奉御皆曰大夫有書令史二人書吏五人主食十六人主膳八百四十人掌固八人
尚藥局奉御二人直長二人掌和御藥診視凡藥供御中書門
下長官及諸衛上將軍各一人與監奉御涖之藥成醫佐以上先
嘗疏本方具歲月日涖者署奏餌日奉御先嘗殿中監次之皇
太子又次之然後進御太常每季閱送上藥而還其朽敗者左

右羽林軍給藥飛騎萬騎病者頒焉龍朔二年改尚藥局曰奉醫局有按摩師四人呪禁師四人書令史二人書吏四人直官十人主藥十二人藥童三十人合口脂匠二人掌固四人
侍御醫四人從六品上掌供奉診候
司醫五人正八品下醫佐十人正九品下掌分療衆疾皆貞觀中置
尚衣局奉御二人直長四人掌供冕服凡大祭祀則奉鎮圭於監
而進于天子大朝會設案龍朔二年改尚衣局曰奉冕局有書令史三人書吏四人主衣十六人掌固四人
尚舍局奉御二人直長六人掌殿庭祭祀張設湯沐燈燭汛掃行
幸則設三部帳幕有古帳大帳次帳小次帳小帳凡五等各三部
其外則蔽以排城大朝會設黼扆施蹋席薰爐朔望設幄而已龍朔二年改尚舍局曰奉扆局有書令史三人書吏七人掌固十人幕士八千人舊有給使百二十人掌供御湯沐燈燭雜使占隸殿中省
尚乘局奉御二人直長十人掌內外閑廄之馬左右六閑一曰飛
黃二曰吉良三曰龍媒四曰騊駼五曰駃騠六曰天苑凡外牧歲
進良馬印以三花飛鳳之字飛龍廄日以八馬列宮門之外號
南衙立仗馬仗下乃退大陳設則居樂縣之北與象相次龍朔二年改尚乘局

曰奉駕局有書令史六人書吏十四人直官[illegible]習馭[illegible]掌閑[illegible]典牧[illegible]獸醫[illegible]
[illegible]
司廩司庫各一人正九品下掌六閑芻稭出納奉乘十八人正九品
下掌飼習御馬
尚輦局奉御二人直長三人尚輦二人正九品下掌輿輦繖扇大
朝會則陳于庭大祭祀則陳于廟以級一輅一輦一百五十有
六既事而藏之常朝則去扇左右留者三龍朔二年改尚輦局曰奉輿局有書令史二人書吏四人七輦主輦各六人[illegible]
內侍省監二人從三品少監二人內侍四人皆從四品上監掌內侍
奉宣制令其屬六局曰掖庭宮闈奚官內僕內府內坊少監內
侍為之貳皇后親蠶則升壇執儀大駕出入為夾引武德四年改長秋監曰內侍監內承奉曰內常侍內承直曰內給事龍朔二年改內侍監[illegible]武后垂拱元年曰司宮臺天寶十三年置內侍監改內侍曰少監[illegible]有品官一千六百九十六人品官白身二千九百二十八人令史八人書令史十六人
內常侍六人正五品下通判省事

內給事十人從五品下掌承旨勞問分判省事凡元日冬至百官
賀皇后則出入宣傳宮人衣服費用則具品秩計其多少春秋宣
送于中書主事二人從九品下
內謁者監十人正六品下掌儀法宣奏承敕令及外命婦名帳凡
諸親命婦朝會者籍其數上內侍省命婦下車則導至朝堂奏
聞唐廢內謁者局置內典引十八人掌諸親命婦朝參出入導引有內典引長六人掌固八人
內謁者十二人從八品下掌諸親命婦朝集班位分涖諸門
內寺伯六人正七品下掌糾察宮內不法歲儺則涖出入
寺人六人從七品下掌皇后出入執御刀冗從掖庭局令二人從七
品下丞三人從八品下掌宮人簿帳女工凡宮人名籍司其除附公
桑養蠶會其課業供奉物皆取焉婦人以罪配沒工縫巧者
隸之無技能者隸司農諸司營作須女功者取於戶婢有書令史四人書吏八人計史二人典事十人掌固四人計史掌料功程
宮教博士二人從九品下掌教習宮人書算衆藝初內文學館隸中書省以儒學者一

人爲學士掌教宮人武后如意元年改曰習藝館又改曰萬林內教坊尋復舊有內教博士十八人經學五人史子集綴文三人楷書二人莊老太一篆書律令吟詠飛白書筭碁各一人開元末館廢以內教博士以下隸內侍省中官爲之

監作四人從九品下掌監涖雜作典工役

宮闈局令二人從七品下丞二人從八品下掌侍宮闈出入管籥凡享太廟皇后神主出入則帥其屬轝之總小給使學生之籍給以糧稟有書令史三人書吏六人內閽史二十人內掌扇十六人內給使無常員小給使學生五十人掌固四人凡無官品者號曰內給使掌諸門進物之曆內閽史掌承傳諸門出納管鑰內掌扇掌中宮繖扇

奚官局令二人正八品下丞二人正九品下掌奚隸工役宮官之品宮人病則供醫藥死給衣服各視其品陪陵而葬者將作給匠戶衞士營冢三品葬給百人四品八十人五品六十人六品七品十人八品九品七人無品者斂以松棺五釘葬以犢車給三人皆監門校尉直長涖之內命婦五品以上無親戚者以近冢同姓中男一人主祭于墓無同姓者春秋祠以少牢有書令史三人書吏六人典事藥童掌固各四人

內僕局令二人正八品下丞二人正九品下掌中宮車乘皇后出則令居左丞居右夾引有書令史二人書吏四人駕士百四十人典事八人掌固八人駕士掌習御車輿雜畜

內府局令二人正八品下丞二人正九品下掌中藏寶貨給納之數及供燈燭湯沐張設凡朝會五品已上及有功將士蕃酋辭還皆賜於庭有書令史二人書吏典史掌固各四人典事六人

太子內坊局令二人從五品下丞二人從七品下掌東宮閤內及宮人糧稟坊事五人從八品下初內坊隸東宮開元二十七年隸內侍省爲局改典內曰令置丞坊事及導客舍人六人掌序導賓客閽帥六人掌帥閽人內給使以供其事內閽人八人掌承諸門出入管鑰內繖扇燈燭內廄尉二人掌車乘有錄事一人令史三人書令史五人典事二人駕士三十人亭長掌固各一人

典直四人正九品下掌宮內儀式導引通傳勞問糾劾非違察出納

內官貴妃惠妃麗妃華妃各一人正一品掌佐皇后論婦禮於內無所不統唐因隋制有貴妃淑妃德妃賢妃各一人爲夫人正一品昭儀昭容昭媛脩儀脩容脩媛充儀充容充媛各一人爲九嬪正二品婕妤九人正三品美人四人正四品才人五人正五品寶林二十七人正六品御女二十七人正七品采女二十七人正八品六尚亦曰諸尚書正三品二十四司亦曰諸司事正四品二十四典亦曰諸典事正六品二十四掌亦曰諸掌事龍朔二年置贊德二人正一品宣儀四人正二品承閨五人正四品承旨五人正五品衞仙六人正六品供奉八人正七品侍櫛二十人正八品侍巾三十人正九品咸亨復舊開元中玄宗以后妃四星一爲后有后而復置四妃非典法乃置惠妃麗妃華妃以代三夫人又置六儀美人才人增尚宮尚儀尚服三宮諸司諸典自六品至九品而止其後復置貴妃

淑儀德儀賢儀順儀婉儀芳儀各一人正二品掌敎九御四德率其屬以贊后禮

美人四人正三品掌率女官脩祭祀賓客之事才人七人正四品掌敘燕寢理絲枲以獻歲功宮官尚宮局尚宮二人正五品六尚皆如之掌導引中宮總司記司言司簿司闈凡六尚事物出納文籍皆涖其印署有女史六人掌執文書

司記二人正六品二十四司皆如之掌宮內文簿入出錄爲抄目審付行焉牒狀無違然後加印典記佐之

典記二人正七品二十四典皆如之

掌記二人正八品二十四掌皆如之

司言典言各二人掌承敕宣付別鈔以授司闈傳外

掌言二人掌宣傳外司附奏受事者奏聞承敕處分則錄所奏爲

案記有女史四人

司簿典簿掌簿各二人掌女史以上名簿稟賜則品別條錄爲等有女史六人

司闈六人掌諸閤管鑰

典闈掌闈各六人掌分涖啓閉有女史四人

尚儀局尚儀二人掌禮儀起居總司籍司樂司賓司贊

司籍典籍掌籍各二人掌供御經籍分四部部別爲目以時暴涼教學則簿記課業供奉几案紙筆皆預焉有女史十人

司樂典樂掌樂各四人掌宮縣及諸樂陳布之儀涖其閱習有女史二人

司賓典賓掌賓各二人掌賓客朝見宴會則具品數以授尚食有賜物與尚功涖給有女史二人

司贊典贊掌贊各二人掌賓客朝見宴食贊相導引會日引客立于殿庭司言宣敕坐然後引即席酒至起再拜食至亦起皆相其儀

彤史二人正六品有女史二人

尚服局尚服二人掌供服用采章之數揔司寶司衣司飾司仗

司寶二人掌神寶受命寶六寶及符契皆識其行用記以文簿

典寶掌寶各二人凡出付皆句別案記還則朱書注入有女史四人

司衣典衣掌衣各二人掌宮內御服首飾整比以時進奉有女史四人

司飾典飾掌飾各二人掌湯沐巾櫛凡供進識其寒溫之節有女史二人

司仗典仗掌仗各二人掌仗衞之器凡立儀衞尚服率司仗等供

其事有女史二人

尚食局尚食二人掌供膳羞品齊揔司膳司醞司藥司饎凡進食

先嘗

司膳二人掌烹煎及膳羞米麪薪炭凡供奉口味皆種別封印

典膳掌膳各四人掌調和御食溫涼寒熱以時供進則嘗之有女史四人

司醞典醞掌醞各二人掌酒醴酏飲以時進御有女史二人

司藥典藥掌藥各二人掌醫方凡藥外進者簿案種別有女史四人

司饎典饎掌饎各二人掌給宮人餼食薪炭皆有等級受付則句

別案記有女史四人

尚寢局尚寢二人掌燕見進御之次敘揔司設司輿司苑司燈

司設典設掌設各二人掌牀帷茵席鋪設久故者以狀聞凡汛掃

之事典設以下分視有女史四人

司輿典輿掌輿各二人掌輿輦繖扇文物羽旄以時暴涼典輿以

下分察有女史二人

司苑典苑掌苑各二人掌園苑蒔植蔬果典苑以下分察之果熟

進御有女史二人

司燈典燈掌燈各二人掌門閤燈燭晝漏盡一刻典燈以下分察

有女史二人

尚功局尚功二人掌女功之程揔司製司珍司綵司計

司製典製掌製各二人掌供御衣服裁縫有女史二人

司珍典珍掌珍各二人掌珠珍錢貨有女史六人

司綵典綵掌綵各二人掌錦綵縑帛絲枲有賜用則句別案記

有女史二人

司計典計掌計各二人給衣服飲食薪炭有女史二人

宮正一人正五品司正二人正六品典正二人正七品宮正掌戒令糾

禁謫罰之事宮人不供職者司正以牒取裁小事決罰大事奏

聞有女史四人阿監副監視七品

太子內官良娣二人正三品良媛六人正四品承徽十人正五品

昭訓十六人正七品奉儀二十四人正九品

司閨二人從六品三司皆如之掌導引妃及宮人名簿總掌正掌

書掌筵

掌正三人從八品九掌皆如之掌文書出入管鑰糺察推罰有女史三人

掌書三人掌符契經籍宣傳啓奏教學稟賜紙筆有女史三人

掌筵三人掌幄帟牀褥几案輿繖汛掃鋪設

司則二人掌禮儀參見總掌嚴掌縫掌藏

掌嚴三人掌首飾衣服巾櫛膏沐服玩仗衞有女史三人

掌縫三人掌裁紉織績有女史三人

掌藏三人掌財貨珠寶縑綵

司饌二人掌進食先嘗總掌食掌醫掌園有女史四人

掌食三人掌膳羞酒醴燈燭薪炭器皿有女史四人

掌醫三人掌方藥優樂有女史二人

掌園三人掌種植蔬果有女史二人

百官志第三十七

翰林學士兼龍圖閣學士朝散大夫給事中知制誥充史館脩撰臣歐陽脩奉

敕撰

御史臺大夫一人正三品中丞二人正四品下大夫掌以刑法典章糾正百官之罪惡中丞爲之貳其屬有三院一曰臺院侍御史隷焉二曰殿院殿中侍御史隷焉三曰察院監察御史隷焉凡冤而無告者三司詰之三司謂御史大夫中書門下也大事奏裁小事專達凡有彈劾御史以白大夫大事以方幅小事署名而已有制覆囚則與刑部尚書平閱行幸乘路車爲導朝會則率其屬正百官之班序遲明列於兩觀監察御史二人押班侍御史顓舉不如法者文武官職事九品以上及二王後朝朔望文官五品以上及兩省供奉官監察御史員外郎太常博士日參號常參官武官三品以上三日一朝號九參官五品以上及折衝當番者五日一朝號六參官弘文崇文館國子監學生四時參凡諸王入朝及以恩追至者日

參九品以上自十月至二月袴褶以朝五品以上有珂蕃官及四品非清官則否凡朝位以官職事同者先爵爵同以齒致仕官居上職事與散官勳官合班則文散官居職事之下武散官次之勳官又次之官同者異姓爲後親王嗣王任文武官者從其班官卑者從王品郡王任三品以下職事者居同階品之上非任文武官者嗣王居太子太保之下郡王次之國公居三品之下郡公居從三品之下縣公居四品之下侯居從四品之下伯居五品之下子居從五品之上男居從五品之下以前官召見者居本品見任之上以理解者居同品之下本司參集者以職事爲上下文武三品非職事官者朝參名簿皆稱曰諸公凡出不踰四面關則不辭見都督刺史都護既辭候旨於側門左右僕射侍中中書令初拜以表讓中書門下五品以上及諸司長官謝於正衙復進狀謝於側門兩班三品以朔望朝就食廊下殿中侍御史二人爲使涖之高宗改治書侍御史中丞以避帝名龍朔二年改御史臺曰憲臺大夫曰大司憲中丞曰司憲大夫武后文明元年改御史臺曰肅政臺光宅元年分左右臺左臺知百司監軍旅右臺察州縣省風俗尋命左臺兼察州縣兩臺歲再發使八人春曰風俗秋曰廉察以四十八條察州縣兩臺御史有假有檢校有員外有試至神龍初皆廢景雲三年以兩臺望齊糾舉苛察百僚厭其煩乃廢右臺延和元年復置歲中以尚書省隷左臺月餘而右臺復廢至德後諸道使府參佐皆以御史爲之謂之外臺復有檢校裏行內供奉或兼或攝諸使下官亦如之會昌初升大夫中丞品東都留臺有中丞一人侍御史一人殿中侍御史二人監察御史三人元和後不置中丞以侍御史殿中侍御史監察御史主留臺務而三院御史亦不常備

侍御史六人從六品下掌糾舉百寮及入閤承詔知推彈雜事凡三司理事與給事中中書舍人更直朝堂若三司所按而非其長官則與刑部郎中員外郎大理司直評事往訊彈劾則大夫中丞押奏大事法冠朱衣纁裳白紗中單小事常服久次者一人知雜事謂之雜端殿中監察職掌進名遷改及令史考第臺內事顓決亦號臺端次一人知公廨次一人知彈分京城諸司及諸州爲東西次一人知西推贓贖三司受事號副端次一人知東推理匭等有不糺舉者罰之以殿中侍御史第一人同知東推莅太倉出納第二人同知西推莅左藏出納號四推御史隻日臺院受事雙日殿院受事大侍御史一人分司東都臺凡御史以下遇長官

於路去轡下馬長官斂轡止之出入行止殿中以下視以爲法先後有罰入朝則與殿中侍御史隨仗分入東則居侍中黃門侍郎給事中之次西則居中書令侍郎舍人之次各居中丞大夫下每一人東嚮承詔五日有旨召御史不呼名則承詔者出樂彥瑋爲大夫以嘗召兩御史乃加副承詔一人闕則殿中承之監察御史分日直朝堂入自側門非奏事不至殿庭正門無籍天授中詔側門置籍得至殿庭開元七年又詔隨仗入閤分左右巡糾察違失左巡知京城內右巡知京城外盡雍洛二州之境月一代將晦即巡刑部大理東西徒坊金吾縣獄蒐狩則監圍察斷絕失禽者其後以殿中掌左右巡尋以務劇選用京畿縣尉又置御史裏行使侍御史裏行使殿中裏行使監察裏行使以未爲正官無員數唐法殿中侍御史遷拜及職事與侍御史鈞開元以降權屬侍御史而殿中兼知庫藏宮門內事故事御史臺不受訟有訴可聞者略其姓名託以風聞其後御史嫉惡者少通狀壅絕十四年乃定

授事御史一人知其日劾狀題告事人姓名其後宰相以御史權
重建議彈奏先白中丞大夫復通狀中書門下然後得奏自是御
史之任輕矣建中元年以侍御史分掌公廨推彈自是雜端之任
輕矣元和八年命四推御史受事周而復始罷東西分日之限 隋末廢殿內侍御史義寧元年丞相府置察非掾二人武德元年改曰殿中侍御史龍朔元年置監察御史裏行武后文明元年置殿中裏行後亦觀以裏行名官長安二年置內供奉
主簿一人從七品下掌印受事發辰覈臺務主公廨及戶奴婢
勳散官之職錄事二人從九品下 有主事二人臺院有令史十八人書令史二十五人亭長六人掌固十二人殿院有令史八人書令史十八人察院有計史三十四人令史十人掌固十二人
殿中侍御史九人從七品下掌殿庭供奉之儀京畿諸州兵皆隸
焉正班列於閤門之外糾離班語不肅者元日冬至朝會則乘馬
具服戴黑豸升殿巡幸則往來門旗之內檢校文物虧失者一人
同知東推監太倉出納一人同知西推監左藏出納二人爲廊下
食使二人分知左右巡三人內供奉
監察御史十五人正八品下掌分察百寮巡按州縣獄訟軍戎祭祀
營作太府出納皆蒞焉知朝堂左右廂及百司綱目凡十道巡按
以判官二人爲佐務繁則有支使其一察官人善惡其二察戶口流
散籍帳隱沒賦役不均其三察農桑不勤倉庫減耗其四察妖
猾盜賊不事生業爲私蠹害其五察德行孝悌茂才異等藏
器晦跡應時用者其六察黠吏豪宗兼并縱暴貧弱冤苦不能
自申者凡戰伐大克獲則數俘馘審功賞然後奏之屯田鑄錢嶺
南黠府選補亦視功過糾察決囚徒則與中書舍人金吾將軍蒞
之國忌齋則與殿中侍御史分察寺觀蒞宴射習射及大祠中祠
視不如儀者以聞初開元中兼巡傳驛至二十五年以監察御史檢
校兩京館驛大曆十四年兩京以御史一人知館驛號館驛使監察御
史分察尚書省六司繇下第一人爲始出使亦然興元元年以第一人
察吏部禮部兼監察使第二人察兵部工部兼館驛使第三人察
戶部刑部歲終議殿最元和中以新人不出使無以觀能否乃命
顓察尚書省號曰六察官開元十九年以監察御史二人蒞太倉左

藏庫三院御史皆初領繁劇外府推事其後以殿中侍御史上一
人爲監太倉使第二人爲監左藏庫使凡諸使下三院御史內供
奉其班居正臺監察御史之上
太常寺卿一人正三品少卿二人正四品上掌禮樂郊廟社稷之
事揔郊社太樂鼓吹太醫太卜廩犧諸祠廟等署少卿爲之
貳凡大禮則贊引有司攝事則爲亞獻三公行園陵則爲副大
祭祀省牲器則謁者爲之道寺小祀及公卿嘉禮命謁者贊相凡
巡幸出師克獲皆擇日告太廟凡藏大享之器服有四院一曰天
府院藏瑞應及伐國所獲之寶禘祫則陳于廟庭二曰御衣院
藏天子祭服三曰樂縣院藏六樂之器四曰神廚院藏御廩及諸
器官奴婢 初有表冠署令正八品上貞觀元年署廢高宗即位改治禮郎曰奉禮郎以避帝名龍朔二年改太常寺曰奉常寺九寺卿皆曰正卿少卿曰大夫武后光宅元年復改太常寺曰司禮寺
丞二人從五品下掌判寺事凡享太廟則脩七祀于西門之內主
簿二人從七品上
博士四人從七品上掌辨五禮按王公三品以上功過善惡爲之謚
大禮則贊卿導引
太祝六人正九品上掌出納神主祭祀則跪讀祝文卿省牲則循
牲告充奉以授太官
奉禮郎二人從九品上掌君臣版位以奉朝會祭祀之禮宗廟則
設皇帝位於庭九廟子孫列焉昭穆異位去爵從齒凡樽彝
勺冪篚坫簠簋登鉶籩豆皆辨其位凡祭祀朝會在位拜跪
之節皆贊導之公卿巡行諸陵則主其威儀鼓吹而相其禮
協律郎二人正八品上掌和律呂錄事二人從九品上八寺錄事品同
有禮院脩撰檢討官各一人府十二人史二十三人謁者十人贊引二十人贊者四人祝史六人贊者十六人太常寺禮院禮生各三十五人亭長八人掌固十二人
兩京郊社署令各一人從七品下丞各一人從八品上令掌五郊社
稷明堂之位與奉禮郎設樽罍篚冪而太官令實之立燎壇積
柴合朔有變則巡察四門以俟變過明則罷 有府二人史四人典事五人掌固五人門僕八人齋郎百一十人齋郎掌供郊廟之役太廟九室室有長三人以主樽罍篚冪鐵鎗又有齋洗二人郊壇有掌坐二十四人以主神御之物皆禮部奏補凡室長十年掌坐十二年皆授官祭饗

而員少募取三館學生皆絳衣絳幘吏一番者戶部下蠲符歲一申考諸署所擇者太常以十月申醫於禮部如貢舉法帖論語及一大經中第者錄奏吏部注冬集散官否者番上如初六試而絀授散官唐初以郊社太樂鼓吹太醫太官左藏乘黃典廄典客上林太倉平準常平典牧左尚右尚爲上署鉤盾右藏織染掌冶爲中署珍羞良醞掌醢守宮武器車府司儀崇玄導官甄官河渠弩坊甲坊弁坊太卜廩犧中校左校右校爲下署

太樂署令二人從七品下丞一人從八品下樂正八人從九品下令掌調鐘律以供祭饗凡習樂立師以教而歲考其師之課業爲三等以上禮部十年大校未成則五年而校以番上下有故及不任供奉則輸資錢以充伎衣樂器之用散樂閏月人出資錢百六十長上者復繇役音聲人納資者歲錢二千博士教之功多者爲上第功少者爲中第不勤者爲下第禮部覆之十五年有五上考七中考者授散官直本司年滿考少者不敘教長上弟子四考難色二人次難色二人業成者進考得難曲五十以上任供奉者爲業成習難色大部伎三年而成次部二年而成易色小部伎一年而成皆入等第三爲業成業成行脩謹者爲助教博士缺以次補之長上及別教未得十曲給資三之一不成者隸鼓吹署習

大小橫吹難色四番而成易色三番而成不成者博士有謫內教博士及弟子長教者給資錢而留之武德後置內教坊于禁中武后如意元年改曰雲韶府以中官爲使開元二年又置內教坊于蓬萊宮側有音聲博士第一曹博士第二曹博士京都置左右教坊掌俳優雜技自是不隸太常以中官爲教坊使唐改太樂爲樂正有府三人史六人典事八人掌固六人文武二舞郎一百四十人散樂三百八十二人仗內散樂一千人音聲人一萬二十七人有別教院開成三年改法曲所處院曰仙韶院

鼓吹署令二人從七品下丞二人從八品下樂正四人從九品下令掌鼓吹之節合朔有變則帥工人設五鼓于太社執麾旒于四門之塾置龍牀有變則舉麾擊鼓變復而止馬射設掆鼓金鉦施龍牀大儺帥鼓角以助侲子之唱有府三人史六人典事四人掌固四人唐并清商鼓吹爲一署增令一人

太醫署令二人從七品下丞二人醫監四人並從八品下醫正八人從九品下令掌醫療之法其屬有四一曰醫師二曰針師三曰按摩師四曰呪禁師皆教以博士考試登用如國子監醫師醫正醫工療病書其全之多少爲考課歲給藥以防民疾凡陵寢廟皆儲以藥尚藥太常醫各一人受之宮人患坊有藥庫監門莅出給醫師醫監醫正番別一人莅坊凡課藥之州置採藥師一人京師以良田爲園庶人十六以上爲藥園生業成者爲師凡藥辨其所出擇其良者進焉有府二人史四人主藥八人藥童二十四人藥園師二人藥園生八人掌固四人醫師二十人醫工百人醫生四十人典藥一人針工二十人針生二十人按摩工五十六人按摩生十五人呪禁師二人呪禁工八人呪禁生十人

醫博士一人正八品上助教一人從九品上掌教授諸生以本草甲乙脉經分而爲業一曰體療二曰瘡腫三曰少小四曰耳目口齒五曰角法

針博士一人從八品上助教一人針師十人並從九品下掌教針生以經脉孔穴教如醫生

按摩博士一人按摩師四人並從九品下掌教導引之法以除疾損傷折跌者正之

呪禁博士一人從九品下掌教呪禁祓除爲厲者齋戒以受焉

太卜署令一人從七品下丞二人從八品下卜正博士各二人從九品

下掌卜筮之法一曰龜二曰五兆三曰易四曰式祭祀大事率卜正卜日示高於卿退而命龜既灼而占先上旬次中旬次下旬小祀小事者則卜正示高命龜作而太卜令佐涖之季冬帥侲子堂贈大儺天子六隊太子二隊方相氏右執戈左執楯而導之唱十二神名以逐惡鬼儺者出磔雄雞于宮門城門有卜助教二人卜師二十人巫師十五人卜筮生四十五人府一人史二人掌固二人

廩犧署令一人從八品下丞二人正九品下掌犧牲粢盛之事祀用太牢者三牲加酒脯醢與太祝牽牲就牓位卿省牲則北面告腯以授太官籍田則供耒于司農卿卿以授侍中籍田所收以供粢盛五齊三酒之用以餘及稾飼犧牲有府一人史二人典事二人掌固二人

汾祠署令一人從七品下丞一人從八品上掌享祭灑掃之制有府二人史四人廟幹二人開元二十一年置署

三皇五帝以前帝王三皇五帝周文王周武王漢高祖兩京武成王廟令一人從六品下丞一人正八品下掌開闔灑掃釋奠之禮

有錄事一人府二人史四人廟幹二人掌固四人門僕八人神龍二年兩京置齊太公廟署其後廢開元十九年復置天寶三載初置周文王廟署六載置三皇五帝廟署七載置三皇五帝以前帝王廟署九載置周武王漢高祖廟署上元元年改齊太公署爲武成王廟署朱全忠曰武明

光祿寺卿一人從三品少卿二人從四品上丞二人從六品上主簿二人從七品上掌酒醴膳羞之政揔太官珍羞良醞掌醢四署凡祭祀省牲鑊濯溉三公攝祭則爲終獻朝會宴享則節其等差錄事二人龍朔二年改光祿寺曰司宰寺武后光宅元年曰司膳寺有府十一人史二十一人亭長六人掌固六人

太官署令二人從七品下丞四人從八品下掌供祠宴朝會膳食祭日令白卿詣廚省牲鑊取明水明火帥宰人割牲取毛血實豆籩享以實簠簋設于饌幕之內有府四人史八人監膳十人監膳史十五人供膳二千四百人掌固四人

珍羞署令一人正八品下丞二人正九品下掌供祭祀朝會賓客之庶羞榛栗脯脩魚鹽菱芡之名數武后垂拱元年改肴藏署曰珍羞署神龍元年復舊開元元年又改有府三人史六人典書八人餳匠五人掌固四人

良醞署令二人正八品下丞二人正九品下掌供五齊三酒享太廟則供鬱鬯以實六彝進御則供春暴秋清酴醾桑落之酒有府三人史六人監事二人掌醖二十人酒匠十三人奉觶百二十人掌固四人

掌醢署令一人正八品下丞二人正九品下掌供醯醢之物一曰鹿醢二曰兔醢三曰羊醢四曰魚醢宗廟用葅以實豆賓客百官用醢醬以和羹有府二人史二人主醢十人醬匠二十三人酢匠十二人豉匠十二人葅醢匠八人掌固四人

衛尉寺卿一人從三品少卿二人從四品上丞二人從六品上掌器械文物揔武庫武器守宮三署兵器入者皆籍其名數祭祀朝會則供羽儀節鉞金鼓帷帟茵席凡供宮衛者歲再閱有敝則脩於少府主簿二人從七品上錄事一人龍朔二年改曰司衛寺武后光宅元年又改有府六人史十一人亭長四人掌固六人

丞掌判寺事辨器械出納之數大事承制勑小事則聽於尚書省

兩京武庫署令各二人從六品下丞各二人從八品下掌藏兵械有赦建金雞置鼓宮城門之右大理及府縣囚徒至則擊之監事各一人正九品上諸署監事品同有府各六人史各六人典事各二人掌固各五人開元二十五年東都亦置署

武器署令一人正八品下丞二人正九品下掌外戎器祭祀巡幸則納於武庫給六品以上葬鹵簿棨戟凡戟廟社宮殿之門二十有四東宮之門一十八一品之門十六二品及京兆河南太原尹大都督大都護之門十四三品及上都督中都督上都護上州之門十二下都督下都護中州下州之門各十衣幡壞者五歲一易之薨卒者既葬追還監事二人有府二人史六人典事二人掌固四人貞觀中東都亦置署

守宮署令一人正八品下丞二人正九品下掌供帳帟祭祀巡幸則設王公百官之位吏部兵部禮部試貢舉人則供帷幕王公婚禮亦供帳具京諸司長上官以品給其牀罽供蕃客帷帟則題歲月席壽三年氈壽五年褥壽七年不及期而壞有罰監事二人有府二人史四人掌設六人幕士八十人掌固四人

宗正寺卿一人從三品少卿二人從四品上丞二人從六品上掌天子族親屬籍以別昭穆領陵臺崇玄二署凡親有五等先定於司封一曰皇帝周親皇后父母視三品二曰皇帝大功親小功尊屬太皇太后皇太后皇后周親視四品三曰皇帝小功親緦麻尊屬太皇太后皇太后皇后大功親視五品四曰皇帝緦麻親袒免尊屬太皇太后皇太后皇后小功親五曰皇帝袒免親太皇太后小功卑屬皇太后皇后緦麻親視六品皇帝親之夫婦男女降本親二等餘親降三等尊屬進一等降而過五等者不爲親諸王大長公主長公主親本品嗣王郡王非三等親者亦視五品駙馬都尉視諸親祭祀冊命朝會陪位襲封者皆以簿書上司封主簿二人從七品上知圖譜官一人脩玉牒官一人知宗子表疏官一人錄事二人武德二年置宗師一人後省龍朔二年改宗正寺曰司宗寺武后光宅元年曰司屬寺有府五人史五人亭長四人掌固四人京都太廟齋郎各一百三十人門僕各三十三人主簿錄事各二人

諸陵臺令各一人從五品上丞各一人從七品下建初啓運興寧永康陵令各一人從七品下丞各一人從八品下掌守衛山陵凡陪葬以文武分左右子孫從父祖者亦如之宮人陪葬則陵戶成墳諸陵四至有封禁民葬唯故墳不毀開元二十四年以宗廟所奉不可名以署太常少卿韋縚奏廢太廟署以少卿一人知太廟事二十五年濮陽王徹爲宗正卿恩遇甚厚建議以宗正司屬籍乃請以陵寢宗廟隸宗正天寶十二載駙馬都尉張垍爲太常卿得幸又以太廟諸陵署隸太常十載改獻昭乾定橋

五陵署為臺升令品永康興寧二陵隸署如故至德二年復以陵廟隸宗正永泰元年太常卿姜慶初復奏以陵廟隸太常大曆二年復舊諸陵臺有錄事各一人府各二人史各四人主衣主輦主藥各四人典事各三人掌固各二人陵戶各三百人昭陵乾陵橋陵增百人諸陵有錄事各一人府各一人史各二人典事各二人掌固各二人陵戶各百人

諸太子廟令各一人，從八品上；丞各一人，正九品下；錄事各一人。令掌灑掃開闔之節，四時享祭焉。有府各一人史各二人典事各二人掌固各一人

諸太子陵令各一人，從八品下；丞各一人，從九品下；錄事各一人。有府各一人史各二人典事各三人掌固各二人陵戶各三十人太常舊有太廟署令一人從七品下丞二人從七品下齋郎二十四人

崇玄署令一人，正八品下；丞一人，正九品下。掌京都諸觀名數與道士帳籍、齋醮之事。新羅、日本僧入朝學問，九年不還者編諸籍。道士、女官、僧、尼見天子必拜。凡止民家，不過三夜。出踰宿者，立案連署，不過七日，路遠者州縣給程。天下觀一千六百八十七，道士七百七十六，女官九百八十八；寺五千三百五十八，僧七萬五千五百二十四，尼五萬五百七十六。兩京度僧、尼、道士、女官，御史一人涖之。每三歲州、縣為籍，一以留縣，一以留州；僧、尼一以上祠部，道士、女官一以上宗正，一以上司封。有府二人史三人典事六人掌固二人崇玄學博士一人學生百人以署隸鴻臚又有道場玄壇唐置諸寺觀監隸鴻臚寺每寺觀有監一人貞觀中廢寺觀監上元二年置漆園監尋廢開元二十五年置崇玄學於玄元皇帝廟天寶元年兩京置博士助教各一員學生百人每祠享以學生代齋郎二載改崇玄學曰崇玄館博士曰學士助教曰直學士置大學士一人以宰相為之領兩京玄元宮及道院改天下崇玄學為通道學博士曰道德博士未幾而罷寶應永泰間學生存者亡幾大曆三年復增至百人初天下僧尼道士女官皆隸鴻臚寺武后延載元年以僧尼隸祠部開元二十四年道士女官隸宗正寺天寶二載以道士隸司封貞元四年崇玄館罷大學士後復置左右街大功德使東都功德使修功德使總僧尼之籍及功役元和二年以道士女官隸左右街功德使會昌二年以僧尼隸主客太清宮置玄元館亦有學士至六年廢而僧尼復隸兩街功德使

太僕寺卿一人，從三品；少卿二人，從四品上；丞四人，從六品上；主簿二人，從七品上；錄事二人。卿掌廄牧、輦輿之政，總乘黃、典廄、典牧、車府四署及諸監牧。行幸，供五路屬車。凡監牧籍帳，歲受而會之，上駕部以議考課。永徽中太僕寺曰司馭寺武后光宅元年改曰司僕寺有府十七人史三十四人獸醫六百人獸醫博士四人學生百人亭長四人掌固六人

乘黃署令一人，從七品下；丞一人，從八品下。掌供車路及馴馭之法。凡有事，前期四十日率駕士調習，尚乘隨路色供馬，前期二十日調習於內侍省。有府一人史二人駕士一百四十人羊車小史十四人掌固六人

典廄署令二人，從七品下；丞四人，從八品下。掌飼馬牛，給養雜畜。良馬一丁，中馬二丁，駑馬三丁，乳駒、乳犢十給一丁。有府四人史八人主乘六人典事八人執馭百人駕士八百人掌固六人

典牧署令三人，正八品上；丞六人，從九品上。掌諸牧雜畜給納及酥酪脯腊之事。羣牧所送羊犢以供廩犧、尚食。監事八人。有府四人史八人典事十六人主酪七十四人駕士百六十人掌固四人

車府署令一人，正八品下；丞一人，正九品下。掌王公以下車路及馴馭之法。從官三品以上婚葬，給駕士。凡路車之馬牛，率馭士調習。有府一人史二人典書四人駕士百七十五人掌固六人

諸牧監：上牧監監各一人，從五品下；副監各二人，正六品下；丞各二人，正八品上；主簿各一人，正九品下。中牧監監，正六品下；副監，從六品下；丞，從八品上；主簿，從九品上。下牧監監，從六品下；副監，正七品下；丞，正九品上；主簿，從九品下。中牧監副監、丞減上牧監一員。南使、西使丞各三人，從七品下；錄事各一人，從九品下。北使、鹽州使丞各二人，從七品下。掌羣牧孳課。凡馬五千為上監，三千為中監，不及為下監。馬牛之羣有牧長，有尉。馬之駑良皆著籍，良馬稱左，駑馬稱右。每歲孟秋，羣牧使以諸監之籍合為一，以仲秋上於寺。送細馬則有牽夫、識馬小兒、獸醫等。凡馬游牝以三月，駒犢在牧者三歲別羣，孳生過分有賞，死耗亦以率除之。歲終，監牧使巡按，以功過相除為考課。上牧監有錄事各一人府各三人史各六人典事各八人掌固各四人中牧監減府一人史典事各減二人下牧監典事掌固減二人南使西使錄事史各一人府各五人史各九人北使鹽州使錄事以下員數及品如南使麟德中置八使分總監坊秦蘭原渭四州及河曲之地凡監四十有八南使有監十五西使有監十六北使有監七鹽州使有監八嵐州使有監三自京師西屬隴右有七馬坊置隴右三使領之又有沙苑樓煩天馬監沙苑監掌畜隴右諸牧牛羊給宴祭及尚食所用每歲與典牧署供焉自監以下品數如下牧監至開元二十三年廢監

東宮九牧監丞二人，正八品上；錄事一人，從九品下。掌牧養馬牛，以供皇太子之用。有錄事史各一人府三人史六人初監有監副監丞主簿錄事各一人府二人史四人典事四人掌固二人自監以下品同下牧監又有馬牧使有丞以下官

大理寺卿一人，從三品；少卿二人，從五品下。掌折獄詳刑。凡罪抵流、死，皆上刑部，覆於中書門下。繫者五日一慮。龍朔二年改曰詳刑寺武后光宅元年改曰司刑寺中宗時復舊有府二十八人史五十六人司直史十二人評事史二十四人獄史六人亭長四人掌固十八人問事百人

正二人，從五品下。掌議獄，正科條。凡丞斷罪不當，則以法正之。五品以上論者，涖決。巡幸，則留總持寺事。

丞六人，從六品上。掌分判寺事。正刑之輕重，徒以上囚，則呼與家屬告罪，問其服否。

主簿二人從七品上掌印省署鈔目句檢稽失凡官吏抵罪及雪免皆立簿私罪贖銅一斤公罪二斤皆為一負十負為一殿每歲吏部兵部牒覆選人殿負錄報焉

獄丞二人從九品下掌率獄史知囚徒貴賤男女異獄五品以上月一沐暑者則置漿禁紙筆金刃錢物杵梃入者囚病給醫藥重者脫械鎖家人入侍

司直六人從六品上評事八人從八品下掌出使推按凡承制推訊長吏當停務禁錮者請魚書以往錄事二人

鴻臚寺卿一人從三品少卿二人從四品上丞二人從六品上掌賓客及凶儀之事領典客司儀二署凡四夷君長以蕃望高下為簿朝見辨其等位第三等居武官三品之下第四等居五品之下第五等居六品之下有官者居本班御史察食料二王後夷狄君長襲官爵者辨嫡庶諸蕃封命則受冊而往海外諸蕃朝賀進貢使有下從留其半於境繇海路朝者廣州擇首領一人左右二人

入朝所獻之物先上其數於鴻臚凡客還鴻臚籍衣齎賜物多少以報主客給過所蕃客奏事具至日月及所奏之宜方別為狀月一奏為簿以副藏鴻臚獻馬則殿中太僕寺涖閱良者入殿中駑病入太僕獻藥者鴻臚寺驗覆少府監定價之高下鷹鶻狗豹無估則鴻臚定所報輕重凡獻物皆客執以見駝馬則陳于朝堂不足進者州縣留之皇帝皇太子為五服親及大臣發哀臨弔則卿贊相大臣一品葬以卿護二品以少卿三品以丞皆司儀示以禮制主簿一人從七品上錄事二人龍朔二年改鴻臚寺曰同文寺武后光宅元年改曰司賓寺有府五人史十人亭長四人掌固六人

典客署令一人從七品下丞三人從八品下掌二王後介公酅公之版籍及四夷歸化在蕃者朝貢宴享送迎皆預焉酋渠首領朝見者給廩食病則遣醫給湯藥喪則給以所須還蕃賜物則佐其受領教拜謝之節有典客十三人府四人史八人掌固二人

掌客十五人正九品上掌送迎蕃客顓蒞館舍

司儀署令一人正八品下丞一人正九品下掌凶禮喪葬之具京官職事三品以上散官二品以上祖父母父母喪職事散官五品以上都督刺史卒于京師及五品死王事者將葬祭以少牢率齋郎執俎豆以往三品以上贈以束帛黑一纁二一品加乘馬既引遣使贈於郭門之外皆有束帛一品加璧五品以上葬給營墓夫有司儀六人府二人史四人掌設十八人齋郎三十人掌固四人幕士六十人

司農寺卿一人從三品少卿二人從四品上掌倉儲委積之事總上林太倉鉤盾導官四署及諸倉司竹諸湯宮苑鹽池諸屯等監凡京都百司官吏祿稟朝會祭祀所須皆供焉藉田則進耒耜丞六人從六品上總判寺事凡租及藁秸至京都者閱而納焉官戶奴婢有技能者配諸司婦人入掖庭以類相偶行宮監牧及賜王公公主皆取之凡孳生雞彘以戶奴婢課養俘口則配輕使始至給廩食主簿二人從七品上錄事二人龍朔二年改司農寺曰司稼寺有府三十八人史七十六人計史三人亭長九人掌固七人

上林署令二人從七品下丞四人從八品下掌苑囿園池植果蔬以供朝會祭祀及尚食諸司常料季冬藏冰千段先立春三日納之冰井以黑牡秬黍祭司寒仲春啓冰亦如之監事十人有府七人史十四人典事二十四人掌固五人

太倉署令三人從七品下丞五人從八品下監事八人掌廩藏之事有府十人史二十人典事二十四人掌固八人

鉤盾署令二人正八品上丞四人正九品上監事十人掌供薪炭鵝鴨蒲藺陂池藪澤之物以給祭祀朝會饗燕賓客有府七人史十四人典事十九人掌固五人

導官署令二人正八品下丞四人正九品上監事十人掌導擇米麥凡九穀皆隨精麤差其耗損而供焉有府八人史十六人典事二十四人掌固五人初有御細倉督麴麵倉督貞觀中省

太原永豐龍門等倉每倉監一人正七品下丞二人從八品上掌倉廩儲積凡出納帳籍歲終上寺有錄事一人府三人史六人典事八人掌固六人龍門等倉減府一人

史典事掌固各織二人
司竹監一人從六品下副監一人正七品下丞二人正八品上掌植竹葦供宮中百司簾篚之屬歲以筍供尚食有錄事一人府二人史四人典事三十人掌固四人匠一百人
慶善石門溫泉湯等監監一人從六品下丞一人正七品下掌湯池宮禁防堰及待粟芻脩調度以備供奉王公以下湯館視貴賤為差凡近湯所潤瓜蔬先時而熟者以薦陵廟有錄事一人府一人史二人掌固四人
京都諸宮苑摠監監各一人從五品下副監各一人從六品下丞各二人從七品下主簿各二人從九品上掌苑內宮館園池禽魚果木凡官屬人畜出入皆有籍有錄事各二人府各八人史各十六人亭長各四人掌固各六人獸醫各五人
京都諸園苑監四面監監各一人從六品下副監各一人從七品下丞各二人正八品下掌完葺苑面宮館園池與種蒔蕃養六畜之事顯慶二年改青城宮監曰東都苑北面監明德宮監曰東都苑南面監洛陽宮農圃監曰東都苑東面監食貨監曰東都苑西面監有錄事各一人府各三人史各六人典事各六人掌固各六人

九成宮摠監監一人從五品下副監一人從六品下丞一人從七品下主簿一人從九品上掌脩宇宮苑供進鍊餌之事有錄事一人府三人自監以下品同宮苑武德初改隋仁壽宮監曰九成宮監
諸鹽池監監一人正七品下掌鹽功簿帳有錄事一人史二人
諸屯監一人從七品下丞一人從八品下掌營種屯田句會功課及畜產簿帳以水旱蝝蝗定課屯主勸率營農督斂地課有錄事一人府一人史二人典事二人掌固四人每屯主一人屯副一人主簿一人錄事一人府二人史五人
太府寺卿一人從三品少卿二人從四品上掌財貨廩藏貿易摠京都四市左右藏常平七署凡四方貢賦百官俸秩謹其出納賦物任土所出定精麤之差祭祀幣帛皆供焉龍朔二年改太府寺曰外府寺武后光宅元年改曰司府寺中宗即位復曰太府寺有府二十五人史五十人計史四人亭長七人掌固七人
丞四人從六品上掌判寺事凡元日冬至以方物陳于庭者受而進之會賜及別勑六品以下賜者給於朝堂以一人主左右藏署帳凡在署為簿在寺為帳三月一報金部
主簿二人從七品上掌印省鈔目句檢稽失平權衡度量歲以八月印署然後用之錄事二人兩京諸市署令一人從六品上丞二人正八品上掌財貨交易度量器物辨其真偽輕重市肆皆建標築土為候禁權固及參市自殖者凡市日中擊鼓三百以會衆日入前七刻擊鉦三百而散有果毅巡迣平貨物為三等之直十日為簿車駕行幸則立市于頓側互市有衛士五十人以察非常有錄事一人府三人史七人典事三人掌固一人
左藏署令三人從七品下丞五人從八品下監事八人掌錢帛雜綵天下賦調卿及御史監閱有府九人史十八人典事十二人掌固八人
右藏署令二人正八品上丞三人正九品上監事四人掌金玉珠寶銅鐵骨角齒毛綵畫有府五人史十二人典事七人掌固十人
常平署令一人從七品上丞二人從八品下監事五人掌平糴倉儲出納有府四人史八人典事五人掌固六人顯慶三年置署武后時東都亦置署

國子監祭酒一人從三品司業二人從四品下掌儒學訓導之政摠國子太學廣文四門律書算凡七學天子視學皇太子齒冑則講義釋奠執經論議奏京文武七品以上觀禮凡授經以周易尚書周禮儀禮禮記毛詩春秋左氏傳公羊傳穀梁傳各為一經兼習孝經論語老子歲終考學官訓導多少為殿最
丞一人從六品下掌判監事每歲七學生業成與司業祭酒蒞試登第者上於禮部
主簿一人從七品下掌印句督監事七學生不率教者舉而免之
錄事一人從九品下武德初以國子監曰國子學隸太常寺貞觀二年復曰監龍朔二年改國子監曰司成館祭酒曰大司成司業曰少司成咸亨元年復曰監垂拱元年改國子監曰成均監有府七人史十三人亭長六人掌固八人
國子學博士五人正五品上掌教三品以上及國公子孫從二品以上曾孫為生者五分其經以為業周禮儀禮禮記毛詩春秋左氏傳各六十人暇則習隸書國語說文字林三倉爾雅每歲通兩經

求仕者上於監秀才進士亦如之學生以長幼爲序習正業之外
敎吉凶二禮公私有事則相儀 龍朔二年改博士曰宣業有大成十人學生八十人典學四人廟幹二人掌固四人東都學生十五人
助敎五人從六品上掌佐博士分經敎授
直講四人掌佐博士助敎以經術講授
五經博士各二人正五品上掌以其經之學敎國子周易尚書毛
詩左氏春秋禮記爲五經論語孝經爾雅不立學官附中經而已
太學博士六人正六品上助敎六人從七品上掌敎五品以上及郡
縣公子孫從三品曾孫爲生者五分其經以爲業每經百人 有學生七十人典學四人掌固六人東都學生十五人
廣文館博士四人助敎二人掌領國子學生業進士者 有學生六十人東都十人天寶九載置廣文館有知進士助敎後罷知進士之名
四門館博士六人正七品上助敎六人從八品上直講四人掌敎七
品以上侯伯子男子爲生及庶人子爲俊士生者 有學生三百人典學四人掌固六人東都學生五十人
律學博士三人從八品下助敎一人從九品下掌敎八品以下及庶人
子爲生者律令爲顓業兼習格式法例 隋律學隷大理寺博士八人武德初隷國子監尋廢貞觀六年復置顯慶三年又廢以博士以下隷大理寺龍朔二年復置有學生二十人典學二人元和初東都置學生五人
書學博士二人從九品下助敎一人掌敎八品以下及庶人子爲生者
石經說文字林爲顓業兼習餘書 武德初廢貞觀二年復置顯慶三年又廢以博士以下隷秘書省龍朔二年復有學生十人典學二人東都學生三人
算學博士二人從九品下助敎一人掌敎八品以下及庶人子爲生
者二分其經以爲業九章海島孫子五曹張丘建夏侯陽周髀
五經算綴術緝古爲顓業兼習記遺三等數凡六學束脩之禮督
課試舉皆如國子學助敎以下所掌亦如之 唐廢算學顯慶元年復置三年又廢以博士以下隷太史局龍朔二年復有學生十人典學二人東都學生二人
少府監一人從三品少監二人從四品下掌百工技巧之政總中尚
左尚右尚織染掌冶五署及諸冶鑄錢互市等監供天子器御
后妃服飾及郊廟圭玉百官儀物凡武庫袍襦皆識其輕重乃藏
之冬至元日以給衛士諸州市牛皮角以供用牧畜角筋腦革悉

輸焉鈿鏤之工敎以四年車路樂器之工三年平漫刀矟之工二
年矢鏃竹漆屈柳之工半焉冠冕弁幘之工九月敎作者傳家
技四季以令丞試之歲終以監試之皆物勒工名
丞六人從六品下掌判監事給五署所須金石齒革羽毛竹木所
入之物各以名數州土爲籍工役衆寡難易有等差而均其勞逸
主簿二人從七品下錄事二人從九品上 武德初廢監以諸署隷太府寺貞觀元年復置龍朔二年改曰內府監武后垂拱元年曰尚方監有府二十七人史十七人計史三人亭長八人掌固六人短蕃匠五千二十九人綾錦坊巧兒三百六十五人內作使綾匠八十三人掖庭綾匠百五十人內作巧兒四十二人配京都諸司諸使雜匠百二十五人
中尚署令一人從七品下丞二人從八品下掌供郊祀圭璧及天子
器玩后妃服飾彫文錯綵之制凡金木齒革羽毛任土以時而供赦日
樹金雞於仗南竿長七丈有雞高四尺黃金飾首銜絳幡長七尺
承以綵盤維以絳繩將作監供焉擊㭎鼓千聲集百官父老囚
徒坊小兒得鷄首者官以錢贖或取絳幡而已歲二月獻牙尺寒
食獻毬五月獻綬帶夏至獻雷車七月獻鈿針臘日獻口脂唯

筆琴瑟絃月獻金銀闇紙非旨不獻製魚袋以給百官蕃客賜
寶鈿帶魚袋則授鴻臚丞主簿監作四人從九品下凡監作皆
同品 有府九人史十八人典事四人掌固四人唐改內尚方署曰中尚方署武后改少府監曰尚方監而中左右尚方織染方掌冶方五署皆去方以避監名是不改矣有金銀作坊院
左尚署令一人從七品下丞五人從八品下掌供翟扇蓋繖五路五
副七輦十二車及皇太后皇太子公主王妃內外命婦王公之車路凡
畫素刻鏤與宮中蠟炬雜作皆領之監作六人 有府七人史二十人典事十八人掌固十四人
右尚署令二人從七品下丞四人從八品下掌供十二閑馬之轡每
歲取於京兆河南府加飾乃進凡五品三部之帳刀劒斧鉞甲胄
紙筆茵席履舄皆儗其用皮毛之工亦領焉監作六人 有府七人史二十人典事十三人掌固十人
織染署令一人正八品上丞二人正九品上掌供冠冕組綬及織紝
色染錦羅紗縠綾紬絁絹布皆廣尺有八寸四丈爲匹布五丈
爲端綿六兩爲屯絲五兩爲絇麻三斤爲緵凡綾錦文織禁示
於外高品一人專涖之歲奏用度及所織每掖庭經錦則給酒

羊七月七日祭杼監作六人 有府六人史十四人典事十八人掌固五人

掌冶署令一人正八品上丞二人正九品上掌范鎔金銀銅鐵及塗飾琉璃玉作銅鐵人得採而官收以稅唯鑞官市邊州不置鐵冶器用所須皆官供凡諸冶成器上數于少府監然後給之監作二人 有府六人史十二人典事二十三人掌固四人

諸冶監令各一人正七品下丞各一人從八品上掌鑄兵農之器給軍士屯田居民唯興農冶監供隴右監牧監作四人 有錄事一人府一人史二人典事二人掌固四人太原冶減監作二人

諸鑄錢監監各一人副監各二人丞各一人以所在都督刺史判焉副監上佐丞以判司監事以參軍及縣尉爲之監事各一人 錄事各一人府各三人史各四人典事各五人凡鑄錢有七監會昌中增至八監每道置鑄錢坊一大中初三監廢

互市監每監監一人從六品下丞一人正八品下掌蕃國交易之事 隋以監隸四方館唐隸少府貞觀六年改交市監曰互市監副監曰丞武后垂拱元年曰通市監有錄事一人府二人史四人價人四人掌固八人

將作監監一人從三品少監二人從四品下掌土木工匠之政總左

校右校中校甄官等署百工等監大明興慶上陽宮中書門下六軍仗舍閑廄謂之內作郊廟城門省寺臺監十六衛東宮王府諸廨謂之外作自十月距二月休冶功自冬至距九月休土功凡治宮廟太常擇日以聞

丞四人從六品下掌判監事凡外營繕大事則聽制勑小事則須省符功有長短役有輕重自四月距七月爲長功二月三月八月九月爲中功自十月距正月爲短功長上匠州率資錢以酬雇軍器則勒歲月與工姓名 武德初改令曰大匠少令曰少匠龍朔二年改將作監曰繕工監大匠曰大監少匠曰少監咸亨元年繕工監曰營繕監天寶十一載改大匠曰大監少匠曰少監有府十四人史二十八人計史三人亭長四人掌固六人短蕃匠一萬二千七百四十四人明資匠二百六十人

主簿二人從七品下掌官吏糧料俸食假使必由之諸司供署監物有闕舉焉錄事二人從九品上

左校署令二人從八品下丞一人正九品下掌梓匠之事樂縣簨簴兵械喪葬儀物皆供焉宮室之制自天子至士庶有等差官脩者左校爲之監作十人 有府六人史十二人監作十二人

右校署令二人正八品下丞三人正九品下掌版築塗泥丹堊匽廁之事有所須則審其多少而市之監作十人 有府五人史十人典事二十四人

中校署令一人從八品下丞三人正九品下掌供舟車兵械雜器行幸陳設則供竿柱閑廄繫秣則供行槽禱祀則供棘葛內外營作所須皆取焉監牧車牛有年支芻豆則受之以給車坊監事四人 武后時改曰營繕署垂拱元年復舊尋廢開元初復置有府三人史六人典事八人掌固二人

甄官署令一人從八品下丞二人正九品下掌琢石陶土之事供石磬人獸碑柱碾磑瓶缶之器勑葬則供明器監作四人 有府五人史十人典事十八人

百工就谷庫谷斜谷太陰伊陽監監各一人正七品下副監一人從七品下丞一人正八品上掌采伐材木監作四人 武德初置百工監掌舟車及營造雜作有監少監各一人丞四人主簿一人又置就谷庫谷斜谷太陰伊陽五監貞觀中廢百工監高宗置百工署掌東都土木瓦石之功開元十五年爲監有錄事一人府一人史三人典事二十人

軍器監監一人正四品上丞一人正七品上掌繕甲弩以時輸武庫總署二曰弩坊曰甲坊主簿一人正八品下錄事一人從九品下 武德初有武器監一人正八品下掌兵仗廄牧少監一人丞二人主簿一人七年廢軍器監八年復置九年又廢貞觀六年廢武器監開元以前軍器皆出右尚署三年置軍器監十一年復廢爲甲弩坊隸少府十六年復爲監有府八人史十二人亭長二人掌固四人

弩坊署令一人正八品下丞一人正九品下掌出納矛矟弓矢排弩刃鏃雜作及工匠監作二人 有府二人史五人典事二人貞觀六年改弓弩署爲弩坊署甲鎧署爲甲坊署

甲坊署令一人正八品下丞一人正九品下掌出納甲冑綅繩筋角雜作及工匠監作二人 有府二人史五人典事二人

都水監使者二人正五品上掌川澤津梁渠堰陂池之政總河渠諸津監署凡漁捕有禁溉田自遠始先稻後陸渠長斗門長節其多少而均焉府縣以官督察

丞二人從七品上掌判監事凡京畿諸水因灌溉盜費者有禁水入內之餘則均王公百官

主簿一人從八品下掌運漕漁捕程會而糾舉之 武德初廢都水監爲署貞觀六年復爲監改令曰使者龍朔二年改都水監曰司津監使者曰監武后垂拱元年改都水監曰水衡監使者曰都尉開元二十五年不隸將作監有錄事一人府五人史十人亭長一人掌固四人初貞觀六年置舟楫署有令一人正八品下掌舟楫運漕漕正一人府三人史六人監漕一人漕史二人典事六人掌固八人上元二年置丞二人正九品下掌運漕隱失開元二十六年署廢

河渠署令一人正八品下丞一人正九品上掌河渠陂池隄堰魚醢之

事凡溝渠開塞漁捕時禁皆顓之饗宗廟則供魚鱐祀昊天上帝有司攝事則供腥魚日供尚食及給中書門下歲供諸司及東宮之冬藏渭河三百里內漁釣者五坊捕治之供祠祀則自便橋至東渭橋禁民漁三元日非供祠不採魚府有河隄使者貞觀初改曰河隄謁者有府三人史六人典事三人亭長一人掌固三人魚師十二人初有監漕十人從九品上大曆後省興成五門六門龍首涇堰滋隄凡六堰皆有丞一人從九品下府一人史二人典事二人掌固二人貞觀六年皆廢

河隄謁者六人正八品下掌完隄堰利溝瀆漁捕之事涇渭白渠以京兆少尹一人督視

諸津令各一人正九品上丞二人從九品下掌天下津濟舟梁灞橋永濟橋以勳官散官一人蒞之天津橋中橋則以衛士抍捕凡舟渠之備皆先擬其半袯塞竹箕所在供焉唐改津尉曰令有錄事一人府一人史二人典事三人津吏五人橋丁各三十人匠各八人京兆河南諸津隸都水監使者灞橋萬年三橋有丞一人從九品下府一人史十人典事二人掌固二人貞觀中廢

百官志第三十八

翰林學士兼龍圖閣學士朝散大夫給事中知制誥充史館脩撰臣歐陽脩奉敕撰

十六衛

左右衛上將軍各一人，從二品；大將軍各一人，正三品；將軍各二人，從三品。掌宮禁宿衛，凡五府及外府皆總制焉。凡五府三衛及折衝府驍騎番上者，受其名簿而配以職。皇帝御正殿，則守諸門及內廂宿衛仗，非上日亦將軍一人押仗，將軍缺，以中郎將代。將軍掌貳上將軍之事。左右驍衛、左右武衛、左右威衛、左右領軍、左右金吾、左右監門衛上將軍以下品同。武德五年改左右翊衛曰左右衛府，左右驍騎衛曰左右驍騎府，左右屯衛曰左右威衛，左右領軍衛曰左右領軍衛，左右備身府曰左右府，惟左右武衛府、左右監門府、左右候衛仍隋不改。顯慶五年改左右府曰左右千牛府。龍朔二年左右衛府、驍衛府、武衛府皆省府字，左右威衛曰左右武威衛，左右領軍衛曰左右戎衛，左右候衛曰左右金吾衛，左右監門府曰左右監門衛，左右千牛府曰左右奉宸衛，後又曰左右千牛衛。咸亨元年改左右戎衛曰領軍衛。武后光宅元年改左右驍衛曰左右武威，左右武衛曰左右鷹揚衛，左右威衛曰左右豹韜衛，左右領軍衛曰左右玉鈐衛。貞元二年初置十六衛上將軍。左右衛有錄事一人，府一人，史二人，亭長八人，掌固四人。

長史各一人，從六品上。掌判諸曹、五府、外府稟祿、卒伍、軍團之名數，器械、車馬之多少，小事得專達，每歲秋，贊大將軍考課。

錄事參軍事各一人，正八品上。掌受諸曹及五府之外府事，句稽抄目，印給紙筆。

倉曹參軍事各二人，正八品下。掌五府文官勳考、假使、祿俸、公廨、田園、食料、醫藥、過所。自倉曹以下同品。有府二人，史四人；兵曹府四人，史七人；騎曹府二人，史四人；胄曹府三人，史二人。武后長安初改鎧曹曰胄曹，中宗即位復舊，先天元年又曰胄曹。開元初，諸衛司倉、司兵、騎兵參軍改曰倉曹、兵曹、騎曹、胄曹參軍事。

兵曹參軍事各二人。掌五府武官宿衛番第，受其名數而大將軍配焉。

騎曹參軍事各一人。掌外府雜畜簿帳、牧養。凡府馬承直，以遠近分七番，月一易之。以勑出宮城者給馬。

胄曹參軍事各一人。掌兵械、公廨興繕、罰謫。大朝會、行從，則受黃質甲鎧、弓矢於衛尉。

奉車都尉掌馭副車，有其名而無其人，大陳設則它官攝馭馬。都尉無定員，與奉車都尉皆從五品下。司階各二人，正六品上；中候各三人，正七品下；司戈各五人，正八品下；執戟各五人，正九品下；長上各二十五人，從九品下。武后天授二年置諸衛司階、中候、司戈、執戟，謂之四色官。

親衛之府一，曰親府；勳衛之府二，一曰勳一府，二曰勳二府；翊衛之府二，一曰翊一府，二曰翊二府。凡五府，每府中郎將一人，正四品下；左右郎將一人，正五品上。親衛，正七品上；勳衛，從七品上；翊衛，正八品上。總四千九百六十三人。兵曹參軍事各一人，正九品上。校尉各五人，正六品上。每校尉有旅帥二人，從六品上。每旅帥各有隊正二十人，正七品上；副隊正二十人，正七品下。五府中郎將掌領校尉、旅帥、親衛、勳衛之屬宿衛者，而總其府事；左右郎將貳焉。番上者，以名簿上于大將軍，而配以職。武德、貞觀世重資蔭，二品、三品子補親衛；二品曾孫、三品孫、四品子、職事官五品子若孫、勳官三品以上有封及國公子，補勳衛及率府親衛；四品孫、五品及上柱國子，補翊衛及率府勳衛；勳官二品及縣男以上、散官五品以上子若孫，補諸衛及率府翊衛、王府執仗親事、執乘親事。每月番上者數千人，宿衛內廡及城門，給稟食。執扇三衛三百人，擇少壯肩膊齊、儀容整美者，本衛印臂，送殿中省肄習，仗下，每番三衛一人為大僕寺引輅。其後入官路艱，三衛非權勢子弟輒退番，柱國子有白首不得進者，流外雖鄙，不數年給祿稟，故三衛益賤，人罕趨之。有錄事府一人，史二人。唐親衛、勳衛置驃騎將軍、車騎將軍，翊衛置車騎將軍。武德七年改驃騎將軍為中郎將，車騎將軍皆為郎將，分左右。以親衛曰一府，勳衛、翊衛曰二府，謂之三府衛。諸衛及率府親勳衛亦曰三衛。永徽三年避太子諱，改中郎將曰旅賁郎將，郎將曰翊軍郎將，太子廢，復舊。

左右驍衛上將軍各一人，大將軍各一人，將軍各二人。掌同左右衛。凡翊府之翊衛、外府豹騎番上者，分配之。凡分兵守諸門，在皇城四面、宮城內外，則與左右衛分知助鋪。長史各一人，錄事參軍事各一人，倉曹參軍事各二人，兵曹參軍事各二人，騎曹參軍事各一人，胄曹參軍事各一人，左右司階各二人，左右中候各三人，左右司戈各五人，左右執戟各五人。左右翊中郎將府中郎將各一人，左郎將各一人，右郎將各一人，兵曹參軍事各一人，校尉各五人，旅帥各十人隊正各二十人副隊正各二十人有録事一人史二人亭長二人掌固四人倉曹府二人史二人兵曹府三人史五人騎曹府二人史四人冑曹府三人史三人左右翊中郎將府録事一人府一人史二人

左右武衛上將軍各一人大將軍各一人將軍各二人掌同左右衛凡翊府之翊衛外府熊渠番上者分配之長史各一人録事參軍事各一人倉曹參軍事各二人兵曹參軍事各二人騎曹參軍事各一人冑曹參軍事各一人左右司階各二人左右中候各三人左右司戈各五人左右執戟各五人長上各二十五人左右翊中郎將府官同驍騎有稱長二人録事一人史二人亭長二人掌固四人倉曹府二人史四人兵曹府三人史五人騎曹府二人史四人冑曹府三人史三人稱長掌唱警為應蹕之節

左右威衛上將軍各一人大將軍各一人將軍各二人掌同左右衛凡翊府之翊衛外府羽林番上者分配之凡分兵主守則知皇城東面助鋪長史各一人録事參軍事各一人倉曹參軍事各二人兵曹參軍事各二人騎曹參軍事各一人冑曹參軍事各一人左右司階各二人左右中候各三人左右司戈各五人左右執戟各五人長

上各二十五人左右翊中郎將府官同驍衛有録事一人史二人亭長二人掌固四人倉曹府二人史四人兵曹府三人史五人騎曹府二人史四人冑曹府三人史三人

左右領軍衛上將軍各一人大將軍各一人將軍各二人掌同左右衛凡翊府之翊衛外府射聲番上者分配之凡分兵主守則知皇城西面助鋪及京城苑城諸門長史各一人録事參軍事各一人倉曹參軍事各二人兵曹參軍事各二人騎曹參軍事各一人冑曹參軍事各一人左右司階各二人左右中候各三人左右司戈各五人左右執戟各五人長上各二十五人左右翊中郎將府官同驍衛有録事一人史二人亭長二人掌固四人倉曹府二人史四人兵曹府三人史五人騎曹府二人史四人冑曹府三人史三人

左右金吾衛上將軍各一人大將軍各一人將軍各二人掌宮中京城巡警烽候道路水草之宜凡翊府之翊衛及外府佽飛番上皆屬焉師田則執左右營之禁南衙宿衛官將軍以下及千牛番上者皆配以職大功役則與御史循行凡敝幕故氈以給病坊

兵曹參軍事掌翊府外府武官兼掌獵師

騎曹參軍事掌外府雜畜簿帳牧養之事

冑曹參軍事掌同左右衛大朝會行從給青龍旗䂍矟於衛尉長史各一人録事參軍事各一人倉曹參軍事各二人兵曹參軍事各二人騎曹參軍事各一人冑曹參軍事各一人左右司階各二人左右中候各三人左右司戈各五人左右執戟各五人左右街使各一人判官各二人左右翊中郎將府官如驍衛有録事一人史二人倉曹府二人史四人兵曹府三人史五人騎曹府二人史四人冑曹府三人史三人左右街典二人引駕仗三衛六十人引駕佽飛六十六人大角手六百人隋有察非掾至唐廢

左右翊中郎將府中郎將掌領府屬督京城左右六街鋪巡警以果毅二人助巡探入閤日中郎將一人升殿受狀衛士六百為大角手六番閱習吹大角為昏明之節諸營壘候以進退

左右街使掌分察六街徼巡凡城門坊角有武候鋪衛士彍騎分守大城門百人大鋪三十人小城門二十人小鋪五人日暮鼓八百聲而門閉乙夜街使以騎卒循行嘂譁武官暗探五更二點鼓自內發諸街鼓承振坊市門皆啓鼓三千檛辨色而止

左右監門衛上將軍各一人大將軍各一人將軍各二人掌諸門禁衛及門籍文武官九品以上每月送籍於引駕仗及監門衛衛以帳報內門凡朝參奏事待詔官及繖扇儀仗出入者閱其數以物貨器用入宮者有籍有傍左監門將軍判入右監門將軍判出月一易其籍行幸則率屬於衙門監守

長史掌判諸曹及禁門巡視出入而司其籍傍餘同左右衛

兵曹參軍事兼掌倉曹冑曹兼掌騎曹

左右翊中郎將府中郎將掌涖宮殿城門皆左入右出中郎將各四人長史各一人録事參軍事各一人兵曹參軍事各一人冑曹參軍事各一人有録事二人史二人亭長二人掌固二人兵曹府三人史五人冑曹府三人史四人監門校尉三百二十人直長六百八十人長入長上二十人直長長上二十人監門校尉掌叙出入唐改監門府郎將為將軍

左右千牛衛上將軍各一人大將軍各一人將軍各二人掌侍衛及供御兵仗以千牛備身左右執弓箭宿衛以主仗守戎器朝日領備身左右升殿列侍親射則率屬以從

冑曹參軍事掌甲仗凡御仗之物二百一十有九羽儀之物三百自千牛以下分掌之上日執御弓箭者亦自備以入宿主仗每月上則配以職行從則兼騎曹中郎將各二人長史各一人録事參軍事各一人兵曹參軍事各一人冑曹參軍事各一人唐改備身郎將曰將軍備身將曰中郎將千牛左右備身左右曰千牛備身初置備身主仗有録事一人史二人亭長二人掌固四人兵曹府一人史一人冑曹府一人史一人千牛備身十二人備身左右十六人備身一百人主仗一百五十人千牛備身掌執御刀服花鈿繡衣綠執象笏宿衛侍從備身左右掌執御弓矢宿衛侍從備身掌宿衛侍從主仗掌守供衛兵仗

左右翊中郎將府中郎將掌供奉侍衛凡千牛及備身左右以御刀仗升殿供奉者皆上將軍領之中郎將佐其職有口勅通事舍人承傳聲不下聞者中郎將宣告

諸衛折衝都尉府每府折衝都尉一人上府正四品上中府從四品下下府正五品下左右果毅都尉各一人上府從五品下中府正六品上下府正六品下別將各一人上府正七品下中府從七品上下府從七品下長史各一人上府正七品下中府從七品上下府從七品下兵曹參軍事各一人

上府正八品下中府正九品下下府從九品上校尉五人從七品下旅帥十人從八品上隊正二十人正九品下副隊正二十人從九品下折衝都尉掌領屬備宿衛師役則總戎具資糧點習以三百人爲團一校尉領之捉鋪持更者晨夜有行人必問不應則彈弓而嚮之復不應則旁射又不應則射之晝以排門人遠望暮夜以持更人遠聽有衆而囂則告主帥

左右果毅都尉掌貳都尉每府有録事一人府一人史二人兵曹府二人史三人每隊正領兵五十人武德元年改鷹揚郎將曰軍頭正四品下鷹擊郎將曰府副正五品上司馬曰長史正八品下校尉正六品下旅帥正七品下發越騎步兵二校尉又宗非掾又改軍頭曰驃騎將軍府副曰車騎將軍皆爲府諸率府置驃騎將軍五人車騎將軍十人二年以車騎將軍府隸驃騎府置十二軍分關內諸府皆隸焉每軍將軍一人副一人至六年廢七年改驃騎將軍府爲統軍府車騎將軍爲別將八年復置十二軍貞觀十年改統軍府曰折衝都尉別將曰果毅都尉軍坊置坊主一人檢校戶口勸課農桑以本坊五品勳官爲之三輔及近畿州都督府皆置府凡六百三十三永徽中廢長史置司馬一人總司兵司騎二局武后垂拱中以千二百人爲上府千人爲中府八百人爲下府赤縣爲赤府畿縣爲畿府聖曆元年廢司馬置長史兵曹參軍事又有別將一人從六品下居果毅都尉之次其後分左右各一人尋廢久之復置一人降其品開元初衞士爲武士諸衞折衝果毅別將擇有行者爲長仗押官右羽林軍十五人左羽林軍二十五人衣服同色諸衞有弩手左右驍衞各八十五人餘衞各八十三人

左右羽林軍大將軍各一人正三品將軍各三人從三品掌統北

衙禁兵督攝左右廂飛騎儀仗大朝會則周衞階陛巡幸則夾馳道爲內仗凡飛騎番上者配其職有勅上南衙者大將軍承墨勅白移於金吾引駕仗官與監門奏覆降墨勅然後乃得入長史各一人從六品上録事參軍事各一人正八品上倉曹參軍事各一人兼總騎曹事兵曹參軍事各一人冑曹參軍事各一人自倉曹參軍以下皆正八品下司階各二人正六品上中候各三人正七品下司戈各五人正八品上執戟各五人正九品下長上各十人左右翊衞中郎將府中郎將一人正四品下左右中郎一人左右郎將一人皆正五品上兵曹參軍事一人正九品上校尉五人旅帥十人隊正二十人副隊正二十人有録事一人史二人亭長二人掌固四人倉曹兵曹各府二人史四人冑曹府史各二人左右翊中郎將府録事一人府一人史二人倉曹兵曹各府二人史四人冑曹府史各二人

左右龍武軍大將軍各一人正二品統軍各一人正三品將軍三人從三品掌同羽林長史録事參軍事倉曹參軍事兵曹參軍事冑曹參軍事各一人司階各二人中候各三人司戈執戟各

五人長上各十人景雲元年置龍武將軍興元元年六軍各置統軍貞元二年龍武軍增將軍一員有録事一人史二人亭長二人掌固四人倉曹府二人史四人兵曹府二人史四人冑曹府史各二人

左右神武軍大將軍各一人正二品統軍各一人正三品將軍三人從三品揔衙前射生兵長史録事參軍事倉曹參軍事兵曹參軍事冑曹參軍事各一人司階各二人中候各三人司戈執戟各五人長上各十人有録事一人史二人倉曹兵曹冑曹府史皆如神武軍開元二十六年分羽林置左右神武軍尋廢至德二年復置

左右神策軍大將軍各一人正二品統軍各二人正三品將軍各四人從三品掌衞兵及內外八鎮兵護軍中尉各一人中護軍各一人判官各三人都勾判官二人勾覆官各一人表奏官各一人支計官各一人孔目官各二人驅使官各二人自長史以下員數如龍武軍左右龍武左右神武左右神策號六軍貞元二年神策軍置大將軍將軍十四年置統軍品秩同六軍始殿前左右伸威軍有大將軍二人正二品統軍二人從三品將軍二人從五品元和初爲一軍號天威軍八年廢以軍隸神策有馬軍步軍將軍及指揮使等以馬軍大將軍知軍事天復三年廢神策軍四年復置神策軍

東宮官

太子太師太傅太保各一人從一品掌輔導皇太子每見迎拜

殿門三師荅拜每門必讓三師坐太子乃坐與三師書前名惶恐後名惶恐再拜太子出則乘路備鹵簿以從

少師少傅少保各一人從二品掌曉三師德行以諭皇太子奉太子以觀三師之道德自太師以下唯其人不必備先天元年開府置令丞各一人隸詹事府尋廢

太子賓客四人正三品掌侍從規諫贊相禮儀宴會則上齒侍讀無常員掌講導經學貞觀十八年以宰相兼賓客開元中定員四人太宗時置王府有侍讀及爲太子亦置焉其後或置或否開元初十王宅引辭學工書者入教亦爲侍讀

詹事府太子詹事一人正三品少詹事一人正四品上掌統三寺十率府之政少詹事爲之貳皇太子書稱令庶子以下署名奉行書案畫日丞二人正六品上掌判府事知文武官簿假使凡敕令及尚書省二坊符牒下東宮諸司者皆發焉

主簿一人從七品上錄事二人正九品下隋廢詹事府武德初復置龍朔二年曰端尹府詹事曰端尹少詹事曰少尹武后光宅元年改曰宮尹府詹事曰宮尹少詹事曰小尹有令史九人書令史十八人

司直二人正七品上掌糾劾宮寮及率府之兵皇太子朝則分知東西班監國則詹事庶子爲三司使司直一人與司議郎舍人分日受理啓狀太子出則分察鹵簿之內有令史一人書令史二人亭長四人掌固六人

左春坊左庶子二人正四品上中允二人正五品下掌侍從贊相駮正啓奏揔司經典膳藥藏內直典設宮門六局皇太子出則版奏外辦中嚴入則解嚴凡令書下則與中允司議郎等畫諾覆審留所畫以爲案更寫印署注令諾送詹事府

司議郎二人正六品上掌侍從規諫駮正啓奏凡皇太子出入朝謁從祀釋奠講學監國之命可傳於史冊者錄爲記注宮坊祥眚官長除拜薨卒歲終則錄送史館

左諭德一人正四品下掌諭皇太子以道德隨事諷贊皇太子朝宮臣則列侍左階出入騎從

左贊善大夫五人正五品上掌傳令諷過失贊禮儀以經教授諸郡王錄事二人從八品下主事三人從九品下隋有內允武德三年改曰中舍人隸門下坊貞觀初曰中允十八年置司議郎永徽三年避皇太子名復改中允曰內允太子廢復舊龍朔二年改門下坊曰左春坊左庶子曰左中護中允曰左贊善大夫司議郎分左右置左右諭德各一人咸亨元年皆復舊司議郎不分左右其後以謝德爲司議郎復分左右儀鳳四年置左右贊善大夫各十人以同姓爲之景雲二年始兼用庶姓改門下坊曰左春坊復置諭德庶子以比侍中中允以比門下侍郎司議郎以比給事中贊善大夫以比諫議大夫諭德以比散騎常侍右坊則庶子以比中書令中舍人以比中書侍郎太子監國則庶子比尚書令有令史六人書令史十二人傳令四人掌儀二人贊者二人亭長三人掌固十人

崇文館學士二人掌經籍圖書教授諸生課試舉送如弘文館

校書郎二人從九品下掌校理書籍貞觀十三年置崇賢館顯慶元年置學生二十人上元二年避太子名改曰崇文館有學士直學士及讎校皆無常員無其人則庶子領館事開元七年改讎校曰校書郎乾元初以宰相爲學士揔館事貞元八年隸左春坊有館生十五人書直一人令史二人書令史二人典書二人搨書手二人楷書手十人熟紙匠二人裝潢匠二人筆匠一人

司經局洗馬二人從五品下掌經籍出入侍從圖書上東宮者皆受而藏之

文學三人正六品下分知經籍侍奉文章

校書四人正九品下正字二人從九品上掌校刊經史唐改太子正書曰正字龍朔二年改司經局曰桂坊罷隸左春坊領崇賢館比御史臺以詹事一人爲令比御史大夫司直二人比侍御史以洗馬爲司經大夫置文學四人錄事一人正九品下三年改司經大夫曰桂坊大夫糾正違失咸亨元年復隸左春坊省錄事有書令史二人書吏二人典書四人楷書二十五人掌固六人裝潢匠二人熟紙匠筆匠各一人

典膳局典膳郎二人從六品下丞二人正八品上掌進膳嘗食丞爲之貳每夕更直於廚龍朔二年改典膳局曰典膳郎有書令史二人書吏四人主食六人典食二百人掌固四人

藥藏局藥藏郎二人從六品下丞二人正八品上掌和醫藥丞爲之貳皇太子有疾侍醫診候議方藥將進宮臣涖嘗如尚藥局之職有書令史一人書吏二人侍醫四人典藥二人藥童十八人掌固四人

內直局內直郎二人從六品下丞二人正八品下掌符璽衣服繖扇几案筆硯垣牆龍朔二年改監曰內直郎副監曰丞有令史一人書吏三人典服十二人典扇八人典翰八人掌固六人武德中有典璽四人開元中廢

典設局典設郎四人從六品下丞二人正八品下掌湯沐燈燭汛掃鋪設凡皇太子散齋別殿致齋正殿前一日設幄坐于東序及室內張帷前楹龍朔二年改齋帥局曰典設局齋帥曰郎有書令史二人書吏四人幕士二百四十五人掌固十二人

宮門局宮門郎二人從六品下丞二人正八品下掌宮門管籥凡夜漏盡擊漏鼓而開夜漏上水一刻擊漏鼓而閉歲終行儺則先一刻而啓皇太子不在則闔正門還仗如常凡宮中明時不鼓龍朔三年改宮門監曰宮門郎有書令史一人書吏二人門僕百人掌固四人

右春坊右庶子二人正四品下中舍人二人正五品下掌侍從獻

納啓奏中舍人爲之貳皇太子監國下令書則畫日至春坊則庶子宣傳中舍人奉行

太子舍人四人正六品上掌行令書表啓諸臣上皇太子大事以牋小事以啓其封題皆上右春坊通事舍人以進

通事舍人八人正七品下掌導宮臣辭見承令勞問右諭德一人右贊善大夫五人錄事一人主事二人品皆如左春坊隋內舍人隸典書坊武德初改日中舍人管記舍人曰太子舍人永徽元年避太子名復改中舍人曰內舍人龍朔二年改典書坊曰右春坊右庶子曰右中護中舍人曰右贊善大夫舍人曰右司議郎有令史九人書令史十八人傳令四人典謁四人亭長六人掌固十八人

家令寺家令一人從四品上掌飲膳倉儲總食官典倉司藏三署皇太子出入則乘軺車爲導祭祀賓客則供酒食賜予則奉金玉貝帛凡牀几茵席器物非取於將作少府者皆供焉丞二人從七品下掌判寺事凡三署出納皆刺於詹事莊宅田園畜肥墝爲收斂之數宮朝坊府土木營繕則下於司藏主簿一人正九品下唐改司府令曰家令龍朔二年改家令寺曰宮府寺家令曰大夫有錄事一人府十八人史二十八人亭長四人掌固四人雜匠百人

食官署令一人從八品下丞二人從九品下掌飲膳酒醴凡四時供送設食皆顯焉供六品以下元日寒食冬至食於家令廚者有府二人史四人掌膳四人供膳百四十人奉觶三十人

典倉署令一人從八品下丞二人從九品下掌九穀醯醢庶羞器皿燈燭凡園圃樹藝皆受令焉每月籍出納上於寺歲終上詹事府給戶奴婢番戶雜戶資糧衣服有府三人史五人園丞二人史二人

司藏署令一人從八品下丞二人從九品下掌庫藏財貨出納營繕有府三人史四人計史一人

率更寺令一人從四品上掌宗族次序禮樂刑罰及漏刻之政太子釋奠講學齒胄則總其儀出入乘軺車爲導居家令之次坊寺府有罪者論罰庶人杖以下皆送大理皇太子未立判斷於大理

丞一人從七品上掌貳令事宮臣有犯理於率更者躬問蔽罪而上於詹事

主簿一人正九品下掌印句凡宗族不序禮儀不節音律不諧漏刻不審刑名不法皆舉而正之從囚則與丞同涖龍朔二年改曰司更寺令曰司更大夫有錄事一人府三人史四人漏刻博士三人掌漏六人漏童二十人典鐘典鼓各十二人亭長四人掌固四人漏刻博士掌教漏刻

僕寺僕一人從四品上掌車輿乘騎儀仗喪葬總廄牧署太子出則率廄牧令進路親馭

丞一人從七品上掌判寺事凡馬畜芻粟歲以季夏上於詹事以時出入而節其數

主簿一人正九品下掌廄牧畜養車騎駕馭儀仗龍朔二年改曰馭僕寺僕曰大夫有進馬十人錄事一人府三人史五人亭長三人掌固三人

廄牧署令一人從八品下丞二人從九品下掌車馬閑廄牧畜皇太子出則率典乘先期習路馬率駕士馭車乘既出進路式路車於西閤外南向以俟凡羣牧隸東宮者皆受其職事典乘四人從九品下有府一人史六人翼馭十人駕士十五人掌閑六百人獸醫十人主酪三十人翼馭掌調馬執馭

太子左右率府率各一人正四品上副率各二人從四品上掌兵仗儀衛凡諸曹及三府外府皆隸焉元日冬至皇太子朝宮臣諸方使則率衛府之屬爲衞每月三府三衛及五府超乘番上者配以職武德五年改左右侍率曰左右衛率府左右武侍衛率曰左右宗衛率府宮門府曰左右監門率府龍朔二年改左右衛率府曰左右典戎衛左右宗衛率府曰左右司禦率府左右虞候率府曰左右清道衛左右內率府曰左右奉裕衛左右監門率府曰左右崇掖衛武后垂拱中改左右監門率府曰左右鶴禁衛神龍元年改左右清道衛曰左右虞候率府景雲二年左右宗衛率府開元初左右虞候率復曰左右清道率府

長史各一人正七品上掌判諸曹府季秋以屬官功狀上於率而爲考課

錄事參軍事各一人從八品上倉曹參軍事兵曹參軍事胄曹參軍事騎曹參軍事各一人從八品下倉曹掌文官簿書兵曹掌武官簿書胄曹掌器械公廨營繕司階各一人從六品上中候各二人從七品下司戈各二人從八品上執戟各三人散長上各十人從九品下左右司禦清道監門內率府自率以下品同有錄事一人史一人倉曹府一人史二人兵曹胄曹各府二人史三人騎曹府五人史七人亭長掌固各二人

親府勳府翊府三府每府中郎將各一人從四品上左右郎將各

一人正五品下中郎將郎將掌其府校尉旅帥及親勳翊衛之屬宿衛而揔其事

兵曹參軍事各一人從九品上掌判句大朝會及皇太子出則從鹵簿而涖其儀親衛從七品上勳衛正八品上翊衛從八品上眞皆亡校尉各五人從六品上旅帥各十人正七品下隊正各二十人從八品上武德元年改功曹曰親衛義曹曰勳衛長曹曰翊衛置三府有錄事一人府史各二人

太子左右司禦率府率各一人正四品上副率各二人從四品上掌同左右衛凡諸曹及外府旅賁番上者隷焉長史各一人正七品上錄事參軍事各一人從八品上倉曹參軍事兵曹參軍事冑曹參軍事騎曹參軍事各一人從八品下司階各一人中候各二人司戈各二人執戟各三人親衛勳衛翊衛三府中郎將以下如左右衛率府有錄事一人史二人倉曹府一人史二人兵曹府二人史三人冑曹府史各二人亭長一人掌固二人

太子左右清道率府率各一人副率各二人掌晝夜巡警凡諸曹及外府直盪番上者隷焉皇太子出入則以清游隊先導後拒隊爲殿長史各一人錄事參軍事各一人從八品上倉曹參軍事兵曹參軍事冑曹參軍事各一人從八品下左右司階各一人左右中候各二人左右司戈各一人左右執戟各三人親衛勳衛翊衛三府中郎將以下如左右衛率府有錄事一人史二人亭長二人掌固二人倉曹府一人史二人兵曹府二人史三人冑曹府二人史二人細引押仗五十人

太子左右監門率府率各一人副率各二人掌諸門禁衛凡財物器用出者有籍長史各一人錄事參軍事各一人正九品上兵曹參軍事各一人正九品下兼領倉曹冑曹參軍事各一人正九品下監門直長七十八人從七品下唐改宮門將曰監門率直事曰直長有錄事一人史二人亭長一人掌固二人兵曹府二人史二人冑曹府二人史三人

太子左右內率府率各一人副率各一人掌千牛供奉之事皇太子坐日領千牛升殿射于射宮則千牛奉弓矢立東階西面率奉弓副率奉矢決拾北面張弓左執弣右執簫以進副率以巾拂矢而進各退立於位既射左內率啓其中否長史各一人錄事參軍事各一人正九品上兵曹參軍事各一人正九品下兼領倉曹冑曹參軍事各一人正九品下千牛各四十四人從七品上唐置兵曹改司仗左右衛曰千牛備身主射左右衛曰備身左右弓箭備身去弓箭之名龍朔二年改千牛備身曰奉裕開元中千牛備身備身左右并爲千牛有備身二十八人主仗四十人錄事一人史二人兵曹府一人史二人冑曹府一人史一人

百官志第三十九上

翰林學士兼龍圖閣學士朝散大夫給事中知制誥充史館脩撰臣歐陽脩奉
敕撰

王府官

傅一人，從三品；掌輔正過失。諮議參軍事一人，正五品上；掌訏謀議事。友一人，從五品下；掌侍游處，規諷道義。侍讀，無定員。文學一人，從六品上；掌校典籍，侍從文章。東西閤祭酒各一人，從七品上；掌禮賢良、導賓客。自祭酒以下爲王官。武德中，置師一人，常侍二人，侍郎四人，皆掌表啓書疏、贊相禮儀；舍人四人，掌通傳引納；謁者二人，舍人二人。諮議參軍事、友，皆正五品下；文學、祭酒，皆正六品下。高宗、中宗時，相王府長史以宰相兼之，親王府以尚書兼之。徐、韓二王爲刺史，府官同外官資望，愈下。永淳以前，王未出閤，則不開府。天授二年，置皇孫府官。玄宗諸子多不出閤，王官益輕，而員亦減。天寶三載，改師曰傅。開元二年，廢常侍、侍郎、謁者、舍人。開成元年，改諸王侍讀曰奉諸王講諭，大中初復舊。

長史一人，從四品上；司馬一人，從四品下；皆掌統府僚、紀綱職務。掾一人，掌通判功曹、倉曹、戶曹事；屬一人，掌通判兵曹、騎曹、法曹、士曹事；皆正六品上。主簿一人，掌覆省書教。記室參軍事二人，掌表啓書疏。錄事參軍事一人，皆從六品上；掌付事句稽、省署鈔目。錄事一人，從九品下。功曹參軍事掌文官簿書、考課、陳設；倉曹參軍事掌祿廩、廚膳、出內、市易、畋漁、芻藁；戶曹參軍事掌封戶、僮僕、弋獵、過所；兵曹參軍事掌武官簿書、考課、儀衞、假使；騎曹參軍事掌廄牧、騎乘、文物、器械；法曹參軍事掌按訊、決刑；士曹參軍事掌土功、公廨；自功曹以下各一人，正七品上。參軍事二人，正八品下；行參軍事四人，從八品上；皆掌出使、雜檢校。典籤二人，從八品下；掌宣傳書教。武德中，改功曹以下書佐、法曹行書佐、士曹佐，皆曰參軍事；長兼行書佐曰行參軍事。又有鎧曹參軍事二人，掌儀衞兵仗；田曹參軍事一人，掌公廨職田、弋獵；水曹參軍事二人，掌舟船、漁捕、芻草；皆正七品下。家吏二人，百司問事謁者一人，正七品下；司閤一人，正九品下。自觀中，廢鎧曹、田曹、水曹。武后時，家吏以下皆廢。主簿、記室有史二人，錄事、功曹、倉曹、兵曹、騎曹、法曹、士曹各府一人，史二人，戶曹府、史各二人。自典籤以上爲府官。郡王、嗣王不置長史。

親事府：典軍二人，正五品上；副典軍二人，從五品上；皆掌校尉以下守衞、陪從，兼知鞍馬。校尉五人，從六品上；旅帥，從七品下；隊正，從八品下；隊副，從九品下；皆掌領事帳內陪從。自旅帥以下，視親事多少乃置。

帳內府：典軍二人，正五品上；副典軍二人，從五品上。自校尉以下，員品如親事府。初，典軍以武官及流外爲之，領執仗帳內等。秦王、齊王府置左右六護軍府、左右親軍府、左右帳內府。左一右一護軍府，護軍各一人，副護軍各二人，長史、錄事、參軍事、倉曹、兵曹、鎧曹參軍事各一人，統軍各五人，別將各一人。左二右二護軍府、左三右三護軍府，減統軍二人，別將六人。左右親軍府，統軍各一人，長史各一人，錄事、參軍事、兵曹、鎧曹參軍事、左別將、右別將各一人。帳內府職員與護軍府同。又有庫直，隸親事府；驅咥直，隸帳內府；選材勇爲之。貞觀中，庫直以下皆廢。親事府有府一人，史二人，執仗親事十六人，執乘親事十六人，掌供騎乘；親事三百三十人。帳內府有府一人，史一人，帳內六百六十七人。

親王國：令一人，從七品下；大農一人，從八品下；掌判國司。尉一人，正九品下；丞一人，從九品下；學官長、丞各一人，掌教授內人；食官長、丞各一人，掌營膳食；廄牧長、丞各二人，掌畜牧；典府長、丞各二人，掌府內雜事。長皆正九品下，丞皆從九品下。有典衞八人，掌守衞陪從；舍人四人，錄事一人，府四人，史八人。

公主邑司：令一人，從七品下；丞一人，從八品下；掌公主財貨、稟積、田園。主簿一人，正九品下；錄事一人，從九品下；督封租、主家財貨出入。有史八人，謁者二人，舍人二人，家史二人。

外官

天下兵馬元帥、副元帥、都統、副都統、行軍長史、行軍司馬、行軍左司馬、行軍右司馬、判官、掌書記、行軍參謀、前軍兵馬使、中軍兵馬使、後軍兵馬使、中軍都虞候各一人。元帥、都統、招討使，掌征伐，兵罷則省。都統，總諸道兵馬，不賜旌節。高祖起兵，置左右領軍大都督，各總三軍；及定京師，置左右元帥。太原道行軍元帥、西討元帥，皆親王領之。天寶末，置天下兵馬元帥、都統；朔方、河東、河北、平盧節度使、招討都統之名，始於此。大曆八年，罷天下兵馬元帥。建中四年，以李希烈反，置諸軍行營兵馬都元帥。興元元年，置副都統。會昌中，置靈夏六道元帥。黃巢之亂，置諸道行營都都統。天福二年，置諸道兵馬元帥，尋復改曰天下兵馬元帥。

行軍司馬掌弼戎政，居則習蒐狩，有役則申戰守之法，器械、糧備、軍籍、賜予皆專焉。武德元年，改贊治曰治中；高宗即位，曰司馬；下州亦置司馬。顯慶二年，置洛州司馬。武后大足元年，東都、北都、雍、荊、揚、益州置左右司馬。神龍二年，省。太極元年，雍、洛四大都督府增司馬一人，亦分左右。掌書記掌朝覲、聘問、慰薦、祭祀、祈祝之文與號令升絀之事。行軍參謀關豫軍中機密。景龍元年，置掌書記。開元十二年，罷行軍參謀，尋復置。

節度使、副大使知節度事、行軍司馬、副使、判官、支使、掌書記、推官、巡官、衙推各一人，同節度副使十人，館驛巡官四人，府院法直官、要籍、逐要親事各一人，隨軍四人。節度使封郡王，則有奏記一人；兼觀察使，又有判官、支使、推官、巡官、衙推各一人；又兼安撫使則有副使判官各一人兼支度營田招討經略使則有副使判官各一人支度使復有遣運判官巡官各一人節度使掌總軍旅顓誅殺初授具帑抹兵仗詣兵部辭見觀察使亦如之辭日賜雙旌雙節行則建節樹六纛中官祖送次一驛輒上聞入境州縣築節樓迎以鼓角衙仗居前旌幢居中大將鳴珂金鉦鼓角居後州縣齎印迎于道左視事之日設禮案高尺有二寸方八尺判三案節度使判宰相觀察使判節度使團練使判觀察使三日洗印視其刓缺歲以八月考其治否銷兵爲上考足食爲中考邊功爲下考觀察使以豐稔爲上考省刑爲中考辦稅爲下考團練使以安民爲上考懲姦爲中考得情爲下考防禦使以無虞爲上考清苦爲中考政成爲下考經略使以計度爲上考集事爲中考脩造爲下考罷秩則交廳以節度使印自隨留觀察使營田等印以郎官主之鎖節樓節堂以節院使主之祭奠以時入朝未見不入私第京兆河南牧大都督大都護皆親王遙領兩府之政以尹主之大都督府之政以長史主之大都護府之政以副大都護主之副大都護則兼王府長史其後有持節爲節度副大使知節度事者正節度也諸王拜節度大使者皆留京師

觀察使副使支使判官掌書記推官巡官衙推隨軍要籍進奏官各一人

團練使副使判官推官巡官衙推各一人

防禦使副使判官推官巡官各一人觀察處置使掌察所部善惡舉大綱凡奏請皆屬於州貞觀初遣大使十三人巡省天下諸州水旱則遣使有巡察安撫存撫之名神龍二年以五品以上二十人爲十道巡察使按舉州縣再周而代景雲二年置都督二十四人察刺史以下善惡置司舉從事二人秩比侍御史揚益并荊四州爲大都督汴兗魏冀蒲綿秦洪潤越十州爲中都督皆正三品齊鄜涇襄安潭遂通梁夔十州爲下都督從三品當時以爲權重難制罷之惟四大都督府如故置十道按察使道各一人開元二年曰十道按察採訪處置使至四年罷八年復置十道按察使秋冬巡視州縣十年又罷十七年復置十道京都兩畿按察使二十年曰採訪處置使分十五道天寶末又兼黜陟使乾元元年改曰觀察處置使

西都東都北都牧各一人從二品西都東都北都鳳翔成都河中江陵興元興德府尹各一人從三品掌宣德化歲巡屬縣觀風俗

錄囚恤鰥寡親王典州則歲以上佐巡縣武德元年雍州置牧一人以親王爲之然常以別駕領州事永徽中改尹曰長史初太宗伐高麗置京城留守其後車駕不在京都則置留守以右金吾大將軍爲副留守開元元年改京兆河南府長史復爲尹通判府務牧缺則行其事十一年太原府亦置尹及少尹以尹爲留守少尹爲副留守謂之三都留守三都大都督府有典獄十八人問事十二人白直二十四人典獄以防守囚繫問事以行罰中府上州典獄十四人問事八人白直二十人下府中州典獄十二人問事六人白直十六人下州典獄八人問事四人白直十六人自三都以下皆有執刀十五人

少尹二人從四品下掌貳府州之事歲終則更次入計

司錄參軍事二人正七品上錄事四人從九品上功曹倉曹戶曹田曹兵曹法曹士曹參軍事各二人皆正七品下參軍事六人正八品下六府錄事參軍事以下減一人錄事參軍事掌正違失莅符印武德初改州主簿曰錄事參軍事開元元年改曰司錄有史十人大都督府有史四人中府有史三人下府都護府上州中州下州各有史二人

功曹司功參軍事掌考課假使祭祀禮樂學校表疏書啓祿食祥異醫藥卜筮陳設喪葬武德初司功司倉司戶司兵司法司士書佐皆曰爲司功等參軍事有府四人史十人大都督有府三人史六人中府有府二人史三人下府有府一人史一人大都護府有府一人史二人上府有府史各二人上州有佐二人史五人中州減史二人

倉曹司倉參軍事掌租調公廨庖廚倉庫市肆有府五人史十三人大都督府有府四人史六人中府下府各有府三人史五人都護府有府史各二人上州有佐二人史五人中州下州減史二人

戶曹司戶參軍事掌戶籍計帳道路過所蠲符雜徭逋負良賤芻藁逆旅婚姻田訟旌別孝悌有府八人史十六人帳史二人知籍按帳曰捉錢大都督府有府四人史七人帳史二人中府有府三人史五人帳史一人下府有府二人史五人帳史一人上州有佐四人史六人帳史一人中州有佐三人史五人帳史一人下州有佐二人史四人帳史一人都護府有府史各二人帳史一人

田曹司田參軍事掌園宅口分永業及蔭田景龍三年初置司田參軍事唐隆元年省上元二年復置有府四人史十人大都督府有府三人史六人中府有府史各二人下府有府一人史二人上州有佐二人史五人中州下州減史二人

兵曹司兵參軍事掌武官選兵甲器仗門禁管鑰軍防烽候傳驛畋獵有府六人史十四人大都督府有府四人史八人中府有府三人史六人下府有府二人史五人都護府有府三人史四人上州有佐二人史五人中州減史二人

法曹司法參軍事掌鞫獄麗法督盜賊知贓賄沒入有府六人史十四人大都督有府三人史八人中府有府三人史六人下府有府二人史五人上州有佐四人史七人中州有佐一人史四人下州有佐一人史三人

士曹司士參軍事掌津梁舟車舍宅工藝有府五人史十一人大都督府有府四人史八人中府下府有府三人史六人上州有佐二人史五人中州有佐一人史四人

參軍事掌出使贊導武德初改行書佐曰行參軍尋又改曰參軍事初有參使十五人後省

文學一人從八品上掌以五經授諸生縣則州補州則授於吏部然無職事衣冠恥之武德初置經學博士助教學生德宗即位改博士曰文學元和六年廢中州下州文學京兆等三府助教二人學生八十人大都督

王仁

府上州各助教一人中都督府學生五十人下府下州各四十人

醫學博士一人從九品上掌療民疾貞觀三年置醫學有醫藥博士及學生開元元年改醫藥博士為醫學博士諸州置助教寫本草百一集驗方藏之未幾醫學博士學生皆省僻州少醫藥者如故二十七年復置醫學生掌州境巡療永泰元年復置醫學博士三都都督府上州中州各有助教一人三都學生二十人都督府上州二十人中州下州十人

大都督府都督一人從二品長史一人從三品司馬二人從四品下錄事參軍事一人正七品上錄事二人從九品上功曹參軍事倉曹參軍事戶曹參軍事田曹參軍事兵曹參軍事法曹參軍事士曹參軍事各一人正七品下參軍事五人正八品下市令一人從九品上文學一人正八品下醫學博士一人從八品上中都督府都督一人正三品別駕一人正四品下長史一人正五品上司馬一人正五品下錄事參軍事一人正七品下錄事二人從九品上功曹參軍事倉曹參軍事戶曹參軍事田曹參軍事兵曹參軍事法曹參軍事士曹參軍事各一人從七品上參軍事四人從八品上市令一人從九品上文學一人從八品上醫學博士一人正九品上下都督府都督一人從三品別駕一人從四品下長史一人從五品上司馬一人從五品下錄事參軍事一人從七品上錄事二人從九品上功曹參軍事倉曹參軍事戶曹參軍事田曹參軍事兵曹參軍事法曹參軍事士曹參軍事各一人從七品下參軍事三人從八品下文學一人從八品下醫學博士一人正九品上都督掌督諸州兵馬甲械城隍鎮戍糧稟總判府事武德初邊要之地置總管以統軍加號使持節蓋漢刺史之任有行臺有大行臺其員有尚書省令一人正二品掌管內兵民總判省事有僕射一人從二品掌貳令事自左右丞以下諸司郎中略如京省又有食貨監一人丞二人掌膳羞財物賓客帳具音樂醫藥有農圃監一人丞四人掌倉廩園圃薪蒭粟米運漕有武器監一人丞二人掌兵械廄牧有百工監一人丞四人掌舟車營作監皆正八品下丞正九品下七年改總管曰都督總十州者為大都督貞觀二年去大字凡都督府有刺史以下如故然大都督又兼刺史而不檢校州事其後都督加使持節則為節度使諸將亦通以都督稱唯朔方猶稱大總管邊州別置經略使沃衍有屯田之州則置營田使武后聖曆元年以夏州都督領鹽州防禦使及安祿山反諸郡當賊衝者皆置防禦守捉使乾元元年置團練守捉使都團練守捉使大者領州十餘小者二三州代宗即位廢防禦使唯山南西道如故元載秉政思結人心刺史皆得兼團練守捉使楊綰為相罷團練守捉使惟澧朗峽興鳳如故建中後行營亦置節度使防禦使都團練使大率節度觀察防禦團練使皆兼所治州刺史都督府則領長史都護府則領都護或亦別置都護都督府有掾有屬有記室參軍事有典籤武德中省

市令一人從九品上掌交易禁姦非通判市事貞觀十七年廢市令垂拱元年復置都督府

都諸州各有市丞一人佐一人史二人帥三人分行檢察倉督二人顓出納史二人下州省參

大都護府大都護一人從二品副大都護二人從三品副都護二人正四品上長史一人正五品上司馬一人正五品下錄事參軍事一人正七品上錄事二人從九品上功曹參軍事倉曹參軍事戶曹參軍事兵曹參軍事法曹參軍事各一人正七品下參軍事三人正八品下上都護一人正三品副都護二人從四品上長史一人正五品上司馬一人正五品下錄事參軍事一人正七品下功曹參軍事倉曹參軍事戶曹參軍事兵曹參軍事各一人從七品上參軍事三人從八品上都護掌統諸蕃撫慰征討敘功罰過總判府事

上州刺史一人從三品職同牧尹別駕一人從四品下武德元年改太守曰刺史加號持節丞曰別駕十年改雍州別駕曰長史高宗即位改別駕皆為長史上元二年諸州復置別駕以諸王子為之永隆元年省永淳元年復置景雲二年併參用庶姓天寶元年改刺史曰太守八載諸郡罷別駕下郡置長史一員上元二年諸州復置別駕德宗時復省元和長慶之際兩河用兵裨將有功者補東宮王府官久次當進及受代居京師常數十人訴宰相以求官文宗世宰相韋處厚建議復置兩輔六雄十望十緊州別駕長史一人從五品上司馬一人從五品下錄事參軍事一人從七品上錄事二人從九品下司功參軍事一人司倉參軍事一人司戶參軍事二人司田參軍事一人司兵參軍事一人司法參軍事二人司士參軍事一人皆從七品下參軍事四人從八品下市令一人從九品上丞一人從九品上文學一人從八品下醫學博士一人從九品下中州刺史一人正四品下錄事參軍事一人正八品上錄事一人從九品上司功參軍事司倉參軍事司戶參軍事司田參軍事司兵參軍事司法參軍事司士參軍事各一人正八品下參軍事三人正九品下醫學博士一人從九品下下州刺史一人正四品下別駕一人從五品上司馬一人從六品上錄事參軍事一人從八品上錄事一人從九品下司倉參軍事司戶參軍事司田參軍事司法參軍事各一人從八品下參軍事二人從九品下醫學博士一人從九品下諸軍各置使一人五千人以上有副使一人萬人以上有營田副使一人軍皆有倉兵冑三曹

參軍事刺史領使則置副使推官衙官州衙推軍衙推

京縣令各一人正五品上丞二人從七品上主簿二人從八品上錄事二人從九品下尉六人從八品下畿縣令各一人正六品上丞一人正八品下主簿一人正九品上尉二人正九品下上縣令一人從六品上丞一人從八品下主簿一人正九品下尉二人從九品上中縣令一人正七品上丞一人從八品下主簿一人從九品上尉一人從九品下中下縣令一人從七品上丞一人正九品上主簿一人從九品上尉一人從九品下下縣令一人從七品下丞一人正九品下主簿一人從九品上尉一人從九品下縣令掌導風化察冤滯聽獄訟凡民田收授縣令給之每歲季冬行鄉飲酒禮籍帳傳驛倉庫盜賊隄道雖有專官皆通知縣丞爲之貳縣尉分判衆曹收率課調武德元年改書佐曰縣尉尋改曰正諸縣置主簿以流外爲之京縣上縣丞皆一人畿縣上縣正皆四人七年改縣正復曰尉貞觀初諸縣置錄事開元上縣萬戶中縣四千戶以上增尉一人京兆河南府諸縣戶三千以上置市令一人戶一萬以上置義倉督二人其後畿縣戶不及四千亦置錄二人萬戶增一人凡縣有司功佐司倉佐司戶佐司兵佐司法佐司士佐典獄門事等畿縣減司兵上縣有司戶司法而已凡縣皆有經學博士助教各一人京縣學生五十人畿縣四十人中縣以下各二十五人

上鎮將一人正六品下鎮副二人正七品下倉曹參軍事兵曹參軍事各一人從八品下中鎮將一人正七品上鎮副一人從七品上兵曹參軍事一人正九品下下鎮將一人正七品下鎮副一人從七品下兵曹參軍事一人從九品下毋鎮又有使一人副使一人凡軍鎮二萬人以上置司馬一人正六品上增倉曹兵曹參軍事各一人從七品下不及二萬者司馬從六品上倉曹兵曹參軍事正八品上上戍主一人正八品下戍副一人從八品下中戍主一人從八品下下戍主一人正九品下鎮將鎮副戍主戍副掌捍防守禦凡上鎮二十中鎮九十下鎮一百三十五上戍十一中戍八十六下戍二百四十五倉曹參軍事掌儀式倉庫飲膳醫藥付事句稽省署鈔目監印給紙筆市易公廨中鎮則兵曹兼掌兵曹參軍事掌防人名帳戎器管籥馬驢土木謫罰之事上鎮有錄事一人史一人倉曹佐一人史二人兵曹佐史各二人倉督一人史二人中鎮錄事一人兵曹佐一人史四人倉督一人史二人下鎮錄事一人兵曹佐一人史二人倉督一人史一人凡軍鎮五百人有押官一人千人有子總管一人五千人又有府三人史四人上戍佐一人史二人中戍史二人下戍史一人唐廢戍子每防人五百人爲上鎮三百人爲中鎮不及者爲下鎮五十人爲上戍三十人爲中戍不及者爲下戍開元十五年朔方五城各置田曹參軍事一人品同諸軍判司專莅營田永泰後諸鎮官頗增減開元之舊

五岳四瀆令各一人正九品上掌祭祀有祝史三人齋郎各三十人

上關令一人從八品下丞二人正九品下中關令一人正九品下丞一人從九品下下關令一人亦從九品下掌禁末游察姦慝凡行人車馬出入據過所爲往來之節凡關二十有六京四面關有驛道者爲上關無驛道者爲中關餘爲下關丞掌付事句稽監印省署鈔目通判關事上關錄事一人府二人史四人典事六人中關錄事一人府二人史二人典事四人下關府一人史典事各二人典事掌巡雜及雜當初諸關置鄣尉亦有它官奉勅監者上津置尉一人掌舟梁之事府一人史二人津長四人下津尉一人府一人史二人津長二人永徽中廢津尉上關置津吏八人永泰元年中關置津吏六人下關四人無津者不置

百官志第三十九下

唐書五十

兵志第四十

翰林學士兼龍圖閣學士朝散大夫給事中知制誥充史館修撰臣歐陽脩奉
敕撰

古之有天下國家者其興亡治亂未始不以德而自戰國秦漢以來鮮不以兵夫兵豈非重事哉然其因時制變以茍利趨便至於無所不爲而考其法制雖可用於一時而不足施於後世者多矣惟唐立府兵之制頗有足稱焉蓋古者兵法起於井田自周衰王制壞而不復至於府兵始一寓之於農其居處教養畜材待事動作休息皆有節目雖不能盡合古法蓋得其大意焉此高祖太宗之所以盛也至其後世子孫驕弱不能謹守屢變其制夫置兵所以止亂及其弊也適足爲亂又其甚也至困天下以養亂而遂至於亡焉蓋唐有天下二百餘年而兵之大勢三變其始盛時有府兵府兵後廢而爲彍騎彍騎又廢而方鎮之兵盛矣及其末也彊臣悍將兵布天下而天子亦自置兵於京師曰禁軍其後天子弱方鎮彊而唐遂以亡滅者措置之勢使然也若乃將卒營陣車旗器械征防守衛凡兵之事不可以悉記記其廢置得失終始治亂興滅之迹以爲後世戒云府兵之制起自西魏後周而備於隋唐興因之隋制十二衛曰翊衛曰驍騎衛曰武衛曰屯衛曰禦衛曰候衛爲左右皆有將軍以分統諸府之兵府有郎將副郎將坊主團主以相統治又有驃騎車騎二府皆有將軍後更驃騎曰鷹揚郎將車騎曰副郎將別置折衝果毅自高祖初起開大將軍府以建成爲左領大都督領左三軍燉煌公爲右領大都督領右三軍元吉統中軍發自太原有兵三萬人及諸起義以相屬與降羣盜得兵二十萬武德初始置軍府以驃騎車騎兩將軍府領之析關中爲十二道曰萬年道長安道富平道醴泉道同州道華州道寧州道岐州道豳州道西麟州道涇州道宜州道皆置府三年更以萬年道爲參旗軍長安道爲鼓旗軍富平道爲玄戈軍醴泉道爲井鉞軍同州道爲羽林軍華州道爲騎官軍寧州道爲折威軍岐州道爲平道軍豳州道爲招搖軍西麟州道爲苑游軍涇州道爲天紀軍宜州道爲天節軍軍置將副各一人以督耕戰以車騎府統之六年以天下既定遂廢十二軍改驃騎曰統軍車騎曰別將居歲餘十二軍復而軍置將軍一人軍有坊置主一人以檢察戶口勸課農桑太宗貞觀十年更號統軍爲折衝都尉別將爲果毅都尉諸府揔曰折衝府凡天下十道置府六百三十四皆有名號而關內二百六十有一皆以隸諸衛凡府三等兵千二百人爲上千人爲中八百人爲下府置折衝都尉一人左右果毅都尉各一人長史兵曹別將各一人校尉六人士以三百人爲團團有校尉五十人爲隊隊有正十人爲火火有長火備六䭾馬凡火具烏布幕鐵馬盂布槽鍤钁鑿碓筐斧鉗鋸皆一甲牀二鎌二隊具火鑽一胸馬繩一首羈足絆皆三人具弓一矢三十胡禄橫刀礪石大觿氈帽氈裝行縢皆一麥飯九斗米二斗皆自備幷其介冑戎具藏於庫有所征行則視其入而出給之其番上宿衛者惟給弓矢橫刀而已凡民年二十爲兵六十而免其能騎而射者爲越騎其餘爲步兵武騎排穳手步射每歲季冬折衝都尉率五校兵馬之在府者置左右二校尉位相距百步每校爲步隊十騎隊一皆卷矟幡展刃旗散立以俟角手吹大角一通諸校皆斂人騎爲隊二通偃旗矟解幡三通旗矟舉左右校擊鼓二校之人合譟而進右校擊鉦隊少却左校進逐至右校立所左校擊鉦少却右校進逐至左校立所右校復擊鉦隊還左校復薄戰皆擊鉦隊各還大角復鳴一通皆卷幡攝矢弛弓匣刃二通旗矟舉隊皆進三通左右校皆引還是日也因縱獵獲各入其人其隸於衛也左右衛皆領六十府諸衛領五十至四十其餘以隸東宮六率凡發府兵皆下符契州刺史與折衝勘契乃發若全府發則折衝都尉以下皆行不盡則果毅行少則別將行當給馬者官予其直市之每匹予錢二萬五千刺史折衝果

穀歲閱不任戰事者鬻之以其錢更市不足則一府共足之
凡當宿衛者番上兵部以遠近給番五百里爲五番千里七番
一千五百里八番二千里十番外爲十二番皆一月上若簡留直
衛者五百里爲七番千里八番二千里十番外爲十二番亦月上
先天二年誥曰往者分建府衛計戶充兵裁足周事二十一入
募六十一出軍多憚勞以規避匿今宜取年二十五以上五十而
免屢征鎮者十年免之雖有其言而事不克行玄宗開元六年
始詔折衝府兵每六歲一簡自高宗武后時天下久不用兵府兵
之法寖壞番役更代多不以時衛士稍稍亡匿至是益耗散宿
衛不能給宰相張說乃請一切募士宿衛十一年取京兆蒲同岐
華府兵及白丁而益以潞州長從兵共十二萬號長從宿衛歲二
番命尚書左丞蕭嵩與州吏共選之明年更號曰彍騎又詔諸
州府馬闕官私共補之今兵貧難致乃給以監牧馬然自是諸府
士益多不補折衝將又積歲不得遷士人皆恥爲之十三年始以

彍騎分隸十二衛總十二萬爲六番每衛萬人京兆彍騎六萬
六千華州六千同州九千蒲州萬二千三百絳州三千六百晉州
千五百岐州六千河南府三千陝虢汝鄭懷汴六州各六百內弩
手六千其制皆擇下戶白丁宗丁品子彊壯五尺七寸以上不
足則兼以戶八等五尺以上皆免征鎮賦役爲四籍兵部及州
縣衛分掌之十人爲火五火爲團皆有首長又擇材勇者爲
番頭頗習弩射又有羽林軍飛騎亦習弩凡伏遠弩自能施
張縱矢三百步四發而二中擘張弩二百三十步四發而二中角
弓弩二百步四發而三中單弓弩百六十步四發而二中皆爲
及第諸軍皆近營爲堋士有便習者教試之及第者有賞
自天寶以後彍騎之法又稍變廢士皆失拊循八載折衝諸府
至無兵可交李林甫遂請停上下魚書其後徒有兵額官吏
而戎器馱馬鍋幕糗糧並廢矣故時府人目番上宿衛者曰
侍官言侍衛天子至是衛佐悉以假人爲童奴京師人恥之

至相罵辱必曰侍官而六軍宿衛皆市人富者販繒綵食粱肉壯
者爲角觝拔河翹木扛鐵之戲及祿山反皆不能受甲矣初府兵
之置居無事時耕於野其番上者宿衛京師而已若四方有事則
命將以出事解輒罷兵散于府將歸于朝故士不失業而將帥無
握兵之重所以防微漸絕禍亂之萌也及府兵法壞而方鎮盛武
夫悍將雖無事時據要險專方面既有其土地又有其人民又有
其甲兵又有其財賦以布列天下然則方鎮不得不彊京師不得
不弱故曰措置之勢使然者以此也夫所謂方鎮者節度使之兵
也原其始起於邊將之屯防者唐初兵之戍邊者大曰軍小曰守
捉曰城曰鎮而總之者曰道若盧龍軍一東軍等守捉十一曰平盧
道橫海北平高陽經略安塞納降唐興渤海懷柔威武鎮遠靜塞
雄武鎮安懷遠保定軍十六曰范陽道天兵大同天安橫野軍四
岢嵐等守捉五曰河東道朔方經略豐安定遠新昌天柱宥州經
略橫塞天德天安軍九三受降豐寧保寧烏延等六城新泉守

捉一曰關內道赤水大斗白亭豆盧墨離建康寧寇玉門伊吾
天山軍十烏城等守捉十四曰河西道瀚海清海靜塞軍三沙鉢
等守捉十曰北庭道保大軍一鷹娑都督一蘭城等守捉八曰
安西道鎮西天成振威安人綏戎河源白水天威榆林臨洮莫門
神策寧邊威勝金天武寧曜武積石軍十八平夷綏和合川守捉
三曰隴右道威戎安夷昆明寧遠洪源通化松當平戎天保威遠
軍十羊灌田等守捉十五新安等城三十二犍爲等鎮三十八曰劍
南道嶺南安南桂管邕管容管經略清海軍六曰嶺南道福州
經略軍一曰江南道平海軍一東牟東萊守捉二蓬萊鎮一曰
河南道此自武德至天寶以前邊防之制其軍城鎮守捉皆有使
而道有大將一人曰大總管已而更曰大都督至太宗時行軍征討
曰大總管在其本道曰大都督自高宗永徽以後都督帶使持
節者始謂之節度使然猶未以名官景雲二年以賀拔延嗣爲涼
州都督河西節度使自此而後接乎開元朔方隴右河東河西諸

鎭皆置節度使及范陽節度使安祿山反犯京師天子之兵弱
不能抗遂陷兩京肅宗起靈武而諸鎭之兵共起誅賊其後祿
山子慶緒及史思明父子繼起中國大亂肅宗命李光弼等討之
號九節度之師久之大盜既滅而武夫戰卒以功起行陣列爲侯
王者皆除節度使由是方鎭相望於內地大者連州十餘小者猶
兼三四故兵驕則逐帥帥彊則叛上或父死子握其兵而不肯代
或取捨由於士卒往往自擇將吏號爲留後以邀命於朝天子顧
力不能制則忍恥含垢因而撫之謂之姑息之政蓋姑息起於兵驕
兵驕由於方鎭姑息愈甚而兵將愈俱驕由是號令自出以相侵
擊虜其將帥并其土地天子熟視不知所爲反爲和解之莫肯聽
命始時爲朝廷患者號河朔三鎭及其末朱全忠以梁兵李克用
以晉兵更犯京師而李茂貞韓建近據岐華妄一喜怒兵已至於
國門天子爲殺大臣罪己悔過然後去及昭宗用崔胤召梁兵以
誅宦官劫天子奔岐梁兵圍之逾年當此之時天下之兵無復勤

王者嚮之所謂三鎭者徒能始禍而已其他大鎭南則吳浙荊
湖閩廣西則岐蜀北則燕晉而梁盜據其中自國門以外皆分
裂於方鎭矣故兵之始重於外也土地民賦非天子有既其盛也
號令征伐非其有又其甚也至無尺土而不能庇其妻子宗族遂
以亡滅語曰兵猶火也弗戢將自焚夫惡危亂而欲安全者庸君
常主之能知至於措置之失則所謂困天下以養亂也唐之置兵
既外柄以授人而末大本小方區區自爲捍衛之計可不哀哉夫
所謂天子禁軍者南北衙兵也南衙諸衛兵是也北衙者禁軍也
初高祖以義兵起太原已定天下悉罷遣歸其願留宿衛者三
萬人高祖以渭北白渠旁民棄腴田分給之號元從禁軍後老不
任事以其子弟代謂之父子軍及貞觀初太宗擇善射者百人
爲二番於北門長上曰百騎以從田獵又置北衙七營選材力驍
壯月以一營番上十二年始置左右屯營於玄武門領以諸衛
將軍號飛騎其法取戶二等以上長六尺闊壯者試弓馬四次上

翹關舉五負米五斛行三十步者復擇馬射爲百騎衣五色
袍乘六閑駮馬虎皮韉爲游幸翊衛高宗龍朔二年始取府兵
越騎步射置左右羽林軍大朝會則執仗以衛階陛行幸則夾馳
道爲內仗武后改百騎曰千騎睿宗又改千騎曰萬騎分左右營
及玄宗以萬騎平韋氏改爲左右龍武軍皆用唐元功臣子弟制
若宿衛兵是時良家子避征戍者亦皆納資隸軍分日更上如
羽林開元十二年詔左右羽林軍飛騎闕取京旁州府士以戶部
印印其臂爲二籍羽林兵部分掌之末年禁兵寖耗及祿山反天
子西幸禁軍從者裁千人肅宗赴靈武士不滿百及即位稍復
調補北軍至德二載置左右神武軍補元從扈從官子弟
不足則取它色帶品者同四軍亦曰神武天騎制如羽林
總曰北衙六軍又擇便騎射者置衙前射生手千人亦曰供
奉射生官又曰殿前射生分左右廂總號曰左右英武軍乾
元元年李輔國用事請選羽林騎士五百人徼巡李揆曰

漢以南北軍相制故周勃以北軍安劉氏朝廷置南北衙文武區列
以相察伺今用羽林代金吾警忽有非常何以制之遂罷上元中
以北衙軍使衛伯玉爲神策軍節度使鎭陝州中使魚朝恩
爲觀軍容使監其軍初哥舒翰破吐蕃臨洮西之磨環川即其
地置神策軍以成如璆爲軍使及祿山反如璆以伯玉將兵千人
赴難伯玉與朝恩皆屯于陝時邊土陷蹙神策故地淪沒即詔
伯玉所部兵號神策軍以伯玉爲節度使與陝州節度使郭英
乂皆鎭陝其後伯玉罷以英乂兼神策軍節度英乂入爲僕射
軍遂統於觀軍容使代宗即位以射生軍入禁中清難皆賜名
寶應功臣故射生軍又號寶應軍廣德元年代宗避吐蕃幸陝
朝恩舉在陝兵與神策軍迎扈悉號神策軍天子幸其營及
京師平朝恩遂以軍歸禁中自將之然尚未與北軍齒也永泰
元年吐蕃復入寇朝恩又以神策軍屯苑中自是寖盛分爲左
右廂勢居北軍右遂爲天子禁軍非它軍比朝恩乃以觀軍

容宣慰處置使知神策軍兵馬使大曆四年請以京兆之好時鳳翔之麟游普潤皆隸神策軍明年復以興平武功扶風天興隸之朝廷不能遏又用愛將劉希暹爲神策虞候主不法遂置北軍獄募坊市不逞誣捕大姓沒産爲賞至有選舉旅寓而挾厚貲多橫死者朝恩得罪死以希暹代爲神策軍使是歲希暹復得罪以朝恩舊校王駕鶴代將十數歲德宗即位以白志貞代之是時神策兵雖處內而多以裨將將兵征伐往往有功及李希烈反河北盜且起數出禁軍征伐神策之士多鬬死者建中四年下詔募兵以志貞爲使蒐補峻切郭子儀之婿端王傅吳仲孺殖貲累巨萬以國家有急不自安請以子率奴馬從軍德宗喜甚爲官其子五品志貞乃請節度都團練觀察使與世嘗任者家皆出子弟馬奴裝鎧助征授官如仲孺子於是豪家富者緣爲幸而貧者苦之神策兵既發殆盡志貞陰以市人補之名隸籍而身居市肆及涇卒潰變皆戢伏不出帝遂出奔初段秀實見禁兵寡弱不足備非常上疏曰天子萬乘諸侯千大夫百蓋以大制小十制一也尊君卑臣彊幹弱支之道今外有不廷之虜內有梗命之臣而禁兵不精其數削少後有猝故何以待之猛虎所以百獸畏者爪牙也爪牙廢則孤豚特犬悉能爲敵願少留意至是方以秀實言爲然及志貞等流貶神策都虞候李晟與其軍之它將皆自飛狐道西兵赴難遂爲神策行營節度屯渭北軍遂振貞元二年改神策左右廂爲左右神策軍特置監句當左右神策軍以寵中官而益置大將軍以下又改殿前射生左右廂曰殿前左右射生軍亦置大將軍以下三年詔射生神策六軍將士府縣以事辦治先奏乃移軍勿輒逮捕京兆尹鄭叔則建言京劇輕猾所聚懸作不常俟奏報將失罪人請非昏田皆以時捕乃可之俄改殿前左右射生軍曰左右神威軍置監左右神威軍使左右神策軍皆加將軍二員左右龍武軍加將軍一員以待諸道大將有功者自肅宗以後北軍增置威武長興等軍名類頗多而廢置不一惟

羽林龍武神武神策神威最盛總曰左右十軍矣其後京畿之西多以神策軍鎮之皆有屯營軍司之人散處甸內皆恃勢凌暴民間苦之自德宗幸梁還以神策兵有勞皆號興元元從奉天定難功臣恕死罪中書御史府兵部乃不能歲比其籍京兆又不敢總舉名實三輔人假比於軍一牒至十數長安姦人多寓占兩軍身不宿衛以錢代行謂之納課戶益肆爲暴吏稍禁之輒先得罪故當時京尹赤令皆爲之斂屈十年京兆尹楊於陵請置挾名敕五丁許二丁居軍餘差以條限繇是豪彊少畏十二年以監句當左神策軍左監門衛大將軍知內侍省事竇文場爲左神策軍護軍中尉監句當右神策軍右監門衛將軍知內侍省事霍仙鳴爲右神策軍護軍中尉監右神威軍使內侍兼內謁者監張尚進爲右神威軍中護軍監左神威軍使內侍兼內謁者監焦希望爲左神威軍中護軍護軍中尉中護軍皆古官帝既以禁衛假宦官又以此寵之十四年又詔左右神策置統軍以崇親衛如六軍時邊兵衣饟多不贍而戍卒屯防藥茗蔬醬之給最厚諸將務爲詭辭請遙隸神策軍稟賜遂贏舊三倍繇是塞上往往稱神策行營皆內統於中人矣其軍乃至十五萬故事京城諸司諸使府縣皆季以御史巡囚後以北軍地密未嘗至十九年監察御史崔薳不知近事遂入右神策中尉奏之帝怒杖薳四十流崖州順宗即位王叔文用事欲取神策兵柄乃用故將范希朝爲左右神策京西諸城鎮行營兵馬節度使以奪宦者權而不克元和二年省神武軍明年又廢左右神威軍合爲一曰天威軍八年廢天威軍以其兵騎分隸左右神策軍及僖宗幸蜀田令孜募神策新軍爲五十四都離爲十軍令孜自爲左右神策十軍兼十二衛觀軍容使以左右神策大將軍爲左右神策諸都指揮使諸都又領以都將亦曰都頭景福二年昭宗以藩臣跋扈天子孤弱議以宗室典禁兵及伐李茂貞乃用嗣覃王允爲京西招討使神策諸都指揮使李鐬副之悉發五十四軍屯興平已而兵自潰茂

貞逼京師昭宗爲斬神策中尉西門重遂李周潼乃引去乾寧元年王行瑜韓建及茂貞連兵犯闕天子又殺宰相韋昭度李磎乃去太原李克用以其兵伐行瑜等同州節度使王行實入迫神策中尉駱全瓘劉景宣請天子幸邠州全瓘景宣及子繼晟與行實縱火東市帝御承天門敕諸王率禁軍扞之捧日都頭李筠以其軍衞樓下茂貞將閻圭攻筠矢及樓扉帝乃與親王公主幸筠軍扈蹕都頭李君實亦以兵至侍帝出幸莎城石門詔嗣薛王知柔入長安收禁軍清宮室月餘乃還又詔諸王閱親軍收拾神策亡散得數萬益置安聖捧宸保寧安化軍曰殿後四軍嗣覃王允與嗣延王戒丕將之三年茂貞再犯闕嗣覃王戰敗昭宗幸華州明年韓建畏諸王有兵請皆歸十六宅留殿後兵三十人爲控鶴排馬官隸飛龍坊餘悉散之且列甲圍行宮於是四軍二萬餘人皆罷又請誅都頭李筠帝恐爲斬於大雲橋俄遂殺十一王及還長安左右神策軍復稍置之以六千人爲定是歲左右神策中尉劉季述王仲先以其兵千人廢帝幽之季述等誅已而昭宗召朱全忠兵入誅宦官宦官覺劫天子幸鳳翔全忠圍之歲餘天子乃誅中尉韓全誨張弘彥等二十餘人以解梁兵乃還長安於是悉誅宦官而神策左右軍繇此廢矣諸司悉歸尚書省郎官兩軍兵皆隸六軍而以崔胤判六軍十二衞事六軍者左右龍武神武羽林其名存而已自是軍司以宰相領及全忠歸留步騎萬人屯故兩軍以子友倫爲左右軍宿衞都指揮使禁衞皆汴卒崔胤乃奏六軍名存而兵亡非所以壯京師軍皆置步軍四將騎軍一將步將皆兵二百五十人騎將皆百人總六千六百人番上如故事乃令六軍諸衞副使京兆尹鄭元規立格募兵於市而全忠陰以汴人應之胤死以宰相裴樞判左三軍獨孤損判右三軍向所募士悉散去全忠亦兼判左右六軍十二衞及東遷唯小黃門打毬供奉十數人內園小兒五百人從至穀水又盡屠之易以汴人於是天子無一人之衞昭宗遇弒唐乃亡

馬者兵之用也監牧所以蕃馬也其制起於近世唐之初起得突厥馬二千匹又得隋馬三千於赤岸澤徙之隴右監牧之制始於此其官領以太僕其屬有牧監副監監有丞有主簿直司團官牧尉排馬牧長群頭有正有副凡群置長一人十五長置尉一人歲課功進排馬又有掌閑調馬習上又以尚乘掌天子之御左右六閑一曰飛黃二曰吉良三曰龍媒四曰騊駼五曰駃騠六曰天苑總十有二閑爲二廄一曰祥麟二曰鳳苑以繫飼之其後禁中又增置飛龍廄初用太僕少卿張萬歲領群牧自貞觀至麟德四十年閒馬七十萬六千置八坊岐豳涇寧間地廣千里一曰保樂二曰甘露三曰南普閏四曰北普閏五曰岐陽六曰太平七曰宜祿八曰安定八坊之田千二百三十頃募民耕之以給芻秣八坊之馬爲四十八監而馬多地狹不能容又析八監列布河西豐曠之野凡馬五千爲上監三千爲中監餘爲下監監皆有左右因地爲之名方其時天下以一縑易一馬萬歲掌馬久恩信行於隴右後以太僕少卿鮮于匡俗檢校隴右牧監儀鳳中以太僕少卿李思文檢校隴右諸牧監使監牧有使自是始後又有群牧都使有閑廄使使皆置副有判官又立四使南使十五西使十六北使七東使九諸坊若涇川亭川闕水洛赤城南使統之清泉溫泉西使統之烏氏北使統之木硤萬福東使統之它皆失傳其後益置八監於鹽州三監於嵐州鹽州使八統白馬等坊嵐州使三統樓煩玄池天池之監凡征伐而發牧馬先盡彊壯不足則取其次錄色歲膚第印記主名送軍以帳馱之數上於省自萬歲失職馬政頗廢永隆中夏州牧馬之死失者十八萬四千九百九十景雲二年詔群牧歲出高品御史按察之開元初國馬益耗太常少卿姜晦乃請以空名告身市馬於六胡州率三十匹讎一游擊將軍命王毛仲領內外閑廄九年又詔天下之有馬者州縣皆先以郵遞軍旅之役定戶復緣以升之百姓畏苦乃多不畜馬故騎射之士減曩時自今諸州民勿限有無蔭能家畜十馬以下免帖驛

郵遞征行定戶無以馬爲貲毛仲既領閑廄馬稍稍復始二十四萬至十三年乃四十三萬其後突厥款塞玄宗厚撫之歲許朔方軍西受降城爲互市以金帛市馬於河東朔方隴右牧之既雜胡種馬乃益壯天寶後諸軍戰馬動以萬計王侯將相外戚牛駝羊馬之牧布諸道百倍於縣官皆以封邑號名爲印自別將校亦備私馬議謂秦漢以來唐馬最盛天子又銳志武事遂弱西北蕃十一載詔二京旁五百里勿置私牧十三載隴右羣牧都使奏馬牛駝羊總六十萬五千六百而馬三十二萬五千七百安祿山以內外閑廄都使兼知樓煩監陰選勝甲馬歸范陽故其兵力傾天下而卒反肅宗收兵至彭原率官吏馬抵平涼蒐監牧及私羣得馬數萬軍遂振至鳳翔又詔公卿百寮以後乘助軍其後邊無重兵吐蕃乘隙陷隴右苑牧畜馬皆沒矣乾元後回紇恃功歲入馬取繒馬皆病弱不可用永泰元年代宗欲親擊虜魚朝恩乃請大搜城中百官士庶馬輸官曰團練馬下制禁馬出城者已而復罷

德宗建中元年市關輔馬三萬實內廄貞元三年吐蕃羌渾犯塞詔禁大馬出潼蒲武關者元和十一年伐蔡命中使以絹二萬市馬河曲其始置四十八監也據隴西金城平涼天水員廣千里繇京度隴置八坊爲會計都領其間善水草腴田皆隸之後監牧使與坊皆廢故地存者一歸閑廄旋以給貧民及軍吏間又賜佛寺道館幾千頃十二年閑廄使張茂宗舉故事盡收岐陽坊地民失業者甚衆十三年以蔡州牧地爲龍陂監十四年置臨漢監於襄州牧馬三千二百費田四百頃穆宗即位岐人叩闕頌茂宗所奪田事下御史按治悉予民大和七年度支鹽鐵使言銀州水甘草豐請詔刺史劉源市馬三千河西置銀川監以源爲使襄陽節度使裴度奏停臨漢監開成二年劉源奏銀川馬已七千若水草乏則徙牧綏州境今綏南二百里四隅險絕寇路不能通以數十人守要畜牧無它患乃以隸銀川監其後闕不復可紀

兵志第四十

食貨志第四十一　　唐書五十一

翰林學士兼龍圖閣學士朝散大夫給事中知制誥充史館修撰臣歐陽脩奉

敕撰

古之善治其國而愛養斯民者必立經常簡易之法使上愛物以養其下下勉力以事其上上足而下不困故量人之力而授之田量地之產而取以給公上量其入而出之以爲用度之數是三者常相須以濟而不可失失其一則不能守其二及暴君庸主縱其佚欲而苟且之吏從之變制合時以取寵於其上故用於上者無節而取於下者無限民竭其力而不能供由是上愈不足而下愈困則財利之說興而聚斂之臣用記曰寧畜盜臣盜臣誠可惡然一人之害爾聚斂之臣用則經常之法壞而下不勝其弊焉唐之始時授人以口分世業田而取之以租庸調之法其用之也有節蓋其畜兵以府衛之制故兵雖多而無所損設官有常員之數故官不濫而易祿雖不及三代之盛時然亦可以爲經常之法也及其弊也

兵冗官濫爲之大蠹自天寶以來大盜屢起方鎮數叛兵革之興累世不息而用度之數不能節矣加以驕君昏主姦吏邪臣取濟一時屢更其制而經常之法蕩然盡矣由是財利之說興聚斂之臣進蓋口分世業之田壞而爲兼并租庸調之法壞而爲兩稅至於鹽鐵轉運屯田和糴鑄錢括苗榷利借商進奉獻助無所不爲矣蓋愈煩而愈弊以至於亡焉唐制度田以步其闊一步其長二百四十步爲畝百畝爲頃凡民始生爲黃四歲爲小十六爲中二十一爲丁六十爲老授田之制丁及男年十八以上者人一頃其八十畝爲口分二十畝爲永業老及篤疾廢疾者人四十畝寡妻妾三十畝當戶者增二十畝皆以二十畝爲永業其餘爲口分永業之田樹以榆棗桑及所宜之木皆有數田多可以足其人者爲寬鄉少者爲狹鄉狹鄉授田減寬鄉之半其地有薄厚歲一易者倍授之寬鄉三易者不倍授工商者寬鄉減半狹鄉不給凡庶人徙鄉及貧無以葬者得賣世業田自狹鄉而徙寬鄉者得

并賣口分田已賣者不復授死者收之以授無田者凡收授皆以歲十月授田先貧及有課役者凡田鄉有餘以給比鄉縣有餘以給比縣州有餘以給近州凡授田者丁歲輸粟二斛稻三斛謂之租丁隨鄉所出歲輸絹二匹綾絁二丈布加五之一綿三兩麻三斤非蠶鄉則輸銀十四兩謂之調用人之力歲二十日閏加二日不役者日爲絹三尺謂之庸有事而加役二十五日者免調三十日者租調皆免通正役不過五十日自王公以下皆有永業田太皇太后皇太后皇后緦麻以上親內命婦一品以上親郡王及五品以上祖父兄弟職事勳官三品以上有封者若縣男父子國子太學四門學生俊士孝子順孫義夫節婦同籍者皆免課役凡主戶內有課口者爲課戶若老及男廢疾篤疾寡妻妾部曲客女奴婢及視九品以上官不課凡里有手實歲終具民之年與地之闊陿爲鄉帳鄉成於縣縣成於州州成於戶部又有計帳具來歲課役以報度支國有所須先奏而斂凡稅斂之數書于縣門村坊

與眾知之水旱霜蝗耗十四者免其租桑麻盡者免其調田耗十之六者免租調耗七者諸役皆免凡新附之戶春以三月免役夏以六月免課秋以九月課役皆免徙寬鄉者縣覆於州出境則覆于戶部官以閑月達之自畿內徙畿外自京縣徙餘縣皆有禁四夷降戶附以寬鄉給復十年奴婢縱爲良人給復三年沒外蕃人一年還者給復三年二年者給復四年三年者給復五年浮民部曲客女奴婢縱爲良者附寬鄉貞觀中初稅草以給諸閑而驛馬有牧田太宗方銳意於治官吏考課以鰥寡少者進考如增戶法失勸導者以減戶論配租以斂穫早晚險易遠近爲差庸調輸以八月發以九月同時輸者先遠民皆自槩量州府歲市土所出爲貢其價視絹之上下無過五十匹異物滋味口馬鷹犬非有詔不獻有加配則以代租賦其凶荒則有社倉賑給不足則徙民就食諸州尚書左丞戴胄建議自王公以下計墾田秋熟所在爲義倉歲凶以給民太宗善之乃詔畝稅二升粟麥秔稻隨土地所宜

寬鄉斂以所種核鄉據青苗簿而督之田耗十四者免其半耗十
七者皆免之商賈無田者以其戶為九等出粟自五石至于五斗
為差下下戶及夷獠不取焉歲不登則以賑民或貸為種子則
至秋而償其後洛相幽徐齊幷秦蒲州又置常平倉粟藏九年
米藏五年下濕之地粟藏五年米藏三年皆著于令貞觀初戶
不及三百萬絹一匹易米一斗至四年米斗四五錢外戶不閉者
數月馬牛被野人行數千里不齎糧民物蕃息四夷降附者百
二十萬人是歲天下斷獄死罪者二十九人號稱太平此高祖太
宗致治之大略及其成效如此高宗承之海內艾安太尉長孫無
忌等輔政天下未見失德數引刺史入閤問民疾苦即位之歲增
戶十五萬及中書令李義府侍中許敬宗既用事役費並起永
淳以後給用益不足加以武后之亂紀綱大壞民不勝其毒玄宗
初立求治蠲徭役者給蠲符以流外及九品京官為蠲使歲再遣
之開元八年頒庸調法于天下好不過精惡不至濫闊者一尺八

寸長者四丈然是時天下戶未嘗升降監察御史宇文融獻策
括籍外羨田逃戶自占者給復五年每丁稅錢千五百以攝御史
分行括實陽翟尉皇甫憬上書言其不可玄宗方任用融乃貶
憬為盈川尉諸道所括得客戶八十餘萬田亦稱是州縣希旨張
虛數以正田為羨編戶為客歲終籍錢數百萬緡十六年乃詔
每三歲以九等定籍而庸調折租所取華好州縣長官勸織中
書門下察濫惡以貶官吏精者襃賞之二十二年詔男十五女
十三以上得嫁娶州縣歲上戶口登耗採訪使覆實之刺史縣令
以為課最初永徽中禁買賣世業口分田其後豪富兼幷貧者
失業於是詔買者還地而罰之先是揚州租調以錢嶺南以米
安南以絲益州以羅紬綾絹供春綵因詔江南亦以布代租中
書令李林甫以租庸丁防和糴春綵稅草無定法歲為旨符
遣使一告費紙五十餘萬條目既多覆問踰年乃與採訪朝
集使議革之為長行旨以授朝集使及送旨符使歲有所

支進畫附驛以達每州不過二紙凡庸調租資課皆任土所宜
州縣長官涖定粗良具上中下三物之樣輸京都有濫惡督中物
之直二十五年以江淮輸運有河洛之艱而關中蠶桑少菽粟常
賤乃命庸調資課皆以米凶年樂輸布絹者亦從之河南北不
通運州租皆為絹代關中庸課詔度支減轉運明年又詔民
三歲以下為黃十五以下為小二十以下為中又以民間戶高丁多
者率與父母別籍異居以避征戍乃詔十丁以上免二丁五丁以上
免一丁侍丁孝者免徭役天寶三載更民十八以上為中男二十
三以上成丁五載詔貧不能自濟者每鄉免三十丁租庸男子七
十五以上婦人七十以上中男一人為侍八十以上以令式從事是時
海內富實米斗之價錢十三青齊間斗纔三錢絹一匹錢二百
道路列肆具酒食以待行人店有驛驢行千里不持尺兵天下
歲入之物租錢二百餘萬緡粟千九百八十餘萬斛庸調絹七
百四十萬匹綿百八十餘萬屯布千三十五萬餘端天子驕於

佚樂而用不知節大抵用物之數常過其所入於是錢穀之臣始
事朘刻太府卿楊崇禮句剝分銖有欠折漬損者州縣督送歷
年不止其子慎矜專知太府次子慎名知京倉亦以苛刻結主
恩王鉷為戶口色役使歲進錢百億萬緡非租庸正額者積百
寶大盈庫以供天子燕私及安祿山反司空楊國忠以為正庫
物不可以給士遣侍御史崔衆至太原納錢度僧尼道士旬日得
百萬緡而已自兩京陷沒民物耗弊天下蕭然肅宗即位遣御
史鄭叔清等籍江淮蜀漢富商右族訾畜十收其二謂之率貸
諸道亦稅商賈以贍軍錢一千者有稅於是北海郡錄事參軍第
五琦以錢穀得見請於江淮置租庸使吳鹽蜀麻銅冶皆有稅
市輕貨繇江陵襄陽上津路轉至鳳翔明年鄭叔清與宰相裴
冕建議以天下用度不充諸道得召人納錢給空名告身授官
勳邑號度道士僧尼不可勝計納錢百千賜明經出身商賈助
軍者給復及兩京平又於關輔諸州納錢度道士僧尼萬人而

百姓殘於兵盜米斗至錢七千鬻兒爲糧民行乞食者屬路乃詔能賑貧乏者寵以爵秩故事天下財賦歸左藏而太府以時上其數尚書比部覆其出入是時京師豪將假取不能禁第五琦爲度支鹽鐵使請皆歸大盈庫供天子給賜主以中官自是天下之財爲人君私藏有司不得程其多少廣德元年詔一戶三丁者免一丁凡畝稅二升男子二十五爲成丁五十五爲老以優民而彊寇未夷民耗斂重及吐蕃逼京師近甸屯兵數萬百官進俸錢又率戶以給軍糧至大曆元年詔流民還者給復二年田園盡則授以逃田天下苗一畝稅錢十五市輕貨給百官手力課以國用急不及秋方苗青即征之號青苗錢又有地頭錢每畝二十通名爲青苗錢又詔上都秋稅分二等上等畝稅一斗下等六升荒田畝稅二升五年始定法夏上田畝稅六升下田畝四升秋上田畝稅五升下田畝三升荒田如故青苗錢畝加一倍而地頭錢不在焉初轉運使掌外度支使掌內永泰二年分天下財賦鑄錢常平轉運鹽鐵置二使東都畿內河南淮南江東西湖南荊南山南東道以轉運使劉晏領之京畿關內河南劍南山南西道以京兆尹判度支第五琦領之及琦貶以戶部侍郎判度支韓滉與晏分治時回紇有助收西京功代宗厚遇之與中國婚姻歲送馬十萬匹酬以縑帛百餘萬匹而中國財力屈竭歲負馬價河湟六鎮既陷歲發防秋兵三萬戍京西資糧百五十餘萬緡而中官魚朝恩方恃恩擅權代宗與宰相元載日夜圖之及朝恩誅帝復與載貳君臣猜閒不協邊計兵食置而不議者幾十年而諸鎮擅地結爲表裏日治兵繕壘天子不能繩以法顓留意祠禱焚幣玉寫浮屠書度支稟賜僧巫歲以鉅萬計然帝性儉約身所御衣必浣染至再三欲以先天下然生日端午四方貢獻至數千萬者加以恩澤而諸道尚侈麗以自媚朝多留事經歲不能遣置客省以居上封事不足采者蕃夷貢獻未報及失職未敘者食度支數千百人

德宗即位用宰相崔祐甫拘客省者出之食度支者遣之歲省費萬計

食貨志第四十一

翰林學士兼龍圖閣學士朝散大夫給事中知制誥充史館修撰臣歐陽脩奉敕撰

租庸調之法以人丁爲本自開元以後天下戶籍久不更造丁口轉死田畝賣易貧富升降不實其後國家侈費無節而大盜起兵興財用益屈而租庸調法弊壞自代宗時始以畝定稅而斂以夏秋至德宗相楊炎遂作兩稅法夏輸無過六月秋輸無過十一月置兩稅使以總之量出制入戶無主客以居者爲簿人無丁中以貧富爲差商賈稅三十之一與居者均役田稅視大曆十四年墾田之數爲定遣黜陟使按比諸道丁產等級免鰥寡惸獨不濟者敢有加斂以枉法論議者以租庸調高祖太宗之法也不可輕改而德宗方信用炎不疑也舊戶三百八十萬五千使者按比得主戶三百八十萬客戶三十萬天下之民不土斷而地著不更版籍而得其虛實歲斂錢二千五十餘萬緡米四百萬斛以供外錢

九百五十餘萬緡米千六百餘萬斛以供京師稅法既行民力未及寬而朱滔王武俊田悅合從而叛用益不給而借商之令出初太常博士韋都賓陳京請借富商錢德宗以問度支杜佑以爲軍費裁支數月幸得商錢五百萬緡可支半歲乃以戶部侍郎趙贊判度支代佑行借錢令約罷兵乃償之京兆少尹韋禎長安丞薛萃搜督甚峻民有不勝其冤自經者家若被盜然總京師豪人田宅奴婢之估裁得八十萬緡又取僦櫃納質錢及粟麥糶於市者四取其一長安爲罷市市民相率遮邀宰相哭訴盧杞疾驅而過韋禎懼乃請錢不及百緡粟麥不及五十斛者免而所獲裁二百萬緡淮南節度使陳少游增其本道稅錢每緡二百因詔天下皆增之自太宗時置義倉及常平倉以備凶荒高宗以後稍假義倉以給他費至神龍中略盡玄宗即位復置之其後第五琦請天下常平倉皆置庫以蓄本錢至是趙贊又言自軍興常平倉廢垂三十年凶荒潰散餧死相食不可勝紀陛下即位京城兩市置常平官雖頻年少雨米不騰貴可推而廣之宜兼儲布帛請於兩都江陵成都揚汴蘇洪置常平輕重本錢上至百萬緡下至十萬積米粟布帛絲麻貴則下價而出之賤則加估而收之諸道津會置吏閱商賈錢每緡稅二十竹木茶漆稅十之一以贍常平本錢德宗納其策屬軍用迫蹙亦隨而耗竭不能備常平之積是時諸道討賊兵在外者度支給出界糧每軍以臺省官一人爲糧料使主供億士卒出境則給酒肉一卒出境兼三人之費將士利之逾境而屯趙贊復請稅閒架筭除陌其法屋二架爲閒上閒錢二千中閒一千下閒五百匿一閒杖六十告者賞錢五萬除陌法公私貿易千錢舊筭二十加爲五十物兩相易者約直爲率而民益愁怨及涇原兵反大譟長安市中曰不奪爾商戶僦質不稅爾閒架除陌矣於是閒架除陌竹木茶漆鐵之稅皆罷朱泚平天下戶口三耗其二貞元四年詔天下兩稅審等第高下三年一定戶自初定兩稅貨重錢輕乃計錢而輸

綾絹既而物價愈下所納愈多絹匹爲錢三千二百其後一匹爲錢一千六百輸一者過二雖賦不增舊而民愈困矣度支以稅物頒諸司皆增本價爲虛估給之而繆以濫惡督州縣剝價謂之折納復有進奉宣索之名改科役曰召雇率配曰和市以巧避微文比大曆之數再倍又癘疫水旱戶口減耗刺史析戶張虛數以寬責逃死闕稅取於居者一室空而四鄰亦盡戶版不緝無浮游之禁州縣行小惠以傾誘鄰境新收者優假之唯安居不遷之民賦役日重帝以問宰相陸贄贄上疏請釐革其甚害者大略有六其一曰國家賦役之法曰租曰調曰庸其取法遠其斂財均其域人固有田則有租有家則有調有身則有庸天下法制均壹雖轉徙莫容其姦故人無摇心天寶之季海內波蕩版圖隳於避地賦法壞於奉軍賦役舊法行之百年人以爲便兵興供億不常誅求隳制此時弊非法弊也時有弊而未理法無弊而已更兩稅新制竭耗編甿日日滋甚陛下初即位宜損上益

下當用節財而摘郡邑驗簿書州取大曆中一年科率多者爲兩
稅定法此總無名之暴賦而立常規也夫財之所生必因人力兩稅
以資産爲宗不以丁身爲本資産少者稅輕多者稅重不知有
藏於襟懷囊篋物貴而人莫窺者有場圃囷倉直輕而衆以
爲富者有流通蕃息之貨數寡而日收其贏者有廬舍器
用價高而終歲利寡者計估筭緡失平長僞挾輕費轉徙者
脫傜稅敦本業者困斂求此誘之爲姦敺之避役也今徭賦輕
重相百而以舊爲準重處流亡益多輕處歸附益衆有流亡則
攤出已重者愈重有歸附則散出已輕者愈輕人嬰其弊願
詔有司與宰相量年支有不急者罷之廣費者節之軍興加
稅諸道權宜所增皆可停稅物估價宜視月平至京與色樣符
者不得虛稱折估有濫惡罪官吏勿督百姓每道以知兩稅判
官一人與度支參計戶數量土地沃瘠物産多少爲二等州等下
者配錢少高者配錢多不變法而逋逃漸息矣其二曰播殖非

力不成故先王定賦以布麻繒纊百穀勉人功也又懼物失貴賤
之平交易難準乃定貨泉以節輕重蓋爲國之利權守之在官不
以任下然則穀帛人所爲也錢貨官所爲也人所爲者租稅取焉
官所爲者賦斂捨焉國朝著令稅出穀庸出絹調出繒纊布麻
曷嘗禁人鑄錢而以錢爲賦今兩稅効筭緡之末法估資産爲
差以錢穀定稅折供雜物歲目頗殊所供非所業所業非所供增
價以市所無減價以貿所有耕織之力有限而物價貴賤無常初
定兩稅萬錢爲絹三匹價貴而數不多及給軍裝計數不計價此
稅少國用不充也近者萬錢爲絹六匹價賤而數加計口蠶織不
殊而所輸倍此供稅多人力不給也宜令有司覆初定兩稅之歲絹
布定估爲布帛之數復庸調舊制隨土所宜各脩家技物甚賤
所出不加物甚貴所入不減且經費所資在錢者獨月俸資課以
錢數多少給布廣鑄而禁用銅器則錢不乏有糴鹽以入直榷
酒以納資何慮無所給哉其三曰廉使奏吏之能者有四科一曰戶

口增加二曰田野墾闢三曰稅錢長數四曰率辦先期夫貴戶口
增加詭情以誘姦浮苛法以析親族所誘者將議薄征則遽散
所析者不勝重稅而亡有州縣破傷之病貴田野墾闢率民
殖荒田限年免租新畝雖闢舊畬蕪矣人以免租年滿復
爲汙萊有稼穡不增之病貴稅錢長數重困疲羸捶骨瀝
髓苟媚聚斂之司有不恤人之病貴率辦先期作威殘人絲不
容織粟不暇舂貧者奔迸有不恕物之病四病繇考覈不切事
情之過驗之以實則租賦所加固有受其損者此州若增客戶
彼郡必減居人增虛邀賞而稅數加減虛懼罪而稅數不降國
家設考課之法非欲崇聚斂也宜命有司詳考課績州稅有定
傜役有等覆實然後報戶部若人益阜實稅額有餘據戶均
減十三爲上課減二次之減一又次之若流亡多加稅見戶者殿亦
如之民納租以去歲輸數爲常罷據額所率者增闢勿益租
廢耕不降數定戶之際視雜産以校之田既有常租則不宜復

入兩稅如此不督課而人人樂耕矣其四曰明君不厚所資而害所
養故先人事而借其暇力家給然後斂餘財今督收迫促蠶事方興
而輸縑農功未艾而斂穀有者急賣而耗半直無者求假費倍
定兩稅之初期約未詳屬征役多故率先限以收宜定稅期隨風
俗時候務於紓人其五曰頃師旅亟興官司所儲唯給軍食凶荒
不遑賑救人小乏則取息利大乏則鬻田廬斂穫始畢執契行
貸饑歲室家相棄乞爲奴僕猶莫之售或縊死道途天災流行
四方代有稅茶錢積戶部者宜計諸道戶口均之穀麥熟則平糴
亦以義倉爲名主以巡院時稔傷農則優價廣糴穀貴而止小
歉則借貸循環斂散使聚穀幸災者無以牟大利其六曰古者百
畝地號一夫蓋一夫授田不得過百畝欲使人不廢業田無曠耕今
富者萬畝貧者無容足之居依託彊家爲其私屬終歲服勞常患
不充有田之家坐食租稅京畿田畝稅五升而私家收租畝一石官取一
私取十穡者安得足食宜爲占田條限裁租價損有餘優不足此安

富恤窮之善經不可捨也贄言雖切以讒逐事無施行者十二年河南尹齊抗復論其敝以為軍興國用稍廣隨要而稅吏擾人勞陛下變為兩稅督納有時貪暴無容其姦二十年間府庫充牣但定稅之初錢輕貨重故陛下以錢為稅今錢重貨輕若更為稅名以就其輕其利有六吏絕其姦一也人用不擾二也靜而獲利三也用不乏錢四也不勞而易知五也農桑自勸六也百姓本出布帛而稅反配錢至輸時復取布帛更為三估計折州縣升降成姦若直定布帛無估可折蓋以錢為稅則人力竭而有司不之覺今兩稅出於農人農人所有唯布帛而已用布帛處多用錢處少又有鼓鑄以助國計何必取於農人哉疏入亦不報初德宗居奉天儲蓄空窘嘗遣卒視賊以苦寒乞襦袴帝不能致剔親王帶金而鬻之朱泚既平於是帝屬意聚斂常賦之外進奉不息劍南西川節度使韋皐有日進江西觀察使李兼有月進淮南節度使杜亞宣歙觀察使劉贊鎮海節度使王緯李錡皆徼射恩

澤以常賦入貢名為羨餘至代易又有進奉當是時戶部錢物所在州府及巡院皆得擅留或矯密旨加斂謫官吏刻祿稟增稅通津死人及蔬果凡代易進奉取於稅入十獻二三無敢問者常州刺史裴肅鬻薪炭案紙為進奉得遷浙東觀察使剌史進奉自肅始也劉贊卒于宣州其判官嚴綬傾軍府為進奉召為刑部員外郎判官進奉自綬始也自裴延齡用事益為天子積私財而生民重困延齡死而人相賀是時宮中取物於市以中官為宮市使兩市置白望數十百人以鹽估敝衣絹帛尺寸分裂酬其直又索進奉門戶及腳價錢有齎物入市而空歸者每中官出沽漿賣餅之家皆徹肆塞門諫官御史數上疏諫不聽人不堪其弊戶部侍郎蘇弁言京師游手數千萬家無生業者仰宮市以活柰何罷帝悅以為然京兆尹韋湊奏小人因宮市為姦眞僞難辨宜下府縣供送帝許之中官言百姓賴宮市以養者也湊反得罪順宗即位乃罷宮市使及鹽鐵使月進憲宗又罷除官受代進奉及諸

道兩稅外榷率分天下之賦以為三一曰上供二曰送使三曰留州宰相裴垍又令諸道節度觀察調費取於所治州不足則取於屬州而屬州送使之餘與其上供者皆輸度支是時因德宗府庫之積頗約費用天子身服澣濯及劉闢李錡既平訾藏皆入內庫山南東道節度使于頔河東節度使王鍔進獻甚厚翰林學士李絳嘗諫曰方鎮進獻因緣為姦以侵百姓非聖政所宜帝喟然曰誠知非至德事然兩河中夏貢賦之地朝覲久廢河湟陷没烽候列於郊甸方刷祖宗之恥不忍重斂於人也然獨不知進獻之取於人者重矣及討淮西判度支楊於陵坐饋餫不繼貶以司農卿皇甫鎛代之由是益為刻剝司農卿王遂京兆尹李翛號能聚斂乃以為宣歙浙西觀察使予之富饒之地以辦財賦鹽鐵使王播言劉晏領使時自按租庸然後知州縣錢穀利病虛實乃以副使程异巡江淮覈州府上供錢穀异至江淮得錢百八十五萬貫其年遂代播為鹽鐵使是時河北兵討王承宗於是募人

入粟河北淮西者自千斛以上皆授以官度支鹽鐵與諸道貢獻尤甚號助軍錢及賊平則有賀禮及助賞設物羣臣上尊號又有獻賀物穆宗即位一切罷之兩稅外加率一錢者以枉法贓論然自在藩邸時習見用兵之弊以謂戎臣武卒法當姑息及即位自神策諸軍非時賞賜不可勝紀已而幽州兵囚張弘靖鎮州殺田弘正兩鎮用兵置南北供軍院而行營軍十五萬不能亢兩鎮萬餘之衆而饋運不能給帛粟未至而諸軍或彊奪於道蓋自建中定兩稅而物輕錢重民以為患至是四十年當時為絹二匹半者為八匹大率加三倍豪家大商積錢以逐輕重故農人日困末業日增帝亦以貨輕錢重民困而用不充詔百官議革其弊而議者多請重挾銅之律戶部尚書楊於陵曰王者制錢以權百貨貿遷有無通變不倦使物無甚貴甚賤其術非它在上而已何則上之所重人必從之古者權之於上今索之於下昔散之四方今藏之公府昔廣鑄以資用今減鑪以廢功昔行之於中原今洩

之於邊裔又有閭井送終之唅商賈貸舉之積江湖壓覆之耗
則錢焉得不重貨焉得不輕開元中天下鑄錢七十餘鑪歲盈
百萬今纔十數鑪歲入十五萬而已大曆以前淄青太原魏博雜
鉛鐵以通時用嶺南雜以金銀丹砂象齒今一用泉貨故錢不
足今宜使天下兩稅榷酒鹽利上供及留州送使錢悉輸以布帛
穀粟則人寬於所求然後出內府之積收市廛之滯廣山鑄之
數限邊裔之出禁私家之積則貨日重而錢日輕矣宰相善其
議由是兩稅上供留州皆易以布帛絲纊租庸課調不計錢而納
布帛唯鹽酒本以榷率計錢與兩稅異不可去錢文宗大和九年
以天下回殘錢置常平義倉本錢歲增市之非遇水旱不增者判
官罰俸書下考州縣假借以枉法論文宗嘗召監倉御史崔虞問
太倉粟數對曰有粟二百五十萬石帝曰今歲費廣而所畜寡
柰何乃詔出使郎官御史督察州縣壅遏錢穀者時豪民侵噬
產業不移戶州縣不敢徭役而征稅皆出下貧至於依富室為奴客

役罰峻於州縣長吏歲輒遣吏巡覆田稅民苦其擾武宗即位
廢浮圖法天下毀寺四千六百招提蘭若四萬籍僧尼為民二十六
萬五千人奴婢十五萬人田數千萬頃大秦穆護祆二千餘人上都東
都每街留寺二每寺僧三十人諸道留僧以三等不過二十人腴田
鬻錢送戶部中下田給寺家奴婢丁壯者為兩稅戶人十畝以僧
尼既盡兩京悲田養病坊給寺田十頃諸州七頃主以耆壽自會
昌末置備邊庫收度支戶部鹽鐵錢物宣宗更號延資庫初以
度支郎中判之至是以屬宰相其任益重戶部歲送錢帛二十萬
度支鹽鐵送者三十萬諸道進奉助軍錢皆輸焉懿宗時雲
南蠻數內寇徙兵戍嶺南淮北大水征賦不能辦人人思亂及龐
勛反附者六七萬自關東至海大旱冬蔬皆盡貧者以蓬子為
麪槐葉為齏乾符初大水山東饑中官田令孜為神策中尉
怙權用事督賦益急王仙芝黃巢等起天下遂亂公私困竭
昭宗在鳳翔為梁兵所圍城中人相食父食其子而天子食粥

六宮及宗室多餓死其窮至於如此遂以亡初乾元末天下上計百
六十九州戶百九十三萬三千一百二十四不課者百一十七萬四千五
百九十二口千六百九十九萬三百八十六不課者千四百六十一
萬九千五百八十七減天寶戶五百九十八萬二千五百八十四
口三千五百九十二萬八千七百二十三元和中供歲賦者浙西
浙東宣歙淮南江西鄂岳福建湖南八道戶百四十四萬比天寶
纔四之一兵食於官者八十三萬加天寶三之一通以二戶養一兵京
西北河北以屯兵廣無上供至長慶戶三百三十五萬而兵九十
九萬率三戶以奉一兵至武宗即位戶二百一十一萬四千九百
六十會昌末戶增至四百九十五萬五千一百五十一宣宗既復
河湟天下兩稅榷酒茶鹽錢歲入九百二十二萬緡歲之常費
率少三百餘萬有司遠取後年乃濟及群盜起諸鎮不復上
計云

食貨志第四十二

翰林學士兼龍圖閣學士朝散大夫給事中知制誥充史館修撰臣歐陽脩奉
敕撰

唐都長安而關中號稱沃野然其土地狹所出不足以給京師備
水旱故常轉漕東南之粟高祖太宗之時用物有節而易贍水陸
漕運歲不過二十萬石故漕事簡自高宗已後歲益增多而功利
繁興民亦罹其弊矣初江淮漕租米至東都輸含嘉倉以車或馱
陸運至陝而水行來遠多風波覆溺之患其失嘗十七八故其率一
斛得八斗為成勞而陸運至陝纔三百里率兩斛計傭錢千民送
租者皆有水陸之直而河有三門底柱之險顯慶元年苑西監褚
朗議鑿三門山為梁可通陸運乃發卒六千鑿之功不成其後將
作大匠楊務廉又鑿為棧以輓漕舟輓夫繫二鈲於胷而繩多絕
輓夫輒墜死則以逃亡報因繫其父母妻子人以為苦開元十八年宣
州刺史裴耀卿朝集京師玄宗訪以漕事耀卿條上便宜曰江南

戶口多而無征防之役然送租庸調物以歲二月至揚州入斗門
四月已後始渡淮入汴常苦水淺六七月乃至河口而河水方漲須
八九月水落始得上河入洛而漕路多梗船檣阻隘江南之人不習
河事轉雇河師水手重為勞費其得行日少阻滯日多今漢隋漕路
瀕河倉廩遺迹可尋可於河口置武牢倉鞏縣置洛口倉使江南
之舟不入黃河黃河之舟不入洛口而河陽柏崖太原永豐渭南諸
倉節級轉運水通則舟行水淺則寓於倉以待則舟無停留而物
不耗失此甚利也玄宗初不省二十一年耀卿為京兆尹京師雨水
穀踊貴玄宗將幸東都復問耀卿漕事耀卿因請罷陝陸運而
置倉河口使江南漕舟至河口者輸粟於倉而去縣官雇舟以分
入河洛置倉三門東西漕舟輸其東倉而陸運以輸西倉復以舟
漕以避三門之水險玄宗以為然乃於河陰置河陰倉河西置柏
崖倉三門東置集津倉西置鹽倉鑿山十八里以陸運自江淮漕
者皆輸河陰倉自河陰西至太原倉謂之北運自太原倉浮渭以

實關中玄宗大悅拜耀卿為黃門侍郎同中書門下平章事兼江
淮都轉運使以鄭州刺史崔希逸河南少尹蕭炅為副使益漕晉
絳魏濮邢貝濟博之租輸諸倉轉而入渭凡三歲漕七百萬石省陸
運傭錢三十萬緡是時民久不罹兵革物力豐富朝廷用度亦廣不計
道里之費而民之輸送所出水陸之直增以函脚營窖之名民間傳言
用斗錢運斗米其靡耗如此及耀卿罷相北運頗艱米歲至京師
纔百萬石二十五年遂罷北運而崔希逸為河南陝運使歲運百
八十萬石其後以太倉積粟有餘歲減漕數十萬石二十九年陝
郡太守李齊物鑿砥柱為門以通漕開其山巔為輓路燒石沃
醯而鑿之然棄石入河激水益湍怒舟不能入新門候其水漲以人
輓舟而上天子疑之遣宦者按視齊物厚賂使者還言便齊物入
為鴻臚卿以長安令韋堅代之兼水陸運使堅治漢隋運渠起關
門抵長安通山東租賦乃絕灞滻並渭而東至永豐倉與渭合又
於長樂坡瀕苑牆鑿潭於望春樓下以聚漕舟堅因使諸舟各

揭其郡名陳其土地所產寶貨諸奇物於栿上先時民間唱俚歌
曰得体紇那邪其後得寶符於桃林於是陝縣尉崔成甫更得体
歌為得寶弘農野堅命舟人為吳楚服大笠廣袖芒屩以歌之成
甫又廣之為歌辭十闋自衣缺後綠衣錦半臂紅抹額立第一船
為號頭以唱集兩縣婦女百餘人鮮服靚粧鳴鼓吹笛以和之眾
艘以次輳樓下天子望見大悅賜其潭名曰廣運潭是歲漕山東
粟四百萬石自裴耀卿言漕事進用者常兼轉運之職而韋堅
為最初耀卿興漕路請罷陸運而不果廢自景雲中陸運北路
分八遞雇民車牛以載開元初河南尹李傑為水陸運使運米歲
二百五十萬石而八遞用車千八百乘耀卿罷久之河南尹裴迥以
八遞傷牛乃為交場兩遞濱水處為宿場分官總之自龍門東
山抵天津橋為石堰以遏水其後大盜起而天下匱矣肅宗末年
史朝義兵分出宋州淮運於是阻絕租庸鹽鐵泝漢江而上河
南尹劉晏為戶部侍郎兼句當度支轉運鹽鐵鑄錢使江淮粟

帛踰襄漢越商於以輸京師及代宗出陝州關中空窘於是盛
轉輸以給用廣德二年廢句當度支使以劉晏顓領東都河
南淮西江南東西轉運租庸鑄錢鹽鐵轉輸至上都度支所領
諸道租庸觀察使凡漕事亦皆決於晏晏即鹽利顧傭分吏
督之隨江汴河渭所宜故時轉運船繇潤州陸運至揚子斗米
費錢十九晏命囊米而載以舟減錢十五繇揚州距河陰斗米費
錢百二十晏為歇艎支江船二千艘每船受千斛十船為綱每綱
三百人篙工五十自揚州遣將部送至河陰上三門號上門塡闕
船米斗減錢九十調巴蜀襄漢麻枲竹篠為綯挽舟以朽索腐
材代薪物無棄者未十年人人習河險江船不入汴汴船不入河
河船不入渭江南之運積揚州汴河之運積河陰河船之運積渭口
渭船之運入太倉歲轉粟百一十萬石無升斗溺者輕貨自揚子至
汴州每馱費錢二千二百減九百歲省十餘萬緡又分官吏主丹楊湖
禁引溉自是河漕不涸大曆八年以關內豐穰減漕十萬石度支

和糴以優農晏自天寶末掌出納監歲運知左右藏主財穀三
十餘年矣及楊炎為相以舊惡罷晏轉運使復歸度支凡江淮漕
米以庫部郎中崔河圖主之及田悅李惟岳李納梁崇義拒命舉
天下兵討之諸軍仰給京師而李納田悅兵守渦口梁崇義搤襄鄧
南北漕引皆絕京師大恐江淮水陸轉運使杜佑以秦漢運路出浚儀
十里入琵琶溝絕蔡河至陳州而合自隋鑿汴河官漕不通若導
流培岸功用甚寡疏雞鳴岡首尾可以通舟陸行纔四十里則江湖
黔中嶺南蜀漢之粟可方舟而下繇白沙趣東關歷潁蔡涉汴抵
東都無濁河泝淮之阻減故道二千餘里會李納將李洧以徐州
歸命淮路通而止戶部侍郎趙贊又以錢貨出淮迂緩分置汴州
東西水陸運兩稅鹽鐵使以度支總大綱貞元初關輔宿兵米斗千
錢太倉供天子六宮之膳不及十日禁中不能釀酒以飛龍駝負永
豐倉米給禁軍陸運牛死殆盡德宗以給事中崔造敢言為能
立事用為相造以江吳素嫉錢穀諸使顓利罔上乃奏諸道觀察

使刺史選官部送兩稅至京師廢諸道水陸轉運使及度支巡院
江淮轉運使以度支鹽鐵歸尚書省宰相分判六尚書事以戶部侍
郎元琇判諸道鹽鐵榷酒侍郎吉中孚判度支諸道兩稅增江淮
之運浙江東西歲運米七十五萬石復以兩稅易米百萬石江西湖
南鄂岳福建嶺南米亦百二十萬石詔浙江東西節度使韓滉淮
南節度使杜亞運至東西渭橋倉諸道有鹽鐵處復置巡院歲終
宰相計課最崔造厚元琇而韓滉方領轉運奏國漕不可改帝亦
雅器滉復以為江淮轉運使元琇嫉其剛不可共事因有隙琇稱疾罷
而滉為度支諸道鹽鐵轉運使於是崔造亦罷滉遂劾琇常餽米
淄青河中而李納懷光倚以構叛貶琇雷州司戶參軍尋賜死是時
汴宋節度使春夏遣官監汴水察盜灌溉者歲漕經底柱覆者幾
半河中有山號米堆運舟入三門雇平陸人為門匠執標指麾一舟百
日乃能上諺曰古無門匠墓謂皆溺死也陝虢觀察使李泌益鑿集
津倉山西逕為運道屬于三門倉治上路以回空車費錢五萬緡下

路減半又為入渭船方五板輸東渭橋太倉米至凡百三十萬石遂
罷南路陸運其後諸道鹽鐵轉運使張滂復置江淮巡院及浙
西觀察使李錡領使江淮堰埭隸浙西者增私路小堰之稅以副使
潘孟陽主上都留後李巽為諸道轉運鹽鐵使以堰埭歸鹽鐵
使罷其增置者自劉晏後江淮米至渭橋寖減矣至巽乃復如
晏之多初揚州疏太子港陳登塘凡三十四陂以益漕河輒復堙塞
淮南節度使杜亞乃濬渠蜀岡疏句城湖愛敬陂起隄貫城以通
大舟河益庳水下走淮夏則舟不得前節度使李吉甫築平津堰
以洩有餘防不足漕流遂通然漕益少江淮米至渭橋者纔二十
萬斛諸道鹽鐵轉運使盧坦糴以備一歲之費省冗職八十員自
江以南補署皆劇屬院監而漕米亡耗於路頗多刑部侍郎王播
代坦建議米至渭橋五百石亡五十石者死其後判度支皇甫鎛
議萬斛亡三百斛者償之千七百斛者流塞下過者死盜十斛者
流三十斛者死而覆船敗輓至者不得十之四五部吏舟人相挾

爲姦，榜笞號苦之聲聞于道路，禁錮連歲，赦下而獄死者不可勝數。其後貸死刑，流天德五城，人不畏法，運米至者十亡七八。鹽鐵轉運使柳公綽請如王播議，加重刑。大和初，歲旱河涸，掊沙而進，米多耗，抵死甚衆，不待覆奏。秦、漢時故漕興成堰，東達永豐倉，咸陽縣令韓遼請疏之，自咸陽抵潼關三百里，可以罷車輓之勞。宰相李固言以爲非時，文宗曰：「苟利於人，陰陽拘忌，非朕所顧也。」議遂決，堰成，罷輓車之牛以供農耕，關中賴其利。故事，州縣官充綱送輕貨四萬，書上考。開成初，歸爲長定綱。州擇清強官送兩稅，至十萬，遷一官，往來十年者，授縣令。江淮錢積河陰，轉輸歲費十七萬餘緡，行綱多以盜抵死，判度支王彥威置縣遞羣畜三千三百乘，使路傍民養以取傭，日役一驛，省費甚博，而宰相亦以長定綱命官不以材，江淮大州歲授官者十餘人，乃罷長定綱，送五萬者書上考，七萬者減一選，五十萬減三選而已。及戶部侍郎裴休爲使，以河瀕縣令董漕事，自江達渭，運米四十萬石，居三歲，米至渭橋百二十萬

石。凡漕達于京師而足國用者，大略如此。其他州縣方鎮，漕以自資，或兵所征行，轉運以給一時之用者，皆不足紀。唐開軍府以扞要衝，因隙地置營田，天下屯總九百九十二。司農寺每屯三頃，州鎮諸軍每屯五十頃。水陸腴瘠、播殖地宜與其功庸煩省、收率之多少，皆決於尚書省。苑內屯以善農者爲屯官、屯副，御史巡行莅輸。上地五十畝，瘠地二十畝，稻田八十畝，則給牛一。諸屯以地良薄與歲之豐凶爲三等，具民田歲穫多少，取中熟爲率。有警，則以兵若夫千人助收。隸司農者，歲三月，卿、少卿循行，治不法者。凡屯田收多者，褒進之。歲以仲春籍來歲頃畝、州府軍鎮之遠近，上兵部，度便宜遣之。開元二十五年，詔屯官敘功以歲豐凶爲上下。鎮戍地可耕者，人給十畝以供糧。方春，屯官巡行，謫作不時者。天下屯田收穀百九十餘萬斛。初，度支歲市糧於北都，以贍振武、天德、靈武、鹽、夏之軍，費錢五六十萬緡，泝河舟溺甚衆。建中初，宰相楊炎請置屯田於豐州，發關輔民鑿陵陽渠以增溉。京兆尹嚴郢嘗從事朔方，知

其利害，以爲不便，疏奏不報。郢又奏：「五城舊屯，其數至廣，以開渠之糧貸諸城，約以冬輸；又以開渠功直布帛先給田者，據估轉穀。如此，則關輔免調發，五城田闢，比之浚渠利十倍也。」時楊炎方用事，郢議不用，而陵陽渠亦不成。然振武、天德良田，廣袤千里。元和中，振武軍饑，宰相李絳請開營田，可省度支漕運及絕和糴欺隱。憲宗稱善，乃以韓重華爲振武、京西營田、和糴、水運使，起代北墾田三百頃，出贓罪吏九百餘人，給以耒耜、耕牛，假種糧，使償所負粟，二歲大熟。因募人爲十五屯，每屯百三十人，人耕百畝，就高爲堡，東起振武，西逾雲州，極於中受降城，凡六百餘里，列柵二十，墾田三千八百餘里，歲收粟二十萬石，省度支錢二千餘萬緡。重華入朝，奏請益開田五千頃，法用人七千，可以盡給五城。會李絳已罷，後宰相持其議而止。憲宗末，天下營田皆雇民或借庸以耕，又以瘠地易上地，民間苦之。穆宗即位，詔還所易地，而耕以官兵。耕官地者，給三之一以終身。靈武、邠寧土廣肥而民不知耕。大和末，王起奏立營

田。後党項大擾河西，邠寧節度使畢諴亦募士開營田，歲收三十萬斛，省度支錢數百萬緡。貞觀、開元後，邊土西舉高昌、龜茲、焉耆、小勃律，北抵薛延陀故地，緣邊數十州戍重兵，營田及地租不足以供軍，於是初有和糴。牛仙客爲相，有彭果者獻策廣關輔之糴，京師糧稟益羨，自是玄宗不復幸東都。天寶中，歲以錢六十萬緡賦諸道和糴，斗增三錢，每歲短遞輸京倉者百餘萬斛。米賤則少府加估而糴，貴則賤價而糶。貞元初，吐蕃劫盟，召諸道兵十七萬戍邊。關中爲吐蕃蹂躪者二十年矣，北至河曲，人戶無幾，諸道戍兵月給粟十七萬斛，皆糴於關中。宰相陸贄以關中穀賤，請和糴，可至百餘萬斛。計諸縣船車至太倉，穀價四十有餘，米價七十，則一年和糴之數當轉運之二年，一斗轉運之資當和糴之五斗，減轉運以實邊，存轉運以備時要。江淮米至河陰者罷八十萬斛，河陰米至太原倉者罷五十萬，太原米至東渭橋者罷二十萬，以所減米糴江淮水菑州縣，斗減時五十以救之，京

城東渭橋之糴斗增時三十以利農以江淮糴米及減運直市絹帛送上都帝乃命度支增估糴粟三十三萬斛然不能盡用贊議憲宗即位之初有司以歲豐熟請畿内和糴當時府縣配戶督限有稽違則迫蹙鞭撻甚於稅賦號爲和糴其實害民

食貨志第四十三

食貨志第四十四　唐書五十四

翰林學士兼龍圖閣學士朝散大夫給事中知制誥充史館脩撰臣歐陽脩奉
敕撰

唐有鹽池十八井六百四十皆隸度支蒲州安邑解縣有池五總
曰兩池歲得鹽萬斛以供京師鹽州五原有烏池白池瓦池細項
池靈州有溫泉池兩井池長尾池五泉池紅桃池回樂池弘靜池
會州有河池三州皆輸米以代鹽安北都護府有胡落池歲得鹽
萬四千斛以給振武天德黔州有井四十一戍州巂州井各一果
閬開通井百二十三山南西院領之邛眉嘉有井十三劒南西川
院領之梓遂緜合昌渝瀘資榮陵簡有井四百六十劒南東川
院領之皆隨月督課幽州大同橫野軍有鹽屯每屯有丁有兵歲
得鹽二千八百斛下者千五百斛負海州歲免租爲鹽二萬斛以
輸司農青楚海滄棣杭蘇等州以鹽價市輕貨亦輸司農天寶至
德間鹽每斗十錢乾元元年鹽鐵鑄錢使第五琦初變鹽法就山
海井竈近利之地置監院游民業鹽者爲亭戶免雜傜盜鬻者論
以法及琦爲諸州榷鹽鐵使盡榷天下鹽斗加時價百錢而出之
爲錢一百一十自兵起流庸未復稅賦不足供費鹽鐵使劉晏以
爲因民所急而稅之則國足用於是上鹽法輕重之宜以鹽吏多
則州縣擾出鹽鄉因舊監置吏亭戶糶商人縱其所之江嶺去鹽
遠者有常平鹽每商人不至則減價以糶民官收厚利而人不知
貴晏又以鹽生霖潦則鹵薄暵旱則土溜墳乃隨時爲令遣吏曉
導倍於勸農吳越揚楚鹽廩至數千積鹽二萬餘石有漣水湖州
越州杭州四場嘉興海陵鹽城新亭臨平蘭亭永嘉大昌候官
富都十監歲得錢百餘萬緡以當百餘州之賦自淮北置巡院十
三曰揚州陳許汴州廬壽白沙淮西甬橋浙西宋州泗州嶺南兗
鄆鄭滑捕私鹽者姦盜爲之衰息然諸道加榷鹽錢商人舟所過
有稅晏奏罷州縣率稅禁堰埭邀以利者晏之始至也鹽利歲纔
四十萬緡至大曆末六百餘萬緡天下之賦鹽利居半宮闈服御

軍饟百官祿俸皆仰給焉明年而晏罷貞元四年淮西節度使陳
少游奏加民賦自此江淮鹽每斗亦增二百爲錢三百一十其後
復增六十河中兩池鹽每斗爲錢三百七十江淮豪賈射利或時
倍之官收不能過半民始怨矣劉晏鹽法既成商人納絹以代鹽
利者每緡加錢二百以備將士春服包佶爲汴東水陸運兩稅鹽
鐵使許以漆器瑇瑁綾綺代鹽價雖不可用者亦高估而售之廣
虛數以罔上亭戶冒法私鬻不絕巡捕之卒遍于州縣鹽估益貴
商人乘時射利遠鄉貧民困高估至有淡食者巡吏既多官冗傷
財當時病之其後軍費日增鹽價寖貴有以穀數斗易鹽一升私
糶犯法未嘗少息順宗時始減江淮鹽價每斗爲錢二百五十河
中兩池鹽斗錢三百增雲安渙陽塗僧三監其後鹽鐵使李錡奏
江淮鹽斗減錢十以便民未幾復舊方是時錡盛貢獻以固寵朝
廷大臣皆餌以厚貨鹽鐵之利積于私室而國用耗屈榷鹽法大
壞多爲虛估率千錢不滿百三十而已兵部侍郎李巽爲使以鹽

利皆歸度支物無虛估天下糶鹽稅茶其贏六百六十五萬緡初
歲之利如劉晏之季年其後則三倍晏時矣兩池鹽利歲收百五
十餘萬緡四方豪商猾賈雜處解縣主以郎官其佐貳皆御史鹽
民田園籍於縣而令不得以縣民治之憲宗之討淮西也度支使皇
甫鎛加劒南東西兩川山南西道鹽估以供軍貞元中盜鬻兩池
鹽一石者死至元和中減死流天德五城鎛奏論死如初一斗以上
杖背沒其車驢能捕斗鹽者賞千錢節度觀察使以判官州以司
錄錄事參軍察私鹽漏一石以上罰課料鬻兩池鹽者坊市居邸
主人市儈皆論坐盜刮鹻土一斗比鹽一升州縣團保相察比於貞
元加酷矣自兵興河北鹽法羈縻而已至皇甫鎛又奏置榷鹽使
如江淮榷法犯禁歲多及田弘正舉魏博歸朝廷穆宗命河北罷
榷鹽戶部侍郎張平叔議榷鹽法敝請糶鹽可以富國詔公卿
議其可否中書舍人韋處厚兵部侍郎韓愈條詰之以爲不可平
叔屈服是時奉天鹵池生水柏以灰一斛得鹽十二斤利倍鹻鹵

文宗時采灰一斗比鹽一斤論罪開成末詔私鹽月再犯者易縣令罰刺史俸十犯則罰觀察判官課料宣宗即位茶鹽之法益密糶鹽少私盜多者謫觀察判官不計十犯戶部侍郎判度支盧弘止以兩池鹽法敝遣巡院官司空輿更立新法其課倍入遷榷鹽使以壕籬者鹽池之隄禁有盜壞與鬻鹻皆死鹽盜持弓矢者亦皆死刑兵部侍郎判度支周墀又言兩池鹽盜販者迹其居處保社按罪鬻五石市二石亭戶盜糶二石皆死是時江吳羣盜以所剽物易茶鹽不受者焚其室廬吏不敢枝梧鎮戍場鋪堰埭以關通致富宣宗乃擇嘗更兩畿輔望縣令者為監院官戶部侍郎裴休為鹽鐵使上鹽法八事其法皆施行兩池榷課大增其後兵遍天下諸鎮擅利兩池為河中節度使王重榮所有歲貢鹽三千車中官田令孜募新軍五十四都餫轉不足乃倡議兩池復歸鹽鐵使而重榮不奉詔至舉兵反僖宗為再出然而卒不能奪唐初無酒禁乾元元年京師酒貴肅宗以稟食方屈乃禁京城酤酒期以麥

熟如初二年飢復禁酤非光祿祭祀燕蕃客不御酒廣德二年定天下酤戶以月收稅建中元年罷之三年復禁民酤以佐軍費置肆釀酒斛收直三千州縣總領醨薄私釀者論其罪尋以京師四方所湊罷榷貞元二年復禁京城畿縣酒天下置肆以酤者斗錢百五十免其傜役獨淮南忠武宣武河東榷麴而已元和六年罷京師酤肆以榷酒錢隨兩稅青苗斂之大和八年遂罷京師榷酤凡天下榷酒為錢百五十六萬餘緡而釀費居三之一貧戶逃酤不在焉昭宗世以用度不足易京畿近鎮麴法復榷酒以贍軍鳳翔節度使李茂貞方顓其利按兵請入奏利害天子遽罷之初德宗納戶部侍郎趙贊議稅天下茶漆竹木十取一以為常平本錢及出奔天乃悼悔下詔亟罷之及朱泚平佞臣希意興利者益進貞元八年以水災減稅明年諸道鹽鐵使張滂奏出茶州縣若山及商人要路以三等定估十稅其一自是歲得錢四十萬緡然水旱亦未嘗拯之也穆宗即位兩鎮用兵帑藏空虛禁中起百尺樓

費不可勝計鹽鐵使王播圖寵以自幸乃增天下茶稅率百錢增五十江淮浙東西嶺南福建荊襄茶播自領之兩川以戶部領之天下茶加斤至二十兩播又奏加取焉右拾遺李珏上疏諫曰榷率起於養兵今邊境無虞而厚斂傷民不可一也茗飲人之所資重稅則價必增貧弱益困不可二也山澤之饒其出不訾論稅以售多為利價騰踊則市者稀不可三也其後王涯判二使置榷茶使徙民茶樹於官場焚其舊積者天下大怨令狐楚代為鹽鐵使兼榷茶使復令納榷加價而已李石為相以茶稅皆歸鹽鐵復貞元之制武宗即位鹽鐵轉運使崔珙又增江淮茶稅是時茶商所過州縣有重稅或掠奪舟車露積雨中諸道置邸以收稅謂之搨地錢故私販益起大中初鹽鐵轉運使裴休著條約私鬻三犯皆三百斤乃論死長行羣旅茶雖少皆死雇載三犯至五百斤居舍儈保四犯至千斤者皆死園戶私鬻百斤以上杖背三犯加重傜伐園失業者刺史縣令以縱私鹽論廬壽淮南皆加半稅私商

給自首之帖天下稅茶增倍貞元江淮茶為大摸一斤至五十兩諸道鹽鐵使于悰每斤增稅錢五謂之剩茶錢自是斤兩復舊凡銀銅鐵錫之冶一百六十八陝宣潤饒衢信五州銀冶五十八銅冶九十六鐵山五錫山二鉛山四汾州礬山七麟德二年廢陝州銅冶四十八開元十五年初稅伊陽五重山銀錫德宗時戶部侍郎韓洄建議山澤之利宜歸王者自是皆隸鹽鐵使元和初天下銀冶廢者四十歲采銀萬二千兩銅二十六萬六千斤鐵二百七萬斤錫五萬斤鉛無常數開成元年復以山澤之利歸州縣刺史選吏主之其後諸州牟利以自殖舉天下不過七萬餘緡不能當一縣之茶稅及宣宗增河湟戍兵衣絹五十二萬餘匹鹽鐵轉運使裴休請復歸鹽鐵使以供國用增銀冶二鐵山七十一廢銅冶二十七鉛山一天下歲率銀二萬五千兩銅六十五萬五千斤鉛十一萬四千斤錫萬七千斤鐵五十三萬二千斤隋末行五銖白錢天下盜起私鑄錢行千錢初重二斤其後愈輕不及一斤鐵葉皮紙皆

以爲錢高祖入長安民間行綫環錢其製輕小凡八九萬纔滿半
斛武德四年鑄開元通寶徑八分重二銖四參積十錢重一兩得
輕重大小之中其文以八分篆隸三體洛幷幽益桂等州皆置監
賜秦王齊王三鑪右僕射裴寂一鑪以鑄盜鑄者論死沒其家屬
其後盜鑄漸起顯慶五年以惡錢多官爲市之以一善錢售五惡錢
民間藏惡錢以待禁弛乾封元年改鑄乾封泉寶錢徑寸重二銖
六分以一當舊錢之十踰年而舊錢多廢明年以商賈不通米帛
踊貴復行開元通寶錢天下皆鑄之然私錢犯法日蕃有以舟筏
鑄江中者詔所在納惡錢而姦亦不息儀鳳中瀕江民多私鑄錢
爲業詔巡江官督捕載銅錫鑞過百斤者沒官四年命東都糶米
粟斗別納惡錢百少府司農毀之是時鑄多錢賤米粟踊貴乃罷
少府鑄尋復舊永淳元年私鑄者抵死鄰保里坊村正皆從坐武
后時錢非穿穴及鐵錫銅液皆得用之熟銅排斗沙澀之錢皆售
自是盜鑄蜂起江淮游民依大山陂海以鑄吏莫能捕先天之際
兩京錢益濫郴衡錢纔有輪郭鐵錫五銖之屬皆可用之或鎔錫
摸錢須臾百十開元初宰相宋璟請禁惡錢行二銖四參錢毀舊
錢不可用者江淮有官鑪錢偏鑪錢稜錢時錢遣監察御史蕭隱
之使江淮率戶出惡錢捕責甚峻上青錢皆輸官小惡者沈江湖
市井不通物價益貴隱之坐貶官宋璟又請出米十萬斛收惡錢
少府毀之十一年詔所在加鑄禁賣銅錫及造銅器者二十年千
錢以重六斤四兩爲率每錢重二銖四參禁缺頓沙澀蕩染白強
黑強之錢首者官爲市之銅一斤爲錢八十二十二年宰相張九齡
建議古者以布帛菽粟不可尺寸杪勻而均乃爲錢以通貿易官
鑄所入無幾而工費多宜縱民鑄議下百官宰相裴耀卿黃門侍
郎李林甫河南少尹蕭炅秘書監崔沔皆以爲嚴斷惡錢則人
知禁稅銅折役則官冶可成計估度庸則私錢以利薄而自息若
許私鑄則下皆棄農而競利矣左監門衛錄事參軍事劉秩曰今
之錢古之下幣也若捨之任人則上無以御下下無以事上不可

一也物賤傷農錢輕傷賈物重則錢輕錢輕由乎物多多則作法
收之使少物少則作法布之使輕奈何假人不可二也鑄錢不雜
鉛鐵則無利雜則錢惡今塞私鑄之路人猶冒死況設陷穽誘之
不可三也鑄錢無利則人不鑄有利則去南畝者衆不可四也人
富則不可以賞勸貧則不可以威禁法不行人不理繇貧富不齊
若得鑄錢貧者服役於富室富室乘而益恣不可五也夫錢重繇
人日滋於前而鑪不加舊公錢與銅價頗等故破重錢爲輕錢銅
之不贍在採用者衆也銅之爲兵不如鐵爲器不如漆禁銅則人
無所用盜鑄者少公錢不破人不犯死錢又日增是一舉而四美
兼也是時公卿皆以縱民鑄爲不便於是下詔禁惡錢而已信安
郡王禕復言國用不足請縱私鑄議者皆畏禕帝弟之貴莫敢與
抗獨倉部郎中韋伯陽以爲不可禕議亦格二十六年宣潤等州
初置錢監兩京用錢稍善米粟價益下其後錢又漸惡詔出銅所
在置監鑄開元通寶錢京師庫藏皆滿天下盜鑄益起廣陵丹楊

宣城尤甚京師權豪歲歲取之舟車相屬江淮偏鑪錢數十種雜
以鐵錫輕漫無復錢形公鑄者號官鑪錢一以當偏鑪錢七八富
商往往藏之以易江淮私鑄者兩京錢有鵝眼古文綖環之別每
貫重不過三四斤至翦鐵而緡之宰相李林甫請出絹布三百萬
匹平估收錢物價踊貴訴者日萬人兵部侍郎楊國忠欲招權以
市恩揚鞭市門曰行當復之明日詔復行舊錢天寶十一載又出
錢三十萬緡易兩市惡錢出左藏庫排斗錢許民易之國忠又言
錢非鐵錫銅沙穿穴古文皆得用之是時增調農人鑄錢既非所
習皆不聊生內作判官韋倫請厚價募工繇是役用減而鼓鑄多
天下鑪九十九絳州三十揚潤宣鄂蔚皆十益郴皆五洋州三定
州一每鑪歲鑄錢三千三百緡役丁匠三十費銅二萬一千二百
斤鑞三千七百斤錫五百斤每千錢費錢七百五十天下歲鑄三
十二萬七千緡肅宗乾元元年經費不給鑄錢使第五琦鑄乾元
重寶錢徑一寸每緡重十斤與開元通寶參用以一當十亦號乾

元十當錢先是諸鑪鑄錢窳薄鎔破錢及佛像謂之盤陀皆鑄爲私錢犯者杖死第五琦爲相復命絳州諸鑪鑄重輪乾元錢徑一寸二分其文亦曰乾元重寶背之外郭爲重輪每緡重十二斤與開元通寶錢並行以一當五十是時民間行三錢大而重稜者亦號重稜錢法既屢易物價騰踊米斗錢至七千餓死者滿道初有虛錢京師人人私鑄併小錢壞鍾像犯禁者愈衆鄭叔清爲京兆尹數月榜死者八百餘人肅宗以新錢不便命百官集議不能改上元元年減重輪錢以一當三十開元舊錢與乾元十當錢皆以一當十碾磑鬻受得爲實錢虛錢交易皆用十當錢由是錢有虛實之名史思明據東都亦鑄得一元寶錢徑一寸四分以一當開元通寶之百既而惡得一非長祚之兆改其文曰順天元寶代宗即位乾元重寶錢以一當二重輪錢以一當三凡三日而大小錢皆以一當一自第五琦更鑄犯法者日數百州縣不能禁止至是人甚便之其後民間乾元重稜二錢鑄爲器不復出矣當時議者

以爲自天寶至今戶九百餘萬王制上農夫食九人中農夫七人以中農夫計之爲六千三百萬人少壯相均人食米二升日費米百二十六萬斛歲費四萬五千三百六十萬斛而衣倍之吉凶之禮再倍餘三年之儲以備水旱凶災當米十三萬六千八十萬斛以貴賤豐儉相當則米之直與錢鈞也田以高下肥瘠豐耗爲率一頃出米五十餘斛當田二千七百二十一萬六千頃而錢亦歲毀於棺瓶埋藏焚溺其間銅貴錢賤有鑄以爲器者不出十年錢幾盡不足周當世之用諸道鹽鐵轉運使劉晏以江嶺諸州任土所出皆重麤賤弱之貨輸京師不足以供道路之直於是積之江淮易銅鉛薪炭廣鑄錢歲得十餘萬緡輸京師及荊揚二州自是錢日增矣大曆七年禁天下鑄銅器建中初戶部侍郎韓洄以商州紅崖冶銅多請復洛源廢監起十鑪歲鑄錢七萬二千緡每千錢費九百德宗從之江淮多鉛錫錢以銅盪外不盈斤兩帛價益貴銷千錢爲銅六斤鑄器則斤得錢六百故銷鑄者多而錢益耗判

度支趙贊採連州白銅鑄大錢一當十以權輕重貞元初駱谷散關禁行人以一錢出者諸道鹽鐵使張滂奏禁江淮鑄銅爲器惟鑄鑑而已十年詔天下鑄銅器每器一斤其直不得過百六十銷錢者以盜鑄論然而民間錢益少繒帛價輕州縣禁錢不出境商賈皆絕浙西觀察使李若初請通錢往來而京師商賈齎錢四方貿易者不可勝計詔復禁之二十年命市井交易以綾羅絹布雜貨與錢兼用憲宗以錢少復禁用銅器時商賈至京師委錢諸道進奏院及諸軍諸使富家以輕裝趨四方合券乃取之號飛錢京兆尹裴武請禁與商賈飛錢者廋索諸坊十人爲保鹽鐵使李巽以郴州平陽銅坑二百八十餘復置桂陽監以兩鑪日鑄錢二十萬天下歲鑄錢十三萬五千緡命商賈蓄錢者皆出以市貨天下有銀之山必有銅唯銀無益於人五嶺以北採銀一兩者流它州官吏論罪元和四年京師用錢緡少二十及有鉛錫錢者捕之非交易而錢行衢路者不問復詔采五嶺銀坑禁錢出嶺六年貿易

錢十緡以上者參用布帛蔚州三河冶距飛狐故監二十里而近河東節度使王鍔置鑪疏拒馬河水鑄錢工費尤省以刺史李聽爲使以五鑪鑄每鑪月鑄錢三十萬自是河東錫錢皆廢自京師禁飛錢家有滯藏物價寖輕判度支盧坦兵部尚書判戶部事王紹鹽鐵使王播請許商人於戶部度支鹽鐵三司飛錢每千錢增給百錢然商人無至者復許與商人敵貫而易之然錢重帛輕如故憲宗爲之出內庫錢五十萬緡市布帛每匹加舊估十之一會吳元濟王承宗連衡拒命以七道兵討之經費屈竭皇甫鎛建議內外用錢每緡墊二十外復抽五十送度支以贍軍十二年復給京兆府錢五十萬緡市布帛而富家錢過五千貫者死王公重貶沒入於官以五之一賞告者京師區肆所積皆方鎮錢少亦五十萬緡乃爭市第宅然富賈倚左右神策軍官錢爲名府縣不敢劾問民間墊陌有至七十者鉛錫錢益多吏捕犯者多屬諸軍諸使譁集市人彊奪毆傷吏卒京兆尹崔元略請犯者本軍本使涖決

帝不能用詔送本軍本使而京兆府遣人湴泱穆宗即位京師鬻
金銀十兩亦墊一兩糴米鹽百錢墊七八京兆尹柳公綽以嚴法
禁止之壽以所在用錢墊陌不一詔從俗所宜內外給用每緡墊
八十寶曆初河南尹王起請銷錢為佛像者以盜鑄錢論大和三
年詔佛像以鉛錫土木為之飾帶以金銀鍮石烏油藍鐵唯鑑磬
釘鐶鈕得用銅餘皆禁之盜鑄者死是時峻鉛錫錢之禁告千錢
者賞以五千四年詔積錢以七千緡為率十萬緡者期以一年出
之二十萬以二年凡交易百緡以上者匹帛米粟居半河南府揚
州江陵府以都會之劇約束如京師未幾皆罷八年河東錫錢復
起鹽鐵使王涯置飛狐鑄錢院於蔚州天下歲鑄錢不及十萬緡
文宗病幣輕錢重詔方鎮縱錢穀交易時雖禁銅為器而江淮嶺
南列肆鬻之鑄千錢為器售利數倍宰相李珏請加鑪鑄錢於是
禁銅器官一切為市之天下銅坑五十歲采銅二十六萬六千斤及
武宗廢浮屠法永平監官李郁彥請以銅像鐘磬鑪鐸皆歸巡院

州縣銅益多矣鹽鐵使以工有常力不足以加鑄許諸道觀察使
皆得置錢坊淮南節度使李紳請天下以州名鑄錢京師為京錢
大小徑寸如開元通寶交易禁用舊錢會宣宗即位盡黜會昌
之政新錢以字可辨復鑄為像昭宗末京師用錢八百五十為貫
每百纔八十五河南府以八十為百云

食貨志第四十四

翰林學士兼龍圖閣學士朝散大夫給事中知制誥充史館脩撰臣歐陽修奉
敕撰

武德元年文武官給祿頗減隋制一品七百石從一品六百石二品五百石從二品四百六十石三品四百石從三品三百六十石四品三百石從四品二百六十石五品二百石從五品百六十石六品百石從六品九十石七品八十石從七品七十石八品六十石從八品五十石九品四十石從九品三十石皆以歲給之外官則否一品有職分田十二頃二品十頃三品九頃四品七頃五品六頃六品四頃七品三頃五十畝八品二頃五十畝九品二頃皆給百里內之地諸州都督都護親王府官二品十二頃三品十頃四品八頃五品七頃六品五頃七品四頃八品三頃九品二頃五十畝鎮戍關津岳瀆官五品五頃六品三頃五十畝七品三頃八品二頃九品一頃五十畝三衛中郎將上府折衝都尉六頃中府五頃五十畝下府及郎將五頃上府果毅都尉四頃中府三頃五十畝下府三頃上府長史別將三頃中府下府二頃五十畝親王府典軍五頃五十畝副典軍四頃千牛備身左右太子千牛備身三頃折衝上府兵曹二頃中府下府一頃五十畝外軍校尉一頃二十畝旅帥一頃隊正副八十畝親王以下又有永業田百頃職事官一品六十頃郡王職事官從一品五十頃國公職事官從二品三十五頃縣公職事官三品二十五頃職事官從三品二十頃侯職事官四品十二頃子職事官五品八頃男職事官從五品五頃六品七品二頃五十畝八品九品二頃上柱國三十頃柱國二十五頃上護軍二十頃護軍十五頃上輕車都尉十頃輕車都尉七頃上騎都尉六頃騎都尉四頃驍騎飛騎尉八十畝雲騎武騎尉六十畝散官五品以上給同職事官五品以上受田寬鄉六品以下受於本鄉解免者追田除名者受口分之田襲爵者不別給流內九品以上口分田終其身六十以上停私乃收凡給田而無

地者畝給粟二斗京司及州縣皆有公廨田供公私之費其後以用度不足京官有俸賜而已諸司置公廨本錢以番官貿易取息計員多少為月料貞觀初百官得上考者給祿一季未幾又詔得上下考給祿一年出使者稟其家新至官者計日給糧中書舍人高季輔言外官卑品貧匱宜給祿養親自後以地租春秋給京官歲凡五十萬一千五百餘斛外官降京官一等一品以五十石為一等二品三品以三十石為一等四品五品以二十石為一等六品七品以五石為一等八品九品以二石五斗為一等無粟則以鹽為祿十一年以職田侵漁百姓詔給逃還貧戶視職田多少每畝給粟二斗謂之地子是歲以水旱復罷之十二年罷諸司公廨本錢以天下上戶七千人為胥士視防閤制而收其課計官多少而給之十五年復置公廨本錢以諸司令史主之號捉錢令史每司九人補於吏部所主纔五萬錢以下市肆販易月納息錢四千歲滿受官諫議大夫褚遂良上疏京七十餘司更一二載捉錢令史六百餘人受職太學高第諸州進士拔十取五猶有犯禁罹法者況廛肆之人苟得無恥不可使其居職太宗乃罷捉錢令史復詔給百官俸十八年以京兆府岐同華邠坊州隙地陂澤可墾者復給京官職田二十二年置京諸司公廨本錢捉以令史府史胥士永徽元年廢之以天下租脚直為京官俸料其後又薄斂一歲稅以高戶主之月收息給俸尋顓以稅錢給之歲摠十五萬二千七百三十緡一品月俸八千食料一千八百雜用一千二百二品月俸六千五百食料一千五百雜用一千三品月俸五千一百雜用九百四品月俸三千五百食料雜用七百五品月俸三千食料雜用六百六品月俸二千食料雜用六百六品月俸二千食料雜用四百七品月俸一千七百五十食料雜用三百五十八品月俸一千三百食料三百雜用二百五十九品月俸一千五十食料二百五十雜用二百行署月俸一百四十食料三十職事官又有防閤庶僕一品防閤九十六人二品七十二人三品四十八人四品

三十二人五品二十四人六品庶僕十五人七品四人八品三人九品二人公主有邑士八十人郡主六十人縣主四十人外官以州府縣上下中爲差少尹長史司馬及丞減長官之半參軍博士減判司三之二主簿縣尉減丞三之二錄事市令以參軍職田爲輕重京縣錄事以縣尉職田爲輕重羈縻州官給以土物關監官給以年支輕貨折衝府官則有仗身上府折衝都尉六人果毅四人長史別將三人兵曹二人中下府各減一人皆十五日而代開府儀同三司特進光祿大夫同職事官公廨雜用不給員外官檢校判試知給祿料食糧之半散官勳官衛官減四之一致仕五品以上給半祿解官充侍亦如之四夷宿衛同京官天下置公廨本錢以典史主之收贏十之七以供佐史以下不賦粟者常食餘爲百官俸料京兆河南府錢三百八十萬太原及四大都督府二百七十五萬中都督府上州二百四十二萬下都督中州一百五十四萬下州八十八萬京兆河南府京縣一百四十三萬太原府京縣九

十一萬三千京兆河南府畿縣八十二萬五千太原府畿縣諸州上縣七十七萬中縣五十五萬中下縣下縣三十八萬五千折衝上府二十萬中府減四之一下府十萬麟德二年給文官五品以上仗身以掌閑幕士爲之咸亨元年與職事官皆罷乾封元年京文武官視職事品給防閤庶僕百官俸出於租調運送之費甚廣公廨出舉典史有徹垣墉鬻田宅以免責者又以雜職供薪炭納直倍於正丁儀鳳三年王公以下率口出錢以充百官俸食防閤庶僕邑士仗身封戶調露元年職事五品以上復給仗身光宅元年以京官八品九品俸薄詔八品歲給庶僕三人九品二人文武職事三品以上給親事帳內以六品七品子爲親事以八品九品子爲帳內歲納錢千五百謂之品子課錢三師三公開府儀同三司百三十人嗣王郡王百八人上柱國領二品以上職事九十五人領三品職事六十九人柱國領二品以上職事七十三人領三品職事五十五人護軍領二品以上職事六十二人領三品職事

三十六人二品以下又有白直執衣二品白直四十人三品三十二人四品二十四人五品十六人六品十人七品七人八品五人九品四人二品執衣十八人三品十五人四品十三人五品九人六品七品各六人八品九品各三人皆中男爲之防閤庶僕皆滿歲而代外官五品以上亦有執衣都護府不治州事亦有仗身都護四人副都護長史司馬三人諸曹參軍事二人上鎮將四人中下鎮將上鎮副三人中下鎮副各二人鎮倉曹關令丞戍主副各一人皆取於防人衛士十五日而代宿衛官三品以上仗身三人五品以上二人六品以下及散官五品以上各一人取於番上衛士役而不收課親王出藩者府佐史典軍副典軍有事力人數如白直諸司諸使有守當及廳子以兵及勳官爲之白直執衣以下分三番周歲而代供役不踰境後皆納課仗身錢六百四十防閤庶僕白直錢二千五百執衣錢一千其後親事帳內亦納課如品子之數州縣典史捉公廨本錢者收利十之七富戶幸免徭役貧者

破產甚衆祕書少監崔沔請計戶均出每丁加升尺所增蓋少派亡漸復倉庫充實然後取於正賦罷新加者開元十年中書舍人張嘉貞又陳其不便遂罷天下公廨本錢復稅戶以給百官籍內外職田賦逃還戶及貧民罷職事五品以上仗身十八年復給京官職田州縣籍一歲稅錢爲本以高戶捉之月收贏以給外官復置天下公廨本錢收贏十之六十九年初置職田頃畝簿租價無過六斗地不毛者畝給二斗二十四年令百官防閤庶僕俸食雜用以月給之總稱月俸一品錢三萬一千二品二萬四千三品萬七千四品萬一千五百六十七五品九千二百六品五千三百七品四千一百八品二千四百七十五九品千九百一十七祿米則歲再給之一品七百斛從一品六百斛二品五百斛從二品四百六十斛三品四百斛從三品三百六十斛四品三百斛從四品二百五十斛五品二百斛從五品百六十斛六品百斛自此十斛爲率至從七品七十斛八品六十七斛自此五斛爲率至從九品五十二斛外官降一等先是州縣無

防人者籍十八以上中男及殘疾以守城門及倉庫門謂之門夫番上不至者閒月督課爲錢百七十忙月二百至是以門夫資課給州縣官二十九年以京畿地狹計丁給田猶不足於是分諸司官在都者給職田於都畿以京師地給貧民是時河南北職田兼稅桑有詔公廨職田有桑者毋督絲課天寶初給貟外郎料天下白直歲役丁十萬有詔罷之計數加稅以供用人皆以爲便自開元後置使甚衆每使各給雜錢宰相楊國忠身兼數官堂封外月給錢百萬幽州平盧節度使安祿山隴右節度使哥舒翰兼使所給亦不下百萬十二載國忠以兩京百官職田送租勞民請五十里外輸于縣倉斗納直二錢百里外納直三錢使百官就請于縣然縣吏欺盜蓋多而閑司有不能自直者十四載兩京九品以上月給俸加十之二同正貟加十之一兵興權臣增領諸使月給厚俸比開元制祿數倍至德初以用物不足內外官不給料錢郡府縣官給半祿及白直品子課乾元元年亦給外官半料及職田京

官給手力課而已上元元年復令京官職田以時輸送受加耗者以枉法贓論其後籍以爲軍糧矣永泰末取州縣官及折衝府官職田苗子三之一市輕貨以賑京官大曆元年斂天下青苗錢得錢四百九十萬緡輸大盈庫封太府左右藏鑰而不發者累歲二年復給京兆府及畿縣官職田以三之一供軍饟增稅青苗錢一畝至三十權臣月俸有至九十萬者刺史亦至十萬楊綰常衮爲相增京官正貟官及諸道觀察使都團練使副使以下料錢初檢校官同中書門下平章事者月給錢十二萬至是戶部侍郎判度支韓滉請同正官從高而給之文官一千八百五十四貟武官九百四十二貟月俸二十六萬緡而增給者居三之一先是州縣職田公廨田每歲六月以白簿上尚書省覆實至十月輸送則有黃籍歲一易之後不復簿上唯授租清望要官而職卑者稽留不付黃籍亦不復更矣德宗即位詔黃籍與白簿皆上有司建中三年復減百官料錢以助軍李泌爲相又增百官及畿內官月俸復置手

力資課歲給錢六十一萬六千餘緡文官千八百九十二貟武官八百九十六貟左右衞上將軍以下又有六雜給一曰糧米二曰鹽三曰私馬四曰手力五曰隨身六曰春冬服私馬則有芻豆手力則有資錢隨身則有糧米鹽春冬服則有布絹絁紬綿射生神策軍大將軍以下增以鞋比大曆制祿又厚矣州縣官有手力雜給錢然俸最薄者也李泌以度支有兩稅錢鹽鐵使有筦榷錢可以擬經費中外給用每貫墊二十號戶部除陌錢復有闕官俸料職田錢積戶部號戶部別貯錢御史中丞專掌之皆以給京官歲費不及五十五萬緡京兆和糴度支給諸軍冬衣亦往往取之減王公以下永業田郡王職事官從一品田五十頃國公職事官正二品田四十頃郡公職事官從二品田三十頃縣公職事官正四品田十四頃職事官從四品田十一頃尚郡主檢校四品京官者月給料錢三十萬祿百二十石尚縣主檢校五品京官者料錢二十萬祿百石自李泌增百官俸當時以爲不可朘削矣然有名存而職廢額去而俸在者宰相李

吉甫建議減之遂爲常濾手時祠祭蕃夷賜宴別設皆長安萬年人吏主辦二縣置本錢配納質積戶收息以供費諸使捉錢者給牒免傜役有罪府縣不敢劾治民間有不取本錢立虛契子孫相承爲之嘗有毆人破首詣閑廐使納利錢受牒貸罪御史中丞柳公綽奏諸使捉錢戶府縣得捕役給牒者毀之自是不得錢者不納利矣議者以兩省尚書省御史臺樞機正百寮而倍稱息利非馭官之體元和九年戶部除陌錢每緡增墊五錢四時給諸司諸使之餐置驅使官督之御史一人覈其侵漁起明年正月收息五之一號元和十年新收置公廨本錢初捉錢者私增公廨本以防耗失而富人乘以爲姦可督者私之外以逋官錢迫蹙閭里民不堪其擾御史中丞崔從奏增錢者不得踰官本其後兩省捉錢官給牒逐利江淮之閒礬茶鹽以橈法十三年以職田多少不均每司收草粟以多少爲差其後宰相李珏楊嗣復奏堂廚食利錢擾民煩碎於是罷堂廚捉錢官置庫量入計費唐世百官俸錢會昌後不復增減

今著其數太師太傅太保錢二百萬太尉司徒司空百六十萬侍
中百五十萬中書令門下中書侍郎左右僕射太子太師太保太
傅百四十萬尚書御史大夫太子少師少保少傅百萬節度使三
十萬都防禦使副使監軍十五萬觀察使十萬左右丞侍郎散騎
常侍諫議大夫給事中中書舍人秘書殿中內侍監御史中丞太
常宗正大理司農太府鴻臚太僕光祿衞尉卿國子祭酒將作少
府監太子賓客詹事諸府尹大都督府長史都團練使副使上州
刺史八萬太常宗正少卿太子左右庶子節度副使刺史知軍事
七萬六軍統軍諸府少尹少監少卿國子司業少詹事六萬五千
左右衞金吾衞上將軍六軍大將軍六萬左右驍衞武衞威衞領
軍衞監門衞千牛衞上將軍上州別駕五萬五千郎中司天監太
子左右諭德家令寺僕寺率更寺令親王傅別勑判官觀察團練
判官掌書記上州長史司馬五萬左右衞金吾衞大將軍懷化大
將軍諸府大都督司錄參軍事鴒赤縣令四萬五千員外郎起居

郎通事舍人起居舍人著作郎內常侍侍御史殿中侍御史太常
宗正殿中秘書丞大理正國子博士京都宮苑揔監監都水使者
太子中舍中允王府長史歸德將軍節度推官支使防禦判官上
州錄事參軍事畿縣上縣令四萬懷化中郎將三萬七千左右驍衞
武衞威衞領軍衞監門衞千牛衞殿前左右射生軍神策軍大將
軍左右衞金吾衞將軍三萬六千補闕殿中侍御史諸府大都督
府判官赤縣丞三萬五千懷化郎將三萬二千拾遺司天少監六
局奉御內常侍監察御史御史臺主簿太常博士陵署令大理司
直中書主書門下錄事太子贊善典內洗馬司議郎王府司馬驍
衞武衞威衞領軍衞監門衞六軍射生神策軍將軍歸德中郎將
觀察防禦團練推官巡官鴒赤縣丞兩赤縣主簿尉上州功曹參
軍以下上縣丞三萬城門郎秘書郎著作佐郎六局直長十
六衞六軍諸府十率府長史懷化司階畿縣丞鴒赤縣主簿尉
二萬五千歸德司階二萬三千五官正太常寺協律郎陵署丞諸

寺監主簿國子太學廣文助教都水監丞詹事府司直太子通事
舍人文學三寺丞五局郎王府諮議參軍友畿縣上縣主簿尉二
萬懷化中候萬八千十六衞六軍十率府率副率中郎中郎將萬
七千三百五十歸德中候萬七千四門助教十六衞佐秘書省崇
文弘文館校書郎正字太常寺奉禮郎太祝郊社太樂鼓吹署令
四門助教京都宮苑揔監副監九成宮揔監監主事十六衞六軍
衞佐尚書省都事萬六千十六衞六軍中候太子內率府千牛六
千一百七十四內寺伯懷化司戈諸府大都督府參軍事文學博
士錄事上州參軍事博士萬五千歸德司戈萬四千十六衞六軍
十率府左右郎將親王府典軍副典軍萬三千八百司戈內率府
備身僕寺進馬三千七百一十二符寶郎內謁者監九寺諸監詹
事府丞太醫署令太學廣文四門博士中書門下主事太子文學
侍醫諸府都督府醫博士法直兩赤縣錄事上州錄事市令萬三千
懷化執戟長上萬一千門下省典儀侍御醫司天臺丞都水監主

簿率府衞佐諸司主事御史臺主事萬二千司醫太醫署丞歸德
執戟長上一萬醫佐大理寺評事太常宗正寺詹事府主簿寺監
內侍省司天臺左右春坊詹事府錄事主事八千司階千牛備身
左右七千九百九十京都園苑四面監監兩京諸市中尚武庫武
成王廟署令王府掾屬主簿記室錄事參軍事七千司天臺主簿
靈臺郎保章正上局署令七品陵廟令京都宮苑揔監丞司竹溫
泉監監太子內坊丞王府功曹以下參軍事親王國令公主邑司
令六千奚官內僕內府局令司竹溫泉副監五千書筭律學博士
內謁者中局署令上局署丞五官挈壺正京都園苑四面監九成
宮揔監副監醫針博士醫監陵廟令司竹溫泉監丞太子藥藏局
丞王府參軍事王國大農公主邑司丞四千獄丞國子監直講掌
客司儀中局署丞監膳監作監事食醫尚輦進馬奉乘主乘典乘
司庫司廩十六衞十率府錄事親勳翊府兵曹參軍事司天臺司
辰司曆監候內坊典直宮教博士樂正醫正卜正按摩呪禁卜博

士針醫卜書筭助教陵廟太樂鼓吹署丞京都園苑四面監九成宮揔監丞諸揔監主簿太子典膳內直典設宮門局丞三寺主簿親王國尉丞三千十六衛六軍十率府執戟長上左右中郎將二千八百五十

食貨志第四十五

刑法志第四十六

翰林學士兼龍圖閣學士朝散大夫給事中知制誥充史館脩撰臣歐陽脩奉敕撰

古之為國者議事以制不為刑辟懼民之知爭端也後世作為刑書惟恐不備俾民之知所避也其為法雖殊而用心則一蓋皆欲民之無犯也然未知夫導之以德齊之以禮而可使民遷善遠罪而不自知也唐之刑書有四曰律令格式令者尊卑貴賤之等數國家之制度也格者百官有司之所常行之事也式者其所常守之法也凡邦國之政必從事於此三者其有所違及人之為惡而入于罪戾者一斷以律律之為書因隋之舊為十有二篇一曰名例二曰衛禁三曰職制四曰戶婚五曰廄庫六曰擅興七曰賊盜八曰鬭訟九曰詐偽十曰雜律十一曰捕亡十二曰斷獄其用刑有五一曰笞笞之為言恥也凡過之小者捶撻以恥之漢用竹後世更以楚書曰扑作教刑是也二曰杖杖者持也可持以擊也書曰鞭作官刑是也三曰徒徒者奴也蓋奴辱之周禮曰其奴男子入于罪隸任之以事寘之圜土而教之量其罪之輕重有年數而捨四曰流書云流宥五刑謂不忍刑殺宥之于遠也五曰死乃古大辟之刑也自隋以前死刑有五曰罄絞斬梟裂而流徒之刑鞭笞兼用數皆踰百至隋始定為笞刑五自十至于五十杖刑五自六十至于百徒刑五自一年至于三年流刑三自一千里至于二千里死刑二絞斬除其鞭刑及梟首轘裂之酷又有議請減贖當免之法唐皆因之然隋文帝性刻深而煬帝昏亂民不勝其毒唐興高祖入京師約法十二條惟殺人劫盜背軍叛逆者死及受禪命納言劉文靜等損益律令武德二年頒新格五十三條唯吏受賕犯盜詐冒府庫物赦不原凡斷屠日及正月五月九月不行刑四年高祖躬錄囚徒以人因亂冒法者衆盜非劫傷其主及征人逃亡官吏枉法皆原之已而又詔僕射裴寂等十五人更撰律令凡律五百麗以五十三條流罪三皆加千里居作三歲至二歲半者悉為一歲餘無改焉太宗即位詔長孫無忌房玄齡等復定舊令議絞刑之屬五十皆免死而斷右趾既而又哀其斷毀支體謂侍臣曰肉刑前代除之久矣今復斷人趾吾不忍也王珪蕭瑀陳叔達對曰受刑者當死而獲生豈憚去一趾去趾所以使見者知懼今以死刑為斷趾蓋寬之也帝曰公等更思之其後蜀王法曹參軍裴弘獻駮律令四十餘事乃詔房玄齡與弘獻等重加刪定玄齡等以謂古者五刑刖居其一及肉刑既廢今以笞杖徒流死為五刑而又刖足是六刑也於是除斷趾法為加役流三千里居作二年太宗嘗覽明堂針灸圖見人之五藏皆近背針灸失所則其害致死歎曰夫箠者五刑之輕死者人之所重安得犯至輕之刑而或致死遂詔罪人無得鞭背五年河內人李好德坐妖言下獄大理丞張蘊古以為好德病狂瞀法不當坐治書侍御史權萬紀劾蘊古相州人好德兄厚德方為相州刺史故蘊古奏不以實太宗怒遽斬蘊古既而大悔因詔死刑雖令即決皆三覆奏久之謂羣臣曰死者不可復生昔世充殺鄭頲而猶能悔近有府史取賕不多朕殺之是思之不審也決囚雖三覆奏而頃刻之間何暇思慮自今宜二日五覆奏決日尚食勿進酒肉教坊太常輟教習諸州死罪三覆奏其日亦蔬食務合禮撤樂減膳之意故時律兄弟分居蔭不相及而連坐則俱死同州人房彊以弟謀反當從坐帝因錄囚為之動容曰反逆有二興師動衆一也惡言犯法二也輕重固異而鈞謂之反連坐皆死豈定法耶玄齡等議曰禮孫為父尸故祖有蔭孫令是祖孫重而兄弟輕於是令反逆者祖孫與兄弟緣坐皆配沒惡言犯法者兄弟配流而已玄齡等遂與法司增損隋律降大辟為流者九十二流為徒者七十一以為律定令一千五百四十六條以為令又刪武德以來敕三千餘條為七百條以為格又取尚書省列曹及諸寺監十六衛計帳以為式凡州縣皆有獄而京兆河南獄治京師其諸司有罪及金吾捕者又有大理獄京師之囚刑部月一奏御史巡行之每歲立春至秋及大

祭祀致齋朔望上下弦二十四氣雨及夜未明假日斷屠月皆停
死刑京師決死涖以御史金吾在外則上佐餘皆判官涖之五品
以上罪論死乘車就刑大理正涖之或賜死于家凡囚已刑無親
屬者將作給棺瘞于京城七里外壙有甎銘上揭以榜家人得取
以葬諸獄之長官五日一慮囚夏置漿飲月一沐之疾病給醫藥
重者釋械其家一人入侍職事散官三品以上婦女子孫二人入
侍天下疑獄讞大理寺不能決尚書省衆議之錄可爲法者送祕
書省奏報不馳驛經覆而決者刑部歲以正月遣使巡覆所至閱
獄囚杻校糧餉治不如法者杻校鉗鎖皆有長短廣狹之制量囚
輕重用之囚二十日一訊三訊而止數不過二百凡杖皆長三尺五
寸削去節目訊杖大頭徑三分二釐小頭二分二釐常行杖大頭
二分七釐小頭一分七釐笞杖大頭二分小頭一分有半死罪校
而加杻官品勳階第七者鎖禁之輕罪及十歲以下至八十以上
者廢疾侏儒懷姙皆頌繫以待斷居作者著鉗若校京師隸將作

女子隸少府縫作旬給假一日臘寒食二日毋出役院病者釋鉗
校給假疾差陪役謀反者男女奴婢沒爲官奴婢隸司農七十者
免之凡役男子入于蔬圃女子入于廚饎流移人在道疾病婦人
免乳祖父母父母喪男女奴婢死皆給假授程糧非反逆緣坐六
歲縱之特流者三歲縱之有官者得復仕初太宗以古者斷獄訊
於三槐九棘乃詔死罪中書門下五品以上及尚書等平議之三品
以上犯公罪流私罪徒皆不追身凡所以纖悉條目必本於仁恕
然自張蘊古之死也法官以失出爲誡有失入者又不加罪自是吏
法稍密帝以問大理卿劉德威對曰律失入減三等失出減五等
今失入無辜而失出爲大罪故吏皆深文帝矍然遂命失出入者
皆如律自此吏亦持平十四年詔流罪無遠近皆徙邊要州後犯
者寖少十六年又徙死罪以實西州流者戍之以罪輕重爲更限
廣州都督黨仁弘嘗率鄉兵二千助高祖起封長沙郡公仁弘交
通豪酋納金寶沒降獠爲奴婢又擅賦夷人既還有舟七十或告

其贓法當死帝哀其老且有功因貸爲庶人乃召五品以上謂曰
賞罰所以代天行法今朕寬仁弘死是自弄法以負天也人臣有
過請罪於君君有過宜請罪於天其令有司設藁席于南郊三日
朕將請罪房玄齡等曰寬仁弘不以私而以功何罪之請百僚頓
首三請乃止太宗以英武定天下然其天姿仁恕初即位有勸以
威刑肅天下者魏徵以爲不可因爲上言王政本於仁恩所以愛
民厚俗之意太宗欣然納之遂以寬仁治天下而於刑法尤慎四
年天下斷死罪二十九人六年親錄囚徒閔死罪者三百九十人縱
之還家期以明年秋即刑及期囚皆詣朝堂無後者太宗嘉其誠
信悉原之然嘗謂羣臣曰吾聞語曰一歲再赦好人喑啞吾有天
下未嘗數赦者不欲誘民於幸免也自房玄齡等更定律令格式
訖太宗世用之無所變改高宗初即位詔律學之士撰律疏又詔
長孫无忌等增損格勅其曹司常務曰留司格頒之天下曰散頒
格龍朔儀鳳中司刑太常伯李敬玄左僕射劉仁軌相繼又加刊

正武后時內史裴居道鳳閣侍郎韋方質等又刪武德以後至于
垂拱詔勅爲新格藏於有司曰垂拱留司格神龍元年中書令韋
安石又續其後至於神龍爲散頒格睿宗即位戶部尚書岑羲等
又著太極格玄宗開元三年黃門監盧懷慎等又著開元格至二
十五年中書令李林甫又著新格凡所損益數千條明年吏部尚
書宋璟又著後格皆以開元名書天寶四載又詔刑部尚書蕭炅
稍復增損之肅宗代宗無所改造至德宗時詔中書門下選律學之
士取至德以來制勅奏讞掇其可爲法者藏之而不名書憲宗時刑
部侍郎許孟容等刪天寶以後勅爲開元格後勅文宗命尚書省
郎官各刪本司勅而丞與侍郎覆視中書門下參其可否而奏之爲
大和格後勅開成三年刑部侍郎狄兼謩采開元二十六年以後
至于開成制勅刪其繁者爲開成詳定格宣宗時左衛率府倉曹
參軍張戣以刑律分類爲門而附以格勅爲大中刑律統類詔刑
部頒行之此其當世所施行而著見者其餘有其書而不常行者

不足紀也書曰慎乃出令蓋法令在簡簡則明行之在久久則信
而中材之主庸愚之吏常莫克守之而喜爲變革至其繁積則雖
有精明之士不能徧習而吏得上下以爲姦此刑書之弊也蓋自
高宗以來其大節鮮可紀而格令之書不勝其繁也高宗既昏懦
而繼以武氏之亂毒流天下幾至於亡自永徽以後武氏已得志
而刑濫矣當時大獄以尚書刑部御史臺大理寺雜按謂之三司
而法吏以慘酷爲能至不釋枷而笞棰以死者皆不禁律有杖百
凡五十九條犯者或至死而杖未畢乃詔除其四十九條然無益
也武后已稱制懼天下不服欲制以威乃修後周告密之法詔官
司受訊有言密事者馳驛奏之自徐敬業越王貞琅邪王沖等起
兵討亂武氏益恐乃引酷吏周興來俊臣輩典大獄與侯思止王
弘義郭弘霸李敬仁康暐衛遂忠等集告事數百人共爲羅織構
陷無辜自唐之宗室與朝廷之士日被告捕不可勝數天下之人
爲之仄足如狄仁傑魏元忠等皆幾不免左臺御史周矩上疏曰

比姦憸告訐習以爲常推劾之吏以深刻爲功鑿空爭能相矜以
虐泥耳囊頭摺脅籤爪懸髮燻耳卧隣穢溺刻害支體糜爛獄中
號曰獄持閉絕食飲晝夜使不得眠號曰宿囚殘賊威暴取決目
前被誣者苟求得死何所不至爲國者以仁爲宗以刑爲助周用
仁而昌秦用刑而亡願陛下緩刑用仁天下幸甚武后不納麟臺
正字陳子昂亦上書切諫不省及周興來俊臣等誅死后亦老其
意少衰而狄仁傑姚崇宋璟王及善相與論垂拱以來酷濫之冤
太后感寤由是不復殺戮然其毒虐所被自古未之有也大足元
年乃詔法司及推事使敢多作辯狀而加語者以故入論中宗韋
后繼以亂敗玄宗自初即位勵精政事常自選太守縣令告戒以
言而良吏布州縣民獲安樂二十年間號稱治平衣食富足人罕
犯法是歲刑部所斷天下死罪五十八人往時大理獄相傳鳥雀
不棲至是有鵲巢其庭樹羣臣稱賀以爲幾致刑錯然而李林甫
用事矣自來俊臣誅後至此始復起大獄以誣陷所殺數十百人

如韋堅李邕等皆一時名臣天下冤之而天子亦自喜邊功遣將
分出以擊蠻夷兵數大敗士卒死傷以萬計國用耗之而轉漕輸
送遠近煩費民力既弊盜賊起而獄訟繁矣天子方惻然詔曰徒
非重刑而役者寒暑不釋械繫杖古以代肉刑也或犯非巨蠹而
棰以至死其皆免以配諸軍自效民年八十以上及重疾有罪皆
勿坐侍丁犯法原之俾終養以此施德其民然巨盜起天下被其
毒民莫蒙其賜也安史之亂僞官陸大鈞等背賊來歸及慶緒奔
河北脅從者相率待罪闕下自大臣陳希烈等合數百人以御史
大夫李峴中丞崔器等爲三司使而肅宗方喜刑名器亦刻深乃
以河南尹達奚珣等三十九人爲重罪斬於獨柳樹者十一人珣
及韋恒腰斬陳希烈等賜自盡於獄中者七人其餘決重杖死者
二十一人以歲除日行刑集百官臨視家屬流竄初史思明高秀
巖等皆自拔歸命聞珣等被誅懼不自安乃復叛而三司用刑連
年流貶相繼及王璵爲相請詔三司推覈未已者一切免之然河

北叛人畏誅不降兵連不解朝廷屢起大獄肅宗後亦悔歎曰朕
爲三司所誤臨崩詔天下流人皆釋之代宗性仁恕常以至德以
來用刑爲戒及河洛平下詔河北河南吏民任僞官者一切不問
得史朝義將士妻子四百餘人皆赦之僕固懷恩反免其家不緣
坐劇賊高玉聚徒南山啗人數千後擒獲會赦代宗將貸其死公
卿議請爲葅醢帝不從卒杖殺之諫者常諷帝政寬故朝廷不肅
帝笑曰艱難時無以逮下顧刑法峻急有威無恩朕不忍也即位
五年府縣寺獄無重囚故時別勑決人捶無數寶應元年詔曰凡
制勑與一頓杖者其數止四十至到與一頓及重杖一頓痛杖一
頓者皆止六十德宗性猜忌少恩然用刑無大濫刑部侍郎班宏
言謀反大逆及叛惡逆四者十惡之大也犯者宜如律其餘當斬
絞刑者決重杖一頓處死以代極法故時死罪皆先決杖其數或
百或六十於是悉罷之憲宗英果明斷自即位數誅方鎮欲治僭叛
以法度然於用刑喜寬仁是時李吉甫李絳爲相吉甫言治天

下必任賞罰陛下頻降赦令蠲逋負賑飢民恩德至矣然典刑未舉中外有懈怠心綘曰今天下雖未大治亦未甚亂乃古平國用中典之時自古欲治之君必先德化至暴亂之世始專任刑法吉甫之言過矣憲宗以爲然司空于頔亦諷帝用刑以收威柄帝謂宰相曰頔懷姦謀欲朕失人心也元和八年詔兩京關內河東河北淮南山南東西道死罪十惡殺人鑄錢造印若彊盜持仗刼京兆界中及它盜贓踰三匹者論如故其餘死罪皆流天德五城父祖子孫欲隨者勿禁蓋刑者政之輔也政得其道仁義興行而禮讓成俗然猶不敢廢刑所以爲民防也寬之而已今不隆其本顧風俗謂何而廢常刑是弛民之禁啓其姦由積水而決其防故自玄宗廢徒杖刑至是又廢死刑民未知德而徒以爲幸也穆宗童昏然頗知慎刑法每有司斷大獄令中書舍人一人參酌而輕重之號參酌院大理少卿崔杞奏曰國家法度高祖太宗定制二百餘年矣周禮正月布刑張之門閭及都鄙邦國所以屢丁寧使四

方謹行之大理寺陛下守法之司也今別設參酌之官有司定罪乃議其出入是與奪繫於人情而法官不得守其職昔子路問政孔子曰必也正名乎臣以爲參酌之名不正宜廢乃罷之大和六年興平縣民上官興以醉殺人而逃聞械其父乃自歸京兆尹杜悰御史中丞宇文鼎以其就刑免父請減死詔兩省議以爲殺人者死百王所守若許以生是誘之殺人也諫官亦以爲言文宗以興免父囚近於義杖流靈州君子以爲失刑文宗好治躬自謹畏然閹宦肆孽不能制至誅殺大臣夷滅其族濫及者不可勝數心知其冤爲之飲恨流涕而莫能救止蓋仁者制亂而弱者縱之然則剛彊非不仁而柔弱者仁之賊也武宗用李德裕誅劉稹等大刑舉矣而性嚴刻故時竊盜無死所以原民情迫於飢寒也至是贓滿千錢者死至宣宗乃罷之而宣宗亦自喜刑名常曰犯我法雖子弟不宥也然少仁恩唐德自是衰矣蓋自高祖太宗除隋虐亂治以寬平民樂其安重於犯法致治之美幾乎三代之盛時考其推心惻物其可謂仁矣自高宗武后以來毒流邦家唐祚絕而復續玄宗初勵精爲政二十年間刑獄減省歲斷死罪纔五十八人以此見致治雖難勉之則易未有爲而不至者自此以後兵革遂興國家多故而人主規規無復太宗之志其雖有心於治者亦不能講考大法而性有寬猛凡所更革一切臨時苟且或重或輕徒爲繁文不足以示後世而高祖太宗之法僅守而存故自肅宗以來所可書者幾希矣懿宗以後無所稱焉

刑法志第四十六

翰林學士兼龍圖閣學士朝散大夫給事中知制誥充史館修撰臣歐陽脩奉
敕撰

自六經焚於秦而復出於漢其師傳之道中絕而簡編脫亂訛缺學者莫得其本眞於是諸儒章句之學興焉其後傳注箋解義疏之流轉相講述而聖道粗明然其爲說固已不勝其繁矣至於上古三皇五帝以來世次國家興滅終始僭竊僞亂史官備矣而傳記小說外暨方言地理職官氏族皆出於史官之流也自孔子在時方脩明聖經以絀繆異而老子著書論道德接乎周衰戰國游談放蕩之士田駢愼到列莊之徒各極其辯而孟軻荀卿始專脩孔氏以折異端然諸子之論各成一家自前世皆存而不絕也夫王迹熄而詩亡離騷作而文辭之士興歷代盛衰文章與時高下然其變態百出不可窮極何其多也自漢以來史官列其名氏篇第以爲六藝九種七略至唐始分爲四類曰經史子集而藏書之

盛莫盛於開元其著錄者五萬三千九百一十五卷而唐之學者自爲之書者又二萬八千四百六十九卷嗚呼可謂盛矣六經之道簡嚴易直而天人備故其愈久而益明其餘作者衆矣質之聖人或離或合然其精深閎博各盡其術而怪奇偉麗往往震發於其間此所以使好奇博愛者不能忘也然凋零磨滅亦不可勝數豈其華文少實不足以行遠歟而俚言俗說猥有存者亦其有幸不幸者歟今著于篇有其名而亡其書者十蓋五六也可不惜哉初隋嘉則殿書三十七萬卷至武德初有書八萬卷重複相糅王世充平得隋舊書八千餘卷太府卿宋遵貴監運東都浮舟泝河西致京師經砥柱舟覆盡亡其書貞觀中魏徵虞世南顏師古繼爲祕書監請購天下書選五品以上子孫工書者爲書手繕寫藏于內庫以宮人掌之玄宗命左散騎常侍昭文館學士馬懷素爲脩圖書使與右散騎常侍崇文館學士褚无量整比會幸東都乃就乾元殿東序檢校无量建議御書以宰相宋璟蘇頲同署如貞觀故事又借民間異本傳錄及還京師遷書東宮麗正殿置修書院於著作院其後大明宮光順門外東都明福門外皆創集賢書院學士通籍出入既而太府月給蜀郡麻紙五千番季給上谷墨三百三十六丸歲給河間景城淸河博平四郡兔千五百皮爲筆材兩都各聚書四部以甲乙丙丁爲次列經史子集四庫其本有正有副軸帶帙籤皆異色以別之安祿山之亂尺簡不藏元載爲相奏以千錢購書一卷又命拾遺苗發等使江淮括訪至文宗時鄭覃侍講進言經籍未備因詔祕閣搜採於是四庫之書復完分藏于十二庫黃巢之亂存者蓋尠昭宗播遷京城制置使孫惟晟斂書本軍寓教坊於祕閣有詔還其書命監察御史韋昌範等諸道求購及徙洛陽蕩然無遺矣

甲部經錄其類十二一曰易類二曰書類三曰詩類四曰禮類五曰樂類六曰春秋類七曰孝經類八曰論語類九曰讖緯類十曰經解類十一曰小學類凡著錄四百四十家五百九十七部六千

一百四十五卷不著錄一百一十七家三千三百六十卷

連山十卷司馬膺注歸藏十三卷周易卜商傳二卷孟喜章句十卷京房章句十卷費直章句四卷馬融章句十卷荀爽章句十卷鄭玄注周易十卷劉表注五卷董遇注十卷宋忠注十卷王肅注十卷王弼注七卷又大衍論三卷虞翻注九卷陸績注十三卷姚信注十卷荀煇注十卷蜀才注十卷王廙注十卷干寶注十卷又爻義一卷黃穎注十卷崔浩注十卷崔覲注十三卷何胤注十卷盧氏注十卷傅氏注十四卷王又玄注十卷王凱沖注十卷荀氏九家集解十卷馬鄭二王集解十卷王弼韓康伯注十卷二王集解十卷張璠集解十卷又略論一卷謝萬注繫辭二卷桓玄注繫辭二卷荀諺注繫辭二卷荀柔之注繫辭二卷宋褰注繫辭二卷宋明帝注義疏二十卷張該等羣臣講易疏二十卷梁武帝大義二十卷又大義疑問二十卷蕭偉發義一卷又幾義一卷蕭子政義疏十四卷又繫辭義二卷張譏講疏三十卷何妥講疏十三卷

褚仲都講疏十六卷梁蕃文句義疏二十卷又開題論序疏十卷
釋序義三卷劉瓛繫辭義疏二卷又乾坤義疏一卷鍾會周易論
四卷范氏周易論四卷應吉甫明易論一卷鄒湛統略論三卷阮
長成阮仲容難荅論二卷宋處宗通易論一卷宣聘通易象論
一卷欒肇通易象論一卷袁宏略譜一卷楊乂卦序論一卷沈熊
周易譜一卷雜音三卷任希古注周易十卷周易正義十六卷國子祭酒孔穎達顏師古司馬才章王恭太學博士馬嘉運太學助教趙乾叶王談于志寧等奉詔撰四門博士蘇德融趙弘智覆審陸德明周
易文句義疏二十四卷文外大義二卷陰弘道周易新傳疏十卷顥子臨渙令
薛仁貴周易新注本義十四卷王勃周易發揮五卷玄宗
周易大衍論三卷李鼎祚集注周易十七卷東鄉助周易物象釋
疑一卷僧一行周易論卷亡又大衍玄圖一卷義決一卷大衍論二
十卷崔良佐易忘象卷亡元載集注周易一百卷李吉甫注一行
易卷亡衞元嵩元包十卷蘇源明傳李江注高定周易外傳二十二卷郢子京兆府參軍
裴通易書一百五十卷字又玄士淹子文宗訪以易義令進所撰書盧行超易義五卷字孟起大
中大合丞陸希聲周易傳二卷
右易類七十六家八十八部六百六十五卷失姓名一家李鼎祚以下不著錄十一家三百二十九卷
古文尚書孔安國傳十三卷謝沈注十三卷王肅注十卷又釋駁
五卷范甯注十卷李顒集注十卷又新釋二卷要略二卷姜道盛
集注十卷徐邈注逸篇三卷伏勝注大傳三卷又暢訓一卷劉向
洪範五行傳論十一卷馬融傳十卷王肅孔安國問荅三卷鄭玄
注古文尚書九卷又注釋問四卷王粲問田瓊韓益正呂文優義注三卷伊說
釋義四卷顧歡百問一卷巢猗百釋三卷又義疏十卷費甝義疏
十卷任孝恭古文大義二十卷蔡大寶義疏三十卷劉焯義疏三十
卷顧彪古文音義五卷又文外義一卷劉炫述義二十卷王儉音
義四卷王玄度注尚書十三卷今文尚書十三卷開元十四年玄宗以洪範無偏無頗聲不協詔改為無偏無陂天寶三載又詔集賢學士衞包改古文從今文尚書正義二十卷國子祭酒孔穎達太學博士王德韶四門助教李子雲等奉詔撰四門博士朱長才蘇德融太學助教隋德素四門助教王士雄趙弘智覆審太尉揚州都督長孫无忌司空李勣左僕射于志寧右僕射張行成吏部尚書侍中高季輔吏部尚書褚遂良中書令柳奭弘文館學士谷那律劉伯莊太學博士賈公彥范義頵齊威太常博士柳士宣孔志約四門博士趙君贊右內率

府長史弘文館直學士薛伯珍國子助教史士弘太學助教鄭祖玄周玄達四門助教李玄植王眞儒與王德韶隋德素等刊定王元感尚書
糾繆十卷穆元休洪範外傳十卷陳正卿續尚書纂漢至唐十二代詔策章疏歌頌符檄論議成書開元末上之卷亡崔良佐尚書演範卷亡
右書類二十五家三十三部三百六卷王元感以下不著錄四家二十卷
韓詩卜商序韓嬰注二十二卷又外傳十卷卜商集序二卷又翼
要十卷毛萇傳十卷鄭玄箋毛詩詁訓二十卷又譜三卷王肅注
二十卷又雜義駁八卷問難二卷葉遵注二十卷號葉詩崔靈恩集
注二十四卷義注五卷劉楨義問十卷王基毛詩駁五卷毛詩雜
荅問五卷雜義難十卷孫毓異同評十卷楊乂毛詩辨三卷陳統
難孫氏詩評四卷又表隱二卷元延明誼府三卷張氏義疏五卷
陸璣草木鳥獸魚蟲疏二卷謝沈釋義十卷劉氏序義一卷劉炫
述義三十卷魯世達音義二卷鄭玄等諸家音十五卷王玄度注
毛詩二十卷毛詩正義四十卷孔穎達王德韶齊威等奉詔撰趙乾叶四門助教賈普曜趙弘智等覆正許
叔牙毛詩纂義十卷成伯璵毛詩指說一卷又斷章二卷毛詩草
木蟲魚圖二十卷開成中文宗命集賢院修撰并繪物象大學士楊嗣復學士張次宗上之
右詩類二十五家三十一部三百二十二卷失姓名三家許叔牙以下不著錄三家三十三卷
大戴德禮記十三卷又喪服變除一卷鄭玄注小戴聖禮記二十
卷又禮議二十卷禮記音三卷曹耽解三禮目錄一卷注周官十三卷
音三卷注儀禮十七卷喪服變除一卷注喪服紀一卷盧植注小
戴禮記二十卷馬融周官傳十二卷又注喪服記一卷王肅注小
戴禮記三十卷又注周官十二卷注儀禮十七卷音二卷喪服要
記一卷注喪服紀一卷鄭小同禮記義記四卷袁準注儀禮一卷
孔倫注一卷陳銓注一卷蔡超宗注二卷田僧紹注二卷傅玄周
官論評十二卷陳邵駁杜預喪服要集議三卷賀循喪服譜一卷又
喪服要記五卷謝徽注干寶注周官十二卷又荅周官駁難五卷孫略問
李軌小戴禮記音二卷尹毅音二卷徐邈音三卷徐爰音二卷
司馬伷周官寧朔新書八卷又禮記寧朔新書二十卷王懋約注戴
顒月令章句十二卷又中庸傳二卷繆氏要鈔六卷王逡之注喪

服五代行要記十卷徐廣禮論問荅九卷范甯禮問九卷又禮論荅問九卷射慈小戴禮記音二卷又喪服天子諸侯圖一卷崔游喪服圖一卷蔡謨喪服譜一卷喪服要難一卷（趙成問袁祈荅）伊說注周官十卷孫炎注禮記三十卷葉遵注十二卷董勛問禮俗十卷劉雋禮記評十卷吳商雜禮義十一卷何承天禮論三百七卷顏延之禮逆降議三卷任預禮論條牒十卷又禮論帖三卷禮論鈔六十六卷庾蔚之禮記略解十卷又注喪服要記五卷禮論鈔二十卷王儉禮儀荅問十卷又禮雜荅問十卷喪服古今集記三卷荀萬秋禮雜鈔略二卷傅隆禮議一卷梁武帝禮大義十卷周捨禮疑義五十卷何佟之禮記義十卷又禮荅問十卷戚壽雜禮義問荅四卷賀瑒禮論要鈔一百卷賀述禮統十二卷崔靈恩周官集注二十卷又三禮義宗三十卷元延明三禮宗略二十卷皇侃禮記講疏一百卷又義疏五十卷喪服文句義十卷沈重周禮義疏四十卷又禮記義疏四十卷熊安生義疏四十卷劉芳義證十

卷沈文阿喪服經傳義疏四卷又喪服發題二卷夏侯伏朗三禮圖十二卷禮記隱二十六卷禮類聚十卷禮儀雜記故事十一卷禮統郊祀六卷禮論要鈔十三卷區分十卷禮論鈔略十三卷禮記正義七十卷（孔穎達國子司業朱子奢國子助教李善信賈公彥柳士宣范義頵魏王參軍事張權等奉詔撰與周玄達趙君贊王士雄趙弘智覆審）賈公彥禮記正義八十卷又周禮疏五十卷儀禮疏五十卷魏徵次禮記二十卷（亦曰類禮）王玄度周禮義決三卷又注禮記二十卷元行沖類禮義疏五十卷御刊定禮記月令一卷（集賢院學士李林甫陳希烈徐安貞直學士劉光謙齊光乂陸善經修撰官史玄晏待制官梁令瓚等注解自第五易爲第一）成伯璵禮記外傳四卷王元感禮記繩愆三十卷王方慶禮經正義十卷禮雜問荅十卷李敬玄禮論六十卷張鎰三禮圖九卷陸質類禮二十卷韋彤五禮精義十卷丁公著禮志十卷禮記字例異同一卷（元和十三年詔定）丘敬伯五禮異同十卷孫玉汝五禮名義十卷杜肅禮略十卷張頻禮粹二十卷

右禮類六十九家九十六部一千八百二十七卷（失姓名七家元行沖以下不著錄十六家二百九十五卷）

桓譚樂元起二卷又琴操二卷孔衍琴操二卷荀勗太樂雜歌辭三卷又太樂歌辭二卷樂府歌詩十卷謝靈運新錄樂府集十一卷信都芳刪注樂書九卷留進管絃記十二卷凌秀管絃志十卷公孫崇鍾磬志二卷梁武帝樂社大義十卷又樂論三卷沈重鍾律五卷釋智匠古今樂錄十三卷鄭譯樂府歌辭八卷又樂府聲調六卷蘇夔樂府志十卷李玄楚樂經三十卷元殷樂略四卷又聲律指歸一卷翟子樂府歌詩十卷又三調相和歌辭五卷劉氏周氏琴譜四卷陳懷琴譜二十一卷漢魏吳晉鼓吹曲四卷琴集歷頭拍簿一卷外國伎曲三卷又一卷論樂事二卷歷代曲名一卷推七音一卷十二律譜義一卷鼓吹樂章一卷李守眞古今樂記八卷蕭吉樂譜集解二十卷武后樂書要錄十卷趙邪利琴敘譜九卷張文收新樂書十二卷劉貺太樂令壁記三卷徐景安歷代樂儀三十卷崔令欽教坊記一卷吳兢樂府古題要解一卷郗昂樂府古今題解三卷（一作王昌齡）段安節樂府雜錄一卷（文昌孫）竇璡正

聲樂調一卷玄宗金風樂一卷蕭祐無射商九調譜一卷趙惟暕琴書三卷陳拙大唐正聲新址琴譜十卷呂渭廣陵止息譜一卷李良輔廣陵止息譜一卷李約東杓引譜一卷（勉子兵部員外郎）齊嵩琴雅略一卷王大力琴聲律圖一卷陳康士琴譜十三卷（字安道僖宗時人）又琴調四卷琴譜一卷離騷譜一卷趙邪利琴手勢譜一卷南卓羯鼓錄一卷

右樂類三十一家三十八部二百五十七卷（失姓名九家張文收以下不著錄二十家九十三卷）

左丘明春秋外傳國語二十卷董仲舒春秋繁露十七卷春秋穀梁傳十五卷（尹更始注）春秋公羊傳五卷（嚴彭祖述）賈逵春秋左氏長經章句二十卷又解詁三十卷春秋三家訓詁十二卷董遇左氏經傳章句三十卷王肅注三十卷又國語章句二十二卷王朗注左氏十卷士燮注春秋經十一卷杜預左氏經傳集解三十卷又釋例十五卷音三卷鄭衆牒例章句九卷潁容釋例七卷劉寔條例十卷方範經例六卷何休左氏膏肓十卷（鄭玄箴）又公羊解詁十三卷春

秋漢議十卷（麋信注，鄭玄駁）公羊條傳一卷墨守一卷（鄭玄發）穀梁廢疾三卷（鄭玄釋，張靖箋）服虔左氏解誼三十卷又膏肓釋痾五卷春秋成長說七卷塞難三卷音隱一卷駁何氏春秋漢議十一卷王玢達長義一卷孫毓左氏傳義注三十卷又賈服異同略五卷梁簡文帝左氏傳例苑十八卷干寶春秋義函傳十六卷序論一卷殷興左氏釋滯十卷何始眞春秋左氏區別十二卷張沖春秋左氏義略三十卷嚴彭祖春秋圖七卷吳略春秋經傳詭例疑隱一卷京相璠春秋土地名三卷王延之旨通十卷顧啓期大夫譜十一卷李謐叢林十二卷崔靈恩立義十卷申先儒傳例十卷沈宏經傳解六卷又文苑六卷嘉語六卷沈文阿義略二十七卷劉炫攻昧十二卷又規過三卷述議三十七卷高貴鄉公左氏音三卷曹耽荀訥音四卷李軌音三卷孫邈音三卷王元規音三卷孔氏公羊集解十四卷王愆期注公羊十二卷又難答論一卷（庾翼難）高龔傳記十二卷荀爽徐欽答問五卷劉寔左氏牒例二十卷又公羊違義三卷（劉晏注）

王儉音二卷春秋穀梁傳段肅注十三卷唐固注穀梁十二卷又注國語二十一卷糜信注穀梁十二卷又左氏傳說要十卷張靖集解十一卷程闡經傳集注十六卷孔衍訓注十三卷范甯集注十二卷徐乾注十三卷徐邈注十二卷又傳義十卷音一卷沈仲義集解十卷蕭邕問傳義三卷劉兆三家集解十一卷韓益三傳論十卷胡訥集撰三傳經解十一卷又三傳評十卷潘叔度春秋成集十卷又合三傳通論十卷江熙公羊穀梁二傳評三卷李鉉春秋二傳異同十二卷虞翻注國語二十一卷韋昭注二十一卷孔晁解二十一卷春秋辨證明經論六卷左氏音十二卷左氏鈔十卷春秋辭苑五卷雜義難五卷左氏杜預評二卷春秋正義三十六卷（孔穎達楊士勛朱長才奉詔撰，馬嘉運王德韶蘇德融與隋德素覆審）楊士勛穀梁疏十二卷王玄度注春秋左氏傳（卷亡）盧藏用春秋後語十卷高重春秋纂要四十卷（字文明，士廉五代孫，文宗時翰林侍講學士，帝好左氏春秋，命重分諸國各為書，別名經傳要略，歷國子祭酒）許康佐等集左氏傳三十卷（一作文宗御集）徐文遠左傳義疏六十卷又左傳音三卷陰弘道春秋左氏傳序一卷李氏三傳異同例十三卷（開元中右威衛錄事參軍，失名）馮伉三傳異同三卷劉軻三傳指要十五卷韋表微春秋三傳總例二十卷王元感春秋振滯二十卷韓滉春秋通一卷陸質集注春秋二十卷又集傳春秋纂例十卷春秋微旨二卷春秋辨疑七卷樊宗師春秋集傳十五卷春秋加減一卷（元和十三年國子監修定）李瑾春秋指掌十五卷張傑春秋圖五卷又春秋指元十卷裴安時左氏釋疑七卷（字適之，大中江陵少尹）第五泰左傳事類二十卷（字伯通，青州益都人，咸通鄂州文學）成玄公穀總例十卷（字又玄，咸通山陽令）陸希聲春秋通例三卷陳岳折衷春秋三十卷（唐末鍾傳江西從事）郭翔春秋義鑑三十卷柳宗元非國語二卷

右春秋類六十六家一百部一千一百六十三卷（失姓名五家，王玄度以下不著錄二十三家，四百三卷）

古文孝經孔安國傳一卷劉邵注一卷孝經王肅注一卷鄭玄注一卷韋昭注一卷孫熙注一卷蘇林注一卷謝万注一卷虞盤佐注一卷孔光注一卷殷仲文注一卷殷叔道注一卷徐整默注二卷車胤講孝經義四卷荀昶講孝經集解一卷皇侃義疏三卷

何約之大明中皇太子講義疏一卷梁武帝疏十八卷太史叔明發題四卷劉炫述義五卷張士儒演孝經十二卷應瑞圖一卷賈公彥孝經疏五卷魏克己注孝經一卷任希古越王孝經新義十卷今上孝經制旨一卷（玄宗）元行沖御注孝經疏二卷尹知章注孝經一卷孔穎達孝經義疏（卷亡）王元感注孝經一卷李嗣眞孝經指要一卷平貞眘孝經議（卷亡）徐浩廣孝經十卷（浩稱四明山人，乾元二年上，授校書郎）

右孝經類二十七家三十六部八十二卷（失姓名一家，尹知章以下不著錄六家，一十三卷）

論語鄭玄注十卷又注論語釋義一卷論語篇目弟子一卷王弼釋疑二卷王肅注論語十卷又注孔子家語十卷李充注論語十卷梁覬注十卷孟釐注九卷袁喬注十卷尹毅注十卷張氏注十卷何晏集解十卷孫綽集解十卷盈氏集義十卷江熙集解十卷徐氏古論語義注譜一卷虞喜贊鄭玄論語注十卷暢惠明義注十卷宋明帝補衛瓘論語注十卷欒肇論語釋十卷又駁二卷崔豹大義解十卷繆播旨序二卷郭象體略二卷戴詵述議二十卷

劉炫章句二十卷皇侃疏十卷褚仲都講疏十卷義注隱三卷雜
義十三卷剔義十卷徐邈音二卷孔叢七卷王勃次論語十卷賈
公彥論語疏十五卷韓愈注論語十卷張籍論語注辨二卷
右論語類三十家三十七部三百二十七卷失姓名三家韓愈以下不著錄二家十二卷
宋均注易緯九卷注詩緯十卷注禮緯三卷注樂緯三卷注春秋
緯三十八卷注論語緯十卷注孝經緯五卷鄭玄注書緯三卷注
詩緯三卷
右讖緯類二家九部八十四卷
劉向五經雜義七卷又五經通義九卷五經要義五卷許慎五經
異義十卷鄭玄駁譙周五經然否論五卷楊方五經鉤沉十卷楊思
五經咨疑八卷元延明五經宗略四十卷劉炫五經正名十二卷
沈文阿經典玄儒大義序錄十卷班固等白虎通義六卷鄭玄六
藝論一卷鄭志九卷鄭記六卷王肅聖證論十一卷梁武帝孔子
正言二十卷簡文帝長春義記一百卷樊文深七經義綱略論

三十卷又質疑五卷張譏游玄桂林二十卷謚法三卷荀顗演劉熙注沈
約謚例十卷賀琛謚法三卷集天名稱三卷陸德明經典釋文三
十卷顏師古匡謬正俗八卷趙英五經對訣四卷英龍朔中汲令劉迅六
說五卷劉貺六經外傳三十七卷張謚五經微旨十四卷韋表微
九經師授譜一卷裴僑卿微言注集二卷開元中鄭縣尉高重經傳要略
十卷王彥威續古今謚法十四卷慕容宗本五經類語十卷字泰初幽
州人大中時劉氏經典集音三十卷鎔字正範絳州正平人咸通晉州長史
右經解類十九家二十六部三百八十一卷失姓名一家趙英以下不著錄十家一百二十七卷
爾雅李巡注三卷樊光注六卷孫炎注六卷沈琁集注十卷郭璞
注一卷又圖一卷音義一卷江灌圖贊一卷又音六卷李軌解小
爾雅一卷楊雄別國方言十三卷劉熙釋名八卷韋昭辨釋名一
卷李斯等三蒼三卷郭璞解杜林蒼頡訓詁二卷張揖廣雅四卷
又埤蒼三卷三蒼訓詁三卷雜字一卷古文字訓二卷樊恭廣蒼
一卷史游急就章一卷曹壽解顏之推注一卷司馬相如凡將篇一

卷班固在昔篇一卷太甲篇一卷蔡邕聖草章一卷又勸學篇
一卷今字石經論語二卷崔瑗飛龍篇篆草勢合三卷許慎說
文解字十五卷呂忱字林七卷楊承慶字統二十卷馮幹括字苑
十三卷賈魴字屬篇一卷葛洪要用字苑一卷戴規辨字一卷僧
寶誌文字釋訓三十卷周成解文字七卷王延雜文字音七卷王
氏文字要說一卷阮孝緒文字集略一卷彭立文字辨嫌一卷王
愔文字志三卷顧野王玉篇三十卷李登聲類十卷呂靜韻集五
卷陽休之韻略一卷又辨嫌音二卷夏侯詠四聲韻略十三卷張
諒四聲部三十卷趙氏韻篇十二卷陸慈切韻五卷郭訓字旨篇
一卷古文奇字二卷衛宏詔定古文字書一卷虞龢法書目錄六
卷衛恒四體書勢一卷蕭子雲五十二體書一卷庾肩吾書品一
卷顏之推筆墨法一卷僧正度雜字書八卷何承天纂文三卷顏
延之纂要六卷又詁幼文三卷張推證俗音三卷顏愍楚證俗音
略一卷李虔續通俗文二卷李少通俗語難字一卷諸葛潁桂苑

珠叢一百卷朱嗣卿幼學篇一卷項峻始學篇十二卷王羲之小
學篇一卷楊方少學集十卷顧凱之啓疑三卷蕭子範千字文一
卷周興嗣次韻千字文一卷演千字文五卷黃初篇一卷吳章篇
一卷音隱四卷難要字三卷覽字知源三卷字書十卷敘同音三
卷桂苑珠叢略要二十卷古今八體六文書法一卷古來篆隸詁
訓名錄一卷筆墨法一卷鹿紙筆墨疏一卷篆書千字文一卷今
字石經易篆三卷今字石經尚書本五卷今字石經鄭玄尚書八
卷三字石經尚書古篆三卷今字石經毛詩三卷今字石經儀禮
四卷三字石經左傳古篆書十二卷今字石經左傳經十卷今字
石經公羊傳九卷蔡邕今字石經論語二卷曹憲爾雅音義二卷
又博雅十卷文字指歸四卷劉伯莊續爾雅一卷顏師古注急就
章一卷武后字海一百卷凡武后所著書皆元万頃范履冰苗神客周思茂胡楚賓衛業等撰李嗣真書
後品一卷徐浩書譜一卷古跡記一卷張懷瓘書斷三卷開元中翰林院
供奉又評書藥石論一卷張敬玄書則一卷貞元中處士褚長文書指論

一卷張彥遠法書要録十卷弘靖孫乾符初大理卿裴行儉草字雜體亡卷荆
浩筆法記一卷浩號洪谷子二王張芝張昶等書一千五百一十卷太宗出御府金
帛購天下古本命魏徵虞世南褚遂良定眞僞凡得羲之眞行二百九十紙爲八十卷又得獻之張芝等書以貞觀字爲印草跡命遂良楷書小字以影之其
古本多梁隋官書梁則滿騫徐僧權沈熾文朱异隋則姚察署記帝令魏褚卷尾各署名開元五年敕陸玄悌魏哲劉懷信檢校分益卷秩玄宗自書開元字
爲印王方慶寶章集十卷又王氏八體書範四卷王氏工書狀十五
卷玄宗開元文字音義三十卷張參五經文字三卷唐玄度九經
字樣一卷文宗時待詔顏元孫干祿字書一卷歐陽融經典分毫正字一
卷李騰說文字源一卷陽冰從子僧慧力像文玉篇三十卷蕭鈞韻音
二十卷孫愐唐韻五卷武元之韻銓十五卷玄宗韻英五卷天寶十四載撰
詔集賢院寫付諸道採訪使傳布天下顏眞卿韻海鏡源三百六十卷李舟切韻十卷
僧猷智辨體補脩加字切韻五卷
右小學類六十九家一百三部七百二十一卷失姓名二十三家徐浩以下不著錄二十三家二千
四十五卷

藝文志第四十七

翰林學士兼龍圖閣學士朝散大夫給事中知制誥充史館修撰臣歐陽脩奉敕撰

乙部史錄，其類十三：一曰正史類，二曰編年類，三曰僞史類，四曰雜史類，五曰起居注類，六曰故事類，七曰職官類，八曰雜傳記類，九曰儀注類，十曰刑法類，十一曰目錄類，十二曰譜牒類，十三曰地理類。凡著錄五百七十一家，八百五十七部，一萬六千八百七十四卷；不著錄三百五十八家，一萬二千三百二十七卷。

司馬遷史記一百三十卷　裴駰集解史記八十卷　徐廣史記音義十三卷　鄒誕生史記音三卷　班固漢書一百一十五卷　服虔漢書音訓一卷　應劭漢書集解音義二十四卷　諸葛亮論前漢事一卷　又音一卷　孟康漢書音義九卷　晉灼漢書集注十四卷　又音義十七卷　韋昭漢書音義七卷　崔浩漢書音義二卷　孔氏漢書音義鈔二卷（孔文祥）　劉嗣等漢書音義二十六卷　夏侯泳漢書音二卷　包愷漢書音十二卷　蕭該漢書音十二卷　陰景倫漢書律曆志音義一卷　項岱漢書敘傳八卷　劉寶漢書駁義二卷　陸澄漢書新注一卷　韋稜漢書續訓二卷　姚察漢書訓纂三十卷　顏游秦漢書決疑十二卷　僧務靜漢書正義三十卷　李喜漢書辨惑三十卷　漢書正名氏義十二卷　又漢書英華八卷　劉珍等東觀漢記一百二十六卷　又錄一卷　謝承後漢書一百三十卷　又錄一卷　薛瑩後漢記一百卷　司馬彪續漢書八十三卷　又錄一卷　劉義慶後漢書五十八卷　華嶠後漢書三十一卷　謝沈後漢書一百二卷　又外傳十卷　袁山松後漢書一百一卷　又錄一卷　范曄後漢書九十二卷　又論贊五卷　劉昭補注後漢書五十八卷　張瑩漢南紀五十八卷　劉熙注范曄後漢書一百二十二卷　蕭該後漢書音三卷　劉芳後漢書音二卷　臧兢後漢書音三卷　王沈魏書四十七卷　陳壽魏國志三十卷　蜀國志十五卷　吳國志二十一卷（並裴松之注）　韋昭吳書五十五卷　王隱晉書八十九卷　虞預晉書五十八卷　朱鳳晉書十四卷　謝靈運晉書三十五卷　又錄一卷　臧榮緒晉書一百一十卷　干寶晉書二十二卷　蕭子雲晉書九卷　何法盛晉中興書八十卷　徐爰宋書四十二卷　孫嚴宋書五十八卷　沈約宋書一百卷　王智深宋書三十卷　魏收後魏書一百三十卷　魏澹後魏書一百七卷　李德林北齊未修書二十四卷　王劭齊志十七卷　又隋書八十卷　蕭子顯齊書六十卷　劉陟齊書十三卷　謝昊姚察梁書三十四卷　顧野王陳書三卷　傅縡陳書三卷　許子儒注史記一百三十卷　又音三卷（字文舉，叔牙子也。證聖天官侍郎、潁川縣男）　劉伯莊史記音義二十卷　御銓定漢書八十七卷（高宗與郝處俊等撰）　顧胤漢書古今集義二十卷　顏師古注漢書一百二十卷　章懷太子賢注後漢書一百卷（賢命劉訥言、格希玄等注）　韋機後漢書音義二十七卷　晉書一百三十卷（房玄齡、褚遂良、許敬宗、來濟、陸元仕、劉子翼、令狐德棻、李義府、薛元超、上官儀、崔行功、李淳風、辛丘馭、劉引之、陽仁卿、李延壽、張文恭、敬播、李安期、李懷儼、趙弘智等脩，而名為御撰）　姚思廉梁書五十六卷　陳書三十六卷（皆魏徵等同撰）　張大素後魏書一百卷　又北齊書二十卷　隋書三十二卷　李百藥北齊書五十卷　令狐德棻後周書五十卷　隋書八十五卷　志三十卷（顏師古、孔穎達、于志寧、李淳風、韋安仁、李延壽與德棻、敬播、趙弘智、魏徵等撰）　王元感注史記一百三十卷　徐堅注史記一百三十卷　李鎮注史記一百三十卷（開元十七年上，授門下典儀）　又義林二十卷　陳伯宣注史記一百三十卷（貞元中上）　韓琬續史記一百三十卷　司馬貞史記索隱三十卷（開元潤州別駕）　劉伯莊又撰史記地名二十卷　漢書音義二十卷　張守節史記正義三十卷　竇羣史記名臣跡三十四卷　敬播注漢書四十卷　又漢書音義十二卷　元懷景漢書議苑（卷亡。開元右庶子、武陵縣男，謚曰文）　姚珽漢書紹訓四十卷　沈遵漢書問答五卷　李善漢書辨惑二十卷　徐堅晉書一百一十卷　高希嶠注晉書一百三十卷（開元二十年上，授濟陽主簿）　何超晉書音義三卷　武德貞觀兩朝史八十卷（長孫无忌、令狐德棻、顧胤等撰）　吳兢又齊史十卷　梁史十卷　陳史五卷　周史十卷　隋史二十卷　唐書一百卷　又一百三十卷（韋述、柳芳、令狐峘、于休烈等撰）　國史一百六卷　又一百一十三卷　裴安時史記纂訓二十卷　又元魏書三十卷（字適之，大中江陵少尹）

凡集史五家，六部，一千二百二十二卷。（高峻以下不著錄三家，四百四十卷）

梁武帝通史六百二卷李延壽南史八十卷又北史一百卷高氏
小史一百二十卷（高峻初六十卷其子迥釐益之峻元和中人）劉氏洞史二十卷（劉灌忠州刺史晏曾孫）
姚康復統史三百卷（大中太子詹事）
右正史類七十家九十部四千八十五卷（失姓名二家王元感以下不著錄二十三家一千七百九十卷）
摠七十三家六十九部
紀年十四卷（汲冢書）荀悅漢紀三十卷應劭等注荀悅漢紀三十卷
崔浩漢紀音義三卷侯瑾漢皇德紀三十卷張璠後漢紀三十卷
袁宏後漢紀三十卷張緬後漢略二十七卷劉艾漢靈獻二帝紀
六卷袁曄漢獻帝春秋十卷樂資山陽公載記十卷習鑿齒漢
晉春秋五十四卷魏武本紀四卷孫盛魏武春秋二十卷又晉陽
秋二十二卷魏澹魏紀十二卷梁祚魏書國紀十卷環濟吳紀十
卷陸機晉帝紀四卷干寶晉紀二十二卷劉協注干寶晉紀六十
卷劉謙之晉紀二十卷曹嘉之晉紀十卷徐廣晉紀四十五卷鄧
粲晉紀十一卷又晉陽秋三十二卷檀道鸞晉春秋二十卷蕭景

暢晉史草三十卷郭季產晉續紀五卷晉錄五卷王智深宋紀三
十卷裴子野宋略二十卷鮑衡卿宋春秋二十卷王琰宋春秋二
十卷沈約齊紀二十卷吳均齊春秋三十卷謝昊梁典三十九卷
劉璠梁典三十卷何之元梁典三十卷蕭韶梁太清紀十卷皇帝
紀七卷梁末代記一卷臧嚴栖鳳春秋五卷姚最梁昭後略十卷
北齊記二十卷王劭北齊志十七卷趙毅隋大業略記三卷杜延
業晉春秋略二十卷張大素隋後略十卷柳芳唐曆四十卷續唐
曆二十二卷（韋澳蔣偕李荀張彥遠崔瑄撰崔龜從監脩）吳兢唐春秋
三十卷陸長源唐春秋六十卷陳嶽唐統紀一百卷焦璐唐朝年
代記十卷（徐州從事龐勛亂遇害）李仁實通曆七卷馬摠通曆十卷王氏五位
圖十卷（王起）廣五運圖（卷亡）苗台符古今通要四卷（宣懿時人）賈欽文古今
年代曆一卷（大中時人）曹圭五運錄十二卷張敦素建元曆二卷劉軻帝
王曆數謌一卷（字希仁元和末進士第洺州刺史）封演古今年號錄一卷（天寶末進士第）韋
美嘉號錄一卷（中和中進士）柳璨正閏位曆三卷李匡文兩漢至唐年紀
一卷（昭宗時宗正少卿）
右編年類四十一家四十八部九百四十七卷（失姓名四家柳芳以下不著錄十九家三百五十五卷）
常璩華陽國志十三卷又漢之書十卷蜀李書九卷和包漢趙紀
十四卷田融趙石記二十卷又二石記二十卷苻朝雜記一卷王度
隨翽二石僞事六卷二石書十卷范亨燕書二十卷王景暉南燕
錄六卷張詮南燕書十卷高閭燕志十卷段龜龍涼記十卷西河
記二卷張諮涼記十卷劉昞涼書十卷又燉煌實錄二十卷裴景
仁秦記十一卷（杜惠明注）拓拔涼錄十卷桓玄僞事二卷鄭洛鼎峙記十
卷守節先生天啓紀十卷崔鴻十六國春秋一百二十卷蕭方等三
十國春秋三十卷李槩戰國春秋二十卷蔡允恭後梁春秋十卷
武敏之三十國春秋一百卷
右僞史類一十七家二十七部五百四十二卷（失姓名三家）
古文鎖語四卷汲冢周書十卷子貢越絕書十六卷孔晁注周書
八卷何承天春秋前傳十卷又春秋前傳雜語十卷樂資春秋後

傳三十卷孟儀注周載三十卷趙曄吳越春秋十二卷楊方吳越
春秋削煩五卷吳越記六卷劉向戰國策三十二卷高誘注戰國
策三十二卷延篤戰國策論一卷陸賈楚漢春秋九卷衛颯史記
要傳十卷張瑩史記正傳九卷譙周古史考二十五卷王粲漢書
英雄記十卷葛洪史記鈔十四卷又漢書鈔三十卷後漢書鈔三
十卷張緬後漢書略二十五卷又晉書鈔三十卷范曄後漢書纘
十三卷孔衍春秋時國語十卷又春秋後國語十卷漢尚書十卷
漢春秋十卷後漢尚書六卷後漢春秋六卷後魏尚書十四卷後
魏春秋九卷王越客後漢文武釋論二十卷袁希之漢表十卷張
溫三史要略三十卷阮孝緒正史削繁十四卷王延秀史要二十八
卷蕭肅合史二十卷又錄一卷王蔑史漢要集二卷司馬彪九州
春秋九卷後漢雜事十卷魚豢魏略五十卷孫壽魏陽秋異同八
卷魏武本紀年曆五卷王隱刪補蜀記七卷張勃吳錄三十卷李
槩左史六卷胡沖吳朝人士品秩狀八卷又吳曆六卷虞尚吳士

人行狀名品二卷虞溥江表傳五卷徐衆三國評三卷王濤三國志序評三卷傅暢晉諸公讚二十二卷晉曆二卷荀綽晉後略五卷賈匪之漢魏晉帝要紀三卷郭頒魏晉代語十卷謝綽宋拾遺錄十卷孔思尚宋齊語錄十卷陰僧仁梁撮要三十卷宋孝王關東風俗傳六十三卷來奥帝王本紀十卷環濟帝王略要十二卷劉滔先聖本紀十卷楊曄華夷帝王紀三十七卷張愔等帝系譜二卷韋昭洞紀四卷皇甫謐帝王代紀十卷又年曆六卷何茂林續帝王代紀十卷帝王代紀十六卷曆紀十卷姚恭年曆帝紀二十六卷吉文甫十五代略十卷代譜四十八卷周武帝勅撰諸葛耽帝錄十卷庾和之歷代記三十卷熊襄十代記十卷盧元福帝王編年錄五十一卷又共和以來甲乙紀年二卷趙弘禮王業曆二卷周樹洞曆記九卷徐整三五曆紀二卷又通曆二卷雜曆五卷孔衍國志曆五卷長曆十四卷千年曆二卷許氏千歲曆三卷陶弘景帝王年曆五卷羊瑗分王年曆五卷王嘉拾遺錄三卷又拾遺記十

卷蕭綺錄周祇崇安記二卷王韶之崇安記十卷鮑衡卿乘輿飛龍記二卷蕭大圜淮海亂離志四卷李仁實通曆七卷裴矩隋開業平陳記十二卷褚无量帝王紀錄三卷皇甫遵吳越春秋傳十卷盧彥卿後魏紀三十三卷劉允濟魯後春秋二十卷丘悅三國典略三十卷元行沖魏典三十卷貞半千三國春秋二十卷李筌閫外春秋十卷李吉甫六代略三十卷張詢古五代新記二卷許嵩建康實錄二十卷柳氏自備三十卷柳仲郢鄭暐史雋十卷吕才隋記二十卷丘啓期隋記十卷開元晉城尉杜寶大業雜記十卷杜儒童隋季革命記五卷武后時人劉氏行年記二十卷劉仁軌崔良佐三國春秋卷亡良佐深州安平人日用從子居共白鹿山門人謚曰貞文孝父裴遵慶王政記楊岑皇王寶運錄並卷亡岑憲宗時人功臣錄三十卷唐潁稽典一百三十卷開元中潁爲臨汾尉上之張説奏留史館修史兼集賢待制王彥威唐典七十卷吳兢唐書備闕記十卷續皇王寶運錄十卷韋昭度楊涉撰韓祐續古今人表十卷開元十七年上授太常寺太祝張薦宰輔傳略卷亡蔣乂大唐宰輔錄七十卷又凌煙功臣秦府十八學士史臣等傳四十卷凌

璠唐錄政要十二卷昭宗時江都尉南卓唐朝綱領圖一卷字昭嗣大中黔南觀察使薛璫唐聖運圖二卷劉肅大唐新語十三卷元和中江都主簿李肇國史補三卷翰林學士坐薦柏耆自中書舍人左遷將作少監林恩補國史十卷僖宗時進士傳載一卷史遺一卷溫大雅今上王業記六卷李延壽太宗政典三十卷吳兢太宗勳史一卷又貞觀政要十卷李康明皇政錄十卷鄭處誨明皇雜錄二卷鄭棨開天傳信記一卷溫畬天寶亂離西幸記一卷宋巨明皇幸蜀記一卷姚汝能安祿山事迹三卷華陰尉包諝河洛春秋二卷安祿山史思明事徐岱奉天記一卷德宗西狩事崔光庭德宗幸奉天錄一卷趙元一奉天錄四卷張讀建中西狩錄十卷字聖用僖宗時吏部侍郎袁皓興元聖功錄三卷谷況燕南記三卷張孝忠事路隋平淮西記一卷杜信史略三十卷又閑居錄三十卷鄭澥涼國公平蔡錄一卷字蘊士李愬山南東道掌書記開州刺史薛圖存河南記一卷李師道事李潛用乙卯記一卷李訓鄭注事大和摧兇記一卷野史甘露記二卷開成紀事二卷李石開成承詔錄二卷李德裕次柳氏舊聞一卷又文武兩朝獻替記三卷

會昌伐叛記一卷上黨紀叛一卷劉從諫事韓昱壺關錄三卷裴廷裕東觀奏記三卷大順中詔修宣懿僖實錄以日曆注記亡缺因撫宣宗政事奏記於監修國史杜讓能廷裕字膺餘昭宗時翰林學士左散騎常侍鄭言平剡錄一卷裘甫事言字垂之浙西觀察使王式從事咸通翰林學士戶部侍郎張雲咸通解圍錄一卷字景之一字瑞卿起居舍人鄭樵彭門紀亂三卷龐勛事王坤驚聽錄一卷黃巢事郭廷誨廣陵妖亂志三卷高駢事乾寧會稽錄一卷董昌事韓偓金鑾密記五卷王振汴水滔天錄一卷昭宗時拾遺公沙仲穆大和野史十卷起大和盡龍紀

右雜史類八十八家一百七部一千八百二十八卷失姓名八家元行沖以下不著錄六十八家八百六十一卷

郭璞穆天子傳六卷漢獻帝起居注五卷李軌晉泰始起居注二十卷又晉咸寧起居注二十二卷晉太康起居注二十二卷晉永平起居注八卷晉咸和起居注十八卷晉咸康起居注二十二卷劉道薈晉起居注三百二十卷晉建武大興永昌起居注二十二卷晉建元起居注四卷晉永和起居注二十四卷晉升平起居注

十卷晉隆和興寧起居注五卷晉太和起居注六卷晉咸安起居
注三卷晉寧康起居注六卷晉太元起居注五十二卷晉崇寧起
居注十卷晉元興起居注九卷晉義熙起居注三十四卷晉元熙
起居注二卷何始眞晉起居鈔五十一卷晉起居注鈔二十四卷
宋永初起居注六卷宋景平起居注三卷宋元嘉起居注七十二卷
宋孝建起居注十七卷宋大明起居注十五卷後魏起居注二百
七十六卷齊永明起居注二十五卷梁大同七年起居注十卷陳
起居注四十一卷隋開皇元年起居注六卷王逡之三代起居注
鈔十五卷涼別起居注四十七卷溫大雅大唐創業起居注三卷
開元起居注三千六百八十二卷失撰人名姚璹脩時政記四十卷
凡實錄二十八部三百四十五卷劉知幾以下不著錄四百五十七卷
周興嗣梁皇帝實錄二卷謝昊梁皇帝實錄五卷梁太清實錄十
卷高祖實錄二十卷敬播撰房玄齡監脩許敬宗刪改今上實錄二十卷敬播顧胤撰房玄齡監脩長
孫无忌貞觀實錄四十卷許敬宗皇帝實錄三十卷高宗後脩實
錄三十卷初令狐德棻撰止乾封劉知幾吳兢續成韋述高宗實錄三十卷武后高宗實錄
一百卷則天皇后實錄二十卷魏元忠武三思祝欽明徐彥伯柳沖韋承慶崔融岑羲徐堅撰劉知幾吳兢刪正宗秦
客聖母神皇實錄十八卷吳兢中宗實錄二十卷劉知幾太上皇
實錄十卷吳兢睿宗實錄五卷張說今上實錄二十卷說與唐穎撰次玄宗開元
初事開元實錄四十七卷失撰人名玄宗實錄一百卷令狐峘撰元載監脩肅宗實錄
三十卷元載監脩令狐峘代宗實錄四十卷沈既濟建中實錄十卷德宗
實錄五十卷蔣乂樊紳林寶韋處厚獨孤郁撰裴垍監脩順宗實錄五卷韓愈沈傳師宇文籍撰李吉甫監脩穆宗
憲宗實錄四十卷沈傳師鄭澣宇文籍蔣係李漢陳夷行蘇景胤撰杜元穎韋處厚路隋監脩景胤弁子也中書舍人
實錄二十卷蘇景胤王彥威楊漢公蘇滌裴休撰路隋監脩滌字玄獻冕子也荊南節度使吏部尚書敬宗實錄十卷陳商
鄭亞撰李讓夷監脩商字述聖禮部侍郎秘書監文宗實錄四十卷盧耽蔣偕王渢盧告牛叢撰魏謩監脩耽字子嚴一字子重歷西
川節度使同中書門下平章事渢字中德歷東都留守告字子有弘宣之子也歷吏部侍郎武宗實錄三十卷韋保衡監脩
凡詔令一家十一部三百五卷失姓名十家溫彥博以下不著錄十一家二百二十二卷
晉雜詔書百卷又二十八卷又六十六卷晉詔書黃素制五卷
晉定品雜制一卷晉太元副詔二十一卷晉崇安元興大享副詔八

卷晉義熙詔二十二卷宋永初詔六卷宋元嘉詔二十一卷宋幹
詔集區別二十七卷溫彥博古今詔集三十卷李義府古今詔集
一百卷薛克構聖朝詔集三十卷唐德音錄三十卷太平內制五
卷明皇制詔錄一卷元和制集十卷王起寫宣十卷馬文敏王言
會最五卷唐舊制編錄六卷費氏集擬狀注制十卷
右起居注類六家三十八部一千二百七十二卷失姓名二十六家開元起居注以下不著錄三
家三千七百二十五卷摠七家七十七部
秦漢以來舊事八卷漢武帝故事二卷韋氏三輔舊事一卷葛洪
西京雜記二卷建武故事三卷永平故事二卷應劭漢朝駮三十
卷漢諸王奏事十卷漢魏吳蜀舊事八卷魏名臣奏事三十卷魏
臺訪議三卷魏廷尉決事十卷南臺奏事九卷晉太始太康故事
八卷孔愉晉建武咸和咸康故事四卷晉建武以來故事三卷晉
氏故事三卷晉朝雜事二卷晉故事四十三卷晉諸雜故事二十
二卷晉雜議十卷晉要事三卷晉宋舊事一百三十卷車灌晉脩

復山陵故事五卷盧綝晉八王故事十二卷又晉四王起事四卷
張敞晉東宮舊事十卷范汪尚書大事二十一卷華林故事名一
卷劉道薈先朝故事二十卷交州雜故事九卷中興伐逆事二卷
溫子昇魏永安故事三卷蕭大圜梁魏舊事三十卷僧亡名天正
舊事三卷應詹江南故事三卷大司馬陶公故事三卷郗太尉為
尚書令故事三卷王衍忿期救襄陽上都府事一卷春坊舊事三卷
武后述聖紀一卷杜正倫春坊要錄四卷王方慶南宮故事十二
卷裴矩鄴都故事十卷馬摠唐年小錄八卷張齊賢孝和中興故
事三卷盧若虛南宮故事三十卷令狐德棻凌煙閣功臣故事四
卷敬播文貞公傳事四卷劉禕之文貞公故事六卷張大業魏文
貞故事八卷王方慶文貞公事錄一卷李仁實衛公平突厥故事
二卷謝偃英公故事四卷劉禕之英國貞武公故事四卷陳諫等
彭城公故事一卷劉晏張九齡事迹一卷李渤事迹一卷杜悰事迹
一卷吳湘事迹一卷丘據相國涼公錄一卷李抱玉事據諫議大夫

右故事類十七家四十三部四百九十六卷失姓名二十五家裴矩以下不著錄十六家九十卷

王隆漢官解詁三卷胡廣注應劭漢官五卷漢官儀十卷蔡質漢官典儀一卷丁孚漢官儀式選用一卷荀攸等魏官儀一卷傅暢晉公卿禮秩故事九卷百官名十四卷干寶司徒儀注五卷陸機晉惠帝百官名三卷晉官屬名四卷晉過江人士目一卷衞禹晉永嘉流士二卷登城三戰簿三卷范曄百官階次一卷荀欽明宋百官階次三卷宋百官春秋六卷魏官品令一卷王珪之齊職官儀五十卷徐勉梁選簿三卷沈約梁新定官品十六卷梁百官人名十五卷陳將軍簿一卷太建十一年百官簿狀二卷郎楚之隋官序錄十二卷王道秀百官春秋十三卷郭演職令古今百官注十卷陶彥藻職官要錄三十六卷職員舊事三十卷王方慶宮卿舊事一卷六典三十卷開元十年起居舍人陸堅被詔集賢院脩六典玄宗手寫六條曰理典教典禮典政典刑典事典張說知院委徐堅經歲無規制乃命毋煚余欽咸廙業孫季良韋述參撰始以令式象周禮六官爲制蕭嵩知院加劉鄭蘭蕭晟盧若虛張九齡知院加陸善經李林甫代九齡加苑咸二十六年書成王方慶又撰尚書考功簿五卷又尚書考功狀績簿十卷尚書

科配簿五卷五省遷除二十卷裴行儉選譜十卷唐循資格一卷天寶中定沈既濟選舉志十卷梁載言具員故事十卷又具員事迹十卷杜英師職該二卷任戩官品纂要十卷溫大雅大丞相唐王官屬記二卷杜易簡御史臺雜注五卷韓琬御史臺記十二卷韋述御史臺記十卷又集賢注記三卷李構御史臺故事三卷劉貺天官舊事一卷柳芳大唐宰相表三卷馬宇鳳池錄五十卷賀蘭正元輔佐記十卷又舉選衡鑑三卷昭義判官貞元十三年上韋琯國相事狀七卷憲宗時人張之緒文目損益二卷德宗時人李肇翰林志一卷李吉甫元和國計簿十卷又元和百司舉要一卷王涯唐循資格五卷韋處厚大和國計二十卷王彥威占額圖一卷孫結大唐國照圖一卷文宗時人大唐國要圖五卷左僕射賈耽纂監察御史諸珍重脩翰林內誌一卷楊鉅翰林學士院舊規一卷字文碩牧子也昭宗時翰林學士吏部侍郎

右職官類十九家二十六部二百六十二卷失姓名十家六典以下不著錄二十九家二百八十卷

趙岐三輔決錄七卷摯虞注魏文帝海內士品錄三卷海內先賢傳五卷魏明帝時撰李氏海內先賢行狀三卷韋氏四海耆舊傳一卷諸國先賢傳一卷圈稱陳留風俗傳三卷蘇林陳留耆舊傳三卷劉昞燉煌實錄二十卷陳英宗陳留先賢傳像讚一卷江敞陳留人物志十五卷周斐汝南先賢傳五卷陸胤廣州先賢傳七卷劉芳廣州先賢傳七卷徐整豫章舊志八卷又豫章烈士傳三卷華隔廣陵烈士傳一卷張勝桂陽先賢畫讚五卷朱育會稽記四卷虞預會稽典錄二十四卷謝承會稽先賢傳七卷賀氏會稽先賢傳像讚四卷鍾離岫會稽後賢傳三卷賀氏會稽太守像讚二卷陸凱吳國先賢傳五卷吳國先賢像讚三卷陳壽益部耆舊傳十四卷益州耆舊雜傳記二卷白褒魯國先賢傳十四卷張方楚國先賢傳十二卷高範荊州先賢傳三卷仲長統山陽先賢傳一卷范瑗交州先賢傳四卷習鑿齒襄陽耆舊傳五卷又逸人高士傳八卷王基東萊耆舊傳一卷王義慶徐州先賢傳九卷又一卷劉義慶徐州先賢傳讚八卷劉彧長沙舊邦傳讚四卷郭緣生武昌先賢傳

三卷虞溥江表傳三卷崔蔚祖海岱志十卷吳均吳郡錢塘先賢傳五卷陽休之幽州古今人物志三十卷留叔先東陽朝堂書讚一卷濟北先賢傳一卷盧江七賢傳一卷零陵先賢傳一卷蕭廣濟孝子傳十五卷師覺授孝子傳八卷王韶之孝子傳十五卷又讚三卷宗躬孝子傳二十卷又止足傳十卷虞盤佐孝子傳一卷又高士傳二卷徐廣孝子傳三卷梁武帝孝子傳三十卷雜孝子傳二卷鄭緝之孝子傳讚十卷申秀孝友傳八卷元懌顯忠錄二十卷嵇康聖賢高士傳八卷皇甫謐高士傳十卷又逸士傳一卷玄晏春秋二卷韋氏家傳三卷周續之上古以來聖賢高士傳讚三卷劉晝高才不遇傳四卷周弘讓續高士傳八卷張顯逸人傳三卷鍾離儒逸人傳七卷袁宏名士傳三卷袁淑眞隱傳二卷阮孝緒高隱傳十卷劉向列士傳二卷范晏陰德傳二卷齊晉陵文宣王子良止足傳十卷鍾岏良吏傳十卷先儒傳五卷殷系英藩可錄事三卷一云張薦賢撰鄭忱文林館記十卷張騭文士傳五十卷梁元

帝孝德傳三十卷又忠臣傳三十卷全德志一卷丹楊尹傳十卷
同姓名錄一卷懷舊志九卷裴懷貴兄弟傳三卷悼善列傳四
卷劉昭幼童傳十卷盧思道知己傳一卷孫敏春秋列國名臣傳
九卷孔子弟子傳五卷東方朔傳八卷李固別傳七卷梁冀傳二
卷郭仲諸葛亮隱沒五事一卷何顒傳一卷曹瞞傳一卷毋丘儉
記三卷管辰管輅傳三卷戴逵竹林七賢論二卷孟仲暉七賢傳
七卷桓玄傳二卷雜傳六十九卷又四十卷又九卷任昉雜傳一百
二十卷荊揚二州遷代記四卷元暉等秘錄二百七十卷王孝恭
集記一百卷漢明帝畫讚五十卷姚澹四科傳讚四卷七國叙讚
十卷益州文翁學堂圖一卷荀伯子荀氏家傳十卷又薛常侍傳
二卷明氏世錄六卷明粲漢南庾氏家傳三卷庾守業褚氏家傳一卷褚結
撰褚陶注殷氏家傳三卷殷敬崔氏世傳七卷崔鴻邵氏家傳十卷王氏家
傳二十一卷江氏家傳七卷江饒暨氏家傳一卷虞氏家傳五卷虞覽裴
氏家記三卷裴松之諸葛傳五卷曹氏家傳一卷曹毗諸王傳一卷陸史

十五卷陸煦王劭尒朱氏家傳二卷何妥家傳二卷裴若弼家傳一卷
令狐德棻令狐家傳一卷張大素燉煌張氏家傳二十卷魏徵自
古諸侯王善惡錄二卷章懷太子列藩正論三十卷鄭世翼交游
傳二卷李襲譽忠孝圖傳讚二十卷許敬宗文館詞林文人傳一
百卷崔玄暐友義傳十卷又義士傳十五卷傳弈高識傳十卷郎
餘令孝子後傳三十卷平貞眘養德傳二卷徐堅大隱傳三卷裴朏
續文士傳十卷開元中懷州司馬李襲譽又撰江東記三十卷李義府官游
記七十卷王方慶友悌錄十五卷又王氏訓誡五卷王氏列傳十五
卷王氏尚書傳五卷魏文貞故書十卷唐臨冥報記二卷李筌中
台志十卷盧詵四公記一卷一作梁載言王瓘廣軒轅本紀三卷李渤六
賢圖讚一卷陸龜蒙小名錄五卷張昌宗古文紀年新傳三卷昌宗
冀州南宮人太子舍人王緒永寧公輔梁記十卷緒開元人僧辯兄孫也永寧即僧辯所封賈閏甫李
密傳三卷閏甫密之舊僚顏師古安興貴家傳二卷陸氏英賢傳記三卷陸師儒
李邕狄仁傑傳三卷郭湜高氏外傳一卷力士湜大曆大理司直李翰張巡姚

闓傳二卷陳翃郭公家傳八卷子儀翃嘗爲其察屬後又從事渾瑊河中幕殷亮顏氏家
傳一卷杲卿殷仲容顏氏行狀一卷眞卿馬宇段公別傳二卷秀實宇元和秘書少監史
館修撰李繁相國鄴侯家傳十卷王起李趙公行狀一卷李吉甫張茂樞
河東張氏家傳三卷弘靖孫崔氏唐顯慶登科記五卷失名姚康科第
錄十六卷字汝諧南仲孫也兵部郎中金吾將軍李弈唐登科記二卷文場盛事一卷張
鷟朝野僉載二十卷自號浮休子封氏聞見記五卷封演劉餗國朝傳記三
卷國朝舊事四十卷蘇特唐代衣冠盛事錄一卷李綽尚書故實
一卷尚書即張延賞柳氏訓序一卷柳玭武平一景龍文館記十卷蕭叔和天祚
永歸記一卷睿宗事韋機西征記二卷韓琬南征記十卷淩準邠志二
卷陸贄遣使錄一卷裴肅平戎記五卷休父房千里投荒雜錄一卷
字鵠舉大和初進士第高州刺史杜佑賓佐記一卷文宗朝備問一卷黃璞閩川名士
傳一卷字紹山大順中進士第魏徵祥瑞錄十卷徐景王璽正錄一卷國寶傳
一卷許康佐九鼎記四卷顏師古王會圖二卷李德裕異域歸忠傳
二卷西蕃會盟記三卷西戎記二卷英雄錄一卷趙琉孝行志二

十卷字盈之晉州岳陽人會昌中武詛自古忠臣傳二十卷字子思楚州盱眙人咸通中州從事
凡女訓十七家二十四部三百八十三卷失姓名一家王方慶以下不著錄五家八十三卷
劉向列女傳十五卷曹大家注皇甫謐列女傳六卷綦母邃列女傳七
卷劉熙列女傳八卷趙母列女傳七卷項宗列女後傳十卷曹植
列女傳頌一卷孫夫人列女傳序讚一卷杜預列女記十卷虞通
之后妃記四卷又妬記二卷諸葛亮貞絜記一卷曹大家女誡一
卷辛德源王劭等內訓二十卷徐湛之婦人訓解集十卷女訓集
六卷長孫皇后女則要錄十卷魏徵列女傳略七卷武后列女傳
一百卷又孝女傳二十卷古今內範一百卷內範要略十卷保傳乳
母傳七卷鳳樓新誡二十卷王方慶王氏女記十卷又王氏王嬪傳
五卷續妬記五卷尚宮宋氏女論語十篇薛蒙妻韋氏續曹大
家女訓十二章韋溫女蒙字中明開成中進士第王摶妻楊氏女誡一卷
右雜傳記類一百二十五家一百四十六部一千六百五十六卷失姓名十
四家崔玄暐以下不著錄五十一家二千五百七十四卷總一百四十七家一百五十一部

衛宏漢舊儀四卷董巴大漢輿服志一卷徐廣車服雜注一卷又晉尚書儀曹新定儀注四十一卷晉儀注三十九卷傅瑗晉新定儀注四十卷晉尚書儀曹吉禮儀注三卷晉尚書儀曹事九卷晉雜儀注二十一卷宋尚書儀注三十六卷宋儀注二卷張鏡宋東宮儀記二十三卷嚴植之南齊儀注二十八卷又梁皇帝崩凶儀十一卷梁皇太子喪禮五卷梁王侯以下凶禮九卷士喪禮儀注十四卷沈約梁儀注十卷又梁祭地祇陰陽儀注二卷鮑泉新儀三十卷明山賓等梁吉禮十八卷梁吉禮儀注四卷又十卷梁尚書儀曹儀注十八卷又二十卷梁天子喪禮七卷又五卷梁大行皇帝皇后崩儀注一卷梁太子妃薨凶儀注九卷梁諸侯世子卒凶儀注九卷梁陳大行皇帝崩儀注八卷賀瑒等梁賓禮一卷梁賓禮儀注十三卷陸璉梁軍禮四卷司馬褧梁嘉禮三十五卷又嘉禮儀注四十五卷陳吉禮儀注五十卷陳雜吉儀注三十卷陳雜儀注六卷陳諸帝后崩儀注五卷陳雜儀注凶儀十三卷宋陳皇太

后崩儀注四卷儀曹撰陳皇太子妃薨儀注五卷儀曹撰張彥陳賓禮儀注六卷常景後魏儀注五十卷趙彥深北齊吉禮七十二卷北齊皇太后喪禮十卷高熲隋吉禮五十四卷牛弘潘徽隋江都集禮一百二十卷大駕鹵簿一卷周遷古今輿服雜事十卷蕭子雲古今輿服雜事二十卷甲辰儀注五卷摯虞決疑要注一卷崔豹古今注一卷諸王國雜儀注十卷雜儀注一百卷范汪雜府州郡儀十卷又祭典三卷何胤喪服治禮儀注九卷何點理禮儀注九卷冠婚儀四卷崔皓婚儀祭儀二卷何晏魏明帝謚議二卷魏氏郊丘三卷高堂隆魏臺雜訪議三卷晉謚議八卷晉簡文謚議四卷孔晁等晉明堂郊社議三卷蔡謨晉七廟議三卷干寶雜議五卷荀顗等晉雜議十卷王景之要典三十九卷王逸齊典五卷丘仲孚皇典五卷盧諶雜祭法六卷盧辨祀典五卷徐爰家儀一卷王儉吉儀二卷又弔答書儀十卷皇室書儀七卷鮑衡卿皇室書儀十三卷謝朏書筆儀二十卷謝元書儀二卷唐瑾婦人書儀八卷童悟十三卷紀僧真玉璽譜一卷姚察傳國璽十卷徐令言玉璽正錄一卷張大頤明堂儀一卷姚璠等明堂儀注三卷皇太子方岳亞獻儀二卷蕭子雲東宮雜事二十卷陸開明宇文愷東宮典記七十卷令狐德棻皇帝封禪儀六卷孟利貞封禪錄十卷裴守真神岳封禪儀注十卷郭山惲大享明堂儀注二卷親享太廟儀注三卷裴矩虞世南大唐書儀十卷竇維鋈吉凶禮要二十卷韋叔夏五禮要記三十卷王彥中禮儀注八卷楊炯家禮十卷大唐儀禮一百卷長孫無忌房玄齡魏徵李百藥顏師古令狐德棻孔穎達于志寧等撰吉禮六十一篇賓禮四篇軍禮二十篇嘉禮四十二篇凶禮六篇國恤五篇總一百三十篇貞觀十一年上永徽五禮一百三十卷長孫無忌侍中許敬宗兼中書令李義府黃門侍郎劉祥道許圉師太常卿韋琨博士蕭楚材孔志約等撰削國恤以為豫凶事非臣子所宜論決定著二百九十九篇顯慶三年上禮要十卷開元禮一百五十卷開元中通事舍人王嵒請改禮記附唐制度張說引嵒就集賢書院詳議說奏禮記漢代舊文不可更請脩貞觀永徽五禮爲開元禮命賈登張烜施敬本李銳王仲丘陸善經洪孝昌撰緝蕭嵩總之蕭嵩開元禮義鏡一百卷開元禮京兆義羅十卷開元禮類釋二十卷開元禮百問二卷顏真卿禮樂集十卷禮儀使所定韋渠牟貞元新集開元後禮

二十卷柳逞唐禮纂要六卷韋公肅禮閣新儀二十卷元和人王彥威元和曲臺禮三十卷又續曲臺禮三十卷李弘澤直禮一卷林甫孫開成太府卿韋述東封記一卷李襲譽明堂序一卷員半千明堂新禮三卷李嗣真明堂新禮十卷王涇大唐郊祀錄十卷貞元九年上時爲太常禮院脩撰裴瑾崇豐二陵集禮卷亡瑾字封叔光庭曾孫元和吉州刺史王方慶三品官祔廟禮二卷又古今儀集五十卷孟詵家祭禮一卷徐閏家祭儀一卷范傳式寢堂時饗儀一卷鄭正則祠享儀一卷周元陽祭錄一卷賈頊家薦儀一卷盧弘宣家祭儀三卷孫氏仲享儀一卷孫日用劉孝孫二儀實錄一卷袁郊二儀實錄衣服名義圖一卷又服飾變古元錄一卷字之儀滋子也昭宗翰林學士王晉使範一卷戴至德喪服變服一卷張戩喪儀纂要九卷孟詵喪服正要二卷商价喪禮極議一卷張薦五服圖卷亡仲子陵五服圖十卷貞元九年上裴茝內外親族五服儀二卷又書儀三卷朱儔注茝元和太常少卿葬王播儀一卷鄭氏書儀二卷鄭餘慶裴度書儀二卷杜有晉書儀二卷

右儀注類六十一家一百部一千四百六十七卷失姓名三十二家竇維鍌以下不著錄四十九家八百九十三卷

漢建武律令故事三卷漢名臣奏二十九卷廷尉決事二十卷廷尉駁事十一卷廷尉雜詔書二十六卷南臺奏事二十二卷應劭漢朝議駁三十卷陳壽漢名臣奏事三十卷晉駁事四卷晉彈事九卷賈充杜預刑法律本二十一卷又晉令四十卷宗躬齊永明律八卷蔡法度梁律二十卷又梁令三十卷梁科二卷條鈔晉宋齊梁律二十卷范泉等陳律九卷又陳令三十卷陳科三十卷趙郡王叡北齊律二十卷令八卷麟趾格四卷文襄帝時撰趙肅等周律二十五卷蘇綽大統式三卷張斐律解二十卷劉邵律略論五卷高熲等隋律十二卷牛弘等隋開皇令三十卷隋大業律十八卷

武德律十二卷又式十四卷令三十一卷尚書左僕射裴寂右僕射蕭瑀大理卿崔善爲給事中王敬業中書舍人劉林甫顏師古王孝遠涇州別駕靖延太常丞丁孝烏隋大理丞房軸天策上將府參軍李桐客太常博士徐上機等奉詔撰定以五十三條附新律餘無增改武德七年上

貞觀律十二卷又令二十七卷格十八卷留司格一卷式三十三卷中書令房玄齡右僕射長孫无忌蜀王府法曹參軍裴弘獻等奉詔撰定凡律五百條令一千五百四十六條格七百條以尚書省諸曹爲目其常務留本司者著爲留司格

永徽律十二卷又式十四卷式本四卷令三十卷散頒天下格七卷留本司行格十八卷太尉无忌司空李勣左僕射于志寧右僕射張行成侍中高季輔黃門侍郎宇文節柳奭尚書右丞段寶玄太常少卿令狐德棻吏部侍郎高敬言刑部侍郎劉燕客給事中趙文恪中書舍人李友益少府丞張行實太府丞王文端大理丞元紹刑部郎中賈敏行等奉詔撰定分格爲二部以曹司常務爲留司格天下所共爲散頒格永徽三年上至龍朔二年詔司刑太常伯源直心少常伯李敬玄司刑大夫李文禮復刪定唯改官曹局名而已

律疏三十卷无忌李勣于志寧刑部尚書唐臨大理卿段寶玄尚書右丞劉燕客御史中丞賈敏行等奉詔撰永徽四年上

永徽留本司格後十一卷左僕射劉仁軌右僕射戴至德侍中張文瓘中書令李敬玄右庶子郝處俊黃門侍郎來恒左庶子高智周右庶子李義琰吏部侍郎裴行儉馬載兵部侍郎蕭德昭裴炎工部侍郎李義琛刑部侍郎張楚金金部郎中盧律師等奉詔撰儀鳳二年上

趙仁本法例三卷崔知悌法例二卷垂拱式二十卷又格十卷新格二卷散頒格三卷留司格六卷秋官尚書裴居道夏官尚書同鳳閣鸞臺三品岑長倩鳳閣侍郎同鳳閣鸞臺平章事韋方質與刪定官袁智弘咸陽尉王守慎奉詔撰加計帳勾帳二式垂拱元年上

刪垂拱式二十卷又散頒格七卷中書令韋安石禮部尚書同中書門下三品祝欽明尚書右丞蘇瓌兵部郎中狄光嗣等刪定神龍元年上

太極格十卷戶部尚書岑羲中書侍郎同中書門下三品陸象先右散騎常侍徐堅右司郎中唐紹刑部員外郎邵知新大理丞陳義海右衛長史張處斌左衛率府倉曹參軍羅思貞刑部主事閻義顓等刪定太極元年上

開元前格十卷兵部尚書兼紫微令姚崇黃門監盧懷慎紫微侍郎兼刑部尚書李乂紫微侍郎蘇頲舍人呂延祚給事中魏奉古大理評事高智靜韓城縣丞侯郢璡瀛州司法參軍閻義顓等奉詔刪定開元三年上

開元後格十卷又令三十卷式二十卷吏部尚書兼侍中宋璟中書侍郎蘇頲尚書左丞盧從愿吏部侍郎裴漼慕容珣戶部侍郎楊滔中書舍人劉令植大理司直高智靜幽州司功參軍侯郢璡等刪定開元七年上

格後長行勑六卷侍中裴光庭中書令蕭嵩等刪次開元十九年上

開元新格十卷格式律令事類四十卷中書令李林甫侍中牛仙客御史中丞王敬從左武衛胄曹參軍崔晃衛州司戶參軍直中書陳承信酸棗尉直刑部俞元杞等刪定開元二十五年上

度支長行旨五卷王行先律令手鑑二卷元泳式苑四卷裴光庭唐開元格令科要一卷元和格勑三十卷權德輿劉伯芻等集元和刪定制勑三十卷許孟容韋貫之蔣乂柳登等集大和格後勑四十卷格後勑五十卷初前大理丞謝登纂凡六十卷詔刑部詳定去其繁複大和七年上狄兼謩開成詳定格十卷大中刑法總要格後勑六十卷刑部侍郎劉瑑等纂張戣大中刑律統類十二卷盧紓刑法要錄十卷裴向上之張伾判格三卷李崇法鑑八卷

右刑法類二十八家六十一部一千四卷失姓名九家自開元新格以下不著錄十三家三百二十三卷

劉向七略別錄二十卷劉歆七略七卷荀勖晉中經簿十四卷又新撰文章家集敘五卷丘深之晉義熙以來新集目錄三卷王儉宋元徽元年四部書目錄四卷今書七志七十卷賀縱補注阮孝緒七錄十二卷丘賓卿梁天監四年書目四卷劉遵梁東宮四部書目四卷陳天嘉四部書目四卷牛弘隋開皇四年書目四卷王劭隋開皇二十年書目四卷殷淳四部書目序錄三十九卷楊松珍史目三卷摯虞文章志四卷宋明帝晉江左文章志二卷沈約宋世文章志二卷傅亮續文章志二卷名手畫錄一卷虞龢法書目錄六卷羣書四錄二百卷殷踐猷王愜韋述余欽毋煚劉彥直王灣王仲丘撰元行沖上之毋煚古今書錄四十卷韋述集賢書目一卷李肇經史釋題二卷宗諫注十三代史目十卷常寶鼎文選著作人名目三卷尹植文樞秘要目七卷鈔文思博要藝文類聚爲秘要唐書敘例目錄一卷孫玉汝唐列聖實錄目二十五卷吳氏西齋書目一卷吳兢河南東齋史目三卷蔣彧新集書目一卷杜信東齋籍二十卷字立言元和國子司業

右目錄類十九家二十二部四百六卷失姓名二家毋煚以下不著錄十二家一百一十四卷

宋衷世本四卷世本別録一卷宋均注帝譜世本七卷王氏注世
本譜二卷漢氏帝王譜三卷齊永元中表簿六卷梁大同四年表
簿三卷齊梁宗簿三卷梁親表譜五卷後魏皇帝宗族譜四卷元
暉業後魏辨宗録二卷後魏譜二卷後魏方司格一卷齊高氏譜
六卷周宇文氏譜一卷賈冠國親皇太子親傳四卷王儉百家集譜
十卷王僧孺百家譜三十卷又十八州譜七百一十二卷徐勉百官譜
二十卷賈執百家譜五卷又姓氏英賢譜一百卷何承天姓苑十卷
賈希鏡氏族要狀十五卷官族傳十五卷冀州姓族譜七卷洪州
諸姓譜九卷袁州諸姓譜七卷司馬氏世家二卷楊氏譜一卷蘇
氏譜一卷孫氏譜記十五卷韋氏譜十卷韓裴氏家牒二十卷（裴守真）
大唐氏族志一百卷（高士廉韋挺岑文本令狐德棻撰）姓氏譜二百卷（許敬宗李義府孔志約楊仁卿史玄
道呂才撰）柳沖大唐姓族系録二百卷路敬淳衣冠譜六十卷又著姓
略記二十卷王元感姓氏實論十卷崔日用姓苑略一卷岑羲氏族
録（卷亡）王方慶王氏家牒十五卷又家譜二十卷王氏著録十卷韋述

開元譜二十卷國朝宰相甲族一卷百家類例三卷唐新定諸家
譜録一卷（李林甫等）林寶元和姓纂十卷竇從一系纂七卷陳湘姓林
五卷孔至姓氏雜録一卷李利涉唐官姓氏記五卷（初十卷利涉貶南方亡其半）
又編古命氏三卷柳璨姓氏韻略六卷蕭穎士梁蕭史譜二十卷
柳芳永泰新譜二十卷（一作皇室新譜）柳璟續譜十卷皇唐玉牒一百一十
卷（開成二年李衢林寶撰）唐皇室維城録一卷李匡文天潢源派譜一卷又唐
偕日譜一卷玉牒行樓一卷皇孫郡王譜一卷元和縣主譜一卷
家譜一卷李衢大唐皇室新譜一卷黄恭之孔子系葉傳二卷謝
氏家譜一卷東萊呂氏家譜一卷薛氏家譜一卷顔氏家譜一卷
虞氏家譜一卷孫氏家譜一卷吳郡陸氏宗系譜一卷（陸景獻）劉氏
譜考三卷劉氏家史十五卷（並劉子玄）紀王慎家譜一卷蔣王惲家譜
一卷李用休家譜二卷（紀王慎之後）徐氏譜一卷（徐商）徐義倫家譜一卷劉
晏家譜一卷劉輿家譜一卷周長球家譜一卷施氏家譜二卷萬
氏譜一卷滎陽鄭氏家譜一卷竇氏家譜一卷（懿宗時國子博士竇澄之）鮮于氏

家譜一卷趙郡東祖李氏家譜二卷李氏房從譜一卷韋氏諸房
略一卷韓諱行録一卷
右譜牒類十七家三十九部一千六百一十七卷（王元感以下不著録二十二家三百三十三卷）
三輔黄圖一卷三輔舊事三卷漢宮閣簿三卷洛陽宮殿簿三卷
葛洪西京雜記二卷薛寘西京記三卷潘岳關中記一卷陸機洛
陽記一卷戴延之洛陽記一卷後魏洛陽記五卷楊佺期洛城圖
一卷鄧基陸澄地理志一百五十卷任昉地記二百五十二卷虞茂區
宇圖一百二十八卷郎蔚之隋圖經集記一百卷周地圖一百三十
卷雜記十二卷雜地志五卷地理志書鈔十卷地域方丈圖一卷
地域方尺圖一卷職方記十六卷晉太康土地記十卷太康州郡
縣名五卷後魏諸州記二十卷周處風土記十卷圈稱陳留風俗
傳三卷揚雄蜀王本記一卷譙周三巴記一卷李充益州記三卷
郭仲産荆州記二卷鮑堅南雍州記三卷阮敘之南兗州記一卷
山謙之南徐州記二卷劉損之京口記二卷孫處玄潤州圖注二十

卷雷次宗豫章記一卷鄭緝之東陽記一卷張僧監潯陽記二卷
李叔布齊州記四卷張勃吳地記一卷晏模齊地記二卷陸翽鄴
中記二卷劉芳徐地録一卷梁元帝職貢圖一卷又荆南地志二
卷王範交廣二州記一卷樊文深中岳穎州志五卷秣陵記二卷
湘州記四卷湘州圖副記一卷京邦記二卷分吳會丹楊三郡記
二卷西河舊事一卷闞駰十三州志十四卷顧野王輿地志三十
卷又十國都城記十卷周明帝國都城記九卷郭璞注山海經二
十三卷又山海經圖讚二卷山海經音二卷桑欽水經三卷（一作郭璞撰）
酈道元注水經四十卷僧道安四海百川水源記一卷又一卷江圖
二卷庾仲雍江記五卷又漢水記五卷尋江源記五卷劉澄之永
初山川古今記二十卷李氏宜都山川記一卷沈瑩臨海水土異
物志一卷楊孚交州異物志一卷陳祈暢異物志一卷萬震南州
異物志一卷朱應扶南異物志一卷京兆郡方物志二十卷諸郡
土俗物産記十九卷涼州異物志二卷廟記一卷薛泰輿駕東幸

記一卷諸葛穎巡撫揚州記七卷戴祚西征記二卷郭緣生述征記二卷姚最述行記二卷沈懷文隨王入沔記十卷魏聘使行記五卷李彤聖賢塚墓記一卷宋雲魏國以西十一國事一卷沈懷遠南越志五卷程士章西域道里記三卷常駿等赤土國記二卷王玄策中天竺國行記十卷僧智猛游行外國傳一卷僧法盛歷國傳二卷日南傳一卷林邑國記一卷眞臘國事一卷交州以來外國傳一卷奉使高麗記一卷西南蠻入朝首領記一卷裴矩高麗風俗一卷鄧行儼東都記三十卷貞觀著作郎括地志五百五十卷又序略五卷魏王泰命著作郎蕭德言秘書郎顧胤記室參軍蔣亞卿功曹參軍謝偃蘇勗撰長安四年十道圖十三卷開元三年十道圖十卷劍南地圖二卷李播方志圖七卷西域國志六十卷高宗遣使分往康國吐火羅訪其風俗物產畫圖以聞詔史官撰次許敬宗領之顯慶三年上李吉甫元和郡縣圖誌五十四卷又十道圖十卷古今地名三卷刪水經十卷梁載言十道志十六卷王方慶九嵕山志十卷賈耽地圖十卷又皇華四達記十卷古今郡國縣道四夷述四十卷關中隴右山

南九州別錄六卷貞元十道錄四卷吐蕃黃河錄四卷韋澳諸道山河地名要略九卷一作處分語劉之推文括九州要略三卷郡國志十卷馬敬寔諸道行程血脉圖一卷鄧世隆東都記三十卷韋機東都記二十卷韋述兩京新記五卷兩京道里記三卷李仁實戎州記一卷盧鴻嵩山記一卷天寶人馬溫鄴都故事二卷肅代時人劉公銳鄴城新記三卷張周封華陽風俗錄一卷字子望西川節度使李德裕從事試協律郎盧求成都記五卷西川節度使白敏中從事鄭暐益州理亂記三卷李璋太原事迹記十四卷張文規吳興雜錄七卷房千里南方異物志一卷孟琯嶺南異物志一卷劉恂嶺表錄異三卷余知古渚宮故事十卷文宗時人吳從政襄沔記三卷張氏燕吳行役記二卷宣宗時人失名韋宙零陵錄一卷張密廬山雜記一卷張容九江新舊錄三卷咸通人莫休符桂林風土記三卷段公路北戶雜錄三卷文昌孫林諝閩中記十卷裴矩又撰西域圖記三卷顧愔新羅國記一卷大曆中歸崇敬使新羅愔爲從事張建章渤海國記三卷戴斗諸蕃記一卷達奚通海南諸蕃行記一卷袁滋雲南記五卷李繁北荒君長錄三卷高少逸四夷朝貢錄十卷呂述黠戛斯朝貢圖傳一卷字脩業會昌秘書少監商州刺史樊綽蠻書十卷咸通嶺南西道節度使蔡襲從事竇滂雲南別錄一卷雲南行記一卷徐雲虔南詔錄三卷乾符中人

右地理類六十三家一百六部一千二百九十二卷失姓名三十一家李播以下不著錄五十三家九百八十九卷

藝文志第四十八

藝文志第四十九　　唐書五十九

翰林學士兼龍圖閣學士朝散大夫給事中知制誥充史館脩撰臣歐陽脩奉

敕撰

丙部子録其類十七一曰儒家類二曰道家類三曰法家類四曰名家類五曰墨家類六曰縱横家類七曰雜家類八曰農家類九曰小說類十曰天文類十一曰曆筭類十二曰兵書類十三曰五行類十四曰雜藝術類十五曰類書類十六曰明堂經脉類十七曰醫術類凡著録六百九家九百六十七部一萬七千一百五十二卷不著録五百七家五千六百一十五卷

晏子春秋七卷(晏嬰)曾子二卷(曾參)子思子七卷(孔伋)公孫尼子一卷趙岐注孟子十四卷劉熙注孟子七卷鄭玄注孟子七卷綦毋邃注孟子七卷荀卿子十二卷(荀況)董子一卷(董無心)魯連子一卷(魯仲連)陸賈新語二卷賈誼新書十卷桓寬鹽鐵論十卷劉向新序三十卷又說苑三十卷揚子法言六卷(揚雄)宋衷注法言十卷李軌注法言三卷陸績注揚子太玄經十二卷虞翻注太玄經十四卷范望注太玄經十二卷宋仲子注太玄經十二卷蔡文邵注太玄經十卷桓子新論十七卷(桓譚)王符潛夫論十卷仲長子昌言十卷(仲長統)荀悅申鑒五卷魏子三卷(魏朗)魏文帝典論五卷徐氏中論六卷(徐幹)王粲去伐論集三卷王肅政論十卷杜氏體論四卷(杜恕)顧子新論五卷(顧譚)文禮通語十卷(殷興)諸葛亮集誡二卷陸景典訓十卷譙子法訓八卷又五教五卷(譙周)王嬰古今通論三卷周生烈子五卷袁子正論二十卷又正書二十五卷(袁準)孫氏成敗志三卷(孫毓)夏侯湛新論十卷楊泉物理論十六卷又太元經十四卷(劉緝注)華譚新論十卷虞喜志林新書二十卷又後林新書十卷顧子義訓十卷(顧夷)蔡洪清化經十卷干寶正言十卷又立言十卷蔡韶閎論二卷呂竦要覽五卷周捨正覽六卷劉徽魯史欹器圖一卷綦毋氏誡林三卷顏氏家訓七卷(顏之推)李穆叔典言四卷王滂百里昌言二卷崔子至言六卷(崔靈童)盧辯墳典三十卷王劭讀書記三十卷王通中說五卷辛德源正訓二十卷太宗序志一卷又帝範四卷(賈行注)高宗天訓

四卷武后紫樞要録十卷又臣軌二卷百寮新誡五卷青宮紀要三十卷少陽政範三十卷列藩正論三十卷章懷太子春宮要録十卷又脩身要覽十卷君臣相起發事三卷魏徵諫事五卷又自古諸侯王善惡録二卷張大玄平臺百一寓言三卷楊相如君臣政理論三卷陸善經注孟子七卷張鎰孟子音義三卷楊倞注荀子二十卷(汝士子大理評事)王涯注太玄經六卷員俶太玄幽贊十卷(開元四年京兆府童子進書召試及第授散官文學直弘文館)柳宗元注揚子法言十三卷李襲譽五經妙言四十卷鄭澣經史要録二十卷劉貺續說苑十卷杜正倫百行章一卷憲宗前代君臣事跡十四篇武后訓記雜載十卷(采青宮紀要維城典訓古今内範內範要略等書爲雜載云)維城典訓二十卷褚无量翼善記一卷(亡)裴光庭搖山往則一卷又維城前軌一卷丁公著皇太子諸王訓十卷六經法言二十卷(韋處厚路隋撰)崔鄲諸經纂要十卷于志寧諫苑二十卷王方慶諫林二十卷楊浚聖典三卷(校書郎開元中上)張九齡千秋金鏡録五卷唐次辨謗略三卷元和辨謗略十卷(令狐楚沈傳師杜元穎撰)裴潾大和新脩辨謗略三卷李仁實格論三卷趙冬曦王政三卷(景龍三年上)馮中庸政録十卷(開元十九年上授汜水尉)賈子一卷(開元中藍田尉失名)儲光羲正論十五卷(兗州人開元進士第又詔中書試文章歷監察御史安祿山反陷賊自歸)牛希濟理源二卷陸質君臣圖翼二十五卷李吉甫古今說苑十一卷李德裕御臣要略(卷亡)丘光庭康教論一卷元子十卷又浪說七篇(元結)杜信元和子二卷林慎思伸蒙子三卷(咸通中人)冀子五卷(冀重字子泉定州容城人廣明脩武令)崔敾儒玄論三卷(字勁之後魏白馬侯浩七世孫中和光祿丞)

右儒家類六十九家九十二部七百九十一卷(陸善經以下不著録三十九家三百七十一卷)

鬻子一卷(鬻熊)老子道德經二卷(李耳)又三卷河上公注老子道德經二卷王弼注新記玄言道德二卷又老子指例略二卷蜀才注老子二卷王尚注二卷鍾會注二卷羊祜注二卷又解釋四卷孫登注老子二卷袁眞注二卷張憑注二卷劉仲融注二卷陶弘景注四卷樹鍾山注二卷李允愿注二卷陳嗣古注二卷僧惠琳注二卷惠嚴注二卷鳩摩羅什注二卷義盈注二卷程韶集注二卷任眞子集解四卷張道相集注四卷盧景裕梁曠等注二卷安丘望之老

子章句二卷又道德經指趣三卷王肅玄言新記道德二卷梁曠道德經品四卷嚴遵指歸十四卷何晏講疏四卷又道德問二卷梁武帝講疏四卷又講疏六卷顧歡道德經義疏四卷又義疏治綱一卷孟智周義疏五卷戴詵義疏六卷葛洪老子道德經序訣二卷韓莊玄旨八卷劉遺民玄譜一卷節解二卷章門一卷李軌老子音一卷鶡冠子三卷張湛注列子八卷列禦寇郭象注莊子十卷莊周向秀注二十卷崔譔注十卷司馬彪注二十一卷又注音一卷李頤集解二十卷王玄古集解二十卷李充釋莊子論二卷馮廓老子指歸十三卷又莊子古今正義十卷梁簡文帝講疏三十卷王穆疏十卷又音一卷莊子疏七卷文子十二卷廣成子十二卷商洛公撰張太衡注唐子十卷唐滂蘇子七卷蘇彥宣子二卷宣聘陸子十卷陸雲抱朴子內篇二十卷葛洪孫子十二卷孫綽苻子三十卷苻朗賀子十卷賀道養牟子二卷牟融傅弈注老子二卷楊上善注老子道德經二卷又注莊子十卷老子指略論二卷太子文學辟閭仁諝注老子二卷聖曆司禮博士賈大隱老子述義十卷陸德明莊子文句義二十卷玄宗注道德經二卷又疏八卷天寶中加號玄通道德經世不稱之盧藏用注老子二卷又注莊子內外篇十二卷邢南和注老子開元二十一年上馮朝隱注老子白履忠注老子李播注老子尹知章注老子傅弈老子音義並卷亡陸德明老子疏十五卷逢行珪注鬻子一卷鄭縣尉陳庭玉老子疏開元二十年上授校書郎卷亡陸希聲道德經傳四卷吳善經注道德經二卷貞元中人楊上善道德經三略論三卷道士成玄英注老子道德經二卷又開題序訣義疏七卷注莊子三十卷疏十二卷玄英字子實陝州人隱居東海貞觀五年召至京師永徽中流郁州書成道王元慶遣文學賈鼎就授大義嵩高山人李利涉為序唯老子注莊子疏著錄張游朝南華象罔說十卷又沖虛白馬非馬證八卷張志和父孫思邈注老子卷亡又注莊子柳縱注莊子開元二十年上授章懷太子廟丞尹知章注莊子並卷亡甘暉魏包注莊子卷亡開元末奉詔注元載南華通微十卷張志和太易十五卷又玄眞子十二卷韋詣作內解陳庭玉莊子疏卷亡道士李含光老子莊子周易學記三卷又義略三卷含光揚州江都人本姓弘避孝敬皇帝諱改焉天寶間人張隱居莊子指要三十三篇名九垓號渾淪子代德時人帥夜光三玄異義三十卷幽州人開元二十年上授

校書郎直國子監徐靈府注文子十二卷李暹訓注文子十二卷王士元亢倉子二卷天寶元年詔號莊子為南華眞經列子為沖虛眞經文子為通玄眞經亢桑子為洞靈眞經然亢桑子求之不獲襄陽處士王士元謂莊子作庚桑子太史公列子作亢倉子其實一也取諸子文義類者補其亡无能子三卷不著人名氏光啓中隱民間

凡神仙三十五家五十部三百四十一卷失姓名十三家自道藏音義以下不著錄六十二家二百六十五卷

尹喜高士老君內傳三卷玄景先生老子道德簡要義五卷梁簡文帝老子私記十卷戴詵老子西外經義一卷韋處玄集解老子西外經二卷老子黃庭經一卷老子探眞經一卷老君科律一卷老子宣時誡一卷老子入室經一卷老子華蓋觀天訣一卷老子消水經一卷老子神策百二十條經一卷鬼谷先生關令尹喜傳一卷四皓注清虛眞人王君內傳一卷王褒三天法師張君內傳一卷李遵茅君內傳一卷呂先生太極左仙公葛君內傳一卷華嶠紫陽眞人周君傳一卷趙昇等仙人馬君陰君內傳一卷鄭雲千清虛眞人裴君內傳一卷范邈紫虛元君南岳夫人內傳一卷項宗紫虛元君魏夫人內傳一卷王羲之許先生傳一卷九華眞妃內記一卷宋都能嵩高少室寇天師傳三卷王喬傳一卷漢武帝傳二卷劉向列仙傳二卷葛洪神仙傳十卷見素子洞仙傳十卷東方朔神異經二卷張華注又十洲記一卷周季通蘇君記一卷梁曠南華仙人莊子論三十卷南華眞人道德論三卷任子道論十卷任嘏顧道士論三卷顧谷姫威運輿經一卷杜夷幽求子三十卷張譏玄書通義十卷陶弘景登眞隱訣二十五卷又眞誥一卷張湛養生要集十卷養性傳二卷張太衡無名子一卷劉道人老子玄譜一卷劉無待同光子八卷侯儼注靈人辛玄子自序一卷華陽子自序一卷茅處玄無上秘要七十二卷道要三十卷馬樞學道傳二十卷郭憲漢武帝別國洞冥記四卷道藏音義目錄一百一十三卷崔湜薛稷沈佺期道士史崇玄等撰集注陰符經一卷太公范蠡鬼谷子張良諸葛亮李淳風李筌李洽李鑒李銳楊晟李靖陰符機一卷道士李少卿十異九迷論一卷道士劉進喜老子通諸論一卷又顯正論一卷張果陰符經太無傳一卷又陰符經辨命論一卷氣訣一卷神仙得道靈藥經一卷罔象成名圖一卷丹砂訣一卷開元二十二年上韋

弘陰符經正卷一卷李筌驪山母傳陰符玄義一卷（筌號少室山達觀子，於嵩山虎口巖石壁得黃帝陰符本，題云魏道士寇謙之傳諸名山，筌至驪山，老母傳其說）葉靜能太上北帝靈文三卷李淳風注泰乾祕要三卷楊上器注太上玄元皇帝聖紀十卷崔少元老子心鏡一卷皇天原太上老君現跡記一卷（文明元年老子降事）呂氏老子昌言二卷王方慶神仙後傳十卷玄晉蘇元明太清石壁記三卷（乾元中劍州司馬集，失名）議化胡經狀一卷（萬歲通天元年，僧惠澄上言乞毀老子化胡經，勑秋官侍郎劉如璿等議狀）寧州通真觀二十七宿真形圖贊一卷（記天寶中寧州羅川縣金華洞獲玉像二十七宿之真，唯少氐宿，改縣為真寧事）道士令狐見堯正一真人二十四治圖一卷（貞元人）孫思邈馬陰二君內傳一卷又太清真人煉雲母訣二卷攝生真錄一卷養生要錄一卷氣訣一卷燒煉祕訣一卷龍虎通元訣一卷龍虎亂日篇一卷幽傳福壽論一卷枕中素書一卷會三教論一卷龍虎篇一卷（青羅子崗希彭、少室山人瑞登同注）朱少陽道引錄三卷（浮山隱士，代德時人）張志和玄真子二卷戴簡真教元符三卷楊嗣復九徵心戒一卷裴煜延壽赤書一卷紇干泉序通解錄一卷（字咸一，大中江西觀察使）守真子秦鑑語一卷道士張仙庭三洞瓊綱三卷段

世貴演正一炁化圖三卷女子胡愔黃庭內景圖一卷道士司馬承禎坐忘論一卷又脩生養氣訣一卷洞元靈寶五岳名山朝儀經一卷賈參寥莊子通真論三卷（垂拱中隱武陵）白履忠注黃庭內景經一卷又三玄精辨論一卷吳筠神仙可學論一卷又玄綱論三卷明真辨偽論一卷輔正除邪論一卷辨方正惑論一卷道釋優劣論一卷心目論一卷復淳化論一卷著生論一卷形神可固論一卷李延章集鄭綽錄中元論一卷（大和人）施肩吾辨疑論一卷（睦州人，元和進士第，隱洪州西山）道士令狐見堯玉笥山記一卷道士李沖昭南岳小錄一卷沈汾續神仙傳三卷道士胡慧超神仙內傳一卷晉洪州西山十二真君內傳一卷李渤真系傳一卷李遵茅三君內傳一卷道士胡法超許遜脩行傳一卷張說洪崖先生傳一卷（張氳先生，唐初人）仲虛子胡慧超傳一卷（失名，慧超，高宗時道士）潘尊師傳一卷（師名正）蔡尊師傳一卷（名南玉，字叔寶，宋祠部尚書廓七世孫，歷金部員外郎，棄官入道，大曆中卒）劉谷神葉法善傳二卷正元師謫仙崔少元傳二卷陰日用傳仙宗行記一卷（仙宗，開元資陽道士）謝良嗣吳天師內傳一卷（鍔撰）溫造瞿童述一卷（大曆辰溪童子瞿柏庭升仙，造為朗州刺史，追述其事）李堅東極真人傳一卷（果州謝自然）江積八仙傳一卷（大中後事）王仲丘攝生纂錄一卷高福攝生錄三卷郭霽攝生經一卷上官翼養生經一卷康仲熊服內元氣訣一卷氣經新舊服法三卷康真人氣訣一卷太无先生炁訣一卷（失名，大曆中遇羅浮王公傳氣術）菩提達磨胎息訣一卷李林甫唐朝煉大丹感應頌一卷崔元真靈沙受氣用藥訣一卷又雲母論二卷（天寶隱峨山）劉知古日月元樞一卷海蟾子元英還金篇一卷還陽子太還丹金虎白龍論一卷（隱士，失姓名）陳少微大洞鍊真寶經脩伏丹砂妙訣一卷嚴靜大丹至論一卷

凡釋氏二十五家，四十部，三百九十五卷。（失姓名一家，玄琬以下不著錄七十四家，九百四十一卷）

蕭子良淨注子二十卷（王融頌）僧僧祐法苑集十五卷又弘明集十四卷釋迦譜十卷薩婆多師資傳四卷虞孝敬高僧傳六卷又內典博要三十卷僧賢明真言要集十卷郭瑜脩多羅法門二十卷駱子義經論纂要十卷顧歡夷夏論二卷甄鸞笑道論

三卷衛元嵩齊三教論七卷杜乂甄正論三卷李思慎心鏡論十卷裴子野名僧錄十五卷僧寶唱名僧傳三十卷又比丘尼傳四卷僧惠皎高僧傳十四卷僧道宗續高僧傳三十二卷陶弘景草堂法師傳一卷蕭回理草堂法師傳一卷稠禪師傳一卷陽衒之洛陽伽藍記五卷費長房歷代三寶記三卷（長房，成都人，隋翻經學士）僧彥琮崇正論六卷又集沙門不拜俗議六卷福田論一卷道宣統略淨住子二卷又通惑決疑錄二卷廣弘明集三十卷集古今佛道論衡四卷續高僧傳二十卷（起梁初，盡貞觀十九年）後集續高僧傳十卷東夏三寶感通錄三卷大唐貞觀內典錄十卷義淨大唐西域求法高僧傳二卷法琳辯正論八卷（陳子良注）又破邪論二卷（琳姓陳氏，太史令傅奕請廢佛法，琳諍之，放死蜀中）復禮十門辨惑論二卷（永隆二年答太子文學權無二釋典稽疑）楊上善六趣論六卷又三教詮衡十卷僧玄琬佛教後代國王賞罰三寶法一卷又安養蒼生論一卷三德論一卷（姓楊氏，新豐人，貞觀十年上）入道方便門二卷眾經目錄五卷鏡諭論一卷無礙緣起一卷十種讀經儀一卷無盡藏儀一卷發戒緣起二卷法界僧圖一卷十不論一卷懺悔罪法一卷

禮佛儀式二卷李師政內德論一卷上黨人貞觀門下典儀僧法雲辨量三教
論三卷又十王正業論十卷鄭州人道宣又撰注戒本二卷疏記四卷注羯磨
二卷疏記四卷行事刪補律儀三卷或六卷釋門正行懺悔儀三卷釋
門亡物輕重儀二卷釋門章服儀二卷釋門歸敬儀二卷釋門護
法儀二卷釋氏譜略二卷聖迹見在圖贊二卷佛化東漸圖贊二
卷釋迦方志二卷僧彥琮大唐京寺錄傳十卷又沙門不敬錄六卷
龍朔人幷隋有二彥琮玄應大唐衆經音義二十五卷玄惲敬福論十卷又略
論二卷大小乘觀門十卷法苑珠林集一百卷四分律僧尼討要
略五卷金剛般若經集注三卷百願文一卷玄惲本名道世玄範注金剛般
若經一卷又注二帝三藏聖教序一卷太宗高宗慧覺華嚴十地維
摩續義章十三卷姓范氏武德人行友己知沙門傳一卷序僧傳事順道岳三
藏本疏二十二卷姓孟氏河陽人貞觀中道基雜心玄章幷鈔八卷又大乘章
鈔八卷姓呂氏東平人貞觀時智正華嚴疏十卷姓白氏安喜人貞觀中慧淨雜心玄文三
十卷姓房隋國子博士徹遠從子又俱舍論文疏三十卷大莊嚴論文疏三十卷法

華經續述十卷那提大乘集議論四十卷釋疑論一卷注金剛
般若經一卷諸經講序一卷玄會義源文本四卷又時文釋鈔四
卷涅槃義章句四卷字懷默姓席氏安定人貞觀中慧休雜心玄章鈔疏卷亡姓樂氏瀛州人
靈潤涅槃義疏十三卷又玄章三卷遍攝大乘論義鈔十三卷玄
章三卷姓梁氏虞鄉人辯相攝論疏五卷辯相居淨影寺玄奘大唐西域記十二卷
姓陳氏緱氏人辯機西域記十二卷清徹金陵塔寺記三十六卷師哲前代國
王脩行記五卷貞觀中宗時大唐內典錄十卷西明寺僧撰毋煚開元內外經錄十
卷道釋書二千五百餘部九千五百餘卷智矩寶林傳十卷法常攝論義疏八卷又玄
章五卷姓張氏南陽人貞觀末慧能金剛般若經口訣正義一卷姓盧氏曲江人僧灌
頂私記天台智者詞旨一卷又義記一卷字法雲姓吳氏章安人道綽淨土論
二卷姓衞氏幷州文水人道綽行圖一卷智首五部區分鈔二十一卷姓皇甫氏法
礪四分疏十卷又羯磨疏三卷捨懺儀一卷輕重儀一卷姓李氏趙郡人
慧滿四分律疏二十卷姓梁氏京兆長安人慧旻又十誦私記十三卷又僧尼
行事三卷尼衆羯磨二卷菩薩戒義疏四卷字玄素河東人空藏大乘

要句三卷姓王氏新豐人道宗續高僧傳三十二卷玄宗注金剛般若經
一卷道氤御注金剛般若經疏宣演三卷高僧嬾殘傳一卷天寶人
元偉眞門聖胄集五卷僧法海六祖法寶記一卷辛崇僧伽行
狀一卷神楷維摩經疏六卷靈湍攝山棲霞寺記一卷破胡集一
卷會昌沙汰佛法詔勅法藏起信論疏二卷法琳別傳二卷大唐京師寺錄
卷亡玄覺永嘉集十卷慶州刺史魏靜編次懷海禪門規式一卷希運傳心法
要一卷裴休集玄嶷甄正論三卷光瑤注僧肇論二卷李繁玄聖蘧
廬一卷白居易八漸通眞議一卷七科義狀一卷雲南國使段立之問僧悟達答棲
賢法雋一卷僧惠明與西川節度判官鄭愚漢州刺史趙璘論佛書禪關八問一卷楊士達問唐宗美對僧一
行釋氏系錄一卷宗密禪源諸詮集一百一卷又起信論二卷起信
論鈔三卷原人論一卷圓覺經大小疏鈔各一卷楚南般若經品
頌偈一卷又破邪論一卷大順中人希還參同契一卷良价大乘經要一
卷又激勵道俗頌偈一卷光仁四大頌一卷又略華嚴長者論一卷
無礙垂誡十卷神清參元語錄十卷智月僧美三卷惠可達摩

血脉一卷請遵古今譯經圖紀四卷智昇續古今譯經圖紀一
卷又續大唐內典錄一卷續古今佛道論衡一卷對寒山子詩七
卷天台隱士台州刺史閭丘胤序僧道翹集寒山子隱唐興縣寒山巖於國清寺與隱者拾得往還龐蘊詩偈三卷字道玄衡
州衡陽人貞元初人三百餘篇智閑偈頌一卷二百餘篇李吉甫一行傳一卷王彥威內典
目錄十二卷

右道家類一百三十七家七十四部一千二百四十卷失姓名三家玄宗以下不著錄一百五十
八家一千二百三十八卷捴一百三十七家一百七十四部

管子十九卷管仲商君書五卷商鞅或作商子愼子十卷愼到撰滕輔注申子三卷
申不害韓子二十卷韓非晁氏新書七卷晁錯董仲舒春秋決獄十卷
黃氏正崔氏政論六卷崔寔劉氏政論五卷劉廙阮子政論五卷阮武劉
氏法論十卷劉邵桓氏世要論十二卷桓範陳子要言十四卷陳融李
文博治道集十卷邯鄲綽五經折疑三十卷尹知章注管子三
十卷又注韓子卷亡杜佑管氏指略二卷李敬玄正論三卷

右法家類十五家十五部一百六十六卷尹知章以下不著錄三家三十五卷

鄧析子一卷尹文子一卷公孫龍子三卷陳嗣古注公孫龍子一卷劉邵人物志三卷劉炳注人物志三卷姚信士緯十卷魏文帝士操一卷盧毓九州人士論一卷范謐辨名苑十卷僧遠年兼名苑二十卷賈大隱注公孫龍子一卷趙武孟河西人物志十卷杜周士廣人物志三卷宋璲吳興人物志十卷（字勝之吳興烏程人大中時）

右名家類十二家十二部五十五卷（趙武孟以下不著錄三家二十三卷）

墨子十五卷（墨翟）隨巢子一卷胡非子一卷

右墨家類三家三部一十七卷

鬼谷子二卷（蘇秦）樂臺注鬼谷子三卷梁元帝補闕子十卷尹知章注鬼谷子三卷

右縱橫家類四家四部一十五卷（尹知章不著錄）

尉繚子六卷尸子二十卷（尸佼）呂氏春秋二十六卷（呂不韋撰高誘注）許慎注淮南子二十一卷（淮南王劉安）高誘注淮南子二十一卷又淮南鴻烈音二卷嚴尤三將軍論一卷王充論衡三十卷應劭風俗通義三十卷蔣

子萬機論十卷（蔣濟）杜恕篤論四卷鍾會芻蕘論五卷傅子一百二十卷（傅玄）張儼默記三卷又誓論三十卷裴玄新言五卷蘇道立言十卷劉歆新義十八卷秦子三卷（秦菁）張明折言論二十卷古訓十卷孔衍說林五卷抱朴子外篇二十卷（葛洪）楊偉時務論十二卷范泰古今善言三十卷徐益壽記聞三卷何子五卷（何楷）劉子十卷（劉勰）梁元帝金樓子十卷朱澹遠語麗十卷又語對十卷張公雜記一卷（張華）陸士衡要覽三卷郭義恭廣志二卷崔豹古今注三卷伏侯古今注三卷江邃釋文十卷盧辯稱謂五卷謝昊物始十卷任昉文章始一卷（張績補）姚察續文章始一卷庾肩吾採璧三卷韋道孫新略十卷徐陵名數十卷沈約袖中記二卷范謐典墳數集十卷侯亶祥瑞圖八卷孟衆張掖郡玄石圖一卷高堂隆張掖郡玄石圖一卷孫柔之瑞應圖記三卷熊理瑞應圖讚三卷顧野王符瑞圖十卷又祥瑞圖十卷王劭皇隋靈感志十卷許善心皇隋瑞文十四卷何妥之諫林十卷虞通之善諫二卷孟儀

子林二十卷沈約子鈔三十卷庾仲容子鈔三十卷劉仲堪論集九十六卷崔安帝王集要三十卷陸澄述正論十三卷又缺文十卷徐陵文府七卷（宗道寧注）劉守敬四部言心十卷新舊傳四卷古今辨作錄三卷博覽十五卷部略十五卷翰墨林十卷魏徵羣書治要五十卷麟閣詞英六十卷（高宗時敕撰）朱敬則十代興亡論十卷薛克構子林三十卷虞世南帝王略論五卷劉伯莊羣書治要音五卷張大素說林二十卷王方慶續世說新書十卷韓潭統載三十卷（夏綏銀節度使貞元十三年上）熊執易化統五百卷（執易類九經爲書三十年乃成未及上卒於西川武元衡將爲寫進妻薛藏之不許）李文成博雅志十三卷（安國公興貴子）元懷景屬文要義十卷崔玄暐行己要範十卷盧藏用子書要略一卷馬總意林三卷魏氏手略二十卷（魏謩）辛之諤敘訓二卷（開元十七年上授長社尉）博聞奇要二十卷（開元武功縣人詣闕上詔試文章留集賢院校理）周蒙續古今注三卷薛洪古今精義十五卷趙蕤長短要術十卷（字太賓梓州人開元召之不赴）杜佑理道要訣十卷賀蘭正元用人權衡十卷（貞元十三年上）樊宗師魁紀公三十卷又樊子三十卷郭昭度治書十卷朱朴致

理書十卷蘇源治亂集三卷（唐末人）張薦江左寓居錄（卷亡）張楚金紳誡三卷馮伉諭蒙一卷庾敬休諭善錄七卷蕭佚牧宰政術二卷（唐末）令魯人初公侯政術十卷（魯人名初不著姓大中人）李知保檢志三卷（宗信州司倉參軍）王範續蒙求三卷白廷翰唐蒙求三卷（廣明人）李伉系蒙二卷盧景亮三足記二卷

右雜家類六十四家七十五部一千一百三卷（失姓名六家虞世南以下不著錄三十四家八百一十六卷）

范子計然十五卷（范蠡問計然答）尹都尉書三卷氾勝之書二卷崔寔四人月令一卷賈思勰齊民要術十卷宗懍荊楚歲時記一卷杜公贍荊楚歲時記二卷杜臺卿玉燭寶典十二卷王氏四時錄十二卷戴凱之竹譜一卷顧烜錢譜一卷浮丘公相鶴經一卷堯須跋鷙擊錄二十卷相馬經三卷伯樂相馬經一卷徐成等相馬經二卷諸葛穎種植法七十七卷又相馬經六十卷甯戚相牛經一卷范蠡養魚經一卷禁苑實錄一卷鷹鶻經一卷蠶經一卷又二卷相貝經一卷武后兆人本業三卷王方慶園庭草木疏二十一卷孫

氏千金月令三卷(孫思邈)李淳風演齊人要術(一卷)李邕金谷園記一卷薛登四時記二十卷裴澄乘輿月令十二卷(國子司業貞元十一年上)王涯月令圖一軸李綽秦中歲時記一卷韋行規保生月錄一卷韓鄂四時纂要五卷歲華紀麗二卷

右農家類十九家二十六部二百三十五卷(失姓名六家王方慶以下不著錄十一家六十六卷)

燕丹子一卷(燕太子)邯鄲淳笑林三卷裴子野類林三卷張華博物志十卷又列異傳一卷賈泉注郭子三卷(郭澄之)劉義慶世說八卷又小說十卷劉孝標續世說十卷邢芸小說十卷劉齊釋俗語八卷蕭賁辨林二十卷劉炫酒孝經一卷庾元威座右方三卷侯白啓顏錄十卷雜語五卷戴祚甄異傳三卷袁王壽古異傳三卷祖沖之述異記十卷劉質近異錄二卷干寶搜神記三十卷劉之遴神錄五卷梁元帝妍神記十卷祖台之志怪四卷孔氏志怪四卷荀氏靈鬼志三卷謝氏鬼神列傳二卷劉義慶幽明錄三十卷東陽无疑齊諧記七卷吳均續齊諧記一卷王延秀感應傳八卷陸果繫應

驗記一卷王琰冥祥記一卷王曼穎續冥祥記十一卷劉泳因果記十卷顏之推冤魂志三卷又集靈記十卷徵應集二卷侯君素旌異記十五卷唐臨冥報記二卷李恕誡子拾遺四卷開元御集誡子書一卷王方慶王氏神通記十卷狄仁傑家範一卷盧公家範一卷(盧僎)蘇環中樞龜鏡一卷姚元崇六誡一卷事始三卷(劉孝孫房德懋)劉睿續事始三卷元結猗犴子一卷趙自勔造化權輿六卷通微子十物志一卷吳筠兩同書一卷李涪刊誤二卷李匡文資暇三卷炙轂子雜錄注解五卷(王叡)蘇鶚演義十卷又杜陽雜編三卷(字德祥光啓中進士第)柳氏家學要錄二卷(柳珵)盧光啓初舉子一卷(字子忠相昭宗)劉訥言俳諧集十五卷陳翱卓異記一卷(憲穆時人)裴紫芝續卓異記一卷薛用弱集異記三卷(字中勝長慶光州刺史)李玫纂異記一卷(大中時人)李元獨異志十卷谷神子博異志三卷沈如筠異物志三卷古異記一卷劉餗傳記三卷(一作國史異纂)牛肅紀聞十卷陳鴻開元升平源一卷(字大亮貞元主客郎中)張薦靈怪集二卷陸長源辨疑志三卷李繁說

纂四卷戴少平還寃記一卷(貞元待詔)牛僧孺玄怪錄十卷李復言續玄怪錄五卷陳翰異聞集十卷(唐末屯田員外郎)鄭遂洽聞記一卷鍾輅前定錄一卷趙自勤定命論十卷(天寶秘書監)呂道生定命錄二卷(大和中道生增趙自勤之說)溫畬續定命錄一卷胡璩譚賓錄十卷(字子溫文武時人)韋絢劉公嘉話錄一卷(絢字文明執誼子也咸通義武軍節度使劉公禹錫也)戎幕閑談一卷趙璘因話錄六卷(字澤章大中衢州刺史)袁郊甘澤謠一卷溫庭筠乾𦠆子三卷又採茶錄一卷段成式酉陽雜俎三十卷盧陵官下記二卷康軿劇談錄三卷(字駕言乾符進士第)高彥休闕史三卷盧子史錄(卷亡)又逸史三卷(大中時人)李隱大唐奇事記十卷(咸通中人)陳劭通幽記一卷范攄雲溪友議三卷(咸通時自稱五雲溪人)李躍嵐齋集二十五卷尉遲樞南楚新聞三卷(並唐末人)張固幽閑鼓吹一卷常侍言旨一卷(柳珵)盧氏雜說一卷桂苑叢譚一卷(馮翊子子休)樹萱錄一卷會昌解頤四卷松牕錄一卷芝田錄一卷玉泉子見聞眞錄五卷張讀宣室志十卷柳祥瀟湘錄十卷皇甫松醉鄉日月三卷何自然笑林三卷焦璐窮神祕苑十卷裴鉶傳

奇三卷(高駢從事)劉軻牛羊日曆一卷(牛僧孺楊虞卿事 檀欒子皇甫松序)補江揔白猿傳一卷郭良輔武孝經一卷陸羽茶經三卷張又新煎茶水記一卷封演續錢譜一卷

右小說家類三十九家四十一部三百八卷(失姓名二家李恕以下不著錄七十八家三百二十七卷)

趙嬰注周髀一卷甄鸞注周髀一卷張衡靈憲圖一卷又渾天儀一卷王蕃渾天象注一卷姚信昕天論一卷石氏星經簿讚一卷帖虞喜安天論一卷甘氏四七法一卷(甘德)劉表荊州星占二卷劉叡荊州星占二十卷天文集占三卷祖暅之天文錄三十卷韓楊天文要集四十卷高文洪天文橫圖一卷吳雲天文雜占一卷陳卓四方星占一卷又五星占一卷天文集占七卷孫僧化等星占三十三卷史崇十二次二十八宿星占十二卷庾季才靈臺祕苑一百二十卷逢行珪玄機內事七卷論二十八宿度數一卷五星兵法一卷黃道略星占一卷孝經內記星圖一卷周易分野星國一卷李淳風釋周髀二卷又乙巳占十二卷天文占一卷大

象元文一卷乾坤秘奥七卷法象志七卷太白會運逆兆通代記
圖一卷（淳風與袁天綱集）武密古今通占鏡三十卷大唐開元占經一百一十卷
（瞿曇悉達集）董和通乾論十五卷（和本名純避憲宗名改善曆筭裴胄爲荆南節度館之著是書云）長慶
筭五星所在宿度圖一卷（司天少監徐昇）黃冠子李播天文大象賦一卷
（李台集解）王希明丹元子步天歌一卷
右天文類二十家三十部三百六卷（失姓名六家李淳風天文占以下不著錄六家一百七十五卷）
劉向九章重差一卷徐岳九章筭術九卷又筭經要用百法一
卷數術記遺一卷（甄鸞注）張丘建筭經一卷（甄鸞注）董泉三等數一
卷（甄鸞注）夏侯陽筭經一卷（甄鸞注）甄鸞九章筭經九卷又五曹
筭經五卷七曜本起曆五卷七曜曆筭二卷曆術一卷韓延夏
侯陽筭經一卷又五曹筭經五卷宋泉之九經術疏九卷劉徽海
島筭經一卷又九章重差圖一卷劉祐九章雜筭文二卷陰景愉
七經筭術通義七卷信都芳器準三卷黃鍾筭法四十卷劉歆
三統曆一卷四分曆一卷推漢書律曆志術一卷劉洪乾象曆術三卷

（闞澤注）乾象曆三卷楊偉魏景初曆三卷何承天宋元嘉曆二卷
又刻漏經一卷虞𠟗梁大同曆一卷吳伯善陳七曜曆五卷孫
僧化後魏永安曆一卷李業興後魏甲子曆送後魏武定曆一卷
宋景業北齊天保曆一卷北齊甲子元曆一卷王琛周大象曆三
卷馬顯周甲寅元曆一卷周甲子元曆一卷劉孝孫隋開皇曆一
卷又七曜雜術二卷李德林隋開皇曆一卷張冑玄隋大業曆
一卷又玄曆術一卷七曜曆疏三卷劉焯皇極曆一卷趙敺河
西壬辰元曆一卷河西甲寅元曆一卷劉智正曆四卷（薛夏訓）姜氏
曆術三卷崔浩律曆術一卷曆日義統一卷曆日吉凶注一卷
朱史刻漏經一卷宋景刻漏經一卷李淳風注周髀筭經二卷
又注九章筭術九卷注九章筭經要略一卷注五經筭術二卷注
張丘建筭經三卷注海島筭經一卷注五曹孫子等筭經二十
卷注甄鸞孫子筭經三卷釋祖沖之綴術五卷皇極曆一卷傅
仁均大唐戊寅曆一卷唐麟德曆一卷麟德曆出生記十卷王

孝通緝古筭術四卷（太史丞李淳風注）筭經表序一卷南宮說光宅曆草十
卷瞿曇謙大唐甲子元辰曆一卷大唐刻漏經一卷王勃千歲曆（卷亡）
謝察微筭經三卷紅本一位筭法二卷陳從運得一筭經七卷曾
靖新集五曹時要術三卷邢和璞潁陽書三卷（隱潁陽石堂山）僧一行開
元大衍曆一卷又曆議十卷曆立成十二卷曆草二十四卷七政
長曆三卷心機筭術括一卷（黃栖巖注）寶應五紀曆四十卷建中正元
曆二十八卷曹士蔿七曜符天曆一卷（建中時人）七曜符天人元曆三
卷龍受筭法二卷（貞元人）長慶宣明曆三十四卷長慶宣明曆要略
一卷宣明曆超捷例要略一卷邊岡景福崇玄曆四十卷（岡稱處士）
大衍通元鑑新曆三卷（貞元至大中）大唐長曆一卷都利聿斯經二卷
（貞元中都利術士李彌乾傳自西天竺有璩公者譯其文）陳輔聿斯四門經一卷
右曆筭類三十六家七十五部二百三十七卷（失姓名五家王勃以下不著錄十九家二百二十六卷）
黃帝問玄女法三卷黃帝用兵法訣一卷黃帝兵法孤虛推記一
卷黃帝太一兵曆一卷黃帝太公三宮法要訣一卷太公陰謀三

卷又陰謀三十六用一卷金匱二卷六韜六卷當敵一卷周書陰
符九卷周呂書一卷田穰苴司馬法三卷魏武帝注孫子三卷又
續孫子兵法二卷兵書接要七卷（孫武）孟氏解孫子二卷沈友注孫
子二卷賈詡注吳子兵法一卷（吳起）吳孫子三十二壘經一卷伍子胥
兵法一卷黃石公三略三卷又陰謀乘斗魁剛行軍祕一卷成氏三
略訓三卷張良經一卷張氏七篇七卷（張良）魏文帝兵書要略十卷
宋高祖兵法要略一卷司馬彪兵記十二卷孔衍兵林六卷葛洪兵
法孤虛月時祕要法一卷梁武帝兵法一卷梁元帝玉韜十卷劉祐
金韜十卷蕭吉金海四十七卷陶弘景眞人水鏡十卷握鏡三卷
王略武林一卷許子新書軍勝十卷樂産王佐祕書五卷後周齊
王憲兵書要略十卷隋高祖新撰兵書三十卷解忠鯁龍武玄
兵圖二卷新兵法二十四卷用兵要術一卷太一兵法一卷兵法要
訣一卷承神兵書八卷兵機十五卷兵書要略十卷用兵撮要三
卷兵春秋一卷獸闘亭亭一卷玉帳經一卷三陰圖一卷兵法雲

氣推占一卷武德圖五兵八陣法要一卷李靖六軍鏡三卷貞半
千臨戎孝經二卷李淳風懸鏡十卷李筌注孫子二卷又太白陰
經十卷青囊括一卷杜牧注孫子三卷陳皥注孫子一卷賈林
注孫子一卷孫鏑注吳子一卷裴行儉安置軍營行陣等四十六
訣一卷李嶠軍謀前鑒十卷郭元振定遠安邊策三卷吳兢兵
家正史九卷李勣祐兵法一卷（開元中左衛中郎將奉詔撰卷亡）鄭虔天寶軍防錄一卷（亡）劉
秩止戈記七卷至德新議十二卷董承祖至德元寶玉函經十卷
李光弼統軍靈轄秘策一卷（一作武記）裴守一軍誡三卷裴子新令二卷
裴緒韓滉天事序議一卷韋皐開復西南夷事狀十七卷范傳正
西陲要略三卷王公亮兵書十八卷（長慶元年上商州刺史）行師類要七卷燕僧利
正長慶人事軍律三卷李渤禦戎新錄二十卷李德裕西南備邊
錄十三卷杜希全新集兵書要訣三卷張道古兵論一卷（字子美景福進士第）
右兵書類二十三家六十部三百一十九卷（失姓名十四家李筌以下不著錄二十五家一百六十三卷）
史蘇沈思經一卷焦氏周易林十六卷（焦贛）京氏周易四時候二卷（京房）

又周易飛候六卷周易混沌四卷周易錯卦八卷逆刺三卷費氏
周易逆刺占災異十二卷（費直）又周易林二卷崔氏周易林十六卷
（崔篆）鄭玄注九宮行碁經三卷管輅周易林四卷又鳥情逆占一卷
張滿周易林七卷許氏周易雜占七卷（許峻）尚廣周易雜占八卷武
氏周易雜占八卷魏伯陽周易參同契二卷又周易五相類一卷徐
氏周易筮占二十四卷（徐苗）伏曼容周易集林十二卷伏氏周易集林一卷
杜氏新易林占三卷梁運周易雜占筮訣文二卷虞翻周易
集林律曆一卷郭璞周易洞林解三卷梁元帝連山三十卷又洞
林三卷郭氏易腦一卷周易立成占六卷易林十四卷周易新林
一卷易律曆一卷周易服藥法一卷易三備三卷又三卷易髓一
卷周易問十卷周易雜圖序一卷周易八卦斗內圖一卷又三卷
周易內卦神筮法二卷周易雜筮占四卷老子神符易一卷孝經
元辰二卷推元辰厄命一卷元辰章三卷元辰一卷雜元辰祿命
二卷溢河祿命二卷孫僧化六甲開天曆一卷翼奉風角要候一

卷王琛風角六情訣一卷又推產婦何時產法一卷九宮行碁立
成一卷祿命書二卷遁甲開山圖一卷劉孝恭風角鳥情二卷又
祿命書二十卷鳥情占一卷風角十卷九宮經解三卷婚嫁書三
卷登壇經一卷太一大游曆二卷大游太一曆一卷曜靈經一卷
七政曆一卷六壬曆一卷六壬擇非經六卷靈寶登圖一卷梁主
榮光明符十二卷推二十四氣曆一卷太一曆一卷曹氏黃帝式
經三十六用一卷玄女式經要訣一卷董氏大龍首式經一卷桓
公式經一卷宋琨式經一卷六壬式經雜占九卷雷公式經一卷
太一式經二卷太一式經雜占十卷黃帝式用常陽經一卷黃帝
龍首經二卷黃帝集靈三卷黃帝降國一卷黃帝斗曆一卷
太史公萬歲曆一卷（司馬談）萬歲曆祠二卷任氏千歲曆祠二卷舉
百事要略一卷張衡黃帝飛鳥曆一卷太一飛鳥曆一卷太一九宮
雜占十卷九宮經三卷堪輿曆注二卷鄧紹黃帝四序堪輿一卷地節堪
輿二卷伍子胥遁甲文一卷信都芳遁甲經二卷葛洪三元遁甲圖

三卷許昉三元遁甲六卷杜仲三元遁甲一卷榮氏遁甲開山圖
二卷遁甲經十卷遁甲囊中經一卷遁甲推要一卷遁甲祕要一
卷遁甲九星曆一卷遁甲萬一訣三卷三元遁甲立成圖二卷遁
甲立成法三卷遁甲九宮八門圖一卷遁甲三奇三卷陽遁甲九卷
陰遁甲九卷遁甲三元九甲立成一卷白澤圖一卷武王須臾二卷
師曠占書一卷東方朔占書一卷淮南王萬畢術一卷樂產神
樞靈轄十卷柳彥詢龜經三卷柳世隆龜經三卷劉寶真龜經
一卷王弘禮龜經一卷莊道名龜經一卷蕭吉五行記五卷又五
姓宅經二十卷葬經二卷王璨新撰陰陽書三十卷青烏子三卷
葬經八卷又十卷葬書地脉經一卷墓書五陰一卷雜墓圖一卷
墓圖立成一卷六甲家名雜忌要訣二卷郭氏五姓墓圖要訣
五卷壇中伏尸一卷胡君玄女彈五音法相冢經一卷百怪書一
卷祠竈經一卷解文一卷周宣占夢書三卷又二卷孫思邈龜
經一卷又五兆筭經一卷龜上五兆動搖經訣一卷福祿論三卷李

淳風四民福祿論三卷又玄悟經三卷太一元鑑五卷占燈經一卷注鄭玄九旗飛變一卷三元經一卷太一樞會賦一卷(玄宗注) 崔知悌產圖一卷呂才陰陽書五十三卷廣濟陰陽百忌曆一卷大唐地理經十卷(貞觀中上) 袁天綱相書七卷要訣三卷陳恭釗天寶曆一卷(天寶中詔定) 趙同珍壇經一卷黎幹蓬瀛書三卷賈耽唐七聖曆一卷李遂龍紀聖異曆一卷竇維鍌廣古今五行記三十卷濮陽夏樵子五行志五卷祿命人元經三卷楊龍光推計祿命厄運詩一卷王希明太一金鏡式經十卷(開元中詔撰) 僧一行天一太一經一卷又遁甲十八局一卷太一局遁甲經一卷五音地理經十五卷六壬明鏡連珠歌一卷六壬髓經三卷馬先天寶太一靈應式記五卷李鼎祚連珠明鏡式經十卷(開耀中上之) 蕭君靖遁甲圖(開元僕寺丞奉詔撰卷亡) 司馬驤遁甲符寶萬歲經國曆一卷(驤與弟谷同撰) 曹士蔿金匱經三卷馬雄絳囊經一卷(號居士) 李靖玉帳經一卷李筌六壬大玉帳歌十卷王叔政推太歲行年吉凶厄一卷由吾公裕葬經三卷孫季邕葬範三卷盧

重元夢書四卷(開元人) 柳璨夢儁一卷

右五行類六十家一百六十部六百四十七卷(失姓名六家，袁天綱以下不著錄二十五家，一百三十二卷)

郝沖虞譚法投壺經一卷魏文帝皇博經一卷大小博法二卷大博經行棊戲法二卷鮑宏小博經一卷博塞經一卷雜博戲五卷隋煬帝二儀簿經一卷范汪等注棊品五卷梁武帝棊評一卷棊勢六卷圍棊後九品序錄一卷竹苑仙棊圖一卷周武帝象經一卷何妥象經一卷王褒象經一卷王裕注象經一卷今古術藝十五卷名手畫錄一卷李嗣真畫後品一卷禮圖等雜畫五十六卷漢王元昌畫漢賢王圖閻立德畫文成公主降蕃圖玉華宮圖鬪雞圖閻立本畫秦府十八學士圖凌煙閣功臣二十四人圖范長壽畫風俗圖醉道士圖王定畫本草訓誡圖(貞觀尚方令) 檀智敏畫游春戲藝圖(振武校尉) 殷敬韋元忝畫皇朝九聖圖高祖及諸王圖太宗自定輦上圖開元十八學士圖(開元人) 董萼畫盤車圖(字重熙，開元人) 曹元廓畫後周北齊梁陳隋武德貞觀永徽等朝臣圖高祖太宗諸子圖

秦府學士圖淩煙圖(武后左尚方令) 楊昇畫望賢宮圖安祿山真張萱畫少女圖乳母將嬰兒圖按羯鼓圖鞦韆圖(並開元館畫直) 談皎畫武惠妃舞圖佳麗寒食圖佳麗伎樂圖韓幹畫龍朔功臣圖姚宋及安祿山圖相馬圖玄宗試馬圖寧王調馬打毬圖(大梁人，太府寺丞) 陳宏畫安祿山圖玄宗馬射圖上黨十九瑞圖(永王府長史) 王象畫鹵簿圖田琦畫洪崖子橘木圖(德平子，汝南太守) 竇師綸畫內庫瑞錦對雉鬪羊翔鳳游麟圖(字希言，太宗秦王府諮議、相國錄事參軍，封陵陽公) 韋鶠畫天竺胡僧渡水放牧圖(鑒子) 周昉畫撲蝶按箏楊真人降真五星等圖各一卷(字景玄) 張彥遠歷代名畫記十卷姚最續畫品一卷裴孝源畫品錄一卷(中書舍人，記貞觀、顯慶年事) 顧況畫評一卷朱景玄唐畫斷三卷(會昌人) 竇蒙畫拾遺(卷亡) 吳恬畫山水錄(一卷，恬一名玢，字建康，青州人) 王琚射經一卷張守忠射記一卷任權弓箭論一卷上官儀投壺經一卷王積薪金谷園九局圖一卷(開元待詔) 韋珽棊圖一卷呂才大博經二卷董叔經博經一卷(貞元中上) 李郃骰子選格三卷(字中玄，賀州刺史)

右雜藝術類十一家二十部一百四十二卷(失姓名八家，張彥遠以下不著錄一十六家，一百一十七卷)

何承天并合皇覽一百二十二卷徐爰并合皇覽八十四卷劉孝標類苑一百二十卷劉杳壽光書苑二百卷徐勉華林遍略六百卷祖孝徵等脩文殿御覽三百六十卷虞綽等長洲玉鏡二百三十八卷諸葛穎玄門寶海一百二十卷張氏書圖泉海七十卷要錄六十卷檢事書一百六十卷帝王要覽二十卷文思博要一千二百卷目十二卷(右僕射高士廉、左僕射房玄齡、特進魏徵、中書令楊師道、兼中書侍郎岑文本、禮部侍郎顏相時、國子司業朱子奢、博士劉伯莊、太學博士馬嘉運、給事中許敬宗、司文郎中崔行功、太常丞呂才、秘書丞李淳風、起居郎褚遂良、晉王友姚思廉、太子舍人司馬宅相等奉詔撰，貞觀十五年上) 許敬宗搖山玉彩五百卷(孝敬皇帝令太子少師許敬宗、司議郎孟利貞、崇賢館學士郭瑜、顧胤、右史董思恭等撰) 累璧四百卷又目錄四卷(許敬宗等撰，龍朔元年上) 東殿新書二百卷(許敬宗、李義府奉詔於武德內殿脩撰，其書自史記至晉書，刪其繁辭，龍朔元年上，高宗製序) 歐陽詢藝文類聚一百卷(令狐德棻、趙弘智等同脩) 虞世南北堂書鈔一百七十三卷張大素策府五百八十二卷武后玄覽一百卷三教珠英一千三百卷目十三卷(張昌宗、李嶠、崔湜、閻朝隱、徐彥伯、張說、沈佺期、宋之問、富嘉謨、喬侃、員半千、薛曜等撰。開成初改為海內珠英，武后所改字並復舊) 孟利貞碧玉芳林四百五

十卷王藻瓊林一百卷王義方筆海十卷玄宗事類一百三十卷
又初學記三十卷張說類集要事以教諸王徐堅韋述余欽施敬本張烜李銳孫季良等分撰是光乂十九部
書語類十卷開元末自祕書省正字上授集賢院脩撰後賜姓齊劉秩政典三十五卷杜佑通典二
百卷蘇冕會要四十卷續會要四十卷楊紹復裴德融崔瑑薛逢鄭言周膚敏薛廷望于珪
于球等撰崔鉉監脩陸贄備舉文言二十卷劉綺莊集類一百卷高丘詞集
類略三十卷陸羽警年十卷張仲素詞圃十卷字繪之元和翰林學士中書舍人元
氏類集三百卷元稹白氏經史事類三十卷白居易一名六帖王氏千門四十卷
王洛賓于立政類林十卷郭道規事鑑五十卷馬幼昌穿楊集四
卷判目盛均十三家貼均字之杼泉州南安人終昭州刺史以白氏六帖未備而廣之卷亡竇蒙青囊書
十卷國子司業韋稔瀛類十卷應用類對十卷高測韻對十卷溫庭
筠學海三十卷王博古脩文海十七卷李途記室新書三十卷孫
翰錦繡谷五卷張楚金翰苑七卷皮氏鹿門家鈔九十卷皮日休字襲美咸通
太常博士劉揚名戚苑纂要十卷戚苑英華十卷袁說重脩
右類書類十七家二十四部七千二百八十八卷失姓名三家王義方以下不著錄三十二家一千三百三十八卷

皇甫謐皇帝三部鍼經十二卷張子存赤烏神鍼經一卷黃帝鍼
灸經十二卷黃帝雜注鍼經一卷黃帝鍼經十卷玉匱鍼經十二卷
龍銜素鍼經并孔穴蝦蟇圖三卷徐叔嚮鍼灸要鈔一卷黃帝明
堂經三卷黃帝明堂三卷楊玄注黃帝明堂經三卷黃帝內經
明堂十三卷黃帝十二經脉明堂五藏圖一卷曹氏黃帝十二經
明堂偃側人圖十二卷秦承祖明堂圖三卷明堂孔穴五卷秦越
人黃帝八十一難經二卷全元起注黃帝素問九卷靈寶注黃
帝九靈經十二卷黃帝甲乙經十二卷黃帝流注脉經一卷三部
四時五藏辨候診色脉經一卷脉經十卷又二卷徐氏脉經訣三
卷王子顒脉經二卷岐伯灸經一卷雷氏灸經一卷五藏訣一卷
五藏論一卷賈和光鈴和子十卷王冰注黃帝素問二十四卷釋
文一卷冰號啓元子楊上善注黃帝內經明堂類成十三卷又黃帝內
經太素三十卷甄權脉經一卷鍼經鈔三卷鍼方一卷明堂人形
圖一卷米遂明堂論一卷

右明堂經脉類一十六家三十五部二百三十一卷失姓名十六家甄權以下不著錄二家七卷
神農本草三卷雷公集撰神農本草四卷吳氏本草因六卷吳普李氏本
草三卷原平仲靈秀本草圖六卷郭子巖本草音義二卷本草用藥要
妙九卷本草病源合藥節度五卷本草要術三卷療癰疽耳眼本草
要妙五卷桐君藥錄三卷徐之才雷公藥對二卷僧行智諸藥異名
十卷藥類二卷藥目要用二卷四時採取諸藥及合和四卷名醫別錄
三卷吳景諸病源候論五十卷巢氏諸病源候論五十卷巢元方徐嗣伯
雜病論一卷又徐氏落年方三卷彭祖養性經一卷張湛養生要
集十卷延年祕錄十二卷秦承祖藥方四十卷吳普集華氏藥方
十卷華佗葛洪肘後救卒方六卷梁武帝坐右方十卷如意方十卷
陶弘景集注神農本草七卷又効驗方十卷補肘後救卒備急
方六卷太清玉石丹藥要集三卷太清諸草木方集要三卷隋
煬帝勑撰四海類聚單方十六卷王叔和張仲景藥方十五卷又
傷寒卒病論十卷阮河南方十六卷阮炳尹穆纂范東陽雜藥方一

百七十卷范汪胡居士治百病要方三卷胡洽徐叔嚮雜療方二十卷又體
療雜病方六卷腳弱方八卷解寒食方十五卷阮河南藥方十七
卷褚澄雜藥方十二卷陳山提雜藥方十卷謝泰黃素方二十五
卷孝思雜湯丸散方五十七卷謝士太刪繁方十二卷徐之才徐
王八代効驗方十卷又家祕方三卷范世英千金方三卷姚僧垣
集驗方十卷陳延之小品方十二卷蘇游玄感傳屍方一卷又太
一鐵胤神丹方三卷俞氏治小兒方四卷俞寶小女節療方一卷僧
僧深集方三十卷僧鸞調氣方一卷龔慶宣劉涓子男方十卷
甘濬之療癰疽金瘡要方十四卷甘伯齊療癰疽金瘡要方十二
卷雜藥方六卷雜丸方一卷名醫集驗方三卷百病膏方十卷雜
湯方八卷療目方五卷寒食散方并消息節度二卷婦人方十卷
又二十卷少女方十卷少女雜方二十卷類聚方二千六百卷種芝
經九卷芝草圖一卷諸葛穎淮南王食經一百三十卷音十三卷
食目十卷盧仁宗食經三卷崔浩食經九卷竺暄食經四卷又

十卷趙武四時食法一卷太官食法一卷太官食方十九卷四時
御食經一卷抱朴子太清神仙服食經五卷沖和子太清璿璣文
七卷太清神丹中經三卷太清神仙服食經五卷太清諸丹藥要
錄四卷京里先生金匱仙藥錄三卷神仙服食經十二卷神仙藥
食經一卷神仙服食方十卷神仙服食藥方十卷服玉法并禁忌
一卷寒食散論二卷葛仙公錄狐子方金訣二卷狐子雜訣三卷
明月公陵陽子祕訣一卷黃公神臨藥祕經一卷黃白祕法一卷又二
十卷葛氏房中祕術一卷沖和子玉房祕訣十卷(張鼎)本草二十卷目
錄一卷藥圖二十卷圖經七卷(顯慶四年英國公李勣太尉長孫無忌兼侍中辛茂將太子賓客弘文館學士許敬宗禮部郎中兼太子洗馬弘文館大學士孔志約尚藥奉御許孝崇胡子家蔣季璋尚藥局直長藺復珪許弘直侍御醫巢孝儉太子藥藏監蔣季瑜吳嗣宗丞蔣義方太醫令蔣季琬許弘丞蔣茂昌太常丞呂才賈文通太史令李淳風潞王府參軍吳師哲禮部主事顏仁楚右監門府長史蘇敬等撰)孔志約本草音
義二十卷蘇敬新脩本草二十一卷又新脩本草圖二十六卷本草
音三卷本草圖經七卷甄立言(一作權)本草音義七卷又本草藥性三
卷古今錄驗方五十卷孟詵食療本草三卷又補養方三卷必效

方十卷宋俠經心方十卷崔氏纂要方十卷(崔行功)崔知悌骨蒸病
灸方一卷王方慶新本草四十一卷又藥性要訣五卷袖中備急要
方三卷嶺南急要方二卷針灸服藥禁忌五卷李含光本草音義
二卷陳藏器本草拾遺十卷(開元中人)鄭虔胡本草七卷孫思邈千金
方三十卷又千金髓方二十卷千金翼方三十卷神枕方一卷醫
家要妙五卷楊太僕醫方一卷(失名天授二年上)衛嵩醫門金寶鑑三卷
許詠六十四問一卷段元亮病源手鏡一卷伏氏醫苑一卷(失名)甘伯
宗名醫傳七卷王超仙人水鏡圖訣一卷(貞觀人)吳兢五藏論應象
一卷裴璡五藏論一卷劉清海五藏類合賦五卷裴王廷五色傍
通五藏圖一卷張文懿藏府通元賦一卷段元亮五藏鏡源四卷
俞義纂療癰疽要訣一卷瘡腫論一卷沈泰之癰疽論二卷青
溪子萬病拾遺三卷又消渴論一卷脚氣論三卷李暄嶺南脚氣
論一卷又方一卷脚氣論一卷(蘇鑒徐玉等編集)鄭景岫南中四時攝生論一
卷蘇游鐵粉論一卷陳元北京要術一卷(元爲太原少尹)司空輿發焰錄一卷
(圖父大中時商州刺史)青羅子道光通元祕要術三卷(失姓咸通人)乾寧晏先生制
伏草石論六卷(蜀時)江承宗刪繁藥詠三卷(鳳翔節度要籍)玄宗開元廣濟
方五卷劉貺眞人肘後方三卷王燾外臺祕要方四十卷又外臺
要略十卷德宗貞元集要廣利方五卷陸氏集驗方十五卷(陸贄)
賈耽備急單方一卷薛弘慶兵部手集方三卷(兵部尚書李絳所傳方弘慶大和河中少尹)
薛景晦古今集驗方十卷(元和刑部郎中貶道州刺史)劉禹錫傳信方二卷崔玄
亮海上集驗方十卷楊氏產乳集驗方三卷(楊歸厚元和中自左拾遺貶鳳州司馬虢州刺史方九百一十一)鄭注藥方一卷韋氏集驗獨行方十二卷(韋宙)張文仲隨身備
急方三卷蘇越羣方祕要三卷李繼皐南行方三卷白仁叙唐興
集驗方五卷包會應驗方一卷許孝宗篋中方三卷梅崇獻方
五卷姚和衆童子祕訣三卷又衆童延齡至寶方十卷孫會嬰孺
方十卷邵英俊口齒論一卷又排玉集三卷(加口齒方)李昭明嵩臺集三
卷陽曄膳夫經手錄四卷嚴龜食法十卷(震之後西川節度使譔子也昭宗時官贊善大夫)
右醫術類六十四家一百二十部四千四十六卷(失姓名三十八家王方慶以下不著錄五十五家四百八卷)

藝文志第四十九

翰林學士兼龍圖閣學士朝散大夫給事中知制誥充史館脩撰臣歐陽脩奉敕撰

丁部集錄其類三一曰楚辭類二曰別集類三曰揔集類凡著錄八百一十八家八百五十六部一萬一千九百二十三卷不著錄四百八家五千八百二十五卷

王逸注楚辭十六卷郭璞注楚辭十卷楊穆楚辭九悼一卷劉杳離騷草木蟲魚疏二卷孟奧楚辭音一卷徐邈楚辭音一卷僧道騫楚辭音一卷

右楚辭類七家七部三十二卷

趙荀況集二卷楚宋玉集二卷漢武帝集二卷淮南王安集二卷賈誼集二卷枚乘集二卷司馬遷集二卷東方朔集二卷董仲舒集二卷李陵集二卷司馬相如集二卷孔臧集二卷魏相集二卷張敞集二卷韋玄成集二卷劉向集五卷王襃集五卷谷永集五卷杜鄴集五卷師丹集五卷息夫躬集五卷劉歆集五卷楊雄集五卷崔篆集一卷東平王蒼集二卷桓譚集二卷史岑集二卷王文山集二卷朱勃集二卷梁鴻集二卷黃香集二卷馮衍集五卷班彪集三卷杜篤集五卷傅毅集五卷班固集十卷崔駰集十卷賈逵集二卷劉騊駼集二卷崔瑗集五卷蘇順集二卷竇章集二卷胡廣集二卷高彪集二卷王逸集二卷桓驎集二卷邊韶集二卷皇甫規集五卷張奐集二卷朱穆集二卷趙壹集二卷張升集二卷侯瑾集二卷酈炎集二卷盧植集二卷劉珍集二卷楊厚集二卷張衡集十卷葛龔集五卷李固集十卷馬融集五卷崔琦集二卷延篤集二卷劉陶集二卷荀爽集二卷劉梁集二卷鄭玄集二卷蔡邕集二十卷應劭集四卷士孫瑞集二卷張邵集五卷禰衡集二卷孔融集十卷潘勗集二卷阮瑀集五卷陳琳集十卷張紘集一卷繁欽集十卷楊脩集二卷王粲集十卷魏武帝集三十卷文帝集十卷明帝集

十卷高貴鄉公集二卷陳思王集二十卷又三十卷華歆集三十卷王朗集三十卷邯鄲淳集二卷袁渙集五卷應瑒集二卷徐幹集五卷劉楨集二卷路粹集二卷丁儀集二卷丁廙集二卷劉廙集二卷吳質集五卷孟達集三卷陳羣集三卷毛脩集三卷管寧集二卷劉邵集二卷麋元集五卷李康集二卷孫該集二卷卞蘭集二卷傅巽集二卷高堂隆集十卷繆襲集五卷郭襃集二卷韋誕集三卷曹羲集五卷傅嘏集二卷桓範集二卷夏侯霸集二卷鍾毓集五卷江奉集二卷夏侯惠集二卷毋丘儉集二卷王弼集五卷呂安集二卷王昶集五卷王肅集五卷何晏集十卷應璩集十卷杜摯集二卷夏侯玄集三卷程曉集二卷阮籍集五卷嵇康集十五卷鍾會集十卷蜀許靖集二卷諸葛亮集二十四卷吳張溫集五卷士燮集五卷虞翻集三卷駱統集十卷暨豔集二卷謝承集四卷姚信集十卷陸凱集五卷華覈集五卷胡綜集二卷薛瑩集二卷薛綜集三卷張儼集二卷韋昭集二卷紀騭集二卷晉宣帝集五卷文帝集二卷明帝集五卷簡文帝集五卷齊王攸集二卷會稽王道子集八卷彭城王集八卷譙烝王集三卷王沈集五卷鄭袤集二卷應貞集五卷嵇喜集二卷傅玄集五十卷成公綏集十卷裴秀集三卷何禎集五卷袁準集二卷山濤集五卷向秀集二卷阮沖集二卷阮侃集五卷羊祜集二卷賈充集二卷荀勗集二十卷杜預集二十卷王濟集二卷皇甫謐集二卷程咸集三卷劉毅集二卷庾峻集三卷郤正集一卷楊泉集二卷陶濬集二卷宣騁集三卷曹志集二卷鄒湛集四卷孫毓集五卷王渾集五卷王深集四卷江偉集五卷閔鴻集二卷裴楷集二卷何劭集二卷劉寔集二卷裴頠集十卷許孟集二卷王祜集三卷王濟集二卷華頌集三卷劉嶠集二卷庾儵集三卷謝衡集二卷傅咸集三十卷棗據集二卷劉寶集三卷孫楚集十卷王讚集二卷夏侯湛集十卷夏侯淳集十卷張敏集二卷劉許集二卷李重集二卷樂廣集二卷阮渾集二卷楊乂集三卷張華集十卷李虔集十卷石崇集五卷

潘岳集十卷潘尼集十卷歐陽建集二卷嵇紹集二卷衛展集十
四卷盧播集二卷欒肇集五卷應亨集二卷司馬彪集三卷杜
育集二卷摯虞集十卷繆徵集二卷左思集五卷夏侯湛集三
卷鄭豐集二卷陳略集二卷張翰集二卷陸機集十五卷陸雲
集十卷陸沖集二卷孫拯集二卷張載集二卷張協集二卷束皙
集五卷華譚集二卷曹攄集二卷江統集十卷胡濟集五卷卞
粹集二卷閭丘沖集二卷庾敳集二卷阮瞻集二卷阮脩集二卷
裴邈集二卷郭象集五卷嵇含集十卷孫惠集十卷蔡洪集二卷
牽秀集五卷蔡克集二卷索靖集二卷閻纂集二卷張輔集二
卷鄒巨集二卷陶佐集五卷仲長敖集二卷虞溥集二卷吳商集
五卷劉弘集三卷山簡集二卷宗岱集三卷王曠集五卷王峻集二
卷棗腆集二卷棗嵩集二卷劉琨集十卷盧諶集十卷傅暢集
五卷顧榮集五卷荀組集二卷周顗集二卷周嵩集三卷王導集
十卷荀邃集二卷王敦集五卷謝琨集二卷張抗集二卷賈霖集
三卷劉隗集三卷應詹集五卷陶侃集二卷王給集三卷張闓
集三卷卞壼集二卷劉超集二卷楊方集二卷傅純集二卷郗鑒
集十卷溫嶠集十卷孔坦集五卷王濤集五卷王箴集五卷甄述
集五卷王嶠集二卷戴邈集五卷賀循集二十卷張悛集二卷應
碩集二卷陸沈集二卷曾瓌集五卷熊遠集五卷郭璞集十卷王
鑒集五卷庾亮集二十卷虞預集十卷顧和集五卷范宣集十卷
張虞集五卷庾冰集二十卷庾翼集二十卷何充集五卷諸葛恢
集五卷祖台之集十五卷李充集十四卷蔡謨集十卷謝艾集八卷
范汪集八卷范甯集十五卷阮放集五卷王羨集十卷王彪之集二
十卷謝安集五卷謝万集十卷王羲之集五卷干寶集四卷殷融
集十卷劉遐集五卷殷浩集五卷劉惔集二卷王濛集五卷謝尚
集五卷張憑集五卷張望集三卷韓康伯集五卷王胡之集五卷
江霖集五卷范宣集五卷江惇集五卷王述集五卷郝默集五卷
費輦集十卷王淡集二卷王度集五卷劉系之集五卷劉恢集五

卷范啓集五卷郗康集五卷孫嗣集三卷王坦之集五卷桓溫
集二十卷郗超集十五卷謝朗集五卷謝玄集十卷王珣集十
卷許詢集三卷孫統集五卷孫綽集十五卷孔嚴集五卷江逌集
五卷車灌集五卷丁纂集二卷曹毗集十五卷蔡系集二卷李
顒集十卷顧夷集五卷袁喬集五卷謝沈集五卷庾闡集十
卷王隱集十卷殷允集十卷徐邈集八卷殷仲堪集十卷殷叔
獻集三卷伏滔集五卷桓嗣集五卷習鑿齒集五卷鈕滔集五
卷邵毅集五卷孫盛集十卷袁質集二卷袁宏集二十卷袁邵
集三卷羅含集三卷孫放集十五卷王昞集四卷庾統集二卷
郭愔集五卷滕輔集五卷庾龢集二卷庾軌集二卷庾倩集二
卷庾肅之集十卷王脩集二卷戴逵集十卷桓玄集二十卷殷
仲文集七卷卞湛集五卷蘇彥集十卷袁豹集十卷王謐集十
卷周祗集十卷梅陶集十卷湛方生集十卷劉瑾集八卷羊徽
集一卷卞裕集十四卷王愆期集十卷孔璠之集二卷王茂略集
四卷蕭璹之集十卷滕演集二卷宋武帝集二十卷文帝集十
卷長沙王義欣集十卷臨川王義慶集八卷衡陽王義季集十卷
江夏王義恭集十五卷南平王鑠集五卷建平王宏集十卷又小
集六卷新渝侯義宗集十二卷謝瞻集三卷孔琳之集十卷王叔
之集十卷徐廣集十五卷孔甯子集十五卷蔡廓集十卷傅亮集
十卷孫康集十卷鄭鮮之集二十卷陶潛集二十卷又集五卷范
泰集二十卷王弘集二十卷謝惠連集五卷謝靈運集十五卷荀昶
集十四卷孔欣集十卷卞伯玉集五卷王曇首集二卷謝弘微集
二卷王韶之集二十卷沈林子集七卷姚濤之集二十卷賀道養
集十卷衛令元集八卷褚詮之集八卷荀欽明集六卷殷淳集三
卷劉瑀集七卷劉緄集五卷雷次宗集三十卷宗炳集十五卷
伍緝之集十一卷荀雍集十卷袁淑集十卷顏延之集三十卷王
微集十卷王僧達集十卷張暢集十四卷何偃集八卷沈懷文集
十三卷江智淵集十卷謝莊集十五卷殷琰集八卷顏竣集十三

卷何承天集二十卷裴松之集三十卷卞瑾集十卷丘淵之集六卷顏測集十一卷湯惠休集三卷沈勃集十五卷徐爰集十卷鮑照集十卷庾蔚之集十一卷虞通之集五卷劉愔集十卷孫緬集十卷袁伯文集十卷袁粲集十卷齊竟陵王集三十卷褚淵集十五卷王儉集六十卷周顒集二十卷徐孝嗣集十二卷王融集十卷謝朓集十卷孔稚珪集十卷陸厥集十卷虞羲集十一卷宗躬集十二卷江奐集十一卷張融玉海集六十卷梁文帝集十八卷武帝集十卷簡文帝集八十卷元帝集五十卷又小集十卷昭明太子集二十卷邵陵王綸集四卷武陵王紀集八卷范雲集十二卷江淹前集十卷後集十卷任昉集三十四卷宗夬集十卷王暕集二十卷魏道徽集三卷司馬褧集九卷沈約集一百卷又集略三十卷傅昭集三十卷袁昂集二十卷徐勉前集三十五卷後集十六卷陶弘景集三十卷周捨集二十卷何遜集八卷謝琛集五卷謝郁集五卷王僧孺集三十卷張率集三十卷楊眺集十卷鮑幾集八卷周興

嗣集十卷蕭洽集二卷裴子野集十四卷庾曇隆集十卷陸倕集二十卷劉之遴前集十一卷後集三十卷虞曒集六卷王冏集三卷劉孝綽集十二卷劉孝儀集二十卷劉孝威前集十卷後集十卷丘遲集十卷王錫集七卷蕭子範集三卷蕭子雲集二十卷蕭子暉集十一卷江革集十卷吳均集二十卷庾肩吾集十卷王筠洗馬集十卷又中庶子集十卷左右集十卷臨海集十卷中書集十卷尚書集十一卷鮑泉集一卷謝瑱集十卷任孝恭集十卷張纘集十卷陸雲公集四卷張綰集十卷甄玄成集十卷蕭欣集十卷沈君攸集十二卷後梁明帝集一卷後魏文帝集四十卷高允集二十卷宗欽集二卷李諧集十卷韓宗集五卷袁躍集九卷薛孝通集六卷溫子昇集三十五卷盧元明集六卷陽固集三卷魏孝景集一卷北齊陽休之集三十卷邢邵集三十卷魏收集七十卷劉逖集四十卷後周明帝集五十卷趙平王集十卷滕簡王集十二卷宗懍集十卷王褒集二十卷蕭撝集十卷庾信集二十卷王衡集三卷

陳後主集五十五卷沈炯前集六卷後集十三卷周弘正集二十卷周弘讓集十八卷徐陵集三十卷張正見集四卷陸玠集五卷陸瑜集十卷沈不害集十卷張式集十三卷褚介集十卷顧越集二卷顧覽集五卷姚察集二十卷隋煬帝集三十卷盧思道集二十卷李元操集二十二卷辛德源集三十卷李德林集十卷牛弘集十二卷薛道衡集三十卷何妥集十卷柳顧言集十卷江總集二十卷殷英童集三十卷蕭愨集九卷魏澹集四卷尹式集五卷諸葛穎集十四卷王胄集十卷虞茂世集五卷劉興宗集三卷李播集三卷道士江旻集三十卷僧曇諦集六卷惠遠集十五卷支遁集十卷惠琳集五卷曇瑗集六卷靈裕集二卷亡名集十卷曹大家集二卷鍾夫人集二卷劉臻妻陳氏集五卷左九嬪集一卷臨安公主集三卷范靖妻沈滿願集三卷徐悱妻劉氏集六卷太宗集四十卷高宗集八十六卷中宗集四十卷睿宗集十卷武后垂拱集一百卷又金輪集十卷陳叔達集十五卷竇威集十卷褚亮集二十

卷虞世南集三十卷蕭瑀集一卷沈齊家集十卷薛收集十卷楊師道集十卷庾抱集十卷孔穎達集五卷王績集五卷郎楚之集三卷魏徵集二十卷許敬宗集八十卷于志寧集四十卷上官儀集三十卷李義府集四十卷顏師古集六十卷岑文本集六十卷劉子翼集二十卷殷聞禮集一卷陸士季集十卷劉孝孫集三十卷鄭世翼集八卷崔君實集十卷李百藥集三十卷孔紹安集五十卷高季輔集二十卷溫彥博集二十卷李玄道集十卷謝偃集十卷沈叔安集二十卷陸楷集十卷曹憲集三十卷蕭德言集二十卷潘求仁集三卷殷芋集三卷蕭鈞集三十卷袁朗集十四卷楊續集十卷王約集一卷任希古集十卷凌敬集十四卷王德儉集十卷徐孝德集十卷杜之松集十卷宋令文集十卷陳子良集十卷顏頵集十卷劉穎集十卷司馬僉集十卷鄭秀集十二卷耿義綜集七卷楊元亨集五卷劉綱集三卷王歸一集十卷馬周集十卷薛元超集三十卷高智周集五卷褚遂良集二十卷劉禕之集七十

卷郝處俊集十卷崔知悌集五卷李安期集二十卷唐觀集五卷張大素集十五卷鄧玄挺集十卷劉允濟集二十卷駱賓王集十卷盧照鄰集二十卷又幽憂子三卷楊炯盈川集三十卷王勃集三十卷狄仁傑集十卷李懷遠集八卷盧受采集二十卷王適集二十卷喬知之集二十卷蘇味道集十五卷薛耀集二十卷郎餘慶集十卷盧光容集二十卷崔融集六十卷閻錚機集十卷李嶠集五十卷喬備集六卷陳子昂集十卷元希聲集十卷李適集十卷沈佺期集十卷徐彥伯前集十卷後集十卷宋之問集十卷杜審言集十卷谷倚集十卷富嘉謨集十卷吳少微集十卷劉希夷集十卷張柬之集十卷桓彥範集三卷韋承慶集六十卷閭丘均集二十卷郭元振集二十卷魏知古集二十卷閻朝隱集五卷蘇瓌集十卷員半千集十卷李乂集五卷姚崇集十卷丘悅集十卷劉子玄集三十卷盧藏用集三十卷玄宗集德宗集卷亡濮王泰集二十卷上官昭容集二十卷令狐德棻集三十卷褚亮集二十卷許彥伯集十

卷劉洎集十卷來濟集三十卷杜正倫集十卷李敬玄集三十卷裴行儉集二十卷崔行功集六十卷張文琮集二十卷魏崇裕集二十卷劉憲集三十卷薛稷集三十卷宋璟集十卷蔣儼集五卷趙弘智集二十卷賀德仁集二十卷許子儒集十卷蔡允恭集二十卷張昌齡集二十卷杜易簡集二十卷顏元孫集三十卷姚璹集七卷杜元志集十卷字道審開元考功郎中杭州刺史楊仲昌集十五卷崔液集十卷裴耀卿集張說集二十卷蘇頲集三十卷徐堅集三十卷元海集十卷字休則開元睦河李邕集七十卷王翰集十卷張九齡集二十卷康國安集十卷以明經高第直國子監教授三館進士授右典戎衛錄事參軍太學崇文助教遷博士白鹿門內供奉崇文館學士孫逖集二十卷趙冬曦集卷亡苑咸集卷亡京兆人開元末上書拜司經校書中書舍人貶漢東郡司戶參軍復起為舍人永陽太守毛欽一集三卷字傑荊州長林人王助雕蟲集一卷王維集十卷康希銑集二十卷字南金開元台州刺史張均集二十卷權若訥集十卷開元梓州刺史白履忠集十卷鮮于向集十卷康玄辯集十卷字通理開元瀘州刺史嚴從集三卷從辛詔求其書呂向襄而進焉陶翰集卷亡潤州人開元禮部員外郎崔國輔集卷亡應縣令舉授許昌令集賢直學士禮部員外

郎坐罪貶近親貶竟陵郡司馬高適集二十卷賈至集二十卷別十五卷蘇冕編張孝嵩集十卷字仲山南陽人開元河東節度使南陽郡公儲光羲集七十卷蘇源明前集三十卷李白草堂集二十卷李陽冰錄杜甫集六十卷小集六卷潤州刺史樊晃集岑參集十卷盧象集十二卷字緯卿左拾遺膳部員外郎授安祿山僞官貶永州司戶參軍起為主客員外郎蕭穎士游梁新集三卷又集十卷李華前集十卷中集二十卷李翰前集三十卷王昌齡集五卷元結文編十卷邵說集十卷裴倩集五卷又溢城集五卷均之父劉彙集三卷樊澤集十卷崔良佐集十卷湯賁集十五卷字文叔潤州丹陽人貞元宋州刺史劉迥集五卷武就集五卷元衡父于休烈集十卷元載集十卷張薦集三十卷劉長卿集十卷字文房至德監察御史以檢校祠部員外郎為轉運使判官知淮西鄂岳轉運留後鄂岳觀察使吳仲孺誣奏貶潘州南巴尉會有為辨之者除睦州司馬終隨州刺史戎昱集五卷衛伯玉鎮荊南辟從事後為辰州虔州二刺史崔祐甫集三十卷常袞集十卷又詔集六十卷楊炎集十卷又制集十卷蘇弁編顏眞卿吳興集十卷又盧陵集十卷臨川集十卷歸崇敬集二十卷劉太眞集三十卷于邵集四十卷梁肅集二十卷獨孤及毗陵集二十卷竇叔向集七卷字遺直與常袞善袞為相用為左拾

遺內供奉及貶亦出溧水令丘爲集卷亡蘇州嘉興人事繼母孝嘗有靈芝生堂下累官太子右庶子時年八十餘而母無恙給俸祿之半及居憂觀察使韓滉以致仕官給祿所以惠養老臣不可在喪為異唯罷春秋羊酒初還鄉縣令謁之為候門磬折令坐乃拜里胥月立庭下既出乃敢坐經縣署降馬而趨卒年九十六柳渾集十卷李泌集二十卷張建封集二百三十篇顧況集二十卷鮑溶集五卷齊抗集二十卷鄭餘慶集五十卷崔元翰集三十卷楊凝集二十卷歐陽詹集十卷李觀集三卷陸希聲纂呂溫集十卷穆員集十卷竇常集十八卷鄭絪集三十卷符載集十四卷郗純集六十卷戴叔倫述稾十卷張登集六卷貞元漳州刺史陸迅集十卷德宗時監察御史裏行柳冕集卷亡姚南仲集十卷李吉甫集二十卷武元衡集十卷權德輿童蒙集十卷又集五十卷制集五十卷韓愈集四十卷柳宗元集三十卷韋貫之集三十卷李絳集二十卷令狐楚漆奩集一百三十卷又梁苑文類三卷表奏集十卷自稱白雲孺子表奏集韋武集十五卷皇甫鏞集十八卷樊宗師集二百九十一卷武儒衡集二十五卷又制集二十卷李道古文興三十卷董侹武陵集卷亡侹字庶中元和荊南從事劉禹錫集四十卷元氏長慶集一百卷又小集十卷元稹白氏長慶集七

十五卷(白居易)白行簡集二十卷張仲方集三十卷鄭澣集三十卷馮宿集四十卷劉伯芻集三十卷段文昌集三十卷又詔誥二十卷韋處厚集七十卷劉栖楚集二十卷李翱集十卷溫造集八十卷滕珦集(卷亡珦東陽人歷茂王傅大和初以右庶子致仕四品給秩還鄉自珦始)王起集一百二十卷崔咸集二十卷(大和人)皇甫湜集三卷舒元輿集一卷李德裕會昌一品集二十卷又姑臧集五卷窮愁志三卷雜賦二卷杜牧樊川集二十卷沈亞之集九卷羅讓集三十卷王涯集十卷魏謩集十卷秣陵子集一卷(來擇字元擇寶曆應賢良科)柳仲郢集二十卷陳商集十七卷歐陽袞集二卷(袞福州閩縣人歷侍御史)溫庭筠握蘭集三卷又金筌集十卷詩集五卷漢南真稾十卷陳陶文錄十卷劉蛻文泉子十卷(字復愚咸通中書舍人)鄭畋玉堂集五卷又鳳池稾草三十卷續鳳池稾草三十卷孫樵經緯集三卷(字可之大中進士第)周慎辭寧蘇集五卷(字若訥咸通進士第)皮日休集十卷又胥臺集七卷文藪十卷詩一卷陸龜蒙笠澤叢書三卷又詩編十卷賦六卷楊夔集五卷又冗書十卷冗餘集一卷沈栖遠景臺編十卷

(字子[illegible]咸通進士第)鄭誠集(卷亡字申虞福州閩縣人大中國子司業鄂安二州刺史江西節度副使)司空圖一鳴集三十卷陸扆集七卷秦韜玉投知小錄三卷(字中明田令孜神策判官工部侍郎)鄭賓集十卷(字貢華乾符進士第)袁皓碧池書三十卷(袁州宜春人龍紀集賢殿圖書使自稱碧池處士)鄭氏貽孫集四卷養素先生遺榮集三卷(皆唐末人)張玄晏集二卷(字寅節昭宗翰林學士)齊夔集一卷黃璞霧居子十卷譚正夫集一卷丘光庭集三卷張安石涪江集一卷張友正雜編一卷沈光集五卷(題曰雲夢子)程晏集七卷(字晏然乾寧進士第)沈顏聱書十卷李善夷江南集十卷劉綺莊集十卷王棨集五卷孫子文纂四十卷又孫氏小集三卷(孫郃字希韓乾寧進士第)陳黯集三卷(字希儒泉州南安人昭宗時)羅袞集二卷(字子制天祐起居郎)李嶠雜詠詩十二卷劉希夷詩集四卷崔顥詩一卷(汴州人才俊無行娶妻不愜即去之者三四歷司勳員外郎)綦毋潛詩一卷(字孝通開元中繇宜壽尉入集賢院待制遷右拾遺終著作郎)祖詠詩一卷李頎詩一卷(並開元進士第)孟浩然詩集三卷(弟洗然宜城王士源所次皆三卷也士源別為七類)包融詩一卷(潤州延陵人歷大理司直二子何佶齊名世稱二包何字幼嗣大曆起居舍人融與儲光羲皆延陵人曲阿有餘杭尉丁仙芝緱氏主簿蔡隱丘監察御史蔡希周渭南尉蔡希寂處士張彥雄張潮校書郎張暈吏部常選周瑀長洲尉談戭句容有忠王府倉曹參軍殷遙硤石主簿樊光橫陽主簿沈如筠江寧有右拾遺孫處玄處士徐延壽丹徒有江都主簿馬挺武進

尉申堂構十八人皆有詩名殷璠彙次其詩爲丹楊集者)皇甫冉詩集三卷(字茂政潤州丹楊人秘書少監集賢院脩撰彬姪也天寶末無錫尉避難居陽羨後爲左金吾衛兵曹參軍左補闕與弟曾齊名曾字孝常歷侍御史坐事貶徙舒州司馬陽翟令)嚴維詩一卷(字正文越州人秘書郎)張繼詩一卷(字懿孫襄州人大曆末檢校祠部員外郎分掌財賦於洪州)李嘉祐詩一卷(別名從一袁州台州二刺史)郎士元詩一卷(字君胄中山人寶應元年選畿縣官詔試中書補渭南尉歷拾遺郢州刺史)張南史詩一卷(字季直幽州人以試參軍避亂居揚州揚子再召之未赴卒)暢當詩二卷鄭常詩一卷蘇渙詩一卷(渙少喜剽盜善用白弩巴蜀商人苦之號白跖以比莊蹻後折節讀書進士及第湖南崔瓘辟從事瓘遇害渙走交廣與哥舒晃反伏誅)朱灣詩集四卷(李勉永平從事)吉中孚詩一卷(楚州人始爲道士後官校書郎登宏辭諫議大夫翰林學士戶部侍郎判度支貞元初卒)朱放詩一卷(字長通襄州人隱居剡溪嗣曹王皋鎮江西辟節度參謀貞元初召爲拾遺不就)劉方平詩一卷(河南人與元魯山善不仕)常建詩一卷(肅代時人)魏信陵詩一卷章八元詩一卷(睦州人大曆進士第)秦系詩一卷陳詡集十卷(字載物福州閩縣人貞元戶部郎中知制誥)錢起詩一卷李端詩集三卷韓翃詩集五卷司空曙詩集二卷盧綸詩集十卷耿湋詩集二卷崔峒詩一卷韋應物詩集十卷許經邦詩集一卷(建中右武衛胄曹參軍)韋渠牟詩集十卷(諫議大夫時集)劉商詩集十卷(貞元比部郎中)王建集十卷(大和陝州司馬)張碧謌行集二卷(貞元人)雍裕之詩一卷楊巨源詩一卷

(字景山大和河中少尹)孟郊詩集十卷張籍詩集七卷李涉詩一卷李賀集五卷李紳追昔遊詩三卷又批荅一卷章孝標詩一卷(元和進士第)李敬方詩一卷(字中虞大和歙州刺史)玉川子詩一卷(盧仝)裴夷直詩一卷施肩吾詩集十卷姚合詩集十卷韓琮詩一卷(字成封大中湖南觀察使)李商隱樊南甲集二十卷乙集二十卷玉溪生詩三卷又賦一卷文一卷賈島長江集十卷又小集三卷張祜詩一卷(字承吉爲處士大中中卒)許渾丁卯集二卷(字用晦圉師之後大中睦州郢州二刺史)李遠詩集一卷(字求古大中建州刺史)雍陶詩集十卷(字國鈞大中八年自國子毛詩博士出爲簡州刺史)朱慶詩一卷(名可久以字行寶曆進士第)喻鳧詩一卷(開成進士第烏程令)馬戴詩一卷(字虞臣會昌進士第)李群玉詩三卷後集五卷(字文山澧州人裴休觀察湖南厚延致之及爲相以詩論薦授校書郎)崔櫓無譏集四卷郁渾百篇集一卷(渾常應百篇舉壽州刺史李紳命百題試之)姚鵠詩一卷(字居雲會昌進士第)項斯詩一卷(字子遷江東人會昌丹徒尉)孟遲詩一卷(字遲之會昌進士第)顧非熊詩一卷(況之子大中盱眙尉棄官隱茅山)章碣詩一卷趙嘏渭南集三卷又編年詩二卷(字承祐大中渭南尉)薛逢詩集十卷又別紙十三卷賦集十四卷于武陵詩一卷李頻詩一卷李郢詩一卷(字楚望大中進士第侍御史)曹鄴詩三卷(字鄴之大中進士第洋州刺史)劉滄詩一

卷字楚望 崔玨詩一卷字夢之大中進士第 劉得仁詩一卷 高蟾詩一卷乾寧御史中丞 高
駢詩一卷 薛能詩集十卷又繁城集一卷 陸希聲頤山詩一卷 鄭嵎
津陽門詩一卷 于濆詩一卷字子漪 許棠詩一卷字文化 公乘億詩一卷字壽
山咸通進士第 聶夷中詩二卷字坦之咸通華陰尉 于鄴詩一卷 于鵠詩一卷 鄭谷雲臺
編三卷又宜陽集三卷字守愚袁州人為右拾遺乾寧中以都官郎中卒 十家 朱朴詩四卷又雜表
一卷 玄英先生詩集十卷方干 李洞詩一卷 吳融詩集四卷又制誥一卷
韓偓詩一卷又香奩集一卷 曹唐詩三卷字堯賓 周賀詩一卷 劉干詩
一卷 崔塗詩一卷字禮山光啟進士第 唐彥謙詩集三卷 張喬詩集二卷 王駕
詩集六卷字大用 吳仁璧詩一卷字廷寶大順進士第 王貞白詩一卷字有道 張蠙詩
集二卷字象文 翁承贊詩一卷字文堯 褚載詩三卷字厚之乾寧進士第 王轂詩集
三卷字虛中乾寧進士第以郎官致仕 曹松詩集三卷字夢徵天復進士第校書郎 羅鄴詩一卷 趙摶
歌詩二卷 周朴詩二卷朴處士 朱景元詩一卷 崔道融申唐詩三卷
陳光詩一卷 王德輿詩一卷 湯緒潛陽雜題詩三卷 韋靄詩一卷
張爲詩一卷 羅浩源詩一卷 薛瑩洞庭詩集一卷 謝蟠隱雜感詩

二卷 譚藏用詩一卷 劉言史詩六卷 黃滔集十五卷字文江光化四門博士
鄭良士白巖集十卷字君夢昭宗時獻詩五百篇授補闕 嚴鄖詩二卷 劉威詩一卷 鄭
雲叟詩集三卷 來鵠詩一卷 陸元皓詠劉子詩三卷 任翻詩一卷 李
山甫詩一卷 道士吳筠集十卷 僧惠頤集八卷姓李江陵人 僧玄範集二
十卷 僧法琳集三十卷 僧靈徹詩集十卷姓湯字源澄越州人 皎然詩集十卷
字清晝姓謝氏湖州人靈運十世孫居杼山顏真卿為刺史集文士撰韻海以預其論著貞元中集賢御書院取其集藏之刺史于頔為序 盧獻卿愍
征賦一卷 謝觀賦八卷 盧肇海潮賦一卷又通屈賦一卷 林絢大
統賦二卷字子發袁州人咸通歙州刺史 高邁賦一卷 皇甫松大隱賦一卷 崔葆數
賦十卷乾寧進士王克留注 宋言賦一卷字表文 陳汀賦一卷字用濟大中進士第 樂朋龜綸
閣集十卷又德門集五卷賦一卷字兆吉僖宗翰林學士太子少保致仕 蔣凝賦三卷字仲
山咸通進士第 公乘億賦集十二卷 林嵩高賦一卷字降臣乾符進士第 王翃賦一卷字雄飛大
順進士第 賈嵩賦三卷 李山甫賦二卷 陸贄論議表疏集十二卷又
翰苑集十卷 王仲舒制集十卷 李虞仲制集四卷 封敖翰
苑集八卷 崔嘏制誥集十卷字乾錫邢州刺史會劉稹反歸朝授考功郎中中書舍人李德裕之謫嘏草制不盡書其

過貶端州刺史 獨孤霖玉堂集二十卷 劉崇望中和制集十卷 李磎制集
四卷 錢珝舟中錄二十卷 薛廷珪鳳閣書詞十卷 郭元振九諫書
一卷 李絳論事集三卷蔣偕集 李磎表跡一卷 張濬表狀一卷 臨淮
尺題二卷武元衡西川從事撰 李程表狀一卷 劉三復表狀十卷 悶遺雜錄三
卷 趙璘表狀集一卷 張次宗集六卷 呂述東平小集三卷 段全緯
集二十卷 劉鄴甘棠集三卷 王虬集十卷字希龍泉州南安人大順初舉進士第 崔致
遠四六一卷又桂苑筆耕二十卷高麗人賓貢及第高駢淮南從事 顧氏編遺十卷
若川揔載十卷 纂新文苑十卷 啟事一卷 賦二卷 集遺具錄十
卷顧雲字垂象池州人虞部郎中高駢淮南從事 鄭準渚宮集一卷字不欺乾寧進士第 李巨川四六
集二卷韓建華州從事 胡曾安定集十卷 陳蟠隱集五卷 張澤飲河集
十五卷 黃台江西表狀二卷鍾傳從事 太宗凌煙閣功臣讚一卷 崔融
寶圖贊一卷王起注 盧鍔武成王廟十哲讚一卷 李靖霸國箴一
卷 魏徵時務策五卷 郭元振安邦策一卷 劉蕡策一卷 王勃舟
中纂序五卷 才命論一卷張鷟撰郗昂注作張說撰潘詢注 杜元穎五題一卷 李甘

文一卷 南卓文一卷 劉軻文一卷 陸鸞文一卷字禹祥咸通進士第 吳武陵書
一卷 夏侯韞大中年與涼州書一卷 駱賓王百道判集一卷 張文
成龍筋鳳髓判十卷 崔銑判一卷大曆人 鄭寬百道判一卷元和拔萃
右別集類七百三十六家七百五十部七千六百六十八卷失姓名一家玄宗以下不
著錄四百六家五千一十二卷

摯虞文章流別集三十卷 杜預善文四十九卷 謝沈名文集四
十卷 孔逭文苑一百卷 梁昭明太子文選三十卷又古今詩苑英
華二十卷 蕭該文選音十卷 僧道淹文選音義十卷 小辭林
五十三卷 集古今帝王正位文章九十卷 蕭圓文海集三十六
卷 康明貞辭苑麗則二十卷 庾自直類文三百七十七卷 宋明
帝賦集四十卷 皇帝瑞應頌集十卷 五都賦五卷 卞鑠獻賦集
十卷 司馬相如上林賦一卷 曹大家注班固幽通賦一卷 項岱注幽
通賦一卷 張衡二京賦二卷 薛綜二京賦音二卷 三都賦三卷 左
太沖齊都賦一卷 李軌齊都賦音一卷 褚令之百賦音一卷 郭

徵之賦音二卷　綦毋邃三京賦音一卷　木連理頌二卷　李暠高請恭堂頌一卷　諸郡碑一百六十六卷　雜碑文集二十卷　殷仲堪雜論九十五卷　劉楷設論集三卷　謝靈運設論集五卷　又連珠集五卷　梁武帝制旨連珠四卷　陸緬注制旨連珠十一卷　謝莊讚集五卷　張湛古今箴銘集十三卷　衆賢誡集十五卷　雜誡箴二十四卷　李德林霸朝雜集五卷　王履書集八十卷　夏赤松書林六卷　山濤啓事十卷　梁中書表集二百五十卷　薦文集七卷　宋元嘉策五卷　又元嘉宴會游山詩集五卷　宋伯宜策集六卷　卞氏七林集十二卷　顏之推七悟集一卷　袁淑俳諧文十五卷　顏竣婦人詩集二卷　殷淳婦人集三十卷　江邃文釋十卷　于寶百志詩集五卷　崔光百國詩集二十九卷　應璩百一詩八卷　李夔百一詩集二卷　晉元正宴會詩集四卷(伏滔袁豹謝靈運集)　顏延之元嘉西池宴會詩集三卷　清溪集三十卷(齊武帝勅撰)　齊釋奠會詩集二十卷　徐伯陽文會詩集四卷　文林詩府六卷(北齊後主作)　蕭淑西府新文十卷　新文要集十卷　宋明帝詩集新撰三十卷

詩集二十卷　謝靈運詩集五十卷　又詩集鈔十卷　詩英十卷　回文詩集一卷　七集十卷　劉和詩集二十卷　顏竣詩集一百卷　許凌六代詩集鈔四卷　詩林英選十一卷　虞綽等類集一百一十三卷　詩纘十二卷　詩錄二十卷　文苑詞英八卷　徐陵六代詩集鈔四卷　又玉臺新詠十卷　謝混集苑六十卷　宋臨川王義慶集林二百卷　丘遲集鈔四十卷　李善注文選六十卷　公孫羅注文選六十卷　又音義十卷　劉允濟金門待詔集十卷　文館辭林一千卷(許敬宗劉伯莊等撰)　麗正文苑二十卷　芳林要覽三百卷(許敬宗顧胤許圉師上官儀楊思儉孟利貞姚璹竇德玄郭瑜董思恭元思敬集)　僧惠淨續古今詩苑英華集二十卷　劉孝孫古今類聚詩苑三十卷　郭瑜古今詩類聚七十九卷　歌錄集八卷　李淳風注顏之推稽聖賦一卷　張庭芳注庾信哀江南賦一卷　崔令欽注一卷　竇嚴東漢文類三十卷　李善文選辨惑十卷　五臣注文選三十卷(衢州常山尉呂延濟都水使者劉承祖男良處士張銑呂向李周翰注開元六年工部侍郎呂延祚上之)　曹憲文選音義(卷亡)　康國安注駁文選異義二十卷　許淹文選音十卷　孟利貞續文選十三卷　崔玄暐訓注文館詞林策

二十卷　康顯辭苑麗則三十卷　又海藏連珠三十卷(希鏡之兄翰林學士)　卜長福續文選三十卷(開元十七年上授富陽尉)　卜隱之擬文選三十卷(開元處士)　朝英集三卷(開元中張孝嵩出塞張九齡韓休崔沔王翰胡皓賀知章所撰送行歌詩)　張楚金翰苑三十卷　王方慶王氏神道銘二十卷　徐堅文府二十卷(開元中詔張說括文選外文章乃命堅與賀知章趙冬曦分討會詔促之堅乃先集詩賦二韻爲文府上之餘不能就而罷)　裴潾大和通選三十卷　李康玉臺後集十卷　元思敬詩人秀句二卷　孫季良正聲集三卷　珠英學士集五卷(崔融集武后時脩三教珠英學士李嶠張說等詩)　搜玉集十卷　曹恩起予集五卷(大曆人)　元結篋中集一卷　奇章集四卷　劉明素麗文集五卷(興元中集)　李吉甫古今文集略二十卷　又國朝哀策文四卷　梁大同古銘記一卷　麗則集五卷　類表五十卷(亦名表啓集)　柳宗直西漢文類四十卷　柳玄同題集十卷　竇常南薰集三卷　殷璠丹陽集一卷　又河岳英靈集二卷　王起文場秀句一卷　姚合極玄集一卷　高仲武中興間氣集二卷　李戡唐詩三卷　顧陶唐詩類選二十卷(大中校書郎)　劉餗樂府古題解一卷　李氏花萼集二十卷(李乂尚一尚貞)　韋氏兄弟集二十卷(韋會弟兄)　竇氏聯珠集五卷(竇常牟羣庠鞏)　集賢院壁記詩

二卷　翰林歌詞一卷　大曆年浙東聯唱集二卷　斷金集一卷(李逢吉令狐楚唱和)　元白繼和集一卷(元稹白居易)　三州唱和集一卷(元稹白居易崔玄亮)　劉白唱和集三卷(劉禹錫白居易)　汝洛集一卷(劉禹錫白居易)　洛中集七卷(裴度劉禹錫唱和)　彭陽唱和集三卷(令狐楚劉禹錫)　吳蜀集一卷(劉禹錫李德裕唱和)　裴均壽陽唱詠集十卷　又諸宮唱和集二十卷　峴山唱詠集八卷　荊潭唱和集一卷　盛山唱和集一卷　荊夔唱和集一卷　僧廣宣與令狐楚唱和一卷　名公唱和集二十二卷　漢上題襟集十卷(段成式溫庭筠余知古)　袁皓集道林寺詩二卷　松陵集十卷(皮日休陸龜蒙唱和)　廖氏家集一卷(廖光圖唐末人)　盧瓌抒情集二卷　孟啓本事詩一卷　劉松宜陽集六卷(松字茂美袁州人集其州天寶以後詩四百七十篇)　蔡省風瑤池新詠二卷(集婦人詩)　僧靈徹酬唱集十卷(大曆至元和中名人)　吳兢唐名臣奏十卷　馬揔奏議集三十卷　藏嘉猷羽書三卷　壉晄常揔戎集三十卷　唐稟貞觀新書三十卷(稟袁州萍鄉人集貞觀以前文章)　黃滔泉山秀句集三十卷(編閩人詩自武德盡天祐末)　周仁贍古今類聚策苑十四卷　五子策林十卷(集許南容而下五人策問)　元和制策三卷(元稹獨孤郁白居易)　李太華掌記略十五卷　新掌記略九卷　林逢續掌記略十卷

凡文史類四家四部十八卷劉子玄以下不著錄二十二家三十三部一百七十九卷

李充翰林論三卷劉勰文心雕龍十卷顏竣詩例錄二卷鍾嶸詩評三卷劉子玄史通二十卷柳氏釋史十卷柳璨一作史通析微劉餗史例三卷沂公史例十卷田弘正客撰裴傑史漢異義三卷河南人開元十七年上授臨濮尉李嗣眞詩品一卷元兢宋約詩格一卷王昌齡詩格二卷晝公詩式五卷詩評三卷僧皎然王起大中新行詩格一卷姚合詩例一卷賈島詩格一卷炙轂子詩格一卷元兢古今詩人秀句二卷李洞集賈島句圖一卷張仲素賦樞三卷范傳正賦訣一卷浩虛舟賦門一卷倪宥文章龜鑑一卷劉蘧應求類二卷孫郃文格二卷

右總集類七十五家九十九部四千二百二十三卷李淳風以下不著錄七十八家八百一十三卷

總七十九家一百七部

藝文志第五十

宰相表上第一

翰林學士兼龍圖閣學士朝散大夫給事中知制誥充史館修[illegible]脩奉敕撰

唐因隋舊以三省長官爲宰相已而又以他官參議而稱號不一出於臨時最後乃有同品平章之名然其爲職業則一也作宰相表

	宰相	三師	三公
武德元年戊寅	六月甲戌趙國公世民爲尚書令相國長史裴寂拜尚書右僕射知政事相國司馬劉文靜爲納言隋民部尚書宋國公蕭瑀相國司錄參軍竇威並爲內史令庚辰世民封秦王癸未世民爲西討元帥壬辰爲雍州牧辛丑威薨將作大匠陳國公竇抗本官兼納言黃門侍郎陳叔達判納言八月己丑世民爲西討行軍元帥戊申文靜除名十月抗罷爲左武候大將軍		十二月壬申秦王世民爲太尉陝東道行臺尚書令
二年己卯	正月甲子叔達兼納言十月己亥黃門侍郎涼州揔管楊恭仁遙領納言		
三年庚辰	三月甲戌中書侍郎封德彝兼中書令		四月甲寅世民爲益州道行臺尚書令
四年辛巳	正月德彝判吏部尚書四月癸酉寂爲左僕射		十月己丑齊王元吉爲司空世民加司徒天策上將
五年壬午			十月甲子世民領左右十二衛大將軍
六年癸未	四月癸酉德彝爲中書令恭仁入爲吏部尚書兼中書令檢校涼州諸軍事瑀爲尚書右僕射寂爲左僕射		
七年甲申	十二月庚午太子詹事裴矩檢校侍中		
八年乙酉	十一月辛卯矩罷判黃門侍郎庚子天策府司馬宇文士及權檢校侍中兼太子詹事癸卯世民加中書令元吉加侍中		
九年丙戌	六月癸亥世民爲皇太子七月辛卯太子右庶子高士廉爲侍中左庶子房玄齡爲中書令蕭瑀爲尚書左僕射恭仁罷癸巳士及爲中書令德彝爲尚書右僕射十月庚辰叔達瑀坐事免		正月甲寅裴寂爲司空二月庚申元吉爲司徒六月庚申元吉誅

年			
貞觀元年丁亥	六月辛丑德彝薨 壬辰太子少師蕭瑀為尚書左僕射 七月壬子吏部尚書長孫无忌為尚書右僕射 八月士及檢校涼州都督戊戌士廉貶為安州大都督 九月辛酉御史大夫杜淹檢校吏部尚書參豫朝政士及罷為殿中監 十二月壬午瑀罷		
二年戊子	正月辛亥兵部尚書杜如晦檢校侍中攝吏部尚書仍總監東宮兵馬事无忌罷 庚午刑部尚書李靖檢校中書令 三月壬戌靖為關內道行軍大總管 七月戊申玄齡兼太子詹事 十月庚辰淹薨 十二月壬辰黃門侍郎王珪守侍中		
三年己丑	二月戊寅房玄齡為尚書左僕射杜如晦為右僕射尚書右丞魏徵為祕書監參豫朝政靖為兵部尚書 八月靖為定襄道行軍大總管 十二月癸未如晦罷		正月辛未寂免
四年庚寅	二月甲寅珪為侍中太常卿蕭瑀為御史大夫御史大夫溫彥博為中書令民部尚書戴胄檢校吏部尚書參豫朝政 七月癸酉瑀罷為太子少傅 八月甲寅靖為尚書右僕射 十一月壬戌右衛大將軍侯君集為兵部尚書參豫朝政		

年			
五年辛卯			
六年壬辰	三月君集以喪罷 五月徵檢校侍中 十月君集起復		
七年癸巳	三月戊子珪罷為同州刺史 庚寅徵為侍中 六月辛亥胄薨		十一月壬辰開府儀同三司長孫无忌為司空
八年甲午	十月丙寅詔靖三兩日一至門下中書平章政事 十一月辛未靖罷為特進 十二月辛丑君集為積石道行軍總管		
九年乙未	七月辛巳恭仁罷為雍州牧 十一月壬戌特進蕭瑀參豫朝政		二月无忌以母喪罷 五月起復
十年丙申	六月壬申彥博為尚書右僕射太常卿楊師道為侍中參豫朝政魏徵罷為特進知門下省事朝章國典參議得失 十二月瑀罷為岐州刺史		
十一年丁酉	六月甲寅彥博薨		
十二年戊戌	七月癸酉吏部尚書高士廉為尚書右僕射 八月戊寅君集為吏部尚書壬寅為當彌道行軍大總管		

年	宰相		三公
十三年 己亥	正月玄齡為太子少師 十一月辛亥師道為中書令 戊辰尚書左丞劉洎為黃門侍郎參知政事 十二月壬申君集為交河道行軍大總管		
十四年 庚子	十二月君集還		
十五年 辛丑			
十六年 壬寅	正月辛未中書舍人兼侍郎岑文本為中書侍郎專典機密 九月丁巳徵罷為太子太師		七月戊午无忌為司徒玄齡為司空
十七年 癸卯	四月乙酉君集誅丁亥師道罷為吏部尚書己丑特進蕭瑀為太子太保兵部尚書李世勣為特進太子詹事並同中書門下三品 六月丁酉士廉為開府儀同三司同中書門下三品平章政事 七月丁酉玄齡以母喪罷 八月庚戌工部尚書張亮為刑部尚書參豫朝政 十月丁巳玄齡起復		七月丁酉玄齡以母喪罷 十月丁巳起復
十八年 甲辰	八月丁卯洎為侍中文本為中書令中書侍郎馬周守中書令 九月黃門侍郎褚遂良參豫朝政 十一月甲子世勣周為遼東道行軍大總管		

年	宰相		三公
十九年 乙巳	二月乙卯士廉攝太子太傅劉洎馬周太子左庶子許敬宗右庶子高季輔少詹事張行成同掌機務 三月壬辰楊師道攝中書令无忌攝侍中 四月丁未文本薨 十一月丁亥師道貶為工部尚書 十二月庚申洎賜死		
二十年 丙午	三月己丑亮誅 四月甲子瑀罷太子太保 十月貶商州刺史		
二十一年 丁未	正月壬辰士廉薨 三月戊子世勣為遼東道行軍大總管 十月癸丑遂良以父喪罷		
二十二年 戊申	正月庚寅周薨 己亥中書舍人崔仁師為中書侍郎參知機務 丙午无忌檢校中書令知尚書門下三省事 二月遂良起復己卯仁師除名流于連州 九月己亥遂良為中書令		七月癸卯玄齡薨
二十三年 己酉	五月戊午勣貶疊州都督 庚午行成兼侍中檢校刑部尚書季輔兼中書令禮部尚書于志寧為侍中 癸巳檢校洛州刺史李勣為開府儀同三司同中書門下三品 九月乙卯李勣為尚書左僕射同中書門下三品		六月癸未无忌為太尉 九月甲寅荊王元景為司徒吳王恪為司空
永徽元年 庚戌	正月丙午行成為侍中 十月戊辰[illegible]僕射 十一月遂良貶同州刺史		

二年 辛亥	正月乙巳黃門侍郎宇文節中書侍郎柳奭並同中書門下三品 八月己巳張行成爲尚書右僕射同中書門下三品高季輔爲侍中志寧爲尚書左僕射同中書門下三品		
三年 壬子	正月己巳褚遂良爲吏部尚書同中書門下三品 三月辛巳節爲侍中奭守中書令兵部侍郎韓瑗守黃門侍郎同中書門下三品 七月乙丑行成兼太子少傅季輔兼太子少保志寧兼太子少師節兼太子詹事 九月守中書侍郎來濟同中書門下三品		
四年 癸丑	二月乙酉節流桂州 九月甲戌遂良爲尚書左僕射同中書門下三品仍知選事壬戌行成薨 十一月癸丑兵部尚書崔敦禮爲侍中 丁巳奭爲中書令 十二月庚子季輔薨		二月甲申荊王元景吳王恪賜死己亥開府儀同三司同中書門下三品勣爲司空徐王元禮爲司徒
五年 甲寅	六月癸亥奭罷爲吏部尚書		
六年 乙卯	五月壬辰瑗爲侍中濟爲中書令 七月乙酉敦禮爲中書令中書舍人李義府守中書侍郎參知政事 九月庚午遂良貶潭州都督 十月癸丑敦禮檢校太子詹事		

顯慶元年 丙辰	正月甲申志寧爲太子太傅瑗濟並罷太子賓客 三月丙戌戶部侍郎杜正倫爲黃門侍郎同中書門下三品 七月癸未敦禮爲太子少師同中書門下三品 八月丙申敦禮薨		
二年 丁巳	三月癸丑義府兼中書令兼檢校御史大夫仍太子賓客正倫兼度支尚書 八月丁卯瑗貶振州刺史濟貶台州刺史辛未衛尉卿許敬宗爲侍中 九月庚寅正倫兼中書令		
三年 戊午	十一月乙酉正倫貶橫州刺史義府貶普州刺史 戊子敬宗權檢校中書令 戊戌敬宗爲中書令大理卿辛茂將兼侍中		
四年 己未	四月丙辰志寧爲太子太師同中書門下三品 乙丑守黃門侍郎許圉師兼檢校左庶子同中書門下三品 戊辰志寧免 五月己卯圉師爲中書侍郎同三品 丙申兵部尚書任雅相同中書門下三品度支尚書盧承慶參知政事 八月壬子義府兼吏部尚書同中書門下三品 九月癸卯茂將兼左庶子 十月甲辰圉師兼右庶子 十一月丙午圉師爲左散騎常侍檢校侍中 戊午茂將薨 癸亥承慶同中書門下三品		四月戊辰无忌爲揚州都督黔州安置

五年庚申

七月丁卯承慶免

龍朔元年辛酉

四月庚辰雅相爲浿江道行軍摠管

二年壬戌

二月甲戌雅相薨

丙戌敬宗爲右相圖師爲左侍極檢校左相

七月戊戌義府以母喪罷

八月壬寅敬宗爲太子少師同東西臺三品仍知西臺事

九月丁丑義府起復

十月庚戌西臺侍郎上官儀同東西臺三品

十一月辛未圖師貶爲虔州刺史

三年癸亥

正月乙丑義府爲右相

四月戊子義府流于巂州

麟德元年甲子

八月丁亥司列太常伯劉祥道兼右相大司憲竇德玄爲司元太常伯檢校左相

十二月丙戌儀被殺

戊子祥道罷爲司禮太常伯太子右中護樂彥瑋檢校西臺侍郎西臺侍郎孫處約並同知軍國政事尋同東西臺三品

二年乙丑

三月甲寅司戎太常伯姜恪同東西臺三品

四月戊辰彥瑋處約並罷左侍極陸敦信檢校右相

十月壬戌帶方州刺史劉仁軌爲大司憲兼知政事檢校太子左中護

乾封元年丙寅

四月庚戌敦信罷爲大司成

七月庚午仁軌兼右相檢校太子中護

八月辛丑德玄薨

十二月癸酉勣爲遼東道行軍大摠管

二年丁卯

六月乙卯西臺侍郎楊武戴至德東臺侍郎李安期司列少常伯趙仁本並同東西臺三品東臺舍人張文瓘參知政事

八月辛亥安期罷爲荊州大都督長史

總章元年戊辰

正月壬子仁軌爲遼東道行軍副摠管兼安撫大使浿江道行軍摠管

四月辛巳武薨

十二月甲戌恪檢校左相司平太常伯閻立本守右相

是歲勣加太子太師

二年己巳

二月辛酉文瓘爲東臺侍郎右肅機李敬玄爲西臺侍郎並同東西臺三品

三月丙戌東臺侍郎郝處俊同東西臺三品

十二月戊申勣薨

咸亨元年庚午

正月丁丑仁軌以金紫光祿大夫致仕

三月壬辰敬宗以特進致仕

四月己酉敬玄以喪免

七月戊子敬玄起復

閏九月甲寅恪爲涼州道行軍大摠管

十月乙未仁本罷爲左肅機

二年辛未

恪爲侍中立本爲中書令

九月丙申徐王元禮薨

年	宰相
三年壬申	二月己卯恪薨 十月文瓘爲大理卿 乙亥至德爲戶部尚書敬玄吏部 侍郎處俊中書侍郎 十二月劉仁軌爲太子左庶子同 中書門下三品
四年癸酉	十月壬午立本薨
上元元年甲戌	三月壬午仁軌爲雞林道行軍大揔管
二年乙亥	八月庚子文瓘爲侍中處俊爲中書 令並同中書門下三品仁軌爲尚書 左僕射至德爲右僕射敬玄爲吏 部尚書
儀鳳元年丙子	三月癸卯黃門侍郎來恒中書侍 郎薛元超並同中書門下三品 四月甲寅中書侍郎李義琰同 中書門下三品 六月癸亥黃門侍郎高智周同 中書門下三品 十一月庚寅敬玄爲中書令 十二月丙午恒爲河南道大使元 超河北道大使
二年丁丑	三月癸亥處俊智周爲太子左庶子 義琰爲右庶子 四月太子左庶子張大安同中書門 下三品 八月辛亥仁軌爲洮河軍鎮守使

年	宰相
三年戊寅	正月丙子敬玄爲洮河道行軍大 揔管兼安撫大使檢校鄯州都督 九月癸亥文瓘薨 十一月壬子恒薨
調露元年己卯	正月庚戌至德薨 四月辛酉處俊爲侍中元超檢校 太子左庶子 十一月戊寅智周罷爲御史大夫
永隆元年庚辰	四月戊辰中書侍郎王德眞黃門 侍郎裴炎崔知溫並同中書門下 三品 八月丁巳敬玄貶衡州刺史 己巳大安貶普州刺史 九月甲申德眞罷爲相王府長史
開耀元年辛巳	三月辛卯仁軌兼太子少傅處俊 罷爲太子少保 七月甲午仁軌罷左僕射以太子少 傅同中書門下三品 閏七月丁未元超知溫並守中書令 炎爲侍中

永淳元年壬午

四月丙寅仁軌爲京副留守元超炎留輔皇太子
丁亥黃門侍郎郭待舉兵部侍郎岑長倩祕書員外少監郭正一吏部侍郎魏玄同並與中書門下同承受進止平章事
十月丙寅黃門侍郎劉景先同中書門下平章事

弘道元年癸未

三月庚子義琰以銀青光祿大夫致仕
癸丑知溫薨
四月壬申待舉檢校太子右庶子正一爲中書侍郎並同中書門下平章事
七月甲辰元超罷
十一月戊申炎正一景先兼於東宮平章事
十二月甲戌仁軌罷爲左僕射京師留守炎爲中書令
戊寅景先守侍中長倩兵部尚書待舉左散騎常侍玄同黃門侍郎並同中書門下三品
癸未正一罷爲國子祭酒

十二月庚午韓王元嘉爲太尉霍王元軌爲司徒舒王元名爲司空

光宅元年甲申

正月癸巳左散騎常侍韋弘敏爲太府卿同中書門下三品
二月丁丑檢校豫王府長史太常少卿王德眞爲侍中中書侍郎豫王府司馬劉禕之爲中書侍郎同中書門下三品
閏五月甲子禮部尚書武承嗣爲太常卿同中書門下三品
八月丙午承嗣罷爲禮部尚書
十月丁亥鳳閣舍人李景諶同鳳閣鸞臺平章事左肅政臺御史大夫騫味道檢校內史同鳳閣鸞臺三品
丙申炎被殺
丁酉景先貶辰州刺史弘敏貶汾州刺史景諶罷守司賓少卿守右史沈君諒著作郎崔詧並爲正諫大夫同鳳閣鸞臺平章事
十一月丁卯待舉罷爲左庶子鸞臺侍郎韋方質守鳳閣侍郎同鳳閣鸞臺平章事

垂拱元年乙酉

正月戊辰仁軌薨
庚戌味道守內史同三品
二月乙巳承嗣同鳳閣鸞臺三品君諒罷右肅政臺御史大夫韋思謙秋官尚書裴居道並同鳳閣鸞臺三品
三月辛酉承嗣罷詧使河北罷
四月丙子味道貶青州刺史
五月丙午居道爲內史
丁未德眞罷爲同州刺史其日流象州
己酉冬官尚書蘇良嗣守納言
壬申方質同鳳閣鸞臺三品
六月天官尚書韋待價同鳳閣鸞臺三品
七月己酉玄同自文昌左丞遷鸞臺侍郎
十一月癸卯待價爲燕然道行軍大總管

十一月丙辰元嘉自殺元軌流黔州

二年丙戌

三月丙辰玄同爲地官尚書
四月庚辰長倩爲內史
五月丙午居道爲納言
六月辛未良嗣守文昌左相同鳳閣鸞臺三品待價守文昌右相
己卯思謙守納言

三年丁亥

三月乙丑思謙以太中大夫致仕
四月壬戌居道爲納言
五月丙寅夏官侍郎張光輔爲鳳閣侍郎同鳳閣鸞臺平章事
庚午禕之被殺
八月壬子玄同兼檢校納言
十二月壬辰待價爲安息道行軍大總管

四年戊子

九月丁卯左肅政臺御史大夫騫
味道夏官侍郎王本立並同鳳閣
鸞臺平章事
丙辰光輔爲諸軍節度長倩爲後
軍大總管討越王貞
十二月己亥味道被殺

載初元年己丑

二月甲寅方質守地官尚書
二月甲寅本立守左肅政臺御史大夫
甲子光輔守納言
癸酉天官尚書武承嗣爲納言光輔守內史
五月丙辰待價爲安息道行軍總管
七月丙子待價流繡州
戊寅本立同鳳閣鸞臺三品
八月甲申光輔被殺
閏九月甲午玄同被殺
十月丁卯春官尚書范履冰鳳閣侍
郎邢文偉並同鳳閣鸞臺平章事

正月丁巳元名
爲司徒

天授元年庚寅

一月戊子承嗣爲文昌左相長倩爲
文昌右相並同鳳閣鸞臺三品良嗣
爲特進本立罷爲地官尚書文偉守
內史鳳閣侍郎武攸寧納言居道
爲太子少保
甲午方質流于儋州
三月丁亥良嗣薨
四月丁巳履冰被殺
八月甲寅居道下獄死
九月丙戌給事中傅游藝爲鸞臺
侍郎同鳳閣鸞臺平章事司賓卿
史務滋守納言鳳閣侍郎宗秦客
檢校納言
十月甲子秦客貶遵化尉
辛未文偉貶珍州刺史

七月辛巳元名
流和州

二年辛卯

一月庚子務滋自殺
五月丁亥長倩爲武威道行軍大
總管
六月庚戌鸞臺侍郎樂思晦鳳閣侍
郎任知古左肅政臺御史大夫格輔元爲
地官尚書並同鳳閣鸞臺平章事
癸卯長倩爲輔國大將軍
八月戊申攸寧罷爲左羽林衛大將
軍夏官尚書歐陽通爲司禮卿兼
判納言事
九月壬辰游藝自殺
癸巳攸寧守納言冬官侍郎裴行本
洛州司馬狄仁傑守地官侍郎並同鳳
閣鸞臺平章事
十月己酉長倩輔元通被殺
壬戌思晦被殺

長壽元年壬辰

一月戊辰夏官尚書楊執柔同鳳
閣鸞臺平章事
庚午知古貶江夏令行本流嶺南
仁傑貶彭澤令
庚辰司刑卿李游道爲冬官尚書
同鳳閣鸞臺平章事
三月戊午秋官尚書袁智弘同鳳閣
鸞臺平章事
八月戊寅承嗣罷爲特進攸寧罷爲
冬官尚書執柔罷守地官尚書司賓
卿崔神基秋官侍郎崔元綜夏官侍
郎李昭德權檢校天官侍郎姚璹
守容州都督檢校地官侍郎李元素
並同鳳閣鸞臺平章事
辛巳營繕大匠王璿守夏官尚書同
鳳閣鸞臺平章事
九月辛丑璹罷爲司賓少卿
癸丑游道智弘神基元素璿並流
嶺南

二年癸巳

一月庚子夏官侍郎婁師德同鳳閣鸞臺平章事

乙卯昭德爲夏官侍郎

九月癸丑文昌右丞韋巨源秋官侍郎陸元方爲鸞臺侍郎並同鳳閣鸞臺平章事司賓卿豆盧欽望守內史

延載元年甲午

二月甲午師德爲秋官尚書充河源積石懷遠等軍營田大使

三月甲申昭德爲檢校內史鳳閣舍人蘇味道爲鳳閣侍郎同鳳閣鸞臺平章事昭德爲朔方道行軍長史味道爲司馬

四月壬戌夏官尚書武威道大總管王孝傑同鳳閣鸞臺三品

七月癸未嵩岳山人武什方爲正諫大夫同鳳閣鸞臺平章事

八月什方乞歸山遣之

戊辰孝傑爲瀚海道行軍總管

己巳姚璹守納言左肅政臺御史大夫楊再思爲鸞臺侍郎洛州司馬杜景佺檢校鳳閣侍郎並同鳳閣鸞臺平章事

戊寅元綜流于振州

九月壬寅昭德貶南賓尉

十月壬申文昌右丞李元素守鳳閣侍郎右肅政臺御史中丞周允元檢校鳳閣侍郎並同鳳閣鸞臺平章事

萬歲登封元年乙未

正月戊子欽望貶趙州刺史巨源鄜州刺史景佺溱州刺史味道集州刺史元方綏州刺史丙午孝傑爲朔方道行軍總管

二月丙辰允元薨

七月辛酉孝傑爲肅邊道行軍大總管

萬歲通天元年丙申

一月甲寅師德爲左肅政臺御史大夫肅邊道行軍總管

三月壬寅孝傑免

四月癸酉檢校夏官侍郎孫元亨同鳳閣鸞臺平章事

庚子師德貶原州司馬

七月辛亥璹爲隴關道安撫副大使

九月庚申并州長史王方慶爲鸞臺侍郎殿中監李道廣並同鳳閣鸞臺平章事

十月己卯方慶爲鳳閣侍郎

神功元年丁酉

正月壬戌元素元亨被殺

甲子師德守鳳閣侍郎同鳳閣鸞臺平章事

四月癸酉前益州大都督府長史王及善爲內史

五月癸卯師德爲清邊道行軍副大總管

六月己卯尚方少監宗楚客檢校夏官侍郎同鳳閣鸞臺平章事

戊子承嗣春官尚書武三思並同鳳閣鸞臺三品道廣兼檢校洛州長史

辛卯師德安撫河北

七月丁酉承嗣三思並罷

八月丙戌璹罷爲益州長史

庚子仁傑兼納言三思檢校內史欽望自太子宮尹爲文昌右相同鳳閣鸞臺三品

九月甲子攸寧同鳳閣鸞臺三品

戊寅仁傑爲河北道副元帥檢校納言

庚戌師德守納言

十月癸卯仁傑爲河北道安撫大使

閏十月甲寅仁傑爲鸞臺侍郎景佺爲鳳閣侍郎並同鳳閣鸞臺平章事

聖曆元年 戊戌

正月丙寅楚客罷為文昌左丞
丁亥道廣罷為汴州刺史
二月乙未欽望罷為太子賓客
三月甲戌師德為納言
四月辛丑師德為隴右諸軍大使仍檢校河西營田事
七月辛未景佺罷為秋官尚書
八月甲午方慶罷為麟臺監脩國史
庚子三思檢校內史仁傑兼納言
九月甲子夏官尚書武攸寧同鳳閣鸞臺三品
戊寅仁傑為河北道行軍副元帥檢校納言
辛巳試天官侍郎蘇味道為鳳閣侍郎同鳳閣鸞臺平章事
十月癸卯狄仁傑為河北道安撫大使
夏官侍郎姚元崇麟臺少監脩國史知鳳閣侍郎李嶠同鳳閣鸞臺平章事

二年 己亥

臘月戊子檢校左肅政臺御史中丞吉頊為天官侍郎右臺魏元忠為鳳閣侍郎並同鳳閣鸞臺平章事
二月庚申武攸寧罷為冬官尚書
三月甲戌師德為納言
四月壬辰魏元忠檢校并州大都督府長史天兵軍大總管師德副之
壬寅師德充隴右諸軍大使
八月庚子再思罷為左肅政臺御史大夫及善為文昌左相同鳳閣鸞臺平章事太子宮尹欽望為文昌右相同鳳閣鸞臺三品
丁未師德兼試天官侍郎陸元方為鸞臺侍郎同鳳閣鸞臺平章事
戊申三思為內史
九月庚辰及善薨

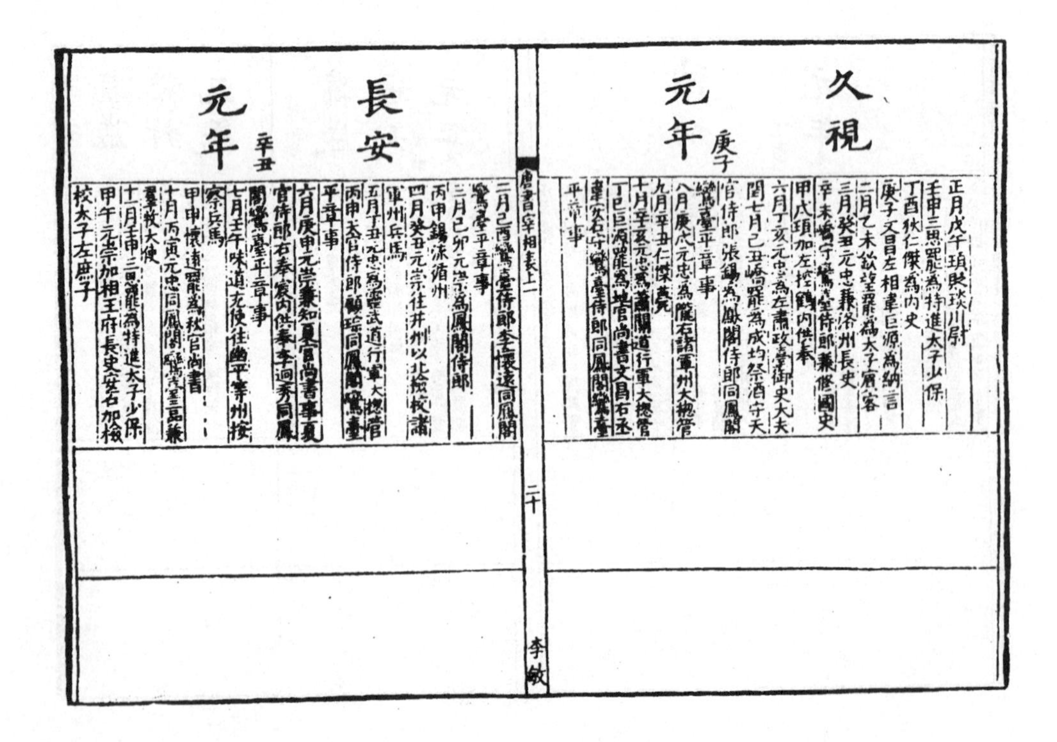

久視元年 庚子

正月戊午頊貶琰川尉
壬申三思罷為特進太子少保
丁酉狄仁傑為內史
庚子文昌左相韋巨源為納言
二月乙未欽望罷為太子賓客
三月癸丑元忠兼洛州長史
辛未嶠守鸞臺侍郎兼脩國史
甲戌頊加左控鶴內供奉
六月丁亥元忠為左肅政臺御史大夫
閏七月己丑嶠罷為成均祭酒守天官侍郎張錫為鳳閣侍郎同鳳閣鸞臺平章事
八月庚戌元忠為隴右諸軍州大總管
九月辛丑仁傑薨
十月辛亥元忠為蕭關道行軍大總管
丁巳巨源罷為地官尚書文昌右丞韋安石守鸞臺侍郎同鳳閣鸞臺平章事

長安元年 辛丑

二月己酉鸞臺侍郎李懷遠同鳳閣鸞臺平章事
三月己卯元崇為鳳閣侍郎
丙申錫流循州
四月癸丑元崇往并州以北檢校諸軍州兵馬
五月丁丑元忠為靈武道行軍大總管
丙申天官侍郎顧琮同鳳閣鸞臺平章事
六月庚申元崇兼知夏官尚書事夏官侍郎右奉宸內供奉李迥秀同鳳閣鸞臺平章事
七月壬午味道充使往幽平等州按察兵馬
甲申懷遠罷為秋官尚書
十月丙寅元忠同鳳閣鸞臺三品兼鑒牧大使
十一月壬申三思罷為特進太子少保
甲午元崇加相王府長史安石加檢校太子左庶子

李敏

二年 壬寅

三月丙戌迥秀充使山東諸州安置軍馬幷檢校武騎兵
五月元忠爲安北道行軍副元帥尋授幷州道行軍大總管兼宣勞使左肅政臺御史大夫同鳳閣鸞臺三品兼知幷州事
十月甲辰琮薨
甲寅元崇同鳳閣鸞臺平章事味道迥秀安石並同鳳閣鸞臺三品
十二月甲午元忠爲安東道安撫使

十一月甲子相王旦爲司徒

三年 癸卯

閏四月庚午嶠兼左丞同鳳閣鸞臺平章事
丁丑安石爲神都留守判天官秋官二尚書事
己卯嶠知納言事
五月戊戌元忠兼左庶子
七月壬寅正諫大夫朱敬則同鳳閣鸞臺平章事
庚戌檢校涼州都督唐休璟爲夏官尚書同鳳閣鸞臺平章事
九月丁酉元忠貶高要尉

四月庚子相王旦罷

四年 甲辰

正月壬子天官侍郎韋嗣立爲鳳閣侍郎同鳳閣鸞臺三品
二月癸亥迥秀貶廬州刺史
壬申敬則致仕
三月己丑嗣立檢校汴州刺史
己亥貶味道坊州刺史夏官侍郎宗楚客同鳳閣鸞臺平章事休璟行右庶子
四月壬戌安石知納言事嶠知內史事
六月辛酉元崇罷爲相王府長史事
以上並同三品
乙丑天官侍郎崔玄暐爲鸞臺侍郎同鳳閣鸞臺平章事嗣立追赴宮所
丁丑嶠爲成均祭酒同鳳閣鸞臺三品
壬午元崇兼知夏官尚書同鳳閣鸞臺三品
七月丙戌左肅政臺御史大夫楊再思守內史
甲午楚客貶原州都督
八月甲寅安石兼檢校揚州長史
庚申休璟兼幽營二州都督安東都護
辛酉元崇兼知春官尚書
庚辰元崇爲司僕卿
九月壬子元之知羣牧使兼攝右肅政臺御史大夫靈武道行軍大總管
十月辛酉元之爲靈武道安撫大使權檢校左臺大夫
甲戌判秋官侍郎張柬之同鳳閣鸞臺平章事
乙亥嗣立檢校魏州刺史
壬午懷州長史房融爲正諫大夫同鳳閣鸞臺平章事
十一月丁亥天官侍郎韋承慶行鳳閣侍郎同鳳閣鸞臺平章事柬之守鳳閣侍郎
癸卯嶠罷爲地官尚書監修國史
丁未玄暐兼檢校太子右庶子
十二月丙辰嗣立罷爲成均祭酒

神龍元年 乙巳

正月甲辰司刑少卿袁恕己爲鳳閣侍郎同鳳閣鸞臺平章事
丙午安國相王爲太尉同鳳閣鸞臺三品
庚戌玄暐守內史左羽林將軍敬暉檢校左羽林將軍桓彥範並爲納言柬之爲天官尚書恕己爲鳳閣侍郎並同鳳閣鸞臺三品
二月甲寅再思爲戶部尚書同中書門下三品元之罷爲亳州刺史韋承慶貶高要尉融除名流高州
甲戌太子少詹事祝欽明同中書門下三品安石罷爲刑部尚書
三月己丑恕己守中書令
四月辛亥恕己爲中書令彥範爲侍中柬之爲天官尚書
丁卯元忠爲衛尉卿同中書門下平章事
辛未暉爲侍中
甲戌元忠爲兵部尚書安石爲吏部尚書懷遠爲左散騎常侍休璟自涼

正月丙午安國相王爲太尉
二月丙寅梁王武三思爲司空同中書門下三品
丁卯右散騎常侍武攸暨爲司徒
辛未安國相王讓太尉同三品
丁丑三思攸暨罷

州入爲輔國大將軍並同中書門下三品再思檢校揚州大都督玄暐爲特進檢校益州大都督府長史同中書門下三品欽明守刑部尚書

乙亥柬之爲中書令同中書門下三品

五月甲午安石兼檢校中書令玄暐罷爲博陵郡王柬之罷爲漢陽郡王恕己罷爲南陽郡王暉罷爲平陽郡王彥範罷爲扶陽郡王元忠兼侍中

庚子懷遠爲左散騎常侍

甲辰休璟爲尚書左僕射欽望自特進爲右僕射同中書門下平章事

六月癸亥欽望軍國重事中書門下平章安石爲中書令元忠爲侍中再思檢校中書令

七月辛巳太子賓客韋巨源同中書門下三品

八月欽望兼檢校安國相王府長史

九月癸巳巨源罷爲禮部尚書

十月丁未休璟爲京留守仍判尚書省事

辛未元忠爲中書令再思行侍中

二年 丙午

正月戊戌守吏部尚書李嶠同中書門下三品中書侍郎于惟謙同中書門下平章事

二月乙未禮部尚書韋巨源守刑部尚書同中書門下三品

三月甲辰安石罷爲戶部尚書戶部尚書蘇瓌守侍中

戊申休璟致仕

四月己丑懷遠致仕

六月戊寅貶暉爲崖州司馬彥範瀧州司馬恕己竇州司馬玄暐白州司馬柬之新州司馬

七月丙寅元忠爲尚書右僕射兼中書令仍知兵部事嶠守中書令

辛未懷遠復爲同中書門下三品流暉于嘉州彥範于瀼州恕己于環州玄暐于古州柬之于瀧州

八月丙子欽明貶申州刺史

九月戊午懷遠薨

十月癸巳瓌爲侍中

十二月丙申欽望爲開府儀同三司依舊平章軍國重事元忠爲尚書左僕射

景龍元年 丁未

七月壬戌嶠爲中書令巨源爲吏部尚書元忠加特進

八月丙戌元忠以特進致仕

九月丁酉惟謙罷爲國子祭酒行兵部尚書宗楚客左衞將軍兼太府卿紀處訥爲太僕卿吏部侍郎蕭至忠爲黃門侍郎並同中書門下三品

丙辰至忠行中書侍郎

辛亥再思爲中書令巨源處訥爲侍中瓌罷爲行吏部尚書

二年 戊申

七月癸巳左屯衞大將軍朔方道行軍大總管張仁亶同中書門下三品

三年 己酉

二月壬寅巨源爲尚書左僕射再思爲右僕射同中書門下三品

三月戊午楚客爲中書令至忠守侍中太府卿韋嗣立守兵部尚書同中書門下三品中書侍郎兼檢校吏部侍郎崔湜守兵部侍郎趙彥昭爲中書侍郎並同中書門下平章事

戊寅禮部尚書韋溫爲太子少保同中書門下三品太常少卿鄭愔守吏部侍郎同中書門下平章事

五月丙戌湜貶襄州刺史愔貶江州司馬

六月癸卯再思薨

八月乙酉嶠守兵部尚書同中書門下三品安石自特進爲侍中至忠爲中書令

九月巨源爲都留守

戊辰瓌爲右僕射同中書門下三品

十一月甲戌欽望薨

十二月壬辰前右僕射同三品宋國公致仕唐休璟爲太子少師同中書門下三品

景雲元年 庚戌

六月壬午工部尚書張錫刑部尚書裴談並同中書門下三品吏部侍郎崔湜中書侍郎岑羲吏部尚書張嘉福並同中書門下平章事温總知內外兵馬

甲申相王參謀政事

壬辰嘉福持節河北道巡撫羲持節河南道巡撫處訥持節關內道巡撫

庚子巨源誅

辛丑朝邑尉劉幽求為中書舍人苑總監鍾紹京為中書侍郎並參豫機務

壬寅紹京黃門侍郎李日知殿中監平王隆基並同中書門下三品至忠貶許州刺史嗣立宋州刺史彥昭絳州刺史湜華州刺史處訥楚客温誅

癸卯隆基同中書門下三品紹京行中書令嘉福誅

乙巳紹京罷為戶部尚書

丙午太常少卿薛稷為黃門侍郎參豫機務

丁未隆基為皇太子

戊申許州刺史姚元之為兵部尚書同中書門下三品嗣立至忠為中書令彥昭為中書侍郎湜為[illegible]侍郎同中書門下平章事

七月癸丑兵部尚書崔日用行黃門侍郎參知機務稷為中書侍郎

丁巳洛州長史宋璟檢校吏部尚書同中書門下三品元之兼太子左庶子璟兼右庶子羲罷為右散騎常侍

壬戌湜罷為尚書左丞錫貶絳州刺史至忠為晉州刺史彥昭為宋州刺史嗣立為許州刺史

丙寅元之兼中書令瓌為尚書左僕射嶠貶為懷州刺史

丁卯休璟致仕仁亶罷為左衛大將軍

己巳日用罷為雍州刺史稷罷為左散騎常侍

八月癸巳談罷為蒲州刺史

十一月戊申元之為中書令兼兵部尚書

壬子安石罷為太子少保璟罷為少傅宋王成器為尚書左僕射

六月甲申安國相王罷參謀政事加太尉

十一月己巳宋王成器為司徒兼揚州大都督

二年 辛亥

正月己未太僕卿郭元振中書侍郎張說並同中書門下平章事

二月甲申璟貶楚州刺史元之申州刺史

丙戌韋安石為侍中幽求罷為戶部尚書

四月甲申安石為中書令

辛卯日知守侍中

庚戌安石加開府儀同三司

壬戌殿中監竇懷貞為左臺御史大夫同中書門下平章事

八月庚午安石為尚書左僕射同中書門下三品

九月乙亥懷貞守侍中

十月甲辰日知罷為戶部尚書元振罷為吏部尚書說罷為尚書左丞懷貞罷為左臺御史大夫安石罷為特進中書侍郎陸象先同中書門下平章事吏部尚書劉幽求為侍中右散騎常侍魏知古太子詹事崔湜為中書侍郎並同中書門下三品

四月甲申宋王憲讓司徒為太子賓客

先天元年 壬子

正月壬辰象先同中書門下三品

乙未竇懷貞戶部尚書岑羲並同中書門下三品

六月癸丑羲為侍中壬戌知古為戶部尚書同中書門下三品

七月乙亥懷貞為尚書右僕射軍國重事宜共平章

八月庚戌湜檢校中書令幽求守尚書右僕射懷貞守左僕射並同三品知古守侍中

戊午幽求流于封州

八月己酉宋王成器為司空

翰林學士兼龍圖閣學士朝散大夫給事中知制誥充史館脩撰臣歐陽脩奉敕撰

宰相　　三師　　三公

開元元年 癸丑

宰相

正月乙亥吏部尚書蕭至忠為中書令
六月丙辰兵部尚書郭元振同中書門下三品
七月甲子至忠義誅懷貞自殺
庚午湜流竇州
乙亥說檢校中書令
庚辰象先罷為益州大都督府長史
八月癸巳幽求為尚書右僕射知軍國重事
九月庚午說為中書令幽求同三品
十月癸卯元振流于新州
甲辰同州刺史姚元之為兵部尚書同中書門下三品
十一月乙丑幽求兼侍中
十二月壬寅元之兼紫微令
癸丑幽求罷為太子少師說貶為相州刺史
甲寅黃門侍郎盧懷慎同紫微黃門平章事

三公

八月壬寅宋王成器為太尉申王撝為司徒邠王守禮為司空
九月丙寅宋王憲罷為開府儀同三司

二年 甲寅

正月己卯懷慎檢校黃門監
甲申和戎大武諸軍節度使薛訥同紫微黃門三品
五月辛亥知古罷守工部尚書
七月訥除名

三年 乙卯

正月癸卯懷慎檢校吏部尚書兼黃門監

四年 丙辰

正月丙申懷慎檢校吏部尚書
十一月己卯懷慎去官養疾
丙申尚書左丞源乾曜為黃門侍郎同紫微黃門平章事
閏十二月己亥元之罷為開府儀同三司乾曜罷為京兆尹刑部尚書宋璟為吏部尚書兼黃門監紫微侍郎蘇頲同紫微黃門平章事

五年 丁巳

六年 戊午

七年 己未

八年 庚申

正月辛巳頲罷為禮部尚書璟罷為開府儀同三司京兆尹源乾曜為黃門侍郎同中書門下平章事
并州大都督府長史張嘉貞守中書侍郎同中書門下平章事
五月丁卯乾曜為侍中嘉貞為中書令

九年 辛酉

九月癸亥天兵軍節度使張說守兵部尚書同中書門下三品

十年 壬戌			
十一年 癸亥	二月己酉嘉貞貶幽州刺史 癸亥說兼中書令 四月甲子說爲中書令、吏部尚書王晙爲兵部尚書同中書門下三品 五月己丑晙持節朔方節度使兼知河北河東隴右河西兵馬使六月巡邊 十二月庚申晙貶蘄州刺史		
十二年 甲子			十一月辛巳申王撝薨
十三年 乙丑	十一月壬辰說爲尚書右丞相兼中書令乾曜爲尚書左丞相兼侍中		
十四年 丙寅	四月丁巳戶部侍郎李元紘爲中書侍郎同中書門下平章事 四月庚申說罷爲尚書右丞相 九月己丑磧西節度使杜暹檢校黃門侍郎同中書門下平章事		
十五年 丁卯			
十六年 戊辰	十一月癸巳河西節度使蕭嵩守兵部尚書同中書門下平章事		
十七年 己巳	六月甲戌元紘罷爲曹州刺史 乾曜罷爲左丞相暹罷爲荊州大都督府長史嵩爲兼中書令 兵部侍郎裴光庭爲中書侍郎戶部侍郎宇文融爲黃門侍郎並同中書門下平章事 八月己卯光庭兼御史大夫 九月壬子融貶汝州刺史		

十八年 庚午	正月辛卯光庭爲侍中 四月乙丑兼吏部尚書		
十九年 辛未			
二十年 壬申	十二月壬申嵩爲兵部尚書		六月丁丑忠王浚爲司徒
二十一年 癸酉	三月乙巳光庭薨 甲寅尚書右丞韓休爲黃門侍郎同中書門下平章事 十二月丁巳嵩罷爲右丞相休罷爲檢校工部尚書京兆尹裴耀卿守黃門侍郎同中書門下平章事前檢校中書侍郎起復張九齡爲中書侍郎同中書門下平章事		四月丁巳宋王憲爲太尉薛王業爲司徒
二十二年 甲戌	五月戊子耀卿爲侍中九齡爲中書令黃門侍郎李林甫爲禮部尚書同中書門下三品 七月甲申九齡爲河南開稻田使 八月耀卿爲江淮以南回造使		七月己巳薛王業薨
二十三年 乙亥	十一月壬寅林甫爲戶部尚書		
二十四年 丙子	七月庚子林甫爲兵部尚書 十一月壬寅耀卿罷爲左丞相九齡罷爲右丞相林甫兼中書令朔方節度使牛仙客守工部尚書同中書門下三品 十二月丙寅仙客知門下省事		十二月戊申慶王琮爲司徒
二十五年 丁丑			

年			
二十六年 戊寅	正月乙亥仙客守侍中 正月壬辰林甫持節遙領隴右節度副大使知節度事 二月乙卯仙客遙領河東節度使 五月乙酉林甫遙領河西節度副大使知節度事仍判涼州事		六月庚子忠王浚為皇太子
二十七年 己卯	四月己丑林甫為吏部尚書仙客為兵部尚書兼侍中		
二十八年 庚辰	十一月仙客罷節度使		
二十九年 辛巳			十一月庚戌邠王守禮薨 辛未宋王憲薨
天寶元年 壬午	七月辛丑仙客薨 八月丁丑刑部侍郎李適之為左相 壬辰林甫為尚書左僕射適之兼兵部尚書		
二年 癸未			
三載 甲申			
四載 乙酉			
五載 丙戌	四月庚寅適之罷為太子少保 丁酉門下侍郎陳希烈同中書門下平章事		
六載 丁亥	三月甲辰希烈為左相兼兵部尚書		
七載 戊子			
八載 己丑			

年			
九載 庚寅			
十載 辛卯	正月丁酉林甫遙領單于安北副大都護充朔方節度等使		
十一載 壬辰	四月丙戌林甫罷都護 十一月乙卯林甫死 庚申御史大夫判度支事劍南節度使楊國忠為右相兼文部尚書		五月戊申慶王琮薨
十二載 癸巳	十二月戊子希烈為秘書省圖書使		
十三載 甲午	八月丙戌希烈罷為太子太師文部侍郎韋見素為武部尚書同中書門下平章事知門下省事		二月丁丑楊國忠為司空
十四載 乙未			
至德元載 丙申	六月丙午劍南節度使崔圓為中書侍郎同中書門下平章事 七月甲子憲部侍郎房琯為文部尚書河西行軍司馬裴冕為中書侍郎並同中書門下平章事 庚午見素為左相蜀郡太守崔渙為門下侍郎同中書門下平章事 八月庚子見素琯渙赴靈武 十一月甲寅憲部尚書李麟同中書門下平章事 戊午渙為江南宣慰使		六月丙申國忠死

年	宰相		
二載 丁酉	正月甲寅圓自蜀來 三月辛酉見素罷為左僕射冕罷為右僕射憲部尚書致仕苗晉卿為左相 五月丁巳瑨罷為太子少師諫議大夫兼侍御史張鎬為中書侍郎同中書門下平章事 八月甲申渙罷為左散騎常侍餘杭郡太守鎬兼河南節度使都統淮南諸軍事 十二月甲寅晉卿為中書侍郎同中書門下平章事 戊午圓為中書令麟同中書門下三品晉卿行侍中		四月戊寅朔方節度使同平章事郭子儀為司空 五月甲子子儀罷司空 十二月戊午河東節度使同平章事李光弼守司空子儀為司徒廣平郡王俶為太尉進封楚王
乾元元年 戊戌	五月戊子鎬罷為荊州大都督府長史 乙未圓罷為太子少師麟罷為太子少傅太常少卿王嶼為中書侍郎同中書門下平章事		三月甲戌楚王俶封成王 五月庚寅俶為皇太子 八月丙辰光弼為侍中子儀兼中書令
二年 己亥	三月甲午兵部侍郎呂諲同中書門下平章事判度支 乙未晉卿罷為太子太傅嶼罷為刑部尚書御史大夫京兆尹李峴為吏部尚書中書舍人李揆為中書侍郎戶部侍郎第五琦並同中書門下平章事 五月辛巳峴貶蜀州刺史 七月辛卯諲以母喪罷 十月壬戌起復 十一月庚午琦貶忠州刺史 十二月甲午諲充勾當度支使丙午為黃門侍郎		

年	宰相		
上元元年 庚子	五月丙午晉卿為侍中 壬子諲罷為太子賓客		正月辛巳光弼加太尉兼中書令 閏四月丁卯河東節度副大使王思禮為司空
二年 辛丑	二月癸未揆貶袁州長史河中節度使蕭華為中書侍郎同中書門下平章事 四月己未吏部侍郎裴遵慶為黃門侍郎同中書門下平章事		三月戊戌光弼罷太尉復兼侍中 五月庚午光弼復為太尉思禮薨
寶應元年 壬寅	建辰月戊申華罷為禮部尚書戶部侍郎元載同中書門下平章事 五月丙寅載行中書侍郎勾當轉運租庸支度使		正月壬午李輔國為司空 十月壬戌死
廣德元年 癸卯	正月癸未京兆尹劉晏為吏部尚書同中書門下平章事 七月壬子雍王适兼中書令 十月壬辰載判元帥行兵司馬 十二月乙未晉卿罷為太子太保檢校禮部尚書李峴為黃門侍郎同中書門下平章事遵慶罷為太子少傅		六月癸未澤潞節度使李抱玉為司空兼兵部尚書
二年 甲辰	正月乙卯雍王适為皇太子 癸亥峴罷為太子詹事晏罷為太子賓客右散騎常侍王縉為黃門侍郎太常卿杜鴻漸為兵部侍郎並同中書門下平章事 丁卯鴻漸加莊宅使 四月甲午為中書侍郎 八月丙寅縉為侍中持節都統河南淮南淮西山東道行營節度事 壬申縉罷侍中甲午兼東都留守	四月壬午朔方行營節度使尚書左僕射同平章事兼太保僕固懷恩為太保	七月乙酉光弼薨 九月辛亥子儀為太尉抱玉為司徒 甲寅子儀讓罷之 十二月乙丑子儀為尚書令辛未子儀讓罷之

永泰元年乙巳	八月庚辰縉爲河南副元帥	九月丁酉懷恩死	三月丙午抱玉讓司徒
大曆元年丙午	二月壬子鴻漸爲黃門侍郎同中書門下平章事兼成都尹持節山南西道劍南東川西川邛南西山等道副元帥仍充劍南西川節度副大使		
二年丁未	六月丙戌鴻漸自劍南追至		
三年戊申	閏六月庚午縉兼幽州盧龍節度使 八月庚午兼河東節度使		閏六月己酉子儀爲司徒 庚午魏博節度使田承嗣爲司空兼檢校尚書左僕射
四年己酉	二月乙卯鴻漸讓山劍副元帥 六月戊申縉罷副元帥都統行營節度事 十一月壬申鴻漸罷癸酉載權知門下省事 丙子尚書左僕射裴冕爲同中書門下平章事 十二月戊戌冕薨		
五年庚戌	四月庚申縉至自太原		
六年辛亥			
七年壬子			

八年癸丑			二月戊申承嗣爲太尉
九年甲寅			
十年乙卯			
十一年丙辰			
十二年丁巳	三月辛巳載誅縉貶括州刺史 四月壬午太常卿楊綰爲中書侍郎禮部侍郎常袞爲門下侍郎並同中書門下平章事 七月己巳綰薨		
十三年戊午			
十四年己未	三月丁未前淮西節度使檢校司空同平章事李忠臣本官同平章事 閏五月甲戌袞貶河南少尹河南少尹崔祐甫爲門下侍郎同中書門下平章事 八月甲辰懷州刺史喬琳爲御史大夫道州司馬楊炎爲門下侍郎並同中書門下平章事 十一月壬午琳罷爲工部尚書		二月癸未承嗣死 閏五月甲申子儀加尚父兼太尉中書令 六月己亥平盧淄青節度使檢校司空同平章事李正己爲司徒成德軍節度使檢校司空同平章事李寶臣爲司空
建中元年庚申	六月甲午祐甫薨		

二年 辛酉

二月乙巳炎為中書侍郎御史大夫盧杞為門下侍郎同中書門下平章事
七月庚申永平軍節度使張鎰為中書侍郎平章事
炎罷為左僕射

正月戊辰寶臣死
六月辛丑子儀薨
七月庚申檢校右僕射侯希逸為司空是日卒
壬午幽州隴右兼四鎮北庭行軍涇原節度使檢校司空兼中書令朱泚為太尉
八月辛卯正己死

三年 壬戌

四月戊寅鎰罷為鳳翔節度使
十月丙辰吏部侍郎關播為中書侍郎同中書門下平章事

四年 癸亥

十月丁巳戶部尚書蕭復為吏部尚書吏部郎中劉從一為刑部侍郎京兆府戶曹參軍翰林學士姜公輔為諫議大夫並同中書門下平章事
十一月癸巳朔方節度使李懷光為中書令朔方邠寧同華陝虢河中晉絳慈隰行營兵馬副元帥
十二月壬戌杞貶新州司馬

興元元年 甲子

正月癸酉播罷為刑部尚書
丙戌吏部侍郎盧翰為兵部侍郎同中書門下平章事
戊子復為山南東西荊湖淮南江西鄂岳浙江東西福建嶺南宣慰安撫使
四月甲寅公輔罷為左庶子
六月己酉李晟為中書令
癸丑從一為中書侍郎翰為門下侍郎
甲寅朔方節度使邠寧振武永平奉天行營兵馬副元帥檢校尚書右僕射同平章事渾瑊為侍中丙辰忠臣誅
八月癸卯瑊為河中同絳陝虢節度行營兵馬副元帥丙午瑊兼朔方行營兵馬副元帥
十月辛丑檢校司徒李勉本官同中書門下平章事
十一月乙丑復罷為左庶子
十二月己卯勉加太清宮使翰加太微宮使從一集賢殿大學士

二月甲子李懷光為太尉不拜
六月己酉京畿渭北商華兵馬副元帥李晟為司徒中書令
八月癸卯晟為鳳翔隴右諸軍涇原四鎮北庭行營兵馬元帥

貞元元年 乙丑

四月丙戌瑊為河中招撫使
六月辛卯西川節度使同平章事張延賞為中書侍郎同中書門下平章事
八月己卯河東節度使檢校司徒同平章事馬燧兼侍中延賞罷為左僕射
九月辛亥從一罷為戶部尚書

八月甲戌懷光伏誅

二年 丙寅

正月壬寅翰罷為太子賓客吏部侍郎劉滋為左散騎常侍給事中崔造中書舍人齊映並同中書門下平章事
癸丑映判兵部勉判刑部滋判吏部禮部造判戶部工部
十二月丁巳燧為綏銀麟勝招討使
庚申造罷為右庶子

三年丁卯	正月壬寅尚書左僕射張延賞同中書門下平章事 壬子滋罷守左散騎常侍映貶夔州刺史兵部侍郎柳渾同中書門下平章事 三月辛亥燧罷副元帥 六月丙戌陝虢觀察使李泌為中書侍郎同中書門下平章事 七月壬申延賞薨 八月己丑渾罷為散騎常侍		三月丁未晟為太尉 六月丙戌馬燧為司徒兼侍中
四年戊辰	七月庚戌瑊為邠寧慶副元帥		
五年己巳	二月庚子御史大夫竇參為中書侍郎大理卿董晉為門下侍郎並同中書門下平章事 三月甲辰泌薨		

六年庚午			
七年辛未			
八年壬申	三月丁丑參貶吏部尚書知選事 四月乙未參貶郴州別駕尚書左丞趙憬兵部侍郎陸贄並中書侍郎同中書門下平章事		
九年癸酉	五月甲辰憬為門下侍郎義成軍節度使賈耽為尚書右僕射尚書右丞盧邁並同中書門下平章事 五月丙午晉罷為禮部尚書		正月己亥抱真罷司徒為檢校左僕射 六月壬寅抱真卒 八月庚戌晟薨
十年甲戌	十二月壬戌贄罷為太子賓客		

十一年乙亥	正月乙亥邁為中書侍郎		八月辛亥燧薨
十二年丙子	二月乙丑瑊兼中書令 八月丙戌憬薨 十月甲戌右諫議大夫崔損給事中趙宗儒並同中書門下平章事		
十三年丁丑	九月己丑邁罷為太子賓客		
十四年戊寅	四月丁丑損為脩八陵使 七月壬申宗儒罷為太子右庶子工部侍郎鄭餘慶為中書侍郎同中書門下平章事損為門下侍郎		
十五年己卯	十二月辛未瑊薨		

十六年庚辰	九月庚戌餘慶貶郴州司馬 庚申太常卿齊抗為中書侍郎同中書門下平章事		
十七年辛巳			
十八年壬午			
十九年癸未	三月壬子淮南節度使檢校尚書左僕射同平章事杜佑檢校司空同中書門下平章事 七月己未抗罷為太子賓客 閏十一月丁巳損薨 十二月庚申太常卿高郢為中書侍郎吏部侍郎鄭珣瑜為門下侍郎並同中書門下平章事		

年	宰相		三公
二十年甲申	二月辛亥吏部侍郎韋執誼爲尚書右丞同中書門下平章事三月丙戌佑檢校司徒庚寅郢爲刑部尚書珣瑜爲吏部尚書執誼爲中書侍郎		
永貞元年乙酉	七月乙未郢罷守刑部尚書珣瑜罷守吏部尚書太常卿杜黃裳爲門下侍郎左金吾衛大將軍袁滋爲中書侍郎並同中書門下平章事八月己未滋爲劒南東西川山南西道安撫大使癸亥尚書左丞鄭餘慶同中書門下平章事十月丁酉耽薨戊戌滋罷爲檢校吏部尚書同平章事西川節度使十一月壬申執誼貶崖州司馬十二月壬戌中書舍人鄭絪爲中書侍郎同中書門下平章事		
元和元年丙戌	十一月庚戌餘慶罷爲河南尹		四月丁未佑爲司徒
二年丁亥	正月乙巳黃裳罷爲檢校司空同平章事河中節度使己酉御史中丞武元衡爲門下侍郎中書舍人李吉甫爲中書侍郎並同中書門下平章事八月辛酉元衡兼判戶部十月丁卯檢校吏部尚書兼門下侍郎同平章事西川節度使		
三年戊子	九月庚寅山南東道節度使檢校尚書左僕射于頔守司空同中書門下平章事丙申戶部侍郎裴垍守中書侍郎同中書門下平章事絪爲門下侍郎戊戌吉甫檢校兵部尚書兼中書侍郎同平章事淮南節度使		九月庚寅頔守司空

年	宰相		三公
四年己丑	二月丁卯絪罷爲太子賓客給事中李藩爲門下侍郎同中書門下平章事		
五年庚寅	九月丙寅太常卿權德輿爲禮部尚書同中書門下平章事十一月庚申垍罷爲兵部尚書		
六年辛卯	正月庚申李吉甫爲中書侍郎同中書門下平章事二月壬申藩罷爲太子詹事十二月己丑戶部侍郎李絳爲中書侍郎同中書門下平章事		
七年壬辰		六月癸巳佑爲太保致仕	
八年癸巳	正月辛未德輿罷爲禮部尚書三月甲子武元衡爲門下侍郎平章事己巳至自西川		二月丁酉頔貶恩王傅

九年 甲午

二月癸卯絳罷為禮部尚書

六月壬寅河中節度使張弘靖為刑部尚書同中書門下平章事

十月丙午吉甫薨

十二月庚戌弘靖守中書侍郎

戊辰尚書右丞韋貫之同中書門下平章事

十年 乙未

六月癸卯元衡為盜殺

乙丑御史中丞裴度為中書侍郎同中書門下平章事

正月乙酉宣武軍節度使韓弘守司徒

十一年 丙申

正月己巳弘靖罷檢校吏部尚書河東節度使

二月乙巳中書舍人李逢吉為門下侍郎同中書門下平章事貫之為中書侍郎

八月壬寅貫之罷為吏部侍郎

十二月丁未翰林學士工部侍郎王涯為中書侍郎同中書門下平章事

十二年 丁酉

七月丙辰度守門下侍郎同平章事彰義節度淮西宣慰處置使戶部侍郎崔群為中書侍郎同中書門下平章事

九月丁未逢吉罷為劍南東川節度使

十月甲戌淮南節度使檢校尚書右僕射李鄘為門下侍郎同中書門下平章事

十二月戊寅鄘至

十三年 戊戌

三月戊戌鄘罷為戶部尚書御史大夫李夷簡為門下侍郎同中書門下平章事

七月辛丑夷簡檢校左僕射同平章事淮南節度使

八月壬子涯罷為兵部侍郎

九月甲辰戶部侍郎判度支皇甫鎛工部侍郎諸道鹽鐵轉運使程异並同中書門下平章事判使各如故

十四年 己亥

四月辛未异薨

丙子度檢校左僕射兼門下侍郎同平章事河東節度使

七月丁酉鎛守門下侍郎河陽節度使令狐楚守中書侍郎同中書門下平章事

八月己酉宣武節度使守司徒兼侍中同平章事韓弘兼中書令

十二月己卯群罷為湖南觀察使

十五年 庚子

正月壬午鎛罷度支

閏月丁未鎛貶崖州司戶參軍

辛亥楚為門下侍郎御史中丞蕭俛中書舍人翰林學士段文昌並守中書侍郎同中書門下平章事

七月丁卯楚罷為宣歙觀察使

八月戊戌俛為門下侍郎御史中丞崔植守中書侍郎同中書門下平章事

九月戊午檢校左僕射河東節度使裴度守司空

宰相表中第二

宰相表下第三　唐書六十三

翰林學士兼龍圖閣學士朝散大夫給事中知制誥充史館修撰臣歐陽脩奉
敕撰

	宰相	三師	三公
長慶元年辛丑	正月壬戌俛罷爲尚書右僕射 二月壬午文昌檢校刑部尚書同平章事西川節度使戶部侍郎翰林學士杜元穎守戶部侍郎同中書門下平章事 十月丙寅諸道鹽鐵轉運使刑部尚書王播守中書侍郎同中書門下平章事		
二年壬寅	二月辛巳播罷爲刑部尚書工部侍郎元稹守工部侍郎同中書門下平章事元穎爲中書侍郎 三月戊午度守司空兼門下侍郎平章事播檢校尚書右僕射平章事淮南節度使 六月甲子度罷爲尚書左僕射稹罷爲同州刺史兵部尚書李逢吉守門下侍郎同中書門下平章事 戊寅夷簡分司東都		三月戊午度守司空 十二月庚寅弘卒
三年癸卯	三月壬戌御史中丞牛僧孺爲戶部侍郎同中書門下平章事丁卯復判戶部 十月己丑元穎檢校禮部尚書同平章事西川節度使庚寅僧孺爲中書侍郎		八月癸卯度守司空山南西道節度使

	宰相	三師	三公
四年甲辰	五月乙卯吏部侍郎李程戶部侍郎判度支竇易直並同中書門下平章事 六月丙申度同平章事乙酉逢吉爲尚書左僕射		六月丙申橫海軍節度使李光顏守司徒
寶曆元年乙巳	正月乙卯僧孺檢校禮部尚書同平章事武昌節度使辛酉程守中書侍郎易直守門下侍郎 七月庚午易直罷度支		二月丁未度守司空
二年丙午	二月丁未裴度守司空同中書門下平章事 八月丙申度判度支 九月壬午程檢校兵部尚書同平章事河東節度使 十一月甲申逢吉檢校司空同平章事山南東道節度使 十二月庚戌兵部侍郎翰林學士韋處厚爲中書侍郎同中書門下平章事庚申度兼門下侍郎易直尚書右僕射		九月戊寅光顏卒
大和元年丁未	六月癸巳淮南節度副大使王播爲尚書左僕射同中書門下平章事 十月丙寅度罷度支		正月癸未天平軍節度使烏重胤守司徒 丙寅重胤卒

年			
二年 戊申	十月癸酉易直檢校尚書左僕射平章事山南東道節度使 十二月壬申處厚薨戊寅兵部侍郎翰林學士路隋守中書侍郎同中書門下平章事		九月甲午武寧軍節度使王智興守司徒
三年 己酉	八月甲戌吏部侍郎李宗閔同中書門下平章事 十二月己酉元穎貶邵州刺史	十一月乙巳智興為太傅	
四年 庚戌	正月辛卯牛僧孺為兵部尚書同中書門下平章事 六月丁未度平章軍國重事己酉隋為門下侍郎宗閔為中書侍郎 七月癸未尚書右丞宋申錫同中書門下平章事 九月壬午度為司徒兼侍中山南東道節度使	六月己巳檢校司徒平章事李載義守太保	六月丁未度守司徒 九月壬午度為司徒
五年 辛亥	三月庚子申錫罷為太子右庶子 乙丑僧孺為中書侍郎		

年			
六年 壬子	十二月乙丑僧孺檢校尚書右僕射平章事淮南節度使		
七年 癸丑	二月丙戌兵部尚書李德裕守本官同中書門下平章事 六月乙亥宗閔檢校禮部尚書平章事興元節度使 七月丁酉德裕守中書侍郎壬寅尚書右僕射諸道鹽鐵轉運使王涯守右僕射同中書門下平章事 是年隋為太子太師		
八年 甲寅	三月戊午涯檢校司空兼門下侍郎 十月庚寅李宗閔守中書侍郎同平章事甲午德裕檢校兵部尚書同平章事山南西道節度使		
九年 乙卯	四月丙申隋檢校尚書右僕射平章事鎮海軍節度使戊戌浙西觀察使賈餗守中書侍郎同中書門下平章事 六月壬寅宗閔貶明州刺史 七月辛亥御史大夫李固言守門下侍郎同中書門下平章事 九月丁卯固言檢校兵部尚書山南西道節度使己巳御史中丞舒元輿為刑部侍郎兵部侍郎翰林學士李訓為禮部侍郎並同中書門下平章事 十月乙亥涯兼諸道鹽鐵轉運榷茶使 庚子度兼中書令 十一月甲子訓斬首於昆明池尚書右僕射鄭覃同中書門下平章事 乙丑元輿餗為仇士良所殺戶部侍郎判度支李石守本官同中書門下平章事	七月癸酉智興卒 十一月癸丑載義守太傅	五月辛未涯為司空 十一月乙丑仇士良殺涯

年	宰相		
開成元年丙辰	正月甲子覃兼門下侍郎石爲中書侍郎 四月甲午李固言守門下侍郎同中書門下平章事石兼鹽鐵使 丙申固言判戶部 五月己巳罷 八月己酉覃兼國子祭酒石罷度支		
二年丁巳	四月戊戌翰林學士工部侍郎陳夷行以本官同中書門下平章事 十月戊申固言爲門下侍郎同平章事西川節度使 十一月壬戌石罷鹽鐵使	四月庚申載義卒	
三年戊午	正月戊辰戶部尚書諸道鹽鐵轉運使楊嗣復戶部侍郎判戶部李珏並同中書門下平章事丙子石以中書侍郎同中書門下平章事荊南節度使 二月庚午覃爲太子太師 四月丙申珏罷戶部 七月戊辰嗣復罷鹽鐵使 九月己巳夷行爲門下侍郎珏嗣復爲中書侍郎 十二月辛丑度守司徒兼中書令 丙午覃罷太子太師五日一入中書		
四年己未	閏正月己亥度來朝 五月丙申覃罷爲尚書左僕射夷行罷爲吏部侍郎 七月甲辰太常卿崔鄲同中書門下平章事 十二月壬午嗣復爲門下侍郎鄲爲中書侍郎		三月丙戌度薨

年	宰相		
五年庚申	二月癸丑珏兼戶部尚書嗣復兼吏部尚書鄲兼禮部尚書 五月己卯珏爲門下侍郎嗣復罷守吏部尚書刑部尚書諸道鹽鐵轉運使刑部尚書崔珙同中書門下平章事 八月庚午珏貶太常卿 九月丁丑淮南節度副大使檢校右僕射李德裕爲門下侍郎同中書門下平章事庚辰珙爲中書侍郎		
會昌元年辛酉	三月甲戌御史大夫陳夷行爲門下侍郎同中書門下平章事 十一月癸亥鄲檢校吏部尚書同平章事劍南西川節度使		
二年壬戌	正月己亥夷行爲尚書左僕射珙爲尚書右僕射 二月丁丑檢校尚書右僕射淮南節度使李紳爲中書侍郎平章事 三月丙申紳權判度支 六月夷行罷爲太子太保 七月尚書左丞兼御史中丞李讓夷爲中書侍郎同中書門下平章事		正月己亥李德裕爲司空
三年癸亥	二月辛未珙罷守尚書右僕射 五月壬寅紳爲門下侍郎戊申翰林學士承旨中書舍人崔鉉爲中書侍郎同中書門下平章事庚戌紳爲尚書右僕射		六月辛酉德裕爲司徒

四年 甲子	閏七月壬戌淮南節度使檢校尚書右僕射駙馬都尉杜悰爲尚書右僕射兼中書侍郎同中書門下平章事諸道鹽鐵轉運使紳檢校尚書右僕射同平章事淮南節度使 八月癸戌讓夷爲檢校尚書右僕射兼中書侍郎鉉兼戶部尚書悰爲尚書左僕射兼門下侍郎		八月戊申德裕守太尉
五年 乙丑	正月己未德裕加特進 五月壬戌鉉罷爲戶部尚書悰罷爲尚書右僕射 乙丑戶部侍郎判戶部李回爲中書侍郎同中書門下平章事兼判戶部 七月山南東道節度使檢校尚書右僕射鄭肅本官同中書門下平章事		
六年 丙寅	四月丙子德裕檢校司徒同平章事荊南節度使辛卯肅檢校尚書左僕射兼中書侍郎讓夷爲司空兼門下侍郎 五月乙巳翰林學士承旨兵部侍郎白敏中本官同中書門下平章事 九月肅本檢校官荊南節度使兵部侍郎判度支盧商爲中書侍郎兼工部尚書同中書門下平章事回爲門下侍郎敏中爲中書侍郎		四月辛卯讓夷爲司空 七月讓夷檢校司空同平章事淮南節度使
大中元年 丁卯	三月商檢校兵部尚書武昌軍節度使刑部尚書判度支崔元式爲門下侍郎兼刑部尚書翰林學士承旨戶部侍郎韋琮爲中書侍郎同中書門下平章事 八月丙申回檢校吏部尚書同平章事劍南西川節度使		

二年 戊辰	正月丙寅敏中兼刑部尚書元式兼戶部尚書琮兼禮部尚書 己卯刑部侍郎諸道鹽鐵轉運使馬植同中書門下平章事元式罷爲刑部尚書兵部侍郎判度支周墀同中書門下平章事 六月庚戌敏中琮爲門下侍郎植墀爲中書侍郎 十一月壬午琮罷爲太子賓客分司東都		
三年 己巳	三月墀兼刑部尚書敏中爲尚書右僕射植檢校禮部尚書天平軍節度使 四月乙酉御史大夫崔鉉守中書侍郎同中書門下平章事墀檢校刑部尚書東川節度使兵部侍郎判戶部事魏扶守本官同中書門下平章事		
四年 庚午	六月戊申扶薨戶部侍郎判度支崔龜從守戶部尚書同中書門下平章事判如故 八月庚戌罷判 十月辛未翰林學士承旨兵部侍郎令狐綯守本官同中書門下平章事		
五年 辛未	三月甲申敏中爲特進守司空兼門下侍郎同平章事招討南山平夏党項行營兵馬都統制置使并南北兩供軍使兼邠寧慶等州節度使 四月乙卯鉉守尚書右僕射兼門下侍郎龜從爲中書侍郎兼吏部尚書綯爲中書侍郎兼禮部尚書 十月戊辰戶部侍郎判戶部魏謩守本官同中書門下平章事判如故 十一月庚寅龜從檢校吏部尚書同平章事宣武節度使		三月甲申敏中守司空 十月敏中守司空同中書門下平章事兼邠寧慶等州節度使

六年壬申	七年癸酉	八年甲戌	九年乙亥	十年丙子	十一年丁丑
正月癸巳綯兼戶部尚書 八月禮部尚書諸道鹽鐵轉運使裴休本官同中書門下平章事使如故 十二月壬午謩爲中書侍郎		十一月乙酉休罷使 十二月癸巳謩罷戶部	二月甲戌鉉爲尚書左僕射綯爲門下侍郎謩兼禮部尚書休爲中書侍郎兼戶部尚書 七月丙辰鉉檢校尚書左僕射同平章事淮南節度使	正月丁巳御史大夫鄭朗守工部尚書同中書門下平章事 十月戊子休爲檢校戶部尚書同平章事宣武節度使綯爲尚書右僕射謩爲門下侍郎兼戶部尚書朗爲中書侍郎兼禮部尚書 十二月壬辰戶部侍郎判戶部事崔慎由爲工部尚書同中書門下平章事	二月辛巳謩爲檢校戶部尚書平章事西川節度使 七月庚子兵部侍郎判度支蕭鄴本官同中書門下平章事判如故 十月鄴罷度支壬申朗罷爲檢校尚書右僕射兼太子少師 十一月己未愼由爲中書侍郎禮部尚書鄴爲工部尚書
四月甲辰敏中檢校司徒平章事西川節度使					

十二年戊寅	十三年己卯	咸通元年庚辰	二年辛巳
正月戊戌戶部侍郎判度支劉瑑本官同中書門下平章事判如故 二月壬申愼由罷爲檢校禮部尚書劍南東川節度使 四月戊申兵部侍郎諸道鹽鐵轉運使夏侯孜本官同中書門下平章事使如故己酉鄴爲中書侍郎兼禮部尚書瑑爲工部尚書 五月丙寅瑑薨 十月癸巳孜爲工部尚書 十一月己未綯爲尚書左僕射 十二月甲寅兵部侍郎判戶部蔣伸本官同中書門下平章事判如故	三月甲戌伸罷戶部 八月癸卯鄴爲門下侍郎伸爲中書侍郎並兼兵部尚書孜爲中書侍郎兼刑部尚書 十一月戊午鄴檢校尚書右僕射同平章事荊南節度使 十二月甲申翰林學士承旨兵部侍郎杜審權本官同中書門下平章事丁酉敏中守司徒兼門下侍郎同中書門下平章事	九月癸酉孜爲門下侍郎兼兵部尚書伸兼刑部尚書審權爲中書侍郎兼工部尚書戊申敏中爲中書令 十月己亥孜爲檢校尚書右僕射同平章事劍南西川節度使戶部尚書判度支畢諴爲禮部尚書同中書門下平章事	二月尚書左僕射判度支杜悰本官兼門下侍郎同中書門下平章事判如故 庚戌敏中檢校司徒兼中書令鳳翔節度使
	八月癸卯綯爲司空 十二月丁酉檢校司徒兼太子太師同平章事荊南節度使白敏中守司徒綯爲檢校司徒同平章事河中節度使	十二月癸亥福王綰爲司空	二月庚戌敏中遷福王綰薨

三年 壬午

正月己酉伸檢校兵部尚書同平章事河中節度使
二月庚子審權為門下侍郎兼吏部尚書諴為中書侍郎兼兵部尚書
七月夏侯孜為尚書左僕射兼門下侍郎同中書門下平章事

二月庚子悰守司空
十月丙申悰為司徒

四年 癸未

四月癸巳諴罷為兵部尚書
五月己巳翰林學士承旨兵部侍郎楊收守本官同中書門下平章事
戊子審權檢校吏部尚書同平章事鎮海軍節度使
閏六月兵部侍郎判度支曹確本官同中書門下平章事悰檢校司徒同平章事鳳翔節度使
十月收為中書侍郎

正月庚辰撫王紘守司空

五年 甲申

三月己亥確為中書侍郎
四月兵部侍郎判戶部蕭寘本官同中書門下平章事
五月戊戌伸為太子少保分司東都
八月乙卯收為門下侍郎兼刑部尚書確兼工部尚書寘為中書侍郎
十一月壬寅翰林學士承旨兵部侍郎路巖本官同中書門下平章事

八月丁卯孜為司空
十一月戊戌孜檢校尚書右僕射同平章事河中節度使

六年 乙酉

三月寘薨
四月劍南東川節度使高璩為兵部侍郎同中書門下平章事
六月收為尚書右僕射兼門下侍郎確兼工部尚書巖為中書侍郎庚戌璩薨御史大夫徐商為兵部侍郎同中書門下平章事

七年 丙戌

十月壬申收檢校工部尚書宣歙池觀察使
十一月戊辰確為門下侍郎巖兼刑部尚書商為中書侍郎兼工部尚書

八年 丁亥

七月甲子兵部侍郎諸道鹽鐵轉運使駙馬都尉于琮本官同中書門下平章事
十月確兼吏部尚書巖為門下侍郎兼戶部尚書商兼刑部尚書

九年 戊子

十年 己丑

六月癸卯商檢校尚書右僕射同平章事荊南節度使翰林學士承旨戶部侍郎劉瞻本官同中書門下平章事
九月瞻為中書侍郎

十一年 庚寅

正月戊午確加尚書左僕射巖加右僕射琮兼刑部尚書
三月確檢校司徒同平章事鎮海軍節度使
四月丙午翰林學士承旨兵部侍郎駙馬都尉韋保衡本官同中書門下平章事
九月丙辰瞻檢校刑部尚書同平章事荊南節度使
十一月辛亥禮部尚書判度支王鐸本官同中書門下平章事

十二年 辛卯

四月癸卯巖檢校司徒平章事劍南西川節度使保衡為中書侍郎兼刑部尚書
十月兵部侍郎諸道鹽鐵轉運使劉鄴為禮部尚書同中書門下平章事使如故鐸為門下侍郎兼吏部尚書

十三年 壬辰

二月丁巳琮檢校尚書左僕射山南東道節度使保衡爲右僕射鐸爲尚書左僕射鄴爲中書侍郎以刑部侍郎判戶部趙隱爲戶部侍郎同中書門下平章事
十月保衡爲門下侍郎兼兵部尚書
十一月庚辰鄴兼戶部尚書鄴爲門下侍郎隱爲中書侍郎

十一月保衡爲司空鐸爲司徒

十四年 癸巳

六月鐸檢校尚書左僕射同平章事宣武軍節度使
八月乙卯鄴兼吏部尚書隱兼禮部尚書
十月乙未鄴爲尚書左僕射隱兼戶部尚書蕭倣爲中書侍郎兼兵部尚書同中書門下平章事

八月乙卯保衡爲司徒
九月癸亥保衡貶賀州刺史

乾符元年 甲午

二月癸丑隱檢校兵部尚書鎮海軍節度使檢校戶部尚書兼華州刺史裴坦爲中書侍郎同中書門下平章事
五月乙未坦薨刑部尚書劉瞻爲中書侍郎同中書門下平章事
八月辛未瞻薨兵部侍郎判度支崔彥昭爲中書侍郎同中書門下平章事
十月丙辰鄴檢校尚書左僕射同平章事淮南節度使吏部侍郎鄭畋爲兵部侍郎翰林學士承旨戶部侍郎盧攜並同中書門下平章事
十一月彥昭爲門下侍郎兼刑部尚書畋爲中書侍郎兼禮部尚書攜爲中書侍郎

十一月倣爲司空

二年 乙未

六月吏部尚書李蔚爲中書侍郎同中書門下平章事彥昭爲尚書右僕射兼門下侍郎畋爲門下侍郎攜兼工部尚書

五月倣薨

三年 丙申

六月乙丑撫王紘爲太尉未幾紘薨

四年 丁酉

正月畋兼兵部尚書攜兼刑部尚書
閏二月彥昭罷爲太子太傅王鐸檢校司徒兼門下侍郎同中書門下平章事
九月攜兼戶部尚書

正月丁丑彥昭爲司空
六月癸酉鐸爲司徒

五年 戊戌

五月丁酉畋攜並罷爲太子賓客分司東都翰林學士承旨戶部侍郎豆盧瑑爲兵部侍郎吏部侍郎崔沆爲戶部侍郎並同中書門下平章事
九月吏部尚書鄭從讜爲中書侍郎兼禮部尚書同中書門下平章事蔚檢校司空判東都尚書省都畿汝防禦使

六年 己亥

四月鐸檢校司空兼侍中荊南節度使南面行營招討都統從讜兼禮部尚書
十二月兵部尚書盧攜爲門下侍郎同中書門下平章事瑑爲中書侍郎兼戶部尚書沆爲中書侍郎兼工部尚書從讜爲門下侍郎兼兵部尚書鐸貶太子賓客分司東都

廣明元年 庚子

二月壬子從讜檢校司空兼平章事河東節度行營招討等使
六月丙午攜兼兵部尚書
十二月甲申攜貶爲太子賓客分司東都翰林學士承旨尚書左丞王徽爲戶部侍郎翰林學士戶部侍郎裴澈爲工部侍郎並同中書門下平章事庚子黃巢殺瑑沆

八月榮王憒守司空是月憒薨

中和元年辛丑	正月壬申兵部侍郎判度支蕭遘為工部侍郎同中書門下平章事 二月澈兼禮部尚書已知太子少師王鐸為司徒兼門下侍郎同中書門下平章事 三月徽罷為兵部尚書 四月戊寅澈為門下侍郎兼兵部尚書遘為中書侍郎兼禮部尚書鐸兼侍中 六月戊戌鐸檢校司空同平章事京城西面行營都統鄭畋守司空兼門下侍郎同中書門下平章事京城四面行營都統鐸守司徒兼太子太保 七月庚申翰林學士承旨兵部侍郎韋昭度本官同中書門下平章事 十一月畋罷為太子少傅分司東都澈為檢校兵部尚書鄂岳觀察使遘兼戶部尚書昭度為中書侍郎兼禮部尚書		二月己卯鐸為司徒騈為太尉 六月丁丑鐸守司徒畋為司空 十一月畋為太子少傅分司東都
二年壬寅	正月辛亥鐸為諸道行營都都統兼指揮諸軍兵馬收復京城及諸道租庸等使權知義成軍節度使 二月遘判度支鐸兼判戶部己卯鄭畋為司空兼門下侍郎同中書門下平章事 四月遘為門下侍郎兼吏部尚書 五月昭度兼吏部尚書遘為尚書左僕射		二月己卯畋為司空
三年癸卯	正月乙亥鐸檢校司徒兼中書令義成軍節度使 五月東都留守檢校司空兼侍中鄭從讜為司空兼門下侍郎同中書門下平章事 七月昭度為門下侍郎檢校兵部尚書判度支裴澈為中書侍郎同中書門下平章事	二月建王震守太保	五月畋為司徒從讜為司空 七月畋罷為檢校司徒守太子太保

四年甲辰	十月澈加尚書右僕射昭度加左僕射並兼門下侍郎		十月遘為司空
光啓元年乙巳	三月澈為尚書左僕射		三月遘為司徒昭度為司空
二年丙午	三月戊戌御史大夫孔緯翰林學士承旨兵部尚書杜讓能並為兵部侍郎同中書門下平章事 四月緯為中書侍郎讓能為工部尚書		二月從讜為太傅兼侍中
三年丁未	三月癸未澈伏誅緯為門下侍郎讓能為中書侍郎 六月緯兼吏部尚書充諸道鹽鐵轉運等使讓能兼兵部尚書昭度兼侍中 九月戶部侍郎判度支張濬為兵部侍郎同中書門下平章事	八月昭度為太保兼侍中	三月從讜為太子太保 癸未遘伏誅 壬辰昭度為司徒
文德元年戊申	二月讓能為尚書右僕射緯為左僕射濬為中書侍郎 四月昭度守中書令讓能為尚書左僕射濬守戶部尚書 六月昭度檢校太尉兼中書令劍南西川節度兼兩川招撫制置等使 九月緯兼國子祭酒	二月昭度兼中書令 四月昭度守中書令	四月緯為司空

年	宰相		
龍紀元年 己酉	正月翰林學士承旨兵部侍郎劉崇望本官同中書門下平章事 三月濬兼吏部尚書崇望為中書侍郎讓能兼門下侍郎 十二月己酉崇望兼吏部尚書	十一月戊午緯為太保	三月緯為司徒讓能為司空 十二月戊午讓能為司徒
大順元年 庚戌	五月濬為河東行營都招討制置宣慰使		
二年 辛亥	正月庚申緯檢校太保兼御史大夫荊南節度使濬罷為檢校尚書右僕射鄂岳觀察使翰林學士承旨兵部侍郎崔昭緯御史中丞徐彥若為戶部侍郎並同中書門下平章事崇望判度支 二月崇望為門下侍郎昭緯彥若並為中書侍郎 十月崇望為尚書右僕射 十二月昭緯兼吏部尚書彥若兼兵部尚書	正月庚申緯還	
景福元年 壬子	二月崇望罷為檢校司徒同中書門下平章事武寧軍節度使 三月戶部尚書鄭延昌為中書侍郎同中書門下平章事 八月昭緯為門下侍郎		四月讓能守太尉

唐書宰相表下三　十七　王廣

年	宰相		
二年 癸丑	正月彥若為檢校尚書左僕射同平章事鳳翔節度使 六月昭緯為尚書左僕射延昌兼刑部尚書 九月壬辰檢校司徒東都留守韋昭度為司徒兼門下侍郎御史中丞崔胤為戶部侍郎並同中書門下平章事 十月昭緯充諸道鹽鐵轉運使	十二月昭度為太傅	九月讓能貶梧州刺史再貶雷州司戶參軍昭度守司徒 十月讓能賜死
乾寧元年 甲寅	二月延昌為尚書右僕射兼門下侍郎鄭綮為禮部侍郎同中書門下平章事 五月延昌罷為尚書右僕射 六月胤為中書侍郎戊午翰林學士承旨禮部尚書李谿本官同中書門下平章事庚申谿罷為太子少傅御史大夫徐彥若為中書侍郎兼吏部尚書同中書門下平章事 七月綮為太子少保致仕	二月昭度守太傅	
二年 乙卯	正月己巳給事中陸希聲為戶部侍郎同中書門下平章事 二月乙未李谿為戶部侍郎同中書門下平章事判度支 三月胤檢校尚書右僕射同平章事護國節度使昭緯罷為檢校吏部尚書守太子少師戶部侍郎判戶部王摶為中書侍郎同中書門下平章事 四月希聲罷為太子少師昭度太保致仕 六月癸巳吏部尚書孔緯為司空兼門下侍郎同中書門下平章事彥若為尚書左僕射兼門下侍郎 七月庚申京兆尹檢校司徒兼戶部尚書判度支諸道鹽鐵轉運使嗣薛王知柔權知中書事及隨駕置頓使甲子崔胤為中書侍郎兼禮部尚書同中書門下平章事 八月壬子昭緯罷為尚書左僕射摶為門下侍郎兼戶部尚書判度支諸道鹽鐵轉運使辛未知柔為清海軍節度使同平章事仍權知京兆尹判度支充諸道鹽鐵轉運使 九月胤判戶部 十月京兆尹孫偓為戶部侍郎同中書門下平章事判戶部	八月辛丑河東節度使檢校太傅同平章事李克用守太師兼中書令充邠寧四面諸軍行營都統	六月癸巳孔緯為司空 九月丙辰彥若為司空癸亥緯薨

唐書宰相表下三　十八　王辰

年	宰相		
三年丙辰	五月偓為兵部侍郎 七月乙巳胤檢校禮部尚書同中書門下平章事武安軍節度使偓為中書侍郎丙午翰林學士承旨尚書左丞陸扆為戶部侍郎同中書門下平章事 八月甲寅摶檢校戶部尚書同平章事威勝軍節度使戊午扆為中書侍郎判戶部乙丑國子監毛詩博士朱朴為左諫議大夫同中書門下平章事 九月乙未胤為中書侍郎兼戶部尚書同中書門下平章事翰林學士承旨兵部侍郎崔遠本官同中書門下平章事丁酉扆貶峽州刺史己亥朴判戶部戊申偓為門下侍郎兼諸道鹽鐵轉運使判度支 十月壬子偓兼禮部尚書持節鳳翔四面行營節度諸軍都統招討處置等使戊午王摶為吏部尚書同中書門下平章事 十一月癸卯朴為中書侍郎		三月彥若兼侍中大明宮留守京畿安撫制置使
四年丁巳	正月己亥偓罷都統招討使 二月乙亥偓罷守禮部尚書朴罷守秘書監 三月遠判戶部 四月摶為門下侍郎兼吏部尚書諸道轉運等使遠為兵部尚書 六月乙巳遠為中書侍郎胤兼戶部尚書		
光化元年戊午	正月摶為尚書右僕射兼門下侍郎胤兼吏部尚書遠兼工部尚書	九月靖國匡國軍節度使檢校太尉兼侍中韓建守太傅兼中書令	正月彥若為司徒
二年己未	正月丁未胤罷守吏部尚書兵部尚書陸扆本官同中書門下平章事未幾為中書侍郎兼戶部尚書平章事彥若兼門下侍郎	十一月彥若為太保	十一月摶為司空
三年庚申	四月遠兼吏部尚書 六月丁卯崔胤為尚書左僕射兼門下侍郎同中書門下平章事判諸道鹽鐵轉運等使 九月乙巳彥若檢校太尉同平章事清海軍節度使丙午遠罷為兵部尚書戊申刑部尚書裴贄為中書侍郎兼刑部尚書同中書門下平章事扆為門下侍郎兼戶部尚書		六月摶罷為工部侍郎
天復元年辛酉	二月翰林學士戶部侍郎王溥為中書侍郎吏部侍郎裴樞為戶部侍郎並同中書門下平章事 五月扆兼兵部尚書贄兼戶部尚書 十一月辛酉兵部侍郎盧光啟權句當中書事兼判三司丁卯光啟為右諫議大夫參知機務甲戌樞罷並守工部尚書		正月胤為司空
二年壬戌	正月丁卯給事中韋貽範為工部侍郎同中書門下平章事判度支 四月光啟罷為太子少保 五月庚午貽範以母喪罷 六月丙子中書舍人蘇檢為工部侍郎同中書門下平章事 八月己亥貽範起復守戶部侍郎同中書門下平章事依前充諸道鹽鐵轉運等使判度支 十一月丙辰貽範薨		

年			
三年癸亥	正月壬子崔胤守司空兼門下侍郎同中書門下平章事判使如故辛未兼判六軍十二衛事 二月甲戌贄貶沂王傅分司東都 丙子胤兼侍中檢為全忠所害溥罷為戶部侍郎乙未清海軍節度使檢校尚書右僕射同平章事裴樞為門下侍郎同中書門下平章事 十二月贄罷為尚書左僕射辛巳禮部尚書獨孤損為兵部侍郎同中書門下平章事		二月庚辰胤守司徒宣武宣義天平護國軍節度晉絳慈隰觀察處置安邑解縣兩池榷鹽制置等使檢校太師兼中書令梁王朱全忠守太尉中書令充諸道兵馬副元帥 四月己卯判元帥府事 八月庚辰鎮南東西川節度使檢校太師王建守司徒
天祐元年甲子	正月乙巳胤罷為太子少傅分司東都兵部尚書崔遠為中書侍郎翰林學士左拾遺柳璨為右諫議大夫並同中書門下平章事樞判左三軍事諸道鹽鐵轉運等使損判右三軍事判度支 閏四月乙卯損為門下侍郎兼戶部尚書遠兼兵部尚書樞為尚書右僕射		三月丁未全忠兼判左右神策及六軍諸衛事
二年乙丑	三月甲子樞罷為尚書左僕射戊寅損檢校尚書左僕射同平章事靜海軍節度使禮部侍郎張文蔚同中書門下平章事甲申吏部侍郎楊涉同中書門下平章事判戶部文蔚為中書侍郎判度支璨為門下侍郎兼戶部尚書遠罷為尚書右僕射 十二月癸卯璨為司空諸道鹽鐵轉運使癸丑貶登州刺史		十一月辛巳全忠進封魏王授相國總百揆 十二月丁酉全忠為天下兵馬元帥癸卯璨為司空癸丑璨貶登州刺史
三年丙寅			三月戊寅全忠為諸道鹽鐵等使判度支戶部事充三司都制置使 閏十二月丙寅建削奪官爵
四年丁卯			

方鎮表第四　　唐書六十四

翰林學士兼龍圖閣學士朝散大夫給事中知制誥充史館修撰臣歐陽脩奉敕撰

高祖太宗之制兵列府以居外將列衛以居內有事則將以征伐事已各解而去兵者將之事也使得以用而不得以有之及其晚也土地之廣人民之衆城池之固器甲之利舉而予之何慮於其始也深而易於其後也忽如此之異哉豈其弊有漸馴而致之勢有不得已而然哉方鎮之患始也各專其地以自世既則迫於利害之謀故其喜則連衡而叛上怒則以力而相并又其甚則起而弱王室唐自中世以後收功弭亂雖常倚鎮兵而其亡也亦終以此可不戒哉作方鎮表

	京畿	興鳳隴	涇原	邠寧	渭北鄜坊	朔方	東畿
景雲元年							
二年							
先天元年							
開元元年							
二年							
三年							
四年							
五年							
六年							
七年							
八年							
九年						置朔方軍節度使領單于大都護府夏鹽綏銀豐勝六州定遠豐安二軍東中西三受降城	
十年						朔方節度增領魯麗契三州	
十一年							
十二年							
十三年							
十四年						朔方節度領關內支度營田使	
十五年						朔方節度兼關內鹽池使	
十六年						廢達渾都督府朔方節度兼檢校渾部落使	
十七年							
十八年							

十九年							
二十年						朔方節度增領押諸蕃部落使及閑廄宮苑監牧使	
二十一年							
二十二年						朔方節度兼關内道採訪處置使增涇原寧慶隴鄜坊丹延會宥麟十二州以匡長二州隸慶州安樂三州隸原州	
二十三年							
二十四年							
二十五年							
二十六年							
二十七年							
二十八年						朔方節度兼六城水運使	
二十九年							
天寶元年						朔方節度增領邠州	
二年							
三載							

四載							
五載							
六載							
七載							
八載						朔方節度兼隴右兵馬使	
九載							
十載							
十一載							
十二載							
十三載						以豐州置九原朔方節度隴右兵馬使	
十四載							
至德元載	置京畿節度使領京兆同岐金商五州是年以金商岐州隸興平鳳翔同州隸河中					別置關内節度使兼採訪使徙治安化郡	置東畿觀察使領懷鄭汝陝四州尋以鄭州隸淮西
二載							
乾元元年						置振武節度押蕃落使領鎮北大都護府麟勝二州	陝州隸陝虢華節度汝州隸豫許汝節度

唐書方鎮表四

二年	上元元年	二年	寶應元年	廣德元年	二年	永泰元年	大曆元年	二年	三年	四年
		以華州置鎮國節度亦曰關東節度	京畿節度使復領金商是年廢節度使	罷鎮國軍節度	置京畿觀察使以御史中丞兼之	以御史大夫兼京畿觀察使				
	置興鳳隴節度使									
									置涇原節度使治涇州	
置邠寧節度使領州九邠寧慶涇原鄜坊丹延	罷領鄜坊丹延								罷邠寧節度使	
	置渭北鄜坊節度使治坊州并領丹延二州					渭北鄜坊節度使罷領丹延二州增領綏州以丹延二州別置都團練使治延州是年增領安塞軍使尋升為觀察使				
		廢關內節度使罷領單于大都護以涇原寧慶坊丹延隸邠寧節度麟勝隸振武節度	振武節度增領鎮北大都護府以鎮北隸朔方		朔方節度復兼單于大都護罷河中振武節度以所管七州隸朔方				朔方節度增領邠寧慶三州	
置陝虢華節度領潼關防禦團練鎮守等使治陝州	改陝虢華節度為陝西節度兼神策軍使尋置觀察使	陝西節度罷領華州	陝西觀察使增領都防禦使	懷州隸昭義陝西觀察使增領虢州	罷東畿觀察使					

五

李謀

唐書方鎮表四

五年	六年	七年	八年	九年	十年	十一年	十二年	十三年	十四年	建中元年	二年
涇原節度使馬璘[illegible]軍廩不給遂領鄭潁二州									潁州隸永平節度使		鄭州隸永平節度
									復置邠寧慶觀察使		
	渭北鄜坊節度使更名渭北節度使復領丹延二州廢丹延觀察使								罷渭北節度置都團練觀察使		
									析置河中振武邠寧三節度朔方所領靈鹽夏豐四州西受降城定遠天德二軍振武節度復領鎮北大都護府及綏銀二州東中二受降城		
									復置東畿觀察使以留臺御史中丞兼之復領汝州罷陝西防禦觀察使		以汝州隸河陽懷州復舊復置陝西防禦使置河陽三城節度使以東都畿觀察使兼之領懷鄭汝陝四州[illegible]使增領東畿五縣及衛州亦曰懷衛節度使

六

李謀

三年	四年	興元元年	貞元元年	二年	三年	四年	五年	六年
	置京畿渭南節度觀察使領金商二州是年兼涇北鄜坊丹延綏五州未幾罷五州及金州爲京畿商州節度使	罷京畿節度使以同州爲奉誠軍節度領同晉慈隰四州是年罷以華州置潼關節度使						
	興鳳隴節度賜號保義節度是年罷保義以隴州置奉義軍節度使尋廢		保義節度增領臨洮軍使					
					罷保義節度置都團練觀察防禦使未幾復置節度兼右神策軍行營節度使初隴右節度兵入屯秦州尋徙岐州及吐蕃陷隴右經略使行秦州以刺史兼普潤以鳳翔節度使領隴右支度營田觀察使			涇原節度領四鎮北庭行軍節度使
	復置渭北節度如上元之舊尋罷未幾復置徙治鄜州其後置都團練觀察防禦使				復置渭北節度使以綏州隸銀夏節度			
					置夏州節度觀察處置押蕃落使領綏鹽二州其後罷領鹽州			
	罷觀察置東畿汝州節度置陝西都防禦使尋升爲節度使	廢陝西節度使	廢東都畿汝州節度置都防禦使以東都留守兼之增領唐鄧二州置陝虢都防禦使治陝州[illegible]月又爲都防禦觀察陸運使罷河陽節度置都團練使	升東都畿汝州都防禦使爲都防禦觀察使	唐鄧二州隸山南東道		罷東都畿汝州觀察使置都防禦使汝州別置防禦使	

七年	八年	九年	十年	十一年	十二年	十三年	十四年	十五年	十六年	十七年	十八年	十九年	二十年	永貞元年
		罷渭北節度												
					朔方節度兼領豐州及西受降城天德軍以振武之東中二受降城隸天德軍以天德軍置都團練防禦使領豐會二州三受降城									
					復置河陽懷節度治河陽									

元和元年	二年	三年	四年	五年	六年	七年	八年	九年	十年	十一年	十二年	十三年	十四年
升隴右經略使為保義節度尋罷保義[illegible]是年[illegible]領[illegible]原崇信三鎮													
			涇原節度增領行渭州										
析丹州置防禦使													
								夏州節度增領宥州					
		罷東都畿汝州都防禦使						河陽節度增領汝州徙治汝州				汝州隸東畿復置東都畿汝州都防禦使兼東都留守為故罷河陽節度	

十五年	長慶元年	二年	三年	四年	寶曆元年	二年	大和元年	二年	三年	四年	五年	六年	七年	八年	九年
													以銀州刺史領銀川監牧使		
東都畿防禦罷領汝州		東都畿復領汝州							以陝虢地近京師罷陝虢都防禦使						

年							
開成元年							復置陝虢都防禦觀察使
二年							
三年						[illegible]州節度使領採造供軍銀川監牧使	
四年							
五年							
會昌元年							
二年						天德軍使賜號歸義軍節度使尋廢	
三年						改單于大都護為安北都護	復置河陽節度徙治孟州
四年							河陽節度增領澤州
五年							
六年							
大中元年							
二年							
三年				邠寧節度以南山平夏部落叛徙治寧州及內附復徙故治			
四年		增領秦州					

唐書方鎮表四　十一　忠

年							
五年		罷領隴州以隴州置防禦使領黃頭軍使		增領武州			
六年							
十年							
八年						朔方節度增領威州	
九年							
十年						夏州節度使增領撫平党項等使	
十一年							
十二年							
十三年							
咸通元年							
二年							
三年							
四年							
五年		秦州隸天雄軍節度					
六年							
七年							

唐書方鎮表四　十二　小盛

八年	九年	十年	十一年	十二年	十三年	十四年	乾符元年	二年	三年	四年	五年	六年	廣明元年	中和元年	二年
															鄜坊節度賜號保大軍節度增領翟州以延州置保塞軍節度
															夏州節度賜號定難節度

唐書方鎮表四　十三　周畢

三年	四年	光啓元年	二年	三年	文德元年	龍紀元年	大順元年	二年	景福元年	二年	乾寧元年	二年	三年	四年
											以乾州置威勝軍節度	升同州為匡國軍節度		
鄜州防禦使增京句神勇軍使											鳳翔節度增領乾州未幾罷			
											涇原節度賜號彰義軍節度增領渭武二州			
		邠寧節度賜號靜難軍節度												
升陝虢防禦觀察使為節度使		置東畿觀察兼防遏使		升東畿觀察兼防遏使為佑國軍節度		賜陝虢節度為保義軍節度					汝州隸忠武軍節度			

唐書方鎮表四　十四　畢

方鎮表第四

光化元年	二年	三年	天復元年	二年	三年	天祐元年	二年	三年	四年
以華州置鎮國軍節度領華同二州兼興德尹		罷鎮國軍節度及興德尹	升隴州防禦使為保勝節度使			以京畿置佑國軍節度使領金商二州		置義勝軍節度使領耀鼎二州罷匡國軍	
更保塞軍節度曰寧塞軍節度後又更名衛國軍節度罷丹州防禦使以丹州隸衛國軍									
		復置東畿觀察使兼防遏使置佑國軍節度河陽節度罷領澤州				罷東畿觀察使兼防遏使			

方鎮表第五 唐書六十五

翰林學士兼龍圖閣學士朝散大夫給事中知制誥充史館修撰臣歐陽脩奉敕撰

	滑衛	河南	鄭陳	淮南西道	徐海沂密	青密	北都
景雲元年							
二年							北都長史領持節和戎大武等諸軍州節度使
先天元年							
開元元年							
二年							
三年							
四年							
五年							領天兵軍大使
六年							
七年							
八年							更天兵軍大使為天兵軍節度使
九年							
十年							
十一年							更天兵軍節度為太原府以北諸軍州節度河東道支度營田使兼北都留守領太原及遼石嵐汾代忻朔蔚雲九州治太原
十二年							
十三年							
十四年							
十五年							
十六年							
十七年							以儀石二州隸潞州都督
十八年							更太原府以北諸軍州節度為河東節度自後節度使領大同軍使副使以代州刺史領之復領儀石二州

年							
十九年							
二十年							
二十一年							
二十二年							
二十三年							
二十四年							
二十五年							
二十六年							
二十七年							
二十八年							
二十九年							
天寶元年							
二年							
三載							
四載							
五載							

年							
六載							
七載							
八載							
九載							
十載							
十一載							
十二載							
十三載							
十四載							
至德元載		置河南節度使治汴州領郡十三陳留睢陽靈昌淮陽汝陰譙濟陰濮陽淄川琅邪彭城臨淮東海	置淮南西道節度使領義陽弋陽潁川滎陽汝南五郡治潁川郡			置青密節度使領北海高密東牟東萊四郡治北海郡置鄆齊兗三州都防禦使治齊州	
二載							
乾元元年		廢河南節度使置汴州都防禦使領州十三如故尋以滑濮二州隸青密節度亳州隸淮西節度		淮南西道節度徙治鄭州增領陳潁亳三州別置豫許汝節度使治豫州		青密節度增領滑濮二州	

二年	上元元年	二年	寶應元年	廣德元年	二年
		置滑衛節度使治滑州領州六滑衛相魏德貝尋以德州隸淄沂節度而增領博州		滑衛節度增領亳州更號滑亳節度使增領德州以衛州隸澤潞析相貝別置節度魏博別置防禦	
廢汴州都防禦使置汴滑節度使治滑州領州五滑濮汴曹宋又置河南節度使治徐州領州五徐泗海亳潁未幾潁州隸鄭陳節度以徐復領潁州是年又以亳州隸兗鄆節度潁亳二州隸鄭陳節度	以海州隸青密節度	廢汴滑河南三節度以徐泗汴宋曹五州隸淮西節度滑州隸滑衛節度	復置河南節度使治汴州領州八汴宋曹徐潁兗鄆濮		
置鄭陳節度使領鄭陳亳潁四州治鄭州尋增領申光壽三州未幾以三州隸淮西		廢鄭陳節度以鄭陳亳潁四州隸淮西			
廢淮南西道節度使以陳潁亳隸陳鄭是年復置淮南西道節度使領申光壽安沔蘄黃七州治壽州		淮南西道節度使增領陳鄭潁亳汴曹宋徐泗九州徙治安州號淮西十六州節度使尋以亳州隸滑衛節度徐州隸兗鄆節度	淮西節度增領許隋唐三州以鄭州隸澤潞節度潁汴宋曹四州隸河南節度泗州隸兗鄆節度申州隸蔡汝節度		
青密節度使增領淄沂海三州滑州隸汴滑節度使濮州隸鄆齊兗鄆節度使是年以海州隸汴滑節度升鄆齊兗三州都防禦使為節度使治兗州增領濮州尋以濮州隸河南節度	海州復隸青密節度	置淄沂節度使領淄沂滄德棣五州治沂州平盧軍節度使侯希逸引兵保青州授青密節度使遂廢淄沂節度并所管五州號淄青平盧節度增領齊州以齊州隸青密而兗鄆節度增領徐州	登萊沂海泗五州隸兗鄆節度是年廢兗鄆節度以鄆兗濮徐四州隸河南節度登萊沂海泗隸淄青平盧節度	滄德二州隸魏博節度淄青平盧節度增領瀛州未幾瀛州復隸魏博節度	

永泰元年	大曆元年	二年	三年	四年	五年	六年	七年	八年	九年	十年
				滑亳節度增領陳州			賜滑亳節度為永平節度			
				河南節度增領泗州以潁州隸澤潞節度						
沔蘄黃三州隸鄂岳節度			蔡汝節度增領仙州		省仙州			淮西節度使徙治蔡州蔡汝節度使所管州皆隸淮西節度		
淄青平盧節度增領押新羅渤海兩蕃使				淄青平盧節度罷領海沂密三州置海沂密三州都防禦使尋廢復以三州隸淄青平盧節度						淄青平盧節度又領德州

年							
十一年	永平節度增領宋泗二州	廢河南節度使以曹兗鄆濮徐五州隸淄青節度宋潁泗三州隸永平軍節度汴州隸淮西節度		淮西節度使增領汴州徙治汴州		淄青平盧節度增領鄆曹濮徐兗五州以泗州隸永平軍節度	
十二年							
十三年							
十四年	永平節度增領汴潁二州徙治汴州			淮西節度使徙治蔡州是年賜號淮寧軍節度尋更號申光蔡節度使汝州隸東都畿汴州隸永平軍節度			
建中元年							
二年	永平節度增領鄭州析宋亳潁別置節度使以泗州隸淮南是年以鄭州隸河陽三城節度既而復故	置宋亳潁節度使治宋州尋號宣武軍節度使					
三年					置徐海沂密都團練觀察使治徐州	廢淄青平盧節度使置淄青都團練觀察使領淄青齊登萊兗鄆七州治青州置曹濮都團練觀察使治濮州	
四年							
興元元年	永平軍節度以汴滑二州隸宣武軍尋復領滑州徙治滑州	宣武軍節度使徙治汴州		壽州別置觀察使	廢徐海沂密都團練觀察使	復置淄青平盧節度使領淄青齊登萊兗鄆徐海沂密十二州治青州廢曹濮都團練觀察使	賜河東節度號保寧軍節度

年							
貞元元年	永平軍節度更號義成軍節度增領許州			唐州隸東都畿許州隸義成軍節度			
二年							
三年	以許州隸陳許節度使		置陳許節度使治許州	安州隸山南東道			保寧軍節度復爲河東節度
四年					置徐泗濠三州節度使治徐州	淄青平盧節度使徙治鄆州以徐州隸徐泗節度	
五年							
六年							
七年							
八年							
九年							
十年			陳許節度賜號忠武軍節度使				
十一年							
十二年							
十三年							
十四年				申光蔡節度賜號彰義軍節度			
十五年							

年							
十六年					廢徐泗濠三州節度使未幾復置泗濠二州觀察使隸淮南徐州領本州留後		
十七年							
十八年							
十九年							
二十年							
永貞元年							
元和元年							
二年					廢泗濠二州觀察使置武寧軍節度使治徐州領徐泗濠三州		
三年							
四年					武寧軍節度增領宿州		
五年							
六年							
七年							
八年							

年							
九年							
十年							
十一年				彰義軍節度增領唐隨鄧三州尋以三州別置節度使			
十二年			忠武節度增領溵州	彰義軍節度復爲淮西節度增領溵州未幾以溵州隸忠武軍節度			
十三年			忠武軍節度增領蔡州	廢淮西節度			
十四年						淄青平盧節度使領青淄齊登萊五州徙治青州置鄆曹濮節度使治鄆州置沂海觀察使領沂海兗密四州治沂州	
十五年						賜鄆曹濮節度使號天平軍節度使	
長慶元年					宿州隸淮南節度	升沂海觀察使爲節度使徙治兗州	河東節度使領押北山諸蕃使
二年	義成軍節度使復領潁州		省溵州				

年							
三年							
四年							
寶曆元年							
二年							
大和元年						齊州隸橫海節度、	
二年						淄青平盧節度增領棣州	
三年							
四年							
五年							
六年							
七年					宿州復隸武寧節度		
八年					廢沂海節度使為觀察使		
九年							
開成元年							

年							
二年							
三年							
四年							
五年							
會昌元年							
二年							
三年							河東節度使罷領雲朔蔚三州以雲蔚朔三州置大同都團練使治雲州
四年							升大同都團練使為大同都防禦使
五年							
六年							
大中元年							
二年				置蔡州防禦使龍陂監牧使			
三年							
四年							

年							
五年						升沂海觀察使為節度使	
六年							
七年							
八年							
九年							
十年							
十一年							
十二年							
十三年							
咸通元年							
二年							
三年					罷武寧軍節度置徐州團練防禦使隸兗海又置宿泗等州都團練觀察處置使治宿州	沂海節度使增領宿州	
四年					罷徐州防禦使以濠州隸淮南節度		

年							
五年					置徐泗團練觀察處置使治徐州	天平軍節度增領齊棣二州沂海節度使罷領徐州	
六年							
七年							
八年							
九年							
十年					置徐泗節度使是年復置都團練防禦使增領濠宿二州		
十一年					置徐泗觀察使尋賜號感化軍節度使		
十二年							
十三年						淄青平盧節度復領齊棣二州	
十四年							
乾符元年							
二年					感化軍節度罷領泗州		
三年							

四年	五年	六年	廣明元年	中和元年	二年	三年	四年	光啓元年	二年	三年	文德元年
									義成軍節度使爲宣義軍節度使以朱全忠請改以避其父名		
					蔡州置奉國軍節度						
					升汝州防禦使爲奉國軍節度						
	升大同都防禦使爲節度使				河東節度增領嵐州以忻代二州隸鴈門節度更大同節度爲鴈門節度兼左神策軍天寧鎮遏觀察使徙治代州	鴈門節度爲代北節度	河東節度復領忻代二州				

龍紀元年	大順元年	二年	景福元年	二年	乾寧元年	二年	三年	四年	光化元年	二年	三年	天復元年	二年	三年
					忠武軍節度增領汝州						汝州隸東都			
								奉國軍節度增領申和二州						
									感化軍節度復爲武寧軍節度未幾復爲感化軍節度				罷感化軍節度	
						析齊州置武肅軍防禦使		賜沂海節度使爲泰寧軍節度使				罷武肅軍防禦使		
河東節度增領憲州														

天祐元年							
二年							
三年							
四年							

方鎮表第五

方鎮表第六

唐書六十六

翰林學士兼龍圖閣學士朝散大夫給事中知制誥充史館修撰臣歐陽脩奉敕撰

	河中	澤潞沁	成德	義武	幽州	魏博	橫海
景雲元年							
二年							
先天元年							
開元元年					幽州置防禦大使		
二年					置幽州節度[illegible]州軍[illegible]內經略鎮守大使領幽易平檀嬀燕六州治幽州[illegible]		
三年							
四年							
五年					營州置平盧軍使		
六年							
七年					升平盧軍使為平盧軍節度經略河北支度管內諸蕃及營田等使兼領安東都護及營遼燕三州		

	河中	澤潞沁	成德	義武	幽州	魏博	橫海
八年					幽州節度兼本軍州經略大使并節度河北諸軍大使		
九年							
十年							
十一年							
十二年							
十三年							滄州置橫海軍使
十四年							
十五年					幽州節度兼河北支度營田使		
十六年							
十七年							
十八年					幽州節度增領薊滄二州		
十九年							
二十年					幽州節度使兼河北採訪處置使增領衛相洺貝冀魏深趙恆定邢德博棣營鄚十六州及安東都護府		
二十一年							
二十二年							

年							
二十三年							
二十四年							
二十五年							
二十六年							
二十七年					幽州節度使增領河北海運使		
二十八年					平盧軍節度使兼押兩蕃渤海黑水四府經略處置使		
二十九年					幽州節度副使領平盧軍節度副使治順化州		
天寶元年					更幽州節度使為范陽節度使增領歸順歸德二郡		
二年					平盧軍節度使治遼西故城副都護領保定軍使		
三載							
四載							
五載							
六載							
七載							

年							
八載							
九載							
十載							
十一載							
十二載							
十三載							
十四載							
至德元載	置河中防禦守捉蒲關使	置澤潞沁節度使治潞州					
二載	升河中防禦為河中節度兼蒲關防禦使領蒲晉絳隰慈虢同七州治蒲州						
乾元元年							
二年	河中節度兼河中尹耀德軍使虢州隸陝華節度						
上元元年							
二年	河中節度增領沁州以同州隸鎮國軍節度是年復以沁州隸澤潞節度	澤潞節度增領沁州			滄德棣三州隸淄沂節度衛相貝魏博五州隸滑衛節度		

年	1	2	3	4	5	6	7
寶應元年		澤潞節度增領鄭州又增領陳邢洺趙四州是年以趙州隸成德軍節度	置成德軍節度使領恒定易趙深五州治恒州		范陽節度使復為幽州節度使及平盧陷又兼盧龍節度使以恒定易趙深五州隸成德軍節度邢州隸澤潞節度置[illegible]本軍營田使		
廣德元年		置相衞節度使治相州是年增領貝邢洺三州號相衞洺邢貝節度[illegible]澤潞節度增領懷衞二州以衞州隸相衞節度	成德軍節度增領冀州		冀州隸成德軍節度罷領順易歸順三州	置魏博等州防禦使領魏博貝瀛滄五州[illegible]	
廣德二年	廢河中節度置河中五州都團練觀察使						
永泰元年							
大曆元年	相衞六州節度賜號昭義軍節度後田承嗣盜取相衞洺貝四州所存磁[illegible]二州						
二年							
三年							
四年	澤潞節度增領潁州						
五年	潁鄭二州皆隸涇原節度						
六年							

年	1	2	3	4	5	6	7
七年						魏博節度增領澶州	
八年							
九年							
十年			成德軍節度增領滄州				瀛州隸幽州盧龍節度滄州隸成德軍節度[illegible]淄青平盧節度
十一年							魏博節度增領衞相洺貝四州
十二年							
十三年							
十四年							
建中元年		昭義軍節度兼領澤潞二州徙治潞州					
二年		昭義軍節度罷領懷衞二州河陽三城			省燕州		
三年		昭義軍節度增領洺州以趙州隸深趙節度	罷成德軍節度置恒冀都團練觀察使治恒州深趙都團練觀察使治趙州	置義武軍	幽州節度復領德棣二州後以二州復隸成德軍節度		
四年							
興元元年	置晉慈隰節度使治晉州復置河中節度使領河中府同絳虢陝四州		罷恒冀都團練觀察使復置成德軍節度使領恒冀深趙[illegible]治恒州				

年							
貞元元年	河中節度罷領陝虢二州		成德軍節度增領德棣二州				置德棣二州都團練守捉使
二年							
三年		陳州隸陳許節度					置橫海軍節度使領滄景二州治滄州
四年	置晉慈隰防禦觀察使						
五年							
六年							
七年							
八年							
九年							
十一年							
十二年							
十三年							
十四年							
十五年	罷河中節度置河中防禦觀察使						
十六年	復置河中節度使						
十七年							

年							
十八年							
十九年							
二十年							
永貞元年							
元和元年							
二年							
三年	罷晉慈隰觀察使以三州隸河中節度						
四年			德棣二州隸保信軍節度				置保信軍節度使領德棣二州治德州
五年			成德軍節度復領德棣二州				廢保信軍節度使以德棣二州隸成德軍節度
六年							
七年							
八年							
九年							
十年							
十一年							
十二年							

十三年	十四年	十五年	長慶元年	二年	三年	四年	寶曆元年	二年	大和元年	二年	三年	四年	五年
	罷河中節度置河中都防禦觀察使	復置河中節度使		置晉慈都團練觀察使治晉州					升晉慈觀察使為保義軍節度是年罷以二州隸河中節度				
以德棣二州隸橫海節度			置深冀節度治深州尋罷復以深冀隸成德節度										
			幽州節度罷領瀛莫二州置瀛莫都團練觀察使治瀛州尋升為節度使	幽州節度復領瀛莫二州廢瀛莫節度使									
											置相衛澶三州節度使治相州尋罷三州復隸魏博		
			置德棣二州觀察處置使省景州	罷德棣二州觀察處置使橫海節度使復領景州					橫海節度增領齊州		罷橫海節度更置齊德節度使治德州尋廢復置更號齊滄德節度使	省景州	齊德滄節度使賜號義昌軍節度

六年	七年	八年	九年	開成元年	二年	三年	四年	五年	會昌元年	二年	三年	四年	五年	六年	大中元年
												澤州隸河陽節度			

二年	三年	四年	五年	六年	七年	八年	九年	十年	十一年	十二年	十三年	咸通元年	二年	三年	四年

五年	六年	七年	八年	九年	十年	十一年	十二年	十三年	十四年	乾符元年	二年	三年	四年	五年	六年

年	一	二	三	四	五	六	七
廣明元年							
中和元年							
二年		節度使孟方立徙昭義軍於邢州而泰領潞州自是五州有二昭義節度					
三年							
四年							
光啓元年	賜河中節度號護國軍節度						
二年							
三年							
文德元年							
龍紀元年							
大順元年							
二年							
景福元年							義昌軍節度復領景州
二年							
乾寧元年							

年	一	二	三	四	五	六	七
二年							齊州隸武肅軍節度
三年							
四年							
光化元年							
二年							
三年							
天復元年		二昭義軍節度合爲一復領澤州			置平營瀛莫等州觀察使		
二年							
三年							
天祐元年						賜魏博節度號天雄軍節度	
二年			更成德軍節度號武順軍節度				
三年							
四年							

方鎮表第六

方鎮表第七　唐書六十七

翰林學士兼龍圖閣學士朝散大夫給事中知制誥充史館脩撰臣歐陽脩奉敕撰

	景雲元年	二年	先天元年	開元元年	二年
南陽					
山南西道					
荊南					
安西	安西都護四鎮經略大使		北庭都護領伊西節度等使		
河西	置河西諸軍州節度支度營田督察九姓部落赤水軍兵馬大使領涼甘肅伊瓜沙西七州治涼州副使治甘州領都知河西兵馬使				河西節度使兼隴右羣牧都使本道支度營田等使
隴右					
劍南					以益州長史領劍南道支度營田松當姚巂州防禦處置兵馬經略使

一

	三年	四年	五年	六年	七年	八年	九年	十年	十一年
南陽									
山南西道									
荊南									
安西		安西大都護領四鎮諸蕃落大使		安西都護領四鎮節度支度經略使副大都護領磧西節度支度經略等使治西州					
河西					河西節度增領經略大使				
隴右			置隴右節度亦曰隴西節度兼隴右道經略大使領秦河渭鄯蘭臨武洮岷廓疊宕十二州治鄯州						
劍南					升劍南支度營田處置兵馬經略使爲節度使兼昆明軍使領益彭蜀漢眉綿梓遂邛劍榮陵嘉普資簡雟黎戎維茂當翼龍雅瀘合二十五州治益州				

二

十二年	十三年	十四年	十五年	十六年	十七年	十八年	十九年	二十年	二十一年	二十二年	二十三年	二十四年	二十五年	二十六年
			分伊西北庭置二節度使				合伊西北庭二節度為安西四鎮北庭經略節度使							
			隴右節度副使兼關西兵馬使											
										劒南節度兼山南西道採訪處置使號山劒西道增領文扶姚三州				

二十七年	二十八年	二十九年	天寶元年	二年	三載	四載	五載	六載	七載	八載	九載	十載	十一載
		復分置安西四鎮節度治安西都護府北庭伊西節度使治北庭都護府											
						以張掖郡太守領河西節度副使							
	劒南節度增領奉州		劒南節度增領霸州							劒南節度增領保寧都護府			

十二載							
十三載				安西四鎮復兼北庭節度是年復置二節度			
十四載							
至德元載	襄陽南陽二郡皆置防禦守捉使尋升南陽防禦爲節度使置興平節度使領上洛安康武當房陵四郡治上洛郡	置山南西道防禦守捉使	置夔州防禦守捉使		河西節度兼隴右河西北路未幾而罷	天水郡太守兼防禦守捉使及大震關使	
二載	廢南陽節度使升襄陽防禦使爲山南東道節度使領襄鄧隋唐安均房金商九州治襄州		置荆南節度亦曰荆澧節度領荆澧朗郢復夔峽忠萬歸十州治荆州升夔州防禦爲夔峽節度使	更安西曰鎮西			更劍南節度號西川節度使兼成都尹增領果州以梓遂綿劍龍閬普陵瀘榮資簡十二州隸東川節度
乾元元年			廢夔峽節度使				
二年		置興鳳二州都團練守捉使治鳳州	置澧朗溆都團練使治澧州以夔峽忠歸萬五州隸夔州				

上元元年			廢澧朗溆都團練使荆南節度使兼江南尹荆南節度復領澧朗忠峽四州				
二年	廢興平節度使置武關內外四州防禦觀察使領州如故		荆南節度增領涪衡潭岳郴邵永道連九州				
寶應元年	金商二州隸京畿罷武關內外四州防禦觀察使						劍南節度增領通巴蓬渠四州尋以四州隸山南西道其後又領松當悉柘翼恭靜環眞九州
廣德元年		升山南西道防禦守捉使爲節度使尋降爲觀察使領梁洋集壁文通巴興鳳利開渠蓬十三州治梁州					

二年	永泰元年	大曆元年	二年	三年	四年	五年	六年	七年	八年
荊南節度罷領忠涪二州以澧朗五州隸湖南觀察使置夔忠涪都防禦使治夔州	荊南節度罷領岳州	荊南節度復領澧朗涪三州							
			鎮西復爲安西其後增領五十七蕃使						
		河西節度徙治沙州							
劍南西川節度復領東川十五州		置邛南防禦使治邛州尋升爲節度使未幾廢置劍南西山防禦使治茂州未幾罷復以十五州還東川節度		劍南節度增領乾州					

九年	十年	十一年	十二年	十三年	十四年	建中元年	二年	三年	四年	興元元年	貞元元年	二年
										置金商二州都防禦使	鄧州隸東都畿	
						升山南西道觀察使爲節度使				山南西道節度使兼興元尹增領果閬二州		
										果州隸山南西道		

三年	四年	五年	六年	七年	八年	九年	十年	十一年	十二年	十三年	十四年	十五年	十六年	十七年	十八年	十九年
山南東道節度增領復州							安州隸奉義軍節度									
			涇原節度使兼領安西四鎮北庭節度													
								西川節度增領統押近界諸蠻及西山八國雲南安撫使								

二十年	永貞元年	元和元年	二年	三年	四年	五年	六年	七年	八年	九年	十年	十一年	十二年	十三年
											置唐隋鄧三州節度使治唐州	廢唐隋鄧節度使是年復置徙治隋州	廢唐隋鄧節度使以唐隋鄧三州還隸山南東道	
				涪州隸黔中節度										
	西川節度增領古州				西川節度復領資簡二州									

十四年	十五年	長慶元年	二年	三年	四年	寶曆元年	二年
山南東道節度增領臨漢監牧使							

大和元年	二年	三年	四年	五年	六年	七年	八年
						山南東道節度罷臨漢監牧使	
					廢荊南節度使置都團練觀察使		

九年	開成元年	二年	三年	四年	五年	會昌元年	二年	三年
			復置荊南節度使					

四年	五年	六年	大中元年	二年	三年
廢山南東道節度是年復置					
				荊南節度復領涪州未幾復以涪州隸黔中	
					升秦州防禦守捉使爲秦成兩州經略天雄軍使

年	
四年	
五年	置歸義軍節度使領沙甘瓜肅伊西河鄯蘭岷廓十一州治沙州
六年	秦成兩州經略領押蕃落副使
七年	
八年	
九年	
十年	
十一年	
十二年	
十三年	
咸通元年	
二年	
三年	
四年	置涼州節度領涼洮西鄯河臨六州治涼州 河鄯西三州隸涼州節度
五年	升秦成兩州經略天雄軍使為天雄軍節度觀察處置營田押蕃落等使增領階州

年	
六年	
七年	
八年	置定邊軍節度觀察處置統押近界諸蠻并統領諸道行營兵馬制置等使領嶲眉蜀邛雅嘉黎七州治邛州
九年	
十年	
十一年	西川節度復領統押近界諸蠻等使又增領管內制置指揮兵馬等使廢定邊軍節度以嶲眉蜀邛雅嘉黎七州隸西川節度
十二年	
十三年	
十四年	
乾符元年	
二年	
三年	
四年	
五年	
六年	
廣明元年	

年	1	2	3	4	5	6	7
中和元年							
二年							置保勝軍防禦使治眉州綿漢二州皆置防禦使置彭州防禦使
三年							
四年							
光啟元年	升金商節防禦使為節度兼京畿制置萬勝軍等使是年罷節度置昭信軍防禦使治金州	升興鳳二州都團練守捉使為防禦使治鳳州置武定軍節度使治洋州					
二年		升興鳳二州防禦使為感義軍節度使					
三年							
文德元年	賜山南東道節度號忠義軍節度	感義軍節度增領利州				成州隸威戎軍節度	置永平軍節度使領邛蜀黎雅四州治邛州升彭州防禦使為威戎軍節度使領彭文成龍茂五州治彭州
龍紀元年							

年	1	2	3	4	5	6	7
大順元年							
二年		武定軍節度增領階扶二州					廢永平軍節度使以邛蜀黎雅四州復隸西川節度使
景福元年		武定軍節度增閬果二州是年以閬州隸龍劍節度					彭州隸龍劍節度
二年							
乾寧元年							
二年							
三年							
四年		更感義軍節度曰昭武軍節度					
光化元年	升昭信軍防禦為節度使	蓬壁二州隸武定軍節度	置武貞軍節度使領澧朗溆三州治澧州				
二年							
三年		巴州置防禦使					

天復元年	二年	三年	天祐元年	二年	三年	四年
				賜昭信軍節度號戎昭軍節度增領均房二州是年更戎昭軍日武定軍使治均州	忠義軍節度復爲山南東道節度廢武定軍節度復以均房二州隸山南東道節度	
	昭武軍節度罷領利州	置利州節度使		山南西道節度罷領巴渠開三州升巴州防禦使爲渠巴開三州團練觀察使	利州節度增領閬陵蓬果達通六州更號利閬節度置興文節度使領興文集壁四州治興州	
					升夔忠諸防禦使爲鎮江節度使	
					文州隸興文節度	

方鎮表第八　　唐書六十八

翰林學士兼龍圖閣學士朝散大夫給事中知制誥充史館
脩撰臣歐陽脩奉　敕撰

	東川	淮南	江東	浙東	福建	洪吉	鄂岳沔
景雲元年							
二年							
先天元年							
開元元年							
二年							
三年							
四年							
五年							
六年							
七年							
八年							
九年							
十年							
十一年							
十二年							
十三年							
十四年							
十五年							
十六年							
十七年							
十八年							
十九年							
二十年							

二十一年					置福建經略使領福泉建漳潮五州治福州		
二十二年					福建經略使增領汀州漳潮二州隸嶺南道經略使		
二十三年							
二十四年							
二十五年							
二十六年							
二十七年							
二十八年							
二十九年							
天寶元年					福建經略使復領漳潮二州		
二年							

三載							
四載							
五載							
六載							
七載							
八載							
九載							
十載					漳潮二州隸嶺南經略使		
十一載							
十二載							
十三載							
十四載							

至德元載	二載	乾元元年	二年
	置劍南東川節度使領梓遂綿劍龍閬普陵瀘榮資簡十二州治梓州		劍南東川增領昌渝合三州
置淮南節度使領揚楚滁和壽廬舒光蘄安黃申沔十三州治揚州尋以光州隸淮西			沔州隸鄂岳節度壽州隸淮西節度
	置江東防禦使治杭州	置浙江西道節度兼江寧軍使領昇潤宣歙饒江蘇常杭湖十州治昇州尋徙治蘇州未幾罷領宣歙饒三州副使兼餘杭軍使治杭州	發浙江西道節度使置觀察處置都團練守捉及本道營田使更領丹陽軍使治蘇州復領宣歙饒三州
		置浙江東道節度使領越睦衢婺台明處溫八州治越州	
		改福建經略使為都防禦使兼寧海軍使	
		置洪吉都防禦團練觀察處置使兼莫傜軍使領洪吉虔撫袁五州治洪州置宣歙饒觀察使治宣州	發宣歙饒觀察使
			置鄂岳沔三州都團練守捉使治鄂州

上元元年	二年	寶應元年	廣德元年	二年	永泰元年	大曆元年
				發東川節度以所管十五州隸西川節度		復置劍南東川節度使領州如故
					蘄黃二州隸鄂岳節度	
	浙江西道觀察使徙治宣州罷領昇州杭州刺史領防禦使					浙江西道觀察使罷領宣歙二州
升福建都防禦使為節度使						
洪吉觀察使增領信州				洪吉都防禦團練觀察使更號江南西道		復置宣歙池等州都團練守捉觀察處置使兼采石軍使
岳州隸荊南節度					升鄂州都團練使為觀察使增領岳蘄黃三州	

二年	三年	四年	五年	六年	七年	八年	九年	十年	十一年
廢劍南東川節度兼都防禦觀察使兼靜戎軍使治遂州尋復置節度使治梓州				劍南東川節度罷領昌州				劍南東川節度復領昌州	
			廢浙江東道節度使置都團練守捉及觀察處置等使領州如故						
				廢福建節度使置都團練觀察處置使					

十二年	十三年	十四年	建中元年	二年	三年	四年	興元元年
							閬州隸山南西道
				淮南節度增領泗州		置壽州團練使	淮南節度罷領濠壽廬三州升壽州團練使為都團練觀察使領壽濠廬三州治壽州
浙江西道觀察使罷領丹楊軍使		合浙江東西道置都團練觀察使	分浙江東西道都團練觀察使為二道	合浙江東西二道觀察置節度使治潤州尋賜號鎮海軍節度			
		廢浙江東道都團練觀察使以所管州隸浙江西道	復置浙江東道都團練觀察使	廢浙江東道都團練觀察使以所管州隸浙江西道			
		廢宣歙池觀察使置團練使				升江南西道都防禦團練觀察使為節度使	
鄂州觀察使兼防禦使		罷鄂州觀察防禦使		省沔州		復置鄂州都團練觀察使復領沔州	

年							
貞元元年						發江南西道節度使復置都團練觀察使	
二年							
三年			分浙江東西爲二道復置浙江西道都團練觀察使領潤江常蘇杭湖睦七州治蘇州				
四年		淮南節度使領廬壽二州以泗州隸徐泗節度發壽州都團練觀察使爲團練使	江州隸江西觀察使			江南西道觀察使增領江州	
五年							
六年							
七年							
八年							
九年							
十年							
十一年							

年							
十二年							
十三年							
十四年							
十五年							置安黃節度觀察使治安州
十六年		置舒廬滁和四州都團練使隸淮南節度					
十七年							
十八年							
十九年							賜安黃節度觀察使號奉義軍節度
二十年							
永貞元年							
元和元年							罷奉義軍節度使升鄂岳觀察使爲武昌軍節度使增領安黃二州

二年	三年	四年	五年	六年	七年	八年	九年
		資簡二州隸西川節度					
淮南節度罷領楚州尋復領楚州升壽州團練使為都團練使領壽泗楚三州治泗州尋廢都團練使復為壽州團練使以泗州隸武寧節度楚州隸淮南節度							
升浙江西道都團練觀察使為鎮海軍節度使		廢浙江西道節度使復置觀察使領鎮海軍使		浙西觀察罷領鎮海軍使			
				宣歙團練使罷領采石軍使			
			罷武昌軍節度使置鄂岳都團練觀察使				

十年	十一年	十二年	十三年	十四年	十五年	長慶元年	二年	三年	四年	寶曆元年	二年
			淮南節度增領光州			淮南節度增領蔡州					
			鄂岳觀察使增領申州								省沔州

大和元年	二年	三年	四年	五年	六年	七年	八年	九年	開成元年	二年
						宿州隸武寧軍節度		復置鎮海軍節度使數日廢既而復置踰月又廢		

三年	四年	五年	會昌元年	二年	三年	四年	五年	六年	大中元年	二年	三年
									復置武昌軍節度使	罷武昌軍節度使	

四年	五年	六年	七年	八年	九年	十年	十一年	十二年	十三年	咸通元年
								淮南節度增領申州未幾復以申州隸武昌軍節度		
								復置鎮海軍節度使	廢鎮海軍節度使置都團練觀察使	
復置武昌軍節度		罷武昌軍節度								

二年	三年	四年	五年	六年	七年	八年	九年	十年	十一年	十二年	十三年
		淮南節度增領濠州						濠州隸武寧軍節度			
	置鎮海軍節度使					廢鎮海軍節度使			置鎮海軍節度使		
				升江南西道團練觀察使爲鎮南軍節度使							

年	1	2	3	4	5	6	7
十四年							
乾符元年						廢鎮南軍節度復置江南西道觀察使	
二年							
三年							
四年							
五年							
六年							
廣明元年							
中和元年							
二年							
三年				升浙江東道觀察使為義勝軍節度使			
四年							

年	1	2	3	4	5	6	7
光啓元年							
二年							
三年				改義勝軍節度為威勝軍節度			
文德元年	龍州隸威戎節度		置忠國軍節度使治湖州				復置武昌軍節度
龍紀元年			置杭州防禦使			復升江南西道觀察使為鎮南軍節度使	
大順元年							
二年							
景福元年	置龍劒節度使領龍劒利閬四州		賜杭州防禦使號武勝軍防禦使			升宣歙團練使為寧國軍節度	
二年			升武勝軍防禦使為都團練蘇杭等州觀察使尋發從鎮海軍節度使治杭州				

年	方鎮
乾寧元年	
二年	
三年	改威勝軍節度為鎮東節度
四年	置武信軍節度使領遂合昌渝瀘五州 升福建都團練觀察處置使為威武軍節度使
光化元年	
二年	
三年	
天復元年	
二年	
三年	廢武昌軍節度使復為都團練觀察使
天祐元年	廢舒廬滁和四州都團練使置光州防禦使

年	方鎮
二年	置歙婺衢睦四州都團練觀察處置使
三年	龍劍節度罷領閬州
四年	

方鎮表第八

方鎮表第九　　唐書六十九

翰林學士兼龍圖閣學士朝散大夫給事中知制誥充史館
脩撰臣歐陽脩奉　敕撰

年	衡州	黔州	嶺南邕管容管	桂管（桂州開耀後置管內經略使領桂梧賀連柳富昭蒙嚴環融古思唐龔十四州治桂州）	安南
景雲元年					
二年					
先天元年					
開元元年					
二年					
三年					
四年					
五年					

年	衡州	黔州	嶺南邕管容管	桂管	安南
六年					
七年					
八年					
九年					
十年					
十一年					
十二年					
十三年					
十四年					
十五年					
十六年					
十七年					
十八年					
十九年					

年							
二十年							
二十一年							
二十二年							
二十三年							
二十四年							
二十五年							
二十六年		黔州置五溪諸州經略使					
二十七年							
二十八年							
二十九年							
天寶元年							
二年							
三載							
四載							

年							
五載							
六載							
七載							
八載							
九載							
十載							置安南管內經略使領交陸峯愛驩長福祿芝武峩演武安十一州治交州
十一載							
十二載							
十三載							
十四載		五溪經略使增領守捉使		置邕州管內經略使領邕貴橫欽潯賓巖羅淳瀼山田籠十三州治邕州	置容州管內經略使領容白禺牢繡黨竇廉義鬱林湯岩辯平琴十四州治容州		
至德元載			升五府經略討擊使為嶺南節度使領廣韶循潮康瀧端新封春勤羅潘高恩雷崖瓊振儋萬安藤二十二州治廣州				

年							
二載	置衡州防禦使領衡涪岳潭郴邵永道八州治衡州						
乾元元年	衡州防禦使罷領郴州		置韶連郴三州都團練守捉使治韶州	邕州管內經略使兼都防禦使增領羅州			升安南管內經略使為節度使
二年	涪州隸荊南節度使岳州隸鄂岳團練使			升邕州管內都防禦經略使為節度使	容州管內經略使增領都防禦使		
上元元年				廢邕州管內節度使置都防禦經略使	升容州經略都防禦使為觀察使		
二年	廢衡州防禦使廢韶連郴都團練使三州復隸嶺南節度羅潘二州隸容管觀察使						
寶應元年							
廣德元年							
二年	置湖南都團練守捉觀察處置使治衡州領衡潭邵永道五州治衡州			廢邕州管內都防禦使以所管州隸桂管經略使		置桂管都防禦觀察招討處置等使增領邕管諸州	改安南節度使為鎮南大都護都防禦觀察經略使

年							
永泰元年							
大曆元年							更鎮南曰安南
二年							
三年							
四年	湖南觀察使徙治潭州	置辰溪巫錦業五州都團練守捉觀察處置使治辰州					
五年				復置邕州管內都防禦使		桂管觀察使罷領邕管諸州	
六年							
七年							
八年				邕州管內都防禦使增領桂管諸州		罷桂管觀察使以諸州隸邕管	
九年							
十年							

年	一	二	三	四	五	六	七
十一年							
十二年		置黔州經略招討觀察使領黔施夷辰思費溱播南溱珍錦十二州治黔州					
十三年							
十四年							
建中元年					容管觀察使增領順藤二州		
二年					省平琴州		
三年							
四年							
興元元年							
貞元元年		黔州觀察使徙治辰州增領獎溪二州		邕州都防禦使罷領桂管諸州增領瀼州		復置桂管經略招討使	
二年							

年	一	二	三	四	五	六	七
三年		黔州觀察使復治黔州					
四年							
五年							
六年							
七年						桂管經略使罷領招討使	
八年							
九年							
十年							
十一年							
十二年							
十三年							
十四年							
十五年							

年							
十六年							
十七年							
十八年							
十九年							
二十年							
永貞元年				省瀼田山三州			
元和元年			嶺南節度復領潘辯二州	邕州管內都防禦觀察經略使增領懷遠軍使嚴州隸容管觀察使罷州隸嶺南節度	辯州隸嶺南節度嚴州隸桂管觀察省湯州	桂管經略使增領巖州	
二年							
三年		黔州觀察增領涪州					
四年							
五年							

年							
六年							
七年							
八年							
九年							
十年							
十一年							
十二年							
十三年							
十四年							
十五年				廢邕管經略使			
長慶元年							
二年				復置邕管經略使			
三年							

年	
四年	
寶曆元年	
二年	
大和元年	
二年	
三年	
四年	
五年	
六年	
七年	
八年	
九年	
開成元年	
二年	

年	
三年	
四年	
五年	
會昌元年	
二年	
三年	
四年	
五年	
六年	
大中元年	
二年	涪州隸荆南節度未幾復隸黔州觀察
三年	
四年	

年	一	二	三	四	五	六	七
五年							
六年							
七年							
八年							
九年							
十年							
十一年							
十二年							
十三年							
咸通元年				邕管經略使增領容管十一州尋皆罷領	廢容管觀察使以所管十一州隸邕管經略使未幾復置領州如故		
二年							
三年			分嶺南節度爲東西道改嶺南節度爲嶺南東道節度	升邕管經略使爲嶺南西道節度使增領蒙州			

年	一	二	三	四	五	六	七
四年							
五年							
六年							
七年							升安南都護爲靜海軍節度使
八年							
九年							
十年							
十一年							
十二年							
十三年							
十四年							
乾符元年							
二年							
三年							

年	事
四年	
五年	
六年	
廣明元年	
中和元年	
二年	
三年	升湖南觀察使爲欽化軍節度
四年	
光啓元年	改欽化軍節度爲武安軍節度使
二年	
三年	
文德元年	

年	事
龍紀元年	
大順元年	賜黔州觀察使號武泰軍節度
二年	
景福元年	
二年	
乾寧元年	
二年	賜嶺南東道節度號清海軍節度
三年	
四年	升容管觀察使爲寧遠軍節度使
光化元年	溆州隸武貞軍節度
二年	
三年	升桂管經略使爲靜江軍節度使

年							
天復元年							
二年							
三年		武泰軍節度徙治涪州					
天祐元年							
二年							
三年							
四年							

方鎮表第九

翰林學士兼龍圖閣學士朝散大夫給事中知制誥充史館修撰臣歐陽脩奉

敕撰

昔者周有天下封國七十而同姓居五十三焉後世不以為私也蓋所以隆本支崇屏衛雖其弊也以侵凌王室有末大之患然亦崇奬扶持猶四百餘年而後亡蓋其德與力皆不足矣而其勢或然也至漢鑒秦務廣宗室世其國地不幸世絕若罪除輒復續以存其祭祀與為長久之計故自三代以來獨漢為長世唐有天下三百年子孫蕃衍可謂盛矣其初皆有封爵至其世遠親盡則各隨其人賢愚遂與異姓之臣雜而仕宦至或流落於民間甚可歎也然其跡咸遠近源流所來可以考見作宗室世系表

李氏出自嬴姓帝顓頊高陽氏生大業大業生女華女華生皐陶字庭堅為堯大理生益益生恩成歷虞夏商世為大理以官命族為理氏至紂之時理徵字德靈為翼隸中吳伯以直道不容於紂

得罪而死其妻陳國契和氏與子利貞逃難於伊侯之墟食木子得全遂改理為李氏利貞亦娶契和氏女生昌祖為陳大夫家于苦縣生彤德彤德曾孫碩宗周康王賜采邑於苦縣五世孫乾字元果為周上御史大夫娶益壽氏女嬰敷生耳字伯陽一字聃周平王時為太史其後有李宗字尊祖魏封於段為干木大夫生同為趙大將軍生兌為趙相生躋趙陽安君二子曰雲曰恪恪生洪字道弘秦太子太傅生興族字育神一名汪秦將軍生曇字貴遠趙柏人侯入秦為御史大夫葬柏人西生四子崇辨昭璣崇為隴西房璣為趙郡房崇字伯祐隴西守南鄭公生二子長曰平燕次曰瑤字內德南郡守狄道侯生信字有成大將軍隴西侯生超一名伉字仁高漢大將軍漁陽太守生二子長曰元曠侍中次曰仲翔河東太守征西將軍討叛羌于素昌戰沒贈太尉葬隴西狄道東川因家焉生伯考隴西河東二郡太守生尚成紀令因居成紀弟向范陽房始祖也尚生廣前將軍二子長曰當戶生陵字少卿騎都尉次曰敢字幼卿郎中令

關內侯生禹字子通弟忠頓丘房始祖也禹生丞公字丞公河南太守生先字敬宗蜀郡北平太守生長宗字伯禮漁陽丞生君況字叔干一字子期博士議郎太中大夫生本字上明郎中侍御史生次公字仲君巴郡太守西夷校尉弟恬勃海房始祖也次公生軌字文逸魏臨淮太守司農卿弟潛申公房始祖也軌生隆字彥緒長安令積弩將軍生艾字世績晉驍騎將軍魏郡太守生雍字儁熙濟北東莞二郡太守生二子長曰倫丹楊房始祖也次曰柔字德遠北地太守雍孫蓋安邑房始祖也柔生弇字季子前涼張駿天水太守武衛將軍安西亭侯生昶字仲堅涼太子侍講生暠字玄盛西涼武昭王興聖皇帝十子譚歆讓愔恂翻豫宏眺亮愔鎮遠將軍房始祖也其曾孫系平涼房始祖也翻孫三人曰丞姑臧房始祖也曰茂燉煌房始祖也曰沖僕射房始祖也曾孫曰成禮絳郡房始祖也豫玄孫曰剛武陵房始祖也歆字士業西涼後主八子勗紹重耳弘之崇明崇產崇庸崇祐重耳字景順以國亡奔

宋為汝南太守後魏克豫州以地歸之拜恒農太守復為宋將薛安都所陷後魏安南將軍豫州刺史生獻祖宣皇帝熙字孟良後魏金門鎮將生懿祖光皇帝諱天賜字德眞三子長曰起頭長安侯生達摩後周羽林監太子洗馬長安縣伯其後無聞次曰太祖次乞豆

定州刺史房

後魏定州刺史乞豆		
開化郡公後周秦河渭三州刺史貞	襄公後周申衛二州刺史楚	
	濟南郡公隆州刺史士都	西平王普定
	尚書直長上善	嗣楚王靈夔出繼智雲
		嗣楚公右威衛將軍福
	右衛將軍廷之	右羽林將軍承況
	自由	

北平公世武
清
益府長史濬
麟相肅宗
登封令全
郇國公玲
文暉
滿才
從
大理少卿直方
君房

太祖景皇帝虎字文彬後周柱國大將軍唐國襄公八子長曰延伯生於山東其後太祖入關延伯仕北齊為散騎常侍武德四年追封南陽伯附屬籍貞觀初罷之與姑臧絳郡武陽公三房號四公子房至開元二十三年復附屬籍

南陽公房

南陽公延伯
隋廣平太守昭貴
周南陽太守昭仲
秘書丞元瑋
司駕員外郎朏
監察御史晞

譙王房

譙王真字長宣
貞陵郡王道素以譙王第五男詔子繼

蔡王房

蔡王蔚周朔州總管懷燕恒三州刺史義武縣公
西平懷王安周左侍上士隋右領軍大將軍趙郡懷公
平原王璝
平原郡王嗣[illegible]三州刺史宗正卿謚曰然
太常卿蔡國公法祥
嗣衛王保定出繼玄霸
霍山王遊
霍山公洪嗣以漢陽郡王瓌子繼謚曰武
襄武郡王琛字推賓一字道恭
襄公儉
河間元王孝恭
河間陝虢六州刺史荊州長史宗正少卿晉
襄縣國公河西令尚丘
變
令昭
錫
士衡初名銳

襲郯國公太子舍人冰
軫
宋王府司功參軍皎
輪
婺州長史沆
宗正丞士詹初名寬
岳
嵒
礪
嵓

裔孫太常卿居士

和州刺史士英初名咨　岌

崟

岑

永康令士先初名宏

越州參軍嶷

河南府法曹士淹初名宰　然　保琳　漢和

保攀

太子通事舍人保眞　知朴　左金吾引駕押衙厚

可信

小老

光遠初名可集

立都

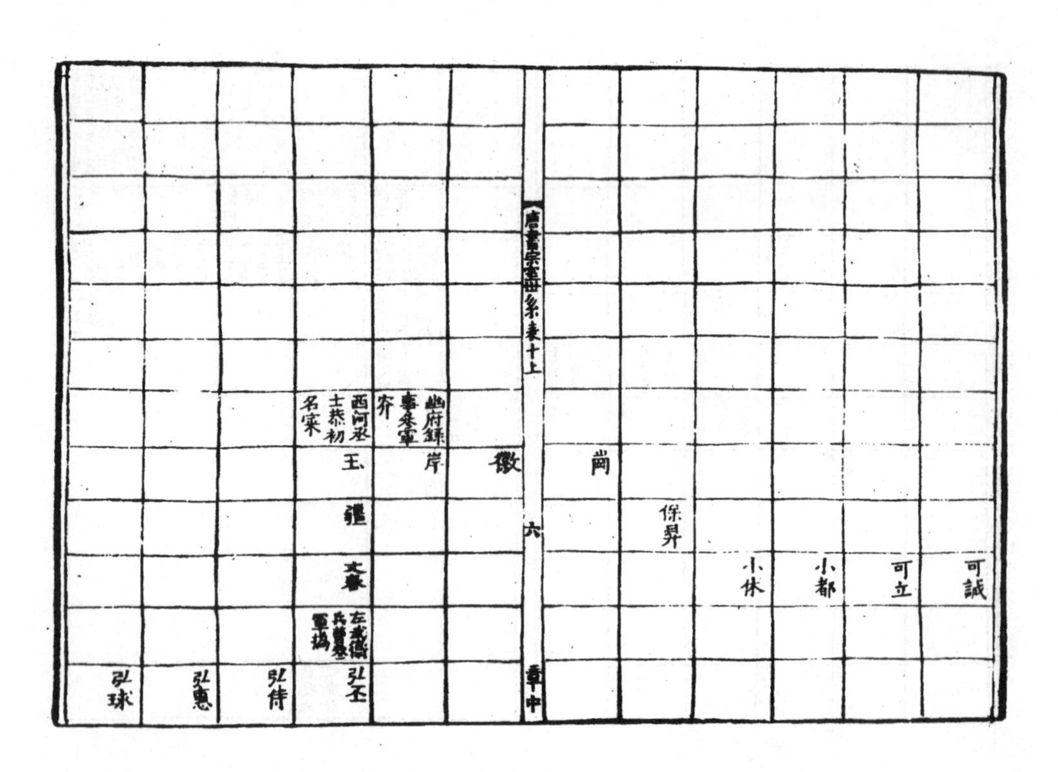

可誠

可立

小都

小休

保昇

岡

徵

幽府錄事參軍岸

岕

西河丞士恭初名寀　玉　疆　文泰　左威衛兵曹參軍撝　弘丕

弘侍

弘惠

弘球

弘抱

文芳
播

拒
弘晟

溫州文學參禮部文經
樂
仲瑄

讓
初遠

省

燮

統

文綱
道超

道遷

道逾
瓌

珵

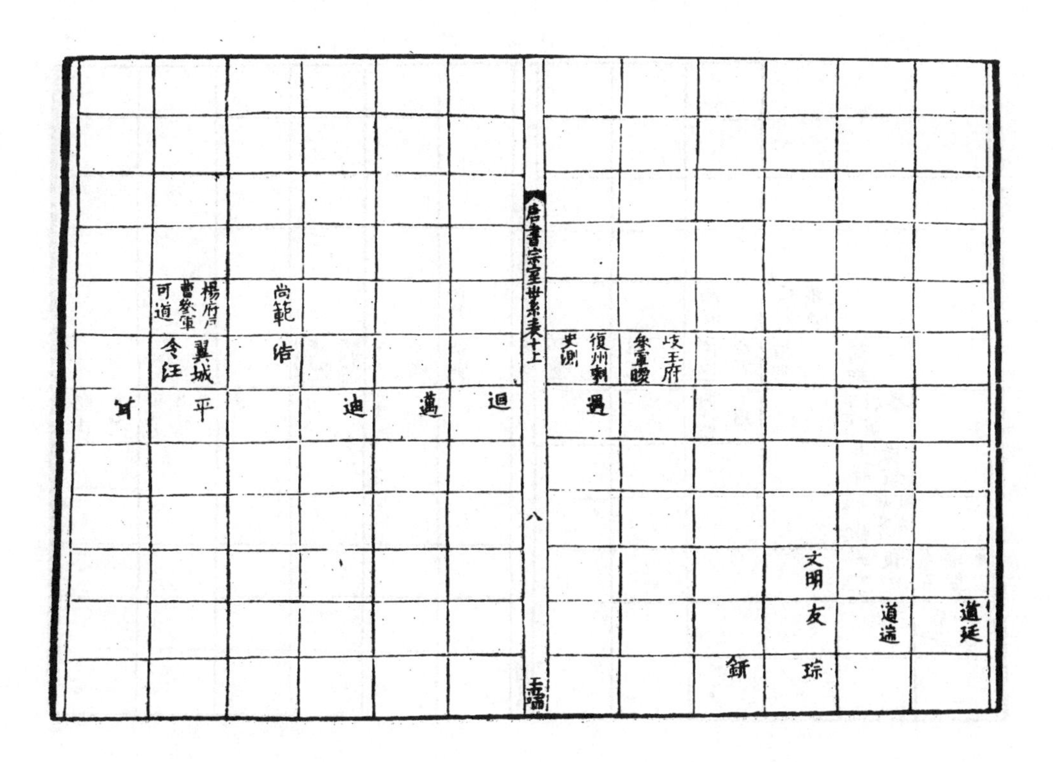

道延

道遄

文明
友
琮

鉼

岐王府參軍曖

復州刺史測
遇

迴

邁

迪

尚範
佶

楊府戶曹參軍可道
翼城令汪
平

耳

贇

覃

宰

少府監右衛郎將兼夏州司馬瀍

諸暨令罕

永新令夔

宋州長史兼

少戢

少益

少雅

永王府參軍重

吳興郡司功參軍柔

少誠

少誺

丞晝監官誧

綏山令摠

福州戶曹參軍莘

庶

司勳員外郎延坊鄜三州刺史兼宗州司馬渚

并

渾

尚旦

仙鶴

仙童

仙芝

尚古

濮陽太守顧

將作監士則

延州刺史尚賓

相如

簡如

雅信二州刺史岑

少府監鍨

太子詹事右散騎常侍休古

正平令復元

太子司議郎茂元

宗正丞郁

									宗正少卿通元	五嶺租庸判官蒙州刺史漳	胙尉途
										開封令守一	長垣主簿璵
										潁州錄事參軍鄄	陪位出身瓘
										榮澤尉封	陪位出身瑕
									大理司直遒元	鄖城主簿鄘	
										南頓尉郊	
											易
									黃金令光元	陪位出身鄴	
									大理丞湖陽令正元	陪位出身郜	
							況	自勗	大理丞師全	陪位出身郲	
			秋官尚書崇晦	嗣吳王棨							
			岐州刺史崇興								
		濟北郡王瑊	都水使者左金吾衛大將軍儉	植	愿	右金吾衛大將軍方叔	莆田令丹	崇	承誨	士元	璸

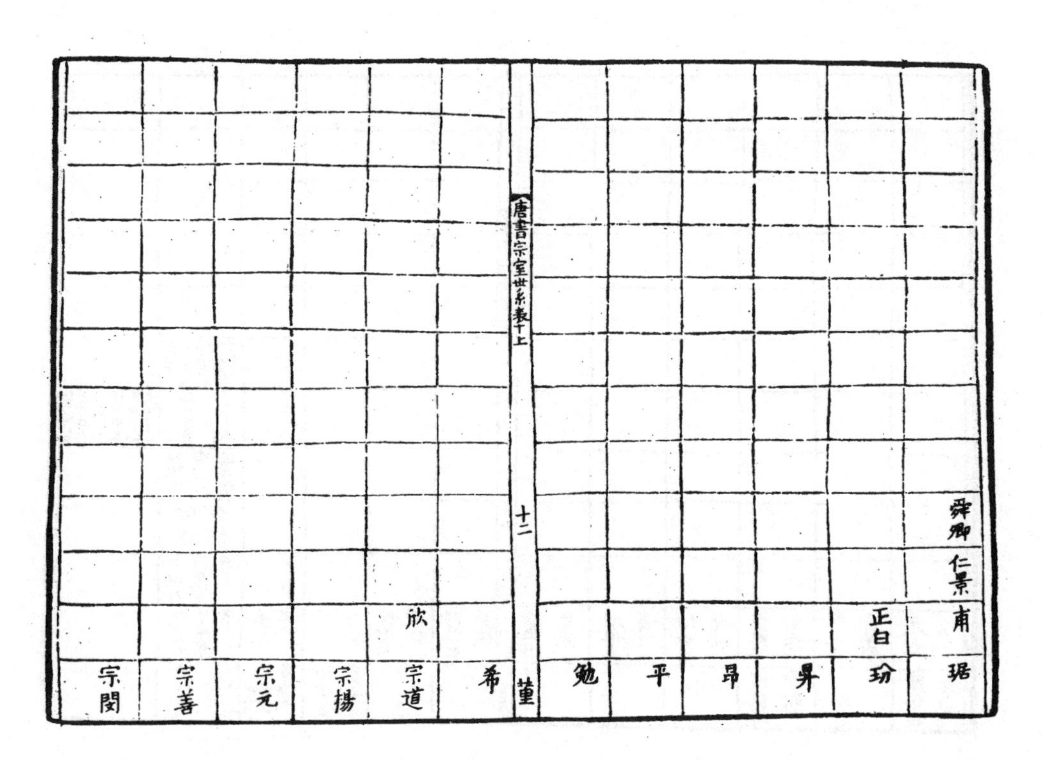

								舜卿	仁景	甫	琚
										正白	玢
											昇
											昂
											平
											勉
											堇
											希
										欣	宗道
											宗揚
											宗元
											宗善
											宗閔

唐書宗室世系表十上　十三

						宗亮
						宗魯
						宗巖
					款	宗禮
					歆	宗古
						宗回
						宗何
巖	仁詡				正輔	晃
					正朴	暈
					宣	
襲濟北郡公梓州刺史潔勤	襲濟北郡公太子中允季	襲濟北郡公須江令越	太子家令炎			

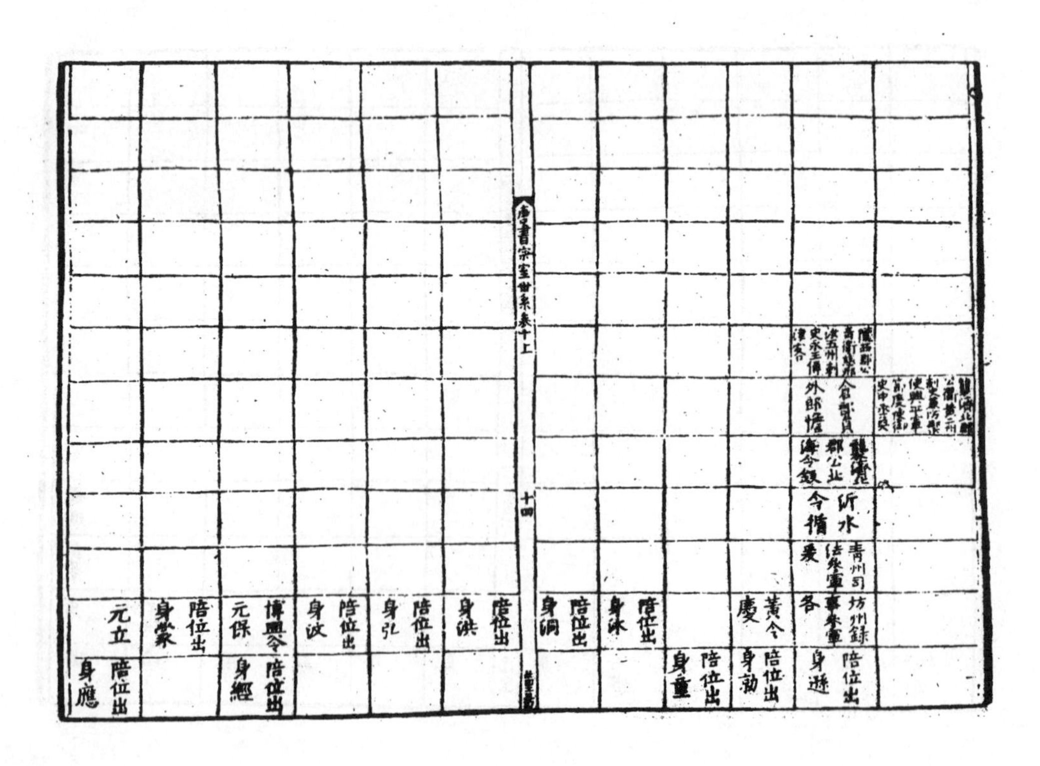

唐書宗室世系表十上　十四

襲濟北郡公衛尉卿刺史襄防禦使興平軍節度使御史中丞奭						
襲濟北郡公衛尉少卿汝五州刺史丞主傳律客	倉部員外郎憓	襲濟北郡公止海令錄	沂水令循	青州司法參軍愛	坊州錄事參軍各	陪位出身遜
					黃令慶	陪位出身勍
						陪位出身童
					陪位出身泳	
					陪位出身洞	
					陪位出身洪	
					陪位出身引	
					陪位出身汶	
					博興令元保	陪位出身經
					陪位出身蒙	
					元立	陪位出身應

唐書宗室世系表十上　十五

陪位出身綜

陪位出身周

陪位出身換

陪位出身方

陪位出身顒

陪位出身全

陪位出身筠

千乘令敦禮

陪位出身邵

陪位出身鄴

陪位出身棨

吏部郎中直

密州錄事參軍讓

大理評事瑜

申州錄事參軍晦

祕

光州司法參軍遊

登州參軍興

晉州文學靈

頭

董易

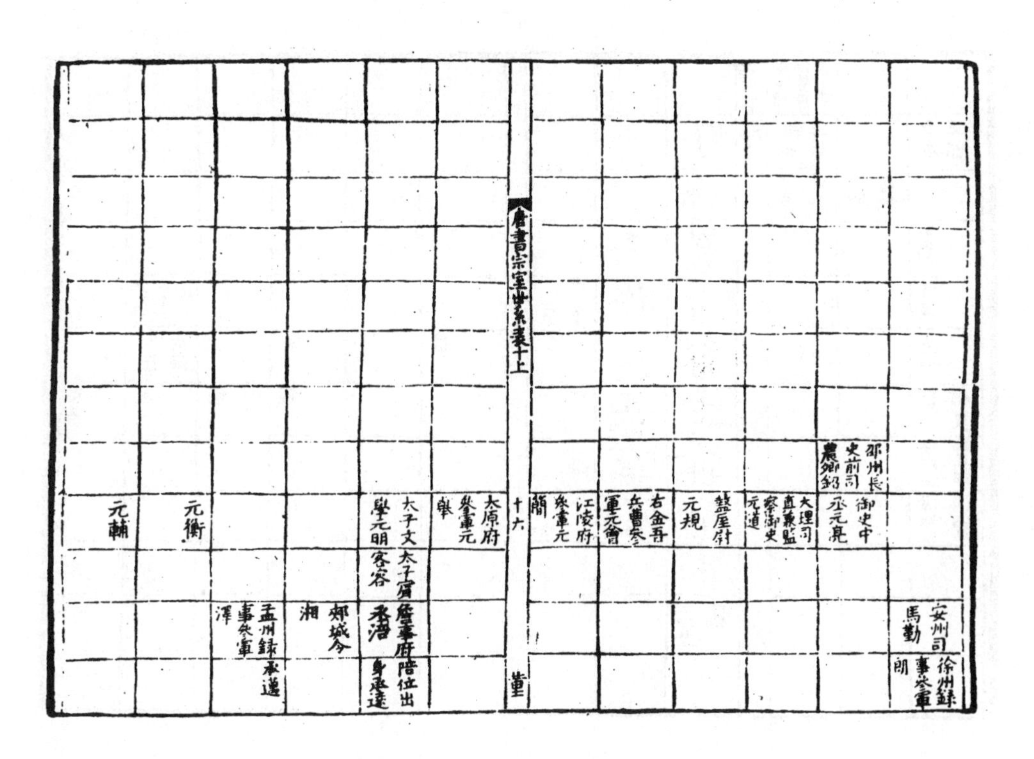

唐書宗室世系表十上　十六

安州司馬勤

徐州錄事參軍朗

邵州長史前司農卿紹

御史中丞元亮

大理司直兼監察御史元道

盩厔尉元規

右金吾兵曹參軍元會

江陵府參軍元簡

太原府參軍元皋

太子文學元明

太子賓客容

詹事府丞湝

陪位出身承遠

郟城令湘

孟州錄事參軍澤

承遙

元衡

元輔

董

河南功曹參軍倫
冀城令巨濟
梓州司士參軍論
通義令孟
襄陵主簿環

漢陽王瓌
兖州長史沖寂
隋州刺史銑

冬官尚書沖玄
祠部員外郎栺

中部郡太守惇

尚方監沖虛

濟南王哲隋工部尚書黃臺縣男
順陽公瑋
濟南公思勍

盧江王瑗

畢王房

畢王璋周汴梁二州刺史
永安壯王基
嗣畢王道立以雍王賢男韶次子高平公繼
蔡國公景倓
畢國公景淑
太子左贊善大夫孟廉
楚州刺史仲康
衛州司士參軍濤
越州士曹參軍居介
南陵尉居左
譙尉居敬

居易

睢陽郡太守少康
右僕射涵
鮪

鯤

鰅

汙

濃

宗正少卿少連
子　孫　曾孫　五世　六世
殿中侍御史師素

子　孫　曾孫　五世　六世　七世　八世　九世　十世
永和令知保

雍王房

雍王隋江夏總管繪
長平王贊
淮陽王道玄
淮陽王道明

東平王韶
景融
務該
思一
晉原尉岌
陝府左司馬邠
澄城主簿邠

鹿城令激
茍城尉放
宗正少卿漢字南紀
覞
贍
漼字經野
洸字正武

潘字子及
炬字則中
炯字著明
江夏王庱國公道宗字承範相州刺史長候
戶部員外郎宗衡
納
子孫曾孫
宗正少卿涗
潞城令景仁字楚子

廣寧公道興
博陵郡公道弼
御史中丞知柔
刑部郎中知止
鄅王房
鄅王禕隋陵留太守長平郡公
武陵郡王伯良
長平肅王叔良
鄅國公孝協
思慎
思言

思泰
思本
思莊
夔州司功參軍思正
蘭陵令望
璨
衆
倫

婺州刺史襲郕國公思忠
宣州士曹參軍建成
泗水令峻嶿
奉先令如仙
瀚州刺史騈
成都少尹寓
阿端
祁王傅知隱
度支漁陽監事鋭
邠州司法參軍臻
南鄭令潛
知章
京兆少尹知義
滑州觀察巡官知柔
回初名顒相武宗
興平尉瑱字潛光
山南東道節度掌書記筠字禮符
江陵令少微
小篤
清江
萬倩

高巖
澄潭
芳死
海州司倉參軍進成
囧
固
文水令遜成
黃州士曹參軍明真
朝仙
宜春令玄真
文迪
太子僕超成
許州司馬澄真
文昌
原州團練使文通破吐蕃有功終涇州刺史穆
監察御史臨
令鎮
秘書少監中庸
太府少卿元濟
仲寶
承端
承休
承確

棒
質
業
實
隋縣令去敵死王仙芝贈隋州刺史
阿主
辭
承績

眈
擯
高卿
華陽郡公原州長史孝斌
彭國昭公左武衛大將軍思訓字建
魏州別駕福道
儀王府司馬倩道
太原府倉曹參軍集賢院昭道

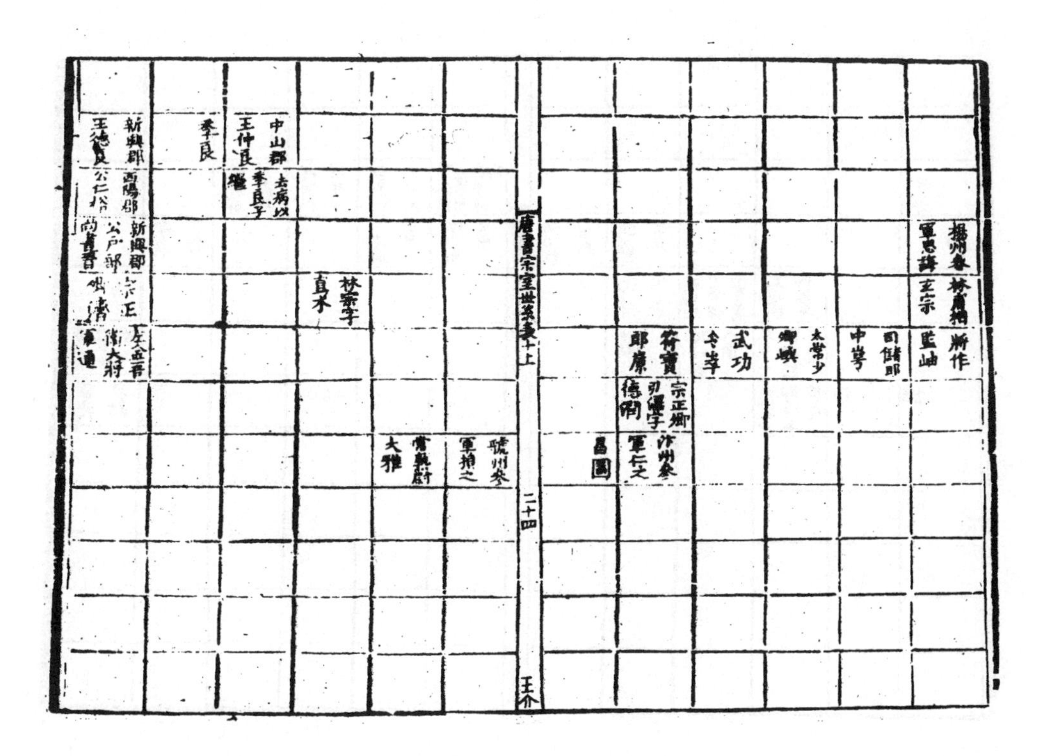

揚州參軍思誨
林甫相玄宗
將作監岫
司儲郎中嶼
太常少卿峨
武功令崒
符寶郎嵰
宗正卿弘憬字德剛
汴州參軍仁之
昌圖

虢州參軍損之
衛尉少卿大雅
林宗字直木
中山郡王仲良
去病以季良子繼
季良
新興郡王德良
西陽郡公仁裕
新興郡公戶部尚書晉
宗正卿湑
左金吾衛大將軍通

大鄭王房

鄭孝王亮隋趙興太守長社郡公

淮南靖王神通

- 膠東郡公道彥
  - 原綿觀察使昌岬
- 長樂郡王幼良
  - 上黨孝公瑋
  - 都水使者仁方
    - 敬淳
  - 冀國公仁裕
    - 張掖郡公水部郎中欽
      - 左金吾衛大將軍翰
- 高密郡公孝察
  - 荊南節度使檢校工部尚書昌嶷
- 淄川郡公孝同
  - 左衛將軍遜
  - 朗州長史廣業
    - 戶部尚書曹國貞字南華
      - 錡
        - 師回
    - 蘄州刺史鎰
    - 鄠令豐士
    - 長安尉豐容

- 廣平郡公孝慈
  - 徐州刺史璩
    - 右金吾將軍若冰
    - 京兆尹銛
- 河間郡公孝本
- 尚書左丞孝友
  - 工部尚書珍
- 清河郡公霸州都督孝節
  - 傚州刺史頊
  - 幽州都督琬
  - 鄭州刺史瑜
    - 光祿卿昇
      - 邁
    - 武都郡公吏部尚書萬
      - 起居舍人造
    - 太僕卿暈
      - 太子少傅鄭國公適
        - 太常少卿謂字伯英
          - 誦
          - 譓

諤

御史中丞東畿採訪使過

河東節度使說

宰嚴甫

太子通事舍人公敏

鹽監朔

方節度使公度

公輔

千牛備身公佐

公宥

絳州刺史具平

史祕書監勛

兵部侍郎進

江西觀察使少和

膠西郡公南

泗州刺史孟譬

公司農卿孝義

襄州司馬

瑯琊

守公悅

金州刺史權

清漳

尉衡

檢校度支員外郎兼侍御史樞

歙州別駕軫

王震

唐書宗室世系表十上

渭南令房

萬鈞

磵字耀山

千鈞

磁字景山

蟠初

名礪

蚡字漢山

延譽

冠祥

蠙字懿川

昭喬學

延誨

昭業學

延章

昭圖字

延[illegible]

仁鈞

硎字次山

礎

宗正卿太子賓客隴西郡子兼字則之

大理評事良鈞

陸渾尉

正鈞

執鈞

王震

左千牛衛兵曹參軍巨鈞
一子出身直鈞
鹽州刺史孝銳
弘農太守璟
刑部尚書晉物
鄜坊節度使檢校右僕射復
司農少卿僚字昌堅
淮安忠公宗正卿琇字瑛
峽王府戶曹參軍齊英
少府監亦古
文部侍郎暉
御史中丞玟
刑部侍郎曄
符寶郎盱
梁郡公給事中孝逸
襄邑恭王神符
廣宗郡公仁鑒
中書舍人猷
臨川郡公刑部尚書德懋
左衛將軍思晉
郾城令知賢
司農卿謚曰彰模
太子賓客守散騎常侍詞
吏部郎中顥鈞

將作監話
明州刺史諝
左諫議大夫從規
檀州刺史從矩
檢校刑部郎中從毅字仁卿
鄜坊節度使檢校工部尚書從晦字含章
煉字特卿
國子監主簿伸
司農寺主簿倣
擢字大用
成都府參軍拙
招
尚書右丞擇字仁表
太常卿從文
右拾遺濬沖
檢校戶部員外郎濟濂

唐書宗室世系表十上　三十一　王成

太子左庶子僩
甫
左諫議大夫勍
愉
試協律郎仁嶠
弘文館校書郎仁峻
惟邈
大理司直勍悅
昌忠
攝泉州衙推昌岳
惟植
昌嶼
梨
太子左贊善大夫從師

江陵少尹從吉
太子左庶子從方
宗正少卿從貞
文陽縣尉史館修撰從[illegible]
福建觀察使誨
嘉州刺史敬齊
成紀
尋陽
湖南觀察使衛伊陽丞
嘉川郡公義範
令朝
丞儀
[illegible]京良史
遐

唐書宗室世系表十上　三十二　史復

國子廣文春秋博士彬
湖州錄事參軍真
濟源尉弘文字大能
虬
乾
胥
文徽
常州刺史前

鄧國公幽州大都督文暕
宗正卿佺
挺
太僕卿栖字廉幹
鶴
長水令台
南陵令靡
湖南觀察使兼御史大夫庾字子虔
衡州刺史延讓
鴿
太子少師頔
尚書左丞太子賓客分司東都[illegible]
湖南團練使檢校工部員外郎宗師
秘書省校書郎瑄
漳州刺史璟
仁魯
鐸

錫

叶

準
用霖

華州文學仁穎

嘉州刺史宗長

中牟令宗規

鶴

鴒

鵷

鷄

滁州刺史融
池州刺史偶

程字表臣相懿宗
武寧軍節度使檢校工部尚書鄆
濟
萬年尉直史館書字貞燁
邑符字巖夢

華陽令底

太子中允慶

秘書省秘書郎庠

太子通事舍人㮚

奇
石字中玉相文宗

殿中丞襲隴國公捷

虢州刺史堅

盛唐令鵬

贖

太子太傅同平章事福字能之
太常卿就
汴州法曹參軍正字彥孫
歸

扶

駕部郎中玩字成璉

監察御史黯

監察御史昌業

監察御史簡字用

涪
璩

懷州刺史翬

膳部郎中勛字德勝

太府卿棨
太常博士崇文館學士給事中脩撰顥字昭升從吉

文舉

安平公國子祭酒仲思

宗正少卿言思

兵部郎中華

代祖元皇帝諱昺周安州總管柱國大將軍唐國仁公四子長曰高祖次曰梁王澄次曰蜀王湛次曰漢王洪

梁王房

梁王澄

彭城王士衍

淄州刺史陳國公玄同以隴西王博乂第五子繼

荊州司馬玄弁

江東郡王世證

衡山郡王世訓

宗正卿隴西恭王博乂以蜀王第三子繼

蒲州澮水府折衝陳留郡公懷仁

師益

元蛬

天益

道益

常州司馬晉昌縣男懷節

元益

璘

班

倩

溫州刺史蔣國公懷讓

貞

質

璩

瑗

瑾

京兆尹慎名

司門員外郎自下

慎終

蜀王房後爲渤海王房

蜀王湛

襄城王容兒

懷眞以隴西王博乂第二子繼

左衛大將軍渤海王奉慈

眉州刺史義節

瀛州司馬如珪

益州戶曹參軍勻

慶王府典軍牧

江陵尉究

贊善大夫參

華原丞挏

大理評事元

左羽林錄事參軍方

福建觀察使掎 信州刺史充 承構

南陽令承緒

六合丞承規

稷山尉承祚

長水令直

京兆府戶曹參軍齊

同州參軍知海陵監充

黔州刺史樟 玄

亮

梓州刺史[illegible]貞初名栝 奭

商

京 宗正丞逢 溫江令杞

交

遷

唐興令蜀 繼

臨邛尉署

前宗正[illegible]明繼

鮒

陪位出身武

陪位出身寔

長

及

唐州刺史隴西縣男如王

袁州別駕夕日

常州別駕揆

朝晟

朝式

岐陽令梼

徐州司馬枝
南陵令櫹
陶
濛
涓
都水使者夏育
澧陽令標
江陵府士曹參軍朝相
龍丘令朝忿
宗州參軍撓
鄜州刺史朝則
商州別駕楞
河中府戶曹參軍朝師
授
溶
元樞
洌
徹

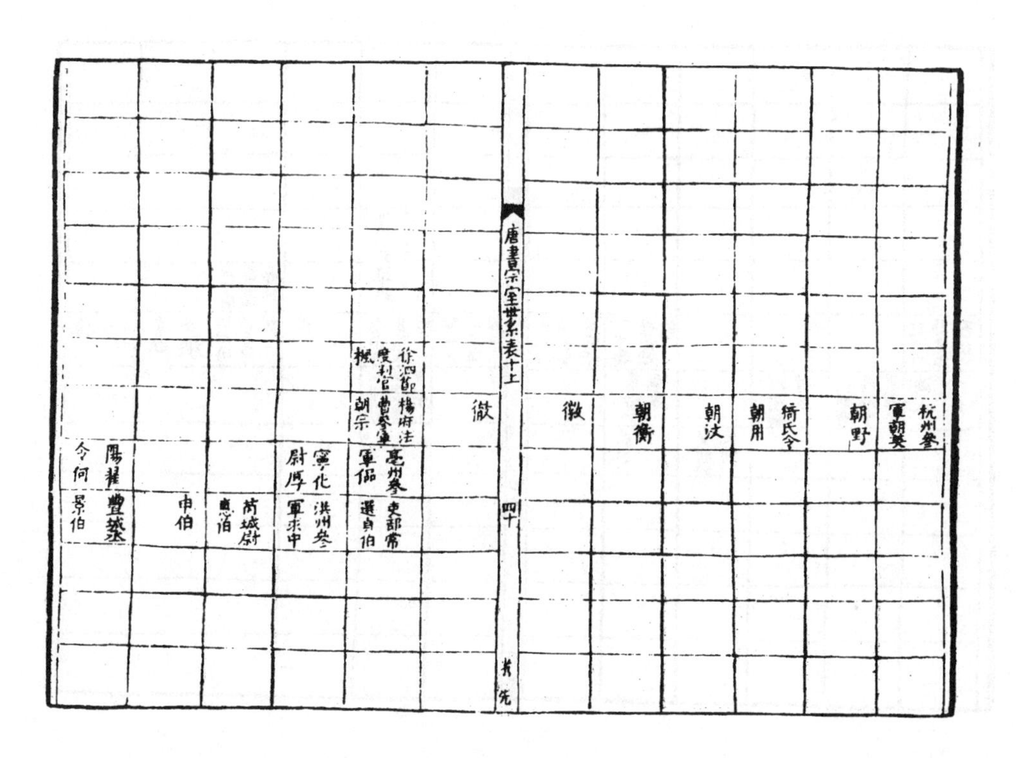

杭州參軍朝奘
朝野
猗氏令
朝用
朝汝
朝衡
徹
徹
徐泗節度判官樞
楊府法曹參軍朝宗
亳州參軍偘
吏部常選良伯
寧化尉厚
洪州參軍求中
芮城尉
惠滔
申伯
陽翟令何
豐城丞景伯

吏部常選佶

鄎尉

宣伯

義方

穰尉

朝諫

朝清

休甫

朝興

吉羅

安悉

竹箭

朝威

朏紹名

朝艮

橦

虞鄉丞樅

坊州司法參軍釋

太子通事舍人春日

棹

冀州別駕守一

勉均

左率府長史國寧

江陵府功曹參軍桑

襄州司兵參軍國平

京兆府法曹參軍國榮

黔中觀察使國清

東陽令季方

弘周

安州刺史部

渭南尉有方

成都府司錄參軍國英

越州司錄參軍勵均

滻水令岑

岌

巖

良原令助均

左金吾衛大將軍兼鴻臚卿褘徙

左監門衛率府兵曹參軍維城

承宗

左驍衛長史勸均

無錫令勤均

鳳州刺史僑伯

新津令稱

渠江令言思

知遠

七盤令言中

陪位出身言約

東漢

楷

臨汝尉櫶

隋陵令稹

汧源令稠

玄武主簿秕

延州別駕掁

浙西長史嗣釜

壽州長史摻

盈川令杠

浦陽尉蒼

平盧節度判官戡字定臣

審之

慎陽丞標

涇陽尉柖

江陵錄事參軍纂

祐

建

攸

猗氏令管

隴州錄事參軍作

吏部常選昱之

昭應令信

臨濟令建度

中牟尉旺

靈昌尉玄謀

郢州刺史宗正少卿篆

管城尉基

左金吾衛大將軍趙州刺史駙瑋

諸暨尉椽

南陽令棣

濟王府戶曹參軍梓初名樟
襄陽令繼祖

栒

楳

司議郎相
左率府郎將嗣琳

栝

札

宗正卿栻初名權
都官郎中嗣環
宗正卿仍叔字周美初名章甫
檢校禮部尚書鄜坊節度副使烜

閬州參軍暉

襄州支使絪字繪老初名弘本

鄂尉弘文

四會令弘略
主客郎中讓
延興初名延玉

榴

遂州司馬知本
汾州長史守愼

昇
青州司倉參軍千房

延州司馬友諒
惠陵臺令晃

濮府士曹參軍審
偃師尉江
大牟令思文
寳主簿思永

涇王府功曹參軍從

鄜州錄事參軍蒼梧
洺水主簿弘慶

洛交主簿弘慶

白馬令乃武

察

閬中主簿弘愬初名楚聞

三泉令寧
華江主簿緒

吏部常選績

				徐州司戶參軍昂	金華丞眄		密令曉				
	隋州錄事參軍隋城令宏				垣尉渾		玉城主簿公瑾	公贊	陽翟尉公度	汴州司倉參軍察初名公器	公選
襄城尉綱	經	汭陽尉絢	吏部常選紹		炫	烱				琛	
瑰		禎顒									

濡水令暐								左金吾倉曹參軍昉			
宋州參軍公倍	安州倉曹衡州錄事參軍公昀							穀城令從簡		從神	金
	沅江令克勤		饒州錄事參軍暘	雩都主簿確	雲夢令克讓	導	克章	蒲圻丞必聞	南陽尉賁		
	蘊中	蘊達									

									代州都督京城縣男行褒	餘福	國子祭酒瀧西郡王餘慶
									守忠		壽王府司馬仙舟
	蔡州司戶參軍友貞										滄州司戶參軍元還
	定陵令昊					雍丘丞昱					益府司戶參軍日休
澧州司倉參軍公立	恆王府參軍寔	晉陽丞寬	烏程令寵	宏	容	寂	宇	宙			

	睦州長史孫家令琓		金城令璹				晉州參軍璘	嘉王府長史瓚			
華陽尉日就	太子典膳郎闞	新津令閎	乾丞日用	靈城丞日成	永王府參軍日知	昭州刺史日數	日正	汧原尉暹	華陽令暄		江陽令晤
									況	成都丞聿	潤州別駕潔
											綿州參軍同節

成都司戶參軍璥
支輔以荊國公玢子繼

岐王府功曹參軍元璲

左領軍長史元逞
青鄉令可瞻
潤州司戶參軍信

吏部常選脩

揚子丞像

黃州司馬可聞

國子監丞可器

國滿
崇禮

崇慕
懷州參軍儀
易從

尚從

脩

渠州司馬寶積
洛

晉州司功參軍常光
可襲

可獻

尚輦奉御明遠
睦州刺史無言

無忝
虞部郎中瓛

殿中丞明哲

嗣沈黎侯長沙出繼元景
嗣荊王逖

漢王洪
巴陵郡王紘隨

宗室世系表第十上

宗室世系表第十下　　唐書七十下

翰林學士兼龍圖閣學士朝散大夫給事中知制誥充史館修撰臣歐陽脩奉

敕撰

高祖神堯大聖大光孝皇帝二十二子分十五房曰楚王智雲曰荊王元景曰徐王元禮曰韓王元嘉曰彭王元則曰鄭王元懿曰霍王元軌曰虢王鳳曰道王元慶曰鄧王元裕曰舒王元名曰魯王靈夔曰江王元祥曰密王元曉曰滕王元嬰智雲元景皆無後

徐王房

徐康王元禮　淮南王茂　嗣王宗正員外郎璀　嗣王餘杭郡司馬延年　嗣王茂州刺史諷

淮南公蕃

汶山公蓁

韓王房建中元年詔改為嗣鄆王房懿宗即位復舊

韓王元嘉　潁川郡公訓

武陵郡王璡　楚國公野

黃國公譔

上黨郡公諶

嗣韓王太僕卿訥　嗣王叔璩　嗣鄆王煒

彭王房

彭思王元則　以霍王元軌第五子繼　志謙

一　嗣王左千牛衛將軍志暕

小鄭王房稱惠鄭王房

鄭惠王元懿　嗣王遂州刺史璥　嗣王太子庶子希言

贈左僕射察言　太僕少卿捷州別駕自仙　夷簡字易之相憲宗　匡文

夷亮

夷則

夷範

陳留郡公金州刺史[illegible]　宗卉　澹　令闕字德遠

給事中渤字希仁

深字希尚

韶州刺史洎　鏻　若愚

紹　承翰

宗閔字損之相文宗　琨字希立　駢字執聖

[illegible]字公緒　欽說字巖卿

眉州刺史曲昌

昌國公　[illegible]

樂安郡公珪

上黨郡公琰

樂陵郡公球

	一	二	三	四	五
		南海郡公璿			
		安德郡公琳	嗣公戎州刺史擇言以南海公子繼	勉字玄卿相德宗	續
					縯
					緯
					兵部員外郎約
		新平郡公遂			
		邵陵郡公圻	左千衛將軍德言		
霍王房	霍王元軌	江都郡王緒	嗣王志順		嗣王左千牛員外將軍暉
		安定郡王純	襲國公志直以南陽郡公綱長子嗣		
		胙國公綽	襲國公志暕以南昌郡公絢長子嗣		
		南陽公綱	襲公志悌		
		南昌郡公絢			
		山陽郡公緯			
虢王房	虢莊王鳳	嗣王翼	嗣王寓		
		鄅國公顒			
		定襄公宜州刺史宏	嗣虢王祕書監邕	嗣王河南節度使巨	嗣王左金吾大將軍則之

	一	二	三	四	五	六	七	八	九	十	十一	十二	十三
				[illegible]	嗣王府長史宗之								
					太僕寺主簿徽								
					揄次令應								
					瀾之								
		東莞郡公茂融	濮陽郡王宗正卿徽										
		中山郡公堯臣	襲公宗正卿伯潛	鄭州刺史稻	密令承晧								
		燕郡公舜臣											
道王房	道孝王元慶	嗣王誘											
		東安郡公壽州刺史詢	嗣王宗正卿微	嗣王宗正卿鍊	嗣王京兆尹實								
		南康郡公諒	嗣公崎										
		信安郡公翊											
		廣漢郡公謐											
		鄱陽郡公謹											
		歙城郡公誕	右千牛將軍	嗣公承雲	兵部郎中洞清								
		鄱陽郡公譯											
		脩城郡公課									兵部尚書[illegible]鴻臚卿紹封元慶十一世孫	仁濟	早遠字聖文

鄧王房

鄧康王元裕　嗣王炅以江王第五子嗣

舒王房建中元年改爲嗣鄧王房

舒王元名　豫章王亶　嗣王左威衛將軍津　萬　嗣王　藻　嗣王

鄅國公昭

魯王房寶應元年改爲嗣鄭王房

魯王靈夔　清河郡王誂　范陽郡王左散騎常侍藹　嗣王宗正卿道堅　嗣鄭王太僕卿字　嗣鄭王莘

薛國公道欽

戴國公宗正卿道邃

江王房

江安王元祥　永嘉郡王晫　武陽郡王復州刺史畡

綦　贈秘書監西鄉公陝州都督　承光　珣　崇

忠　賢　孝　濟　環

允濟　在愚學　韜業

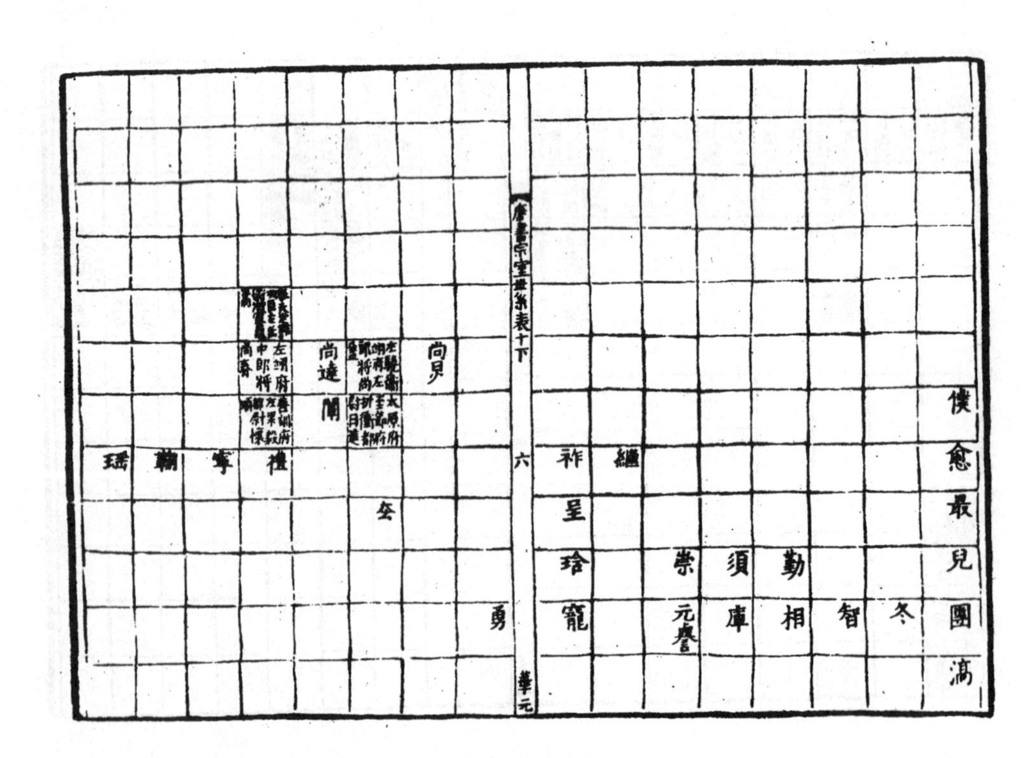

僕　愈　最　見　團　滈

冬　智　勤　相　須　庫　崇　元譽

繼　祚　呈　琀　寵　勇

尚貝　左驍衛大將軍　尚達　閣　仝

左領府中郎將　尚寄　禮　寧　鞠　璠

時 玩 關 邦

右衞將州勑田府折衝都尉衆恍 翊 顯 蕤 搖

詡 省 琚 岫

奉天定難功臣左金吾衞大將軍尚芬 右金吾衞翊府左郎將廷金 引 調 郁 陣

繼 鄉

賁 坤 滕 認

庭芝 事 珠 鞠 渥

高

育 慎

縱

愈 良 仰

壽王傅浙江東道越福十二州觀察討海賊使兼 桂州長史尚儀 紹宗

左羽林大將軍襲隴西郡開國男尚悌 興宗 孝隨 承霏

承霄 因 泗

興昌 謀

律 檢 晉 王

董

銳 郎 崑 皎武

約 略 忍

中義 莆田尉翔 逢 部 演

晦

週 瑞 威 餘

感 護

鳳 藹

憧

筠

璉

試太僕卿尚鍠 全交

全立

全經

右驍衞翊府中郎將尚義 思勤

試千牛衞長史思頊

左驍衞翊府中郎將晁揆 江澄

易

江清

尚長

丹州長史松府折衝都尉尚容 | 摽 | 續 | 彥 | 師 | 將

尚檠 | 浩然

任國公昕

義興郡公晧

廣平郡公昺 | 嗣薛王右監門衛大將軍孝先

信王傅繼先 | 鳳翔少尹無諂

澧國公金吾衛將軍繼宗

中郎將

繼賢

鉅鹿郡公晃 | 嗣江王千牛將軍獻

邁

寧王房

寧王南安王元曉 | 穎 | 嗣王易

亮 | 嗣王晏

滕王房

滕王元嬰 | 薛國公脩琦

長安公脩珌

嗣滕王脩瑀

下邳公脩瑶

蘭陵公脩璩 | 金山公知禮

昌寧公知節

臨海公脩珍

臨淮公脩琓

脩瑱

脩玘

脩琨

脩班

脩琭

脩琮

脩瑤

脩珵

脩琈

脩琚

脩瑨 嗣滕王涉本名中監湛 嗣王皦 茂宗 然

太宗文武大聖大廣孝皇帝十四子長曰常山愍王承乾次曰楚王寬出繼次曰吳王恪次曰濮王泰次曰庶人祐附濮王譜次曰蜀王愔次曰蔣王惲次曰越王貞次曰高宗次曰紀王慎次曰江王囂次曰代王簡次曰趙王福次曰曹王明囂簡福皆附曹王譜

恒山愍王房

恒山愍王承乾 象 郇國公太子詹事 玼 宗正卿信州刺史 粹 史仙

尚書左丞 廙 邕管經略使御史中丞 伯 孟輿

仲權

季謀

適之相玄宗 霅

扶風郡太守 昶 鄂州別駕 嶷

旭

晉

吳王房

吳王恪 成王千里初名仁 太僕少卿天水郡王僖 蔡國公 灌 右金吾衛將軍郇國公

朗陵王瑋 嗣王祚

廣漢王祗本名褕

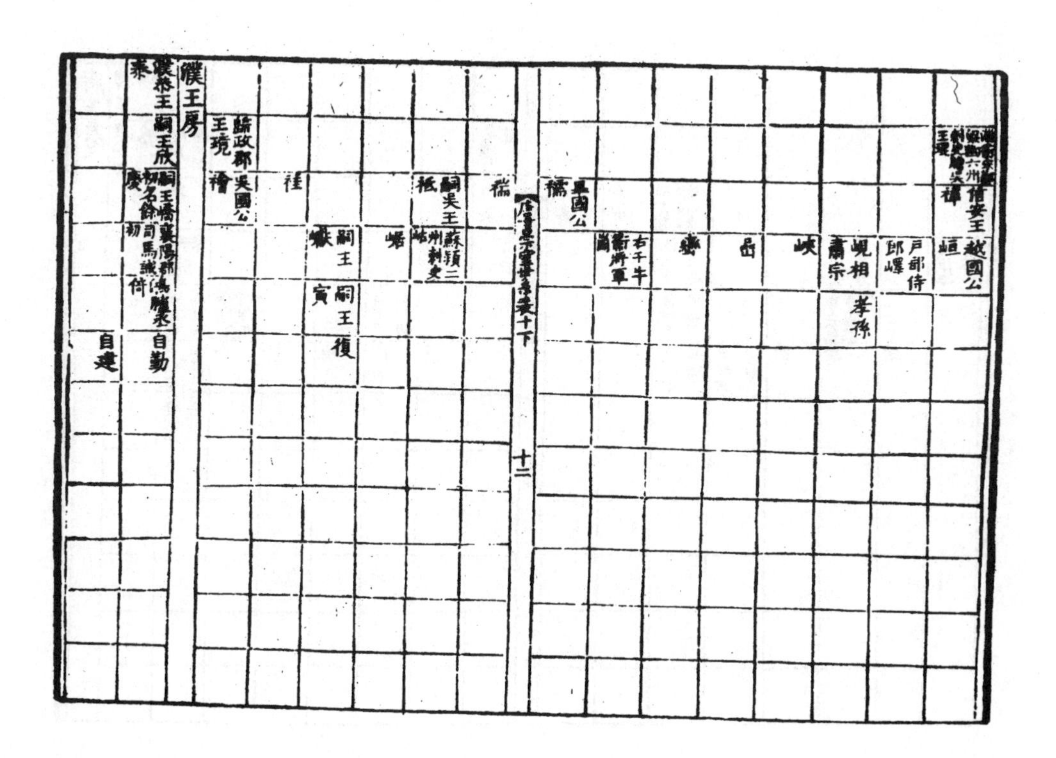

信安王禕 朔方節度六州刺史河東王 越國公 峘

戶部侍郎 嶧

峴相肅宗 孝孫

峽

岳

巒

右千牛衛將軍 崗

吳國公 儒

嗣吳王蘇潁二州刺史 祗 嶠

嗣王 巘 寅

嗣王 復

禕

歸政郡王璄 吳國公 禧

濮王房

濮恭王泰 嗣王欣 嗣王嶠 襄陽郡公 初名餘 司馬識 自勤

泰初 侍

慶 自建

自順
自誠
自循
誠逸
誠奢
誠惑
誠惲
誠超
誠疑

永興丞信
誠滿
何
倜
新安郡王徽
蜀悼王愔
廣都王琦
江陵郡公瑾
房部台三州刺史嗣王通

蔣王房
蔣王惲
博陵王煒
嗣蔣王銑
燁
嗣王紹宗
濟州司馬欽業
吏部常選遇
贊字子臣
嗣王左千牛衞將軍欽福
須
顥
頊
濠州司馬欽鍔
庠
廙
祭國公承業
煜
承嘉

承偕
左武衛將軍祭國公承祖
鄂州別駕之遠
岳州長史禧
吏部常選騭
吏部常選騎
騄
太子賓客之芳
奉天皇帝廟丞竹
琦
玠
定陵令之林

同州別駕成紀縣男之亨
忻王府司馬清河縣男之簡
左清道率府兵曹參軍係
項城令俟
永城尉駉
從質
從師
從古
從乂
從衆
澤州參軍紀
從素

從魯
從儉
侈
佚
汾水公烱
五原公越
六安公珙
襲公忠王府長史思綱
龍襄公殿中監怹
都水監丞己

珍州司馬承昫
昌庭
國芬
國幹
弋陽郡公煥
建章公休道
中山王椐初名思順
右衛長史曾昌
繁
宗正卿彥運字仲達
太常主簿贊初名岸
珂
頊
康

庚
典膳丞贊
齊明
廉
九真郡公發
滏陽郡公奭
襲公右武衛將軍蔡祈名偃
贈鴻臚寺卿表侍蓋
監察御史裏行乘
連江令羣
湖城主簿舉
處儀
處脩
處位

七盤令早
虔厚
砝石尉平
虔約
六合尉常
虔仁
玉城尉暐
虔讓
宗正主簿嶷
譙尉書
臨渙尉單
嗣宗
茂宗
允宗
紹宗
奉
芊
卑
橋陵令羨
萬州刺史元系
萬州錄事參軍知至
博雅
興平丞博文
餘姚令元隱
知則
杭州刺史構
太常寺協律郎種

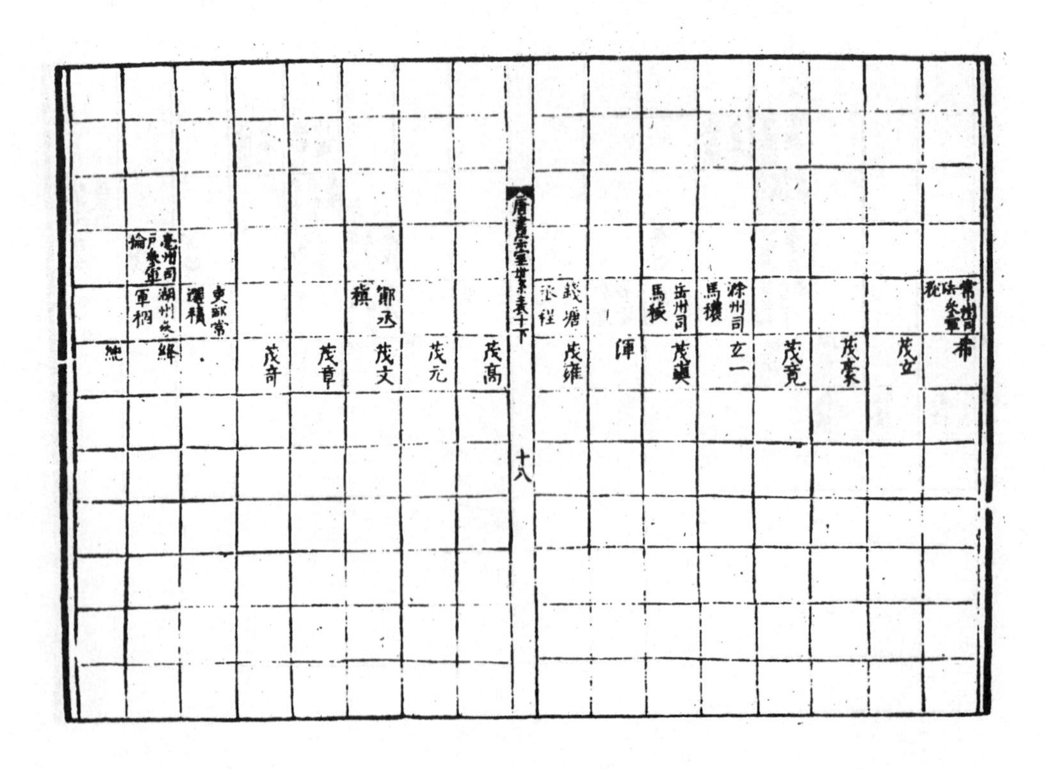

常州司法參軍秘
希
茂立
茂橐
茂寬
滁州司馬穰
玄一
岳州司馬稜
茂興
渾
錢塘丞程
茂雍
茂高
茂元
鄭丞積
茂文
茂章
茂奇
吏部常選積
亳州司戶參軍倫
湖州參軍栩
繹
悊

綬
繙
稱
紳
綽
稠
緯
松滋尉樅
元立
元直
安州別駕栝
申州刺史班
越州兵曹參軍鼎
吏部常選承慶
寔

寨
宬
吏部常選承棨
寮
審
吏部常選承敘
吏部常選承義
吏部常選承怡
同州司兵參軍昕

節愍廟令歆
盧州司馬揖
嘉興丞顏
續
譯
訊
繐
吏部常選顒
吏部常選績
紳
義烏丞紘
頻
紵
綱

尚衣奉御滔
安定郡公封
潁川郡伯楨初名承恩
蜀州司兵參軍若思
太子文學若冰
太常寺協律郎文力
蘄州刺史若水
雄
文方
慶王府兵曹參軍若舊
長馬主簿廣
維寧
維城

維平

維靖

廣州司馬若思
某王府參軍卓
仁忠

仁志

仁愿

仁恕

慶王府參軍準

盛王府參軍若盛
吏部常選操
角

房

延王府參軍若彦

咸寧郡公珪

穎田郡公璋

汝南郡公瞥

同安郡公游素

真安郡公游藝

越王房

越敬王琅邪王級

貞
沖

洽

沈國公溫

常山公清

臨淮公珍子
晉州參軍銳
嗣越王存紹

規

紀王房

紀王慎
東平郡王續
徐國公行淹
兗州錄事參軍鉉
季華

王屋主簿季和

武陟尉泂

脩武尉汀

讓

項城令平仲

商州錄事參軍方叔

鄧州參軍咸季

盩厔尉幼直
王屋主簿少和
仁乾

準

行餘

義陽郡王琮
行遠
行芳
鄧國公汝州刺史行休
泗州長史職
寧州刺史犹
潙
弁
弇
羿
大理丞較
新平令韜
西河令輅
高平令季真
延平令君儒
武騎府主曹參軍瓛
曹州別駕兢
右準府府兵曹參軍輇
吏部常選輪
狄道縣男宗正少卿晛
衙氏丞軒
陝令輯
潭州刺史軻

左準府兵曹參軍敦
虞鄉尉轅
黃
宗儒
劍南效職童章
瓘
江陽令轄
宗儀
興子
阿神
太原府司錄參軍恩
陽翟令宗本
集尉應
阿師
諸暨尉李五
樂安縣公衡州別駕悉
丹楊郡公宋州刺史莊
戴公許州節度使行褘
均州刺史渭
陝府兵曹參軍審
文阜
晉州參軍參子
[illegible]
萬泉令立言

閬州司馬文通
元立
永樂令寀
敦敘
元度
扶風令宙
唐州司倉參軍老老
潞州錄事參軍宁
朗山令文貞
臨沂令文亮
安吉主簿文約
阿蕩
汾州司戶參軍亭
撫州別駕良
長社令寮

崑山令寀
吏部常選儀
觀主
餘姚令悰
少矜
富陽令某
富陽令少微
阿叔
阿耄
江夏令愐
餘姚主簿少真
舒州參軍鑒
武昌尉惟
唐興主簿少康
台州押衙少穀

少贇
當塗令寘
亳州司兵參軍寔
悅
博昌尉愜
魚臺主簿悚
烏程尉寔
永新令悖
阿嚴
盩厔令汴
黃巖令爕
常州司兵參軍悅
鄮尉文質

餘姚尉讓
綿蜀等州刺史
畢浦
斯
尉晟
巂州刺史重
垂
贈丹楊公桂府都督鼎
楚國公江王友敬
襄陽郡公博州別駕秀
廣化郡公梁王友敞
建平郡公趙王府司馬歆

唐書七十下　宰相世系表十下　二十七

隴西郡公都官郎中曠
泗州刺史行淳
安邑尉調
荊南楊子兩稅使判官詢
吉州文學公度
容府經略推官慶之
鍇
鏞
常州司兵參軍元輔
顥
項
頓
頎
吏部常選元弼
顒
顧
頫
復州刺史行蕭
美原尉某
武德令謨
[illegible]隴西郡公宣歙觀察使行穆
義烏令詞
太常寺奉禮郎元裕
[illegible]
宣州衛前虞候法師
左軍衛前總管三奇
金州刺史行正
泗州司馬諶

唐書七十下　宰相世系表十下　二十八

華州司功參軍記
衛南尉迪
寧陵尉述
燕郡司戶參軍行瑑
鄂州司馬諸
鄂州司吏部常選德宣
嗣紀王定州刺史[illegible]
嗣王信王府長史行同
嗣紀王光祿少卿行周
端王府司馬行閑
襄王府司馬行固
嘉州刺史行同
廣都令胡
嗣紀王資州司馬建
德陽尉玥
韓州錄事參軍玥

曹王房

趙王福
贈建平王胄
嗣趙王[illegible]
嗣王思以[illegible]
王擇[illegible]
穆
信都郡公澤
郇國公[illegible]

曹恭王明
寧陵王俊
傑 黎國公
胤 嗣曹王
戢 嗣曹王右衛率府中郎將
嗣曹王江南西道節度使戶部尚書 太子少詹事成
鉉 左金吾衛將軍
道古
緈
紹
綽
安南都護象古
復古
介
臻 齊國公
嗣曹王衛尉少卿同正員
備 右武衛大將軍
昌
訓
挺
宗
長江令瑜
咀
載椿
宜
丕
珙
汶
遊奕使亞夫
玘
琿
璪
壽椿
寘
璿
瓚
言

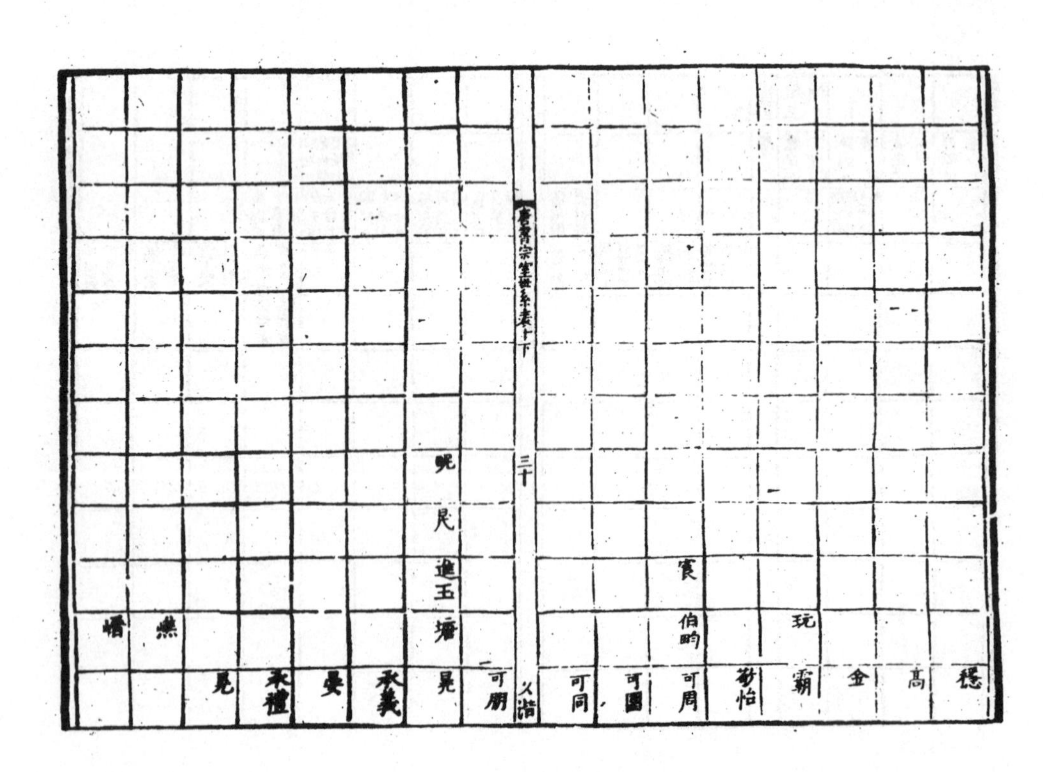
穩
高
金
霸
玩
芍怡
可周
伯昀
寘
可圖
可同

可朋
晃
墉
玉
進
晃
晛
承義
晏
承禮
晃
燕
皓

晟　峅　璿　周
珍　景信
忠信
宥信
正信
懷信
瑚　遠　神睿
達

戢　嚴　一
柒　蓬
壽　元順
元頹
崧　承祐
詧
居靜
崙　歸濟

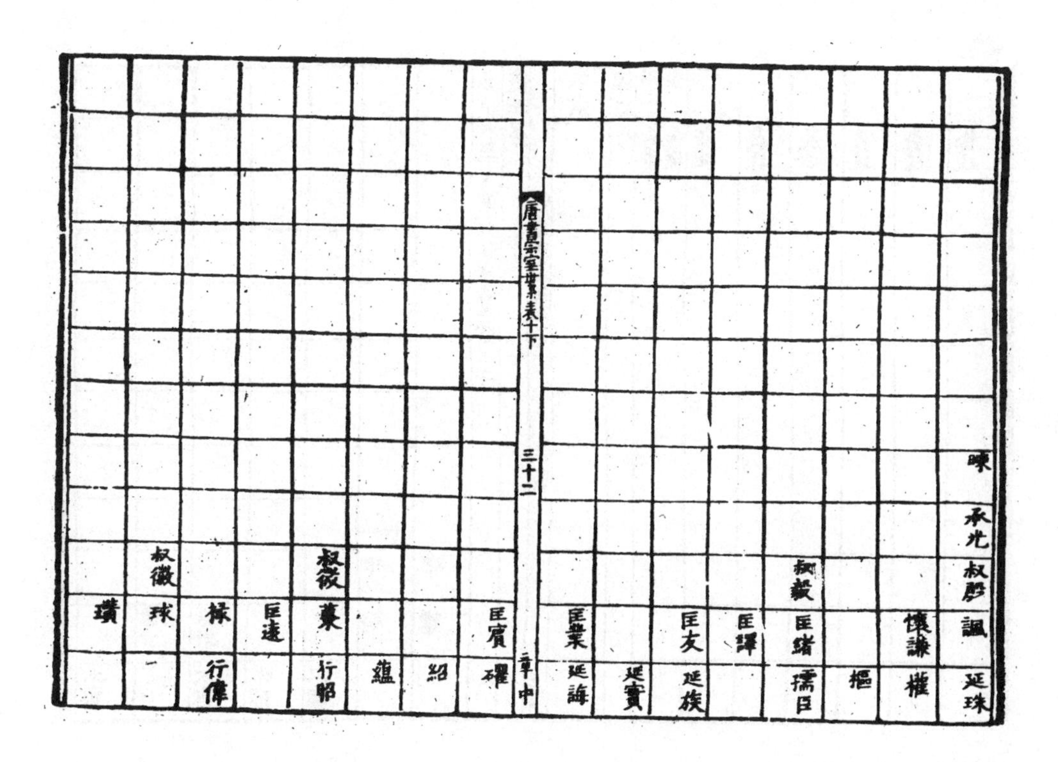

暕　承光　叔彤　諷　延珠
懷謙　權
樞
叔毅　臣緒　孺巨
臣譯
臣友　延族
延寶
臣業　延誨

臣賓　礭
紹
縕
叔微　蕃　行郘
臣遠
祿　行偉
叔徽　球　一
璜

曙　玔

璠　恪　珪

恍

惶

瑋　從道

玹　玫　摽　式

映

晴　賽　玎　鐃　太祁

太郃

餕　太郢

玗　太祁

太郤

太郗

餉　太部

強

琉　餘　太靜

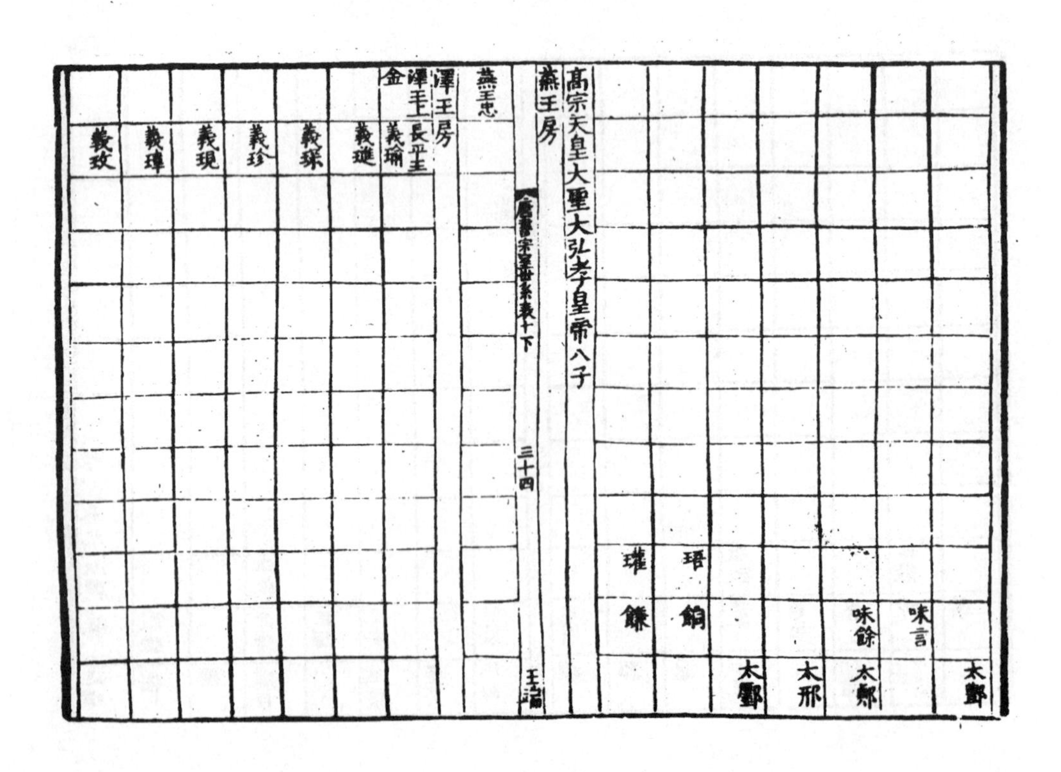

太鄆

味言

味餘　太鄭

太邢

太鄤

珸　餉

璀　鐮

高宗天皇大聖大弘孝皇帝八子

燕王房

燕王忠

澤王房

澤王上金　義珣長平王

義璡

義琛

義珍

義現

義璋

義玫

列	一	二	三	四
1		義珪		
2		嗣信王義珣	嗣王守 光祿卿聰	嗣王澗
3	許王房			
4	許王素節	琪		
5		瑛		
6		玥		
7		琬		
8		贊		
9		瑒		
10		瑗		
11		琛		
12		唐臣		
13		中山郡王琳	監門大 守遂國 公隨	衛部員 外郎使
14		嗣許王秘書監瓘	嗣王宗正少卿解	嗣王殿中監昭
15		嗣澤王璆	鄒國公梓州刺史湊	
16			汝南公兵部郎中翼	
17			益	

列	一	二	三	四
1		巴國公欽古	襲公貞	
2	大邠章懷太子房			
3	章懷太子賢	義豐王光順		
4		邠王守禮	廣武王承宏	
5			秘書少監承寀	
6			嗣邠王承寧	嗣王贄
7			燉煌王承寀	
8			儀王司馬承晴	
9			梁王諮議參軍承寰	
10			梁王諮議參軍承寔	
11			豐王友承害	
12			豐王友承實	
13			信王諮議參軍承賓	
14			信王諮議參軍承宜	
15			延王友承寬	
16			延王友承容	
17			榮王諮議參軍承寀	

中宗大和大聖大昭孝皇帝四子

湖陽郡王房

節愍太子重俊

湖陽郡王宗暐

永安郡王贈單王守義

榮王誠 璪參軍 承重

永丰友 永帶

永丰友 永鸞

濟王詳 璣參軍 永寓

濟王諮 璩參軍 永奐

睿宗玄眞大聖大興孝皇帝六子

讓皇帝房亦曰寧王房

讓皇帝憲

汝陽郡王璡 初名嗣莊 又名濬

隴西縣男御州刺史椿

頓丘縣子睦州別駕機

燉煌縣子泰陵令擢

天水縣男朗州別駕褶

宗正少卿杖

柖

范陽縣男栲

弘農令梗

楓

上邽縣男太原少尹樞

富平令聞禮 子昱

嗣寧王琳寧節度使存禮

黔令子稱 居禮

三水令全禮

太子中允子諠 左武衛將軍傳禮

隴西郡公靈武節度使玄禮

光祿寺丞光符

檢校祠部員外郎光啓

隴西縣男檢校吏部尚書光頌 初名濟

橋陵臺令濟 傳裔

守球

文著

文蔚

文郁

守端 友澤 誥

謀

詠

友諒
湜
演
彭原令恭禮
濟陽郡王嗣莊
嗣寧王琳
鴻臚卿相
嗣寧王宗正卿瀕
嗣王子徽
嗣寧王太僕卿子鴻
嗣王太子家令平原
嗣王談書少監穎
穎川郡公珣

晉昌郡公琎
魏郡公琯
蒼梧郡公玠
杞汝晉昌公琎第五子繼
嶺南節度使從易
滎州刺史弘慶
邕欽等州刺史弘繼
文安郡公璀
婺復等州刺史從簡
漢中郡王瑀
揔

太常博士太子中舍人楨
諫議大夫景倫
圻字次山
堪字勝之
散騎常侍景儒
江州刺史景信
喬字平叔
容管經略使右庶子景仁

惠莊太子房亦曰申王房

惠莊太子撝
嗣申王以嗣岐王第六子繼
嗣王琇以珣兄繼
構
嗣申王陝州左司馬師貞
左散騎常侍秘
贈諫議大夫祐
鳳翔隴安五州刺史弘讓
左贊善大夫允方
涇原節度使仲方
戴
醴泉令元方
恕
佺
光祿少卿崇五
贈國子司業棲翔
嘉衛二州刺史尹泳
太原少尹
儋
扶溝令承方
嗣申王銳
振

惠文太子房亦曰岐王房

惠文太子範	河東郡王瑾			
	河西郡王珍			
	嗣岐王珍以惠宣太子子繼	嗣王逸	嗣王忿 翰	嗣王雲

惠宣太子房亦曰薛王房

惠宣太子業	樂安郡王瑗			
	滎陽郡王瑒	絳州長史迥		
		遐		
	嗣薛王琄			
	嗣王遠	嗣王密	嗣王知柔相昭宗	
	特進琳			
	特進瑑			
	球			
	瑧			
	琇	逸		
	瓌			

玄宗至道大聖大明孝皇帝二十三子自玄宗以後諸王不出閤不分房子孫闕而不見

奉天皇帝琮	嗣慶王俠以廢太子瑛第三子嗣
廢太子瑛	新平郡王儼字伯莊
	平原郡王伸
	倩
	鄭國公儆
	韓國公太僕卿備
	太僕卿倫
棣王琰	汝南郡王僙
	宜都郡王儋
	濟南郡王侯
	順化郡王俊
	衛尉卿微
	太僕卿僚
	國子祭酒俠
	殿中監仁
	秘書監俊

鄂王瑤

靜恭太子琬
濟陰郡王俌

北平郡王偕

陳留郡王倩

衛尉卿僎

祕書監僨

鴻臚卿佩

文安郡王像

光王琚

儀王璲
嗣王侹

臨川郡王侁

廣陵郡王健

虢國公供

潁王璬
滎陽郡王伸

高邑郡王傛

楚國公俔

道國公傳

永王璘
襄城郡王偒

餘姚郡王僙

莒國公俥

郯國公傈

國子祭酒伶

國子祭酒俄

壽王瑁
德陽郡王僾

濟陽郡王伓

廣陽郡王俱

薛國公伉

滕國公偱

國子祭酒傑

嗣壽王
存志

延王玢
彭城郡王倬

平陽郡王僩

王	子
	魯國公倧
	荊國公偃
	太僕卿佐
盛王琦	眞定郡王僓
	信都郡王偁
	徐國公俗
	許國公倸
濟王環	永嘉郡王倩
	平樂郡王俔
	沛國公佪
	蕭國公俸
信王理	新安郡王佟
	晉陵郡王倜
	吳國公保
	越國公伋
	鄫國公僑

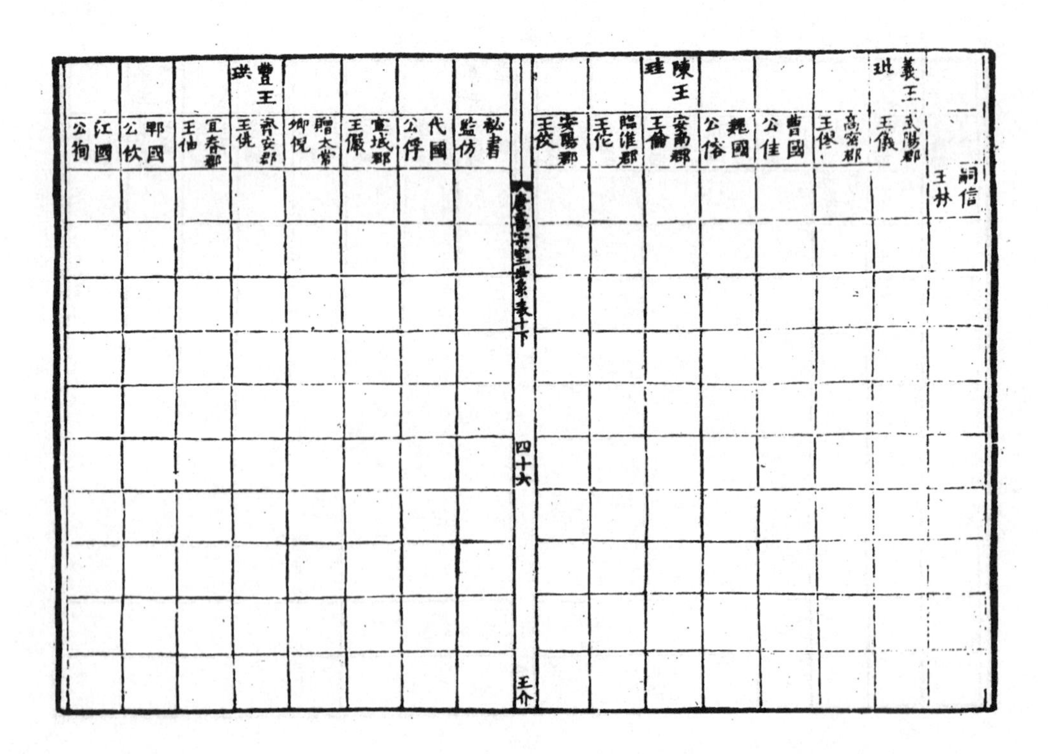

王	子	孫
		嗣信王林
義王玼	武陽郡王儀	
	高密郡王侈	
	曹國公佳	
	魏國公倚	
陳王珪	安南郡王倫	
	臨淮郡王佗	
	安陽郡王伎	
	祕書監仿	
	代國公伻	
	宣城郡王儇	
	贈太常卿倪	
豐王珙	齊安郡王侁	
	宜春郡王伷	
	鄆國公佽	
	江國公侚	

恆王瑱

涼王璿　盧陽郡王仂

安定郡王仕

蕭國公侶

鄭國公侳

嗣涼王賓雅

肅宗文明武德大聖大宣孝皇帝十四子

越王係　武威郡王建

興道郡王迫

延德郡王迨

承天皇帝倓

彭王僅　常山郡王鎮

兗王僩

涇王侹　延德郡王迨

襄王僙　伊吾郡王宣

樂安郡王柬

杞王倕　同昌郡王伐

邵王偲

代宗睿文孝武皇帝二十子

昭靖太子邈　舒王誼　寧塞郡王太僕卿綍

清河郡王太府卿汭

靈溪郡王詠

睦王述　恭化郡王謂

洪源郡王太常卿諷

丹王逾　寧朔郡王宗正卿昉

恩王連　景城郡王大理卿誨

韓王迥　安康郡王誥

簡王遘　恩平郡王司農卿証

益王迺

隋王迅

忻王造　武威郡王太府卿諸

韶王暹　晉昌郡王鴻臚卿詡

嘉王運　新安郡王太僕卿訢

端王遇　新興郡王衛尉卿誠

循王適 平樂郡王光祿卿諶
恭王通
原王逵
雅王逸
蜀王溯

德宗神武孝文皇帝十一子

通王諶 山陽郡王鍼
虔王諒
資王謙

昭王誠
欽王諤
珍王誠

順宗至德弘道大聖大安孝皇帝二十三子

郯王經 東平郡王格
均王緯
漵王縱 清河郡王懷
莒王紓 內黃郡王偕
密王綢

郇王總
邵王約
宋王結
集王緗
冀王絿
和王綺
衡王絢
欽王續

會王纁
福王綰 高陽郡王鎮
珍王繕
撫王紘 中山郡王懷
岳王緄
袁王紳 安壽郡王漢
桂王綸
翼王綽 上谷郡王偕

王	子
蘄王緝	

憲宗昭文章武大聖至神孝皇帝二十子

王	子
惠昭皇太子寧	
澧王惲	東陽郡王湊
深王悰	安陸郡王源
	臨川郡王演
	河內郡王潭
洋王忻	吳興郡王淑
	潁川郡王沛
絳王悟	新安郡王洙
	高平郡王滂
建王恪	
鄜王憬	平陽郡王濟
瓊王悅	河間郡王津
沔王恂	晉陵郡王瀛
婺王懌	新平郡王清
茂王愔	武功郡王遠

王	子
淄王協	許昌郡王渰
	馬湖郡王滋
衢王憺	晉平郡王涉
澶王惋	鴈門郡王淳
棣王惴	
彭王惕	
信王憻	
榮王憒	嗣王令平

穆宗睿聖文惠孝皇帝五子

王	子
懷懿太子湊	
安王溶	

敬宗睿武昭愍孝皇帝五子

王	子
悼懷太子普	
梁王休復	
襄王執中	
紀王言揚	
陳王成美	

文宗元聖昭獻孝皇帝二子

莊恪太子永

蔣王宗儉

武宗至道昭肅孝皇帝五子

杞王峻

益王峴

兗王岐

德王嶧

昌王嵯

宣宗元聖至明成武獻文睿智章仁神聰懿道大孝皇帝十一子

靖懷太子漢

雅王涇

衞王灌

夔王滋

慶王沂

濮王澤

懷王洽

鄂王潤

昭王汭

康王汶

廣王瀍

懿宗昭聖恭惠孝皇帝八子

魏王佾

涼王侹

蜀王佶

威王偘

吉王保

恭哀太子倚

僖宗聖神聰睿仁哲明孝皇帝二子

建王震

益王陞

昭宗聖文睿德光武弘孝皇帝十七子

德王裕

棣王祤

虔王禊

沂王禋

遂王禕	景王秘	祁王祺	雅王禋	瓊王祥	端王禎	豐王祁	和王福	登王禧	嘉王祐	穎王禔	蔡王祐

宗室四十一房一曰定州刺史二曰南陽公三曰譙王四曰蔡王五曰畢王六曰雍王七曰郇王八曰大鄭王九曰蜀王十曰巢王十一曰大楚王十二曰荆王十三曰徐王十四曰韓王十五曰彭王十六曰小鄭王十七曰霍王十八曰虢王十九曰道王二十曰鄧王二十一曰舒王二十二曰魯王二十三曰江王二十四曰密王二十五曰滕王二十六曰恒山王二十七曰吳王二十八曰濮王二十九曰蔣王三十曰越王三十一曰紀王三十二曰曹王三十三曰澤王三十四曰章懷太子三十五曰湖陽郡王三十六曰讓皇帝三十七曰惠莊太子三十八曰惠文太子三十九曰惠宣太子蜀王房又有隴西渤海二房附見其譜定著三十九房終唐之世有宰相十一人鄖王房有林甫回鄭王房有程石福小鄭王房有勉夷簡宗閔恒山王房有適之吳王房有峴惠宣太子房有知柔

宗室世系表第十下

翰林學士兼龍圖閣學士朝散大夫給事中知制誥充史館修撰臣歐陽　脩奉

敕撰

唐爲國久，傳世多而諸臣亦各修其家法，務以門族相高。其材子賢孫不殞其世德，或父子相繼居相位，或累數世而屢顯，或終唐之世不絕。嗚呼，其亦盛矣！然其所以盛衰者，雖由功德薄厚，亦在其子孫。作宰相世系表。

裴氏出自風姓。顓頊裔孫大業生女華，女華生大費，大費生皋陶，皋陶生伯益，賜姓嬴氏，生大廉。大廉五世孫曰仲衍，仲衍四世孫曰軒，軒生潏，潏生飛廉，飛廉生惡來，惡來生女防，女防生旁皋，旁皋生太几，太几生大駱，大駱生非子，周孝王使養馬汧渭之間，以馬蕃息，封之於秦爲附庸，使續嬴氏，號曰秦嬴。非子之支孫封𨛬鄉，因以爲氏，今聞喜𨛬城是也。六世孫陵，當周僖王之時，封爲解邑君，乃去邑從衣爲裴。裴衣長貌。一云晉平公封顓頊之孫鍼於周川之裴中，號裴君。疑不可辨。陵裔孫蓋，漢水衡都尉、侍中，九世孫燉煌太守遵，自雲中從光武平隴蜀，徙居河東安邑，安順之際徙聞喜。曾孫曄，并州刺史、度遼將軍。子茂，字巨光，靈帝時歷郡守、尚書，率諸將討李傕有功，封陽吉平侯。三子：潛、徽、輯。

西眷裴出自陽吉平侯茂長子徽，字文秀，魏冀州刺史、蘭陵武公。以其子孫多仕西涼者，故號西眷。西眷四子：黎、康、楷、綽。黎字伯宗，一名演，游擊將軍、秘書監。二子：粹、苞。粹，晉武威太守。二子：詵、暅。詵，太常卿，避地涼州。及苻堅克河西，復還解縣。生劭，劭生和，和生鍾，鍾生景惠。

景惠後魏州別駕		
會		
韜		
融後周司木大夫		
孝瑜儀同大將軍		
該		褘
奐戶部員外郎		
	恂赤丞	

				他字元化後魏中軍將軍荊州刺史								
				讜之字士禮齊中書舍人			訥之字士言北齊中書舍人居聞喜					謁之字士敬齊壺關令
							掞		世矩字弘大相高祖			通
				淨	綸太子舍人				宣機禮部侍郎	奉高	華昌河州刺史	
爽	寂字真士相高祖									延壽商州刺史聞喜公		
	律師駙馬都尉河東公		法師將軍聞喜公		傑	式微大理司直		子儀瀛州刺史				瑀貴州刺史
	承先檢校左羽林軍將軍節國公	承祿右清道率河東公										
		景儼武彊公										

洗馬裴出自粹子暅暅生憬自河西歸桑梓居解縣洗馬川號洗馬裴仕前秦大鴻臚二子天恩、天壽

天恩後魏武都太守　安祖安邑令　思濟　宗賢　鍇　同

機　奉禮　享駕部郎中

恆左拾遺

談相中宗　元明睦州刺史　光裔　昊左金吾大將軍

晟和州刺史　康時昭應令　洽滁州刺史生宣懂司農卿

晞尚方監

仙裔

幼篤猗氏令　晞

慶升　弘徽刑部郎中蘄州刺史初以蜀王府法曹參軍刪改律令　邦基字祖思大理正

祖思　仲初　昶　克巳京掾

克諧都官員外郎

萬頃冀州刺史

祖夔　義同鴻臚卿　仁素　大同洛交府折衝　炎字子隆相中宗武后　鋕太子舍人

彥先太子中舍人

旦京掾　伷先工部尚書翼城公　愿左補闕

翼　思益起居舍人

道玄　重晙一名積慶登州刺史　胐禮部郎中　愼從

天壽後魏中書博士　智澡　襲　叔騰　善政隋黎州刺史黎國公　文立紀王府諮議參軍　元簡尉氏尉　曠御史中丞　鵬容州長史

虬諫議大夫　復字茂紹河南少尹　璟生蟾

質吏部郎中

望郎

執古字敬夫潼關防禦使御史大夫　納太子正字夏州觀察判官

謩

謙

恭字肅夫邕管經略使　琰

瑋

弘泰字義舒鄜坊節度使子儀河東縣伯

- 崍
- 述 / 士衡 / 季通金部郎中、倩王傅 / 依訓婺州刺史
- 士勍 / 延休慈州刺史
- 英 / 元
- 彥後周驃騎大將軍、吉陽郡公 通開府儀同三司、懷義郡公 / 弘策隋將作大匠、黎溫公 / 行方字德備，茂州道行軍總管、清丘道行軍副總管、右衛將軍、檢校幽州都督，襲懷義郡公 / 復明甘州刺史 / 務 / 裔 / 莪襄陽節度使
- 藏主客員外郎 / 次元福建觀察使兼御史中丞、京兆尹，三子處道處晦處讓。處約字盛徵，處權字子暢之，禮部郎中，生暉，字升家
- 盛
- 數成都少尹
- 勁忠 / 晉梓州刺史
- 觀荊州按察使 / 遷一名從，京兆少尹
- 善文 / 元璟都官員外郎
- 杭 / 操之 / 弘泰雍州錄事參軍 / 思義河東太守、晉城縣子 / 敏珍薛王府曹參軍 / 回字玉溫，任城尉
- 迪 / 藏
- 通同州刺史
- 造

南來吳裴出自黎第二子苞。苞三子：軫、丕、彬。軫生嗣，嗣西涼武都太守，三子：邕、奣、策。邕度江居襄陽，生順宗。順宗三子：叔寶、叔業、令寶。叔業，齊南兗州刺史，初歸北，號南來吳裴，事後魏豫州刺史、蘭陵郡公，謚忠武。子蒨之、芬之、簡之、英之、藹之。

- 達
- 大獄監察御史 / 開韶赤尉
- 大方 / 思敏一名思明，蓬州刺史
- 蒨之字文蔚，北齊隋王左常侍 / 譚輔國將軍，襲蘭陵敬公 / 測字伯源，後周常侍
- 同節愍中侍御史 / 光復虔州刺史
- 簡之後魏岐州刺史 / 景富平令 / 正隋散騎常侍 / 晉字歸厚，南鄭令 / 九思歷陽丞 / 仲卿 / 泠永平尉、大理正 / 集
- 季卿湖州司士參軍 / 淑汝州參軍
- 叔卿濟州司馬 / 洵揚府參軍
- 潤明法
- 淨明法
- 演明經
- 江明經

守眞字方忠鄜寧二州刺史							
子餘給事中謚孝		巨卿衛尉少卿				耀卿字煥之相玄宗	
浹奉禮郎	顒左清道率府兵曹參軍	沐河南府參軍	淑臨安令	極司勳員外郎		遂太子司議郎	洗梁州都督
				惲字知止	褒字補臣		覬

		泌秘書少監	綜吏部郎中				
收	彪		信字弘正國子祭酒			琬侍御史	
			泰章字敦濛給事中	含章字積中	耕字德實	戣章字子光	鉞字鼎俊
			孝頊				
			彌字祈山				

					幼卿洛陽尉	倚卿起居郎
	皋給事中			延通事舍人	士安太府卿	佐
武太府卿	遷江西觀察使				亮	
	德濟字喬老	德融字周耀	德符字渭翁			

佑	傳	保	信	沂尚舍直長		
				仲佐	叔謇	叔獻均州刺史

王湍

伯言戶部員外郎
行立邕管經略使

泰卿太子中允
叔倉曹參軍

挺內直丞

常杭州刺史
臨字敦吉

常憲

好古

好問

昱鼓城令
洽左司禦兵曹參軍

濟明

法

涉

澈

歸仁潞府司兵參軍
知柔兗州司馬
襲治
廣

嗣

守祚下邽令
令溫房豫陝三州刺史
導

令寶二子彥先彥遠彥遠生曉曉生獻

獻隋扶州刺史臨汾公
義山
夔

知節南和令
倩
主禮部尚書絳郡公
登

遵字文檢校禮部尚書
瞿閬州刺史

士南

行本相武后

羅隋魏郡丞
公緯祠部郎中
瑒之倉部郎中
灌太子賓客正平懿公
充

琰之
緬
系諫議大夫

公纁邢州長史
延昕婺州刺史

無悔泉州長史
阜岐州刺史
騰戶部郎中
況員外郎

宗

沖

汶湖州刺史

渾

儋

叔儕 清秘書監

霸 吏部員外郎

坦 太平令 興 工部員外郎

泥 徵 戶部郎中 岢 弘農太守

涓

弘儀 讚 字士明 東都副留守 寬 禮部尚書

戩

覽 瀚 給事中 歆 侍御史 大理正 勝 國子司業

堅 克 河南府司錄參軍 珏 杭州刺史

璩 字提秀 檢校司空

垣 字公器 刑部尚書 克構

涇 膳 戶部侍郎

沼

注

渙

俗 鳳州刺史

濼 工部郎中 育 檢校員外郎 栖 河內太守

溶

漸

濡

脩

靖 舒州刺史

晏

肅 容府經略推官 賁 字選叔 檢校兵部尚書 諡成 京兆州別駕

溫 太子舍人

漳 右衛錄事參軍

湲 絳州參軍

渙 弘文明經

公績　挺之洪州都督

充　肅右領軍將軍

晄　龍度相州刺史　中義左補闕

中眷裴氏出自嗣中子奣晉太尉宋公版諮議參軍并州別駕號中眷三子萬虎雙虎三虎

萬虎　保歡　長字元寶後魏太府卿謚肅　子通隋太中大夫　敬彝吏部侍郎　錫司勳員外郎

叔祉北齊太府卿　子闡　元質尚書右丞　杞

大醜　慶孫後魏太中大夫　子瑩太尉司參軍　受　宣明華州刺史謚簡　景鸞華州刺史郎　文端北齊行臺郎　顥

安

弘

操

景鴻北齊和夷郡守　叔卿貝丘令　神舉和州刺史

神符　紹宗　延和州刺史生光庭延齡戶部侍郎生[illegible]

茂宗禮部尚書　眺金部郎中孫嘉壽

雙虎後魏河東郡太守　秀業天水郡太守　邃正平郡太守澄城縣子　文舉字道裕後魏開府青州刺史　胄大都督　神安邑通守　知禮同州刺史　思本

思哲

思恭

知古太常令

璬　大感石州刺史　允初太子賓客　藏之道常州刺史

則之

惠秀　高壽梁兵部尚書　伯鳳後周光汾二州刺史琅邪鄭公　定高敬琅邪郡公馮翊郡公　仁基字德本隋光祿大夫忠公　行儼　貞陽郡南府果毅　參玄鄭州刺史　植祠部郎中

義玄

悟玄

赤丞

延休

慶達

德超寧州刺史　思簡　休貞定州刺史

[illegible]武大總管河東郡公　肅親衛參軍

孜寨漢州刺史　敦

[illegible]

徽

行儉字武道大總管聞喜憲公　光庭字連城相玄宗　稹司勳員外郎襲正平縣子　倩字容成吏部侍郎正平縣謚節　均字君齊左僕射平章事郇公　鉶鳳翔府參軍河東縣男

				鄴字九思左金吾將軍謚成		
				堅殿中丞	墐字封叔吉州長史	植字晴之秘書監
鍔江陵尉	鍋	鐈	鎬		銑	

				三虎後魏義陽太守		
				文德		
				軌		
				瑾	子瑜	景深
						著
						世清江州刺史
						嘉陵齊州司馬
				景叔青州刺史	瑜鄜州刺史	
		倚殿中侍御史	侑檢次尉			
增戶部郎中						
鐇	鍾字撝德					

				嵩仁			
				耀之高陽太守			
				知道武陵令			
				義弘中書舍人立武公			
思訓巴州刺史				懷字公刑杭州刺史河東縣男			
皎然			倫然	遵裕		遵業	遵慶字少良相代宗
周南監察御史	郡南	士南	國南	單	亘	彭	會都官郎中
						禮鄧州刺史	

			訢赤尉		
		粃弓	揔太常博士太子舍人		
		凱字貫興後魏河北太守		世節隋營州司馬永福公	
		鑒司徒右長史		玄李梁州都督襲永福公	知久宜芳令
		澤北齊黃門侍郎			安期汾州司馬
		祥			後己濟源令
					郁太常卿河東縣公
		方產右司郎中			
向字傃仁吏部尚書		咸太子諭德			
寅字子御史大夫					
格	樞字化聖相昭宗				

苞第三子丕丕孫定宗定宗涼州刺史生訛後魏冠軍將軍生遼太原太守散騎常侍生纂纂正平太守鄜西公四子舒嗣秀詢舒後周車騎將軍元氏公生昂生玄運濮州刺史生季友司門郎中太子僕生武武曾孫訢

郊少府監丞

鄜涪州刺史

鄜兗州別駕

部汾州別駕　又福建觀察使　誨

謍

謨　顗字敦士

垍字知進相傳宗　贊字斂敷

勣字思弘

賑字延實

購字晶言

稷虔州刺史　儆大理丞　贄字敬臣相昭宗　羽字用化壽安尉

墠字右郊越州觀察判官

及

循己左衛大將軍　鄆澤州刺史

郕嶺南節度判官

鄧江州刺史　溫伯澤州刺史　岫宜春尉

鄆河陽令

脩己左贊善大夫　鄖衢州刺史

鄒宜州長史

遠梁主簿

知言　琬登州刺史

瑒

東眷裴出自茂第三子輯號東眷生穎穎司隸校尉生武字文應晉大將軍玄菟太守永嘉末避地平州二子開湛開字景舒仕慕容氏太常卿祭酒三子原成範範字仁則河南太守四子韜沖湛綏沖字太寧後秦并州刺史東陵子五子道子道護道大道會道賜道子字復泰本州別駕從劉裕入關事魏南梁州刺史義昌頓伯三子德歡恩立輔立德歡一名度豫鄭廣坊四州刺史謚曰康二子澄禮

澄字靜慮後魏汾州刺史　景灑字仲賓後周車騎大將軍　鎬民隋兵部郎　熙載兵部尚書　居道相武后　望麟臺郎

黍

潤

融右驍衛將軍　秦安衛都護

唐書宰相世系表十一上 十九

熙勣，洛州長史
居業

中
庸
恂，京掾

文度，隋州留守，知綿漳廣等十六州兵馬事
曇舒，州刺史
居素
惲
孝禮，京掾
洽

汲

孝欽，都官郎中、遵壽州刺史

造

居默，太谷令
恪，亳州刺史
千鈞，丹州刺史
政柔，左金吾將軍
炫，臨川令

播，虞部員外郎
浩，麟游令

洵，聞喜令

敬休，文水令

敬柔，聞喜令

建，新安令

銳，絳州刺史

弘慶，屯田郎中

唐書宰相世系表十一上 二十

弘本，鄂州知院

魯，宿州刺史

魯賓

玘

居晊，大司列員外郎

居士，太子少詹事
虛己，光祿卿、駙馬都尉

虛舟，左贊善大夫
光乘

徽，殿中丞、駙馬都尉
潘，道州刺史、駙馬都尉

璩

琥

玲，太僕卿、駙馬都尉
儆，太常卿、駙馬都尉

光叔，導江令
師貞

居業

居約

居近

唐書宰相世系表十二上　二十一

覺 正

悊字景尼後周御正大夫

之隱梓州長史會稽安男

師民後周記室參軍

之奐

希仁膳部郎中

希悰字處實齊州長史

思進隋令

襲國子祭酒駙馬都尉懿國公

齊參贊基大夫

齊閔國子司業

頻衛尉駙馬都尉

頎太原令

頤

齊給秘書少監

大亮兼御史中丞

齊丘秘書監駙馬都尉

齊嬰陳王府長史

頊

孚

臨秘書郎

隨

冀右金吾將軍

唐書宰相世系表十二上　二十二

鼎左衛將軍

友悌郴州刺史

思約成遠令

思禮鼓熟令

思政

豐王太子僕

思偃洛州司功參軍

希莊陝州刺史

抗京兆

宣

祿

實字中明浙東觀察使

係字大之江西觀察使

延翰字伯甫監田尉集賢校理

延鄴字東檜浙東觀察使

休字公奧相宣宗

弘字裕志

瑀字奧玉

珣字德潤

孜字藏器

琢

休字雅儀諫議大夫

涇

澂字源相僖宗

揭字州刺史

王端

道讓二子次愛祖念祖念生弘陁後魏聞喜公生鴻琳易郡太守　生客兒

客兒後魏長平郡丞　鴻智襄州長史高邑縣侯

文行右文丞　文政　文藝後魏伊河二州刺史　師道

玄度絳丞　玄珪莊州都督　令慈　思賢青州刺史　遵齊州刺史　思業　懷節洛州刺史謚定

巨源　雅珪戶部郎中　翔朝城令　獻之　守一河州刺史　果字茂昭後周鳳復二州刺史延壽質公　譖　浩太僕少卿　昭太府少卿

擇職方郎中　思愼職方郎中　浩　偃　潊永州刺史　孝仁建譙亳三州刺史　貞亳州刺史　礭右金吾將軍平陽貞公　緒蔡州刺史

佐杭州司甲參軍　兢大理司直　悟長樂太守　怦洛交太守　璩河南少尹

希先溫州刺史　澄蘇州刺史

懷儉監察御史

皎太廟令

之慶綏州刺史

歡赤尉　相京掾

濟　涇泉州刺史　昱高陵令

增　垍字弘中相憲宗　衡字無私　坰大理少卿

鍠　含章　惠迪　思諫字獻臣工部尚書　思讜字[illegible]檢校左散騎常侍兼大理御

曄　紹光字安甲　紹昌殿中侍御史

愼辭

師武
懷肅
懋京州刺史
登
墠
墉壽州刺史
紳字子佩
庭檜字齊餘
懿字莘己
浣太原府參軍
湘絳州司法參軍
濯臨汾尉
思
洗大理寺丞

懷哭忠州刺史
師義
懷感澧州刺史
陟滑州司馬
紀長安丞
冕字章甫相代宗
正河中少尹
矜
殺
冔太僕卿
鏡贊善大夫
某朗州刺史
希顏邕府巡官
覺

瑜劒州刺史
素
廣
均
匠慈州刺史
涯
婴
睚
匣
綰
憲
區
葆國子司業
輿
格字文明
鑽
迴
偎
昕兼御史中丞
峴
成
平
珍
秦京椽

欣敬
晉師
知機
鉉
夏
政行軍司馬
克諒

寘
有鄰邕陽令
澈澠池丞
度字中立相憲穆敬文
謂字宣業翰林學士工部侍郎

詡
造

諗權知刑部侍郎
沼字化龍

調

識字通理檢校右僕射晉昭公
紹監察御史

適司封員外郎
純懿字書記

諴
光鼎字德原

讓
禹昌字聖規

裴氏定著五房：一曰西眷裴，二曰洗馬裴，三曰南來吳裴，四曰中眷裴，五曰東眷裴。宰相十七人。西眷有寂、矩；洗馬有談、炎；南來吳有耀卿、行本、坦；中眷有光庭；東眷有居道、休、澈、垍、冕、度、遵慶、樞、贄。

劉氏出自祁姓，帝堯陶唐氏子孫。生子有文在手曰「劉累」，因以為名。能擾龍，事夏為御龍氏，在商為豕韋氏，在周封為杜伯，亦稱唐杜氏。至宣王滅其國，其子隰叔奔晉為士師，生士蔿，蔿生成伯缺，缺生士會。會適秦，歸晉，有子留於秦，自為劉氏。生明，明生遠，遠生陽，十世孫戰國時獲於魏，遂為魏大夫。秦滅魏，徙大梁，生清，徙居沛。生仁，號豐公，生煓，字執嘉，生四子：伯、仲、邦、交。邦，漢高祖也。高祖七世孫宣帝生楚孝王囂，囂生思王衍，衍生紆，紆生居巢侯般，字伯興。般生愷，字伯豫，太尉、司空，生茂，字叔盛，司空、太中大夫，徙居叢亭里。愷六世孫訥，晉司隸校尉。孫憲生羨，羨二子：敏、該。敏從子僧利

敏
慶後魏東徐州刺史，謚曰簡
軨北齊高平太守
通字子將，隋北陵郡通守
德威字尚重，刑部尚書
審禮工部尚書、彭城公
佺壽太常丞

偉康

易從漢州長史
昇中書舍人

最給事中
顥

顥殿中侍御史
識

崇業
胐汴州刺史

延景陝州刺史
溫玉許州刺史
寘悔齊州刺史

承顏宗正卿

瓊國子祭酒
爲輔
商檢校虞部郎中

仁師字行興，司勳郎中

案

爲鱗

琪左衛將軍
爲翼

爲範

1	2	3	4	5	6	7
懷敬梁州都督		德智徐州刺史				
崇術隋州刺史	悅鳳州刺史	延嗣汾州刺史	崇直嘉州刺史	守約		守悌刑部侍郎
			讓諫議大夫衛尉卿	晶源泰州都督	宅相吏部郎中	

1	2	3	4	5	6	7
軌	儈利後魏羽林監					
	世明字伯楚南兗州刺史					
擢隋衛尉卿	偉字世英北齊睢州刺史					
激	瑗					珉北齊睢陽太守
	胤之楚州刺史		行之			務本隋留縣長
			延祐安南都護	延慶		藏器比部員外郎
	欣時侍御史	叔時殿中侍御史	含章	貴太平尉	居簡太原尹	知柔工部尚書彭城侯
			猛	渙營城令	深	繹金部郎中
				汴		

1	2	3	4	5	6	7	8
				知章	子玄中書舍人居巢文公		
緯巴陵太守	綝和州刺史	繪延州刺史	繙桂府都督		貺起居郎		
					浹	滋相德宗	
					數賢	約	緒

1	2	3	4	5	6	7
餗河南功曹參軍	彙尚書右丞				秩國子祭酒	
贊	贊字公佐宣歙觀察使彭城縣男				賁	製
從周左補闕	茂孫	勝孫	意孫	鄴孫		

迅左補闕

迥給事中

京兆武功劉氏本出彭城後周有石州刺史懿

懿　昭隋上儀同三司　文靜字肇仁相高祖　樹藝

文起通直散騎常侍　樹義襲魯國公

彭城劉氏又有劉升

升　景字司光鄜坊從事　瞻字幾之相懿宗　滉字鑒源

陟

延[illegible]右拾遺

尉氏劉氏出自漢章帝子河間孝王開世居樂城十世孫通徙居

尉氏　通後魏建義南陽太守樂城侯　能北齊冠軍將軍　熾淮陽王參軍　子威　仁軌字正則相高宗　濬

濬工部員外郎　晃太常卿襲樂城公　子藩河東節度掌書記度支員外郎　煟雍州刺史　瑑字子全相宣宗

昂京兆少尹　子之　元鼎慈州刺史　恩字秀挺　頊字昭愿

公興祠部員外郎

臨淮劉氏出自漢世祖光武皇帝子廣陵思王荊子俞鄉元侯平平生彪襲封事繼母以孝聞世號仁義侯生玄玄生熙魏尚書郎熙生述東平太守述生建晉永城令世居臨淮建生會歷琅邪內史從元帝度江居丹楊曾孫彥英宋給事中通直散騎常侍二子隱人逸人梁末又徙晉陵隱人五世孫子翼

仁相

子翼字小心著作郎弘文館學士　懿之給事中

禕之相武后　揚名

南陽劉氏出自長沙定王生安衆康侯丹襲封三世徙沮陽裔孫廙字恭嗣魏侍中關內侯無子以弟子阜嗣阜字伯陵陳留太守生喬字仲彥晉太傅軍諮祭酒生挺潁川太守二子簡耽耽字敬道爲尚書令生柳字叔惠徐兗江三州刺史又徙江陵曾孫虬

虬字靈預宋當陽令文藝先生　之遴字思貞梁都官尚書　洎字思道相太宗　廣宗都官郎中　敦行屯田員外郎　肱

朓

弘業

廣平劉氏出自漢景帝子趙敬肅王彭祖彭祖生陰城思侯蒼蒼薨嗣子有罪不得立遂居廣平肥鄉蒼十一世孫邵字孔才魏散騎常侍十一世孫藻

藻　礽兗州刺史　林甫中書侍郎樂平男　祥道相高宗　齊賢更名景先相高宗

廣禮

慶道祠部郎中

應道吏部郎中　令植禮部尚書　濡之京兆少尹　從一相德宗

武幹曾字五州留守冀金鄉公　元鼎括州刺史　如璠朐山丞　迺字永伯兵部侍郎貞惠公　伯芻字素芝刑部侍郎　寬夫字之評路字考記秘書省校書郎　允章字蘊中　濬明字外郎

端夫史部員外郎　燠章字文中

嚴夫字子耕　玄章字求中

丹楊劉氏世居句容

唐書宰相世系表十一上　三十三　王震

三復刑部侍郎　鄴字漢藩相懿宗僖宗　希字王顏

覃字藏用秘書省校書郎

曹州南華劉氏出自漢楚元王交之後自彭城避地徙南華築堌以居世號劉堌隋有東萊令劉晉字進之三子郁多讓多艮

郁字蔚卿弘文館學士　懷器字泪藏　知仁字仲安軌鄠令　十兒五經及第

彝字伯寶新井令　知晦字仲昌武功丞　昱字士明大理司直　彰緯字仲習殿中侍御史　瑞字伯國睦州士曹參軍　鼎字仲寶　顏新安令

徽郎

巽字中正

晟

唐書宰相世系表十一上　三十四

革

解

益

審一　審縉字仲縉侍御史徐州觀察判官

縉經字仲莊幽州功曹參軍

深經字仲淵幽州功曹參軍

還字士昭杭州刺史　鼓經字辨之大理評事　濛字潤之大理卿　烽河中少尹

埴字秉中兵部吏部郎中　顗

綱著作郎

拱

枝字士能膳部校員外郎戶部外郎　文滔泉州觀察推官

文濟字霸源吏部郎中

文澤武進令

徽字休捍監田尉直史館

		武庫	
		授長	
		水尉	
	圻字曆吏宣武節度判官	黃孫江陽令	
		弄璋	
	垣		
渙字濟川萬城尉			
瑒字子美大理評事	墠陳留令		
	任	壇	
通經字仲達奉天尉			
全經字仲博清河尉	貴字寶卿王屋尉	埴	
		弘夫	
		鵬夫	
		顏夫	
瞻經字仲宣			

道經字仲常太常寺太祝	天養		
惠經字仲修雅州刺史	儇字禎先華州司馬	紀大理評事	
		寔西河令	
		詳徐州防禦判官	紹
			董
			阿君渠江令
			阿更
		樸方卹山令	
		紘商南令	
		縕溧江令	三象
		縉	
		頻	
	洙字敎先好畤尉	庚子	
	澶字子固河東節度使	紓	

隱

曇字士安相肅宗代宗

執經字長儒吏部郎中

渠字縣光大理評事嶺南節度判官

審己華州文學

讜字直哉

璹字景溫澤州刺史

彥盧氏尉

瓊字景綱楚州參軍

琭字景真

坤

坰松陽令

和字時中汝州司士參軍

珂字景儀夏尉

詰字坦然普安令

泳澤州錄事參軍

韶新寧令

綖字宗仲儒國子祭酒

倚字正卿監察御史

權平輿令

文儒洛陽丞

佩虢州長史左贊善大夫

好古字考純宋州司士參軍

車子

季隨

好問字彥博無錫丞

好學字彥深蘇州功曹參軍

侃藍田令

挺涉水令

軒河南尉

鰡

儼龍丘令

承嗣

優策字伯謀

知至字去澄

惟幾

知運字惟變

寶南

玄丞

知遠字惟深

知滿字子沖

緒福

欽太

全讓字肅之

欽瑜

欽惠

仲慶

神務 光輔

肇 光範

逸愷

瓌

贊 璟

多遜字懋之 懷光字子信

懷璧字子溫 景參

懷璧字子宰

劉氏定著七房：一曰彭城，二曰尉氏，三曰臨淮，四曰南陽，五曰廣平，六曰丹楊，七曰南華。宰相十二人。彭城房有滋、文、瞻；尉氏房有仁軌、晏；臨淮房有從一；南陽房有祥道、景先；廣平房有崇望；丹楊房有洎；南華房有晏。

河南劉氏本出匈奴之族。漢高祖以宗女妻冒頓，其俗貴者皆從母姓，因改為劉氏。左賢王去卑裔孫庫仁，字沒根，後魏南部大人、凌江將軍。弟眷，生羅辰，定州刺史、永安敬公。其後又居遼東襄平。羅辰五世孫環雋，字仲賢，北齊中書侍郎、秀容懿公。弟仕雋。

仕雋 坦字寬夫，南大理卿、昌國襄公 玄史部侍郎 齊天官 懷和楷 驥東 期蔡州海節度使 昭觀 垂字

崇龜字子長清 崇魯字 崇堯字子憲都官郎中 崇望字希徒相昭宗 崇謨字 文水部員外郎知制誥

宰相世系表第十一上

河南劉氏宰相一人。崇望。

玄育易州刺史 玄象主客郎中

循金吾將軍

同萬年令

少尹 超河南 全誠

幽字南大夫，吳郡太守，江南採訪使 方平

璲字寶臣洪洞令 岳字昭輔

懷 珩

璲字實成，集賢殿學士、太常少卿、弘文館直學士

宰相世系表第十一下　　唐書七十一下

翰林學士兼龍圖閣學士朝散大夫給事中知制誥充史館修撰臣歐陽脩奉

敕撰

蕭氏出自姬姓帝嚳之後商帝乙庶子微子周封為宋公弟仲衍八世孫戴公生子衍字樂父裔孫大心平南宮長萬有功封於蕭以為附庸今徐州蕭縣是也子孫因以為氏其後楚滅蕭裔孫不疑為楚相春申君上客世居豐沛漢有丞相酇文終侯何二子遺則則生彪字伯文諫議大夫侍中以事始從蘭陵丞縣生章公府掾章生仰字惠高生皓皓生望之御史大夫徙杜陵生育光祿大夫生紹御史中丞復還蘭陵生閎光祿勳閎生闡濟陰太守闡生冰吳郡太守冰生苞後漢中山相生周博士周生蟜蛇丘長蟜生逵州從事逵生休孝廉休生豹廣陵郡丞豹生裔太中大夫生整字公齊晉淮南令過江居南蘭陵武進之東城里三子儁鎋烈苞九世孫卓字子略洮陽令女為宋高祖繼母號皇舅房卓生源之字君流徐兗二州刺史襲封陽縣侯生思話郢州都督封陽穆侯六子惠開惠明惠基惠休惠朗惠蒨惠蒨齊左戶尚書生介

介字茂鎮梁侍中

引字叔休陳吏部侍郎

德言秘書少監

洗太子洗馬

安節相王兵曹參軍

至忠相中宗睿宗

衡

衍

隨

元嘉諫議大夫

廣微工部員外郎

齊梁房整第二子鎋濟陰太守生副子州治中從事生道賜宋南臺治中侍御史三子尚之順之崇之順之字文緯齊丹楊尹臨湘懿侯十子懿敷衍暢融宏偉秀憺恢衍梁高祖武皇帝也號齊梁房

懿字元達長沙宣武王七子業藻象猷朗軌明明字靖通梁貞陽侯曾孫文憬

文憬湖州司馬

元祚萍鄉侯

誠司勳員外郎

諒汝州刺史

直給事中

策檢校員外郎

節

華邵州刺史

嶰字說字

應之僧弼

鄴字啓之相宣宗

晏字季平

灝字文度

昌字光祚

黯字中蘊

曙字象文

耆字文舉

峴

元禮湘州刺史

識虢州刺史

謨郢州刺史

詮大理評事

纂

梁高祖武皇帝八子統綱績繹綜績綸紀統昭明太子綱簡文皇帝也統五子歡譽詧譽詧

歡字孟孫璆章安王
崇望洛陽令
詧後梁蕭宣帝
巋後梁明帝
琮隋莒國公
鉉集州刺史
瓛祕書監
瑑晉陵王
欽貝州刺史
昉
昭
珣南海王
鉅
嗣德銀州刺史
煒
嗣業鴻臚少卿琅邪郡公
希諒黔州都督
鈞太子率更令
繼字立仲茂渝州長史
豫絳州刺史
貴侍御史
孚均州刺史
晉汾州刺史
遇國子司業
顯東川行軍司馬兼御史大夫
滌字明文
沐
異起居舍人
嵩相玄宗
華相肅宗
恒殿中侍御史
俛字思謙相穆宗
悟大理司直
儆字思道相僖宗
廩字富侯給事中
須字子登
愿字文恭
益商州團練推官

叔
膺字應之
顥字子光度支巡官
衡太僕卿駙馬都尉
戡
復字履初相德宗
儉
鶱字鵬舉
湛
寘相懿宗
遘字得聖相僖宗
宥
邁字昌聖
巽
位外太僕卿駙馬都尉
佩
儒
偲
鼎蜀州別駕
瑀字時文相高祖
銳駙馬都尉太常卿
守業衛州刺史
建黔中觀察使
守道
籍巢州刺史
守規
[illegible]
鍇虞部郎中

炭	巖 安平王	岑 吳王			
		瓚	球	瑁	
鉞 給事中		文朗 秘書少監	繕 衢州刺史		
恕 號州刺史				憲 亳州刺史	
定 字梅臣，太常卿	隱之 刑部侍郎				

蕭氏定著二房：一曰皇舅房，二曰齊梁房。宰相十人。皇舅房有至忠；齊梁房有瑀、嵩、華、俛、倣、復、寘、遘。

竇氏出自姒姓，夏后氏帝相失國，其妃有仍氏女方娠，逃出自竇，奔歸有仍氏，生子曰少康。少康二子：曰杼，曰龍。留居有仍，遂為竇氏。龍六十九世孫鳴犢，為晉大夫，葬常山；及六卿分晉，竇氏遂居平陽。鳴犢生仲，仲生臨，臨生亶，亶生陽，陽生庚，庚生誦。二子：世、鬷。世生嬰，漢丞相、魏其侯。世鬷二子：經、充。經，秦大將軍。生甫，漢孝文皇后之兄也。充避秦之難，徙居清河，漢贈安成侯，葬觀津。二子：長君、廣國。廣國字少君，章武景侯。二子：定、誼。誼生賞，襲章武侯，宣帝時以吏二千石徙扶風平陵。二子：壽、邕。壽，護羌校尉。爈煌南竇，其祖也。邕，南陽太守。生猛，定安太守。二子：秀、敷。秀二子：丕、林。林，後漢武威太守、太中大夫，避難徙居武威，為武威竇，其祖也。敷二子：平、年。友、融。融字周公，大司馬、安豐戴侯。生穆，城門校尉、駙馬都尉，襲安豐侯。五子：勳、宣、褒、霸、嘉。宣生尚，以家難隨毋徙隴右，為隴右竇，其祖也。嘉，少府，兼侍中、安豐侯。二子：潛、奉。萬全，奉子，武特進、槐里侯，晉贈文嘉貞侯。萬全襲安豐侯。二子：會宗、章。會宗子孫居武功扶風。章，大鴻臚卿。三子：陶、唐、統。統字敬道，鴈門太守，以竇武之難亡入鮮卑拓拔部，使居南境代郡平城，以間窺中國，號沒鹿回部落大人。後得匈奴舊境，又徙居之。生賓，字力延，襲部落大人。二子：異、他。他字建侯，亦襲部落大人，為後魏神元皇帝所殺，併其部落。

他生勤，字羽德，穆帝復使領舊部落，命為紇豆陵氏。晉冊穆帝為代王，亦封勤忠義侯，徙居五原。生子真，字玄道，率眾入魏，為征西大將軍。生朗，字明遠，復領父眾。二子：滔、祐。祐，遼東公，亦領部落。三子：提、拓、巖。自拓不領部落，為魏侍中、遼東宣王。巖，安西大將軍、遼東穆公，從孝武徙洛陽，自是遂為河南洛陽人。三子：那、敦、略。略字六頭，征北大將軍、建昌孝公。孝文帝之世，復為竇氏。五子：興、拔、岳、善、熾。岳，後周濟河、廣平二郡太守、神武郡公，與善、熾子孫號為三祖。岳二子：熾、毅。

熾 後魏安定二郡太守、安樂侯	鬷 後周大司馬、杞公				
洪景 隋驃騎大將軍、西河郡公	照 蜀郡太守、鄖廣郡公				
儼 都水使者、襄公	嗣 隋吏部侍郎、襄公				
明哲 河北郡司馬、懿公	德明 晉陵郡太守、襲公	德素 南康郡太守、中			
孝	知常 衢州長史	懷文 延安郡司馬			
思泰	思暕 陳留令	承家 右勳衛	思忠 南陽郡司馬	承祖 三山令	
仙童	景安 安陸郡司馬	景光	景詮	景俊 恆王府參軍	南容 安康令
千頃	萬頃	萬鈞	萬錫	論	建 左武衛兵曹參軍
充 猗氏令					
嵩					

瑨膺門丞
昕
凛江陵丞
工奴
齊義川令
穆
浦
迥
伯金
伯玉
伯瑜平高令

西賓
東里河東丞
思恭洪府錄事參軍
如璧東陽令
思泰
承基右衛中郎
儼扶風主簿
懷哲武威郡都督
傑三水主簿
承禮
似
永慶安西副都護
像左衛千牛

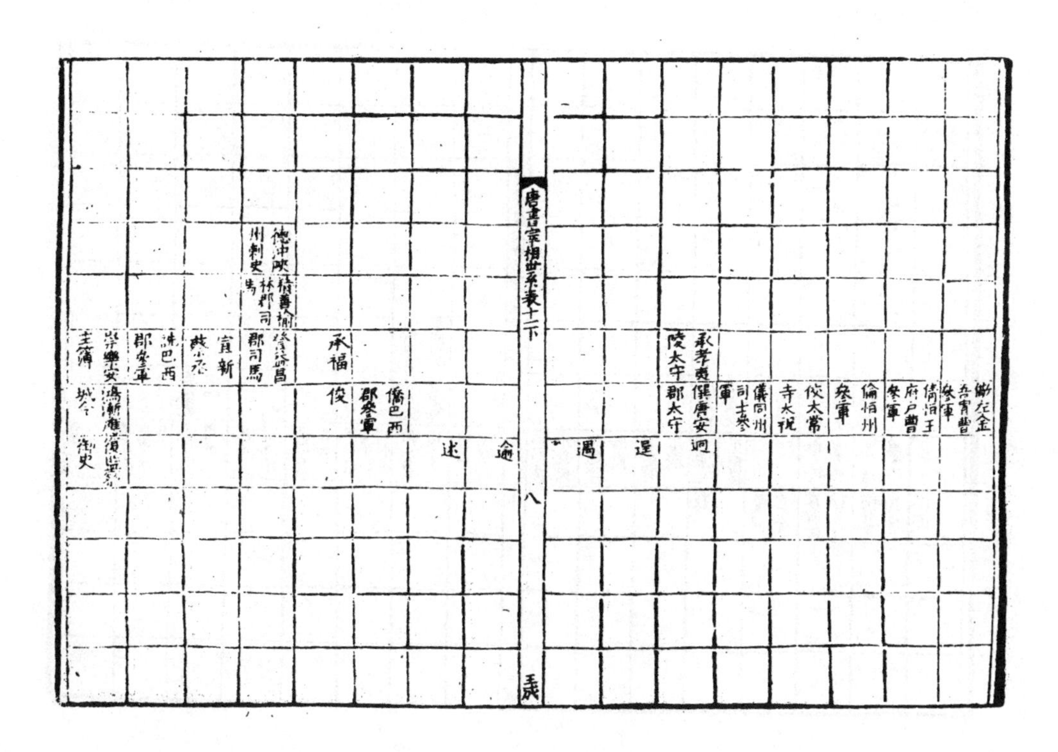

衛左金吾胄曹參軍
倩涓王府戶曹參軍
倫恒州參軍
佼太常寺太祝
儀同州司士參軍
承孝夷陵太守
倮唐安郡太守
迥
遲
遇
逾
述
僑巴西郡參軍
承福
俊
德沖陝州刺史
積善榆林郡司馬
咨許昌郡司馬
宜新
鼓水丞
沫巴西郡參軍
崇樂安城令
鴻漸灌寶監察御史
主簿

敞神
皐丞
岳
君布西令
南銑
卓太原府倉曹參軍
良弼
欽望中積太常少卿
賢咸中部令定令
良縱綿州錄事參軍
敬常
豐
敬則
敬文
良友涇州錄事參軍
敬初
良杞
賢濟右一監丞
燈恒王府參軍
履霸析州定襄府折衝
銑大理評事
公軌
公敏
公佐
公甫
公亮
義節號州刺史
誠吉左監門將軍
庭蘭衛尉少卿
霸

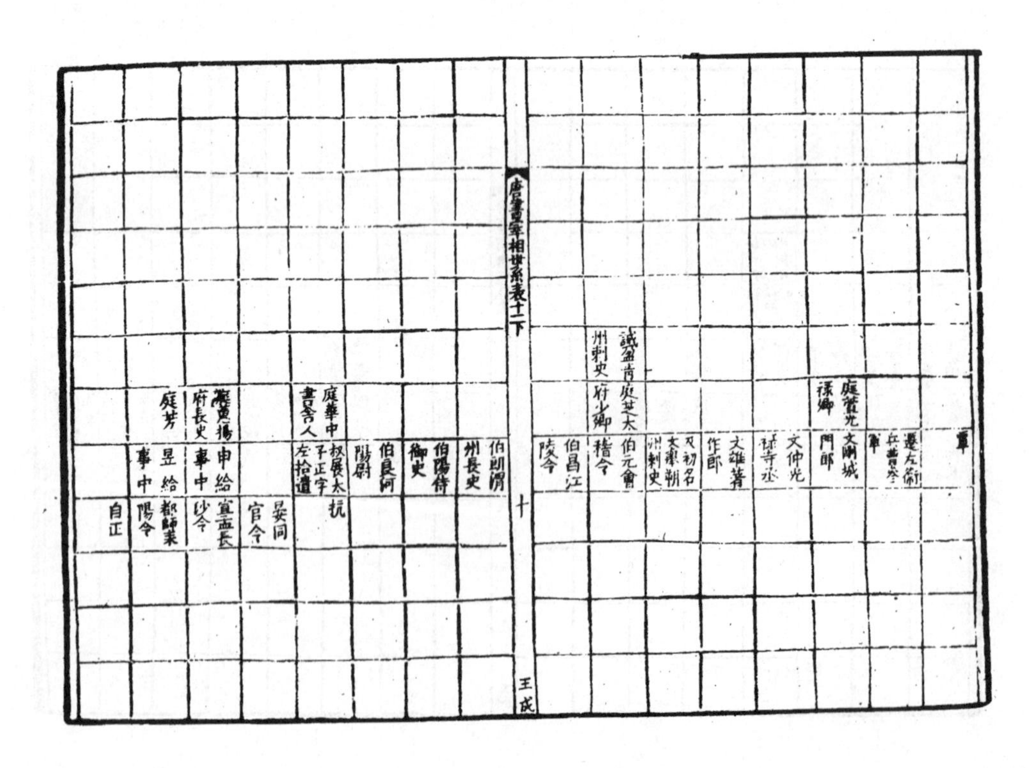

軍
遷左衛兵曹參軍
庭蕡光祿卿
文剛城門郎
文仲光祿寺丞
文雄著作郎
又初名太樸朔州刺史
誠盈青庭芝太府少卿
州刺史
伯元會稽令
伯昌江陵令
伯朗渭州長史
伯陽侍御史
伯良河陽尉
庭華中書舍人
叔展太子正字左拾遺
抗
晏同官令
寬揚府長史
申給事中
宣孟長沙令
庭芳
昱給事中
都師莱陽令
自正

德玄，相高宗。
懷讓，密州刺史。
思仁，字殿中少監、扶風郡公。
津，永樂令。
良矩，朗州別駕。
良緯，變府兵曹參軍。
良輔
廉
峨，逸巢州司士參軍。
微
子夏
子禹
誠，奢富平令。
子量，漢陽郡參軍。
字
思紀，南唐郡司馬。
潔
良政，蒲江令。
攸
溫，吏部常選。
常選
溥
思亮，榆林郡太守。
詳，清化太守。
誠順
誠信
誠勗

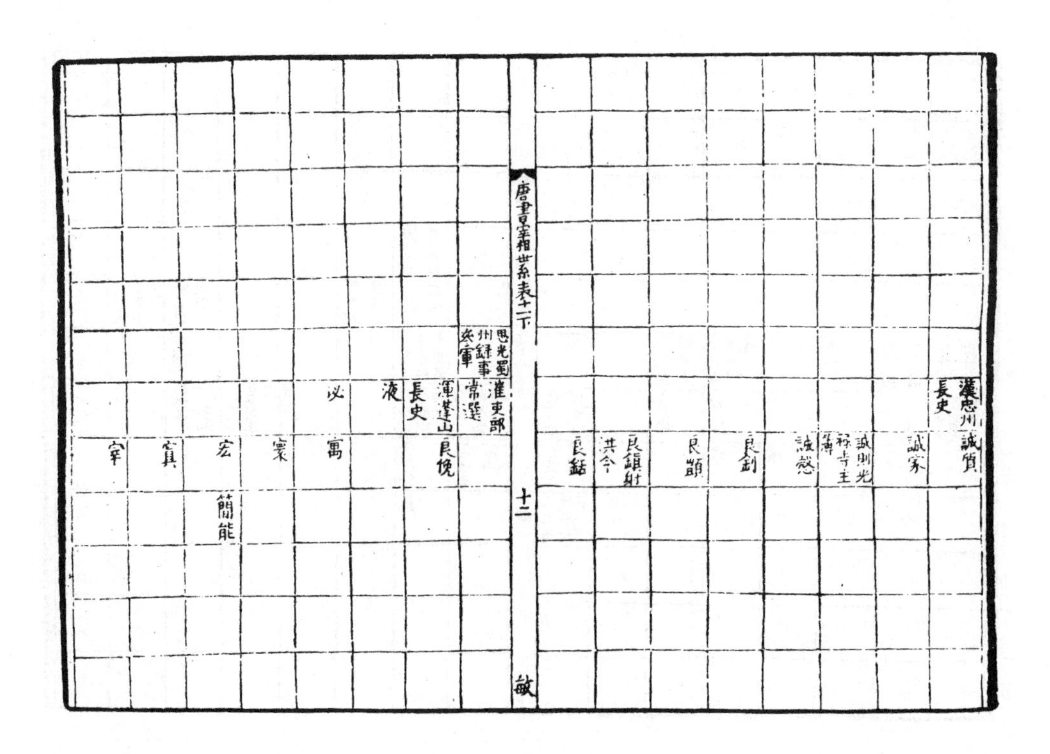

漢，忠州長史。
誠質
誠家
誠則，光祿寺主簿。
誠愨
良劍
良顗
良鎮，射洪令。
良銛
思光，蜀州錄事參軍。
灌，吏部常選。
灌[?]，蓬山長史。
良俛
液
寓
必
褒
宏
簡能
眞
宰

湋高山令

懷道
愿吉衛尉少卿

崇道廣陵郡太守
況

泳定州參軍
協

澳澧州司功參軍
遂良

崇敬太常丞
凝

懷武弘農郡司馬
庭玉

庭瑜
釆
泳湖方令
齊運

齊物

庭璠

懷恪大理評事水都督王文學

延祚鄆州刺史

延福

懷貞相鼎

中舂

德遠樂知節永崇宗成

安縣男康令都尉

崇基

思光

知晟左金吾引駕

勉常州令璬城令
國思光

州長史

國言安邑府果毅

國信

楨幹相州參軍

德洽將作大匠樂令
全真水令宗左衛翊府左郎將
德翊府門府別將
四知府崇俊
萬

睿感安邑府別將
獻誠太常卿

睿言新平長太僕卿
文工兵陽府別將
律令

晟

令璇蜀州司馬
睿盈

令瑗太清府別將
睿徹
鍠

澄

令玢

令琇兵部常選

令璩左金吾衛大將軍
睿非
部常選

胥滔
珍，玉律府果毅
全質，江陰令　令瑜，吏部常選　珣
知紵
知軌　思言，成都尉　崇德，澧陽郡司戶參軍　稱，太常少卿　綱
繼
維　儒宗
明宗
知義　胡子　元臣
懷質　棨
文殊，隋儀同三司成都公
招賢，隋褒州刺史杞國公　孝斌，襲安成公
紹宗，襲杞國公　德藏，以孝[illegible]，北海[illegible]太守，襲杞國公　[illegible]遊，[illegible]州長史，襲杞國公　琛，河東郡司士參軍，襲公　溫，御史大夫　承脩，濮陽郡參軍　灝，揚州戶曹參軍
遂，光祿寺丞
連，大理評事
璮

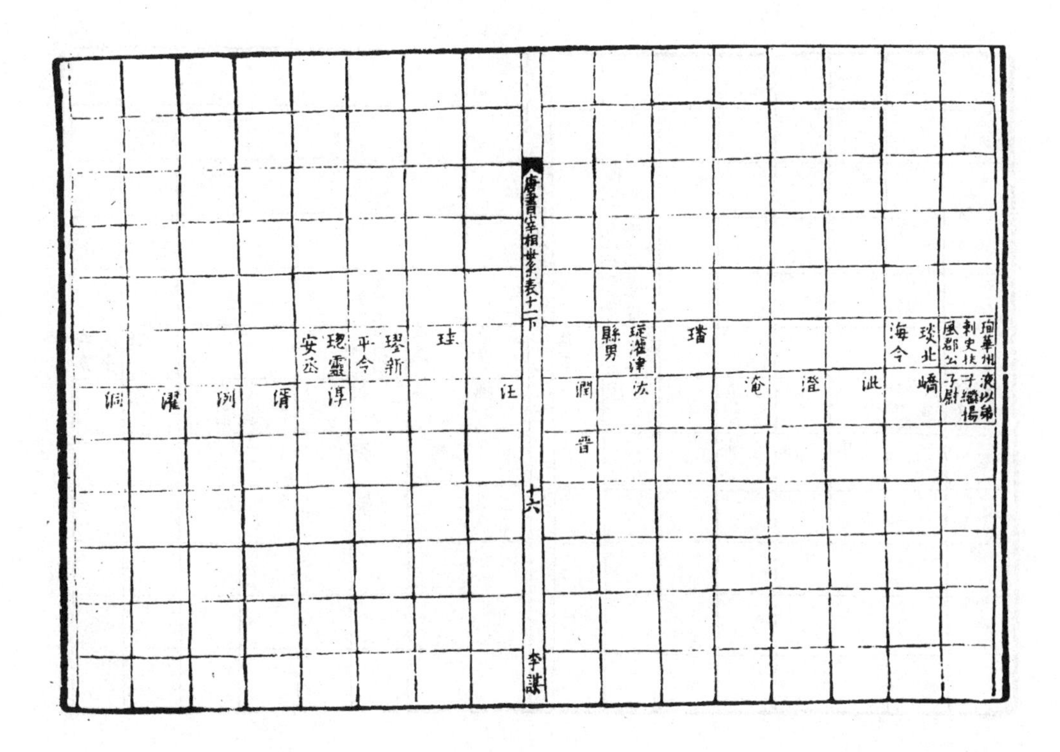

珣，華州刺史扶風郡公　淚，以弟子繼揚子尉
琰，北海令　嶠
泚
澄
淹
璠
琁，灌津縣男　汯
潤　晉
汪
球
瑬，新平令
璁，靈安丞　淳
偦
洌
濯
涸

浩

璋

惠蘇渝州司馬　禹

詷華州司兵參軍　嵩兗州參軍

崑　郯吏部常選

郢

鄖

詳

周富

義方扶風郡參軍

大智杞王府參軍　沺廣平郡參軍　琳

務　暠

顏

鳳　仕俛

仕品

暹梓潼郡參軍

靈昌魯王府戶曹參軍　欽　重客

鍔東流令

銳　劍

晏平鄉府別將

吳少遠將軍

歆　好容

靈獎信都郡太守　仙期龍水府別將　援　彝　榮

仙鶴　捍

仙童　撫

仙客

宣　幸以姪繼襲沛武郡公　靈感和景參襲公　昱延州兵曹參軍襲公　淮

崇

涓安業府別將　倘

偃

求

汪兵部常選

洽道舉出身

善一名溫西魏汾華隴三州刺史永富縣男生榮定

榮定隋冀州刺史陳懿公

抗字道生相高祖

衍左武候將軍

孝儉華太僕少卿

隄 新鄭令

昇岐陽令襲神武公

漢兵部常選

潤恒王府兵曹參軍

李倫

洪戡黎府折衝

華聞喜令

季初

潮目州司兵參軍

孝威

孝忠隋州刺史

縉字元休民部尚書信都肅公

遠駙馬都尉襲公

松壽殿中少監

遊字克讓兵部侍郎

遠蔡州刺史

誕駙馬都尉華安公

孝德慈州刺史

希玠禮部尚書華公

錫

銳

希瓛遂州刺史

銓滑州刺史

孝正

詮賓河南少尹

嶺右武衛將軍

顥

頊洋州刺史

孝沖

孝臻夷州刺史

瓘

審言聞喜尉

戩

權著作郎

參相德宗

晃字伯兼監察御史

孝誠溪州刺史

孝果

維滎水部郎中

孝謙潤州刺史

希臧字美王太子少傅郯公

鍊司農卿

鋼將作監

希球字國珍太子賓客集賢公

鑑

榮虞部郎中

希瑰字希瓘太子少師畢公

鈺太子左贊善大夫

鍔駙馬都尉秘書監

克恭

濬經王傅

汚壽王傅

克良駙馬都尉

克溫

灌，陳王府長史

希琬，衛尉少卿
鋒，太僕少卿
昱，隋州刺史

昱，鳳州刺史

孝禮，良原令
瑋，遂州刺史

瑰，京兆少尹
紹，給事中，刺府長史
寓

綜

綸

嶧，駙馬都尉、衛尉卿

縉

續，奉先令

纈

紱

良寶
林，司封郎中

璞，光祿少卿
[illegible]

又，太府卿同正

幹

師綸，太府少卿
尚義
瓚，道州刺史

尚烈
進，右庶子
蒙，太原令

鼎，都官郎中

師武
孝緯
憬
稹，庭梓川刺史
瞻

復信，鴻臚卿
曙

暖

孝約，閬州刺史

師仁

慶
胥純，蒲州刺史
智弘

懷玉，婺州刺史
懷昶

從之，右司郎中

從光
靚

覷，揚府長史

從昭，江州刺史

智閑，州刺史

熾周太保鄧公六子恭覽深嶷誼威

璡字之推將作大匠鄴安公 普行饒州刺史 德汾州刺史 弘儼屯田員外郎

恭後周雍州牧鄭國公 軌字士則益州都督鄭公 奉節駙馬都尉黃國公

克順將作大匠

琮晉州摠管譙敬公 孝諤洺州刺史

覽 孝仁濟州刺史

孝[illegible]司勳郎中

深 襲右武衛將軍 文表 季與開州刺史

季安湖州刺史

至柔

嶷 德宗播州刺史

誼 有意熊州刺史 元晦諫議大夫

威字文蔚相高祖 惲岐州刺史 晏 翊棣王傅觀津公 顒撫州刺史

竇武之後又有敬遠封西河公居扶風平陵孫善衡

善衡左衛將軍西河襄公 懷[illegible]洪州都督襄公 胥同昌郡司馬鄖公 叔向左拾遺 常字中行國子祭酒 弘餘黃州刺史

蒲歙學外臣

牟字貽周國子司業 周餘秘書監

羣字丹列容管觀察使 謙餘

審餘

庠字冑卿澧登信婺四州刺史 鞏

戴

鞏字友封鄂岳節度使 景餘

師裕

端

洵直

元昌九隴令

盛廬州刺史 易直字綱之宗玄相穆宗 章潞州司戶參軍

從直殿中侍御史

彬直

竇氏定著二房一曰三祖房二曰平陵房宰相六人三祖房有德玄懷貞抗參威平陵房有易直

陳氏出自媯姓虞帝舜之後夏禹封舜子商均於虞城三十二世孫遏父爲周陶正武王妻以元女大姬生滿封之於陳賜姓媯以奉舜祀是爲胡公九世孫厲公他生敬仲完奔齊以國爲姓既而食邑於田又爲田氏十五世孫齊王建爲秦所滅三子昇桓軫桓稱王氏軫楚相封潁川侯因徙潁川稱陳氏生嬰秦東陽令史嬰生成安君餘餘生軌軌生審審生安安生恒恒生願願四子清察齊尚齊生源源三子寔崱遂寔字仲弓後漢大將軍掾屬文範先

生六子紀蔑佁諶休光諶字季方獻文先生生青州刺史忠忠二子
佐和佐二子準徽準字道基晉太尉廣陵元公生伯眕建興中度
江居曲阿新豐湖生匡二子赤松世達世達長城令徙居長城下
若里生丞相掾康康生盱眙太守英英生尚書郎公弼公弼生步
兵校尉鼎鼎生散騎侍郎高高生懷安令詠詠生安成太守猛猛
生太常卿道巨道巨生文讚文讚三子談先霸先休先

談先梁東宮直閣將軍義興昭烈公
蒨字子華陳世祖文皇帝
伯山字靜之鄱陽王
君[illegible]隋[illegible]令

君通淄州刺史
知穆州刺史

君賓處州刺史

伯固字牢之新安王
願萬州刺史

伯仁字壽之廬陵王
蕃隋[illegible]陽令
挺綏州刺史

伯義字堅之江夏王
元基隋穀熟令
岌長城公

綜文州刺史

嘉忠州刺史

伯謀字深之桂陽王
鄂隋[illegible]和令
琦宋州刺史
瓚黔州都督

伯信出繼衡陽王忠衡州刺史
[illegible]會梁州刺史

頊高宗孝宣皇帝
叔寶後主
[illegible]隋[illegible]陽令
蕃字承[illegible]忠州刺史

叔英字子烈隋涪陵太守
弘
[illegible]州刺史

徽
元凱申州刺史

叔堅字子成隋遂寧郡守
遺玉陘州長史

叔卿字子弼隋上黨郡守
正[illegible]王傅

叔明字子昭隋鴻臚少卿
繹侍御史

宏邢州刺史

[illegible]晉陵郡司馬
[illegible]晉陵郡司功參軍
兼右補闕翰林學士
當監察御史

長大理評事

京字慶復秘書少監
從以子繼鹽官令
儲高安丞
伯宜著作郎
旺字野王
機

伯黨
元史
徽溫州司戶參軍

歸考功員外郎

叔[illegible]字[illegible]隋[illegible]州[illegible]
[illegible]散騎常侍
[illegible]秘書監許昌縣男
尚[illegible]述峻

叔達字子聰相高祖
政德
[illegible]少監

玄德
仲方順州刺史

賢德水部郎中
紹德
復盤 遼
屋尉
又有潁川陳忠不知所承
忠
[illegible]
夷行字周道相文宗
玄錫
夷則
韋陵州別駕
閬州刺史
仲寓
光彖
昌誨初名黯
康乂
夷實
翺字服文

陳氏宰相三人 叔達 希烈 夷行

封氏出自姜姓炎帝裔孫鉅為黃帝師胙土命氏至夏后氏之世封父列為諸侯其地汴州封丘有封父亭即封父所都至周失國子孫為齊大夫遂居渤海蓨縣裔孫岌字仲山後漢侍中涼州刺史生回回四世孫仁仁孫釋晉侍中東夷校尉二子悛悛二子放弈弈燕太尉二子勸勸孫鑒後魏滄水太守三子琳回渭

回字叔念後魏尚書僕射勃海宣公
隆之字祖裔北齊尚書右僕射宣懿子
子繪字子繡北齊尚書右僕射諡曰簡
寶蓋
子繪隋德闕青通州刺史
城令
智聰
行賓
廣城州司法參軍
希顏中書舍人吏部侍郎
行高禮部郎中
梁容史部員外郎中書舍人

德輿隋南田令安壽湖州刺史
玄景
德如隋河南王司馬
元素戶部侍郎
倫字德彝相高祖太宗
二州刺史駙馬都尉
思敬
守靜渠州刺史
利建
夏時兼殿中侍御史
興之字相實北齊北平長史諡曰文
孝曉字士倫北齊東宮洗馬
孝政字士光北齊通直散騎常侍
君確
君靜
君嚴
君贊

孝璋
君誕
叔廉光州刺史
悌
恬
君夷
道弘右司郎中虢州刺史
踐一
無待刑部郎中
希奭
亮司封員外郎杭州刺史
敖字頤夫戶部尚書渤海縣男
望卿字子踐
彥卿字魁字
崎元
明
挺卿字愼獨
舜卿字贊聖
煦卿字愛之
特卿字亞公
貢

信卿 渭字希叟
彧稱黃州刺史 無遺
道瑜 緯
思武 邑令
思業戶部郎中幽州都督
士泰 松年
長粥京兆府士曹參軍 洞

封氏宰相一人倫

楊氏出自姬姓周宣王子尚父封為楊侯一云晉武公子伯僑生文文生突羊舌大夫也又云晉之公族食邑於羊舌凡三縣一曰銅鞮二曰楊氏三曰平陽突生職職五子赤肸鮒虎季夙赤字伯華為銅鞮大夫生子容肸字叔向亦曰叔譽鮒字叔魚虎字叔羆號羊舌四族叔向晉太傅食采楊氏其地平陽楊氏縣是也叔向生伯石字食我以邑為氏號曰楊石黨於祁盈盈得罪於晉并滅羊舌氏叔向子孫逃于華山仙谷遂居華陰有楊章者生苞郎款苞為韓襄王將守脩武子孫因居河內郎為秦將封臨晉君子孫因居馮翊款為秦上卿生碩字太初從沛公征伐為太史八子鷃奮魁儵熊喜鸛雅喜字幼羅漢赤泉嚴侯生敷字伯宗赤泉定侯生胤字毋害胤生敞字君平丞相安平敬侯二子忠惲忠安平頃侯生譚屬國安平侯二子寶並寶字稚淵二子震衡震字伯起太尉五子牧里秉讓奉牧字孟信荊州刺史富波侯二子統馥十世孫孕孕六世孫渠渠生鉉燕北平郡守生元壽後魏武川鎮司馬生惠嘏

惠嘏太原郡守 烈平原太守
烈平原太守 鍾 植 隋
元壽 … 義城縣公 太守 … 義城郡公

元景 元珙 元約
君操陳州刺史
讓度支郎中刑部 員外郎
黃裳 御史中丞 侍御史

處嗣隋洛州刺史
神寶適將軍
忠隋柏公太祖武元皇帝 堅字那羅延隋高祖文皇帝
廣煬皇帝
昭元德太子世宗孝成皇帝
侑鄭國公
行基嗣鄭公
蔡字德潤嗣鄭公
溫
幼言嗣鄭公
敏駙馬都尉太僕卿同正員
恢字仁安隋燕王
侗字仁謹隋恭皇帝
暕字世朏隋齊王
正道尚衣奉御
崇禮大府卿戶部尚書
嘗餘吏部郎中少府少監
岳少府監
春杓戶部侍郎
諫岳州刺史
懷讓

觀王房本出渠孫興後魏新平郡守生國國孫紹後周特賜姓屋呂引氏隋初復舊後以士雄封觀王號觀王房

紹字子安後周驃騎大將軍雍州牧儻城縣公 定并州刺史晉昌穆侯 國後魏中散大夫
雄隋司空觀德王 恭仁相高祖
思誼 嘉賓晉州刺史
思訓左屯衞將軍 嘉本左衞將軍
慎交駙馬都尉秘書監 洄駙馬都尉衞尉卿 悅駙馬都尉
思敬兵 … 思訥鳳州刺史
緘隋司隸校尉 思儉衞尉少卿 承祐右衞將軍
思約 承初 滑直秦州刺史
沐
春名洛陽令

承今，尚書右丞
宗，兵部郎中
福
鼎
思禮，岳州刺史
承緒，鄧州刺史
承緘，右金吾將軍
續，都水使者、弘農公
思簡，太子舍人
沖寂，司僕卿
令一，吏部員外郎
愷，綿州刺史
俛
鑒
衡
懲，安州都督
思[illegible]，汝州刺史
輿，贊善大夫
迪
庭
序
恕，工部郎中
志，蘇州刺史
延，右司郎中
思禎
正基
琮，比部郎中
晉，陳州刺史
思止，字不居，潞州刺史、湖城縣男
執柔，相武后
潘
蒖，湖州刺史

灋，太原少尹
諮，戶兵吏三侍郎
藻
執虛，新安令
淺，鄭州刺史、廣平郡公
愛[illegible]，美原令
執一，朔方節度使、河東郡公
灌，隋州刺史
廷，殿中侍御史
思昭，膳部員外郎
續
思玄，吏部侍郎
思敬，禮部尚書、駙馬都尉
綱，主爵郎中、平阿公
思廉，光祿卿
履忠，殿中侍御史
復古
源，倉部郎中
恭道
遲，汾陰令
遵，唐州都督
詢
伯明
叔興
護，水部郎中
[illegible]伯
師道，相太宗
[illegible]之

士貴隋道撫二州刺史邢國公
福蒲州刺史
譽汾州刺史靜公
崇禮
晤
楨
漸
崇嗣太子少師鄭懿公
志誠吏部員外郎中
澈兵部郎中
默
默
泚左武衛將軍
均光祿少卿
逢字士遠隋納言始安恭侯
紘
全節
知慶左武將軍
詡尚書奉御

知運
令珪漢揩左衛州刺史將軍
援巴州刺史
岳
罡
岱
嵇檢校員外郎
知亮集州刺史
知什
拒王太僕卿
幼玉右衛將軍

遺玉鄭王傳
白澤
孝義
至公
令禕司農少卿
令深商州刺史
知勸
孝仁濟汝二州刺史
孕五世孫贇隋輔國將軍河東公生初左光祿大夫華山郡公初
裔孫播世居扶風
播
炎字公南相德宗
朗殿中侍御史

太尉震子奉字季叔後漢城門校尉中書侍郎八世孫結仕慕容
氏中山相二子珍繼至順徙居河中永樂岐徙居原武
珍後魏上谷太守
眞河內清河二太守
懿洛州刺史弘農簡公
順字延伯冀州刺史三門縣伯
琛儀同三司平鄉縣公
匡字元慶隋梁郡通守
令本庫部郎中
友諒吳陵令
瑜宣州司士參軍
國忠相玄宗
暄太常卿
曉殿中少監
朏鴻臚卿駙馬都尉
曦太子中允
志謙
玄琰蜀州司戶參軍
錯殿中秘書監
玄珪工部尚書
鍔大僕卿駙馬都尉
暄
玄徽國子司業
鐵湖州刺史

津字羅漢後魏司空孝穆公

愔字遵彥北齊尚書令開府王

暐字延孝後魏安南將軍

[illegible]呂州刺史

行表長安尉

敏

復珪起居郎

志詮

明肅少府監

冠時侍御史

綝字再思相武后中宗

禎司勳員外郎

獻汝南太守

和

亮字季昭鄭州刺史

瓛字溫玉國子祭酒湖城公

回遂寧太守

勉

垂

昇遂州刺史

昱偃師丞

歸厚右拾遺

轄字房駕

偲白水令

縝

紘

綸

綰字公權相代宗

弘微兼監察御史

寂字玄之陝主簿

越公房本出中山相結次子繼生暉洛州刺史謚曰簡生河間太守恩恩生越恭公鈞號越公房

鈞恒州刺史越恭公

暄字宣和西魏度支尚書

敷字文衍後周汾州刺史臨貞壯武公

素字處道隋尚書令司徒楚景武公

玄獎清河公

崇本宋州長史

積善上儀同

恒靈[illegible]縣令

幼烈率州司馬

藏器三水丞

遺直涿州錄事參軍

發

椽字文逸

假

收字藏之相懿宗

鑒字文通生孔字伯寬

鏻字文豪

鉅字文碩

嚴字凌之兵部侍郎判度支

涉字文川相昭宗生凝式

注字文台

詞字文遠

約隋萬年令齊武公

慎義安侯

岳隋萬年令蕃山公

弘禮中書侍郎太府少卿

弘文駕部郎中

弘武相高宗

元亨庫部郎中睦州刺史

元裕博州刺史

元禧白州刺史

唐書宰相世系表十二下　三十七

史復

元禕　宣州刺史

元成　安州都督

儉字景則　西魏侍中

文昇

明尚書右丞　工部尚書

文休

處疑

寶應　鴻臚卿

紳

志先　戶部郎中

佚

鎧

琳

仲敵　州刺史

鉞　侍御史

處相

恂　左司郎中

安仁

德立

燕客

臨審

汝令

國子祭酒

弘嘉

慕義

金慶

協字

興樂

恪

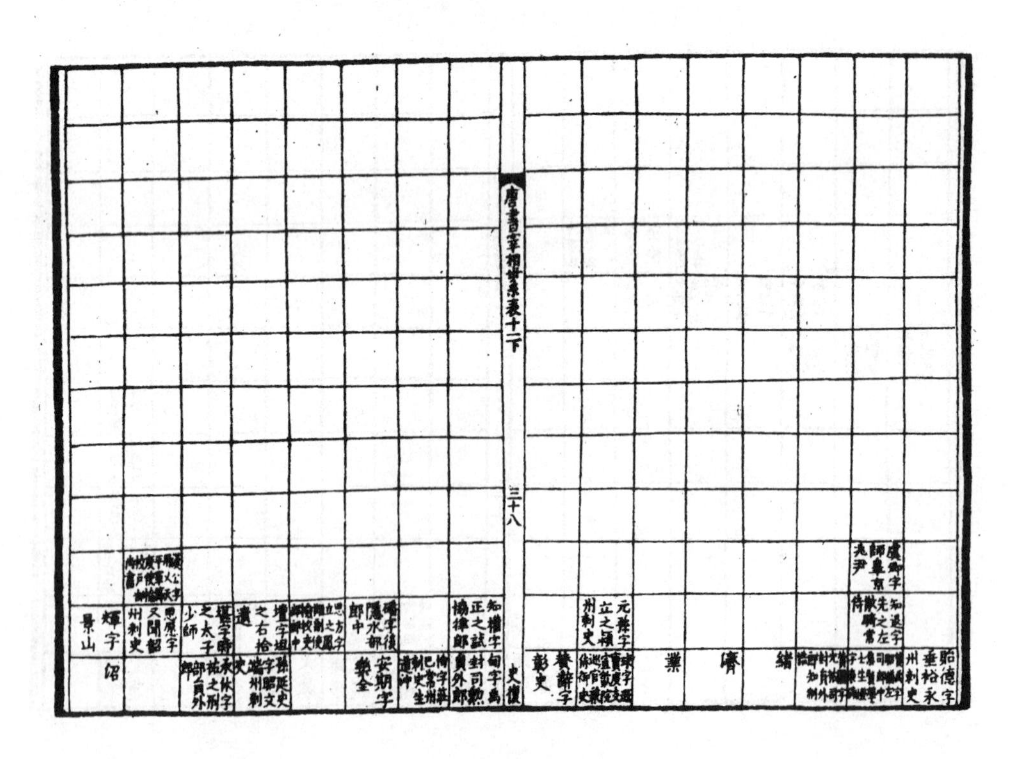

唐書宰相世系表十二下　三十八

史復

貽德

垂裕　州刺史

緒

濟

業

彰史

知退字

成字　京兆尹

元孫字

知權字

正之

協律郎

隱水

安期字

孫

延之

逷

遐

思

景山

耀字

昭

寓字本勝監察御史
寓
巍字之楚州刺史
瑄字秀文陝州節度判官
玢字表文監察御史
璨
王城令
謹字昭業澤州營田判官
珂字成美蒲令
廷輝
承鏞
符字信之侍御史

璘字徽檢校金部郎中
蘩字義圖司勳郎中
徽
筠字權潤給事中
遴
廣字廷儀
管
魯士字宗君長安令
希古字尚之尚書右丞
衡
仁瞻字濟之秘書監
峴字鎮川左拾遺

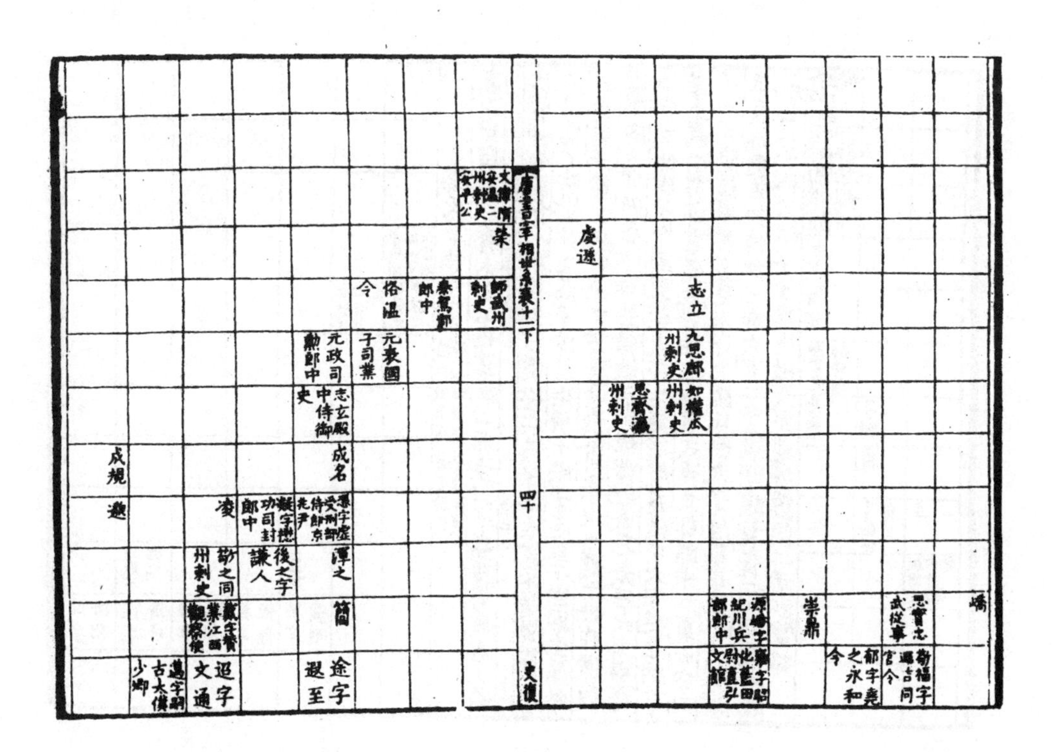

嶠
思實志武從事
勤福字遐吉同官令
郁字堯之永和令
崇鼎
源嶠字紀川兵部郎中
巘字韶化藍田尉直弘文館
志立
九思鄜州刺史
如權本州刺史
思齊濮州刺史
處遜

文瑋字溫二隋安州刺史安平公
榮
師武州刺史
泰駕部郎中
格溫令
元表國子司業
元政司勳郎中
志玄殿中侍御史
成名
瑑字虛受刑部侍郎京兆尹
渾之
簡
途字遐至
凝字德功司封郎中
後之字謙人
凌
劭之同州刺史
瓛字贊業江西觀察使
迢字文通
邁字嗣古太僕少卿
成規
邀

士積
紘 都官員外郎將作少監
言成 商州刺史
懿成 嵊 州刺史
安 濟州刺史
纂 戶部尚書長平公
守拙 考功郎中
頊 職方郎中
守訥 倉部郎中
汾州刺史
普 金部郎中
守愚 濮州長史
守柔 邠州刺史
祇本 吏部郎中
踐本
守挹 岐州刺史
勵本 蜀州別駕
弘業 主客員外郎
孝恪
寬 字蒙 卞 …… 管州諸軍事 …… 陽元公
文紀 字 …… 刑州總管 …… 陽山恭公
孝儉
弘毅 汾州長史
瑾
珪 辰州司戶參軍
冠俗 奉先丞
太清 單父尉
鱣 大理司直
成器 浩州刺史
於陵 字達夫 左僕射弘農郡公
景復 衛尉卿
嗣復 字繼之 相文宗武宗
損
授
技 字昭文
拭 字昭玉
…… 字 ……
然 字公隱

楊氏宰相十一人：恭仁、執柔、師道、炎、國忠、再思、綰、收、涉、弘武、嗣復。

孝倫 駕部郎中 太僕卿
弘貞 郡部郎中
弘暕 工部員外郎
紹復 字紹之
師復
縞 字謙光
據 字道叶
撰 字知幾
拯 字致堯
拙 字藏用

高氏出自姜姓，齊太公六世孫文公赤生公子高，孫傒爲齊上卿，與管仲合諸侯有功，桓公命傒以王父字爲氏，食采於盧，謚曰敬仲，世爲上卿。敬仲生莊子虎，虎生傾子，傾子生宣子固，固生厚，厚生子麗，子麗生止，奔燕。十世孫量，爲宋司城，後入楚。十世孫洪，後漢渤海太守，因居渤海蓨縣。洪四世孫褒，字宣仁，太子太傅。褒孫承，字文休，國子祭酒、東莞太守，生延，字慶壽，漢中太守。延生納，字孝才，魏尚書郎、東莞太守。納生達，字式遠，吏部郎中、江夏太守。四子：約、乂、隱、濩。隱，晉玄菟太守，生慶，北燕太子詹事、司空。三子：展、敬、泰。展，後魏黃門侍郎、三都大官。二子：讜、頤。讜，冀青二州中正、滄水康公。二子：祚、祐。祐字子集，光祿大夫、建康靈侯。二子：和、璧、振

…… 中書侍郎 …… 士下 …… 公
…… 賢 …… 將軍 …… 康公
…… 德 …… 康公
伯堅
希傑
…… 吏部侍郎
崇業
寬 子繼
…… 郎中
丘
叔 …… 中侍御史

巖

石安

志廉都官員外郎

正臣襄州刺史

表後魏安德太守

衡隋萬年令

元道汲令

求復天念職方官郎中員外郎

慈

寧

寬

密

察

仲仁

瑗刑部郎中

季通宗正少卿

馮字季輔相太宗高宗

正業中書舍人

泰北燕吏部尚書中書令二子韜湖

湖後魏寧西右將軍

謐侍御史

樹生

歡北齊高祖神武皇帝

廓字仁弘齊安王

琛趙郡王

叡趙郡王

叡孫正初

正初隋左衛郎將

翰常州長史

蔣字號衛將軍

駿字飛後魏侍御史散騎常侍孝宣公

岳字洪略北齊太保清河昭武王

勱字敬德隋洮州刺史樂安侯

士學

士廉字儉相太宗

文敏字懷行戶部尚書駙馬都尉申公

瓌循州司馬

紹考功郎中

玄景沂州刺史

元思吏部郎中

武光字和州刺史渤海縣男右司郎中

昱

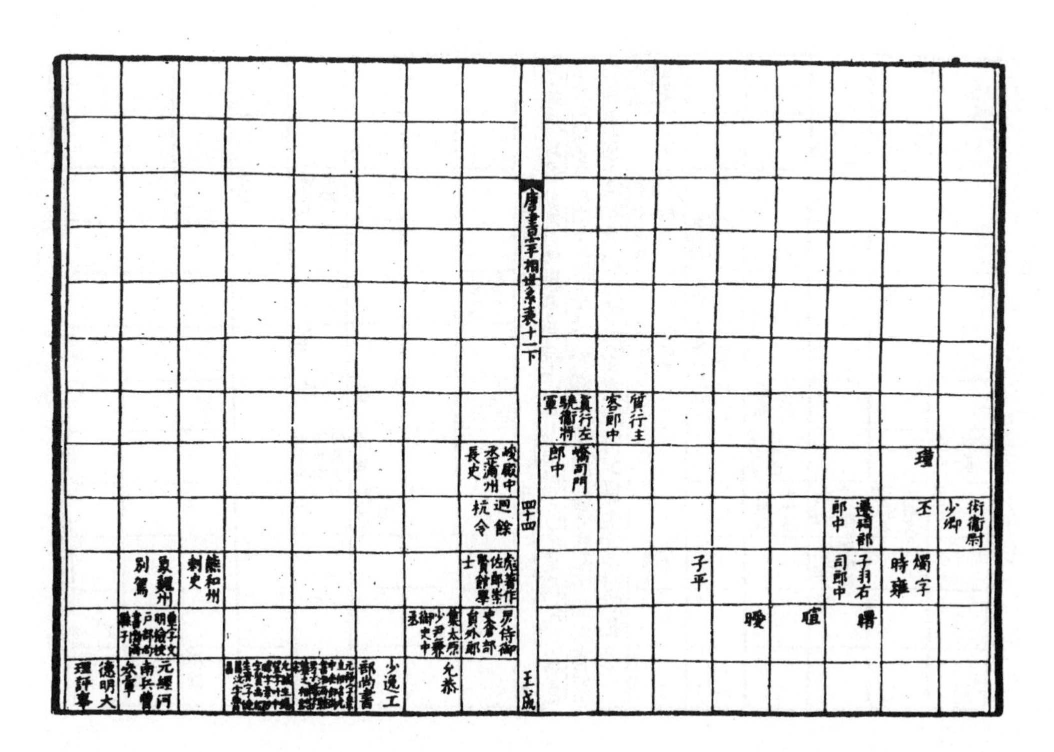

衛尉少卿

璀

丕

燭字時雍

暹祠部郎中

子羽右司郎中

曙

瑄

曖

子平

貿行主客郎中

眞行左驍衛將軍

峻司門郎中

峻殿中丞滄州長史

迴餘杭令

虎著作佐郎崇賢館學士

昂侍御史倉部員外郎

冀太原少尹兼御史中丞

允恭

少逸工部尚書

熊和州刺史

昊巍州別駕

重字文明檢校戶部尚書兼洗馬

元經河南兵曹參軍

德明大理評事

光庭右金吾胄曹參軍
由庚華州參軍
公輔河中少尹……
崍祠部郎中
審行戶部侍郎
嶸廣州刺史
喻倉部郎中
嶸
惠恭巴州刺史

京兆高氏又有與北齊同祖，初居文安，後徙京兆。

郇遂字公定，偃師令，隨州長史，拾遺。
伯祥右……
季輔相高宗。

晉陵高氏本出吳丹楊太守高瑞，初居廣陵，四世孫悝徙秣陵，十三世孫子長。

智周相高宗。

高氏宰相四人。士廉、季輔、智周、璩。

房氏出自祁姓。舜封堯子丹朱於房，朱生陵，以國為氏。陵三十五世孫鍾，周昭王時食采靈壽，生沈。沈十二世孫漢常山太守雅，徙清河繹幕。十一世孫植，後漢司空。植八代孫諶，隨慕容德南遷，因居濟南，四子：裕、坦、邃、熙，號四祖。裕孫後魏冀州刺史法壽，孫翼，任至鎮遠將軍、龔壯武伯。二子：能、豹。熊字子彪，本州主簿，生彥謙。

彥謙司隸刺史
玄齡字喬松，相太宗
遺直禮部尚書
遺愛太府卿

遺則
遺素太府卿
望之御史
絳
晦
勲
擬字玄僉，鄭州刺史
克讓
鄭字正封
復
從繹
從綱
從縮

河南房氏，晉初有房乾，本出清河，使北虜，留而不遣。虜俗謂房為屋引，因改為屋引氏。乾子孫隨魏南遷，復為房氏，而河南猶有屋引氏。唐雲麾將軍、弘江府統軍、渭源縣公豐，生即其後也。

倫後魏殿中尚書、武陽公
謨北雲侍中、吏部尚書
廣深
恭懿隋海州刺史
彥雲
德懋兵部郎中
玄基倉部郎中
元陽水部郎中
融相武后
琯字次律，相肅宗
由度支郎中
宗偃御史中丞
乘秘書郎
啓容管經略使
越
孺復容州刺史
璩少府監
積

深

觀成都少尹

興

奉若

濟容管經略使

璋

瑜

秘中書侍郎

玄齡膳部郎中清漳公

肱

岳

巒鄴都水使者

陟

武興元少尹

次卿字蜀客

式宣歙觀察使

岱

審諫議大夫

畧光祿卿

嵒

諶

[illegible]

誠右司郎中

夷則

千里字鵠舉

岡

垂

挺常州刺史

褈字莊己

巖周平陽公

前朗州刺史

房氏宰相三人 玄齡 融 琯

宇文氏出自匈奴南單于之裔有葛烏兔為鮮卑君長世襲大人至普迴因獵得玉璽自以為天授也俗謂天子為宇文因號宇文氏或云神農氏為黃帝所滅子孫遁居北方鮮卑俗呼草為俟汾以神農有嘗草之功因自號俟汾氏其後音訛遂為宇文氏普迴子莫那自陰山徙居遼西至後周追謚曰獻侯獻侯生可地汗號莫何單于闢地西出玉門東踰遼水孫普撥普撥生丘不勤丘不勤生莫珪莫珪生遜昵延遜昵延生佚豆歸自稱大單于為慕容晃所滅生六子一曰拔拔陵陵二曰拔拔瓌三曰紇闍四曰目原五曰紇闍俟直六曰目陳拔拔陵陵號阿若諺仕後魏都牧主開府儀同三司安定忠侯以豪傑徙居代州武川生系位至內阿干二子韜阿頭韜三子肱顥泰泰後周太祖文皇帝阿頭生仲贈大司徒虞公生興龍襲虞公生洛

洛隋介公

裕

延

韡戫

庭立襲介公

邈御史中丞

鼎字周重

獻字昌書

瓚字禮用

目原孫跋後魏羽真尚書居庸侯生直力勤比部尚書直力勤生賢

賢字大雅定州刺史

璨字法珍後周宕州刺史襄樂公

弼字公輔隋禮部尚書平昌縣公

儉九隴令

節字大禮相高宗

嶠萊州長史

融相玄宗

寬

又有費也頭氏臣屬鮮卑佚豆歸後從其主亦稱宇文氏仕後魏世為沃野鎮軍主玄孫盛

盛後周上柱國濮陽公

述隋左翊衛大將軍

化及隋太僕卿

士及相高祖 某封城縣公

高祖

福及

靜

定及德州刺史

顯光祿少卿

寶好畤令

宿均州刺史

全志左司員外郎

順度支郎

員外郎

寬

峴

紹水部員外郎

瓚

審字審知刑部郎中

永州刺史

宣

宇

宇文氏宰相三人 士及 節 融

宰相世系表第十二下